손해평가사 1차
한권으로 끝내기
상법(보험편)

끝까지 책임진다! 시대에듀!
QR코드를 통해 도서 출간 이후 발견된 오류나 개정법령, 변경된 시험 정보, 최신기출문제, 도서 업데이트 자료 등이 있는지 확인해 보세요!
시대에듀 합격 스마트 앱을 통해서도 알려 드리고 있으니 구글 플레이나 앱 스토어에서 다운받아 사용하세요.
또한, 파본 도서인 경우에는 구입하신 곳에서 교환해 드립니다.

편집진행 서정인 | **표지디자인** 하연주 | **본문디자인** 하한우·윤준하

손해평가사 1차

Always with you

사람의 인연은 길에서 우연하게 만나거나 함께 살아가는 것만을 의미하지는 않습니다.
책을 펴내는 출판사와 그 책을 읽는 독자의 만남도 소중한 인연입니다.
시대에듀는 항상 독자의 마음을 헤아리기 위해 노력하고 있습니다. 늘 독자와 함께하겠습니다.

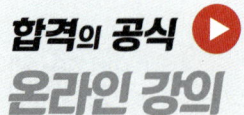 

보다 깊이 있는 학습을 원하는 수험생들을 위한
시대에듀의 동영상 강의가 준비되어 있습니다.
www.sdedu.co.kr → 회원가입(로그인) → 강의 살펴보기

머리말

PREFACE

합격의 공식 Formula of pass | 시대에듀 www.sdedu.co.kr

손해평가사는 공정하고 객관적인 농업재해보험의 손해평가를 하기 위해 피해사실의 확인, 보험가액 및 손해액의 평가, 그 밖의 손해평가에 필요한 사항에 대한 업무를 수행하는 자로서 「농어업재해보험법」에 따라 국가자격인 손해평가사 자격을 취득해야 합니다.

지금까지 출제된 1차 시험을 분석해보면 제1과목 「상법(보험편)」에서는 전반적으로 기본 개념과 법 조문을 중심으로 보험계약과 관련한 문제들이 출제되고 있습니다. 제2과목 「농어업재해보험법령」에서는 재해보험사업, 농업재해보험 손해평가요령 등 손해평가사의 직무수행에 필요한 전문지식과 법률지식을 평가하는 문제들이 출제되고 있습니다. 제3과목 「농학개론 중 재배학 및 원예작물학」에서는 작물재배 및 원예작물에 관한 기본 지식, 재배환경 및 재해, 재배관리, 재배시설 등 현장적용성 문제들이 출제되고 있습니다.

「손해평가사 1차 한권으로 끝내기」는 최근 출제경향을 완벽 분석하여 핵심이론을 정리하였고, 이에 따라 각 과목별로 기출문제와 적중예상문제를 분류 · 수록하였습니다. 또한, 지금까지 출제된 11개년 기출문제(2015~2025)를 단원별로 수록하여 이 한권으로도 1차 시험을 충분히 대비할 수 있도록 하였습니다.

더불어, 시험과 관련하여 법령 · 고시 · 규정 등을 적용해서 정답을 구하여야 하는 문제는 시험 시행일 기준으로 시행 중인 법령 · 고시 · 규정 등을 적용하여 그 정답을 구하여야 하므로, 가장 최근에 개정된 법령 · 고시 · 규정 등을 최대한 반영하였습니다.

아무쪼록 본서가 손해평가사를 준비하는 수험생들에게 등대와 같은 합격의 지침서로서 역할을 하길 바랍니다.

대표 편저자 씀

이 책의 구성 및 특징

STEP 01   출제경향을 완벽 분석한 **핵심이론**

출제경향을 한눈에
시험에 출제되는 중요한 포인트를 단원별로 정리하여 학습의 방향을 알 수 있습니다.

이것이 기출이다
기출표시를 통해 학습의 중요도를 파악할 수 있습니다.

상세한 설명, 심화TIP
심화TIP을 통해 중요한 내용을 추가 학습할 수 있습니다.

이해를 도와주는 학습자료
상세한 그림을 통해 내용을 쉽게 이해할 수 있습니다.

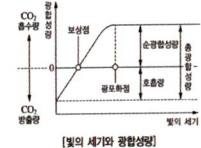

COMPOSITION

합격의 공식 Formula of pass | 시대에듀 www.sdedu.co.kr

STEP 02 출제경향에 따른 적중예상문제

11개년 기출문제 수록

지금까지 출제된 11개년 기출문제를 자세한 해설과 함께 단원별로 수록하여 출제방향을 확인할 수 있습니다.

다양한 예상문제 수록

다양한 예상문제를 수록하여 학습내용을 점검할 수 있습니다

내용정리 TIP

꼭 알아야 할 내용을 정리한 TIP을 통해 문제풀이를 쉽게 할 수 있습니다.

핵심판례

핵심판례를 통해 관련 문제를 쉽게 이해할 수 있습니다.

자격시험 소개

손해평가사란?

손해평가사는 공정하고 객관적인 손해액 산정과 보험금 지급을 위하여 농작물의 농업재해로 인한 손해에 대해 보험 관련 법규와 약관을 근거로 전문적인 능력과 지식을 활용하여 보험사고를 조사·평가하는 일을 수행한다.

수행직무		
피해사실의 확인	보험가액 및 손해액의 평가	그 밖의 손해평가에 필요한 사항

관련기관

소관부처	운용기관	시행기관
농림축산식품부(재해보험정책과)	농업정책보험금융원(보험 2부)	한국산업인력공단

응시자격

제한 없음

※「농어업재해보험법」제11조의4 제4항에 해당하는 사람은 그 처분이 있은 날부터 2년이 지나지 아니한 경우 시험에 응시할 수 없음

응시수수료 및 납부방법

1차 시험 응시수수료	2차 시험 응시수수료	납부방법
20,000원	33,000원	전자결제(신용카드, 계좌이체, 가상계좌 중 택일)

합격기준 및 합격자발표

❶ 매 과목 100점을 만점으로 하여 매 과목 40점 이상과 전 과목 평균 60점 이상인 사람을 합격자로 결정
❷ 큐넷 손해평가사 홈페이지 합격자발표 : 60일간(www.Q-Net.or.kr/site/loss)
❸ ARS (☎1666-0100) 합격자발표 : 4일간

자격증 발급

농업정책보험금융원에서 자격증 신청 및 발급업무를 수행한다.

접수방법

큐넷 손해평가사 홈페이지(www.Q-Net.or.kr/site/loss)에서 접수

INFORMATION

합격의 공식 Formula of pass | 시대에듀 www.sdedu.co.kr

시험일정

손해평가사 시험은 1차와 2차 각각 연 1회 실시됩니다. 1차 시험은 그 해의 상반기(5월)에 실시하고, 2차 시험은 그 해의 하반기(8월)에 실시합니다. 매해 시험일정은 상이하므로 상세한 시험일정은 큐넷 홈페이지를 통해 확인하시기 바랍니다.

시험과목 및 방법

구 분	시험과목	문항수	시험시간	시험방법
1차 시험	❶ 「상법」 보험편 ❷ 농어업재해보험법령(「농어업재해보험법」, 「농어업재해보험법 시행령」 및 농림축산식품부장관이 고시하는 손해평가요령을 말한다) ❸ 농학개론 중 재배학 및 원예작물학	과목별 25문항 (총 75문항)	90분	객관식 (4지 택일형)
2차 시험	❶ 농작물재해보험 및 가축재해보험의 이론과 실무 ❷ 농작물재해보험 및 가축재해보험 손해평가의 이론과 실무	과목별 10문항 (단답형 5문항, 서술형 5문항)	120분	주관식 (단답형 및 서술형)

※ 기활용된 문제, 기출문제 등도 변형·활용되어 출제될 수 있음
※ 1차 시험의 답안은 시험 시행일에 시행되고 있는 관련 법령 등을 기준으로 작성

손해평가사 1차 시험 시행현황

연 도	대 상	응 시	응시율	합 격	합격률
2015	5,684명	4,002명	70.4%	1,865명	46.6%
2016	3,655명	2,879명	78.8%	1,761명	61.2%
2017	3,240명	2,374명	73.3%	1,444명	60.8%
2018	3,716명	2,594명	69.8%	1,949명	75.1%
2019	6,614명	3,901명	59.0%	2,486명	63.7%
2020	9,752명	8,193명	84.0%	5,748명	70.2%
2021	15,385명	13,230명	86.0%	9,508명	71.9%
2022	15,796명	13,361명	84.6%	9,067명	67.9%
2023	16,903명	14,107명	83.5%	10,830명	76.8%
2024	17,871명	14,037명	78.6%	9,343명	66.6%
2025	17,390명	14,101명	81.1%	10,563명	74.9%

〈자료출처 : 한국산업인력공단, Q-net 홈페이지〉

1차 시험 출제평가

제1과목	상법(보험편)
출제의 기본방향	• 상법(보험편)의 조문을 중심으로 해당 자격 수행에 필요한 능력을 검증하고, 상법(보험편)의 기본원칙을 반영한 조항들을 기반으로 출제하였다. • 손해평가사의 직무수행에 필요한 능력 중 보험일반에 관한 기초지식, 판단력을 평가할 수 있는 문제를 출제하였다. • 특정 분야에 한정하여 출제하거나 논란의 소지가 있는 출제는 지양하였다.
난이도	• 문제를 상, 중, 하로 구분하여 적절히 배치하되 변별도를 갖춘 타당한 문제를 출제하였다. • 기존의 난이도와 유형을 유지하여 출제하였다.
문항 출제시 강조점	• 상법(보험편)에 전반적인 이해를 하고 있는지를 평가하여 출제하였다. • 출제범위 전 영역에 걸쳐 골고루 출제하였다. • 시험의 취지에 부합하도록 문제를 선택하였다. • 가독성을 높이는 워딩(Wording)에 주력하였다. • 특정 교재 및 학설에 치우치지 않는 보편적이고 타당한 문제를 출제하였다.

제2과목	농어업재해보험법령
출제의 기본방향	• 손해평가사의 직무수행에 필요한 전문지식과 실무능력 평가가 가능한 문제를 출제하였다. • 법령 전반에 걸쳐 문제를 출제함으로써 손해평가사가 갖춰야할 기본지식을 확인하는데 중점을 두었다. • 법령에 충실한 문제출제로 손해평가사 실제 업무에 활용될 수 있는 문제를 출제하였다. • 과년도 시행된 기출문제와 중복을 가급적 지양하였다.
난이도	• 기출문제와 유사하게 상, 중, 하 수준의 문제를 적절히 분포하여 평균 60점 정도가 될 수 있도록 난이도를 유지하였다. • 자격시험의 특성상 전년 대비 난이도를 소폭 상향 조정하여 출제하였다.
문항 출제시 강조점	• 법령의 규정을 유기적으로 연결하여 해결할 수 있도록 출제하였으며, 기출문제를 적절히 활용하고, 새로운 분야에 관한 문항도 다수 출제하여 변별력을 유지하였다. • 최대한 법조문에 기초하여 지문을 구성함으로써 복수정답의 가능성을 배제하였다.

INFORMATION

합격의 공식 Formula of pass | 시대에듀 www.sdedu.co.kr

제3과목	농학개론 중 재배학 및 원예작물학
출제의 기본방향	• 농어업재해보험법에서 규정하고 있는 농작물과 시설물에 발생할 수 있는 재배환경, 재배기술 그리고 재배 중 발생할 수 있는 여러 자연재해 종류의 내용을 포함하여 출제하였다. • 기본 용어의 정의, 개념 그리고 손해평가시 적용할 수 있는 판단기준 등에 관한 지식을 평가할 수 있도록 출제하였다. • 손해평가사의 직무수행에 필요한 전문지식과 실무능력을 평가할 수 있는 문항을 출제하였다. • 현장적용성이 높은 실제 응용 가능한 문항을 출제하였다.
난이도	• 예년과 같이 유사한 수준으로 농어업 전공자와 비전공자들을 고려하여 난이도 수준을 맞추어 출제하였다. • 기출문제와 유사하게 상, 중, 하 수준의 문제를 고르게 분포하도록 출제하였다.
문항 출제시 강조점	• 손해평가시 전문지식이 필요한 영역과 상식적 판단이 가능한 영역을 포함하여 현장에서 평가 업무 수행이 가능한 적격자 선별을 고려하여 출제하였다. • 농학개론 중 작물재배학 및 원예작물학에 관한 기본지식 • 재해의 원인, 발생, 피해에 관한 사항 • 농업 현장에서의 적용 가능한 능력 평가 사항

〈자료출처 : 한국산업인력공단〉

수험자 유의사항

Ⅰ. 1·2차 시험 공통 수험자 유의사항

01 수험원서 또는 제출서류 등의 허위작성·위조·기재오기·누락 및 연락불능의 경우에 발생하는 불이익은 전적으로 수험자 책임입니다

02 수험자는 시험 시행 전까지 시험장 위치 및 교통편을 확인하여야 하며(단, 시험실 출입은 할 수 없음), 시험 당일 교시별 입실시간까지 신분증, 수험표, 필기구를 지참하고 해당 시험실의 지정된 좌석에 착석하여야 합니다.

03 본인이 원서 접수시 선택한 시험장이 아닌 다른 시험장이나 지정된 시험실 좌석 이외에는 응시할 수 없습니다.

04 시험시간 중에는 화장실 출입이 불가하고, 시험시간 1/2 경과 전까지 퇴실할 수 없으므로 과다한 수분 섭취를 자제하는 등 건강관리에 유의하시기 바랍니다.

05 일부교시 결시 또는 기권, 답안카드(답안지) 제출 불응한 수험자는 해당 교시 이후 시험에 응시할 수 없습니다.

06 시험 종료 후 감독위원의 답안카드(답안지) 제출지시에 불응한채 계속 답안카드(답안지)를 작성하는 경우 당해 시험은 무효처리하고 부정행위자로 처리될 수 있으니 유의하시기 바랍니다.

07 수험자는 감독위원의 지시에 따라야 하며, 부정한 행위를 한 수험자에 대하여는 당해 시험을 무효처리하고, 그 처분이 있은 날로부터 2년간 응시자격이 정지되오니 주의하시기 바랍니다.

08 개인용 손목시계를 준비하시어 시험시간을 관리하시기 바라며, 휴대전화기 등 데이터를 저장할 수 있는 전자기기는 시계대용으로 사용할 수 없습니다.

09 전자계산기는 필요시 1개만 사용할 수 있고 공학용 및 재무용 등 데이터 저장기능이 있는 전자계산기는 수험자 본인이 반드시 메모리(SD카드 포함)를 제거, 삭제(리셋, 초기화)하고 시험위원이 초기화 여부를 확인할 경우에는 협조하여야 합니다. 메모리(SD카드 포함) 내용이 제거되지 않은 계산기는 사용불가하며 사용시 부정행위로 처리될 수 있습니다.

10 시험시간 중에는 통신기기 및 전자기기[휴대용 전화기, 휴대용 개인정보단말기(PDA), 휴대용 멀티미디어 재생장치(PMP), 휴대용 컴퓨터, 휴대용 카세트, 디지털 카메라, 음성파일 변환기(MP3), 휴대용 게임기, 전자사전, 카메라펜, 시각표시 외의 기능이 부착된 시계, 스마트워치 등]를 일체 휴대할 수 없으며, 금속(전파)탐지기 수색을 통해 시험 도중 관련 장비를 휴대하다가 적발될 경우 실제 사용 여부와 관계없이 당해 시험을 정지(퇴실) 및 무효(0점) 처리하며 부정행위자로 처리될 수 있음을 유의하기 바랍니다.

11 지워지는 사인펜은 사용할 수 없으니 유의하시기 바랍니다.

12 가답안 발표 후 의견제시 사항은 반드시 정해진 기간 내에 제출하여야 합니다.

Ⅱ. 1차 시험 수험자 유의사항

01 답안카드에 기재된 '수험자 유의사항 및 답안카드 작성시 유의사항'을 준수하시기 바랍니다.

02 수험자 교육시간에 감독위원 안내 또는 방송(유의사항)에 따라 답안카드에 수험번호를 기재·마킹하고, 배부된 시험지의 인쇄상태 확인 후 형별 기재란에 표시된 형별(A형 공통)을 확인하여야 합니다.

03 답안카드는 국가전문자격 공통 표준형으로 문제번호가 1번부터 125번까지 인쇄되어 있습니다. 답안 마킹시에는 반드시 시험문제지의 문제번호와 동일한 번호에 마킹하여야 합니다.

04 답안카드 기재·마킹시에는 반드시 검정색 사인펜을 사용하여야 합니다.

05 채점은 전산 자동 판독 결과에 따르므로 유의사항을 지키지 않거나(검정색 사인펜 미사용) 수험자의 부주의(답안카드 기재·마킹 착오, 불완전한 마킹·수정, 예비마킹, 형별 마킹 착오 등)로 판독불능, 중복판독 등 불이익이 발생할 경우 수험자 책임으로 이의제기를 하더라도 받아들여지지 않습니다.

이 책의 차례

상업(보험편)

CHAPTER 01 총론

01 보험제도 · 003
02 보험의 기능과 폐해 · 013
03 보험계약법의 기초 · 015
적중예상문제 · 019

CHAPTER 02 보험계약

01 보험계약의 개념 · 028
02 보험계약의 요소와 성립 · · · · · · · · · · · · · · · · · · 032
03 보험계약의 체결 · 043
04 보험계약의 효과 · 054
05 보험계약의 무효 · 변경 · 소멸 · · · · · · · · · · · · 066
06 보험자의 면책사유 · 072
07 타인을 위한 보험계약 · 075
적중예상문제 · 079

CHAPTER 03 손해보험

01 손해보험의 총설 · 166
02 손해보험계약의 효과 · 180
03 손해보험계약의 소멸과 변경 · · · · · · · · · · · · · · 190
04 각종 손해보험 · 194
적중예상문제 · 210

상법(보험편)

CHAPTER 01   총론

CHAPTER 02   보험계약

CHAPTER 03   손해보험

✓ 최근 11개년(2015~2025) 기출 키워드 분석

구 분	기출 키워드
CHAPTER 01 총 론	• 상법 보험편의 규정 • 보험계약의 의의와 성립 • 보험계약 관계자 • 보험계약자 등의 불이익변경금지(상법 제663조) • 보험계약의 법적 성격 • 보험계약의 선의성
CHAPTER 02 보험계약	• 보험계약의 체결, 취소, 해지, 해제, 무효 • 보험설계사의 권한 • 보험약관조항의 효력 • 상법상 고지의무 • 보험계약의 성립 및 책임개시 시기 • 보험금 청구권 • 타인을 위한 보험계약 • 보험증권 • 보험증권의 교부 • 상법상 위험변경·증가 • 보험자의 파산선고와 계약해지 • 상법상 보험료 • 보험료의 지급과 지체 및 부지급 • 보험료체납과 보상액의 공제 • 위험변경증가와 계약해지 • 보험계약의 해지와 특별위험의 소멸 • 보험대리상 등의 권한 • 상법상 보험사고 • 보험약관의 교부·설명의무 • 고지의무위반으로 인한 계약해지 • 보험사고발생의 통지의무 • 보험금의 지급과 반환 • 자기를 위한 보험계약 • 보험증권내용의 정부에 관한 이의기간 • 위험변경증가의 통지의무 • 보험계약의 부활 • 위험이 현저하게 변경된 경우 • 임의해지 • 보험료의 감액청구 및 반환청구 • 보험사고의 발생과 법률관계
CHAPTER 03 손해보험	• 손해보험의 목적 • 재보험계약 • 보험자의 보험금액 지급 • 손해보험계약의 낙부통지 • 보험목적에 관한 보험대위(잔존물대위) • 보험자의 책임과 면책사유 • 피보험이익 • 제3자에 대한 보험대위 • 소멸시효(상법 제662조) • 보험사고의 객관적 확정 • 기평가보험과 미평가보험 • 손해의 방지와 경감을 위한 비용 • 보험가액과 보험금액 • 손해보험증권의 기재사항(상법 제666조) • 화재보험증권 및 화재보험증권의 기재사항 • 보험목적의 양도 • 중복보험, 초과보험, 일부보험 • 손해액의 산정기준 • 보험자의 손해보상의무 • 손해보상시 보험료의 지급을 받지 아니한 잔액이 있는 경우 • 보험계약자 및 피보험자의 손해방지의무 • 화재보험계약 • 화재보험계약과 재보험계약 • 화재보험계약의 연대책임 • 화재보험자가 보상할 손해 • 집합보험 • 가계보험의 약관조항

CHAPTER 01 총론

학습목표
❶ 보험제도의 개념과 원리, 보험의 종류와 그 유사제도를 학습한다.
❷ 보험의 기능과 폐해에 대해서 학습한다.
❸ 보험계약법의 특성 및 법원 등 기초적인 개념을 학습한다.

01 보험제도

1 위험

(1) 위험의 의의

인간은 일상생활 속에서 많은 위험에 노출되어 있다. 이는 개인이 속한 가정, 기업, 국가도 마찬가지이다. 보험은 이러한 위험을 전제로 한다. 보험은 인간의 경제생활을 위협하는 산물로서 생겨난 것이며 "위험이 없으면 보험도 없다"라는 말은 바로 이것을 말해 준다. 위험에 대한 정확한 정의는 없지만, 일반적으로 "사고나 손해발생의 불확실성 또는 가능성"으로 정의할 수 있다.

(2) 보험가입대상 위험의 특성

모든 위험이 보험에 가입될 수 있는 것은 아니다. 많은 위험 중에서 보험가입대상이 되는 위험은 다음과 같은 특성을 가진다.

① 다수의 동질적 위험
　유사한 특성을 가진 다수의 위험단위들이 필요하다.

② 우연한 사고의 발생
　손해의 발생 여부, 시기, 정도가 우연한 위험이어야 한다.

③ 명확하고 측정 가능한 위험
　보험가입대상이 되는 위험은 손해의 원인, 시간, 장소, 손실금액 등이 어느 정도 측정할 수 있는 위험이어야 한다.

④ 적당한 크기의 손실
　보험사가 감당하기 어려울 정도의 거대한 손해가 아니어야 한다.

2 보험의 개요

(1) 보험의 의의
보험이란 경제생활의 불안을 제거할 목적으로, 동종의 우연한 사고발생의 위험에 처한 다수인(다수의 경제주체)이 결합하여 보험단체를 구성하고, 소액의 금전(보험료)을 각출하여 기금(공동준비재산)을 형성한 뒤 사고를 당한 자가 이로부터 금전이나 기타 재산적 급여(보험금)를 받는 사회경제제도이다.

(2) 보험의 목적
보험은 사고발생의 적극적 방지가 아니라, 사고발생으로 인한 경제적 손실을 소극적으로 회복하는데 목적이 있다.

(3) 보험의 기본 특성

① 위험의 전가

위험의 전가는 피보험자가 일정한 보험료를 내고 위험부담을 보험자에게 전가하는 행위이다. 보험계약자는 위험의 정도에 따라 산출된 보험료를 보험자에게 납입하면서, 미래의 우발적으로 발생할지 모르는 손실위험을 보험자에게 전가하게 된다. 특히 손실의 빈도는 낮지만 손실의 규모가 커서 스스로 부담하기 어려운 위험을 보험회사에게 전가함으로써 개인이나 기업이 위험에 대해 보다 효과적으로 대응할 수 있게 해준다.

② 위험의 결합

보험자 입장에서 보험계약은 다수의 동질위험을 전가 받아 이들을 하나의 위험결합 집단으로 만드는 것이다. 위험의 결합은 일부 계약자들의 손실을 전체 계약자들이 공유함으로써 실제손실을 평균손실로 대체한다. 즉 손실이 발생하였을 경우 발생된 손실을 보험가입자 모두에게 분산시키는 효과를 갖는다. 다시 말하면 많은 보험가입자들이 평소 소액의 보험료를 내고 일종의 공동기금을 마련했다가 소수의 사람들이 사고를 당하게 되면 손실을 보상해 주는 것이다. 위험결합을 통해서 손실분산효과가 이루어지는데 가입자가 많으면 많을수록 크다고 할 수 있다(대수의 법칙).

③ 우연적 손실의 보상

보험의 특징은 손실에 대해서 보상을 하되 우연적이고 우발적인 손실만을 보상하는 것이다. 따라서 보험은 고의적이고 의도적인 사고에 의한 손실은 보상하지 않는다.

④ 실제 손실에 대한 보상

손실의 보상은 손실발생전의 재정상태로 복원시키는 것으로, 실제 발생한 손실을 원상회복하거나 교체할 수 있는 금액으로 한정하며, 보상을 통해 이익을 보는 경우는 없다. 이러한 실손보상의 원칙은 중요한 보험의 원칙 중의 하나로 발생손실만큼만 보상받게 되면 보험사기행위와 같은 도덕적 위태를 줄일 수 있다.

3. 보험의 종류

(1) 보험의 설정 목적에 따른 분류

① 공(公)보험
  ㉠ 국가 또는 공공단체가 보험사업의 경영주체가 되는 보험으로, 국가경제의 전체적 견지에서 행해지는 보험이다.
  ㉡ 공(公)보험은 대부분 비영리로 행해지며, 사회정책적인 입장에서 사회복지의 증진을 도모하고, 경제정책적 입장에서 특수산업을 보호하여 국민 경제의 유지·발전을 기하는데 그 목적이 있다.

심화TIP 공(公)보험의 종류

사회정책적 보험	산업재해보상보험, 국민건강보험, 고용보험, 선원보험, 군인보험
경제정책적 보험	수출보험, 예금보험, 어음보험

  ㉢ 공(公)보험은 그 설정목적을 달성하기 위해서 강제보험 형식으로 운영되는 경우가 많으며, 보험자 역시 특별한 사정이 없는 한 계약의 체결을 거절하지 못한다.
  ㉣ 수지상등의 원칙이 적용되지 않으며, 국가나 지방자치단체로부터 공적 부조를 받는 경우도 있다.

② 사(私)보험
  ㉠ 사(私)보험은 사적인 영리추구를 위해 영위되는 보험으로서 국내외 보험회사가 운영하는 각종의 손해보험, 생명보험, 상해보험 등이 전형적인 예이다.
  ㉡ 보험선택이 자유롭고, 가입이 임의적이며, 보험관계는 사법에 의해 규율되고 있다.

[공보험과 사보험의 비교]

구 분	공보험	사보험
보험관계 성립	강제적	임의적
보험료	소득비례	위험도나 보험급부 비례
보험료 부담	본인과 고용주	본인
보험료 산출	사회경제적 관계	과학적 통계
보험대상위험	질병, 산업재해, 분만, 사망 등	부보가능한 모든 위험
보험급부	법적으로 확정	보험계약조건에 의하여 결정
보험가입대상자	법적으로 제한 있음	제한 없음

(2) 보험사업 주체에 따른 분류

① 공영보험
   ㉠ 공영보험은 그 본질이 사보험이며, 다만, 영리성이 충분히 보장되지 못하기 때문에 정책적으로 국가, 지방자치단체, 기타의 공공단체가 사업주체로서 보험업을 영위하는 것이다.
   ㉡ 공보험이 강제보험인데 비해 공영보험은 강제보험이 아니다.
   ㉢ 공영보험의 예 : 한국무역보험공사가 운영하는 수출보험, 우체국에서 운영하는 우체국보험 등

② 사영보험
   사인(私人)이 사업주체가 되는 보험이다.

> **심화TIP** **공보험과 사보험**
>
> 공보험은 동시에 공영보험인 경우가 많고, 사보험은 동시에 사영보험인 경우가 대부분이지만 반드시 그러한 것은 아니다.

(3) 보험가입을 강제하는가의 여부에 따른 분류

보험가입을 강제하는가의 여부에 따라서 강제보험과 임의보험으로 구분할 수 있다.

① 강제보험
   보험가입이 법률에 의해 강제되는 것으로서 대부분의 공보험이 여기에 속한다.

② 임의보험
   임의보험은 보험가입이 강제되지 않는 것으로서 대부분의 영리 사보험이 여기에 속한다. 그러나 예외적으로 사보험 중에서 공공정책적 성격을 가지거나 사고로 인한 손해범위가 매우 크고 피해자가 광범위한 자동차배상책임보험, 항공보험, 일정규모 이상 건물의 화재보험 등은 보험의 가입을 법적으로 강제하고 있다.

> **심화TIP** **보험가입의 의무화 유무**
>
> 일반적으로 공보험에서는 보험가입을 의무화하는 반면, 사보험에서는 보험가입을 개인의 자유의사에 따르게 하는 것이 원칙이다.

(4) 상법상 분류 기출 제2회

① 개 요
   우리 상법 보험편(제4편)에서는 보험을 손해보험과 인보험으로 구분하고 있다. 손해보험에 있어서 "손해"는 보험사고발생의 결과를 의미하는데 반해, 인보험에서는 보험의 대상을 분류의 기준으로 하였다는 점에서 분류의 기준이 적절치 못하다. 실제로 상해보험이나 질병보험과 같은 중간보험이 존재한다. 상법상으로는 상해보험을 인보험으로 구분하고 있으나, 입원비와 치료비를 지불하는 경우 재산상의 손해전보가 이루어지기 때문에 손해보험이라고도 할 수 있다. 따라서 보험대상을 분류의 기준으로 한다면 인보험에 대응하여 물보험이나 재산보험으로 구분하는 것이 정확하다.

손해보험	인보험
화재보험(제683조 ~ 제687조) 운송보험(제688조 ~ 제692조) 해상보험(제693조 ~ 제718조) 책임보험(제719조 ~ 제726조) 자동차보험(제726조의2 ~ 제726조의4) 보증보험(제726조의5 ~ 제726조의7)	생명보험(제730조 ~ 제736조) 상해보험(제737조 ~ 제739조) 질병보험(제739조의2 ~ 제739조의3)

② 손해보험
 ㉠ 손해보험은 보험계약에서 정한 보험사고가 발생하여 보험가입자 측에 생긴 실제 재산상의 손해를 보상하는 보험이다.
 ㉡ 손해보험업이란 손해보험상품의 취급과 관련하여 발생하는 보험의 인수, 보험료 수수 및 보험금 지급 등을 영업으로 하는 것을 말한다(보험업법 제2조 제4호).
 ㉢ 손해보험의 종류

상법 보험편	화재보험, 운송보험, 해상보험, 책임보험, 자동차보험, 보증보험
보험업법	화재보험, 해상보험(항공·운송보험을 포함), 자동차보험, 보증보험, 재보험, 기타 보험(책임보험, 기술보험, 권리보험, 도난·유리·동물·원자력보험, 비용보험, 날씨보험)

③ 인보험
 ㉠ 인보험은 보험사고발생의 객체가 사람인 보험으로서 사람의 생명과 신체에 관하여 보험사고발생한 경우에 보험계약이 정하는 바에 따라 보험금액 또는 기타의 급여를 지급하는 보험이다.
 ㉡ 인보험의 종류 : 생명보험, 상해보험(질병보험 포함)

심화TIP 보험의 구분

인보험 중에서 상해보험과 질병보험은 보험계약자 측이 지출한 의료실비 등을 지급하게 되는 손해보험적 성격을 가지고 있기 때문에 보험을 손해보험과 인보험으로 단순히 구분하는 것은 문제가 있다.

(5) 보험사고의 대상에 따른 구분

보험의 목적이 사람인가 물건인가에 따른 분류이다. 사람에게 발생하는 사고에 대한 보험은 인보험이고, 물건 기타의 재산에 발생하는 사고에 대한 보험은 물보험이다. 하지만 사람과 물건의 양쪽을 다 같이 보험의 목적물로 하는 보험도 있고, 또 희망이익(希望利益) 등을 목적으로 하는 보험도 있으므로 인보험과 물보험(재산보험)으로 모든 보험을 분류하기에는 한계가 있다.

① 인보험
 사람의 생명·신체에 대해 보험사고가 발생시 약정한 금액을 지급할 것을 목적으로 하는 보험이다.
② 물보험
 가입자(피보험자)의 재화에 대한 보험사고발생시 그 손해를 보상하는 보험이다.

> **심화TIP** 재산보험과 물건보험
>
> - **재산보험** : 보험사고발생의 객체가 모든 재산을 대상으로 한 보험 예 책임보험
> - **물건보험** : 보험사고발생의 객체가 특정한 물건을 대상으로 한 보험 예 화재보험, 운송보험, 해상보험, 도난보험 등

(6) 보험금 지급방법에 따른 구분

보험금을 주는 방법에 따른 분류이다. 보험사고가 발생한 때에 손해의 유무나 정도를 고려하지 아니하고 일정액의 보험금을 지급하는 보험을 "정액보험"이라 한다. 실제로 생긴 손해를 보상하는 것을 목적으로 하는 손해보험과 대립되는 보험이다.

① **정액보험**

보험계약 당시 정한 금액을 보험사고의 발생시에 보험금으로 결정·지급하는 보험이다.
예 생명보험

② **부정액보험**

보험사고에 의한 실제손해액에 따라 보험금(보상액)을 결정하는 보험이다.
예 손해보험, 재산보험

> **심화TIP** 상해보험과 질병보험의 운용
>
> 상해보험과 질병보험은 정액보험으로 운용할 수 있고, 부정액보험으로도 운용할 수 있기 때문에 생명보험회사 뿐만 아니라 손해보험회사도 판매하고 있다.

(7) 보험사고발생의 장소에 따른 구분

보험사고가 발생하는 장소에 따른 분류이다.

① **육상보험**

육상의 위험을 담보하는 보험이다.

② **해상보험**

선박에 의한 항해에 의해 해상에서 일어나는 각종 사고를 담보하는 보험이다.

③ **항공보험**

공중에 각종 위험을 담보하는 보험으로 대체로 항공기의 각종 사고로 인해 발생한 손해에 대한 보험이다.

(8) 보험목적의 범위에 따른 구분

보험목적의 수에 따른 분류이다. 개별보험은 개개의 사람이나 물건을 보험의 목적으로 하는 보험이고, 집합보험은 다수의 물건을 보험의 목적으로 하는 보험이다. 특히 보험의 목적이 물건의 집합이면 집합보험이라 하고, 사람의 집합이면 단체보험이라 한다.

① 개별보험

　개개의 물건 또는 사람을 보험의 목적으로 하는 보험이다.

② 집합보험

　다수의 물건 또는 사람의 집합체를 보험의 목적으로 하는 보험이다.
　㉠ 특정보험 : 보험의 객체(목적)가 특정된 보험
　㉡ 포괄보험 : 총괄보험이라고도 하며, 보험의 목적(객체)의 전부·일부가 특정되지 않고 보험기간 중 수시로 교체되는 것을 예상하고 체결하는 보험

③ 단체보험과 복합보험

　㉠ 단체보험(group insurance) : 단체가 규약에 따라 구성원의 전부 또는 일부를 피보험자로 하는 1개의 생명 또는 상해보험
　㉡ 복합보험(combined insurance) : 집합보험은 보험목적이 다수인데 반해, 동일한 보험목적에 대해 다수의 보험사고가 복합되어 있는 보험

(9) 보험인수의 순서에 따른 분류

① 원보험

　원수보험이라고도 하며, 보험가입자(계약자)와 보험자 사이의 보험관계로 최초 인수보험이다.

② 재보험

　보험자가 인수한 계약상의 책임의 전부·일부를 타보험자가 인수한 보험으로 원보험자와 재보험자 사이에 체결한 보험이다.

> **심화TIP 재보험의 성격**
>
> 원보험과 재보험은 법률적으로 각각 독립된 보험계약이며, 원보험의 성질이 무엇이든간에 재보험은 항상 원보험자의 보험지급채무를 담보하게 되므로 책임보험의 성격을 가지는 손해보험이며 기업보험이다.

(10) 보험가입 대상에 따른 분류

① 기업보험

　기업자가 기업경영의 경제적 안정을 위해 가입하는 보험이다.
　예 해상보험, 항공보험, 재보험, 기업용 건물이나 공장기계 등에 의한 화재보험 등

② 가계보험

　일반개인이 가계의 경제적 안정을 위해 가입하는 보험이다.
　예 생명보험, 화재보험, 자동차보험 등

4 보험과 유사제도

(1) 저 축
① 저축은 경제상의 불안정을 대비하기 위해 수입의 일부를 적립하는 제도이나 반드시 우발적인 사고에 대비하는 것이 아니다.
② 저축은 위험단체를 구성하거나 대수의 법칙에 따른 사고발생률을 계산하지 않는 반면, 보험은 특정한 우연한 사고를 대상으로 하고 보험단체의 구성을 전제로 한다.

(2) 상호부금과 계(契)
① 상호부금과 계는 일정한 수의 계좌와 부금을 정하고 다수의 가입자에게 부금(계금)을 납부하게 하여 총 기금을 마련하고 추첨 등의 방식에 의해 당첨된 가입자에게 일정한 금전을 지급하는 상호금융제도이다. 보험은 이러한 목적보다는 보험가입자의 경제적 불안을 상호 제거함에 있다.
② 부금 등이 대수의 법칙에 의해 산출된 것이 아니고 수지상등의 원칙이 개인별 가입자에게 성립된다는 점에서 보험과 차이가 있다.

(3) 자가보험
① 자가보험은 거대한 재산의 소유자가 자기재산에서 발생할 경제적 불안에 대비하여 보험제도를 이용하지 않고 일정한 금액을 별도로 적립하여 단독준비재산을 마련하는 제도이다.
② 자가보험은 대수의 법칙에 의한 손해의 개연율을 기초로 하여 적금을 하는 점에서 보험과 유사하나 보험단체를 구성하지 않는다는 점에서 보험과 다르다.

(4) 도박·복권
① 도박이나 복권은 요행을 기대하여 일확천금을 목적으로 한다는 점에서 우연한 사고의 발생에 따른 경제생활의 불안정을 제거하려는 보험과 구별된다.
② 도박이나 복권은 사행성을 띠고 있다는 점에서 보험과 유사하나, 피보험이익을 갖고 있지 않다는 점에서 보험과 다르다.
③ 도박이나 복권은 위험을 분산하고자 하는 위험단체의 개념이 없다.

(5) 보 증
① 보증은 제3자가 채권자에 대하여 주채무자의 이행을 담보하는 일종의 채권담보제도이다.
② 보증은 우연성의 존재라는 점에서 보험과 유사하나, 위험단체를 전제로 하지 않고 대수의 법칙을 응용하지 않는다는 점에서 보험과 구별된다.
③ 오늘날 보증은 채무불이행의 위험을 통계적 기초에 따라 확률로서 계산하고, 이를 통해 보험료를 산출하여 보험금을 지급하는 보증보험으로 발전하고 있다.

> **심화TIP 보증보험**
>
> 보증보험이란 보험단체에 의한 위험의 분산과 대수의 법칙을 적용하여 채무불이행이 발생할 확률을 계산하고, 이 위험을 부보함으로써 유상으로 보증을 인수하는 보험을 말한다.

(6) 공 제

① 공제는 같은 직장·직업 또는 지역에 속하는 사람들이 조합을 결성하여 조합원 또는 그 가족 등에게 길흉사가 있을 때 공제금을 지급함으로써 상호구제를 목적으로 하는 제도이다.

② 공제는 다수의 조합원이 위험단체를 구성하여 우연한 사고를 당한 사람들에게 공제금을 지급한다는 점에서 보험과 유사하나, 일정한 직장·직업 또는 지역적으로 한정하여 가입할 수 있다는 점에서 보험과 다르다.

③ 공제는 위험분산조직이 없어 폐쇄적이며, 급부·반대급부의 원칙이 적용되지 않는다.

④ 오늘날 화재공제, 가축공제, 어선공제, 자동차공제 등은 보험수리적 원리가 적용되고, 그 실체가 보험제도와 거의 동일하게 운영되어 일종의 보험(공제보험)이라 할 수 있다.

5 보험의 원리

(1) 의 의

손해보험과 인보험을 공통적으로 지배하는 원리에는 위험의 분담, 대수의 법칙, 급부·반대급부균등의 원칙, 수지상등의 원칙이 있다. 손해보험에만 있는 특유의 원리로는 이득금지의 원칙이 있다.

(2) 손해보험과 인보험의 공통지배원리

① 대수의 법칙(Law of Large Numbers)

장기간 사고발생을 대량으로 관찰하면 일정한 법칙을 발견하는데, 이것을 보험의 원리로 응용하여 위험을 측정하고 보험료를 산출하는데 이용할 수 있다.

n개의 사건 중에서 성질 A를 가지는 것이 r개 있으면, $\dfrac{r}{n}$는 A가 일어나는 비율로 생각할 수 있는데, 관찰하는 횟수 n을 크게 함에 따라 $\dfrac{r}{n}$는 일정한 값 P에 한없이 가까워진다. 이것이 대수의 법칙이다.

실제로 나타난 개개의 현상은 우연에 의해 지배되는 일이 많으며, 관찰한 몇 개의 현상 사이에는 아무런 관계가 없는 것처럼 보인다. 그러나 여러 번 관측하고 전체적인 경향을 살펴보면, 거기에서 어떤 일정한 규칙성을 발견할 수 있다.

예를 들면, 각 개인의 수명은 서로 달라 누가 몇 살에 죽을지는 불분명하지만, 그 수를 늘려 많은 사람에 대한 장기간에 걸친 통계를 살펴보면 인간의 평균수명과 각 연령층에서의 사망자의 비율이 거의 일정한 값에 가까워지는 것을 알 수 있다.

이러한 대수의 법칙을 이용한 전형적인 분야가 보험업이다. 즉, 인간의 수명이나 각 연령별 사망률을 통계적 확률(경험적 확률)로 구하고, 이것을 기초로 해서 보험금액·보험료율을 계산한다.

② 급부·반대급부 균등의 원칙(Lexis의 원칙)

보험료를 산출하는 기술적 원리로서 위험단체 구성원이 지급하는 보험료는 지급보험금을 사고발생률에 곱한 것과 같다는 원칙이다.

즉, P(보험료) = Z(지급보험금) × W(사고발생률)로 수지상등의 원칙과 밀접한 관계를 가지고 있다.

$$W(\text{사고발생률}) = \frac{r(\text{사고발생건수})}{n(\text{보험가입자수})}$$

③ 수지상등의 원칙(보험단체 자족의 원칙)

위험단체 구성원이 지급한 보험료 총액과 보험자가 지급하는 보험금 총액이 서로 일치해야 한다는 원리이다.

$$n(\text{보험가입자수}) \times P(\text{보험료}) = r(\text{사고발생건수}) \times Z(\text{지급보험금})$$

④ 신의성실의 원칙

보험은 우연한 사고의 발생으로 인하여 보험금이 지급되는 사행계약이므로 당사자간의 권리와 의무를 신의에 따라 성실하게 이행하여야 한다. 따라서 우리 상법은 고지의무, 통지의무, 손해방지의무 등을 보험계약자 측에 부과하고 있다.

⑤ 위험의 분담

보험의 정의에서처럼 동일한 위험에 놓여있는 다수의 경제주체가 하나의 공동준비재산을 형성하여 구성원 중에 우연하고도 급격한 사고를 입은 자에게 손해를 보상한다.

(3) 손해보험 특유의 원리(이득금지의 원칙)

① 손해보험은 손해보상보험으로서 보험자는 보험사고로 인하여 피보험자가 입은 실손해액 이상의 손해를 보상하지 않는데, 이는 보험을 통하여 이득을 보아서는 안 된다는 이득금지의 원칙이 지배하기 때문이다. 이 원칙은 보험에 의한 부당이득을 방지하고, 고의적 사고유발이 공서양속에 위배되기 때문에 인정된 것이다.

② 우리 상법은 피보험이익이 존재하고 이득금지의 원칙의 실현으로 초과보험·중복보험을 금지하고 있으며, 대위의 원칙을 인정하고 있다.

02 보험의 기능과 폐해

1 보험의 기능

(1) 사회보장적 기능
보험은 우연한 사고로 인한 경제적 불안을 보험자에게 전가시킴으로써 경제주체의 안정적인 경제생활을 도모한다.

(2) 자본축적의 기능
보험료 징수를 통한 자본의 축적으로 국민경제의 활성화에 이바지한다.

(3) 신용수단의 기능
신용보험, 보증보험, 저당보험 등을 통하여 이루어지는 사회신용수단의 기능을 말한다.

(4) 국제적인 기능
재보험을 통하여 위험을 국내에 한정하지 않고 국제적으로 분산시키는 기능을 한다.

(5) 고용기회증진의 기능
보험업이 활발해지면 인력의 고용효과를 가져와 실업문제 해결에 일익을 담당한다.

(6) 개인의 저축기능
근래에는 생명보험뿐만 아니라 손해보험 분야까지 장기저축성 보험의 출현으로 손해의 전보뿐만 아니라 저축의 기능도 갖는다.

> **심화TIP 보험의 존재 이유**
> 보험의 사회적 기능이 보험의 사회적 비용보다 크기 때문이다.

2 보험의 폐해

(1) 보험범죄

보험계약자 측에서 보험금을 받기 위하여 고의로 보험사고를 유발시킬 수 있다. 즉 생명보험에서 피보험자를 고의로 살인하는 행위나 화재보험에서 보험의 목적을 방화하고 사고발생에 대한 위증, 고지의무위반 등 비도덕적인 행위로 보험금을 사취하려는 행위가 생길 수 있다. 이러한 보험범죄로 인해 사회불만을 가중시키거나 조장할 수 있다.

(2) 역선택(Adverse Selection)

보험계약 체결시 위험은 보험자가 선택하게 되어 있으나, 보험계약자가 보험자에게 불리한 보험사고의 발생가능성이 높은 위험을 자진하여 선택하여 보험에 가입하는 경우를 말한다. 예를 들어 생명보험에서 건강에 자신이 없거나 치명적인 질병이 있는 자가 적극적으로 보험에 가입하는 경우가 역선택이다. 역선택에 의한 위험이 동일보험단체에 집중하게 되면 대수의 법칙에 의한 수지상등의 원칙이 무너져 보험사업 경영의 기초에 영향을 미치게 되므로 역선택의 방지는 매우 중요하다. 이러한 역선택을 방지하기 위해 법률상 보험계약자, 피보험자에게 고지의무 등을 부여하고 있다.

> **심화TIP 역선택과 레몬시장이론**
>
> 역선택이란 용어는 에컬로프(George A. Akerlof)의 '레몬시장이론(Market for Lemons)'이란 논문에서 처음 사용된 용어이다. 여기서 '레몬'이란 우리나라의 '빛 좋은 개살구'처럼 겉만 멀쩡한 물건을 가리킨다. 레몬시장이론은 정보의 비대칭이 존재하는 시장에서는 도리어 품질 낮은 상품이 선택되는 가격왜곡현상, 즉 역선택이 이루어져 전체 시장 자체가 붕괴될 수 있다는 것이다.

(3) 보험의 목적물에 대한 주의 태만

보험에 의하여 자기재산에 대하여 장래의 경제적 보장을 얻는 보호를 받는 반면 자기재산의 보호에 소홀하고 방심으로 사고발생을 유발시키거나 주의 태만으로 위험이 증가될 수 있다.

03 보험계약법의 기초

1 보험법의 개념

(1) 넓은 의미

① 넓은 의미의 보험법은 보험관계 또는 보험제도를 규율하는 법규의 전체를 말하며, 보험공법과 보험사법이 포함된다. 즉, 넓은 뜻으로 보험법을 말할 경우에는 보험에 관한 사법과 공법(보험감독법과 공보험에 관한 법 포함) 전부를 포함한다. 우리나라에는 보험계약법이라는 명칭을 가진 법은 없고, 상법 제4편의 보험에 관한 규정이 보험계약법(형식적 의의의 보험계약법)에 해당된다.

② 보험감독법 또는 보험행정법이란 보험감독관청인 금융위원회와 금융감독원이 영리보험회사를 행정적으로 감독, 통솔하는 관계를 규율하는 법을 의미하는데, 우리나라의 보험업법에는 보험감독과 모집단속에 관한 규정이 포함되어 있다.

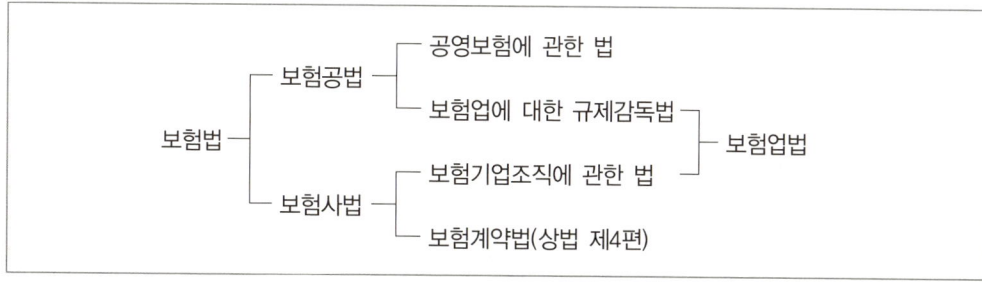

(2) 좁은 의미

좁은 의미의 보험법은 보험사법 중 보험계약법이다. 보험계약법은 보험계약을 규율하는 법, 즉 사영보험에서 보험자와 보험계약자 등 사이에 생기는 법률관계를 규율하는 법이다. 상법 제4편 보험에 관한 규정이 보험계약법의 내용에 해당한다.

2 보험계약법의 특성

(1) 의 의
상법상 보험계약은 영업적 상행위의 일종이나, 보험제도가 동질상의 위험에 놓여 있는 다수의 경제주체가 대수의 법칙에 의한 공동준비재산을 형성하여 우연한 사고에 대비하는 기술적인 제도라는 점에서 일반 상행위와 다른 특이성을 지니고 있다.

(2) 사회성·공공성
현대 사회에 존재하는 다수의 구조적 위험과 그로 인한 대규모 피해 가능성으로 인해 개인이나 기업은 보험제도를 이용하지 않을 수 없으며, 이로 인해 보험은 보험회사의 영리사업임에도 불구하고 고도의 사회성과 공공성을 가지게 된다. 이에 따라 보험업법은 보험가입자를 보호하기 위하여 보험자의 자격을 제한하고, 보험을 이용하는 일반대중의 이익을 보호하기 위하여 보통보험약관에 대하여도 행정적인 감독을 요구하고 있으며, 특약에 의해서도 보험계약자 등의 이익을 침해하지 못하도록 하고 있다(상법 제663조).

(3) 단체성
보험계약은 보험자와 보험계약자 사이에 이루어지는 낙성·불요식의 개인적인 채권계약이며, 다른 보험계약자들간에는 아무런 법적인 관계가 없다. 그러나 보험계약은 동일한 위험에 놓여 있는 다수인으로 구성된 보험단체라는 추상적인 위험단체를 개념적으로 가지게 되고, 구성원 1인에게 보험사고가 발생한 경우 구성원 전체가 그 손해를 전보해 준다는 측면에서 보험계약법은 단체성을 가지게 된다. 보험계약법상의 고지의무제도(상법 제651조), 위험의 변경증가의 통지의무(상법 제652조), 위험유지의무(상법 제653조) 등도 이러한 단체성에 기인한 것이다.

(4) 상대적 강행법규성 기출 제3회, 제4회, 제7회, 제8회, 제9회, 제10회
보험계약의 내용은 당사자가 임의로 정할 수 있으나, 일반대중의 이익을 보호하기 위하여 상법은 계약자유의 원칙을 적용하지 않고 보험계약자 등 불이익변경금지의 원칙을 두고 있다. 즉, 당사자간의 특약에 의해서도 보험계약자, 피보험자, 보험수익자 등에게 불이익하게 변경되어서는 안 된다(상법 제663조). 이 원칙으로 인해 상법 보험편은 상대적 강행법규가 되었다. 그러나 이 원칙은 가계보험 전반에 미치지만, 재보험 및 해상보험, 기타 이와 유사한 보험에 대하여는 적용하지 않고 있다(상법 제663조 단서).

> **판례** 대법원 2005.8.25. 선고 2004다18903 판결
>
> 상법 제663조에 규정된 '보험계약자 등의 불이익변경금지원칙'은 보험계약자와 보험자가 서로 대등한 경제적 지위에서 계약조건을 정하는 이른바 기업보험에 있어서의 보험계약 체결에 있어서는 그 적용이 배제된다.

> **심화TIP** 상법상 불이익변경금지원칙에 위반되는 가계보험의 약관조항 `기출` 제10회
>
> - 보험계약자가 계약 체결시 과실 없이 중요한 사항을 불고지한 경우에도 보험자의 해지권을 인정한 약관조항
> - 보험료청구권의 소멸시효기간을 연장하는 약관조항
> - 보험수익자가 보험계약 체결시 고지의무를 부담하도록 하는 약관조항
> - 보험사고발생 전이지만 일정한 기간 동안 보험계약자의 계약 해지를 금지하는 약관조항

(5) 윤리성·선의성

보험제도는 위험단체를 전제로 동질적인 위험에 대비하기 위하여 이용되는 것이고, 보험계약은 바로 이러한 위험을 전제로 이루어지는 사행계약이다. 그러므로 이러한 보험계약이 투기 또는 도박 등의 목적으로 악용될 때에는 도덕적 위험이 생길 수 있다. 따라서 보험계약 당사자에게는 고도의 윤리성과 선의성이 요구된다.

우리 상법은 이러한 도덕적 위험을 막기 위한 규정을 두고 있는데, 보험사고의 객관적·주관적 확정의 효과(상법 제644조), 고지의무제도(상법 제651조), 위험변경증가의 통지의무제도(상법 제652조), 보험사고발생시 보험계약자의 통지의무(상법 제657조), 고의·중과실에 의한 보험사고에 대한 보험자의 면책(상법 제659조 제1항), 사기로 인한 초과·중복보험의 경우 무효(상법 제669조 제4항, 제672조 제3항), 손해방지의무(상법 제680조) 등을 들 수 있다.

(6) 기술성

보험제도는 대수의 법칙을 적용하여 보험사고에 대한 확률을 계산하고, 이를 기초로 해서 수지상등의 원칙을 구현하는 기술적 특성을 가진다. 이러한 보험의 기술적 특성이 보험계약법의 내용으로 나타난 것이 고지의무제도, 위험변경증가에 대한 통지의무, 보험료불가분의 원칙 등이다.

> **심화TIP** 보험료불가분의 원칙
>
> 보험료불가분의 원칙은 지급보험금과 보험료 총액과의 균형을 위한 것으로서 보험계약의 기술적 성격에서 요구된다. 보험료불가분의 원칙은 보험자가 보험료기간 중의 일부분이라도 위험부담을 한 경우에는 보험료기간의 중도에 보험계약이 해지되거나 실효 등으로 종료한 때에도 보험자는 그 보험료기간에 대응하는 보험료 전액을 취득할 수 있다는 것이다.

(7) 사익추구성 또는 영리성

보험계약법은 사보험에 적용되며, 보험에서 계약자는 자신의 위험을 보험자에게 전가하고, 보험자는 그 대가로 보험료를 받아 수지를 맞춘다. 따라서 사보험은 국가의 비용으로 경제적 약자를 대가없이 지원하는 사회보장적 성격을 지니는 보험이 아니다.

3. 보험계약법의 법원과 상법상 지위

(1) 보험계약법의 법원(法源)

보험계약법의 법원에는 문서화된 것과 문서화되지 않은 것이 있다.

① 성문법원

보험계약법의 법원으로서 가장 중심이 되는 것은 상법 제4편(보험자와 보험계약자 사이의 보험계약관계를 규율하기 위한 계약법 규정)이다. 또한 보험계약법의 법원이 될 수 있는 보험 관련 특별법으로는 보험업법, 자동차손해배상보장법, 원자력손해배상법, 무역보험법, 화재로 인한 재해보상과 보험가입에 관한 법률, 우체국예금보험에 관한 법률, 예금자보호법 등이 있고, 사회보험법으로는 산업재해보상보험법, 선원보험법, 국민건강보험법 등이 있다.

> **심화TIP 보험계약법의 법원으로서 보험업법**
>
> 보험업법은 크게 보험사업의 감독에 관한 사항과 보험계약에 관한 사항으로 구분되는데 보험사업의 감독에 관한 사항은 공법 규정으로서 보험계약법의 법원이라고 할 수 없다. 보험계약법의 법원이 되는 것은 보험계약에 관한 사항으로 보험모집에 관한 규정, 보험회사 조직에 관한 규정 등이다.

② 불문법원

보험에 관한 상관습법이 있으면 이것도 보험계약법의 법원이 될 수 있다. 그런데 상관습법과 사실인 상관습을 구별하는 것이 다수설이며, 판례의 태도이다. 우리나라에서는 보험계약에 관하여 관습법으로 인정된 것이 아직 없다고 해석하고 있다.

> **판례 관습법과 사실인 관습(대법원 1983.6.14. 선고 80다3231 판결)**
>
> 관습법이란 사회의 거듭된 관행으로 생성한 사회생활규범이 사회의 법적 확신과 인식에 의하여 법적 규범으로 승인·강행되기에 이른 것을 말하고, 사실인 관습은 사회의 관행에 의하여 발생한 사회생활규범인 점에서 관습법과 같으나, 사회의 법적 확신이나 인식에 의하여 법적 규범으로서 승인된 정도에 이르지 않은 것을 말하는 바, 관습법은 바로 법원으로서 법령과 같은 효력을 갖는 관습으로서 법령에 저촉되지 않는 한 법칙으로서의 효력이 있는 것이며, 이에 반하여 사실인 관습은 법령으로서의 효력이 없는 단순한 관행으로서 법률행위의 당사자의 의사를 보충함에 그치는 것이다.

(2) 보험계약법의 상법상 지위

① 형식적 지위

우리나라 상법상 보험을 영업으로 하는 때에는 기본적 상행위의 일종이며, 보험계약법은 형식적으로 상법의 일부로서 상행위법에 속하는 것이다.

② 실질적 지위

보험계약은 대중의 이해와 밀접한 관계를 가지며, 사회성·공공성, 단체성과 같은 특수한 성격 때문에 특별한 지위를 차지하여 상법상 독립한 제4편에 규정되어 있고 상호보험, 공제, 기타 이에 준하는 계약에도 준용하고 있다(상법 제664조).

CHAPTER 01 적중예상문제

01 보험에 관한 설명으로 옳지 않은 것은?

① 원보험의 성질이 무엇이든 재보험은 책임보험의 성격을 가지는 손해보험으로서 기업보험에 속한다.
② 영리보험은 보험가입자들이 직접적으로 위험단체를 구성한다.
③ 여러 개의 물건이나 사람을 집단으로 하여 1개의 보험계약을 체결하는 것을 집단보험이라 한다.
④ 집합된 보험의 목적이 보험기간 중 수시로 교체되는 것을 예상하고 체결하는 것을 총괄보험이라 한다.

> **해설**
> 영리보험의 경우 다수 보험가입자간의 실질적인 단체관계는 동일한 보험자를 중개로 하여 간접적으로 형성되고, 보험가입자 상호간에는 법적으로 아무런 관계가 없다.

02 자가보험에 관한 설명으로 옳지 않은 것은?

① 자가보험이란 공장 또는 건축물, 다수의 선박이나 자동차를 소유하는 회사나 개인이 자기가 가지고 있는 위험을 보험회사에 전가하지 아니하고 자기가 보유하는 형태이다.
② 자가보험은 위험의 자기보유의 한 유형이지만 보유방법에 있어서 위험을 다수 결합하여 통계적 확률에 의하여 산출된 기금을 적립하여 위험에 대비한다는 점에서 이러한 통계적 확률을 사용하지 않는 일반적 자기보유와는 구별된다.
③ 보험제도가 다수인 집단을 통한 위험의 전가 및 위험의 분산이라면 자가보험은 자기가 위험을 보유하면서 자기가 보유한 다수동질위험에 위험을 분산한다는 점에서 다르다.
④ 자가보험은 보험자와 보험계약자간의 계약관계이므로 상법 보험편의 규정이 적용된다.

> **해설**
> 자가보험은 보험자와 보험계약자간의 계약관계가 아니기 때문에 상법 보험편의 규정이 적용되지 않는다.

정답 01 ② 02 ④

03 다음 설명 중 옳지 않은 것은?

① 보험사법은 보험계약에 관한 내용으로만 구성되어 있다.
② 보험법은 보험공법과 보험사법을 포함한 것이다.
③ 보험사법은 넓은 의미에서 상법상의 상행위에 속한다.
④ 보험공법은 공보험에 관한 법규와 보험업의 규제·감독에 관한 법규이다.

| 해설 |
보험사법은 경영주체 조직에 관한 법(보험업법), 보험계약에 관한 법(상법 제4편 보험계약법)을 의미한다.

04 기업보험과 가계보험에 관한 설명으로 옳지 않은 것은?

① 기업보험에 대해서는 상법규정이 적용되지 않는다.
② 가계보험에 대해서는 국가의 후견적 역할이 필요하다.
③ 가계보험은 가계경제의 불안에 대비하여 이용하는 보험이다.
④ 기업보험은 기업자가 기업경영생활의 불안정에 대비하여 이용하는 보험이다.

| 해설 |
해상보험, 항공보험, 재보험 등의 기업보험은 상업 제4편 보험편에 적용된다. 그러나 제663조 보험계약자 등의 불이익변경금지 원칙은 보험계약자와 보험자가 서로 대등한 경제적 지위에서 계약조건을 정하는 이른바 기업보험에 있어서의 보험계약의 체결에 있어서는 그 적용이 배제된다(대법원 2000.11.14. 선고 99다52336 판결).

05 다음 설명 중 옳지 않은 것은?

① 인보험은 물보험에 대비되는 개념이다.
② 손해보험은 정액보험에 대비되는 개념이다.
③ 인보험은 보험목적의 양도가 인정된다.
④ 상법은 손해보험과 인보험으로 크게 구분하고 있다.

| 해설 |
보험목적의 양도규정(상법 제679조)은 손해보험에만 있는 특유의 개념이다.

06 보험과 공제에 관한 설명으로 옳은 것은?

① 보험과 공제는 명칭만 다를 뿐 기능면에서는 같다.
② 보험과 공제는 법률적 근거가 같다.
③ 보험과 공제는 가입대상자가 한정되어 있지 않다는 점에서 본질적인 차이가 없다.
④ 농업협동조합 등에서 실시하는 공제는 실제 목적에서 보험업과 다르다.

| 해설 |
보험과 공제는 우연한 사고에 대해 경제적 수요를 충족시켜준다는 점과 단체를 구성한다는 점에서 유사하며, 판례도 공제제도가 실제 보험사업과 동일한 기능을 하고 있고, 특별한 사정이 없는 한 상법 보험편이 준용될 수 있다고 해석한다.
② 공제사업에 대해서는 보험업법의 적용을 받지 않으므로 보험과 공제는 법률적 근거가 다르다.
③ 공제는 가입대상자가 일정 직장 또는 직업 등에 의해 한정되어 있다는 점에서 보험과 본질적인 차이가 있다.
④ 농업협동조합 등에서 실시하는 공제는 실제 목적에서 보험업과 거의 동일하게 운영되고 있어 이를 '유사보험' 또는 '공제보험'이라고 한다.

07 다음의 법규 중에서 형식적 의의의 보험법에 해당하는 것은?

① 보험업법
② 상법 제4편
③ 보험계약법과 보험감독법
④ 상법 제4편과 보험업법 중 보험업자에 관한 규정

| 해설 |
형식적 의의의 보험계약법은 상법 제4편 보험규정에 속하고, 실질적 의의는 영리보험에서 보험관계를 규율하는 법을 말한다.

08 다음 설명으로 옳은 것은?

① 형식적 의의의 보험법은 상법 제4편의 규정 및 보험업법을 가리킨다.
② 이론적으로 파악하는 넓은 의미의 보험법은 보험계약법만 가리킨다.
③ 상법 제4편의 규정은 영리보험의 경우에만 적용된다.
④ 보험관계법은 사보험법과 공보험법으로 구분된다.

| 해설 |
① 형식적 의의의 보험법은 상법 제4편의 규정을 가리킨다.
② 보험계약법은 좁은 의미의 보험법이라고도 하고 실정보험법으로서 상법의 대상이 된다.
③ 상법이 규정하는 보험계약법은 영리보험에 관한 것이나 그 사회성·공공성, 단체성의 특성을 가진다는 점에서 상호보험이나 공제 등에도 준용하고 있다.

09 보험법의 단체성과 가장 관련이 없는 것은?

① 고지의무
② 상대적 강행법규성
③ 위험의 변경증가의 통지의무
④ 보험계약자 평등대우의 원칙

| 해설 |
보험계약법의 단체성은 고지의무제도, 위험변경증가의 통지의무, 신의성실의 원칙, 보험계약자 평등대우의 원칙 등과 관련이 있다. 보험계약법의 상대적 강행법규성은 일반대중의 이익을 보호하기 위하여 계약자유의 원칙을 적용하지 않고 보험계약자 등 불이익변경금지의 원칙을 두고 있다는 의미이다.

10 보험제도의 기술성에 기인한 보험계약법의 특성과 관련이 없는 것은?

① 보험가입자의 고지의무
② 보험계약자 등 불이익변경금지의 원칙
③ 위험변경증가에 대한 통지의무
④ 보험료불가분의 원칙

| 해설 |
보험의 기술적 특성에 기인한 보험계약법의 내용은 고지의무제도, 위험변경증가에 대한 통지의무, 보험료불가분의 원칙 등이다.

11 우리나라 보험계약법의 특성이 아닌 것은?

① 사회성
② 선의성
③ 기술성
④ 절대적 강행규정성

> |해설|
>
> **보험계약법의 특성**
> • 사회성·공공성
> • 단체성
> • <u>상대적 강행법규성</u>
> • 윤리성·선의성
> • 기술성

12 상법 제663조(보험계약자 등의 불이익변경금지) 규정이다. ( )에 들어갈 내용은?

기출 제9회

> 이 편의 규정은 당사자간의 특약으로 보험계약자 또는 피보험자나 보험수익자의 불이익으로 변경하지 못한다. 그러나 (ㄱ) 및 (ㄴ) 기타 이와 유사한 보험의 경우에는 그러하지 아니하다.

	ㄱ	ㄴ
①	책임보험	해상보험
②	책임보험	화재보험
③	재보험	해상보험
④	재보험	화재보험

> |해설|
>
> **보험계약자 등의 불이익변경금지(상법 제663조)**
> 이 편의 규정은 당사자간의 특약으로 보험계약자 또는 피보험자나 보험수익자의 불이익으로 변경하지 못한다. 그러나 (**재보험**) 및 (**해상보험**) 기타 이와 유사한 보험의 경우에는 그러하지 아니하다.

정답 08 ④ 09 ② 10 ② 11 ④ 12 ③

13 보험계약자 등의 불이익변경금지의 원칙에 관한 설명으로 옳은 것은?

① 기업보험에도 적용된다.
② 보험계약자 등의 불이익변경금지를 위반한 약관은 효력이 없다.
③ 보험계약자 등의 불이익변경금지를 당사자의 합의로 배제할 수 있다.
④ 상법에서 보험계약자 등의 불이익변경금지의 원칙은 상법 전편에 적용된다.

| 해설 |
① 기업보험(해상·항공·재보험)은 상법 제663조의 보험계약자 등의 '불이익변경금지의 원칙'이 적용되지 않는다.
③ 당사자간의 합의로 보험계약자 등의 불이익변경금지를 배제할 수 없다.
④ 상법 제663조의 '불이익변경금지의 원칙'은 상법 제4편(보험편)을 상대적 강행규정으로 정하고 있다.

14 가계보험의 약관조항 중 상법상 불이익변경금지원칙에 위반되지 않는 것은? 기출 제10회

① 보험계약자가 계약 체결시 과실 없이 중요한 사항을 불고지한 경우에도 보험자의 해지권을 인정한 약관조항
② 보험료청구권의 소멸시효기간을 단축하는 약관조항
③ 보험수익자가 보험계약 체결시 고지의무를 부담하도록 하는 약관조항
④ 보험사고발생 전이지만 일정한 기간 동안 보험계약자의 계약 해지를 금지하는 약관조항

| 해설 |
불이익변경금지원칙(상법 제663조)의 규정은 당사자간의 특약으로 보험계약자 또는 피보험자나 보험수익자의 불이익으로 변경하지 못한다는 것이다.
② 보험료청구권의 소멸시효기간을 단축하는 약관조항은 보험계약자 등에게 유리한 조항이므로 불이익변경금지원칙에 위반되지 않는다.
①·③·④ 보험계약자 등에게 불리한 조항이므로 불이익변경금지원칙에 위반된다.

15 보험계약자 등의 불이익변경금지에 관한 설명으로 옳지 않은 것은? 기출 제7회

① 상법 보험편의 규정은 당사자간의 특약으로 피보험자의 이익으로 변경하지 못한다.
② 상법 보험편의 규정은 당사자간의 특약으로 보험수익자의 불이익으로 변경하지 못한다.
③ 해상보험의 경우 보험계약자 등의 불이익변경금지 규정은 적용되지 않는다.
④ 재보험의 경우 보험계약자 등의 불이익변경금지 규정은 적용되지 않는다.

| 해설 |
상법 보험편의 규정은 당사자간의 특약으로 <u>보험계약자 또는 피보험자나 보험수익자의 불이익으로 변경하지 못한다</u>. 그러나 재보험 및 해상보험 기타 이와 유사한 보험의 경우에는 그러하지 아니하다(상법 제663조).

16 보험계약자 등의 불이익변경금지에 관한 설명으로 옳지 않은 것은? 기출 제3회

① 불이익변경금지는 보험자와 보험계약자의 관계에서 계약의 교섭력이 부족한 보험계약자 등을 보호하기 위한 것이다.
② 상법 보험편의 규정은 가계보험에서 당사자간의 특약으로 보험계약자의 불이익으로 변경하지 못한다.
③ 상법 보험편의 규정은 가계보험에서 당사자간의 특약으로 피보험자의 불이익으로 변경하지 못한다.
④ 재보험은 당사자의 특약으로 보험계약자의 불이익으로 변경할 수 없다.

| 해설 |
재보험 및 해상보험 기타 이와 유사한 보험의 경우에는 보험계약자 등의 '불이익변경금지의 원칙'이 적용되지 않는다(상법 제663조). 즉, 재보험은 당사자의 특약으로 보험계약자의 불이익으로 <u>변경할 수 있다</u>.

17 상법 제663조(보험계약자 등의 불이익변경금지)에 관한 설명으로 옳지 않은 것은? 기출 제4회

① 상법 보험편의 규정은 가계보험에서 당사자간의 특약으로 피보험자의 불이익으로 변경하지 못한다.
② 상법 보험편의 규정은 재보험에서 당사자간의 특약으로 피보험자의 불이익으로 변경하지 못한다.
③ 상법 보험편의 규정은 가계보험에서 당사자간의 특약으로 보험계약자의 불이익으로 변경하지 못한다.
④ 상법 보험편의 규정은 해상보험에서 당사자간의 특약으로 피보험자의 불이익으로 변경할 수 있다.

| 해설 |
상법 보험편의 규정은 당사자간의 특약으로 보험계약자 또는 피보험자나 보험수익자의 불이익으로 변경하지 못한다. 그러나 재보험 및 해상보험 기타 이와 유사한 보험의 경우에는 그러하지 아니하다(상법 제663조).

18 상법 보험편에 관한 설명으로 옳지 않은 것은?(다툼이 있으면 판례에 따름) 기출 제8회

① 재보험에서는 당사자간의 특약에 의하여 상법 보험편의 규정을 보험계약자의 불이익으로 변경할 수 있다.
② 보험계약자 등의 불이익변경 금지원칙은 보험계약자와 보험자가 서로 대등한 경제적 지위에서 계약조건을 정하는 기업보험에 있어서는 그 적용이 배제된다.
③ 상법 보험편의 규정은 그 성질에 반하지 아니하는 범위에서 공제에도 준용된다.
④ 상법 보험편의 규정은 약관에 의하여 피보험자나 보험수익자의 이익으로 변경할 수 없다.

| 해설 |
상법 보험편의 규정은 약관에 의하여 피보험자나 보험수익자의 불이익으로 변경하지 못한다.
① 상법 보험편의 규정은 당사자간의 특약으로 보험계약자 또는 피보험자나 보험수익자의 불이익으로 변경하지 못한다. 그러나 재보험 및 해상보험 기타 이와 유사한 보험의 경우에는 그러하지 아니하다(상법 제663조).
② 상법 제663조에 규정된 '보험계약자 등의 불이익변경금지원칙'은 보험계약자와 보험자가 서로 대등한 경제적 지위에서 계약조건을 정하는 이른바 기업보험에 있어서의 보험계약 체결에 있어서는 그 적용이 배제된다(대법원 2005.8.25. 선고 2004다18903 판결).
③ 상법 보험편의 규정은 그 성질에 반하지 아니하는 범위에서 상호보험(相互保險), 공제(共濟), 그 밖에 이에 준하는 계약에 준용한다(상법 제664조).

19 보험의 도박성을 방지하기 위한 상법상 규정과 거리가 가장 먼 것은?

① 통지의무
② 보험위부
③ 고지의무
④ 보험자의 면책사유

| 해설 |
보험위부란 보험사고발생결과가 현실전손은 아니지만 보험목적이 전손에 가까운 손실을 입었거나 또는 본래의 목적에 사용할 수 없을 경우에 피보험자가 그 보험목적에 대하여 가지고 있는 일체의 권리를 보험자에게 위부하여 보험금액의 전액을 청구할 수 있는 해상보험의 특유한 제도이다.
① 상법 제657조
③ 상법 제651조
④ 상법 제659조

20 보험의 도덕적 위험을 방지하기 위한 상법상 규정과 관계가 없는 것은?

① 보험사고의 객관적·주관적 확정의 효과
② 보험계약자 등의 불이익변경금지
③ 사기로 인한 초과보험의 무효
④ 손해방지의무

| 해설 |
보험계약자 등의 불이익변경금지는 보험계약에 있어서 전문지식이 부족한 상대적 약자를 보호하기 위한 제도이다.
① 상법 제644조
③ 상법 제669조 제4항
④ 상법 제680조

CHAPTER 02 보험계약

학습목표
❶ 보험계약의 특성, 보험계약의 요소와 성립관계를 학습한다.
❷ 보통보험약관, 상법상 고지의무, 보험계약의 효과, 통지의무 등을 이해한다.
❸ 보험계약의 무효·변경·해지·소멸사유, 보험자의 면책사유 등을 이해한다.

01 보험계약의 개념

1 보험계약의 의의

(1) 보험계약에 관한 학설

보험계약의 개념 설정이 어렵기 때문에 다양한 학설이 대립되어 왔다. 모든 보험에 공통된 정의를 내린다는 것은 무의미하다는 개념 정립 무용론도 있으나, 보험계약의 의의를 명확히 한다는 것은 보험에 관련 있는 규정의 적용 내지 유추적용의 범위를 결정하는데 필요하므로 이에 대한 학설을 살펴본다.

① 일원론
  ㉠ 손해보상계약설 : 보험계약을 "보험자가 보험계약자로부터 대가를 징수 받고 보험사고에 의하여 보험계약자 또는 피보험자에게 생기는 손해를 보상할 것을 약속하는 계약"이라고 한다. 이 설은 초기 손해보험만 있었던 때의 지배적인 견해로 생명보험의 등장에 따라 손해보상의 개념만으로 보험계약을 설명하기 어렵게 되었다.
  ㉡ 경제수요충족설 : 보험계약을 "보험자가 보험계약자로부터 보험료를 징수하고 우연한 사고로 상대방 또는 제3자에게 생긴 경제수요를 충족시킬 것을 인수하는 계약"이라고 한다. 그러나 이 설은 생명보험계약에서 경제수요가 없을 경우에도 보험금이 지급되는 것을 설명할 수 없다.
  ㉢ 금액급여설 : 보험계약은 "보험자가 대가를 받고 계약에 정한 사고발생을 조건으로 일정한 금액을 지급할 것을 약정한 계약"이라는 설이다. 그러나 이 설도 법률적인 효과만을 반영한 것이며, 추상적이고 도박과 같은 유사 개념과 구별이 어렵다.
  ㉣ 기술설 : 보험계약은 "보험자가 우연한 사고발생의 개연율에 따라 산출된 보험료에 대하여 그 사고발생시 일정한 금액을 상대방에게 지급할 것을 약정하는 계약"이라는 설이다. 그러나 이 설은 보험계약의 내용을 무시한 형식적 정의이며, 법률상 정의로는 불충분하다는 비판을 받고 있다.

ⓒ 재산급여설 : 보험계약은 "특정한 우발적 사고가 발생한 경우에 약정한 취지에 따라 재산적 급여를 하기로 약정하는 계약"이라는 설로, 금액급여설에서 현물보상을 설명하기 위한 설이다.

② 이원론

손해보험과 생명보험에 통일적 정의를 내리는 것이 어렵기 때문에 양자를 따로 이원적인 정의를 내리고자 하는 학설이다. 즉, 보험계약이란 "당사자의 일방(보험자)이 약정한 불확정한 사고가 생길 경우에 그 사고로 인하여 생긴 손해를 보상(손해보험계약)하거나 약정한 금액을 지급(생명보험계약)할 것을 약정하는 유상의 독립계약"이라는 설(선택설)이다. 그러나 선택적인 정의로는 부족하다.

(2) 상법의 정의

상법 제638조에서 "보험계약은 당사자 일방이 약정한 보험료를 지급하고 재산 또는 생명이나 신체에 불확정한 사고가 발생할 경우에 상대방이 일정한 보험금이나 그 밖의 급여를 지급할 것을 약정함으로써 효력이 생긴다"라고 규정하여 손해보험과 인보험에 대하여 통일적인 규정을 두고 있다.

2 보험계약의 성질 기출 제1회, 제2회, 제3회

(1) 유상·쌍무계약성 기출 제11회

보험계약은 보험사고의 발생을 전제로 보험계약자의 보험료 지급에 대하여 보험자는 일정한 보험금액, 기타의 급여를 지급할 것을 약정하므로 유상계약이고, 보험계약자의 보험료 지급의무와 보험자의 위험부담의무가 보험계약과 동시에 채무로서 이행되어야 하므로 대가관계에 있는 쌍무계약이다.

(2) 낙성·불요식 계약성 기출 제5회

보험계약은 청약과 승낙이라는 당사자 쌍방의 의사표시의 합치만으로 성립하고, 아무런 급여를 요하지 않으므로 낙성계약이며, 그 의사표시에는 특별한 방식이 필요 없으므로 법률상 불요식이다.

우리 상법에서는 "보험자의 책임은 당사자간에 다른 약정이 없으면 최초의 보험료를 지급 받은 때부터 개시한다(상법 제656조)"라고 규정하고 있는데, 이는 보험기간의 시기에 관한 것이지 보험계약의 효력발생의 전제가 되지 않는다. 또한 실제 거래에서 보험계약의 체결시 보험청약서를 이용하는 것이 요식이거나 보험증권의 작성·교부가 계약 성립의 요건이 아니므로 법률상 요건도 아니다.

> **심화TIP** 보험계약의 요식·요물화 추세
>
> 보험계약은 원칙적으로 불요식 낙성계약이나 실제로는 보험계약청약서를 작성하고 보험증권을 교부한다는 점에서 요식화되고 있고, 또 '보험료를 내야만 보험자의 책임이 개시된다'는 점에서 요물화되어 가고 있다.

(3) 상행위성

보험의 인수는 영업으로 해야 하는 기본적 상행위이다. 즉, 상법 제46조에서는 기본적 상행위를 열거하면서 제17호에서 보험을 규정하므로 상행위에 속한다. 따라서 영업과 관계없이 개별적으로 체결하거나, 영업에 부수하여 체결하는 계약(예컨대, 운송인이 고율의 운임을 받고 위험을 인수하는 것)은 그 내용이 보험의 성격을 띠더라도 보험계약이 될 수 없다. 또 상호보험회사가 체결하는 보험계약 역시 영업적 상행위가 아니고 다만, 상법의 규정은 그 성질이 상반되지 않는 한 상호보험, 공제, 그 밖에 이에 준하는 계약에 준용된다(상법 제664조).

(4) 사행계약성

사행계약은 계약 당사자가 이행하여야 할 급여의무 또는 급여내용의 전부 또는 일부가 계약 성립의 처음부터 불확실성에 의존하고 있는 계약을 말하는데, 보험계약은 우연한 사고의 발생으로 인하여 보험금액의 지급 또는 그 액수가 정하여지므로 이른바 '사행계약'이다.

여기서 우연한 사고, 즉 보험사고의 종류는 계약상 확정되어야 하지만 그 보험사고의 발생은 불확정하여야 한다. 여기서 불확정성은 보험사고의 발생 여부, 시기, 방법 중 어느 하나가 불확정하면 되고 반드시 객관적으로 확정될 필요가 없고 당사자의 주관에서 불확정하면 계약은 성립한다.

> **심화TIP** 사행계약성에 따르는 문제
>
> 보험계약이 사행계약성을 띠기 때문에 자칫 보험은 도박화 되어 버리기 쉽고, 보험범죄의 문제를 야기할 수도 있다. 이에 따라 인위적 사고유발 등을 방지하기 위해 손해보험에서는 이득금지의 원칙이 적용되며, 이를 실현하기 위한 여러 가지 법적·제도적 장치들을 마련해 두고 있다.

(5) 계속계약성

보험계약의 계속계약성으로 인해 보험계약자의 보험료 지급의무와 보험자의 보험금 지급의무가 일정기간 동안 계속하여 존재한다. 그러므로 상법상 계약을 '해제'할 수 있는 경우는 거의 없고 장래에 향하여 '해지'할 수 있다. 다만, 보험계약자는 계약 체결 후 지체 없이 보험료의 전부 또는 제1회 보험료를 지급하여야 하는데, 보험계약자가 이를 지급하지 아니하는 경우에는 다른 약정이 없는 한 계약 성립 후 2월이 경과하면 그 계약은 해제된 것으로 본다(상법 제650조 제1항).

(6) 부합계약성

보험계약은 성질상 다수의 가입자를 상대로 대량으로 처리하므로 그 내용을 정형화해야 한다. 이러한 기술적 요청으로 인해 보험자가 미리 작성한 보통보험약관에 의하여 계약을 체결하므로 부합계약성을 띤다. 그러므로 보험계약자 측의 이익을 보호하기 위하여 상법은 보험계약자 등 불이익변경금지의 원칙(상법 제663조)을 규정하고, 또 보험약관은 금융위원회의 승인을 받아 사용하도록 하고 있다. 또한, 보험계약의 부합계약성으로 인하여 각 계약자를 평등하게 대우해야 하고, 특히 보험계약의 해석시 의문이 있는 경우 보험자의 불이익으로 해야 한다는 작성자불이익의 원칙이 지배한다.

> **심화TIP 부합계약**
>
> 부합계약이란 당사자 일방이 계약 내용을 설정하고 계약의 상대방은 그 내용에 자신의 의사가 일치할 때 체결되는 계약으로 상대방은 계약 내용의 설정에 일반적으로 영향을 미치지 못한다.

(7) 독립계약성

보험계약 자체가 독립하여 존재하는 것을 의미하므로 독립계약이다. 따라서 매매인 또는 운송인이 매매계약이나 운송계약에 부대하여 위험을 인수하는 것은 보험계약이 아니다.

(8) 선의계약성

보험계약이 사행계약이라는 특성에 따른 도박화를 방지하기 위해 보험계약에는 선의계약성이 요구된다. 보험계약의 선의계약성은 사법상의 신의성실의 원칙에 기초하고 있으며, 일반적인 선의보다도 더 강도 높은 선의성을 요구하기 때문에 보험계약은 '최대 선의의 계약'이라 불리고 있다.

(9) 단체계약성

보험은 동질의 위험이 다수 결합한 위험단체를 근거로 한 경제제도이다. 위험단체가 없다면 위험의 다수결합을 통한 위험분산화를 기할 수 없으며, 이와 같이 동질위험이 다수 결합된 성질을 보험의 단체성이라고 한다.

> **심화TIP 보험에서 단체성이 필요한 이유**
>
> - **대수의 법칙적용을 위한 전제조건** : 보험에서 대수의 법칙을 적용하면 개인적으로 보면 불확실하게 발생하는 보험사고도 일정기간 일정 다수를 측정하여 평균적인 사고발생률의 측정이 가능한데 이를 위해서는 동일한 다수의 위험이 필요하다.
> - **위험분산** : 대수의 법칙에 의해 측정된 위험률을 가지고 실제손실을 평균손실로 대체하기 위해서는 위험공동체의 형성이 필수적이다.

02 보험계약의 요소와 성립

1 보험계약의 요소

(1) 보험계약 관계자
보험계약 관계자에는 보험계약의 당사자인 보험회사와 보험계약자가 있고, 보험계약에 대해 이해관계를 갖는 제3자인 피보험자와 보험수익자가 있다.

① 보험자
  ㉠ 의의 : 보험자는 보험계약의 직접 당사자로서 보험사고의 발생시 일정한 금액, 기타 급여를 지급할 의무를 지는 자를 말한다. 보험업법에 의하면 보험업은 금융위원회의 허가를 받아야 하고, 사업주체는 50억원 이상의 범위(보험업법 제4조 제1항에 따른 보험종목의 일부만을 취급하려는 경우) 또는 300억원 이상의 자본금 또는 기금을 갖는 주식회사 또는 상호회사이어야 한다.
  ㉡ 권리와 의무
    ⓐ 권리 : 보험료 청구권, 계약해지권, 보험금 반환청구권, 보험금액 감액청구권, 대위권(손해보험)
    ⓑ 의무 : 보험금 지급의무, 보험증권 교부의무, 보험료 반환의무, 이익배당의무, 보험약관 교부명시의무, 보험료적립금 반환의무(인보험), 해약환급금 반환의무(인보험), 보험증권 대부의무(인보험)

② 보험자의 보조자 [기출] 제10회
  ㉠ 보험설계사(보험모집인) : 보험설계사는 보험자의 사용인으로서 한 회사에 소속되어 보험에 가입할 자에 대하여 보험계약의 청약을 인수하는 자를 말한다. 보험설계사는 일정한 범위에서의 대리권을 가지고 영업상의 업무에 종사하는 자가 아니므로 상업사용인은 아니다. 피용자 신분으로 보험자를 위해 보험계약의 체결을 중개한다는 점에서 독립된 상인적 지위에서 보험계약의 체결을 대리하거나 중개하는 보험대리상과 다르다. 또한 특정 보험회사에 종속되지 않은 보험중개사와도 다르다. 보험설계사는 고지수령권, 보험료영수권, 통지수령권, 보험계약체결권이 없으며, 다만, 보험계약자로부터 보험료를 수령할 수 있는 권한(보험자가 작성한 영수증을 보험계약자에게 교부하는 경우만 해당한다) 및 보험자가 작성한 보험증권을 보험계약자에게 교부할 수 있는 권한이 있다(상법 제646조의2 제3항). 보험회사 등은 소속 보험설계사가 되려는 자를 금융위원회에 등록하여야 한다.

ⓒ 보험대리점 : 보험대리점은 일정한 보험회사를 위하여 보험계약의 체결을 중개 또는 대리를 영업으로 하는 독립된 상인을 말한다. 전자를 중개대리점, 후자를 체약대리점이라 한다. 이때, 체약대리점은 보험계약의 체결권을 가지는 반면, 중개대리점은 보험계약의 체결에 관한 대리권이 없고 단지 계약 체결을 중개하는데 그친다. 우리나라 보험업법에서는 제2조 제10호에서 "보험대리점이란 보험회사를 위하여 보험계약의 체결을 대리하는 자"라고 하여 체약대리점만 인정한다. 보험대리인이 되고자 하는 자는 개인과 법인을 구분하여 대통령이 정하는 바에 의하여 금융위원회에 등록해야 한다.

ⓒ 보험중개사 : 보험중개사는 보험회사와 보험계약자 사이의 보험계약의 성립을 중개하는 것을 영업으로 하는 독립된 상인이다(상법 제93조). 보험중개사가 되고자 하는 자는 금융감독원장이 실시하는 시험에 합격한 후 대통령이 정하는 바에 의하여 금융위원회에 등록하여야 한다. 계약 체결의 대리권이 없는 점에서 중개대리점과 같으나, 보험중개사는 불특정 보험회사를 위하여 독립적으로 계약 성립의 중개를 하는 점에서 일정한 보험회사를 위하여 중개하는 중개대리점과 다르다.

ⓔ 보험의 : 보험의는 인보험의 보조자로서 생명보험회사가 생명보험계약을 체결하는 경우에 피보험자의 신체 및 건강상태검사를 실시하여 위험측정자료를 파악하고, 의학적 전문지식을 보험자에게 제공해 주는 의사를 말한다. 보험의는 보험회사에 고용계약이 된 경우[사의(私醫)]가 있고, 또 위임계약인 경우[촉탁의(囑託醫)]도 있다. 보험의는 보험설계사와 마찬가지로 상업사용인이 아니므로 계약체결권이나 보험료수령권 등은 가지지 못하나, 고지수령권은 인정할 수 있다.

심화TIP 보험자의 보조자와 그 권한

구 분	계약체결권	고지수령권	통지수령권	보험료영수권
보험대리점	O	O	O	O
보험중개사	×	×	×	×
보험설계사	×	×	×	×
보험의	×	O	×	×

③ 보험대리상 등의 권한(상법 제646조의2)

기출 제1회, 제2회, 제4회, 제5회, 제6회, 제7회, 제8회, 제9회, 제10회, 제11회

㉠ 보험대리상의 권한
ⓐ 보험계약자로부터 보험료를 수령할 수 있는 권한
ⓑ 보험자가 작성한 보험증권을 보험계약자에게 교부할 수 있는 권한
ⓒ 보험계약자로부터 청약, 고지, 통지, 해지, 취소 등 보험계약에 관한 의사표시를 수령할 수 있는 권한
ⓓ 보험계약자에게 보험계약의 체결, 변경, 해지 등 보험계약에 관한 의사표시를 할 수 있는 권한

ⓒ 보험자는 보험대리상의 권한 중 일부를 제한할 수 있다. 다만, 보험자는 그러한 권한 제한을 이유로 선의의 보험계약자에게 대항하지 못한다.
  ⓒ 보험대리상이 아니면서 특정한 보험자를 위하여 계속적으로 보험계약의 체결을 중개하는 자는 '보험계약자로부터 보험료를 수령할 수 있는 권한(보험자가 작성한 영수증을 보험계약자에게 교부하는 경우만 해당한다)' 및 '보험자가 작성한 보험증권을 보험계약자에게 교부할 수 있는 권한'이 있다.
  ⓓ 피보험자나 보험수익자가 보험료를 지급하거나 보험계약에 관한 의사표시를 할 의무가 있는 경우에는 위 ㉠~ⓒ의 규정을 그 피보험자나 보험수익자에게도 적용한다.

④ 보험계약자
  ㉠ 의의 : 자기의 명의로 보험계약을 체결하는 상대방 당사자로서 1차적으로 보험료 지급의무를 지는 자이다. 보험계약자의 자격에는 아무런 제한이 없고, 대리인을 시켜 계약의 체결이 가능하며, 수인이 공동으로 보험계약자가 되어도 상관없다.
  ㉡ 권리와 의무
    ⓐ 권리 : 보험증권 교부청구권, 보험료 반환청구권, 보험료 감액청구권, 임의해지권, 보험수익자 지정변경권(인보험)
    ⓑ 의무 : 보험료 지급의무, 고지의무, 통지의무, 위험유지의무, 손해방지의무(손해보험)

⑤ 피보험자
  ㉠ 의의 : 피보험자란 손해보험에서 피보험이익의 주체로서 보험사고의 발생시 손해의 보상을 받을 권리가 있는 자를 말하고, 인보험에서는 생명이나 신체에 관하여 보험에 붙여진 자를 말한다.
  ㉡ 권리와 의무
    ⓐ 권리 : 손해보상청구권(손해보험), 보험위부권(해상보험), 계약동의권(인보험)
    ⓑ 의무 : 손해보험의 경우 보험계약자와 동일하고, 인보험의 경우 고지의무, 통지의무, 위험유지의무를 진다.

⑥ 보험수익자 기출 제10회
  ㉠ 의의 : 보험수익자란 보험사고발생시 보험금을 지급받을 자로서 인보험에서만 존재한다. 보험계약자는 보험수익자를 지정 또는 변경할 권리가 있는데, 지정권을 행사하지 아니하고 사망한 때에는 피보험자를 보험수익자로 하고, 변경권을 행사하지 아니하고 사망한 때에는 보험수익자의 권리가 확정된다. 또한 보험계약자가 지정권을 행사하기 전에 보험사고가 생긴 경우에는 피보험자 또는 보험수익자의 상속인을 보험수익자로 한다(상법 제733조).
  ㉡ 권리와 의무
    ⓐ 권리 : 보험금청구권
    ⓑ 의무 : 2차적 보험료 지급의무, 위험유지의무, 사고발생 통지의무

⑦ 보험계약 관계자의 권리·의무

구 분	권 리	의 무
보험자	• 보험료 청구권 • 계약해지권 • 대위권(청구권·잔존물대위) • 보험금 반환청구권 • 보험금액 감액청구권(초과보험의 경우)	• 보험금 지급의무 • 보험료 반환의무 • 보험료적립금 반환의무(인보험) • 해약환급금 반환의무(인보험) • 보험약관 교부·명시의무 • 보험증권 교부의무 • 보험증권 대부의무(인보험) • 이익배당의무
보험계약자	• 계약 임의해지권 • 보험료 감액청구권 • 보험료 반환청구권 • 보험증권 교부청구권 • 보험수익자 지정변경권(인보험)	• 고지의무 • 통지의무 • 손해방지의무(손해보험) • 위험유지의무 • 보험료 지급의무
피보험자	• 손해보험 : 손해보상청구권 • 해상보험 : 보험위부권 • 인보험 : 계약동의권	• 손해보험 : 계약자와 동일 • 인보험 : 고지의무, 통지의무, 위험유지의무
보험수익자	• 생명보험 : 보험금청구권	• 2차적 보험료 지급의무 • 사고발생 통지의무 • 위험유지의무

(2) 보험의 목적

① 의 의

보험사고발생의 객체가 되는 경제상의 재화 또는 자연인(사람의 생명·신체)을 말한다. 즉, 손해보험의 경우 보험사고의 객체가 되는 물건이나 재산(책임보험의 경우)을 말하고, 인보험의 경우에는 보험이 붙여진 피보험자를 말한다. 이러한 보험의 목적은 이른바 '피보험이익'이라는 '보험계약의 목적(상법 제668조)'과는 구별된다. 보험계약의 목적은 보험사고가 발생하지 않음으로 인해 피보험자가 가지는 경제적 이해관계(피보험이익)를 말한다.

② 손해보험의 목적

㉠ 경제상의 재화 : 가옥, 건물, 운송물, 선박, 기계 등과 같은 구체적인 물건은 물론 채권과 같은 무체물, 피보험자의 책임도 포함된다.

㉡ 집합보험의 목적 : 피보험자의 가족과 사용인의 물건도 보험의 목적에 포함된 것으로 한다(상법 제686조).

㉢ 총괄보험의 목적 : 보험의 목적에 속한 물건이 보험기간 중에 수시로 교체된 경우에도 보험사고의 발생시에 현존한 물건은 보험의 목적에 포함된 것으로 한다(상법 제687조).

㉣ 영업책임보험의 목적 : 피보험자의 대리인 또는 그 사업감독자의 제3자에 대한 책임도 보험의 목적에 포함된 것으로 한다(상법 제721조).

③ 인보험의 목적
　㉠ 자연인 : 사람의 생명 또는 신체
　㉡ 사망보험 : 15세 미만자, 심신상실자 또는 심신박약자는 피보험자로 할 수 없다. 다만, 심신박약자가 보험계약을 체결하거나 제735조의3에 따른 단체보험의 피보험자가 될 때에 의사능력이 있는 경우에는 그러하지 아니하다(상법 제732조).
　㉢ 피보험자 범위 : 피보험자가 하나인 개인보험과 단체의 구성원이 모두 피보험자가 되는 단체보험이 있다.
④ 보험의 목적을 정한 이유
　보험의 목적에 보험사고가 발생하면 보험자는 손해보상 및 일정한 보험금액을 지급할 책임을 진다. 그러나 보험자가 모든 사고에 대하여 책임을 지는 것이 아니라, 보험계약의 체결시에 보험의 목적을 구체적으로 정하여야 한다. 보험의 목적을 정하게 되면 보험료의 산정을 용이하게 하고, 보험사고발생시 보험자의 책임범위를 정함으로써 분쟁을 예방할 수 있다.

(3) 보험사고 〔기출〕 제11회

① 의 의
　보험사고란 손해보험에서 계약상 보험자의 보상의무를 구체화한 사고를 말하며, 인보험에서는 보험자의 보험금 지급의무를 구체화한 사고로, 피보험자의 생(生)과 사(死)의 사고를 말한다.
② 요 건
　㉠ 불확정성(우연성) : 우연한 사고이어야 한다. 우연은 보험사고의 발생 여부, 시기, 방법 중 어느 하나만이라도 불확정하면 되고, 객관적으로 확정되었더라도 당사자의 입장에서 주관적으로 불확정하면 된다(상법 제644조 단서). 또한, 불확정성의 판단 시기는 보험계약 당시를 기준으로 판단한다(상법 제644조).
　㉡ 발생가능성 : 발생가능한 사고이어야 한다. 보험계약 체결 당시 이미 보험사고가 발생했거나 절대 발생할 수 없는 사고는 보험사고가 될 수 없다.
　㉢ 특정성 : 사고의 범위가 한정(특정)되어야 한다. 각종 보험은 종류가 다양하고 보험사고 또한 다양하므로 보험계약 체결시에 보험사고의 범위를 구체적으로 한정하여야 한다.
　㉣ 적법성 : 적법한 사고이어야 한다. 따라서 고의사고 등은 보험사고가 될 수 없다.
　㉤ 보험사고의 대상 : 사고의 발생에는 대상이 있어야 한다.
③ 사고발생의 효과
　보험사고의 발생시에 보험계약자 측은 사고발생의 통지의무 등을 이행하여야 하며, 이때 보험자의 책임이 구체화된다. 하지만 양로보험 등에서는 사고발생이 없어도 또는 보험기간이 자동적으로 종료하여도 보험금액을 지급한다고 약정할 수도 있다.

(4) 보험료   기출 제1회, 제2회, 제4회, 제5회, 제10회, 제11회

① 의의

보험료는 보험자가 위험을 인수한 대가로 보험계약자가 부담하는 보수이다. 보험료는 보험단체에서 대수의 법칙에 따라 보험사고의 발생률에 근거하여 계산하게 된다. 일반적으로 보험계약자가 지급하는 보험료, 즉 영업보험료는 순보험료와 부가보험료로 구성되어 있다.

> 영업보험료 = 순보험료 + 부가보험료

심화TIP 용어정리

- **최초보험료** : 보험자의 책임을 개시시키기 위한 보험료(최초보험료는 항상 제1회 보험료가 되지만 제1회 보험료는 항상 최초보험료가 되지 않음)
- **제1회 보험료** : 처음으로 지급하는 보험료
- **계속보험료** : 개시된 보험자의 책임을 계속 유지시키기 위해 지급되는 보험료
- **일시납보험료** : 보험계약 체결시에 보험기간 전체에 대한 보험료를 한꺼번에 전부 납입하는 것
- **분납보험료** : 장기보험의 경우 보험기간을 균등하게 몇 개의 보험기간으로 나누어 분할하여 계속하여 납입하는 것

② 보험료 지급의무자

제1차적으로 보험계약자가 보험료 지급의무를 지지만, 타인을 위한 보험계약에서 계약자가 파산을 선고받거나 보험료의 지급을 지체하는 때에는 제2차적으로 보험수익자 또는 피보험자도 지급할 의무가 있다(상법 제639조 제2항, 제3항).

③ 청구권의 소멸시효

보험료청구권의 소멸시효는 2년이다(상법 제662조).

④ 감액청구와 반환청구

　㉠ 감액청구 : 보험계약자는 특별한 위험이 소멸(상법 제647조)하거나 보험금액이 보험가액을 현저하게 초과(상법 제669조)한 경우에 보험료의 감액을 청구할 수 있다.

　㉡ 반환청구 : 보험계약의 전부 또는 일부가 무효인 경우에 보험계약자와 피보험자 및 보험수익자가 선의이며 중대한 과실이 없는 때에는 보험자에 대하여 보험료의 전부 또는 일부의 반환을 청구할 수 있다(상법 제648조).

⑤ 보험료의 지급과 지체의 효과   기출 제6회, 제7회, 제8회, 제10회, 제11회

보험계약자는 계약 체결 후 지체 없이 보험료의 전부 또는 제1회 보험료를 지급하여야 하며, 보험계약자가 이를 지급하지 아니하는 경우에는 다른 약정이 없는 한 계약 성립 후 2월이 경과하면 그 계약은 해제된 것으로 본다(상법 제650조 제1항).

⑥ 계속보험료의 지급이 되지 않는 경우 계약해지   기출 제10회

보험료가 약정한 시기에 지급되지 아니한 때에는 보험자는 상당한 기간을 정하여 보험계약자에게 최고하고, 그 기간 내에 지급되지 아니한 때에는 그 계약을 해지할 수 있다(상법 제650조 제2항).

⑦ **보험료 체납과 보상액의 공제** 기출 제5회, 제6회

보험자가 보험사고의 발생으로 손해를 보상할 경우에 보험료의 지급을 받지 아니한 잔액이 있으면 그 지급기일이 도래하지 아니한 때라도 보험금액(보상할 금액)에서 이를 공제할 수 있다(상법 제677조).

⑧ **보험료의 지급과 보험자의 책임개시**

보험자의 책임은 당사자간에 다른 약정이 없으면 최초 보험료의 지급을 받은 때로부터 개시한다(상법 제656조).

⑨ **보험료불가분의 원칙**

보험료는 관념상 불가분의 것으로 인정하여 다른 약정이 없는 한 그 기간 중에 보험관계가 소멸하더라도 그 보험료기간에 해당하는 보험료는 전액 지급하여야 한다는 원칙을 보험료불가분의 원칙이라 한다.

(5) 보험금액(보험가입금액)

① **의 의**

보험자가 보험을 인수하여 보험사고가 생긴 때에 피보험자 또는 보험수익자에게 지급할 금액으로 손해보험(부정액보험)과 정액보험(생명보험)에서 그 의미의 차이가 있다. 손해보험(부정액보험)에서는 당사자와 정한 보험가액의 한도 내에서 손해보상책임의 최고한도액이며, 현실적으로 보험사고발생시에 보험자가 지급하는 손해보상액을 말한다. 생명보험과 같은 정액보험(상해보험, 질병보험 제외)에서는 당사자간에 약정한 금액이다.

② **보험금액 지급의무자**

보험자는 보험금액의 지급에 관하여 약정기간이 있는 경우에는 그 기간 내에, 약정기간이 없는 경우에는 보험계약자 또는 피보험자나 보험수익자의 통지를 받은 후 지체 없이 지급할 보험금액을 정하고, 그 정하여진 날로부터 10일 내에 피보험자 또는 보험수익자에게 보험금액을 지급하여야 한다(상법 제658조). 하지만 양로보험 등 피보험자의 사망을 보험사고로 한 보험계약에서는 사고의 발생 없이 보험기간이 종료한 때에도 보험금액을 지급할 것을 약정할 수 있다.

③ **소멸시효** 기출 제11회

보험금액 청구권의 소멸시효는 3년이다(상법 제662조).

④ **면책사유**

보험사고가 보험계약자 또는 피보험자나 보험수익자의 고의 또는 중대한 과실로 인하여 생긴 때에는 보험자는 보험금액을 지급할 책임이 없다(상법 제659조). 또한 보험사고가 전쟁, 기타의 변란으로 인하여 생긴 때에는 당사자간에 다른 약정이 없으면 보험자는 보험금액을 지급할 책임이 없다(상법 제660조).

⑤ 감액청구와 반환청구
  ㉠ 감액청구 : 보험금액이 보험계약의 목적의 가액(보험가액)을 현저하게 초과하는 초과보험의 경우 보험자는 보험금액의 감액을 청구할 수 있다(상법 제669조).
  ㉡ 반환청구 : 보험사고가 발생하였더라도 보험자의 면책사유가 생기면 이미 지급한 보험금액을 반환청구할 수 있다.

⑥ 보상액의 공제
  보험자가 보험금 지급의무가 발생하여도 체납보험료가 있거나 지급기일이 도래하지 아니한 보험료가 있으면 보험금액에서 공제할 수 있다(상법 제677조).

⑦ 보험가액, 보험금과의 구별
  ㉠ 보험가액은 손해보험에서 피보험이익의 가액으로서 보험자가 지급할 법률상 최고한도액을 말한다.
  ㉡ 보험금은 보험사고발생시 보험금액의 범위 내에서 보험자가 현실적으로 지급하는 금액으로 보험금액과 구별된다.

(6) 보험기간과 보험료기간

① 보험기간
  ㉠ 의의 : 보험기간이란 보험자의 위험부담책임이 시작되는 시기부터 끝날 때까지의 기간으로, 이를 위험기간 또는 책임기간, 담보기간, 부보기간이라고도 한다. 따라서 이 기간 중에 생긴 보험사고에 대하여 보험자는 보험금 지급책임이 있으나, 그 보험기간 전 또는 후에 발생한 보험사고에 대하여는 보험자의 책임이 없다. 다만, 보험사고가 보험기간 중에 발생하고 그 기간 경과 후에 손해가 발생하더라도 보험자는 보험금 지급책임을 부담하게 된다.

> **심화TIP 보험기간의 예**
> - **화재보험의 경우** : 첫날 오후 4시부터 마지막날 오후 4시까지
> - **자동차보험의 경우** : 제1회 보험료를 낸 날의 다음날 오전 0시부터 보험계약이 끝나는 날 밤 12시까지

  ㉡ 보험계약기간과의 구별 : 보험기간은 보험계약이 유효하게 존속하는 기간인 보험계약기간과 구별되는데 양자는 일치하는 것이 보통이나, 특약에 의하여 보험기간을 달리 설정할 수 있다.
    ⓐ 보험기간 < 보험계약기간 = 예정보험
    ⓑ 보험기간 > 보험계약기간 = 소급보험

② 보험료기간
  ㉠ 의의 : 보험자는 일정한 기간을 하나의 단위로 하고 그 기간의 평균적인 사고발생률을 기초로 하여 보험료를 산출하는데, 이러한 보험료를 산출하기 위한 위험측정의 단위기간을 보험료기간이라고 한다.
  ㉡ 보험기간과의 관계 : 보험자의 보상책임기간인 보험기간과 보험료기간은 손해보험의 경우 통상 일치하는 것이 보통이지만, 생명보험의 경우 1개의 보험기간 속에 수개의 보험료기간이 존재한다.

(7) 피보험이익

① 피보험이익의 위치

손해보험계약의 중심요소로서는 보험사고, 보험료, 보험금액 및 피보험이익이 있다. 특히 피보험이익은 적어도 손해보험계약에 있어서 중요한 위치를 차지하고 있으며, 손해보험계약은 원칙적으로 이를 전제로 하고 손해의 보상도 이 범위 내에서 이루어진다. 이것은 손해보험계약이 보험사고로 인하여 피보험자에게 어떤 이득을 주려는 것이 아니고, 현실적으로 발생한 손해를 보상하려는 데에 그 목적이 있기 때문이다.

② 상법상 피보험이익 기출 제5회

상법 제668조에서는 피보험이익을 '보험계약의 목적'이라고 하여 금전적으로 산정할 수 있는 이익으로 한정하고 있다. 우리나라에서는 피보험이익의 존재를 전제로 하고 있으므로 절대주의, 객관주의를 채택하고 있다는 것이 통설이다.

2 보험계약의 성립 기출 제3회, 제4회, 제6회, 제7회

(1) 보험계약의 청약과 승낙

보험계약은 낙성·불요식 계약으로 보험계약자의 청약과 보험자의 승낙이 있으면 보험계약은 성립하고 특별한 방식을 필요로 하지 않는다(상법 제638조의2). 그러나 실제 계약에 있어서는 보험설계사 등의 권유에 따라 보험계약자가 보험청약서에 일정한 사항을 기재하여 청약을 하고 보험자가 이를 검토하여 그 보험의 인수 여부를 결정하여 승낙 통지를 하는 것이 일반적이다. 이 때 보험자가 보험계약자로부터 보험계약의 청약과 함께 보험료의 전부 또는 일부를 받은 경우, 청약에 대한 승낙을 통지하기 전까지 승낙 없이 금전적 이익을 누리므로, 상법은 이에 대하여 규정하고 있다.

(2) 승낙의 통지와 보험자의 책임 기출 제2회, 제5회, 제6회, 제8회, 제9회

① 승낙의 통지

㉠ 손해보험의 경우 : 보험계약은 보험계약자의 청약과 보험자의 승낙이 있는 때에 성립하는데, 보험자가 보험계약자로부터 보험계약의 청약과 함께 보험료 상당액의 전부 또는 일부의 지급을 받은 때에는 다른 약정이 없는 한 30일 내에 그 상대방에 대하여 낙부의 통지를 발송해야 한다(상법 제638조의2 제1항).

㉡ 인보험의 경우 : 손해보험은 보험료 지급을 기간의 기산일로 하지만, 인보험계약에서는 피보험자가 신체검사를 받아야 하는 경우 신체검사를 받은 날로부터 기산한다(상법 제638조의2 제1항 단서).

② 통지의 해태

보험자가 상법규정에 의한 기간 내에 승낙 여부의 통지를 해태(懈怠)하여 보험계약자 측에 발송하지 않으면 승낙한 것으로 본다(상법 제638조의2 제2항).

③ 보험자의 책임
- ㉠ 소급보험의 의제 : 보험자가 보험계약자로부터 보험계약의 청약과 함께 보험료의 전부 또는 일부를 받은 경우, 그 청약을 승낙하기 전에 보험계약에서 정한 보험사고가 생긴 때에는 그 청약을 거절할 사유가 없는 한 보험자는 보험계약상 책임, 즉 보험금 지급의무가 있다(상법 제638조의2 제3항).
- ㉡ 인보험의 경우 예외 : 인보험계약의 경우 피보험자가 신체검사를 받아야 하는 경우에 그 검사를 받지 아니한 때에는 성립된 보험계약의 책임시기가 성립 전으로 소급되지 않는다(상법 제638조의2 제3항 단서). 이는 상법 제643조의 법리를 보험계약자의 이익을 보호하기 위하여 조정한 것이다.

(3) 승낙전 사고에 대한 보험자의 책임

① 의 의

청약과 함께 보험료의 전부 또는 일부가 납입된 경우 보험자가 승낙 전에 발생한 사고에 대해서 청약을 거절할 사유가 없는 한 보험자가 책임을 진다는 것이 승낙전 보험계약자 보호제도이다. 승낙전 보호제도는 보험계약의 부활에서도 적용된다. 승낙전 사고로 인한 보험자의 담보책임은 보험계약 성립을 요건으로 하지 아니하기 때문에 계약상의 책임이 아니라 법정책임이다. 이러한 보험자의 책임은 부보가능성이 있는 보험계약에 대하여 승낙 전까지 일시적이나마 무보험상태에 있는 것을 배제함으로써 보험계약자 측의 합리적 기대에 부응하고자 하는 데에 그 목적이 있다.

② 승낙전 보호제도의 적용요건
- ㉠ <u>보험계약자의 청약이 있어야 한다</u>. 따라서 보험계약자가 청약의 의사를 철회한 이후에 발생한 사고에 대해서는 설령 보험자가 보험료를 반환하기 전이라도 승낙전 보호제도를 적용하지 않는다.
- ㉡ <u>초회보험료의 전부 또는 일부가 납입되어야 한다</u>. 초회보험료의 일부만 납입되어도 승낙전 보호제도가 적용된다고 본다.
- ㉢ <u>거절할 사유가 없어야 한다</u>.

(4) 소급보험

① 의 의

당사자의 합의에 의하여 보험계약 체결 전의 어느 시점부터 보험자의 책임이 개시되는 보험을 소급보험이라고 한다.

심화TIP **소급보험**

보험계약에서 보험계약의 성립 전의 어느 시기를 보험기간의 시기(始期)로 하는 보험을 소급보험이라 한다(상법 제643조). 보험자가 보험계약자의 청약에 대해서 승낙하면서 그 청약시로부터 보험기간이 시작되는 것으로 하는 것이 소급보험이다. 보험계약에서 보험사고의 불확정성을 객관적인 것으로 요구하며 이미 사고가 발생한 때에는 그 보험계약의 효력을 인정할 수 없으나, 주관적으로 불확정한 것이 되므로 소급보험을 인정할 수 있게 된다(상법 제644조).

② 보험자의 담보책임발생요건

보험사고가 발생한 후에 보험에 가입하는 경우 보험계약은 무효이다. 하지만 소급보험은 보험사고의 발생 여부가 객관적으로 확정되어있다 하더라도 보험계약 당사자와 피보험자가 사고발생 사실을 알지 못한다면 보험계약은 유효하다. 또한 소급보험은 당사자간에 합의가 있어야 하고, 보험자의 승낙에 의한 보험계약의 성립을 전제로 하고 있기 때문에 보험자의 승낙이 없는 한 보험계약 체결전 사고를 담보하지 않는다.

③ 소급보험의 효과

보험자의 책임은 계약의 성립전 당사자간의 약정한 일자로 소급하여 개시되며, 피보험자나 당사자 중 1인이라도 보험계약의 체결시 보험사고의 발생을 안 경우 그 계약은 무효이다.

④ 소급보험과 승낙전 보호제도의 비교

㉠ 소급보험이란 당사자의 합의에 의하여 보험계약 체결 전의 어느 시점부터 보험자가 책임을 지는 보험이고, 승낙전 보호제도는 청약과 함께 보험료의 전부 또는 일부가 납입된 경우에 보험자가 승낙 전에 발생하는 사고에 대해 청약을 거절할 사유가 없는 한 보험자가 책임을 지는 제도이다.

㉡ 약정소급보험은 당사자간의 합의에 의하여 성립되지만, 승낙전 보호제도는 법률규정에 의한 것이며 강행규정이므로 계약 당사자간의 특약으로 보험계약자에게 불이익하게 변경하지 못한다. 또한 승낙전 보호제도는 보험계약의 성립 여부와는 무관하며, 설령 보험자가 인수를 거절하여 보험계약이 성립되지 않았다고 하더라도 거절전 사고를 보상하여야 한다는 점에서 보험계약이 성립되어야만 소급 적용되는 소급보험과는 다르다.

㉢ 약정소급보험은 청약시 보험사고의 발생사실을 보험계약자나 피보험자가 알지 못하였다면 계약이 유효하게 성립되지만, 승낙전 보호제도는 청약하기 전에 보험사고가 객관적으로 확정되었다면 계약 당사자의 부지(不知)에도 불구하고 그 사고는 보험자가 보상하지 않는다. 또한 약정소급보험에서는 주로 해상보험이나 운송보험 등에서 이용되고 있으나, 승낙전 보호제도는 모든 보험에서 적용된다.

㉣ 약정소급보험에서 소급되는 책임개시의 기간은 당사자간에 약정한 기간이어서 청약일 이전일 수 있지만, 승낙전 보호제도는 청약일 이전으로 소급되지 않는다.

03 보험계약의 체결

1 보통보험약관

(1) 총설

① 의의

약관이란 당사자 사이의 계약 내용으로 규약, 조약이라고도 한다. 보험약관이라 함은 보험자와 보험계약자 사이에 체결되는 보험계약의 내용에 관한 조항으로 여기에는 보통보험약관, 특별보통보험약관, 특별보험약관이 있다. 보통보험약관이란 "보험자가 미리 정한 보험계약의 내용을 이루는 정형적·일반적·보편적·표준적인 조항"으로서 기본적인 것을 말하며, 반대의 의사표시가 없는 한 계약 당사자 쌍방을 구속하는 보험계약상의 법원으로서 중요한 의미를 가진다.

> **심화TIP** **특별보통보험약관, 특별보험약관**
>
> - **특별보통보험약관** : 보통보험약관만으로는 불충분하여 당사자가 다시 상세한 약정을 할 때가 있는데, 이를 특별보통보험약관 또는 부가약관이라 한다. 이것은 보통보험약관에 대하여 보충적으로 이용하며, 사실상 보통보험약관의 일부를 이룬다.
> - **특별보험약관** : 개개의 보험계약 체결시에 당사자가 보통보험약관에 의하지 않고 개별적인 사정에 따라 계약의 내용을 정하는 경우를 특별보험약관이라 한다. 이것은 해상보험 등 기업보험에서 보험단체의 이익을 해치지 아니하는 범위 안에서 예외적으로 이용되는 것으로, 보험계약 당사자의 개별적인 합의에 의하여 그 계약내용을 정하는 특별계약조항으로서 보통보험약관과는 구별된다.

② 보통보험약관의 존재이유

보통보험약관은 보험계약의 성질상 다수의 가입자를 상대로 대량으로 처리되어야 할 필요에서 그 내용을 정형화해야 한다는 기술적 요청과 보험단체 구성원을 개별적으로 다루지 않고 동일하게 취급하여야 한다는 단체성에서 보통보험약관의 존재이유를 찾을 수 있다.

③ 보험약관과 관계법규의 적용순위

보험계약에 관한 여러 법원의 적용순위는 ㉠ 당사자 약정, ㉡ 특별약관, ㉢ 보통약관, ㉣ 보험에 관한 특별법(보험업법 등), ㉤ 보험계약법, ㉥ 민법의 특별법(자배법, 국배법, 산재법), ㉦ 민법 등의 순위로 적용한다.

④ 보험약관의 필수기재사항(보험업감독규정 제7-59조)
  ㉠ 보험회사가 보험금을 지급하여야 할 사유
  ㉡ 보험계약의 무효사유
  ㉢ 보험회사의 면책사유
  ㉣ 보험회사의 의무의 범위 및 그 의무이행의 시기

ⓜ 보험계약자 또는 피보험자가 그 의무를 이행하지 아니한 경우에 받는 손실
ⓗ 보험계약의 전부 또는 일부의 해지의 원인과 해지한 경우의 당사자의 권리의무
ⓢ 보험계약자·피보험자 또는 보험금액을 취득할 자가 이익 또는 잉여금의 배당을 받을 권리가 있는 경우에는 그 범위
ⓞ 적용이율 또는 자산운용 실적에 따라 보험금 등이 변동되는 경우 그 이율 및 실적의 계산 및 공시 방법 등
ⓩ 예금자보호 등 보험계약자 권익보호에 관한 사항

(2) 보통보험약관에 대한 규제와 교부

① 규제의 필요성

보통보험약관은 보험자가 일방적으로 작성하는 데에 반하여 보험계약자는 보험계약에 관한 법률적·기술적 지식 없이 다만 보험사고의 종류, 보험기간, 보험금액 정도만 알고 구체적인 내용의 고려 없이 계약을 체결하는 경우가 많다. 이에 보험자는 자기이익을 위해 보험약관에 부당한 내용을 삽입하여 보험계약자가 불리한 대우를 받을 우려가 있으므로 보통보험약관에 대해 실질적 감독주의를 채택하여 소비자를 보호하고 건전한 보험계약관계를 유지하고 있다.

② 입법적 규제

㉠ 보험계약자 등의 불이익변경금지

상법 제663조 본문에서는 "이 편의 규정은 당사자간의 특약으로 보험계약자 또는 피보험자나 보험수익자의 불이익으로 변경하지 못한다"고 하여 불이익변경금지의 규정을 두고 있다. 즉 상법 제663조는 보험계약자 등 불이익변경금지의 원칙이라는 상대적 강행법규성을 인정하여 약관의 내용이 상법의 규정보다 보험계약자 등에게 불이익한 조항을 두게 되면 그 한도 안에서 약관의 규정은 무효가 된다. 또한, 약관의 규제에 관한 법률에서 불공정한 내용의 약관을 작성·통용하는 것을 방지하고 규제하여 건전한 거래질서를 확립함으로써 소비자의 보호를 꾀하고 있지만 이보다 상법과 보험업법이 우선한다.

㉡ 보험약관의 교부·설명 **기출** 제1회, 제4회, 제5회

상법 제638조의3 제1항은 "보험자는 보험계약을 체결할 때에 보험계약자에게 보험약관을 교부하고 그 약관의 중요한 내용을 설명하여야 한다"고 하여 보험자의 보험약관의 교부·설명의무를 규정하고 있다. 또한 동조 제2항은 "보험자가 이 의무를 위반한 때에는 보험계약자는 보험계약이 성립한 날부터 3개월 이내에 그 계약을 취소할 수 있다"고 함으로써 보험자의 의무이행을 확보하고 있다.

③ 행정적 사전규제

㉠ 보험사업의 허가를 받고자 하는 자는 신청서에 보험약관을 첨부하여 금융감독위원회에 제출하여야 하며, 변경인가의 경우에도 관련 감독관청의 인가를 받도록 하고 있다.

㉡ 보험업법에서는 보험계약의 체결 또는 모집에 종사하는 자는 보험계약자 또는 피보험자에 대하여 보험계약의 계약조항 중 중요한 사항을 알리도록 하고 있으며, 보통보험약관에는 보험자 및 보험계약자의 권리·의무에 관한 최소한도의 사항을 규정하도록 의무화하고 있다.

④ 사법적 규제
　㉠ 법원은 약관의 해석을 통하여 간접적으로 보험사업을 규제하고 있다.
　㉡ 보험약관이 감독관청의 인가를 받아 사용되고 있다 하더라도 법원은 그 약관의 내용이 불공정하거나 불합리한 경우에 강행법규나 사회질서 또는 신의칙에 어긋난다는 이유로 이를 무효로 풀이하여 통제를 가할 수 있다.
　㉢ 약관의 해석과 관련하여 당사자간에 다툼이 발생한 경우에는 최종적으로 법원의 판단에 맡기게 된다.
⑤ 공정거래위원회에 의한 규제
　공정거래위원회는 금융위원회의 인가를 받은 보험약관의 불공정성을 심사하여 그 효력의 유·무효를 결정하게 된다. 즉 구체적인 계약관계를 전제로 하지 않고 특정약관 조항 자체의 불공정성을 심사함으로써 약관에 대해 추상적인 통제를 하게 된다.

(3) 보통보험약관의 구속력 근거

보통보험약관에 의하여 계약이 체결되면 보험계약 당사자는 계약내용의 인지 여부를 불문하고 계약내용에 구속되는데 구속력의 인정 근거는 다음 세 가지의 설이 있다.

① 의사설
　계약 당사자 사이에 약관을 계약내용으로 한다는 합의, 즉 계약의 당사자가 약관의 개개조항을 알고 계약을 체결하였기 때문에 약관이 당사자 사이에 구속력이 있다고 보는 것이다. 그리하여 당사자간에 명시적으로 다른 약정을 한 경우에만 약관의 구속력이 배제된다고 한다. 우리 대법원은 계약내용에 약관규정을 포함시키기로 합의하였기 때문에 구속력을 갖는다고 하여 의사설의 입장을 취하고 있으며, 따라서 약관과 다른 내용의 특별한 약정을 하였다면 그 다른 내용도 구속력을 인정하고 있다.

② 부합계약설
　보험계약자가 계약을 체결한 이상 포괄적 승인을 한 것으로 추정하여 그 구속력을 인정한다는 견해이다. 그러나 보험계약자가 포괄적 승인을 했는지 불분명하므로 이러한 의제에 따라 보통보험약관의 구속력을 인정하는 것은 타당하지 않다.

③ 법규범설
　약관 그 자체가 가지는 규범성에서 구속력의 근거를 찾는 견해이다. 즉 보통보험약관은 감독관청의 인가를 얻게 되어 있고 사회적으로도 합리성이 인정되고 있으므로 당사자의 구체적인 의사와 관계없이 일정거래권 내에서는 법규와 같은 규범력을 갖게 된다는 입장이다.

(4) 보통보험약관의 효력

① 일반적 구속력

약관의 내용이 합리적이고 계약 당사자의 명백한 반대의 의사표시가 없는 한 약관은 계약 체결과 동시에 보험계약관계자를 구속한다. 그러나 약관의 내용이 상법 제663조의 규정에 반하여 보험계약자 등에게 불리한 때는 그 조항은 그 한도 내에서 무효가 된다. 한편 형평의 관점에서 이와 같은 일반적 구속력을 인정하려면 보험계약 체결시에 보험계약자에게 약관의 중요한 내용을 알려주어야 한다.

② 보통보험약관의 개정과 소급효

㉠ 원칙 : 보험계약의 체결 후 금융위원회의 인가를 얻어 보통보험약관이 개정되어도 그 개정이 보험계약자에게 유·불리를 막론하고 당사자의 특별한 합의가 없는 한 개정된 약관의 효력은 개정전 계약에 영향을 미치지 않는다.

㉡ 예외 : 금융위원회는 보험계약자 측의 이익을 보호하기 위하여 특히 필요하다고 인정한 경우 그 약관의 변경인가시 기존보험계약에 대하여도 장래에 향하여 그 변경의 효력을 미치게 할 수 있다.

③ 무인가(無認可)보험약관의 효력

인가를 받지 아니한 약관을 사용한 보험자가 보험업법상 제재를 받는 것은 당연하지만 인가를 받지 않은 보통보험약관에 의하여 보험계약이 체결된 경우 사법상 효력이 문제된다. 그러나 강행규정 및 공익에 반하지 않는 한 계약의 효력은 인정되는 것이 선의의 계약자에게도 유리하고 타당하다.

④ 약관내용을 인지하지 못하고 계약을 체결한 경우

보험계약자가 보험약관의 내용을 알지 못하고 계약을 체결한 경우 부합계약에서는 약관에 의하여 계약의 성립이 이루어졌다면 상관습에 따라 약관의 효력을 인정하는 것이 보통이다.

(5) 보통보험약관의 해석원칙

① 개별약정 우선의 원칙

약관에서 정하고 있는 사항에 관하여 사업자와 고객이 약관의 내용과 다르게 합의한 사항이 있을 때에는 그 합의 사항은 약관보다 우선한다(약관의 규제에 관한 법률 제4조).

② 신의성실의 원칙

약관은 신의성실의 원칙에 따라 공정하게 해석되어야 한다(약관의 규제에 관한 법률 제5조 제1항).

③ 객관적 해석의 원칙(공정성의 원칙)

약관은 고객에 따라 다르게 해석되어서는 아니 된다(약관의 규제에 관한 법률 제5조 제1항).

④ 축소해석의 원칙(수정해석)

보험약관을 해석함에 있어서 신의성실의 원칙을 준수하기 위해 약관조항의 내용을 일정한 범위로 축소하거나 제한하는 해석원리이다.

⑤ 작성자불이익의 원칙

약관의 뜻이 명백하지 아니한 경우에는 고객에게 유리하게 해석되어야 한다(약관의 규제에 관한 법률 제5조 제2항). 즉 보험계약 중 애매하거나 불명확한 조문 또는 조항은 작성자불이익의 원칙에 의해 해석한다.

2 보험증권

(1) 의 의

보험증권은 "보험계약이 성립한 때 보험계약의 내용을 증명하기 위하여 보험자가 발행하는 일종의 증거증권"이다. 이는 보험증권에 보험약관이 인쇄되어 있고 특약조항이 기입되어 있어서 보험계약의 내용을 증명하는 유력한 증거로 이용되므로 계약 성립과 동시에 당연히 보험증권이 작성·교부되고 있다. 하지만 보험계약은 요식계약이 아니라 낙성계약이다. 따라서 보험증권의 발행은 계약 당사자의 편의에 의한 것이지 계약의 성립요건도 아니고, 보험자만 기명날인·서명하므로 계약서도 아니다.

(2) 보험증권의 교부 기출 제4회, 제5회, 제6회, 제9회, 제10회, 제11회

우리 상법은 보험계약이 성립한 때 지체 없이 보험증권을 작성·교부토록 하고 있다(상법 제640조 제1항). 그러나 보험계약자가 보험료의 전부 또는 최초의 보험료를 지급하지 않은 때에는 그러하지 않는다(상법 제640조 제1항 단서)고 하여 보험계약의 성립 여부와 내용에 관한 분쟁을 미리 방지하고 있다. 또한 기존의 보험계약을 연장하거나 변경한 경우에는 그 사실을 그 보험증권에 기재함으로써 보험증권교부에 갈음할 수 있도록 하였다(상법 제640조 제2항).

(3) 보험증권의 법적 성질

① 요식증권성 기출 제8회

보험증권은 일정한 사항을 기재(상법 제666조)하고 보험자가 기명날인 또는 서명하는 요식성을 가지나 그 요식성은 어음, 수표에 있어서와 같이 엄격한 것이 아니고 법정사항의 기재를 결(缺)하거나 그 밖의 사항을 기재하여도 그 효력에는 아무런 영향이 없다. 상법상 보험증권 기재사항은 보험의 목적, 보험사고의 성질, 보험금액, 보험료와 그 지급방법, 보험기간을 정한 때에는 그 시기와 종기, 무효와 실권의 사유, 보험계약자의 주소와 성명 또는 상호, 피보험자의 주소, 성명 또는 상호, 보험계약의 연월일, 보험증권의 작성지와 그 작성 연월일 등을 기재하지 않으면 안된다. 또한 상법은 위의 기본적 기재사항 이외에 화재보험증권(상법 제685조)·운송보험증권(상법 제690조)·해상보험증권(상법 제695조)·자동차보험증권(상법 제726조의3)·인보험증권(상법 제728조) 및 상해보험증권(상법 제738조) 등 보험의 종류에 따라 특별한 기재사항을 정하고 있다.

② 면책증권성

보험자가 보험금 또는 기타의 급여를 함에 있어서 증권을 제시하는 자의 자격을 조사할 권리는 있어도 의무는 없다.

③ 증거증권성

보험증권은 보험계약의 성립과 내용을 증명하기 위하여 보험자가 발행한 것이다. 보험계약자가 이의 없이 이를 받은 때에는 사실상 추정력을 가지고 있으므로 이것이 진실과 다르다는 것을 주장하는 자가 반증을 들 때까지는 증거력을 가지므로 증거증권이다.

④ 유가증권성

보험증권은 원칙적으로 증거증권이므로 유가증권도 유통증권도 아니라는 것이 보통이다. 그러나 보험증권은 기명식에 한하지 않고 지시식 또는 무기명식으로 발행할 것을 법으로 금지하지 않고 있으므로 이것을 발행할 수 있고, 또 실제로 이용되고 있어 지시식 또는 무기명식 보험증권의 유가증권성이 문제가 되는데, 그 설은 다음과 같다.

㉠ 부정설 : 이 설은 보험금청구권이 그 성질상 증권 외의 사정, 즉 보험료의 지급, 기타 여러 가지의 의무이행에 걸려있다는 점과 또 손해보험에 있어 보험증권의 점유이전으로 인해 권리만 이전할 수 없고, 보험목적의 양도가 수반된다는 점(상법 제679조)에서 유가증권성을 부정한다. 일본의 통설이다.

㉡ 긍정설 : 이 설은 거래의 안전확보, 권리행사에 증권의 점유를 필요로 하므로 유가증권성을 전면적으로 긍정하는 설이다. 그러나 생명보험에 있어서는 그 성질상 또는 손해보험에 있어서는 보험의 목적이나 손해보상청구권만 따로 유통되는 것이 아니므로 유가증권성을 인정할 필요가 없고, 오히려 이를 인정함으로써 폐해가 생길 우려가 있다.

㉢ 일부긍정설 : 이 설은 운송보험증권과 해상보험증권, 특히 적하보험증권처럼 전전유통(轉轉流通)되어야 할 경제적 필요성이 있거나 증권의 배서 또는 교부에 의해 그 목적을 실현할 필요가 있기 때문에 인정하는 설로 최근 가장 유력해지고 있는 우리나라의 통설이라 할 수 있다. 그러나 보험증권은 문언증권이나 무인증권이 아니므로 보험자는 보험계약에 기한 항변으로써 그 소지인에게 대항할 수 있고 보험증권상 권리의 발생은 우연한 사고에 의하여 정해지므로 보험증권은 가장 불완전한 의미의 유가증권이라 할 수 있다.

(4) 보험증권의 이의신청 기출 제2회, 제3회, 제7회

상법 제641조는 보험계약의 당사자는 보험증권의 교부가 있는 날로부터 1월을 내리지 않는 기간 안에 한하여 그 증권내용의 정부(正否)에 관한 이의를 신청할 수 있음을 약정할 수 있다고 정하고 있는데, 이를 정한 약관을 「이의약관」이라 한다.

보험증권은 증거증권으로써 사실상 추정력을 가지므로 그 증권상의 기재내용이 실제계약과 다를 때에는 이를 정정하여 당사자 사이에 불필요한 분쟁을 막을 필요가 있다. 또한 그 기간을 부당하게 짧게 정하여 계약 당사자를 해할 염려가 있기 때문에 1개월 이하로는 정할 수 없게 하고 있다.

(5) 보험증권의 멸실·훼손·재교부 기출 제3회, 제8회

보험증권이 멸실·훼손되어도 다른 방법에 의하여 그 권리를 입증하여 보험금을 청구할 수 있으나 보험계약의 증거방법의 하나로 발행된 증서이기 때문에 소지하면 보험계약의 내용을 추정 받아 입증하기가 편리하다. 그리하여, 상법은 보험증권의 멸실·훼손이 현저할 때에는 보험계약자가 자기비용으로 보험증권의 재교부를 청구할 수 있음을 정하고 있다(상법 제642조).

(6) 보험증권의 해석원칙

보험증권의 해석원칙이란 증권의 문언에 의문이 생긴 경우 어떠한 방침으로 그것을 해석할 것인가 하는 원칙을 말한다.

① 계약 당사자 의사존중의 원칙

보험증권은 계약 당사자간의 합의표시이므로 해석시 당사자의 진의가 어디 있는지 발견하도록 하여야 한다. 또한 당사자 일방의 표시가 그 진의를 전달하는 데에 부적당하여 상대방이 진의와 다른 것을 진의로 믿고 행동한 경우 표시수령자인 피보험자의 이익은 보호되어야 한다.

② 보통의미의 해석원칙(P.O.P 원칙)

보험증권의 문언은 계약상 용어가 특별해석이 필요치 않으며, 평이(Plain)하고 통상적(Ordinary)이며, 통속적(Popular)으로 해석한다.

③ 관습준거의 원칙

보험증권의 문언이 오랜 관습에 의하여 확립된 특별한 뜻을 가진 경우에 그에 따라야 한다.

④ 동종제한의 원칙

약관 중에 구체적 선행사항을 열거하고 최후에 "기타 이와 유사한 사고"와 같은 총괄적 어구는 선행 열거위험과 별개가 아니고 동일 또는 유사한 위험이며, 문언표시가 곤란한 동종위험으로 해석하여야 한다.

⑤ 작성자불이익의 원칙

보험증권의 문언이 애매하여 여러 가지로 해석할 수 있는 경우에는 작성자에게 불리하게 해석한다는 원칙을 말한다.

⑥ 특별약관우선의 원칙

적용된 약관이 서로 모순되는 경우에는 정형화의 정도가 낮은 약관(예를 들면 특별약관)이 정형화의 정도가 높은 약관(예를 들면 보통약관)에 우선한다.

⑦ 수기우선의 원칙(필서우선의 원칙)

보험증권상에 수기, 인쇄·타자 등의 문언이 모순되어 전체의 의미가 명료하지 않은 경우 수기문언이 우선한다.

⑧ 유효해석의 원칙

두 가지 의미를 갖는 문구가 있을 경우에는 계약을 유효하게 하는 방향으로 해석한다.

⑨ 제한적 해석의 원칙

면책약관의 해석시에 이를 제한적으로 해석하여야 한다는 원칙이다.

3 고지의무 기출 제3회

(1) 총설

① 의의

고지의무란 보험계약자와 피보험자가 보험계약 당시에 보험자에 대하여 중요한 사실을 고지하고 불고지, 부실고지를 아니할 의무를 지는 것을 말한다. 고지의무는 상법이 보험계약자 등에게 중요한 사실의 진실을 알릴 것을 전제로 하고 있으며, 계약의 효과로서 발생하는 통지의무와 구별된다(상법 제651조).

② 법적 근거

고지의무의 법적 근거로는 사행계약설, 최대선의설, 담보의무설, 위험측정설 등이 대립되고 있는데, 위험측정설이 통설이다. 즉, 보험자는 보험단체 내의 위험을 분산시키고 보험금과 대가관계에 있는 보험료를 산출하는 데에 있어서 위험측정을 가급적 정확하게 할 필요가 있는데, 보험자 스스로 모든 사항을 조사·수집할 수 없으므로 보험계약자 등의 협력을 구할 수 밖에 없다는 데에 근거를 두고 있다.

③ 법적 성질

고지의무는 보험계약이 완전히 효력을 발생할 수 있도록 하는 전제조건이고, 피보험자나 보험계약자가 해지에 의한 불이익을 피하기 위하여 부담하는 일종의 간접의무이다. 따라서 보험자가 이행을 강제하거나 또 불이행에 대하여 손해배상을 청구할 수 있는 것이 아니라, 의무위반의 효과에 따라 계약을 해지할 수 있을 뿐이다.

④ 존재이유

보험자는 다수와 보험계약을 체결함으로써 보험단체 내의 급부와 반대급부의 균형을 유지하고, 합리적인 보험기업의 운영을 기하기 위하여 보험계약자의 협력을 필요로 하는데, 이에 따라 법이 인정한 보험계약상 특유의 제도이다.

(2) 고지의무의 내용 기출 제1회, 제2회, 제7회

① 의무당사자

고지의무자는 보험계약자와 피보험자이며, 대리인에 의하여 체결되는 경우 그 대리인도 포함된다(상법 제646조). 또한 고지수령권자는 보험자이며, 보험자를 위하여 고지수령권이 있는 대리인도 포함된다. 따라서 보험회사와 보험대리점은 고지수령권이 있으며, 보험중개사는 고지수령권이 없다.

② 고지의 시기와 방법

고지의 시기는 보험계약 당시(상법 제651조), 즉 계약의 성립시까지이며, 고지의 방법에는 법률상 제한이 없으므로 구두 또는 서면으로 가능하나 실무계약에서는 보험청약서상 질문란을 이용하는 것이 일반적이다.

③ 고지사항과 질문표
　㉠ 중요한 사항 : 고지의무자가 보험자에 대하여 고지하여야 할 사항은 중요한 사항이다. 여기서 '중요한 사항'이란 보험자가 위험을 측정하여 보험의 인수 여부 및 보험료 산정의 표준이 되는 사항으로 보험자가 그 사실을 알았다면 계약을 체결하지 않거나 적어도 동일조건으로는 계약을 체결하지 않을 것이라고 객관적으로 생각되는 사실이다.
　㉡ 질문표 : 고지의무에 있어서 일반 가입자는 무엇이 중요한 사항인지 잘 모르며 중요성의 판단은 서로 이해가 상반되고, 사고발생시 논쟁의 우려가 있으므로 이를 방지하기 위하여 보험자는 보험계약청약서 또는 이에 첨부할 서면에 보험계약자가 고지하여야 할 사항에 질문란을 만들어 그 회답을 요구하는 것이 질문표이다. 우리 상법은 보험자가 서면으로 질문한 사항을 중요한 사항으로 추정한다(상법 제651조의2). 이는 보험자가 명시적으로 질문하지 않은 사항에 관하여 고지의무위반을 이유로 보험금 지급을 거절하는 경우에는 보험자에게 입증책임을 전환하여 보험계약자를 보호하기 위함이다.

(3) 고지의무위반의 요건

① 보험계약자 측의 요건
　㉠ 주관적 요건 : 보험계약자 또는 피보험자의 고의 또는 중대한 과실로 인한 것이어야 한다(상법 제651조). 여기서 '고의'란 해의(害意)가 아니고 중요한 사실에 관하여 알면서 고지하지 아니하거나 허위인 줄 알면서 고지하지 않는 것을 말하며, '중대한 과실'이란 보험계약자 등이 조금만 주위를 기울였다면 그 사실의 중요성과 고지의 당위성을 알았을 것을 부주의로 불고지, 부실고지를 한 것을 말한다.
　㉡ 객관적 요건 : 중요한 사실에 대한 불고지 또는 부실고지가 있어야 한다(상법 제651조). 여기서 불고지란 중요한 사실을 알면서 알리지 않은 것으로 묵비를 말하며, 부실고지란 사실과 다르게 말하는 것으로 허위진술을 말한다. 또한 중요한 사실은 현재의 사실뿐만 아니라 과거의 사실, 장래에 일어날 확실한 사실도 포함하고 적극적 사실, 소극적 사실도 포함한다.
　㉢ 인과관계 : 보험계약자가 고지의무를 위반하더라도 중요한 사항과 보험사고의 발생 사이에 인과관계가 없음을 입증하면 보험자는 책임을 면치 못한다.

② 보험자의 주관적 요건
보험계약 당시에 보험자의 악의 또는 중대한 과실이 없어야 한다. 보험계약자 측에 고지의무를 위반하여도 보험자가 계약 당시에 그 사실을 알았거나 중대한 과실로 인하여 알지 못한 때에는 계약을 해지하지 못한다(상법 제651조 단서).

(4) 고지의무위반의 효과 기출 제1회

① 고지의무위반의 승인

보험자는 고지의무위반 사실에 대해 추가보험료를 받고 고지의무위반 사실을 승인할 수 있다. 그러나 보험자가 승인하기 전에 사고발생시 보험자는 고지의무위반을 입증해야 보상책임을 면할 수 있다. 이러한 경우에 피보험자나 보험계약자가 고지의무위반과 사고발생 사이의 인과관계의 부존재를 입증하게 되면 보험자는 보상책임을 지게 된다.

② 해지권의 발생과 행사 기출 제11회

㉠ 해지권의 발생 : 보험계약자 등에게 고지의무위반이 있으면 당연 무효가 아닌 보험자가 계약을 해지할 수 있을 뿐이다. 해지권은 형성권의 일종으로 보험자가 고지의무위반 사실을 입증하고, 고지의무자에게 일방적 통고로 행사한다.

㉡ 해지권의 행사 : 해지권의 행사시기는 계약 성립과 동시이며, 보험사고발생 전후를 불문하고 계약해지가 가능하다. 그러나 고지의무위반 사실을 안 날로부터 1월 내에, 계약을 체결한 날로부터 3년 이내에 한하여 계약을 해지할 수 있다(상법 제651조).

③ 해지의 효과 기출 제4회

㉠ 보험사고발생 전 해지 : 보험자가 보험사고가 발생하기 전 해지할 때에 계약은 통지가 도달한 날로부터 장래에 향하여 효력을 상실한다. 따라서 보험자는 해지 전까지 이미 받은 보험료를 반환할 필요가 없고, 해지 때까지의 미수보험료를 청구할 수 있다.

㉡ 보험사고발생 후 해지 : 보험사고가 발생한 후에 보험자는 지나간 보험료기간의 보험료를 반환할 필요가 없고, 고지의무를 위반한 사실이 보험사고발생에 영향을 미치지 아니하였음이 증명되지 않는 한 보험금액을 지급할 책임도 없으며, 이미 지급한 보험금액이 있으면 그 반환을 청구할 수 있다(상법 제655조). 다만, 생명보험은 보험수익자를 위한 적립금을 보험계약자에게 지급하여야 한다(상법 제736조 제1항).

④ 해지권의 제한 기출 제4회

고지의무를 위반했더라도 보험자가 해지권을 행사할 수 없는 경우는 다음과 같다.

㉠ 제척기간의 경과 : 보험자가 고지의무위반 사실을 안 날로부터 1월, 계약을 체결한 날로부터 3년이 경과한 때(상법 제651조), 즉 제척기간이 경과한 때

㉡ 보험자가 안 때 : 보험자가 계약 당시 그 사실을 알았거나 중대한 과실로 알지 못한 때(상법 제651조 단서)

㉢ 인과관계의 부존재 : 고지의무위반이 사고발생과 인과관계가 없음이 증명된 때. 이 때 입증책임은 보험계약자에게 있다(상법 제655조).

㉣ 특약 : 당사자의 특약이 있을 때. 그러나 고지의무자에게 해의가 있는 경우 그 특약은 무효이다.

⑤ 해지권의 포기

보험자의 이익을 위하여 보험자는 해지권을 포기할 수 있고, 포기의 의사표시는 명시, 묵시를 불문한다.

(5) 고지의무위반과 착오·사기와의 관계

고지의무위반시 착오·사기의 요건을 갖추고 있을 때 민법의 일반원칙에 따라 그 계약을 취소(민법 제109조, 제110조)할 수 있느냐의 문제에서 여러 학설이 대립되고 있다.

① **민·상법적용설**

사기·착오시 민법을 적용하여 취소할 수 있다고 보는 견해이다.

② **상법적용설**

상법이 해지권을 인정하는 것은 고지의무위반이 있는 경우에 보험계약이 그 계약 체결 당시로 소급하여 무효가 되는 것을 피하려는 것이므로, 민법의 적용을 배제하고 상법의 규정에 따라서만 해결하여야 한다는 입장이다. 이때, 착오의 경우 약관의 정함에 따라 이의를 제기할 수 있으나(상법 제641조), 사기의 경우에는 계약 그 자체를 무효로 하여야 할 것이다(상법 제669조 제4항).

③ **절충설**

보험자에게 착오가 있는 경우 상법상 해지권만을 행사하나, 보험계약자에게 사기가 있는 경우 제척기간이 경과한 후에 민법상 취소권을 행사할 수 있다는 견해이다.

04 보험계약의 효과

1 총설

보험계약자의 청약과 보험자의 승낙이 있으면 보험계약이 성립하고 일단 보험계약이 체결되면 그 효과로서 보험기간 중에 당사자는 일정한 권리와 의무를 부담하게 되는데, 손해보험과 인보험에 따라 조금씩 다르다.

2 보험자의 의무

(1) 손해보험의 경우

① 보험약관의 교부·설명의무 [기출] 제2회, 제3회, 제4회, 제7회, 제8회

㉠ 의의 : 보험자는 보험계약을 체결할 때에 보험계약자에게 보험약관을 교부하고 그 약관의 중요한 내용을 설명하여야 한다(상법 제638조의3 제1항). 보험자의 약관교부·설명의무는 보험계약자가 보험계약의 내용을 알고 계약을 체결하도록 함으로써 보험계약자가 선의의 불이익을 당하지 않도록 하기 위함이다.

㉡ 교부·설명의무의 내용 : 보통보험약관은 보험자가 일방적으로 작성하여 금융위원회에 제출하는 정형적인 보험계약조항으로서 부동문자로 인쇄하여 두고 있다. 보험약관의 중요한 내용이 무엇이냐는 보험의 종류에 따라 다를 수 있으나, 보험계약의 중요한 요소 가운데 보험료와 그 지급방법, 보험금액, 보험기간, 특히 보험자의 책임개시 시기를 정한 경우에는 그 시기, 보험사고의 내용, 보험계약의 해지사유 또는 보험자의 면책사유 등을 들 수 있다. 그러므로 보험자는 보험계약자가 그러한 약관의 중요한 내용을 이해할 수 있도록 설명하여 주어야 한다(약관의 규제에 관한 법률 제3조 참조).

> **심화TIP 중요한 사항**
>
> 보험계약자의 입장에서 그 사항의 인지 여부가 보험계약 체결에 영향을 미치는 사항을 중요한 사항이라고 한다. 그러나 ① 보험계약 거래에 있어서 일반적이고 공통된 것이어서 고객이 충분히 예상할 수 있는 사항, ② 이미 널리 보험계약자에게 알려져 있는 조항, ③ 보험계약법에 규정되어 있는 내용을 보험약관에서 원용한 내용의 경우에는 보험자가 보험계약자에게 설명하여야 할 중요한 사항이 아니다.

> **판례** 대법원 2019.5.30. 선고 2016다276177 판결
>
> 「약관의 규제에 관한 법률」 제3조 제3항 전문은 "사업자는 약관에 정하여져 있는 중요한 내용을 고객이 이해할 수 있도록 설명하여야 한다"라고 정하여 사업자에게 약관의 중요한 내용에 대하여 구체적이고 상세한 설명의무를 부과하고 있고, 같은 조 제4항은 이러한 약관의 설명의무를 위반하여 계약을 체결한 때에는 <u>약관의 내용을 계약의 내용으로 주장할 수 없도록 하고 있다</u>.

ⓒ 교부·설명의무자와 상대방 : 보험약관의 교부·설명의무자는 보험자이나, 실거래에서 보험설계사, 보험대리점 또는 보험중개사를 통해서 보험모집이 이루어지는 경우에는 이들이 보험자를 대신하게 된다. 여기서 보험대리점 가운데 체약대리점은 직접 보험자를 대리하여 보험계약 체결권을 가지고 있으므로 당연하며, 보험설계사, 보험중개대리점 또는 보험중개사의 경우 보험계약 체결권은 없지만 보험계약자는 그들을 통해서 보험계약을 청약하고 보험료를 지급하고 있는 것이 일반적이다. 설명의 상대방은 피보험자나 보험수익자가 아닌 보험계약자이다.

ⓔ 설명의 방법과 입증책임 : 교부·설명의무를 이행하였다는 입증책임은 보험자에게 있다. 설명의 방법으로는 대면방식에 의한 구두설명과 청약서의 자필서명에 의하여 입증하는 방식과 전화에 의한 구두설명과 전화내용 녹취에 의한 입증방법도 사용된다. 서면에 의한 설명방식은 법원이 인정하지 않고 있다.

ⓜ 설명의 정도 : 보험계약자의 평균적 이해 수준을 기초로 약관의 전반적인 내용을 알리면 된다고 보며, 보험계약자의 주관적인 사정을 고려하여 보험계약자가 인지할 수 있는 정도까지 설명해야 하는 것은 아니다. 보험계약자의 의무가 존재한다는 것을 설명하는 것만으로는 부족하고 보험계약자가 의무불이행시 받을 불이익까지를 설명하도록 요구하고 있다.

ⓗ 설명의 시기 : 약관의 교부·설명의무의 이행 시기는 청약시까지 하여야 하나, 보험계약 체결시까지 의무이행을 하더라도 가능하다. 교부·설명의무는 원칙적으로 계약전 의무이다.

ⓢ 교부·설명의무위반의 효과
  ⓐ 보험자가 보험계약을 맺을 때에 보험약관의 교부·설명의무를 위반한 때에는 보험계약자는 보험계약이 성립한 날로부터 3개월 이내에 그 계약을 취소할 수 있다(상법 제638조의3 제2항). 여기서 3개월의 기간은 제척기간이고, 보험계약자가 그 보험계약을 취소한 때에는 처음부터 그 계약은 무효로 되며(민법 제141조), 보험자는 보험계약자가 지급한 보험료를 모두 돌려주어야 한다(상법 제648조 참조). 따라서 보험계약 체결시에 보험자가 약관의 교부·설명의무를 위반한 때에는 보험계약자는 보험계약이 성립한 날로부터 3개월 이내에 보험계약을 취소하여 이미 지급한 보험료를 돌려받거나, 그 약관의 규정에 따라 보험계약관계를 유지하여야 한다.
  ⓑ 약관규제법 제3조는 "사업자가 교부·설명의무를 위반하여 계약을 체결한 경우에는 해당 약관을 계약의 내용으로 주장할 수 없다"고 규정하고 있다.

② 보험증권 교부의무

보험자는 보험계약이 성립하고 보험료의 전부 또는 최초의 보험료의 지급을 받은 때에는 지체 없이 보험증권을 작성하여 보험계약자에게 교부하도록 하고(상법 제640조 제1항), 기존의 보험계약을 연장하거나 변경한 경우에는 보험자는 이미 발행한 보험증권에 그 사실을 기재함으로써 보험증권의 교부에 갈음할 수 있도록 하고 있다(상법 제640조 제2항). 이것은 보험계약의 정형화에 따라 보험증권에 보험약관이 인쇄되어 있고 특약조항이 기입되어 있어서 보험계약의 내용을 증명하는 가장 유력한 증거로서 이용되고 있다.

③ 보험금 지급의무

㉠ 의의 : 보험계약은 유상·쌍무계약으로서 보험자는 보험계약자의 보험료 지급의 대가로 보험기간 내에 보험사고로 인하여 피보험자에게 손해가 발생한 경우 피보험자 또는 보험수익자에게 보험금을 지급할 의무를 진다(상법 제638조). 보험자의 보험금 지급의무는 보험계약에서 보험자가 지는 주된 의무로서 손해보험과 인보험에 따라 약간 차이가 있다. 여기서 보험금이란 손해보험에서는 보험자가 책임을 지기로 한 보험금액 한도 내에서 보험사고로 피보험자가 입은 재산상의 손해액이고, 생명보험과 같은 정액보험에서는 계약상 정한 보험금액을 말한다.

㉡ 보험금 지급책임의 발생요건

ⓐ 보험기간 중 보험사고의 발생 : 보험사고는 보험기간 안에 생긴 것이어야 한다. 또한 계약 체결 당시 보험사고가 이미 발생한 것을 당사자 쌍방과 피보험자가 알지 못하였거나, 사고는 보험기간 안에 발생하였으나 손해가 보험기간 후에 발생하여도 보험자가 책임을 진다.

ⓑ 보험계약자의 보험료 지급 : 보험자의 위험부담책임은 당사자간에 약정이 없는 한 보험계약자로부터 최초의 보험료를 지급받은 때부터 개시된다(상법 제656조). 그러므로 보험사고가 보험기간 안에 생긴 것이라도 보험료를 지급받기 전에 생긴 것이면 보험자는 보험금 지급책임을 지지 않는다. 그러나 당사자간에 계약 체결 전 어느 시기를 보험기간의 시기로 한 소급보험의 경우 그 시기를 정한 때부터 보험자는 책임을 진다(상법 제643조).

ⓒ 보험자의 담보조건 충족 : 보험자가 보험약관에서 약속한 담보요건이 충족되어야 한다. 보험자가 담보하기로 한 특정한 위험으로 사고가 발생하고, 보험자가 보상하기로 한 손해 등의 담보조건을 충족해야 하며, 각각의 경우 상당인과관계가 존재해야 한다.

ⓓ 승낙전 사고 : 보험자의 책임은 보험계약이 성립하고 최초의 보험료를 받은 때로부터 개시되나(상법 제656조), 보험자가 보험계약자로부터 보험계약의 청약과 함께 보험료 상당액의 전부 또는 일부를 받은 경우에는 그 청약을 승낙하기 전에 보험사고가 생긴 때에는 그 청약을 거절할 사유가 없는 한 보험자는 보험계약상의 책임을 진다(상법 제638조의2 제3항).

ⓔ 면책사유가 없는 것 : 보험자의 보상책임이 발생하였음에도 불구하고 일정한 위험으로 사고발생 또는 일정한 사유가 있을 경우에 보험자의 보상책임은 면한다. 이때 일정한 위험을 면책위험, 일정한 사유를 면책사유라 한다.

ⓒ 보험금의 지급 기출 제4회, 제6회, 제8회
ⓐ 보험금 청구권자 : 보험사고발생시 보험자에게 보험금을 청구할 수 있는 자는 손해보험에서는 피보험자이고, 인보험에서는 보험수익자이다.
ⓑ 보험금 지급시기와 방법 : 보험자의 보험금 지급은 당사자간에 약정이 있는 경우에는 그 기간 내에, 약정이 없으면 보험사고발생 통지를 받은 후 지체 없이 지급할 보험금액을 정하고 그 정해진 날부터 10일 이내에 피보험자 또는 보험수익자에게 보험금을 지급해야 한다(상법 제658조). 이때, 보험금 지급은 금전급부가 원칙이나 다른 약정이 있을 때에는 현물 또는 기타의 급여로 할 수 있다.
ⓒ 보험금 지급장소 : 채권자인 피보험자 또는 보험수익자의 주소 또는 영업소가 원칙이나 약관에 따라 달리 정할 수 있다.
ⓓ 소멸시효 : 피보험자나 보험수익자가 보험금의 청구권과 보험료 또는 적립금의 반환청구권은 3년간, 보험료의 청구권은 2년간 행사하지 않으면 소멸시효는 완성된다(상법 제662조). 이때, 시효의 기산점은 보험사고가 발생한 때가 일반적이나 보험사고발생 통지를 한 때에는 보험자가 그 통지를 받은 후 보험금지급 유예기간(10일)이 경과한 다음날부터 기산한다.

④ 보험료 반환의무 기출 제7회, 제9회, 제11회
㉠ 의의 : 보험자는 보험계약이 취소·무효 또는 해지된 경우에 보험계약자에게 일정보험료를 반환하여야 하는데, 이것이 보험자의 보험료 반환의무이다.
㉡ 보험계약이 취소된 경우 : 보험자는 보험계약을 맺을 때에 보험약관의 교부·설명의무를 이행하지 아니함으로써 보험계약자가 보험계약이 성립한 후 3개월 이내에 그 계약을 취소하여 그 보험계약이 처음부터 무효로 된 때(상법 제638조의3, 민법 제141조)에는 보험자는 지급받은 보험료를 모두 보험계약자에게 반환하여야 한다.
㉢ 보험계약이 무효인 경우 : 보험자는 보험계약의 전부 또는 일부가 무효인 경우에 보험계약자와 피보험자 또는 보험수익자가 선의이며 중대한 과실이 없는 때에는 보험료의 전부 또는 일부를 반환할 의무를 진다(상법 제648조). 따라서 보험계약자 측의 악의로 보험계약이 무효로 된 때에는 이를 제재하는 의미에서 보험자는 보험료 반환의무를 지지 않는다.
㉣ 보험사고발생 전의 보험계약해지의 경우 : 보험자는 보험계약자가 보험사고의 발생 전에 보험계약의 전부 또는 일부를 해지한 경우에는 다른 약정이 없으면 미경과보험료를 반환하여야 할 의무가 있고, 보험계약자는 이를 반환청구 할 수 있다(상법 제649조 제1항, 제3항). 여기서 미경과보험료란 계약이 해지될 때 보험료기간 이후의 기간에 해당하는 기간의 보험료를 말한다. 그러나 실보험거래에서 화재보험의 경우 보험계약이 해지된 때에 일할로 계산하여 나머지 기간에 대한 보험료를 반환하고 있는 것이 실정이다. 그리고 생명보험의 경우에는 보험자는 보험계약이 해지된 때에는 보험료적립금을 반환하여야 한다(상법 제736조).
㉤ 소멸시효 : 보험자의 보험료 반환의무는 보험계약자가 청구권을 3년간 행사하지 않으면 소멸한다(상법 제662조).

⑤ 이익배당의무

보험자가 약관으로서 그 이익의 일부를 보험계약자에게 배당할 것을 정한 경우 그 조항에 따라 이익배당을 할 의무를 부담한다. 따라서 이 경우 보험자는 그 지급을 위하여 준비금을 적립하여야 한다.

(2) 인보험의 경우

인보험은 보험약관의 교부·명시의무, 보험증권 교부의무, 보험금 지급의무, 보험료 반환의무, 이익배당의무 외에도 보험료적립금 반환의무(해약환급금 반환의무), 보험계약자 대부의무를 진다.

① 보험금 지급의무
  ㉠ 의의 : 인보험계약의 보험자는 피보험자의 생명이나 신체에 관하여 보험사고가 발생할 경우에 보험계약으로 정하는 바에 따라 보험금이나 그 밖의 급여를 지급할 책임이 있다. 이 경우 보험금은 당사자간의 약정에 따라 분할하여 지급할 수 있다(상법 제727조).
  ㉡ 생명보험의 경우 : 생명보험계약의 보험자는 피보험자의 사망, 생존, 사망과 생존에 관한 보험사고가 발생할 경우에 약정한 보험금을 지급할 책임이 있다(상법 제730조).
  ㉢ 중과실로 인한 보험사고 : 피보험자의 사망을 보험사고로 한 보험계약에는 사고가 보험계약자 또는 피보험자나 보험수익자의 중대한 과실로 인해 생긴 경우에도 보험자는 보험금액을 지급할 책임을 면치 못한다(상법 제732조의2).

② 보험료적립금 반환의무 기출 제3회
  ㉠ 의의 : 생명보험계약이 해지된 때와 보험금액의 지급책임이 면제된 때에는 보험자는 보험계약자에게 보험료적립금을 지급해야 한다(상법 제736조 제1항). 왜냐하면 생명보험계약은 장기보험계약으로서 저축성을 띠고 있고, 보험료는 생명표에 의하여 예정사망률과 예정이율에 따라 계산하여 매년 평균보험료를 지급하도록 하고 있기 때문이다.
  ㉡ 해약환급금의 반환 : 생명보험계약에서 보험자는 결산기마다 책임준비금을 계상하여야 하고, 보험자가 계상하여야 할 책임준비금은 보험료적립금과 미경과보험료로 구분한다. 여기서 보험료적립금은 보험수익자를 위하여 적립한 금액을 말하며, 보험계약이 해지된 때에 보험자는 해약환급금으로서 보험계약자에게 보험료적립금을 지급하여야 한다.
  ㉢ 소멸시효 : 보험자의 보험료적립금 반환의무는 3년의 시효를 적용한다(상법 제662조).

③ 보험계약자 대부의무
생명보험계약에서 보험계약자는 해약환급금의 범위 안에서 보험자가 정한 방법에 따라 보험증권을 제출하고 대부를 받을 수 있다. 이것을 '보험계약자대부' 또는 '보험증권대부'라 하고, 보험계약자의 청구가 있으면 보험자는 이에 따를 의무가 있다.

3 보험계약자, 피보험자, 보험수익자의 의무

(1) 손해보험의 경우

① 보험료 지급의무 `기출` 제2회

㉠ 의 의

보험계약이 성립하면 보험계약자는 보험자의 위험부담의 대가로 보험료를 지급할 의무를 지는데, 이를 '보험료 지급의무(상법 제638조)'라 한다. 이때 보험료는 보험계약이 유상계약이라는 본질상의 필요에 따라 보험자의 위험인수, 즉 손해의 보상 또는 일정한 금액의 급부에 대한 대가로서의 성질을 가진다. 또한 보험료불가분의 원칙에 따라 보험료기간에 해당하는 보험료를 분할하여 지급하더라도 그것은 단지 보험계약자의 편의상 분할 지급하는 것이므로 그 기간 중간에 보험계약의 효력이 소멸한 때라도 보험료기간에 상당하는 전체 보험료를 지급해야 한다.

㉡ 보험료 지급의무자

보험료 지급의무는 보험계약의 당사자인 보험계약자가 1차적으로 지며, 타인을 위한 보험계약의 경우 보험계약자의 파산 또는 기타의 사유로 지급이 불가능한 경우 그 권리를 포기 않는 한 피보험자 또는 보험수익자가 2차적으로 의무를 지게 된다(상법 제639조 제3항). 또한 보험계약자가 수인인 경우 각 보험계약자는 연대하여 그 보험료를 지급할 의무가 있다.

㉢ 보험료의 지급시기와 보험자의 책임

상법은 보험료의 지급시기를 규정한 바 없으나, 보험자의 책임은 당사자간에 다른 약정이 없으면 최초의 보험료를 지급받은 때부터 개시되므로 보험계약 성립 후 지체 없이 보험료를 지급해야 한다(상법 제656조). 그러므로 보험자는 비록 보험계약이 성립하여 계약상 책임기간이 시작된 후라도 최초의 보험료를 받지 아니한 때에는 보험사고가 발생하여도 그 책임을 지지 않는다.

㉣ 보험료의 지급방법 및 지급장소

보험료는 보험금액을 기초로 위험률에 따라 그 금액이 정해지며, 일시지급 또는 분할방법에 의하여 지급된다. 또한 상법은 보험료의 지급 장소에 관하여 아무런 규정이 없으나, 실무에서는 보험자의 영업소에서 하고 있다.

㉤ 보험료의 감액과 반환청구

ⓐ 보험료의 감액청구 `기출` 제1회, 제5회

- 특별히 예기한 위험이 소멸한 경우 : 보험계약의 당사자가 특별한 위험을 예기하며 보험료액을 정한 경우에 보험기간 중 그 예기한 위험이 소멸한 때에는 보험계약자는 그 후의 보험료 감액을 청구할 수 있다(상법 제647조).
- 현저한 초과보험의 경우 : 보험계약 당시에 보험금액이 보험가액을 현저하게 초과한 때나 계약 체결 후 보험기간 중 보험가액이 감소된 경우는 보험료의 감액을 청구할 수 있다. 이 경우 보험가액은 계약 당시 보험가액을 기준으로 하며, 보험료의 감액은 장래에 향하여만 효력이 있다. 한편 보험자도 보험금액의 감액을 청구할 수 있다(상법 제669조).

- ⓑ 보험료의 반환청구 기출 제10회
    - 보험계약의 전부 또는 일부가 무효인 경우 : 보험계약자, 피보험자 또는 보험수익자가 선의이며 중대한 과실이 없을 때, 보험자에 대하여 보험료의 전부 또는 일부의 반환을 청구할 수 있다(상법 제648조).
    - 보험사고발생 전에 계약을 임의해지한 경우 : 보험사고발생 전에는 보험계약자는 언제든지 계약의 전부 또는 일부를 해지할 수 있으며, 이 경우 당사자간에 다른 약정이 없으면 보험계약자는 미경과보험료의 반환을 청구할 수 있다(상법 제649조).
- ⒣ 보험료 지급의무 지체의 효과 기출 제1회, 제5회, 제9회
    - ⓐ 최초보험료의 지급지체의 경우
        - 보험자의 책임이 발생하지 않음 : 보험자의 책임을 당사자간에 다른 약정이 없는 한 최초의 보험료를 지급받은 때부터 개시한다(상법 제656조)고 규정되어 있으므로 최초의 보험료를 받지 아니한 때에는 보험사고가 발생하여도 그 책임을 지지 않는다.
        - 보험계약의 해제의 의제 : 보험계약자는 계약 체결 후 지체 없이 보험료의 전부 또는 제1회의 보험료를 지급하여야 하는데, 이를 지급하지 아니한 경우에는 다른 약정이 없는 한 계약 체결 후 2월이 경과하면 그 계약은 해제된 것으로 본다(상법 제650조 제1항).
        - 보험증권 교부의무가 발생하지 않음 : 보험자는 보험계약이 성립한 때에는 지체 없이 보험증권을 작성하여 보험계약자에게 교부하여야 하는데, 보험계약자가 최초의 보험료를 지급하지 아니한 때에는 그러하지 아니하다(상법 제640조 제1항).
    - ⓑ 계속보험료의 지급지체의 경우 : 계속보험료가 약정한 시기에 지급되지 아니한 때에는 보험자는 상당한 기간을 정하여 보험계약자에게 최고하고 그 기간 내에 지급되지 아니한 때에는 그 계약을 해지할 수 있다(상법 제650조 제2항). 다만, 특정한 타인을 위한 보험계약의 경우 보험계약자가 보험료의 지급을 지체한 때에는 보험자는 그 타인에게도 상당한 기간을 정하여 보험료의 지급을 최고한 후가 아니면 그 계약을 해제 또는 해지하지 못한다(상법 제650조 제3항).

> **판례** 대법원 1995.11.16. 선고 94다56852, 전원합의체 판결
>
> 제650조는 보험료가 적당한 시기에 지급되지 아니한 때에는 보험자는 상당한 기간을 정하여 보험계약자에게 최고하고, 그 기간 내에 지급하지 아니한 때에는 계약을 해지할 수 있도록 규정하고, 같은 법 제663조는 위 규정을 보험당사자간의 특약으로 보험계약자 또는 보험수익자의 불이익으로 변경하지 못한다고 규정하고 있으므로, 분납 보험료가 소정의 시기에 납입되지 아니하였음을 이유로 그와 같은 절차를 거치지 아니하고 막바로 보험계약이 해지되거나 실효됨을 규정하고 보험자의 보험금 지급 책임을 면하도록 규정한 보험약관은 위 상법의 규정에 위배되어 무효이다.

- ⒮ 보험계약의 부활 기출 제1회, 제2회, 제5회, 제8회, 제9회, 제11회
    - ⓐ 의의 : 계속보험료가 지급되지 않는 경우 보험자의 계약해지에 의하여 보험계약이 해지되고 해약환급금이 지급되지 아니한 경우에, 보험계약자는 일정한 기간 내에 연체보험료에 약정이자를 붙여 보험자에게 지급하고 그 계약의 부활을 청구할 수 있는데, 이를 '보험계약의 부활'이라고 한다(상법 제650조의2). 이는 계약해지를 보험계약이 종료되었다 하더라도 보험계약자가 보험의 계속을 청약할 때에는 그 계약의 부활을 승낙함으로써 계약자의 피해를 방지하려는 것이다.

ⓑ 보험계약 부활의 요건
- 기존계약이 계속보험료의 부지급으로 인해 상법 제650조 제2항에 따라 최고의 절차를 거쳐 해지되어야 한다.
- 보험자가 보험계약자에게 해지환급금이 지급되지 않아야 한다.
- 보험계약자가 부활청구기간 내에 청구해야 한다.
- 보험계약자가 보험자에게 연체보험료와 이에 대한 약정이자를 지급해야 한다.
- 보험자가 보험계약자의 부활청약에 대하여 승낙하여야 한다.

ⓒ 보험계약 부활의 효과 : 보험자는 보험계약자로부터 부활의 청구와 함께 연체보험료 및 약정이자를 지급받은 때에는 다른 약정이 없는 한 30일 내에 낙부의 통지를 발송해야 하고, 그 기간 내에 통지하지 아니하면 보험자의 승낙이 의제되며, 통지기간의 경과 전에 보험사고가 발생한 때에는 부활의 청구를 거절할 사유가 없는 한 부활계약상의 책임을 진다(상법 제638조의2). 또한, 새로운 계약 체결의 경우처럼 보험계약자는 상법 제651조에 따라 부활청구시 고지의무를 이행하여야 하며, 부활청구에 대한 승낙 후 연체보험료 및 약정이자를 받은 경우에는 상법 제656조에 따라 보험자의 부활계약상의 책임은 최초의 보험료의 지급을 받은 때로부터 개시된다.

판례 보험자의 부활청약 승낙의무

보험자에게 부활청약을 승낙할 의무를 인정하기 위해서는 부활청약시 연체보험료 및 약정이자의 지급 이외에 보험계약자의 도덕적 위험을 방지하기 위하여 부보가능성(附保可能性)이 인정되어야 할 것이고, 상법 제638조의2 제3항의 취지에 비추어 <u>보험자가 부보가능성이 없음을 증명하면 부활청약을 거절할 수 있다</u>[광주고등법원 2014.9.5. 선고 2013나11583(본소), 2013나11590(반소) 판결, 대법원 2008.11.27. 선고 2008다40847 판결].

◎ 실효약관의 효력
ⓐ 의의 : 보험약관에는 제2회 이후의 보험료는 그 납입 기일로부터 상당한 기간의 유예기간을 두고, 그 기간 안에 보험료 지급이 없으면 보험계약은 효력을 잃는다는 뜻을 정하고 있는 것이 일반적이다. 이와 같이 상법 제650조 제2항의 최고 후에 해지의 규정을 무시하고 약관에 보험료 지급일로부터 상당한 유예기간을 정하여 두고, 그 기간 안에 보험료 지급이 없는 때에는 보험계약이 자동실효된다는 보통 보험약관의 조항을 '실효약관'이라 한다.

ⓑ 실효약관의 효력 : 상법 제663조는 보험계약자 등 불이익변경금지의 원칙을 두어 무지의 보험계약자 등의 이익을 보호하고 있는데, 실효약관은 상법 제650조 제2항의 해지절차인 '최고'와 '해지의 통지'를 무시하고 있어서 이와 관련하여 그 효력이 문제가 된다. 초기 판례에서는 상법 제663조는 일개의 보험계약자가 아닌 보험계약자 전체의 이익을 전제로 하므로 보험계약자 등의 귀책사유로 인한 보험료 부지급에 대해 일정기간 유예에도 불구하고 그 지급이 없으면 보험자가 그 해지의 절차를 밟지 않는다고 해서 상법의 규정에 저촉되는 것이 아니라고 판시하였다.

그러나 현재 법원은 보험계약자에게 상법 제650조의 최고절차를 무시하고 유예기간 경과 후에 보험계약이 자동실효 됨을 규정한 실효약관은 보험계약자 등에게 불이익하게 변경된 조항이기 때문에 무효임을 판시하고 있다. 그러므로 보험자는 상법 제650조의 최고절차를 이행해야 한다.

ⓒ 실효약관의 최고기간과 보험자 보상책임 : 보험자는 상법 제650조의 최고기간 중 보험사고는 보상책임이 발생한다. 또한 최고절차를 충실히 이행함에 대한 입증책임을 져야 하고, 입증을 못하게 되면 보상책임을 면하지 못한다. 최고기간 경과 후 보험자가 해지를 하며, 해지 이후에 발생한 보험사고는 면책한다. 해지 이후에 보험계약자는 일정기간(부활기간) 안에 보험계약의 부활을 청구할 수 있다.

ⓓ 보험료청구권의 소멸시효 : 보험자의 보험료청구권은 2년간 행사하지 아니하면 시효가 소멸한다(상법 제662조). 따라서 보험자는 최초보험료는 보험계약이 성립한 날로부터 2년, 계속보험료는 그 지급기일로부터 2년 안에 청구권을 행사하여야 한다. 기출 제3회

② 위험변경·증가의 통지의무 기출 제3회, 제4회, 제6회, 제7회, 제9회, 제10회

보험계약자 또는 피보험자가 보험기간 중 위험이 현저하게 변경·증가된 그 사실을 안 때에는 지체 없이 보험자에게 통지해야 하는데, 이 의무를 해태한 경우 보험자는 1월 내에 계약을 해지할 수 있다(상법 제652조 제1항). 또한 의무이행시에 보험자는 1월 내에 보험료의 증액을 청구하거나 계약을 해지할 수 있다(상법 제652조 제2항).

③ 위험유지의무 기출 제7회

보험기간 중에 보험계약자, 피보험자 또는 보험수익자는 보험자가 인수한 위험을 임의로 변경·증가시키지 않고 그대로 유지시켜야 할 위험유지의무를 부담한다. 보험계약자 등의 고의 또는 중대한 과실로 사고발생의 위험이 현저하게 변경·증가된 때에는 보험자는 그 사실을 안 날로부터 1월 내에 보험료의 증액을 청구하거나 계약을 해지할 수 있다(상법 제653조).

④ 보험사고발생의 통지의무 기출 제4회, 제10회

보험계약자 또는 피보험자나 보험수익자는 보험사고의 발생을 안 때에 지체 없이 보험자에게 통지할 의무(상법 제657조 제1항)를 지는데, 이 의무의 해태로 인하여 손해가 증가된 때에 보험자는 그 증가된 손해를 보상할 책임이 없다(상법 제657조 제2항).

⑤ 손해방지경감의무

보험계약자와 피보험자는 피보험이익의 주체로 보험사고의 발생시에 손해의 방지와 경감을 위하여 노력할 의무가 있다. 이는 신의성실의 원칙과 공익상 요구에 근거를 두고 있다. 이 의무의 해태시에 보험자는 확대된 손해를 보상하지 않으며, 이미 보험금을 지급한 경우에는 손해의 배상을 청구할 수 있다.

(2) 인보험의 경우

인보험에 있어서 보험계약자, 피보험자 또는 보험수익자는 손해보험과 같이 ① 보험료 지급의무, ② 위험변경·증가의 통지의무, ③ 위험유지의무, ④ 보험사고발생 통지의무를 진다.

4 통지의무

(1) 통지의무의 의의 및 고지의무와의 차이점

① 통지의무의 의의

통지의무란 보험계약의 효과로 발생된 의무로서 보험기간 중에 일정한 사실의 발생을 보험자에게 알리는 보험계약자 측의 의무를 말한다. 여기에는 위험의 변경·증가 통지의무와 보험사고발생의 통지의무 그리고 기타 재보험의 특수한 통지의무가 있다.

② 고지의무와의 차이점

통지의무는 보험계약의 효과로 발생하는 의무인데 반하여, 고지의무는 보험계약의 체결 당시에 계약 전제조건의 의무라는 차이점이 있다.

(2) 위험의 현저한 변경·증가의 통지의무 기출 제1회, 제2회

① 의 의

보험기간 중에 보험계약자 또는 피보험자가 사고발생의 위험이 현저하게 변경 또는 증가된 사실을 안 때에는 지체 없이 보험자에게 통지해야 하는데, 이를 '위험의 현저한 변경·증가의 통지의무'라 한다.

② 존재이유

위험을 측정하여 보험사고발생의 개연율을 산정하고 보험료를 산출하는 데에 영향을 미치는 위험의 변동을 보험자가 알아서 적절한 대응을 하여야 하기 때문에 보험계약의 선의성과 신의성실의 원칙에서 요구된다.

③ 법적 성질

보험계약 후에 생기므로 순수한 채무의 성질을 가진다는 견해도 있으나, 불이익한 결과를 피하기 위한 일종의 간접의무라는 설도 있다.

④ 통지의무의 발생요건

㉠ 위험의 변경 또는 증가는 보험기간 중에 생긴 것이어야 한다.
㉡ 위험의 변경 또는 증가가 현저한 것이어야 하고, 또 그 위험의 변경·증가가 보험계약자 또는 피보험자의 행위로 말미암은 것이 아니어야 한다.
㉢ 보험계약자 또는 피보험자가 그 위험의 현저한 변경이나 증가의 사실을 알았어야 한다.

⑤ 통지의무의 내용

㉠ 통지의무자 : 보험계약자, 피보험자
㉡ 상대방의 당사자 : 보험자, 통지의 수령권이 있는 제3자
㉢ 통지의 시기·방법 : 통지할 사실을 안 때 지체 없이 서면 또는 구두, 유선도 가능하다.
㉣ 통지사항 : 사고발생의 위험이 현저하게 변경·증가된 사실을 통지하여야 하는데, 현저하게란 그 정도의 위험이 있으면 보험자가 그 보험을 인수하지 않거나 적어도 동일한 보험료로는 인수하지 않았을 것으로 생각될 정도를 말한다.

⑥ 통지의무위반의 효과 `기출` 제4회, 제7회, 제9회

보험계약자 또는 피보험자가 위험의 현저한 변경·증가를 알면서 보험자에게 알리지 않은 경우 통지의무위반이 되며, 보험자는 그 사실을 안 때로부터 1월 내에 한하여 계약을 해지할 수 있다(상법 제652조 제1항). 따라서 계약의 해지 후 보험사고가 발생하더라도 위험의 변경·증가사실이 보험사고에 영향을 미치지 않음을 증명하지 않는 한 보험자는 보험금을 지급하지 않으며, 이미 지급한 보험금이 있을 때에는 그 반환을 청구할 수 있다(상법 제655조).

⑦ 통지의무이행의 효과

보험자가 위험변경·증가의 통지를 받은 때에는 1월 내에 보험료의 증액을 청구하거나 계약을 해지할 수 있다(상법 제652조 제2항).

(3) 보험사고발생의 통지의무 `기출` 제9회, 제11회

① 의 의

보험계약자 또는 피보험자나 보험수익자는 보험사고의 발생을 안 때에는 지체 없이 보험자에게 그 통지를 발송하여야 하는데, 이를 '보험사고발생의 통지의무'라 한다.

② 존재이유

보험계약자 등에게 의무를 부담시킨 것은 보험자로 하여금 사고발생의 상황을 명확히 파악하고, 면·부책 여부를 확인하여 손해액을 산정하고, 손해의 확대를 방지하여 손해배상청구권을 보존하려는데 있으며, 이는 신의성실의 원칙에 따른 의무라 할 수 있다.

③ 법적 성질

보험사고발생의 통지의무는 보험자의 책임을 묻기 위한 전제조건인 동시에 보험자에 대한 계약자 측의 진정한 의무이다.

④ 통지의무의 내용

㉠ 통지의무자 : 보험계약자, 피보험자, 보험수익자
㉡ 상대방의 당사자 : 보험자 또는 통지의 수령권이 있는 제3자
㉢ 통지의 시기·방법 : 사고발생을 안 때 지체 없이 통지하여야 하며, 서면이 원칙이나 구두 또는 유선도 가능하다.
㉣ 통지사항 : 상법의 규정은 없으나, 대체로 손해발생의 일시, 장소, 손해의 상황, 정도 및 원인, 증인의 성명 등을 통지한다.

⑤ 통지의무위반의 효과 `기출` 제4회, 제7회

보험사고발생의 통지의무위반의 경우 보험금 지급이 유예되며, 보험계약자 또는 피보험자나 보험수익자가 통지의무를 해태함으로써, 손해가 증가된 때에는 보험자는 그 증가된 손해를 보상할 책임이 없다(상법 제657조 제2항). 따라서 보험자가 이미 보험금을 지급한 경우에는 그 손해를 통지의무자가 배상하여야 한다.

⑥ 통지의무이행의 효과

보험계약자 등이 보험사고발생의 통지의무를 성실히 이행한 경우 보험자는 보험금액의 지급에 관하여 약정기간이 있으면 그 기간 내에, 약정기간이 없으면 지체 없이 지급할 보험금액을 정하고 그 정하여진 날부터 10일 내에 피보험자 또는 보험수익자에 보험금액을 지급하여야 한다(상법 제658조).

(4) 손해보험의 특수한 통지의무

① 중복보험에서의 통지의무 기출 제5회

동일한 보험계약의 목적과 동일한 사고에 관하여 수개의 보험계약을 체결하는 경우(병존보험도 포함)에 보험계약자는 각 보험자에 대하여 각 계약내용을 통지하여야 하며(상법 제672조 제2항), 이 의무를 해태시에 사기의 목적이 있는 것으로 보아 계약은 무효가 된다.

② 보험목적의 양도 통지의무

피보험자가 보험의 목적을 양도한 때에는 보험계약상의 권리와 의무를 승계한 것으로 추정하며, 양도인 또는 양수인은 보험자에 대하여 지체 없이 그 사실을 통지하여야 한다(상법 제679조 제2항).

③ 자동차의 양도 통지의무

피보험자가 보험기간 중 자동차를 양도한 때에는 양수인은 보험자에게 통지하여 승낙을 얻은 경우에 한하여 보험계약으로 인하여 생긴 권리와 의무를 승계한다(상법 제726조의4).

④ 책임보험에서의 통지의무

피보험자가 제3자로부터 손해배상청구를 받거나(상법 제722조), 제3자에 대하여 변제, 승인, 화해 또는 재판으로 인하여 채무가 확정된 때(상법 제723조 제1항)에는 즉시 보험자에게 통지하여야 한다.

⑤ 선박미확정 적하예정보험에서의 통지의무

보험계약의 체결 당시에 적하를 적재할 선박을 지정하지 아니한 경우, 보험계약자 또는 피보험자가 그 하물(荷物)이 선적되었음을 안 때에는 지체 없이 보험자에 대하여 그 선박의 명칭, 국적과 하물(荷物)의 종류, 수량과 가액의 통지를 발송해야 한다(상법 제704조 제1항). 이 의무를 해태시에 보험자는 그 사실을 안 날로부터 1월 내에 계약을 해지할 수 있다(상법 제704조 제2항).

⑥ 위부(委付)의 통지의무

해상보험 중 선박보험의 경우에 피보험자가 위부하고자 할 때에는 상당한 기간 내에 보험자에게 통지를 발송해야 한다(상법 제713조 제1항). 또한 위부를 함에 있어서 다른 보험계약과 그 부담에 속한 채무의 유무와 그 종류 및 내용을 통지해야 한다(상법 제714조 제1항).

피보험자가 이 통지의무를 이행하지 않을 때에는 보험자는 보험금액의 지급을 거절할 수 있다.

05 보험계약의 무효·변경·소멸

1 총설

보험계약관계는 사행계약(射倖契約)으로 그 성질상 일정기간 동안 계속적 법률관계이고, 계약 체결 당시에 예견되지 않았던 사정의 변경이 생기는 경우가 있다. 무효란 보험계약이 성립하더라도 법률상 당연히 그 효력이 생기지 않는 것으로 계약 체결 전의 상태로 소급하여 효력을 상실하는 것이다. 또한 보험계약관계의 변경이란 보험계약 내용상의 변경을 가져오는 것을 말하고, 보험계약의 소멸이란 보험계약관계가 끝나는 것을 말한다.

2 보험계약의 무효

(1) 보험계약이 취소된 경우

보험자는 보험계약을 체결할 때에 보험계약자에게 보험약관을 교부하고 그 약관의 중요한 내용을 알려주어야 할 의무를 지는데(상법 제638조의3 제1항), 보험자가 이를 게을리한 때에는 보험계약자는 보험계약이 성립한 날로부터 3개월 이내에 그 계약을 취소할 수 있다(상법 제638조의3 제2항). 따라서 계약이 취소되면 보험계약은 무효가 되고(민법 제141조), 보험자는 보험계약자에게 보험료 전부를 돌려주어야 한다(상법 제648조).

(2) 보험사고의 객관적 확정의 효과 기출 제4회, 제6회, 제8회, 제9회

보험계약 당시에 보험사고가 이미 발생하였거나 또는 발생할 수 없는 것인 때에는 그 계약은 무효로 한다. 그러나 당사자 쌍방과 피보험자가 이를 알지 못한 때에는 그러하지 아니하다(상법 제644조).

(3) 보험계약자의 사기에 의해 초과·중복보험이 체결된 경우 기출 제6회

초과보험, 중복보험에 있어서 보험계약이 보험계약자의 사기로 인하여 체결된 경우 그 보험계약은 초과부분뿐만 아니라 계약의 전부를 무효로 하고 있다(상법 제669조 제4항, 제672조 제3항).

(4) 타인의 생명보험의 경우

타인의 사망을 보험사고로 하는 보험계약에서는 피보험자의 서면에 의한 동의를 얻지 못하면 무효가 된다는 명문 규정은 없으나, 동의를 얻지 못한 보험계약은 효력이 발생되지 않으므로 당연히 무효로 해석함이 타당하다(상법 제731조). 그리고 15세 미만자, 심신상실자, 심신박약자의 사망보험계약도 무효로 하고 있다. 다만, 심신박약자가 보험계약을 체결하거나 제735조의3에 따른 단체보험의 피보험자가 될 때에 의사능력이 있는 경우에는 그러하지 아니하므로 유효하다고 본다(상법 제732조).

(5) 보험계약자 등 불이익변경금지의 원칙에 반하는 계약

상법 제663조의 규정은 상대적 강행법규성이므로 이에 반하는 계약은 무효로 하고 반대로 보험계약자 등에게 유리하게 체결된 계약은 유효라고 해석함이 타당하다.

3 보험계약관계의 변경

(1) 합의에 의한 변경

보험계약기간 중에 당사자의 합의에 의해 담보위험의 범위를 확대하거나 축소할 수 있고, 이에 따라 보험료도 증액 또는 감액할 수 있다. 보험기간의 연장도 가능하다.

(2) 특별위험의 소멸

보험계약의 당사자가 특별한 위험을 예기하여 보험료의 액을 정할 경우에 보험기간 중 그 예기한 위험이 소멸한 때에는 보험계약자는 그 후의 보험료의 감액을 청구할 수 있다(상법 제647조).

(3) 위험의 변경·증가

① 위험의 변경·증가의 정도

보험계약 체결 후 그 계약의 전제가 되는 사고발생의 개연성이 양적으로 현저하게 변경·증가해야 하는데, 여기서 '현저하게'란 위험률에 따라 적용되는 보험료 또는 인수 조건이 달라지는 정도를 말한다. 즉, 그 정도의 위험이 계약 체결 당시에 존재하였더라면 보험자가 계약을 인수하지 않았거나 적어도 동일조건으로 인수하지 않았으리라 객관적으로 판단되는 위험의 변경·증가를 의미한다.

② 객관적 위험의 변경·증가

㉠ <u>의의</u> : 보험기간 중에 보험계약자 또는 피보험자는 사고발생의 위험이 현저하게 변경·증가된 사실을 안 때에는 지체 없이 보험자에게 통지해야 하는데, 이를 '위험의 현저한 변경·증가의 통지의무'라 한다.

㉡ <u>의무위반의 효과</u> : 보험계약자 또는 피보험자가 위험의 현저한 변경·증가를 알면서 통지를 해태한 때에는 보험자는 그 사실을 안 날로부터 1월 내에 한하여 계약을 해지할 수 있다(상법 제652조 제1항). 이때 보험자는 보험금을 지급할 책임이 없으며, 이미 지급한 보험금이 있을 때에는 그 반환을 청구할 수 있다. 그러나 위험의 변경·증가사실이 보험사고의 발생에 영향을 미치지 아니하였음이 증명된 때에는 그러하지 아니하다(상법 제655조).

㉢ <u>의무이행</u> : 보험자가 위험의 변경·증가의 통지를 받은 때에는 1월 내에 한하여 보험료의 증액을 청구하거나 계약을 해지할 수 있다(상법 제652조 제2항).

③ 주관적 위험의 변경·증가 `기출` 제11회
  ㉠ 의의 : 보험계약자가 계약 당시에 인수한 위험을 보험기간 중 보험계약자나 피보험자 또는 보험수익자의 고의 또는 중대한 과실로 변경·증가시키지 아니하고 그대로 유지시켜야 하는데, 이를 '위험유지의무'라 한다.
  ㉡ 의무위반의 효과 : 보험기간 중에 보험계약자 등의 고의·중대한 과실로 사고발생의 위험이 현저하게 변경·증가된 때에는 보험자는 그 사실을 안 날로부터 1월 내에 보험료의 증액을 청구하거나 계약을 해지할 수 있다(상법 제653조). 보험자가 계약을 해지한 경우 보험금을 지급할 책임이 없으며, 이미 지급한 보험금이 있으면 그 반환을 청구할 수 있다. 그러나 위험의 변경·증가 사실이 보험사고의 발생에 영향을 미치지 아니하였음이 증명된 때에는 그러하지 아니하다(상법 제655조).
④ 보험목적의 양도로 인한 위험의 변경·증가
  피보험자가 변경되어 위험이 현저하게 변경·증가되었을 때에 보험계약은 실효되는 것이 아니라 보험료의 증액을 청구하거나 계약을 해지할 수 있다고 본다. 이는 양도로 인한 계약이 질적으로 변화되었기 때문이다.

(4) 당사자의 파산 `기출` 제6회, 제10회

① 보험자의 파산
보험자가 파산선고를 받은 경우 보험계약자는 계약을 해지할 수 있으며(상법 제654조 제1항), 계약을 해지하지 아니한 때라도 파산선고 후 3월을 경과한 때(제척기간)에는 당연히 그 효력을 잃는다(상법 제654조 제2항).

② 보험계약자의 파산
보험계약자가 파산의 선고를 받은 경우, 자기를 위한 보험계약에 대해서는 상법상 특별한 규정이 없고, 타인을 위한 보험계약의 경우 그 타인이 보험계약상 권리를 포기하지 않는 한 그 타인도 보험료 지급의무를 부담하므로 보험자는 그 타인에게 보험료의 지급을 청구할 수 있다(상법 제639조 제3항).

(5) 위험유지의무와 위험증가 통지의무와의 비교

① 유사점
보험계약 체결 후의 의무라는 점과 위험의 증가와 관련이 되었다는 점 그리고 의무위반의 효과와 해지권의 제한 및 인과관계의 부존재의 효과 등에서 동일한 면을 가지고 있다.

② 차이점
  ㉠ 위험유지의무는 주관적 위험의 증가, 즉 고의·중대한 과실에 의한 위험증가인 데에 반하여 위험증가 통지의무는 객관적 위험증가, 즉 자연발생적 위험증가나 타인에 의한 위험증가를 대상으로 한다. 위험유지의무는 보험계약자·피보험자·보험수익자가 고의·중대한 과실로 위험을 현저하게 증가시키지 아니할 의무인 데에 반하여, 위험증가 통지의무는 증가된 위험에 대하여 통지의무만을 규정하고 있고 통지의무를 지는 자는 보험계약자와 피보험자이며 보험수익자는 의무자가 아니다.

ⓒ 위험유지의무는 의도적 위험증가이므로 위험증가 자체가 의무위반이 된다. 보험계약자가 이를 통지하거나 통지하지 않았거나 통지 여부에 관계없이 보험자가 위험의 현저한 증가를 안 경우 그로부터 1개월 이내에 추가보험료를 받고 위험의 현저한 증가를 승인하거나 보험계약을 해지할 수 있다. 해지의 경우 해지전 사고를 보상하지 않는다. 위험증가를 통지한 경우에는 의무위반이 아니고, 통지하지 아니한 경우에만 의무위반이 된다. 통지한 경우나 통지하지 아니한 경우 보험자는 의무위반을 안 날로부터 1개월 이내에 위험의 현저한 증가를 승인하거나 해지할 수 있다.

4 보험계약의 소멸

(1) 보험사고의 발생

보험사고의 발생으로 보험금액이 지급되면 보험계약의 대상이 없어지므로 종료한다. 다만, 손해보험계약에서 보험사고로 일부 손해가 발생하여 보험금액의 일부만을 지급한 경우에는 그 나머지 보험금액의 한도 내에서 보험기간 동안 보험계약관계의 존속을 인정하기도 하고(보험금액체감주의), 책임보험계약에서는 보험기간 중에 일어나는 사고발생건수를 제한하는 것이 아니므로 보험사고로 인하여 보험금액이 지급되더라도 보험기간 동안 보험계약관계는 그대로 유지된다(보험금액전액주의).

(2) 보험기간의 만료

보험자의 책임기간은 자유로이 정할 수 있으나, 이 기간이 만료되면 보험계약은 당연히 소멸한다. 그러나 보통보험약관에서 보험기간의 만료시에 차기보험료를 지급받음으로써 보험계약이 계속될 수 있다.

(3) 보험계약의 실효

① 보험자의 파산

보험자가 파산선고를 받은 때에 보험계약자는 계약을 해지할 수 있는데(상법 제654조 제1항), 해지하지 아니한 보험계약은 파산선고 후 3월을 경과하면 그 효력을 잃는다(상법 제654조 제2항).

② 보험목적의 양도

피보험자가 보험의 목적을 양도한 때에는 양수인에게 보험계약상의 권리와 의무를 승계한 것으로 추정하므로(상법 제679조 제1항), 자기를 위한 보험계약은 타인을 위한 보험계약으로 변경되고 양도에 대하여 양수인이 반증한 경우 계약은 실효된다.

③ 잔존보험금액제도의 경우

잔존보험금액제도에서, 즉 보험금액체감주의를 채택한 경우 보험가입금액이 일정금액 미만인 경우 보험계약의 효력을 상실하도록 규정된 때 실효된다.

(4) 보험료 부지급으로 인한 계약해제

보험계약자는 보험계약 체결 후 지체 없이 보험료의 전부 또는 제1회 보험료를 지급하여야 하는데, 보험계약자가 아무런 약정 없이 계약 성립 후 2월이 지나도록 그 보험료를 지급하지 아니한 때에는 보험계약은 해제된 것으로 본다(상법 제650조 제1항). 따라서 계약 성립 후에 보험료의 지급이 2월이 지나도록 없을 때에는 보험계약은 보험자의 의사표시와 관계없이 효력을 잃는다. 다만, 특정한 타인을 위한 보험계약의 경우 보험자가 상당한 기간을 정하여 그 타인에게 보험료의 지급을 최고하여야 한다(상법 제650조 제3항).

(5) 당사자 의사에 따른 보험계약의 해지 〔기출〕 제3회, 제5회, 제6회, 제8회, 제10회

① 보험자에 의한 보험계약의 해지
  ㉠ 보험료의 부지급으로 인한 해지 : 계속보험료가 약정한 시기에 지급되지 아니한 때에 보험자는 상당한 기간을 정하여 보험계약자에게 최고하고, 그 기간 내에 지급되지 아니한 때에는 보험계약을 해지할 수 있다(상법 제650조 제2항).
  ㉡ 고지의무위반으로 인한 해지 : 보험계약 당시에 보험계약자 또는 피보험자가 고의 또는 중대한 과실로 인하여 중요한 사항을 고지하지 아니하거나 부실의 고지를 한 때에는 보험자는 그 사실을 안 날로부터 1월 내에, 계약을 체결한 날로부터 3년 내에 한하여 계약을 해지할 수 있다(상법 제651조). 그러나 보험자가 계약 당시에 그 사실을 알았거나 중대한 과실로 인하여 알지 못한 때에는 그러하지 아니하다(상법 제651조 단서).
  ㉢ 보험계약자 등의 위험변경·증가의 통지의무위반으로 인한 해지 : 보험기간 중에 보험계약자 또는 피보험자가 사고발생의 위험이 현저하게 변경 또는 증가된 사실을 안 때에는 보험자는 그 사실을 안 날로부터 1월 내에 한하여 계약을 해지할 수 있다(상법 제652조 제1항). 또한 보험자가 위험변경·증가의 통지를 받은 경우 1월 내에 보험료의 증액을 청구하거나 계약을 해지할 수 있다(상법 제652조 제2항).
  ㉣ 위험유지의무위반으로 인한 해지 : 보험기간 중에 보험계약자, 피보험자 또는 보험수익자의 고의 또는 중대한 과실로 인하여 사고발생의 위험이 현저하게 변경 또는 증가된 때에는 보험자는 그 사실을 안 날로부터 1월 내에 보험료의 증액을 청구하거나 계약을 해지할 수 있다(상법 제653조).
  ㉤ 선박미확정 적하예정보험에서 통지의무의 해태로 인한 해지 : 보험계약 체결시에 하물을 적재할 선박을 지정하지 아니한 경우 보험계약자 또는 피보험자는 그 하물이 선적되었음을 안 때에는 지체 없이 보험자에 대하여 선박의 명칭, 국적과 하물의 종류, 수량과 가액의 통지를 발송하여야 하는데, 그 통지를 해태한 때에는 보험자는 그 사실을 안 날로부터 1월 내에 계약을 해지할 수 있다(상법 제704조 제1항, 제2항).
  ㉥ 약관규정에 의한 해지 : 약관에 일정한 요건이 있는 경우에 보험자는 보험계약을 해지할 수 있다.

| 심화TIP | 보험자가 보험계약을 해제 또는 해지 할 수 있는 사유 |

- **제1회 보험료 연체로 인한 해제** : 보험계약자는 계약 체결 후 지체 없이 보험료의 전부 또는 제1회 보험료를 지급하여야 하며, 보험계약자가 이를 지급하지 아니하는 경우에는 다른 약정이 없는 한 계약 성립 후 2월이 경과하면 그 계약은 해제된 것으로 본다(상법 제650조 제1항).
- **계속보험료의 연체로 인한 해지** : 계속보험료가 약정한 시기에 지급되지 아니한 때에는 보험자는 상당한 기간을 정하여 보험계약자에게 최고하고 그 기간 내에 지급되지 아니한 때에는 그 계약을 해지할 수 있다(상법 제650조 제2항).
- **위험변경·증가에 대한 통지의무 위반으로 인한 해지** : 보험기간 중에 보험계약자 또는 피보험자가 사고발생의 위험이 현저하게 변경 또는 증가된 사실을 안 때에는 지체 없이 보험자에게 통지하여야 한다. 이를 해태한 때에는 보험자는 그 사실을 안 날로부터 1월 내에 한하여 계약을 해지할 수 있다(상법 제652조 제1항).
- **고의나 중과실로 위험변경·증가된 경우의 해지** : 보험기간 중에 보험계약자, 피보험자 또는 보험수익자의 고의 또는 중대한 과실로 인하여 사고발생의 위험이 현저하게 변경 또는 증가된 때에는 보험자는 그 사실을 안 날부터 1월 내에 보험료의 증액을 청구하거나 계약을 해지할 수 있다(상법 제653조).

② 보험계약자에 의한 보험계약의 해지 | 기출 | 제2회, 제5회, 제7회, 제8회, 제10회

㉠ 임의해지

ⓐ 보험사고발생 전의 임의해지 : 보험사고가 발생하기 전에 보험계약자는 언제든지 계약의 전부 또는 일부를 해지할 수 있다. 그러나 타인을 위한 보험계약의 경우에 보험계약자는 그 타인의 동의를 얻지 아니하거나 보험증권을 소지하지 아니하면 그 계약을 해지하지 못한다(상법 제649조 제1항).

ⓑ 보험사고발생 후의 임의해지 : 보험사고의 발생으로 보험자가 보험금액을 지급한 때에도 보험금액이 감액되지 아니하는 보험의 경우에 보험계약자는 그 사고발생 후에도 보험계약을 해지할 수 있다(상법 제649조 제2항).

㉡ 보험자의 파산 : 보험자가 파산의 선고를 받은 때에는 보험계약자는 계약을 해지할 수 있다(상법 제654조 제1항).

(6) 보험계약 및 상태의 종료

① 보험계약의 종료

선박을 보험에 붙인 경우에 ㉠ 선박을 양도할 때, ㉡ 선박의 선급을 변경할 때, ㉢ 선박을 새로운 관리로 옮긴 때 보험계약은 종료한다(상법 제703조의2).

② 상태의 종료

특정한 상태, 즉 전쟁, 여행, 항해, 운송 등을 전제로 한 보험에서는 그 상태의 종료로 인하여 보험계약도 종료한다.

06 보험자의 면책사유

1 총 설

(1) 면책사유의 의의

보험계약이 체결되면 보험자는 각종 의무를 부담하는데, 그중에서 가장 중요한 것은 보험금 지급의무라 할 수 있다. 즉, 보험자는 보험계약에서 정한 불확정한 사고가 발생한 경우에도 보험금액 또는 기타의 급부를 할 의무를 지닌다. 그러나 보험계약법이나 보험약관은 보험기간 중에 보험사고가 발생하여도 일정한 사유가 있는 경우 보험자의 보험금 지급책임이 없음을 정하고 있는데, 이 사유를 '면책사유'라 한다.
이러한 보험자의 면책사유는 법정 면책사유와 약관상 면책사유로 구분하는데, 전자는 일반적 면책사유, 특수한 면책사유로 분류한다.

(2) 면책의 인정이유

보험자는 급부・반대급부의 균형을 유지하면서 보험기업을 합리적으로 운영해야 한다. 그러나 보험계약자의 인위적 사고유발이나 전쟁 등 비정상적인 상태에서 보험사고가 발생하면 급부와 반대급부의 균형이 깨질 수 있다. 이런 경우 보험자의 보험금 지급의무를 면제해줌으로써 보험계약자 등의 도덕적 위험을 방지하고 보험자를 보호하여 보험단체의 균형을 유지하기 위해 면책을 인정한다.

2 법정 면책사유

(1) 일반적 면책사유

① 보험계약자 등의 고의・중과실로 인한 보험사고 [기출] 제8회, 제11회
  ㉠ 일반보험 : 보험사고가 보험계약자 또는 피보험자나 보험수익자의 고의 또는 중대한 과실로 인하여 생긴 때에는 보험자는 보험금을 지급할 책임이 없다(상법 제659조 제1항). 이는 보험사고로서의 우연성을 결할 뿐 아니라, 신의성실의 원칙과 선량한 풍속에도 반하기 때문에 이러한 경우까지 보험계약자 등의 행위를 보호할 필요가 없다고 보는 것이다.
  ㉡ 책임보험 : 피보험자의 고의에 의한 사고는 면책하고, 중과실로 인한 사고의 경우 보험자의 책임을 인정하는 것이 일반적이다. 그 이유는 중과실은 우연성을 결여한 고의와 다르고 중과실을 담보하여도 공서양속에 위배되는 것이 아니기 때문이다. 즉 보험사고의 대부분이 중과실에 의한 것이므로, 이를 면책한다면 보험사고가 존재하기 어렵고, 또한 중과실과 경과실의 구분도 어렵기 때문이다. 따라서 책임보험은 그 기능상 중과실에 의한 손해를 주로 담보하게 된다.

ⓒ 생명보험 : 사망을 보험사고로 한 보험계약에는 사고가 보험계약자 또는 피보험자나 보험수익자의 중대한 과실로 인하여 생긴 경우에도 보험자는 보험금액을 지급할 책임을 면하지 못한다(상법 제732조의2)고 규정하고 있다. 그리고 상해보험의 경우에도 중과실로 인한 경우 준용한다고 규정하고 있으므로 보험자는 보험금의 지급책임이 있다.

ⓓ 대표자책임이론 : 보험계약자 등의 민사상 배상책임을 지는 자(가족이나 사용인)의 고의 또는 중과실로 보험사고가 발생한 때에는 보험자의 책임을 인정할 것인가 하는 문제가 생긴다. 이런 경우 독일에서는 보험자가 면책된다는 대표자책임이론이 주장되고 있으나, 우리나라에서는 특별한 규정이 없는 한 이를 부정하여 보험자의 책임을 인정하고 있다. 다만, 보험계약자 등과 밀접한 생활관계가 있는 가족이나 사용인에 의한 보험사고의 발생이 보험계약자 등과 공모, 교사, 방조와 같은 책임 있는 사유가 있는 경우에는 보험자는 면책된다고 본다.

② 전쟁위험 등으로 인한 면책 기출 제4회, 제9회

보험사고가 전쟁, 기타의 변란으로 인하여 생긴 때에는 당사자간에 다른 약정이 없으면 보험자는 보험금액을 지급할 책임이 없다(상법 제660조). 이는 보험사고의 기초가 되는 통상의 사고가 아니며, 통상적인 보험료로는 막대한 손해를 보상할 수 없기 때문이다.

③ 보험계약자 등의 의무위반으로 인한 보험자의 계약해지 기출 제8회

보험계약자, 피보험자 및 보험수익자가 보험료 지급의무, 고지의무, 위험변경·증가의 통지의무 및 위험유지의무 등을 위반하여 보험계약을 해지한 때에는 보험금액을 지급할 책임이 없다(상법 제655조). 이것은 면책사유라고 하기보다는 보험계약의 해지의 효과로 인정된 것이라고 볼 수 있다.

심화TIP 보험사고의 객관적 확정의 효과 기출 제6회

상법 제644조에서는 보험계약 당시에 보험사고가 이미 발생하였거나 또는 발생할 수 없는 것인 때에는 그 계약은 무효로 하고 보험자는 보험금 지급책임을 면하게 되는데, 이를 보험사고의 객관적 확정의 효과라 한다. 하지만 이것은 보험자의 면책사유라기보다는 보험자의 책임 자체가 발생하지 않는다고 본다. 그러나 당사자 쌍방과 피보험자가 이를 알지 못한 때에는 그러하지 아니하지 아니하므로 보험자의 책임이 있다.

(2) 특수한 면책사유

① 일반손해보험

일반손해보험의 목적물인 보험의 목적의 성질·하자 또는 자연소모로 인한 손해를 면책으로 하는데(상법 제678조), 이는 이미 객관적으로 위험의 발생이 확정되어 있는 것이므로 우연한 보험사고라 할 수 없다.

심화TIP 보험자의 무책사유

초과보험(상법 제669조)과 중복보험(상법 제672조)의 경우 보험계약자의 사기로 인하여 계약이 체결되었다면 그 계약은 무효가 되고 초과부분뿐만 아니라 보험금액의 전체에 대하여 보험자는 지급할 책임을 면하게 된다. 즉 보험자의 책임 자체가 발생하지 않으므로 보험자의 무책사유라 한다.

② 운송보험

운송보험에서 보험사고가 송하인 또는 수하인의 고의 또는 중대한 과실로 인하여 발생한 때에는 보험자는 면책되는데(상법 제692조), 이들은 운송보조자로서 보험계약상의 일정한 권리·의무를 가지므로 면책한 것이다.

③ 해상보험

해상보험의 경우 보험자는 해상사업에 관한 사고로 인하여 생길 손해를 보상하는데, 해상보험의 특수성에 비추어 면책범위를 넓히고 있다.

㉠ 선박이 보험계약에 의하여 정하여진 발항항이 아닌 항에서 출항하거나 도착항이 아닌 다른 항을 향하여 출항한 때(상법 제701조 제1항, 제2항)

㉡ 보험자의 책임개시 후에 보험계약에서 정해진 도착항이 변경된 때(상법 제701조 제3항)

㉢ 선박이 정당한 사유 없이 보험계약에서 정해진 항로를 이탈한 경우와 선박이 손해발생 전에 원항로로 돌아온 경우(상법 제701조의2)

㉣ 피보험자가 정당한 사유 없이 발항 또는 항해를 지체한 경우(상법 제702조)

㉤ 적하를 보험에 붙인 경우 보험계약자 또는 피보험자의 책임 있는 사유로 선박을 변경할 때(상법 제703조)

㉥ 선박보험, 운임보험에서 감항능력 결여로 인한 경우(상법 제706조 제1호)

㉦ 적하보험에서 용선자와 송·수하인의 고의·중과실로 생긴 손해(상법 제706조 제2호)

㉧ 도선료, 입항료, 등대료, 검역료, 기타 선박 또는 적하에 관한 항해 중의 통상비용(상법 제706조 제3호)

3 약관상 면책사유

각종 보험약관에서 법률상 면책사유 외에 보험종목에 따라 인수하기 어려운 위험에 대하여 보험자의 면책사유를 규정한 것을 면책약관이라 하는데, 이 면책약관은 보험제도의 본질에 반하지 않고, 공서양속, 신의성실의 원칙과 상법 제663조에 반하지 않는 한 유효하다고 본다. 또한 고의와 같은 특약이 불가능한 절대적 면책사유 외에 중과실, 전쟁위험처럼 특약이 가능한 상대적 면책사유는 부보가 가능하다.

07 타인을 위한 보험계약

1 총설

(1) 타인을 위한 보험계약의 의의

보험계약자가 타인의 이익을 위하여 자기명의로 체결한 보험계약을 타인을 위한 보험계약(상법 제639조)이라고 한다. 여기서 '타인'이란 보험계약상의 이익을 받을 자로 손해보험에서는 피보험자, 인보험에서는 보험수익자를 말한다. 보험계약자가 동시에 피보험자 또는 보험수익자인 경우를 '자기를 위한 보험계약'이라 하고, 피보험자나 보험수익자를 특정하지 않고 보험계약을 체결할 수 있는데, 이를 '불특정 타인을 위한 보험계약'이라 한다.

> **심화TIP 보험계약의 구별**
>
> 자기를 위한 보험계약(보험계약자와 보험금청구권자가 동일한 경우)과 타인을 위한 보험계약(보험계약자와 보험금청구권자가 서로 다른 경우), 그리고 자기의 생명의 보험계약(보험계약자와 피보험자가 동일한 생명보험계약)과 타인의 생명의 보험계약(보험계약자와 피보험자가 서로 다른 경우)으로 구별한다.

(2) 타인을 위한 보험계약의 효용

타인을 위한 보험계약은 원래 해상보험에서 거래를 비밀리에 행하기 위하여 사용되어 왔으나, 오늘날에는 타인의 의사를 문제 삼지 않으므로 보험계약의 체결이 편리하여 손해보험뿐만 아니라 인보험 등 각종 보험에서 널리 이용되고 있다. 가령, 매도인이 매수인을 위해 운송보험계약을 체결하는 것, 기업주가 피용자를 위하여 상해보험계약을 체결하는 것, 아버지가 아들을 위하여 생명보험계약을 체결하는 것 등이 그 예이다. 또한 채권자를 피보험자로 하는 보증보험도 타인을 위한 보험계약에 속한다.

2. 타인을 위한 보험계약의 성립요건

(1) 타인을 위한다는 의사표시

보험계약 당사자 사이에 특정 또는 불특정 타인을 위한 보험계약이라는 의사표시의 합의가 있어야 한다. 그 의사표시는 명시, 묵시를 불문하고, 만일 의사표시가 불분명한 경우에는 자기를 위한 보험계약으로 추정한다. 또한, 타인은 계약 당시는 물론 계약 성립 후 사고발생 전에 정하여도 무방하며, 반드시 타인이 구체적으로 명시되어야 하는 것도 아니므로 보험사고의 발생시에 피보험이익의 주체가 되는 자를 피보험자로 하거나, 피보험자나 보험계약자의 상속인을 보험수익자로 하는 등의 이른바 '불특정 타인을 위한 보험계약'도 유효하다(상법 제639조 제1항).

(2) 타인의 위임 여부 기출 제9회, 제11회

보험계약자는 위임을 받거나, 위임을 받지 아니하고 특정 또는 불특정 타인을 위하여 보험계약을 체결할 수 있다(상법 제639조 제1항)고 하여 보험계약자가 계약 체결에 관한 권한을 타인으로부터 위임받았는가, 아닌가를 묻지 않는다.

(3) 고지의무

손해보험계약의 경우 타인의 위임이 없으면 보험계약자는 이를 보험자에게 고지하여야 한다(상법 제639조 제1항 단서). 이는 보험자가 그 사실을 피보험자에게 알려줌으로써 보험금청구권이나 보험료 지급의무에 주의할 수 있도록 하기 위한 것이다. 만일 그 고지가 없는 때에는 타인이 그 보험계약이 체결된 사실을 알지 못하였다는 이유로 보험계약자는 보험자에게 대항하지 못한다(상법 제639조 제1항 단서).

3 타인을 위한 보험계약의 효과 기출 제3회, 제5회

(1) 개요
타인을 위한 보험계약의 효과로서 피보험자 또는 보험수익자는 보험자에 대하여 보험금청구권을 갖는다.

(2) 보험계약자의 지위

① 권리 기출 제6회

타인을 위한 보험계약의 성질상 보험계약자는 보험금, 그 밖의 급여청구권을 가지지 않으나, 손해보험계약의 경우 보험계약자가 그 타인에게 보험사고의 발생으로 생긴 손해의 배상을 한 때에는 보험계약자는 그 타인의 권리를 해하지 않는 범위 내에서 보험자에게 보험금액의 지급을 청구할 수 있다(상법 제639조 제2항). 이는 피보험자가 손해배상을 받고도 보험금을 지급받을 수 있는 이중이득을 방지하기 위한 것이다. 또한 보험증권교부청구권(상법 제640조), 보험료감액청구권(상법 제647조), 보험료반환청구권(상법 제648조), 보험계약해지권(상법 제649조), 인보험의 경우 보험수익자 지정·변경권(상법 제733조, 제734조)을 갖는다. 다만, 보험계약해지권은 보험계약자가 그 타인의 동의를 얻거나 보험증권을 소지한 경우에 한하여 이를 행사할 수 있도록 하였다(상법 제649조 제1항 단서).

② 의무

보험계약자는 자기의 이름으로 계약을 체결하는 자이므로 보험료 지급의무는 물론 고지의무(상법 제651조), 위험변경·증가의 통지의무(상법 제652조), 위험유지의무(상법 제653조), 보험사고발생의 통지의무(상법 제657조)를 지며, 손해보험은 손해방지경감의무(상법 제680조)를 진다.

(3) 피보험자·보험수익자의 지위

① 권리

피보험자 또는 보험수익자는 수익의 의사를 표시하지 않더라도 당연히 그 계약의 이익을 받으므로, 보험사고가 발생하면 직접 보험자에 대하여 보험금, 그 밖의 급여청구권을 갖는다(상법 제639조 제1항). 그러나 이 경우에 보험자는 보험계약에 기한 사유(상법 제650조, 제651조, 제652조, 제653조 위반으로 인한 해지, 면책사유(상법 제659조, 제660조) 등으로 피보험자 또는 보험수익자에게 대항할 수 있다. 특히 인보험에서는 보험수익자 지정·변경권(상법 제733조)을 보험계약자가 가지므로 보험수익자의 권리는 그 한도에서 제한받는다.

② 의무 기출 제7회

보험계약자가 보험료 지급을 지체하거나, 파산선고를 받은 경우 피보험자 또는 보험수익자가 계약상의 권리를 포기하지 않는 한 보험료 지급의무가 있다(상법 제639조 제3항 단서). 그리고 피보험자 또는 보험수익자는 고지의무, 보험사고발생의 통지의무, 위험유지의무, 손해보험에서 손해방지의무를 부담한다.

4 타인을 위한 보험계약의 해지권 [기출] 제1회

(1) 개 요
우리 상법 제649조 제1항에서 보험사고의 발생 전에 보험계약자는 언제든지 계약의 전부 또는 일부를 해지할 수 있다고 하여 보험계약자의 이익을 보호하고 있는데, 이것을 타인을 위한 보험계약에서도 자기를 위한 보험계약의 경우처럼 그대로 적용할 수 있는지의 문제가 생긴다.

(2) 해지권의 적용
타인을 위한 보험에서는 먼저 법적 성질이 민법상 제3자를 위한 계약이므로 민법을 적용하여 보험계약자에게 해지권이 없다고 보는 견해와 상법상 특수한 계약이므로 민법의 적용을 배제하여 보험계약자에게 해지권이 있다는 견해가 있다. 그러나 타인의 권리도 보호되어야 하므로 보험계약자는 그 타인의 동의를 얻거나 보험증권을 소지한 경우에만 그 계약을 해지할 수 있다(상법 제649조 제1항 단서)고 명문으로 규정하고 있다. 이는 타인을 지정하지 않고 보험계약을 체결할 수 있고, 타인을 불특정인으로 정할 수도 있으므로 타인의 동의 또는 보험증권의 소지로 해지가 가능하도록 한 것이다.

> **심화TIP** 손해보험과 인보험의 비교
>
> | 구 분 | 손해보험 | 인보험 |
> |---|---|---|
> | 계약관계자 | • 피보험자 : 피보험이익의 주체로서 손해보상을 받을 자 | • 피보험자 : 보험의 목적
• 보험수익자 : 보험금 지급 청구권자 |
> | 보험의 목적 | • 경제상의 재화
• 양도의 인정 | • 자연인
• 사망보험의 경우 제한 |
> | 보험사고 | 매우 다양 | 사람의 생사(生死)·상해 |
> | 피보험이익 | 인정 | 인정하지 않음 |
> | 보험가액 | 보험금액과 보험가액이 존재하여 양자의 관계에 따라 전부·초과·일부·중복보험이 존재하고 법적 규제 있음 | 존재하지 않음 |
> | 보험금액 | 당사자와 정한 보험가액 한도 내에서 손해보상책임의 최고한도액 | 생명보험은 보험사고발생시 일정한 금액을 지급하는 정액보험이지만, 상해보험은 보험사고발생시 일정한 금액을 지급하는 정액보험과 실손보상하는 부정액보험으로 구성됨 |
> | 보험기간 | 단기 | 장기 |
> | 보험자대위 | 인정 | 인정하지 않음(단, 상해보험의 경우 인정하는 경우도 있음) |

CHAPTER 02 적중예상문제

01 보험계약의 개념

01 보험의 특성에 관한 설명으로 옳지 않은 것은?

① 보험은 동질의 우발적인 위험하에 다수의 경제주체가 단체적 조직을 이룬 것이다.
② 보험사고는 그 발생 여부는 확정적이지만 그 발생시기가 불확정적인 경우도 있다.
③ 보험사고의 위험이 보험관계자들 사이에서 주관적으로만 불확정적인 경우에는 보험계약이 성립되지 않는다.
④ 보험은 위험에 대비하기 위한 것으로 반드시 위험을 전제로 한다.

> |해설|
> 보험사고의 불확정성은 반드시 객관적이어야 하는 것은 아니고, 당사자 쌍방 및 피보험자에게 주관적으로 불확정한 것이면 된다(상법 제644조 단서).

02 보험계약에 관한 설명으로 옳은 것은?

① 보험계약은 초회보험료 납입시에 그 효력이 발생한다.
② 우리 상법은 보험계약의 의의를 손해보험과 인보험으로 나누어 정의하고 있다.
③ 보험금의 지급은 보험사고의 발생을 조건으로 하므로 보험계약은 조건부계약이다.
④ 보험계약은 사행계약이고, 최대선의 계약이다.

> |해설|
> ① 보험계약은 보험계약자의 청약과 보험자의 승낙으로 성립하고, 보험자의 책임은 최초의 보험료를 지급받은 때로부터 개시된다.
> ② 우리 상법은 보험계약의 의의를 손해보험과 인보험에 대하여 통일적 규정을 두고 있다.
> ③ 보험금의 지급은 보험사고의 발생을 조건으로 할 수도 있고, 보험사고의 발생 없이 보험기간이 종료하여도 보험금액을 지급한다고 약정할 수도 있다(예 양로보험).

03 보험계약의 성질이 아닌 것은? 기출 제2회

① 낙성계약
② 무상계약
③ 불요식계약
④ 선의계약

| 해설 |
보험계약은 보험사고의 발생을 전제로 보험계약자의 보험료 지급에 대하여 보험자는 일정한 보험금액, 기타의 급여를 지급할 것을 약정하므로 유상계약이다.

04 보험계약에 관한 설명으로 옳지 않은 것은?

① 보험계약은 불요식 낙성계약이다.
② 보험계약은 유상·쌍무계약이다.
③ 보험의 선의계약성은 사법의 신의성실성과 관계가 없다.
④ 보험계약은 우연한 사고의 발생으로 인하여 보험금액을 지급하는 계약이다.

| 해설 |
신의성실의 원칙은 일반계약뿐만 아니라 보험계약에서도 그 지배원리로 작용한다. 특히 보험계약의 경우 도덕적 위험의 우려가 있으므로 그 계약 체결에 관하여 신의성실의 원칙에 기초한 선의가 강하게 요구된다.

05 보험계약에 관한 설명으로 옳지 않은 것은? 기출 제7회

① 보험계약은 유상·쌍무계약이다.
② 보험계약은 보험자의 청약에 대하여 보험계약자가 승낙함으로써 성립한다.
③ 보험계약은 보험자의 보험금 지급책임이 우연한 사고의 발생에 달려 있으므로 사행계약의 성질을 갖는다.
④ 보험계약은 부합계약이다.

| 해설 |
보험계약은 낙성·불요식 계약으로 보험계약자의 청약에 대해서 보험자가 승낙함으로써 성립하고, 특별한 방식을 필요로 하지 않는다(상법 제638조의2).

06 상법상 보험계약의 법적 성질로 옳지 않은 것은? 기출 제11회

① 낙성·불요식계약성
② 사행·선의계약성
③ 부합계약성
④ 유상·편무계약성

| 해설 |

④ 유상·편무계약성(×) → 유상·쌍무계약성(○)
보험계약은 보험사고의 발생을 전제로 보험계약자의 보험료 지급에 대하여 보험자는 일정한 보험금액, 기타의 급여를 지급할 것을 약정하므로 유상계약이고, 보험계약자의 보험료 지급의무와 보험자의 위험부담의무가 보험계약과 동시에 채무로서 이행되어야 하므로 대가관계에 있는 쌍무계약이다.

07 보험계약의 법적 성격으로 옳은 것은 몇 개인가? 기출 제3회

| 선의계약성, 유상계약성, 요식계약성, 사행계약성 |

① 1개
② 2개
③ 3개
④ 4개

| 해설 |

- 보험계약은 청약과 승낙이라는 당사자 쌍방의 의사표시의 합치만으로 성립하고(낙성계약), 그 의사표시에는 특별한 방식이 필요 없으므로 불요식계약이다.
- 보험계약은 사법상의 신의성실의 원칙에 기초하고 있으므로 선의계약성이 요구된다.
- 보험계약은 보험사고의 발생을 전제로 보험계약자의 보험료 지급에 대하여 보험자가 일정한 보험금액, 기타의 급여를 지급할 것을 약정하므로 유상계약이다.
- 보험계약은 우연한 사고의 발생으로 인하여 정액 또는 손실 부분의 일정비율의 보험금이 지급되므로 사행계약이다.

08 보험계약의 선의성을 유지하기 위한 제도로 옳지 않은 것은? 기출 제1회

① 보험자의 보험약관 설명의무
② 보험계약자의 손해방지의무
③ 보험계약자의 중요사항 고지의무
④ 인위적 보험사고에 대한 보험자면책

| 해설 |
보험계약의 선의성이란 보험계약의 당사자간에 최대의 선의를 요한다는 뜻이다. 이는 보험계약이 갖는 사행성이라는 특성에 따라 도박화를 방지하기 위한 보험계약 특유의 성격이라고 할 수 있다. 따라서 보험계약의 선의성을 유지하기 위한 법적 장치는 다음과 같다.
- 보험계약자의 중요사항 고지의무
- 위험의 변경·증가시의 통지의무
- 보험계약자의 손해방지의무
- 고의·중과실 사고로 인한 손해에 대한 보험자면책
- 사기로 인한 초과보험이나 중복보험시 보험계약을 무효로 한 것

09 보험계약에 관한 설명으로 옳지 않은 것은?(다툼이 있으면 판례에 따름) 기출 제5회

① 보험계약은 당사자 일방이 약정한 보험료를 지급하고, 상대방은 일정한 보험금이나 그 밖의 급여를 지급할 것을 약정함으로써 효력이 발생한다.
② 보험계약은 당사자 사이의 청약과 승낙의 의사합치에 의하여 성립한다.
③ 보험계약은 요물계약이다.
④ 보험계약은 부합계약의 일종이다.

| 해설 |
보험계약은 계약 당사자의 의사가 합치함으로써 성립하는 낙성계약이며, 급여를 요건으로 하는 요물계약이 아니다.
① 상법 제638조
② 보험계약은 청약과 승낙이라는 당사자 쌍방의 의사표시의 합치만으로 성립하고, 아무런 급여를 요하지 않으므로 낙성계약이다.
④ 보험계약은 보험자가 미리 작성한 보통보험약관에 의하여 계약을 체결하므로 부합계약의 일종이다.

02 보험계약의 요소와 성립

01 보험계약의 의의와 성립에 관한 설명으로 옳지 않은 것은? 기출 제6회

① 보험계약의 성립은 특별한 요식행위를 요하지 않는다.
② 보험계약의 사행계약성으로 인하여 상법은 도덕적 위험을 방지하고자 하는 다수의 규정을 두고 있다.
③ 보험자가 상법에서 정한 낙부통지 기간 내에 통지를 해태한 때에는 청약을 거절한 것으로 본다.
④ 보험계약은 쌍무·유상계약이다.

| 해설 |
보험자가 보험계약자로부터 보험계약의 청약과 함께 보험료 상당액의 전부 또는 일부의 지급을 받은 때에는 다른 약정이 없으면 30일 내에 그 상대방에 대하여 낙부의 통지를 발송하여야 하며, 낙부통지 기간 내에 낙부의 통지를 해태한 때에는 <u>승낙한 것으로 본다</u>(상법 제638조의2 제1항, 제2항).

02 보험계약에 관한 설명으로 옳지 않은 것은? 기출 제3회

① 손해보험계약의 경우 보험자가 보험계약자로부터 보험계약의 청약과 함께 보험료 상당액의 전부를 지급받은 때에는 다른 약정이 없으면 30일 내에 그 상대방에 대하여 낙부의 통지를 발송하여야 한다.
② 보험계약은 청약과 승낙뿐만 아니라 보험료 지급이 이루어진 때에 성립한다.
③ 손해보험계약의 경우 보험자가 보험계약자로부터 보험계약의 청약과 함께 보험료 상당액의 전부를 지급 받은 경우에 그 청약을 승낙하기 전에 보험계약에서 정한 보험사고가 생긴 때에는 그 청약을 거절할 사유가 없는 한 보험자는 보험계약상의 책임을 진다.
④ 보험자가 낙부의 통지기간 내에 낙부의 통지를 해태한 때에는 승낙한 것으로 본다.

| 해설 |
보험계약은 청약과 승낙이라는 당사자 쌍방의 의사표시의 합치만으로 성립하고, 아무런 급여를 요하지 않으므로 낙성계약이다.
① 상법 제638조의2 제1항
③ 상법 제638조의2 제3항
④ 상법 제638조의2 제2항

03 다음 설명 중 옳은 것은? 기출 제5회

① 손해보험계약의 보험자가 보험계약의 청약과 함께 보험료 상당액의 전부를 지급 받은 때에는 다른 약정이 없으면 2주 이내에 낙부의 통지를 발송하여야 한다.
② 손해보험계약의 보험자가 보험계약의 청약과 함께 보험료 상당액의 일부를 지급 받은 때에 상법이 정한 기간 내에 낙부의 통지를 해태한 때에는 승낙한 것으로 추정한다.
③ 손해보험계약의 보험자가 보험계약의 청약과 함께 보험료 상당액의 전부를 지급 받은 때에 다른 약정이 없으면 상법이 정한 기간 내에 낙부의 통지를 해태한 때에는 승낙한 것으로 본다.
④ 손해보험계약의 보험자가 청약과 함께 보험료 상당액의 전부를 받은 경우에 언제나 보험계약 상의 책임을 진다.

| 해설 |

③ 상법 제638조의2 제1항, 제2항
① 보험자가 보험계약자로부터 보험계약의 청약과 함께 보험료 상당액의 전부 또는 일부의 지급을 받은 때에는 다른 약정이 없으면 30일 내에 그 상대방에 대하여 낙부의 통지를 발송하여야 한다(상법 제638조의2 제1항).
② '~ 추정한다.'가 아니라 '~ 본다.'가 옳다(상법 제638조의2 제2항).
④ 보험자가 보험계약자로부터 보험계약의 청약과 함께 보험료 상당액의 전부 또는 일부를 받은 경우에 그 청약을 승낙하기 전에 보험계약에서 정한 보험사고가 생긴 때에는 그 청약을 거절할 사유가 없는 한 보험자는 보험계약상의 책임을 진다(상법 제638조의2 제3항).

04 상법상 손해보험계약에 관한 설명으로 옳은 것은? 기출 제8회

① 피보험자는 보험계약에서 정한 불확정한 사고가 발생한 경우 보험금의 지급을 보험자에게 청구할 수 없다.
② 보험자가 보험계약자로부터 보험계약의 청약과 함께 보험료 상당액의 전부 또는 일부의 지급을 받은 때는 다른 약정이 없으면 30일 이내에 낙부통지를 발송해야 한다.
③ 보험자는 보험사고가 발생한 경우 보험금이 아닌 형태의 보험급여를 지급할 것을 약정할 수 없다.
④ 보험기간의 시기(始期)는 보험계약 체결시점과 같아야 한다.

| 해설 |

② 상법 제638조의2 제1항
① 보험계약은 당사자 일방이 약정한 보험료를 지급하고 재산 또는 생명이나 신체에 불확정한 사고가 발생할 경우 효력이 생기므로 피보험자는 보험금의 지급을 보험자에게 청구할 수 있다(상법 제638조).
③ 보험자는 보험사고가 발생한 경우 보험금이 아닌 형태의 보험급여를 지급할 것을 약정할 수 있다(상법 제638조).
④ 보험계약의 성립 전의 어느 시기를 보험기간의 시기(始期)로 하는 보험을 소급보험이라 하며(상법 제643조), 보험기간의 시기(始期)와 보험계약 체결시점은 반드시 일치하지 않는다.

05 상법상 보험자가 보험계약자로부터 손해보험계약의 청약과 함께 보험료 상당액의 전부 또는 일부를 받은 경우 이 보험계약에 관한 설명으로 옳지 않은 것은? 기출 제9회

① 보험계약은 낙성계약이므로 보험자가 승낙하면 성립한다.
② 다른 약정이 없으면 보험자는 30일 내에 보험계약자에 대하여 낙부의 통지를 발송하여야 한다.
③ 보험자가 상법이 정하는 낙부의 통지기간 내에 그 통지를 해태한 때에는 승낙한 것으로 본다.
④ 승낙하기 전에 발생한 보험사고에 대해서 청약을 거절할 사유가 있더라도 보험자는 보험계약상의 책임을 진다.

|해설|
보험자가 보험계약자로부터 보험계약의 청약과 함께 보험료 상당액의 전부 또는 일부를 받은 경우에 그 청약을 승낙하기 전에 보험계약에서 정한 보험사고가 생긴 때에는 그 청약을 거절할 사유가 없는 한 보험자는 보험계약상의 책임을 진다(상법 제638조의2 제3항). 즉 청약을 거절할 사유가 없어야 한다.

06 보험계약 등에 관한 설명으로 옳지 않은 것은? 기출 제5회

① 보험계약은 그 계약 전의 어느 시기를 보험기간의 시기로 할 수 있다.
② 보험계약 당시에 보험사고가 이미 발생하였거나 또는 발생할 수 없는 것인 때에는 그 계약은 무효로 한다. 그러나 당사자 쌍방과 피보험자가 이를 알지 못한 때에는 그러하지 아니하다.
③ 대리인에 의하여 보험계약을 체결한 경우에 대리인이 안 사유는 그 본인이 안 것과 동일한 것으로 한다.
④ 최초보험료 지급지체에 따라 보험계약이 해지된 경우 보험계약자는 그 계약의 부활을 청구할 수 있다.

|해설|
계속보험료 지급지체에 따라 보험계약이 해지된 경우 보험계약자는 그 계약의 부활을 청구 할 수 있다.
① 상법 제643조
② 상법 제644조
③ 상법 제646조

07 보험계약에 관한 설명으로 옳지 않은 것은? 기출 제4회

① 보험계약은 보험자의 청약에 대하여 보험계약자가 승낙함으로써 이루어진다.
② 보험계약은 보험자의 보험금 지급책임이 우연한 사고의 발생에 달려 있으므로 사행계약의 성질을 갖는다.
③ 보험계약의 효력발생에 특별한 요식행위를 요하지 않는다.
④ 상법 보험편의 보험계약에 관한 규정은 그 성질에 반하지 아니하는 범위에서 상호보험에 준용한다.

정답 03 ③ 04 ② 05 ④ 06 ④ 07 ①

| 해설 |
보험계약은 보험계약자의 청약에 대하여 보험자가 승낙함으로써 이루어진다.
② 보험계약의 사행계약성
③ 보험계약의 불요식성
④ 상법 제664조

08 보험계약에 관한 설명으로 옳지 않은 것은? 기출 제2회

① 보험계약은 그 계약 전의 어느 시기를 보험기간의 시기로 할 수 있다.
② 대리인에 의하여 보험계약을 체결한 경우에 대리인이 안 사유는 그 본인이 안 것과 동일한 것으로 한다.
③ 보험자가 손해를 보상할 경우에 보험료의 지급을 받지 아니한 잔액은 그 지급기일이 도래한 이후에만 보상할 금액에서 공제할 수 있다.
④ 보험자는 보험사고로 인하여 부담할 책임에 대하여 다른 보험자와 재보험계약을 체결할 수 있다.

| 해설 |
보험자가 손해를 보상할 경우에 보험료의 지급을 받지 아니한 잔액이 있으면 그 지급기일이 도래하지 아니한 때라도 보상할 금액에서 이를 공제할 수 있다(상법 제677조).
① 상법 제643조
② 상법 제646조
④ 상법 제661조

09 보험계약에 관한 내용으로 옳은 것을 모두 고른 것은? 기출 제5회

ㄱ. 보험계약의 당사자가 특별한 위험을 예기하여 보험료의 액을 정한 경우에 보험기간 중 그 예기한 위험이 소멸한 때에는 보험계약자는 그 후의 보험료의 감액을 청구할 수 있다.
ㄴ. 보험계약의 전부 또는 일부가 무효인 경우에 보험계약자와 피보험자가 선의이며, 중대한 과실이 없는 때에는 보험자에 대하여 보험료의 전부 또는 일부의 반환을 청구할 수 있다.
ㄷ. 보험사고가 발생하기 전에 보험계약자나 보험자는 언제든지 보험계약을 해지할 수 있다.
ㄹ. 타인을 위한 보험계약의 경우에는 보험계약자는 그 타인의 동의를 얻지 아니 하거나 보험증권을 소지하지 아니하면 그 계약을 해지하지 못한다.

① ㄱ, ㄴ, ㄷ
② ㄱ, ㄴ, ㄹ
③ ㄱ, ㄷ, ㄹ
④ ㄴ, ㄷ, ㄹ

| 해설 |

ㄷ. (×) 보험사고가 발생하기 전에 보험계약자는 언제든지 계약의 전부 또는 일부를 해지할 수 있다(상법 제649조 제1항). 보험자에 의한 해지에는 보험료 납입연체, 고지의무위반, 보험기간 중에 위험변경·증가에 대한 통지의무위반, 고의나 중과실로 위험변경·증가된 경우, 약관 규정에 의한 경우 등이 있다.
ㄱ. (○) 상법 제647조
ㄴ. (○) 상법 제648조
ㄹ. (○) 상법 제649조 제1항 단서

10 보험계약의 성립에 관한 설명으로 옳지 않은 것은? 기출 제6회

① 보험계약은 보험계약자의 청약과 이에 대한 보험자의 승낙으로 성립한다.
② 보험계약자로부터 청약을 받은 보험자는 보험료 지급 여부와 상관없이 청약일로부터 30일 이내에 승낙의사표시를 발송하여야 한다.
③ 보험자의 승낙의사표시는 반드시 서면으로 할 필요는 없다.
④ 보험자가 보험계약자로부터 보험계약의 청약과 함께 보험료 상당액의 전부 또는 일부를 받은 경우에 그 청약을 승낙하기 전에 보험계약에서 정한 보험사고가 생긴 때에는 그 청약을 거절할 사유가 없는 한 보험자는 보험계약상의 책임을 진다.

| 해설 |

보험자가 보험계약자로부터 보험계약의 청약과 함께 보험료 상당액의 전부 또는 일부의 지급을 받은 때에는 다른 약정이 없으면 30일 내에 그 상대방에 대하여 낙부의 통지를 발송하여야 한다(상법 제638조의2 제1항).

11 보험계약에 관한 설명으로 옳은 것은? 기출 제6회

① 보험의 목적의 성질, 하자 또는 자연소모로 인한 손해는 보험자가 보상할 책임이 없다.
② 피보험자가 보험의 목적을 양도한 때에는 양수인은 보험계약상의 권리와 의무를 승계한 것으로 간주한다.
③ 손해방지의무는 보험계약자에게만 부과되는 의무이다.
④ 보험의 목적이 양도된 경우 보험의 목적의 양도인 또는 양수인은 보험자에 대하여 30일 이내에 그 사실을 통지하여야 한다.

| 해설 |

보험의 목적의 성질, 하자 또는 자연소모로 인한 손해는 보험자가 이를 보상할 책임이 없다(상법 제678조).
② 피보험자가 보험의 목적을 양도한 때에는 양수인은 보험계약상의 권리와 의무를 승계한 것으로 추정한다(상법 제679조 제1항).
③ 손해방지의무는 보험계약자와 피보험자에게 부과되는 의무이다(상법 제680조 제1항).
④ 보험의 목적이 양도된 경우 보험의 목적의 양도인 또는 양수인은 보험자에 대하여 지체 없이 그 사실을 통지하여야 한다(상법 제679조 제2항).

정답 08 ③ 09 ② 10 ② 11 ①

12 상법상 보험계약 관계자에 관한 설명으로 옳지 않은 것은? 기출 제10회

① 손해보험의 보험자는 보험사고가 발생한 경우 보험금 지급의무를 지는 자이다.
② 손해보험의 보험계약자는 자기명의로 보험계약을 체결하고 보험료 지급의무를 지는 자이다.
③ 손해보험의 피보험자는 피보험이익의 주체로서 보험사고가 발생한 때에 보험금을 받을 자이다.
④ 손해보험의 보험수익자는 보험사고가 발생한 때에 보험금을 지급받을 자로 지정된 자이다.

| 해설 |
보험수익자란 보험사고발생시 보험금을 지급받을 자로서 인보험에서만 존재한다.

13 보험설계사가 가진 상법상 권한으로 옳은 것은? 기출 제10회

① 보험계약자로부터 고지에 관한 의사표시를 수령할 수 있는 권한
② 보험계약자에게 영수증을 교부하지 않고 보험료를 수령할 수 있는 권한
③ 보험자가 작성한 보험증권을 보험계약자에게 교부할 수 있는 권한
④ 보험계약자로부터 통지에 관한 의사표시를 수령할 수 있는 권한

| 해설 |
보험설계사는 보험자의 사용인으로서 한 회사에 소속되어 보험에 가입할 자에 대하여 보험계약의 청약을 인수하는 자를 말한다. 보험설계사는 고지수령권(①), 보험료영수권(②), 통지수령권(④), 보험계약 체결권이 없다. 다만, 보험계약자로부터 보험료를 수령할 수 있는 권한(보험자가 작성한 영수증을 보험계약자에게 교부하는 경우만 해당한다) 및 보험자가 작성한 보험증권을 보험계약자에게 교부할 수 있는 권한이 있다(상법 제646조의2 제3항).

14 보험대리상 등의 권한에 관한 설명으로 옳지 않은 것은? 기출 제7회

① 보험대리상은 보험계약자로부터 보험계약에 관한 청약의 의사표시를 수령할 수 있다.
② 보험자는 보험계약자로부터 보험료를 수령할 수 있는 보험대리상의 권한을 제한할 수 있다.
③ 보험대리상은 보험계약자에게 보험계약에 관한 해지의 의사표시를 할 수 없다.
④ 보험대리상이 아니면서 특정한 보험자를 위하여 계속적으로 보험계약의 체결을 중개하는 자는 보험계약자로부터 보험계약에 관한 취소의 의사표시를 수령할 수 없다.

| 해설 |
보험대리상은 보험계약의 체결, 변경, 해지 등 보험계약에 관한 의사표시를 할 수 있다(상법 제646조의2 제1항 제4호).
① 상법 제646조의2 제1항 제3호
② 상법 제646조의2 제2항
④ 상법 제646조의2 제3항

15 보험대리상 등의 권한에 관한 설명으로 옳은 것은? 기출 제5회

① 보험대리상은 보험계약자로부터 보험료를 수령할 권한이 없다.
② 보험대리상의 권한에 대한 일부 제한이 가능하고, 이 경우 보험자는 선의의 제3자에 대하여 대항할 수 있다.
③ 보험대리상은 보험계약자에게 보험계약의 체결, 변경, 해지 등 보험계약에 관한 의사표시를 할 수 있는 권한이 있다.
④ 보험대리상이 아니면서 특정한 보험자를 위하여 계속적으로 보험계약의 체결을 중개하는 자는 보험계약자로부터 고지를 수령할 수 있는 권한이 있다.

| 해설 |
③ 상법 제646조의2 제1항 제4호
① 보험대리상은 보험계약자로부터 보험료를 수령할 권한이 있다(상법 제646조의2 제1항 제1호).
② 보험자는 보험대리상의 권한 중 일부를 제한할 수 있다. 다만, 보험자는 그러한 권한 제한을 이유로 선의의 보험계약자에게 대항하지 못한다(상법 제646조의2 제2항).
④ 보험대리상이 아니면서 특정한 보험자를 위하여 계속적으로 보험계약의 체결을 중개하는 자는 보험계약자로부터 보험료를 수령할 수 있는 권한(보험자가 작성한 영수증을 보험계약자에게 교부하는 경우만 해당한다) 및 보험자가 작성한 보험증권을 보험계약자에게 교부할 수 있는 권한이 있다(상법 제646조의2 제3항).

16 보험대리상이 갖는 권한으로 옳지 않은 것은? 기출 제1회

① 보험자 명의의 보험계약 체결권
② 보험계약자에 대한 위험변경증가권
③ 보험계약자에 대한 보험증권교부권
④ 보험계약자로부터의 보험료수령권

| 해설 |
보험대리상의 권한(상법 제646조의2 제1항)
• 보험계약자로부터 보험료를 수령할 수 있는 권한
• 보험자가 작성한 보험증권을 보험계약자에게 교부할 수 있는 권한
• 보험계약자로부터 청약, 고지, 통지, 해지, 취소 등 보험계약에 관한 의사표시를 수령할 수 있는 권한
• 보험계약자에게 보험계약의 체결, 변경, 해지 등 보험계약에 관한 의사표시를 할 수 있는 권한

정답 12 ④ 13 ③ 14 ③ 15 ③ 16 ②

17 상법상 보험대리상의 권한을 모두 고른 것은? 기출 제10회

| ㄱ. 보험료수령 권한 | ㄴ. 고지수령 권한 |
| ㄷ. 보험계약의 해지 권한 | ㄹ. 보험금수령 권한 |

① ㄱ, ㄴ, ㄷ
② ㄱ, ㄴ, ㄹ
③ ㄱ, ㄷ, ㄹ
④ ㄴ, ㄷ, ㄹ

| 해설 |

보험대리상의 권한(상법 제646조의2 제1항)
- 보험계약자로부터 보험료를 수령할 수 있는 권한 (ㄱ)
- 보험자가 작성한 보험증권을 보험계약자에게 교부할 수 있는 권한
- 보험계약자로부터 청약, 고지, 통지, 해지, 취소 등 보험계약에 관한 의사표시를 수령할 수 있는 권한 (ㄴ)
- 보험계약자에게 보험계약의 체결, 변경, 해지 등 보험계약에 관한 의사표시를 할 수 있는 권한 (ㄷ)

18 상법상 보험대리상 등에 관한 설명으로 옳지 않은 것은? 기출 제11회

① 보험대리상은 보험계약자로부터 청약 등의 보험계약에 관한 의사표시를 수령할 수 있는 권한이 있다.
② 보험자는 상법에 정해진 보험대리상의 권한을 제한할 수 없다.
③ 보험대리상이 아니면서 특정한 보험자를 위하여 계속적으로 보험계약의 체결을 중개하는 자는 보험자가 작성한 영수증을 보험계약자에게 교부하는 경우만 보험계약자로부터 보험료를 수령할 수 있는 권한이 있다.
④ 보험대리상은 피보험자가 보험계약에 관한 의사표시를 할 의무가 있는 경우 피보험자의 의사표시를 수령할 권한이 있다.

| 해설 |

보험자는 <u>보험대리상의 권한 중 일부를 제한할 수 있다</u>(상법 제646조의2 제2항 본문).
① 상법 제646조의2 제1항 제3호
③ 상법 제646조의2 제3항
④ 상법 제646조의2 제4항

19 보험대리상이 아니면서 특정한 보험자를 위하여 계속적으로 보험계약의 체결을 중개하는 자가 행사할 수 있는 권한으로 옳은 것은? 기출 제2회

① 보험자가 작성한 영수증을 보험계약자에게 교부하지 않고 보험계약자로부터 보험료를 수령할 수 있는 권한
② 보험계약자로부터 보험계약의 청약에 관한 의사표시를 수령할 수 있는 권한
③ 보험계약자에게 보험계약의 체결에 관한 의사표시를 할 수 있는 권한
④ 보험자가 작성한 보험증권을 보험계약자에게 교부할 수 있는 권한

| 해설 |

보험대리상이 아니면서 특정한 보험자를 위하여 계속적으로 보험계약의 체결을 중개하는 자는 보험대리상 등의 권한 중 보험계약자로부터 보험료를 수령할 수 있는 권한(보험자가 작성한 영수증을 보험계약자에게 교부하는 경우만 해당한다) 및 보험자가 작성한 보험증권을 보험계약자에게 교부할 수 있는 권한이 있다(상법 제646조의2 제3항).

20 보험대리상 등의 권한에 관한 설명으로 옳은 것은? 기출 제4회

① 보험계약자로부터 청약, 고지, 통지, 해지, 취소 등 보험계약에 관한 의사표시를 수령할 수 있는 보험대리상의 권한을 보험자가 제한한 경우 보험자는 그 제한을 이유로 선의의 보험계약자에게 대항하지 못한다.
② 보험자는 보험계약자로부터 보험료를 수령할 수 있는 보험대리상의 권한을 제한할 수 없다.
③ 특정한 보험자를 위하여 계속적으로 보험계약의 체결을 중개하는 자라 할지라도 보험대리상이 아니면 보험자가 작성한 보험증권을 보험계약자에게 교부할 수 있는 권한이 없다.
④ 보험대리상은 보험계약자에게 보험계약의 체결, 변경, 해지 등 보험계약에 관한 의사표시를 할 수 있는 권한이 없다.

| 해설 |

① 상법 제646조의2 제1항 제3호, 제2항 단서
② 보험자는 보험대리상의 권한 중 일부를 제한할 수 있다(상법 제646조의2 제2항).
③ 보험대리상이 아니면서 특정한 보험자를 위하여 계속적으로 보험계약의 체결을 중개하는 자는 보험계약자로부터 보험료를 수령할 수 있는 권한(보험자가 작성한 영수증을 보험계약자에게 교부하는 경우만 해당한다) 및 보험자가 작성한 보험증권을 보험계약자에게 교부할 수 있는 권한이 있다(상법 제646조의2 제3항).
④ 보험대리상은 보험계약자에게 보험계약의 체결, 변경, 해지 등 보험계약에 관한 의사표시를 할 수 있는 권한이 있다(상법 제646조의2 제1항 제4호).

21 보험대리상이 아니면서 특정한 보험자를 위하여 계속적으로 보험계약의 체결을 중개하는 자의 권한을 모두 고른 것은? 기출 제6회

> ㄱ. 보험자가 작성한 보험증권을 보험계약자에게 교부할 수 있는 권한
> ㄴ. 보험자가 작성한 영수증 교부를 조건으로 보험계약자로부터 보험료를 수령할 수 있는 권한
> ㄷ. 보험계약자로부터 보험계약의 취소의 의사표시를 수령할 수 있는 권한
> ㄹ. 보험계약자에게 보험계약의 체결에 관한 의사표시를 할 수 있는 권한

① ㄱ, ㄴ   ② ㄱ, ㄷ
③ ㄴ, ㄷ   ④ ㄷ, ㄹ

| 해설 |

ㄷ과 ㄹ은 보험대리상의 권한이다(상법 제646조의2 제1항).

보험대리상이 아니면서 특정한 보험자를 위하여 계속적으로 보험계약의 체결을 중개하는 자는 다음의 권한이 있다(상법 제646조의2 제3항).
1. 보험계약자로부터 보험료를 수령할 수 있는 권한(보험자가 작성한 영수증을 보험계약자에게 교부하는 경우만 해당한다)
2. 보험자가 작성한 보험증권을 보험계약자에게 교부할 수 있는 권한

22 甲은 보험대리상이 아니면서 특정한 보험자 乙을 위하여 계속적으로 보험계약의 체결을 중개하는 자로서 丙이 乙과 보험계약을 체결하도록 중개하였다. 甲의 권한에 관한 설명으로 옳지 않은 것은? 기출 제9회

① 甲은 자신이 작성한 영수증을 丙에게 교부하는 경우 丙으로부터 보험료를 수령할 권한이 있다.
② 甲은 乙이 작성한 보험증권을 丙에게 교부할 수 있는 권한이 있다.
③ 甲은 丙으로부터 청약, 고지, 통지, 해지, 취소 등 보험계약에 관한 의사표시를 수령할 수 있는 권한이 없다.
④ 甲은 丙에게 보험계약의 체결, 변경, 해지 등 보험계약에 관한 의사표시를 할 수 있는 권한이 없다.

| 해설 |

보험대리상이 아니면서 특정한 보험자를 위하여 계속적으로 보험계약의 체결을 중개하는 자는 보험계약자로부터 보험료를 수령할 수 있는 권한(보험자가 작성한 영수증을 보험계약자에게 교부하는 경우만 해당한다) 및 보험자가 작성한 보험증권을 보험계약자에게 교부할 수 있는 권한이 있다(상법 제646조의2 제3항). 즉 甲은 보험자 乙이 작성한 영수증을 보험계약자 丙에게 교부하는 경우 丙으로부터 보험료를 수령할 권한이 있다.

23 상법상 보험대리상 등에 관한 설명으로 옳은 것은 모두 몇 개인가? 기출 제8회

- 보험대리상은 보험계약자로부터 보험료를 수령할 수 있는 권한을 갖는다.
- 보험대리상이 아니면서 특정한 보험자를 위하여 계속적으로 보험계약의 체결을 중개하는 자는 보험자가 작성한 보험증권을 보험계약자에게 교부할 수 있는 권한을 갖는다.
- 대리인에 의하여 보험계약을 체결한 경우 대리인이 안 사유는 그 본인이 안 것과 동일한 것으로 한다.
- 보험자는 보험대리상이 보험계약자로부터 청약, 고지, 통지 등 보험계약에 관한 의사표시를 수령할 수 있는 권한을 제한할 수 없다.

① 1개 ② 2개
③ 3개 ④ 4개

| 해설 |

- 보험대리상은 보험계약자로부터 보험료를 수령할 수 있는 권한을 갖는다(상법 제646조의2 제1항 제1호). (O)
- 보험대리상이 아니면서 특정한 보험자를 위하여 계속적으로 보험계약의 체결을 중개하는 자는 보험자가 작성한 보험증권을 보험계약자에게 교부할 수 있는 권한을 갖는다(상법 제646조의2 제3항). (O)
- 대리인에 의하여 보험계약을 체결한 경우 대리인이 안 사유는 그 본인이 안 것과 동일한 것으로 한다(상법 제646조). (O)
- 보험자는 보험대리상이 보험계약자로부터 청약, 고지, 통지 등 보험계약에 관한 의사표시를 수령할 수 있는 권한을 제한할 수 있다(상법 제646조의2 제2항). (×)

24 상법상 보험계약자가 보험자와 보험료를 분납하기로 약정한 경우에 관한 설명으로 옳지 않은 것은? 기출 제8회

① 보험계약 체결 후 보험계약자가 제1회 보험료를 지급하지 아니한 경우, 다른 약정이 없는 한 계약 성립 후 2월이 경과하면 보험계약은 해제된 것으로 본다.
② 계속보험료가 연체된 경우 보험자는 즉시 그 계약을 해지할 수는 없다.
③ 계속보험료가 연체된 경우 보험대리상이 아니면서 특정한 보험자를 위하여 계속적으로 보험계약의 체결을 중개하는 자는 보험계약자에 대해 해지의 의사표시를 할 수 있는 권한이 있다.
④ 보험대리상이 아니면서 특정한 보험자를 위하여 계속적으로 보험계약의 체결을 중개하는 자는 보험자가 작성한 영수증을 보험계약자에게 교부하는 경우에 한하여 보험료를 수령할 권한이 있다.

| 해설 |
계속보험료가 연체된 경우 보험대리상이 아니면서 특정한 보험자를 위하여 계속적으로 보험계약의 체결을 중개하는 자는 보험계약자에 대해 해지의 의사표시를 할 수 있는 권한이 없다. 즉 보험대리상이 아니면서 특정한 보험자를 위하여 계속적으로 보험계약의 체결을 중개하는 자는 보험계약자로부터 보험료를 수령할 수 있는 권한(보험자가 작성한 영수증을 보험계약자에게 교부하는 경우만 해당한다) 및 보험자가 작성한 보험증권을 보험계약자에게 교부할 수 있는 권한이 있다(상법 제646조의2 제3항).
① 상법 제650조 제1항
② 상법 제650조 제2항
④ 상법 제646조의2 제3항

25 상법상 보험사고 등에 관한 설명으로 옳지 않은 것은? 기출 제9회

① 보험계약은 그 계약 전의 어느 시기를 보험기간의 시기(始期)로 할 수 있다.
② 보험계약 당시에 보험사고가 발생할 수 없음이 객관적으로 확정된 경우 당사자 쌍방과 피보험자가 이를 알았는지 여부에 관계없이 그 계약은 무효로 한다.
③ 자기를 위한 보험계약에서 보험사고가 발생하기 전에는 언제든지 보험계약자는 계약의 전부 또는 일부를 해지할 수 있다.
④ 피보험자는 보험사고의 발생을 안 때에는 지체 없이 보험자에게 그 통지를 발송하여야 한다.

| 해설 |
보험계약 당시에 보험사고가 이미 발생하였거나 또는 발생할 수 없는 것인 때에는 그 계약은 무효로 한다. 그러나 당사자 쌍방과 피보험자가 이를 알지 못한 때에는 그러하지 아니하다(상법 제644조).
① 상법 제643조
③ 상법 제649조 제1항
④ 상법 제657조 제1항

26 상법상 보험사고에 관한 설명으로 옳은 것은? 기출 제11회

① 보험사고의 발생으로 보험자가 보험금액을 지급한 때에도 보험금액이 감액되지 아니하는 보험의 경우에는 보험계약자가 그 사고발생 후에 보험계약을 해지할 수 없다.
② 보험계약 당시에 보험사고가 이미 발생하였음을 보험계약자가 알고 있었다면 그 계약은 무효로 한다.
③ 보험계약 당시에 보험사고가 객관적으로 발생할 수 없음을 보험계약자와 보험자가 몰랐다면, 피보험자가 이를 알았더라도 그 계약은 무효로 볼 수 없다.
④ 계약 전의 어느 시기를 보험기간의 시기(始期)로 한 보험계약은 무효이다.

| 해설 |

보험계약 당시에 보험사고가 이미 발생하였음을 보험계약자가 알고 있었다면 그 계약은 무효로 한다(상법 제644조 본문).
① 보험사고의 발생으로 보험자가 보험금액을 지급한 때에도 보험금액이 감액되지 아니하는 보험의 경우에는 보험계약자는 그 사고발생 후에도 보험계약을 해지할 수 있다(상법 제649조 제2항).
③ 보험계약 당시에 보험사고가 객관적으로 발생할 수 없음을 보험계약자와 보험자, 그리고 피보험자가 몰랐다면, 그 계약은 무효로 볼 수 없다(상법 제644조 단서).
④ 보험계약은 그 계약 전의 어느 시기를 보험기간의 시기(始期)로 할 수 있다(소급보험, 상법 제643조).

27 상법상 보험사고에 관한 설명으로 옳지 않은 것은? 기출 제10회

① 보험계약 당시에 보험사고가 이미 발생하였거나 또는 발생할 수 없는 것인 때에는 그 계약은 무효로 한다.
② 보험계약 당시에 보험사고가 발생할 수 없는 것이었지만 당사자 쌍방과 피보험자가 이를 알지 못한 때에는 그 계약은 유효하다.
③ 보험사고의 발생으로 보험자가 보험금액을 지급한 때에도 보험금액이 감액되지 아니하는 보험의 경우에는 보험계약자는 그 사고발생 후에도 보험계약을 해지할 수 있다.
④ 보험사고가 발생하기 전에 보험계약을 해지한 보험계약자는 미경과보험료의 반환을 청구할 수 없다.

| 해설 |

보험사고가 발생하기 전에 보험계약을 해지한 보험계약자는 당사자간에 다른 약정이 없으면 미경과보험료의 반환을 청구할 수 있다(상법 제649조 제3항).
①·② 보험계약 당시에 보험사고가 이미 발생하였거나 또는 발생할 수 없는 것인 때에는 그 계약은 무효로 한다. 그러나 당사자 쌍방과 피보험자가 이를 알지 못한 때에는 그러하지 아니하다(상법 제644조).
③ 상법 제649조 제2항

정답 25 ② 26 ② 27 ④

28 보험의 목적에 관한 설명으로 옳지 않은 것은?

① 보험의 목적이란 보험에 의하여 보호되는 재물 또는 생명을 말한다.
② 손해보험의 목적인 경제상의 재화는 가옥, 자동차, 선박 등과 같은 구체적인 물건에 한한다.
③ 인보험의 목적은 사람의 생명 또는 신체인데, 개인 또는 단체도 보험의 목적이 될 수 있다.
④ 보험의 목적이 구체적으로 지정되어야만 보험사고의 가능성, 피보험이익 및 피보험이익의 귀속주체, 담보범위를 한정할 수 있다.

| 해설 |
손해보험의 목적인 경제상의 재화는 가옥, 자동차, 선박 등과 같은 구체적인 물건에 한하지 않고, 채권과 같은 무체물 또는 피보험자의 책임도 포함된다.

29 보험의 목적과 보험계약의 목적과의 차이를 설명한 것이다. 옳지 않은 것은?

① 개개의 물건을 보험의 목적으로 붙일 수 있다.
② 물건의 집합체를 보험의 목적으로 붙일 수 있다.
③ 전자는 보험계약의 대상인 경제적 이익을 말하고, 후자는 경제상의 재화를 말한다.
④ 보험계약의 목적이 다르면 동일한 보험의 목적에 대하여도 별개의 계약을 체결할 수 있다.

| 해설 |
보험의 목적은 보험계약의 대상인 재화를 말하고, 보험계약의 목적은 경제적 이해관계를 말한다.

30 보험의 목적과 보험계약의 목적과의 차이점에 관한 설명으로 옳지 않은 것은?

① 손해보험에는 보험의 목적과 보험계약의 목적이 존재하지만 인보험에서는 보험의 목적만 존재할 뿐 보험계약의 목적은 존재하지 않는다는 것이 우리나라 통설이다.
② 보험의 목적은 보험에 의하여 보호되는 재화를 말하며, 보험계약의 목적은 피보험이익을 말한다.
③ 손해보험에서 보험계약을 체결하는 자는 보험계약자이다. 따라서 보험계약의 목적이 보험계약자에게 있어야 한다.
④ 단일한 보험의 목적에 단일한 보험계약의 목적만 존재하는 것이 아니다.

| 해설 |
보험계약의 목적은 피보험이익이다. 보험계약의 목적, 즉 <u>피보험이익은 피보험자에게 존재하여야 한다</u>. 따라서 동일한 보험의 목적에 각기 다른 피보험이익을 가진 사람이 복수로 존재할 수 있다. 피보험이익은 손해보험에만 있다는 것이 우리나라 통설이다.

31 보험료에 관한 설명으로 옳지 않은 것은?

① 보험금액을 기준으로 산출한다.
② 보험료의 지급은 보험계약의 성립요건이다.
③ 피보험자 또는 보험수익자가 보험료를 지급할 경우도 있다.
④ 보험자의 책임은 특별한 약정이 없는 한 최초의 보험료를 받은 때부터 발생한다.

|해설|
최초의 보험료 지급은 보험자의 책임 개시요건이며, 계약의 성립요건은 아니다.

32 보험료에 관한 설명으로 옳지 않은 것은?

① 보험료는 보험계약에서 보험자가 보험금 지급책임을 지는 대가로서 보험계약자가 지급하는 금액이다.
② 대수의 법칙에 따라 예상사고평균발생률과 예상평균보험금에 의하여 산출되는 보험료를 순보험료라고 한다.
③ 보험계약의 체결비용, 인건비, 그 밖의 사업비로서 부가되는 보험료를 부가보험료라고 한다.
④ 순보험료와 부가보험료의 합계를 위험보험료라고 한다.

|해설|
순보험료와 부가보험료의 합계를 영업보험료라고 한다.

33 보험금액에 관한 설명으로 옳은 것은?

① 보험목적의 금전적 평가액을 말한다.
② 보험사고발생시에 피보험자에게 현실적으로 지급하는 금액이다.
③ 정액보험과 손해보험에 있어서 보상과 관련하여 각각 다른 의미를 가진다.
④ 인보험에서는 보험가액과 보험금액 및 보험금은 동일한 것이어야 한다.

|해설|
보험금액이란 보험사고가 발생하면 보험자가 지급하기로 보험계약에서 약정한 금액을 말한다. 정액보험은 보험사고가 발생할 경우 손해의 유무나 다소를 불문하고 일정한 금액을 지급하는 보험이란 점에서 손해보험과는 그 의미가 다르다.
① 보험가액
② 보험금
④ 인보험에서는 보험가액이 존재하지 않는다.

정답 28 ② 29 ③ 30 ③ 31 ② 32 ④ 33 ③

34 보험계약의 당사자간에 다른 약정이 없는 경우 보험자의 책임개시 시기는? 기출 제3회

① 최초의 보험료의 지급을 받은 때로부터 개시한다.
② 보험계약자의 청약에 대하여 보험자가 승낙하여 계약이 성립한 때로부터 개시한다.
③ 보험사고발생사실이 통지된 때로부터 개시한다.
④ 보험자가 재보험에 가입하여 보험자의 보험금지급위험에 대한 보장이 확보된 때로부터 개시한다.

| 해설 |
보험자의 책임은 당사자간에 다른 약정이 없으면 최초의 보험료의 지급을 받은 때로부터 개시한다(상법 제656조).

35 보험계약이 성립하기 전의 어느 시점에서부터 보험자가 책임을 지기로 하는 보험은?

① 책임보험
② 이익보험
③ 보증보험
④ 소급보험

| 해설 |
상법 제643조 소급보험에서 보험계약은 그 계약 전 어느 시기를 보험기간의 시기로 할 수 있다고 규정하고 있다.

36 소급보험과 승낙전 보호제도의 비교설명으로 옳지 않은 것은?

① 약정소급보험에서 소급되는 책임개시의 기간은 당사자간의 약정한 기간이기 때문에 청약일 이전일 수 있지만 승낙전 보호제도는 청약일 이전으로 소급되지 않는다.
② 약정소급보험에서는 주로 해상보험이나 운송보험 등에서 이용되나, 승낙전 보호제도는 모든 보험에서 적용된다.
③ 승낙전 보호제도는 당사자간의 합의에 의하여 성립되므로 특약으로 조정할 수 있다.
④ 약정소급보험은 청약시 보험사고의 발생사실을 보험계약자나 피보험자가 알지 못하였다면 계약이 유효하게 성립된다.

| 해설 |
약정소급보험은 당사자간의 합의에 의하여 성립되지만 승낙전 보호제도는 법률규정에 의한 것이며, 강행규정이므로 계약 당사자간의 특약으로 보험계약자에게 불이익하게 변경하지 못한다.

37 다음은 승낙전 보험사고에 관한 설명이다. 옳은 것은?

① 제1회 보험료가 납입되지 않더라도 승낙전 보험사고의 경우 책임을 진다.
② 승낙전 보험사고의 경우 고지의무사항이 적용된다.
③ 직업상 가입한도금액을 초과하더라도 승낙전 보험사고인 경우 초과한 금액에 대해 책임을 진다.
④ 계약자가 회사에 알린 내용이 보험금 지급사유의 발생에 영향을 미쳤음을 회사가 증명하여도 보험금을 지급한다.

| 해설 |
① 승낙전 보험사고에 대해서 보험자가 보험계약자로부터 <u>보험계약의 청약과 함께 보험료 상당액의 전부 또는 일부를 받은 경우</u>에 보험자는 보험계약상의 책임을 지게 되는데(상법 제638조의2 제3항), 제1회 보험료가 납입되지 않았으므로 보험자는 <u>책임을 지지 않는다</u>.
③ 계약청약서에 피보험자가 청약시에 직업 또는 직종별로 보험가입금액의 한도액이 명시되어 있음에도 그 한도액을 초과하여 청약을 하고 보험회사가 승낙하기 전에 보험사고가 발생한 경우 그 초과 청약액에 대해서는 <u>책임을 지지 않는다</u>.
④ 계약자 또는 피보험자가 보험회사에 알린 내용 또는 건강진단 내용이 보험금 지급사유의 발생에 영향을 미쳤음을 회사가 증명하는 경우 보험자는 <u>책임을 지지 않는다</u>.

03 보험계약의 체결

01 상법상 보험계약의 체결에 관한 설명으로 옳은 것은? 기출 제10회

① 보험계약은 청약과 승낙에 의한 합의와 보험증권의 교부로 성립한다.
② 기존의 보험계약을 연장하거나 변경한 경우에는 보험자는 그 보험증권에 그 사실을 기재함으로써 보험증권의 교부에 갈음할 수 있다.
③ 보험자는 보험계약이 성립된 후 보험계약자에게 보험약관을 교부하고, 그 약관의 중요한 내용을 설명하여야 한다.
④ 보험자가 보험계약자로부터 보험계약의 청약과 함께 보험료 상당액의 전부 또는 일부의 지급을 받은 때에는 계약이 성립한 것으로 본다.

| 해설 |

② 상법 제640조 제2항
① 보험계약은 낙성·불요식 계약으로 <u>보험계약자의 청약과 보험자의 승낙이 있으면 성립한다</u>(상법 제638조의2). 보험증권의 교부는 보험계약의 성립조건이 아니다.
③ 보험자는 <u>보험계약을 체결할 때에</u> 보험계약자에게 보험약관을 교부하고, 그 약관의 중요한 내용을 설명하여야 한다(상법 제638조의2).
④ 보험자가 보험계약자로부터 보험계약의 청약과 함께 보험료 상당액의 전부 또는 일부의 지급을 받은 때에는 다른 약정이 없는 한 <u>30일 내에 그 상대방에 대하여 낙부의 통지를 발송해야 한다</u>(상법 제638조의2 제1항). 보험자가 위 기간 내에 <u>낙부의 통지를 해태(懈怠)한 때에는 승낙한 것으로 본다</u>(상법 제638조의2 제2항).

02 보험약관에 관한 설명으로 옳은 것은?

① 보험계약의 경우 보험약관이 널리 이용되는 이유는 보험계약의 사행계약성 때문이다.
② 보험약관은 보험자가 일방적으로 작성한 보험계약조항이다.
③ 금융위원회의 인가를 받지 않은 보험약관을 사용한 경우 언제나 무효이다.
④ 보험약관은 그 뜻이 명백하지 아니한 경우에는 보험자에게 유리하게 해석해야 한다.

| 해설 |

보험약관은 보험자가 보험계약의 내용을 일방적으로 작성한 정형적인 보험계약조항이다.
① 보험계약의 경우 보험계약이 성질상 다수가입자를 상대로 대량적으로 처리되어야 할 필요에서 그 내용을 정형화해야 된다는 <u>기술적 요청</u>과 보험단체 구성원을 동일하게 취급하기 위한 <u>합리적 조치</u>로 보험약관이 사용된다.
③ 금융위원회의 인가를 받지 아니한 보험약관을 사용한 경우 보험자가 보험업법상 제재를 받는 것은 당연하지만 인가를 받지 않은 <u>보험약관의 사법상 효력은 강행규정 및 공익에 반하지 않는 한</u> 계약의 효력을 인정하는 것이 선의의 계약자에게도 유리하고 타당하다.
④ 상법 제663조 보험계약자 등의 불이익변경금지에 따라 보험약관의 뜻이 명백하지 아니한 경우에는 <u>보험계약자에게 유리하게 해석해야 한다</u>.

03 보험약관에 관한 설명으로 옳은 것을 모두 고른 것은?(다툼이 있으면 판례에 따름)

기출 제7회

> ㄱ. 보통보험약관이 계약 당사자에 대하여 구속력을 가지는 것은 보험계약 당사자 사이에서 계약내용에 포함시키기로 합의하였기 때문이다.
> ㄴ. 보험자가 약관의 교부·설명의무를 위반한 경우에 보험계약이 성립한 날부터 3개월 이내에는 피보험자 또는 보험수익자도 그 계약을 해지할 수 있다.
> ㄷ. 약관의 내용이 이미 법령에 의하여 정하여진 것을 되풀이 하는 정도에 불과한 경우, 보험자는 고객에게 이를 따로 설명하지 않아도 된다.

① ㄱ, ㄴ
② ㄱ, ㄷ
③ ㄴ, ㄷ
④ ㄱ, ㄴ, ㄷ

|해설|

ㄱ. (○) 보통보험약관이 계약 당사자에 대하여 구속력을 갖는 것은 그 자체가 법규범 또는 법규범적 성질을 가진 약관이기 때문이 아니라 당사자가 계약내용에 포함시키기로 합의하였기 때문이다(대법원 1989.3.28. 선고 88다4645 판결).
ㄴ. (×) 보험자가 약관의 교부 및 설명의무를 위반한 경우 <u>보험계약자는</u> 보험계약이 성립한 날부터 3개월 이내에 그 <u>계약을 취소할 수 있다</u>(상법 제638조의3 제2항).
ㄷ. (○) 보험약관에 정하여진 사항이라고 하더라도 거래상 일반적이고 공통된 것이어서 보험계약자가 별도의 설명 없이도 충분히 예상할 수 있었던 사항이거나 이미 법령에 의하여 정하여진 것을 되풀이하거나 부연하는 정도에 불과한 사항이라면 그러한 사항에 대하여서까지 보험자에게 명시·설명의무가 인정된다고 할 수 없다(대법원 1998.11.27. 선고 98다32564 판결).

04 甲보험회사의 화재보험약관에는 보험계약자에게 설명해야 하는 중요한 내용을 포함하고 있으나 甲회사가 이를 설명하지 않고 보험계약을 체결하였다. 이에 관한 설명으로 옳지 않은 것은?(다툼이 있으면 판례에 따름) 기출 제8회

① 보험계약이 성립한 날로부터 1개월이 된 시점이라면 보험계약자는 보험계약을 취소할 수 있다.
② 甲보험회사는 화재보험약관을 보험계약자에게 교부해야 한다.
③ 보험계약이 성립한 날로부터 4개월이 된 시점이라면 보험계약자는 보험계약을 취소할 수 없다.
④ 보험계약자가 보험계약을 취소하지 않았다면 甲보험회사는 중요한 약관조항을 계약의 내용으로 주장할 수 있다.

| 해설 |
「약관의 규제에 관한 법률」 제3조 제3항 전문은 "사업자는 약관에 정하여져 있는 중요한 내용을 고객이 이해할 수 있도록 설명하여야 한다"라고 정하여 사업자에게 약관의 중요한 내용에 대하여 구체적이고 상세한 설명의무를 부과하고 있고, 같은 조 제4항은 이러한 약관의 설명의무를 위반하여 계약을 체결한 때에는 <u>약관의 내용을 계약의 내용으로 주장할 수 없도록 하고 있다</u>(대법원 2019.5.30. 선고 2016다276177 판결).
① 보험계약자는 보험계약이 성립한 날로부터 3개월 이내에 보험계약을 취소할 수 있으므로 옳은 설명이다(상법 제638조의3 제2항).
② 甲보험회사는 보험계약을 체결할 때에 보험계약자에게 보험약관을 교부하고 그 약관의 중요한 내용을 설명하여야 한다(상법 제638조의3 제1항).
③ 보험계약이 성립한 날로부터 4개월이 된 시점이라면 보험계약자는 보험계약을 취소할 수 없다(상법 제638조의3 제2항).

05 보통보험약관의 해석원칙에 관한 설명으로 옳지 않은 것은?

① 의미가 애매할 때에는 작성자에게 불리하게 해석할 것
② 보통의 가입자를 기준으로 객관적으로 해석할 것
③ 약관의 조항과 개별약정이 충돌할 때에는 약관을 우선 해석할 것
④ 각 조항이나 문구는 일관된 약관의 일부라는 관점에서 통일적으로 해석할 것

| 해설 |
보통보험약관보다 특별약관(개별약정)이 우선한다.

06 보험약관의 조항 중 그 효력이 인정되지 않는 것은? 기출 제1회

① 보험계약 체결일 기준 1월 전부터 보험기간이 시작되기로 하는 조항
② 보험증권교부일로부터 2월 이내에 증권내용에 이의를 할 수 있도록 하는 조항
③ 약관설명의무 위반시 보험계약자가 1월 이내에 계약을 취소할 수 있도록 하는 조항
④ 보험계약자의 보험료 반환청구권의 소멸시효기간을 3년으로 하는 조항

| 해설 |
- 상법 제663조는 당사자간의 특약으로 보험계약자 등 불이익변경금지의 원칙이라는 상대적 강행법규성을 인정하여 약관의 내용에 상법의 규정보다 보험계약자 등에게 불이익한 조항을 두게 되면 그 한도 안에서 약관의 규정은 무효가 된다고 본다.
- 상법 제638조의3 제2항에서 약관설명의무 위반시 보험계약자는 보험계약이 성립한 날로부터 3개월 이내에 그 계약을 취소할 수 있다고 하였으므로 보험계약자 등 불이익변경금지원칙에 의해 1월 이내로 정해진 보험약관의 경우는 효력이 인정되지 않는다.

07 가계보험의 약관조항으로 허용될 수 있는 것은? 기출 제5회

① 약관설명의무 위반시 계약 성립일부터 1개월 이내에 보험계약자가 계약을 취소할 수 있도록 한 조항
② 보험증권의 교부가 있은 날로부터 2주 내에 한하여 그 증권내용의 정부에 관한 이의를 할 수 있도록 한 조항
③ 해지환급금을 반환한 경우에도 그 계약의 부활을 청구할 수 있도록 한 조항
④ 고지의무를 위반한 사실이 보험사고발생에 영향을 미치지 아니하였음이 증명된 경우에도 보험자의 보험금 지급책임을 면하도록 한 조항

> **해설**
> 상법상 해약환급금이 지급되지 아니한 경우에 보험계약자는 일정한 기간 내에 연체보험료에 약정이자를 붙여 보험자에게 지급하고 그 계약의 부활을 청구할 수 있다(상법 제650조의2). 그런데 해지환급금을 반환한 경우에도 그 계약의 부활을 청구할 수 있도록 한 조항은 보험계약자에게 유리한 약관조항이므로 허용될 수 있다.
> ① 상법 제638조의3 제2항의 규정에 의하면 약관설명의무 위반시 계약 성립일부터 3개월 이내에 보험계약자가 계약을 취소할 수 있다. 그런데 그 조건이 1개월 이내로 축소되었기 때문에 보험계약자에게 불리한 약관조항이므로 허용될 수 없다.
> ② 상법 제641조의 규정에 의하면 보험계약의 당사자는 보험증권의 교부가 있은 날로부터 일정한 기간 내에 한하여 그 증권내용의 정부에 관한 이의를 할 수 있음을 약정할 수 있다. 이 기간은 1월을 내리지 못한다. 즉 1월 미만으로 할 수 없으므로 약관조항으로 허용될 수 없다.
> ④ 상법 제655조의 단서 규정에 의하면, 고지의무를 위반한 사실 또는 위험이 현저하게 변경되거나 증가된 사실이 보험사고발생에 영향을 미치지 아니하였음이 증명된 경우에는 보험금을 지급할 책임이 있으므로, 이 약관조항도 허용될 수 없다.

08 보험증권에 관한 설명으로 옳지 않은 것은? 기출 제2회

① 보험계약자가 보험료의 전부 또는 최초의 보험료를 지급하지 아니한 때에는 보험자의 보험증권교부의무가 발생하지 않는다.
② 기존의 보험계약을 변경한 경우에는 보험자는 그 보험증권에 그 사실을 기재함으로써 보험증권의 교부에 갈음할 수 있다.
③ 보험계약의 당사자는 보험증권의 교부가 있은 날로부터 10일 내에 한하여 그 증권내용의 정부에 관한 이의를 할 수 있음을 약정할 수 있다.
④ 보험계약자의 청구에 의하여 보험증권을 재교부하는 경우 그 증권작성의 비용은 보험계약자가 부담한다.

정답 05 ③ 06 ③ 07 ③ 08 ③

| 해설 |
보험계약의 당사자는 보험증권의 교부가 있는 날로부터 일정한 기간 내에 한하여 그 증권내용의 정부에 관한 이의를 할 수 있음을 약정할 수 있다. 이 기간은 <u>1월</u>을 내리지 못한다(상법 제641조).
① 상법 제640조 제1항
② 상법 제640조 제2항
④ 상법 제642조

09 다음 설명 중 옳지 않은 것은? `기출` 제3회

① 보험계약은 그 계약 전의 어느 시기를 보험기간의 시기로 할 수 있다.
② 건물에 대한 화재보험계약 체결시에 이미 건물이 화재로 전소하는 사고가 발생한 경우 당사자 쌍방과 피보험자가 이를 알지 못한 때에는 그 계약은 무효가 아니다.
③ 보험증권을 멸실 또는 현저하게 훼손한 때에는 보험계약자는 보험자에 대하여 증권의 재교부를 청구할 수 있다.
④ 보험증권내용의 정부에 관한 이의기간은 약관에서 15일 이내로 정해야 한다.

| 해설 |
보험증권내용의 정부(正否)에 관한 이의기간은 "<u>1월을 내리지 못한다</u>"고 규정(상법 제641조)하고 있으므로, 15일 이내로 정해야 한다는 약관 규정은 옳지 않다.

10 상법상 보험에 관한 설명으로 옳은 것은? `기출` 제7회

① 보험증권의 멸실로 보험계약자가 증권의 재교부를 청구한 경우 증권의 작성비용은 보험자의 부담으로 한다.
② 보험기간의 시기는 보험계약 이후로만 하여야 한다.
③ 보험계약 당시에 보험사고가 이미 발생하였을 경우 당사자 쌍방과 피보험자가 이를 알지 못하였어도 그 계약은 무효이다.
④ 보험계약의 당사자는 보험증권의 교부가 있는 날로부터 일정한 기간 내에 한하여 그 증권내용의 정부(正否)에 관한 이의를 할 수 있음을 약정할 수 있다.

| 해설 |
④ 상법 제641조
① 보험증권의 멸실로 보험계약자가 증권의 재교부를 청구한 경우 증권의 작성비용은 <u>보험계약자의 부담으로 한다</u>(상법 제642조).
② 보험계약은 그 <u>계약 전의 어느 시기</u>를 보험기간의 시기로 할 수 있다[상법 제643조(소급보험)].
③ 보험계약 당시에 보험사고가 이미 발생하였거나 또는 발생할 수 없는 것인 때에는 그 계약은 무효로 하지만, 당사자 쌍방과 피보험자가 이를 알지 못한 때에는 <u>유효이다</u>(상법 제644조).

11 보험증권의 교부에 관한 내용으로 옳은 것을 모두 고른 것은? 기출 제6회

> ㄱ. 보험계약이 성립하고 보험계약자가 최초의 보험료를 지급했다면 보험자는 지체 없이 보험증권을 작성하여 보험계약자에게 교부하여야 한다.
> ㄴ. 보험증권을 현저하게 훼손한 때에는 보험계약자는 보험증권의 재교부를 청구할 수 있다. 이 경우에 증권작성비용은 보험자의 부담으로 한다.
> ㄷ. 기존의 보험계약을 연장한 경우에는 보험자는 그 사실을 보험증권에 기재하여 보험증권의 교부에 갈음할 수 있다.

① ㄱ, ㄴ
② ㄱ, ㄷ
③ ㄴ, ㄷ
④ ㄱ, ㄴ, ㄷ

| 해설 |

ㄱ. (○) 보험계약이 성립하고 보험계약자가 최초의 보험료를 지급했다면 보험자는 지체 없이 보험증권을 작성하여 보험계약자에게 교부하여야 한다(상법 제640조 제1항).
ㄴ. (×) 증권작성의 비용은 보험계약자의 부담으로 한다(상법 제642조).
ㄷ. (○) 기존의 보험계약을 연장한 경우에는 보험자는 그 사실을 보험증권에 기재하여 보험증권의 교부에 갈음할 수 있다(상법 제640조 제2항).

12 상법상 보험증권에 관한 설명으로 옳은 것은? 기출 제8회

① 보험계약자가 보험증권을 멸실한 경우에는 보험자에 대하여 증권의 재교부를 청구할 수 있으며, 그 증권 작성의 비용은 보험계약자가 부담한다.
② 기존의 보험계약을 변경한 경우 보험자는 그 보험증권에 그 사실을 기재함으로써 보험증권의 교부에 갈음할 수 없다.
③ 타인을 위한 보험계약이 성립된 경우에는 보험자는 그 타인에게 보험증권을 교부해야 한다.
④ 보험계약자가 최초의 보험료를 지급하지 아니한 경우에도 보험계약이 성립한 때에는 보험자는 지체 없이 보험증권을 작성하여 보험계약자에게 교부하여야 한다.

| 해설 |

① 상법 제642조
② 기존의 보험계약을 변경한 경우 보험자는 그 보험증권에 그 사실을 기재함으로써 보험증권의 교부에 갈음할 수 있다(상법 제640조 제2항).
③ 타인을 위한 보험계약이 성립된 경우에도 보험자는 그 타인이 아닌 보험계약자에게 보험증권을 교부해야 한다(상법 제640조 제1항).
④ 보험계약자가 보험료의 전부 또는 최초의 보험료를 지급하지 아니한 경우에는 보험증권을 보험계약자에게 교부하지 않아도 된다(상법 제640조 제1항 단서).

13 상법상 보험증권에 관한 설명으로 옳은 것은? 기출 제9회

① 기존의 보험계약을 변경한 경우 보험자는 그 보험증권에 그 사실을 기재함으로써 보험증권의 교부에 갈음할 수 있다.
② 보험자는 보험계약자의 청약이 있는 경우 보험료의 지급 여부와 상관없이 지체 없이 보험증권을 작성하여 보험계약자에게 교부하여야 한다.
③ 보험계약의 당사자는 보험증권의 교부가 있은 날부터 14일 내에 한하여 그 증권내용의 정부(正否)에 관한 이의를 할 수 있음을 약정할 수 있다.
④ 보험계약자가 보험증권을 멸실한 경우 보험계약자는 보험자에게 증권의 재교부를 청구할 수 있으며, 그 증권작성의 비용은 보험자의 부담으로 한다.

| 해설 |
① 상법 제640조 제2항
② 보험자는 보험계약이 성립한 때에는 지체 없이 보험증권을 작성하여 보험계약자에게 교부하여야 한다(상법 제640조 제1항). 즉 보험계약자로부터 보험계약의 청약과 함께 보험료 상당액의 전부 또는 일부의 지급을 받아야 한다.
③ 보험계약의 당사자는 보험증권의 교부가 있은 날로부터 일정한 기간 내에 한하여 그 증권내용의 정부에 관한 이의를 할 수 있음을 약정할 수 있다. 이 기간은 1월을 내리지 못한다(상법 제641조).
④ 보험증권을 멸실 또는 현저하게 훼손한 때에는 보험계약자는 보험자에 대하여 증권의 재교부를 청구할 수 있다. 그 증권작성의 비용은 보험계약자의 부담으로 한다(상법 제642조).

14 상법상 보험증권에 관한 설명으로 옳지 않은 것은? 기출 제10회

① 타인을 위한 보험계약이 성립된 경우에는 보험자는 그 타인에게 보험증권을 교부해야 한다.
② 보험계약의 당사자는 보험증권의 교부가 있은 날로부터 일정한 기간 내에 한하여 그 증권내용의 정부(正否)에 관한 이의를 할 수 있음을 약정할 수 있다. 이 기간은 1월을 내리지 못한다.
③ 보험증권을 멸실 또는 현저하게 훼손한 때에는 보험계약자는 보험자에 대하여 증권의 재교부를 청구할 수 있고, 그 증권작성의 비용은 보험계약자의 부담으로 한다.
④ 보험자는 보험계약이 성립한 때에는 지체 없이 보험증권을 작성하여 보험계약자에게 교부하여야 한다.

| 해설 |
타인을 위한 보험계약이 성립된 경우에도 보험자는 지체 없이 보험계약자에게 보험증권을 교부해야 한다(상법 제640조 제1항). 지문에서 '타인'이란 보험계약상의 이익을 받을 자로 손해보험에서는 피보험자, 인보험에서는 보험수익자를 말한다.
② 상법 제641조
③ 상법 제642조
④ 상법 제640조 제1항

15 보험증권에 관한 설명으로 옳지 않은 것은? 기출 제5회

① 보험자는 보험계약이 성립한 때에는 지체 없이 보험증권을 작성하여 보험계약자에게 교부하여야 한다. 그러나 보험계약자가 보험료의 전부 또는 최초의 보험료를 지급하지 아니한 때에는 그러하지 아니하다.
② 기존의 보험계약을 연장하거나 변경한 경우에 보험자는 그 보험증권에 그 사실을 기재함으로써 보험증권의 교부에 갈음할 수 없다.
③ 보험계약의 당사자는 보험증권의 교부가 있은 날로부터 일정한 기간 내에 한하여 그 증권내용의 정부에 관한 이의를 할 수 있음을 약정할 수 있다. 이 기간은 1월을 내리지 못한다.
④ 보험증권을 멸실 또는 현저하게 훼손한 때에는 보험계약자는 보험자에 대하여 증권의 재교부를 청구할 수 있다. 그 증권작성의 비용은 보험계약자의 부담으로 한다.

|해설|
기존의 보험계약을 연장하거나 변경한 경우에는 보험자는 그 보험증권에 그 사실을 기재함으로써 보험증권의 교부에 갈음할 수 있다(상법 제640조 제2항).
① 상법 제640조 제1항
③ 상법 제641조
④ 상법 제642조

16 보험증권에 관한 설명으로 옳은 것은? 기출 제4회

① 보험기간을 정한 때에는 그 시기와 종기는 상법상 손해보험증권의 기재사항에 해당하지 않는다.
② 기존의 보험계약을 연장하는 경우에 보험자는 그 보험증권에 그 사실을 기재함으로써 보험증권의 교부에 갈음할 수 있다.
③ 보험계약의 당사자는 보험증권의 교부가 있은 날로부터 2주간 내에 한하여 그 증권내용의 정부에 관한 이의를 할 수 있음을 약정할 수 있다.
④ 보험증권을 현저하게 훼손한 때에는 보험계약자는 보험자에 대하여 증권의 재교부를 청구할 수 있는데 그 증권작성의 비용은 보험자의 부담으로 한다.

|해설|
② 상법 제640조 제2항
① 보험기간을 정한 때에는 그 시기와 종기를 손해보험증권에 기재하고, 보험자가 기명날인 또는 서명하여야 한다(상법 제666조 제5호).
③ 보험계약의 당사자는 보험증권의 교부가 있은 날로부터 일정한 기간 내에 한하여 그 증권내용의 정부에 관한 이의를 할 수 있음을 약정할 수 있다. 이 기간은 1월을 내리지 못한다(상법 제641조).
④ 보험증권을 멸실 또는 현저하게 훼손한 때에는 보험계약자는 보험자에 대하여 증권의 재교부를 청구할 수 있다. 그 증권작성의 비용은 보험계약자의 부담으로 한다(상법 제642조).

17 상법상 보험증권에 관한 설명으로 옳은 것은? 기출 제11회

① 보험계약자가 최초의 보험료를 지급하지 아니한 때에도 보험자는 보험계약이 성립한 때에는 지체 없이 보험증권을 작성하여 보험계약자에게 교부하여야 한다.
② 기존의 보험계약을 변경한 경우 보험자는 그 보험증권에 그 사실을 기재함으로써 보험증권의 교부에 갈음할 수 있다.
③ 보험계약의 당사자는 보험증권의 교부가 있은 날부터 14일 기간 내에 한하여 그 증권내용의 정부에 관한 이의를 할 수 있음을 약정할 수 있다.
④ 보험계약자가 보험증권을 현저하게 훼손하여 증권의 재교부를 청구한 경우 그 비용은 보험자가 부담하여야 한다.

| 해설 |
기존의 보험계약을 연장하거나 변경한 경우에는 보험자는 그 보험증권에 그 사실을 기재함으로써 보험증권의 교부에 갈음할 수 있다(상법 제640조 제2항).
① 보험자는 보험계약이 성립한 때에는 지체 없이 보험증권을 작성하여 보험계약자에게 교부하여야 하지만, 보험계약자가 최초의 보험료를 지급하지 아니한 때에는 그러하지 아니하여도 된다(상법 제640조 제1항 단서).
③ 보험계약의 당사자는 보험증권의 교부가 있은 날로부터 일정한 기간(1개월 이상) 내에 한하여 그 증권내용의 정부에 관한 이의를 할 수 있음을 약정할 수 있다(상법 제641조).
④ 보험계약자가 보험증권을 현저하게 훼손하여 증권의 재교부를 청구한 경우 그 비용은 보험계약자가 부담하여야 한다(상법 제642조).

18 고지의무에 관한 설명으로 옳은 것은? 기출 제2회

① 보험자는 보험대리상의 고지수령권을 제한할 수 없다.
② 보험자가 서면으로 질문한 사항은 중요한 고지사항으로 간주된다.
③ 보험계약자는 고지의무가 있다.
④ 보험자는 보험사고발생 전에 한하여 고지의무위반을 이유로 하여 해지할 수 있다.

| 해설 |
고지의무자는 보험계약자와 피보험자이며, 대리인에 의해 보험계약이 체결된 경우에는 그 대리인도 포함한다.
① 고지수령권자는 보험자와 보험대리상이며, 보험자는 보험대리상의 고지수령권을 제한할 수 있다(상법 제646조의2 제2항).
② 보험자가 서면으로 질문한 사항은 중요한 사항으로 추정한다(상법 제651조의2).
④ 보험자는 보험사고발생 전후를 불문하고 고지의무위반을 이유로 하여 해지할 수 있다.

19 고지의무에 관한 설명으로 옳은 것은?

① 고지의무는 직접의무이다.
② 질문표 기재사항은 중요한 기재사항으로 본다.
③ 보험계약의 체결을 대리인이 한 경우 대리인은 고지의무가 없다.
④ 보험자가 중대한 과실로 알지 못한 때에는 계약을 해지할 수 없다.

| 해설 |
보험자가 계약 당시에 고지의무위반 사실을 알았거나 중대한 과실로 알지 못한 때에는 계약을 해지 할 수 없다(상법 제651조).
① 고지의무는 간접의무이며, ② 질문표기 기재사항은 중요한 사항으로 추정하며, ③ 대리인도 고지의무를 진다.

20 고지의무에 관한 설명으로 옳은 것은?

① 질문표에 기재된 사항을 정직하게 고지하면 무조건 고지의무를 다한 것이 된다.
② 고지의무를 위반하면 보험계약자는 손해배상책임을 부담하여야 한다.
③ 고지의무는 보험계약 체결로 인하여 부담하는 의무이다.
④ 고지의무를 위반하면 보험자는 보험사고발생 후에도 계약을 해지할 수 있다.

| 해설 |
고지의무를 위반하면 보험사고발생의 전후를 불문하고 계약해지가 가능하다. 즉, 보험계약 당시에 보험계약자 또는 피보험자가 고의 또는 중대한 과실로 인하여 중요한 사항을 고지하지 아니하거나 부실의 고지를 한 때에는 보험자는 그 사실을 안 날로부터 1월 내에, 계약을 체결한 날로부터 3년 내에 한하여 계약을 해지할 수 있다(상법 제651조).
① 질문표상에 없는 사항이라도 보험계약자가 알고 있는 그 사실이 사고발생에 영향을 줄 수 있다고 인식하는 경우에는 고지의 대상이 될 수 있다.
② 고지의무는 간접의무이므로, 이를 위반하더라도 손해배상책임이 발생하지 않는다.
③ 고지의무는 보험계약 성립시 부담하는 의무이다.

21 고지의무에 관한 설명으로 옳지 않은 것은? 기출 제1회

① 보험설계사는 고지수령권을 가진다.
② 보험자가 서면으로 질문한 사항은 중요한 사항으로 추정한다.
③ 고지의무를 부담하는 자는 보험계약자와 피보험자이다.
④ 고지의무자의 고의 또는 중대한 과실로 부실의 고지를 한 경우 고지의무위반이 된다.

| 해설 |
보험설계사는 보험사업자를 위하여 보험계약의 체결을 중개하는 자로서 고지의무의 당사자가 아니므로 고지수령권을 가지지 않는다.

22 고지의무위반으로 인한 계약해지에 관한 내용으로 옳지 않은 것은? 기출 제5회

① 보험자가 보험계약 당시에 보험계약자나 피보험자의 고지의무위반 사실을 경미한 과실로 알지 못했던 때라도 계약을 해지할 수 없다.
② 보험계약 당시에 피보험자가 중대한 과실로 부실의 고지를 한 경우에 보험자는 해지권을 행사할 수 있다.
③ 보험자가 보험계약 당시에 보험계약자나 피보험자의 고지의무위반 사실을 알았던 경우에는 계약을 해지할 수 없다.
④ 보험계약 당시에 보험계약자가 고의로 중요한 사항을 고지하지 아니한 경우 보험자는 해지권을 행사할 수 있다.

| 해설 |
보험계약 당시에 보험계약자 또는 피보험자가 <u>고의 또는 중대한 과실</u>로 인하여 중요한 사항을 고지하지 아니하거나 부실의 고지를 한 때에는 보험자는 그 사실을 안 날로부터 1월 내에, 계약을 체결한 날로부터 3년 내에 한하여 <u>계약을 해지할 수 있다</u>. 그러나 보험자가 계약 당시에 그 사실을 알았거나 <u>중대한 과실</u>로 인하여 알지 못한 때에는 계약을 <u>해지할 수 없다</u>(상법 제651조).

23 상법상 고지의무에 관한 설명으로 옳지 않은 것은?

① 고지의무는 보험계약 체결시에 보험가입자가 지는 일종의 간접의무 또는 자기의무이다.
② 고지의무를 위반하면 보험자는 보험사고의 발생 전후를 묻지 아니하고 그 계약을 해지할 수 있다.
③ 고지의무의 위반에 따른 계약의 해지는 보험자가 그 사실을 안 날로부터 1월 내에 해야 한다.
④ 고지의무는 보험자가 서면으로 질문한 사항에 대해서만 대답하면 되는 의무이다.

| 해설 |
보험자가 서면으로 질문한 사항은 중요한 사항으로 추정하고(상법 제651조의2), 질문표에 기재되지 않은 사항이더라도 그것이 중요한 사항이면 고지를 해야 하며, 하지 않으면 고지의무위반이 된다.

24 상법상 고지의무에 관한 설명으로 옳은 것은? 기출 제8회

① 타인을 위한 손해보험계약에서 그 타인은 고지의무를 부담하지 않는다.
② 보험자가 서면으로 질문한 사항은 중요한 사항으로 본다.
③ 고지의무자가 고의 또는 중과실로 중요한 사항을 불고지 또는 부실고지 한 사실을 보험자가 보험계약 체결 직후 알게 된 경우, 보험자가 그 사실을 안 날로부터 1월이 경과하면 보험계약을 해지할 수 없다.
④ 고지의무자가 고의 또는 중과실로 중요한 사항을 불고지 또는 부실고지한 경우 보험자가 계약 당시에 그 사실을 알았을지라도 보험자는 보험계약을 해지할 수 있다.

| 해설 |
보험계약 당시에 보험계약자 또는 피보험자가 고의 또는 중대한 과실로 인하여 중요한 사항을 고지하지 아니하거나 부실의 고지를 한 때에는 보험자는 <u>그 사실을 안 날로부터 1월 내에</u>, 계약을 체결한 날로부터 3년 내에 한하여 계약을 해지할 수 있다(상법 제651조).
① 타인을 위한 손해보험계약에서 그 타인(= 피보험자)은 <u>고지의무를 부담한다</u>.
② 보험자가 서면으로 질문한 사항을 중요한 사항으로 <u>추정한다</u>(상법 제651조의2).
④ 고지의무자가 고의 또는 중과실로 중요한 사항을 불고지 또는 부실고지한 경우 보험자가 계약 당시에 그 사실을 알았다면 보험자는 <u>보험계약을 해지할 수 없다</u>(상법 제651조).

25 고지의무에 관한 설명으로 옳지 않은 것은? 기출 제4회

① 보험계약 당시에 보험계약자 또는 피보험자가 고의 또는 중대한 과실로 인하여 중요한 사항을 부실의 고지를 한 때에는 보험자는 그 사실을 안 날로부터 3년 내에 계약을 해지할 수 있다.
② 보험자가 서면으로 질문한 사항은 중요한 사항으로 추정한다.
③ 손해보험의 피보험자는 고지의무자에 해당한다.
④ 보험자가 계약 당시에 고지의무위반의 사실을 알았거나 중대한 과실로 인하여 알지 못한 때에는 보험자는 그 계약을 해지할 수 없다.

| 해설 |
보험계약 당시에 보험계약자 또는 피보험자가 고의 또는 중대한 과실로 인하여 중요한 사항을 고지하지 아니하거나 부실의 고지를 한 때에는 보험자는 <u>사실을 안 날로부터 1월 내에, 계약을 체결한 날로부터 3년 내에 한하여 계약을 해지할 수 있다</u>(상법 제651조).
② 상법 제651조의2
③ 고지의무자는 보험계약자와 피보험자이다.
④ 상법 제651조 단서

정답 22 ① 23 ④ 24 ③ 25 ①

26 고지의무에 관한 설명으로 옳은 것은?

① 고지의무는 보험계약자와 피보험자 및 보험수익자가 부담하는 의무이다.
② 보험자는 고지의무위반을 이유로 보험계약을 해지한 경우에는 해지 이후 생긴 보험사고에 대해서만 보상책임을 지지 않는다.
③ 보험자가 서면으로 질문한 사항은 중요사항으로 추정한다.
④ 보험자는 고지의무위반에 대하여 보험계약을 해지하는 것과는 별도로 손해배상 청구를 할 수 있다.

| 해설 |
보험자가 서면으로 질문한 사항은 중요한 사항으로 추정한다(상법 제651조의2).
① 고지의무자는 보험계약자, 피보험자 및 이들의 대리인이다.
② 보험자가 고지의무위반을 이유로 보험계약을 해지한 때에는 해지 이후에 생긴 사고는 물론 해지 이전에 생긴 사고라도 고지의무위반과 인과관계가 있는 손해는 보험자의 책임이 없다.
④ 보험자는 보험계약자에 대하여 고지의무의 이행을 강제하거나 손해배상을 청구할 수는 없고, 그 불이행시에 보험계약을 해지할 수 있을 뿐이다.

27 고지의무에 관한 다음의 약관조항 중 상법상 그 효력이 인정되는 것은?

① 보험계약자 또는 피보험자는 보험계약의 성립 후 제1회 보험료의 지급시까지 생긴 중요한 사항을 고지하여야 한다.
② 보험계약자 또는 피보험자가 고의 또는 과실로 중요한 사항을 고지하지 아니한 때에는 보험자는 보험계약을 언제든지 해지할 수 있다.
③ 보험계약의 체결일로부터 3년 이상 경과된 때에는 보험자는 고지의무의 위반을 이유로 계약을 해지할 수 없다.
④ 고지의무의 위반을 이유로 보험계약을 해지한 때에는 보험자는 보험기간의 개시시(開始時)에 소급하여 보험금 지급의무를 지지 않는다.

| 해설 |
① 보험계약자 또는 피보험자는 보험계약 당시, 즉 보험계약의 성립시까지 생긴 중요한 사항을 고지하여야 한다.
② 보험계약자 또는 피보험자는 고의 또는 중대한 과실로 중요한 사항을 고지하지 아니하거나 부실의 고지를 할 때에는 보험자는 그 사실을 안 날로부터 1월 내에, 계약을 체결한 날로부터 3년 내에 한하여 계약을 해지할 수 있다.
④ 고지의무의 위반을 이유로 보험계약을 해지한 때에는 그 계약은 통지가 도달한 날로부터 장래에 향하여 효력이 상실하므로 해지 이후의 사고에 대해서는 보험금을 지급할 필요가 없고, 이미 지급한 보험금이 있을 때에는 그 반환을 청구할 수 있다.

28 고지의무에 관한 설명으로 옳지 않은 것은? 기출 제7회

① 고지의무를 부담하는 자는 보험계약상의 보험계약자 또는 보험수익자이다.
② 보험계약자가 고의로 중요한 사항을 고지하지 아니한 경우, 보험자는 계약 체결일로부터 1월이 된 시점에는 계약을 해지할 수 있다.
③ 보험자가 계약 당시에 보험계약자의 고지의무위반 사실을 알았을 때에는 계약을 해지할 수 없다.
④ 보험계약자가 중대한 과실로 중요한 사항을 고지하지 아니한 경우, 보험자는 계약 체결일로부터 5년이 경과한 시점에는 계약을 해지할 수 없다.

| 해설 |
고지의무를 부담하는 자는 보험계약상의 보험계약자 또는 피보험자이다.
②·③·④ 보험계약 당시에 보험계약자 또는 피보험자가 고의 또는 중대한 과실로 인하여 중요한 사항을 고지하지 아니하거나 부실의 고지를 한 때에는 보험자는 그 사실을 안 날로부터 1월 내에, 계약을 체결한 날로부터 3년 내에 한하여 계약을 해지할 수 있다. 그러나 보험자가 계약 당시에 그 사실을 알았거나 중대한 과실로 인하여 알지 못한 때에는 그러하지 아니하다(상법 제651조).

29 상법상 고지의무에 관한 설명으로 옳은 것은? 기출 제9회

① 보험수익자는 고지의무를 부담한다.
② 보험계약 당시에 고지의무와 관련 보험자가 서면으로 질문한 사항은 중요한 사항으로 의제한다.
③ 고지의무자의 고지의무위반을 이유로 보험자가 계약을 해지한 경우 보험자는 이미 받은 보험료의 전부를 반환하여야 한다.
④ 고지의무자가 고지의무를 위반한 사실이 보험사고발생에 영향을 미치지 아니하였음이 증명된 경우 보험자는 보험금을 지급할 책임이 있다.

| 해설 |
④ 상법 제655조 단서
① 고지의무는 보험계약자 또는 피보험자이며, 보험수익자는 고지의무를 부담하지 않는다.
② 보험자가 서면으로 질문한 사항은 중요한 사항으로 추정한다(상법 제651조의2).
③ 고지의무자의 고지의무위반을 이유로 보험자가 계약을 해지한 경우 보험자는 보험료의 반환의무가 없다(상법 제655조 본문).

정답 26 ③ 27 ③ 28 ① 29 ④

30 다음은 고지의무위반에 관한 설명이다. 옳지 않은 것은?

① 보험자는 보험금액의 전액을 지급한 때에도 고지의무위반을 이유로 계약을 해지할 수 있다.
② 보험금 지급사유가 발생하더라도 고지의무의 위반사실이 있다면 보험계약을 해지할 수 있다.
③ 보험회사는 고지의무를 위반한 사실을 안 날로부터 1개월 이상 지났을 때에는 계약을 해지할 수 없다.
④ 보험자가 계약 당시에 고지의무위반 사실을 알았거나 과실로 인하여 알지 못한 때에는 계약을 해지할 수 없다.

| 해설 |
보험자가 계약 당시에 고지의무위반 사실을 알았거나 중대한 과실로 알지 못한 때에는 계약을 해지할 수 없다(상법 제651조 단서).

31 보험계약부활과 고지의무에 관한 설명으로 옳지 않은 것은?

① 보험자가 알고 있는 사항을 고지하지 않더라도 고지의무위반이 되지 않는다.
② 기존계약에서 고지의무를 위반한 내용을 부활계약에서도 다시 고지의무위반을 한 경우 보험자 해지권 제척기간의 기산점은 기존계약시로 소급된다.
③ 기존계약에서 고지의무위반이 있었으나, 부활 청구시 고지의무를 제대로 이행하였다면 기존계약의 고지의무위반을 이유로 계약을 해지할 수 없다고 본다.
④ 부실고지한 사항을 부활계약에서 다시 고지하지 않았다면 고지의무위반이 된다. 종전의 계약에서 존재하였던 계약상의 하자는 계약의 부활로 치유되지 않는다.

| 해설 |
기존계약에서 고지의무를 위반한 내용을 부활계약에서도 다시 고지의무위반을 한 경우 보험자 해지권 제척기간의 기산점은 기존계약시가 아니라 부활계약시이다.

32 고지의무의 법적 성질에 관한 설명으로 옳지 않은 것은?

① 고지의무는 보험자가 그 이행을 강요하거나 불이행시 손해배상을 청구할 수 없다.
② 고지의무에 대한 상법의 규정은 보험계약자 측에 불이익하게 변경할 수 없기 때문에 절대적 강행규정이다.
③ 위험에 관한 정보를 수집하는 것은 원래 보험자가 해야 할 일을 보험과 위험의 특성상 보험계약자에게 의무를 부여하고 있다는 점과 고지의무위반의 사실이 알려진 후에는 고지의무의 이행을 강제할 실익이 없다는 이유에서 고지의무를 간접의무로 해석하고 있다.
④ 보험계약이 성립되기 전에 존재하는 의무이기 때문에 계약의 효과로서 발생한 의무, 즉 계약상의 의무는 아니며 보험계약법에 근거한 의무이므로 법정의무이다.

| 해설 |
고지의무에 관한 상법의 규정은 보험계약자 측에 불이익하게 변경할 수 없기 때문에 상대적 강행규정이다.

33 고지의무 입증책임에 관한 설명으로 옳지 않은 것은?

① 질문표의 질문사항 이외의 사항이 중요한 사항이라는 것을 보험자가 입증하여야 한다.
② 질문표의 질문사항은 중요한 사항으로 추정된다.
③ 보험계약자에게 보험계약을 위임하지 아니한 피보험자도 고지의무를 진다.
④ 타인이 보험계약의 체결사실을 알고 있었는지 여부를 입증할 필요 없이 고지의무위반을 이유로 계약을 해지할 수 없다.

| 해설 |
손해보험에서 보험계약자가 타인을 위한 보험계약 체결시 타인의 위임 여부를 보험자에게 통지하여야 한다. 이를 위반한 경우 타인이 보험계약의 체결 사실을 몰랐기 때문에 본인에게 고지의무위반에 대한 고의, 중과실이 없음을 이유로 보험자에 대항하지 못한다. 즉, 보험자는 타인의 불고지·부실고지가 있으면 타인이 보험계약의 체결 사실을 알고 있었는지 여부를 입증할 필요 없이 고지의무위반을 이유로 계약을 해지할 수 있다.

34 상법상 고지의무위반으로 인한 계약해지에 관한 설명으로 옳지 않은 것은? 기출 제11회

① 보험자는 보험계약 당시에 보험계약자의 고지의무위반 사실을 중대한 과실로 알지 못했던 때에는 계약을 해지할 수 없다.
② 보험계약 당시에 피보험자가 경과실로 인하여 중요한 사항에 대하여 부실의 고지를 한 경우 보험자는 계약을 해지할 수 있다.
③ 보험자는 보험계약 당시에 피보험자의 고지의무위반 사실을 알았던 경우에는 계약을 해지할 수 없다.
④ 보험계약 당시에 보험계약자가 고의로 중요한 사항을 고지하지 아니한 경우 보험자는 계약을 해지할 수 있다.

| 해설 |
②·④ 보험계약 당시에 보험계약자 또는 피보험자가 고의 또는 중대한 과실로 인하여 중요한 사항을 고지하지 아니하거나 부실의 고지를 한 때에는 보험자는 그 사실을 안 날로부터 1월 내에, 계약을 체결한 날로부터 3년 내에 한하여 계약을 해지할 수 있다(상법 제651조 본문).
①·③ 보험자가 보험계약 당시에 그 사실을 알았거나 중대한 과실로 인하여 알지 못한 때에는 계약을 해지할 수 없다(상법 제651조 단서).

35 보험계약자의 고지의무위반으로 인한 보험자의 계약해지권에 관한 설명으로 옳은 것은? 기출 제1회

① 고지의무위반 사실이 보험사고의 발생에 영향을 미치지 않은 경우 보험자는 계약을 해지하더라도 보험금을 지급할 책임이 있다.
② 보험자는 보험사고발생 전에 한하여 해지권을 행사할 수 있다.
③ 보험자가 계약을 해지할 경우 보험금을 지급할 책임이 없으며, 이미 지급한 보험금에 대해서는 반환을 청구할 수 없다.
④ 보험자는 고지의무위반 사실을 안 날로부터 3월 내에 해지권을 행사할 수 있다.

| 해설 |
①·③ 보험사고가 발생한 후라도 보험자가 상법 제650조(보험료 부지급으로 인한 계약해지), 제651조(고지의무위반으로 인한 계약해지), 제652조(위험변경증가의 통지의무 해태로 인한 계약해지) 및 제653조(보험계약자 등의 고의나 중과실로 인한 위험증가에 따른 계약해지)에 따라 계약을 해지하였을 때에는 보험금을 지급할 책임이 없고, 이미 지급한 보험금의 반환을 청구할 수 있다. 다만, 고지의무를 위반한 사실 또는 위험이 현저하게 변경되거나 증가된 사실이 보험사고발생에 영향을 미치지 아니하였음이 증명된 경우에는 보험금을 지급할 책임이 있다(상법 제655조).
② 보험자는 보험사고발생 전후를 불문하고 고지의무위반을 이유로 하여 해지할 수 있다.
④ 보험자는 고지의무위반 사실을 안 날로부터 1월 내에, 계약을 체결한 날로부터 3년 내에 한하여 계약을 해지할 수 있다(상법 제651조 참조).

36 보험계약자 등의 고의나 중과실로 인한 위험증가와 계약해지에 관한 설명으로 옳지 않은 것은? (다툼이 있으면 판례에 따름) 기출 제7회

① 보험기간 중에 보험계약자의 중대한 과실로 인하여 사고발생의 위험이 현저하게 증가된 때에는 보험자는 그 사실을 안 날부터 1월 내에 보험료의 증액을 청구할 수 있다.
② 위험의 현저한 변경이나 증가된 사실과 보험사고발생과의 사이에 인과관계가 부존재한다는 점에 관한 주장·입증책임은 보험자 측에 있다.
③ 보험기간 중에 피보험자의 고의로 인하여 사고발생의 위험이 현저하게 증가된 때에는 보험자는 그 사실을 안 날부터 1월 내에 계약을 해지할 수 있다.
④ 사고발생의 위험이 현저하게 변경 또는 증가된 사실이라 함은 그 변경 또는 증가된 위험이 보험계약의 체결 당시에 존재하고 있었다면 보험자가 보험계약을 체결하지 않았거나 적어도 그 보험료로는 보험을 인수하지 않았을 것으로 인정되는 정도의 것을 말한다.

|해설|

고지의무에 위반한 사실 또는 위험의 현저한 변경이나 증가된 사실과 보험사고발생과의 사이에 인과관계가 부존재한다는 점에 관한 주장·입증책임은 보험계약자 측에 있다(대법원 1997.9.5. 선고 95다25268 판결).
①·③ 보험기간 중에 보험계약자, 피보험자 또는 보험수익자의 고의 또는 중대한 과실로 인하여 사고발생의 위험이 현저하게 변경 또는 증가된 때에는 보험자는 그 사실을 안 날부터 1월 내에 보험료의 증액을 청구하거나 계약을 해지할 수 있다(상법 제653조).
④ 보험기간 중에 보험계약자 또는 피보험자가 사고발생의 위험이 현저하게 변경 또는 증가된 사실을 안 때에는 지체 없이 보험자에게 통지하여야 하는데(상법 제652조 제1항), 여기서 '사고발생의 위험이 현저하게 변경 또는 증가된 사실'이란 변경 또는 증가된 위험이 보험계약의 체결 당시에 존재하고 있었다면 보험자가 계약을 체결하지 않았거나 적어도 그 보험료로는 보험을 인수하지 않았을 것으로 인정되는 사실을 말하고, '사고발생의 위험이 현저하게 변경 또는 증가된 사실을 안 때'란 특정한 상태의 변경이 있음을 아는 것만으로는 부족하고 그 상태의 변경이 사고발생 위험의 현저한 변경·증가에 해당된다는 것까지 안 때를 의미한다(대법원 2014.7.24. 선고 2012다62318 판결).

04 보험계약의 효과

01 다음은 보험약관의 교부·설명의무에 대해 설명한 것이다. 옳지 않은 것은?

① 보험자의 의무이다.
② 보험약관에 대해 설명할 경우 보험약관을 교부할 필요가 없다.
③ 보험계약 체결시 보험약관의 중요한 내용을 설명하여야 한다.
④ 보험설계사가 대신 보험약관에 대해 설명할 수 있다.

| 해설 |

보험약관의 교부·설명의무
- 보험회사는 보험계약 체결시 계약자에게 약관을 교부하고, 그 약관의 중요한 내용을 설명하여야 한다.
- 보험약관의 교부·설명의무자는 보험회사이나 현실적으로 보험설계사, 보험대리점 등이 회사를 대신하여 그 의무를 진다.
- 보험계약이 성립되었다고 하더라도 약관의 교부·설명이 없었던 경우 계약자는 청약일로부터 3월 내에 그 계약을 취소할 수 있다.
- 계약이 취소된 경우 회사는 계약자에게 이미 납입한 보험료를 반환하며, 보험료를 받은 기간에 대하여 약관 대출이율을 연 단위 복리로 계산한 금액을 더하여 지급한다.
- 보험계약에 있어 거래상 일반적이고 공통된 것이라서 보험계약자가 충분히 알 수 있는 내용은 설명의무가 면제되나 보험약관 교부의무는 면제되지 않는다.

02 보험약관의 교부·설명의무에 관한 설명으로 옳은 것을 모두 고른 것은? 기출 제2회

> ㄱ. 보험약관에 기재되어 있는 보험료와 그 지급방법, 보험자의 면책사유는 보험자가 보험계약을 체결할 때 보험계약자에게 설명하여야 하는 중요한 내용에 해당한다.
> ㄴ. 보험자는 보험계약이 성립하면 지체 없이 보험약관을 보험계약자에게 교부하여야 하나, 그 보험계약자가 보험료의 전부나 최초보험료를 지급하지 아니한 때에는 보험약관을 교부하지 않아도 된다.
> ㄷ. 보험계약이 성립한 날로부터 2개월이 경과한 시점이라면 보험자가 상법상 보험약관의 교부·설명의무를 위반한 경우에도 그 계약을 취소할 수 없다.

① ㄱ
② ㄷ
③ ㄱ, ㄴ
④ ㄴ, ㄷ

> **해설**
> ㄱ. (O) 보험계약자에게 설명하여야 하는 '중요한 내용'이란 보험료의 금액과 그 지급방법, 보험금액, 보험기간, 보험사고의 내용, 보험계약의 해지사유, 보험회사의 면책사유 등 고객의 이해관계에 중대한 영향을 미치는 사항으로서 사회통념상 그 사항의 알고 모름이 계약 체결 여부에 영향을 줄 수 있는 사항을 말한다.
> ㄴ. (×) 보험증권의 교부에 대한 설명이다. 보험자는 보험계약이 성립한 때에는 지체 없이 보험증권을 작성하여 보험계약자에게 교부하여야 한다. 그러나 보험계약자가 보험료의 전부 또는 최초의 보험료를 지급하지 아니한 때에는 그러하지 아니하다(상법 제640조 제1항).
> ㄷ. (×) 보험자가 보험약관의 교부·설명의무를 위반한 경우 보험계약자는 보험계약이 성립한 날부터 <u>3개월 이내에 그 계약을 취소할 수 있다</u>(상법 제638조의3 제2항).

03 상법상 보험약관의 교부·설명의무에 관한 설명으로 옳지 않은 것은? 기출 제3회

① 상법에 따르면 약관에 없는 사항은 비록 보험계약상 중요한 내용일지라도 설명할 의무가 없다.
② 보험자가 해당 보험계약 약관의 중요사항을 충분히 설명한 경우에도 해당 보험계약의 약관을 교부하여야 한다.
③ 보험자가 보험증권을 교부한 경우에는 따로 보험약관을 교부하지 않아도 된다.
④ 보험자가 보험약관의 교부·설명의무를 위반한 경우 보험계약자는 보험계약이 성립한 날부터 3개월 이내에 그 계약을 취소할 수 있다.

> **해설**
> 상법 제638조의3 제1항에 "보험자는 보험계약을 체결할 때에 보험계약자에게 보험약관을 교부하고, 그 약관의 중요한 내용을 설명하여야 한다"고 규정되어 있다. 즉 <u>보험증권을 교부한 경우에도 보험약관의 교부의무는 면제되지 않는다</u>.
> ① 약관의 규제에 관한 법률 제3조 제3항(대법원 2019.5.30. 선고 2016다276177 판결)
> ② 상법 제638조의3 제1항
> ④ 상법 제638조의3 제2항

04 상법상 보험약관의 교부·설명의무에 관한 내용으로 옳은 것은?(다툼이 있으면 판례에 따름)
기출 제5회

① 보험약관이 계약 당사자에 대하여 구속력을 갖는 것은 계약 당사자 사이에서 계약내용에 포함시키기로 합의하였기 때문이다.
② 보험계약이 성립한 후 3월 이내에 보험계약자는 보험자의 보험약관 교부·설명의무위반을 이유로 그 계약을 철회할 수 있다.
③ 보험자의 보험약관 교부·설명의무위반시 보험계약자는 해당 계약을 소급해서 무효로 할 수 있는데, 그 권리의 행사시점은 보험사고발생시부터이다.
④ 보험자는 보험계약을 체결한 후에 보험계약자에게 중요한 사항을 설명하여야 한다.

정답 01 ② 02 ① 03 ③ 04 ①

| 해설 |

보통보험약관이 계약 당사자에 대하여 구속력을 갖는 것은 그 자체가 법규범 또는 법규범적 성질을 가진 약관이기 때문이 아니라, 당사자가 계약내용에 포함시키기로 합의하였기 때문이다(대법원 1989.3.28. 선고 88다4645 판결).
② 보험자가 보험계약을 맺을 때에 보험약관의 교부·설명의무를 위반한 때에는 보험계약자는 보험계약이 성립한 날로부터 3개월 이내에 그 계약을 취소할 수 있다(상법 제638조의3 제2항).
③ 보험자의 보험약관 교부·설명의무위반시 보험계약자가 그 보험계약을 취소하면 처음부터 그 계약은 무효로 된다(민법 제141조).
④ 보험자는 보험계약을 체결할 때에 보험계약자에게 보험약관을 교부하고 그 약관의 중요한 내용을 설명하여야 한다(상법 제638조의3 제1항).

05 보험약관의 교부·설명의무에 관한 설명으로 옳은 것을 모두 고른 것은?(다툼이 있으면 판례에 따름) 기출 제4회

ㄱ. 고객이 약관의 내용을 충분히 잘 알고 있는 경우에는 보험자가 고객에게 그 약관의 내용을 따로 설명하지 않아도 되나, 그러한 따로 설명할 필요가 없는 특별한 사정은 이를 주장하는 보험자가 입증하여야 한다.
ㄴ. 약관에 정하여진 중요한 사항이라면 설사 거래상 일반적이고 공통된 것이어서 보험계약자가 별도의 설명 없이도 충분히 예상할 수 있었던 사항이라 할지라도 보험자는 설명의무를 부담한다.
ㄷ. 약관의 내용이 이미 법령에 의하여 정하여진 것을 되풀이 하는 것에 불과한 경우에는 고객에게 이를 따로 설명하지 않아도 된다.

① ㄱ
② ㄱ, ㄴ
③ ㄱ, ㄷ
④ ㄱ, ㄴ, ㄷ

| 해설 |

ㄱ. (○) 약관의 규제에 관한 법률 제3조의 규정에 의하여 보험자는 보험계약을 체결할 때에 보험계약자에게 보험약관에 기재되어 있는 보험상품의 내용, 보험료율의 체계, 보험청약서상 기재사항의 변동 및 보험자의 면책사유 등 보험계약의 중요한 내용에 대하여 구체적이고 상세한 명시·설명의무를 지고 있으므로, 만일 보험자가 이러한 보험약관의 명시·설명의무에 위반하여 보험계약을 체결한 때에는 그 약관의 내용을 보험계약의 내용으로 주장할 수 없지만, 보험약관의 중요한 내용에 해당하는 사항이라 하더라도 보험계약자나 그 대리인이 그 내용을 충분히 잘 알고 있는 경우에는 당해 약관이 바로 계약 내용이 되어 당사자에 대하여 구속력을 가지므로 보험자로서는 보험계약자 또는 그 대리인에게 약관의 내용을 따로 설명할 필요가 없으며, 이 경우 보험계약자나 그 대리인이 그 약관의 내용을 충분히 잘 알고 있다는 점은 이를 주장하는 보험자 측에서 입증하여야 한다(대법원 2003.8.22. 선고 2003다27054 판결).
ㄴ. (×) 약관에 정하여진 사항이라고 하더라도 거래상 일반적이고 공통된 것이어서 보험계약자가 별도의 설명 없이도 충분히 예상할 수 있었던 사항이라면 보험자는 설명의무를 부담하지 않는다(대법원 2007.4.27. 선고 2006다87453 판결).
ㄷ. (○) 약관의 내용이 이미 법령에 의하여 정하여진 것을 되풀이하거나 부연하는 정도에 불과한 사항이라면, 보험자에게 설명의무가 없다(대법원 2007.4.27. 선고 2006다87453 판결).

06 ( )에 들어갈 내용이 순서대로 올바르게 연결된 것은? 기출 제2회

> ㄱ. 보험자가 보험계약자로부터 보험계약의 청약과 함께 보험료 상당액의 전부 또는 일부의 지급을 받은 때에는 다른 약정이 없으면 ( ) 그 상대방에 대하여 낙부의 통지를 발송하여야 한다.
> ㄴ. 보험자가 보험약관의 교부·설명의무를 위반한 경우 보험계약자는 보험계약이 성립한 날부터 ( ) 그 계약을 취소할 수 있다.
> ㄷ. 보험자는 보험계약이 성립한 때에는 ( ) 보험증권을 작성하여 보험계약자에게 교부하여야 한다.

① 30일 내에 – 3개월 이내에 – 지체 없이
② 30일 내에 – 30일 내에 – 지체 없이
③ 지체 없이 – 3개월 이내에 – 30일 내에
④ 지체 없이 – 30일 내에 – 30일 내에

|해설|
ㄱ. 보험자가 보험계약자로부터 보험계약의 청약과 함께 보험료 상당액의 전부 또는 일부의 지급을 받은 때에는 다른 약정이 없으면 (**30일 내에**) 그 상대방에 대하여 낙부의 통지를 발송하여야 한다(상법 제638조의2 제1항).
ㄴ. 보험자가 보험약관의 교부·설명의무를 위반한 경우 보험계약자는 보험계약이 성립한 날부터 (**3개월 이내에**) 그 계약을 취소할 수 있다(상법 제638조의3 제2항).
ㄷ. 보험자는 보험계약이 성립한 때에는 (**지체 없이**) 보험증권을 작성하여 보험계약자에게 교부하여야 한다(상법 제640조 제1항).

07 다음 설명 중 옳은 것을 모두 고른 것은? 기출 제3회

> ㄱ. 보험자가 서면으로 질문한 사항은 중요한 사항으로 간주하므로 보험계약자는 그 중요성을 다툴 수 없다.
> ㄴ. 보험계약자뿐만 아니라 피보험자도 고지의무를 진다.
> ㄷ. 고지의무위반의 요건으로 보험계약자 또는 피보험자의 고의 또는 중대한 과실은 필요 없다.
> ㄹ. 보험자가 계약 당시에 고지의무위반 사실을 알았거나 중대한 과실로 인하여 알지 못한 때에는 고지의무위반을 이유로 계약을 해지할 수 없다.

① ㄱ, ㄴ
② ㄴ, ㄷ
③ ㄴ, ㄹ
④ ㄷ, ㄹ

해설

ㄱ. (×) 보험자가 서면으로 질문한 사항은 중요한 사항으로 추정하므로 보험계약자는 그 중요성을 다툴 수 있다(상법 제651조의2).
ㄴ. (○) 보험계약법상 보험계약자뿐만 아니라 피보험자도 고지의무를 진다(상법 제651조).
ㄷ. (×) 고지의무위반의 요건은 보험계약자 또는 피보험자의 고의 또는 중대한 과실로 인한 것이어야 한다(상법 제651조). 여기서 '고의'란 해의(害意)가 아니고 중요한 사실에 관하여 알면서 고지하지 아니하거나 허위인 줄 알면서 고지하지 않는 것을 말하며, '중대한 과실'이란 보험계약자 등이 조금만 주위를 기울였다면 그 사실의 중요성과 고지의 당위성을 알았을 것을 부주의로 불고지, 부실고지를 한 것을 말한다.
ㄹ. (○) 보험자가 계약 당시에 그 사실을 알았거나 중대한 과실로 인하여 알지 못한 때에는 계약을 해지할 수 없다(상법 제651조).

08

보험약관의 중요한 내용에 대한 보험자의 설명의무가 발생하지 않는 경우를 모두 고른 것은?(다툼이 있으면 판례에 따름) 기출 제2회

> ㄱ. 설명의무의 이행 여부가 보험계약의 체결 여부에 영향을 미치지 않는 경우
> ㄴ. 보험약관에 정하여진 사항이 거래상 일반적이고 공통된 것이어서 보험계약자가 별도의 설명 없이도 충분히 예상할 수 있었던 사항인 경우
> ㄷ. 보험계약자의 대리인이 그 약관의 내용을 충분히 잘 알고 있는 경우

① ㄷ
② ㄱ, ㄴ
③ ㄴ, ㄷ
④ ㄱ, ㄴ, ㄷ

해설

ㄱ. 어떤 보험계약의 당사자 사이에서 이러한 명시·설명의무가 제대로 이행되었더라도 그러한 사정이 그 보험계약의 체결 여부에 영향을 미치지 아니하였다고 볼 만한 특별한 사정이 인정된다면 비록 보험사고의 내용이나 범위를 정한 보험약관이라고 하더라도 이러한 명시·설명의무의 대상이 되는 보험계약의 중요한 내용으로 볼 수 없다(대법원 2005.10.7. 선고 2005다28808 판결).
ㄴ. 보험약관에 정하여진 사항이라고 하더라도 거래상 일반적이고 공통된 것이어서 보험계약자가 별도의 설명 없이도 충분히 예상할 수 있었던 사항이거나 이미 법령에 의하여 정하여진 것을 되풀이하거나 부연하는 정도에 불과한 사항이라면 그러한 사항에 대하여서까지 보험자에게 명시·설명의무가 인정된다고 할 수 없다(대법원 2003.5.30. 선고 2003다15556 판결).
ㄷ. 보험약관의 중요한 내용에 해당하는 사항이라고 하더라도 보험계약자나 그 대리인이 그 내용을 충분히 잘 알고 있는 경우에는 당해 약관이 바로 계약 내용이 되어 당사자에 대하여 구속력을 갖는 것이므로, 보험자로서는 보험계약자 또는 그 대리인에게 약관의 내용을 따로 설명할 필요가 없다(대법원 2005.8.25. 선고 2004다18903 판결).

09 보험자의 보험금 지급의무에 관한 설명으로 옳지 않은 것은?

① 당사자간의 특약이 없는 한 초회보험료 납입 이후 발생한 사고에 대해서만 보험자는 책임을 진다.
② 보험자가 보험료 납입을 유예하고 대신 보험자의 담보책임을 진다는 약정을 한 경우에는 초회보험료의 납입이 없는 경우라도 약정일 이후 사고에 대하여 보험자가 보상책임을 진다.
③ 보험사고는 보험기간 중에 발생하여야 한다. 소급보험이나 승낙전 보호제도는 보험계약기간 이전사고를 담보한다는 점에서 특징이 있으나, 이 역시 보험기간 중의 사고이다.
④ 보험자는 다른 약정이 없으면 보험사고발생통지를 받은 후 지체 없이 보험자가 지급할 보험금액을 정하고 보험금액이 정해진 날로부터 30일 이내에 보상의무를 이행하여야 한다.

| 해설 |
보험자는 다른 약정이 없으면 보험사고의 발생통지를 받은 후 지체 없이 보험자가 지급할 보험금액을 정하고 보험금액이 정해진 날로부터 10일 이내에 보상의무를 이행하여야 한다(상법 제658조). 동 조항은 다른 약정이 없는 경우에 적용되는 것이므로 임의규정이다. 따라서 당사자간의 약정에 의하여 보험계약법 규정과 달리 정할 수 있다.

10 상법상 보험료에 관한 설명으로 옳은 것은? 기출 제11회

① 보험계약의 일부가 무효인 경우에 보험계약자와 피보험자가 선의이며 중대한 과실이 없는 때에도 보험자에 대하여 보험료의 일부의 반환을 청구할 수 없다.
② 보험계약의 전부가 무효인 경우에 보험계약자와 보험수익자가 선의이며 중대한 과실이 없는 때에도 보험자에 대하여 보험료의 반환을 청구할 수 없다.
③ 보험계약의 당사자가 특별한 위험을 예기하여 보험료의 액을 정한 경우에 보험기간 중 그 예기한 위험이 소멸한 때에는 보험계약자는 그 후의 보험료의 감액을 청구할 수 있다.
④ 보험사고가 발생하기 전에 보험계약자가 보험계약의 전부를 해지한 경우에도 보험계약자는 당사자간에 다른 약정이 없으면 미경과보험료의 반환을 청구할 수 없다.

| 해설 |
③ 상법 제647조
①·② 보험계약의 전부 또는 일부 무효인 경우에 보험계약자와 피보험자가 선의이며 중대한 과실이 없는 때에는 보험자에 대하여 보험료의 전부 또는 일부의 반환을 청구할 수 있다(상법 제648조).
④ 보험사고가 발생하기 전에 보험계약자가 보험계약의 전부를 해지한 경우에도 보험계약자는 당사자간에 다른 약정이 없으면 미경과보험료의 반환을 청구할 수 있다(상법 제649조 제3항).

정답 08 ④ 09 ④ 10 ③

11 상법상 보험료에 관한 설명으로 옳은 것을 모두 고른 것은? 기출 제10회

> ㄱ. 보험계약의 당사자가 특별한 위험을 예기하여 보험료의 액을 정한 경우에 보험기간 중 그 예기한 위험이 소멸한 때에는 보험계약자는 그 후의 보험료의 감액을 청구할 수 있다.
> ㄴ. 보험계약의 전부 또는 일부가 무효인 경우에 보험계약자와 피보험자가 선의이며 중대한 과실이 없는 때에는 보험자에 대하여 보험료의 전부 또는 일부의 반환을 청구할 수 있다.
> ㄷ. 보험계약자는 계약 체결 후 지체 없이 보험료의 전부 또는 제1회 보험료를 지급하여야 하며, 이를 지급하지 아니하는 경우에는 보험자는 다른 약정이 없는 한 계약 성립 후 2월이 경과하면 그 계약을 해제할 수 있다.
> ㄹ. 계속보험료가 약정한 시기에 지급되지 아니한 때에는 보험자는 상당한 기간을 정하여 보험계약자에게 최고하고, 그 기간 내에 지급되지 아니한 때에는 그 계약은 해지된 것으로 본다.

① ㄱ, ㄴ
② ㄱ, ㄷ
③ ㄴ, ㄹ
④ ㄷ, ㄹ

| 해설 |

ㄱ. (○) 상법 제647조
ㄴ. (○) 상법 제648조
ㄷ. (×) 보험계약자는 계약 체결 후 지체 없이 보험료의 전부 또는 제1회 보험료를 지급하여야 하며, 보험계약자가 이를 지급하지 아니하는 경우에는 다른 약정이 없는 한 계약 성립 후 2월이 경과하면 그 계약은 해제된 것으로 본다(상법 제650조 제1항).
ㄹ. (×) 계속보험료가 약정한 시기에 지급되지 아니한 때에는 보험자는 상당한 기간을 정하여 보험계약자에게 최고하고, 그 기간 내에 지급되지 아니한 때에는 그 계약을 해지할 수 있다(상법 제650조 제2항).

12 보험료에 관한 설명으로 옳지 않은 것은? 기출 제1회

① 보험계약자는 계약 체결 후 지체 없이 보험료의 전부 또는 최초보험료를 지급하여야 한다.
② 보험계약자의 최초보험료 미지급시 다른 약정이 없는 한 계약 성립 후 2월의 경과로 그 계약은 해제된 것으로 본다.
③ 계속보험료 미지급으로 보험자가 계약을 해지하기 위해서는 보험계약자에게 상당기간을 정하여 그 기간 내에 지급할 것을 최고하여야 한다.
④ 타인을 위한 보험의 경우 보험계약자의 보험료 지급 지체시 보험자는 그 타인에게 보험료 지급을 최고하지 않아도 계약을 해지할 수 있다.

| 해설 |

특정한 타인을 위한 보험의 경우에 보험계약자가 보험료의 지급을 지체한 때에는 보험자는 그 타인에게도 상당한 기간을 정하여 보험료의 지급을 최고한 후가 아니면 그 계약을 해제 또는 해지하지 못한다(상법 제650조 제3항).
①·② 상법 제650조 제1항
③ 상법 제650조 제2항

13 상법상 보험료의 지급 및 반환 등에 관한 설명으로 옳은 것은? 기출 제9회

① 보험사고가 발생하기 전에 보험계약자가 계약을 해지한 경우 당사자간에 약정을 한 경우에 한해 보험계약자는 미경과보험료의 반환을 청구할 수 있다.
② 보험계약자가 계약 체결 후 제1회 보험료를 지급하지 아니하는 경우 다른 약정이 없는 한 보험자가 계약성립 후 2월 이내에 그 계약을 해제하지 않으면 그 계약은 존속한다.
③ 계속보험료가 약정한 시기에 지급되지 아니한 때에는 보험자는 보험계약자에 대하여 최고 없이 그 계약을 해지할 수 있다.
④ 특정한 타인을 위한 보험의 경우에 보험계약자가 보험료의 지급을 지체한 때에는 보험자는 그 타인에게 상당한 기간을 정하여 보험료의 지급을 최고한 후가 아니면 그 계약을 해제 또는 해지하지 못한다.

| 해설 |

④ 상법 제650조 제3항
① 보험사고가 발생하기 전에는 보험계약자는 언제든지 계약의 전부 또는 일부를 해지할 수 있으며, 이 경우에 보험계약자는 <u>당사자간에 다른 약정이 없으면 미경과보험료의 반환을 청구할 수 있다</u>(상법 제649조 제1항, 제3항).
② 보험계약자는 계약 체결 후 지체 없이 보험료의 전부 또는 제1회 보험료를 지급하여야 하며, 보험계약자가 이를 지급하지 아니하는 경우에는 <u>다른 약정이 없는 한 계약 성립 후 2월이 경과하면 그 계약은 해제된 것으로 본다</u>(상법 제650조 제1항).
③ 계속보험료가 약정한 시기에 지급되지 아니한 때에는 보험자는 <u>상당한 기간을 정하여 보험계약자에게 최고하고</u> 그 기간 내에 지급되지 아니한 때에는 그 계약을 해지할 수 있다(상법 제650조 제2항).

14 상법상 보험료의 지급에 관한 설명으로 옳은 것은? 기출 제11회

① 보험계약자가 계약 체결 후 지체 없이 제1회 보험료를 지급하지 아니하는 경우에는 다른 약정이 없는 한 계약 성립 후 2월이 경과하면 그 계약은 해제된 것으로 본다.
② 계속보험료가 약정한 시기에 지급되지 아니한 때에는 보험자는 바로 그 계약을 해지할 수 있다.
③ 타인을 위한 보험의 경우에 보험계약자가 보험료의 지급을 지체한 때에 보험자가 계약을 해지하기 위해서 그 타인에게 보험료 지급을 최고할 필요는 없다.
④ 보험자의 책임은 당사자간에 다른 약정이 없으면 보험계약자의 보험료 지급 여부에 관계없이 계약이 성립한 때부터 개시한다.

| 해설 |
① 상법 제650조 제1항
② 계속보험료가 약정한 시기에 지급되지 아니한 때에는 보험자는 상당한 기간을 정하여 보험계약자에게 최고하고 그 기간 내에 지급되지 아니한 때에는 그 계약을 해지할 수 있다(상법 제650조 제2항).
③ 특정한 타인을 위한 보험의 경우에 보험계약자가 보험료의 지급을 지체한 때에는 보험자는 그 타인에게도 상당한 기간을 정하여 보험료의 지급을 최고한 후가 아니면 그 계약을 해제 또는 해지하지 못한다(상법 제650조 제3항).
④ 보험자의 책임은 당사자간에 다른 약정이 없으면 최초의 보험료의 지급을 받은 때로부터 개시한다(상법 제656조).

15 보험계약자가 보험료의 감액을 청구할 수 있는 경우에 해당하는 것은? 기출 제1회

① 보험계약 무효시 보험계약자와 피보험자가 선의이며, 중대한 과실이 없는 경우
② 보험계약 무효시 보험계약자와 보험수익자가 선의이며, 중대한 과실이 없는 경우
③ 특별한 위험의 예기로 보험료를 정한 때에 그 위험이 보험기간 중 소멸한 경우
④ 보험사고발생 전의 임의해지시 미경과보험료에 대해 다른 약정이 없는 경우

| 해설 |
보험계약의 당사자가 특별한 위험을 예기하여 보험료의 액을 정한 경우에 보험기간 중 그 예기한 위험이 소멸한 때에는 보험계약자는 그 후의 보험료의 감액을 청구할 수 있다(상법 제647조).

16 보험료 부지급에 관한 설명으로 옳지 않은 것은? 기출 제3회

① 계약 성립 후 2월 이내에 제1회 보험료를 지급하지 아니하는 경우에는 다른 약정이 없는 한 그 계약은 해제된 것으로 본다.
② 보험계약자가 계속보험료의 지급을 지체한 경우에 보험자는 상당한 기간을 정하여 이행을 최고하여야 하고, 그 최고기간 내에 지급되지 아니한 때에는 그 계약을 해지할 수 있다.
③ 특정한 타인을 위한 보험의 경우에 보험계약자가 계속보험료의 지급을 지체한 때에는 보험자는 그 타인에게도 상당한 기간을 정하여 보험료의 지급을 최고한 후가 아니면 그 계약을 해지하지 못한다.
④ 대법원 전원합의체 판결에 의하면 약관에서 제2회 분납보험료가 그 지급유예기간까지 납입되지 아니하였음을 이유로 상법 소정의 최고절차를 거치지 않고, 막바로 보험계약이 실효됨을 규정한 이른바 실효약관은 유효하다.

| 해설 |
대법원 전원합의체 판결에 의하면 보험계약자에게 상법 제650조의 최고절차를 무시하고 지급유예기간 경과 후에 보험계약이 자동실효 됨을 규정한 실효약관은 보험계약자 등에게 불이익하게 변경된 조항(상법 제663조)이기 때문에 무효이다. 그러므로 보험자는 상법 제650조의 최고절차를 이행해야 한다.
① 상법 제650조 제1항
② 상법 제650조 제2항
③ 상법 제650조 제3항

17 보험료의 지급과 보험자의 책임개시에 관한 설명으로 옳지 않은 것은? 기출 제1회

① 보험설계사는 보험자가 작성한 영수증을 보험계약자에게 교부하는 경우에만 보험료수령권이 있다.
② 보험자의 책임은 당사자간에 다른 약정이 없으면 최초보험료를 지급받은 때로부터 개시한다.
③ 보험료불가분의 원칙에 의해 보험계약자는 다른 약정이 있더라도 일시에 보험료를 지급하여야 한다.
④ 보험자의 보험료청구권은 2년간 행사하지 아니하면 시효의 완성으로 소멸한다.

| 해설 |
보험료의 지급은 보험료불가분의 원칙에 의해 일시납이 원칙이지만, 다른 약정이 있으면 당사자의 편의를 위해 분할 지급할 수 있다(상법 제650조 제1항 참조).

18 보험료의 지급과 지체에 관한 설명으로 옳지 않은 것은? 기출 제2회

① 보험료는 보험계약자만이 지급의무를 부담하므로 특정한 타인을 위한 보험의 경우에 보험계약자가 보험료의 지급을 지체한 때에는 보험자는 그 타인에 대한 최고 없이도 그 계약을 해지할 수 있다.
② 보험자의 책임은 당사자간에 다른 약정이 없으면 최초의 보험료의 지급을 받은 때로부터 개시한다.
③ 보험계약자가 보험료의 전부 또는 제1회 보험료를 지급하지 아니하는 경우에는 다른 약정이 없는 한 계약 성립 후 2월이 경과하면 그 계약은 해제된 것으로 본다.
④ 계속보험료가 약정한 시기에 지급되지 아니한 때에는 보험자는 상당한 기간을 정하여 보험계약자에게 최고하고 그 기간 내에 지급되지 아니한 때에는 그 계약을 해지할 수 있다.

| 해설 |
특정한 타인을 위한 보험의 경우에 보험계약자가 보험료의 지급을 지체한 때에는 보험자는 그 타인에게도 상당한 기간을 정하여 보험료의 지급을 최고한 후가 아니면 그 계약을 해제 또는 해지하지 못한다(상법 제650조 제3항).
② 상법 제656조
③ 상법 제650조 제1항
④ 상법 제650조 제2항

19 보험료의 지급과 지체의 효과에 관한 설명으로 옳은 것은? 기출 제7회

① 보험계약자는 계약 체결 후 지체 없이 보험료의 전부 또는 제1회 보험료를 지급하여야 한다.
② 계속보험료가 약정한 시기에 지급되지 아니한 때에는 보험자는 상당한 기간을 정하여 보험계약자에게 최고하고, 그 기간 내에 지급되지 아니한 때에는 그 계약은 해지된 것으로 본다.
③ 특정한 타인을 위한 보험의 경우에 보험계약자가 보험료의 지급을 지체한 때에는 보험자는 그 계약을 해제 또는 해지할 수 있다.
④ 보험계약자가 최초보험료를 지급하지 아니한 경우에는 다른 약정이 없는 한 계약 성립 후 1월이 경과하면 그 계약은 해제된 것으로 본다.

| 해설 |
① 상법 제650조 제1항
② 계속보험료가 약정한 시기에 지급되지 아니한 때에는 보험자는 상당한 기간을 정하여 보험계약자에게 최고하고, 그 기간 내에 지급되지 아니한 때에는 그 계약을 해지할 수 있다(상법 제650조 제2항). '~해지된 것으로 본다.'라는 지문이 틀린 내용이다.
③ 특정한 타인을 위한 보험의 경우에 보험계약자가 보험료의 지급을 지체한 때에는 보험자는 그 타인에게도 상당한 기간을 정하여 보험료의 지급을 최고한 후가 아니면 그 계약을 해제 또는 해지하지 못한다(상법 제650조 제3항).
④ 보험계약자가 최초보험료를 지급하지 아니한 경우에는 다른 약정이 없는 한 계약 성립 후 2월이 경과하면 그 계약은 해제된 것으로 본다(상법 제650조 제1항).

20 보험자가 손해를 보상할 때에 보험료의 지급을 받지 아니한 잔액이 있는 경우에 관한 설명으로 옳은 것은? [기출] 제10회

① 보험자는 보험료의 지급을 받지 아니한 잔액이 있으면 보험계약을 즉시 해지할 수 있다.
② 보험자는 지급기일이 도래하였으나 지급받지 않은 보험료 잔액을 보상할 금액에서 공제하여야 한다.
③ 보험자는 지급받지 않은 보험료 잔액이 있으면 그 지급기일이 도래하지 아니한 때라도 보상할 금액에서 이를 공제할 수 있다.
④ 보험자는 지급기일이 도래한 보험료 잔액의 지급이 있을 때까지 그 손해보상을 전부 거절할 수 있다.

| 해설 |
① 보험계약을 즉시 해지하는 것이 아니라, 보험자는 상당한 기간을 정하여 보험계약자에게 최고하고 그 기간 내에 지급되지 아니한 때에 그 계약을 해지할 수 있다(상법 제650조 제2항).
②·③·④ 보험자가 손해를 보상할 경우에 보험료의 지급을 받지 아니한 잔액이 있으면 그 지급기일이 도래하지 아니한 때라도 보상할 금액에서 이를 공제할 수 있다(상법 제677조).

21 상법(보험편)에 관한 설명으로 옳은 것은? [기출] 제4회

① 보험사고가 발생하기 전에 보험계약의 전부 또는 일부를 해지하는 경우에 보험계약자는 당사자간에 다른 약정이 없으면 미경과보험료의 반환을 청구할 수 없다.
② 보험계약자는 계약 체결 후 지체 없이 보험료의 전부 또는 제1회 보험료를 지급하여야 하며, 보험계약자가 이를 지급하지 아니하는 경우에는 다른 약정이 없는 한 계약 성립 후 2월이 경과하면 그 계약은 해제된 것으로 본다.
③ 고지의무위반으로 인하여 보험계약이 해지되고 해지환급금이 지급되지 아니한 경우에 보험계약자는 일정한 기간 내에 연체보험료에 약정이자를 붙여 보험자에게 지급하고 그 계약의 부활을 청구할 수 있다.
④ 보험계약의 일부가 무효인 경우에는 보험계약자와 피보험자에게 중대한 과실이 있어도 보험자에 대하여 보험료 일부의 반환을 청구할 수 있다.

| 해설 |
② 상법 제650조 제1항
① 보험사고가 발생하기 전에 보험계약의 전부 또는 일부를 해지하는 경우에 보험계약자는 당사자간에 다른 약정이 없으면 미경과보험료의 반환을 청구할 수 있다(상법 제649조 제3항).
③ 계속보험료가 약정한 시기에 지급되지 아니하여 보험계약이 해지되고 해지환급금이 지급되지 아니한 경우에 보험계약자는 일정한 기간 내에 연체보험료에 약정이자를 붙여 보험자에게 지급하고 그 계약의 부활을 청구할 수 있다(상법 제650조의2).
④ 보험계약의 전부 또는 일부가 무효인 경우에 보험계약자와 피보험자가 선의이며 중대한 과실이 없는 때에는 보험자에 대하여 보험료의 전부 또는 일부의 반환을 청구할 수 있다(상법 제648조).

정답 19 ① 20 ③ 21 ②

22 보험계약자 甲은 보험자 乙과 보험계약을 체결하면서 일정한 보험료를 매월 균등하게 10년간 지급하기로 약정하였다. 이에 관한 설명으로 옳지 않은 것은? [기출] 제6회

① 甲은 약정한 최초의 보험료를 계약 체결 후 지체 없이 납부하여야 한다.
② 甲이 계약이 성립한 후에 2월이 경과하도록 최초의 보험료를 지급하지 아니하면, 그 계약은 법률에 의거해 효력을 상실한다. 이에 관한 당사자간의 특약은 계약의 효력에 영향을 미치지 않는다.
③ 甲이 계속보험료를 약정한 시기에 지급하지 아니하여 乙이 보험계약을 해지하려면 상당한 기간을 정하여 甲에게 최고하여야 한다.
④ 甲이 계속보험료를 지급하지 않아서 乙이 계약해지권을 적법하게 행사하였더라도 해지환급금이 지급되지 않았다면 甲은 일정한 기간 내에 연체보험료에 약정이자를 붙여 乙에게 지급하고 그 계약의 부활을 청구할 수 있다.

| 해설 |
①·② 보험계약자는 계약 체결 후 지체 없이 보험료의 전부 또는 제1회 보험료를 지급하여야 하며, 보험계약자가 이를 지급하지 아니하는 경우에는 다른 약정이 없는 한 계약 성립 후 2월이 경과하면 그 계약은 해제된 것으로 본다(상법 제650조 제1항). 이에 관한 판례는 당사자간의 특약으로 계약의 효력이 상실된다는 약관 규정은 무효라고 판시하였다. 즉 당사자간의 특약은 계약의 효력에 영향을 미친다.
③ 계속보험료가 약정한 시기에 지급되지 아니한 때에는 보험자는 상당한 기간을 정하여 보험계약자에게 최고하고, 그 기간 내에 지급되지 아니한 때에는 그 계약을 해지할 수 있다(상법 제650조 제2항).
④ 보험계약이 해지되고 해지환급금이 지급되지 아니한 경우에 보험계약자는 일정한 기간 내에 연체보험료에 약정이자를 붙여 보험자에게 지급하고 그 계약의 부활을 청구할 수 있다(상법 제650조의2).

23 위험의 변경증가에 관한 설명으로 옳은 것을 모두 고른 것은? [기출] 제1회

a. 위험변경증가 통지의무는 보험계약자 또는 피보험자가 부담한다.
b. 보험계약자의 위험변경증가 통지의무는 피보험자의 행위로 인한 위험변경의 경우에 한한다.
c. 보험자는 위험변경증가 통지를 받은 때로부터 1월 이내에 보험료의 증액을 청구할 수 있다.
d. 보험자는 위험변경증가의 사실을 안 날로부터 6월 이내에 한하여 계약을 해지할 수 있다.

① a, b
② a, c
③ b, d
④ c, d

| 해설 |
a. (○) 상법 제652조 제1항
b. (×) 보험계약자의 위험변경증가 통지의무는 보험계약자 또는 피보험자의 행위로 인한 것이 아니여야 한다.
c. (○) 상법 제652조 제2항
d. (×) 보험자는 위험변경증가의 사실을 안 날로부터 1월 내에 한하여 계약을 해지할 수 있다.

24 보험기간 중에 보험사고의 발생 위험이 현저하게 변경 또는 증가된 경우의 법률관계에 관한 설명으로 옳은 것은? 기출 제10회

① 보험수익자의 고의로 인하여 사고발생의 위험이 현저하게 증가된 때에는 보험자는 그 사실을 안 날로부터 1월 내에 보험계약을 해지할 수 있을 뿐이고, 보험료의 증액을 청구할 수는 없다.
② 보험계약자가 지체 없이 위험변경증가의 통지를 한 때에는 보험자는 1월 내에 보험료 증액을 청구할 수 있을 뿐이고 보험계약을 해지할 수는 없다.
③ 보험계약자가 위험변경증가의 통지를 해태한 때에는 보험자는 그 사실을 안 날로부터 1월 내에 한하여 계약을 해지할 수 있다.
④ 타인을 위한 손해보험의 타인이 사고발생 위험이 현저하게 변경 또는 증가된 사실을 알게 된 경우 이를 보험자에게 통지할 의무는 없다.

| 해설 |
③ 상법 제652조 제1항 후단
① 보험수익자의 고의 또는 중대한 과실로 인하여 사고발생의 위험이 현저하게 변경 또는 증가된 때에는 보험자는 그 사실을 안 날부터 1월내에 <u>보험료의 증액을 청구하거나 계약을 해지할 수 있다</u>(상법 제653조).
② 보험계약자가 지체 없이 위험변경증가의 통지를 한 때에는 보험자는 1월 내에 <u>보험료의 증액을 청구하거나 계약을 해지할 수 있다</u>(상법 제652조 제2항).
④ 보험기간 중에 보험계약자 또는 피보험자(타인을 위한 손해보험의 타인)가 사고발생의 위험이 현저하게 변경 또는 증가된 사실을 안 때에는 지체 없이 <u>보험자에게 통지하여야 한다</u>(상법 제652조 제1항).

25 보험사고가 발생한 경우 그 법률관계에 관한 설명으로 옳지 않은 것은? 기출 제10회

① 보험수익자가 보험사고의 발생을 안 때에는 지체 없이 보험자에게 그 통지를 발송하여야 한다.
② 보험계약자가 보험사고의 발생을 알았음에도 지체 없이 보험자에게 그 통지를 발송하지 않은 경우 보험자는 계약을 해지할 수 있다.
③ 보험계약 당사자간에 다른 약정이 없으면 최초보험료를 보험자가 지급받은 때로부터 보험자의 책임이 개시된다.
④ 위험이 현저하게 변경 또는 증가된 사실이 보험사고발생에 영향을 미친 경우, 보험자가 위험변경증가의 통지를 못 받았음을 이유로 유효하게 계약을 해지하면 보험금을 지급할 책임이 없다.

| 해설 |
보험계약자가 보험사고의 발생을 알았음에도 지체 없이 보험자에게 그 통지를 발송하지 않은 경우 보험자는 계약을 해지할 수 있는 것이 아니라, <u>그 증가된 손해를 보상할 책임이 없다</u>(상법 제657조 제2항).
① 상법 제657조 제1항
③ 상법 제656조
④ 상법 제652조, 상법 제655조

정답 22 ② 23 ② 24 ③ 25 ②

26 상법상 보험사고발생의 통지의무에 관한 설명으로 옳지 않은 것은? 기출 제11회

① 보험계약자가 통지의무를 위반할 경우 보험자는 보험금 전액의 지급책임을 면한다.
② 피보험자는 보험사고의 발생을 안 때에는 지체 없이 보험자에게 그 통지를 발송하여야 한다.
③ 보험수익자는 보험사고의 발생을 안 때에는 지체 없이 보험자에게 그 통지를 발송하여야 한다.
④ 보험계약자가 통지의무를 해태함으로 인하여 손해가 증가된 때에는 보험자는 그 증가된 손해를 보상할 책임이 없다.

| 해설 |
보험계약자가 통지의무를 위반할 경우에도 보험자의 보상책임이 전부 면제되는 것은 아니다. 즉 보험계약자의 통지의무 위반사항이 보험사고발생과 인과관계가 없는 경우 보험자는 보험금을 전액 지급한다.
②·③ 상법 제657조 제1항
④ 상법 제657조 제2항

27 보험사고발생의 통지의무에 관한 설명으로 옳은 것은? 기출 제7회

① 상법은 보험사고발생의 통지의무위반시 보험자의 계약해지권을 규정하고 있다.
② 보험계약자는 보험사고의 발생을 안 때에는 상당한 기간 내에 보험자에게 그 통지를 발송하여야 한다.
③ 피보험자가 보험사고발생의 통지의무를 해태함으로 인하여 손해가 증가된 때에는 보험자는 그 증가된 손해를 보상할 책임이 없다.
④ 보험수익자는 보험사고발생의 통지의무자에 포함되지 않는다.

| 해설 |
③ 상법 제657조 제2항
① 보험사고발생의 통지의무위반시 보험자의 계약해지권에 대한 상법의 규정은 없다.
② 보험계약자는 보험사고의 발생을 안 때에는 지체 없이 보험자에게 그 통지를 발송하여야 한다(상법 제657조 제1항).
④ 보험수익자도 보험사고발생의 통지의무자에 포함된다(상법 제657조 제1항).

28 보험사고발생의 통지의무에 관한 설명으로 옳지 않은 것은? 기출 제4회

① 보험사고발생의 통지의무자가 보험사고의 발생을 안 때에는 지체 없이 보험자에게 그 통지를 발송하여야 한다.
② 보험사고발생의 통지의무자는 보험계약자 또는 피보험자나 보험수익자이다.
③ 통지의 방법으로는 구두, 서면 등이 가능하다.
④ 보험자는 보험계약자가 보험사고발생의 통지의무를 해태하여 증가된 손해라도 이를 포함하여 보상할 책임이 있다.

| 해설 |
> 보험계약자 또는 피보험자나 보험수익자가 통지의무를 해태함으로 인하여 손해가 증가된 때에는 보험자는 그 증가된 손해를 보상할 책임이 없다(상법 제657조 제2항).

29 위험변경증가의 통지의무에 관한 설명으로 옳지 않은 것은? 기출 제2회

① 보험자는 보험계약자 또는 피보험자가 위험변경증가의 통지의무를 고의 또는 중과실로 해태한 경우에만 그 통지의무위반을 이유로 계약을 해지할 수 있다.
② 보험기간 중에 보험계약자는 사고발생의 위험의 현저한 증가 사실을 안 때에는 지체 없이 보험자에게 통지하여야 한다.
③ 보험기간 중에 피보험자는 사고발생의 위험의 현저한 변경 사실을 안 때에는 지체 없이 보험자에게 통지하여야 한다.
④ 보험자가 피보험자로부터 위험변경증가의 통지를 받은 때에는 1월 내에 보험료의 증액을 청구하거나 계약을 해지할 수 있다.

| 해설 |
> ①・④ 보험기간 중에 보험계약자, 피보험자 또는 보험수익자의 고의 또는 중대한 과실로 인하여 사고발생의 위험이 현저하게 변경 또는 증가된 때에는 보험자는 그 사실을 안 날부터 1월 내에 보험료의 증액을 청구하거나 계약을 해지할 수 있다(상법 제653조).
> ②・③ 보험기간 중에 보험계약자 또는 피보험자가 사고발생의 위험이 현저하게 변경 또는 증가된 사실을 안 때에는 지체 없이 보험자에게 통지하여야 한다. 이를 해태한 때에는 보험자는 그 사실을 안 날로부터 1월 내에 한하여 계약을 해지할 수 있다(상법 제652조 제1항).

30 위험변경증가시의 통지와 보험계약해지에 관한 설명으로 옳지 않은 것은? 기출 제3회

① 보험기간 중에 피보험자가 사고발생의 위험이 현저하게 변경 또는 증가된 사실을 안 때에는 지체 없이 보험자에게 통지하여야 한다.
② 보험기간 중에 보험계약자의 고의로 사고발생의 위험이 현저하게 변경 또는 증가된 때에는 보험자는 그 사실을 안 날로부터 1월 내에 계약을 해지할 수 있다.
③ 보험기간 중에 피보험자의 중대한 과실로 인하여 사고발생의 위험이 현저하게 변경 또는 증가된 때에는 보험자는 그 사실을 안 날부터 1월 내에 계약을 해지할 수 있다.
④ 보험기간 중에 피보험자의 고의로 인하여 사고발생의 위험이 현저하게 변경 또는 증가된 경우에는 보험자는 계약을 해지할 수 없다.

| 해설 |
②·③·④ 보험기간 중에 보험계약자, 피보험자 또는 보험수익자의 고의 또는 중대한 과실로 인하여 사고발생의 위험이 현저하게 변경 또는 증가된 때에는 보험자는 그 사실을 안 날부터 1월 내에 보험료의 증액을 청구하거나 계약을 해지할 수 있다(상법 제653조).
① 상법 제652조 제1항

31 상법상 보험기간 중에 사고발생의 위험이 현저하게 변경 또는 증가된 경우에 관한 설명으로 옳은 것은? 기출 제9회

① 보험수익자가 사고발생의 위험이 현저하게 변경된 사실을 안 때에는 지체 없이 보험자에게 통지하여야 한다.
② 통지의무자가 사고발생의 위험이 현저하게 증가된 사실의 통지를 해태한 때에는 보험자는 그 사실을 안 날부터 3월 내에 한하여 계약을 해지할 수 있다.
③ 보험수익자의 중대한 과실로 인하여 사고발생의 위험이 현저하게 증가된 때에는 보험자는 그 사실을 안 날부터 2월 내에 계약을 해지할 수 있다.
④ 보험자가 사고발생의 위험변경증가의 통지를 받은 때에는 1월 내에 보험료의 증액을 청구할 수 있다.

| 해설 |
보험자가 위험변경증가의 통지를 받은 때에는 1월 내에 보험료의 증액을 청구하거나 계약을 해지할 수 있다(상법 제652조 제2항).
① 보험계약자 또는 피보험자가 사고발생의 위험이 현저하게 변경된 사실을 안 때에는 지체 없이 보험자에게 통지하여야 한다(상법 제652조 제1항).
② 통지의무자가 사고발생의 위험이 현저하게 증가된 사실의 통지를 해태한 때에는 보험자는 그 사실을 안 날로부터 1월 내에 한하여 계약을 해지할 수 있다(상법 제652조 제1항).
③ 보험수익자의 고의 또는 중대한 과실로 인하여 사고발생의 위험이 현저하게 변경 또는 증가된 때에는 보험자는 그 사실을 안 날부터 1월 내에 보험료의 증액을 청구하거나 계약을 해지할 수 있다(상법 제653조).

32 상법상 위험변경·증가에 관한 설명으로 옳지 않은 것은? 기출 제11회

① 보험계약자가 사고발생의 위험이 현저하게 변경·증가된 사실을 안 때에는 지체 없이 보험자에게 통지하여야 한다.
② 보험자가 위험변경·증가의 통지를 받은 때에는 1월 내에 보험료의 증액을 청구할 수 있다.
③ 보험계약자의 고의로 인하여 사고발생의 위험이 현저하게 변경된 때에는 보험자는 그 사실을 안 날부터 1월 내에 보험료의 증액을 청구할 수 있다.
④ 피보험자의 중대한 과실로 인하여 사고발생의 위험이 현저하게 증가된 때에는 보험자는 그 사실을 안 날부터 3월 내에 계약을 해지할 수 있다.

| 해설 |
③·④ 보험기간 중에 보험계약자, 피보험자 또는 보험수익자의 고의 또는 중대한 과실로 인하여 사고발생의 위험이 현저하게 변경 또는 증가된 때에는 보험자는 그 사실을 안 날부터 <u>1월 내에 보험료의 증액을 청구하거나 계약을 해지할 수 있다</u>(상법 제653조).
① 상법 제652조 제1항
② 상법 제652조 제2항

33 위험변경증가의 통지와 보험계약해지에 관한 설명으로 옳지 않은 것은? 기출 제4회

① 보험기간 중에 보험계약자 또는 피보험자가 사고발생의 위험이 현저하게 변경 또는 증가된 사실을 안 때에는 지체 없이 보험자에게 통지하여야 한다.
② 보험자가 위험변경증가의 통지를 받은 때에는 1월 내에 보험료의 증액을 청구하거나 계약을 해지할 수 있다.
③ 위험변경증가의 통지를 해태한 때에는 보험자는 그 사실을 안 날로부터 1월 내에 한하여 계약을 해지할 수 있다.
④ 보험사고가 발생한 후라도 보험자가 위험변경통지의 해태로 계약을 해지하였을 때에는 보험금을 지급할 책임이 없고, 이미 지급한 보험금의 반환도 청구할 수 없다.

| 해설 |
보험사고가 발생한 후라도 보험자가 위험변경통지의 해태(상법 제652조)에 따라 계약을 해지하였을 때에는 보험금을 지급할 책임이 없고, 이미 지급한 보험금의 반환을 <u>청구할 수 있다</u>(상법 제655조).
① 상법 제652조 제1항
② 상법 제652조 제2항
③ 상법 제652조 제1항 단서

정답 30 ④ 31 ④ 32 ④ 33 ④

34 위험변경증가의 통지와 계약해지에 관한 설명으로 옳은 것은? 기출 제7회

① 보험기간 중에 피보험자가 사고발생의 위험이 현저하게 변경 또는 증가된 사실을 안 때에는 지체 없이 보험자에게 통지하여야 한다.
② 보험계약 체결 직전에 보험계약자가 사고발생의 위험이 변경 또는 증가된 사실을 안 때에는 지체 없이 보험자에게 통지하여야 한다.
③ 보험기간 중에 위험변경증가의 통지를 받은 때에는 보험자는 3개월 내에 보험료의 증액을 청구할 수 있다.
④ 보험기간 중에 위험변경증가의 통지를 받은 때에는 보험자는 3개월 내에 계약을 해지할 수 있다.

| 해설 |
① 상법 제652조 제1항
② 보험기간 중에 보험계약자가 사고발생의 위험이 '현저하게' 변경 또는 증가된 사실을 안 때에는 지체 없이 보험자에게 통지하여야 한다(상법 제652조 제1항).
③ 보험기간 중에 위험변경증가의 통지를 받은 때에는 보험자는 1개월 내에 보험료의 증액을 청구할 수 있다(상법 제652조 제2항).
④ 보험기간 중에 위험변경증가의 통지를 받은 때에는 보험자는 1개월 내에 계약을 해지할 수 있다(상법 제652조 제2항).

35 보험자의 계약해지와 보험금청구권에 관한 설명으로 옳은 것을 모두 고른 것은? 기출 제7회

ㄱ. 보험사고발생 후라도 보험계약자의 계속보험료 지급지체를 이유로 보험자가 계약을 해지하였을 때에는 보험금을 지급할 책임이 있다.
ㄴ. 보험사고발생 후에 보험계약자가 고지의무를 위반한 사실이 보험사고발생에 영향을 미치지 아니하였음이 증명된 경우에는 보험자는 보험금을 지급할 책임이 있다.
ㄷ. 보험수익자의 중과실로 인하여 사고발생의 위험이 현저하게 변경되거나 증가된 사실이 보험사고발생에 영향을 미치지 아니하였음이 증명된 경우에는 보험자는 보험금을 지급할 책임이 있다.

① ㄷ
② ㄱ, ㄴ
③ ㄴ, ㄷ
④ ㄱ, ㄴ, ㄷ

| 해설 |
ㄱ. (×) 보험사고가 발생한 후라도 보험자가 계속보험료 지급지체를 이유로 보험계약을 해지하였을 때에는 보험자는 보험금을 지급할 책임이 없다(상법 제655조).
ㄴ. (○) 고지의무를 위반한 사실 또는 위험이 현저하게 변경되거나 증가된 사실이 보험사고발생에 영향을 미치지 아니하였음이 증명된 경우에는 보험금을 지급할 책임이 있다(상법 제655조 단서).
ㄷ. (○) 보험수익자의 중과실로 인하여 사고발생의 위험이 현저하게 변경되거나 증가된 사실이 보험사고발생에 영향을 미치지 아니하였음이 증명된 경우에는 보험자는 보험금을 지급할 책임이 있다(상법 제655조 단서).

36 위험변경증가와 계약해지에 관한 설명으로 옳은 것을 모두 고른 것은? 기출 제6회

> ㄱ. 위험변경증가의 통지를 해태한 때에는 보험자는 그 사실을 안 날부터 1월 내에 보험료의 증액을 청구하거나 계약을 해지할 수 있다.
> ㄴ. 보험계약자 등의 고의나 중과실로 인하여 위험이 현저하게 변경 또는 증가된 때에는 보험자는 그 사실을 안 날부터 1월 내에 보험료의 증액을 청구하거나 계약을 해지할 수 있다.
> ㄷ. 보험사고가 발생한 후라도 보험사가 위험변경증가에 따라 계약을 해지하였을 때에는 보험금을 지급할 책임이 없고, 이미 지급한 보험금의 반환을 청구할 수 있다. 다만, 위험이 현저하게 변경되거나 증가된 사실이 보험사고발생에 영향을 미치지 아니하였음이 증명된 경우에는 보험금을 지급할 책임이 있다.

① ㄱ, ㄴ ② ㄱ, ㄷ
③ ㄴ, ㄷ ④ ㄱ, ㄴ, ㄷ

| 해설 |

ㄱ. (×) 위험변경증가의 통지를 해태한 때에는 보험자는 그 사실을 안 날부터 1월 내에 한하여 계약을 해지할 수 있다. 보험자가 위험변경증가의 통지를 받은 때에는 1월 내에 보험료의 증액을 청구하거나 계약을 해지할 수 있다(상법 제652조 제1항, 제2항).
ㄴ. (○) 상법 제653조
ㄷ. (○) 상법 제655조

37 보험기간 중 사고발생의 위험이 현저하게 변경된 경우에 관한 설명으로 옳은 것을 모두 고른 것은? 기출 제8회

> ㄱ. 보험수익자가 이 사실을 안 때에는 지체 없이 보험자에게 통지하여야 한다.
> ㄴ. 보험자가 보험계약자로부터 위험변경의 통지를 받은 때로부터 2월이 경과하면 계약을 해지할 수 없다.
> ㄷ. 보험수익자의 고의로 인하여 위험이 현저하게 변경된 때에는 보험자는 보험료의 증액을 청구할 수 있다.
> ㄹ. 피보험자의 중대한 과실로 인하여 위험이 현저하게 변경된 때에는 보험자는 계약을 해지할 수 없다.

① ㄱ, ㄴ ② ㄴ, ㄷ
③ ㄷ, ㄹ ④ ㄱ, ㄴ, ㄷ, ㄹ

| 해설 |

ㄱ. (×) <u>보험계약자 또는 피보험자</u>가 이 사실을 안 때에는 지체 없이 보험자에게 통지하여야 한다(상법 제652조 제1항).
ㄴ. (O) 보험자는 보험계약자로부터 위험변경의 통지를 받은 때로부터 1월 내에 한하여 계약을 해지할 수 있으므로 2월이 경과하면 계약을 해지할 수 없다(상법 제652조 제2항).
ㄷ. (O) 보험수익자의 고의로 인하여 위험이 현저하게 변경된 때에는 보험자는 보험료의 증액을 청구할 수 있다(상법 제653조).
ㄹ. (×) 보험기간 중에 보험계약자, <u>피보험자</u> 또는 보험수익자의 <u>고의 또는 중대한 과실</u>로 인하여 사고발생의 <u>위험이 현저하게 변경 또는 증가된</u> 때에는 보험자는 그 사실을 안 날부터 1월 내에 보험료의 증액을 청구하거나 <u>계약을 해지할 수 있다</u>(상법 제653조).

38 B는 A의 위임을 받아 A를 위하여 자신의 명의로 보험자 C와 손해보험계약을 체결하였다(단, B는 C에게 A를 위한 계약임을 명시하였고, A에게는 피보험이익이 존재함). 다음 설명으로 옳지 않은 것은?(다툼이 있으면 판례에 따름) 기출 제4회

① A는 당연히 보험계약의 이익을 받는 자이므로, 특별한 사정이 없는 한 B의 동의 없이 보험금지급청구권을 행사할 수 있다.
② B가 파산선고를 받은 경우 A가 그 권리를 포기하지 아니하는 한 A도 보험료를 지급할 의무가 있다.
③ 만일 A의 위임이 없었다면 B는 이를 C에게 고지하여야 한다.
④ A는 위험변경증가의 통지의무를 부담하지 않는다.

| 해설 |

타인을 위한 보험에 대한 설명이다. A는 손해보험에서는 피보험자, 인보험에서는 보험수익자이므로, <u>사고발생의 위험이 현저하게 변경 또는 증가된 사실을 안 때에는 지체 없이 보험자에게 통지하여야 한다</u>(상법 제652조 제1항).
① 피보험자 또는 보험수익자는 수익의 의사를 표시하지 않더라도 당연히 그 계약의 이익을 받으므로, 보험사고가 발생하면 직접 보험자에 대하여 보험금, 그 밖의 급여청구권을 갖는다(상법 제639조 제1항).
② 보험계약자(B)가 파산선고를 받거나 보험료의 지급을 지체한 때에는 그 타인(A)이 그 권리를 포기하지 아니하는 한 그 타인도 보험료를 지급할 의무가 있다(상법 제639조 제3항).
③ 손해보험계약의 경우 타인의 위임이 없으면 보험계약자(B)는 이를 보험자(C)에게 고지하여야 한다(상법 제639조 제1항 단서).

05 보험계약의 무효·변경·소멸

01 보험계약의 부활요건에 관한 설명으로 옳지 않은 것은?

① 계속보험료의 부지급으로 해지된 계약이어야 한다.
② 미경과보험료와 해지환급금이 미지급이어야 한다.
③ 일정기간 내에 연체보험료와 지연이자가 납입되어야 한다.
④ 연체보험료는 계속보험료의 성격을 가진다.

| 해설 |
보험계약의 부활에서 연체보험료는 <u>초회보험료의 성격</u>을 갖는다.

02 보험계약의 부활에 관하여 ( )에 들어갈 내용으로 옳은 것은? [기출 제2회]

> ( )되고 해지환급금이 지급되지 아니한 경우에 보험계약자는 일정한 기간 내에 연체보험료에 약정이자를 붙여 보험자에게 지급하고 그 계약의 부활을 청구할 수 있다.

① 위험변경증가의 통지의무 위반으로 인하여 보험계약이 해지
② 고지의무위반으로 인하여 보험계약이 해지
③ 계속보험료의 부지급으로 인하여 보험계약이 해지
④ 보험계약의 전부가 무효로

| 해설 |
계속보험료가 약정한 시기에 지급되지 아니한 때에는 보험자는 상당한 기간을 정하여 보험계약자에게 최고하고 그 기간 내에 지급되지 아니한 때에는 그 계약을 해지할 수 있다(상법 제650조 제2항). 이에 따라 보험계약이 해지되고 해지환급금이 지급되지 아니한 경우에 보험계약자는 일정한 기간 내에 연체보험료에 약정이자를 붙여 보험자에게 지급하고 그 계약의 부활을 청구할 수 있다(상법 제650조의2).

정답 38 ④ / 01 ④ 02 ③

03 보험계약 부활에 관한 설명으로 옳은 것은? 기출 제1회

① 보험계약자의 고지의무위반으로 보험자가 보험계약을 해지하여야 한다.
② 보험계약자의 최초보험료 미지급으로 보험자가 보험계약을 해지하여야 한다.
③ 보험계약자가 연체보험료에 법정이자를 더하여 보험자에게 지급하여야 한다.
④ 보험자가 보험계약을 해지하고 해지환급금을 지급하지 않았어야 한다.

| 해설 |

④ 상법 제650조의2(보험계약의 부활)
①·②·③ 계속보험료 미지급으로 보험계약이 해지되고 해지환급금이 지급되지 아니한 경우에 보험계약자는 일정한 기간 내에 연체보험료에 약정이자를 붙여 보험자에게 지급하고 그 계약의 부활을 청구할 수 있다(상법 제650조의2).

04 상법상 보험계약 부활에 관한 설명으로 옳은 것은? 기출 제11회

① 보험계약의 해지 사유에 관계없이 보험계약자는 보험계약의 부활을 청구할 수 있다.
② 보험계약이 해지된 후 보험계약자가 해지환급금을 지급받은 뒤에도 해지환급금을 반환한다면 부활을 청구할 수 있다.
③ 보험계약자가 계약의 부활을 청구하는 경우 보험자는 이를 승낙하여야 한다.
④ 계속보험료의 연체로 인하여 보험계약이 해지되고 해지환급금이 지급되지 아니한 경우에 보험계약자는 일정한 기간 내에 연체보험료에 약정이자를 붙여 보험자에게 지급하고 그 계약의 부활을 청구할 수 있다.

| 해설 |

④ 상법 제650조의2
① 상법 제650조 제2항에 따른 보험계약의 해지 사유에 해당되어야 보험계약자는 보험계약의 부활을 청구할 수 있다(상법 제650조의2).
② 보험계약이 해지된 후 보험계약자가 해지환급금을 지급받은 뒤에는 보험계약이 완전히 종료하므로 보험계약의 부활을 청구할 수 없다.
③ 보험계약의 부활의 청구를 받은 보험자는 특별한 사유가 없으면 소멸된 보험계약의 부활을 승낙하여야 한다(보험업법 제97조 제5항). 즉 보험자는 보험계약자의 부활청약을 무조건 승낙하는 것이 아니라, 신계약과 마찬가지로 별도의 인수심사 과정을 거쳐 낙부 여부를 결정하여야 한다.

05 상법상 손해보험계약의 부활에 관한 설명으로 옳지 않은 것은? 기출 제8회

① 제1회 보험료의 지급이 이루어지지 않아 보험계약이 해제된 경우 보험계약자는 보험계약의 부활을 청구할 수 있다.
② 계속보험료의 연체로 인하여 보험계약이 해지되고 해지환급금이 지급되지 아니한 경우 보험계약자는 보험계약의 부활을 청구할 수 있다.
③ 계속보험료의 연체로 인하여 보험계약이 해지된 경우 보험계약자가 보험계약의 부활을 청구하려면 연체보험료에 약정이자를 붙여 보험자에게 지급해야 한다.
④ 보험계약자가 상법상의 요건을 갖추어 계약의 부활을 청구하는 경우 보험자는 30일 이내에 낙부통지를 발송해야 한다.

| 해설 |
보험계약의 부활요건은 '제1회 보험료의 부지급'이 아니라 '계속보험료의 부지급'으로 해지된 계약이어야 한다. 즉 계속보험료의 연체로 인하여 보험계약이 해지되고 해지환급금이 지급되지 아니한 경우에 보험계약자는 일정한 기간 내에 연체보험료에 약정이자를 붙여 보험자에게 지급하고 그 계약의 부활을 청구할 수 있다(상법 제650조의2).

06 상법상 보험계약자가 부활을 청구할 수 있는 경우는 모두 몇 개인가?(단, 어느 경우든 해지환급금은 지급되지 않음) 기출 제9회

- 보험계약자가 계속보험료를 지급하지 않아 보험자가 계약을 해지한 경우
- 피보험자의 고지의무위반을 이유로 보험자가 계약을 해지한 경우
- 위험이 현저하게 변경되어 보험자가 계약을 해지한 경우
- 위험이 현저하게 증가하여 보험자가 계약을 해지한 경우

① 1개 ② 2개
③ 3개 ④ 4개

| 해설 |
보험계약자가 계속보험료를 지급하지 않아 보험계약이 해지되고 해지환급금이 지급되지 아니한 경우에 보험계약자는 일정한 기간 내에 연체보험료에 약정이자를 붙여 보험자에게 지급하고 그 계약의 부활을 청구할 수 있다(상법 제650조의2).

07 상법상 보험계약 관련 소멸시효의 기간으로 옳은 것은? [기출] 제6회, 제9회

① 보험금청구권 : 2년
② 보험료청구권 : 3년
③ 보험료의 반환청구권 : 2년
④ 적립금의 반환청구권 : 3년

| 해설 |
보험금청구권은 3년간, 보험료 또는 적립금의 반환청구권은 3년간, 보험료청구권은 2년간 행사하지 아니하면 시효의 완성으로 소멸한다(상법 제662조).

08 상법상 소멸시효에 관하여 ( )에 들어갈 내용으로 옳은 것은? [기출] 제8회

보험금청구권은 (ㄱ)년간, 보험료청구권은 (ㄴ)년간, 적립금의 반환청구권은 (ㄷ)년간 행사하지 아니하면 시효의 완성으로 소멸한다.

	ㄱ	ㄴ	ㄷ
①	2	3	2
②	2	3	3
③	3	2	3
④	3	3	2

| 해설 |
보험금청구권은 (3)년간, 보험료청구권은 (2)년간, 보험료 또는 적립금의 반환청구권은 (3)년간 행사하지 아니하면 시효의 완성으로 소멸한다(상법 제662조).

09 2년간 행사하지 아니하면 시효의 완성으로 소멸하는 것은 모두 몇 개인가? 기출 제5회

- 보험금청구권
- 보험료반환청구권
- 보험료청구권
- 적립금반환청구권

① 1개 ② 2개
③ 3개 ④ 4개

| 해설 |
보험금청구권은 3년간, 보험료 또는 적립금의 반환청구권은 3년간, 보험료청구권은 2년간 행사하지 아니하면 시효의 완성으로 소멸한다(상법 제662조).

10 상법 제662조(소멸시효)에 관한 설명으로 옳은 것은? 기출 제4회, 제7회

① 보험금청구권은 2년간 행사하지 아니하면 시효의 완성으로 소멸한다.
② 보험료의 반환청구권은 3년간 행사하지 아니하면 시효의 완성으로 소멸한다.
③ 보험료청구권은 1년간 행사하지 아니하면 시효의 완성으로 소멸한다.
④ 적립금의 반환청구권은 2년간 행사하지 아니하면 시효의 완성으로 소멸한다.

| 해설 |
보험금청구권은 3년간, 보험료 또는 적립금의 반환청구권은 3년간, 보험료청구권은 2년간 행사하지 아니하면 시효의 완성으로 소멸한다(상법 제662조).

11 상법 제662조(소멸시효)에 관한 설명으로 옳은 것을 모두 고른 것은? 기출 제3회

ㄱ. 보험금청구권은 3년간 행사하지 아니하면 시효의 완성으로 소멸한다.
ㄴ. 보험료반환청구권은 3년간 행사하지 아니하면 시효의 완성으로 소멸한다.
ㄷ. 적립금의 반환청구권은 2년간 행사하지 아니하면 시효의 완성으로 소멸한다.
ㄹ. 보험료청구권은 2년간 행사하지 아니하면 시효의 완성으로 소멸한다.

① ㄱ, ㄴ, ㄷ ② ㄱ, ㄴ, ㄹ
③ ㄱ, ㄷ, ㄹ ④ ㄴ, ㄷ, ㄹ

| 해설 |
ㄷ. 적립금의 반환청구권은 3년간 행사하지 아니하면 시효의 완성으로 소멸한다(상법 제662조).

정답 07 ④ 08 ③ 09 ① 10 ② 11 ②

12 상법상 보험계약 관련 소멸시효에 관한 설명이다. (   )에 들어갈 숫자를 모두 합한 것으로 옳은 것은? 기출 제11회

> 보험금청구권은 (   )년간, 보험료 또는 적립금의 반환청구권은 (   )년간, 보험료청구권은 (   )년간 행사하지 아니하면 시효의 완성으로 소멸한다.

① 6
② 7
③ 8
④ 9

| 해설 |

소멸시효(상법 제662조)
보험금청구권은 (**3**)년간, 보험료 또는 적립금의 반환청구권은 (**3**)년간, 보험료청구권은 (**2**)년간 행사하지 아니하면 시효의 완성으로 소멸한다.

숫자를 모두 합하면, 3+3+2=8

13 보험계약의 무효사유가 아닌 것은?
① 피보험이익이 적법하지 아니한 손해보험계약
② 심신상실자를 피보험자로 한 사망보험계약
③ 피보험자가 고의로 고지의무를 위반하여 체결한 보험계약
④ 보험계약자의 사기로 인하여 체결된 중복보험계약

| 해설 |

피보험자가 고의로 고지의무를 위반하여 체결한 보험계약은 <u>해지사유</u>이다.

TIP 보험계약의 무효사유

- 보험사고의 객관적 확정의 효과(상법 제644조)
- 초과·중복보험이 보험계약자의 사기로 인한 경우(상법 제669조 제4항, 제672조 제3항)
- 타인의 사망을 보험사고로 하는 보험계약에서는 피보험자의 서면(「전자서명법」 제2조 제2호에 따른 전자서명이 있는 경우로서 대통령령으로 정하는 바에 따라 본인 확인 및 위조·변조 방지에 대한 신뢰성을 갖춘 전자문서를 포함한다)에 의한 동의를 얻지 못한 경우(상법 제731조)
- 15세 미만의 자, 심신상실자, 심신박약자를 피보험자로 한 사망보험계약(상법 제732조)
- 보험계약자 등 불이익변경금지의 원칙에 반하는 계약(상법 제663조)

14 보험계약의 무효사유가 아닌 것은?

① 사기에 의한 중복보험계약
② 보험자가 파산선고를 받은 경우
③ 보험계약 당시 보험사고의 객관적 확정
④ 피보험자의 동의 없이 체결된 타인의 사망을 보험사고로 하는 보험계약

| 해설 |
보험자가 파산선고를 받은 경우 보험계약자는 계약을 해지할 수 있다.

15 상법상 보험계약이 무효가 되는 경우는?

① 피보험자의 사망
② 고지의무의 위반
③ 사기로 인한 중복보험
④ 위험의 주관적 변경·증가

| 해설 |
상법상 보험계약의 무효사유
- 보험계약 당시에 보험사고가 이미 발생하였거나 또는 발생할 수 없는 것인 경우
- 보험계약자의 사기로 인하여 초과보험·중복보험 계약이 체결된 경우
- 15세 미만자, 심신상실자 또는 심신박약자의 사망을 보험사고로 하여 보험계약을 체결한 경우

16 보험계약의 해지에 관한 설명으로 옳지 않은 것은?

① 보험자와 보험계약자는 계약을 언제든지 임의해지 할 수 있다.
② 계속보험료가 부지급된 경우 보험자는 최고하고, 최고기간에도 보험료가 납입되지 아니하면 보험자는 계약을 해지할 수 있다.
③ 해지는 장래를 향하여 보험계약의 효력을 상실시킴으로써 해지전 사고에 대한 보험자의 보상책임에는 영향을 미치지 않는다는 것이 일반원칙이다.
④ 고지의무위반, 위험유지의무위반, 위험증가의 통지의무위반이 있는 경우 해지 전에 발생한 사고에 대해서도 보험자가 보상책임을 지지 않는다.

| 해설 |
보험자에게는 임의해지권이 없지만 보험계약자는 계약을 언제든지 해지할 수 있다. 다만, 보험사고의 발생 후 해지한 경우에는 미경과보험료를 반환하지 아니할 수도 있다. 타인을 위한 보험에서는 타인의 동의가 있거나 보험증권을 소지한 경우에만 해지할 수 있다.

17 보험계약해지 등에 관한 설명으로 옳은 것은? 기출 제3회

① 보험사고가 발생한 후라도 보험자가 계속보험료의 지급지체를 이유로 보험계약을 해지하였을 때에는 보험자는 보험금을 지급할 책임이 있다.
② 고지의무를 위반한 사실이 보험사고발생에 영향을 미치지 아니하였음이 증명된 경우, 보험자는 보험금을 지급할 책임이 있다.
③ 보험계약자의 중대한 과실로 인하여 사고발생의 위험이 현저하게 변경 또는 증가되어 계약을 해지한 경우, 보험자는 언제나 보험금을 지급할 책임이 있다.
④ 보험계약자가 위험변경증가시의 통지의무를 위반하여 보험자가 보험계약을 해지한 경우, 보험자는 언제나 이미 지급한 보험금의 반환을 청구할 수 있다.

| 해설 |
고지의무를 위반한 사실 또는 위험이 현저하게 변경되거나 증가된 사실이 보험사고발생에 영향을 미치지 아니하였음이 증명된 경우에는 보험금을 지급할 책임이 있다(상법 제655조).
① 보험사고가 발생한 후라도 보험자가 계속보험료의 지급지체를 이유로 보험계약을 해지하였을 때에는 보험자는 보험금을 지급할 <u>책임이 없다</u>(상법 제655조).
③ 보험계약자의 중대한 과실로 인하여 사고발생의 위험이 현저하게 변경 또는 증가되어 계약을 해지한 경우, 보험자는 보험금을 지급할 <u>책임이 없다</u>(상법 제655조).
④ <u>언제나 이미 지급한 보험금의 반환을 청구할 수 있는</u> 것이 아니다. 위험의 현저한 변경 또는 증가된 사실이 보험사고발생과 인과관계가 없음이 증명된 경우에 보험자는 보험금 지급의무를 부담해야 하기 때문이다(상법 제655조 단서).

18 다음 ( )에 들어갈 기간으로 옳은 것은? 기출 제6회

보험자가 파산의 선고를 받은 때에는 보험계약자는 계약을 해지할 수 있으며, 해지하지 아니한 보험계약은 파산선고 후 ( )을 경과한 때에는 그 효력을 잃는다.

① 10일
② 1월
③ 3월
④ 6월

| 해설 |
보험자의 파산선고와 계약해지(상법 제654조)
보험자가 파산의 선고를 받은 때에는 보험계약자는 계약을 해지할 수 있으며, 해지하지 아니한 보험계약은 파산선고 후 **(3월)**을 경과한 때에는 그 효력을 잃는다.

19 보험계약의 해지에 관한 설명으로 옳지 않은 것은?(다툼이 있으면 판례에 따름) 기출 제8회

① 보험자가 파산의 선고를 받은 때에는 보험계약자는 계약을 해지할 수 있다.
② 보험자가 보험기간 중에 사고발생의 위험이 현저하게 증가하여 보험계약을 해지한 경우 이미 지급한 보험금의 반환을 청구할 수 없다.
③ 보험자가 파산의 선고를 받은 경우 해지하지 아니한 보험계약은 파산선고 후 3월을 경과한 때에는 그 효력을 잃는다.
④ 보험자가 보험기간 중 사고발생의 위험이 현저하게 변경되었음을 이유로 계약을 해지하려는 경우 그 사실을 입증하여야 한다.

|해설|
보험자가 보험기간 중에 보험자가 사고발생의 위험이 현저하게 증가하여 계약을 해지하였을 때에는 보험금을 지급할 책임이 없고 이미 지급한 보험금의 반환을 청구할 수 있다(상법 제655조).
① 상법 제654조 제1항
③ 상법 제654조 제2항
④ 위험의 현저한 변경·증가 사실에 대한 입증책임은 그것을 근거로 보험계약의 해지를 주장하는 보험자에게 있다(대법원 1996.7.26. 선고 95다52505 판결).

20 보험계약의 해지에 관한 설명으로 옳지 않은 것은? 기출 제7회

① 보험계약자가 보험계약을 전부 해지했을 때에는 언제든지 미경과보험료의 반환을 청구할 수 있다.
② 타인을 위한 보험의 경우를 제외하고, 보험사고가 발생하기 전에는 보험계약자는 언제든지 보험계약의 전부를 해지할 수 있다.
③ 타인을 위한 보험계약의 경우 보험사고가 발생하기 전에는 그 타인의 동의를 얻으면 그 계약을 해지할 수 있다.
④ 보험금액이 지급된 때에도 보험금액이 감액되지 아니하는 보험의 경우에는 보험계약자는 그 사고발생 후에도 보험계약을 해지할 수 있다.

|해설|
보험사고발생 전에는 보험계약자는 언제든지 계약의 전부 또는 일부를 해지할 수 있으며, 이 경우 당사자간에 다른 약정이 없으면 보험계약자는 미경과보험료의 반환을 청구할 수 있다(상법 제649조).
②·③ 상법 제649조 제1항
④ 상법 제649조 제2항

21 상법상 보험계약해지 및 보험사고발생에 관한 설명으로 옳지 않은 것은? 기출 제9회

① 보험자가 파산의 선고를 받은 때에는 보험계약자는 계약을 해지할 수 있다.
② 보험수익자는 보험사고의 발생을 안 때에는 지체 없이 보험계약자에게 그 통지를 발송하여야 한다.
③ 보험계약자가 사고발생의 통지의무를 해태함으로 인하여 손해가 증가된 때에는 보험자는 그 증가된 손해를 보상할 책임이 없다.
④ 보험자의 파산선고에도 불구하고 보험계약자가 해지하지 아니한 보험계약은 파산선고 후 3월을 경과한 때에는 그 효력을 잃는다.

| 해설 |
보험계약자 또는 피보험자나 보험수익자는 보험사고의 발생을 안 때에는 지체 없이 보험자에게 그 통지를 발송하여야 한다(상법 제657조 제1항).
① 상법 제654조 제1항
③ 상법 제657조 제2항
④ 상법 제654조 제2항

22 상법상 특정한 타인(이하 "A"라고 함)을 위한 손해보험계약에 관한 설명으로 옳은 것은? 기출 제8회

① 보험계약자는 A의 동의를 얻지 아니하거나 보험증권을 소지하지 아니하면 그 계약을 해지하지 못한다.
② A가 보험계약에 따른 이익을 받기 위해서는 이익을 받겠다는 의사표시를 하여야 한다.
③ 보험계약자가 계속보험료의 지급을 지체한 때에는 보험자는 A에게 보험료 지급을 최고하지 않아도 보험계약을 해지할 수 있다.
④ 보험계약자가 A를 위해 보험계약을 체결하려면 A의 위임을 받아야 한다.

| 해설 |
타인을 위한 보험계약의 경우에 보험계약자는 그 타인(A)의 동의를 얻지 아니하거나 보험증권을 소지하지 아니하면 그 계약을 해지하지 못한다(상법 제649조 제1항).
② A는 의사표시를 하지 않더라도 당연히 그 계약의 이익을 받는다(상법 제639조 제2항).
③ 보험계약자가 계속보험료의 지급을 지체한 때에는 보험자는 A에게 상당한 기간을 정하여 보험료의 지급을 최고한 후가 아니면 그 계약을 해제 또는 해지하지 못한다(상법 제650조 제3항).
④ 보험계약자는 A의 위임을 받거나, 위임을 받지 아니하고 A를 위해 보험계약을 체결할 수 있다(상법 제639조 제1항).

23 다음 설명 중 옳은 것은? 기출 제5회

① 상법상 보험계약자 또는 피보험자는 보험자가 서면으로 질문한 사항에 대하여만 답변하면 된다.
② 상법에 따르면 보험기간 중에 보험계약자 등의 고의로 인하여 사고발생의 위험이 현저하게 증가된 때에는 보험자는 계약 체결일로부터 3년 이내에 한하여 계약을 해지할 수 있다.
③ 보험자는 보험금액의 지급에 관하여 약정기간이 없는 경우에는 보험사고발생의 통지를 받은 후 지체 없이 보험금액을 지급하여야 한다.
④ 보험자가 파산의 선고를 받은 때에는 보험계약자는 계약을 해지할 수 있다.

> **해설**
> ④ 상법 제654조 제1항
> ① 질문표상에 없는 사항이라도 보험계약자가 알고 있는 그 사실이 <u>사고발생에 영향을 줄 수 있다고 인식하는 경우</u>에는 고지의 대상이 될 수 있다.
> ② 보험기간 중에 보험계약자, 피보험자 또는 보험수익자의 고의 또는 중대한 과실로 인하여 사고발생의 위험이 현저하게 변경 또는 증가된 때에는 보험자는 그 사실을 안 날부터 <u>1월</u> 내에 보험료의 증액을 청구하거나 계약을 해지할 수 있다(상법 제653조).
> ③ 보험자는 보험금액의 지급에 관하여 약정기간이 있는 경우에는 그 기간 내에, 약정기간이 없는 경우에는 통지를 받은 후 지체 없이 지급할 보험금액을 정하고 그 정하여진 날부터 <u>10일</u> 내에 피보험자 또는 보험수익자에게 보험금액을 지급하여야 한다(상법 제658조).

24 다음 중 보험계약의 해지사유가 아닌 것은?

① 보험계약자의 보험료 지급의무의 해태(懈怠)
② 손해보험계약의 피보험자의 통지의무의 해태
③ 보험수익자의 고지의무의 위반
④ 사고발생 후의 임의해지

> **해설**
> 고지의무자는 보험계약자와 피보험자이며, 계약해지의 의사표시도 보험계약자 또는 그 대리인에게 하여야 한다(민법 제111조 제1항). 보험수익자에 대하여 한 계약해지의 의사표시는 효력이 없다.

TIP	보험계약의 해지사유
보험계약자의 해지사유	• 사고발생 전·후의 임의해지(상법 제649조 제1항, 제2항) • 보험자의 파산(상법 제654조 제1항)
보험자의 해지사유	• 보험료 부지급(상법 제650조) • 고지의무위반(상법 제651조) 및 위험유지의무위반(상법 제653조) • 보험계약자 등 위험변경·증가의 통지의무위반(상법 제652조 제2항) • 선박미확정 적하예정보험에서 통지의무위반(상법 제704조)

25 보험사고의 객관적 확정의 효과에 관한 설명으로 옳은 것은? 기출 제6회

① 보험계약 당시에 보험사고가 이미 발생하였더라도 그 계약은 무효로 하지 않는다.
② 보험계약 당시에 보험사고가 발생할 수 없는 것이라도 그 계약은 무효로 하지 않는다.
③ 보험계약 당시에 보험사고가 이미 발생하였지만 보험수익자가 이를 알지 못한 때에는 그 계약은 무효로 하지 않는다.
④ 보험계약 당시에 보험사고가 발생할 수 없는 것이었지만 당사자 쌍방과 피보험자가 그 사실을 몰랐다면 그 계약은 무효로 하지 않는다.

| 해설 |
보험계약 당시에 보험사고가 이미 발생하였거나 또는 발생할 수 없는 것인 때에는 그 계약은 무효로 한다. 그러나 당사자 쌍방과 피보험자가 이를 알지 못한 때에는 그 계약은 무효로 하지 않는다(상법 제644조).

26 임의해지에 관한 설명으로 옳지 않은 것은? 기출 제6회

① 보험계약자는 원칙적으로 보험사고가 발생하기 전에는 언제든지 계약의 전부 또는 일부를 해지할 수 있다.
② 보험사고가 발생하기 전이라도 타인을 위한 보험의 경우에 보험계약자는 그 타인의 동의를 얻지 못하거나 보험증권을 소지하지 않은 경우에는 계약의 전부 또는 일부를 해지할 수 없다.
③ 보험사고의 발생으로 보험자가 보험금액을 지급한 때에도 보험금액이 감액되지 아니하는 보험의 경우에는 보험계약자는 그 사고발생 후에도 보험계약을 해지할 수 없다.
④ 보험사고발생 전에 보험계약자가 계약을 해지하는 경우, 당사자 사이의 특약으로 미경과보험료의 반환을 제한할 수 있다.

| 해설 |
보험사고의 발생으로 보험자가 보험금액을 지급한 때에도 보험금액이 감액되지 아니하는 보험의 경우에는 보험계약자는 그 사고발생 후에도 보험계약을 해지할 수 있다(상법 제649조 제2항).

27 보험계약의 해지와 특별위험의 소멸에 관한 설명으로 옳은 것은? 기출 제2회

① 타인을 위한 보험계약의 경우 보험증권을 소지하지 않은 보험계약자는 그 타인의 동의를 얻지 않은 경우에도 보험사고가 발생하기 전에는 언제든지 계약의 전부 또는 일부를 해지할 수 있다.
② 보험사고의 발생으로 보험자가 보험금액을 지급한 때에도 보험금액이 감액되지 아니하는 보험의 경우에는 보험계약자는 그 사고발생 후에도 보험계약을 해지할 수 있다.
③ 보험사고가 발생하기 전에 보험계약의 전부 또는 일부를 해지하는 경우에 보험계약자는 당사자간에 다른 약정이 없으면 미경과보험료의 반환을 청구할 수 없다.
④ 보험계약의 당사자가 특별한 위험을 예기하여 보험료의 액을 정한 경우에 보험기간 중 그 예기한 위험이 소멸한 때에도 보험계약자는 그 후의 보험료의 감액을 청구할 수 없다.

> **해설**
> ② 상법 제649조 제2항
> ① 타인을 위한 보험계약의 경우에는 보험계약자는 그 타인의 동의를 얻지 아니하거나 보험증권을 소지하지 아니하면 그 계약을 해지하지 못한다(상법 제649조 제1항).
> ③ 보험계약자는 당사자간에 다른 약정이 없으면 미경과보험료의 반환을 청구할 수 있다(상법 제649조 제2항).
> ④ 보험계약의 당사자가 특별한 위험을 예기하여 보험료의 액을 정한 경우에 보험기간 중 그 예기한 위험이 소멸한 때에는 보험계약자는 그 후의 보험료의 감액을 청구할 수 있다(상법 제647조).

28 보험계약자 甲은 보험자 乙과 손해보험계약을 체결하면서 계약에 관한 사항을 고지하지 않았다. 이에 대한 보험자 乙의 상법상 계약해지권에 관한 설명으로 옳은 것은? 기출 제6회

① 甲의 고지의무위반 사실에 대한 乙의 계약해지권은 계약 체결일로부터 최대 1년 내에 한하여 행사할 수 있다.
② 乙은 甲의 중과실을 이유로 상법상 보험계약해지권을 행사할 수 없다.
③ 乙의 계약해지권은 甲이 고지의무를 위반했다는 사실을 계약 당시에 乙이 알 수 있었는지 여부와 상관없이 행사할 수 있다.
④ 甲이 고지하지 않은 사실이 계약과 관련하여 중요하지 않은 것이라면 乙은 상법상 고지의무위반을 이유로 보험계약을 해지할 수 없다.

정답 25 ④ 26 ③ 27 ② 28 ④

| 해설 |

甲이 고지하지 않은 사실이 계약과 관련하여 중요한 사항이어야 한다. 여기서 '중요한 사항'이란 보험자가 위험을 측정하여 보험의 인수 여부 및 보험료 산정의 표준이 되는 사항으로 보험자가 그 사실을 알았다면 계약을 체결하지 않거나 적어도 동일조건으로는 계약을 체결하지 않을 것이라고 객관적으로 생각되는 사실이다. 따라서 고지하지 않은 사실이 계약과 관련하여 중요하지 않은 것이라면 乙은 상법상 고지의무위반을 이유로 보험계약을 해지할 수 없다.
① 甲의 고지의무위반 사실에 대한 乙의 계약해지권은 <u>고지의무위반 사실을 안 날로부터 1월 내에, 계약을 체결한 날로부터 3년 이내</u>에 한하여 계약을 해지할 수 있다(상법 제651조).
② 乙은 甲의 중과실을 이유로 상법상 <u>보험계약해지권을 행사할 수 있다</u>(상법 제651조).
③ 乙의 계약해지권은 甲이 고지의무를 위반했다는 사실을 계약 당시에 乙이 알았거나 중대한 과실로 인하여 알지 못한 때에는 계약해지권을 <u>행사할 수 없다</u>(상법 제651조).

29 다음 설명 중 옳지 않은 것은? 기출 제3회

① 타인을 위한 보험계약의 경우에는 보험계약자는 그 타인의 동의를 얻지 아니하거나 보험증권을 소지하지 아니하면 그 계약을 해지하지 못한다.
② 자기를 위한 보험계약의 경우 보험사고가 발생하기전 보험계약의 당사자는 언제든지 계약의 전부 또는 일부를 해지할 수 있다.
③ 보험사고의 발생으로 보험자가 보험금액을 지급한 때에도 보험금액이 감액되지 아니하는 보험의 경우에는 보험계약자는 그 사고발생 후에도 보험계약을 해지할 수 있다.
④ 보험사고발생 전에 보험계약을 해지한 보험계약자는 당사자간에 다른 약정이 없으면 미경과 보험료의 반환을 청구할 수 있다.

| 해설 |

보험사고가 발생하기 전에는 보험계약자는 언제든지 계약의 전부 또는 일부를 해지할 수 있다(상법 제649조 제1항). 그러나 <u>보험계약의 당사자 중 보험자는 언제든지 해지할 수 없다</u>.
① 상법 제649조 제1항
③ 상법 제649조 제2항
④ 상법 제649조 제3항

30 상법(보험편)에 관한 설명이다. 옳지 않은 것은 몇 개인가? 기출 제4회

- 계속보험료가 약정한 시기에 지급되지 아니한 때에는 보험자는 다른 절차 없이 바로 그 계약을 해지할 수 있다.
- 보험계약의 당사자가 특별한 위험을 예기하여 보험료의 액을 정한 경우에 보험기간 중 그 예기한 위험이 소멸한 때에는 보험계약자는 그 후의 보험료의 감액을 청구할 수 있다.
- 보험기간 중에 보험계약자 또는 피보험자가 사고발생의 위험이 현저하게 변경 또는 증가된 사실을 안 때에는 지체 없이 보험자에게 통지하여야 한다.

① 0개　　② 1개
③ 2개　　④ 3개

| 해설 |

- (×) 계속보험료가 약정한 시기에 지급되지 아니한 때에는 보험자는 <u>상당한 기간을 정하여 보험계약자에게 최고하고</u> 그 기간 내에 지급되지 아니한 때에는 그 계약을 해지할 수 있다(상법 제650조 제2항).
- (○) 보험계약의 당사자가 특별한 위험을 예기하여 보험료의 액을 정한 경우에 보험기간 중 그 예기한 위험이 소멸한 때에는 보험계약자는 그 후의 보험료의 감액을 청구할 수 있다(상법 제647조).
- (○) 보험기간 중에 보험계약자 또는 피보험자가 사고발생의 위험이 현저하게 변경 또는 증가된 사실을 안 때에는 지체 없이 보험자에게 통지하여야 한다(상법 제652조 제1항).

31 甲이 乙소유의 농장에 대해 乙의 허락 없이 乙을 피보험자로 하여 A보험회사와 화재보험계약을 체결한 경우, 그 법률관계에 관한 설명으로 옳지 않은 것은? 기출 제10회

① 보험계약 체결시 A보험회사가 서면으로 질문한 사항은 중요한 사항으로 추정한다.
② 보험사고가 발생하기 전에는 甲은 언제든지 계약의 전부 또는 일부를 해지할 수 있다.
③ 甲이 乙의 위임이 없음을 A보험회사에게 고지하지 않은 때에는 乙이 그 보험계약이 체결된 사실을 알지 못하였다는 사유로 A보험회사에게 대항하지 못한다.
④ 보험계약 당시에 甲 또는 乙이 고의 또는 중대한 과실로 인하여 중요한 사항을 고지하지 아니하거나 부실의 고지를 한 때에는 A보험회사는 그 사실을 안 날로부터 1월 내에, 계약을 체결한 날로부터 3년 내에 한하여 계약을 해지할 수 있다.

| 해설 |

문제의 경우 '타인을 위한 보험(상법 제639조)'에 해당하므로 보험계약자는 그 타인의 동의를 얻지 아니하거나 보험증권을 소지하지 아니하면 그 계약을 해지하지 못한다(상법 제649조 제1항). 즉 <u>보험사고가 발생하기 전에 甲은 乙의 동의 없이 계약의 전부 또는 일부를 해지할 수 없다.</u>
① 상법 제651조의2
③ 상법 제639조 제1항 단서
④ 상법 제651조

32 타인을 위한 손해보험계약(보험회사 A, 보험계약자 B, 타인 C)에서 보험사고의 객관적 확정이 있는 경우 그 보험계약의 효력에 관한 설명으로 옳지 않은 것은? 기출 제8회

① 보험계약 당시에 보험사고가 이미 발생하였음을 B가 알고서 보험계약을 체결하였다면 그 계약은 무효이다.
② 보험계약 당시에 보험사고가 이미 발생하였음을 A와 B가 알았을지라도 C가 알지 못했다면 그 계약은 유효하다.
③ 보험계약 당시에 보험사고가 발생할 수 없음을 A가 알면서도 보험계약을 체결하였다면 그 계약은 무효이다.
④ 보험계약 당시에 보험사고가 발생할 수 없음을 A, B, C가 알지 못한 때에는 그 계약은 유효하다.

| 해설 |

보험계약 당시에 보험사고가 이미 발생하였거나 또는 발생할 수 없는 것인 때에는 그 계약은 무효로 한다. 그러나 당사자 쌍방(보험회사 A, 보험계약자 B)과 피보험자(타인 C)가 이를 알지 못한 때에는 유효하다(상법 제644조). 즉 보험계약 당시에 보험사고가 이미 발생하였음을 당사자 쌍방인 A와 B가 알았을지라도, 타인인 C가 알지 못했다면 그 계약은 무효이다.

33 상법상 당사자간에 다른 약정이 있으면 허용되는 것을 모두 고른 것은? 기출 제5회

ㄱ. 보험사고가 전쟁 기타 변란으로 인하여 생긴 때의 위험을 담보하는 것
ㄴ. 최초의 보험료의 지급이 없는 때에도 보험자의 책임이 개시되도록 하는 것
ㄷ. 사고발생 전 임의해지시 미경과보험료의 반환을 청구하지 않기로 하는 것
ㄹ. 특정한 타인을 위한 보험의 경우에 보험계약자가 보험료의 지급을 지체한 때에는 보험자가 보험계약자에게만 최고하고, 그의 지급이 없는 경우 그 계약을 해지하기로 하는 것

① ㄱ, ㄴ
② ㄴ, ㄷ
③ ㄱ, ㄴ, ㄷ
④ ㄱ, ㄷ, ㄹ

| 해설 |

ㄱ. 보험사고가 전쟁 기타의 변란으로 인하여 생긴 때에는 당사자간에 다른 약정이 없으면 보험자는 보험금액을 지급할 책임이 없다(상법 제660조). 즉 다른 약정이 있으면 보험사고가 전쟁 기타 변란으로 인하여 생긴 때의 위험을 담보한다.
ㄴ. 보험자의 책임은 당사자간에 다른 약정이 없으면 최초의 보험료의 지급을 받은 때로부터 개시한다(상법 제656조).
ㄷ. 사고발생 전 임의해지시 보험계약자는 당사자간에 다른 약정이 없으면 미경과보험료의 반환을 청구할 수 있다(상법 제649조 제3항).
ㄹ. 특정한 타인을 위한 보험의 경우에 보험계약자가 보험료의 지급을 지체한 때에는 보험자는 그 타인에게도 상당한 기간을 정하여 보험료의 지급을 최고한 후가 아니면 그 계약을 해제 또는 해지하지 못한다(상법 제650조 제3항).

06 보험자의 면책사유

01 보험자의 면책사유가 아닌 것은?

① 보험사고가 변란으로 인하여 발생한 때
② 보험사고가 보험계약자의 실수로 인하여 발생한 때
③ 보험사고가 피보험자의 고의로 인하여 발생한 때
④ 보험사고가 보험수익자의 중과실로 인하여 발생한 때

| 해설 |
① 보험사고가 전쟁 기타의 변란으로 인하여 생긴 때에는 당사자간에 다른 약정이 없으면 보험자는 보험금액을 지급할 책임이 없다(상법 제660조).
②·③·④ 보험사고가 보험계약자 또는 피보험자나 보험수익자의 고의 또는 중대한 과실로 인하여 생긴 때에는 보험자는 보험금액을 지급할 책임이 없다(상법 제659조 제1항).

02 보험자의 면책사유가 아닌 것은?

① 보험사고가 손해보험의 피보험자의 고의 또는 중과실로 발생한 경우
② 손해보험의 목적의 하자로 손해가 발생한 경우
③ 보험사고가 제3자의 고의로 발생한 경우
④ 보험사고가 전쟁 또는 기타 변란으로 인하여 생긴 경우

| 해설 |
보험사고의 발생에 대하여 제3자는 보험자의 면책사유와 관계없다.

03 면책사유에 관한 설명으로 옳은 것은?

① 변란은 당사자의 특약으로 면책사유에서 배제할 수 있다.
② 목적물 자체가 위험을 지니고 있는 것이 면책사유는 아니다.
③ 전쟁은 당사자의 특약에 의해서도 배제할 수 없는 당연한 면책사유이다.
④ 보험수익자의 중대한 과실로 보험사고가 발생한 경우 보험자는 면책되지 않는다.

| 해설 |
①·③ 전쟁 기타의 변란으로 인하여 생긴 보험사고에 대해서는 당사자간에 다른 약정이 없으면 보험자의 면책을 규정한 것이 통례이다(상법 제660조). 즉 당사자의 특약으로 면책사유에서 배제할 수 있다.
② 목적물 자체의 성질·하자 또는 자연소모로 인한 손해는 보험자가 이를 보상할 책임이 없다.
④ 보험수익자의 중대한 과실로 보험사고가 발생한 경우 보험자는 면책된다(상법 제659조).

04 보험자의 면책사유에 관한 설명으로 옳은 것은?

① 피보험자의 고의로 인한 사고를 보험자가 담보하기로 하는 특약은 무조건 효력이 없다.
② 보험계약자의 피용자의 고의로 인한 보험사고는 당연히 보험자의 면책사유가 된다.
③ 보험자는 전쟁위험으로 인한 보험사고를 절대적으로 담보할 수 있다.
④ 보험자의 면책사유로서 보험계약자의 고의·중과실은 보험자가 입증하여야 한다.

| 해설 |

보험계약의 약관에서 "보험계약자나 피보험자의 고의 또는 중대한 과실로 발생한 손해에 대하여는 보상하지 아니한다"고 규정하고 있는 경우에 보험자가 보험금 지급책임을 면하기 위해서는 위 면책사유에 해당하는 사실을 증명할 책임이 있다(대법원 2009.12.10. 선고 2009다56603, 56610 판결).
① 보험계약자 등의 고의로 일으킨 사고에 대해서까지도 확장하여 보험계약자 등의 이익을 보호하는 특약은 그 효력을 인정한다.
② 보험사고가 보험계약자 등의 민사상 배상책임을 지는 자(가족이나 피용자)의 고의 또는 중대한 과실로 발생한 때에는 우리나라의 경우 대표자책임이론이 적용되지 않아 보험자의 책임이 인정된다.
③ 보험사고가 전쟁, 기타 변란으로 인하여 생긴 때에는 당사자 사이에 특약이 없는 한 보험금을 지급할 책임이 없다. 따라서 보험자의 담보는 상대적이다.

05 상법상 보험사고의 발생에 따른 보험자의 책임에 관한 설명으로 옳은 것은? [기출] 제8회

① 보험수익자가 보험사고의 발생을 안 때에는 보험자에게 그 통지를 할 의무가 없다.
② 보험사고가 보험계약자의 고의로 인하여 생긴 때에는 보험자는 보험금액을 지급할 책임이 없다.
③ 보험자는 보험금액의 지급에 관하여 약정기간이 없는 경우 지급할 보험금액이 정하여진 날로부터 5일 내에 지급하여야 한다.
④ 보험자의 책임은 당사자간에 다른 약정이 없으면 보험계약자가 보험계약의 체결을 청약한 때로부터 개시한다.

| 해설 |

보험사고가 보험계약자 또는 피보험자나 보험수익자의 고의 또는 중대한 과실로 인하여 생긴 때에는 보험자는 보험금액을 지급할 책임이 없다(상법 제659조 제1항).
① 보험수익자는 보험사고의 발생을 안 때에는 지체 없이 보험자에게 그 통지를 발송하여야 한다(상법 제657조 제1항).
③ 보험자는 보험금액의 지급에 관하여 약정기간이 없는 경우 지급할 보험금액이 정하여진 날로부터 10일 내에 지급하여야 한다(상법 제658조).
④ 보험자의 책임은 당사자간에 다른 약정이 없으면 최초의 보험료의 지급을 받은 때로부터 개시한다(상법 제656조).

06 보험자의 보험금 지급과 면책사유에 관한 설명으로 옳은 것은? 기출 제1회

① 보험금은 당사자간에 특약이 있는 경우라도 금전 이외의 현물로 지급할 수 없다.
② 보험자의 보험금 지급은 보험사고발생의 통지를 받은 후 10일 이내에 지급할 보험금액을 정하고 10일 이후에 이를 지급하여야 한다.
③ 보험의 목적인 과일의 자연 부패로 인하여 발생한 손해에 대해서 보험자는 보험금을 지급하여야 한다.
④ 건물을 특약 없는 화재보험에 가입한 보험계약에서 홍수로 건물이 멸실된 경우 보험자는 보험금을 지급하지 않아도 된다.

| 해설 |

보험사고로 인하여 상실된 피보험자가 얻을 이익이나 보수는 당사자간에 다른 약정이 없으면 보험자가 보상할 손해액에 산입하지 않는다(상법 제667조). 즉, 화재보험의 목적인 건물이 홍수로 인해 멸실되었으므로, 당사자간에 특약이 없다면 보험자는 보상책임을 지지 않는다.
① 보험금은 금전으로 지급하는 것이 원칙이나 당사자 사이에 특약이 있는 경우에는 현물급여 또는 다른 급여(예 의료행위) 등의 방법으로도 할 수 있다.
② 보험자는 보험금액의 지급에 관하여 약정기간이 있는 경우에는 그 기간 내에, 약정기간이 없는 경우에는 보험사고발생의 통지를 받은 후 지체 없이 지급할 보험금액을 정하고, 그 정하여진 날부터 10일 내에 피보험자 또는 보험수익자에게 보험금액을 지급하여야 한다(상법 제658조).
③ 보험의 목적의 성질, 하자 또는 자연소모로 인한 손해는 보험자가 이를 보상할 책임이 없다(상법 제678조).

07 손해보험에서 보험자의 보험금액 지급과 면책사유에 관한 설명으로 옳지 않은 것은? 기출 제3회

① 보험자는 보험금액의 지급에 관하여 약정기간이 있는 경우에는 그 기간 내에 피보험자에게 보험금액을 지급하여야 한다.
② 보험자는 보험금액의 지급에 관하여 약정기간이 없는 경우에는 보험사고발생의 통지를 받은 후 지체 없이 지급할 보험금액을 정하고, 그 정하여진 날부터 10일 내에 피보험자에게 보험금액을 지급하여야 한다.
③ 보험사고가 보험계약자 또는 피보험자의 중대한 과실로 인하여 생긴 때에는 보험자는 언제나 보험금액을 지급할 책임이 있다.
④ 보험사고가 전쟁 기타의 변란으로 인하여 생긴 때에는 당사자간에 다른 약정이 없으면 보험자는 보험금액을 지급할 책임이 없다.

| 해설 |

보험사고가 보험계약자 또는 피보험자나 보험수익자의 고의 또는 중대한 과실로 인하여 생긴 때에는 보험자는 보험금액을 지급할 책임이 없다(상법 제659조 제1항).
①·② 상법 제658조
④ 상법 제660조

08 보험자의 보험금액 지급과 면책에 관한 설명으로 옳지 않은 것은? 기출 제4회

① 약정기간이 없는 경우에는 보험자는 보험사고발생의 통지를 받은 후 지체 없이 지급할 보험금액을 정하여야 한다.
② 보험자가 보험금액을 정하면 정하여진 날부터 10일 내에 보험금액을 지급하여야 한다.
③ 보험사고가 전쟁 기타의 변란으로 인하여 생긴 때에는 보험자의 보험금액 지급 책임에 대하여 당사자간에 다른 약정을 할 수 없다.
④ 보험사고가 보험계약자의 고의 또는 중대한 과실로 인하여 생긴 때에는 보험자는 보험금액을 지급할 책임이 없다.

| 해설 |
상법 제660조에 따르면, 보험사고가 전쟁 기타의 변란으로 인하여 생긴 때에는 당사자간에 다른 약정이 없으면 보험자는 보험금액을 지급할 책임이 없다고 규정되어 있다. 즉 다른 약정이 있으면, 보험자는 보험금액을 지급할 책임이 있게 된다.
①·② 상법 제658조
④ 상법 제659조

09 보험자의 보험금액의 지급에 관한 설명으로 옳지 않은 것은? 기출 제10회

① 보험수익자의 중과실로 인하여 보험사고가 생긴 때에는 보험자는 보험금액을 지급할 책임이 없다.
② 보험계약자의 고의로 보험사고가 생긴 때에는 보험자는 보험금액을 지급할 책임이 없다.
③ 보험금액의 지급에 관하여 약정기간이 없는 경우에는 보험자는 보험사고발생의 통지를 받은 후 지체 없이 지급할 보험금액을 정해야 한다.
④ 보험자가 파산선고를 받았으나 보험계약자가 계약을 해지하지 않은 채 3월이 경과한 후에 보험사고가 발생하여도 보험자는 보험금액 지급책임이 있다.

| 해설 |
보험자가 파산선고를 받았으나 보험계약자가 계약을 해지하지 않은 채 3월이 경과하면 보험계약은 그 효력을 잃으므로, 보험자는 보험금액 지급책임이 없다(상법 제654조 제2항).
①·② 보험사고가 보험계약자 또는 피보험자나 보험수익자의 고의 또는 중대한 과실로 인하여 생긴 때에는 보험자는 보험금액을 지급할 책임이 없다(상법 제659조 제1항).
③ 보험자는 보험금액의 지급에 관하여 약정기간이 있는 경우에는 그 기간 내에, 약정기간이 없는 경우에는 보험사고발생의 통지를 받은 후 지체 없이 지급할 보험금액을 정하고, 그 정하여진 날부터 10일 내에 피보험자 또는 보험수익자에게 보험금액을 지급하여야 한다(상법 제658조).

10 상법상 손해보험계약에서 보험금액의 지급에 관한 설명으로 옳지 않은 것은? 기출 제9회

① 보험자는 보험금액의 지급에 관하여 약정기간이 있는 경우에는 그 기간 내에 지급할 보험금액을 정하여야 한다.
② 보험사고가 전쟁으로 인하여 생긴 때에도 당사자간에 다른 약정이 없으면 보험자는 보험금액을 지급할 책임이 있다.
③ 보험사고가 피보험자의 중대한 과실로 인하여 생긴 때에는 보험자는 보험금액을 지급할 책임이 없다.
④ 보험자는 보험금액의 지급에 관하여 약정기간이 없는 경우에는 보험사고발생의 통지를 받은 후 지체 없이 지급할 보험금액을 정하고 그 정하여진 날부터 10일 내에 피보험자에게 보험금액을 지급하여야 한다.

| 해설 |
보험사고가 전쟁 기타의 변란으로 인하여 생긴 때에는 당사자간에 다른 약정이 없으면 보험자는 보험금액을 지급할 책임이 없다(상법 제660조).
① · ④ 상법 제658조
③ 상법 제659조 제1항

11 상법상 보험금액의 지급 및 면책사유에 관한 설명으로 옳은 것은? 기출 제11회

① 보험자가 지급할 보험금액을 정하면 그 정하여진 날부터 1개월 내에 보험금액을 지급하여야 한다.
② 손해보험계약에서 보험사고가 보험계약자의 경과실로 인하여 생긴 때에는 보험자는 보험금액을 지급할 책임이 없다.
③ 손해보험계약에서 보험사고가 피보험자의 중과실로 인하여 생긴 때에는 보험자는 보험금액을 지급할 책임이 없다.
④ 손해보험계약에서 보험사고가 보험수익자의 경과실로 인하여 생긴 때에는 보험자는 보험금액을 지급할 책임이 없다.

| 해설 |
③ 상법 제659조 제1항
① 보험자는 보험사고발생(상법 제657조 제1항)의 통지를 받은 후 지체 없이 지급할 보험금액을 정하고, 그 정하여진 날부터 10일 내에 피보험자 또는 보험수익자에게 보험금액을 지급하여야 한다(상법 제658조).
② · ④ 보험사고가 보험계약자 또는 피보험자나 보험수익자의 고의 또는 중대한 과실로 인하여 생긴 때에는 보험자는 보험금액을 지급할 책임이 없다(상법 제659조 제1항). 즉 보험사고가 보험계약자나 보험수익자의 경과실로 인하여 생긴 때에는 보험자는 보험금액을 지급할 책임이 있다.

07 타인을 위한 보험계약

01 타인을 위한 보험계약의 성립요건으로 옳지 않은 것은?

① 당사자간에 타인을 위하여 계약을 체결한다는 명시적 또는 묵시적 합의가 있어야 한다.
② 보험계약자가 계약을 체결함에 있어서 타인으로부터 위임을 받아야 한다.
③ 타인은 계약 당시에 정할 수도 있고 계약 성립 후 보험사고의 발생 전에 정해도 상관없다.
④ 손해보험의 경우 타인은 보험의 목적에 대하여 피보험이익을 갖고 있어야 한다.

> **해설**
> 타인을 위한 보험계약의 경우 보험계약자가 계약을 체결함에 있어서 타인으로부터 <u>위임을 받았는가 혹은 받지 않았는가에</u> 대해서는 <u>불문한다</u>. 즉, 타인의 위임이 없는 경우라도 손해보험에서 타인을 위한 계약을 체결할 수 있다.

02 타인을 위한 보험계약에 관한 설명으로 옳은 것은? [기출] 제3회

① 타인을 위한 보험계약의 타인은 따로 수익의 의사표시를 하지 않은 경우에도 그 이익을 받는다.
② 타인을 위한 보험계약에서 그 타인은 불특정 다수이어야 한다.
③ 손해보험계약의 경우에 그 타인의 위임이 없는 때에는 보험계약자는 이를 보험자에게 고지하여야 하나, 그 고지가 없는 때에도 타인이 그 보험계약이 체결된 사실을 알지 못하였다는 사유로 보험자에게 대항할 수 있다.
④ 타인은 어떠한 경우에도 보험료를 지급하고 보험계약을 유지할 수 없다.

> **해설**
> 타인(피보험자 또는 보험수익자)은 수익의 의사를 표시하지 않더라도 당연히 그 계약의 이익을 받으므로, 보험사고가 발생하면 직접 보험자에 대하여 보험금, 그 밖의 급여청구권을 갖는다(상법 제639조 제2항).
> ② 보험계약자는 위임을 받거나 위임을 받지 아니하고 <u>특정 또는 불특정의 타인을 위하여</u> 보험계약을 체결할 수 있다(상법 제639조 제1항).
> ③ 손해보험계약의 경우에 그 타인의 위임이 없는 때에는 보험계약자는 이를 보험자에게 고지하여야 하고, 그 고지가 없는 때에는 타인이 그 보험계약이 체결된 사실을 알지 못하였다는 사유로 보험자에게 <u>대항하지 못한다</u>(상법 제639조 제1항).
> ④ 보험계약자가 파산선고를 받거나 보험료의 지급을 지체한 때에는 그 타인이 그 권리를 포기하지 아니하는 한 그 <u>타인도 보험료를 지급할 의무가 있다</u>(상법 제639조 제3항).

03 타인을 위한 보험에 관한 설명으로 옳은 것은? 기출 제7회

① 보험계약자는 위임을 받지 아니하면 특정의 타인을 위하여 보험계약을 체결할 수 없다.
② 타인을 위한 보험계약의 경우에 그 타인은 수익의 의사표시를 하여야 그 계약의 이익을 받을 수 있다.
③ 보험계약자가 불특정의 타인을 위한 보험을 그 타인의 위임 없이 체결할 경우에는 이를 보험자에게 고지할 필요가 없다.
④ 타인을 위한 보험계약의 경우 보험계약자가 보험료의 지급을 지체한 때에는 그 타인이 그 권리를 포기하지 아니하는 한 그 타인도 보험료를 지급할 의무가 있다.

> **해설**
> 타인을 위한 보험계약의 경우 그 타인이 보험계약상 권리를 포기하지 않는 한 그 타인도 보험료 지급의무를 부담하므로 보험자는 그 타인에게 보험료의 지급을 청구할 수 있다(상법 제639조 제3항).
> ① 보험계약자는 <u>위임을 받거나 위임을 받지 아니하고</u> 특정 또는 불특정의 타인을 위하여 보험계약을 체결할 수 있다(상법 제639조 제1항).
> ② 타인을 위한 보험계약의 경우에 그 타인은 수익의 의사표시를 하지 않아도 <u>당연히 그 계약의 이익을 받는다</u>(상법 제639조 제2항).
> ③ 손해보험계약의 경우에 그 타인의 위임이 없는 때에는 보험계약자는 이를 <u>보험자에게 고지하여야 한다</u>(상법 제639조 제1항).

04 상법상 타인을 위한 보험에 관한 설명으로 옳지 않은 것을 모두 고른 것은? 기출 제11회

> ㄱ. 보험계약자는 위임을 받지 아니하고 타인을 위하여 보험계약을 체결할 수 없다.
> ㄴ. 타인을 위한 손해보험계약의 보험계약자가 그 타인에게 보험사고의 발생으로 생긴 손해의 배상을 한 때에는 보험계약자는 그 타인의 권리를 해하지 아니하는 범위 안에서 보험자에게 보험금액의 지급을 청구할 수 있다.
> ㄷ. 보험계약자는 보험자에 대하여 보험료를 지급할 의무가 있다.
> ㄹ. 보험계약자가 파산선고를 받은 경우에 그 타인은 자신의 보험상 권리의 포기 여부에 관계없이 보험료를 지급할 의무가 있다.

① ㄱ, ㄴ
② ㄱ, ㄹ
③ ㄴ, ㄷ
④ ㄷ, ㄹ

> **해설**
> ㄱ. (×) 보험계약자는 <u>위임을 받거나 위임을 받지 아니하고 특정 또는 불특정의 타인을 위하여 보험계약을 체결할 수 있다</u>(상법 제639조 제1항 본문).
> ㄴ. (○) 상법 제639조 제1항 단서
> ㄷ. (○) 상법 제639조 제1항 본문
> ㄹ. (×) 보험계약자가 파산선고를 받거나 보험료의 지급을 지체한 때에는 그 <u>타인이 그 권리를 포기하지 아니하는 한 그 타인도 보험료를 지급할 의무가 있다</u>(상법 제639조 제3항 단서).

정답 01 ② 02 ① 03 ④ 04 ②

05 상법상 타인을 위한 보험에 관한 설명으로 옳지 않은 것은? 기출 제9회

① 보험계약자는 보험자에 대하여 보험료를 지급할 의무가 있다.
② 보험계약자는 위임을 받지 아니하고 타인을 위하여 보험계약을 체결할 수 있다.
③ 타인은 계약 성립시 특정되어야 한다.
④ 보험계약자가 파산선고를 받은 때에는 그 타인이 그 권리를 포기하지 아니하는 한 그 타인도 보험료를 지급할 의무가 있다.

| 해설 |
보험계약자는 위임을 받거나 위임을 받지 아니하고 <u>특정 또는 불특정의 타인을 위하여 보험계약을 체결할 수 있다</u>(상법 제639조 제1항). 즉 타인은 계약 성립시 특정되지 않아도 된다.

06 타인을 위한 보험계약의 보험계약자가 피보험자의 동의를 얻어야 할 수 있는 것은? 기출 제1회

① 보험증권교부청구권
② 보험사고발생 전 보험계약해지권
③ 특별위험 소멸에 따른 보험료감액청구권
④ 보험계약 무효에 따른 보험료반환청구권

| 해설 |
타인을 위한 보험계약의 경우 보험계약자는 그 타인의 동의를 얻지 아니하거나 보험증권을 소지하지 아니하면 그 계약을 해지하지 못한다(상법 제649조 제1항). 즉 보험사고발생 전 보험계약은 피보험자의 동의를 얻어야 해지할 수 있다.

07 타인을 위한 보험에 관한 설명으로 옳지 않은 것은? 기출 제5회

① 보험계약자는 위임을 받아 특정의 타인을 위하여 보험계약을 체결할 수 있다.
② 보험계약자는 위임을 받지 아니하고 불특정의 타인을 위하여 보험계약을 체결할 수 있다.
③ 타인을 위한 손해보험계약의 경우에 그 타인의 위임이 없는 때에는 이를 보험자에게 고지하여야 한다.
④ 타인을 위한 보험계약의 경우에 그 타인은 수익의 의사표시를 하여야 그 계약의 이익을 받게 된다.

| 해설 |
①·②·③ 상법 제639조 제1항
④ 보험수익자는 수익의 <u>의사를 표시하지 않더라도</u> 당연히 그 계약의 이익을 받는다(상법 제639조 제2항).

08 타인을 위한 보험계약에 관한 설명으로 옳은 것은?

① 보험계약자가 타인을 피보험자로 하여 자기명의로 체결한 계약이다.
② 손해보험의 경우 보험계약자는 타인의 위임을 받은 때에만 계약을 체결할 수 있다.
③ 타인은 보험자에 대하여 수익의 의사표시를 하지 아니하였더라도 당연히 보험금의 지급을 청구할 수 있다.
④ 타인은 어떤 경우에도 보험료 지급의무를 지지 않는다.

> **|해설|**
> ① 타인을 위한 보험계약이란 보험계약자가 타인의 이익을 위하여 자기명의로 체결한 보험계약을 말하고, 여기서 타인이란 손해보험의 경우 피보험자, 인보험의 경우 보험수익자를 말한다.
> ② 보험계약자는 위임을 받거나 위임을 받지 아니하고 특정 또는 불특정 타인을 위하여 보험계약을 체결할 수 있다. 손해보험계약의 경우 타인의 위임이 없으면 보험계약자는 이를 보험자에게 고지해야 한다.
> ④ 보험계약자가 보험료 지급을 지체하거나 파산선고를 받는 경우 타인은 그 권리를 포기하지 않는 한 보험료 지급의무가 있다.

09 타인을 위한 보험에 관한 설명으로 옳은 것은? [기출] 제6회

① 보험계약자는 위임을 받아야만 특정한 타인을 위하여 보험계약을 체결할 수 있다.
② 타인을 위한 손해보험계약의 경우에 보험계약자는 그 타인의 서면위임을 받아야만 보험자와 계약을 체결할 수 있다.
③ 타인을 위한 손해보험계약의 경우에 보험계약자가 그 타인에게 보험사고의 발생으로 생긴 손해의 배상을 한 때에는 타인의 권리를 해하지 않는 범위 내에서 보험자에게 보험금액의 지급을 청구할 수 있다.
④ 타인을 위해서 보험계약을 체결한 보험계약자는 보험자에게 보험료를 지급할 의무가 없다.

> **|해설|**
> ③ 상법 제639조 제2항
> ① 보험계약자는 위임을 받거나 위임을 받지 아니하고 특정 또는 불특정의 타인을 위하여 보험계약을 체결할 수 있다(상법 제639조 제1항).
> ② 타인을 위한 손해보험계약의 경우에 그 타인의 위임이 없는 때에는 보험계약자는 이를 보험자에게 고지하여야 하고, 그 고지가 없는 때에는 타인이 그 보험계약이 체결된 사실을 알지 못하였다는 사유로 보험자에게 대항하지 못한다(상법 제639조 제1항 후단).
> ④ 타인을 위해서 보험계약을 체결한 보험계약자는 보험자에 대하여 보험료를 지급할 의무가 있다(상법 제639조 제3항).

정답 05 ③ 06 ② 07 ④ 08 ③ 09 ③

10 타인을 위한 보험계약에 관한 설명으로 옳은 것은?

① 보험계약자는 타인의 위임 없이는 계약을 체결할 수 없다.
② 타인은 수익의 의사표시를 행한 후 계약상의 이익을 받는다.
③ 보험계약자가 파산선고를 받은 때에는 그 타인도 원칙적으로 보험료 지급의무를 부담한다.
④ 보험계약자는 원칙적으로 그 타인의 동의 없이 계약을 임의로 해지할 수 있다.

| 해설 |
보험계약자가 파산선고를 받거나 보험료의 지급을 지체할 때에는 그 타인이 권리를 포기하지 않는 한 그 타인도 보험료를 지급할 의무를 진다.
① 보험계약자는 <u>타인의 위임 없이도 계약을 체결할 수 있다</u>.
② 타인은 <u>수익의 의사표시 없이</u> 당연히 계약상의 이익을 받는다.
④ 보험계약자는 그 <u>타인의 동의를 얻거나 보험증권을 소지한 경우에만</u> 그 계약을 해지할 수 있다.

11 타인을 위한 보험계약에 관한 설명으로 옳은 것은?

① 타인을 위한 보험계약은 타인의 위임을 받지 않으면 효력이 없다.
② 타인을 위한 보험계약의 경우 타인은 보험계약자와 연대하여 보험료를 지급할 의무가 있다.
③ 타인을 위한 보험계약은 보험계약자와 피보험자가 다른 손해보험계약 또는 인보험계약을 말한다.
④ 타인을 위한 보험계약의 경우 타인은 그 수익의 의사표시를 하지 않아도 당연히 계약의 이익을 받는다.

| 해설 |
민법 제539조 제2항에서와 같이 제3자(타인)는 수익의 의사표시를 필요로 하지 않고 당연히 보험계약상의 이익을 받게 된다.
① 타인을 위한 보험계약은 <u>타인의 위임을 받았는가 받지 않았는가를 불문</u>한다.
② 보험계약자가 <u>파산선고를 받거나 보험료의 지급을 지체</u>할 때에는 그 타인이 그 권리를 포기하지 아니하는 한 그 타인도 보험료를 지급할 의무가 있다.
③ 손해보험계약에서는 <u>보험계약자와 피보험자가 다른 경우</u>이고, 인보험계약에서는 <u>보험계약자와 보험수익자가 다른 경우</u>이다.

12 타인을 위한 보험계약에 관한 설명으로 옳은 것은?

① 보험의 수익자는 자신이 보험자에 대하여 수익의 의사표시를 하지 아니하였다면 당연히 보험금액을 청구할 수 없다.
② 손해보험의 경우 보험계약자는 피보험자의 위임을 받지 아니한 경우에도 계약을 체결할 수 있다.
③ 보험수익자인 타인은 어떤 경우에도 보험료 지급의무는 지지 않는다.
④ 제3자, 즉 피보험자 또는 보험수익자는 계약 체결 당시에 정해져 있어야 한다.

| 해설 |
① 타인은 수익의 의사를 표시하지 않더라도 당연히 보험계약의 이익을 받는다.
③ 보험계약자가 보험금 지급을 지체하거나 파산선고를 받은 경우 피보험자 또는 보험수익자가 그 권리를 포기하지 않는 한 보험료 지급의무가 있다.
④ 타인은 계약 체결 당시는 물론 사고발생 전에 정해도 무방하다.

CHAPTER 03 손해보험

🔍 **학습목표**
❶ 손해보험의 개념 및 원칙, 피보험이익, 보험금액과 보험가액, 초과·중복·일부보험에 대해 학습한다.
❷ 보험자의 손해보상의무, 보험계약자 및 피보험자의 손해방지의무, 보험자대위 등을 이해한다.
❸ 손해보험계약의 변경·소멸, 보험목적의 양도, 손해보험 중 화재보험에 대해 학습한다.

01 손해보험의 총설

1 손해보험계약의 개념

(1) 손해보험계약의 정의

① 의 의 기출 제6회

손해보험계약은 당사자 일방(보험계약자)이 약정한 보험료를 지급하고 상대방(보험자)이 재산에 관하여 불확정한 사고(보험사고)로 인하여 생기는 피보험자의 재산상의 손해를 보상할 책임이 있다고 약정함으로써 효력이 생기는 보험계약이다(상법 제638조, 제665조). 따라서 손해보험계약은 피보험자의 물건 또는 재산에 우연한 사고로 생기는 손해를 보상하는 것이므로, 사람의 생명 또는 신체에 생길 우연한 사고에 대비하는 인보험계약과 구별된다.

② 손해배상과 손해보상

손해보험계약에서 손해란 사법상의 손해배상법리에서 통용되는 손해와 같이 사고발생 전의 이익상태와 사고발생 후의 이익상태의 차이를 의미하며, 손해배상이나 손해보상은 그 손해를 원상회복하여 사고 전의 상태로 복구하는 기능을 가지고 있다.

  ㉠ 손해배상 : 손해배상이란 위법한 행위로 다른 사람에게 손해를 입힌 사람이 그 피해를 회복시켜 주는 것을 말한다. 채무를 이행하지 않아서 다른 사람에게 피해를 주거나 불법행위로 손해를 입힌 경우에 배상책임이 인정된다. 자기가 한 일에 대해 책임을 지는 것이기 때문에 고의 또는 과실이 있어야 한다.

  ㉡ 손해보상 : 손해보상이란 공법상 국가나 지방자치단체 또는 공공기관의 합법적 권리행사로 인해 발생한 손해를 전보하거나 사법상으로 적법한 행위임에도 발생한 손해를 보상해 주는 것을 말한다. 예를 들어 소방관이 화재를 진압하기 위해 부득이 불난 집의 옆집 대문을 부수고 소방장비를 진입시켜 공무를 수행하는 경우 손해보상에 해당한다.

ⓒ 손해배상과 손해보상의 차이점 : 고의, 과실과 비교해보면 손해배상은 가해자의 위법이나 잘못이 입증돼야 하나, 손해보상은 가해자가 없는 경우나 가해자의 위법 또는 과실이 없는 경우에도 손해를 보상한다. 손해배상은 과실책임주의인 반면, 손해보상은 과실의 크고 작음은 물론 유무도 문제 삼지 않는 사회보장의 성격이 강하므로 무과실책임주의이다.

(2) 손해보상의 원칙(Principle of Indemnity, 실손보상의 원칙 = 이득금지의 원칙)

① 의 의 기출 제3회

손해보상의 원칙이란 손해보험에서 보험사고가 발생하였을 때 보험자는 피보험자에게 실손해액 이상으로 보험금을 지급할 수 없다는 원칙을 의미한다. 즉, 손해보험은 부정액보험으로서 보험사고의 발생시에 보험자의 보상책임 범위는 보험가액과 보험금액의 한도 내에서 피보험물의 실손해액에 따라 보상액이 결정되는데, 이는 피보험자가 보험을 통하여 금전적 이득을 취할 수 없다는 손해보험 특유의 지배원리인 이득금지의 원칙이 지배하고 있기 때문이다.

② 인정이유

손해보상의 원칙은 피보험자 등이 보험을 통하여 이득을 얻게 되면 도덕적 위험이 뒤따르고 보험의 도박화, 인위적 사고를 유발하는 결과를 초래하게 되어 보험제도가 사회에 공헌하기보다는 사회의 암적 요소가 되기 때문이다.

③ 손해보상의 원칙의 내용과 법 규정

㉠ 원칙의 내용 : 손해보험은 이득금지의 원칙에 따라 복구, 대체, 수리 등으로 이루어지며, 즉 원상회복하는 데에 있다. 이때 재축비, 재조달비 등의 대체비용에서 피해물의 감가분을 공제하고(감가상각) 복구, 대체, 수리 등으로 피해물의 가치가 증가되었다면 신구교환공제를 함으로써 이득을 금한다.

㉡ 상법의 규정

ⓐ 피보험이익 : 피보험이익은 상법상 "보험계약의 목적(상법 제668조)"이며, "보험사고의 발생 여부에 관하여 가지는 경제상의 이해관계"를 의미한다. 피보험이익은 손해발생 여부를 판단하는 기준으로서 손해보험에서는 피보험이익의 가액을 한도로 보상한다. 즉, 피보험이익은 보험자의 책임범위를 결정하고, 보험의 도박화, 인위적 위험초래의 방지 및 초과보험·중복보험의 판정기준이 된다. 또한 일부보험에서 손해가 피보험이익의 일부에 대해서만 발생한 때에는 피보험이익의 가액을 기준으로 보상액이 결정된다.

ⓑ 보험자대위 : "보험자가 보험금을 지급후 피보험자 또는 보험계약자가 보험의 목적 또는 제3자에 대하여 가지는 법률상의 권리를 취득하는 것(상법 제681조, 제682조)"을 의미하며, 손해보험에서만 인정한다. 따라서 피보험자의 실손해만 보험자가 보상하더라도 피보험자에게 잔존물이나 제3자에 대한 권리가 남아 있으면 부당이득을 취득하는 결과가 되므로 법은 보험자에게 대위권의 취득을 인정하여 피보험자에게 이중이득을 금지하고 있다.

ⓒ 타보험계약 : 동일한 보험계약의 목적과 동일한 사고에 대하여 2개 이상의 계약에 체결되어 있을 때(중복보험, 병존보험의 경우) 그중 어떤 보험계약에 대하여 나머지 다른 계약을 '타보험계약(Other Insurance Clause)'이라고 한다. 이 경우에 각 보험자에게 각 보험계약의 내용을 통지하도록 하고 있으며, 이를 해태시에 사기로 보아 보험계약을 무효로 하도록 하여 이중이득을 방지한다.

④ 손해보상 원칙의 적용예외
　㉠ 생명보험 : 생명보험에서는 이득금지의 원칙이 적용되지 않으므로 실손보상의 원칙이 적용되지 않는다. 다만, 상해·질병보험의 경우 치료에 소요되는 의료실비(입원비·진단비·치료비 등)는 부정액보험으로서 손해보험의 성격을 가지므로 당사자의 특약으로 이득금지의 원칙을 적용할 수 있다.
　㉡ 신가보험 : 신가보험은 신품가액에 의하여 손해를 보상하는 계약으로서(상법 제676조 제1항 단서) 피보험자가 신구교환차익을 얻으므로 손해보상의 원칙에 어긋나지만, 이는 공서양속과 보험의 본래 목적에 위배되지 않으므로 예외적으로 인정하고 있다.
　㉢ 전손시 협정보험가액 : 당사자 사이에 미리 보험가액을 협정한 기평가보험의 경우(상법 제670조) 보험가액이 실제가액보다 많은 경우에도 그 차이가 미세하면 협정보험가액으로 보상한다.
　㉣ 손해방지비용 : 손해방지비용이란 손해의 방지 또는 경감을 위하여 필요하거나 유익하였던 비용을 말하는 것으로, 손해액과 비용의 합계액이 보험금을 초과하더라도 보험자가 이를 부담한다(상법 제680조). 이는 보험자의 보상책임이 아니라, 단지 비용으로 보상액과 합산하여 지급할 뿐이다. 또한 비용은 피보험자가 지출한 금액에서 통상적이고 필요 타당한 경우에 인정하며, 적정해야 한다.

(3) 손해보험의 종류

① 우리 상법은 손해보험을 화재보험, 운송보험, 해상보험, 책임보험, 자동차보험, 보증보험의 6종류로 규정하고 있다. 이 중 화재보험·운송보험·해상보험은 전통적인 손해보험에 속하고, 책임보험은 기계문명의 발달 또는 도로교통의 증대로 급속히 발전하는 새로운 보험이며, 자동차보험은 자동차의 증대와 교통사고의 위험으로 오늘날 가장 중요한 보험분야로 나타나고 있다. 보증보험은 보험의 성격과 보증의 성격을 규정하는 전형계약이라고 할 수 있다.
② 해상보험에서 시작된 손해보험은 경제의 발전과 더불어 사회생활이 복잡해짐에 따라 새로운 종류의 보험이 다양하게 나타나고 있다.
③ 상법규정 외에도 근로자재해보상보험, 생산물배상책임보험, 도난보험, 유리보험, 동물보험, 원자력보험, 조립보험, 건설공사보험, 항공보험 등 각종의 손해보험이 영위되고 있다.

2 피보험이익

(1) 피보험이익의 개념

① 의 의

손해보험계약의 중심요소로는 보험사고, 보험료, 보험금액 및 피보험이익이 있다. 특히 피보험이익은 손해보험계약에 있어서 중요한 위치를 차지하고 있다. 손해보험계약은 원칙적으로 피보험이익을 전제로 하고 있으며, 손해의 보상도 피보험이익의 범위 내에서 이루어진다. 이는 손해보험계약이 보험사고로 인하여 피보험자에게 어떤 이득을 주려는 것이 아니고 현실적으로 발생한 손해를 보상하려는 데에 그 목적이 있기 때문이다. 우리 상법 제668조에서는 피보험이익을 "보험계약의 목적"이라고 하여 금전적으로 산정할 수 있는 이익으로 한정하고 있다.

② 학 설

피보험이익의 개념정립에는 이익설과 관계설이 대립하고 있다.

㉠ 이익설 : 피보험이익은 보험사고가 발생하면 피보험자에게 재산적 손실을 일으키는 관계가 있기 때문에 사고가 발생하지 아니하는 동안에 그 피보험자는 경제적 이익을 가지며, 이 경우에 "피보험자가 보험의 목적에 대하여 가지는 이익(Vorteil) 또는 가치(Wert)이다"라고 하는 설이다. 하지만 이 설은 손해의 개념을 전제로 이익을 설명하는 순환논법이라는 비판을 받고 있다.

㉡ 관계설 : 피보험이익은 "피보험자가 일정한 목적에 대하여 보험사고가 발생하면 손해를 입게 되는 경우에 피보험자와 그 목적과의 관계이다"라고 하는 설로서, 이것도 표현방식만 다를 뿐 순환논법이라는 점에서 이익설과 다를 바 없다. 따라서 피보험이익의 개념에 대하여 어느 설을 취하든 그 결과와 실익에는 차이가 없고 피보험이익의 요건을 명확히 하면 충분하다고 본다. 따라서 피보험이익을 "보험사고발생 여부에 대하여 가지는 경제상의 이해관계"라 풀이할 수 있다.

③ 보험의 목적과의 구별 기출 제2회

피보험이익은 보험의 목적과 구별되는데, 보험의 목적(상법 제666조 제1호, 제675조, 제678조, 제679조)은 보험계약의 대상인 재화를 말하며, 피보험이익은 그 목적에 대하여 가지고 있는 경제적 이해관계를 말한다. 그러므로 동일한 목적에 대하여 경제적인 이해관계가 다름에 따라 수개의 피보험이익이 있을 수 있고, 피보험이익이 다르면 동일한 목적물에 대한 보험계약이라도 별개의 보험계약이 된다.

④ 피보험이익의 지위

피보험이익은 손해보험계약의 중심요소로서 어떠한 지위에 있느냐는 절대적인 지위를 차지한다는 절대설과 보험계약의 도박화를 방지하기 위하여 정책적으로 인정되는 상대적인 것으로 보는 상대설로 구분할 수 있다. 한편, 피보험이익은 "이익이 없으면 보험도 없다"라고 할 만큼 손해보험계약의 절대적 불가결한 요소라는 것이 통설이다.

즉, 우리나라 손해보험에서는 피보험이익의 존재를 전제로 하므로 절대주의·객관주의를 채택하고 있으며, 인보험 중 생명보험계약에서는 이를 인정하지 않는 것이 통설이다.

> **심화TIP** 상실이익 등의 불산입(상법 제667조) **기출** 제7회
>
> 보험사고로 인하여 상실된 피보험자가 얻을 이익이나 보수는 당사자간에 다른 약정이 없으면 보험자가 보상할 손해액에 산입하지 아니한다.

(2) 피보험이익의 요건

① 경제적 이익 **기출** 제1회, 제9회

피보험이익은 금전으로 산정할 수 있는 것이어야 한다(상법 제668조). 금전적으로 산정할 수 있는 것이란 객관적 평가가 가능함을 의미한다. 이는 금전적으로 산정할 수 없는 한 손해의 산정은 사실상 불가능하고, 또 피보험자는 보험을 남용하여 실손해 이상의 손해보상을 받을 염려가 있기 때문이다. 경제적 이익으로 인한 경제적 가치를 가지지 않는 감정적 이익, 기호이익은 피보험이익이 될 수 없다. 또한 법률상 관계이든, 사실상 이해관계이든, 적극적이든, 소극적이든, 현실적으로 입은 손해이든, 상실이익이든 묻지 않는다.

② 적법한 이익

피보험이익은 법의 보호를 받을 수 있는 이익이어야 한다. 그러므로 선량한 풍속이나 그 밖의 사회질서에 위반하는 경우에는 계약 자체가 무효로 된다(민법 제103조). 따라서 탈세, 절도, 도박으로 인하여 받을 이익과 같은 불법한 것은 피보험이익이라 볼 수 없다. 피보험이익의 적법성은 당사자의 선의·악의를 묻지 않고 객관적인 표준에 따라 결정하여야 하고 피보험자의 인적상태와 관계가 없다. 그러므로 피보험자가 전쟁 개시로 적국인이 되더라도 사법관계에 속하는 범위에서는 보험계약의 효력에 영향을 미치지 않는다.

③ 확정적 이익

피보험이익은 보험계약의 체결 당시에 그 존재 및 소속이 확정되어 있거나 또는 적어도 사고발생시까지 확정할 수 있는 것이어야 한다. 그러므로 이익은 확정할 수 있으면 현재의 이익뿐만 아니라 장래의 이익, 조건부 이익 등도 보험계약의 목적으로 할 수 있고, 또 장래의 영업이익 그 밖에 전혀 장래에 속하는 이익이라도 상관없다. 즉, 포괄보험(상법 제687조), 희망이익보험(상법 제689조 제2항, 제698조)이 그 예이다.

(3) 피보험이익의 효용(기능) 기출 제1회

① 보험자의 책임범위의 결정

보험자는 보험사고가 발생할 경우 피보험이익을 금전적으로 산정한 가액, 즉 보험가액을 한도로 부담하게 되는데 보험자의 책임범위는 피보험이익의 평가액, 즉 보험가액을 법정 최고한도로 한다.

② 도박화, 인위적 위험의 방지

도박과 보험계약은 사행성을 가진다는 점에서 유사하나 보험은 피보험이익을 가진다는 점에서 도박화를 방지한다. 또한, 피보험이익은 보험자의 책임범위를 한정하므로 피보험자 등이 인위적으로 보험사고를 야기하는 것을 방지할 수 있다.

③ 초과·중복보험의 규제

손해보험계약은 불로소득이나 이익을 주려는 제도가 아니므로 초과보험이나 중복보험에 대해 특별히 규정을 따로 두고 규제를 하고 있다. 피보험이익의 가액, 즉 보험가액은 초과보험과 중복보험의 판정 기준으로서 기능을 하고 결과적으로 도박보험이나 초과·중복보험 등을 방지하여 보험계약의 사행성을 방지한다.

④ 일부보험의 보상액의 결정 기출 제5회

일부보험에서 보험자의 보상액은 보험금액의 보험가액에 대한 비율에 따라 보상하므로 보험가액이 확정됨으로써 보상액이 조정된다(상법 제674조).

⑤ 보험계약의 동일성을 구별하는 표준

보험계약의 동일성을 구별하는 표준은 피보험이익이며, 피보험이익이 다르면 동일한 보험의 목적에 수개의 보험계약을 체결할 수 있다.

(4) 피보험이익의 구성

① 소유자이익

보험의 목적의 소유자가 그 재물에 대하여 가지는 이익을 말한다. 즉, 적극적 재산이익 중에 그 재물의 처분에 의하여 얻어질 수 있는 교환가치를 내용으로 하는 이익만을 지칭한다.

② 담보이익

보험의 목적에 대하여 저당권, 질권, 유치권 등을 소유하는 자의 피보험이익을 말한다.

㉠ 공동해손, 구조료분담의 채무와 같이 채무가 물적 유한책임이기 때문에 담보물의 멸실로 인해 소멸되는 채권에 수반하는 것

㉡ 담보물의 멸실로 인해 소멸되지 않는 채무에 수반되는 것으로 채무불이행이 발생하였을 때 담보물의 처분으로 우선변제받는 이익을 상실하는 것

여기서 ㉠은 그 주(主)되는 채권을 피보험이익으로 부보하는 것이 보통이며, 담보이익에 관한 것이면 ㉡을 지칭한다고 보아도 무방하다. 담보권자는 자기의 이런 종류의 이익을 자기의 채권의 금액을 한도로 하여 단독으로 부보가 가능하다.

③ 사용이익

사용이익이란 보험의 목적인 재물을 자기의 계산하에 사용함으로써 생기는 경제적 이익에 대한 피보험이익을 말하며, 보험의 목적을 타인에게 대여 받음으로써 얻는 수익에 상대되는 개념이다. 사용이익은 보험의 목적이 자기소유 여부를 불문하고 그 사용이 법률관계에 준거하건 단순한 사실관계에 있건 불문한다. 한편, 소유자이익은 소유자의 재물의 교환가치를 내용으로 하는 보험이지만 사용이익은 사용가치에 대한 보험이다.

④ 수익이익

보험의 목적인 물건을 소유하여 얻는 자체의 사용이익을 허가함으로써 얻게 되는 이익을 말한다. 예를 들면 건물, 선박 등을 타인에게 대여함으로써 얻는 임대료, 용선료 등이다. 또 보험의 목적인 물건에 대해 용역을 제공하는 자가 그 물건이 무사함으로써 생기는 이익(가득이익)을 말한다. 예를 들면 선원의 급료, 도착할 재물의 매매를 중개하는 자의 수수료 등이다.

⑤ 대상이익

대상이익이란 어느 대상의 취득을 목적으로 비용이 지출되었을 경우 보험사고로 인해 그 대상의 취득이 방해되는데 대한 피보험이익을 말한다. 즉, 희망이익을 위하여 장래에 지급할 것이 아니고 미리 지급한 비용이다. 선비, 운임은 결정적으로 지출된 이상 보험사고의 발생으로 잃게 될 성질이 아니다. 잃을 우려가 있는 것은 선비의 대상으로서 취득이 기대되는 증가가치에 있음을 선비, 운임의 보험으로 부보하는 것이다. 운임을 취득할 목적으로 또는 지출되는 선비운송에 의한 화물의 증가가치를 취득할 목적으로 하주로부터 지출되는 운임 등이 그 예이다.

⑥ 비용이익

손해보험에서는 원칙적으로 보험가액이 보상한도가 되지만 신가보험의 경우 재축 또는 재조달가액과 시가와의 차액부분을 비용으로 보고 있다.

⑦ 책임이익

어떤 사실의 발생으로 피보험자가 제3자에 대하여 손해를 입혔을 경우 제3자에게 재산적 급부를 하게 되는 피보험이익을 말한다.

⑧ 희망이익

㉠ 희망이익이란 화물이 무사히 목적지에 도착하면 매각, 중개 등에 의하여 얻을 수 있는 것으로 기대되는 이익을 말한다. 화주의 희망이익은 화물 자체의 보험과 일괄하여 적하보험으로 부보되는 일이 많다. 보통 송장가격의 10%에 상당하는 금액을 송장가격에 가산한 것을 화물의 협정보험가액으로 한다.

㉡ 착선 인도가격의 조건에 의한 화물의 매수인이 이익을 붙여 전매할 계약을 하고 있는 경우 만일 화물이 도착하지 않거나, 손상을 입고 도착하면 그 전매에 의한 이익을 잃게 되므로 그러한 희망이익에 대하여는 단독으로 부보할 필요가 있다. 매매계약의 중개에 관한 이익도 마찬가지이다. 이들을 보험계약의 목적으로 하는 손해보험을 희망이익보험이라 한다.

3 보험금액과 보험가액의 관계

(1) 보험금액
보험금액은 보험자가 발생한 손해의 보상을 위하여 지급하기로 한 금액의 최고한도를 말하는데, 이는 보험계약을 체결할 때에 당사자간의 약정에 의하여 정한다. 이것은 손해발생시에 실제로 피보험자에게 지급되는 금액과 구별하기 위하여 약정보험금액이라고도 한다.

(2) 보험가액 기출 제2회

① 의 의

보험가액이란 피보험이익을 금전으로 평가한 가액을 말한다. 보험가액은 원칙적으로 언제나 일정한 것이 아니고, 경기의 변동에 따라 수시로 변동하는 피보험이익의 가액이고, 물건보험에서만 존재한다.

② 보험가액의 평가 기출 제1회, 제3회, 제5회, 제6회, 제8회, 제10회, 제11회

손해보험계약은 보험사고로 인한 피보험이익상의 손해를 보상할 것을 목적으로 한다. 그러므로 피보험이익을 정확하게 평가하는 것은 매우 중요하며, 피보험이익의 평가액을 보험가액이라고 한다. 하지만 보험가액은 보험기간 중에 변동하므로 당사자간에 다툼의 소지가 있어서 우리 상법은 그 평가에 대하여 다음과 같이 규정하고 있다.

㉠ 기평가보험(Valued Policy)의 경우

ⓐ 의의 : 기평가보험이란 보험계약을 체결함에 있어서 당사자 사이에 미리 피보험이익의 가액에 대하여 합의가 이루어진 보험을 말한다.

ⓑ 인정이유 : 우리 상법은 당사자 사이의 협정에 의하여 미리 보험계약을 평가하는 기평가보험제도를 인정하고 있다. 그 이유는 보험사고의 발생시에 피보험이익의 평가를 둘러싸고 당사자간에 일어날 분쟁을 막는데 있기 때문이다.

ⓒ 보험증권의 기재 : 기평가보험에 있어서 보험가액에 대한 합의는 명시적이어야 하고, 이것은 각종 손해보험증권에 기재하여야 한다(상법 제685조, 제690조, 제695조). 이러한 보험가액의 기재가 있는 보험증권을 기평가보험증권이라 하고, 그렇지 않은 것을 미평가보험증권이라 한다.

ⓓ 기평가보험의 효과 : 보험가액에 대하여 당사자 사이에 합의를 하였을 때에는 보험사고발생시의 가액으로 정한 것으로 추정하여 보험자는 보험사고가 발생하면 그 약정한 보험가액에 따라 산정한 손해를 보상할 책임을 진다(상법 제670조). 그러나 약정한 보험가액이 보험사고발생시의 가액을 현저하게 초과할 때에는 사고발생시의 가액을 보험가액으로 한다(상법 제670조 단서). 여기서 '현저하게'라 함은 객관적인 표준에 의한 거래의 통념에 따라 결정할 문제이고, 그 '현저한 초과'에 대한 입증책임은 보험자에게 있다. 이 경우 보험계약자에게 사기의 목적이 있을 때에는 그 계약 전체가 무효로 된다고 본다(상법 제669조 제4항).

| 판례 | 보험가액의 결정(대법원 1988.2.9. 선고 86다카2933 판결) |

손해보험에 있어서 보험사고의 발생에 의하여 피보험자가 불이익을 받게 될 이해관계의 평가액인 보험가액은 보험목적의 객관적인 기준에 따라 평가되어야 하나, 보험사고가 발생한 후 그 평가를 둘러싸고 보험자와 피보험자 사이에 분쟁이 발생하는 것을 미리 예방하고 신속한 보상을 할 수 있도록 하기 위하여 상법 제670조에서 기평가보험에 있어 보험가액에 관한 규정을 두고 있는 바, 이러한 기평가보험계약에 있어서도 당사자는 추가보험계약으로 평가액을 감액 또는 증액할 수 있다.

ⓒ 미평가보험(Unvalued or Open Policy)의 경우 기출 제4회
 ⓐ 의의 : 미평가보험이란 보험계약의 체결 당시 당사자 사이에 피보험이익의 가액에 대하여 아무런 평가를 하지 않은 보험을 말한다.
 ⓑ 보험가액 산정의 일반원칙 : 우리 상법은 당사자 사이에 보험가액을 정하지 아니한 때에는 사고발생시의 가액을 보험가액으로 한다(상법 제671조).
 ⓒ 보험가액 불변경주의
  • 의의 : 일반적으로 보험기간이 짧고 시간적으로 보험가액의 변동이 비교적 적으며, 또한 손해발생의 때와 곳을 결정하기가 어려운 해상·운송보험에서는 평가가 용이한 시점의 가액을 표준으로 전보험기간을 통하여 보험가액으로 정하고 있다. 이를 보험가액 산정의 특칙으로서 '보험가액 불변경주의'라 한다.
  • 인정이유 : 보험제도가 수리·통계적인 기술적 성격을 가지고 있으나, 운송·해상보험의 경우 운송물이나 선박 또는 적하물이 수시로 변경되어 손해가 발생한 때와 곳을 정하기 어려우며, 특히 미평가보험에서는 보험가액의 평가가 더욱 어려워 어느 시점의 가액을 보험가액으로 하여야 하기 때문이다.
  • 효용 : 보험가액에 문제가 생긴 경우 그 진실한 가액 여하에 불구하고 언제나 평가가 용이한 시점의 가액을 기준으로 삼기에 분쟁의 여지가 적고 보험료 산정이 용이하다.
  • 상법상 운용

운송보험	운송물을 발송한 때와 곳의 가액과 도착지까지의 운임 및 기타의 비용을 보험가액으로 한다(상법 제689조 제1항).
선박보험	보험자의 책임이 개시될 때의 선박가액을 보험가액으로 한다(상법 제696조 제1항).
적하보험	적하를 선적한 때와 곳의 가액에 선적 및 보험에 관한 비용을 가산한 것을 보험가액으로 한다(상법 제697조).
희망이익보험	적하의 도착으로 인하여 도착지에서 얻을 이익과 보수를 계약으로 정하지 않은 때에는 보험금액을 보험가액으로 한 것으로 추정한다(상법 제698조).
초과보험	초과보험의 유무를 결정하는 때의 보험가액은 계약 당시의 가액에 의하도록 하고 있다(상법 제669조 제2항).

(3) 보험금액과 보험가액의 관계 기출 제1회, 제2회

손해보험은 일종의 손해보상계약으로서 보험자는 보험사고로 인하여 피보험자에게 적극적으로 어떤 이득을 주려는 것이 아니기 때문에 보험자가 보상할 손해액은 보험가액에 의하여 최고한도가 정해지고 보험금액에 의하여 그 범위가 제한된다. 여기서 보험금액은 보험사고의 발생시에 보험자가 지급할 금액의 계약상의 최고한도액이고, 보험가액은 피보험이익의 가액으로 피보험이익을 금전평가한 가액으로 법률상의 최고한도액이다. 즉, 보험금액은 보험자가 지급할 보험금의 "계약상의 최고한도"이며, 보험가액은 "법률상의 최고한도"이다. 그리고 보험금액은 손해보험과 인보험의 공통된 개념이나, 보험가액은 손해보험에만 있는 개념으로 보험금액과 보험가액과의 관계는 손해보험에서만 문제되고 있다. 한편, 보험금액과 보험가액은 서로 일치되는 것을 기대하지만 그 개념이 다르고, 또한 보험가액은 항상 가변성을 띠고 있어서 계약 체결시에 당사자가 정한 보험금액과 일치하지 않는 경우가 생기는데, 일치하는 경우를 전부보험이라 하고, 일치하지 않는 경우를 초과보험, 중복보험, 일부보험의 형태로 구분한다.

(4) 전부보험(Full Insurance)

보험금액과 보험가액이 일치하는 보험을 전부보험이라고 한다. 그러나 보험가액의 산정이 어렵고 수시로 변동하므로 현실적으로 전부보험이 존재하기가 어렵다. 보험자는 전부보험인 경우 소손해 부담보 등 특약이 없는 한 실손해액 전부를 보상한다.

(5) 초과보험(Over Insurance) 기출 제3회, 제4회, 제9회, 제10회, 제11회

① 의 의

초과보험이란 보험금액이 보험가액을 현저하게 초과하는 보험(상법 제669조 제1항)을 말하며, 보험계약 체결 당시에 당사자에 의하여 보험가액 이상으로 정해진 때에 생기거나 보험기간 중에 물가의 하락으로 보험가액이 현저하게 감소된 때에도 생긴다.

② 성립요건

㉠ 현저한 초과 : 보험금액이 보험가액을 현저하게 초과하여야 하는데(상법 제669조 제1항), '현저하게'란 사실문제로 사회거래의 통념에 따라 결정하여야 한다.
㉡ 보험가액의 산정시기 : 초과보험을 결정하는 보험가액의 산정은 계약 당시에 의하여 정한다(상법 제669조 제2항). 그러나 물가의 하락으로 보험가액이 보험기간 중에 현저하게 감소된 때에는 그때를 기준으로 한다(상법 제669조 제3항).
㉢ 사기가 없을 것 : 보험계약자에게 사기가 없어야 하는데, 사기인 경우 그 계약은 무효가 된다(상법 제669조 제4항).

③ 효 과

초과보험을 그대로 인정하면 보험의 도박화나 인위적인 사고를 일으킬 우려가 있어서 각 나라에서는 초과보험을 제한하고 있다.

㉠ 입법주의 : 각 나라의 초과보험에 관한 규제는 주관주의와 객관주의로 크게 나누어 볼 수 있다.

ⓐ 주관주의입법은 보험금액이 보험가액을 초과하는 경우에 단순한 것, 또는 사기적인 것에 따라 그 효력을 달리하는 것으로 전자의 경우에는 당사자에게 보험금액과 보험료의 감액청구권을 인정하고, 후자의 경우에는 보험계약 자체를 무효로 하는 것으로 우리 상법도 이에 따르고 있다.

ⓑ 객관주의입법은 초과보험의 경우에 그 초과부분을 당연히 무효로 하는 것으로 일본 상법이 이에 속한다(일본 상법 제631조). 우리 상법에서도 초과보험을 제한하고 있는데, 당연히 무효로 하지 않고 보험계약자의 선의, 악의에 따라 효력을 달리하는 주관주의를 채택하고 있다.

㉡ 선의인 경우 : 당사자의 선의인 경우 보험자 또는 보험계약자는 보험금액과 보험료의 감액을 청구할 수 있다. 그러나 보험료의 감액은 보험료불가분의 원칙에 따라 장래를 향하여만 효력이 있다(상법 제669조 제1항). 따라서 보험자가 보험계약이 초과보험이란 사실을 보험사고의 발생 후에 손해사정과정에서 비로소 알게 된 경우에, 보험계약 체결시부터 초과보험이라 하더라도 약관에 반대의 약정이 없는 한 그 초과부분의 보험료를 소급하여 반환할 의무는 없으며, 그 보험료기간에 대한 보험료는 그대로 청구할 수 있다. 이것은 보험가액이 보험기간 중에 현저하게 감소하여 초과보험이 된 경우에도 마찬가지이다(상법 제669조 제3항).

㉢ 악의인 경우 : 초과보험이 보험계약자의 사기로 인하여 체결된 때에는 초과부분뿐만 아니라 계약의 전부를 무효로 한다. 그러나 보험자는 그 사실을 안 때까지의 보험료를 청구할 수 있다(상법 제669조 제4항). 이는 보험계약의 선의성·윤리성에 따라 보험의 도박화와 고의적인 보험사고의 유발을 방지하고 사기적인 보험계약자를 응징하기 위함이다.

(6) 중복보험(Double Insurance) 기출 제1회, 제3회

① 개 요

동일한 보험계약의 목적(피보험이익과 동일한 보험사고에 관하여 수개의 보험계약이 체결될 수 있다. 예컨대, 수인의 보험자가 보험계약자의 위험을 분담·공동으로 보험을 인수하는 '공동보험(Mitversicherung)', 보험자 사이에 서로 연결 없이 보험가액 한도 내에서 보험을 인수하는 '병존보험(Nebenversicherung)', 보험금액의 총액이 보험가액을 초과하여 수인의 보험자와 개별적으로 보험계약을 체결하는 '중복보험'이 있다.

따라서 병존보험에서도 각 보험자는 위험관리, 보험자대위, 손해방지비용부담 등에 관하여 이해관계를 가지고 있으므로 각자가 인수한 위험을 어떤 보험자가 어떤 조건으로 인수하였는가를 알 필요가 있다. 여기서 우리 상법은 보험계약자의 통지의무범위를 "동일한 보험계약의 목적과 동일한 사고에 관하여 수개의 보험계약이 체결되는 경우"라 하여 중복보험 이외에 병존보험도 포함되도록 규정하고 있다.

② 의 의 기출 제4회, 제6회, 제8회, 제10회, 제11회

동일한 보험계약의 목적과 동일한 사고에 관하여 수개의 보험계약이 수인의 보험자와 동시에 또는 순차로 체결된 경우에 그 보험금액의 총액이 보험가액을 초과한 경우로서 초과보험의 특수한 형태이다(상법 제672조 제1항). 따라서 수개의 보험계약이 동시에 또는 차례차례 체결되어서 동시중복보험과 이시중복보험이 발생할 수 있다. 이때 보험자는 각자의 보험금액 한도에서 연대책임을 지고, 각 보험자의 보상책임은 각자의 보험금액의 비율에 따르므로(상법 제672조 제1항), 연대주의의 원칙에 비례주의를 첨가하고 있다.

③ 형 태
  ㉠ 고가품, 기타 보험계약의 목적이 고액인 경우의 보험에 있어서 보험계약자 측이 단일보험자와의 보험계약으로는 보험자의 자력면에서 불안할 때
  ㉡ 보험계약자가 자기를 위한 보험계약을 체결하였을 때에 제3자가 그 보험계약자를 위한 이른바 타인을 위한 보험계약을 체결한 경우
  ㉢ 보험계약자나 피보험자가 중복을 모르고 다른 보험자와 계약을 체결하는 경우
  ㉣ 보험금의 사취목적 등

④ 요 건
  ㉠ 수개의 보험계약 : 동일한 피보험이익에 대하여 수개의 보험계약이 수인의 보험자와 체결되어야 한다. 수인의 보험자와 보험계약을 체결하는 한 동시에 체결하든, 순차로 체결하든 상관이 없다.
  ㉡ 보험계약 요소의 중복 : 동일한 보험의 목적에 피보험자, 피보험이익(보험계약의 목적) 및 보험사고가 동일하고 보험기간도 동일하거나 중복되어야 한다.
  ㉢ 보험가액의 초과 : 수개의 보험계약의 합계액이 보험가액을 초과하여야 한다. 그렇지 않은 경우 수개의 유효한 일부보험이 병존하게 된다.

⑤ 효 과 기출 제7회, 제8회, 제9회
  ㉠ 입법주의 : 손해보험은 실손해액 이상으로 보상하는 것이 아니므로, 중복보험의 경우 보험자의 손해보상방법에 관하여 정할 필요가 있고, 그 입법주의로 다음 세 가지가 있다.
    ⓐ 우선주의 : 동시, 이시를 구별하여 동시 중복보험의 경우 각 보험자의 부담은 각 보험금액의 총 보험금액에 대한 비율로 부담(비례분담주의)하고, 이시중복보험의 경우 선계약이 우선 부담하고 후계약이 부족부분에 대하여 부담(선보험우선주의)한다.
    ⓑ 비례주의 : 동시, 이시의 구별 없이 각 보험자는 각자의 보험금액의 비율에 따라 보상책임을 진다.
    ⓒ 연대주의 : 동시, 이시의 구별 없이 각 보험자가 보험금액을 한도로 연대하여 책임을 진다.
  ㉡ 보험자의 보상책임 : 우리 상법은 동시, 이시를 불문하고 각 보험자는 각자의 보험금액의 한도에서 연대책임을 지고, 각 보험자의 보상책임은 각자의 보험금액의 비율에 따른다고 하여(상법 제672조 제1항) 연대주의를 원칙으로 하고 비례주의를 첨가하고 있다.

ⓒ 보험자 1인에 대한 권리의 포기 : 보험자 1인에 대한 권리포기는 다른 보험자의 권리, 의무에 영향을 미치지 않는다(상법 제673조). 이는 피보험자가 한 보험자와 통모하여 다른 보험자를 해치는 것을 방지하기 위한 것이다. 그러므로 피보험자가 어떤 보험자 1인에 대하여 보험금청구권을 포기하였을 때에는 그 보험자의 부담부분에 대하여는 다른 보험자도 책임을 면하고, 이미 다른 보험자가 피보험자에게 보상하였을 때는 그 보험자의 부담부분에 대한 구상권을 행사할 수 있다.

ⓓ 보험계약자의 통지의무 : 보험계약자는 동일한 보험계약의 목적과 동일한 사고에 대하여 수개의 보험계약을 체결하는 경우 각 보험자에 대하여 각 보험계약 내용을 통지하여야 한다(상법 제672조 제2항)고 하여 중복보험뿐만 아니라 병존보험도 포함시키고 있다. 이 통지의무를 해태하면 악의로 추정받아 그 계약은 모두 무효로 보아야 할 것이다. 통지의 방법에는 제한이 없으므로 구두, 서면 모두 상관없으나 각 보험자의 명칭, 보험금액을 밝혀야 한다.

ⓔ 보험금액과 보험료의 감액청구 : 중복보험에 의하여 보험금액이 보험가액을 현저하게 초과한 때에는 보험자 또는 보험계약자는 보험금액과 보험료의 감액을 청구할 수 있다. 보험료 감액은 장래에 대하여만 효력이 생기므로 초과보험의 경우와 같다.

ⓕ 보험계약자의 사기로 인한 경우 : 중복보험계약이 사기로 인한 경우 초과부분뿐만 아니라 그 계약의 전부 무효이고, 보험자는 보험계약자가 사기로 인한 중복보험임을 안 때까지의 보험료청구권을 행사할 수 있다(상법 제672조 제3항, 제669조 제4항). 중복보험도 초과보험과 같이 보험계약자의 선의, 악의에 따라 효과를 달리하는 주관주의를 취하고 있다.

⑥ 중복보험의 법리(法理)의 확장
ⓐ 개요 : 중복보험의 법리는 원칙적으로 보험가액의 개념이 있는 물건보험에서만 인정된다. 그러나 우리 상법은 책임보험에 대해서도 물건보험에 있어서의 중복보험의 법리에 따르도록 명문화하였다.

ⓑ 책임보험에의 확장 : 피보험자가 동일한 사고로 제3자에게 배상책임을 짐으로써 입은 손해를 보상하는 수개의 책임보험계약이 동시 또는 순차로 체결된 경우에, 그 보험금액의 총액이 피보험자의 제3자에 대한 손해배상액을 초과한 때에는 중복보험의 법리를 그대로 적용한다(상법 제725조의2). 따라서 피보험자는 각 보험자에 대하여 중복보험의 사실을 통지할 의무를 지고, 보험자의 보상책임도 연대책임 및 비례보상의 원칙에 따라 결정된다. 그 밖에 보험금액과 보험료의 감액청구, 사기적인 경우의 효력 등도 물건보험과 동일하다.

판례 사기로 인한 중복보험(대법원 2000.1.28. 선고 99다50712 판결)

사기로 인하여 체결된 중복보험계약이란 보험계약자가 보험가액을 넘어 위법하게 재산적 이익을 얻을 목적으로 중복보험계약을 체결한 경우를 말하는 것이므로, 통지의무의 해태로 인한 사기의 중복보험을 인정하기 위하여는 보험자가 통지의무가 있는 보험계약자 등이 통지의무를 이행하였다면 보험자가 그 청약을 거절하였거나 다른 조건으로 승낙할 것이라는 것을 알면서도 정당한 사유 없이 위법하게 재산상의 이익을 얻을 의사로 통지의무를 이행하지 않았음을 입증하여야 할 것이고, 단지 통지의무를 게을리 하였다는 사유만으로 사기로 인한 중복보험계약이 체결되었다고 추정할 수는 없다.

(7) 일부보험(Under Insurance) 기출 제1회, 제2회, 제3회, 제7회, 제9회, 제11회

① 의 의

일부보험이란 보험금액이 보험가액에 미달하는 경우, 즉 보험가액의 일부를 보험에 붙인 물건보험을 말하며, 전부보험의 상대적 개념이다. 일부보험은 피보험자의 주의력의 해이를 방지하거나 보험료를 절감하기 위하여 의식적으로 체결하는 경우(의식적 일부보험)도 있고, 계약 성립 후 물가의 오름으로 보험가액이 높아짐으로써 자연적으로 발생하는 경우(자연적 일부보험)도 있다. 따라서 일부보험은 초과보험과는 달리 도덕적 위험(Moral Risk)의 폐해는 적다. 그러나 보험가액이 존재하지 않는 책임보험의 경우는 일부보험이 성립될 수 없으나, 재보험가액이 존재하는 재보험의 경우에는 일부보험이 성립될 수 있다.

② 요 건

보험금액이 보험가액에 미달하여야 한다. 이 경우 보험가액의 산정은 당사자간에 협정이 있으면 원칙적으로 그에 따르고(상법 제670조), 협정이 없으면 보험사고발생시의 가액에 의한다(상법 제671조).

③ 효 과 기출 제4회, 제6회, 제7회, 제9회, 제10회

㉠ 비례부담의 원칙 : 일부보험의 경우 "보험자는 보험금액의 보험가액에 대한 비율로 보상할 책임이 있다(상법 제674조)"는 것이 원칙이다. 이것을 '비례부담의 원칙(Pro Rata Regel)'이라 한다. 따라서 보험의 목적이 전손이 된 경우 보험금액의 전액을 지급하고, 분손의 경우 손해액의 일부분은 보험자의 보상액이 되고, 그 나머지는 피보험자가 부담한다. 이것을 공식화하면 다음과 같다.

$$\text{보험자의 보상액} = \text{손해액} \times \frac{\text{보험금액}}{\text{보험가액}}$$

㉡ 제1차 위험보험 : 일부보험의 경우 당사자간의 특약으로 분손(分損)의 경우에도 보험금액의 범위 내에서 전부보험의 경우와 마찬가지로 손해액의 전부를 보상하기로 약정할 수 있는데(상법 제674조 단서), 이를 '실손보상계약', '제1차 위험보험'이라고 한다. 이는 피보험자에게 피보험이익을 초과하여 부당이득을 줄 염려가 없고 보험 본래의 취지에 부응하기 때문에 인정된 것이다. 따라서 보험자는 비례보상책임을 지지 않고 보험금액에 달할 때까지는 분손의 경우라도 전부 보상한다.

㉢ 부보비율 조건부 실손보상(CoinsuranceⅡ) : 보험계약자가 보험금액을 보험자가 요구하는 일정비율에 맞는 금액으로 설정했을 때 제1차 위험보험, 즉 실손보상을 한다. 이는 보험자의 보험료 확보와 보험계약자간의 형평성 유지를 위함이다.

심화TIP 일부보험의 효과

- 사고예방의 동기부여
- 도덕적 위태 감소
- 보험료 인하 등

02 손해보험계약의 효과

1 보험자의 손해보상의무 기출 제1회, 제8회

(1) 의의
손해보험계약은 유상·쌍무계약으로 보험자는 보험계약자의 보험료 지급의 대가로 보험기간 내에 보험사고가 발생한 경우 피보험자의 재산상 손해를 보상할 책임을 지는데, 이것은 손해보험에서 가장 중요한 보험자의 손해보상의무이다. 이러한 보험자의 보상책임(위험부담)은 당사자간에 다른 약정이 없는 한 최초의 보험료를 지급받은 때부터 개시되고(상법 제656조), 소급보험의 경우 당사자간에 정한 시기로부터 책임을 진다(상법 제643조).

(2) 손해보상책임의 발생요건
① 보험기간 안에 보험사고가 발생
  보험사고는 보험계약에서 정한 우연한 사고를 말하며, 보험계약의 체결 당시에 보험사고가 이미 발생한 것을 당사자 쌍방과 피보험자가 알지 못한 경우(상법 제644조)와 보험사고는 보험기간 안에 발생하였으나 손해가 보험기간 후에 발생하여도 보험자는 책임을 진다.
② 피보험자에게 재산상 손해가 발생
  손해란 피보험이익이 입은 경제상의 불이익으로서 재산상 손해를 말하며, 정신적 손해는 포함되지 않는다. 따라서 보험사고로 생긴 재산상 손해라 하더라도 면책사유, 소손해면책조항(Franchise Clause)에 해당하는 손해와 같은 보험자가 담보하지 않는 손해는 포함되지 않는다.
③ 상당인과관계
  피보험자가 직접 입은 재산상의 손해와 보험사고는 상당인과관계가 있어야 한다(통설).

(3) 보험자의 면책사유
보험자의 보상책임 발생요건을 만족시키더라도 다음의 경우와 같은 면책사유에 해당하면 보상하지 않는다.
① 법정 면책사유 기출 제1회, 제2회, 제3회, 제6회, 제8회
  ㉠ 보험계약자·피보험자의 고의·중과실로 인하여 사고가 발생한 경우 보험자는 면책이다(상법 제659조). 단, 사망보험과 책임보험계약의 경우 중과실은 보상책임이 있다.
  ㉡ 전쟁 또는 기타 변란으로 인하여 사고가 발생한 경우 보험자는 면책이나 당사자간에 특약이 있는 경우는 예외이다(상법 제660조).
  ㉢ 보험목적의 성질, 하자 또는 자연소모로 인한 손해는 보험자가 이를 보상할 책임이 없다(상법 제678조).
  ㉣ 보험계약자, 피보험자 등의 의무위반으로 계약이 해지되거나 해지될 사유가 있을 때에는 그 효과로서 보험자는 책임을 지지 않는다.

ⓜ 보험계약 당시에 보험사고가 이미 발생한 것을 보험계약자, 피보험자만 알고 있는 경우에 보험금을 청구하지 못하므로 보험자는 책임이 없다.

② 약정 면책사유

약관상 명시된 면책사유로 보험자의 보상책임을 제한하고 있다. 보험의 본질에 반하지 않고 공서양속, 신의성실의 원칙 또는 보험계약자 등 불이익변경금지의 원칙(상법 제663조)에 반하지 않는 한 유효하다.

> **심화TIP** 사고발생 후의 목적멸실과 보상책임(상법 제675조) 기출 제10회
>
> 보험의 목적에 관하여 보험자가 부담할 손해가 생긴 경우에는 그 후 그 목적이 보험자가 부담하지 아니하는 보험사고의 발생으로 인하여 멸실된 때에도 보험자는 이미 생긴 손해를 보상할 책임을 면하지 못한다.

(4) 손해의 산정과 보상   기출 제1회, 제2회, 제3회, 제5회, 제6회, 제7회, 제8회, 제9회

① 손해액의 산정

보험자가 보상할 손해액은 손해가 발생한 때와 정도의 가액에 의한 것이 원칙이다(상법 제676조 제1항). 기평가보험(상법 제670조)의 경우 또는 보험가액 불변경주의를 취하는 해상·운송보험의 경우는 협정보험가액 또는 일정시점의 가액을 기준으로 손해액을 산정한다. 또한 손해액 산정비용은 보험자가 부담한다(상법 제676조 제2항).

② 손해보상의 방법

손해보험의 손해보상의 방법은 특별한 규정이 없으나, 금전급여를 원칙으로 한다. 다만, 약관에 따라 현물보상을 정한 경우 손해의 전부 또는 일부를 현물로 보상할 수 있다.

③ 손해보상의 범위   기출 제10회

㉠ 보험자의 손해보상범위는 개별적인 보험계약에서 정한 보험금액 한도 내에서 피보험자가 보험사고로 입은 실손해액을 보상한다. 단, 신가보험의 경우 보험목적의 신조달가액을 보상하고(상법 제676조 제1항 단서), 이 밖에 손해방지비용을 부담하는데 그 비용과 보상액의 합계액이 보험금액을 초과하더라도 보상한다.

㉡ 물건보험의 경우 보험자가 보상할 손해액은 보험금액에 의하여 그 범위가 정해지고 보험가액에 의해 최고한도가 정해지는데, 그 내용은 다음과 같다.

ⓐ 전부보험에서는 피보험자가 입은 손해, 즉 실손해액을 보상한다.
ⓑ 일부보험에서는 보험금액의 보험가액에 대한 비율, 즉 비례보상을 하지만 실손보상제를 채택한 제1차 위험보험의 경우 보험금액의 한도 내에서 실손해액을 보상한다.
ⓒ 초과보험에서는 보험가액을 한도로 실손해액의 전액을 보상한다.
ⓓ 중복보험에서는 각 보험자의 보험금액의 비율에 따라 보험가액 한도 내에서 보상한다.
ⓔ 공동보험에서는 보험증권상 확인된 자기인수분을 한도로 비례보상한다.

(5) 손해보상의무의 이행 [기출] 제2회, 제3회, 제7회

보험자의 손해보상의무는 보험사고에 의하여 손해가 발생한 때 구체화되고 다른 약정이 없는 한 사고발생통지를 받은 후 지체 없이 지급할 보험금액을 정하고 그 정해진 날부터 10일 이내에 지급하여야 한다(상법 제658조). 또한, 보험자의 손해보상금 지급의무는 3년의 단기시효로 소멸한다.

2 보험계약자·피보험자의 손해방지·경감의무 [기출] 제1회, 제8회, 제9회

(1) 개 요

① 의 의

손해방지·경감의무라 함은 손해보험계약에서 보험사고의 발생시에 보험계약자와 피보험자가 손해의 방지와 경감을 위하여 노력하여야 할 의무를 말한다(상법 제680조 제1항). 보험계약자 또는 피보험자는 보험사고발생 전에 위험변경·증가의 통지의무와 위험유지의무를 지고 있으나, 일단 보험사고의 발생시에는 그 손해의 방지와 경감을 위하여 합리적인 조치를 강구할 의무가 있다.

② 근 거

보험계약은 일종의 사행계약으로서 도덕적 위험의 우려가 있으므로 보험자에 대한 신의성실의 원칙과 공익상의 요청에 의하여 우리 상법은 보험계약자 측에 손해방지·경감의무를 부여하고 있다.

③ 법적 성질

손해방지·경감의무는 보험계약의 사행계약적 성질에 비추어 보험의 목적에 대한 관리자이며, 보험계약상의 이익을 받고 있는 보험계약자 또는 피보험자에게 형평의 견지에서 법이 특히 인정한 의무라고 할 수 있다.

(2) 손해방지·경감의무의 내용

① 의무자

손해방지·경감의무를 지는 자는 보험계약자와 피보험자이다(상법 제680조). 또한 이들을 위하여 대리권이 있는 대리인과 지배인(상법 제11조), 그리고 선장(상법 제773조)도 손해방지·경감의무자에 속한다.

② 손해방지·경감의무의 발생시기

우리 상법은 손해방지·경감의무만 규정하고 있으며, 의무의 이행시기에 대하여 아무런 규정이 없다. 하지만 일반적으로 보험사고가 발생한 때부터 이 의무를 진다고 본다. 또 책임보험의 경우 피보험자가 제3자에게 배상책임을 지는 원인 사고가 발생한 때부터 이 의무를 진다.

③ 손해방지 · 경감의무의 범위

보험의 목적에 사고가 발생하였어도 손해방지 · 경감의무는 보험자가 담보하고 있는 보험사고가 발생한 경우에만 생긴다. 따라서 전손만 담보한 경우 분손의 위험이 발생하면 이 의무는 생기지 않는다.

④ 손해방지 · 경감행위의 종류와 정도

손해의 발생을 방지할 뿐만 아니라 발생한 손해의 확대를 방지하는 행위도 포함한다. 직접적이든, 간접적이든 묻지 않으며 효과의 유무를 묻지 않는다. 또한 그 목적물에 취하여야 할 노력의 정도는 보험에 붙이지 아니한 자기물건에 대한 주의정도면 족하다.

⑤ 보험자의 지시를 따를 의무

보험계약자나 피보험자는 사정이 허락하는 한 보험자의 지시를 받아 가급적 그에 따를 것이 요구된다. 즉, 보험자가 보험사고의 발생에 관한 통지(상법 제657조)를 받고 손해방지에 관한 지시를 한 때에는 피보험자는 그에 따라야 할 의무가 있다.

(3) 손해방지 · 경감의무 해태의 효과

보험계약자 또는 피보험자가 손해방지 · 경감의무를 게을리한 경우의 효과는 상법에 규정한 바가 없다. 그러나 의무를 위반한 때에는 방지 또는 경감할 수 있으리라고 인정되는 손해액을 보험자가 지급할 보험금에서 상계 · 공제하여 나머지를 손해보상액으로 지급한다는 데에는 이론(異論)이 없다. 그리고 보험계약자와 피보험자가 고의 또는 중대한 과실로 손해방지의무를 게을리한 때에도 의무자의 불이행에 의한 불법행위로 보아 의무위반과 상당인과관계에 있는 손해에 대하여는 당연히 손해배상을 청구할 수 있다.

> **판례** 대법원 2016.1.14. 선고 2015다6302 판결
>
> 보험계약자와 피보험자가 고의 또는 중대한 과실로 손해방지의무를 위반한 경우에는 보험자는 손해방지의무 위반과 상당인과관계가 있는 손해, 즉 의무 위반이 없다면 방지 또는 경감할 수 있으리라고 인정되는 손해액에 대하여 배상을 청구하거나 지급할 보험금과 상계하여 이를 공제한 나머지 금액만을 보험금으로 지급할 수 있으나, 경과실로 위반한 경우에는 그러하지 아니하다.

(4) 손해방지 · 경감비용의 부담

① 비용의 부담 [기출] 제7회, 제10회, 제11회

손해방지 · 경감비용이란 보험계약자 또는 피보험자가 보험사고로 인한 손해의 방지 또는 경감을 위하여 필요하고도 유익한 비용을 말하는데, 이 비용과 보상액의 합계액이 보험금액을 초과한 경우라도 보험자가 부담한다(상법 제680조 제1항 단서). 이는 공익적 이유와 보험자의 이익을 위해서도 필요하다는 데에 근거를 두고 있다. 또 일부보험의 경우 그 비용은 보험자가 손해보상액의 비율에 따라 부담하고 나머지 부분은 보험계약자 등이 부담한다.

② 비용상환의무배제약관의 효력
우리 상법은 손해방지·경감비용을 전액 보험자가 부담하도록 하고 있으나, 보험약관에서 손해방지·경감비용을 전혀 부담하지 않거나 보험금액의 한도 내에서 부담한다고 규정하는 경우가 있는데, 그 약관의 효력을 인정할 것이냐에 다툼이 있다. 이러한 비용상환의무배제약관의 규정이 무효라는 '무효설'과 손해방지비용은 별개의 비용보험의 부보대상이므로 약관을 유효하다고 보는 '유효설', 그리고 보험금액을 한도로 부담한다는 약관의 효력을 인정하는 '제한적 유효설'이 있다. 그러나 우리 상법의 규정을 상대적 강행규정으로 하고 있으므로 상법 제680조에 반하여 비용을 보험자가 부담하지 않는다고 제한하는 약관은 상법 제663조에 의하여 무효라고 보는 것이 타당하다.

3 보험자대위

(1) 개 요

① 의 의

손해보험계약은 일종의 손해보상계약으로서 보험자는 보험사고로 인한 실제손해액 이상의 보험금을 지급할 수 없다는 '이득금지의 원칙'이 지배하고 있으며, 이 원칙의 구체적인 이행보장을 위한 법의 후견적 배려로 대위의 원칙이 인정되고 있다. 보험자대위(Subrogation)라 함은 보험사고로 인한 피보험자의 손해를 보상해 준 보험자가 보험금을 지급한 경우에 그 피보험자 또는 보험계약자가 보험의 목적이나 제3자에 대하여 가지는 권리를 법률상 당연히 취득하는 것을 말한다. 이를 전자의 경우 '목적물(잔존물)대위', 후자를 '청구권대위'라고도 한다.

보험자대위는 손해보험에서만 인정되고 인보험에서는 금지하는 것이 원칙이다. 그러나 인보험 중 상해보험의 경우 당사자간에 특약이 있는 때에는 보험자가 피보험자의 권리를 해하지 아니한 범위 내에서 인정되고 있다(상법 제729조 단서).

② 보험자대위의 근거
  ㉠ 손해보상계약성에서 찾는 입장 : 손해보험은 일종의 손해보상계약으로 보험사고로 인하여 피보험자에게 어떤 이득을 주려는 것이 아니고 손해의 보상만을 목적으로 한다는 입장이다. 피보험자에게 이중이득을 주지 않으려는 데에 그 근거를 두고 있다는 입장으로 우리나라에서는 지배적인 견해이다.
  ㉡ 정책적인 견지에서 찾는 입장 : 이 견해는 보험계약의 피보험자에 의한 사고유발이나, 도박의 부정행위에 악용될 위험을 방지하기 위한 수단으로 인정된 것이라는 입장이다. 오늘날 신가보험을 인정하고 손해보험의 성격을 띤 인보험에 있어서도 보험자대위를 금지한다든가, 또는 이를 허용하는 것 등을 미루어 보아 이 설이 타당하다는 견해도 있다.

③ 보험자대위의 법적 성질

보험자대위는 당사자의 의사표시에 따른 양도행위의 효과가 아니라 법률상 인정한 당연한 효과로서, 대위의 요건이 충족되면 당사자의 의사표시와 상관없이 당연히 권리가 보험자에게 이전된다. 따라서 목적물(잔존물)대위에서 인도·등기를 요하는 물권변동의 절차(민법 제186조, 제188조)나 청구권대위에서 지명채권양도의 대항요건(민법 제450조)의 절차가 없어도 채무자 또는 그 밖의 제3자에게 대항할 수 있다.

④ 소멸시효

보험자대위는 상법 제662조가 적용되지 않고, 불법행위로 인한 것이면 안 날로부터 3년, 발생일부터 10년이며, 물건운송계약의 경우에는 단기시효 1년을 적용한다.

(2) 보험의 목적에 대한 보험자대위(= 잔존물대위) 기출 제1회, 제2회, 제3회, 제6회, 제7회, 제8회, 제10회, 제11회

① 의 의

보험의 목적이 전부 멸실한 경우에 보험금액의 전부를 지급한 보험자는 그 목적에 대한 피보험자의 권리를 취득하는데(상법 제681조), 이를 <u>보험의 목적에 관한 보험자대위, 또는 목적물대위, 잔존물대위</u>라 한다. 그러므로 보험자가 보험금을 지급함으로써 대위의 효과가 생기기 전까지는 피보험자 등은 제3자에 대한 권리를 행사하거나 처분할 수 있으며, 그 부분에 대하여 보험자가 이를 대위할 수 없다고 본다.

② 인정이유

보험의 목적이 전부 멸실한 경우 잔존물가액을 공제하고 보상한다면 계산을 위한 시간과 비용이 더 들고 빠른 시일 내에 피보험물에 투하한 자본을 회수하기를 원하는 피보험자의 이익을 보호할 수 없다. 그리하여 이런 경우 전손으로 보아 보험금액을 전부 지급한 보험자에게 그 잔존물에 대한 권리의 취득을 인정하고 있는 것이다.

> **판례** 대법원 2023.4.27. 선고 2017다239014 판결
>
> 상법 제682조 제1항의 취지는 피보험자가 보험자로부터 보험금액을 지급받은 후에도 제3자에 대한 청구권을 보유·행사하게 하는 것은 <u>피보험자에게 손해의 전보를 넘어서 오히려 이득을 주게 되는 결과가 되어 손해보험제도의 원칙에 반하게 되고 또 배상의무자인 제3자가 피보험자의 보험금 수령으로 인하여 책임을 면하게 하는 것도 불합리</u>하므로 이를 제거하여 보험자에게 이익을 귀속시키려는데 있다. 따라서 피해자인 피보험자의 이중이득이나 가해자인 제3자의 부당한 면책의 우려가 없는 경우에는 보험자의 보험자대위는 제한될 수 있다.

③ 보험위부와의 차이

보험의 목적에 관한 보험자대위는 목적물에 대한 권리이전의 효과가 법률상 당연히 발생하지만, 보험위부는 보험의 목적이 전부 멸실한 것과 동일시되는 일정한 경우에 피보험자가 위부의 의사표시를 한 경우에만 행사할 수 있다. 목적물(잔존물)대위는 피보험자에게 지급한 보험금액 한도 내에서만 보험자가 소유하지만, 보험위부의 경우에는 위부된 목적물의 가액이 피보험자에게 지급한 보험금액을 초과하더라도 보험자의 소유가 된다는 점에서 차이가 있다. 그리고 목적물(잔존물)대위는 물건보험에서 전반적으로 적용되는 제도인데 반해 보험위부의 경우에는 해상보험에서 특유한 제도이다.

④ 보험의 목적에 대한 보험자대위의 요건
  ⊙ 보험의 목적의 전부 멸실 : 보험사고로 보험의 목적의 전부가 멸실되어야 한다(상법 제681조). 여기서 전부 멸실이란 보험계약의 체결 당시에 보험의 목적이 지닌 형태의 멸실을 의미하고, 일부 잔존물이 있어도 경제적 가치가 전부 멸실하였으면 전손으로 본다. 따라서 이것은 잔존물의 회복능력과 회복가치의 유무로 판단할 수 있다. 그리고 당사자 사이의 특약에 의해서 전손에 가까운 손해, 예를 들어 그 목적의 4분의 3 이상의 손해를 전손으로 정하는 것은 유효하다.
  ⓒ 보험금액의 전부 지급 : 보험자가 보험금액의 전부를 피보험자에게 지급하여야 한다(상법 제681조). 보험금액의 전부 지급이란 보험의 목적이 입은 손해액뿐만 아니라 보험자가 부담하는 손해방지 비용(상법 제680조 단서)이나 기타의 비용(상법 제676조 제2항)까지 지급한 것을 말한다. 따라서 일부지급시에 그 지급부분에 대해서도 권리가 이전하는 것은 아니다.

⑤ 대위의 효과
  ⊙ 보험의 목적에 관한 권리의 이전
    ⓐ 이전되는 권리내용 : 보험자는 피보험자가 보험의 목적에 대하여 가졌던 모든 권리를 취득한다. 따라서 보험자는 피보험자 또는 제3자에게 그 권리를 주장할 수 있고, 이에 따라 피보험자는 그 목적에 대하여 특약이 없는 한 아무런 권리도 없고 임의로 처분하지 못한다.
    ⓑ 이전되는 권리범위 : 피보험자가 보험의 목적에 대하여 가지는 모든 권리에는 보험목적의 소유권뿐만 아니라 채권 등도 포함한다.
    ⓒ 권리이전의 시기 : 보험자가 보험금을 전부 지급한 때부터 그 권리가 이전한다. 따라서 피보험자가 보험금을 지급받기 전에 그 목적물을 임의로 처분하였을 때 지급보험금에서 그 부분만큼 공제할 수 있고, 보험금을 지급받은 후에 이를 처분한 때에는 보험자는 피보험자에게 그에 대한 손해배상을 청구할 수 있다고 본다.
  ⓒ 일부보험의 경우 : 일부보험은 보험자가 보험금액의 보험가액에 대한 비율에 따라 보상할 책임을 지므로(상법 제674조), 보험자가 보험금액의 전부를 지급하면 보험금액의 보험가액에 대한 비율에 따라 피보험자 보험의 목적에 대하여 가지는 권리를 취득한다(상법 제681조 단서).
  ⓒ 피보험자의 협조의무 : 보험자의 권리행사를 위하여 피보험자의 협조를 요구하고 있다. 이는 보험의 목적을 피보험자가 점유하는 것이 일반적이고 또한 그 내용을 잘 알고 있는 위치에 있기 때문에 손해감소를 위한 조치나 필요한 통지 등 보험자의 권리행사에 협력해야 한다.
  ② 목적물에 대한 부담과 대위권의 포기 : 보험자는 그 대위권에 의하여 보험의 목적에 관한 소유권을 취득함으로써 그 목적물에 부수하는 의무를 부담하지 않으면 안 되는 경우가 있다. 즉, 대위권에 의한 권리취득이 오히려 잔존물 제거의무 등 보험자에게 불이익할 때는 대위권을 포기하고 보험의 목적에 따른 공법상, 사법상의 부담을 피보험자에게 귀속시킬 수 있다.

(3) 제3자에 대한 보험자대위(= 청구권대위) 기출 제8회, 제11회

① 의 의
  ㉠ 손해가 제3자의 행위로 인하여 발생한 경우에 보험금을 지급한 보험자는 그 지급한 금액의 한도에서 그 제3자에 대한 보험계약자 또는 피보험자의 권리를 취득한다. 다만, 보험자가 보상할 보험금의 일부를 지급한 경우에는 피보험자의 권리를 침해하지 아니하는 범위에서 그 권리를 행사할 수 있다.
  ㉡ 보험계약자나 피보험자의 권리가 그와 생계를 같이 하는 가족에 대한 것인 경우 보험자는 그 권리를 취득하지 못한다. 다만, 손해가 그 가족의 고의로 인하여 발생한 경우에는 그러하지 아니하다.

② 인정이유
제3자의 불법행위로 인하여 보험사고의 발생시에 피보험자는 제3자에 대한 손해배상청구권과 보험계약에 따른 보험금청구권을 동시에 취득하게 되는데, 이 경우 피보험자는 양 청구권의 행사로 이중이득을 취하게 되면 보험을 악용할 염려가 있고, 또한 보험자의 보험금지급에 의하여 제3자가 채무를 면하게 되므로 형평의 관념상 부당하다. 그래서 우리 상법은 보험금을 지급한 보험자에게 제3자에 대한 피보험자의 권리를 행사할 수 있도록 하고 있다.

> **판례** 대법원 1989.4.25. 선고 87다카1669 판결
>
> 보험자대위에 관한 상법 제682조의 규정을 둔 이유는 피보험자가 보험자로부터 보험금액을 지급받은 후에도 제3자에 대한 청구권을 보유, 행사하게 하는 것은 피보험자에게 손해의 전보를 넘어서 오히려 이득을 주는 결과가 되어 손해보험제도의 원칙에 반하고 배상의무자인 제3자가 피보험자의 보험금 수령으로 인하여 그 책임을 면하는 것도 불합리하므로 이를 제거하여 보험자에게 그 이익을 귀속시키려는데 있다.

③ 제3자에 대한 보험자대위의 요건
  ㉠ <u>제3자에 의한 보험사고와 손해발생</u> : 보험사고로 인한 피보험자의 손해가 제3자의 행위로 말미암은 것이어야 한다. 여기서 제3자의 행위란 불법행위뿐만 아니라 채무불이행으로 인한 손해배상의무를 부담하는 경우를 포함하고, 또한 그 밖의 적법행위로 인한 경우도 포함한다. 그리고 제3자란 보험계약자와 피보험자 이외의 자로서 그 제3자가 1인이든, 수인이든 상관없고 손해를 일으킨 자와 채무를 부담하는 자가 반드시 동일인임을 요하지 않는다.
  ㉡ <u>보험자의 보험금 지급</u> : 보험자가 피보험자에게 보험금을 지급하여야 한다. 따라서, 보험금을 일부 지급하여도 그 지급한 범위 안에서 대위권을 행사할 수 있는 것이 목적물대위와 다르다.

ⓒ 제3자에 대한 피보험자의 권리의 존재 : 청구권대위는 보험계약자나 피보험자의 제3자에 대한 손해배상청구권 등의 권리가 있음을 전제로 하여 지급한 보험금액의 한도에서 그 청구권을 취득하는 것이다. 따라서 피보험자가 보험금을 지급받기 전에 제3자에 대한 권리를 행사하거나 처분한 경우 또는 제3자의 권리가 이미 시효로 소멸한 경우에는 피보험자는 그 한도에서 보험자에 대한 청구권을 상실하게 되고 보험자의 대위권도 존재하지 않게 된다. 보험자가 대위권에 의하여 행사할 수 있는 피보험자 등의 제3자에 대한 권리는 피보험자가 직접 가지고 있는 것이든 또는 그들의 승계인이 가지고 있는 것이든 모두 포함되며, 또한 보험사고로 직접 발생한 것이든 간접적으로 발생한 것이든 상관없다.

> **판례** 대법원 1994.4.12. 선고 94다200 판결
>
> 피보험자의 손해가 제3자의 행위에 의하여 발생하였더라도 보험자대위가 성립하기 위해서는 보험자는 보험계약에 따라 피보험자에게 그 손해를 적법하게 보상해야만 한다. 즉 보험자가 피보험자에게 보험금을 지급할 책임이 없는데도 불구하고 임의로 보험금을 지급한 경우에는 보험자에게 대위권이 인정되지 않는다. 따라서 보험자가 면책되는 보험사고나 담보하지 않는 손해에 대하여 보험금을 지급한 경우에는 피보험자의 권리를 대위할 수 없다.

④ 청구권대위의 효과 [기출] 제5회
  ㉠ 피보험자 권리의 이전 : 제3자의 행위로 인하여 보험사고의 발생시에 보험금액을 지급한 보험자는 그 지급한 금액의 한도에서 그 제3자에 대한 보험계약자 또는 피보험자의 권리를 취득한다(상법 제682조). 여기서 보험계약자가 제3자에 대하여 가지는 권리를 포함시킨 것은 타인의 물건을 보관하는 자가 그 타인을 위하여 보험계약 체결을 한 경우 그 물건이 제3자의 행위로 멸실할 때 보관하던 보험계약자가 그 제3자에 대하여 손해배상청구권을 가지게 될 것을 예상한 것이다. 그러므로 제3자는 피보험자에 대한 항변으로서 보험자에게 대항할 수 있음은 물론 그 채권의 소멸시효도 그 권리의 이전과 함께 그대로 진행한다.
  ㉡ 권리행사의 범위 : 보험자 대위권의 범위는 지급한 보험금액의 한도 내에서 피보험자 또는 보험계약자가 제3자에 대하여 가지는 권리로 지급한 보험금액을 초과할 수 없다.
  ㉢ 피보험자의 협조의무 : 피보험자는 제3자에 대한 권리내용, 보전방법을 잘 알고 있는 위치에 있으므로 보험금을 지급 받은 후 보험자가 권리를 행사할 수 있도록 협조할 의무가 있다. 만일, 피보험자가 정당한 이유 없이 보험자의 권리행사에 협조하지 아니한 때에는 보험자가 그 대위권 행사로서 얻을 수 있었을 금액 가운데 취득하지 못한 금액이 있으면 피보험자는 그에 대한 손해배상책임이 있다.
  ㉣ 피보험자에 의한 권리처분 : 보험자의 보험금 지급에 의하여 보험자대위의 효과가 발생하면 보험계약자, 피보험자는 보험금을 지급받은 한도 내에서 그 권리를 잃게 되므로 제3자에 대한 권리를 행사하거나 처분할 수 없고 보험자만이 그 권한을 갖는다.
  그러므로 만약 피보험자 등이 제3자에 대한 권리를 타인에게 양도·포기한 때에는 그것이 보험금 지급 전이면 그 금액을 지급할 보험금에서 공제할 수 있고, 보험금 지급 후이면 보험자 대위로서 얻을 수 있는 금액에 관하여 피보험자에게 손해배상을 청구할 수 있다.

⑤ 대위권행사의 제한
  ㉠ 보험금의 일부를 지급한 경우 : 보험자가 보상할 보험금액의 일부를 지급한 때에는 피보험자의 권리를 해하지 않는 범위 내에서만 그 권리를 행사할 수 있다(상법 제681조 단서).
  ㉡ 일부보험의 경우 : 상법은 일부보험의 경우 보험자대위에 관하여 아무런 규정을 두고 있지 않다. 일부보험의 경우에 보험자는 보험금액의 보험가액에 대한 비율에 따라 보상책임을 지는 것이 원칙(상법 제674조)이므로 보험자가 지급한 보험금액의 범위 내에서 그 권리가 보험자에게 이전하여, 보험자와 피보험자는 제3자에 대한 권리를 분할하게 되고 그 행사에 있어서도 경합하게 된다. 그러나 피보험자가 제3자로부터 완전한 손해배상을 받을 수 없는 경우에 보험자대위에 의하여 취득하는 금액에 대하여 보험자와 피보험자 사이에 그것을 어떻게 분배할 것인지가 문제된다. 이에 관하여는 학설이 대립된다.
    ⓐ 절대설 : 보험자는 보험금액의 지급한도에서 먼저 우선적으로 배정을 받고 나머지가 있을 때에만 피보험자에게 돌려주어야 한다는 견해이다.
    ⓑ 상대설 : 보험자와 피보험자가 부보비율에 따라 분배하여야 한다는 견해이다.
    ⓒ 차액설 : 보험자는 피보험자의 손해액을 우선 충당하고 남은 손해배상액, 즉 그 차액에 대해서만 청구권대위를 할 수 있다는 견해이다. 차액설이 통설이다.

(4) 재보험자의 보험자대위

재보험계약은 어떤 보험자가 인수한 보험계약상의 책임의 전부 또는 일부를 다른 보험자에게 인수시키는 보험계약이다(상법 제661조). 이러한 재보험의 경우 원수보험자가 제3자에 대한 보험자대위권을 가지고 있을 때에, 재보험자는 원보험자에게 원보험금을 지급한 한도 내에서 피보험자가 제3자에 대한 권리를 취득하나, 상관습상 재보험자가 직접 청구하지 않고 원보험자에게 위탁하여 원보험자의 명의로 제3자에 대한 권리를 행사할 수 있다는 것을 인정하고 있다.

(5) 인보험자의 보험자대위

인보험계약은 손해보험계약과 달리 보험자는 보험사고로 인하여 생긴 보험계약자 또는 보험수익자의 제3자에 대한 권리를 대위하여 행사하지 못한다고(상법 제729조) 하여 원칙적으로 보험자대위를 금지하고 있다. 이는 보험의 목적인 사람의 신체 또는 생명은 보험가액을 산정할 수 없고, 또 실손해액과 관계없이 계약 당시에 약정한 금액을 지급받기 때문이다. 그러나 상해보험계약의 경우에 당사자간에 다른 약정(특약)이 있는 때에는 보험자는 피보험자의 권리를 해하지 아니하는 범위 안에서 그 권리를 대위하여 행사할 수 있다(상법 제729조 단서).

03 손해보험계약의 소멸과 변경

1. 손해보험계약의 변경·소멸

(1) 개 요
손해보험계약은 보험기간 중에 보험사고로 인하여 생긴 피보험자의 재산상의 손해를 보상하는 것을 목적으로 한다. 이때 계약관계는 계속적인 법률관계를 유지하고 계약 체결 당시 예기치 않았던 사정의 변경이 생기는 경우가 있다. 즉, 보험계약의 변경에는 특별위험의 소멸, 위험의 변경·증가, 당사자 파산의 경우가 있고, 보험계약의 소멸에는 보험사고의 발생, 보험기간의 만료, 보험계약의 실효, 보험계약의 해지, 상태의 종료 등이 있다. 손해보험계약에서는 다음과 같은 변경·소멸이 있다.

(2) 피보험이익의 소멸
손해보험 특유의 개념인 피보험이익(보험계약의 목적)이 없으면 보험이 존재하지 않으므로, 이것이 소실되면 보험계약은 실효되어 계약관계는 당연히 종료한다. 다만, 보험자의 책임이 개시하기 전에 보험계약자와 피보험자의 선의이며 중대한 과실의 행위로 인하지 않거나, 사고발생 전의 임의해지의 경우에 피보험이익이 소멸하면 보험료를 보험계약자에 반환하여야 한다. 전자는 보험자가 수수료를 제외한 보험료를 반환하여야 하고, 후자는 당사자간에 다른 약정이 없으면 미경과보험료는 반환청구할 수 있다(상법 제648조, 제649조). 또한 보험자의 책임개시 후에 피보험이익이 소멸한 때에도 계약은 실효되지만 보험자는 보험료불가분의 원칙에 의하여 이미 경과한 보험료는 물론 보험료기간의 보험료를 반환할 필요가 없다.

(3) 보험목적의 양도 기출 제5회
피보험자가 보험의 목적을 양도한 때에는 양수인은 보험계약상의 권리와 의무를 승계한 것으로 추정하므로(상법 제679조 제1항), 자기를 위한 보험계약은 타인을 위한 보험계약으로 변경되고 양도에 대하여 양수인의 명백한 반증이 있는 경우 계약은 실효된다. 따라서 손해보험계약관계는 변경된다.

(4) 보험가액의 변동
보험계약 당시의 보험가액이 보험기간 중에 현저하게 감소하여 초과보험이 된 때에는 보험자와 보험계약자는 상대방에게 보험료와 보험금액의 감액을 청구할 수 있다. 그러나 보험료와 보험금액의 감액은 장래에 향하여만 그 효력이 있다(상법 제669조). 또한 계약 당시의 보험가액이 보험기간 중에 현저하게 증가하여 일부보험이 된 때에는 보험자는 비례보상을 하거나 당사자 약정에 의하여 손해를 보상할 수도 있다(상법 제674조).

(5) 보험금청구권의 양도

① 의 의

보험금청구권의 양도는 보험목적의 양도와 달리 보험계약에 의하여 생긴 피보험자의 권리만을 양도하는 것을 말하며, 그 결과 피보험자와 보험금청구권자가 별도로 존재하게 된다.

② 보험금청구권의 양도의 효과

보험금청구권의 양도는 피보험자의 교체가 아니고 보험금의 채권만의 양도이기 때문에 피보험자는 그 후에도 여전히 통지의무, 손해방지의무 등 피보험자로서의 의무를 진다.

③ 보험사고발생 전의 양도

보험사고가 발생하기 전에 채권의 보전을 위하여 미필적 보험금청구권에 대한 질권 설정의 경우, 보험의 목적과 피보험이익을 분리하여 양도할 수 있는가가 의문이다. 그러나 선량한 풍속 및 기타 사회질서에 반하지 않는 한 유효하게 해석하는 것이 타당하며, 대항요건으로는 민법 제450조의 통지 및 승낙이 필요하다.

④ 보험사고발생 후의 양도

보험의 목적에 이미 보험사고가 발생하여 보험금청구권이 구체화된 후에는 그것이 보통의 채권에 불과하므로 일반채권의 경우와 같이 양도, 질권 등의 처분을 할 수 있다.

2 보험목적의 양도

(1) 개 요

① 의 의

보험목적의 양도라 함은 손해보험계약에서 피보험자가 보험계약의 대상으로 되어있는 목적물을 그 의사표시에 의하여 타인에게 양도하는 것을 말한다. 보험목적의 양도는 보통 매매, 증여의 형태로 나타나며, 개별적 양도라는 점에서 보험의 목적과 보험계약상의 권리와 의무가 포괄적으로 승계되는 '상속이나 합병'과 구별되고, 피보험자의 지위를 승계한다는 점에서 단순한 채권양도인 '보험금청구권의 양도'와 구별된다.

② 보험목적의 양도를 인정하는 이유

손해보험계약에서 피보험이익과 피보험자의 동일성은 바로 그 보험계약의 동일성을 나타내며, 피보험자가 달라지면 보험계약의 효력도 달라지게 된다. 따라서 보험의 목적을 양도하면 피보험이익은 소멸하고, 양수인은 보험자와 아무런 관계가 아니므로 그 보험관계를 종료시키는 것이 원칙이다. 그러나 이렇게 되면 양도인이 지급한 보험료는 헛일이 되고, 새로운 보험계약을 체결할 때까지 피보험이익은 일시적으로 무보험상태에 놓일 위험이 있으므로, 이들의 불이익을 피하기 위하여 양수인이 승계하는 것이 일반적이고, 또한 당사자의 의사에 적합하다. 그래서 우리 상법은 피보험자가 보험의 목적을 양도한 때에는 양수인은 보험계약상의 권리와 의무를 승계한 것으로 추정한다(상법 제679조 제1항)고 하여, 양수인에게 보험계약의 승계를 인정하고 있다.

(2) 양도와 권리·의무승계추정의 요건

① **양도 당시 유효한 보험계약관계**

보험의 목적이 양도될 때 양도인과 보험자 사이에 유효한 보험계약이 존속하여야 하는데, 유효한 보험계약이 존속하는 한 해지사유와 면책사유가 있더라도 보험계약은 일단 양수인에게 이전하고 보험자는 양수인에 대하여 보험계약의 해지와 면책을 주장할 수 있다.

② **보험의 목적이 물건일 것**

보험의 목적이 물건이어야 한다. 여기서 물건이란 동산, 부동산뿐만 아니라 유가증권 등 무체재산도 포함한다. 따라서 집합보험(상법 제686조, 제687조)에서 물건의 일부를 양도하거나 일정한 지위를 담보하는 전문직업인 책임보험은 그 지위가 양도되어도 보험계약은 이전하지 않는다.

③ **보험의 목적이 물권적 양도일 것**

양도는 유상이든 무상이든 묻지 않으나 물권적 양도이어야 한다. 즉, 양도의 채권계약만이 있는 것으로는 부족하고 소유권이 양수인에게 이전한 때에 보험관계가 이전하게 된다. 그러므로 목적물의 소유자가 단순히 목적물을 임대하거나 담보권을 설정한 것은 양도가 아니다.

④ **양수인의 반대의사의 부존재**

양도에 대하여 양수인의 명백한 반대의사가 존재하지 않아야 한다. 구(舊)상법은 양도인과 양수인의 반대의사가 없으면 보험관계가 이전하는 것으로 추정하였는데, 우리 상법은 양도인의 의사를 추정하는 것이 아니라, 양수인은 보험계약상의 권리와 의무를 승계하는 것으로 추정하고 있다.

(3) 양도의 효과

① **보험계약상 권리·의무의 이전** 기출 제2회

피보험자가 보험의 목적을 양도한 때에는 양수인은 보험계약상의 권리와 의무를 승계한 것으로 추정한다(상법 제679조 제1항). 이때 양수인은 보험계약상의 권리와 의무만 승계하는가 아니면 피보험자의 지위뿐만 아니라, 보험계약자로서의 지위까지 승계하느냐의 문제가 있다. 타인을 위한 보험계약의 경우에는 그 계약의 특성상 양수인은 피보험자의 지위를 승계하여 보험금청구권 및 위험변경증가의 통지의무(상법 제652조), 위험유지의무(상법 제653조), 사고발생의 통지의무(상법 제657조), 손해방지의무(상법 제680조)를 진다. 그러나 자기를 위한 보험계약의 경우에는 그 목적의 양도로 타인을 위한 보험계약이 되고 양도인이 보험료를 지급하지 않음으로써 보험계약이 해지될 우려가 있으므로 양수인은 피보험자의 지위뿐만 아니라 보험계약자의 지위를 승계하며, 이외에도 보험료 반환청구권(상법 제648조), 계약해지권(상법 제649조) 및 보험료 지급의무(상법 제650조)도 진다.

② **권리·의무의 승계추정과 보험계약관계**

우리 상법은 보험의 목적의 양도의 경우 양수인은 보험계약상 권리와 의무를 승계한 것으로 추정(상법 제679조 제1항)하므로 양수인의 명백한 반대의사가 있을 때에는 그 효과가 생기지 않고 계약은 실효된다.

③ 양도의 통지의무 기출 제11회
　㉠ 통지의무 : 보험의 목적의 양도시에 종래에는 민법 제449조, 제450조를 유추적용하여 양도인의 통지나 보험자의 승낙을 대항요건으로서 갖추어야 하는가에 관해 여러 학설이 있었으나, 우리 상법은 대항요건으로서가 아닌 통지의 의무를 규정하였다. 즉, 피보험자가 보험의 목적을 양도한 때에는 양도인 또는 양수인은 보험자에 대하여 지체 없이 그 사실을 통지하여야 한다(상법 제679조 제2항)고 규정하고 있다.
　㉡ 의무이행시의 계약관계 : 양도인이나 양수인의 보험의 목적을 양도한 때에는 보험자는 피보험자의 변경으로 인한 위험의 증감에 따라 보험료를 증액하거나 감액할 수 있고 또 계약을 해지할 수 있다(상법 제652조 제2항).
　㉢ 의무위반의 효과 : 양도인이나 양수인이 통지를 하지 않은 때에는 위험의 변경·증가가 있는 경우에 한하여 보험자는 양도사실을 안 날로부터 1월 내에 계약을 해지할 수 있다(상법 제652조 제1항).

(4) 자동차보험의 보험목적의 양도

자동차보험에 있어서 피보험자가 보험기간 중에 자동차를 양도한 때에는 양수인은 보험자의 승낙을 얻은 경우에 한하여 보험계약으로 인하여 생긴 권리와 의무를 승계한다. 이때 보험자가 양수인으로부터 양수사실을 통지받은 때에는 지체 없이 낙부를 통지하여야 하고, 통지받은 날부터 10일 내에 낙부의 통지가 없을 때에는 승낙한 것으로 본다.

04 각종 손해보험

1. 화재보험 기출 제3회

(1) 개념 및 의의
① 개 념
화재보험은 육상의 건물 등에 발생하는 재해에 관한 보험이다.
  ㉠ 협의의 의미 : 건물과 그 수용물에 발생한 화재로 인하여 생긴 손해를 보상하는 보험이다.
  ㉡ 광의의 의미 : 담보하는 위험으로 낙뢰(번개·벼락)·파열·폭발 등을 포함하고 나아가서 비용손해도 보상하며, 특약에 의해 담보범위가 확대되고 종합화한 것까지 화재보험으로 본다.

② 화재보험계약의 의의 기출 제6회
화재보험계약(Contract of Fire Insurance)이란 화재로 인하여 생긴 손해의 보상으로서 보험금을 지급할 것을 목적으로 하는 손해보험계약이다(상법 제683조).

(2) 화재보험계약의 요소
① 계약 당사자
화재보험의 경우 보험계약의 당사자는 다른 손해보험과 같이 보험자와 보험계약자이다. 자기를 위한 보험은 보험계약자인 동시에 피보험자이지만, 타인을 위한 보험의 경우 보험계약자와 피보험자가 분리된다.

② 보험사고
화재보험에서 보험사고는 '화재'인데, 화재란 일반사회통념에 의하여 화재로 인정할 수 있는 성질과 동일한 규모를 가진 화력의 연소작용에 의하여 생긴 재해라고 할 수 있다. 따라서 스스로의 연소력이 없는 불에 의한 손해는 화재보험의 대상이 되지 않는다. 즉, 피보험자의 재산에 실질적인 발화가 요구된다.

③ 보험의 목적 기출 제2회
상법 제685조에서 건물과 동산을 예상하였지만 그 대상을 한정한 것이 아니므로 계약에 의하여 보험의 목적의 범위를 정할 수 있다. 따라서 화재보험의 목적은 보험사고의 객체로 동산뿐만 아니라 부동산도 그 대상에 포함될 수 있다.

④ 피보험이익(보험계약의 목적) 기출 제9회
화재보험의 피보험이익은 그 목적물은 동일하더라도 피보험자의 지위에 따라 소유자이익, 임차인이익, 담보권자 이익이 될 수 있으며, 피보험이익이 명확하지 않으면 소유자의 피보험이익으로 본다.

⑤ 보험기간

현행 화재보험표준약관에서는 보험자의 보장개시와 관련하여 계약의 청약을 보험자가 승낙하고 제1회 보험료 등을 받은 때부터 약관이 정하는 바에 따라 정한다고 규정하고 있다. 또한 보험자가 보험계약자로부터 계약의 청약과 함께 제1회 보험료 등을 받은 경우에 그 청약을 승낙하기 전에 계약에서 정한 보험금 지급사유가 생긴 때에는 화재보험자는 계약에서 정한 보상책임을 부담한다.

⑥ 화재보험증권 기출 제3회

㉠ **화재보험증권 작성·교부** : 화재보험계약을 체결하는 경우에도 다른 종류의 보험계약과 마찬가지로 보험계약이 성립한 때에 보험자는 지체 없이 화재보험증권을 작성하여 보험계약자에게 교부하여야 한다(상법 제640조).

㉡ **화재보험증권의 기재사항** 기출 제1회, 제5회, 제6회, 제7회, 제11회

화재보험증권에는 보험증권일반에 관한 기재사항(상법 제666조) 이외에 다음의 사항을 기재하여야 한다(상법 제685조).

ⓐ 건물을 보험의 목적으로 한 때에는 그 소재지·구조·용도
ⓑ 동산을 보험의 목적으로 한 때에는 존치한 장소의 상태와 용도
ⓒ 보험가액을 정한 때에는 그 가액

> **심화TIP 손해보험증권의 기재사항(상법 제666조)** 기출 제2회, 제3회, 제4회, 제6회, 제9회, 제10회, 제11회
>
> 1. 보험의 목적
> 2. 보험사고의 성질
> 3. 보험금액
> 4. 보험료와 그 지급방법
> 5. 보험기간을 정한 때에는 그 시기와 종기
> 6. 무효와 실권의 사유
> 7. 보험계약자의 주소와 성명 또는 상호
> 8. 피보험자의 주소, 성명 또는 상호
> 9. 보험계약의 연월일
> 10. 보험증권의 작성지와 그 작성연월일

(3) 화재보험자의 손해보상책임 기출 제1회, 제7회, 제10회

① 위험보편의 원칙

보험의 목적에 화재로 인하여 손해가 생긴 때에는 그 화재의 원인 여하에 불구하고, 보험자는 그 손해를 보상할 책임이 있다(상법 제683조). 건물을 보험의 목적으로 한 때 그 보험가액의 일부를 보험에 붙인 경우에 보험자는 보험금액의 보험가액에 대한 비율에 따라 보상할 책임을 진다. 그러나 당사자간에 다른 약정이 있는 때에는 보험자는 보험금액의 한도 내에서 그 손해를 보상할 책임을 진다(상법 제674조).

② **화재보험자의 면책사유** 기출 제10회

화재보험에서 사고로 인한 손해가 ㉠ 전쟁, 기타의 변란(상법 제660조), ㉡ 목적물의 성질, 하자, 자연소모(상법 제678조), ㉢ 피보험자 등의 고의·중과실(상법 제659조 제1항) 등의 법정된 면책사유로 인하여 발생한 때에는 보상책임을 지지 않는다. 다만, ㉠, ㉡의 사유로 인하여 손해가 생긴 경우에도 보험자가 책임을 진다는 약관은 유효하며, ㉢의 경우에도 피보험자 등의 중대한 과실로 인하여 발생한 손해에 대하여 보상책임을 진다는 특약은 유효하다고 본다. 그러나 피보험자 등의 고의로 인하여 발생한 손해에 대하여도 보험자가 책임을 진다는 특약은 선량한 풍속과 사회질서 및 공익에 반하므로 무효라고 본다.

③ **화재보험자의 손해보상범위** 기출 제3회, 제5회, 제10회

화재보험자는 화재의 소방 또는 손해의 감소에 필요한 조치로 인하여 생긴 손해를 보상할 책임이 있다(상법 제684조). 이 규정은 상법 제680조에 손해방지·경감을 위한 비용을 보험자가 부담하는 것과 같은 취지이다. 그러나 그 내용에 있어서 손해방지·경감을 위한 비용은 보험자가 보험금액을 초과한 경우에도 이를 부담하지만(상법 제680조 제1항), 소방으로 인한 손해는 보험금액의 범위 내에서 보상하는 것에서 차이가 있다. 그 이유는 비용의 보상과 손해의 보상은 그 성질이 다르기 때문이다. 이 경우에 보험자가 보상책임을 지는 손해는 화재와 상당인과관계가 있는 모든 손해를 포함한다는 것이 통설이다. 그러므로 보험자는 화재로 인한 직접적인 손해뿐만 아니라, 인과관계가 있는 간접손해에 대하여도 책임을 진다.

> **판례** 대법원 2003.4.25. 선고 2002다64520 판결
>
> 화재가 발생한 건물을 수리하면서 지출한 철거비와 폐기물처리비는 화재와 상당인과관계가 있는 건물수리비에 포함되므로 보상한다.

(4) 집합보험과 총괄보험

① **집합보험** 기출 제3회, 제4회, 제6회, 제7회, 제9회, 제11회

㉠ 의의 : 우리 상법은 제686조와 제687조에서 집합된 물건을 일괄하여 보험의 목적으로 담보하는 보험에 대하여 규정하고 있는데, 이를 '집합보험'이라 한다. 이와 같은 집합보험은 화재보험 이외에도 운송보험, 적하해상보험 등 다른 물건보험이나 인보험의 단체보험에서도 있을 수 있으나, 동산화재보험에서 가장 많이 이용된다.

㉡ 집합보험의 범위 : 집합보험은 운송 중에 있는 화물, 집안 살림살이처럼 보험의 목적이 특정되어 있는 것을 담보하는 특정보험과 창고에 들어있는 물건이나 가게의 상품과 같이 보험의 목적이 특정되어 있지 아니하고 수시로 교체되는 것을 예정하고 있는 총괄보험으로 나뉜다. 또한 집합된 물건을 일괄하여 보험의 목적으로 한 때에는 피보험자의 가족과 사용인의 물건도 이를 포함한 것으로 하고, 그 보험은 그 가족 또는 사용인을 위해서도 체결한 것으로 본다(상법 제686조). 여기서 '가족과 사용인'이란 피보험자의 가족 및 고용관계에 있는 자로서 통상 피보험자와 동거하고 있는 자만을 말한다. 따라서 가족 또는 사용인의 물건에 대해서 타인을 위한 보험을 인정하는 것이며, 그 가족과 사용인은 당연히 그 계약의 이익을 받는다(상법 제639조 제1항).

> **심화TIP** **집합보험** `기출` 제10회
>
> - 집합보험은 집합된 물건을 일괄하여 보험의 목적으로 한다.
> - 집합된 물건을 일괄하여 보험의 목적으로 한 때에는 피보험자의 가족과 사용인의 물건도 보험의 목적에 포함된 것으로 한다. 이 경우에는 그 보험은 그 가족 또는 사용인을 위하여서도 체결한 것으로 본다(상법 제686조).
> - 집합된 물건을 일괄하여 보험의 목적으로 한 때에는 그 목적에 속한 물건이 보험기간 중에 수시로 교체된 경우에도 보험사고의 발생시에 현존한 물건은 보험의 목적에 포함된 것으로 한다(상법 제687조).

② **총괄보험** `기출` 제5회

집합된 물건을 일괄하여 보험의 목적으로 한 때에는 그 목적에 속한 물건이 보험기간 중에 수시로 교체된 경우에도 사고발생시에 현존하는 물건은 보험의 목적에 포함된 것으로 한다(상법 제687조). 즉 총괄보험은 창고업에서와 같이 창고에 들어있는 물건이 매일 드나들어 그 집합물의 내용이 수시로 바뀌는 것을 예정하고 있는 '예정보험' 형태로 이루어지고 있다. 이러한 총괄보험의 경우 수시로 교체되는 보험의 목적물은 보험계약에서 정한 범위 안에 드는 것이어야 하며, 보험사고발생시에 보험자는 그 물건에 대한 손해를 보상할 책임을 진다.

> **심화TIP** **예정보험**
>
> **1. 의 의**
> 예정보험이란 보험증권에 기재할 보험계약의 내용의 일부 또는 전부가 계약 당시에 확정되어 있지 않은 보험계약을 말한다. 이러한 예정보험은 해상·운송·재보험에서 그 효용을 볼 수 있으며, 또한 화재보험에 있어서도 포괄보험의 경우 이용된다.
>
> **2. 보험계약의 예약과 구별**
> 예정보험계약은 그 불확정한 사항이 확정된 때에 보험자가 당연히 위험을 담보하는 것으로 보험계약의 예약이 아니고 독립된 계약이다. 이것은 미확정된 부분이 확정된 때에 보험계약자는 보험자에게 통지할 의무를 비롯한 제(諸)효과를 발생시키는 데서 보험계약의 예약과는 다르고 통지에 의해서 비로소 보험계약이 성립하는 것도 아니다.
>
> **3. 효 용**
> 예정보험은 신속한 보험계약의 체결을 위하여 편리할 뿐 아니라, 계속적으로 거래되는 상품과 그 운송에 관한 포괄보험계약의 방법으로 적하보험에서 주로 이용되며 재보험의 경우에도 많이 볼 수 있다.
>
> **4. 종 류**
> - 개별적 예정보험계약 : 보험의 목적이 개별적으로 체결되는 예정보험을 말한다.
> - 포괄적 예정보험계약 : 일정한 표준에 따라서 정해지는 다수보험의 목적에 대하여 포괄적으로 체결되는 계속적 예정보험계약, 예정재보험 등을 말한다.

2 책임보험

(1) 개 요

① **책임보험계약의 의의**

책임보험계약은 피보험자가 보험기간 중에 사고로 제3자에게 손해를 배상할 책임을 진 경우 보험자가 이를 보상할 것을 목적으로 하는 손해보험계약을 말한다(상법 제719조). 이는 직접 피보험자에게 발생한 손해를 보상하는 것이 아니라, 제3자에게 배상책임을 짐으로써 입은 손해를 보상하는 간접손해를 보상한다는 점에서 일반손해보험과 다르다.

② **책임보험의 효용(기능)**

㉠ 피보험자(가해자) 보호 : 책임보험의 제1차적인 기능은 가해자인 피보험자의 보호이다. 즉 피보험자의 제3자에 대한 책임을 보험자에게 전가시킴으로써 자위수단의 기능을 하고 피해자인 제3자에 대한 손해보상액의 확보로 경제생활의 안정을 도모할 수 있는 사회보장적 기능을 수행한다.

㉡ 피해자 보호 : 책임보험제도를 통해 피해자는 충분하고 확실하게 보상을 받을 수 있다. 또한 피해자의 직접청구권을 인정함으로써 피해자를 보다 강력하게 보호하고 있다.

㉢ 역기능 : 책임보험은 피보험자 자신이 야기한 보험사고에 대한 보상책임을 보험자에게 전가시킨다는 점에서 자기책임을 무너뜨리고 피보험자의 도덕적 해이를 가져올 수 있다.

③ **책임보험계약의 성질**

㉠ 손해보험성 : 책임보험은 보험자가 피보험자의 제3자에 대한 배상책임으로 인한 손해를 보상하는 보험이므로 손해보험성을 가진다.

㉡ 재산보험성 : 책임보험은 특정한 물건에 발생한 손해가 아니고, 피보험자의 전 재산에서 지출하게 되는 손해를 보상하는 재산보험성을 가진다.

㉢ 소극보험성 : 책임보험은 피보험자에게 직접 발생한 손해를 보상하는 것이 아니고 피보험자가 제3자에 대하여 부담하는 배상책임으로 인한 손해를 보상하는 소극보험성을 가진다.

④ **책임보험의 종류**

㉠ 피보험자의 배상책임의 객체에 따른 분류

ⓐ 대인배상책임보험 : 타인의 인적 손해(사망, 상해 등)에 대한 피보험자의 배상책임을 대상으로 하는 경우

예 자동차보험 중의 대인배상책임보험, 근로자재해보상책임보험

ⓑ 대물배상책임보험 : 피보험자가 타인의 물건이나 기타 재산상의 손해에 대한 배상책임을 지게 되는 경우에 이를 보상하는 책임보험

예 자동차보험 중의 대물배상책임보험

㉡ 피보험자에 따른 분류

ⓐ 영업책임보험 : 피보험자가 영업을 영위하는 자로서 그러한 영업으로 인해 타인에게 배상책임을 부담하는 경우에 이를 보상하는 책임보험

예 제조물책임보험, 원자력손해배상책임보험, 승강기책임보험, 영업용자동차보험

ⓑ 전문인책임보험 : 피보험자가 전문직에 종사하는 자로서 그 직업과 관련하여 타인에게 부담하는 배상책임에 적용하는 책임보험
　　　　예 임원배상책임, 건축사 및 기술사배상책임, 의료과실배상책임보험
　　　ⓒ 개인책임보험 : 일반 개인이 일상생활에서 타인에게 인적 또는 물적 손해를 가함으로써 부담하게 되는 법률상의 손해배상책임을 적용대상으로 하는 책임보험
　　　　예 자가용자동차의 운전자책임보험, 개인용자동차보험
　　ⓒ 보험금액의 한도 유무에 따른 분류
　　　ⓐ 유한배상책임보험 : 피해자 1인당 또는 사고당 보험자의 보상책임 한도액이 미리 정해져 있는 책임보험
　　　ⓑ 무한배상책임보험 : 피보험자가 사고로 인해 타인에게 부담하는 모든 손해를 보상하는 책임보험
　　ⓔ 가입의 강제성 유무에 따른 분류
　　　ⓐ 임의책임보험 : 자동차종합보험, 제조물책임보험
　　　ⓑ 강제책임보험 : 자동차손해배상책임보험, 산업재해보상보험, 원자력손해배상보험

(2) 책임보험계약의 요소

① 보험의 목적

책임보험은 피보험자의 배상책임으로 인한 손해를 보상하는 소극보험이라는 점에서 그 보험의 목적은 특정한 재화가 아니고 피보험자가 제3자에게 지는 배상책임이며, 그 배상책임의 담보가 되는 것이 피보험자의 전 재산이므로 피보험자가 제3자의 청구를 막기 위하여 지출한 재판상, 재판 외의 필요비용은 보험의 목적에 포함되는 것으로 하고 있다. 또한 영업책임보험의 경우 피보험자의 대리인, 그 사업감독자의 제3자에 대한 배상책임도 보험의 목적에 포함되는 것으로 하고 있다(상법 제721조)고 하여 보험의 목적의 범위를 확대하고 있다.

② 피보험이익

㉠ 개요 : 책임보험은 손해보험에 속하고 있으나, 물건보험과 달리 금전적으로 산정할 수 있는 이익을 가지고 있는 것은 아니므로 피보험이익의 관념을 인정할 수 있느냐의 의문이 있다. 이에 대해 긍정설과 부정설이 대립하고 있으나, 책임보험에 있어서도 피보험자는 제3자에 대한 배상책임을 보험자에게 돌려 배상책임을 짐으로써 입은 경제적 손해를 벗어날 수 있는 이익을 가지고 있으므로 피보험이익의 관념을 인정하는 것이 옳다고 본다.

㉡ 책임보험에 있어서의 피보험이익 : 책임보험에 있어서의 피보험이익은 피보험자가 제3자에 대한 재산적 급여를 하는 책임을 지는 사고가 생기지 아니하는 것에 관하여 가지는 경제적 이익이라 할 수 있다.

㉢ 보험금액과 보험가액과의 관계 : 책임보험계약에 있어서는 일반손해보험에서와 같은 보험가액이 존재하지 않기 때문에 초과·중복·일부보험의 문제는 생기지 않고 손해배상액은 단순히 보험금액과 손해액의 범위에서 결정된다. 다만, 보관자책임보험의 경우(상법 제725조) 목적물이나 보상한도액이 제한되므로 보험가액이 측정되어 초과·중복·일부보험이 인정된다. 그러나, 보통책임보험에서도 보상한도액을 정하여 보험자의 급부를 제한하고 있다.

③ 보험사고

책임보험에서는 일반손해보험과는 달리 보험사고의 원인이 사고에 의해서 먼저 손해를 입은 피보험자 이외의 제3자인 피해자가 있고, 이에 대해 피보험자의 배상책임 유무와 그 정도를 어떻게 할 것인가가 결정되어야만 비로소 피보험자인 가해자의 손해를 생각할 수 있다는 점에서 구체적으로 어떠한 때를 기준으로 보험사고로 할 것인가에 이론적 다툼이 있다.

㉠ 손해사고설 : 피보험자가 제3자에 대하여 배상책임을 부담하는 원인이 되는 사고가 발생한 때를 보험사고로 보는 입장이다(다수설, 통설).

㉡ 손해배상청구설 : 제3자가 피보험자에게 사고로 인해 발생한 손해에 대한 손해배상을 청구한 시점을 보험사고발생 시점으로 보는 견해이다. 피보험자가 피해자인 제3자로부터 배상청구를 받게 되면 지체 없이 보험자에게 통지하도록 규정하는 것과 관련 있다.

㉢ 책임부담설 : 피보험자가 법률상 손해배상책임을 부담하는 것을 보험사고로 보는 입장이다.

㉣ 채무확정설 : 피보험자가 제3자에 대하여 부담할 채무가 확정된 것을 보험사고로 보는 입장이다.

㉤ 손해배상의무이행설 : 피보험자가 피해자에 대한 손해배상의무를 이행한 것을 보험사고로 보는 입장이다.

④ 피보험자의 손해배상책임

책임보험은 피보험자의 제3자에 대한 배상책임을 전제로 하여 성립하는 보험계약이므로 책임보험의 중심을 이루는 것은 손해배상책임이다. 이 책임은 법률상 책임, 계약상 책임, 불법행위 또는 채무불이행을 모두 포함하나, 민사상 책임에 한하여 특별한 경우에 법률상 손해배상책임으로 한정한다. 일반적으로 민사상 손해배상책임은 특히 무과실책임을 지는 경우를 제외하고 행위자의 고의·과실로 말미암아 발생한 손해에 대하여 배상책임을 지는데, 책임보험에서 보험자가 지는 책임은 피보험자가 제3자에게 부담하는 모든 책임을 담보하는 것이 아니라, 피보험자의 고의로 인한 손해는 보험자의 면책으로 하고 있다.

(3) 책임보험의 효과

① 보험자의 의무

㉠ 보험자의 보상의무

ⓐ 보상책임 발생요건

- 보험기간 중의 사고로 제3자가 손해를 입을 것 : 손해사고가 보험기간 중 생긴 것이어야 하고 보험기간 중 생겼다 하더라도 그것이 불가항력, 피해자의 자해행위로 말미암은 경우 등은 보상책임이 발생하지 않는다.
- 피보험자가 그 사고로 제3자에게 손해배상책임을 질 것 : 제3자가 손해를 입은 사고가 발생한 때를 보험사고로 보는 손해사고설이 통설이다.

ⓑ 면책사유 : 법정 및 약관 면책사유로 생긴 때 보험자는 보상책임을 지지 않는다. 단, 책임보험의 경우 상법 제659조 제1항의 고의 또는 중과실면책에서 중과실로 인한 손해를 약관상 부책할 수 있다.
           ⓒ 손해보상책임의 범위
             • 피보험자가 제3자에 대하여 변제, 승인, 화해 또는 재판으로 확정된 채무와 피보험자가 지출한 방어비용, 담보의 제공, 공탁비용을 부담한다(상법 제720조 제1항, 제2항). 이는 일반 손해보험에서 손해방지비용에 해당하는 것으로 그것이 보험자의 지시에 의한 때에는 그 비용과 손해액을 가산한 금액이 보험금액을 초과하더라도 보험자는 이를 부담해야 한다(상법 제720조 제3항).
             • 영업책임보험의 경우 피보험자의 대리인, 그 사업감독자의 제3자에 대한 책임으로 인한 손해도 보상해야 하는데, 이는 책임보험의 성질상 당연한 것이다(상법 제721조). 또한 피보험자가 보험자의 동의 없이 제3자에 대하여 변제·승인 또는 화해를 한 경우에는 보험자가 그 책임을 면하게 되는 합의가 있는 때에도 그 행위가 현저하게 부당한 것이 아니면 보험자가 보상책임을 면하지 못한다(상법 제723조 제3항)고 하여 보험자의 손해배상 범위를 넓히고 있다.
           ⓓ 보상시기 : 보험자는 특별한 약정이 없는 한 피보험자의 채무확정통지를 받은 날로부터 10일 내에 보험금액을 지급하는 것이 원칙(상법 제723조 제2항)이다. 그러나 보험자는 피보험자가 제3자에 대해 배상하기 전에는 피보험자에게 보험금을 지급하지 않는다(상법 제724조 제1항).
       ⓒ 보험자의 방어의무 : 보험자의 방어의무란 피해자가 피보험자를 상대로 소(訴)를 제기한 경우 보험자가 이를 방어해야 할 의무이다. 이 의무를 위반하여 피보험자의 손해배상책임이 가중된 때에는 그 가중된 손해에 대해 보험자는 책임을 져야 한다.
   ② 피보험자의 의무
       ⊙ 통지의무 : 피보험자가 제3자로부터 배상청구를 받은 때(상법 제722조)와 제3자에 대하여 변제·승인·화해 또는 재판으로 인하여 채무가 확정된 때(상법 제723조 제1항)에는 지체 없이 보험자에게 그 통지를 발송하여야 한다. 이는 일반보험계약에서 보험사고발생 통지의무(상법 제657조)와 같은 성질을 규정한 것이고, 피보험자는 배상책임을 지게 될 원인이 되는 사고에 대하여도 통지의무를 지게 된다는 것을 의미한다. 피보험자가 배상청구를 받은 사실의 통지를 게을리하여 손해가 증가된 경우 보험자는 그 증가된 손해를 보상할 책임이 없다. 다만, 피보험자가 보험사고발생의 통지를 발송한 경우에는 그러하지 아니하다.
       ⓒ 보험자에 대한 협조의무 : 책임보험계약에서 보험자에 대한 피보험자의 협조의무라 함은 피보험자가 보험사고로 인해 제3자에게 배상책임을 지는 경우 그 사고처리와 관련하여 보험자와 협조하여야 한다는 것이다. 우리 상법에서 피보험자는 보험자의 요구가 있을 때에는 필요한 서류, 증거의 제출, 증언 또는 증인의 출석에 협조하여야 한다(상법 제724조 제4항)고 하여 명문으로 규정하고 있다. 만약 피보험자가 정당한 이유 없이 협조의무를 해태한 경우 보험자는 협조를 통해 얻을 수 있는 이익 가운데 취득하지 못한 이익이 있으면 피보험자에 대해 손해배상을 청구할 수 있다(진정한 의무).

③ 보험자와 제3자와의 관계
  ㉠ 의의 : 책임보험계약은 피보험자를 위한 계약이므로 피해자인 제3자는 보험자에 대하여 아무런 권리와 의무를 가지지 않으나, 책임보험에 있어서 보험자는 피보험자가 제3자에 대한 재산적 급여로 인한 손해의 보상을 목적으로 하므로 그 한도 내에서 관계가 있다.
  ㉡ 제3자에 대한 보험금의 지급 : 보험자는 피보험자가 책임을 질 사고로 인하여 생긴 손해에 대하여 제3자가 그 배상을 받기 전에는 보험금액의 전부 또는 일부를 피보험자에게 지급하지 못한다(상법 제724조 제1항). 이는 피보험자에게 지급된 보험금을 다른 용도로 사용하지 못하게 하려는 취지이다.
  ㉢ 보험금 직접청구권
    ⓐ 의의 : 상법에서 제3자는 피보험자가 책임을 질 사고로 입은 손해에 대하여 보험금액의 한도 내에서 보험자에게 직접보상을 청구할 수 있음을 정하고 있는데(상법 제724조 제2항), 이를 '직접청구권'이라고 한다.
    ⓑ 보험자의 항변권과 통지의무 : 제3자의 직접청구권이 인정되더라도 보험자는 피보험자가 그 사고에 관하여 가지는 항변으로써 제3자에게 대항할 수 있다(상법 제724조 제2항 단서). 또한 제3자로부터 직접청구를 받게 되면 보험자는 이중지급을 방지하기 위해 지체 없이 피보험자에게 통지하여야 한다(상법 제724조 제3항).
    ⓒ 피보험자의 협조의무 : 제3자의 직접청구권이 인정된 경우에 피보험자는 보험자의 요구가 있을 때에는 필요한 서류, 증거의 제출, 증언 또는 증인의 출석에 협조하여야 한다(상법 제724조 제4항).
    ⓓ 소멸시효 : 보험금청구권은 3년의 시효로 소멸(상법 제662조)하며, 제3자가 직접 청구를 하는 때에도 피보험자와 제3자 사이에 채무가 확정된 때부터 3년이 지나면 시효로 소멸한다고 본다. 다만, 제3자는 피보험자에 대한 채권을 전제로 직접 청구하는 것이므로 그 전제가 되는 채권이 시효로 소멸한 때에도 보험금청구권은 소멸한다.

(4) 영업책임보험

① 의 의
피보험자가 경영하는 사업에 관하여 보험기간 중 사고로 인해 제3자에게 손해배상책임을 짐으로써 입은 손해를 보험자가 보상할 것을 목적으로 하는 보험을 말한다(상법 제721조).

② 효 용
영업책임보험은 영업주가 사업에 관련하여 발생하는 각종의 위험으로 인한 제3자에 대한 배상책임을 보험자에게 전가함으로써 기업유지의 안전을 꾀하고 나아가서 사업주, 그의 대리인, 사업감독자 및 피해자인 제3자의 이익을 조정하여 합리적인 분쟁해결에 효용을 높이는 데 있다.

③ 보험의 목적
책임보험에서 보험의 목적이 피보험자의 배상책임이라면, 영업책임보험에서는 피보험자의 배상책임 이외에 피보험자의 대리인 또는 그 사업감독자의 제3자에 대한 책임도 보험의 목적에 포함시켜 보험자의 담보범위를 확장하고 있다(상법 제721조). 이때 피보험자의 대리인 또는 사업감독자의 제3자에 대한 책임은 피보험자가 경영하는 사업에 관하여 발생한 것에 한한다.

(5) 보관자책임보험

① 의 의

가옥의 임차인이나 타인의 물건을 보관하는 보관자가 보험기간 중에 고의 또는 과실로 보관 또는 사용 중인 물건에 손해를 입힘으로써 입은 손해를 보험자가 보상할 것을 목적으로 하는 보험이다. 보관자책임보험은 물건의 소유자를 피보험자로 하는 타인을 위한 보험이 아니라, 보관자 자신을 피보험자로 하는 자기를 위한 책임보험이다. 그러나 물건의 소유자는 보험자에게 직접 그 손해의 보상을 청구할 수 있다(상법 제725조)고 규정하여 타인인 소유자를 보호하고 있으므로 타인을 위한 보험의 기능을 하고 있다.

② 요 건

㉠ 보관자가 자신을 위하여 보험계약을 체결해야 한다.
㉡ 보험계약자가 타인의 물건을 보관해야 한다.

③ 효 과

㉠ 소유자 직접청구권 : 보관자책임보험에서 물건의 소유자는 보험자에게 직접 그 손해의 보상을 청구할 수 있다(상법 제725조). 보관자책임보험은 보관자 자신을 피보험자로 하는 보험이지만 보관자의 무자력, 파산 등으로 소유자가 손해배상을 받지 못하게 되는 경우가 생길 수 있다. 따라서 상법 제724조에서 제3자에게 보험금의 직접청구권을 인정한 것과 같은 취지로 소유자의 이익을 보호하기 위하여 소유자 직접청구권을 인정한 것이다.

㉡ 보관자 보험금청구권과 소유자 직접청구권의 경합 : 보관자책임보험에서 보관자의 보험금청구권과 소유자의 직접청구권이 병존하나, 피보험자인 보관자는 소유자에게 배상하기 전에는 보험자로부터 보험금을 지급받을 수 없으므로(상법 제724조 제1항), 소유자 직접청구권이 우선한다(소유자청구권우선설).

3 재보험 기출 제1회, 제3회

(1) 재보험의 의의
재보험이란 보험계약상의 책임의 전부 또는 일부를 다른 보험자에게 인수시키는 보험으로 이 경우 제1의 보험자를 원보험자(原保險者) 또는 원수보험자(元受保險者)라고 하며, 다음 보험자를 재보험자라고 한다. 원보험자는 재보험에 따라 재보험자에게 위험을 전가시킬 수 있고, 원보험료와 재보험료와의 차액을 이득으로 할 수 있다. 원보험과 재보험은 전혀 별개의 독립적인 계약이며, 재보험 자체는 원보험이 무엇이냐를 불문하고 책임보험이므로 책임보험에 관한 규정을 적용한다.

재보험에 의하여 보험은 국경을 초월하여 이용되고 있다. 이 경우 국내 보험회사가 해외 보험사에 재보험을 드는 것을 출재(出再), 반대로 해외 보험회사가 국내 보험회사에 재보험을 드는 것을 수재(受再)라고 한다.

(2) 재보험계약의 의의
재보험계약이란 원보험자가 인수한 보험계약상의 책임의 일부 또는 전부를 재보험자에게 인수시키기 위한 원보험자와 재보험자간의 보험계약을 말한다. 보험자는 원보험이 손해보험이든 인보험이든 불문하고 보험사고로 인하여 부담할 책임의 전부 또는 일부에 대하여 다른 보험자와 재보험계약을 체결할 수 있다.

(3) 재보험계약의 법적 성질
재보험계약은 원보험자의 원보험계약에 의한 보험금지급책임을 보장하기 위한 보험이므로 책임보험의 일종으로서 손해보험계약에 속한다는 것이 통설이다. 우리 상법은 책임보험에 관한 규정을 그 성질이 반하지 않는 범위 내에서 재보험계약에 준용하도록 하고 있다.

(4) 재보험계약의 법률관계 기출 제4회, 제9회, 제11회
① 재보험자와 원보험자의 관계
  ㉠ 책임보험에 관한 규정의 준용 : 재보험계약은 책임보험의 일종으로 책임보험에 관한 규정이 준용된다(상법 제726조). 재보험자는 책임보험의 보험자로서 권리·의무를 가지게 되고, 원보험자는 책임보험의 보험계약자(겸 피보험자)로서의 권리·의무를 가지게 된다. 이 경우 재보험의 특성과 관련하여 재보험자의 손해보상의무의 발생시기와 재보험자의 제3자에 대한 대위권행사가 주로 문제된다.
    ⓐ 재보험자의 손해보상의무의 발생시기 : 원보험자가 현실적으로 보험금을 지급한 때라고 보는 원보험금지급시설과 원보험계약상의 보험사고가 발생하여 그 피보험자에게 보험금지급의무를 부담한 때라고 보는 원보험자책임부담설이 있으나, 원보험자책임부담설이 다수설이고 타당하다.

ⓑ 재보험자의 제3자에 대한 대위권행사 : 손해가 제3자의 행위로 인하여 발생한 경우에 보험금을 지급한 보험자는 그 지급한 금액의 한도에서 그 제3자에 대한 보험계약자 또는 피보험자의 권리를 취득한다(상법 제682조 제1항). 이 때 대위권의 행사에 있어서 상관습에 의해 재보험자는 대위권을 자신의 명의로 행사하지 않고, 원보험자가 원보험자의 명의로 행사하여 회수한 금액을 재보험자에게 교부하는데, 유효하다고 본다.
ⓒ 원보험계약과 재보험계약의 독립성 : 재보험계약은 법률상으로 원보험계약과는 구별되는 독립된 계약이므로, 재보험계약은 원보험계약의 효력에 영향을 미치지 않는다(상법 제661조 후단). 따라서 원보험자는 원보험료의 지급이 없음을 이유로 재보험료의 지급을 거절할 수 없고, 또 재보험자의 재보험금의 지급불이행을 이유로 보험금의 지급을 거절할 수 없다. 마찬가지로 재보험자도 재보험료의 지급이 없다고 하더라도 원보험계약자에 대하여 보험료 지급을 청구할 수 없다.
ⓓ 특약조항 : 보험관계자간에 보험계약의 신의칙은 매우 중요하다. 이러한 신의칙에 기반을 둔 적용범위의 설정기준이 되는 특약에는 다음과 같은 것이 있다.
ⓐ Follow the Fortunes Clause(운명추종조항) : 재보험자는 원보험자의 운명과 처리에 따른다는 조항이다. 즉 재보험자는 원보험자가 보상하는 대로 보상한다는 조항이다.
ⓑ Errors and Omissions Clause(오기 및 탈루조항) : 재보험계약에서 출재회사의 단순한 사무적 과실로 인한 오기 또는 탈루 때문에 재보험 책임에 영향을 미칠 수 없다는 것을 규정한 조항이다.

② **재보험자와 원보험계약의 피보험자의 관계**
재보험계약에는 책임보험에 관한 규정이 준용되고(상법 제726조), 책임보험에서 피해자는 보험자에게 보험금을 직접 청구할 수 있는 권리가 인정된다. 즉 재보험약관에 원보험계약의 피보험자가 재보험자를 상대로 직접 보험금청구권을 행사할 수 있다는 조항이 있는 경우에는 직접청구권이 인정될 수 있다. 다만, 이러한 약관조항에 따라 원보험계약의 피보험자가 재보험자에게 직접 보험금청구권을 행사할 경우 재보험자는 원보험자에게 대항할 수 있는 항변으로써 원보험자의 피보험자에게 대항할 수 있다.

③ **재보험자와 원보험계약의 보험계약자와의 관계**
재보험자와 원보험의 보험계약자간에도 직접적인 법률관계가 없으므로, 재보험자는 원보험의 보험계약자에게 재보험료의 지급을 청구할 수 없다. 따라서 원보험의 보험계약자는 재보험자에 대하여 직접 재보험료를 지급할 의무는 없으나, 원보험의 보험계약자가 원보험료를 지급하지 않음으로 인하여 원보험자가 재보험료를 지급하지 않으면, 재보험자는 민법의 채권자대위에 관한 규정(민법 제404조)에 의하여 원보험자의 보험료청구권을 대위행사할 수는 있다고 본다(통설).

> **심화TIP** Cut Through Clause(직접지급조항)
>
> 재보험계약은 원보험계약과는 독립된 계약이므로 피보험자와 재보험자 사이에는 어떠한 법률적 관계도 없으나 출재사의 파산시 재보험자가 피보험자에게 직접 클레임(Claim)을 지급할 수 있도록 규정한 조항이다.

(5) 재보험의 기능

① 재보험은 보험자의 인수능력을 증가시킨다.
② 재보험은 대형재해로부터 보험자를 보호하는 역할을 한다.
③ 재보험은 수익의 안정성을 가져올 수 있다.
④ 재보험은 미경과보험료 적립금에 따른 재정적 부담을 줄인다.
⑤ 재보험은 영업종목의 일부 또는 전부를 중지하는 데에 사용된다.

(6) 재보험수수료 및 이익수수료

① 비례적 재보험에 있어서는 일반적으로 재보험수수료와 이익수수료를 원보험자에게 지급할 의무가 있다. 재보험자는 원보험자로부터 받는 보험료의 일정부분을 재보험수수료로서 원보험자에게 지급해야 한다.
② 재보험수수료는 원보험에서 사용된 모집비와 사무비 등의 간접비용을 재보험자가 원보험자에게 보상하기 위한 것이다.
③ 이익수수료는 원보험자가 특약운용을 효율적으로 한 결과 그 이익에 대하여 재보험자가 원보험자에게 보너스 형식으로 지급하는 것이다.

(7) 재보험의 방법

① 임의재보험
  ㉠ 정의 : 임의재보험이란 개개의 원보험에 관하여 개개의 재보험계약을 체결하는 방법이다. 이러한 임의재보험은 특약재보험의 한도액을 초과하는 대형위험을 출재할 때 이용되며, 또한 특약재보험에서 제외되는 위험을 출재하는 때 이용된다.
  ㉡ 임의재보험의 장점
    ⓐ 원보험자가 계약에 따라 보유한도를 임의로 조정할 수 있어서 원보험자에게 유리한 보유한도를 결정할 수 있다.
    ⓑ 특약에서 제외되는 대형위험 등을 계약 당사자간의 합의에 의해 자유롭게 계약을 체결할 수 있다.
    ⓒ 출재사의 재보험자에 대한 적절한 인수이익 제공이라는 부담감을 해소시키고, 재보험자는 유리한 계약을 선별적으로 수재할 수 있다.
  ㉢ 임의재보험의 단점
    ⓐ 매 계약마다 새로운 계약을 체결해야 하므로 많은 시간과 경비가 지출된다.
    ⓑ 원보험자는 재보험에 출재될 때까지 모든 위험을 부담해야 하고, 재보험교환제도의 성립이 어렵다.
  ㉣ 절차 : 임의재보험은 원수보험자가 재보험청약서를 작성하여 재보험자에게 제출하면 재보험자는 재보험인수증을 원수보험자에게 교부하게 된다. 원수보험자는 재보험계약과정에서 일부 계약조건이 변경되는 경우가 있는데, 이 때 원수보험자는 최종적으로 확정된 계약조건을 재보험자에게 통지해야 한다.

② 특약재보험
- ⊙ 정의 : 특약재보험이란 원수보험자가 일정기간 내에 인수한 모든 원보험에 관하여 재보험관계를 성립시키기 위하여 한 개의 재보험계약을 체결하고, 그 특약에 해당하는 원보험계약이 체결되면 자동적으로 재보험이 이루어지는 방법이다.
- ⓒ 특약재보험의 장점
    - ⓐ 원수보험자가 원수보험계약 즉시 출재가 이루어지므로 비용부담이 줄어들고 위험부담도 줄어든다.
    - ⓑ 재보험자는 재보험물건을 미리 확보하므로 안정적인 경영이 가능하다.
- ⓒ 특약재보험의 단점
    - ⓐ 담보범위가 한정되어 있기 때문에 원수보험자는 담보범위에서 제외된 계약에 대해 임의재보험에 가입해야 한다.
    - ⓑ 재보험자는 위험을 선택할 수 없어 보험기간 동안 큰 손해를 볼 수 있다.

③ 임의・의무재보험
- ⊙ 정의 : 임의・의무재보험은 원수보험자가 출재의 자유가 있으나, 재보험자는 수재의 자유가 없이 출재된 위험을 의무적으로 인수해야만 하는 재보험방법이다. 원수보험자가 위험부담이 큰 위험을 부보하기 위하여 이용하는 방법으로 미리 신뢰를 쌓아 둔 재보험자를 이용하는 방법이다.
- ⓒ 장점 : 출재사가 유리한 보험의 선택과 자유로운 출재로 수익을 높일 수 있다.
- ⓒ 단점 : 수재사가 선택의 자유가 없어 거대사고의 발생과 역선택의 위험을 부담하게 된다.

④ 재보험 풀(Pool)
여러 보험자가 재보험을 목적으로 결합하여 수재한 계약을 사전에 정한 일정한 비율에 따라 책임을 지게 되는 재보험방법으로 규모가 큰 대형위험을 부보대상으로 한다.

4 보증보험

(1) 보증보험의 의의 및 특성

① 보증보험의 의의
   ㉠ 보증보험은 상거래와 계약거래에서 채무자의 신용을 보장해줌으로써 신용거래를 가능하게 하고 이를 통해 경제활동을 촉진시키기 위한 제도이다.
   ㉡ 보증보험은 계약상의 채무불이행이나 법령상의 의무불이행으로 인한 손해를 보상할 것을 목적으로 하는 보험으로 상법상의 보험과 보험업법상의 보험으로 규정되어 있다.
   ㉢ 보증보험은 채권자에겐 채무자가 채무를 이행하지 않는 경우 그 손해를 보상하므로 담보적 기능을 하고, 채무자에게는 채권담보의 보증금을 납입하여야 하는 부담이 없으므로 신용보완적 기능을 한다.

② 보증보험의 특징
   ㉠ 보증보험계약에 있어서 보험계약 당사자는 이해관계가 다른 제3자로서의 피보험자의 존재가 반드시 필요하다.
   ㉡ 보증보험의 보험사고는 불법행위 또는 채무와 의무의 불이행으로 발생되며, 그 불법행위 또는 채무 등의 불이행은 보험계약자의 고의 또는 과실에 의하여 인위적으로 발생하게 된다.
   ㉢ 보증보험계약의 경우 동일한 보험계약자에 대한 채무불이행을 담보함으로써 특정한 보증계약에 보험사고가 발생하면 다른 보증계약까지도 동시에 다발적으로 발생한다.
   ㉣ 보증보험의 경우 채권자와 채무자거래에 있어서 채무자의 부족한 신용을 보증보험이 보충하는 기능을 갖고 있으므로 보증보험 가입자의 보험사고를 전제로 하지 않는다.
   ㉤ 보증보험의 책임은 연대보증채무이다.
   ㉥ 보험계약자의 계약해지권이 없다. 다만, 채권자인 피보험자의 동의가 있거나, 채권자의 고의, 중과실로 인한 경우에 한해서 허용된다.
   ㉦ 보증보험회사는 주채무자인 보험계약자에 대하여 구상권을 갖게 되며, 채권자의 권리를 대위하는 대위권을 갖게 된다.

(2) 보증보험의 주요 내용

① 보증보험은 타인을 위한 보험형식으로 이용되므로 보증보험계약에 있어서는 계약 당사자인 보험자, 보험계약자 이외에 별도의 피보험자가 존재한다. 민사보증은 채권자와 보증인 사이에 체결되는 계약인데 반하여 보증보험계약은 채무자와 보증보험회사간에 체결된다.
② 보증보험은 보험계약자의 채무불이행으로 피보험자가 입은 손해를 담보하기 때문에 손해보험계약의 성격을 갖는다. 채무이행자가 보험계약자이며, 보험계약자의 채무불이행으로 손해를 볼 수 있는 사람을 피보험자로 하고 있기 때문에 타인을 위한 보험이다.

③ 보증보험에서 담보하는 보험사고는 보험계약자의 채무불이행이다. 이러한 채무불이행은 대부분 고의, 즉 채무불이행의 사실을 알면서 채무불이행하는 고의사고인데, 고의사고를 담보하지 않는다면 보증으로서의 기능을 달성할 수 없게 된다. 따라서 보증보험의 보험계약자의 고의사고를 담보한다는 점에서 상법 제659조(보험자의 면책사유) 제1항의 규정을 적용하지 않는 특징이 있다. 보험자는 보험계약자의 사기를 이유로 보증보험계약을 취소하는 경우에도 피보험자가 그와 같은 기망행위가 있었음을 알 수 있었던 경우 등과 같이 특별한 사정이 없는 한 보험자는 보험계약의 취소로서 피보험자에게 대항할 수 없다.

④ 보험계약자의 채무이행에 대하여 채권자가 의도적으로 채무이행을 방해하여 보험자로부터 보험금을 수령하는 것은 신의성실의 원칙에 반하며, 보험이 도박화 될 우려가 있기 때문에 면책으로 하고 있다. 보증보험에서는 피보험자의 책임 있는 사유로 보험계약자가 채무불이행이 되는 것도 면책으로 규정하고 있는데, 이 규정에 대하여 대법원은 유효하다는 입장이다.

⑤ 보증보험에서는 보험계약자의 채무불이행이 보험사고이므로 피보험자는 그 채무불이행의 사실을 입증하여야 한다. 또한 보험사고의 발생시 보험계약자나 피보험자는 손해방지에 노력하여야 한다. 민법상 보증은 무상을 원칙으로 하는데, 보증보험은 유상계약이고 상행위이며, 보험자는 민법상 보증에서와 달리 <u>최고·검색의 항변권</u>을 갖지 않는다.

> **심화TIP** 보증인의 최고·검색의 항변권
>
> 채권자가 주채무자에게 이행을 청구하지 않고 곧바로 보증인에게 채무이행을 청구한 때에 보증인이 주채무자에게 변제능력이 있다는 사실과 그 집행이 용이하다는 사실을 증명하여 먼저 주채무자에게 청구할 것(최고의 항변권)과 주채무자의 재산에 대하여 집행할 것(검색의 항변권)을 항변할 수 있는 권리를 말한다.

(3) 보증보험자의 책임(상법 제726조의5)

보증보험계약의 보험자는 보험계약자가 피보험자에게 계약상의 채무불이행 또는 법령상의 의무불이행으로 입힌 손해를 보상할 책임이 있다.

(4) 적용 제외(상법 제726조의6)

① 보증보험계약에 관하여는 제639조 제2항 단서(타인을 위한 보험계약)를 적용하지 않는다.
② 보증보험계약에 관하여는 보험계약자의 사기, 고의 또는 중대한 과실이 있는 경우에도 이에 대하여 피보험자에게 책임이 있는 사유가 없으면 제651조(고지의무위반으로 인한 계약해지), 제652조(위험변경증가의 통지와 계약해지), 제653조(보험계약자 등의 고의나 중과실로 인한 위험증가와 계약해지) 및 제659조 제1항(보험자의 면책사유)을 적용하지 않는다.

(5) 준용규정(상법 제726조의7)

보증보험계약에 관하여는 그 성질에 반하지 아니하는 범위에서 보증채무에 관한 「민법」의 규정을 준용한다.

CHAPTER 03 적중예상문제

01 손해보험의 총설

01 손해보험에 관한 설명으로 옳지 <u>않은</u> 것은? [기출] 제1회

① 보험의 목적의 성질 및 하자로 인한 손해는 보험자가 보상할 책임이 있다.
② 피보험이익은 적어도 사고발생시까지 확정할 수 있는 것이어야 한다.
③ 보험자가 손해를 보상할 경우에 보험료의 지급을 받지 않은 잔액이 있으면 이를 공제할 수 있다.
④ 경제적 가치를 평가할 수 있는 이익은 피보험이익이 된다.

| 해설 |
보험의 목적의 성질, 하자 또는 자연소모로 인한 손해는 보험자가 이를 보상할 책임이 없다(상법 제678조).

02 손해보험에 관한 설명으로 옳은 것을 모두 고른 것은? [기출] 제4회

> ㄱ. 보험의 목적의 성질, 하자 또는 자연소모로 인한 손해는 보험자가 이를 보상할 책임이 없다.
> ㄴ. 피보험자가 보험의 목적을 양도한 때에는 양수인은 보험계약상의 권리와 의무를 승계한 것으로 추정한다.
> ㄷ. 보험의 목적의 양도인 또는 양수인은 보험자에 대하여 지체 없이 보험목적의 양도 사실을 통지하여야 한다.
> ㄹ. 손해의 방지와 경감을 위하여 보험계약자와 피보험자의 필요 또는 유익하였던 비용과 보상액이 보험금액을 초과한 경우에는 보험자가 이를 부담하지 아니한다.

① ㄱ
② ㄱ, ㄹ
③ ㄱ, ㄴ, ㄷ
④ ㄴ, ㄷ, ㄹ

| 해설 |
ㄱ. (○) 상법 제678조
ㄴ. (○) 상법 제679조 제1항
ㄷ. (○) 상법 제679조 제2항
ㄹ. (×) 손해의 방지와 경감을 위하여 보험계약자와 피보험자의 필요 또는 유익하였던 비용과 보상액이 보험금액을 초과한 경우라도 <u>보험자가 이를 부담한다</u>(상법 제680조 제1항).

03 손해보험에 관한 설명으로 옳지 않은 것은? 기출 제6회

① 보험자는 보험사고로 인하여 생길 보험계약자의 재산상의 손해를 보상할 책임이 있다.
② 금전으로 산정할 수 있는 이익에 한하여 보험계약의 목적으로 할 수 있다.
③ 보험계약의 목적은 상법 보험편 손해보험 장에서 규정하고 있으나, 인보험 장에서는 그러하지 아니하다.
④ 중복보험의 경우에 보험자 1인에 대한 권리의 포기는 다른 보험자의 권리의무에 영향을 미치지 않는다.

> |해설|
> 손해보험계약의 보험자는 보험사고로 인하여 생길 <u>피보험자의 재산상의 손해를 보상할 책임이 있다</u>(상법 제665조).
> ② 상법 제668조
> ③ 상법 보험편 손해보험 장에서 보험계약의 목적은 제668조에서 규정하고 있으나, 인보험 장에서는 그러하지 아니하다. 인보험의 목적은 사람이고, 사람의 생명·신체에 관한 사고를 보험사고로 하는 점에서 물건이나 재산에 생기는 사고를 보험사고로 하는 손해보험과는 다르다.
> ④ 상법 제673조

04 상법상 손해보험에 관한 설명으로 옳은 것은? 기출 제11회

① 보험계약은 금전으로 산정할 수 없는 이익에 대해서도 보험계약의 목적으로 할 수 있다.
② 보험자는 보험사고로 인하여 부담할 책임에 대하여 다른 보험자와 재보험계약을 체결할 수 있다.
③ 화재보험에서 동산을 보험의 목적으로 한 때에는 보험증권에 그 위치한 장소를 기재하면 되고 그 상태나 용도까지 기재할 필요는 없다.
④ 보험자가 보상할 손해액의 산정에 관한 비용은 보험계약자의 부담으로 한다.

> |해설|
> ② 상법 제661조
> ① 보험계약은 <u>금전으로 산정할 수 있는 이익에 한하여</u> 보험계약의 목적으로 할 수 있다(상법 제668조).
> ③ 화재보험에서 동산을 보험의 목적으로 한 때에는 보험증권에 그 <u>존치한 장소의 상태와 용도를 기재해야 한다</u>(상법 제685조 제2호).
> ④ 보험자가 보상할 손해액의 산정에 관한 비용은 <u>보험자의 부담으로 한다</u>(상법 제676조 제2항).

정답 01 ① 02 ③ 03 ① 04 ②

05 상법상 손해보험에 관한 설명으로 옳지 않은 것은? 기출 제8회

① 당사자간에 보험가액을 정한 때에는 그 가액은 사고발생시의 가액으로 정한 것으로 본다.
② 당사자는 약정에 의하여 보험사고로 인하여 상실된 피보험자가 얻을 보수를 보험자가 보상할 손해액에 산입할 수 있다.
③ 화재보험의 보험자는 화재의 소방 또는 손해의 감소에 필요한 조치로 인하여 생긴 손해를 보상할 책임이 있다.
④ 보험계약은 금전으로 산정할 수 있는 이익에 한하여 보험계약의 목적으로 할 수 있다.

| 해설 |
당사자간에 보험가액을 정한 때에는 그 가액은 사고발생시의 가액으로 정한 것으로 추정한다(상법 제670조).
② 상법 제667조
③ 상법 제684조
④ 상법 제668조

06 손해보험에 관한 설명으로 옳지 않은 것은?(단, 다른 약정이 없음을 전제로 함) 기출 제7회

① 보험사고로 인하여 상실된 피보험자가 얻을 보수는 보험자가 보상할 손해액에 산입하여야 한다.
② 보험계약은 금전으로 산정할 수 있는 이익에 한하여 보험계약의 목적으로 할 수 있다.
③ 무효와 실권의 사유는 손해보험증권의 기재사항이다.
④ 당사자간에 보험가액을 정하지 아니한 때에는 사고발생시의 가액을 보험가액으로 한다.

| 해설 |
보험사고로 인하여 상실된 피보험자가 얻을 이익이나 보수는 당사자간에 다른 약정이 없으면 보험자가 보상할 손해액에 산입하지 않는다(상법 제667조).
② 상법 제668조
③ 상법 제666조 제6호
④ 상법 제671조

07 상법상 손해보험에 관한 설명으로 옳은 것은? 기출 제9회

① 보험자는 보험사고로 인하여 생길 보험수익자의 재산상의 손해를 보상할 책임이 있다.
② 보험사고로 인하여 상실된 피보험자가 얻을 이익이나 보수는 보험자가 보상할 손해액에 산입한다.
③ 대리인에 의하여 손해보험계약을 체결한 경우에 대리인이 안 사유는 그 본인이 안 것과 동일한 것으로 할 수 없다.
④ 보험계약은 금전으로 산정할 수 있는 이익에 한하여 보험계약의 목적으로 할 수 있다.

> **해설**
> ④ 상법 제668조
> ① 손해보험계약의 보험자는 보험사고로 인하여 생길 <u>피보험자의 재산상의 손해</u>를 보상할 책임이 있다(상법 제665조).
> ② 보험사고로 인하여 상실된 피보험자가 얻을 이익이나 보수는 당사자간에 다른 약정이 없으면 보험자가 보상할 <u>손해액에 산입하지 않는다</u>(상법 제667조).
> ③ 대리인에 의하여 보험계약을 체결한 경우에 대리인이 안 사유는 그 <u>본인이 안 것과 동일한 것으로 한다</u>(상법 제646조).

08 손해보험에서 피보험이익의 요건에 해당하지 않는 것은?

① 피보험이익은 경제적 이익이어야 한다.
② 피보험이익은 적법한 이익이어야 한다.
③ 피보험이익은 확정적 이익이어야 한다.
④ 피보험이익은 감정적 이익이어야 한다.

> **해설**
> **피보험이익의 요건**
> • 피보험이익은 <u>경제적 이익</u>이어야 한다. 즉, 금전으로 산정할 수 있는 이익이어야 한다.
> • 피보험이익은 <u>적법한 이익</u>이어야 한다.
> • 피보험이익은 <u>확정적 이익</u>이어야 한다. 즉, 계약 체결 당시 그 존재 및 소속이 확정되어 있거나 적어도 사고발생시까지는 확정할 수 있는 것이어야 한다.

09 피보험이익에 관한 설명으로 옳은 것은?

① 피보험이익은 보험계약에 있어서 불가결의 요소이다.
② 피보험이익은 현재의 이익이든 장래의 이익이든 상관없다.
③ 피보험이익은 계약 체결 당시에 확정되어야 한다.
④ 피보험이익은 곧 보험의 목적이다.

| 해설 |
① 손해보험은 손해의 전보를 목적으로 하기 때문에 피보험이익의 존재가 당연히 필요하나, 생명보험은 사람의 생사에 의한 보험이므로 피보험이익의 관념 자체가 없다.
③ 피보험이익은 손해발생시까지 금전적 손해 및 이를 수취할 피보험자가 확정되면 된다.
④ 상법 제668조에서는 피보험이익을 '보험계약의 목적'이라고 하여 금전적으로 산정할 수 있는 이익으로 한정하고 있다.

10 피보험이익에 관한 설명으로 옳은 것은?

① 피보험이익은 상법상 보험의 목적으로 규정되어 있다.
② 피보험이익은 경제적 이익이 있음으로써 충분하며 반드시 적법하여야 하는 것은 아니다.
③ 미등기건물에 대하여도 피보험이익은 인정된다.
④ 동일한 건물의 소유자와 전세권자가 화재보험계약을 체결한 경우에는 피보험이익을 같이 한다.

| 해설 |
① 피보험이익은 상법상 '보험계약의 목적'이라고 규정하고 있다. 보험의 목적은 보험에 의하여 보호되는 재물 또는 생명을 말한다.
② 피보험이익은 경제적 이익·적법한 이익·확정적 이익이어야 한다.
④ 피보험이익이 다르면 동일한 보험의 목적에 수개의 보험계약을 체결할 수 있다.

11 피보험이익에 관한 설명으로 옳지 않은 것은?

① 피보험이익은 객관적 평가가 가능하다.
② 피보험이익은 상법에 보험의 목적으로 규정되어 있다.
③ 피보험이익은 적법성을 요건으로 하므로, 탈세에 의한 이익은 피보험이익이 될 수 없다.
④ 상실이익도 피보험이익이 될 수 있으나, 당사자간의 특약이 없으면 보험자의 손해보상액에 산입하지 않는다.

> **해설**
> 피보험이익은 보험계약의 목적(상법 제668조)으로 규정되어 있으며, 보험의 목적과 그 개념이 다르다.

12 손해보험계약에서의 피보험이익에 관한 설명으로 옳지 않은 것은? [기출] 제1회

① 피보험이익은 보험의 도박화를 방지하는 기능이 있다.
② 피보험이익은 적법한 것이어야 한다.
③ 피보험이익은 보험자의 책임범위를 정하는 표준이 된다.
④ 동일한 건물에 대하여 소유권자와 저당권자는 각자 독립한 보험계약을 체결할 수 없다.

> **해설**
> 피보험이익이 다르면 동일한 목적물에 대한 보험계약이라도 별개의 보험계약이 된다. 동일한 건물에 대하여 소유권자와 저당권자는 각자 다른 피보험이익을 가지므로 독립한 보험계약을 체결할 수 있다.

13 피보험이익에 관한 설명으로 옳은 것은?

① 피보험이익은 장래의 이익이어야 한다.
② 피보험이익은 계약 체결 당시에 확정되어야 한다.
③ 피보험이익은 금전으로 산정할 수 있는 경제적 이익이어야 한다.
④ 피보험이익은 모든 보험계약에 있어서 불가결의 요소이다.

> **해설**
> 손해보험에서 피보험이익은 금전으로 산정할 수 있는 경제적 이익이어야 한다.
> ① 법률상 관계이든 사실상 이해관계이든, 적극적인 것이든 소극적인 것이든, 현재의 이익이든 장래의 이익이든, 현실적으로 입은 손실이든 상실한 이익이든 묻지 않는다.
> ② 피보험이익은 손해발생시까지 확정되면 된다.
> ④ 생명보험계약의 경우 피보험이익의 관념 자체가 없다.

14 피보험이익의 요건으로 옳지 않은 것은?

① 적법성 여부는 객관적인 문제로서 당사자 또는 피보험자의 선의·악의에 따라 영향을 받게 된다.
② 피보험이익은 금전으로 산정할 수 있어야 한다.
③ 피보험이익은 계약 체결 당시에 확정되어 있어야 하는 것은 아니지만 적어도 보험사고가 발생할 때까지는 확정할 수 있어야 한다.
④ 종교상의 비밀 등은 피보험이익이 될 수 없으나, 기업의 신개발에 따른 비밀 등은 피보험이익이 될 수 있다.

| 해설 |
적법성 여부는 객관적인 문제로서 당사자 또는 피보험자의 선의·악의에는 영향을 받지 않는다. 또 피보험자의 인적 상태, 즉 능력이나 신분관계에도 영향을 받지 않는다. 피보험이익은 적법한 이익이어야 하므로 탈세·도박·절도로 인하여 얻은 이익, 판매가 금지된 화약·독약·무기 등의 판매에 의한 이익, 금제품·금수품에 대한 이익, 기타 선량한 풍속, 사회질서에 반하는 이익은 피보험이익이 될 수 없다.

TIP 피보험이익의 요건

- **적법성** : 법의 금지규정에 위반하거나 공공질서와 선량한 풍속에 반하지 않는 것을 대상으로 할 것
- **경제성** : 손해발생시 손해액을 금전적으로 산정할 수 있을 것
- **확정성** : 손해발생시까지 금전적 손해액 및 이를 수취할 피보험자가 결정되어야 할 것

15 피보험이익에 관한 설명으로 옳지 않은 것은? 기출 제5회

① 우리 상법은 손해보험뿐만 아니라 인보험에서도 피보험이익이 있을 것을 요구한다.
② 상법은 피보험이익을 보험계약의 목적이라고 표현하며, 보험의 목적과는 다르다.
③ 밀수선이 압류되어 입을 경제적 손실은 피보험이익이 될 수 없다.
④ 보험계약의 동일성을 판단하는 표준이 된다.

| 해설 |
피보험이익은 상법상 '보험계약의 목적(상법 제668조)'이며, "보험사고의 발생 여부에 관하여 가지는 경제상의 이해관계"를 의미한다. 피보험이익은 손해발생 여부를 판단하는 기준으로서 손해보험에서는 피보험이익의 가액을 한도로 보상한다. 반면에 인보험에서는 원칙적으로 피보험이익의 개념이 없다.

16 손해보험에서의 보험가액에 관한 설명으로 옳은 것은? 기출 제8회

① 초과보험에 있어서 보험계약의 목적의 가액은 사고발생시의 가액에 의하여 정한다.
② 보험금액이 보험계약의 목적의 가액을 현저하게 초과한 때에는 보험계약자는 소급하여 보험료의 감액을 청구할 수 있다.
③ 보험가액이 보험계약 당시가 아닌 보험기간 중에 현저하게 감소된 때에는 보험자는 보험료와 보험금액의 감액을 청구할 수 없다.
④ 초과보험이 보험계약자의 사기로 인하여 체결된 때에는 그 계약은 무효이며, 보험자는 그 사실을 안 때까지의 보험료를 청구할 수 있다.

| 해설 |
④ 상법 제669조 제4항
① 초과보험에 있어서 보험계약의 목적의 가액은 <u>계약 당시의 가액에 의하여 정한다</u>(상법 제669조 제2항).
② 보험료의 감액은 <u>장래에 대하여서만 그 효력이 있다</u>(상법 제669조 제1항).
③ 보험가액이 보험계약 당시가 아닌 보험기간 중에 현저하게 감소된 때에도 <u>보험자는 보험료와 보험금액의 감액을 청구할 수 있다</u>(상법 제669조 제3항).

17 보험가액에 관한 설명으로 옳은 것은? 기출 제3회

① 당사자간에 보험가액을 정한 때에는 그 가액은 보험기간 개시시의 가액으로 정한 것으로 추정한다.
② 미평가보험의 경우 사고발생시의 가액을 보험가액으로 한다.
③ 보험가액은 변동되지 않는다.
④ 기평가보험에서 보험가액이 사고발생시의 가액을 현저하게 초과할 때에는 보험기간 개시시의 가액을 보험가액으로 한다.

| 해설 |
당사자간에 보험가액을 정하지 아니한 미평가보험의 경우 사고발생시의 가액을 보험가액으로 한다(상법 제671조).
① 당사자간에 보험가액을 정한 때에는 그 가액은 <u>사고발생시의 가액으로 정한 것으로 추정한다</u>(상법 제670조).
③ 보험가액은 피보험이익을 금전으로 평가한 가액으로, 원칙적으로 <u>언제나 일정한 것이 아니다</u>.
④ 기평가보험에서 보험가액이 사고발생시의 가액을 현저하게 초과할 때에는 <u>사고발생시의 가액을 보험가액으로 한다</u>(상법 제670조 단서).

18 상법상 물건보험의 보험가액에 관한 설명으로 옳지 않은 것은? 기출 제10회

① 보험가액과 보험금액은 일치하지 않을 수 있다.
② 보험계약 당사자간에 보험가액을 정하지 아니한 때에는 사고발생시의 가액을 보험가액으로 한다.
③ 보험계약의 당사자간에 보험가액을 정한 경우 그 가액이 사고발생시의 가액을 현저하게 초과할 경우 보험계약은 무효이다.
④ 보험계약의 당사자간에 보험가액을 정한 경우 그 가액은 사고발생시의 가액으로 정한 것으로 추정한다.

| 해설 |

① 전부보험은 보험가액과 보험금액이 일치하는 보험계약이지만, 초과보험과 일부보험은 보험가액과 보험금액이 일치하지 않는 보험계약이다. 즉 초과보험은 보험금액이 보험가액을 현저히 초과하는 보험계약이며, 일부보험은 보험금액이 보험가액보다 적은 보험계약이다.
② 상법 제671조
③·④ 당사자간에 보험가액을 정한 때에는 그 가액은 사고발생시의 가액으로 정한 것으로 추정한다. 그러나 그 가액이 사고발생시의 가액을 현저하게 초과할 때에는 사고발생시의 가액을 보험가액으로 한다(상법 제670조).

19 보험가액에 관한 설명으로 옳은 것은? 기출 제1회

① 보험자의 계약상의 최고보상한도로서의 의미를 가진다.
② 일부보험은 어느 경우에도 보험자가 보험가액을 한도로 실제손해를 보상할 책임을 진다.
③ 피보험이익을 금전으로 평가한 가액을 의미한다.
④ 보험가액은 보험금액과 항상 일치한다.

| 해설 |

① 보험금액은 보험자가 발생한 손해의 보상을 위하여 지급하기로 한 계약상의 최고한도를 말한다.
② 일부보험의 경우에 당사자간에 다른 약정이 있는 때에는 보험자는 보험금액의 한도 내에서 그 손해를 보상할 책임을 진다(상법 제674조 단서).
③·④ 보험가액은 피보험이익을 금전으로 평가한 가액으로 법률상 최고보상한도이다. 보험계약을 체결할 때 손해의 보상을 위하여 지급하기로 한 계약상 최고보상한도인 보험금액과는 구별된다.

20 다음 ( )에 들어갈 용어로 옳은 것은? 기출 제5회

(ㄱ)의 일부를 보험에 붙인 경우에는 보험자는 (ㄴ)의 (ㄷ)에 대한 비율에 따라 보상할 책임을 진다. 그러나 당사자간에 다른 약정이 있는 때에는 보험자는 (ㄹ)의 한도 내에서 그 손해를 보상할 책임을 진다.

	ㄱ	ㄴ	ㄷ	ㄹ
①	보험금액	보험가액	보험금액	보험금액
②	보험금액	보험금액	보험가액	보험가액
③	보험가액	보험가액	보험금액	보험가액
④	보험가액	보험금액	보험가액	보험금액

| 해설 |

(**보험가액**)의 일부를 보험에 붙인 경우에는 보험자는 (**보험금액**)의 (**보험가액**)에 대한 비율에 따라 보상할 책임을 진다. 그러나 당사자간에 다른 약정이 있는 때에는 보험자는 (**보험금액**)의 한도 내에서 그 손해를 보상할 책임을 진다(상법 제674조).

21 상법상 보험가액에 관한 설명으로 옳지 않은 것은? 기출 제9회

① 보험가액이란 피보험이익을 금전적으로 산정 또는 평가한 액수이다.
② 당사자간에 보험가액을 정한 때에는 그 가액은 사고발생시의 가액으로 정한 것으로 본다.
③ 당사자간에 보험가액을 정하지 아니한 때에는 사고발생시의 가액을 보험가액으로 한다.
④ 기평가보험에서 당사자간에 정한 보험가액이 사고발생시의 가액을 현저하게 초과할 때에는 사고발생시의 가액을 보험가액으로 한다.

| 해설 |

당사자간에 보험가액을 정한 때에는 그 가액은 사고발생시의 가액으로 정한 것으로 <u>추정한다</u>(상법 제670조).

22 다음은 보험금액과 보험가액이 일치하지 않는 경우이다. 옳은 설명은?

① 초과보험은 비례주의를 원칙으로 한다.
② 일부보험에서 전손의 경우는 보험금액 전액을 지급한다.
③ 중복보험의 경우 각 보험자는 보험가액의 한도에서 연대하여 책임을 진다.
④ 보험자 1인에 대한 권리의 포기는 다른 권리의무자의 권리의무에 영향을 미친다.

| 해설 |
> 일부보험에서 전손의 경우는 보험금액 전액을 지급하며, 분손의 경우는 보험금액의 보험가액에 대한 비율에 따라 보상한다. 그러나 당사자간에 다른 약정이 있는 경우 보험금액의 한도 내에서 손해액을 보상한다.
> ① 초과보험은 보험계약자의 선의, 악의에 따라 효력을 달리하는 주관주의를 채택하고 있다.
> ③ 중복보험의 경우 각 보험자는 자기의 보험금액의 한도에서 연대하여 책임을 진다.
> ④ 보험자 1인에 대한 권리의 포기는 다른 보험자의 권리의무에 영향을 미치지 않는다.

23 보험가액에 관한 설명으로 옳지 않은 것은? 기출 제6회

① 당사자간에 보험가액을 정한 때에는 그 가액은 사고발생시의 가액으로 정한 것으로 추정한다.
② 당사자간에 정한 보험가액이 사고발생시의 가액을 현저하게 초과할 때에는 그 원인에 따라 당사자간에 정한 보험가액과 사고발생시의 가액 중 협의하여 보험가액을 정한다.
③ 상법상 초과보험을 판단하는 보험계약의 목적의 가액은 계약 당시의 가액에 의하여 정하는 것이 원칙이다.
④ 당사자간에 보험가액을 정하지 아니한 때에는 사고발생시의 가액을 보험가액으로 한다.

| 해설 |
> 당사자간에 보험가액을 정한 때에는 그 가액은 사고발생시의 가액으로 정한 것으로 추정한다. 그러나 그 가액이 사고발생시의 가액을 현저하게 초과할 때에는 사고발생시의 가액을 보험가액으로 한다(상법 제670조).
> ① 상법 제670조(기평가보험)
> ③ 상법 제669조 제2항
> ④ 상법 제671조(미평가보험)

24 손해보험계약에서의 보험가액에 관한 설명으로 옳지 않은 것은? 기출 제2회

① 초과보험에서 보험가액은 계약 당시의 가액에 의하여 정한다.
② 일부보험이란 보험가액의 일부를 보험에 붙인 경우를 말한다.
③ 당사자간에 보험가액을 정하지 아니한 때에는 사고발생시의 가액을 보험가액으로 한다.
④ 기평가보험에서의 보험가액이 사고발생시의 가액을 현저하게 초과할 때에는 계약 당시에 정한 보험가액으로 한다.

| 해설 |
> 기평가보험에서 당사자간에 보험가액을 정한 때에는 그 가액은 사고발생시의 가액으로 정한 것으로 추정한다. 그러나 그 가액이 사고발생시의 가액을 현저하게 초과할 때에는 사고발생시의 가액을 보험가액으로 한다(상법 제670조).

25 손해보험에서 보험가액과 보험금액과의 관계에 관한 설명으로 옳지 않은 것은? 기출 제2회

① 보험금액이 보험계약의 목적의 가액을 현저하게 초과한 때에 보험자는 보험금액의 감액을 청구할 수 있지만, 보험계약자는 보험료의 감액을 청구할 수 없다.
② 일부보험의 경우에 보험계약의 당사자들은 보험자가 보험금액의 보험가액에 대한 비율과 상관없이 보험금액의 한도 내에서 그 손해를 보상할 책임이 있다는 약정을 할 수 있다.
③ 중복보험에서 수인의 보험자 중 1인에 대하여 피보험자가 권리를 포기하여도 다른 보험자의 권리의무에 영향을 미치지 않는다.
④ 중복보험에서 보험자가 각자의 보험금액의 한도에서 연대책임을 지는 경우 각 보험자의 보상책임은 각자의 보험금액의 비율에 따른다.

| 해설 |
① 보험금액이 보험계약의 목적의 가액을 현저하게 초과한 때에는 보험자 또는 보험계약자는 보험료와 보험금액의 감액을 청구할 수 있다. 그러나 보험료의 감액은 장래에 대하여서만 그 효력이 있다(상법 제669조 제1항).
② 상법 제674조
③ 상법 제673조
④ 상법 제672조 제1항

26 보험금액의 지급에 관한 설명으로 옳지 않은 것은?(다툼이 있으면 판례에 따름) 기출 제7회

① 보험금액의 지급에 관하여 약정기간이 있는 경우, 보험자는 그 기간 내에 보험금액을 지급하여야 한다.
② 보험금액의 지급에 관하여 약정기간이 없는 경우, 보험자는 보험사고발생의 통지를 받은 후 지체 없이 지급할 보험금액을 정하여야 한다.
③ 보험금액의 지급에 관하여 약정기간이 없는 경우, 보험금액이 정하여진 날부터 1월 내에 보험수익자에게 보험금액을 지급하여야 한다.
④ 보험계약자의 동의 없이 보험자와 피보험자 사이에 한 보험금 지급기한 유예의 합의는 유효하다.

| 해설 |
①·②·③ 보험자는 보험금액의 지급에 관하여 약정기간이 있는 경우에는 그 기간 내에, 약정기간이 없는 경우에는 통지를 받은 후 지체 없이 지급할 보험금액을 정하고 그 정하여진 날부터 10일 내에 피보험자 또는 보험수익자에게 보험금액을 지급하여야 한다(상법 제658조).
④ 보험계약자의 동의 없이 보험자와 피보험자 사이에 한 보험금 지급기한 유예의 합의는 유효하다(대법원 1981.10.6. 선고 80다2699 판결).

27 손해보험에 있어서 보험사고와 보험금 지급에 관한 설명으로 옳지 않은 것은? 기출 제2회

① 피보험자는 보험사고의 발생을 안 때에는 지체 없이 보험자에게 그 통지를 발송하여야 한다.
② 보험자는 보험금액의 지급에 관하여 약정기간이 없는 경우는 보험사고발생의 통지를 받은 날로부터 10일 내에 피보험자 또는 보험수익자에게 보험금액을 지급하여야 한다.
③ 보험사고가 보험계약자의 중대한 과실로 인하여 생긴 때에는 보험자는 보험금액을 지급할 책임이 없다.
④ 보험사고가 전쟁으로 인하여 생긴 때에는 당사자간에 다른 약정이 없으면 보험자는 보험금액을 지급할 책임이 없다.

| 해설 |

보험자는 보험금액의 지급에 관하여 약정기간이 있는 경우에는 그 기간 내에, 약정기간이 없는 경우에는 보험사고발생의 통지를 받은 후 지체 없이 지급할 보험금액을 정하고, 그 정하여진 날부터 10일 내에 피보험자 또는 보험수익자에게 보험금액을 지급하여야 한다(상법 제658조).
① 상법 제657조 제1항
③ 상법 제659조 제1항
④ 상법 제660조

28 기평가보험과 미평가보험에 관한 설명으로 옳지 않은 것은? 기출 제1회

① 기평가보험이란 보험계약 체결시 당사자간에 피보험이익의 평가에 관하여 미리 합의한 보험을 말한다.
② 기평가보험의 경우 당사자간에 보험가액을 정한 때에는 그 가액은 사고발생시의 가액으로 정한 것으로 추정한다.
③ 기평가보험의 경우 협정보험가액이 사고발생시의 가액을 현저하게 초과할 때에는 협정보험가액을 보험가액으로 한다.
④ 보험계약 체결시 당사자간에 보험가액을 정하지 아니한 경우에는 사고발생시의 가액을 보험가액으로 한다.

| 해설 |

기평가보험의 경우 협정보험가액이 사고발생시의 가액을 현저하게 초과할 때에는 사고발생시의 가액을 보험가액으로 한다(상법 제670조 참조).

29 기평가보험과 미평가보험에 관한 설명으로 옳지 않은 것은? 기출 제4회

① 당사자간에 보험계약 체결시 보험가액을 미리 약정하는 보험은 기평가보험이다.
② 기평가보험에서 보험가액은 사고발생시의 가액으로 정한 것으로 추정한다. 그러나 그 가액이 사고발생시의 가액을 현저하게 초과할 때에는 사고발생시의 가액을 보험가액으로 한다.
③ 미평가보험이란 보험사고의 발생 이전에는 보험가액을 산정하지 않고, 그 이후에 산정하는 보험을 말한다.
④ 미평가보험은 보험계약 체결 당시의 가액을 보험가액으로 한다.

| 해설 |
미평가보험은 사고발생시의 가액을 보험가액으로 한다(상법 제671조).

---

30 상법상 기평가보험과 미평가보험에 관한 설명으로 옳은 것은? 기출 제5회

① 당사자간에 보험가액을 정하지 아니한 때에는 계약 체결시의 가액을 보험가액으로 한다.
② 당자자간에 보험가액을 정한 때 그 가액이 사고발생시의 가액을 현저하게 초과할 때에는 사고발생시의 가액을 보험가액으로 한다.
③ 당사자간에 보험가액을 정한 때에는 그 가액은 계약 체결시의 가액으로 정한 것으로 추정한다.
④ 당사자간에 보험가액을 정한 때에는 그 가액은 사고발생시의 가액을 정한 것으로 본다.

| 해설 |
② 상법 제670조 단서
① 당사자간에 보험가액을 정하지 아니한 때에는 사고발생시의 가액을 보험가액으로 한다(상법 제671조).
③ 당사자간에 보험가액을 정한 때에는 그 가액은 사고발생시의 가액으로 정한 것으로 추정한다(상법 제670조).
④ '~ 본다.'가 아니라 '~ 추정한다.'가 옳다.

31 상법상 기평가보험과 미평가보험에 관한 설명으로 옳은 것은? 기출 제11회

① 당사자간에 보험가액을 정한 때에는 그 가액은 사고발생시의 가액으로 정한 것으로 간주한다.
② 협정보험가액이 사고발생시의 가액을 현저하게 초과할 때에는 협정보험가액을 보험가액으로 한다.
③ 당사자간에 보험가액을 정하지 아니한 때에는 사고발생시의 가액을 보험가액으로 한다.
④ 보험가액을 정하지 않은 경우 그 보험계약은 무효로 한다.

| 해설 |
③ 상법 제671조
① 당사자간에 보험가액을 정한 때에는 그 가액은 사고발생시의 가액으로 정한 것으로 추정한다(상법 제671조 본문).
② 협정보험가액이 사고발생시의 가액을 현저하게 초과할 때에는 사고발생시의 가액을 보험가액으로 한다(상법 제671조 단서).
④ 보험가액을 정하지 않은 경우 그 보험계약은 무효가 아니라 미평가보험으로 처리된다.

32 상법상 초과보험에 관한 설명으로 옳지 않은 것은? 기출 제11회

① 보험가액이 보험금액을 현저하게 초과한 때에는 보험자 또는 보험계약자는 보험료와 보험금액의 감액을 청구할 수 있다.
② 보험가액이 보험기간 중에 현저하게 감소한 때에는 보험자 또는 보험계약자는 보험료와 보험금액의 감액을 청구할 수 있다.
③ 보험계약자의 사기로 인하여 초과보험 계약이 체결된 때에는 그 계약은 무효가 된다.
④ 사기로 인한 초과보험 계약이 체결되어 무효가 된 경우 보험자는 그 사실을 안 때까지의 보험료를 청구할 수 있다.

| 해설 |
보험금액이 보험계약의 목적의 가액을 현저하게 초과한 때에는 보험자 또는 보험계약자는 보험료와 보험금액의 감액을 청구할 수 있다(상법 제669조 제1항 본문).
② 상법 제669조 제3항
③ 상법 제669조 제4항 본문
④ 상법 제669조 제1항 단서

33 상법상 초과보험에 관한 설명으로 옳은 것은? 기출 제9회

① 보험자 또는 보험계약자는 보험료와 보험금액의 감액을 청구할 수 있다.
② 보험계약자가 청구한 보험료의 감액은 계약체결일부터 소급하여 그 효력이 있다.
③ 보험가액이 보험기간 중에 현저하게 감소된 때에도 보험계약자는 보험료의 감액을 청구할 수 없다.
④ 보험계약자의 사기로 인하여 체결된 초과보험의 경우 보험자는 그 계약을 체결한 날부터 1월 내에 계약을 해지할 수 있다.

| 해설 |
① 상법 제669조 제1항
② 보험계약자가 청구한 보험료의 감액은 장래에 대하여서만 그 효력이 있다(상법 제669조 제1항).
③ 보험가액이 보험기간 중에 현저하게 감소된 때에도 보험계약자는 보험료의 감액을 청구할 수 있다(상법 제669조 제3항).
④ 보험계약자의 사기로 인하여 체결된 초과보험의 경우 그 계약은 무효로 한다(상법 제669조 제4항).

34 초과보험에 관한 설명으로 옳지 않은 것은?

① 초과보험을 결정하는 보험가액의 산정시기는 사고발생시이다.
② 보험계약자의 사기로 인하여 초과보험의 계약이 체결된 경우에는 그 계약은 전체를 무효로 한다.
③ 선의의 보험자 또는 보험계약자는 보험료와 보험금액의 감액을 청구할 수 있다.
④ 초과보험이 성립하기 위해서는 보험금액이 보험가액을 현저하게 초과하여야 한다.

| 해설 |
초과보험을 결정하는 보험가액의 산정시기는 계약 당시이다. 그러나 물가의 변동으로 피보험이익의 가액이 보험기간 중 현저하게 감소한 때에는 그때를 기준으로 한다.

정답 31 ③ 32 ① 33 ① 34 ①

35 초과보험에 관한 설명으로 옳지 않은 것은? 기출 제6회

① 보험금액이 보험계약의 목적의 가액을 현저하게 초과한 경우에 성립한다.
② 보험가액이 보험기간 중 현저하게 감소된 때에도 초과보험에 관한 규정이 적용된다.
③ 보험계약자 또는 보험자는 보험료와 보험금액의 감액을 청구할 수 있으나, 보험료의 감액은 장래에 대하여서만 그 효력이 있다.
④ 계약이 보험계약자의 사기로 인하여 체결된 때에는 보험자는 그 사실을 안 날로부터 1월 내에 계약을 해지할 수 있다.

| 해설 |
계약이 보험계약자의 사기로 인하여 체결된 때에는 그 계약은 무효로 한다(상법 제669조 제4항).

36 초과보험에 관한 설명으로 옳은 것은?

① 초과보험의 계약은 언제나 무효이다.
② 초과보험계약은 보험금액이 보험가액을 초과하는 부분만 무효이다.
③ 초과보험에 대한 보험계약자의 보험료감액청구는 장래에 대하여만 그 효력이 있다.
④ 보험기간 중에 물가가 하락하여 피보험이익의 가액이 현저하게 감소한 경우에도 초과보험이 되지 않는다.

| 해설 |
보험료불가분의 원칙에 따라 장래에 향하여 감액할 수 있다(상법 제669조 제1항 단서).
①·② 보험계약자의 사기로 인하여 체결된 때에는 그 계약은 무효로 한다.
④ 보험기간 중에 물가가 하락하여 피보험이익의 가액이 현저하게 감소한 경우에도 초과보험이 된다.

37 초과보험에 관한 설명으로 옳지 않은 것은? 기출 제5회

① 보험금액이 보험계약 당시의 보험계약의 목적의 가액을 현저히 초과한 때를 말한다.
② 보험자 또는 보험계약자는 보험료와 보험금액의 감액을 청구할 수 있다.
③ 보험료의 감액은 보험계약 체결시에 소급하여 그 효력이 있으나, 보험금액의 감액은 장래에 대하여만 그 효력이 있다.
④ 보험계약자의 사기로 인하여 체결된 초과보험계약은 무효이며, 보험자는 그 사실을 안 때까지의 보험료를 청구할 수 있다.

| 해설 |
①·②·③ 보험금액이 보험계약의 목적의 가액을 현저하게 초과한 때에는 보험자 또는 보험계약자는 보험료와 보험금액의 감액을 청구할 수 있다. 그러나 보험료의 감액은 장래에 대하여서만 그 효력이 있다(상법 제669조 제1항).
④ 상법 제669조 제4항

38 초과보험에 관한 설명으로 옳지 않은 것은? 기출 제3회

① 초과보험이 성립하기 위해서는 보험금액이 보험계약의 목적의 가액을 현저하게 초과하여야 한다.
② 보험가액이 보험기간 중에 현저하게 감소한 경우에 보험자 또는 보험계약자는 보험료와 보험금액의 감액을 청구할 수 있다.
③ 보험계약자의 사기로 인하여 체결된 초과보험계약은 무효로 한다.
④ 초과보험의 효과로서 보험료 감액 청구에 따른 보험료의 감액은 소급효가 있다.

> |해설|
> 보험료의 감액은 <u>장래에 대하여서만</u> 그 효력이 있다(상법 제669조 제1항 단서).

39 초과보험에 관한 설명으로 옳은 것은? 기출 제4회

① 초과보험은 보험계약 목적의 가액이 보험금액을 현저하게 초과한 보험이다.
② 보험계약자의 사기로 인하여 체결된 때의 초과보험은 무효로 한다.
③ 초과보험에서 보험료의 감액은 소급하여 그 효력이 있다.
④ 보험가액이 보험기간 중에 현저하게 감소된 때에는 초과보험에 관한 규정이 적용되지 않는다.

> |해설|
> ② 상법 제669조 제4항
> ① 초과보험은 <u>보험금액이 보험계약 목적의 가액을 현저하게 초과한 보험</u>이다.
> ③ 초과보험에서 보험료의 감액은 <u>장래에 대하여서만</u> 그 효력이 있다(상법 제669조 제1항 단서).
> ④ 보험가액이 보험기간 중에 현저하게 감소된 때에는 <u>초과보험에 관한 규정이 적용된다</u>(상법 제669조 제3항).

40 상법상 초과보험에 관한 설명으로 옳은 것을 모두 고른 것은? 기출 제10회

> ㄱ. 보험계약자의 사기에 의하여 보험금액이 보험가액을 현저하게 초과하는 보험계약이 체결된 경우 보험기간 중에 보험사고가 발생하면 보험자는 보험가액의 한도 내에서 보험금 지급의무가 있다.
> ㄴ. 보험계약 체결 이후 보험기간 중에 보험가액이 보험금액에 비해 현저하게 감소된 때에는 보험자 또는 보험계약자는 보험료와 보험금액의 감액을 청구할 수 있다.
> ㄷ. 보험계약 체결 이후 보험기간 중에 보험가액이 보험금액에 비해 현저하게 감소된 때에는 보험자 또는 보험계약자는 보험계약을 취소할 수 있다.
> ㄹ. 보험계약자의 사기에 의하여 보험금액이 보험가액을 현저하게 초과하는 계약이 체결된 경우 보험자는 그 사실을 안 때까지의 보험료를 청구할 수 있다.

① ㄱ, ㄷ
② ㄱ, ㄹ
③ ㄴ, ㄷ
④ ㄴ, ㄹ

| 해설 |
ㄱ. (×) 보험계약자의 사기에 의하여 보험금액이 보험가액을 현저하게 초과하는 보험계약이 체결된 경우 그 계약은 무효로 하므로 보험자는 보험금 지급의무가 없다(상법 제669조 제4항).
ㄴ. (○) 상법 제669조 제1항
ㄷ. (×) 보험계약 체결 이후 보험기간 중에 보험가액이 보험금액에 비해 현저하게 감소된 때에는 보험자 또는 보험계약자는 보험료와 보험금액의 감액을 청구할 수 있다(상법 제669조 제3항).
ㄹ. (○) 상법 제669조 제4항

41 상법상 손해보험에서 중복보험에 관한 설명으로 옳지 않은 것은? 기출 제9회

① 중복보험은 동일한 보험계약의 목적과 동일한 사고에 관하여 수개의 보험계약이 동시에 또는 순차로 체결되는 방식으로 성립할 수 있다.
② 중복보험에서 그 보험금액의 총액이 보험가액을 초과한 때에는 보험자는 각자의 보험금액의 한도에서 연대책임을 지며, 이 경우 각 보험자의 보상책임은 각자의 보험금액의 비율에 따른다.
③ 보험계약자의 사기로 인하여 중복보험 계약이 체결된 경우 보험자는 그 사실을 안 때까지의 보험료를 청구할 수 없다.
④ 보험자 1인에 대한 권리의 포기는 다른 보험자의 권리의무에 영향을 미치지 않는다.

| 해설 |
보험계약자의 사기로 인하여 중복보험 계약이 체결된 경우 그 계약은 무효로 한다. 그러나 보험자는 그 사실을 안 때까지의 보험료를 청구할 수 있다(상법 제672조 제4항).
①·② 동일한 보험계약의 목적과 동일한 사고에 관하여 수개의 보험계약이 동시에 또는 순차로 체결된 경우에 그 보험금액의 총액이 보험가액을 초과한 때에는 보험자는 각자의 보험금액의 한도에서 연대책임을 진다. 이 경우에는 각 보험자의 보상책임은 각자의 보험금액의 비율에 따른다(상법 제672조 제1항).
④ 중복보험에 의해 수개의 보험계약을 체결한 경우에 보험자 1인에 대한 권리의 포기는 다른 보험자의 권리의무에 영향을 미치지 않는다(상법 제673조).

42 상법상 중복보험에 관한 설명으로 옳지 않은 것은? 기출 제8회

① 보험계약자가 중복보험의 체결 사실을 보험자에게 통지하지 아니한 경우 보험자는 보험계약을 취소할 수 있다.
② 중복보험을 체결한 경우 보험계약자는 각 보험자에 대하여 각 보험계약의 내용을 통지하여야 한다.
③ 중복보험이라 함은 동일한 보험계약의 목적과 동일한 사고에 관하여 수개의 보험계약이 동시에 또는 순차로 체결된 경우를 말한다.
④ 중복보험은 하나의 보험계약을 수인의 보험자와 체결한 공동보험과 구별된다.

> **해설**
>
> 동일한 보험계약의 목적과 동일한 사고에 관하여 수개의 보험계약을 체결하는 경우(병존보험도 포함)에 보험계약자는 각 보험자에 대하여 각 계약내용을 통지하여야 하며(상법 제672조 제2항), 통지하지 아니한 경우 사기의 목적이 있는 것으로 보아 계약은 무효가 된다(상법 제669조 제4항).
> ② 상법 제672조 제2항
> ③ 상법 제672조 제1항
> ④ 중복보험은 수인의 보험자가 동일한 피보험이익과 동일한 보험사고를 담보하는 보험을 공동으로 인수하는 공동보험, 보험자 사이에 서로 연결 없이 보험가액의 한도 내에서 보험을 인수하는 병존보험과는 구별되는 개념이다.

43 다음은 중복보험에 관한 설명이다. ( )에 들어갈 용어로 옳은 것은? [기출] 제6회

> 동일한 보험계약의 목적과 동일한 사고에 관하여 수개의 보험계약이 동시에 또는 순차로 체결된 경우에 그 (ㄱ)의 총액이 (ㄴ)을 초과한 때에는 보험자는 각자의 (ㄷ)의 한도에서 연대책임을 진다.

	ㄱ	ㄴ	ㄷ
①	보험금액	보험가액	보험금액
②	보험금액	보험가액	보험가액
③	보험료	보험가액	보험금액
④	보험료	보험금액	보험금액

> **해설**
>
> **중복보험(상법 제672조 제1항)**
> 동일한 보험계약의 목적과 동일한 사고에 관하여 수개의 보험계약이 동시에 또는 순차로 체결된 경우에 그 (**보험금액**)의 총액이 (**보험가액**)을 초과한 때에는 보험자는 각자의 (**보험금액**)의 한도에서 연대책임을 진다.

44 중복보험에 관한 설명으로 옳은 것을 모두 고른 것은? [기출] 제1회

> a. 중복보험계약이 동시에 체결된 경우든 다른 때에 체결된 경우든 각 보험자는 각자의 보험금액의 한도에서 연대책임을 진다.
> b. 중복보험의 경우 보험자 1인에 대한 권리의 포기는 다른 보험자의 권리의무에 영향을 미치지 않는다.
> c. 중복보험계약이 보험계약자의 사기로 인하여 체결된 때에는 그 계약은 무효가 되므로 보험자는 그 사실을 안 때까지의 보험료를 청구할 수 없다.

① a, b   ② a, c
③ b, c   ④ a, b, c

| 해설 |

a. (○) 상법 제672조 제1항
b. (○) 상법 제673조
c. (×) 중복보험계약이 보험계약자의 사기로 인하여 체결된 때에는 그 계약은 무효로 한다. 그러나 보험자는 그 사실을 안 때까지의 보험료를 청구할 수 있다(상법 제672조 제3항, 제669조 제4항).

45 중복보험에 관한 설명으로 옳은 것은? 기출 제5회

① 동일한 보험계약의 목적과 동일한 사고에 관하여 수개의 보험계약이 동시에 또는 순차로 체결된 경우에 그 보험금액의 총액이 보험가액을 현저히 초과한 경우에만 상법상 중복보험에 해당한다.
② 동일한 보험계약의 목적과 동일한 사고에 관하여 수개의 보험계약을 체결하는 경우에는 보험계약자는 각 보험자에 대하여 각 보험계약의 내용을 통지하여야 한다.
③ 중복보험의 경우 보험자 1인에 대한 피보험자의 권리의 포기는 다른 보험자의 권리의무에 영향을 미친다.
④ 보험자는 보험가액의 한도에서 연대책임을 진다.

| 해설 |

② 상법 제672조 제2항
① 동일한 보험계약의 목적과 동일한 사고에 관하여 수개의 보험계약이 수인의 보험자와 동시에 또는 순차로 체결된 경우에 그 보험금액의 총액이 보험가액을 초과한 경우에 상법상 중복보험에 해당한다(상법 제672조 제1항).
③ 중복보험의 경우 보험자 1인에 대한 피보험자의 권리의 포기는 다른 보험자의 권리의무에 영향을 미치지 않는다(상법 제673조).
④ 보험자는 각자의 보험금액의 한도에서 연대책임을 진다(상법 제672조 제1항).

46 중복보험에 관한 설명으로 옳지 않은 것은? 기출 제4회

① 동일한 보험계약의 목적과 동일한 사고에 관하여 수개의 보험계약이 동시에 또는 순차로 체결된 경우에 그 보험가액의 총액이 보험금액을 초과한 때에는 보험자는 각자의 보험금액의 한도에서 연대책임을 진다.
② 중복보험의 경우 보험자 1인에 대한 피보험자의 권리의 포기는 다른 보험자의 권리의무에 영향을 미치지 않는다.
③ 중복보험의 경우에는 보험계약자는 각 보험자에 대하여 각 보험계약의 내용을 통지하여야 한다.
④ 사기에 의한 중복보험계약은 무효이나 보험자는 그 사실을 안 때까지의 보험료를 청구할 수 있다.

> **[해설]**
> 동일한 보험계약의 목적과 동일한 사고에 관하여 수개의 보험계약이 동시에 또는 순차로 체결된 경우에 그 <u>보험금액의 총액이 보험가액을 초과한 때</u>에는 보험자는 각자의 보험금액의 한도에서 연대책임을 진다(상법 제672조 제1항).
> ② 상법 제673조
> ③ 상법 제672조 제2항
> ④ 상법 제672조 제3항

47 중복보험에 관한 설명으로 옳은 것은? 기출 제3회

① 중복보험에서 보험금액의 총액이 보험가액을 초과한 경우 보험자는 각자의 보험금액의 한도에서 연대책임을 진다.
② 피보험이익이 다를 경우에도 중복보험이 성립할 수 있다.
③ 중복보험에서 수인의 보험자 중 1인에 대한 권리의 포기는 다른 보험자의 권리의무에 영향을 미친다.
④ 중복보험이 성립하기 위해서는 보험계약자가 동일하여야 한다.

> **[해설]**
> 중복보험은 동일한 보험계약의 목적과 동일한 사고에 관하여 수개의 보험계약이 동시에 또는 순차로 체결된 경우에 그 보험금액의 총액이 보험가액을 초과한 때에는 보험자는 각자의 보험금액의 한도에서 연대책임을 진다(상법 제672조 제1항).
> ② 피보험이익(보험계약의 목적)이 동일해야 중복보험이 성립할 수 있다.
> ③ 중복보험에서 수인의 보험자 중 1인에 대한 권리의 포기는 다른 보험자의 권리의무에 <u>영향을 미치지 않는다</u>(상법 제673조).
> ④ 중복보험이 성립하기 위해서는 수인의 보험자와 수개의 보험계약이 체결되어야 하는데, 이때 <u>보험계약자가 동일할 필요는 없으나</u>, 피보험자는 동일하여야 한다.

48 중복보험에 관한 설명으로 옳지 않은 것은?

① 2개 이상의 보험의 보험기간이 중복되어야 한다. 보험금액의 합이 보험가액을 초과하여야 한다.
② 보험사고가 동일하여야 한다. 담보하는 사고의 범위까지 동일해야 하는 것은 아니다.
③ 보험계약자가 동일하여야 한다. 보험의 목적, 피보험자, 피보험이익이 동일하더라도 보험계약자가 다르면 중복보험이 되지 않는다.
④ 중복보험은 2개 이상의 보험계약이 보험의 목적, 피보험자, 피보험이익이 동일하여야 한다. 보험목적의 범위까지 동일하여야 하는 것은 아니다.

정답 45 ② 46 ① 47 ① 48 ③

| 해설 |

중복보험은 2개 이상의 보험계약이 보험의 목적, 피보험자, 피보험이익이 동일하여야 한다. 보험의 목적이 동일하더라도 피보험이익이 다르면 중복보험이 아니다. 보험목적은 그 범위까지 동일하여야 하는 것은 아니다. 또한 피보험자는 동일하여야 하지만 보험계약자가 동일인이어야 하는 것은 아니다.

49 중복보험에 관한 설명으로 옳은 것을 모두 고른 것은? 기출 제7회

> ㄱ. 중복보험의 경우 보험자 1인에 대한 권리의 포기는 다른 보험자의 권리의무에 영향을 미치지 않는다.
> ㄴ. 중복보험계약을 체결하는 경우에는 보험계약자는 각 보험자에 대하여 각 보험계약의 내용을 통지하여야 한다.
> ㄷ. 중복보험에서 보험금액의 총액이 보험가액을 초과한 때에는 보험자는 각자의 보험금액의 한도에서 연대책임을 진다.

① ㄱ
② ㄱ, ㄴ
③ ㄴ, ㄷ
④ ㄱ, ㄴ, ㄷ

| 해설 |

- ㄱ. (O) 중복보험의 경우 보험자 1인에 대한 권리의 포기는 다른 보험자의 권리의무에 영향을 미치지 않는다(상법 제673조).
- ㄴ. (O) 중복보험계약을 체결하는 경우에는 보험계약자는 각 보험자에 대하여 각 보험계약의 내용을 통지하여야 한다(상법 제672조 제2항).
- ㄷ. (O) 중복보험에서 보험금액의 총액이 보험가액을 초과한 때에는 보험자는 각자의 보험금액의 한도에서 연대책임을 진다(상법 제672조 제1항).

50 甲이 가액이 10억원인 자기 소유의 재산에 대해 A, B보험회사와 보험기간이 동일하고, 보험금액 10억원인 화재보험계약을 순차적으로 각각 체결한 경우 그 법률관계에 관한 설명으로 옳지 않은 것은?(甲의 사기는 없었음) 기출 제10회

① 만약 甲이 사기에 의하여 두 개의 화재보험계약을 체결하였다면 보험계약은 무효이다.
② 보험기간 중 화재가 발생하여 甲의 재산이 전소되어 10억원의 손해를 입은 경우 甲은 A, B보험회사에게 각각 5억원까지 보험금청구권을 행사할 수 있다.
③ 甲은 B보험회사와 화재보험계약을 체결할 때 A보험회사와의 화재보험계약의 내용을 통지할 의무가 있다.
④ 甲이 A보험회사에 대한 권리를 포기하더라도 B보험회사의 권리의무에 영향을 미치지 않는다.

| 해설 |

보험회사는 각자의 보험금액 한도에서 연대책임을 지고, 각 보험회사의 보상책임은 각자의 보험금액의 비율에 따른다(상법 제672조 제1항). 즉, 甲의 재산이 전소되어 10억원의 손해를 입은 경우 <u>甲은 A, B보험회사에게 10억원의 한도 내에서 보험금청구권을 행사할 수 있다.</u>
① 상법 제672조 제3항, 상법 제669조 제4항
③ 상법 제672조 제2항
④ 상법 제673조

51 甲은 자신이 소유한 건물(보험가액 20억원)에 대하여 A보험자와 15억원의 화재보험계약을 체결하고, B보험자와 10억원의 화재보험계약을 체결하였다. 해당 건물이 화재로 전부 멸실하였을 경우의 법률관계에 관한 설명으로 옳은 것은?(단, 보험기간은 동일하고, 보험자의 면책사유는 없으며, 甲의 사기도 없었다고 가정함) 기출 제11회

① A보험자는 甲에게 보험금으로 8억원을 지급할 책임이 있다.
② B보험자는 甲에게 보험금으로 6억원을 지급할 책임이 있다.
③ B보험자가 보험금을 지급하지 않은 경우 A보험자는 甲에게 보험금으로 12억원을 지급하여야 한다.
④ B보험자가 보험금을 지급하지 않을 경우 자신이 지급해야 할 몫의 보험금을 지급한 A보험자는 B보험자를 상대로 3억원의 구상권을 행사할 수 있다.

| 해설 |

동일한 보험계약의 목적과 동일한 사고에 관하여 수개의 보험계약이 동시에 또는 순차로 체결된 경우에 그 보험금액의 총액이 보험가액을 초과한 때에는 <u>보험자는 각자의 보험금액의 한도에서 연대책임을 진다. 이 경우에는 각 보험자의 보상책임은 각자의 보험금액의 비율에 따른다(상법 제672조 제1항).</u>
B보험자가 보험금을 지급하지 않을 경우 A보험자는 자신의 보험금액의 한도에서 연대책임을 지므로 우선 보험금액의 한도액인 15억원을 甲에게 지급하고, 자신이 지급해야 할 분담액 12억원을 제외한 나머지 <u>3억원을 B보험자를 상대로 구상권을 행사할 수 있다.</u>

① A보험자의 분담액 = 20억원 × $\frac{15억원}{15억원 + 10억원}$ = 12억원

  즉 A보험자는 甲에게 보험금으로 <u>12억원</u>을 지급할 책임이 있다.

② B보험자의 분담액 = 20억원 × $\frac{10억원}{15억원 + 10억원}$ = 8억원

  즉 B보험자는 甲에게 보험금으로 <u>8억원</u>을 지급할 책임이 있다.

③ B보험자가 보험금을 지급하지 않은 경우 A보험자는 자신의 보험금액 한도액인 <u>15억원</u>을 甲에게 보험금으로 지급하여야 한다.

정답 49 ④ 50 ② 51 ④

52 다음 사례에 관한 설명으로 옳은 것은?(단, 다른 약정이 없고, 보험사고 당시 보험가액은 보험계약 당시와 동일한 것으로 전제함) 기출 제8회

> 〈사례 1〉 甲은 보험가액이 3억원인 자신의 아파트를 보험목적으로 하여 A보험회사 및 B보험회사와 보험금액을 3억원으로 하는 화재보험계약을 각각 체결하였다.
> 〈사례 2〉 乙은 보험가액이 10억원인 자신의 건물을 보험목적으로 하여 C보험회사와 보험금액을 5억원으로 하는 화재보험계약을 체결하였다.

① 화재로 인하여 甲의 아파트가 전부 소실된 경우 甲은 A와 B로부터 각각 3억원의 보험금을 수령할 수 있다.
② 화재로 인하여 甲의 아파트가 전부 소실된 경우 甲이 A에 대한 보험금 청구를 포기하였다면 甲에게 보험금 3억원을 지급한 B는 A에 대해 구상금을 청구할 수 없다.
③ 화재로 인하여 乙의 건물에 5억원의 손해가 발생한 경우 C는 乙에게 5억원을 보험금으로 지급하여야 한다.
④ 화재로 인하여 甲의 아파트가 전부 소실된 경우 A는 甲에 대하여 3억원의 한도에서 B와 연대책임을 부담한다.

|해설|

동일한 보험계약의 목적과 동일한 사고에 관하여 수개의 보험계약이 동시에 또는 순차로 체결된 경우에 그 보험금액의 총액이 보험가액을 초과한 때에는 보험자는 각자의 보험금액의 한도에서 연대책임을 진다. 이 경우에는 각 보험자의 보상책임은 각자의 보험금액의 비율에 따른다(상법 제672조 제1항).
따라서 화재로 인하여 甲의 아파트가 전부 소실된 경우 A보험회사는 甲에 대하여 3억원의 한도에서 B보험회사와 연대책임을 부담한다.
① 화재로 인하여 甲의 아파트가 전부 소실된 경우 甲은 A보험회사와 B보험회사로부터 3억원의 한도 내에서 보험금을 수령할 수 있다.
② 보험자 1인에 대한 권리포기는 다른 보험자의 권리, 의무에 영향을 미치지 아니하므로(상법 제673조), 甲이 A보험회사에 대한 보험금 청구를 포기하였다면 甲에게 보험금 3억원을 지급한 B보험회사는 A보험회사에 대해 구상금을 청구할 수 있다.
③ 보험자는 각자의 보험금액의 비율에 따라 보상책임을 지므로, 화재로 인하여 乙의 건물에 5억원의 손해가 발생한 경우 C보험회사는 乙에게 2.5억원(= 5억원 × 5억원 / 10억원)을 보험금으로 지급하여야 한다.

53 상법상 일부보험에 관한 설명으로 옳지 않은 것은? 기출 제11회

① 보험금액이 보험가액에 미달하는 보험을 말한다.
② 보험가액의 일부를 보험에 붙인 경우에 발생한다.
③ 보험금액의 보험가액에 대한 비율에 관하여 당사자 사이에 다르게 약정하면 보험자는 보험금액의 한도 내에서 책임을 지게 된다.
④ 일부보험의 보험가액 산정기준은 언제나 계약 체결시로 한다.

| 해설 |
일부보험의 보험가액 산정기준은 당사자 사이에 이에 관한 협정이 있으면 원칙적으로 그에 따르고(상법 제670조), 협정이 없으면 보험사고발생시의 가액에 의한다(상법 제671조).
① 일부보험이란 보험금액이 보험가액에 미달하는 경우, 즉 보험가액의 일부를 보험에 붙인 물건보험을 말한다.
② 상법 제674조 본문
③ 상법 제674조 단서

54 일부보험에 있어서 일부손해가 발생하여 비례보상원칙을 적용한 결과에 관한 설명으로 옳지 않은 것은? 기출 제2회

① 손해액은 보험가액보다 적다.
② 보험가액은 보상액보다 크다.
③ 보상액은 손해액보다 적다.
④ 보험금액은 보험가액보다 크다.

| 해설 |
일부보험의 경우 보험자는 보험금액의 보험가액에 대한 비율에 따라 보상할 책임을 지므로, 보험금액은 보험가액보다 미달하여야 한다(**보험금액 < 보험가액**).

55 일부보험에 관한 설명으로 옳지 않은 것은? 기출 제4회

① 일부보험이란 보험금액이 보험가액에 미달하는 보험을 말한다.
② 일부보험은 계약 체결 당시부터 의식적으로 약정하는 경우도 있고, 계약 성립 후 물가의 인상으로 인하여 자연적으로 발생하는 경우도 있다.
③ 일부보험에서는 보험자의 보상책임에 관하여 당사자간에 다른 약정을 할 수 없다.
④ 의식적 일부보험의 여부는 계약 체결시의 보험가액을 기준으로 판단한다.

| 해설 |
당사자간에 다른 약정이 있는 때에는 보험자는 보험금액의 한도 내에서 그 손해를 보상할 책임을 진다(상법 제674조).

정답 52 ④ 53 ④ 54 ④ 55 ③

56 일부보험에 관한 설명으로 옳지 않은 것은? 기출 제6회

① 일부보험은 보험금액이 보험가액에 미달하는 보험이다.
② 특약이 없을 경우, 일부보험에서 보험자는 보험금액의 보험가액에 대한 비율에 따라 보상할 책임을 진다.
③ 일부보험에 관하여 당사자간에 다른 약정이 있는 때에는 보험자는 실제 발생한 손해 전부를 보상할 책임을 진다.
④ 일부보험은 당사자의 의사와 상관없이 발생할 수 있다.

| 해설 |
일부보험에 관하여 당사자간에 다른 약정이 있는 때에는 보험자는 보험금액의 한도 내에서 그 손해를 보상할 책임을 진다(상법 제674조).

57 일부보험에 관한 설명으로 옳지 않은 것은? 기출 제1회

① 보험금액이 보험가액보다 작아야 한다.
② 다른 약정이 없으면 보험자는 보험금액의 보험가액에 대한 비율에 따라 보상책임을 진다.
③ 특약이 없는 경우 보험기간 중에 물가상승으로 보험가액이 증가한 때에는 일부보험으로 판단하지 않는다.
④ 다른 약정이 없으면 손해방지비용에 대해서도 비례보상주의를 따른다.

| 해설 |
일부보험은 보험금액이 보험가액에 미달하는 경우, 즉 보험가액의 일부를 보험에 붙인 물건보험을 말한다. 계약 성립 후 물가상승으로 보험가액이 높아짐으로써 자연적으로 발생하는 경우도 일부보험으로 본다.

58 일부보험에 관한 설명으로 옳지 않은 것은? 기출 제3회

① 일부보험에 관한 상법의 규정은 강행규정으로 당사자간 다른 약정으로 손해보상액을 보험금액의 한도로 변경할 수 없다.
② 일부보험의 경우 당사자간에 다른 약정이 없는 때에는 보험자는 보험금액의 보험가액에 대한 비율에 따라 보상할 책임을 진다.
③ 일부보험은 보험계약자가 보험료를 절약할 목적 등으로 활용된다.
④ 일부보험은 보험가액의 일부를 보험에 붙인 보험이다.

|해설|
보험가액의 일부를 보험에 붙인 경우에는 보험자는 보험금액의 보험가액에 대한 비율에 따라 보상할 책임을 진다. 그러나 당사자간에 <u>다른 약정이 있는 때</u>에는 보험자는 보험금액의 한도 내에서 그 손해를 보상할 책임을 진다(상법 제674조). 즉 일부보험에 관한 상법의 규정은 <u>임의규정</u>으로 당사자간 다른 약정으로 손해보상액을 보험금액의 한도로 <u>변경할 수 있다</u>.

59 일부보험에 관한 설명으로 옳은 것은? 기출 제7회

① 계약 체결의 시점에 의도적으로 보험가액보다 낮게 보험금액을 약정하는 것은 허용되지 않는다.
② 일부보험에 관한 상법의 규정은 강행규정이다.
③ 일부보험의 경우에는 잔존물대위가 인정되지 않는다.
④ 일부보험에 있어서 일부손해가 발생하여 비례보상원칙을 적용하면 손해액은 보상액보다 크다.

|해설|
일부보험은 보험금액이 보험가액에 미달하는 보험이고, 보험자는 보험금액의 보험가액에 대한 비율로 보상할 책임(비례보상원칙, 상법 제674조)이 있으므로, 손해액은 보험자의 보상액보다 크게 된다(**손해액 > 보상액**).
① 계약 체결의 시점에 보험료를 절감하기 위하여 <u>의도적으로 보험가액보다 낮게 보험금액을 약정하기도 한다</u>.
② 일부보험에 관한 <u>상법의 규정(상법 제674조 단서)은 강행규정이 아니므로</u>, 당사자간의 특약으로 보험금액의 범위 내에서 손해액의 전부를 보상하기로 약정할 수 있는데, 이를 '실손보상계약', '제1차 위험보험'이라고 한다.
③ 일부보험의 경우에는 <u>잔존물대위가 인정된다</u>. 즉 보험가액의 일부를 보험에 붙인 경우에는 보험자가 취득할 권리는 보험금액의 보험가액에 대한 비율에 따라 이를 정한다(상법 제681조 단서).

60 甲은 보험가액이 2억원인 건물에 대하여 보험금액을 1억원으로 하는 손해보험에 가입하였다. 이에 관한 설명으로 옳지 <u>않은</u> 것은?(단, 다른 약정이 없음을 전제로 함) 기출 제7회

① 일부보험에 해당한다.
② 전손(全損)인 경우에는 보험자는 1억원을 지급한다.
③ 1억원의 손해가 발생한 경우에는 보험자는 1억원을 지급한다.
④ 8천만원의 손해가 발생한 경우에는 보험자는 4천만원을 지급한다.

|해설|

$$지급보험금 = 손해액 \times \frac{보험금액}{보험가액}$$

1억원의 손해가 발생한 경우

$$지급보험금 = 1억원 \times \frac{1억원}{2억원} = 5천만원$$

즉 <u>1억원의 손해가 발생한 경우에는 보험자는 5천만원을 지급한다</u>.

61 상법상 손해보험에서 일부보험에 관한 설명으로 옳은 것은? 기출 제9회

① 일부보험이란 보험가액이 보험금액에 미달되는 경우를 말한다.
② 당사자간에 다른 약정이 없는 한 보험자는 보험가액의 보험금액에 대한 비율에 따라 보상할 책임을 진다.
③ 보험자는 보험금액의 한도 내에서 그 손해를 전부 보상할 책임을 지는 내용의 약정을 할 수 있다.
④ 전부보험계약 체결 후 물가등귀로 인하여 보험가액이 현저히 인상되더라도 일부보험은 발생하지 않는다.

|해설|

보험가액의 일부를 보험에 붙인 경우에는 보험자는 보험금액의 보험가액에 대한 비율에 따라 보상할 책임을 진다. 그러나 당사자간에 다른 약정이 있는 때에는 보험자는 보험금액의 한도 내에서 그 손해를 보상할 책임을 진다(상법 제674조).
① 일부보험이란 <u>보험금액이 보험가액에 미달되는 경우를</u> 말한다.
② 당사자간에 다른 약정이 없는 한 보험자는 <u>보험금액의 보험가액에 대한 비율</u>에 따라 보상할 책임을 진다.
④ 전부보험계약 체결 후 물가상승으로 보험가액이 현저히 인상되어 자연적으로 <u>일부보험이 발생할 수도 있다</u>(자연적 일부보험).

02 손해보험계약의 효과

01 손해보험계약에 관한 설명으로 옳은 것은? 기출 제2회

① 피보험이익은 반드시 금전으로 산정할 수 있어야 하는 것은 아니다.
② 보험사고로 인하여 상실된 피보험자가 얻을 이익은 당사자간에 다른 약정이 없으면 보험자가 보상할 손해액에 산입한다.
③ 피보험이익은 보험의 목적을 의미한다.
④ 보험자는 보험의 목적인 기계의 자연적 소모로 인한 손해에 대하여는 보상책임이 없다.

> **해설**
> 보험의 목적의 성질, 하자 또는 자연소모로 인한 손해는 보험자가 이를 보상할 책임이 없다(상법 제678조).
> ① 보험계약은 금전으로 산정할 수 있는 이익에 한하여 보험계약의 목적으로 할 수 있다(상법 제668조).
> ② 보험사고로 인하여 상실된 피보험자가 얻을 이익이나 보수는 당사자간에 다른 약정이 없으면 보험자가 보상할 손해액에 산입하지 않는다(상법 제667조).
> ③ 피보험이익은 '보험계약의 목적'을 의미한다.

02 상법상 손해보험에 있어 보험자의 면책사유로 옳은 것을 모두 고른 것은? 기출 제8회

> ㄱ. 보험의 목적의 성질로 인한 손해
> ㄴ. 보험의 목적의 하자로 인한 손해
> ㄷ. 보험의 목적의 자연소모로 인한 손해
> ㄹ. 보험사고가 보험계약자의 고의 또는 중대한 과실로 인하여 생긴 경우

① ㄱ, ㄴ
② ㄴ, ㄷ
③ ㄷ, ㄹ
④ ㄱ, ㄴ, ㄷ, ㄹ

> **해설**
> ㄱ, ㄴ, ㄷ. 보험의 목적의 성질, 하자 또는 자연소모로 인한 손해는 보험자가 이를 보상할 책임이 없다(상법 제678조).
> ㄹ. 보험사고가 보험계약자 또는 피보험자나 보험수익자의 고의 또는 중대한 과실로 인하여 생긴 때에는 보험자는 보험금액을 지급할 책임이 없다(상법 제659조 제1항).

정답 60 ③ 61 ③ / 01 ④ 02 ④

03 손해보험의 목적에 관한 설명으로 옳은 것은? 기출 제10회

① 피보험자가 보험의 목적을 양도한 때에는 양수인은 보험계약상의 권리와 의무를 승계한 것으로 본다.
② 금전으로 산정할 수 있는 이익에 한하여 보험의 목적으로 할 수 있다.
③ 보험의 목적에 관하여 보험자가 부담할 손해가 생긴 경우에는 그 후 그 목적이 보험자가 부담하지 아니하는 보험사고의 발생으로 인하여 멸실된 때에도 보험자는 이미 생긴 손해를 보상할 책임을 면하지 못한다.
④ 보험의 목적의 성질, 하자 또는 자연소모로 인한 손해는 보험자가 이를 보상할 책임이 있다.

|해설|
③ 상법 제675조
① 피보험자가 보험의 목적을 양도한 때에는 양수인은 보험계약상의 권리와 의무를 승계한 것으로 <u>추정한다</u>(상법 제679조 제1항).
② 금전으로 산정할 수 있는 이익에 한하여 <u>보험계약의 목적</u>으로 할 수 있다(상법 제668조).
④ 보험의 목적의 성질, 하자 또는 자연소모로 인한 손해는 보험자가 이를 <u>보상할 책임이 없다</u>(상법 제678조).

04 손해보험계약에 관한 설명으로 옳지 않은 것은? 기출 제2회

① 피보험자도 손해방지의무를 부담한다.
② 보험자는 손해의 방지와 경감을 위하여 필요 또는 유익하였던 비용과 보상액이 보험금액을 초과하는 경우에도 이를 부담한다.
③ 보험목적의 양도 사실의 통지의무는 양도인만이 부담한다.
④ 보험자는 보험목적의 하자로 인한 손해를 보상할 책임이 없다.

|해설|
피보험자가 보험의 목적을 양도한 때에는 양수인은 보험계약상의 권리와 의무를 승계한 것으로 추정한다. 이 경우에 보험의 목적의 <u>양도인 또는 양수인</u>은 보험자에 대하여 지체 없이 그 사실을 통지하여야 한다(상법 제679조 제1항, 제2항).
①·② 상법 제680조 제1항
④ 상법 제678조

05 손해보험계약에 관한 설명으로 옳지 않은 것은? 기출 제3회

① 손해보험은 정액보험으로만 운영된다.
② 손해보험계약은 피보험자의 손해의 발생을 요소로 한다.
③ 손해보험계약의 보험자는 보험사고로 인하여 생길 피보험자의 재산상의 손해를 보상할 책임이 있다.
④ 보험사고의 성질은 손해보험증권의 필수적 기재사항이다.

| 해설 |
손해보험은 보험사고발생시에 보험가액과 보험금액의 한도 내에서 보상액이 결정되는 부정액보험인 반면, 생명보험은 보험사고발생시에 계약상의 일정한 금액을 지급하는 정액보험이다.

06 보험자의 손해보상의무에 관한 설명으로 옳지 않은 것은? 기출 제1회

① 손해보험계약의 보험자는 보험사고로 인하여 생길 피보험자의 재산상의 손해를 보상할 책임이 있다.
② 보험자의 보험금 지급의무는 2년의 단기시효로 소멸한다.
③ 화재보험계약의 목적을 건물의 소유권으로 한 경우 보험사고로 인하여 피보험자가 얻을 임대료수입은 특약이 없는 한 보험자가 보상할 손액에 산입하지 않는다.
④ 신가보험은 손해보험의 이득금지 원칙에도 불구하고 인정된다.

| 해설 |
보험자의 보험금 지급의무는 3년의 시효로 소멸한다.

07 손해보험에서 보험자의 손해보상의무에 관한 설명으로 옳지 않은 것은?

① 보험의 목적에 관하여 보험자가 부담할 손해가 생긴 경우에는, 그 후 그 목적이 보험자가 부담하지 아니하는 보험사고의 발생으로 인하여 멸실된 때에도, 보험자는 이미 생긴 손해를 보상할 책임을 면하지 못한다.
② 보험계약자에게 현실적으로 손해가 생기는 이상, 당사자간에 다른 약정이 없으면 상실이익도 보상해야 한다.
③ 보험자가 손해를 보상할 경우에 보험료의 지급을 받지 아니한 잔액이 있으면, 그 지급기일이 도래하지 아니한 때라도 보상할 금액에서 이를 공제할 수 있다.
④ 보험의 목적의 성질, 하자 또는 자연소모로 인한 손해는 보험자가 이를 보상할 책임이 없다.

정답 03 ③ 04 ③ 05 ① 06 ② 07 ②

| 해설 |
보험사고로 인하여 상실된 피보험자가 얻을 이익이나 보수는 당사자간에 다른 약정이 없으면 보험자가 보상할 손해액에 산입하지 않는다(상법 제667조). 즉 보상하지 않는다.
① 상법 제675조
③ 상법 제677조
④ 상법 제678조

08 손해방지의무 등에 관한 상법 규정의 설명으로 옳은 것은? 기출 제5회

① 피보험자뿐만 아니라 보험계약자도 손해방지의무를 부담한다.
② 손해방지비용과 보상액의 합계액이 보험금액을 초과한 때에는 보험자의 지시에 의한 경우에만 보험자가 이를 부담한다.
③ 상법은 피보험자는 보험자에 대하여 손해방지비용의 선급을 청구할 수 있다고 규정한다.
④ 손해의 방지와 경감을 위하여 유익하였던 비용은 보험자가 이를 부담하지 않는다.

| 해설 |
①·②·④ 보험계약자와 피보험자는 손해의 방지와 경감을 위하여 노력하여야 한다. 그러나 이를 위하여 필요 또는 유익하였던 비용과 보상액이 보험금액을 초과한 경우라도 보험자가 이를 부담한다(상법 제680조 제1항).
③ 피보험자가 손해의 확대를 방지하기 위하여 지출한 필요 또는 유익한 비용을 보험자가 부담하게 되어 있는 경우, 이는 원칙적으로 보험사고의 발생을 전제로 하는 것이므로 보험자가 보상책임을 지지 아니하는 사고에 대하여는 이 의무를 부담하지 않는다. 따라서 이로 인한 보험자의 비용부담 등의 문제도 발생할 수 없다. 즉 손해방지비용의 선급을 청구할 수 없다.

09 상법상 손해방지의무에 관한 설명으로 옳지 않은 것은? 기출 제11회

① 보험계약자는 손해방지를 위해 노력해야 한다.
② 피보험자는 보험사고가 발생한 경우 손해의 경감을 위해 노력해야 한다.
③ 보험계약자가 손해방지의무의 이행에 필요했던 비용과 보상액이 보험금액을 초과한 경우 그 초과부분은 보험계약자가 부담한다.
④ 손해방지의무의 주체는 보험계약자와 피보험자이다.

| 해설 |
보험계약자가 손해방지의무의 이행에 필요했던 비용과 보상액이 보험금액을 초과한 경우 그 초과부분은 보험자가 부담한다(상법 제680조 제1항 단서).
①·②·④ 보험계약자와 피보험자는 손해의 방지와 경감을 위하여 노력하여야 한다(상법 제680조 제1항 본문).

10 상법상 손해보험에서 손해방지의무에 관한 설명으로 옳지 않은 것은?(다툼이 있으면 판례에 따름)

기출 제8회

① 손해방지의무의 주체는 보험계약자와 피보험자이다.
② 손해방지를 위하여 필요 또는 유익하였던 비용은 보험자가 부담한다.
③ 손해방지를 위하여 필요 또는 유익하였던 비용과 보상액이 보험금액을 초과한 경우에는 보험금액의 한도에서만 보험자가 이를 부담한다.
④ 피보험자가 손해방지의무를 고의 또는 중과실로 위반한 경우 보험자는 손해방지의무위반과 상당인과관계가 있는 손해에 대하여 배상을 청구할 수 있다.

| 해설 |

①·②·③ 보험계약자와 피보험자는 손해의 방지와 경감을 위하여 노력하여야 한다. 그러나 이를 위하여 필요 또는 유익하였던 비용과 보상액이 보험금액을 초과한 경우라도 보험자가 이를 부담한다(상법 제680조 제1항).
④ 보험계약자와 피보험자가 고의 또는 중대한 과실로 손해방지의무를 위반한 경우에는 보험자는 손해방지의무 위반과 상당인과관계가 있는 손해, 즉 의무위반이 없다면 방지 또는 경감할 수 있으리라고 인정되는 손해액에 대하여 배상을 청구하거나 지급할 보험금과 상계하여 이를 공제한 나머지 금액만을 보험금으로 지급할 수 있으나, 경과실로 위반한 경우에는 그러하지 아니하다(대법원 2016.1.14. 선고 2015다6302 판결).

11 상법상 손해방지의무에 관한 설명으로 옳은 것은?(다툼이 있으면 판례에 따름) 기출 제10회

① 손해방지의무는 보험계약자는 부담하지 않고 피보험자만 부담하는 의무이다.
② 손해방지의무의 이행을 위하여 필요 또는 유익하였던 비용과 보상액이 보험금액을 초과한 경우라도 보험자가 이를 부담한다.
③ 손해방지의무는 보험사고가 발생하기 이전에 부담하는 의무이다.
④ 손해방지의무의 이행을 위하여 필요 또는 유익하였던 비용은 실제로 손해의 방지와 경감에 유효하게 영향을 준 경우에만 보험자가 이를 부담한다.

| 해설 |

② 상법 제680조 제1항
① 손해방지의무는 보험계약자와 피보험자가 부담하는 의무이다(상법 제680조 제1항).
③ 손해방지의무는 보험사고가 발생했을 때 부담하는 의무이다.
④ 보험사고발생시 또는 보험사고가 발생한 것과 같게 볼 수 있는 경우에 피보험자의 법률상 책임 여부가 판명되지 아니한 상태에서 피보험자가 손해확대방지를 위한 긴급한 행위를 하였다면 이로 인하여 발생한 필요·유익한 비용도 상법 제680조 제1항의 규정에 따라 보험자가 부담하여야 한다(대법원 2003.6.27. 선고 2003다6958 판결).

12 보험계약자 및 피보험자의 손해방지의무에 관한 설명으로 옳지 않은 것은? 기출 제1회

① 손해의 방지와 경감을 위하여 노력하여야 한다.
② 손해방지와 경감을 위하여 필요 또는 유익하였던 비용과 보상액이 보험금액을 초과한 경우 보험자가 이를 부담한다.
③ 보험사고발생을 전제로 하므로 보험사고가 발생하면 생기는 것이다.
④ 보험자가 책임을 지지 않는 손해에 대해서도 손해방지의무를 부담한다.

| 해설 |
손해방지의무는 보험자가 담보하고 있는 손해에 한한다.

13 다음 사례와 관련하여 손해방지의무 등에 관한 설명으로 옳지 않은 것은? 기출 제9회

> 甲은 乙이 소유한 창고(시가 1억원)에 대하여 A보험회사와 화재보험계약(보험금액 1억원)을 체결하였다. 이후 보험기간 중 해당 창고에 화재가 발생하였는데 화재사고 당시 甲은 창고의 연소로 인한 손해 방지를 위한 비용을 1천만원 지출하였고, 乙은 창고의 연소로 인한 손해의 경감을 위하여 비용을 3천만원 지출하였다.

① 甲과 乙 모두 손해의 방지와 경감을 위하여 노력하여야 한다.
② 甲이 지출한 1천만원이 손해방지를 위하여 필요하였던 비용일 경우 A보험회사는 甲이 지출한 1천만원의 비용을 부담한다.
③ 乙이 지출한 3천만원이 손해경감을 위하여 유익하였던 비용일 경우 A보험회사는 乙이 지출한 3천만원의 비용을 부담한다.
④ 위 사고로 인하여 乙에 대한 보상액이 8천만원으로 책정될 경우 A보험회사는 甲 및 乙이 지출한 비용과 보상액을 합쳐서 1억원의 한도에서 부담한다.

| 해설 |
보험계약자와 피보험자는 손해의 방지와 경감을 위하여 노력하여야 한다. 그러나 이를 위하여 필요 또는 유익하였던 비용과 보상액이 보험금액을 초과한 경우라도 보험자가 이를 부담한다(상법 제680조 제1항). 즉 A보험회사는 甲 및 乙이 지출한 비용과 보상액을 합쳐서 1억원을 초과하더라도 부담한다.

14 다음 중 상법상 손해방지비용의 부담에 관한 설명으로 옳은 것은?

① 보험계약자가 부담한다.
② 보험자와 보험계약자가 절반씩 부담한다.
③ 보상액과 합계액이 보험금액을 초과하는 경우에도 보험자가 부담한다.
④ 보상액과 합계액이 보험금액을 초과하지 않는 범위에서 보험자가 부담한다.

| 해설 |
보험계약자와 피보험자는 손해의 방지와 경감을 위하여 노력하여야 한다. 그러나 이를 위하여 필요 또는 유익하였던 비용과 보상액이 보험금액을 초과한 경우라도 <u>보험자가 이를 부담한다</u>(상법 제680조 제1항).

15 손해방지비용의 부담요건에 관한 설명으로 옳지 않은 것은?

① 손해방지의무가 발생하여야 한다.
② 보험자가 담보하지 아니한 위험으로 보험의 목적에 생길 손해의 방지에 지출한 비용도 포함된다.
③ 계약상의 하자나 면책사유가 없어야 한다.
④ 손해방지 행위가 필요하거나 필요하지 않았더라도 적어도 유익하면 된다.

| 해설 |
손해방지비용의 부담요건
- **손해방지의무가 발생할 것** : 보험자가 담보한 위험으로 발생한 손해를 방지하거나 경감한 비용이어야 한다. 따라서 보험자가 담보하지 아니한 위험으로 보험의 목적에 생길 손해의 방지에 지출한 비용은 보험자가 부담하지 않는다. 배상책임보험에서는 담보위험에 의하여 피보험자에게 법률상 손해배상책임이 발생하여야만 보험자에게 보상책임이 발생한다.
- **계약상의 하자나 면책사유가 없을 것** : 계약상의 하자나 면책사유가 있는 것을 알지 못하고 비용의 지급을 승인한 후 그 사실을 보험자가 안 경우라도 그 비용은 보험자가 지급하지 않는다.
- **손해방지행위의 필요성 · 유익성** : 손해방지행위가 필요하거나 필요하지 않았더라도 적어도 유익하면 되고 반드시 그 효과가 발생하여야 되는 것은 아니다. 따라서 손해방지비용도 필요하거나 유익한 의무의 이행으로 발생한 것이면 된다.
- **비용의 합리성** : 비용은 통상적인 것으로 합리적이고 적절하게 발생한 것이어야 한다.

16 손해보험에 관한 설명으로 옳지 않은 것은? 기출 제7회

① 보험자가 손해를 보상할 경우에 보험료의 지급을 받지 아니한 잔액이 있으면 그 지급기일이 도래하지 아니한 때라도 보상할 금액에서 이를 공제할 수 있다.
② 보험계약자가 손해의 방지와 경감을 위하여 필요 또는 유익하였던 비용과 보상액이 보험금액을 초과한 경우에는 보험자는 보험금액의 한도 내에서 이를 부담한다.
③ 보험의 목적에 관하여 보험자가 부담할 손해가 생긴 경우에는 그 후 그 목적이 보험자가 부담하지 아니하는 보험사고의 발생으로 인하여 멸실된 때에도 보험자는 이미 생긴 손해를 보상할 책임을 면하지 못한다.
④ 보험의 목적의 자연소모로 인한 손해는 보험자가 이를 보상할 책임이 없다.

| 해설 |

보험계약자와 피보험자는 손해의 방지와 경감을 위하여 필요 또는 유익하였던 비용과 보상액이 보험금액을 초과한 경우라도 보험자가 이를 부담한다(상법 제680조 제1항).
① 상법 제677조
③ 상법 제675조
④ 상법 제678조

17 손해보험에서 손해액 산정에 관한 설명으로 옳지 않은 것은? 기출 제4회

① 보험자가 보상할 손해액은 그 손해가 발생한 때와 곳의 가액에 의하여 산정한다. 그러나 당사자간에 다른 약정이 있는 때에는 그 신품가액에 의하여 손해액을 산정할 수 있다.
② 보험자가 손해를 보상할 경우에 보험료의 지급을 받지 아니한 잔액이 있어도 보상할 금액에서 이를 공제할 수 없다.
③ 손해보상은 원칙적으로 금전으로 하지만 당사자의 합의로 손해의 전부 또는 일부를 현물로 보상할 수 있다.
④ 손해액의 산정에 관한 비용은 보험자의 부담으로 한다.

| 해설 |

보험자가 손해를 보상할 경우에 보험료의 지급을 받지 아니한 잔액이 있으면 그 지급기일이 도래하지 아니한 때라도 보상할 금액에서 이를 공제할 수 있다(상법 제677조).
① 상법 제676조 제1항
③ 보험금은 금전으로 지급하는 것이 원칙이나, 당사자 사이에 특약이 있는 경우에는 현물급여 또는 다른 급여 등의 방법으로도 할 수 있다.
④ 상법 제676조 제2항

18 손해보험에서 손해액 산정에 관한 설명으로 옳은 것은? 기출 제2회

① 당사자간에 다른 약정이 없으면 보험자가 보상할 손해액은 그 손해가 발생한 때와 곳의 가액에 의한다.
② 손해가 발생한 때와 곳의 가액보다 신품가액이 작은 경우에는 당사자간에 다른 약정이 없으면 신품가액에 따라 손해액을 산정하여야 한다.
③ 손해액의 산정에 관한 비용은 보험계약자의 부담으로 한다.
④ 보험사고로 인하여 상실된 피보험자의 보수는 당사자간에 다른 약정이 없으면 보험자가 보상할 손해액에 산입한다.

| 해설 |
① 상법 제676조 제1항
② 당사자간에 <u>다른 약정이 있는</u> 때에는 그 신품가액에 의하여 손해액을 산정할 수 있다(상법 제676조 제1항).
③ 손해액의 산정에 관한 비용은 <u>보험자의 부담</u>으로 한다(상법 제676조 제2항).
④ 보험사고로 인하여 상실된 피보험자가 얻을 이익이나 보수는 당사자간에 다른 약정이 없으면 보험자가 보상할 손해액에 <u>산입하지 않는다</u>(상법 제667조).

19 손해액의 산정에 관한 설명으로 옳지 않은 것은? 기출 제1회, 제6회

① 보험자가 보상할 손해액은 그 손해가 발생한 때와 곳의 가액에 의하여 산정하는 것이 원칙이다.
② 손해액 산정에 관하여 당사자간에 다른 약정이 있는 때에는 신품가액에 의하여 산정할 수 있다.
③ 특약이 없는 한 보험자가 보상할 손해액에는 보험사고로 인하여 상실된 피보험자가 얻을 이익이나 보수를 산입하지 않는다.
④ 손해액 산정에 필요한 비용은 보험자와 보험계약자가 공동으로 부담한다.

| 해설 |
손해액의 산정에 관한 비용은 <u>보험자의 부담</u>으로 한다(상법 제676조 제2항).
①·② 상법 제676조 제1항
③ 상법 제667조

정답 16 ② 17 ② 18 ① 19 ④

20 손해액 산정에 관한 설명으로 옳지 않은 것은? 기출 제7회

① 보험사고로 인하여 상실된 피보험자가 얻을 이익은 당사자간에 다른 약정이 없으면 보험자가 보상할 손해액에 산입하지 않는다.
② 당사자간에 다른 약정이 있는 때에는 신품가액에 의하여 보험자가 보상할 손해액을 산정할 수 있다.
③ 손해액 산정에 필요한 비용은 보험자와 보험계약자 및 보험수익자가 공동으로 부담한다.
④ 손해보상은 원칙적으로 금전으로 하지만 당사자의 합의로 손해의 전부 또는 일부를 현물로 보상할 수 있다.

| 해설 |
손해액 산정에 필요한 비용은 <u>보험자의 부담으로</u> 한다(상법 제676조 제2항).
① 상법 제667조
② 상법 제676조 제1항 단서
④ 손해보험의 손해보상의 방법은 특별한 규정이 없으나, 금전급여를 원칙으로 한다. 다만, 약관에 따라 현물보상을 정한 경우 손해의 전부 또는 일부를 현물로 보상할 수 있다.

21 손해보험에서 손해액의 산정에 관한 설명으로 옳은 것은? 기출 제10회

① 보험자가 보상할 손해액은 보험계약을 체결한 때와 곳의 가액에 의하여 산정한다.
② 보험사고로 인하여 상실된 피보험자가 얻을 이익이나 보수는 보험자가 보상할 손해액에 산입하여야 한다.
③ 손해액의 산정에 관한 비용은 보험계약자의 부담으로 한다.
④ 당사자간에 다른 약정이 있는 때에는 그 신품가액에 의하여 손해액을 산정할 수 있다.

| 해설 |
④ 상법 제676조 제1항 단서
① 보험자가 보상할 손해액은 그 <u>손해가 발생한 때와 곳의 가액</u>에 의하여 산정한다(상법 제676조 제1항).
② 보험사고로 인하여 상실된 피보험자가 얻을 이익이나 보수는 당사자간에 다른 약정이 없으면 <u>보험자가 보상할 손해액에 산입하지 아니한다</u>(상법 제667조).
③ 손해액의 산정에 관한 비용은 <u>보험자의 부담으로</u> 한다(상법 제676조 제2항).

22 손해액의 산정기준에 관한 설명으로 옳은 것을 모두 고른 것은? 기출 제3회

> ㄱ. 보험자가 보상할 손해액은 그 손해가 발생한 때와 곳의 가액에 의하여 산정하는 것을 원칙으로 한다.
> ㄴ. 보험자가 보상할 손해액에 관하여 당사자간에 다른 약정이 있는 때에는 신품가액에 의하여 손해액을 산정할 수 있다.
> ㄷ. 손해액의 산정에 관한 비용은 보험자가 부담한다.

① ㄱ
② ㄱ, ㄴ
③ ㄱ, ㄷ
④ ㄱ, ㄴ, ㄷ

| 해설 |
> ㄱ. (O) 보험자가 보상할 손해액은 그 손해가 발생한 때와 곳의 가액에 의하여 산정한다(상법 제676조 제1항).
> ㄴ. (O) 당사자간에 다른 약정이 있는 때에는 그 신품가액에 의하여 손해액을 산정할 수 있다(상법 제676조 제1항 단서).
> ㄷ. (O) 손해액의 산정에 관한 비용은 보험자의 부담으로 한다(상법 제676조 제2항).

23 손해액의 산정기준 등에 관한 설명으로 옳은 것은? 기출 제5회

① 보험의 목적에 관하여 보험자가 부담할 손해가 생긴 경우에는 그 후 그 목적이 보험자가 부담하지 아니하는 보험사고의 발생으로 인하여 멸실된 때에도 보험자는 이미 생긴 손해를 보상할 책임을 면하지 못한다.
② 당사자간에 다른 약정이 있는 때에도 이득금지의 원칙상 신품가액에 의하여 손해액을 산정할 수는 없다.
③ 보험자가 보상할 손해액은 보험계약이 체결된 때와 곳의 가액에 의하여 산정한다.
④ 손해액의 산정에 관한 비용은 보험계약자의 부담으로 한다.

| 해설 |
> ① 상법 제675조
> ②·③ 보험자가 보상할 손해액은 그 손해가 발생한 때와 곳의 가액에 의하여 산정한다. 그러나 당사자간에 다른 약정이 있는 때에는 그 신품가액에 의하여 손해액을 산정할 수 있다(상법 제676조 제1항).
> ④ 손해액의 산정에 관한 비용은 보험자의 부담으로 한다(상법 제676조 제2항).

24 상법상 손해보험에서 손해액의 산정기준 등에 관한 설명으로 옳지 않은 것은? 기출 제8회

① 보험자가 보상할 손해액은 그 손해가 발생한 때와 곳의 가액에 의하여 산정하는 것이 원칙이다.
② 손해액의 산정에 관한 비용은 보험계약자의 부담으로 한다.
③ 보험자가 손해를 보상할 경우에 보험료의 지급을 받지 아니한 잔액이 있으면 그 지급기일이 도래하지 아니한 때라도 보상할 금액에서 이를 공제할 수 있다.
④ 보험자는 약정에 따라 신품가액에 의하여 손해액을 산정할 수 있다.

> |해설|
> 손해액의 산정에 관한 비용은 <u>보험자의 부담으로 한다</u>(상법 제676조 제2항).
> ①·④ 상법 제676조 제2항
> ③ 상법 제677조

25 상법상 손해보험에서 손해액의 산정기준 등에 관한 설명으로 옳지 않은 것은? 기출 제9회

① 보험자가 보상할 손해액의 산정에 관한 비용은 보험자의 부담으로 한다.
② 당사자간에 다른 약정이 없는 경우 보험자가 보상할 손해액은 그 손해가 발생한 때의 보험계약 체결지의 가액에 의하여 산정한다.
③ 당사자간의 약정에 의하여 보험의 목적의 신품가액에 의하여 손해액을 산정할 수 있다.
④ 보험의 목적의 성질, 하자 또는 자연소모로 인한 손해는 보험자가 이를 보상할 책임이 없다.

> |해설|
> 보험자가 보상할 손해액은 그 <u>손해가 발생한 때와 곳의 가액에 의하여 산정한다</u>. 그러나 당사자간에 다른 약정이 있는 때에는 그 신품가액에 의하여 손해액을 산정할 수 있다(상법 제676조 제1항).
> ① 상법 제676조 제2항
> ③ 상법 제676조 제1항
> ④ 상법 제678조

26 보험자가 손해를 보상할 경우에 보험료의 지급을 받지 아니한 잔액이 있을 경우와 관련하여 상법 제677조(보험료 체납과 보상액의 공제)의 내용으로 옳은 것은? 기출 제6회

① 보험자는 보험계약에 대한 납입최고 및 해지예고 통보를 하지 않고도 보험계약을 해지할 수 있다.
② 보험자는 보상할 금액에서 지급기일이 도래하지 않은 보험료는 공제할 수 없다.
③ 보험자는 보험금 전부에 대한 지급을 거절할 수 있다.
④ 보험자는 보상할 금액에서 지급기일이 도래한 보험료를 공제할 수 있다.

|해설|
보험자가 손해를 보상할 경우에 보험료의 지급을 받지 아니한 잔액이 있으면 그 지급기일이 도래하지 아니한 때라도 보상할 금액에서 이를 공제할 수 있다(상법 제677조). 따라서 지급기일이 도래한 보험료를 당연히 공제할 수 있다(보험료불가분의 원칙 적용).

27 보험자대위에 관한 설명으로 옳은 것은?

① 일부보험의 경우에는 성질상 잔존물대위가 성립될 수 없다.
② 보험자대위는 모든 보험에 인정되는 보험법상의 제도이다.
③ 제3자에 대한 보험자대위는 보험자가 보험금의 일부라도 지급하면 성립된다.
④ 대위에 의한 보험자의 권리취득은 당사자간의 의사표시에 의한 것이다.

|해설|
① 손해보험에서는 잔존물대위와 청구권대위가 모두 인정된다.
② 보험자대위는 손해보험에서 인정되고 있으며, 인보험에서는 상해보험에서만 인정된다.
④ 보험자대위에 의한 보험자의 권리취득은 법률상 당연히 취득되는 것이다.

28 보험자대위에 관한 설명으로 옳지 않은 것은? 기출 제3회

① 실손보상의 원칙을 구현하기 위한 제도이다.
② 일부보험의 경우에도 잔존물대위가 인정된다.
③ 잔존물대위는 보험의 목적의 일부가 멸실한 경우에도 성립한다.
④ 보험금을 일부 지급한 경우 피보험자의 권리를 해하지 않는 범위 내에서 청구권대위가 인정된다.

|해설|
보험의 목적의 전부가 멸실한 경우에 보험금액의 전부를 지급한 보험자는 그 목적에 대한 피보험자의 권리를 취득한다(상법 제681조). 즉 잔존물대위는 보험의 목적이 전부 멸실, 즉 전손되어야 한다.

정답 24 ② 25 ② 26 ④ 27 ③ 28 ③

29 보험의 목적에 대한 보험대위에 관한 설명으로 옳은 것은?

① 보험자가 보험의 목적에 관한 권리를 취득하려면 보험목적의 전부 또는 일부가 멸실되어야 한다.
② 보험자가 일부보험에서 보험금액의 전부를 지급한 경우에는 보험금액의 보험가액에 대한 비율에 따라 보험의 목적에 관한 권리를 취득한다.
③ 보험자가 취득하는 보험의 목적에 관한 권리란 그 잔존물의 소유권이다.
④ 보험자의 보험의 목적에 관한 권리취득의 시기는 보험사고가 발생한 때이다.

| 해설 |
① 보험자가 보험의 목적에 관한 권리를 취득하려면 보험의 목적의 <u>전부가 멸실</u>하여야 하고, 보험자가 보험금액의 전부를 피보험자에게 지급하여야 한다.
③ 보험자가 취득하는 권리는 피보험자가 보험의 목적에 대하여 가지는 모든 권리로 보험의 목적의 <u>소유권</u>뿐만 아니라, <u>저당보험에서 채권</u> 등도 포함된다.
④ 권리이전의 시기는 보험자가 <u>보험금을 전부 지급</u>한 때부터이다.

30 상법 제681조(보험목적에 관한 보험대위)의 내용이다. ( )에 들어갈 내용을 순서대로 올바르게 연결된 것은? 기출 제2회

> 보험의 목적의 ( )가 멸실한 경우에 보험금액의 ( )를 지급한 보험자는 그 목적에 대한 피보험자의 권리를 취득한다. 그러나 보험가액의 ( )를 보험에 붙인 경우에는 보험자가 취득할 권리는 보험금액의 보험가액에 대한 비율에 따라 이를 정한다.

① 전부 또는 일부 – 일부 – 전부
② 전부 – 일부 – 일부
③ 전부 또는 일부 – 일부 – 일부
④ 전부 – 전부 – 일부

| 해설 |
보험목적에 관한 보험대위(상법 제681조)
보험의 목적의 (**전부**)가 멸실한 경우에 보험금액의 (**전부**)를 지급한 보험자는 그 목적에 대한 피보험자의 권리를 취득한다. 그러나 보험가액의 (**일부**)를 보험에 붙인 경우에는 보험자가 취득할 권리는 보험금액의 보험가액에 대한 비율에 따라 이를 정한다.

31 보험목적에 대한 보험대위에 관한 설명이다. ( )에 들어갈 내용으로 옳은 것은? 기출 제8회

> 보험의 목적의 전부가 멸실한 경우에 (ㄱ)의 (ㄴ)를 지급한 보험자는 그 목적에 대한 (ㄷ)의 권리를 취득한다. 그러나 (ㄹ)의 일부를 보험에 붙인 경우에는 보험자가 취득할 권리는 보험금액의 보험가액에 대한 비율에 따라 이를 정한다.

	ㄱ	ㄴ	ㄷ	ㄹ
①	보험금액	전부	피보험자	보험가액
②	보험금액	일부	보험계약자	보험금액
③	보험가액	일부	피보험자	보험가액
④	보험가액	전부	피보험자	보험가액

| 해설 |

보험목적에 관한 보험대위(상법 제681조)

보험의 목적의 전부가 멸실한 경우에 (**보험금액**)의 (**전부**)를 지급한 보험자는 그 목적에 대한 (**피보험자**)의 권리를 취득한다. 그러나 (**보험가액**)의 일부를 보험에 붙인 경우에는 보험자가 취득할 권리는 보험금액의 보험가액에 대한 비율에 따라 이를 정한다.

32 보험목적에 관한 보험대위(잔존물대위)의 설명으로 옳지 않은 것은? 기출 제6회

① 일부보험에서도 보험금액의 보험가액에 대한 비율에 따라 잔존물대위권을 취득할 수 있다.
② 잔존물대위가 성립하기 위해서는 보험목적의 전부가 멸실하여야 한다.
③ 피보험자는 보험자로부터 보험금을 지급받기 전에는 잔존물을 임의로 처분할 수 있다.
④ 잔존물에 대한 권리가 보험자에게 이전되는 시점은 보험자가 보험금액을 전부 지급하고, 물권변동 절차를 마무리한 때이다.

| 해설 |

잔존물에 대한 권리가 보험자에게 이전되는 시점은 보험자가 보험금을 전부 지급한 때이다(상법 제681조). 따라서 피보험자가 보험금을 지급받기 전에 그 목적물을 임의로 처분하였을 때 지급보험금에서 그 부분만큼 공제할 수 있고, 보험금을 지급받은 후에 이를 처분한 때에는 보험자는 피보험자에게 그에 대한 손해배상을 청구할 수 있다.

33 잔존물대위에 관한 설명으로 옳은 것은? 기출 제1회

① 보험의 목적 일부가 멸실한 경우 발생한다.
② 보험금액의 전부를 지급하여야 보험자가 잔존물대위권을 취득할 수 있다.
③ 일부보험의 경우에는 잔존물대위가 인정되지 않는다.
④ 보험자는 잔존물에 대한 물권변동의 절차를 밟아야 대위권을 취득할 수 있다.

| 해설 |
①·②·③ 보험의 목적 전부가 멸실한 경우에 <u>보험금액의 전부</u>를 지급한 보험자는 그 목적에 대한 피보험자의 권리를 취득한다. 그러나 보험가액의 일부를 보험에 붙인 경우에는 보험자가 취득할 권리는 보험금액의 보험가액에 대한 비율에 따라 이를 정한다(상법 제681조).
④ 보험자대위는 당사자의 의사표시에 따른 양도행위의 효과가 아니라 법률상 인정한 당연한 효과로서 대위의 요건이 충족되면 <u>당사자의 의사표시와 상관없이 당연히 권리가 보험자에게 이전</u>된다. 따라서 잔존물대위에서도 인도·등기를 요하는 물권변동의 절차 없이도 채무자 또는 그 밖의 제3자에게 대항할 수 있다.

34 보험목적에 관한 보험대위(잔존물대위)의 설명으로 옳지 않은 것은? 기출 제10회

① 보험의 목적의 전부가 멸실한 경우에 보험대위가 인정된다.
② 피보험자가 보험자로부터 보험금액의 전부를 지급받은 후에는 잔존물을 임의로 처분할 수 없다.
③ 일부보험의 경우에는 잔존물대위가 인정되지 않는다.
④ 보험자가 보험금액의 전부를 지급한 때 잔존물에 대한 권리는 물권변동 절차 없이 보험자에게 이전된다.

| 해설 |
보험의 목적물에 전손이 생긴 경우에는 일부보험인 경우라도 <u>잔존물대위가 인정된다</u>. 이 경우 보험자는 보험금액의 보험가액에 대한 비율에 따라 피보험자의 보험목적에 대한 권리를 취득하게 된다(상법 제681조 단서).
① 상법 제681조
② 보험자는 피보험자가 보험의 목적에 대하여 가졌던 모든 권리를 취득하므로, 피보험자는 그 목적에 대하여 특약이 없는 한 아무런 권리도 없고 임의로 처분하지 못한다.
④ 보험자대위는 당사자의 의사표시에 따른 양도행위의 효과가 아니라 법률상 인정한 당연한 효과로서, 대위의 요건이 충족되면 당사자의 의사표시와 상관없이 당연히 권리가 보험자에게 이전된다. 따라서 보험자가 보험금액의 전부를 지급한 때 잔존물에 대한 권리는 인도·등기를 요하는 물권변동의 절차(민법 제186조, 제188조) 없이 보험자에게 이전된다.

35 상법상 보험목적에 관한 보험대위(잔존물대위)의 설명으로 옳은 것은? 기출 제11회

① 보험목적의 전부가 멸실한 경우에 보험금액 전부를 지급한 보험자는 그 목적에 대한 피보험자의 권리를 취득한다.
② 보험자가 전체 보험금의 일부를 지급한 경우에도 그 지급에 비례하여 보험대위가 성립한다.
③ 잔존하는 보험목적에 관한 피보험자의 권리가 보험자에게 이전하는 시점은 보험자가 보험금을 청구받은 때이다.
④ 일부보험에서는 잔존물대위가 성립할 여지가 없다.

> **해설**
> ① 상법 제681조 본문
> ② 보험자가 전체 보험금의 일부를 지급한 경우에는 그 지급에 비례하여 보험대위가 성립하는 것은 아니다. 즉 보험목적에 관한 보험대위는 <u>보험금액의 전부 지급을 요건으로 한다</u>.
> ③ 잔존하는 보험목적에 관한 피보험자의 권리가 보험자에게 이전하는 시점은 보험자가 <u>보험금을 전부 지급한 때</u>이다.
> ④ 일부보험의 경우에는 보험자가 취득할 권리는 <u>보험금액의 보험가액에 대한 비율에 따라 이를 정한다</u>(상법 제681조 단서).

36 보험자대위에 관한 설명으로 옳은 것은?

① 보험금을 지급한 보험자는 어느 경우에나 보험대위권을 행사할 수 있다.
② 보험금의 일부를 지급한 보험자도 제3자에 대한 보험대위를 할 수 있다.
③ 보험자대위는 모든 보험계약에서 보험금을 지급한 보험자가 취득하는 권리이다.
④ 보험자대위는 보험금을 지급한 보험자가 의사표시를 요건으로 피보험자의 제3자에 대한 권리를 취득하는 것이다.

> **해설**
> 손해가 제3자의 행위로 인하여 발생한 경우에 보험금을 지급한 보험자는 그 지급한 금액의 한도에서 그 제3자에 대한 보험계약자 또는 피보험자의 권리를 취득한다. 다만, 보험자가 보상할 보험금의 일부를 지급한 경우에는 피보험자의 권리를 침해하지 아니하는 범위에서 그 권리를 행사할 수 있다(상법 제682조 제1항).
> ① 제3자에 대한 청구권대위는 피보험자가 제3자에게 권리를 갖고 있는 경우에 한하여 인정된다.
> ③ 인보험에서는 원칙적으로 인정되지 않으며, 상해보험에서만 예외적으로 인정하고 있다.
> ④ 보험자대위의 성격은 특별한 의사표시를 요하는 양도행위가 아니고, <u>법률상 당연히 권리가 이전되는 것</u>이다.

37 보험목적에 대한 보험대위에 관한 설명으로 옳지 않은 것은? 기출 제4회

① 약관에 보험자의 대위권 포기를 정할 수 있다.
② 보험금액의 일부를 지급한 보험자도 그 목적에 대한 피보험자의 권리를 취득한다.
③ 보험가액의 일부를 보험에 붙인 경우에는 보험자가 취득할 권리는 보험금액의 보험가액에 대한 비율에 따라 이를 정한다.
④ 사고를 당한 보험목적에 대하여 피보험자가 가지고 있던 권리는 법률 규정에 의하여 보험자에게 이전되는 것으로 물권변동의 절차를 요하지 않는다.

> |해설|
> 보험의 목적의 전부가 멸실한 경우에 <u>보험금액의 전부를 지급한 보험자는 그 목적에 대한 피보험자의 권리를 취득한다</u>. 그러나 보험가액의 일부를 보험에 붙인 경우에는 보험자가 취득할 권리는 보험금액의 보험가액에 대한 비율에 따라 이를 정한다(상법 제681조).

38 보험대위에 관한 설명으로 옳은 것은?(다툼이 있으면 판례에 따름) 기출 제7회

① 손해가 제3자의 행위로 인하여 발생한 경우에 보험금을 지급하기 전이라도 보험자는 그 제3자에 대한 보험계약자의 권리를 취득한다.
② 잔존물대위가 성립하기 위해서는 보험목적의 전부가 멸실하여야 한다.
③ 잔존물에 대한 권리가 보험자에게 이전되는 시점은 보험자가 보험금액을 전부 지급하고, 물권변동 절차를 마무리한 때이다.
④ 재보험에 대하여는 제3자에 대한 보험자대위가 적용되지 않는다.

> |해설|
> 보험목적에 대한 보험대위가 성립하기 위해선 보험계약의 체결 당시에 <u>보험목적이 가지는 경제적 가치가 전부 멸실되어야 한다</u>. 즉 일부만 멸실된 경우에는 보험목적에 대한 보험대위가 성립하지 않는다. 또한, 보험자가 보험금액의 전부를 피보험자에게 지급해야 한다(상법 제681조).
> ① 손해가 제3자의 행위로 인하여 발생한 경우에 <u>보험금을 지급한</u> 보험자는 그 지급한 금액의 한도에서 그 제3자에 대한 보험계약자 또는 피보험자의 권리를 취득한다(상법 제682조 제1항).
> ③ 잔존물에 대한 권리가 보험자에게 이전되는 시점은 보험사고가 발생한 때가 아니고, 보험금액을 전부 지급한 때이다. 즉 <u>물권변동 절차(민법 제186조, 제188조)가 불요하다</u>.
> ④ 보험자가 피보험자에게 보험금을 지급하면 보험자대위의 법리에 따라 피보험자가 보험사고의 발생에 책임이 있는 <u>제3자에 대하여 가지는 권리는 지급한 보험금의 한도에서 보험자에게 당연히 이전되고(상법 제682조)</u>, 이는 재보험자가 원보험자에게 재보험금을 지급한 경우에도 마찬가지이다. 따라서 재보험관계에서 재보험자가 원보험자에게 재보험금을 지급하면 원보험자가 취득한 제3자에 대한 권리는 지급한 재보험금의 한도에서 다시 재보험자에게 이전된다(대법원 2015.6.11. 선고 2012다10386 판결).

39 보험의 목적에 보험자의 담보 위험으로 인한 손해가 발생한 후 그 목적이 보험자의 비담보 위험으로 멸실된 경우 보험자의 보상책임은? 기출 제1회

① 보험자는 모든 책임에서 면책된다.
② 보험자의 담보 위험으로 인한 손해만 보상한다.
③ 보험자의 비담보 위험으로 인한 손해만 보상한다.
④ 보험자는 멸실된 손해 전체를 보상한다.

| 해설 |
보험의 목적에 관하여 보험자가 부담할 손해가 생긴 경우에는 그 후 그 목적이 보험자가 부담하지 아니하는 보험사고의 발생으로 인하여 멸실된 때에도 보험자는 이미 생긴 손해를 보상할 책임을 면하지 못한다(상법 제675조).

40 상법상 손해보험에서 제3자에 대한 보험대위에 관한 설명으로 옳지 않은 것은? 기출 제11회

① 손해가 제3자의 행위로 인하여 발생한 경우에 보험금을 지급한 보험자는 그 지급한 금액의 한도에서 그 제3자에 대한 보험계약자 또는 피보험자의 권리를 취득하는 것으로 추정한다.
② 보험자가 보상할 보험금의 일부를 지급한 경우에 보험자는 피보험자의 권리를 침해하지 아니하는 범위에서 그 권리를 행사할 수 있다.
③ 손해가 보험계약자와 생계를 같이 하는 가족의 고의로 인하여 발생한 경우 보험금을 지급한 보험자는 그 지급한 금액의 한도에서 그 권리를 취득한다.
④ 제3자에 대한 보험대위의 취지는 이득금지 원칙의 실현과 부당한 면책의 방지에 있다.

| 해설 |
① 손해가 제3자의 행위로 인하여 발생한 경우에 보험금을 지급한 보험자는 그 지급한 금액의 한도에서 그 제3자에 대한 보험계약자 또는 피보험자의 권리를 취득한다(상법 제682조 제1항 본문). 즉 '~ 추정한다.'가 틀린 내용이다.
② 상법 제682조 제1항 단서
③ 상법 제682조 제2항 단서
④ 제3자에 대한 보험대위의 취지는 이득금지 원칙의 실현과 부당한 면책의 방지에 있다.
  즉 상법 제682조 제1항의 취지는 피보험자가 보험자로부터 보험금액을 지급받은 후에도 제3자에 대한 청구권을 보유·행사하게 하는 것은 피보험자에게 손해의 전보를 넘어서 오히려 이득을 주게 되는 결과가 되어 손해보험제도의 원칙에 반하게 되고 또 배상의무자인 제3자가 피보험자의 보험금 수령으로 인하여 책임을 면하게 하는 것도 불합리하므로 이를 제거하여 보험자에게 이익을 귀속시키려는데 있다. 따라서 피해자인 피보험자의 이중이득이나 가해자인 제3자의 부당한 면책의 우려가 없는 경우에는 보험자의 보험자대위는 제한될 수 있다(대법원 2023.4.27. 선고 2017다239014 판결).

41 제3자에 대한 보험대위에 관한 설명으로 옳지 않은 것은? (다툼이 있으면 판례에 따름)

기출 제8회

① 제3자에 대한 보험대위의 취지는 이득금지 원칙의 실현과 부당한 면책의 방지에 있다.
② 보험자는 피보험자와 생계를 같이 하는 가족에 대한 피보험자의 권리는 취득하지 못하는 것이 원칙이다.
③ 보험금을 지급한 보험자는 그 지급한 금액의 한도에서 그 제3자에 대한 피보험자의 권리를 취득한다.
④ 보험약관상 보험자가 면책되는 사고임에도 불구하고 보험자가 보험금을 지급한 경우 피보험자의 제3자에 대한 권리를 대위취득 할 수 있다.

> |해설|
> 피보험자의 손해가 제3자의 행위에 의하여 발생하였더라도 보험자대위가 성립하기 위해서는 보험자는 보험계약에 따라 피보험자에게 그 손해를 적법하게 보상해야만 한다. 즉 보험자가 피보험자에게 보험금을 지급할 책임이 없는데도 불구하고 임의로 보험금을 지급한 경우에는 보험자에게 대위권이 인정되지 않는다. 따라서 보험자가 면책되는 보험사고나 담보하지 않는 손해에 대하여 보험금을 지급한 경우에는 피보험자의 권리를 대위할 수 없다(대법원 1994.4.12. 선고 94다200 판결).
> ① 보험자대위에 관한 상법 제682조의 규정을 둔 이유는 피보험자가 보험자로부터 보험금액을 지급받은 후에도 제3자에 대한 청구권을 보유, 행사하게 하는 것은 피보험자에게 손해의 전보를 넘어서 오히려 이득을 주는 결과가 되어 손해보험제도의 원칙에 반하고 배상의무자인 제3자가 피보험자의 보험금 수령으로 인하여 그 책임을 면하는 것도 불합리하므로 이를 제거하여 보험자에게 그 이익을 귀속시키려는데 있다(대법원 1989.4.25. 선고 87다카1669 판결).
> ② 상법 제682조 제2항
> ③ 상법 제682조 제1항

42 제3자에 대한 보험자대위에 관한 설명으로 옳지 않은 것은? 기출 제5회

① 손해가 제3자의 행위로 인하여 발생한 경우에 보험금을 지급한 보험자는 그 지급한 금액의 한도에서 그 제3자에 대한 보험계약자 또는 피보험자의 권리를 취득한다.
② 보험자가 보상할 보험금의 일부를 지급한 경우에는 피보험자의 권리를 침해하지 아니하는 범위에서 그 권리를 행사할 수 있다.
③ 보험계약자나 피보험자의 제3자에 대한 권리가 그와 생계를 같이 하는 가족에 대한 것인 경우 보험자는 그 권리를 취득하지 못한다. 다만, 손해가 그 가족의 과실로 인하여 발생한 경우에는 그러하지 아니하다.
④ 보험계약에서 담보하지 아니하는 손해에 해당하여 보험금 지급의무가 없음에도 보험자가 피보험자에게 보험금을 지급한 경우라면, 보험자대위가 인정되지 않는다.

| 해설 |

보험계약자나 피보험자의 제3자에 대한 권리가 그와 생계를 같이 하는 가족에 대한 것인 경우 보험자는 그 권리를 취득하지 못한다. 다만, 손해가 그 가족의 고의로 인하여 발생한 경우에는 그러하지 아니하다(상법 제682조 제2항).
① · ② 상법 제682조 제1항
④ 상법 제682조 제1항에서 정한 보험자의 제3자에 대한 보험자대위가 인정되기 위하여는 보험자가 피보험자에게 보험금을 지급할 책임이 있는 경우라야 하고, 보험계약에서 담보하지 아니하는 손해에 해당하여 보험금 지급의무가 없는데도 보험자가 피보험자에게 보험금을 지급한 경우에는 보험자대위의 법리에 따라 피보험자의 손해배상청구권을 대위행사할 수 없는데, 이러한 이치는 상법 제729조 단서에 따른 보험자대위의 경우에도 마찬가지로 적용된다(대법원 2014.10.15. 선고 2012다88716 판결).

43 다음 사례와 관련하여 보험자대위에 관한 설명으로 옳은 것은? 기출 제9회

> 보리 농사를 대규모로 영위하는 甲은 금년에 수확하여 팔고남은 보리를 자신의 창고에 보관하면서, 해당 보리 재고를 보험목적으로 하고 자신을 피보험자로 하는 화재보험계약을 A보험회사와 체결하였다. 그런데 甲의 창고를 방문한 乙이 화재를 일으켰고 그 결과 위 보리 재고가 전소되었다. 이에 A보험회사는 甲에게 보험금을 전액 지급하였다.

① 중과실로 화재를 일으킨 乙이 甲의 이웃집 친구일 경우, A보험회사는 乙에게 보험금 지급사실의 통지를 발송하는 시점에 乙에 대한 甲의 권리를 취득한다.
② 경과실로 화재를 일으킨 乙이 甲의 거래처 지인일 경우, A보험회사는 그 지급한 금액의 한도에서 乙에 대한 甲의 권리를 취득한다.
③ 중과실로 화재를 일으킨 乙이 甲과 생계를 달리 하는 자녀일 경우, A보험회사는 乙에 대한 甲의 권리를 취득하지 못한다.
④ 고의로 방화한 乙이 甲과 생계를 같이 하는 배우자일 경우, A보험회사는 乙에 대한 甲의 권리를 취득하지 못한다.

| 해설 |

손해가 제3자의 행위로 인하여 발생한 경우에 보험금을 지급한 보험자는 그 지급한 금액의 한도에서 그 제3자에 대한 보험계약자 또는 피보험자의 권리를 취득한다(상법 제682조 제1항). 따라서 경과실로 화재를 일으킨 乙이 甲의 거래처 지인일 경우, A보험회사는 그 지급한 금액의 한도에서 乙에 대한 甲의 권리를 취득한다.
① A보험회사의 권리취득시기는 보험금 지급 시점에 법률상 당연히 취득하므로, 중과실로 화재를 일으킨 乙이 甲의 이웃집 친구일 경우, A보험회사는 甲에게 보험금을 지급한 시점에 乙에 대한 甲의 권리를 취득한다.
③ 보험계약자나 피보험자의 제3자에 대한 보험대위에 따른 권리가 그와 생계를 같이 하는 가족에 대한 것인 경우 보험자는 그 권리를 취득하지 못한다(상법 제682조 제2항). 즉 乙이 甲과 생계를 달리 하는 자녀이므로 A보험회사는 乙에 대한 甲의 권리를 취득한다.
④ 손해가 그 가족의 고의로 인하여 발생한 경우에는 제3자에 대한 보험대위에 따른 권리를 취득한다(상법 제682조 제2항 단서). 즉 고의로 방화한 乙이 甲과 생계를 같이 하는 배우자이므로 A보험회사는 乙에 대한 甲의 권리를 취득한다.

03 손해보험계약의 소멸과 변경

01 다음 ( )에 들어갈 상법 규정으로 옳은 것은? 기출 제5회

> 상법 제679조(보험목적의 양도)
> ① 피보험자가 보험의 목적을 양도한 때에는 양수인은 보험계약상의 권리와 의무를 승계한 것으로 추정한다.
> ② 제1항의 경우에 보험의 목적의 ( )은 보험자에 대하여 지체 없이 그 사실을 통지하여야 한다.

① 양도인
② 양수인
③ 양도인과 양수인
④ 양도인 또는 양수인

| 해설 |

상법 제679조(보험목적의 양도)
① 피보험자가 보험의 목적을 양도한 때에는 양수인은 보험계약상의 권리와 의무를 승계한 것으로 추정한다.
② 제1항의 경우에 보험의 목적의 (**양도인 또는 양수인**)은 보험자에 대하여 지체 없이 그 사실을 통지하여야 한다.

02 보험목적의 양도에 관한 설명으로 옳은 것은?

① 피보험자가 보험의 목적을 양도한 때에는 동시에 보험계약에 의하여 생긴 권리와 의무가 양수인에게 승계된 것으로 간주한다.
② 보험목적의 양도통지의무를 지는 자는 양수인과 양도인이다. 보험목적의 양도통지의무이행으로 보험계약의 승계는 확정된다.
③ 보험목적의 양도란 피보험자가 보험의 대상인 목적물은 그 의사표시에 의하여 타인에게 양도되는 경우에 한정한다.
④ 보험목적의 양도로 인해 위험이 증가한 경우 보험자는 보험료의 증액을 청구하거나 계약의 해지를 청구할 수 있다.

| 해설 |

① 피보험자가 보험의 목적을 양도한 때에는 보험계약에 의하여 생긴 권리와 의무가 양수인에게 승계된 것으로 추정한다. 추정은 당사자간의 반대의 의사표시가 있으면 추정의 효과는 소멸되지만, 간주는 반증을 허락하지 않는다.
② 보험목적의 양도통지의무는 양도사실에 대한 통지일 뿐이므로 양도인 또는 양수인이 할 수 있다. 보험목적의 양도사실을 통지하였다고 하더라도 보험계약의 승계가 확정되는 것은 아니다.
③ 양도조항의 적용은 경매, 법률에 의한 소유권 이전에도 적용된다. 따라서 당사자간의 의사표시에 의한 양도에만 한정되는 것이 아니다.

03 상법상 보험목적의 양도에 관한 설명으로 옳은 것은? 기출 제11회

① 보험의 목적의 양도인 또는 양수인은 보험자에 대하여 지체 없이 그 사실을 통지하여야 한다.
② 피보험자가 보험의 목적을 양도한 때에는 양수인은 보험계약상의 권리만을 승계한다.
③ 피보험자가 보험의 목적을 양도한 때에는 양도인과 양수인이 공동으로 보험자에게 통지하여야 한다.
④ 피보험자가 보험의 목적을 양도한 때에는 양수인은 보험계약상의 의무를 승계한 것으로 간주한다.

|해설|
① 상법 제679조 제2항
②·④ 피보험자가 보험의 목적을 양도한 때에는 양수인은 보험계약상의 권리와 의무를 승계한 것으로 추정한다(상법 제679조 제1항).
③ 보험의 목적의 양도인 또는 양수인은 보험자에 대하여 지체 없이 그 사실을 통지하여야 한다(상법 제679조 제2항). 즉 양도인과 양수인이 공동으로 보험자에게 통지해야 하는 것이 아니다.

04 보험목적의 양도에 관한 설명으로 옳지 않은 것은?

① 양도할 수 있는 보험의 목적에는 무체(無體)재산권도 포함될 수 있다.
② 보험의 목적을 양도한 때에는 양수인은 보험계약상의 권리와 의무를 승계한 것으로 추정한다.
③ 보험의 목적을 양도하면 보험계약상의 권리·의무 관계가 포괄적으로 이전한다.
④ 보험의 목적의 양도로 인하여 위험이 현저하게 변경 또는 증가되더라도 보험자는 보험계약의 실효를 주장할 수는 없다.

|해설|
상속이나 회사의 합병과 같이 보험계약상의 권리·의무가 포괄적으로 승계되는 경우는 이에 포함되지 않는다.

05 보험목적의 양도에 관한 설명으로 옳지 않은 것은?

① 보험의 목적이 양도되면 양수인은 보험계약상의 권리와 의무를 승계한 것으로 추정한다.
② 보험의 목적의 양도에는 피보험자의 사망으로 인한 상속도 포함된다.
③ 보험의 목적이 양도되면 양도인은 피보험이익을 잃는다.
④ 보험의 목적의 양도인 또는 양수인은 보험자에 대하여 지체 없이 양도사실을 통지하여야 한다.

정답 01 ④ 02 ④ 03 ① 04 ③ 05 ②

| 해설 |
보험목적의 양도란 손해보험계약에서 보험계약의 대상으로 되어 있는 그 목적물을 의사표시에 의하여 타인에게 양도하는 것을 말하고 보통 매매·증여의 형태로 나타난다. 이는 개별적 양도라는 점에서 보험의 목적과 보험계약상 권리와 의무가 포괄적으로 승계되는 상속이나 합병과 구별되고, 피보험자의 지위를 승계한다는 점에서 단순한 채권양도인 보험금청구권의 양도와 구별된다.

06 보험의 목적의 양도에 관한 설명으로 옳지 않은 것은?

① 피보험자가 보험의 대상인 목적물을 그 의사표시에 의하여 타인에게 양도하는 것을 말한다.
② 보험의 목적을 양도한 경우에 양수인 또는 양도인은 보험자에 대하여 지체 없이 그 사실을 통지하여야 한다.
③ 보험의 목적의 양도로 인해 위험이 증가한 경우 보험자는 보험료의 증액을 청구하거나 계약의 해지를 청구할 수 있다.
④ 피보험자가 보험의 목적을 양도한 때에는 동시에 보험계약에 의하여 생긴 권리와 의무가 양수인에게 승계된 것으로 본다.

| 해설 |
보험의 목적을 양도한 때에는 양수인은 보험계약상의 권리와 의무를 승계한 것으로 추정한다.

07 보험의 목적의 양도에 관한 설명으로 옳은 것은?

① 보험의 목적의 양도에는 상속에 의한 보험목적의 승계도 포함한다.
② 보험의 목적이 양도되면 양도인은 피보험이익을 잃어버린다.
③ 보험의 목적의 양도의 효과로 우리 상법은 당연이전주의에 입각하고 있다.
④ 강제경매의 경우에는 보험의 목적의 양도의 효과가 발생하지 않는다.

| 해설 |
① 보험목적의 양도는 매매, 증여의 형태로 나타나고, 보험계약상 권리와 의무가 포괄적으로 승계되는 상속이나 합병과 구별된다.
③ 우리 상법은 피보험자가 보험의 목적을 양도한 때에는 양수인은 보험계약상 권리와 의무를 승계한 것으로 추정한다고 하여 추정주의를 취하고 있다.
④ 양도는 의사표시에 의한 물권적 양도를 의미하나, 강제경매도 포함하는 것으로 해석하는 것이 일반적이다.

04 각종 손해보험

01 화재보험에 관한 설명으로 옳지 않은 것은? 기출 제1회

① 보험자는 화재로 인한 손해의 감소에 필요한 조치로 인하여 생긴 손해를 보상할 책임이 있다.
② 연소 작용에 의하지 아니한 열의 작용으로 인한 손해는 보험자의 보상 책임이 없다.
③ 화재로 인한 손해는 상당인과관계가 있어야 한다.
④ 화재 진화를 위해 살포한 물로 보험목적이 훼손된 손해는 보상하지 않는다.

> **해설**
> 보험자는 화재의 소방 또는 손해의 감소에 필요한 조치로 인하여 생긴 손해를 보상할 책임이 있다(상법 제684조).

02 화재보험계약에 관한 설명으로 옳지 않은 것은? 기출 제3회

① 보험자가 손해를 보상함에 있어서 화재와 손해간에 상당인과관계는 필요하지 않다.
② 보험자는 화재의 소방에 필요한 조치로 인하여 생긴 손해를 보상할 책임이 있다.
③ 보험자는 화재발생시 손해의 감소에 필요한 조치로 인하여 생긴 손해를 보상할 책임이 있다.
④ 화재보험계약은 화재로 인하여 생긴 손해를 보상할 것을 목적으로 하는 손해보험계약이다.

> **해설**
> 화재보험계약에서 보험자는 화재로 인한 직접적인 손해뿐만 아니라, 인과관계가 있는 간접손해에 대하여도 책임을 진다. 즉 보험자가 보상할 손해의 범위에 관하여는 <u>화재와 손해 사이에 상당인과관계가 있어야 한다는</u> 것이 통설이다.
> ②·③ 상법 제684조
> ④ 상법 제683조

03 상법상 화재보험계약에 관한 설명으로 옳지 않은 것은? 기출 제9회

① 보험자는 화재와 상당인과관계에 있는 손해를 보상하여야 한다.
② 보험자는 화재의 소방 또는 손해의 감소에 필요한 조치로 인하여 생긴 손해를 보상할 책임이 있다.
③ 동일한 건물에 관한 화재보험계약일 경우 그 소유자와 담보권자가 갖는 피보험이익은 같다.
④ 연소 작용이 아닌 열의 작용으로 발생한 손해는 보험자가 보상하지 않는다.

정답 06 ④ 07 ② / 01 ④ 02 ① 03 ③

| 해설 |
동일한 건물에 대한 화재보험계약시 소유주의 피보험이익(건물손실), 임차인의 피보험이익(점포휴업), 목적물 담보권자의 피보험이익(채권보전)이 존재한다.
① 보험자가 보상하여야 할 손해는 화재와 상당인과관계가 있는 모든 손해를 포함한다.
② 상법 제684조
④ 연소 작용이 아닌 열의 작용으로 인한 것은 보상하는 '화재'가 아니므로 보험자는 보상하지 않는다.

04 화재보험계약에 관한 설명으로 옳은 것은?

① 보험자는 소방 또는 손해의 감소에 필요한 조치로 인하여 생긴 손해도 보상한다.
② 건물이 아닌 교량이나 입목(立木)은 화재보험의 목적이 될 수 없다.
③ 가스폭발사고로 화재가 발생하여 생긴 손해는 보상하지 않는다.
④ 지진이나 벼락으로 입은 손해에 대해서도 보험자는 보상책임이 있다.

| 해설 |
① 상법 제684조
② 교량이나 입목, 산림 등의 부동산도 보험의 목적이 될 수 있으며, 보험의 목적에 관하여 화재로 인하여 손해가 생긴 이상 그 화재의 원인 여하를 불문하고 보험금을 지급하는 것을 원칙으로 한다.
③ 가스폭발사고로 화재가 발생하여 생긴 손해는 보상한다.
④ 지진, 분화 또는 전쟁, 혁명, 내란, 사변, 폭동, 소요, 기타 이들과 유사한 사태로 생긴 화재 및 연소 또는 그 밖의 손해는 보상하지 않는다.

05 화재보험에 관한 설명으로 옳지 않은 것은? 기출 제5회

① 건물을 보험의 목적으로 한 때에는 그 소재지, 구조와 용도를 화재보험증권에 기재하여야 한다.
② 동산을 보험의 목적으로 한 때에는 그 존치한 장소의 상태와 용도를 화재보험증권에 기재하여야 한다.
③ 보험가액을 정한 때에는 그 가액을 화재보험증권에 기재하여야 한다.
④ 보험계약자의 주소와 성명 또는 상호는 화재보험증권의 기재사항이 아니다.

| 해설 |
보험계약자의 주소와 성명 또는 상호는 화재보험증권의 기재사항이다(상법 제685조, 제666조 제7호).

06 상법상 손해보험증권에 관한 설명으로 옳지 않은 것은? 기출 제9회

① 보험사고의 성질을 기재하여야 한다.
② 보험증권의 작성지를 기재하여야 한다.
③ 보험계약자가 기명날인하여야 한다.
④ 무효와 실권의 사유를 기재하여야 한다.

| 해설 |
손해보험증권 보험자가 기명날인 또는 서명하여야 한다(상법 제666조).

07 상법상 손해보험증권에 기재하여야 할 사항으로 옳은 것은? 기출 제11회

① 청약철회 사유
② 보험료의 계산방법
③ 보험자의 면책에 관한 사항
④ 보험사고의 성질

| 해설 |
손해보험증권에 기재하여야 할 사항(상법 제666조)
1. 보험의 목적
2. 보험사고의 성질
3. 보험금액
4. 보험료와 그 지급방법
5. 보험기간을 정한 때에는 그 시기와 종기
6. 무효와 실권의 사유
7. 보험계약자의 주소와 성명 또는 상호
8. 피보험자의 주소, 성명 또는 상호
9. 보험계약의 연월일
10. 보험증권의 작성지와 그 작성연월일

정답 04 ① 05 ④ 06 ③ 07 ④

08 상법 제666조(손해보험증권)의 기재사항으로 옳은 것을 모두 고른 것은? [기출] 제2회, 제4회, 제6회

> ㄱ. 보험사고의 성질
> ㄴ. 무효와 실권의 사유
> ㄷ. 보험증권의 작성지와 그 작성연월일
> ㄹ. 보험계약자의 주민등록번호

① ㄱ
② ㄴ, ㄹ
③ ㄱ, ㄴ, ㄷ
④ ㄴ, ㄷ, ㄹ

| 해설 |

손해보험증권의 기재사항(상법 제666조)
1. 보험의 목적
2. <u>보험사고의 성질</u>
3. 보험금액
4. 보험료와 그 지급방법
5. 보험기간을 정한 때에는 그 시기와 종기
6. <u>무효와 실권의 사유</u>
7. 보험계약자의 주소와 성명 또는 상호
8. 피보험자의 주소, 성명 또는 상호
9. 보험계약의 연월일
10. <u>보험증권의 작성지와 그 작성연월일</u>

09 건물을 화재보험의 목적으로 한 경우 화재보험증권의 법정기재사항이 아닌 것은? [기출] 제7회

① 건물의 소재지, 구조와 용도
② 보험가액을 정한 때에는 그 가액
③ 보험기간을 정한 때에는 그 시기와 종기
④ 설계감리법인의 주소와 성명 또는 상호

| 해설 |

화재보험증권의 기재사항(상법 제685조)
화재보험증권에는 <u>제666조에 게기한 사항(보험기간을 정한 때에는 그 시기와 종기)</u> 외에 다음의 사항을 기재하여야 한다.
1. 건물을 보험의 목적으로 한 때에는 그 소재지, 구조와 용도
2. 동산을 보험의 목적으로 한 때에는 그 존치한 장소의 상태와 용도
3. 보험가액을 정한 때에는 그 가액

10 화재보험증권에 기재하여야 할 사항으로 옳은 것을 모두 고른 것은? 기출 제3회

> ㄱ. 보험의 목적
> ㄴ. 보험계약 체결 장소
> ㄷ. 동산을 보험의 목적으로 한 때에는 그 존치한 장소의 상태와 용도
> ㄹ. 피보험자의 주소, 성명 또는 상호
> ㅁ. 보험계약자의 주민등록번호

① ㄱ, ㄴ, ㄷ
② ㄱ, ㄷ, ㄹ
③ ㄴ, ㄷ, ㅁ
④ ㄴ, ㄹ, ㅁ

| 해설 |

화재보험증권의 기재사항(상법 제685조)
화재보험증권에는 제666조에 게기한 사항 외에 다음의 사항을 기재하여야 한다.
1. 건물을 보험의 목적으로 한 때에는 그 소재지, 구조와 용도
2. 동산을 보험의 목적으로 한 때에는 그 존치한 장소의 상태와 용도
3. 보험가액을 정한 때에는 그 가액

11 상법상 화재보험증권에 기재해야 할 사항으로 옳은 것을 모두 고른 것은? 기출 제11회

> ㄱ. 보험계약자의 주소와 성명 및 주민등록번호
> ㄴ. 보험기간을 정한 때에는 그 시기와 종기
> ㄷ. 건물을 보험의 목적으로 한 때에는 그 소재지, 구조와 용도
> ㄹ. 보험가액을 정한 때에는 그 가액
> ㅁ. 보험금액과 그 지급방법 및 시기

① ㄱ, ㄴ, ㅁ
② ㄱ, ㄷ, ㅁ
③ ㄴ, ㄷ, ㄹ
④ ㄱ, ㄴ, ㄷ, ㄹ, ㅁ

| 해설 |

화재보험증권에 기재해야 할 사항(상법 제685조)
화재보험증권에는 상법 제666조에 게기한 사항 외에 다음의 사항을 기재하여야 한다.
1. 건물을 보험의 목적으로 한 때에는 그 소재지, 구조와 용도 (ㄷ)
2. 동산을 보험의 목적으로 한 때에는 그 존치한 장소의 상태와 용도
3. 보험가액을 정한 때에는 그 가액 (ㄹ)

ㄱ. (×) 보험계약자의 주소와 성명 및 주민등록번호 → 보험계약자의 **주소와 성명 또는 상호**(상법 제666조 제7호)
ㄴ. (○) 보험기간을 정한 때에는 그 시기와 종기(상법 제666조 제5호)
ㄷ. (○) 건물을 보험의 목적으로 한 때에는 그 소재지, 구조와 용도(상법 제685조 제1호)
ㄹ. (○) 보험가액을 정한 때에는 그 가액(상법 제685조 제3호)
ㅁ. (×) 보험금액과 그 지급방법 및 시기 → **보험금액**(상법 제666조 제3호)

12 화재보험증권에 관한 설명으로 옳은 것은? 기출 제6회

① 화재보험증권의 교부는 화재보험계약의 성립요건이다.
② 화재보험증권은 불요식증권의 성질을 가진다.
③ 화재보험계약에서 보험가액을 정했다면 이를 화재보험증권에 기재하여야 한다.
④ 건물을 화재보험의 목적으로 한 경우에는 건물의 소재지, 구조와 용도는 화재보험증권의 법정 기재사항이 아니다.

| 해설 |

화재보험증권에는 보험가액을 정한 때에는 그 가액을 기재하여야 한다(상법 제685조 제3호).
① 화재보험증권은 화재보험계약이 성립한 후에 계약 당사자의 편의를 위해 발행되는 것이므로 화재보험계약의 성립요건이 아니다.
② 화재보험증권은 보험계약에 관한 증거증권이며, 요식증권의 성질을 가진다.
④ 건물을 화재보험의 목적으로 한 경우에는 건물의 소재지, 구조와 용도는 화재보험증권의 법정기재사항이다(상법 제685조 제1호).

13 화재보험에 관한 설명으로 옳지 않은 것은? 기출 제4회

① 화재보험계약의 보험자는 화재로 인하여 생긴 손해를 보상할 책임이 있다.
② 화재보험자는 화재의 소방 또는 손해의 감소에 필요한 조치로 인하여 생긴 손해를 보상할 책임이 있다.
③ 화재보험증권에는 동산을 보험의 목적으로 한 때에는 그 존치한 장소의 상태와 용도를 기재하여야 한다.
④ 집합된 물건을 일괄하여 화재보험의 목적으로 하여도 피보험자의 사용인의 물건은 보험의 목적에 포함되지 않는다.

| 해설 |

집합된 물건을 일괄하여 보험의 목적으로 한 때에는 피보험자의 가족과 사용인의 물건도 보험의 목적에 포함된 것으로 한다(상법 제686조).
① 상법 제683조
② 상법 제684조
③ 상법 제685조 제2호

14 화재보험에 관한 설명으로 옳지 않은 것은? 기출 제4회

① 집합된 물건을 일괄하여 화재보험의 목적으로 하여도 피보험자의 가족의 물건은 화재보험의 목적에 포함되지 않는다.
② 집합된 물건을 일괄하여 화재보험의 목적으로 한 때에는 그 목적에 속한 물건이 보험기간 중에 수시로 교체된 경우에도 보험사고의 발생시에 현존하는 물건은 화재보험의 목적에 포함된 것으로 한다.
③ 건물을 화재보험의 목적으로 한 때에는 그 소재지, 구조와 용도는 화재보험증권의 기재사항이다.
④ 유가증권은 화재보험증권에 기재하여 화재보험의 목적으로 할 수 있다.

> |해설|
> 집합된 물건을 일괄하여 보험의 목적으로 한 때에는 피보험자의 가족과 사용인의 물건도 보험의 목적에 포함된 것으로 한다. 이 경우에는 그 보험은 그 가족 또는 사용인을 위하여서도 체결한 것으로 본다(상법 제686조).
> ② 상법 제687조
> ③ 상법 제685조 제1호
> ④ 유가증권·서화 등은 화재보험증권에 기재하여야만 보험의 목적이 된다.

15 화재보험에 관한 설명으로 옳지 않은 것은? 기출 제2회

① 건물을 보험의 목적으로 한 때에는 그 소재지, 구조와 용도를 화재보험증권에 기재하여야 한다.
② 보험자는 화재의 소방에 따른 손해를 보상할 책임이 있다.
③ 보험자는 화재의 손해의 감소에 필요한 조치로 인한 손해를 보상할 책임이 있다.
④ 동산은 화재보험의 목적으로 할 수 없다.

> |해설|
> 화재보험의 목적은 보험사고의 객체로서 동산뿐만 아니라 부동산도 그 대상에 포함될 수 있다(상법 제685조).
> ① 상법 제685조 제1호
> ② 상법 제684조
> ③ 상법 제684조

16 화재보험에 관한 설명으로 옳지 않은 것은? 기출 제10회

① 건물을 보험의 목적으로 한 때에는 그 소재지, 구조와 용도를 화재보험증권에 기재하여야 한다.
② 동산을 보험의 목적으로 한 때에는 그 존치한 장소의 상태와 용도를 화재보험증권에 기재하여야 한다.
③ 동일한 건물에 대하여 소유권자와 저당권자는 각각 다른 피보험이익을 가지므로, 각자는 독립한 화재보험계약을 체결할 수 있다.
④ 건물을 보험의 목적으로 한 때 그 보험가액의 일부를 보험에 붙인 경우, 당사자간에 다른 약정이 없다면 보험자는 보험금액의 한도 내에서 그 손해를 보상할 책임을 진다.

| 해설 |
보험가액의 일부를 보험에 붙인 경우에는 보험자는 보험금액의 보험가액에 대한 비율에 따라 보상할 책임을 진다. 그러나 당사자간에 다른 약정이 있는 때에는 보험자는 보험금액의 한도 내에서 그 손해를 보상할 책임을 진다(상법 제674조).
① 상법 제685조 제1호
② 상법 제685조 제2호
③ 피보험이익이 다르면 동일한 목적물에 대한 보험계약이라도 별개의 보험계약이 된다. 동일한 건물에 대하여 소유권자와 저당권자는 각자 다른 피보험이익을 가지므로 독립한 보험계약을 체결할 수 있다.

17 화재보험에 관한 설명으로 옳지 않은 것은?(다툼이 있으면 판례에 따름) 기출 제6회

① 화재보험에서는 일반적으로 위험개별의 원칙이 적용된다.
② 화재가 발생한 건물의 철거비와 폐기물처리비는 화재와 상당인과관계가 있는 건물수리비에 포함된다.
③ 화재보험계약의 보험자는 화재로 인하여 생긴 손해를 보상할 책임이 있다.
④ 보험자는 화재의 소방 또는 손해의 감소에 필요한 조치로 인하여 생긴 손해에 대해서도 보상할 책임이 있다.

| 해설 |
화재보험에서는 일반적으로 위험보편의 원칙이 적용된다. 즉 화재보험계약의 보험자는 화재로 인하여 손해가 발생한 때에는 그 화재의 원인이 무엇인지를 묻지 않고 모든 손해를 보상할 책임이 있다(상법 제683조).
② 화재로 인한 건물 수리시에 지출한 철거비와 폐기물처리비는 화재와 상당인과관계가 있는 건물수리비에 포함된다고 보아야 할 것이고, 이를 손해액에 산입되지 아니하는 별도의 비용으로 볼 것은 아니다(대법원 2003.4.25. 선고 2002다64520 판결).
③ 상법 제683조
④ 상법 제684조

18 화재보험에 관한 설명으로 옳은 것은?(다툼이 있으면 판례에 따름) 기출 제7회

① 화재가 발생한 건물을 수리하면서 지출한 철거비와 폐기물처리비는 화재와 상당인과관계가 있는 건물수리비에는 포함되지 않는다.
② 피보험자가 화재 진화를 위해 살포한 물로 보험목적이 훼손된 손해는 보상하지 않는다.
③ 불에 탈 수 있는 목조교량은 화재보험의 목적이 될 수 없다.
④ 보험자가 손해를 보상함에 있어서 화재와 손해간에 상당인과관계가 필요하다.

| 해설 |
화재보험계약에서 보험자는 화재로 인한 직접적인 손해뿐만 아니라, 인과관계가 있는 간접손해에 대하여도 책임을 진다. 즉 보험자가 보상할 손해의 범위에 관하여는 화재와 손해 사이에 상당인과관계가 있어야 한다는 것이 통설이다.
① 화재가 발생한 건물을 수리하면서 지출한 철거비와 폐기물처리비는 화재와 상당인과관계가 있는 건물수리비에 포함된다(대법원 2003.4.25. 선고 2002다64520 판결).
② 피보험자가 화재 진화를 위해 살포한 물로 보험목적이 훼손된 손해는 보상한다(상법 제684조).
③ 화재보험의 목적은 건물이나 동산 이외에도 불에 탈 수 있는 교량·입목·삼림·원료·기구 등 유체물이기만 하면 동산이든 부동산이든 모두 그 대상이 될 수 있다.

19 화재보험자가 보상할 손해에 관한 설명으로 옳은 것을 모두 고른 것은? 기출 제10회

ㄱ. 화재가 발생한 건물의 철거비와 폐기물처리비
ㄴ. 화재의 소방 또는 손해의 감소에 필요한 조치로 인하여 생긴 손해
ㄷ. 화재로 인하여 다른 곳에 옮겨놓은 물건의 도난으로 인한 손해

① ㄱ, ㄴ
② ㄱ, ㄷ
③ ㄴ, ㄷ
④ ㄱ, ㄴ, ㄷ

| 해설 |
ㄱ. (○) 화재가 발생한 건물을 수리하면서 지출한 철거비와 폐기물처리비는 화재와 상당인과관계가 있는 건물수리비에 포함되므로 보상한다(대법원 2003.4.25. 선고 2002다64520 판결).
ㄴ. (○) 보험자는 화재의 소방 또는 손해의 감소에 필요한 조치로 인하여 생긴 손해를 보상할 책임이 있다(상법 제684조).
ㄷ. (×) 화재로 인하여 다른 곳에 옮겨놓은 물건의 도난으로 인한 손해는 보상하지 않는다(화재보험표준약관 제4조 제2호).

20 화재보험에서 보험자가 보상해야 하는 경우는?(단, 특약이나 특별한 사정이 없는 경우)

① 자연발화로 연소된 다른 보험의 목적에 생긴 손해
② 화재가 발생했을 때 생긴 도난 또는 분실로 생긴 손해
③ 변압기의 전기적 사고로 생긴 손해
④ 화재에 기인되지 않는 수도관의 파열로 생긴 손해

| 해설 |

보상하지 않는 주요 손해
1. 계약자, 피보험자 또는 이들의 법정대리인의 고의 또는 중대한 과실
2. 화재가 발생했을 때 생긴 도난 또는 분실로 생긴 손해
3. 보험의 목적의 발효, 자연발열, 자연발화로 생긴 손해(자연발열 또는 자연발화로 연소된 다른 보험의 목적에 생긴 손해는 보상)
4. 화재에 기인되지 않는 수도관, 수관 또는 수압기 등의 파열로 생긴 손해
5. 발전기, 여자기(정류기 포함), 변류기, 변압기, 전압조정기, 축전기, 개폐기, 차단기, 피뢰기, 배전반 및 그 밖의 전기기기 또는 장치의 전기적 사고로 생긴 손해(그 결과로 생긴 화재손해는 보상)
6. 원인의 직접, 간접을 묻지 않고 지진, 분화 또는 전쟁, 혁명, 내란, 사변, 폭동, 소요, 노동쟁의, 기타 이들과 유사한 사태로 생긴 화재 및 연소 또는 그 밖의 손해
7. 핵연료 물질 또는 핵연료 물질에 의하여 오염된 물질의 방사성, 폭발성 그 밖의 유해한 특성 또는 이들의 특성에 의한 사고로 인한 손해
8. 위 제7호 이외의 방사선을 쬐는 것 또는 방사능 오염으로 인한 손해
9. 국가 및 지방자치단체의 명령에 의한 재산의 소각 및 이와 유사한 손해

21 甲이 자기 소유 건물에 대하여 A보험회사와 화재보험을 체결한 경우에 관한 설명으로 옳지 않은 것은? 기출 제9회

① A보험회사가 甲으로부터 보험료의 지급을 받지 아니한 잔액이 있더라도 그 지급기일이 아직 도래하지 아니한 때에는, A보험회사는 甲에게 손해를 보상할 경우에 보상할 금액에서 그 잔액을 공제하여서는 아니 된다.
② A보험회사는 보험사고로 인하여 부담할 책임에 대하여 다른 보험자와 재보험계약을 체결할 수 있다.
③ 甲이 보험의 목적인 건물을 乙에게 양도한 때에는 乙은 보험계약상의 권리와 의무를 승계한 것으로 추정한다.
④ 甲이 보험의 목적인 건물을 乙에게 양도한 경우 甲 또는 乙은 A보험회사에 대하여 지체 없이 그 사실을 통지하여야 한다.

| 해설 |

보험자가 손해를 보상할 경우에 보험료의 지급을 받지 아니한 잔액이 있으면 그 지급기일이 도래하지 아니한 때라도 보상할 금액에서 이를 공제할 수 있다(상법 제677조). 즉 A보험회사가 甲으로부터 보험료의 지급을 받지 아니한 잔액이 있으면 그 지급기일이 아직 도래하지 아니한 때라도 <u>A보험회사가 甲에게 손해를 보상할 경우에 보상할 금액에서 그 잔액을 공제할 수 있다.</u>
② 상법 제661조
③ 상법 제679조 제1항
④ 상법 제679조 제2항

22 甲은 자기 소유의 건물에 대해 A보험회사와 화재보험계약을 체결하였고, A보험회사는 이 화재보험계약으로 인하여 부담할 책임에 대하여 B보험회사와 재보험계약을 체결한 경우 그 법률관계에 관한 설명으로 옳은 것은? 기출 제10회

① 화재보험계약의 보험기간 개시 전에 화재가 발생한 경우 B보험회사는 A보험회사에게 보험금 지급의무가 없다.
② 甲의 고의로 화재보험계약의 보험기간 중에 화재가 발생한 경우 B보험회사는 A보험회사에게 보험금 지급의무가 있다.
③ A보험회사의 B보험회사에 대한 보험금청구권은 1년간 행사하지 아니하면 시효의 완성으로 소멸한다.
④ B보험회사의 A보험회사에 대한 보험료청구권은 6개월간 행사하지 아니하면 시효의 완성으로 소멸한다.

| 해설 |

화재보험계약의 보험기간 중에 화재가 발생한 경우 보험금 지급의무가 발생하므로 보험기간 개시 전에 화재가 발생한 경우에는 보험금 지급의무가 없다.
② 甲의 고의로 화재보험계약의 보험기간 중에 화재가 발생한 경우 B보험회사는 A보험회사에게 보험금 지급 <u>의무가 없다.</u>
③ A보험회사의 B보험회사에 대한 보험금청구권은 <u>3년간</u> 행사하지 아니하면 시효의 완성으로 소멸한다.
④ B보험회사의 A보험회사에 대한 보험료청구권은 <u>2년간</u> 행사하지 아니하면 시효의 완성으로 소멸한다.

정답 20 ① 21 ① 22 ①

23 화재보험에 있어서 보험자의 보상의무에 관한 설명으로 옳지 않은 것은?(다툼이 있으면 판례에 따름) 기출 제8회

① 보험사고의 발생은 보험금 지급을 청구하는 보험계약자 등이 입증해야 한다.
② 보험자의 보험금 지급의무는 보험기간 내에 보험사고가 발생하고 그 보험사고의 발생으로 인하여 피보험자의 피보험이익에 손해가 생기면 성립된다.
③ 손해란 피보험이익의 전부 또는 일부가 멸실됐거나 감손된 것을 말한다.
④ 보험의 목적에 관하여 보험자가 부담할 손해가 생긴 경우에는 그 후 그 목적이 보험자가 부담하지 아니하는 보험사고의 발생으로 인하여 멸실된 때에는 보험자는 이미 생긴 손해를 보상할 책임을 면한다.

| 해설 |

보험의 목적에 관하여 보험자가 부담할 손해가 생긴 경우에는 그 후 그 목적이 보험자가 부담하지 아니하는 보험사고의 발생으로 인하여 멸실된 때에도 보험자는 이미 생긴 손해를 보상할 책임을 면하지 못한다(상법 제675조).
① 대법원 1997.9.5. 선고 95다25268 판결
②·③ 손해보험에 있어서 보험자의 보험금 지급의무는 보험기간 내에 보험사고가 발생하고 그 보험사고의 발생으로 인하여 피보험자의 피보험이익에 손해가 생기면 성립되고, 여기서 손해란 피보험이익의 전부 또는 일부가 멸실됐거나 감손된 것을 말한다(대법원 2005.12.8. 선고 2003다40729 판결).

24 다음 설명 중 옳지 않은 것은? 기출 제5회

① 손해보험계약의 보험자는 보험사고로 인하여 생길 피보험자의 재산상의 손해를 보상할 책임이 있다.
② 손해보험증권에는 보험증권의 작성지와 그 작성연월일을 기재하여야 한다.
③ 보험사고로 인하여 상실된 피보험자가 얻을 이익이나 보수는 당사자간에 다른 약정이 없으면 보험자가 보상할 손해액에 산입하지 않는다.
④ 집합된 물건을 일괄하여 보험의 목적으로 한 때에는 그 목적에 속한 물건이 보험기간 중에 수시로 교체된 경우에도 보험계약의 체결시에 현존한 물건은 보험의 목적에 포함된 것으로 한다.

| 해설 |

집합된 물건을 일괄하여 보험의 목적으로 한 때에는 그 목적에 속한 물건이 보험기간 중에 수시로 교체된 경우에도 보험사고의 발생시에 현존한 물건은 보험의 목적에 포함된 것으로 한다(상법 제687조).
① 상법 제665조
② 상법 제666조 제9호
③ 상법 제667조

25 상법상 집합보험에 관한 설명으로 옳지 않은 것은? [기출] 제11회

① 집합보험은 경제적으로 보아 독립된 수개의 물건을 마치 하나의 물건(집합물)처럼 취급하여 보험목적으로 한 것이다.
② 집합된 물건을 일괄하여 보험의 목적으로 한 때에는 피보험자의 가족의 물건도 보험목적에 포함되는 것으로 한다.
③ 집합된 물건을 일괄하여 보험의 목적으로 한 때에는 피보험자에게 고용된 사용자의 물건은 보험목적에 포함되지 않는다.
④ 집합된 물건을 일괄하여 보험의 목적으로 한 때에는 그 목적에 속한 물건이 보험기간 중에 수시로 교체된 경우에도 보험사고의 발생시에 현존한 물건은 보험의 목적에 포함된 것으로 한다.

| 해설 |
① 상법 제686조와 제687조에서 집합된 물건을 일괄하여 보험의 목적으로 담보하는 집합보험에 대하여 규정하고 있다. 집합보험은 동산화재보험에서 가장 많이 이용된다.
②·③ 집합된 물건을 일괄하여 보험의 목적으로 한 때에는 피보험자의 가족과 사용인의 물건도 <u>보험의 목적에 포함된 것으로 한다</u>(상법 제686조).
④ 상법 제687조

26 집합보험에 관한 설명으로 옳은 것은? [기출] 제7회

① 피보험자의 가족의 물건은 보험의 목적에 포함되지 않는 것으로 한다.
② 피보험자의 사용인의 물건은 보험의 목적에 포함되지 않는 것으로 한다.
③ 보험의 목적에 속한 물건이 보험기간 중에 수시로 교체된 경우에는 보험사고의 발생시에 현존한 물건이라도 보험의 목적에 포함되지 않는 것으로 한다.
④ 집합보험이란 경제적으로 독립한 여러 물건의 집합물을 보험의 목적으로 한 보험을 말한다.

| 해설 |
집합보험은 다수의 물건을 보험의 목적으로 하는 보험이다. 특히 보험의 목적이 물건의 집합이면 집합보험이라 하고, 사람의 집합이면 단체보험이라 한다.
①·② 피보험자의 가족과 사용인의 물건도 <u>보험의 목적에 포함된 것으로 한다</u>(상법 제686조).
③ 보험의 목적에 속한 물건이 보험기간 중에 수시로 교체된 경우에도 보험사고의 발생시에 현존한 물건은 <u>보험의 목적에 포함된 것으로 한다</u>(상법 제687조).

정답 23 ④ 24 ④ 25 ③ 26 ④

27 집합보험에 관한 설명으로 옳지 않은 것은? 기출 제3회

① 집합보험이란 경제적으로 독립한 여러 물건의 집합물을 보험의 목적으로 한 보험을 말한다.
② 집합된 물건을 일괄하여 보험의 목적으로 한 때에는 피보험자의 사용인의 물건도 보험의 목적에 포함된 것으로 본다.
③ 집합된 물건을 일괄하여 보험의 목적으로 한 때에는 그 목적에 속한 물건이 보험기간 중에 수시로 교체된 경우에도 보험계약 체결시에 존재한 물건은 보험의 목적에 포함된 것으로 한다.
④ 집합된 물건을 일괄하여 보험의 목적으로 한 때에는 피보험자의 가족의 물건도 보험의 목적에 포함된 것으로 본다.

| 해설 |
집합된 물건을 일괄하여 보험의 목적으로 한 때에는 그 목적에 속한 물건이 보험기간 중에 수시로 교체된 경우에도 <u>보험사고의 발생시에</u> 현존한 물건은 보험의 목적에 포함된 것으로 한다(상법 제687조).

28 집합보험에 관한 설명으로 옳지 않은 것은? 기출 제10회

① 집합보험은 집합된 물건을 일괄하여 보험의 목적으로 한다.
② 보험의 목적에 속한 물건이 보험기간 중에 수시로 교체된 경우에도 보험계약의 체결시에 현존한 물건은 보험의 목적에 포함된 것으로 한다.
③ 피보험자의 가족과 사용인의 물건도 보험의 목적에 포함된 것으로 한다.
④ 보험의 목적에 피보험자의 가족의 물건이 포함된 경우, 그 보험은 피보험자의 가족을 위하여서도 체결한 것으로 본다.

| 해설 |
집합된 물건을 일괄하여 보험의 목적으로 한 때에는 그 목적에 속한 물건이 보험기간 중에 수시로 교체된 경우에도 <u>보험사고의 발생시에</u> 현존한 물건은 보험의 목적에 포함된 것으로 한다(상법 제687조).
①・③・④ 집합된 물건을 일괄하여 보험의 목적으로 한 때에는 피보험자의 가족과 사용인의 물건도 보험의 목적에 포함된 것으로 한다. 이 경우에는 그 보험은 그 가족 또는 사용인을 위하여서도 체결한 것으로 본다(상법 제686조).

29 집합보험에 관한 설명으로 옳은 것은?(다툼이 있으면 판례에 따름) `기출` 제6회

① 집합보험에서는 피보험자의 가족과 사용인의 물건도 보험의 목적에 포함된다.
② 집합보험 중에서 보험의 목적이 특정되어 있는 것을 담보하는 보험을 총괄보험이라고 하며, 보험목적의 일부 또는 전부가 수시로 교체될 것을 예정하고 있는 보험을 특정보험이라 한다.
③ 집합된 물건을 일괄하여 보험의 목적으로 한 때에는 그 목적에 속한 물건이 보험기간 중에 수시로 교체된 경우에 보험사고의 발생시에 현존한 물건에 대해서는 보험의 목적에서 제외된 것으로 한다.
④ 집합보험에서 보험목적의 일부에 대해서 고지의무위반이 있는 경우, 보험자는 원칙적으로 계약 전체를 해지할 수 있다.

> **해설**
> ① 상법 제686조
> ② 집합보험 중에서 보험의 목적이 특정되어 있는 것을 담보하는 보험을 <u>특정보험</u>이라고 하며, 보험목적의 일부 또는 전부가 수시로 교체될 것을 예정하고 있는 보험을 <u>총괄보험</u>이라 한다.
> ③ 집합된 물건을 일괄하여 보험의 목적으로 한 때에는 그 목적에 속한 물건이 보험기간 중에 수시로 교체된 경우에도 보험사고의 발생시에 현존한 물건은 <u>보험의 목적에 포함된 것</u>으로 한다(상법 제687조).
> ④ 보험의 목적이 된 수개의 물건 가운데 일부에 대하여만 고지의무위반이 있는 경우에 보험자는 나머지 부분에 대하여도 동일한 조건으로 그 부분만에 대하여 보험계약을 체결하지 아니하였으리라는 사정이 없는 한 그 고지의무위반이 있는 물건에 대하여만 보험계약을 해지할 수 있고, <u>나머지 부분에 대하여는 보험계약의 효력에 영향이 없다고 할 것이다</u>(대법원 1999.4.23. 선고 99다8599. 판결).

30 손해보험에 관한 설명으로 옳은 것은? `기출` 제2회

① 집합된 물건을 일괄하여 보험의 목적으로 한 때에는 그 목적에 속한 물건이 보험기간 중 수시로 교체된 경우에도 보험사고의 발생시에 현존하는 물건은 보험의 목적에 포함된 것으로 한다.
② 보험계약자는 불특정의 타인을 위하여는 보험계약을 체결할 수 없다.
③ 손해가 피보험자와 생계를 같이 하는 가족의 고의로 인하여 발생한 경우에 보험금의 전부를 지급한 보험자는 그 지급한 금액의 한도에서 그 가족에 대한 피보험자의 권리를 취득하지 못한다.
④ 타인을 위한 보험에서 보험계약자가 보험료의 지급을 지체한 때에는 그 타인이 그 권리를 포기하여도 그 타인은 보험료를 지급하여야 한다.

| 해설 |

① 상법 제687조
② 보험계약자는 위임을 받거나 위임을 받지 아니하고 특정 또는 불특정의 타인을 위하여 보험계약을 체결할 수 있다(상법 제639조 제1항).
③ 보험계약자나 피보험자의 권리가 그와 생계를 같이 하는 가족에 대한 것인 경우 보험자는 그 권리를 취득하지 못한다. 다만, 손해가 그 가족의 고의로 인하여 발생한 경우에는 그러하지 아니하다(상법 제682조 제2항).
④ 타인을 위한 보험에서 보험계약자가 파산선고를 받거나 보험료의 지급을 지체한 때에는 그 타인이 그 권리를 포기하지 아니하는 한 그 타인도 보험료를 지급할 의무가 있다(상법 제639조 제3항).

31 상법상 집합된 물건을 일괄하여 화재보험의 목적으로 한 경우 해당 화재보험에 관한 설명으로 옳은 것을 모두 고른 것은? 기출 제9회

> ㄱ. 집합된 물건에 피보험자의 가족의 물건이 있는 경우 해당 물건도 보험의 목적에 포함된 것으로 한다.
> ㄴ. 집합된 물건에 피보험자의 사용인의 물건이 있는 경우 그 보험은 그 사용인을 위하여서도 체결한 것으로 본다.
> ㄷ. 보험의 목적에 속한 물건이 보험기간 중에 수시로 교체된 경우 보험계약의 체결시에 현존한 물건은 그 보험의 목적에 포함된 것으로 한다.

① ㄱ, ㄴ
② ㄱ, ㄷ
③ ㄴ, ㄷ
④ ㄱ, ㄴ, ㄷ

| 해설 |

ㄱ·ㄴ. (○) 집합된 물건을 일괄하여 보험의 목적으로 한 때에는 피보험자의 가족과 사용인의 물건도 보험의 목적에 포함된 것으로 한다. 이 경우에는 그 보험은 그 가족 또는 사용인을 위하여서도 체결한 것으로 본다(상법 제686조).
ㄷ. (×) 집합된 물건을 일괄하여 보험의 목적으로 한 때에는 그 목적에 속한 물건이 보험기간 중에 수시로 교체된 경우에도 보험사고의 발생시에 현존한 물건은 보험의 목적에 포함된 것으로 한다(상법 제687조).

32 책임보험에서 보험자의 보상책임에 관한 설명으로 옳지 않은 것은?

① 보험자는 피보험자가 제3자의 청구를 방어하기 위하여 지급한 재판 외의 비용도 전부 보상하여야 한다.
② 보험자는 피보험자가 재판의 집행을 면하기 위하여 필요한 공탁비용을 지급한 경우에는 보험금액의 한도 내에서 보상하면 된다.
③ 보험자는 피보험자의 채무확정의 통지를 받은 때로부터 30일 내에 보험금액을 지급하여야 한다.
④ 보험자는 피보험자가 제3자에 대하여 배상을 하기 전에는 보험금액을 지급하지 못한다.

| 해설 |
책임보험계약에서 보험자는 특별한 약정이 없는 한 피보험자의 채무확정통지를 받은 날로부터 10일 내에 보험금액을 지급하는 것이 원칙이다(상법 제723조 제2항).

33 책임보험계약에 관한 설명으로 옳은 것은?

① 책임보험계약은 오직 피해자를 보호하기 위하여 인정되는 것이다.
② 피보험자의 변제 등으로 제3자에 대한 채무가 확정된 때에는 보험자는 그 통지를 받은 날로부터 1월 내에 보험금을 지급하여야 한다.
③ 제3자는 피보험자가 책임을 질 사고로 입은 손해에 대하여 보험금액 한도 내에서 보험자에게 직접 보상을 청구할 수 있다.
④ 상법상 피해자에게는 언제나 보험자에 대한 보험금의 직접청구권이 인정된다.

| 해설 |
제3자는 피보험자가 책임을 질 사고로 입은 손해에 대하여 보험금액의 한도 내에서 보험자에게 직접 보상을 청구할 수 있다(상법 제724조 제2항).
① 책임보험계약은 피보험자의 자위수단의 기능과 피해자에 대한 사회보장적 기능을 가진다.
② 보험자는 특별한 약정이 없는 한 채무확정통지를 받은 날로부터 10일 내에 보험금액을 지급하는 것이 원칙이다(상법 제723조 제2항).
④ 상법상 보험금청구권의 소멸시효는 3년이므로, 피해자는 이 기간 안에 이를 행사하지 않으면 보험자에 대한 보험금의 직접청구권이 인정되지 않는다.

정답 31 ① 32 ③ 33 ③

34 책임보험에 관한 설명으로 옳지 않은 것은?

① 책임보험에 있어서도 피보험이익이 있다고 보는 것이 일반적이다.
② 영업책임보험의 목적에는 피보험자의 대리인의 제3자에 대한 책임까지 포함된다.
③ 책임보험에 있어서 제3피해자는 보험자에게 보험금액을 직접 청구할 수 없는 것이 원칙이다.
④ 피보험자가 제3자의 청구를 방어하기 위하여 지출한 재판상의 필요비용은 선급을 청구할 수 있으나, 재판 외의 필요비용은 그렇지 아니하다.

| 해설 |
피보험자가 제3자의 청구를 방어하기 위하여 지출한 재판상 또는 재판 외의 필요비용은 보험의 목적에 포함된 것으로 한다. 피보험자는 보험자에 대하여 그 비용의 선급을 청구할 수 있다(상법 제720조 제1항).

35 상법상 책임보험계약에 관한 설명으로 옳지 않은 것은?

① 보험자는 피보험자가 책임을 질 사고로 인하여 생긴 손해에 대하여 피해자인 제3자가 배상을 받기 전에는 보험금액을 지급하지 못하는 것을 원칙으로 한다.
② 보험자는 피보험자에게 통지를 하고 피해자인 제3자에게 보험금액을 직접 지급할 수 있다.
③ 보험자는 피보험자의 청구가 있는 때에는 피해자인 제3자에게 보험금액을 직접 지급할 수 있다.
④ 타인의 물건에 관한 보관자의 책임보험의 경우 그 물건의 소유자는 피보험자의 동의를 얻어 보험자에 대하여 그 손해의 보상을 청구할 수 있다.

| 해설 |
임차인, 기타 타인의 물건을 보관하는 자가 그 지급할 손해배상을 위하여 그 물건을 보험에 붙인 경우에는 그 물건의 소유자는 보험자에 대하여 직접 그 손해의 보상을 청구할 수 있다(상법 제725조).

36 책임보험에 관한 설명으로 옳은 것은?

① 책임보험은 피보험자가 보험사고로 직접 입은 손해를 보상하는 손해보험이다.
② 책임보험은 보험의 목적이 자동차 등 물건이다.
③ 책임보험은 피보험자뿐만 아니라 피해자의 보호기능을 가지고 있다.
④ 책임보험은 피해자 1인에 대한 책임한도액이 정해진 경우에는 정액보험으로 한다.

| 해설 |

책임보험은 피보험자가 제3자에 대해 재산적 급여를 함으로써 입은 손해를 보상함으로써 피보험자를 보호하는 기능뿐만 아니라 제3자(피해자)를 보호하는 기능을 갖고 있다.
① 책임보험은 피보험자가 보험기간 중 사고로 제3자에게 손해를 배상할 책임을 진 경우, 보험자가 이를 보상할 것을 목적으로 하는 손해보험계약이다. 이는 피보험자에게 발생한 직접손해를 보상하는 것이 아니라 제3자에게 배상책임을 짐으로써 입은 손해를 보상하는 간접손해를 보상한다는 점에서 일반손해보험과 다르다.
② 보험의 목적은 특정 개개의 재화나 물건이 아니고 피보험자가 지는 배상책임이며, 그 배상책임의 담보가 되는 피보험자의 모든 재산이다.
④ 책임보험은 일반적으로 부정액보험으로 한다.

37 책임보험계약에 관한 설명으로 옳지 않은 것은?

① 책임보험계약은 손해보험계약의 일종이다.
② 피보험자가 지출한 방어비용은 그 지급에 관한 특약이 없더라도 보험자는 이를 지급하여야 한다.
③ 피보험자의 변제로 제3자에 대한 채무가 확정된 때에는 보험자는 그 통지를 받은 때로부터 10일 내에 보험금을 지급하여야 한다.
④ 보관자책임보험의 경우에는 피해자에게 보험자에 대한 보험금의 직접청구권이 인정되지 않는다.

| 해설 |

보관자책임보험의 경우 목적물의 소유자(피해자)는 보험자에게 직접 그 손해의 보상을 청구할 수 있다(상법 제725조).

38 책임보험에 관한 설명으로 옳지 않은 것은?

① 제3자는 피보험자가 책임을 질 사고로 입은 손해에 대하여 보험금액의 한도 내에서 보험자에게 직접 보상을 청구할 수 있다.
② 제3자가 직접청구권을 행사하는 경우 보험자는 피보험자가 그 사고에 관하여 가지는 항변으로서 제3자에게 대항할 수 있다.
③ 보험자는 제3자로부터 직접 청구를 받은 경우 지체 없이 피보험자에게 이를 통지하여야 한다.
④ 보험자는 제3자가 배상을 받기 전에 보험금액의 전부 또는 일부로 피보험자에게 지급할 수 있다.

| 해설 |

보험자는 피보험자가 책임을 질 사고로 인하여 생긴 손해에 대하여 제3자가 그 배상을 받기 전에는 보험금액의 전부 또는 일부를 피보험자에게 지급하지 못한다(상법 제724조 제1항).

39 책임보험에서 보험자의 보상책임에 관한 설명으로 옳은 것은?

① 보험자는 피보험자가 제3자에 대하여 배상을 하기 전에는 보험금액을 지급하지 못한다.
② 보험자는 피보험자의 채무확정의 통지를 받은 때로부터 30일 내에 보험금액을 지급하여야 한다.
③ 보험자는 피보험자의 제3자의 청구를 방어하기 위하여 지급한 재판 외의 비용까지도 전부 보상할 필요는 없다.
④ 보험자는 피보험자가 재판의 집행을 면하기 위하여 필요한 공탁비용을 지급한 경우에는 그 비용의 전부를 보상하여야 한다.

| 해설 |

② 보험자는 피보험자가 채무확정통지를 받은 때로부터 10일 이내에 보험금액을 지급하여야 한다.
③ 피보험자가 제3자의 청구를 방어하기 위하여 지급한 재판상 또는 재판 외의 필요비용은 보험의 목적에 포함하여 보상하여야 하고, 피보험자는 보험자에 대하여 그 비용의 선급을 청구할 수 있다.
④ 보험자는 피보험자가 보험회사의 지시로 방어비용을 지출하거나 담보의 제공 또는 공탁을 한 경우 그 금액에 손해액을 가산한 금액이 보험금액을 초과하는 때에도 이를 부담해야 한다.

40 재보험에 관한 설명으로 옳지 않은 것은?(다툼이 있으면 판례에 따름) 기출 제4회

① 재보험에 대하여도 제3자에 대한 보험자대위가 적용된다.
② 재보험은 원보험자가 인수한 위험의 전부 또는 일부를 분산시키는 기능을 한다.
③ 재보험계약은 원보험계약의 효력에 영향을 미친다.
④ 재보험자는 손해보험의 원보험자와 재보험계약을 체결할 수 있다.

| 해설 |
재보험계약은 원보험계약의 효력에 <u>영향을 미치지 않는다</u>(상법 제661조).
① 재보험자가 원보험자에게 재보험금을 지급하면 원보험자가 취득한 제3자에 대한 권리는 지급한 재보험금의 한도에서 다시 재보험자에게 이전된다(대법원 2013.2.14. 선고 2010다94908 판결).
② 재보험은 어떤 보험자가 인수한 보험계약상의 책임의 전부 또는 일부를 다른 보험자에게 인수시키는 보험이다(상법 제661조).
④ 보험자는 원보험이 손해보험이든 인보험이든 불문하고 보험사고로 인하여 부담할 책임의 전부 또는 일부에 대하여 다른 보험자와 재보험계약을 체결할 수 있다.

41 재보험계약에 관한 설명으로 옳지 않은 것은?

① 재보험계약은 원보험계약과는 독립한 계약이다.
② 재보험계약은 원보험계약의 효력에 영향을 받는다.
③ 재보험계약은 책임보험의 성질을 가진다고 할 수 있다.
④ 재보험계약은 보험자가 인수한 위험을 다른 보험자에게 다시 보험에 붙이는 계약이다.

| 해설 |
재보험계약과 원보험계약은 독립된 계약이므로 원보험계약의 효력에 영향을 받지 않는다(상법 제661조).

정답 38 ④ 39 ① 40 ③ 41 ②

42 재보험에 관한 설명으로 옳지 않은 것은?

① 원보험이 손해보험이면 재보험은 손해보험이다.
② 원보험이 인보험인 때에는 그 재보험은 손해보험이다.
③ 원보험계약자의 보험료의 지급이 없어도 원보험자는 재보험료의 지급을 거절하지 못한다.
④ 재보험자의 보험금의 지급이 있기 전에는 원보험자는 원보험계약상의 보험금의 지급을 거절할 수 있다.

| 해설 |
원보험자는 원보험계약자의 보험료 부지급을 이유로 재보험료의 지급을 거절할 수 없고, 또 재보험자는 재보험금의 지급불이행을 이유로 보험금의 지급을 거절할 수 없다.

43 재보험계약에 관한 설명으로 옳지 않은 것은? 기출 제1회

① 재보험계약은 원보험계약의 효력에 영향을 미치지 않는다.
② 화재보험에 관한 규정을 준용한다.
③ 재보험자의 제3자에 대한 대위권행사가 인정된다.
④ 보험계약자의 불이익변경금지원칙은 적용되지 않는다.

| 해설 |
우리 상법은 책임보험의 규정을 그 성질에 반하지 아니하는 범위에서 재보험계약에 준용한다(상법 제726조 참조).

44 재보험계약에 관한 설명으로 옳지 않은 것은? 기출 제3회

① 보험자는 보험사고로 인하여 부담할 책임에 대하여 다른 보험자와 재보험계약을 체결할 수 있다.
② 재보험은 원보험자가 인수한 위험의 전부 또는 일부를 분산시키는 기능을 한다.
③ 재보험계약의 전제가 되는 최초로 체결된 보험계약을 원보험계약 또는 원수보험계약이라 한다.
④ 재보험계약은 원보험계약의 효력에 영향을 미친다.

| 해설 |
재보험계약은 법률상으로 원보험계약과는 구별되는 독립된 계약이므로, 원보험계약의 효력에 영향을 미치지 않는다(상법 제661조).

45 재보험의 기능이 아닌 것은?

① 원수보험자의 인수능력을 확대한다.
② 대규모 위험에 대한 인수능력을 제공한다.
③ 원수보험회사의 경영성과를 안정화시킨다.
④ 도덕적 위험을 방지한다.

| 해설 |
재보험의 기능
- 재보험은 보험자의 인수능력을 증가시킨다.
- 재보험은 대형재해로부터 보험자를 보호하는 역할을 한다.
- 재보험은 수익의 안정성을 가져올 수 있다.
- 재보험은 미경과보험료 적립금에 따른 재정적 부담을 줄인다.
- 재보험은 영업종목의 일부 또는 전부를 중지하는 데에 사용된다.

46 보증보험에 관한 설명으로 옳지 않은 것은?

① 보증보험계약의 보험자는 보험계약자가 피보험자에게 계약상의 채무불이행 또는 법령상의 의무불이행으로 입힌 손해를 보상할 책임이 있다.
② 보증보험계약자가 그 타인에게 보험사고의 발생으로 생긴 손해의 배상을 한 때에는 보험계약자는 그 타인의 권리를 해하지 아니하는 범위 안에서 보험자에게 보험금액의 지급을 청구할 수 있다.
③ 보증보험계약에 관하여는 보험계약자의 사기, 고의 또는 중대한 과실이 있는 경우에도 이에 대하여 피보험자에게 책임이 있는 사유가 없으면 고지의무위반으로 계약해지를 할 수 없다.
④ 보증보험계약에 관하여는 그 성질에 반하지 아니하는 범위에서 보증채무에 관한 「민법」의 규정을 준용한다.

| 해설 |
보증보험계약에 관하여는 "그 타인에게 보험사고의 발생으로 생긴 손해의 배상을 한 때에는 보험계약자는 그 타인의 권리를 해하지 아니하는 범위 안에서 보험자에게 보험금액의 지급을 청구할 수 있다"는 상법 제639조 제2항 단서를 적용하지 않는다(상법 제726조의6 제1항).

47 보증보험에 관하여 적용 또는 준용되는 규정이 아닌 것은?

① 상법상 책임보험계약상 피해자의 직접청구권
② 민법상 주채무자에 대한 보험자의 구상권
③ 보험자가 행사할 민법상 변제자 대위권
④ 민법상 보증인과 주채무자간 상계권

| 해설 |
상법 제724조 제2항에서 "제3자는 피보험자가 책임을 질 사고로 입은 손해에 대하여 보험금액의 한도 내에서 보험자에게 직접 보상을 청구할 수 있다"라고 하여 피해자의 직접청구권을 규정하고 있다. 이는 배상책임보험에서 적용되는 규정이다.
보증보험계약에 관하여는 그 성질에 반하지 아니하는 범위에서 보증채무에 관한 「민법」의 규정을 준용한다(상법 제726조의7).

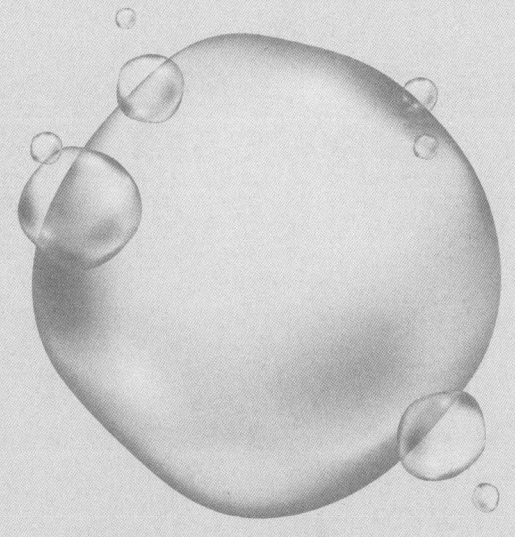

인생에서 실패한 사람 중 다수는
성공을 목전에 두고도 모른 채 포기한 이들이다.

- 토마스 A. 에디슨 -

늘 갈망하고 우직하게 나아가라.

- 스티브 잡스 -

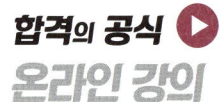
혼자 공부하기 힘드시다면 방법이 있습니다.
시대에듀의 동영상 강의를 이용하시면 됩니다.
www.sdedu.co.kr → 회원가입(로그인) → 강의 살펴보기

74.9%

*2025년 손해평가사 1차 합격률

CBT 모의고사로 최종 합격 점검!

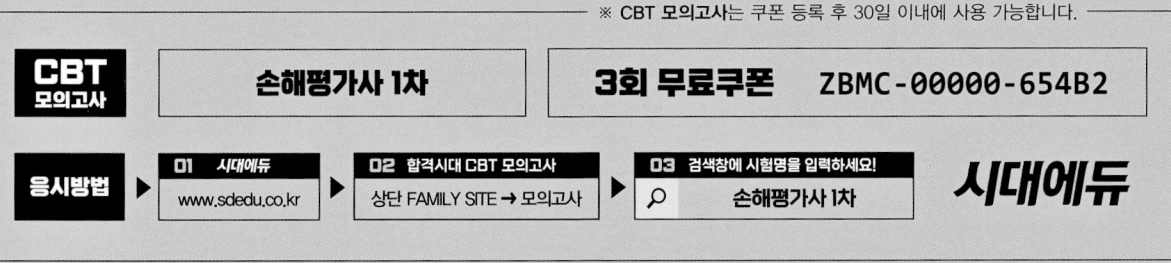

손해평가사
대표브랜드
시대에듀

 11년 연속 손해평가사 부문 누적판매량 1위
손해평가사 시리즈, 11년간 9만부 판매

- 최신 개정법령 완벽 반영
- 11개년 기출 키워드로 출제경향 파악
- 11개년 주요 기출문제 단원별 수록
- 출제가능성이 높은 적중예상문제

편저 정경철·김원철 外 손해평가연구회

2026

CBT 모의고사
3회 무료쿠폰 제공

11년 연속 손해평가사 부문 누적판매량 1위

손해평가사 1차
한권으로 끝내기
농어업재해보험법령

▶ 온라인 동영상 강의

시대에듀

합격생 후기 언급량 1위
수험생들이 가장 많이 검색한 시대에듀

전과목 전강좌 0원

전 교수진 최신 강의 **100% 무료**

지금 바로 1위 강의 100% 무료 수강하기 GO »

*노무사 합격 후기 / 수강 후기 게시판 김희향 언급량 기준
*네이버 DataLab 검색어 트렌드 조회 결과(주제어: 업체명+법무사 / 3개 업체 비교 / 2016.05.~2025.05.)

손해평가사 1차
한권으로 끝내기
농어업재해보험법령

시대에듀

이 책의 차례

농어업재해보험법령

CHAPTER 01 농업재해보험 개요
- 핵심이론 · 003
- 적중예상문제 · 008

CHAPTER 02 재해보험사업
- 핵심이론 · 020
- 적중예상문제 · 039

CHAPTER 03 보험사업의 관리
- 핵심이론 · 087
- 적중예상문제 · 093

CHAPTER 04 농업재해보험 손해평가요령
- 핵심이론 · 109
- 적중예상문제 · 126

농어업재해보험법령

CHAPTER 01 농업재해보험 개요

CHAPTER 02 재해보험사업

CHAPTER 03 보험사업의 관리

CHAPTER 04 농업재해보험 손해평가요령

일러두기

2025.8.14. 일부 개정 법령은 공포 후 1년 경과한 2026.8.15.부터 시행한다.

✓ 최근 11개년(2015~2025) 기출 키워드 분석

구 분	기출 키워드
CHAPTER 01 농업재해보험 개요	• 용어의 정의 • 농업재해보험심의회 위원의 해촉 • 농업재해보험심의회의 심의사항 • 농업재해보험심의회 및 분과위원회
CHAPTER 02 재해보험사업	• 재해보험의 종류와 보험목적물 • 보험요율의 산정자료 • 재해보험을 모집할 수 있는 자 • 재보험약정서 • 재보험사업에 관한 업무의 위탁 • 재해보험 발전 기본계획 및 시행계획의 수립·시행 • 재해보험 발전 기본계획에 포함되어야 하는 사항 • 손해평가인의 자격요건 • 손해평가사의 자격취소 사유 • 손해평가요령의 고시 • 농어업재해재보험기금의 용도, 관리·운용, 결산 • 농어업재해보험법령상 재정지원 • 재해보험의 요율산정 • 재해보험 가입자의 기준 • 재해보험사업을 할 수 있는 자 • 기금결산보고서의 첨부서류 • 행정구역 단위 • 보험금의 수급 및 보험목적물의 양도 • 보험금 수급권 및 보험금의 압류금지 • 손해평가인 업무의 정지 및 위촉의 해지 • 손해평가사의 정기교육 • 손해평가사의 자격시험 • 분쟁조정
CHAPTER 03 보험사업의 관리	• 농업정책보험금융원에 위탁할 수 있는 업무 • 보험가입촉진계획에 포함되어야 할 사항 • 시범사업의 실시 • 기금계정의 설치 • 과태료 부가권자, 부과대상 및 개별기준 • 손해평가사의 감독 • 농어업재해보험법령상 벌칙 • 농작물 재해보험사업을 효율적으로 추진하기 위하여 수행하는 업무 • 보험가입촉진계획의 수립과 제출 • 시범사업을 위한 사업계획서 • 손해평가사의 벌칙기준 • 회계구분 • 손해평가인의 개별 처분기준 • 재보험 약정에 포함되는 사항
CHAPTER 04 농업재해보험 손해평가요령	• 용어의 정의 • 손해평가인의 위촉에 관한 규정 • 손해평가요령에 따른 손해평가인의 교육 • 손해평가반의 구성 • 손해평가준비 및 평가결과 제출 • 농작물의 보험가액 산정 • 피해사실확인조사 • 착과수조사 및 낙엽률조사 • 재파종 피해조사 • 복분자의 결과모지 및 수정불량 조사 • 손해평가요령에 따른 피해사실 확인 • 농작물의 보험금 산정기준 • 보험목적물별 손해평가의 단위 • 보험목적물별 보상하는 병충해 및 질병규정 • 특정위험방식 "인삼"의 조사시기 및 보험금 산정 • 손해평가요령에 따른 농업재해보험의 종류 • 종합위험방식 나무손해보장의 보험금 산정 • 과실손해보장 보험금 산정시 피해율 • 종합위험방식 "마늘"의 재파종보험금 산정 • 농작물의 보험가액 산정 • 종합위험방식 "벼"의 보장 범위 • 종합위험방식 수확감소보장에서 "벼"의 보험금 산정 • 농작물의 품목별·재해별·시기별 손해수량 조사방법 • 적과전 종합위험방식 상품의 낙과피해조사 • 적과전 종합위험방식 상품 "사과"의 손해수량 조사방법 • 적과전 종합위험방식 상품 "사과"의 「6월 1일~적과전」 생육시기에 해당되는 재해 • 적과전 종합위험방식 상품 "단감"의 「6월 1일~적과전」 생육시기에 해당되는 재해 • 수확감소보장 및 과실손해보장의 「수확전」 조사내용과 조사시기 • 농업시설물의 보험가액 및 손해액 산정 • 가축의 보험가액 및 손해액 산정 • 재검토기한 • 손해평가인의 손해평가 업무 • 손해평가인 위촉의 취소사유 • 손해평가요령에 따른 교차손해평가 • 손해평가반 구성에서 배제하여야 하는 경우 • 손해평가결과의 검증 • 농업시설물의 보험가액 산정방법 • 오디의 과실손해조사 • 재이앙(재직파) 피해조사 • 재정식조사

CHAPTER 01 농업재해보험 개요

학습목표
❶ 농어업재해보험법의 목적 및 용어의 뜻을 학습한다.
❷ 농업재해보험심의회의 심의사항과 구성에 대해 학습한다.

1 목적 및 정의

(1) 목적(법 제1조)

농어업재해보험법은 농어업재해로 인하여 발생하는 농작물, 임산물, 양식수산물, 가축과 농어업용 시설물의 피해에 따른 손해를 보상하기 위한 농어업재해보험에 관한 사항을 규정함으로써 농어업경영의 안정과 생산성 향상에 이바지하고 국민경제의 균형 있는 발전에 기여함을 목적으로 한다.

(2) 정의(법 제2조) 기출 제1회, 제2회, 제3회, 제4회, 제5회, 제6회, 제7회, 제9회, 제10회, 제11회

농어업재해보험법에서 사용하는 용어의 뜻은 다음과 같다.

농어업재해	농작물·임산물·가축 및 농업용 시설물에 발생하는 자연재해·병충해·조수해(鳥獸害)·질병 또는 화재(농업재해)와 양식수산물 및 어업용 시설물에 발생하는 자연재해·질병 또는 화재(어업재해)를 말한다.
농어업재해보험	농어업재해로 발생하는 재산 피해에 따른 손해를 보상하기 위한 보험을 말한다.
보험가입금액	보험가입자의 재산 피해에 따른 손해가 발생한 경우 보험에서 최대로 보상할 수 있는 한도액으로서 보험가입자와 보험사업자간에 약정한 금액을 말한다.
보험료	보험가입자와 보험사업자간의 약정에 따라 보험가입자가 보험사업자에게 내야 하는 금액을 말한다.
보험금	보험가입자에게 재해로 인한 재산 피해에 따른 손해가 발생한 경우 보험가입자와 보험사업자간의 약정에 따라 보험사업자가 보험가입자에게 지급하는 금액을 말한다.
시범사업	농어업재해보험사업(재해보험사업)을 전국적으로 실시하기 전에 보험의 효용성 및 보험실시 가능성 등을 검증하기 위하여 일정 기간 제한된 지역에서 실시하는 보험사업을 말한다.

(3) 기본계획 및 시행계획의 수립·변경(법 제2조의2) 기출 제8회, 제11회

① 농림축산식품부장관과 해양수산부장관은 농어업재해보험(이하 "재해보험"이라 한다)의 활성화를 위하여 제3조에 따른 농업재해보험심의회 또는 「수산업·어촌 발전기본법」 제8조 제1항에 따른 중앙 수산업·어촌정책심의회의 심의를 거쳐 재해보험 발전 기본계획(이하 "기본계획"이라 한다)을 5년마다 수립·시행하여야 한다. 〈2025.8.14. 개정〉

② 기본계획에는 다음의 사항이 포함되어야 한다. 〈2025.8.14. 개정〉
  ㉠ 재해보험사업의 발전 방향 및 목표
  ㉡ 재해보험의 종류별 가입률 제고 방안에 관한 사항
  ㉢ 재해보험의 대상 품목, 대상 지역 및 상품개발에 관한 사항
  ㉣ 재해보험사업에 대한 지원 및 평가에 관한 사항
  ㉤ 그 밖에 재해보험 활성화를 위하여 농림축산식품부장관 또는 해양수산부장관이 필요하다고 인정하는 사항

③ 농림축산식품부장관과 해양수산부장관은 기본계획에 따라 매년 재해보험 발전 시행계획(이하 "시행계획"이라 한다)을 수립·시행하여야 한다.

④ 농림축산식품부장관과 해양수산부장관은 기본계획 및 시행계획을 수립하고자 할 경우 통계자료를 반영하여야 한다.

⑤ 농림축산식품부장관 또는 해양수산부장관은 기본계획 및 시행계획의 수립·시행을 위하여 필요한 경우에는 관계 중앙행정기관의 장, 지방자치단체의 장, 관련 기관·단체의 장에게 관련 자료 및 정보의 제공을 요청할 수 있다. 이 경우 자료 및 정보의 제공을 요청받은 자는 특별한 사유가 없으면 그 요청에 따라야 한다.

⑥ 농림축산식품부장관과 해양수산부장관은 기본계획을 수립하거나 변경한 때에는 국회 소관 상임위원회에 보고하여야 한다. 〈2025.8.14. 신설〉

⑦ 그 밖에 기본계획 및 시행계획의 수립·변경·시행에 필요한 사항은 대통령령으로 정한다.
〈2025.8.14. 개정〉

(4) 실태조사(법 제2조의3) 〈2025.8.14. 본조신설〉

① 농림축산식품부장관과 해양수산부장관은 기본계획과 시행계획을 효과적으로 수립·시행하기 위하여 농어업재해의 발생 빈도 및 피해 정도 등 농어업재해 현황 등에 대한 실태조사를 할 수 있다.

② 실태조사의 내용·시기·방법 등에 필요한 사항은 대통령령으로 정한다.

(5) 재해보험 등의 심의(법 제2조의3) 〈2025.8.14. 개정〉

재해보험 및 농어업재해재보험(이하 "재보험"이라 한다)에 관한 다음의 사항은 제3조에 따른 농업재해보험심의회 또는 「수산업·어촌 발전기본법」 제8조 제1항에 따른 중앙 수산업·어촌정책심의회의 심의를 거쳐야 한다.

① 재해보험에서 보상하는 재해의 범위에 관한 사항
② 재해보험사업에 대한 재정지원에 관한 사항
③ 손해평가의 방법(농업재해에 따른 피해율의 산정을 포함한다)과 절차에 관한 사항
④ 농어업재해재보험사업(이하 "재보험사업"이라 한다)에 대한 정부의 책임범위에 관한 사항
⑤ 재보험사업 관련 자금의 수입과 지출의 적정성에 관한 사항
⑥ 그 밖에 제3조에 따른 농업재해보험심의회의 위원장 또는 「수산업·어촌 발전기본법」 제8조 제1항에 따른 중앙 수산업·어촌정책심의회의 위원장이 재해보험 및 재보험에 관하여 회의에 부치는 사항

2 농업재해보험심의회

(1) 심의사항(법 제3조 제1항) 기출 제1회, 제5회, 제8회

농업재해보험 및 농업재해재보험에 관한 다음의 사항을 심의하기 위하여 농림축산식품부장관 소속으로 농업재해보험심의회(이하 "심의회"라 한다)를 둔다. 〈2025.8.14. 개정〉

① 제2조의4(재해보험 등의 심의) 각 호의 사항
② 재해보험 목적물의 선정 및 확대에 관한 사항
③ 기본계획의 수립·시행에 관한 사항
④ 다른 법령에서 심의회의 심의사항으로 정하고 있는 사항

(2) 심의회의 구성 및 운영(법 제3조 제2항~제7항) 기출 제2회, 제9회, 제11회

심의회는 위원장 및 부위원장 각 1명을 포함한 21명 이내의 위원으로 구성한다.

① 위원장 기출 제6회, 제10회
  ㉠ 선출 : 심의회의 위원장은 농림축산식품부차관으로 하고, 부위원장은 위원 중에서 호선(互選)한다. 〈2023.10.31. 개정〉
  ㉡ 직무(영 제2조)
    ⓐ 심의회의 위원장은 심의회를 대표하며, 심의회의 업무를 총괄한다. 〈2024.4.30. 개정〉
    ⓑ 심의회의 부위원장은 위원장을 보좌하며, 위원장이 부득이한 사유로 직무를 수행할 수 없을 때에는 그 직무를 대행한다.

② 위 원 [기출] 제4회
　㉠ 선출 : 심의회의 위원은 다음의 어느 하나에 해당하는 사람 중에서 농림축산식품부장관이 임명하거나 위촉하는 사람으로 한다. 이 경우 다음에 해당하는 사람이 각각 1명 이상 포함되어야 한다. 〈2023.10.31. 개정〉
　　ⓐ 농림축산식품부장관이 재해보험이나 농업에 관한 학식과 경험이 풍부하다고 인정하는 사람
　　ⓑ 농림축산식품부의 재해보험을 담당하는 3급 공무원 또는 고위공무원단에 속하는 공무원
　　ⓒ 자연재해 또는 보험 관련 업무를 담당하는 기획재정부·행정안전부·해양수산부·금융위원회·산림청의 3급 공무원 또는 고위공무원단에 속하는 공무원
　　ⓓ 농림축산업인단체의 대표
　　ⓔ 어업재해보험심의회 : 어업인단체의 대표 〈2023.10.31. 삭제〉
　㉡ 임기 : 위원(농림축산식품부장관이 재해보험이나 농업에 관한 학식과 경험이 풍부하다고 인정하는 사람)의 임기는 3년으로 한다.
　㉢ 위원의 해촉(영 제3조의2) : 농림축산식품부장관은 법 제3조 제4항 제1호(농림축산식품부장관이 재해보험이나 농업에 관한 학식과 경험이 풍부하다고 인정하는 사람)에 따른 위원이 다음의 어느 하나에 해당하는 경우에는 해당 위원을 해촉(解囑)할 수 있다. 〈2024.4.30. 개정〉
　　ⓐ 심신장애로 인하여 직무를 수행할 수 없게 된 경우
　　ⓑ 직무와 관련된 비위사실이 있는 경우
　　ⓒ 직무태만, 품위손상이나 그 밖의 사유로 인하여 위원으로 적합하지 아니하다고 인정되는 경우
　　ⓓ 위원 스스로 직무를 수행하는 것이 곤란하다고 의사를 밝히는 경우

③ 회의(영 제3조) [기출] 제4회
　㉠ 위원장은 심의회의 회의를 소집하며, 그 의장이 된다.
　㉡ 심의회의 회의는 재적위원 3분의 1 이상의 요구가 있을 때 또는 위원장이 필요하다고 인정할 때에 소집한다.
　㉢ 심의회의 회의는 재적위원 과반수의 출석으로 개의하고, 출석위원 과반수의 찬성으로 의결한다.

④ 분과위원회(법 제3조 제6항)
　심의회는 그 심의 사항을 검토·조정하고, 심의회의 심의를 보조하게 하기 위하여 심의회에 다음의 분과위원회를 둔다. 〈2023.3.28. 개정〉
　㉠ 농작물재해보험분과위원회
　㉡ 임산물재해보험분과위원회
　㉢ 가축재해보험분과위원회
　㉣ 양식수산물재해보험분과위원회 〈2023.10.31. 삭제〉
　㉤ 그 밖에 대통령령으로 정하는 바에 따라 두는 분과위원회

⑤ 수당 등(영 제5조)
　심의회 또는 분과위원회에 출석한 위원 또는 분과위원에게는 예산의 범위에서 수당, 여비 또는 그 밖에 필요한 경비를 지급할 수 있다. 다만, 공무원인 위원 또는 분과위원이 그 소관 업무와 직접 관련하여 심의회 또는 분과위원회에 출석한 경우에는 그러하지 아니하다.

⑥ 운영세칙(영 제6조)

그 밖의 심의회 또는 분과위원회의 운영에 필요한 사항은 심의회의 의결을 거쳐 위원장이 정한다.

⑦ 의견청취(법 제3조 제7항)

심의회는 심의사항(법 제3조 제1항 각 호의 사항)을 심의하기 위하여 필요한 경우에는 농림축산식품부장관이 정하는 바에 따라 농업재해보험에 관하여 전문지식이 있는 자, 농업인, 농림축산업인단체 또는 이해관계자의 의견을 들어야 한다. 〈2025.8.14. 개정〉

⑧ 그 밖의 사항(법 제3조 제8항)

위 ①~⑦에서 규정한 사항 외에 심의회 및 분과위원회의 구성과 운영 등에 필요한 사항은 대통령령으로 정한다.

심화TIP 분과위원회(영 제4조)

① 분과위원회는 농업인안전보험분과위원회로 한다. 〈2024.4.30. 개정〉
② 분과위원회는 다음 각 호의 구분에 따른 사항을 검토·조정하여 심의회에 보고한다. 〈2024.4.30. 개정〉
  1. 농작물재해보험분과위원회 : 법 제3조 제1항에 따른 심의사항 중 농작물재해보험에 관한 사항
  2. 임산물재해보험분과위원회 : 법 제3조 제1항에 따른 심의사항 중 임산물재해보험에 관한 사항
  3. 가축재해보험분과위원회 : 법 제3조 제1항에 따른 심의사항 중 가축재해보험에 관한 사항
  4. 삭제 〈2024.4.30.〉
  5. 농업인안전보험분과위원회 : 「농어업인의 안전보험 및 안전재해예방에 관한 법률」 제5조에 따른 심의사항 중 농업인안전보험에 관한 사항
  6. 삭제 〈2024.4.30.〉
  7. 삭제 〈2024.4.30.〉
③ 분과위원회는 분과위원장 1명을 포함한 9명 이내의 분과위원으로 성별을 고려하여 구성한다.
④ 분과위원장 및 분과위원은 심의회의 위원 중에서 전문적인 지식과 경험 등을 고려하여 위원장이 지명한다.
⑤ 분과위원회의 회의는 위원장 또는 분과위원장이 필요하다고 인정할 때에 소집한다.
⑥ 제1항부터 제5항까지에서 규정한 사항 외에 분과위원장의 직무 및 분과위원회의 회의에 관해서는 제2조 제1항(위원장의 직무) 및 제3조 제1항·제3항(심의회의 회의)을 준용한다.

CHAPTER 01 적중예상문제

01 농어업재해보험법의 목적으로 가장 관련이 없는 것은?

① 농어업재해의 예방
② 농어업 경영의 안정
③ 생산성 향상에 이바지
④ 국민경제의 균형 있는 발전

| 해설 |

목적(법 제1조)
농어업재해보험법은 농어업재해로 인하여 발생하는 농작물, 임산물, 양식수산물, 가축과 농어업용 시설물의 피해에 따른 손해를 보상하기 위한 농어업재해보험에 관한 사항을 규정함으로써 농어업 경영의 안정과 생산성 향상에 이바지하고 국민경제의 균형 있는 발전에 기여함을 목적으로 한다.

02 농어업재해보험법상 농어업재해에 해당하지 않는 것은? 기출 제5회

① 농작물에 발생하는 자연재해
② 임산물에 발생하는 병충해
③ 농업용 시설물에 발생하는 화재
④ 농어촌 주민의 주택에 발생하는 화재

| 해설 |

"농어업재해"란 농작물·임산물·가축 및 농업용 시설물에 발생하는 자연재해·병충해·조수해(鳥獸害)·질병 또는 화재(이하 "농업재해"라 한다)와 양식수산물 및 어업용 시설물에 발생하는 자연재해·질병 또는 화재(이하 "어업재해"라 한다)를 말한다(법 제2조 제1호).

03 농어업재해보험법상 농어업재해에 관한 설명이다. (   )에 들어갈 내용을 순서대로 옳게 나열한 것은? 기출 제6회

> "농어업재해"란 농작물·임산물·가축 및 농업용 시설물에 발생하는 자연재해·병충해·(ㄱ)·질병 또는 화재와 양식수산물 및 어업용 시설물에 발생하는 자연재해·질병 또는 (ㄴ)를 말한다.

	ㄱ	ㄴ
①	지진	조수해(鳥獸害)
②	조수해(鳥獸害)	풍수해
③	조수해(鳥獸害)	화재
④	지진	풍수해

| 해설 |

"농어업재해"란 농작물·임산물·가축 및 농업용 시설물에 발생하는 자연재해·병충해·<u>조수해(鳥獸害)</u>·질병 또는 화재(이하 "농어업재해"라 한다)와 양식수산물 및 어업용 시설물에 발생하는 자연재해·질병 또는 <u>화재</u>(이하 "어업재해"라 한다)를 말한다(법 제2조 제1호).

04 농어업재해보험법령상 용어의 정의로 옳지 않은 것은? 기출 제11회

① "어업재해"란 양식수산물 및 어업용 시설물에 발생하는 자연재해·병충해·조수해(鳥獸害)를 말한다.
② "농어업재해보험"이란 농어업재해로 발생하는 재산 피해에 따른 손해를 보상하기 위한 보험을 말한다.
③ "보험가입금액"이란 보험가입자의 재산 피해에 따른 손해가 발생한 경우 보험에서 최대로 보상할 수 있는 한도액으로서 보험가입자와 보험사업자간에 약정한 금액을 말한다.
④ "보험료"란 보험가입자와 보험사업자 간의 약정에 따라 보험가입자가 보험사업자에게 내야 하는 금액을 말한다.

| 해설 |

"어업재해"란 양식수산물 및 어업용 시설물에 발생하는 <u>자연재해·질병 또는 화재</u>를 말한다(법 제2조 제1호).
② 농어업재해보험법 제2조 제2호
③ 농어업재해보험법 제2조 제3호
④ 농어업재해보험법 제2조 제4호

05 농어업재해보험법상 용어의 설명으로 옳지 않은 것은? 기출 제7회

① "농어업재해보험"은 농어업재해로 발생하는 인명 및 재산 피해에 따른 손해를 보상하기 위한 보험을 말한다.
② "어업재해"란 양식수산물 및 어업용 시설물에 발생하는 자연재해·질병 또는 화재를 말한다.
③ "농업재해"란 농작물·임산물·가축 및 농업용 시설물에 발생하는 자연재해·병충해·조수해(鳥獸害)·질병 또는 화재를 말한다.
④ "보험료"란 보험가입자와 보험사업자간의 약정에 따라 보험가입자가 보험사업자에게 내야 하는 금액을 말한다.

| 해설 |
"농어업재해보험"은 농어업재해로 발생하는 재산 피해에 따른 손해를 보상하기 위한 보험을 말한다(법 제2조 제2호). 인명 피해에 따른 손해를 보상하지 않는다.

06 농어업재해보험법상 다음 설명에 해당되는 용어는? 기출 제2회

> 보험가입자에게 재해로 인한 재산 피해에 따른 손해가 발생한 경우 보험가입자와 보험사업자간의 약정에 따라 보험사업자가 보험가입자에게 지급하는 금액

① 보험료
② 손해평가액
③ 보험가입금액
④ 보험금

| 해설 |
"보험금"이란 보험가입자에게 재해로 인한 재산 피해에 따른 손해가 발생한 경우 보험가입자와 보험사업자간의 약정에 따라 보험사업자가 보험가입자에게 지급하는 금액을 말한다(법 제2조 제5호).
① "보험료"란 보험가입자와 보험사업자간의 약정에 따라 보험가입자가 보험사업자에게 내야 하는 금액을 말한다(법 제2조 제4호).
② "손해평가액"이란 농어재해에 따른 피해가 발생한 경우 손해평가인, 손해평가사 또는 손해사정사가 그 피해사실을 확인하고 평가한 손해액을 말한다.
③ "보험가입금액"이란 보험가입자의 재산 피해에 따른 손해가 발생한 경우 보험에서 최대로 보상할 수 있는 한도액으로서 보험가입자와 보험사업자간에 약정한 금액을 말한다(법 제2조 제3호).

07 다음 설명에 해당되는 용어는? 기출 제1회

> 보험가입자의 재산 피해에 따른 손해가 발생한 경우 보험에서 최대로 보상할 수 있는 한도액으로서 보험가입자와 보험사업자간에 약정한 금액

① 보험료
② 보험금
③ 보험가입금액
④ 손해액

| 해설 |

"**보험가입금액**"이란 보험가입자의 재산 피해에 따른 손해가 발생한 경우 보험에서 최대로 보상할 수 있는 한도액으로서 보험가입자와 보험사업자간에 약정한 금액을 말한다(법 제2조 제3호).
※ "**손해액**"이란 보험자(보험사업자)가 보상해야 할 보험사고로 인한 손해의 금액을 말한다.

08 농어업재해보험법령상 용어의 정의에 따를 때 "보험가입자와 보험사업자간의 약정에 따라 보험가입자가 보험사업자에게 내야 하는 금액"은? 기출 제10회

① 보험금
② 보험료
③ 보험가액
④ 보험가입금액

| 해설 |

"**보험료**"란 보험가입자와 보험사업자간의 약정에 따라 보험가입자가 보험사업자에게 내야 하는 금액을 말한다(법 제2조 제4호).
① **보험금** : 보험가입자에게 재해로 인한 재산 피해에 따른 손해가 발생한 경우 보험가입자와 보험사업자간의 약정에 따라 보험사업자가 보험가입자에게 지급하는 금액을 말한다.
③ **보험가액** : 재산보험에 있어 피보험이익을 금전으로 평가한 금액으로 보험목적에 발생할 수 있는 최대 손해액을 말한다.
④ **보험가입금액** : 보험가입자의 재산 피해에 따른 손해가 발생한 경우 보험에서 최대로 보상할 수 있는 한도액으로서 보험가입자와 보험사업자간에 약정한 금액을 말한다.

정답 05 ① 06 ④ 07 ③ 08 ②

09 농어업재해보험법상 용어의 정의로 옳지 않은 것은? 기출 제9회

① "농업재해"란 농작물·임산물·가축 및 농업용 시설물에 발생하는 자연재해·병충해·조수해(鳥獸害)·질병 또는 화재를 말한다.
② "농어업재해보험"이란 농어업재해로 발생하는 재산 피해에 따른 손해를 보상하기 위한 보험을 말한다.
③ "보험금"이란 보험가입자와 보험사업자간의 약정에 따라 보험가입자가 보험사업자에게 내야 하는 금액을 말한다.
④ "보험가입금액"이란 보험가입자의 재산 피해에 따른 손해가 발생한 경우 보험에서 최대로 보상할 수 있는 한도액으로서 보험가입자와 보험사업자간에 약정한 금액을 말한다.

| 해설 |
"보험금"이란 보험가입자에게 재해로 인한 재산 피해에 따른 손해가 발생한 경우 보험가입자와 보험사업자간의 약정에 따라 <u>보험사업자가 보험가입자에게 지급하는 금액을 말한다</u>(법 제2조 제5호).
① 농어업재해보험법 제2조 제1호
② 농어업재해보험법 제2조 제2호
④ 농어업재해보험법 제2조 제3호

10 농어업재해보험법에서 사용하는 용어의 정의로 옳지 않은 것은? 기출 제3회

① "농어업재해보험"이란 농어업재해로 발생하는 재산 피해에 따른 손해를 보상하기 위한 보험을 말한다.
② "보험료"란 보험가입자와 보험사업자간의 약정에 따라 보험가입자가 보험사업자에게 내야하는 금액을 말한다.
③ "보험가입금액"이란 보험가입자의 재산 피해에 따른 손해가 발생한 경우 보험에서 최대로 보상할 수 있는 한도액으로서 보험가입자와 보험사업자간에 약정한 금액을 말한다.
④ "보험금"이란 보험가입자에게 재해로 인한 재산 피해에 따른 손해가 발생한 경우 그 정도에 따라 정부가 보험가입자에게 지급하는 금액을 말한다.

| 해설 |
"보험금"이란 보험가입자에게 재해로 인한 재산 피해에 따른 손해가 발생한 경우 보험가입자와 보험사업자간의 약정에 따라 <u>보험사업자가</u> 보험가입자에게 지급하는 금액을 말한다(법 제2조 제5호).

11 농어업재해보험법상 용어에 관한 설명이다. ( )에 들어갈 내용은? 기출 제4회

> "시범사업"이란 농어업재해보험사업을 전국적으로 실시하기 전에 보험의 효용성 및 보험실시 가능성 등을 검증하기 위하여 일정기간 ( )에서 실시하는 보험사업을 말한다.

① 보험대상 지역
② 재해 지역
③ 담당 지역
④ 제한된 지역

| 해설 |
"시범사업"이란 농어업재해보험사업을 전국적으로 실시하기 전에 보험의 효용성 및 보험실시 가능성 등을 검증하기 위하여 일정기간 (**제한된 지역**)에서 실시하는 보험사업을 말한다(법 제2조 제6호).

12 농어업재해보험법령상 재해보험 발전 기본계획 및 시행계획의 수립·시행에 관한 설명으로 옳은 것은? 기출 제11회

① 농림축산식품부장관과 해양수산부장관은 기본계획을 3년마다 수립·시행하여야 한다.
② 재해보험의 대상 품목에 관한 사항은 기본계획에 포함되지 않는다.
③ 농림축산식품부장관과 해양수산부장관은 기본계획에 따라 2년마다 시행계획을 수립·시행하여야 한다.
④ 농림축산식품부장관은 시행계획의 수립·시행을 위하여 필요한 경우에는 지방자치단체의 장에게 관련 정보의 제공을 요청할 수 있다.

| 해설 |
농림축산식품부장관 또는 해양수산부장관은 기본계획 및 시행계획의 수립·시행을 위하여 필요한 경우에는 관계 중앙행정기관의 장, 지방자치단체의 장, 관련 기관·단체의 장에게 관련 자료 및 정보의 제공을 요청할 수 있다(법 제2조의2 제5항 본문).
① 농림축산식품부장관과 해양수산부장관은 기본계획을 5년마다 수립·시행하여야 한다(법 제2조의2 제1항).
② 재해보험의 대상 품목에 관한 사항은 기본계획에 포함된다(법 제2조의2 제2항 제3호).
③ 농림축산식품부장관과 해양수산부장관은 기본계획에 따라 매년 시행계획을 수립·시행하여야 한다(법 제2조의2 제3항).

13 농어업재해보험법상 재해보험 발전 기본계획에 포함되어야 하는 사항으로 명시되지 않은 것은?

기출 제8회

① 재해보험의 종류별 가입률 제고 방안에 관한 사항
② 손해평가인의 정기교육에 관한 사항
③ 재해보험사업에 대한 지원 및 평가에 관한 사항
④ 재해보험의 대상 품목 및 대상 지역에 관한 사항

| 해설 |

재해보험 발전 기본계획에 포함되어야 하는 사항(법 제2조의2 제2항) 〈2025.8.14. 개정〉
1. 재해보험사업의 발전 방향 및 목표
2. 재해보험의 종류별 가입률 제고 방안에 관한 사항
3. 재해보험의 대상 품목, 대상 지역 및 상품개발에 관한 사항
4. 재해보험사업에 대한 지원 및 평가에 관한 사항
5. 그 밖에 재해보험 활성화를 위하여 농림축산식품부장관 또는 해양수산부장관이 필요하다고 인정하는 사항

14 농어업재해보험법상 농업재해보험심의회의 심의사항에 해당되는 것을 모두 고른 것은?

기출 제1회, 제5회, 제8회

ㄱ. 재해보험에서 보상하는 재해의 범위에 관한 사항
ㄴ. 손해평가의 방법과 절차에 관한 사항
ㄷ. 농어업재해재보험사업에 대한 정부의 책임범위에 관한 사항
ㄹ. 농어업재해재보험사업 관련 자금의 수입과 지출의 적정성에 관한 사항

① ㄱ, ㄴ
② ㄴ, ㄷ
③ ㄱ, ㄷ, ㄹ
④ ㄱ, ㄴ, ㄷ, ㄹ

| 해설 |

농업재해보험심의회의 심의사항(법 제3조 제1항) 〈2025.8.14. 개정〉
1. 법 제2조의4(재해보험 등의 심의) 각 호의 사항
   • 재해보험에서 보상하는 재해의 범위에 관한 사항
   • 재해보험사업에 대한 재정지원에 관한 사항
   • 손해평가의 방법(농업재해에 따른 피해물의 산정을 포함한다)과 절차에 관한 사항
   • 농어업재해재보험사업에 대한 정부의 책임범위에 관한 사항
   • 재보험사업 관련 자금의 수입과 지출의 적정성에 관한 사항
   • 그 밖에 농업재해보험심의회의 위원장 또는 중앙 수산업·어촌정책심의회의 위원장이 재해보험 및 재보험에 관하여 회의에 부치는 사항
2. 재해보험 목적물의 선정 및 확대에 관한 사항
3. 기본계획의 수립·시행에 관한 사항
4. 다른 법령에서 심의회의 심의사항으로 정하고 있는 사항

15 농어업재해보험법령상 농업재해보험심의회에 관한 설명으로 옳지 않은 것은? 기출수정 제9회

① 심의회는 위원장 및 부위원장 각 1명을 포함한 21명 이내의 위원으로 구성한다.
② 심의회의 위원장은 농림축산식품부장관이 위촉한다.
③ 심의회는 그 심의 사항을 검토·조정하고, 심의회의 심의를 보조하게 하기 위하여 심의회에 분과위원회를 둔다.
④ 심의회의 회의는 재적위원 과반수의 출석으로 개의(開議)하고, 출석위원 과반수의 찬성으로 의결한다.

| 해설 |

심의회의 위원장은 <u>농림축산식품부차관</u>으로 하고, 부위원장은 위원 중에서 호선(互選)한다(법 제3조 제3항).
⟨2023.10.31. 개정⟩

① 농어업재해보험법 제3조 제2항
③ 농어업재해보험법 제3조 제6항 ⟨2023.3.28. 개정⟩
④ 농어업재해보험법 시행령 제3조 제3항

16 농어업재해보험법령상 농업재해보험심의회에 관한 설명으로 옳지 않은 것은? 기출수정 제6회

① 심의회는 위원장 및 부위원장 각 1명을 포함한 21명 이내의 위원으로 구성한다.
② 심의회의 위원장은 농림축산식품부장관으로 하고, 부위원장은 위원 중에서 호선(互選)한다.
③ 심의회의 회의는 재적위원 3분의 1 이상의 요구가 있을 때 또는 위원장이 필요하다고 인정할 때에 소집한다.
④ 심의회의 회의는 재적위원 과반수의 출석으로 개의(開議)하고, 출석위원 과반수의 찬성으로 의결한다.

| 해설 |

심의회의 위원장은 <u>농림축산식품부차관</u>으로 하고, 부위원장은 위원 중에서 호선(互選)한다(법 제3조 제3항).
⟨2023.10.31. 개정⟩

① 농어업재해보험법 제3조 제2항
③ 농어업재해보험법 시행령 제3조 제2항
④ 농어업재해보험법 시행령 제3조 제3항

정답 13 ② 14 ④ 15 ② 16 ②

17 농어업재해보험법령상 농업재해보험심의회(이하 '심의회')에 관한 설명으로 옳지 않은 것은?

기출 제10회

① 심의회의 위원장은 농림축산식품부차관으로 하고, 부위원장은 위원 중에서 농림축산식품부차관이 지명한다.
② 심의회의 회의는 재적위원 과반수의 출석으로 개의(開議)하고, 출석위원 과반수의 찬성으로 의결한다.
③ 심의회는 위원장 및 부위원장 각 1명을 포함한 21명 이내의 위원으로 구성한다.
④ 심의회의 회의는 재적위원 3분의 1 이상의 요구가 있을 때 또는 위원장이 필요하다고 인정할 때에 소집한다.

| 해설 |

심의회의 위원장은 농림축산식품부차관으로 하고, <u>부위원장은 위원 중에서 호선(互選)한다</u>(법 제3조 제3항).

〈2023.10.31. 개정〉

② 농어업재해보험법 시행령 제3조 제3항
③ 농어업재해보험법 제3조 제2항
④ 농어업재해보험법 시행령 제3조 제2항

---

18 자연재해 또는 보험 관련 업무를 담당하는 3급 공무원 또는 고위공무원단에 속하는 공무원이 농업재해보험심의회의 위원으로 임명될 수 있는데, 해당되는 정부부처가 아닌 것은?

① 보건복지부
② 기획재정부
③ 행정안전부
④ 금융위원회

| 해설 |

자연재해 또는 보험 관련 업무를 담당하는 기획재정부·행정안전부·해양수산부·금융위원회·산림청의 3급 공무원 또는 고위공무원단에 속하는 공무원을 위원으로 임명하거나 위촉한다(법 제3조 제4항 제3호).

〈2023.10.31. 개정〉

19 농어업재해보험법령상 농업재해보험심의회 및 회의에 관한 설명으로 옳지 않은 것은?

기출 제2회

① 심의회는 위원장 및 부위원장 각 1명을 포함한 21명 이내의 위원으로 구성한다.
② 위원장은 심의회의 회의를 소집하며, 그 의장이 된다.
③ 심의회의 회의는 재적위원 5분의 1 이상의 요구가 있을 때 또는 위원장이 필요하다고 인정할 때에 소집한다.
④ 심의회의 회의는 재적위원 과반수의 출석으로 개의(開議)하고, 출석위원 과반수의 찬성으로 의결한다.

> |해설|
> 심의회의 회의는 재적위원 <u>3분의 1 이상</u>의 요구가 있을 때 또는 위원장이 필요하다고 인정할 때에 소집한다(영 제3조 제2항).
> ① 농어업재해보험법 제3조 제2항
> ② 농어업재해보험법 시행령 제3조 제1항
> ④ 농어업재해보험법 시행령 제3조 제3항

20 다음은 농업재해보험심의회의 회의에 관한 내용이다. 괄호의 ㉠, ㉡에 알맞은 말은?

> 심의회의 회의는 재적위원 (㉠) 이상의 요구가 있을 때 또는 (㉡)이 필요하다고 인정할 때에 소집한다.

	㉠	㉡
①	3분의 1	위원장
②	3분의 1	부위원장
③	2분의 1	위원장
④	2분의 1	부위원장

> |해설|
> 심의회의 회의는 재적위원 (**3분의 1**) 이상의 요구가 있을 때 또는 (**위원장**)이 필요하다고 인정할 때에 소집한다(영 제3조 제2항).

정답 17 ① 18 ② 19 ③ 20 ①

21 농어업재해보험법령상 농업재해보험심의회 및 분과위원회에 관한 설명으로 옳지 않은 것은?   기출 제4회

① 심의회는 위원장 및 부위원장 각 1명을 포함한 21명 이내의 위원으로 구성한다.
② 심의회의 회의는 재적위원 3분의 1 이상의 출석으로 개의(開議)하고, 출석위원 과반수의 찬성으로 의결한다.
③ 분과위원장 및 분과위원은 심의회의 위원 중에서 전문적인 지식과 경험 등을 고려하여 위원장이 지명한다.
④ 분과위원회의 회의는 위원장 또는 분과위원장이 필요하다고 인정할 때에 소집한다.

| 해설 |
심의회의 회의는 재적위원 과반수의 출석으로 개의(開議)하고, 출석위원 과반수의 찬성으로 의결한다(영 제3조 제3항).

22 농어업재해보험법령상 농업재해보험심의회(이하 "심의회"라 한다) 및 분과위원회에 관한 설명으로 옳은 것은?   기출 제11회

① 심의회의 위원장은 농림축산식품부장관으로 하고, 부위원장은 위원 중에서 호선(互選)한다.
② 심의회의 회의는 재적위원 3분의 1의 출석으로 개의(開議)하고, 출석위원 과반수의 찬성으로 의결한다.
③ 심의회는 그 심의 사항을 검토·조정하고, 심의회의 심의를 보조하게 하기 위하여 심의회에 분과위원회를 둔다.
④ 분과위원회는 분과위원장 1명을 포함한 5명 이내의 분과위원으로 성별을 고려하여 구성한다.

| 해설 |
③ 농어업재해보험법 제3조 제6항
① 심의회의 위원장은 농림축산식품부차관으로 하고, 부위원장은 위원 중에서 호선(互選)한다(법 제3조 제3항).
② 심의회의 회의는 재적위원 과반수의 출석으로 개의(開議)하고, 출석위원 과반수의 찬성으로 의결한다(영 제3조 제3항).
④ 분과위원회는 분과위원장 1명을 포함한 9명 이내의 분과위원으로 성별을 고려하여 구성한다(영 제4조 제3항).

23 농업재해보험심의회에 관한 설명으로 옳은 것은?

① 심의회의 위원장은 농림축산식품부장관, 부위원장은 농림축산식품부차관으로 한다.
② 심의회는 손해평가사의 자격취소와 업무정지에 관한 청문을 실시한다.
③ 공무원인 심의회 위원이 그 소관 업무와 직접 관련하여 심의회에 출석한 경우에는 예산의 범위에서 수당, 여비 또는 그 밖에 필요한 경비를 지급할 수 있다.
④ 심의회 또는 분과위원회의 운영에 필요한 운영세칙은 심의회의 의결을 거쳐 위원장이 정한다.

> **해설**
> 심의회 또는 분과위원회의 운영에 필요한 사항은 심의회의 의결을 거쳐 위원장이 정한다(영 제6조).
> ① 심의회의 위원장은 농림축산식품부차관으로 하고, 부위원장은 위원 중에서 호선한다(법 제3조 제3항).
> ② 농림축산식품부장관은 손해평가사의 자격취소 및 업무정지에 해당하는 처분을 하려면 청문을 하여야 한다(법 제29조의2).
> ③ 공무원인 심의회 위원 또는 분과위원이 그 소관 업무와 직접 관련하여 심의회 또는 분과위원회에 출석한 경우에는 수당, 여비 또는 그 밖에 필요한 경비를 지급할 수 없다(영 제5조).

24 농어업재해보험법령상 농업재해보험심의회 위원을 해촉할 수 있는 사유로 명시된 것이 아닌 것은?

기출 제4회

① 심신장애로 인하여 직무를 수행할 수 없게 된 경우
② 직무와 관련 없는 비위사실이 있는 경우
③ 품위손상으로 인하여 위원으로 적합하지 아니하다고 인정되는 경우
④ 위원 스스로 직무를 수행하는 것이 곤란하다고 의사를 밝히는 경우

> **해설**
> **농업재해보험심의회 위원의 해촉(영 제3조의2)**
> 농림축산식품부장관은 법 제3조 제4항 제1호(농림축산식품부장관이 재해보험이나 농업에 관한 학식과 경험이 풍부하다고 인정하는 사람)에 따른 위원이 다음의 어느 하나에 해당하는 경우에는 해당 위원을 해촉(解囑)할 수 있다. 〈2024.4.30. 개정〉
> 1. 심신장애로 인하여 직무를 수행할 수 없게 된 경우
> 2. 직무와 관련된 비위사실이 있는 경우
> 3. 직무태만, 품위손상이나 그 밖의 사유로 인하여 위원으로 적합하지 아니하다고 인정되는 경우
> 4. 위원 스스로 직무를 수행하는 것이 곤란하다고 의사를 밝히는 경우

정답 21 ② 22 ③ 23 ④ 24 ②

CHAPTER 02 재해보험사업

> **학습목표**
> ❶ 재해보험의 종류 및 보험목적물, 보험가입자 및 보험사업자, 보험모집자에 대해 학습한다.
> ❷ 손해평가사의 업무, 자격시험, 자격취소 사유, 감독사항에 대해 학습한다.
> ❸ 수급권의 보호 및 업무위탁사항, 농어업재해재보험기금의 용도, 관리·운용에 대해 학습한다.

1 재해보험사업제도

(1) 재해보험의 종류 등(법 제4조) [기출] 제1회, 제10회

재해보험의 종류는 농작물재해보험, 임산물재해보험, 가축재해보험 및 양식수산물재해보험으로 한다. 이 중 농작물재해보험, 임산물재해보험 및 가축재해보험과 관련된 사항은 농림축산식품부장관이, 양식수산물재해보험과 관련된 사항은 해양수산부장관이 각각 관장한다.

(2) 보험목적물(법 제5조) [기출] 제2회, 제4회

① 보험목적물은 다음의 구분에 따르되, 그 구체적인 범위는 보험의 효용성 및 보험 실시 가능성 등을 종합적으로 고려하여 제3조에 따른 농업재해보험심의회 또는 「수산업·어촌 발전기본법」 제8조 제1항에 따른 중앙 수산업·어촌정책심의회를 거쳐 농림축산식품부장관 또는 해양수산부장관이 고시한다. 〈2023.10.31. 개정〉

농작물재해보험	농작물 및 농업용 시설물
임산물재해보험	임산물 및 임업용 시설물
가축재해보험	가축 및 축산시설물
양식수산물재해보험	양식수산물 및 양식시설물

② 정부는 보험목적물의 범위를 매년 확대하기 위하여 노력하여야 한다. 〈2025.8.14. 개정〉

| 심화TIP | 농업재해보험에서 보상하는 보험목적물의 범위 〈2025.5.27. 개정〉 |

재해보험의 종류	보험목적물
농작물재해보험	사과·배·포도·단감·감귤·복숭아·참다래·자두·감자·콩·양파·고추·옥수수·고구마·마늘·매실·벼·오디·차·느타리버섯·양배추·밀·유자·무화과·메밀·인삼·브로콜리·양송이버섯·새송이버섯·배추·무·파·호박·당근·팥·살구·시금치·보리·귀리·시설봄감자·양상추·블루베리·수박·생강·참깨·녹두·시설(수박·딸기·토마토·오이·참외·풋고추·호박·국화·장미·멜론·파프리카·부추·시금치·상추·배추·가지·파·무·백합·카네이션·미나리·쑥갓)
	위 농작물의 재배시설(부대시설 포함)
임산물재해보험	떫은감·밤·대추·복분자·표고버섯·오미자·호두
	위 임산물의 재배시설(부대시설 포함)
가축재해보험	소·말·돼지·닭·오리·꿩·메추리·칠면조·사슴·거위·타조·양·벌·토끼·오소리·관상조
	위 가축의 축사(부대시설 포함)

[비고] 재해보험사업자는 보험의 효용성 및 보험실시 가능성 등을 종합적으로 고려하여 위의 대상 재해의 범위에서 다양한 보험상품을 운용할 수 있다.

(3) 보상의 범위 등(법 제6조) 기출 제6회

① 재해보험에서 보상하는 재해의 범위는 해당 재해의 발생 빈도, 피해 정도 및 객관적인 손해평가방법 등을 고려하여 재해보험의 종류별로 대통령령으로 정한다.

| 심화TIP | 재해보험에서 보상하는 재해의 범위(영 제8조 관련 별표 1) |

재해보험의 종류	보상하는 재해의 범위
농작물·임산물 재해보험	자연재해, 조수해(鳥獸害), 화재 및 보험목적물별로 농림축산식품부장관이 정하여 고시하는 병충해
가축재해보험	자연재해, 화재 및 보험목적물별로 농림축산식품부장관이 정하여 고시하는 질병
양식수산물 재해보험	자연재해, 화재 및 보험목적물별로 해양수산부장관이 정하여 고시하는 수산질병

[비고] 재해보험사업자는 보험의 효용성 및 보험실시 가능성 등을 종합적으로 고려하여 위의 대상 재해의 범위에서 다양한 보험상품을 운용할 수 있다.

② 정부는 재해보험에서 보상하는 재해의 범위를 확대하기 위하여 노력하여야 한다.

(4) 보험가입자 및 보험사업자 [기출] 제3회, 제9회

① **보험가입자**(법 제7조, 영 제9조)

재해보험에 가입할 수 있는 자는 농림업, 축산업, 양식수산업에 종사하는 개인 또는 법인으로 하고, 구체적인 보험가입자의 기준은 다음의 구분에 따른다.

농작물재해보험	농업재해보험심의회를 거쳐 농림축산식품부장관이 고시하는 농작물을 재배하는 자
임산물재해보험	농업재해보험심의회를 거쳐 농림축산식품부장관이 고시하는 임산물을 재배하는 자
가축재해보험	농업재해보험심의회를 거쳐 농림축산식품부장관이 고시하는 가축을 사육하는 자
양식수산물재해보험	어업재해보험심의회를 거쳐 해양수산부장관이 고시하는 양식수산물을 양식하는 자

② **보험사업자**(법 제8조) [기출] 제5회, 제6회, 제7회, 제10회

㉠ 자격 : 재해보험사업을 할 수 있는 자는 다음과 같다.
  ⓐ 「수산업협동조합법」에 따른 수산업협동조합중앙회(수협중앙회)
  ⓑ 「산림조합법」에 따른 산림조합중앙회
  ⓒ 「보험업법」에 따른 보험회사

㉡ 재해보험사업의 약정체결(법 제8조 제2항, 영 제10조) : 재해보험사업을 하려는 자는 농림축산식품부장관 또는 해양수산부장관과 재해보험사업의 약정을 체결하여야 한다.
  ⓐ 재해보험 사업의 약정을 체결하려는 자는 농림축산식품부장관 또는 해양수산부장관이 정하는 바에 따라 재해보험사업 약정체결신청서에 관련 서류를 첨부하여 농림축산식품부장관 또는 해양수산부장관에게 제출하여야 한다.
  ⓑ 농림축산식품부장관 또는 해양수산부장관은 재해보험사업을 하려는 자와 재해보험사업의 약정을 체결할 때에는 다음의 사항이 포함된 약정서를 작성하여야 한다. [기출] 제11회
   • 약정기간에 관한 사항
   • 재해보험사업의 약정을 체결한 자(재해보험사업자)가 준수하여야 할 사항
   • 재해보험사업자에 대한 재정지원에 관한 사항
   • 약정의 변경·해지 등에 관한 사항
   • 그 밖에 재해보험사업의 운영에 관한 사항
  ⓒ 재해보험사업 약정체결신청서의 제출을 받은 농림축산식품부장관 또는 해양수산부장관은 「전자정부법」에 따른 행정정보의 공동이용을 통하여 법인 등기사항증명서를 확인하여야 한다.

㉢ 서류의 제출 : 재해보험사업의 약정을 체결하려는 자는 다음의 서류를 농림축산식품부장관 또는 해양수산부장관에게 제출하여야 한다.
  ⓐ 사업방법서, 보험약관, 보험료 및 책임준비금산출방법서
  ⓑ 그 밖에 대통령령으로 정하는 서류(⇒ 정관)

㉣ 세부규정 : 재해보험사업의 약정을 체결하는 데 필요한 사항은 대통령령으로 정한다.

(5) 보험료율의 산정(법 제9조) `기출` 제1회, 제4회, 제5회, 제6회, 제9회

① 농림축산식품부장관 또는 해양수산부장관과 재해보험사업의 약정을 체결한 자(이하 "재해보험사업자"라 한다)는 재해보험의 보험료율을 객관적이고 합리적인 통계자료를 기초로 하여 보험목적물별 또는 보상방식별로 산정하되, 다음의 구분에 따른 단위로 산정하여야 한다.

행정구역 단위	특별시·광역시·도·특별자치도 또는 시(특별자치시와 「제주특별자치도 설치 및 국제자유도시 조성을 위한 특별법」 제10조 제2항에 따라 설치된 행정시를 포함한다)·군·자치구. 다만, 「보험업법」 제129조에 따른 보험료율 산출의 원칙에 부합하는 경우에는 자치구가 아닌 구·읍·면·동 단위로도 보험료율을 산정할 수 있다.
권역 단위	농림축산식품부장관 또는 해양수산부장관이 행정구역 단위와는 따로 구분하여 고시하는 지역 단위

② 재해보험사업자는 자연재해 등으로 인한 피해가 대통령령으로 정하는 기준을 초과하는 경우 해당 피해로 인한 손해는 보험료 할증시에 제외하여야 한다. 〈2025.8.14. 신설〉

③ 재해보험사업자는 보험약관안과 보험료율안에 대통령령으로 정하는 변경이 예정된 경우 이를 공고하고 필요한 경우 이해관계자의 의견을 수렴하여야 한다. 〈2025.8.14. 개정〉

> **심화TIP 변경사항의 공고(영 제11조)** 〈2023.9.26. 본조신설〉
>
> "대통령령으로 정하는 변경이 예정된 경우"란 다음 각 호의 어느 하나에 해당하는 경우를 말한다.
> 1. 보험가입자의 권리가 축소되거나 의무가 확대되는 내용으로 보험약관안의 변경이 예정된 경우
> 2. 보험상품을 폐지하는 내용으로 보험약관안의 변경이 예정된 경우
> 3. 보험상품의 변경으로 기존 보험료율보다 높은 보험료율안으로의 변경이 예정된 경우

(6) 보험모집(법 제10조)

① 보험모집자 `기출` 제2회, 제5회, 제8회

재해보험을 모집할 수 있는 자는 다음과 같다.
㉠ 산림조합중앙회와 그 회원조합의 임직원, 수협중앙회와 그 회원조합 및 「수산업협동조합법」에 따라 설립된 수협은행의 임직원
㉡ 「수산업협동조합법」 제60조의 공제규약에 따른 공제모집인으로서 수협중앙회장 또는 그 회원조합장이 인정하는 자
㉢ 「산림조합법」 제48조의 공제규정에 따른 공제모집인으로서 산림조합중앙회장이나 그 회원조합장이 인정하는 자
㉣ 「보험업법」 제83조 제1항에 따라 보험을 모집할 수 있는 자

② 준용규정 `기출` 제7회

재해보험의 모집 업무에 종사하는 자가 사용하는 재해보험 안내자료 및 금지행위에 관하여는 「보험업법」 제95조·제97조 및 제98조를 및 「금융소비자 보호에 관한 법률」 제21조를 준용한다. 다만, 재해보험사업자가 수협중앙회, 산림조합중앙회인 경우에는 「보험업법」 제95조 제1항 제5호를 준용하지 아니하며, 「농업협동조합법」, 「수산업협동조합법」, 「산림조합법」에 따른 조합이 그 조합원에게 농어업재해보험법에 따른 보험상품의 보험료 일부를 지원하는 경우에는 「보험업법」 제98조에도 불구하고 해당 보험계약의 체결 또는 모집과 관련한 특별이익의 제공으로 보지 않는다.

(7) 사고예방의무 등(법 제10조의2) `기출` 제3회

① 보험가입자는 재해로 인한 사고의 예방을 위하여 노력하여야 한다.
② 재해보험사업자는 사고예방을 위하여 보험가입자가 납입한 보험료의 일부를 되돌려줄 수 있다.

2 손해평가 및 손해평가사

(1) 손해평가 등(법 제11조)

① 손해평가의 담당 `기출` 제5회

재해보험사업자는 보험목적물에 관한 지식과 경험을 갖춘 사람 또는 그 밖의 관계 전문가를 손해평가인으로 위촉하여 손해평가를 담당하게 하거나 손해평가사 또는 「보험업법」 제186조에 따른 손해사정사에게 손해평가를 담당하게 할 수 있다.

② 손해평가요령

손해평가인과 손해평가사 및 「보험업법」 제186조에 따른 손해사정사는 농림축산식품부장관 또는 해양수산부장관이 정하여 고시하는 손해평가요령에 따라 손해평가를 하여야 한다. 이 경우 공정하고 객관적으로 손해평가를 하여야 하며, 고의로 진실을 숨기거나 거짓으로 손해평가를 하여서는 아니 된다.

③ 교차손해평가

재해보험사업자는 공정하고 객관적인 손해평가를 위하여 동일 시·군·구(자치구를 말한다) 내에서 교차손해평가(손해평가인 상호간에 담당지역을 교차하여 평가하는 것을 말한다)를 수행할 수 있다. 이 경우 교차손해평가의 절차·방법 등에 필요한 사항은 농림축산식품부장관 또는 해양수산부장관이 정한다.

④ 금융위원회와 협의 `기출` 제7회

농림축산식품부장관 또는 해양수산부장관은 손해평가요령을 고시하려면 미리 금융위원회와 협의하여야 한다.

⑤ **정기교육의 실시** 기출 제8회, 제10회

농림축산식품부장관 또는 해양수산부장관은 손해평가인의 공정하고 객관적인 손해평가와 손해평가인의 전문성 향상을 위하여 연 1회 이상 재해보험 대상 품목의 품종, 재배방식 등에 대한 내용을 포함하여 정기교육을 실시하여야 한다. 〈2025.8.14. 개정〉

⑥ **손해평가에 관한 기술・정보의 교환**

농림축산식품부장관 또는 해양수산부장관은 손해평가인간의 손해평가에 관한 기술・정보의 교환을 지원할 수 있다.

⑦ **검증조사 실시**

농림축산식품부장관과 해양수산부장관은 공정하고 객관적인 손해평가를 위하여 손해평가요령에 따라 손해평가결과를 검증하기 위한 조사를 실시할 수 있다. 〈2025.8.14. 신설〉

⑧ **손해평가인의 자격요건 등(법 제11조 제8항, 영 제12조)**

기출 제1회, 제2회, 제3회, 제4회, 제6회, 제8회, 제9회, 제11회

손해평가인으로 위촉될 수 있는 사람의 자격요건, 정기교육, 기술・정보의 교환 지원 및 손해평가 실무교육 등에 필요한 사항은 대통령령으로 정한다. 〈2025.8.14. 개정〉

㉠ 자격요건 : 손해평가인으로 위촉될 수 있는 사람의 자격요건은 다음과 같다(영 별표 2).

재해보험의 종류	손해평가인의 자격요건
농작물재해보험	1. 재해보험 대상 농작물을 5년 이상 경작한 경력이 있는 농업인 2. 공무원으로 농림축산식품부, 농촌진흥청, 통계청 또는 지방자치단체나 그 소속기관에서 농작물재배 분야에 관한 연구・지도, 농산물 품질관리 또는 농업 통계조사 업무를 3년 이상 담당한 경력이 있는 사람 3. 교원으로 고등학교에서 농작물재배 분야 관련 과목을 5년 이상 교육한 경력이 있는 사람 4. 조교수 이상으로 「고등교육법」 제2조에 따른 학교에서 농작물재배 관련학을 3년 이상 교육한 경력이 있는 사람 5. 「보험업법」에 따른 보험회사의 임직원이나 「농업협동조합법」에 따른 중앙회와 조합의 임직원으로 영농 지원 또는 보험・공제 관련 업무를 3년 이상 담당하였거나 손해평가 업무를 2년 이상 담당한 경력이 있는 사람 6. 「고등교육법」 제2조에 따른 학교에서 농작물재배 관련학을 전공하고 농업전문 연구기관 또는 연구소에서 5년 이상 근무한 학사학위 이상 소지자 7. 「고등교육법」 제2조에 따른 전문대학에서 보험 관련 학과를 졸업했거나 졸업 예정인 사람 8. 「학점인정 등에 관한 법률」 제8조에 따라 전문대학의 보험 관련 학과 졸업자와 같은 수준 이상의 학력이 있다고 인정받은 사람이나 「고등교육법」 제2조에 따른 학교에서 80학점(보험 관련 과목 학점이 45학점 이상이어야 한다) 이상을 이수한 사람 등 제7호에 해당하는 사람과 같은 수준 이상의 학력이 있다고 인정되는 사람 9. 「농수산물 품질관리법」에 따른 농산물품질관리사 10. 재해보험 대상 농작물 분야에서 「국가기술자격법」에 따른 기사 이상의 자격을 소지한 사람

임산물재해보험	1. 재해보험 대상 임산물을 5년 이상 경작한 경력이 있는 임업인 2. 공무원으로 농림축산식품부, 농촌진흥청, 산림청, 통계청 또는 지방자치단체나 그 소속기관에서 임산물재배 분야에 관한 연구·지도 또는 임업 통계조사 업무를 3년 이상 담당한 경력이 있는 사람 3. 교원으로 고등학교에서 임산물재배 분야 관련 과목을 5년 이상 교육한 경력이 있는 사람 4. 조교수 이상으로 「고등교육법」 제2조에 따른 학교에서 임산물재배 관련학을 3년 이상 교육한 경력이 있는 사람 5. 「보험업법」에 따른 보험회사의 임직원이나 「산림조합법」에 따른 중앙회와 조합의 임직원으로 산림경영 지원 또는 보험·공제 관련 업무를 3년 이상 담당하였거나 손해평가 업무를 2년 이상 담당한 경력이 있는 사람 6. 「고등교육법」 제2조에 따른 학교에서 임산물재배 관련학을 전공하고 임업전문 연구기관 또는 연구소에서 5년 이상 근무한 학사학위 이상 소지자 7. 「고등교육법」 제2조에 따른 전문대학에서 보험 관련 학과를 졸업했거나 졸업 예정인 사람 8. 「학점인정 등에 관한 법률」 제8조에 따라 전문대학의 보험 관련 학과 졸업자와 같은 수준 이상의 학력이 있다고 인정받은 사람이나 「고등교육법」 제2조에 따른 학교에서 80학점(보험 관련 과목 학점이 45학점 이상이어야 한다) 이상을 이수한 사람 등 제7호에 해당하는 사람과 같은 수준 이상의 학력이 있다고 인정되는 사람 9. 재해보험 대상 임산물 분야에서 「국가기술자격법」에 따른 기사 이상의 자격을 소지한 사람
가축재해보험	1. 재해보험 대상 가축을 5년 이상 사육한 경력이 있는 농업인 2. 공무원으로 농림축산식품부, 농촌진흥청, 통계청 또는 지방자치단체나 그 소속기관에서 가축사육 분야에 관한 연구·지도 또는 가축 통계조사 업무를 3년 이상 담당한 경력이 있는 사람 3. 교원으로 고등학교에서 가축사육 분야 관련 과목을 5년 이상 교육한 경력이 있는 사람 4. 조교수 이상으로 「고등교육법」 제2조에 따른 학교에서 가축사육 관련학을 3년 이상 교육한 경력이 있는 사람 5. 「보험업법」에 따른 보험회사의 임직원이나 「농업협동조합법」에 따른 중앙회와 조합의 임직원으로 영농 지원 또는 보험·공제 관련 업무를 3년 이상 담당하였거나 손해평가 업무를 2년 이상 담당한 경력이 있는 사람 6. 「고등교육법」 제2조에 따른 학교에서 가축사육 관련학을 전공하고 축산전문 연구기관 또는 연구소에서 5년 이상 근무한 학사학위 이상 소지자 7. 「고등교육법」 제2조에 따른 전문대학에서 보험 관련 학과를 졸업했거나 졸업 예정인 사람 8. 「학점인정 등에 관한 법률」 제8조에 따라 전문대학의 보험 관련 학과 졸업자와 같은 수준 이상의 학력이 있다고 인정받은 사람이나 「고등교육법」 제2조에 따른 학교에서 80학점(보험 관련 과목 학점이 45학점 이상이어야 한다) 이상을 이수한 사람 등 제7호에 해당하는 사람과 같은 수준 이상의 학력이 있다고 인정되는 사람 9. 「수의사법」에 따른 수의사 10. 「국가기술자격법」에 따른 축산기사 이상의 자격을 소지한 사람

양식수산물재해보험	1. 재해보험 대상 양식수산물을 5년 이상 양식한 경력이 있는 어업인 2. 공무원으로 해양수산부, 국립수산과학원, 국립수산물품질관리원 또는 지방자치단체에서 수산물양식 분야 또는 수산생명의학 분야에 관한 연구 또는 지도업무를 3년 이상 담당한 경력이 있는 사람 3. 교원으로 수산계 고등학교에서 수산물양식 분야 또는 수산생명의학 분야의 관련 과목을 5년 이상 교육한 경력이 있는 사람 4. 조교수 이상으로 「고등교육법」 제2조에 따른 학교에서 수산물양식 관련학 또는 수산생명의학 관련학을 3년 이상 교육한 경력이 있는 사람 5. 「보험업법」에 따른 보험회사의 임직원이나 「수산업협동조합법」에 따른 수산업협동조합중앙회, 수협은행 및 조합의 임직원으로 수산업지원 또는 보험·공제 관련 업무를 3년 이상 담당하였거나 손해평가 업무를 2년 이상 담당한 경력이 있는 사람 6. 「고등교육법」 제2조에 따른 학교에서 수산물양식 관련학 또는 수산생명의학 관련학을 전공하고 수산전문 연구기관 또는 연구소에서 5년 이상 근무한 학사학위 소지자 7. 「고등교육법」 제2조에 따른 전문대학에서 보험 관련 학과를 졸업했거나 졸업 예정인 사람 8. 「학점인정 등에 관한 법률」 제8조에 따라 전문대학의 보험 관련 학과 졸업자와 같은 수준 이상의 학력이 있다고 인정받은 사람이나 「고등교육법」 제2조에 따른 학교에서 80학점(보험 관련 과목 학점이 45학점 이상이어야 한다) 이상을 이수한 사람 등 제7호에 해당하는 사람과 같은 수준 이상의 학력이 있다고 인정되는 사람 9. 「수산생물질병 관리법」에 따른 수산질병관리사 10. 재해보험 대상 양식수산물 분야에서 「국가기술자격법」에 따른 기사 이상의 자격을 소지한 사람 11. 「농수산물 품질관리법」에 따른 수산물품질관리사

ⓒ 정기교육 기출 제10회
  ⓐ 정기교육에는 다음의 사항이 포함되어야 하며, 교육시간은 4시간 이상으로 한다.
    • 농어업재해보험에 관한 기초지식
    • 농어업재해보험의 종류별 약관
    • 손해평가의 절차 및 방법
    • 그 밖에 손해평가에 필요한 사항으로서 농림축산식품부장관 또는 해양수산부장관이 정하는 사항
  ⓑ 위에서 규정한 사항 외에 정기교육의 운영에 필요한 사항은 농림축산식품부장관 또는 해양수산부장관이 정하여 고시한다.
ⓒ 실무교육 : 재해보험사업자는 손해평가인으로 위촉된 사람에 대하여 보험에 관한 기초지식, 보험약관 및 손해평가요령 등에 관한 실무교육을 하여야 한다.

(2) 손해평가사

① 손해평가사제도의 운영(법 제11조의2)

농림축산식품부장관은 공정하고 객관적인 손해평가를 촉진하기 위하여 손해평가사제도를 운영한다.

② 손해평가사의 업무(법 제11조의3) 기출 제1회, 제3회, 제7회

손해평가사는 농작물재해보험 및 가축재해보험에 관하여 다음의 업무를 수행한다.
- ㉠ 피해사실의 확인
- ㉡ 보험가액 및 손해액의 평가
- ㉢ 그 밖의 손해평가에 필요한 사항

③ 손해평가사의 시험 등(법 제11조의4) 기출 제3회, 제5회, 제9회

- ㉠ 손해평가사의 요건 : 손해평가사가 되려는 사람은 농림축산식품부장관이 실시하는 손해평가사 자격시험에 합격하여야 한다.
- ㉡ 시험의 일부면제(법 제11조의4 제2항, 영 제12조의5) : 보험목적물 또는 관련 분야에 관한 전문 지식과 경험을 갖추었다고 인정되는 대통령령으로 정하는 다음의 기준에 해당하는 사람에게는 손해평가사 자격시험 과목의 일부(손해평가사 자격시험 중 제1차 시험)를 면제할 수 있다.
    - ⓐ 손해평가인으로 위촉된 기간이 3년 이상인 사람으로서 손해평가 업무를 수행한 경력이 있는 사람
    - ⓑ 「보험업법」 제186조에 따른 손해사정사
    - ⓒ 다음의 기관 또는 법인에서 손해사정 관련 업무에 3년 이상 종사한 경력이 있는 사람
        - 「금융위원회의 설치 등에 관한 법률」에 따라 설립된 금융감독원
        - 「농업협동조합법」에 따른 농업협동조합중앙회. 이 경우 법률 제10522호 농업협동조합법 일부 개정법률 제134조의5의 개정 규정에 따라 농협손해보험이 설립되기 전까지의 농업협동조합중앙회에 한정한다.
        - 「보험업법」 제4조에 따른 허가를 받은 손해보험회사
        - 「보험업법」 제175조에 따라 설립된 손해보험협회
        - 「보험업법」 제187조 제2항에 따른 손해사정을 업(業)으로 하는 법인
        - 「화재로 인한 재해보상과 보험가입에 관한 법률」 제11조에 따라 설립된 한국화재보험협회
        ※ 위의 어느 하나에 해당하는 사람에 대해서는 손해평가사 자격시험 중 제1차 시험을 면제한다.

- 제1차 시험을 면제받으려는 사람은 농림축산식품부장관이 정하여 고시하는 면제신청서에 제1차 시험 면제기준의 어느 하나에 해당하는 사실을 증명하는 서류를 첨부하여 농림축산식품부장관에게 신청해야 한다.
- 면제 신청을 받은 농림축산식품부장관은 「전자정부법」 제36조 제1항에 따른 행정정보의 공동이용을 통하여 신청인의 고용보험 피보험자격 이력내역서, 국민연금가입자가입증명 또는 건강보험 자격득실확인서를 확인해야 한다. 다만, 신청인이 확인에 동의하지 않는 경우에는 그 서류를 첨부하도록 해야 한다.
- 제1차 시험에 합격한 사람에 대해서는 다음 회에 한정하여 제1차 시험을 면제한다.

ⓒ 시험의 정지 및 무효 처분 : 농림축산식품부장관은 다음의 어느 하나에 해당하는 사람에 대하여는 그 시험을 정지시키거나 무효로 하고, 그 처분 사실을 지체 없이 알려야 한다.
  ⓐ 부정한 방법으로 시험에 응시한 사람
  ⓑ 시험에서 부정한 행위를 한 사람
ⓔ 응시 제한 : 다음에 해당하는 사람은 그 처분이 있은 날부터 2년이 지나지 아니한 경우 손해평가사 자격시험에 응시하지 못한다.
  ⓐ 정지·무효 처분을 받은 사람
  ⓑ 손해평가사 자격이 취소된 사람

④ 손해평가사 자격시험의 실시 등
  ㉠ 손해평가사 자격시험(영 제12조의2)
    ⓐ 손해평가사 자격시험은 매년 1회 실시한다. 다만, 농림축산식품부장관이 손해평가사의 수급상 필요하다고 인정하는 경우에는 2년마다 실시할 수 있다.
    ⓑ 농림축산식품부장관은 손해평가사 자격시험을 실시하려면 다음의 사항을 시험 실시 90일 전까지 인터넷 홈페이지 등에 공고해야 한다.
      - 시험의 일시 및 장소
      - 시험방법 및 시험과목
      - 응시원서의 제출방법 및 응시수수료
      - 합격자 발표의 일시 및 방법
      - 선발예정인원(농림축산식품부장관이 수급상 필요하다고 인정하여 선발예정인원을 정한 경우만 해당)
      - 그 밖에 시험의 실시에 필요한 사항
    ⓒ 손해평가사 자격시험에 응시하려는 사람은 농림축산식품부장관이 정하여 고시하는 응시원서를 농림축산식품부장관에게 제출하여야 한다.
    ⓓ 손해평가사 자격시험에 응시하려는 사람은 농림축산식품부장관이 정하여 고시하는 응시수수료를 내야 한다.

ⓔ 농림축산식품부장관은 다음의 어느 하나에 해당하는 경우에는 받은 수수료를 다음의 구분에 따라 반환하여야 한다.

수수료를 과오납한 경우	과오납한 금액 전부
시험일 20일 전까지 접수를 취소하는 경우	납부한 수수료 전부
시험관리기관의 귀책사유로 시험에 응시하지 못하는 경우	납부한 수수료 전부
시험일 10일 전까지 접수를 취소하는 경우	납부한 수수료의 100분의 60

ⓛ 손해평가사 자격시험의 방법(영 제12조의3)
ⓐ 손해평가사 자격시험은 제1차 시험과 제2차 시험으로 구분하여 실시한다. 이 경우 제2차 시험은 제1차 시험에 합격한 사람과 제1차 시험을 면제받은 사람을 대상으로 시행한다.
ⓑ 제1차 시험은 선택형으로 출제하는 것을 원칙으로 하되, 단답형 또는 기입형을 병행할 수 있다.
ⓒ 제2차 시험은 서술형으로 출제하는 것을 원칙으로 하되, 단답형 또는 기입형을 병행할 수 있다.

ⓒ 손해평가사 자격시험의 과목(영 제12조의4) : 손해평가사 자격시험의 제1차 시험 과목 및 제2차 시험 과목은 다음과 같다(영 별표 2의2).

구 분	과 목
제1차 시험	• 「상법」 보험편 • 농어업재해보험법령(「농어업재해보험법」, 「농어업재해보험법 시행령」, 「농어업재해보험법 시행규칙」 및 농림축산식품부장관이 고시하는 손해평가요령) • 농학개론 중 재배학 및 원예작물학
제2차 시험	• 농작물재해보험 및 가축재해보험의 이론과 실무 • 농작물재해보험 및 가축재해보험 손해평가의 이론과 실무

ⓔ 손해평가사 자격시험의 합격기준 등(영 제12조의6)
ⓐ 손해평가사 자격시험의 제1차 시험 합격자를 결정할 때에는 매 과목 100점을 만점으로 하여 매 과목 40점 이상과 전 과목 평균 60점 이상을 득점한 사람을 합격자로 한다.
ⓑ 손해평가사 자격시험의 제2차 시험 합격자를 결정할 때에는 매 과목 100점을 만점으로 하여 매 과목 40점 이상과 전 과목 평균 60점 이상을 득점한 사람을 합격자로 한다.
ⓒ 농림축산식품부장관이 손해평가사의 수급상 필요하다고 인정하여 선발예정인원을 공고한 경우에는 매 과목 40점 이상을 득점한 사람 중에서 전(全) 과목 총득점이 높은 사람부터 차례로 선발예정인원에 달할 때까지에 해당하는 사람을 합격자로 한다.
ⓓ 합격자를 결정할 때 동점자가 있어 선발예정인원을 초과하는 경우에는 해당 동점자 모두를 합격자로 한다. 이 경우 동점자의 점수는 소수점 이하 둘째자리(셋째자리 이하 버림)까지 계산한다.
ⓔ 농림축산식품부장관은 손해평가사 자격시험의 최종 합격자가 결정되었을 때에는 이를 인터넷 홈페이지에 공고하여야 한다.

(3) 감독 및 교육

① 손해평가사 자격증의 발급(영 제12조의7)

농림축산식품부장관은 손해평가사 자격시험에 합격한 사람에게 농림축산식품부장관이 정하여 고시하는 바에 따라 손해평가사 자격증을 발급하여야 한다.

② 손해평가사의 자격취소(법 제11조의5 제1항) <u>기출</u> 제1회, 제3회, 제4회, 제6회, 제7회, 제8회, 제9회, 제11회

농림축산식품부장관은 다음의 어느 하나에 해당하는 사람에 대하여 손해평가사 자격을 취소할 수 있다. 다만, ㉠ 및 ㉢에 해당하는 경우에는 자격을 취소하여야 한다.

㉠ 손해평가사의 자격을 거짓 또는 부정한 방법으로 취득한 사람
㉡ 거짓으로 손해평가를 한 사람
㉢ 다른 사람에게 손해평가사의 명의를 사용하게 하거나 그 자격증을 대여한 사람
㉣ 손해평가사 명의의 사용이나 자격증의 대여를 알선한 사람
㉤ 업무정지 기간 중에 손해평가 업무를 수행한 사람

심화TIP 손해평가사 자격취소 처분의 세부기준(영 제12조의9, 별표 2의3) <u>기출</u> 제10회

1. 일반기준
  가. 위반행위의 횟수에 따른 행정처분의 가중된 처분기준은 최근 3년간 같은 위반행위로 행정처분을 받은 경우에 적용한다. 이 경우 기간의 계산은 위반행위에 대해 행정처분을 받은 날과 그 처분 후에 다시 같은 위반행위를 하여 적발된 날을 기준으로 한다.
  나. 가목에 따라 가중된 행정처분을 하는 경우 가중처분의 적용 차수는 그 위반행위 전 행정처분 차수(가목에 따른 기간 내에 행정처분이 둘 이상 있었던 경우에는 높은 차수를 말한다)의 다음 차수로 한다.
  다. 위반행위가 둘 이상인 경우로서 그에 해당하는 각각의 처분기준이 다른 경우에는 그 중 무거운 처분기준에 따른다.

2. 개별기준

위반행위	근거 법 조문	처분기준	
		1회 위반	2회 이상 위반
가. 손해평가사의 자격을 거짓 또는 부정한 방법으로 취득한 경우	법 제11조의5 제1항 제1호	자격취소	
나. 거짓으로 손해평가를 한 경우	법 제11조의5 제1항 제2호	시정명령	자격취소
다. 법 제11조의4 제6항을 위반하여 다른 사람에게 손해평가사의 명의를 사용하게 하거나 그 자격증을 대여한 경우	법 제11조의5 제1항 제3호	자격취소	
라. 법 제11조의4 제7항을 위반하여 손해평가사 명의의 사용이나 자격증의 대여를 알선한 경우	법 제11조의5 제1항 제4호	자격취소	
마. 업무정지 기간 중에 손해평가 업무를 수행한 경우	법 제11조의5 제1항 제5호	자격취소	

③ 손해평가사의 감독(법 제11조의6 제1항) 기출 제2회, 제3회, 제6회

농림축산식품부장관은 손해평가사가 그 직무를 게을리하거나 직무를 수행하면서 부적절한 행위를 하였다고 인정하면 1년 이내의 기간을 정하여 업무의 정지를 명할 수 있다.

> **심화TIP** 손해평가사 업무정지 처분의 세부기준(영 제12조의10, 별표 2의4)
>
> 1. 일반기준
>   가. 위반행위의 횟수에 따른 행정처분의 가중된 처분기준은 최근 3년간 같은 위반행위로 행정처분을 받은 경우에 적용한다. 이 경우 기간의 계산은 위반행위에 대해 행정처분을 받은 날과 그 처분 후에 다시 같은 위반행위를 하여 적발된 날을 기준으로 한다.
>   나. 가목에 따라 가중된 행정처분을 하는 경우 가중처분의 적용 차수는 그 위반행위 전 행정처분 차수(가목에 따른 기간 내에 행정처분이 둘 이상 있었던 경우에는 높은 차수를 말한다)의 다음 차수로 한다.
>   다. 위반행위가 둘 이상인 경우로서 그에 해당하는 각각의 처분기준이 다른 경우에는 그 중 가장 무거운 처분기준에 따르고, 가장 무거운 처분기준의 2분의 1까지 그 기간을 늘릴 수 있다. 다만, 기간을 늘리는 경우에도 법 제11조의6 제1항에 따른 업무정지 기간의 상한을 넘을 수 없다.
>   라. 농림축산식품부장관은 다음의 어느 하나에 해당하는 경우에는 제2호에 따른 처분기준의 2분의 1의 범위에서 그 기간을 줄일 수 있다.
>   1) 위반행위가 사소한 부주의나 오류로 인한 것으로 인정되는 경우
>   2) 위반의 내용·정도가 경미하다고 인정되는 경우
>   3) 위반행위자가 법 위반상태를 바로 정정하거나 시정하여 해소한 경우
>   4) 그 밖에 위반행위의 내용, 정도, 동기 및 결과 등을 고려하여 업무정지 처분의 기간을 줄일 필요가 있다고 인정되는 경우
>
> 2. 개별기준
>
> | 위반행위 | 근거 법 조문 | 처분기준 1회 위반 | 처분기준 2회 위반 | 처분기준 3회 이상 위반 |
> |---|---|---|---|---|
> | 가. 업무 수행과 관련하여 「개인정보보호법」, 「신용정보의 이용 및 보호에 관한 법률」 등 정보 보호와 관련된 법령을 위반한 경우 | 법 제11조의6 제1항 | 업무정지 6개월 | 업무정지 1년 | 업무정지 1년 |
> | 나. 업무 수행과 관련하여 보험계약자 또는 보험사업자로부터 금품 또는 향응을 제공받은 경우 | 법 제11조의6 제1항 | 업무정지 6개월 | 업무정지 1년 | 업무정지 1년 |
> | 다. 자기 또는 자기와 생계를 같이 하는 4촌 이내의 친족(이하 "이해관계자"라 한다)이 가입한 보험계약에 관한 손해평가를 한 경우 | 법 제11조의6 제1항 | 업무정지 3개월 | 업무정지 6개월 | 업무정지 6개월 |
> | 라. 자기 또는 이해관계자가 모집한 보험계약에 대해 손해평가를 한 경우 | 법 제11조의6 제1항 | 업무정지 3개월 | 업무정지 6개월 | 업무정지 6개월 |
> | 마. 법 제11조 제2항 전단에 따른 손해평가요령을 준수하지 않고 손해평가를 한 경우 | 법 제11조의6 제1항 | 경고 | 업무정지 1개월 | 업무정지 3개월 |
> | 바. 그 밖에 손해평가사가 그 직무를 게을리하거나 직무를 수행하면서 부적절한 행위를 했다고 인정되는 경우 | 법 제11조의6 제1항 | 경고 | 업무정지 1개월 | 업무정지 3개월 |

④ 손해평가 등의 교육(영 제12조의8)
  농림축산식품부장관은 손해평가사의 손해평가 능력 및 자질 향상을 위하여 교육을 실시할 수 있다.

3 기타 제반규정

(1) 보험금수급전용계좌(법 제11조의7, 영 제12조의11) 기출 제9회

① 재해보험사업자는 수급권자의 신청이 있는 경우에는 보험금을 수급권자 명의의 지정된 계좌(이하 "보험금수급전용계좌"라 한다)로 입금하여야 한다. 다만, 정보통신장애나 그 밖에 대통령령으로 정하는 불가피한 사유로 보험금을 보험금수급계좌로 이체할 수 없을 때에는 현금 지급 등 대통령령으로 정하는 바에 따라 보험금을 지급할 수 있다.

  ㉠ 보험금수급전용계좌로 받으려는 사람은 재해보험사업자가 정하는 보험금 지급청구서에 수급권자 명의의 보험금수급전용계좌를 기재하고, 통장의 사본(계좌번호가 기재된 면을 말한다)을 첨부하여 재해보험사업자에게 제출해야 한다. 보험금수급전용계좌를 변경하는 경우에도 또한 같다(영 제12조의11 제1항).

  ㉡ "대통령령으로 정하는 불가피한 사유"란 보험금수급전용계좌가 개설된 금융기관의 폐업·업무 정지 등으로 정상영업이 불가능한 경우를 말한다(영 제12조의11 제2항).

  ㉢ 재해보험사업자는 법 제11조의7 제1항 단서에 따른 사유로 보험금을 이체할 수 없을 때에는 수급권자의 신청에 따라 다른 금융기관에 개설된 보험금수급전용계좌로 이체해야 한다. 다만, 다른 보험금수급전용계좌로도 이체할 수 없는 경우에는 수급권자 본인의 주민등록증(모바일 주민등록증을 포함한다) 등 신분증명서의 확인을 거쳐 보험금을 직접 현금으로 지급할 수 있다(영 제12조의11 제3항). 〈2024.12.3. 개정〉

② 보험금수급전용계좌의 해당 금융기관은 「농어업재해보험법」에 따른 보험금만이 보험금수급전용계좌에 입금되도록 관리하여야 한다.

③ 신청의 방법·절차와 보험금수급전용계좌의 관리에 필요한 사항은 대통령령으로 정한다.

(2) 손해평가에 대한 이의신청(법 제11조의8) 〈2023.3.28. 본조신설〉

① 손해평가 결과에 이의가 있는 보험가입자는 재해보험사업자에게 재평가를 요청할 수 있으며, 재해보험사업자는 특별한 사정이 없으면 재평가 요청에 따라야 한다. 이 경우 보험가입자는 당초 손해평가를 담당하였던 손해평가인, 손해평가사 또는 「보험업법」 제186조에 따른 손해사정사의 교체를 요구할 수 있으며, 재해보험사업자는 특별한 사정이 없으면 이에 따라야 한다.

〈2025.8.14. 개정〉

② 재평가를 수행하였음에도 이의가 해결되지 아니하는 경우 보험가입자는 농림축산식품부장관 또는 해양수산부장관이 정하는 기관에 이의신청을 할 수 있다.
③ 신청요건, 절차, 방법 등 이의신청 처리에 관한 구체적인 사항은 농림축산식품부장관 또는 해양수산부장관이 정하여 고시한다.

(3) 수급권의 보호 및 업무 위탁

① 수급권의 보호(법 제12조) 기출 제3회, 제7회, 제10회, 제11회
   ㉠ 재해보험의 보험금을 지급받을 권리는 압류할 수 없다. 다만, 보험목적물이 담보로 제공된 경우에는 그러하지 아니하다.
   ㉡ 지정된 보험금수급전용계좌의 예금 중 대통령령으로 정하는 액수 이하의 금액에 관한 채권은 압류할 수 없다.

> **심화TIP 보험금의 압류 금지(영 제12조의12)** 기출 제8회
>
> "대통령령으로 정하는 액수"란 다음 각 호의 구분에 따른 보험금 액수를 말한다.
> 1. 농작물·임산물·가축 및 양식수산물의 재생산에 직접적으로 소요되는 비용의 보장을 목적으로 보험금수급전용계좌로 입금된 보험금 : 입금된 보험금 전액
> 2. 제1호 외의 목적으로 보험금수급전용계좌로 입금된 보험금 : 입금된 보험금의 2분의 1에 해당하는 액수

② 보험목적물의 양도에 따른 권리 및 의무의 승계(법 제13조) 기출 제2회, 제3회
재해보험가입자가 재해보험에 가입된 보험목적물을 양도하는 경우 그 양수인은 재해보험계약에 관한 양도인의 권리 및 의무를 승계한 것으로 추정한다.

③ 업무 위탁(법 제14조, 영 제13조) 기출 제1회, 제4회, 제6회, 제7회, 제8회, 제10회
재해보험사업자는 재해보험사업을 원활히 수행하기 위하여 필요한 경우에는 보험모집 및 손해평가 등 재해보험 업무의 일부를 대통령령으로 정하는 다음의 자에게 위탁할 수 있다.
   ㉠ 「농업협동조합법」에 따라 설립된 지역농업협동조합·지역축산업협동조합 및 품목별·업종별 협동조합
   ㉡ 「산림조합법」에 따라 설립된 지역산림조합 및 품목별·업종별 산림조합
   ㉢ 「수산업협동조합법」에 따라 설립된 지구별 수산업협동조합·업종별 수산업협동조합, 수산물가공 수산업협동조합 및 수협은행
   ㉣ 「보험업법」 제187조에 따라 손해사정을 업으로 하는 자
   ㉤ 농어업재해보험 관련 업무를 수행할 목적으로 「민법」 제32조에 따라 농림축산식품부장관 또는 해양수산부장관의 허가를 받아 설립된 비영리법인 〈2023.9.26. 개정〉

(4) 회계 구분(법 제15조) [기출] 제3회

재해보험사업자는 재해보험사업의 회계를 다른 회계와 구분하여 회계처리함으로써 손익관계를 명확히 하여야 한다.

(5) 분쟁조정(법 제17조) [기출] 제6회

재해보험과 관련된 분쟁의 조정은 「금융소비자 보호에 관한 법률」 제33조부터 제43조까지의 규정에 따른다.

(6) 「보험업법」 등의 적용(법 제18조)

① 「농어업재해보험법」에 따른 재해보험사업에 대하여는 「보험업법」 제104조부터 제107조까지, 제118조 제1항, 제119조, 제120조, 제124조, 제127조, 제128조, 제131조부터 제133조까지, 제134조 제1항, 제136조, 제162조, 제176조 및 제181조 제1항을 적용한다. 이 경우 "보험회사"는 "보험사업자"로 본다.
② 「농어업재해보험법」에 따른 재해보험사업에 대해서는 「금융소비자 보호에 관한 법률」 제45조를 적용한다. 이 경우 "금융상품직접판매업자"는 "보험사업자"로 본다.

(7) 재정지원(법 제19조) [기출] 제1회, 제2회, 제5회, 제7회, 제8회, 제10회, 제11회

① 정부는 예산의 범위에서 재해보험가입자가 부담하는 보험료의 일부와 재해보험사업자의 재해보험의 운영 및 관리에 필요한 비용(이하 "운영비"라 한다)의 전부 또는 일부를 지원할 수 있다. 이 경우 지방자치단체는 예산의 범위에서 재해보험가입자가 부담하는 보험료의 일부를 추가로 지원할 수 있다.
② 농림축산식품부장관·해양수산부장관 및 지방자치단체의 장은 지원 금액을 재해보험사업자에게 지급하여야 한다.
③ 「풍수해·지진재해보험법」에 따른 풍수해·지진재해보험에 가입한 자가 동일한 보험목적물을 대상으로 재해보험에 가입할 경우에는 정부가 재정지원을 하지 않는다. 〈2024.2.13. 개정〉
④ 보험료 및 운영비의 지원(영 제15조) [기출] 제5회, 제6회, 제10회
 ㉠ 재해보험 가입현황서나 운영비 사용계획서의 제출 : 보험료 또는 운영비의 지원금액을 지급받으려는 재해보험사업자는 농림축산식품부장관 또는 해양수산부장관이 정하는 바에 따라 재해보험 가입현황서나 운영비 사용계획서를 농림축산식품부장관 또는 해양수산부장관에게 제출하여야 한다.
 ㉡ 지원금액의 결정·지급 : 재해보험 가입현황서나 운영비 사용계획서를 제출받은 농림축산식품부장관 또는 해양수산부장관은 보험가입자의 기준 및 재해보험사업자에 대한 재정지원에 관한 사항 등을 확인하여 보험료 또는 운영비의 지원금액을 결정·지급한다.
 ㉢ 재해보험 가입현황서와 보험가입자의 기준 등의 확인 : 지방자치단체의 장은 보험료의 일부를 추가 지원하려는 경우 재해보험 가입현황서와 보험가입자의 기준 등을 확인하여 보험료의 지원금액을 결정·지급한다.

4 재보험사업 및 농어업재해재보험기금

(1) 재보험사업(법 제20조)

① **재보험사업의 실시주체**

정부는 재해보험에 관한 재보험사업을 할 수 있다.

② **재보험 약정의 체결** 기출 제3회, 제5회, 제9회

농림축산식품부장관 또는 해양수산부장관은 재보험에 가입하려는 재해보험사업자와 다음의 사항이 포함된 재보험 약정을 체결하여야 한다.

㉠ 재해보험사업자가 정부에 내야 할 보험료(재보험료)에 관한 사항
㉡ 정부가 지급하여야 할 보험금(재보험금)에 관한 사항
㉢ 그 밖에 재보험수수료 등 재보험 약정에 관한 것으로서 대통령령으로 정하는 사항(영 제16조)
  ⓐ 재보험수수료에 관한 사항
  ⓑ 재보험 약정기간에 관한 사항
  ⓒ 재보험 책임범위에 관한 사항
  ⓓ 재보험 약정의 변경·해지 등에 관한 사항
  ⓔ 재보험금 지급 및 분쟁에 관한 사항
  ⓕ 그 밖에 재보험의 운영·관리에 관한 사항

③ **업무의 일부위탁**(법 제20조 제3항) 기출 제2회

농림축산식품부장관은 해양수산부장관과 협의를 거쳐 재보험사업에 관한 업무의 일부를 「농업·농촌 및 식품산업 기본법」제63조의2 제1항에 따라 설립된 농업정책보험금융원에 위탁할 수 있다.

(2) 농어업재해재보험기금

① **기금의 설치**(법 제21조)

농림축산식품부장관은 해양수산부장관과 협의하여 공동으로 재보험사업에 필요한 재원에 충당하기 위하여 농어업재해재보험기금을 설치한다.

② **기금계정의 설치**(영 제17조) 기출 제5회, 제10회

농림축산식품부장관은 해양수산부장관과 협의하여 농어업재해재보험기금의 수입과 지출을 명확히 하기 위하여 한국은행에 기금계정을 설치하여야 한다.

③ 기금의 조성(법 제22조) 기출 제6회, 제8회, 제11회
   ㉠ 재원 : 기금은 다음의 재원으로 조성한다.
      ⓐ 재보험료
      ⓑ 정부, 정부 외의 자 및 다른 기금으로부터 받은 출연금
      ⓒ 재보험금의 회수 자금
      ⓓ 기금의 운용수익금과 그 밖의 수입금
      ⓔ 차입금
      ⓕ 「농어촌구조개선 특별회계법」에 따라 농어촌구조개선 특별회계의 농어촌특별세사업계정으로부터 받은 전입금
   ㉡ 자금의 차입 : 농림축산식품부장관은 기금의 운용에 필요하다고 인정되는 경우에는 해양수산부장관과 협의하여 기금의 부담으로 금융기관, 다른 기금 또는 다른 회계로부터 자금을 차입할 수 있다.

④ 기금의 용도(법 제23조) 기출 제2회, 제7회, 제8회, 제11회
   기금은 다음에 해당하는 용도에 사용한다.
   ㉠ 재보험금의 지급
   ㉡ 차입금의 원리금 상환
   ㉢ 기금의 관리·운용에 필요한 경비(위탁경비를 포함)의 지출
   ㉣ 그 밖에 농림축산식품부장관이 해양수산부장관과 협의하여 재보험사업을 유지·개선하는 데에 필요하다고 인정하는 경비의 지출

⑤ 기금의 관리·운용(법 제24조) 기출 제2회, 제3회, 제11회
   ㉠ 관리·운용주체 : 기금은 농림축산식품부장관이 해양수산부장관과 협의하여 관리·운용한다.
   ㉡ 기금의 관리·운용에 관한 사무의 위탁(법 제24조 제2항, 영 제18조) : 농림축산식품부장관은 해양수산부장관과 협의를 거쳐 기금의 관리·운용에 관한 사무의 일부를 농업정책보험금융원에 위탁할 수 있다.
      ⓐ 농업정책보험금융원에게 위탁 : 농림축산식품부장관은 해양수산부장관과 협의하여 기금의 관리·운용에 관한 다음의 사무를 「농업·농촌 및 식품산업 기본법」 제63조의2에 따라 설립된 농업정책보험금융원에 위탁한다.
         • 기금의 관리·운용에 관한 회계업무
         • 재보험료를 납입받는 업무
         • 재보험금을 지급하는 업무
         • 여유자금의 운용업무
         • 그 밖에 기금의 관리·운용에 관하여 농림축산식품부장관이 해양수산부장관과 협의를 거쳐 지정하여 고시하는 업무
      ⓑ 회계처리 : 기금의 관리·운용을 위탁받은 농업정책보험금융원(이하 "기금수탁관리자"라 한다)은 기금의 관리 및 운용을 명확히 하기 위하여 기금을 다른 회계와 구분하여 회계처리하여야 한다.
      ⓒ 기금의 부담 : 위탁의 사무처리에 드는 경비는 기금의 부담으로 한다.

⑥ 기금의 회계기관(법 제25조) 기출 제4회, 제6회, 제7회, 제9회, 제10회
  ㉠ 기금수입징수관 등의 임명 : 농림축산식품부장관은 해양수산부장관과 협의하여 기금의 수입과 지출에 관한 사무를 수행하게 하기 위하여 소속 공무원 중에서 기금수입징수관, 기금재무관, 기금지출관 및 기금출납공무원을 임명한다.
  ㉡ 업무 수행 : 농림축산식품부장관은 기금의 관리·운용에 관한 사무를 위탁한 경우에는 해양수산부장관과 협의하여 농업정책보험금융원의 임원 중에서 기금수입담당임원과 기금지출원인행위담당임원을, 그 직원 중에서 기금지출원과 기금출납원을 각각 임명하여야 한다. 이 경우 기금수입담당임원은 기금수입징수관의 업무를, 기금지출원인행위담당임원은 기금재무관의 업무를, 기금지출원은 기금지출관의 업무를, 기금출납원은 기금출납공무원의 업무를 수행한다.

⑦ 기금의 결산(영 제19조) 기출 제3회, 제4회, 제9회
  ㉠ 기금결산보고서의 작성 : 기금수탁관리자는 회계연도마다 기금결산보고서를 작성하여 다음 회계연도 2월 15일까지 농림축산식품부장관 및 해양수산부장관에게 제출하여야 한다.
  ㉡ 기금결산보고서의 검토 및 제출 : 농림축산식품부장관은 해양수산부장관과 협의하여 기금수탁관리자로부터 제출받은 기금결산보고서를 검토한 후 심의회의 심의를 거쳐 다음 회계연도 2월 말일까지 기획재정부장관에게 제출하여야 한다.
  ㉢ 첨부서류 : 기금결산보고서에는 다음의 서류를 첨부하여야 한다.
    ⓐ 결산 개요
    ⓑ 수입지출결산
    ⓒ 재무제표
    ⓓ 성과보고서
    ⓔ 그 밖에 결산의 내용을 명확하게 하기 위하여 필요한 서류

⑧ 여유자금의 운용(영 제20조) 기출 제3회
  농림축산식품부장관은 해양수산부장관과 협의하여 기금의 여유자금을 다음의 방법으로 운용할 수 있다.
  ㉠ 「은행법」에 따른 은행에의 예치
  ㉡ 국채, 공채 또는 그 밖에 「자본시장과 금융투자업에 관한 법률」에 따른 증권의 매입

CHAPTER 02 적중예상문제

01 농어업재해보험법상 재해보험의 종류와 보험목적물로 옳지 않은 것은? [기출] 제2회

① 농작물재해보험 – 농작물 및 농업용 시설물
② 임산물재해보험 – 임산물 및 임업용 시설물
③ 축산물재해보험 – 축산물 및 축산시설물
④ 양식수산물재해보험 – 양식수산물 및 양식시설물

| 해설 |

재해보험의 종류와 보험목적물(법 제4조, 제5조)
- **농작물재해보험** : 농작물 및 농업용 시설물
- **임산물재해보험** : 임산물 및 임업용 시설물
- **가축재해보험** : 가축 및 축산시설물
- **양식수산물재해보험** : 양식수산물 및 양식시설물

02 농어업재해보험법상 재해보험의 종류가 아닌 것은? [기출] 제1회

① 농기계재해보험
② 농작물재해보험
③ 양식수산물재해보험
④ 가축재해보험

| 해설 |

재해보험의 종류(법 제4조)
재해보험의 종류는 농작물재해보험, 임산물재해보험, 가축재해보험 및 양식수산물재해보험으로 한다. 이 중 농작물재해보험, 임산물재해보험 및 가축재해보험과 관련된 사항은 농림축산식품부장관이, 양식수산물재해보험과 관련된 사항은 해양수산부장관이 각각 관장한다.

[정답] 01 ③ 02 ①

03 농어업재해보험법령상 재해보험의 종류 등에 관한 설명으로 옳지 않은 것은? 기출수정 제10회

① 재해보험의 종류는 농작물재해보험, 임산물재해보험, 가축재해보험 및 양식수산물재해보험으로 한다.
② 가축재해보험의 보험목적물은 가축 및 축산시설물이다.
③ 양식수산물재해보험과 관련된 사항은 농림축산식품부장관이 관장한다.
④ 정부는 보험목적물의 범위를 매년 확대하기 위하여 노력하여야 한다.

| 해설 |

양식수산물재해보험과 관련된 사항은 해양수산부장관이 관장한다(법 제4조).
① 농어업재해보험법 제4조
② 농어업재해보험법 제5조 제1항 제2호
④ 농어업재해보험법 제5조 제2항 〈2025.8.14. 개정〉

04 농어업재해보험법령상 재해보험에 관한 설명으로 옳지 않은 것은? 기출 제4회

① 재해보험의 종류는 농작물재해보험, 임산물재해보험, 가축재해보험 및 양식수산물재해보험으로 한다.
② 재해보험에서 보상하는 재해의 범위는 해당 재해의 발생 빈도, 피해 정도 및 객관적인 손해평가방법 등을 고려하여 재해보험의 종류별로 대통령령으로 정한다.
③ 보험목적물의 구체적인 범위는 농업재해보험심의회 또는 어업재해보험심의회를 거치지 않고 농업정책보험금융원장이 고시한다.
④ 자연재해, 조수해(鳥獸害), 화재 및 보험목적물별로 농림축산식품부장관이 정하여 고시하는 병충해는 농작물·임산물 재해보험이 보상하는 재해의 범위에 해당한다.

| 해설 |

보험목적물의 구체적인 범위는 보험의 효용성 및 보험 실시 가능성 등을 종합적으로 고려하여 제3조에 따른 농업재해보험심의회 또는 「수산업·어촌 발전기본법」 제8조 제1항에 따른 중앙 수산업·어촌정책심의회를 거쳐 농림축산식품부장관 또는 해양수산부장관이 고시한다(법 제5조 제1항). 〈2023.10.31. 개정〉
① 농어업재해보험법 제4조
② 농어업재해보험법 제6조 제1항
④ 농어업재해보험법 시행령 별표 1 참조

05 농어업재해보험법령상 재해보험사업에 관한 내용으로 옳지 않은 것은? 기출 제6회

① 재해보험의 종류는 농작물재해보험, 임산물재해보험, 가축재해보험 및 양식수산물재해보험으로 한다.
② 재해보험에서 보상하는 재해의 범위는 해당 재해의 발생 범위, 피해 정도 및 주관적인 손해평가방법 등을 고려하여 재해보험의 종류별로 대통령령으로 정한다.
③ 정부는 재해보험에서 보상하는 재해의 범위를 확대하기 위하여 노력하여야 한다.
④ 가축재해보험에서 보상하는 재해의 범위는 자연재해, 화재 및 보험목적물별로 농림축산식품부장관이 정하여 고시하는 질병이다.

| 해설 |
재해보험에서 보상하는 재해의 범위는 해당 재해의 <u>발생 빈도</u>, 피해 정도 및 <u>객관적인</u> 손해평가방법 등을 고려하여 재해보험의 종류별로 대통령령으로 정한다(법 제6조 제1항).
① 농어업재해보험법 제4조
③ 농어업재해보험법 제6조 제2항
④ 농어업재해보험법 시행령 별표 1 참조

06 농업재해보험에서 보상하는 재해의 범위를 정할 때 고려사항으로 거리가 먼 것은?

① 피해 정도
② 재해의 발생 빈도
③ 보험의 실시가능성
④ 객관적인 손해평가방법

| 해설 |
보상범위(법 제6조 제1항)
재해보험에서 보상하는 재해의 범위는 해당 재해의 발생 빈도, 피해 정도 및 객관적인 손해평가방법 등을 고려하여 재해보험의 종류별로 대통령령으로 정한다.

07 현행 농작물재해보험에서 보상하는 보험목적물의 범위가 아닌 것은?

① 옥수수　　② 복분자
③ 국화　　　④ 장미

| 해설 |
복분자는 임산물재해보험에서 보상하는 보험목적물이다.

정답 03 ③　04 ③　05 ②　06 ③　07 ②

08 농어업재해보험법령상 가축재해보험의 목적물이 아닌 것은? 기출 제3회

① 소
② 오리
③ 개
④ 타조

| 해설 |

가축재해보험의 보험목적물

가축재해보험	소・말・돼지・닭・오리・꿩・메추리・칠면조・사슴・거위・타조・양・벌・토끼・오소리・관상조
	위 가축의 축사(부대시설 포함)

09 다음 중 임산물재해보험의 대상이 되는 보험목적물이 아닌 것은?

① 대추
② 잣
③ 복분자
④ 떫은감

| 해설 |

임산물재해보험의 보험목적물
떫은감・밤・대추・복분자・표고버섯・오미자・호두 및 그 재배시설(부대시설을 포함한다)

10 다음 중 가축재해보험의 대상이 되는 가축이 아닌 것은?

① 벌
② 칠면조
③ 염소
④ 메추리

| 해설 |

가축재해보험의 보험목적물
소・말・돼지・닭・오리・꿩・메추리・칠면조・사슴・거위・타조・양・벌・토끼・오소리・관상조(觀賞鳥) 및 그 축사(부대시설을 포함한다)

11 다음 재해보험의 보험목적물을 연결한 것으로 옳지 않은 것은?

① 농작물재해보험 – 오렌지, 파프리카, 바나나, 오디
② 농작물재해보험 – 참다래, 고추, 무화과, 복숭아
③ 임산물재해보험 – 복분자, 표고버섯, 오미자
④ 가축재해보험 – 닭, 오리, 꿩, 메추리

| 해설 |

농작물재해보험의 보험목적물 〈2025.5.27. 개정〉

사과・배・포도・단감・감귤・복숭아・참다래・자두・감자・콩・양파・고추・옥수수・고구마・마늘・매실・벼・오디・차・느타리버섯・양배추・밀・유자・무화과・메밀・인삼・브로콜리・양송이버섯・새송이버섯・배추・무・파・호박・당근・팥・살구・시금치・보리・귀리・시설봄감자・양상추・블루베리・수박・생강・참깨・녹두・시설(수박・딸기・토마토・오이・참외・풋고추・호박・국화・장미・멜론・파프리카・부추・시금치・상추・배추・가지・파・무・백합・카네이션・미나리・쑥갓)

12 농작물재해보험의 대상이 되는 농작물이 아닌 것은?

① 블루베리 ② 생강
③ 참깨 ④ 팽이버섯

| 해설 |

팽이버섯은 대상 농작물이 아니다. 블루베리, 생강, 참깨는 2025.5.27. 개정으로 보험목적물에 추가되었다.

13 농작물재해보험의 대상이 되는 농작물을 모두 고른 것은?

가. 오렌지	나. 옥수수
다. 참다래	라. 고추
마. 망고	바. 마늘
사. 파인애플	아. 감자

① 가, 다, 마, 사 ② 나, 라, 바, 아
③ 가, 나, 라, 마, 아 ④ 나, 다, 라, 바, 아

| 해설 |

오렌지, 망고, 파인애플, 체리, 키위, 바나나 등 수입과일은 대상 농작물이 아니다.

정답 08 ③ 09 ② 10 ③ 11 ① 12 ④ 13 ④

14 가축재해보험의 대상이 되는 가축을 모두 고른 것은?

| 가. 사슴 | 나. 말 | 다. 양 | 라. 닭 |
| 마. 꿩 | 바. 거위 | 사. 타조 | 아. 소 |

① 가, 다, 마, 사
② 나, 라, 바, 아
③ 다, 라, 마, 바, 사, 아
④ 가, 나, 다, 라, 마, 바, 사, 아

| 해설 |

가축재해보험의 보험목적물
소·말·돼지·닭·오리·꿩·메추리·칠면조·사슴·거위·타조·양·벌·토끼·오소리·관상조(觀賞鳥) 및 그 축사(부대시설을 포함한다)

15 농어업재해보험법상 재해보험에 관한 설명으로 옳지 않은 것은? 기출 제9회

① 재해보험에서 보상하는 재해의 범위는 해당 재해의 발생 빈도, 피해 정도 및 객관적인 손해평가방법 등을 고려하여 재해보험의 종류별로 대통령령으로 정한다.
② 양식수산업에 종사하는 법인은 재해보험에 가입할 수 없다.
③ 「수산업협동조합법」에 따른 수산업협동조합중앙회는 재해보험사업을 할 수 있다.
④ 정부는 재해보험에서 보상하는 재해의 범위를 확대하기 위하여 노력하여야 한다.

| 해설 |

재해보험에 가입할 수 있는 자는 <u>농림업, 축산업, 양식수산업에 종사하는 개인 또는 법인</u>으로 하고, 구체적인 보험가입자의 기준은 대통령령으로 정한다(법 제7조). 즉 양식수산업에 종사하는 법인은 재해보험에 가입할 수 있다.
① 농어업재해보험법 제6조 제1항
③ 농어업재해보험법 제8조 제1항 제2호
④ 농어업재해보험법 제6조 제2항

16 농어업재해보험법령상 재해보험의 종류에 따른 보험가입자의 기준에 해당하지 않는 것은?

기출 제3회

① 농작물재해보험 : 농업재해보험심의회를 거쳐 농림축산식품부장관이 고시하는 농작물을 재배하는 개인
② 임산물재해보험 : 농업재해보험심의회를 거쳐 농림축산식품부장관이 고시하는 임산물을 재배하는 법인
③ 가축재해보험 : 농업재해보험심의회를 거쳐 농림축산식품부장관이 고시하는 가축을 사육하는 개인
④ 양식수산물재해보험 : 어업재해보험심의회를 거쳐 해양수산부장관이 고시하는 자연수산물을 채취하는 법인

| 해설 |

보험가입자의 기준(법 제7조, 영 제9조)
재해보험에 가입할 수 있는 자는 농림업, 축산업, 양식수산업에 종사하는 개인 또는 법인으로 하고, 구체적인 보험가입자의 기준은 다음의 구분에 따른다.
- **농작물재해보험** : 농업재해보험심의회를 거쳐 농림축산식품부장관이 고시하는 농작물을 재배하는 자
- **임산물재해보험** : 농업재해보험심의회를 거쳐 농림축산식품부장관이 고시하는 임산물을 재배하는 자
- **가축재해보험** : 농업재해보험심의회를 거쳐 농림축산식품부장관이 고시하는 가축을 사육하는 자
- **양식수산물재해보험** : 어업재해보험심의회를 거쳐 해양수산부장관이 고시하는 양식수산물을 양식하는 자

17 농어업재해보험법령상 재해보험사업을 할 수 있는 자를 모두 고른 것은? 기출 제10회

ㄱ. 「수산업협동조합법」에 따른 수산업협동조합중앙회
ㄴ. 「산림조합법」에 따른 산림조합중앙회
ㄷ. 「보험업법」에 따른 보험회사
ㄹ. 「새마을금고법」에 따른 새마을금고중앙회

① ㄱ, ㄹ
② ㄱ, ㄴ, ㄷ
③ ㄴ, ㄷ, ㄹ
④ ㄱ, ㄴ, ㄷ, ㄹ

| 해설 |

보험사업자(법 제8조 제1항)
재해보험사업을 할 수 있는 자는 다음 각 호와 같다.
1. 「수산업협동조합법」에 따른 수산업협동조합중앙회(이하 "수협중앙회"라 한다)
2. 「산림조합법」에 따른 산림조합중앙회
3. 「보험업법」에 따른 보험회사

18 농어업재해보험법상 재해보험사업을 할 수 없는 자는? 기출 제5회, 제7회

① 「농업협동조합법」에 따른 농업협동조합중앙회
② 「수산업협동조합법」에 따른 수산업협동조합중앙회
③ 「보험업법」에 따른 보험회사
④ 「산림조합법」에 따른 산림조합중앙회

| 해설 |

재해보험사업을 할 수 있는 자(법 제8조 제1항)
1. 「수산업협동조합법」에 따른 수산업협동조합중앙회
2. 「산림조합법」에 따른 산림조합중앙회
3. 「보험업법」에 따른 보험회사

19 농어업재해보험법령상 재해보험사업에 관한 내용으로 옳지 않은 것은? 기출 제5회

① 재해보험사업을 하려는 자는 기획재정부장관과 재해보험사업의 약정을 체결하여야 한다.
② 재해보험의 종류는 농작물재해보험, 임산물재해보험, 가축재해보험 및 양식수산물재해보험으로 한다.
③ 재해보험에 가입할 수 있는 자는 농림업, 축산업, 양식수산업에 종사하는 개인 또는 법인으로 한다.
④ 재해보험에서 보상하는 재해의 범위는 해당 재해의 발생 빈도, 피해 정도 및 객관적인 손해평가방법 등을 고려하여 재해보험의 종류별로 대통령령으로 정한다.

| 해설 |

재해보험사업을 하려는 자는 <u>농림축산식품부장관 또는 해양수산부장관</u>과 재해보험사업의 약정을 체결하여야 한다(법 제8조 제2항).
② 농어업재해보험법 제4조
③ 농어업재해보험법 제7조
④ 농어업재해보험법 제6조 제1항

20 농어업재해보험법령상 농림축산식품부장관 또는 해양수산부장관이 재해보험사업을 하려는 자와 재해보험사업의 약정을 체결할 때에 포함되어야 하는 사항이 아닌 것은? 기출 제6회

① 약정기간에 관한 사항
② 재해보험사업의 약정을 체결한 자가 준수하여야 할 사항
③ 국가에 대한 재정지원에 관한 사항
④ 약정의 변경·해지 등에 관한 사항

| 해설 |

재해보험사업의 약정을 체결할 때 포함되어야 하는 사항(영 제10조 제2항)
1. 약정기간에 관한 사항
2. 재해보험사업의 약정을 체결한 자(이하 "재해보험사업자"라 한다)가 준수하여야 할 사항
3. 재해보험사업자에 대한 재정지원에 관한 사항
4. 약정의 변경·해지 등에 관한 사항
5. 그 밖에 재해보험사업의 운영에 관한 사항

21 농어업재해보험법령상 재해보험사업의 약정을 체결하려는 자가 농림축산식품부장관 또는 해양수산부장관에게 제출하여야 하는 서류에 해당하지 않는 것은? 기출 제3회

① 정관
② 사업방법서
③ 보험약관
④ 보험료율의 산정자료

| 해설 |

약정을 체결하려는 자는 다음의 서류를 농림축산식품부장관 또는 해양수산부장관에게 제출하여야 한다(법 제8조 제3항, 영 제10조 제3항).
1. 사업방법서, 보험약관, 보험료 및 책임준비금산출방법서
2. 그 밖에 대통령령으로 정하는 서류(→ 정관)

22 농어업재해보험법령상 재해보험사업 및 보험료율의 산정에 관한 설명으로 옳지 않은 것은?

기출 제5회

① 재해보험사업의 약정을 체결하려는 자는 보험료 및 책임준비금산출방법서 등을 농림축산식품부장관 또는 해양수산부장관에게 제출하여야 한다.
② 재해보험사업자는 보험료율을 객관적이고 합리적인 통계자료를 기초로 산정하여야 한다.
③ 보험료율은 보험목적물별 또는 보상방식별로 산정한다.
④ 보험료율은 대한민국 전체를 하나의 단위로 산정하여야 한다.

| 해설 |

① 농어업재해보험법 제8조 제3항 제1호
②·③·④ 재해보험사업자는 재해보험의 보험료율을 객관적이고 합리적인 통계자료를 기초로 하여 보험목적물별 또는 보상방식별로 산정하되, 대통령령으로 정하는 행정구역 단위 또는 권역 단위로 산정하여야 한다(법 제9조 제1항).
1. 행정구역 단위 : 특별시·광역시·도·특별자치도 또는 시(특별자치시와 「제주특별자치도 설치 및 국제자유도시 조성을 위한 특별법」 제10조 제2항에 따라 설치된 행정시를 포함한다)·군·자치구. 다만, 「보험업법」 제129조에 따른 보험료율 산출의 원칙에 부합하는 경우에는 자치구가 아닌 구·읍·면·동 단위로도 보험료율을 산정할 수 있다.
2. 권역 단위 : 농림축산식품부장관 또는 해양수산부장관이 행정구역 단위와는 따로 구분하여 고시하는 지역 단위

23 농어업재해보험법령상 보험료율의 산정에 있어서 기준이 되는 행정구역 단위가 아닌 것은?

기출 제6회

① 특별시
② 광역시
③ 자치구
④ 읍·면

| 해설 |

행정구역 단위(법 제9조 제1항 제1호) 〈2023.3.28. 개정〉
특별시·광역시·도·특별자치도 또는 시(특별자치시와 「제주특별자치도 설치 및 국제자유도시 조성을 위한 특별법」 제10조 제2항에 따라 설치된 행정시를 포함한다)·군·자치구. 다만, 「보험업법」 제129조에 따른 보험료율 산출의 원칙에 부합하는 경우에는 자치구가 아닌 구·읍·면·동 단위로도 보험료율을 산정할 수 있다.

24 농어업재해보험법령상 재해보험 요율산정에 관한 설명으로 옳지 않은 것은? 기출 제1회

① 재해보험사업자가 산정한다.
② 보험목적물별 또는 보상방식별로 산정한다.
③ 객관적이고 합리적인 통계자료를 기초로 산정한다.
④ 시·군·자치구 또는 읍·면·동 행정구역 단위까지 산정한다.

| 해설 |

보험료율의 산정(법 제9조 제1항) 〈2023.3.28. 개정〉
재해보험사업자는 재해보험의 보험료율을 객관적이고 합리적인 통계자료를 기초로 하여 보험목적물별 또는 보상방식별로 산정하되, 다음의 구분에 따른 단위로 산정하여야 한다.
- **행정구역 단위**: 특별시·광역시·도·특별자치도 또는 시(특별자치시와 「제주특별자치도 설치 및 국제자유도시 조성을 위한 특별법」 제10조 제2항에 따라 설치된 행정시를 포함한다)·군·자치구. 다만, 「보험업법」 제129조에 따른 보험료율 산출의 원칙에 부합하는 경우에는 자치구가 아닌 구·읍·면·동 단위로도 보험료율을 산정할 수 있다.
- **권역 단위**: 농림축산식품부장관 또는 해양수산부장관이 행정구역 단위와는 따로 구분하여 고시하는 지역 단위

25 농어업재해보험법상 보험료율의 산정에 관한 내용이다. ( )에 들어갈 용어는? 기출 제9회

농림축산식품부장관 또는 해양수산부장관과 재해보험사업의 약정을 체결한 자는 재해보험의 보험료율을 객관적이고 합리적인 통계자료를 기초로 하여 (ㄱ) 또는 (ㄴ)로 산정하되, 행정구역과 권역의 구분에 따른 단위로 산정하여야 한다.

	ㄱ	ㄴ
①	보험목적물별	보상방식별
②	보상방식별	보험종류별
③	보험종류별	보험가입금액별
④	보험가입금액별	보험료별

| 해설 |

보험료율의 산정(법 제9조 제1항) 〈2023.3.28. 개정〉
농림축산식품부장관 또는 해양수산부장관과 재해보험사업의 약정을 체결한 자(이하 "재해보험사업자"라 한다)는 재해보험의 보험료율을 객관적이고 합리적인 통계자료를 기초로 하여 (**보험목적물별**) 또는 (**보상방식별**)로 산정하되, 행정구역과 권역의 구분에 따른 단위로 산정하여야 한다.

정답 22 ④ 23 ④ 24 ④ 25 ①

26. 농어업재해보험법상 보험료율의 산정에 관한 내용이다. ( )에 들어갈 용어는? 기출 제4회

> 농림축산식품부장관 또는 해양수산부장관과 재해보험사업의 약정을 체결한 자는 재해보험의 보험료율을 객관적이고 합리적인 통계자료를 기초로 하여 보험목적물별 또는 보상방식별로 산정하되, 행정구역 단위 또는 ( )로 산정하여야 한다.

① 지역 단위
② 권역 단위
③ 보험목적물 단위
④ 보험금액 단위

| 해설 |

농림축산식품부장관 또는 해양수산부장관과 재해보험사업의 약정을 체결한 자(이하 "재해보험사업자"라 한다)는 재해보험의 보험료율을 객관적이고 합리적인 통계자료를 기초로 하여 보험목적물별 또는 보상방식별로 산정하되, 행정구역 단위 또는 (**권역 단위**)로 산정하여야 한다(법 제9조 제1항).

27. 농어업재해보험법상 재해보험을 모집할 수 있는 자에 해당하지 않는 것은?

기출 제2회, 제5회, 제8회

① 산림조합중앙회의 임직원
②「수산업협동조합법」에 따라 설립된 수협은행의 임직원
③「산림조합법」제48조의 공제규정에 따른 공제모집인으로서 농림축산식품부장관이 인정하는 자
④「보험업법」제83조 제1항에 따라 보험을 모집할 수 있는 자

| 해설 |

재해보험을 모집할 수 있는 자(법 제10조 제1항)
1. 산림조합중앙회와 그 회원조합의 임직원, 수협중앙회와 그 회원조합 및「수산업협동조합법」에 따라 설립된 수협은행의 임직원
2. 「수산업협동조합법」제60조의 공제규약에 따른 공제모집인으로서 수협중앙회장 또는 그 회원조합장이 인정하는 자
3. 「산림조합법」제48조의 공제규정에 따른 공제모집인으로서 <u>산림조합중앙회장이나 그 회원조합장이 인정하는 자</u>
4. 「보험업법」제83조 제1항에 따라 보험을 모집할 수 있는 자

28 농어업재해보험법상 재해보험에 관한 설명으로 옳지 않은 것은? 기출 제7회

① 재해보험에 가입할 수 있는 자는 농림업, 축산업, 양식수산업에 종사하는 개인 또는 법인으로 하고, 구체적인 보험가입자의 기준은 대통령령으로 정한다.
②「산림조합법」의 공제규정에 따른 공제모집인으로서 산림조합중앙회장이나 그 회원조합장이 인정하는 자는 재해보험을 모집할 수 있다.
③ 재해보험사업자는 사고 예방을 위하여 보험가입자가 납입한 보험료의 일부를 되돌려 줄 수 있다.
④「수산업협동조합법」에 따른 조합이 그 조합원에게 재해보험의 보험료 일부를 지원하는 경우에는「보험업법」상 해당 보험계약의 체결 또는 모집과 관련한 특별이익의 제공으로 본다.

| 해설 |

「농업협동조합법」,「수산업협동조합법」,「산림조합법」에 따른 조합이 그 조합원에게 이 법에 따른 보험상품의 보험료 일부를 지원하는 경우에는「보험업법」제98조에도 불구하고 해당 보험계약의 체결 또는 모집과 관련한 특별이익의 제공으로 보지 않는다(법 제10조 제2항).
① 농어업재해보험법 제7조
② 농어업재해보험법 제10조 제1항 제2호
③ 농어업재해보험법 제10조의2 제2항

29 농어업재해보험법령과 농업재해보험 손해평가요령상 다음의 설명 중 옳지 않은 것은? 기출 제5회

① 손해평가사나 손해사정사가 아닌 경우에는 손해평가인이 될 수 없다.
② 농업재해보험 손해평가요령은 농림축산식품부고시의 형식을 갖추고 있다.
③ 가축재해보험도 농업재해보험의 일종이다.
④ 손해평가보조인이라 함은 손해평가 업무를 보조하는 자를 말한다.

| 해설 |

재해보험사업자는 보험목적물에 관한 지식과 경험을 갖춘 사람 또는 그 밖의 관계 전문가를 손해평가인으로 위촉하여 손해평가를 담당하게 하거나 제11조의2에 따른 손해평가사 또는「보험업법」제186조에 따른 손해사정사에게 손해평가를 담당하게 할 수 있다(법 제11조 제1항).
② 농업재해보험 손해평가요령은「농어업재해보험법」제11조 제2항에 따른 손해평가에 필요한 세부사항을 규정함을 목적으로 하며, 농림축산식품부고시의 형식을 갖추고 있다.
③ 농업재해보험 손해평가요령 제2조 제5호
④ 농업재해보험 손해평가요령 제2조 제4호

정답 26 ② 27 ③ 28 ④ 29 ①

30 농어업재해보험법령상 손해평가에 관한 설명으로 옳은 것은? 기출 제7회

① 재해보험사업자는 「보험업법」에 따른 손해평가인에게 손해평가를 담당하게 할 수 있다.
② 「고등교육법」에 따른 전문대학에서 임산물재배 관련 학과를 졸업한 사람은 손해평가인으로 위촉될 자격이 인정된다.
③ 농림축산식품부장관은 손해평가사가 공정하고 객관적인 손해평가를 수행할 수 있도록 연 1회 이상 정기교육을 실시하여야 한다.
④ 농림축산식품부장관 또는 해양수산부장관은 손해평가요령을 고시하려면 미리 금융위원회와 협의하여야 한다.

> | 해설 |
> ④ 농어업재해보험법 제11조 제4항
> ① 재해보험사업자는 보험목적물에 관한 지식과 경험을 갖춘 사람 또는 그 밖의 관계 전문가를 손해평가인으로 위촉하여 손해평가를 담당하게 하거나 손해평가사 또는 「보험업법」 제186조에 따른 손해사정사에게 손해평가를 담당하게 할 수 있다(법 제11조 제1항).
> ② 「고등교육법」 제2조에 따른 학교에서 임산물재배 관련학을 전공하고 임업전문 연구기관 또는 연구소에서 5년 이상 근무한 학사학위 이상 소지자는 손해평가인으로 위촉될 수 있다(영 별표 2).
> ③ 농림축산식품부장관 또는 해양수산부장관은 손해평가인의 공정하고 객관적인 손해평가와 손해평가인의 전문성 향상을 위하여 연 1회 이상 재해보험 대상 품목의 품종, 재배방식 등에 대한 내용을 포함하여 정기교육을 실시하여야 한다(법 제11조 제5항). 〈2025.8.14. 개정〉

31 농어업재해보험법령상 손해평가에 관한 설명으로 옳지 않은 것은? 기출 제5회

① 재해보험사업자는 손해평가인을 위촉하여 손해평가를 담당하게 할 수 있다.
② 농림축산식품부장관 또는 해양수산부장관은 손해평가인간의 손해평가에 관한 기술·정보의 교환을 지원할 수 있다.
③ 농림축산식품부장관 또는 해양수산부장관은 손해평가인이 공정하고 객관적인 손해평가를 수행할 수 있도록 분기별 1회 이상 정기교육을 실시하여야 한다.
④ 농림축산식품부장관 또는 해양수산부장관은 손해평가요령을 고시하려면 미리 금융위원회와 협의하여야 한다.

> | 해설 |
> 농림축산식품부장관 또는 해양수산부장관은 손해평가인의 공정하고 객관적인 손해평가와 손해평가인의 전문성 향상을 위하여 연 1회 이상 재해보험 대상 품목의 품종, 재배방식 등에 대한 내용을 포함하여 정기교육을 실시하여야 한다(법 제11조 제5항). 〈2025.8.14. 개정〉
> ① 농어업재해보험법 제11조 제1항
> ② 농어업재해보험법 제11조 제6항
> ④ 농어업재해보험법 제11조 제4항

32 농어업재해보험법상 손해평가 등에 관한 설명으로 옳은 것은? 기출 제8회

① 재해보험사업자는 동일 시·군·구 내에서 교차손해평가를 수행할 수 없다.
② 농림축산식품부장관은 손해평가인이 공정하고 객관적인 손해평가를 수행할 수 있도록 연 1회 이상 정기교육을 실시하여야 한다.
③ 농림축산식품부장관이 손해평가요령을 정한 뒤 이를 고시하려면 미리 금융위원회의 인가를 거쳐야 한다.
④ 농림축산식품부장관은 손해평가인간의 손해평가에 관한 기술·정보의 교환을 금지하여야 한다.

> **해설**
> ② 농어업재해보험법 제11조 제5항
> ① 재해보험사업자는 공정하고 객관적인 손해평가를 위하여 동일 시·군·구(자치구를 말한다) 내에서 교차손해평가(손해평가인 상호간에 담당지역을 교차하여 평가하는 것을 말한다)를 <u>수행할 수 있다</u>(법 제11조 제3항).
> ③ 농림축산식품부장관 또는 해양수산부장관은 손해평가요령을 고시하려면 <u>미리 금융위원회와 협의하여야 한다</u>(법 제11조 제4항).
> ④ 농림축산식품부장관 또는 해양수산부장관은 손해평가인간의 손해평가에 관한 기술·정보의 교환을 <u>지원할 수 있다</u>(법 제11조 제6항).

33 농어업재해보험법령상 손해평가사의 정기교육에 관한 설명이다. ( )에 들어갈 숫자로 옳은 것은? 기출 제10회

> • 농림축산식품부장관 또는 해양수산부장관은 손해평가인이 공정하고 객관적인 손해평가를 수행할 수 있도록 연 (ㄱ)회 이상 정기교육을 실시하여야 한다.
> • 정기교육의 교육시간은 (ㄴ)시간 이상으로 한다.

① ㄱ : 1, ㄴ : 4
② ㄱ : 1, ㄴ : 5
③ ㄱ : 2, ㄴ : 4
④ ㄱ : 2, ㄴ : 6

> **해설**
> **손해평가사의 정기교육**
> • 농림축산식품부장관 또는 해양수산부장관은 손해평가인의 공정하고 객관적인 손해평가와 손해평가인의 전문성 향상을 위하여 연 (**1**)회 이상 재해보험 대상 품목의 품종, 재배방식 등에 대한 내용을 포함하여 정기교육을 실시하여야 한다(법 제11조 제5항). 〈2025.8.14. 개정〉
> • 정기교육의 교육시간은 (**4**)시간 이상으로 한다(영 제12조 제3항).

정답 30 ④ 31 ③ 32 ② 33 ①

34 농어업재해보험법령상 농작물재해보험 손해평가인의 자격요건에 관한 규정의 일부이다. ( )에 들어갈 숫자는? 기출 제11회

> - 교원으로 고등학교에서 농작물재배 분야 관련 과목을 (ㄱ)년 이상 교육한 경력이 있는 사람
> - 조교수 이상으로 「고등교육법」 제2조에 따른 학교에서 농작물재배 관련학을 (ㄴ)년 이상 교육한 경력이 있는 사람

① ㄱ : 3, ㄴ : 2
② ㄱ : 3, ㄴ : 3
③ ㄱ : 5, ㄴ : 3
④ ㄱ : 5, ㄴ : 5

| 해설 |
손해평가인의 자격요건(영 별표 2 참조)
- 교원으로 고등학교에서 농작물재배 분야 관련 과목을 (5)년 이상 교육한 경력이 있는 사람
- 조교수 이상으로 「고등교육법」 제2조에 따른 학교에서 농작물재배 관련학을 (3)년 이상 교육한 경력이 있는 사람

35 농어업재해보험법령상 손해평가인으로 위촉될 수 없는 자는? 기출 제2회

① 재해보험 대상 농작물을 6년간 경작한 경력이 있는 농업인
② 공무원으로 농촌진흥청에서 농작물재배 분야에 관한 연구·지도 업무를 2년간 담당한 경력이 있는 사람
③ 교원으로 고등학교에서 농작물재배 분야 관련 과목을 6년간 교육한 경력이 있는 사람
④ 조교수 이상으로 「고등교육법」 제2조에 따른 학교에서 농작물재배 관련학을 5년간 교육한 경력이 있는 사람

| 해설 |
손해평가인으로 위촉될 수 있는 자는 공무원으로 농림축산식품부, 농촌진흥청, 통계청 또는 지방자치단체나 그 소속기관에서 농작물재배 분야에 관한 연구·지도, 농산물 품질관리 또는 농업 통계조사 업무를 3년 이상 담당한 경력이 있는 사람이어야 한다(영 별표 2).

36 농어업재해보험법령상 농작물재해보험 손해평가인으로 위촉될 수 있는 자의 자격요건이 아닌 것은? 기출 제1회

① 「농수산물 품질관리법」에 따른 농산물품질관리사
② 재해보험 대상 농작물을 3년 이상 경작한 경력이 있는 농업인
③ 재해보험 대상 농작물 분야에서 「국가기술자격법」에 따른 기사 이상의 자격을 소지한 사람
④ 공무원으로 지방자치단체에서 농작물재배 분야에 관한 연구·지도 업무를 3년 이상 담당한 경력이 있는 사람

| 해설 |
재해보험 대상 농작물을 <u>5년</u> 이상 경작한 경력이 있는 농업인이어야 한다(영 별표 2).

37 농어업재해보험법령상 농작물재해보험 손해평가인의 자격요건에 관한 내용의 일부이다. ( )에 들어갈 숫자는? 기출 제9회

「보험업법」에 따른 보험회사의 임직원이나 「농업협동조합법」에 따른 중앙회와 조합의 임직원으로 영농 지원 또는 보험·공제 관련 업무를 (ㄱ)년 이상 담당하였거나 손해평가 업무를 (ㄴ)년 이상 담당한 경력이 있는 사람

	ㄱ	ㄴ
①	2	1
②	1	2
③	3	2
④	2	3

| 해설 |
손해평가인의 자격요건(영 별표 2 참조)
「보험업법」에 따른 보험회사의 임직원이나 「농업협동조합법」에 따른 중앙회와 조합의 임직원으로 영농 지원 또는 보험·공제 관련 업무를 (<u>3</u>)년 이상 담당하였거나 손해평가 업무를 (<u>2</u>)년 이상 담당한 경력이 있는 사람

정답 34 ③ 35 ② 36 ② 37 ③

38 농어업재해보험법령상 가축재해보험의 손해평가인으로 위촉될 수 있는 자격요건을 갖춘 자는?

기출 제3회

① 「수의사법」에 따른 수의사
② 농촌진흥청에서 가축사육 분야에 관한 연구·지도 업무를 1년간 담당한 공무원
③ 「수산업협동조합법」에 따른 중앙회와 조합의 임직원으로 수산업지원 관련 업무를 3년간 담당한 경력이 있는 사람
④ 재해보험 대상 가축을 3년간 사육한 경력이 있는 농업인

| 해설 |

가축재해보험의 손해평가인으로 위촉될 수 있는 자격요건(영 별표 2) 〈2024.11.26. 개정〉
1. 재해보험 대상 가축을 5년 이상 사육한 경력이 있는 농업인
2. 공무원으로 농림축산식품부, 농촌진흥청, 통계청 또는 지방자치단체나 그 소속기관에서 가축사육 분야에 관한 연구·지도 또는 가축 통계조사 업무를 3년 이상 담당한 경력이 있는 사람
3. 교원으로 고등학교에서 가축사육 분야 관련 과목을 5년 이상 교육한 경력이 있는 사람
4. 조교수 이상으로 「고등교육법」 제2조에 따른 학교에서 가축사육 관련학을 3년 이상 교육한 경력이 있는 사람
5. 「보험업법」에 따른 보험회사의 임직원이나 「농업협동조합법」에 따른 중앙회와 조합의 임직원으로 영농 지원 또는 보험·공제 관련 업무를 3년 이상 담당하였거나 손해평가 업무를 2년 이상 담당한 경력이 있는 사람
6. 「고등교육법」 제2조에 따른 학교에서 가축사육 관련학을 전공하고 축산전문 연구기관 또는 연구소에서 5년 이상 근무한 학사학위 이상 소지자
7. 「고등교육법」 제2조에 따른 전문대학에서 보험 관련 학과를 졸업했거나 졸업 예정인 사람
8. 「학점인정 등에 관한 법률」 제8조에 따라 전문대학의 보험 관련 학과 졸업자와 같은 수준 이상의 학력이 있다고 인정받은 사람이나 「고등교육법」 제2조에 따른 학교에서 80학점(보험 관련 과목 학점이 45학점 이상이어야 한다) 이상을 이수한 사람 등 제7호에 해당하는 사람과 같은 수준 이상의 학력이 있다고 인정되는 사람
9. 「수의사법」에 따른 수의사
10. 「국가기술자격법」에 따른 축산기사 이상의 자격을 소지한 사람

39 농어업재해보험법령상 손해평가인의 자격요건에 관한 내용의 일부이다. (   )에 들어갈 숫자는?

기출 제8회

「학점인정 등에 관한 법률」 제8조에 따라 전문대학의 보험 관련 학과 졸업자와 같은 수준 이상의 학력이 있다고 인정받은 사람이나 「고등교육법」 제2조에 따른 학교에서 (ㄱ)학점(보험 관련 과목 학점이 (ㄴ)학점 이상이어야 한다) 이상을 이수한 사람 등 제7호에 해당하는 사람과 같은 수준 이상의 학력이 있다고 인정되는 사람

	ㄱ	ㄴ
①	60	40
②	60	45
③	80	40
④	80	45

| 해설 |··

손해평가인의 자격요건(영 별표 2)

「학점인정 등에 관한 법률」제8조에 따라 전문대학의 보험 관련 학과 졸업자와 같은 수준 이상의 학력이 있다고 인정받은 사람이나 「고등교육법」제2조에 따른 학교에서 (80)학점[보험 관련 과목 학점이 (45)학점 이상이어야 한다] 이상을 이수한 사람 등 제7호에 해당하는 사람과 같은 수준 이상의 학력이 있다고 인정되는 사람

40 농어업재해보험법령상 양식수산물재해보험의 손해평가인으로 위촉될 수 있는 자격요건을 갖추지 않은 자는? `기출수정` 제6회

① 재해보험 대상 양식수산물을 3년 동안 양식한 경력이 있는 어업인
② 「고등교육법」제2조에 따른 전문대학에서 보험 관련 학과를 졸업했거나 졸업 예정인 사람
③ 「수산생물질병 관리법」에 따른 수산질병관리사
④ 「농수산물 품질관리법」에 따른 수산물품질관리사

| 해설 |··

재해보험 대상 양식수산물을 <u>5년</u> 동안 양식한 경력이 있는 어업인이어야 한다(영 별표 2).

41 농어업재해보험법령상 양식수산물재해보험 손해평가인으로 위촉될 수 있는 자격요건에 해당하지 않는 자는? `기출` 제4회

① 「농수산물 품질관리법」에 따른 수산물품질관리사
② 「수산생물질병 관리법」에 따른 수산질병관리사
③ 「국가기술자격법」에 따른 수산양식기술사
④ 조교수로서 「고등교육법」제2조에 따른 학교에서 수산물양식 관련학을 2년간 교육한 경력이 있는 자

| 해설 |··

조교수 이상으로 「고등교육법」제2조에 따른 학교에서 수산물양식 관련학 또는 수산생명의학 관련학을 <u>3년 이상</u> 교육한 경력이 있는 사람이어야 한다(영 별표 2).

정답 38 ① 39 ④ 40 ① 41 ④

42 손해평가사의 업무에 해당하는 것을 모두 고른 것은?

> 가. 피해사실의 확인　　　　나. 보험상품의 비교
> 다. 서류의 작성·제출의 대행　라. 보험가액 및 손해액의 평가

① 가, 다
② 나, 라
③ 가, 라
④ 가, 나, 다

|해설|
손해평가사의 업무(법 제11조의3)
손해평가사는 농작물재해보험 및 가축재해보험에 관하여 다음 각 호의 업무를 수행한다.
1. 피해사실의 확인
2. 보험가액 및 손해액의 평가
3. 그 밖의 손해평가에 필요한 사항

43 농어업재해보험법상 농작물재해보험에 관한 손해평가사 업무로 옳지 않은 것은? 기출 제3회

① 손해액 평가
② 보험가액 평가
③ 피해사실 확인
④ 손해평가인증의 발급

|해설|
손해평가인증은 재해보험사업자가 발급하여야 한다(농업재해보험 손해평가요령 제4조 제1항).

44 농어업재해보험법상 손해평가사에 관한 설명으로 옳은 것은? 기출 제7회

① 농림축산식품부장관과 해양수산부장관은 공정하고 객관적인 손해평가를 촉진하기 위하여 손해평가사제도를 운영한다.
② 임산물재해보험에 관한 피해사실의 확인은 손해평가사가 수행하는 업무에 해당하지 않는다.
③ 손해평가사 자격이 취소된 사람은 그 처분이 있은 날부터 3년이 지나지 아니한 경우 손해평가사 자격시험에 응시하지 못한다.
④ 손해평가사는 다른 사람에게 그 자격증을 대여해서는 아니 되나, 손해평가사 자격증의 대여를 알선하는 것은 허용된다.

> **해설**
> 손해평가사는 <u>농작물재해보험 및 가축재해보험에 관한 업무를 수행한다</u>(법 제11조의3).
> ① <u>농림축산식품부장관</u>은 공정하고 객관적인 손해평가를 촉진하기 위하여 손해평가사제도를 운영한다(법 제11조의2).
> ③ 손해평가사 자격이 취소된 사람은 그 처분이 있은 날부터 <u>2년이 지나지 아니한 경우</u> 손해평가사 자격시험에 응시하지 못한다(법 제11조의4 제4항 제2호).
> ④ 손해평가사는 다른 사람에게 그 자격증을 대여해서는 아니 되고, <u>손해평가사 자격증의 대여를 알선해서도 안 된다</u>(법 제11조의4 제6항, 제7항).

45 「농어업재해보험법령」상 손해평가사의 시험에 관한 설명으로 옳은 것은? 기출 제3회

① 손해평가사 자격이 취소된 사람은 그 취소 처분이 있은 날부터 2년이 지나지 아니한 경우 손해평가사 자격시험에 응시하지 못한다.
② 「보험업법」에 따른 손해사정사에 대하여는 손해평가사 제1차 시험을 면제할 수 없다.
③ 농림축산식품부장관은 손해평가사의 수급(需給)상 필요와 무관하게 손해평가사 자격시험을 매년 1회 실시하여야 한다.
④ 손해평가인으로 위촉된 기간이 3년 이상인 사람으로서 손해평가업무를 수행한 경력이 있는 사람은 손해평가사 제2차 시험의 일부과목을 면제한다.

> **해설**
> ① 법 제11조의4 제4항 제2호
> ② 「보험업법」에 따른 손해사정사에 대하여는 손해평가사 제1차 시험을 <u>면제할 수 있다</u>(법 제11조의4 제2항, 영 제12조의5 제1항 제2호).
> ③ 손해평가사 자격시험은 매년 1회 실시한다. 다만, 농림축산식품부장관이 손해평가사의 <u>수급(需給)상 필요하다고 인정하는 경우</u>에는 2년마다 실시할 수 있다(영 제12조의2 제1항).
> ④ 손해평가인으로 위촉된 기간이 3년 이상인 사람으로서 손해평가업무를 수행한 경력이 있는 사람은 손해평가사 <u>제1차 시험을 면제한다</u>(영 제12조의5 제2항).

정답 42 ③ 43 ④ 44 ② 45 ①

46 농어업재해보험법령상 손해평가사의 시험 등에 관한 설명으로 옳은 것은? 기출 제9회

① 금융감독원에서 손해사정 관련 업무에 2년 종사한 경력이 있는 사람에게는 손해평가사 자격시험 과목의 일부를 면제할 수 있다.
② 농림축산식품부장관은 부정한 방법으로 시험에 응시한 사람에 대하여는 그 시험을 정지시키고 그 처분 사실을 14일 이내에 알려야 한다.
③ 농림축산식품부장관은 시험에서 부정한 행위를 한 사람에 대하여는 그 시험을 취소하고 그 처분 사실을 7일 이내에 알려야 한다.
④ 손해평가사는 다른 사람에게 그 명의를 사용하게 하거나 다른 사람에게 그 자격증을 대여해서는 아니 된다.

| 해설 |

④ 농어업재해보험법 제11조의4 제6항
① 금융감독원에서 손해사정 관련 업무에 <u>3년</u> 종사한 경력이 있는 사람에게는 손해평가사 자격시험 과목의 일부를 면제할 수 있다(영 제12조의5 제1항 제3호).
② 농림축산식품부장관은 부정한 방법으로 시험에 응시한 사람에 대하여는 <u>그 시험을 정지시키거나 무효로 하고 그 처분 사실을 지체 없이 알려야 한다</u>(법 제11조의4 제3항 제1호).
③ 농림축산식품부장관은 시험에서 부정한 행위를 한 사람에 대하여는 <u>그 시험을 정지시키거나 무효로 하고 그 처분 사실을 지체 없이 알려야 한다</u>(법 제11조의4 제3항 제2호).

47 농어업재해보험법령상 손해평가사에 관한 설명으로 옳지 않은 것은? 기출 제5회

① 농림축산식품부장관은 공정하고 객관적인 손해평가를 촉진하기 위하여 손해평가사제도를 운영한다.
② 손해평가사 자격이 취소된 사람은 그 취소 처분이 있은 날부터 2년이 지나지 아니한 경우 손해평가사 자격시험에 응시하지 못한다.
③ 손해평가사 자격시험의 제1차 시험은 선택형으로 출제하는 것을 원칙으로 하되, 단답형 또는 기입형을 병행할 수 있다.
④ 보험목적물 또는 관련 분야에 관한 전문 지식과 경험을 갖추었다고 인정되는 대통령령으로 정하는 기준에 해당하는 사람에게는 손해평가사 자격시험 과목의 전부를 면제할 수 있다.

| 해설 |

보험목적물 또는 관련 분야에 관한 전문 지식과 경험을 갖추었다고 인정되는 대통령령으로 정하는 기준에 해당하는 사람에게는 손해평가사 자격시험 과목의 <u>일부를 면제</u>할 수 있다(법 제11조의4 제2항).
① 농어업재해보험법 제11조의2
② 농어업재해보험법 제11조의4 제4항
③ 농어업재해보험법 시행령 제12조의3 제2항

48 농어업재해보험법령상 손해평가사의 시험에 관한 설명으로 옳은 것은? 기출 제11회

① 손해평가인으로 위촉된 기간이 2년이 된 사람은 손해평가사 제1차 시험의 일부과목을 면제한다.
② 농림축산식품부장관은 거짓으로 손해평가를 한 사람에 대하여 손해평가사 자격을 취소하여야 한다.
③ 농림축산식품부장관은 손해평가사의 자격을 부정한 방법으로 취득한 사람에 대하여 손해평가사 자격을 취소하여야 한다.
④ 손해평가사 자격이 취소된 사람은 그 취소 처분이 있은 날부터 3년이 지나지 아니한 경우 손해평가사 자격시험에 응시하지 못한다.

| 해설 |

③ 농어업재해보험법 제11조의5 제1항 제1호
① 손해평가인으로 위촉된 기간이 <u>3년</u> 이상인 사람으로서 손해평가 업무를 수행한 경력이 있는 사람은 손해평가사 <u>자격시험 과목의 일부를</u> 면제할 수 있다(법 제11조의4 제2항, 영 제12조의5 제1항 제1호).
② 농림축산식품부장관은 거짓으로 손해평가를 한 사람에 대하여 손해평가사 자격을 <u>취소할 수 있다</u>(법 제11조의5 제1항 제2호).
④ 손해평가사 자격이 취소된 사람은 그 취소 처분이 있은 날부터 <u>2년</u>이 지나지 아니한 경우 손해평가사 자격시험에 응시하지 못한다(법 제11조의4 제4항 제2호).

49 농어업재해보험법령상 손해평가사의 자격취소 사유에 해당하지 않은 것은? 기출 제3회, 제4회, 제6회, 제8회, 제9회

① 심신장애로 인하여 직무를 수행할 수 없게 된 경우
② 거짓으로 손해평가를 한 경우
③ 업무정지 기간 중에 손해평가 업무를 수행한 경우
④ 손해평가사의 자격을 거짓 또는 부정한 방법으로 취득한 경우

| 해설 |

손해평가사의 자격취소(법 제11조의5 제1항)
농림축산식품부장관은 다음 각 호의 어느 하나에 해당하는 사람에 대하여 손해평가사 자격을 취소할 수 있다. 다만, 제1호 및 제5호에 해당하는 경우에는 자격을 취소하여야 한다.
1. <u>손해평가사의 자격을 거짓 또는 부정한 방법으로 취득한 사람</u>
2. <u>거짓으로 손해평가를 한 사람</u>
3. 다른 사람에게 손해평가사의 명의를 사용하게 하거나 그 자격증을 대여한 사람
4. 손해평가사 명의의 사용이나 자격증의 대여를 알선한 사람
5. <u>업무정지 기간 중에 손해평가 업무를 수행한 사람</u>

50 농어업재해보험법상 농림축산식품부장관이 손해평가사 자격을 취소하여야 하는 대상을 모두 고른 것은? 기출 제7회

> ㄱ. 업무정지 기간 중에 손해평가 업무를 수행한 사람
> ㄴ. 업무수행과 관련하여 향응을 제공받은 사람
> ㄷ. 손해평가사의 자격을 부정한 방법으로 취득한 사람
> ㄹ. 손해평가요령을 준수하지 않고 손해평가를 한 사람

① ㄱ, ㄴ
② ㄱ, ㄷ
③ ㄴ, ㄹ
④ ㄷ, ㄹ

| 해설 |

손해평가사의 자격취소(법 제11조의5 제1항)
농림축산식품부장관은 다음 각 호의 어느 하나에 해당하는 사람에 대하여 손해평가사 자격을 취소할 수 있다. 다만, 제1호 및 제5호에 해당하는 경우에는 자격을 취소하여야 한다.
1. 손해평가사의 자격을 거짓 또는 부정한 방법으로 취득한 사람
2. 거짓으로 손해평가를 한 사람
3. 다른 사람에게 손해평가사의 명의를 사용하게 하거나 그 자격증을 대여한 사람
4. 손해평가사 명의의 사용이나 자격증의 대여를 알선한 사람
5. 업무정지 기간 중에 손해평가 업무를 수행한 사람

51 농어업재해보험법령상 손해평가사의 자격취소 사유에 해당하는 위반행위를 한 경우, 1회 위반시에는 자격취소를 하지 않고 시정명령을 하는 경우는? 기출 제10회

① 손해평가사의 자격을 거짓 또는 부정한 방법으로 취득한 경우
② 거짓으로 손해평가를 한 경우
③ 다른 사람에게 손해평가사의 명의를 사용하게 하거나 그 자격증을 대여한 경우
④ 업무정지 기간 중에 손해평가 업무를 수행한 경우

| 해설 |

손해평가사 자격취소 처분의 세부기준(영 별표 2의3)

위반행위	처분기준	
	1회 위반	2회 이상 위반
손해평가사의 자격을 거짓 또는 부정한 방법으로 취득한 경우	자격취소	
거짓으로 손해평가를 한 경우	시정명령	자격취소
다른 사람에게 손해평가사의 명의를 사용하게 하거나 그 자격증을 대여한 경우	자격취소	
손해평가사 명의의 사용이나 자격증의 대여를 알선한 경우	자격취소	
업무정지 기간 중에 손해평가 업무를 수행한 경우	자격취소	

52 농어업재해보험법상 손해평가사의 자격취소에 해당되는 사람만을 모두 고른 것은? 기출 제1회

> a. 손해평가사의 직무를 게을리 하였다고 인정되는 사람
> b. 손해평가사의 자격을 거짓 또는 부정한 방법으로 취득한 사람
> c. 거짓으로 손해평가를 한 사람
> d. 다른 사람에게 손해평가사의 자격증을 대여한 사람

① a, b
② a, c, d
③ b, c, d
④ a, b, c, d

| 해설 |
> 손해평가사가 그 직무를 게을리하거나 직무를 수행하면서 부적절한 행위를 하였다고 인정하면 농림축산식품부장관은 1년 이내의 기간을 정하여 업무의 정지를 명할 수 있다(법 제11조의6 제1항).

53 농어업재해보험법상 손해평가사의 자격취소 사유에 해당되는 자를 모두 고른 것은? 기출 제2회

> ㄱ. 손해평가사의 자격을 부정한 방법으로 취득한 사람
> ㄴ. 거짓으로 손해평가를 한 사람
> ㄷ. 손해평가사의 직무를 수행하면서 부적절한 행위를 하였다고 인정되는 사람
> ㄹ. 다른 사람에게 손해평가사의 자격증을 대여한 사람

① ㄱ, ㄴ
② ㄷ, ㄹ
③ ㄱ, ㄴ, ㄹ
④ ㄴ, ㄷ, ㄹ

| 해설 |
> ㄷ. 농림축산식품부장관은 손해평가사가 그 직무를 게을리 하거나 직무를 수행하면서 부적절한 행위를 하였다고 인정하면 1년 이내의 기간을 정하여 업무의 정지를 명할 수 있다(법 제11조의6 제1항).

54 농어업재해보험법상 손해평가사의 감독에 관한 내용이다. ( )에 들어갈 숫자는?

기출 제6회

> 농림축산식품부장관은 손해평가사가 그 직무를 게을리하거나 직무를 수행하면서 부적절한 행위를 하였다고 인정하면 ( )년 이내의 기간을 정하여 업무의 정지를 명할 수 있다.

① 1
② 2
③ 3
④ 5

| 해설 |
손해평가사가 그 직무를 게을리하거나 직무를 수행하면서 부적절한 행위를 하였다고 인정하면 농림축산식품부장관은 <u>1년</u> 이내의 기간을 정하여 업무의 정지를 명할 수 있다(법 제11조의6 제1항).

55 「농어업재해보험법」상 손해평가사가 그 직무를 게을리 하거나 직무를 수행하면서 부적절한 행위를 하였다고 인정될 경우, 농림축산식품부장관이 손해평가사에게 명할 수 있는 업무정지의 최장 기간은? 기출 제3회

① 6개월
② 1년
③ 2년
④ 3년

| 해설 |
농림축산식품부장관은 손해평가사가 그 직무를 게을리하거나 직무를 수행하면서 부적절한 행위를 하였다고 인정하면 <u>1년 이내</u>의 기간을 정하여 업무의 정지를 명할 수 있다(법 제11조의6 제1항).

56 농어업재해보험법상 재해보험사업에 관한 설명으로 옳은 것은? 기출 제9회

① 농림축산식품부장관은 손해평가사가 그 직무를 수행하면서 부적절한 행위를 하였다고 인정하면 1년 이상의 기간을 정하여 업무의 정지를 명할 수 있다.
② 재해보험사업자는 정보통신장애나 그 밖에 대통령령으로 정하는 불가피한 사유로 보험금을 보험금수급계좌로 이체할 수 없을 때에는 현금으로 보험금을 지급할 수 있다.
③ 보험목적물이 담보로 제공된 경우에는 이를 압류할 수 없다.
④ 재해보험가입자가 재해보험에 가입된 보험목적물을 양도하는 경우 재해보험계약에 관한 양도인의 의무는 그 양수인에게 승계되지 않는다.

| 해설 |
② 농어업재해보험법 제11조의7 제1항 단서
① 농림축산식품부장관은 손해평가사가 그 직무를 게을리하거나 직무를 수행하면서 부적절한 행위를 하였다고 인정하면 1년 이내의 기간을 정하여 업무의 정지를 명할 수 있다(법 제11조의6 제1항).
③ 재해보험의 보험금을 지급받을 권리는 압류할 수 없다. 다만, 보험목적물이 담보로 제공된 경우에는 압류할 수 있다(법 제12조 제1항).
④ 재해보험가입자가 재해보험에 가입된 보험목적물을 양도하는 경우 그 양수인은 재해보험계약에 관한 양도인의 권리 및 의무를 승계한 것으로 추정한다(법 제13조).

57 농어업재해보험법령상 농림축산식품부장관이 재해보험사업을 하려는 자와 재해보험사업의 약정을 체결할 때에 약정서에 포함되어야 하는 사항이 아닌 것은? 기출 제11회

① 국가에 대한 재정지원
② 약정기간
③ 약정의 변경·해지 등
④ 재해보험사업의 약정을 체결한 자가 준수하여야 할 사항

| 해설 |
농림축산식품부장관 또는 해양수산부장관은 재해보험사업을 하려는 자와 재해보험사업의 약정을 체결할 때에는 다음 각 호의 사항이 포함된 약정서를 작성하여야 한다(영 제10조 제2항).
1. 약정기간에 관한 사항
2. 재해보험사업의 약정을 체결한 자(이하 "재해보험사업자"라 한다)가 준수하여야 할 사항
3. 재해보험사업자에 대한 재정지원에 관한 사항
4. 약정의 변경·해지 등에 관한 사항
5. 그 밖에 재해보험사업의 운영에 관한 사항

정답 54 ① 55 ② 56 ② 57 ①

58 농어업재해보험법령의 내용으로 옳지 않은 것은? 기출 제3회

① 보험가입자는 재해로 인한 사고의 예방을 위하여 노력하여야 한다.
② 보험목적물이 담보로 제공된 경우에도 재해보험의 보험금을 지급받을 권리는 압류할 수 없다.
③ 재해보험가입자가 재해보험에 가입된 보험목적물을 양도하는 경우 그 양수인은 재해보험계약에 관한 양도인의 권리 및 의무를 승계한 것으로 추정한다.
④ 재해보험사업자는 손해평가인으로 위촉된 사람에 대하여 보험에 관한 기초지식, 보험약관 및 손해평가요령 등에 관한 실무교육을 하여야 한다.

| 해설 |
보험목적물이 담보로 제공된 경우에는 재해보험의 보험금을 지급받을 권리를 압류할 수 있다(법 제12조 제1항).
① 농어업재해보험법 제10조의2 제1항
③ 농어업재해보험법 제13조
④ 농어업재해보험법 시행령 제12조 제2항

59 농어업재해보험법령상 내용으로 옳지 않은 것은? 기출 제2회

① 재해보험가입자가 재해보험에 가입된 보험목적물을 양도하는 경우 그 양수인은 재해보험계약에 관한 양도인의 권리 및 의무를 승계한 것으로 추정하지 않는다.
② 재해보험의 보험금을 지급받을 권리는 압류할 수 없다. 다만, 보험목적물이 담보로 제공된 경우에는 그러하지 아니하다.
③ 재해보험사업자는 재해보험사업을 원활히 수행하기 위하여 필요한 경우에는 보험모집 및 손해평가 등 재해보험 업무의 일부를 대통령령으로 정하는 자에게 위탁할 수 있다.
④ 농림축산식품부장관은 손해평가사의 손해평가 능력 및 자질 향상을 위하여 교육을 실시할 수 있다.

| 해설 |
재해보험가입자가 재해보험에 가입된 보험목적물을 양도하는 경우 그 양수인은 재해보험계약에 관한 양도인의 권리 및 의무를 승계한 것으로 추정한다(법 제13조).
② 농어업재해보험법 제12조 제1항
③ 농어업재해보험법 제14조
④ 농어업재해보험법 시행령 제12조의8

60 농어업재해보험법령상 보험금의 압류 금지에 관한 조문의 일부이다. ( )에 들어갈 내용은?

기출 제8회

> 법 제12조 제2항에서 "대통령령으로 정하는 액수"란 다음 각 호의 구분에 따른 보험금 액수를 말한다.
> 1. 농작물·임산물·가축 및 양식수산물의 재생산에 직접적으로 소요되는 비용의 보장을 목적으로 법 제11조의7 제1항 본문에 따라 보험금수급전용계좌로 입금된 보험금 : 입금된 (ㄱ)
> 2. 제1호 외의 목적으로 법 제11조의7 제1항 본문에 따라 보험금수급전용계좌로 입금된 보험금 : 입금된 (ㄴ)에 해당하는 액수

	ㄱ	ㄴ
①	보험금의 2분의 1	보험금의 3분의 1
②	보험금의 2분의 1	보험금의 3분의 2
③	보험금 전액	보험금의 3분의 1
④	보험금 전액	보험금의 2분의 1

해설

보험금의 압류 금지(영 제12조의12)
법 제12조 제2항에서 "대통령령으로 정하는 액수"란 다음 각 호의 구분에 따른 보험금 액수를 말한다.
1. 농작물·임산물·가축 및 양식수산물의 재생산에 직접적으로 소요되는 비용의 보장을 목적으로 법 제11조의7 제1항 본문에 따라 보험금수급전용계좌로 입금된 보험금 : 입금된 (**보험금 전액**)
2. 제1호 외의 목적으로 법 제11조의7 제1항 본문에 따라 보험금수급전용계좌로 입금된 보험금 : 입금된 (**보험금의 2분의 1**)에 해당하는 액수

---

61 농어업재해보험법령상 보험금의 수급 및 보험목적물의 양도에 관한 설명으로 옳지 않은 것은?

기출 제11회

① 재해보험사업자는 정보통신장애로 보험금을 보험금수급계좌로 이체할 수 없을 때에는 현금으로 보험금을 지급할 수 있다.
② 농작물의 재생산에 직접적으로 소요되는 비용의 보장을 목적으로 보험금수급전용계좌로 입금된 보험금의 경우 입금된 보험금 전액에 관한 채권을 압류할 수 있다.
③ 보험금수급전용계좌의 해당 금융기관은 「농어업재해보험법」에 따른 보험금만이 보험금수급전용계좌에 입금되도록 관리하여야 한다.
④ 재해보험가입자가 재해보험에 가입된 보험목적물을 양도하는 경우 그 양수인은 재해보험계약에 관한 양도인의 권리 및 의무를 승계한 것으로 추정한다.

| 해설 |

농작물의 재생산에 직접적으로 소요되는 비용의 보장을 목적으로 보험금수급전용계좌로 입금된 보험금의 경우 입금된 보험금 전액에 관한 채권을 <u>압류할 수 없다</u>(법 제12조 제2항, 영 제12조의12 제1호).
① 농어업재해보험법 제11조의7 제1항 단서
③ 농어업재해보험법 제11조의7 제2항
④ 농어업재해보험법 제13조

62 농어업재해보험법령상 보험금 수급권에 관한 설명으로 옳은 것은? 기출 제7회

① 재해보험사업자는 보험금을 현금으로 지급하여야 하나, 불가피한 사유가 있을 때에는 수급권자의 신청이 없더라도 수급권자 명의의 계좌로 입금할 수 있다.
② 재해보험가입자가 재해보험에 가입된 보험목적물을 양도하는 경우 그 양수인은 재해보험계약에 관한 양도인의 권리 및 의무를 승계한다.
③ 재해보험의 보험목적물이 담보로 제공된 경우에는 보험금을 지급받을 권리를 압류할 수 있다.
④ 농작물의 재생산에 직접적으로 소요되는 비용의 보장을 목적으로 보험금수급전용계좌로 입금된 보험금의 경우 그 2분의 1에 해당하는 액수 이하의 금액에 관하여는 채권을 압류할 수 있다.

| 해설 |

재해보험의 보험금을 지급받을 권리는 압류할 수 없지만, 보험목적물이 담보로 제공된 경우에는 압류할 수 있다(법 제12조 제1항).
① 재해보험사업자는 <u>수급권자의 신청이 있는 경우</u>에는 보험금을 수급권자 명의의 지정된 계좌(이하 "보험금수급전용계좌"라 한다)로 입금하여야 한다(법 제11조의7 제1항).
② 재해보험가입자가 재해보험에 가입된 보험목적물을 양도하는 경우 그 양수인은 재해보험계약에 관한 양도인의 권리 및 의무를 승계한 것으로 <u>추정한다</u>(법 제13조).
④ 농작물의 재생산에 직접적으로 소요되는 비용의 보장을 목적으로 보험금수급전용계좌로 입금된 보험금의 경우 그 2분의 1에 해당하는 액수 이하의 금액에 관하여는 <u>채권을 압류할 수 없다</u>(법 제12조 제2항, 영 제12조의12 제2호).

63 농어업재해보험법령상 보험금 수급권 등에 관한 설명으로 옳지 않은 것은? [기출] 제10회

① 재해보험의 보험목적물이 담보로 제공된 경우 보험금을 지급받을 권리는 압류할 수 없다.
② 재해보험사업자는 정보통신장애로 보험금을 보험금수급계좌로 이체할 수 없을 때에는 현금지급 등 대통령령으로 정하는 바에 따라 보험금을 지급할 수 있다.
③ 보험금수급전용계좌의 해당 금융기관은 「농어업재해보험법」에 따른 보험금만이 보험금수급전용계좌에 입금되도록 관리하여야 한다.
④ 재해보험가입자가 재해보험에 가입된 보험목적물을 양도하는 경우 그 양수인은 재해보험계약에 관한 양도인의 권리 및 의무를 승계한 것으로 추정한다.

|해설|
재해보험의 보험목적물이 담보로 제공된 경우 보험금을 지급받을 권리는 압류할 수 있다(법 제12조 제1항).
② 농어업재해보험법 제11조의7 제1항 단서
③ 농어업재해보험법 제11조의7 제2항
④ 농어업재해보험법 제13조

64 농어업재해보험법령상 재해보험사업자가 재해보험사업을 원활히 수행하기 위하여 재해보험 업무의 일부를 위탁할 수 있는 자에 해당하지 않는 것은? [기출] 제1회, 제4회, 제6회, 제7회, 제8회, 제10회

① 「농업협동조합법」에 따라 설립된 지역농업협동조합·지역축산업협동조합 및 품목별·업종별 협동조합
② 「산림조합법」에 따라 설립된 지역산림조합 및 품목별·업종별산림조합
③ 「보험업법」 제187조에 따라 손해사정을 업으로 하는 자
④ 농어업재해보험 관련 업무를 수행할 목적으로 「민법」 제32조에 따라 기획재정부장관의 허가를 받아 설립된 영리법인

|해설|
업무위탁(법 제14조, 영 제13조)
재해보험사업자는 재해보험사업을 원활히 수행하기 위하여 필요한 경우에는 보험모집 및 손해평가 등 재해보험 업무의 일부를 대통령령으로 정하는 다음의 자에게 위탁할 수 있다.
• 「농업협동조합법」에 따라 설립된 지역농업협동조합·지역축산업협동조합 및 품목별·업종별 협동조합
• 「산림조합법」에 따라 설립된 지역산림조합 및 품목별·업종별 산림조합
• 「수산업협동조합법」에 따라 설립된 지구별 수산업협동조합·업종별 수산업협동조합 및 수산물가공수산업협동조합 및 수협은행
• 「보험업법」 제187조에 따라 손해사정을 업으로 하는 자
• 농어업재해보험 관련 업무를 수행할 목적으로 「민법」 제32조에 따라 농림축산식품부장관 또는 해양수산부장관의 허가를 받아 설립된 비영리법인 〈2023.9.26. 개정〉

65 농업재해보험사업에 관한 설명으로 옳은 것은?

① 재해보험사업자는 재해보험사업을 원활히 수행하기 위하여 필요한 경우에는 보험모집 및 손해평가 등 재해보험 업무의 일부를 대통령령으로 정하는 자에게 위탁할 수 있다.
② 재해보험가입자가 재해보험에 가입된 보험목적물을 양도하는 경우 그 양수인은 재해보험계약에 관한 양도인의 권리 및 의무를 승계한 것으로 간주한다.
③ 보험목적물이 담보로 제공된 경우에는 재해보험의 보험금을 지급받을 권리는 압류할 수 없다.
④ 재해보험사업자는 재해보험사업의 안정성을 위해 재해보험사업의 회계를 다른 회계와 통합하여 회계처리 할 수 있다.

| 해설 |

재해보험사업자는 재해보험사업을 원활히 수행하기 위하여 필요한 경우에는 보험모집 및 손해평가 등 재해보험 업무의 일부를 대통령령으로 정하는 자에게 위탁할 수 있다(법 제14조).
② 재해보험가입자가 재해보험에 가입된 보험목적물을 양도하는 경우 그 양수인은 재해보험계약에 관한 양도인의 권리 및 의무를 승계한 것으로 <u>추정한다</u>(법 제13조).
③ 재해보험의 보험금을 지급받을 권리는 압류할 수 없다. 다만, 보험목적물이 담보로 제공된 경우에는 그러하지 아니하다(법 제12조 제1항). 즉 담보로 제공된 경우에는 <u>압류가 가능하다</u>.
④ 재해보험사업자는 재해보험사업의 회계를 <u>다른 회계와 구분하여</u> 회계처리 함으로써 손익관계를 명확히 하여야 한다(법 제15조).

66 농어업재해보험법상 회계구분에 관한 내용이다. (   )에 들어갈 용어는? 기출 제3회

(   )은(는) 재해보험사업의 회계를 다른 회계와 구분하여 회계처리함으로써 손익관계를 명확히 하여야 한다.

① 손해평가사
② 농림축산식품부장관
③ 재해보험사업자
④ 지방자치단체의 장

| 해설 |

(**재해보험사업자**)는 재해보험사업의 회계를 다른 회계와 구분하여 회계처리함으로써 손익관계를 명확히 하여야 한다(법 제15조).

67 농어업재해보험법상 분쟁조정에 관한 내용이다. (   )에 들어갈 법률로 옳은 것은?   기출수정 제6회

> 재해보험과 관련된 분쟁의 조정(調停)은 (   ) 제33조부터 제43조까지의 규정에 따른다.

① 보험업법
② 풍수해보험법
③ 금융소비자 보호에 관한 법률
④ 화재로 인한 재해보상과 보험가입에 관한 법률

| 해설 |
재해보험과 관련된 분쟁의 조정(調停)은 **(금융소비자 보호에 관한 법률)** 제33조부터 제43조까지의 규정에 따른다(법 제17조).

68 농어업재해보험법령상 재정지원에 관한 내용으로 옳지 않은 것은?   기출수정 제5회

① 정부는 예산의 범위에서 재해보험사업자의 재해보험의 운영 및 관리에 필요한 비용의 전부 또는 일부를 지원할 수 있다.
② 「풍수해·지진재해보험법」에 따른 풍수해·지진재해보험에 가입한 자가 동일한 보험목적물을 대상으로 재해보험에 가입할 경우에는 정부가 재정지원을 하지 않는다.
③ 보험료와 운영비의 지원 방법 및 지원 절차 등에 필요한 사항은 대통령령으로 정한다.
④ 지방자치단체는 예산의 범위에서 재해보험가입자가 부담하는 보험료의 일부를 추가로 지원할 수 있으며, 지방자치단체의 장은 지원금액을 재해보험가입자에게 지급하여야 한다.

| 해설 |
지방자치단체는 예산의 범위에서 재해보험가입자가 부담하는 보험료의 일부를 추가로 지원할 수 있으며, 지방자치단체의 장은 지원금액을 <u>재해보험사업자에게 지급하여야</u> 한다(법 제19조 제1항, 제2항).
① 농어업재해보험법 제19조 제1항
② 농어업재해보험법 제19조 제3항 〈2024.2.13. 개정〉
③ 농어업재해보험법 제19조 제4항

정답 65 ① 66 ③ 67 ③ 68 ④

69 농어업재해보험법상 재해보험 가입자 또는 사업자에 대한 정부의 재정지원에 관한 설명으로 옳지 않은 것은? 기출수정 제1회

① 재해보험가입자가 부담하는 보험료의 일부를 지원할 수 있다.
② 재해보험사업자가 재해보험가입자에게 지급하는 보험금의 일부를 지원할 수 있다.
③ 재해보험사업자의 재해보험의 운영 및 관리에 필요한 비용의 전부 또는 일부를 지원할 수 있다.
④ 「풍수해·지진재해보험법」에 따른 풍수해·지진재해보험에 가입한 자가 동일한 보험목적물을 대상으로 재해보험에 가입할 경우에는 보험료를 지원을 하지 않는다.

| 해설 |
정부의 재해보험사업자에 대한 보험금 지원에 관한 규정은 없다.

70 농어업재해보험법상 재정지원에 관한 내용이다. (   )에 들어갈 용어를 순서대로 나열한 것은? 기출 제2회

> 정부는 예산의 범위에서 재해보험가입자가 부담하는 (   )의 일부와 재해보험사업자의 (   )의 운영 및 관리에 필요한 비용(이하 "운영비"라 한다)의 전부 또는 일부를 지원할 수 있다. 이 경우 지방자치단체는 예산의 범위에서 재해보험가입자가 부담하는 (   )의 일부를 추가로 지원할 수 있다.

① 재해보험, 보험료, 재해보험
② 보험료, 재해보험, 보험료
③ 보험금, 재해보험, 보험금
④ 보험가입액, 보험료, 보험가입액

| 해설 |
정부는 예산의 범위에서 재해보험가입자가 부담하는 (**보험료**)의 일부와 재해보험사업자의 (**재해보험**)의 운영 및 관리에 필요한 비용(이하 "운영비"라 한다)의 전부 또는 일부를 지원할 수 있다. 이 경우 지방자치단체는 예산의 범위에서 재해보험가입자가 부담하는 (**보험료**)의 일부를 추가로 지원할 수 있다(법 제19조 제1항).

71 농어업재해보험법상 재정지원에 관한 설명으로 옳지 않은 것은? [기출수정] 제8회

① 정부는 재해보험사업자의 재해보험의 운영 및 관리에 필요한 비용의 전부를 지원하여야 한다.
② 지방자치단체는 예산의 범위에서 재해보험가입자가 부담하는 보험료의 일부를 추가로 지원할 수 있다.
③ 「풍수해·지진재해보험법」에 따른 풍수해·지진재해보험에 가입한 자가 동일한 보험목적물을 대상으로 재해보험에 가입할 경우에는 정부가 재정지원을 하지 않는다.
④ 법 제19조 제1항에 따른 보험료와 운영비의 지원 방법 및 지원 절차 등에 필요한 사항은 대통령령으로 정한다.

> **해설**
> 정부는 예산의 범위에서 재해보험가입자가 부담하는 보험료의 일부와 재해보험사업자의 재해보험의 운영 및 관리에 필요한 비용(이하 "운영비"라 한다)의 전부 또는 일부를 지원할 수 있다. 이 경우 지방자치단체는 예산의 범위에서 재해보험가입자가 부담하는 보험료의 일부를 추가로 지원할 수 있다(법 제19조 제1항).

72 농어업재해보험법령상 재정지원에 관한 설명으로 옳지 않은 것은? [기출] 제11회

① 정부는 예산의 범위에서 재해보험사업자의 재해보험의 운영 및 관리에 필요한 비용의 전부 또는 일부를 지원할 수 있다.
② 지방자치단체는 재해보험가입자가 부담하는 보험료를 지원할 수 없다.
③ 정부는 예산의 범위에서 재해보험가입자가 부담하는 보험료의 일부를 지원할 수 있다.
④ 「풍수해·지진재해보험법」에 따른 풍수해·지진재해보험에 가입한 자가 동일한 보험목적물을 대상으로 재해보험에 가입할 경우에는 정부가 재정지원을 하지 아니한다.

> **해설**
> 정부는 예산의 범위에서 재해보험가입자가 부담하는 보험료의 일부와 재해보험사업자의 재해보험의 운영 및 관리에 필요한 비용(이하 "운영비"라 한다)의 전부 또는 일부를 지원할 수 있다. 이 경우 지방자치단체는 예산의 범위에서 재해보험가입자가 부담하는 보험료의 일부를 추가로 지원할 수 있다(법 제19조 제1항).
> ①·③ 농어업재해보험법 제19조 제1항 본문
> ④ 농어업재해보험법 제19조 제3항

73 농어업재해보험법령상 재정지원에 관한 설명으로 옳은 것은? 기출수정 제3회, 제7회

① 정부는 예산의 범위에서 재해보험가입자가 부담하는 보험료의 전부 또는 일부를 지원할 수 있다.
② 지방자치단체는 예산의 범위에서 재해보험사업자의 재해보험의 운영 및 관리에 필요한 비용의 전부 또는 일부를 지원할 수 있다.
③ 농림축산식품부장관은 정부의 보험료 지원 금액을 재해보험가입자에게 지급하여야 한다.
④ 「풍수해·지진재해보험법」에 따른 풍수해·지진재해보험에 가입한 자가 동일한 보험목적물을 대상으로 재해보험에 가입할 경우에는 정부가 재정지원을 하지 않는다.

| 해설 |
④ 농어업재해보험법 제19조 제3항 〈2024.2.13. 개정〉
① 정부는 예산의 범위에서 재해보험가입자가 부담하는 보험료의 일부와 재해보험사업자의 재해보험의 운영 및 관리에 필요한 비용(이하 "운영비"라 한다)의 전부 또는 일부를 지원할 수 있다(법 제19조 제1항).
② 지방자치단체는 예산의 범위에서 재해보험가입자가 부담하는 보험료의 일부를 추가로 지원할 수 있다(법 제19조 제1항 단서).
③ 농림축산식품부장관·해양수산부장관 및 지방자치단체의 장은 정부의 보험료 지원 금액을 재해보험사업자에게 지급하여야 한다(법 제19조 제2항).

74 농어업재해보험법령상 정부의 재정지원에 관한 설명이다. (   )에 들어갈 내용으로 옳은 것은? 기출 제5회

> 보험료 또는 운영비의 지원금액을 지급받으려는 재해보험사업자는 농림축산식품부장관 또는 해양수산부장관이 정하는 바에 따라 (   )나 운영비 사용계획서를 농림축산식품부장관 또는 해양수산부장관에게 제출하여야 한다.

① 현지조사서
② 재해보험 가입현황서
③ 보험료 사용계획서
④ 기금결산보고서

| 해설 |
보험료 또는 운영비의 지원금액을 지급받으려는 재해보험사업자는 농림축산식품부장관 또는 해양수산부장관이 정하는 바에 따라 (**재해보험 가입현황서**)나 운영비 사용계획서를 농림축산식품부장관 또는 해양수산부장관에게 제출하여야 한다(영 제15조 제1항).

75 농어업재해보험법령상 재정지원에 관한 설명으로 옳은 것은? `기출수정` 제6회

① 정부는 예산의 범위에서 재해보험사업자가 지급하는 보험금의 일부를 지원할 수 있다.
② 「풍수해·지진재해보험법」에 따른 풍수해·지진재해보험에 가입한 자가 동일한 보험목적물을 대상으로 재해보험에 가입할 경우에는 정부가 재정지원을 하여야 한다.
③ 재해보험의 운영에 필요한 지원 금액을 지급받으려는 재해보험사업자는 농림축산식품부장관 또는 해양수산부장관이 정하는 바에 따라 재해보험 가입현황서나 운영비 사용계획서를 농림축산식품부장관 또는 해양수산부장관에게 제출하여야 한다.
④ 농림축산식품부장관·해양수산부장관이 예산의 범위에서 지원하는 재정지원의 경우 그 지원 금액을 재해보험가입자에게 지급하여야 한다.

| 해설 |
③ 농어업재해보험법 시행령 제15조 제1항
① 정부는 예산의 범위에서 재해보험가입자가 부담하는 보험료의 일부와 재해보험사업자의 재해보험의 운영 및 관리에 필요한 비용("운영비"라 한다)의 전부 또는 일부를 지원할 수 있다(법 제19조 제1항).
② 「풍수해·지진재해보험법」에 따른 풍수해·지진재해보험에 가입한 자가 동일한 보험목적물을 대상으로 재해보험에 가입할 경우에는 정부가 재정지원을 하지 않는다(법 제19조 제3항). 〈2024.2.13. 개정〉
④ 농림축산식품부장관·해양수산부장관 및 지방자치단체의 장은 지원 금액을 재해보험사업자에게 지급하여야 한다(법 제19조 제2항).

76 농어업재해보험법령상 재정지원에 관한 설명으로 옳은 것은? `기출` 제10회

① 정부는 예산의 범위에서 재해보험가입자가 부담하는 보험료의 전부를 지원할 수 있다.
② 지방자치단체는 정부의 재정지원 외에 예산의 범위에서 재해보험사업자의 재해보험의 운영 및 관리에 필요한 비용 일부를 추가로 지원할 수 있다.
③ 지방자치단체의 장은 정부의 재정지원 외에 보험료의 일부를 추가 지원하려는 경우 재해보험 가입현황서와 보험가입자의 기준 등을 확인하여 보험료의 지원금액을 결정·지급한다.
④ 「풍수해·지진재해보험법」에 따른 풍수해·지진재해보험에 가입한 자가 동일한 보험목적물을 대상으로 재해보험에 가입할 경우에는 정부가 재정지원을 할 수 있다.

| 해설 |
③ 농어업재해보험법 시행령 제15조 제3항
① 정부는 예산의 범위에서 재해보험가입자가 부담하는 보험료의 일부와 재해보험사업자의 재해보험의 운영 및 관리에 필요한 비용(이하 "운영비"라 한다)의 전부 또는 일부를 지원할 수 있다(법 제19조 제1항).
② 지방자치단체는 예산의 범위에서 재해보험가입자가 부담하는 보험료의 일부를 추가로 지원할 수 있다(법 제19조 제1항 후단).
④ 「풍수해·지진재해보험법」에 따른 풍수해·지진재해보험에 가입한 자가 동일한 보험목적물을 대상으로 재해보험에 가입할 경우에는 정부가 재정지원을 하지 아니한다(법 제19조 제3항). 〈2024.2.13. 개정〉

77 농어업재해보험법령상 농림축산식품부장관이 재보험에 가입하려는 재해보험사업자와 재보험 약정 체결시 포함되어야 할 사항으로 옳지 않은 것은? 기출 제3회

① 재보험수수료
② 정부가 지급하여야 할 보험금
③ 농어업재해재보험기금의 운용수익금
④ 재해보험사업자가 정부에 내야 할 보험료

| 해설 |

재보험사업(법 제20조 제2항)
농림축산식품부장관 또는 해양수산부장관은 재보험에 가입하려는 재해보험사업자와 다음 각 호의 사항이 포함된 재보험 약정을 체결하여야 한다.
1. 재해보험사업자가 정부에 내야 할 보험료(이하 "재보험료"라 한다)에 관한 사항
2. 정부가 지급하여야 할 보험금(이하 "재보험금"이라 한다)에 관한 사항
3. 그 밖에 재보험수수료 등 재보험약정에 관한 것으로서 대통령령으로 정하는 사항(영 제16조)
   • 재보험수수료에 관한 사항
   • 재보험 약정기간에 관한 사항
   • 재보험 책임범위에 관한 사항
   • 재보험 약정의 변경·해지 등에 관한 사항
   • 재보험금 지급 및 분쟁에 관한 사항
   • 그 밖에 재보험의 운영·관리에 관한 사항

78 농어업재해보험법령상 재보험 약정에 포함되는 사항을 모두 고른 것은? 기출 제9회

ㄱ. 재보험 약정의 변경·해지 등에 관한 사항
ㄴ. 재보험 책임범위에 관한 사항
ㄷ. 재보험금 지급 및 분쟁에 관한 사항

① ㄱ, ㄴ   ② ㄱ, ㄷ
③ ㄴ, ㄷ   ④ ㄱ, ㄴ, ㄷ

| 해설 |

재보험 약정에 포함되는 사항(법 제20조 제2항)
1. 재해보험사업자가 정부에 내야 할 보험료(이하 "재보험료"라 한다)에 관한 사항
2. 정부가 지급하여야 할 보험금(이하 "재보험금"이라 한다)에 관한 사항
3. 그 밖에 재보험수수료 등 재보험 약정에 관한 것으로서 대통령령으로 정하는 사항(동법 시행령 제16조)
   • 재보험수수료에 관한 사항
   • 재보험 약정기간에 관한 사항
   • 재보험 책임범위에 관한 사항
   • 재보험 약정의 변경·해지 등에 관한 사항
   • 재보험금 지급 및 분쟁에 관한 사항
   • 그 밖에 재보험의 운영·관리에 관한 사항

79 농어업재해보험법령상 재보험사업에 관한 설명으로 옳은 것은? 기출 제5회

① 정부는 재해보험에 관한 재보험사업을 할 수 없다.
② 재보험수수료 등 재보험 약정에 포함되어야 할 사항은 농림축산식품부령에서 정하고 있다.
③ 재보험약정서에는 재보험금의 지급에 관한 사항뿐 아니라 분쟁에 관한 사항도 포함되어야 한다.
④ 농림축산식품부장관이 재보험사업에 관한 업무의 일부를 농업정책보험금융원에 위탁하는 경우에는 해양수산부장관과의 협의를 요하지 않는다.

> **해설**
> ③ 농어업재해보험법 시행령 제16조 제5호
> ① 정부는 재해보험에 관한 재보험사업을 <u>할 수 있다</u>(법 제20조 제1항).
> ② 재보험수수료 등 재보험 약정에 포함되어야 할 사항은 <u>대통령령</u>에서 정하고 있다(법 제20조 제2항 제3호).
> ④ 농림축산식품부장관은 <u>해양수산부장관과 협의를 거쳐</u> 재보험사업에 관한 업무의 일부를 「농업·농촌 및 식품산업 기본법」 제63조의2 제1항에 따라 설립된 농업정책보험금융원에 위탁할 수 있다(법 제20조 제3항).

80 농어업재해보험법령상 농림축산식품부장관으로부터 재보험사업에 관한 업무의 위탁을 받을 수 있는 자는? 기출 제2회

① 「보험업법」에 따른 보험회사
② 「농업·농촌 및 식품산업기본법」 제63조의2 제1항에 따라 설립된 농업정책보험금융원
③ 「정부출연연구기관 등의 설립·운영 및 육성에 관한 법률」 제8조에 따라 설립된 연구기관
④ 「공익법인의 설립·운영에 관한 법률」 제4조에 따라 농림축산식품부장관 또는 해양수산부장관의 허가를 받아 설립된 공익법인

> **해설**
> 농림축산식품부장관은 해양수산부장관과 협의를 거쳐 재보험사업에 관한 업무의 일부를 「농업·농촌 및 식품산업기본법」에 따라 설립된 농업정책보험금융원에 위탁할 수 있다(법 제20조 제3항).

81 농어업재해보험법령상 농어업재해재보험기금을 조성하는 재원이 아닌 것은? 기출 제6회, 제11회

① 재보험금의 회수 자금
② 정부 외의 자로부터 받은 출연금
③ 농어업재해재보험기금의 운용수익금
④ 재해보험가입자가 재해보험사업자에게 내야 할 보험료의 회수 자금

| 해설 |

농어업재해재보험기금의 재원(법 제22조 제1항)
1. 재해보험사업자가 정부에 내야 할 보험료(재보험료)
2. 정부, 정부 외의 자 및 다른 기금으로부터 받은 출연금
3. 재보험금의 회수 자금
4. 기금의 운용수익금과 그 밖의 수입금
5. 차입금
6. 「농어촌구조개선 특별회계법」 제5조 제2항 제7호에 따라 농어촌구조개선 특별회계의 농어촌특별세사업계정으로부터 받은 전입금

82 농어업재해보험법상 농어업재해재보험기금의 재원에 포함되는 것을 모두 고른 것은? 기출 제8회

ㄱ. 재해보험가입자가 재해보험사업자에게 내야 할 보험료의 회수 자금
ㄴ. 정부, 정부 외의 자 및 다른 기금으로부터 받은 출연금
ㄷ. 농어업재해재보험기금의 운용수익금
ㄹ. 「농어촌구조개선 특별회계법」 제5조 제2항 제7호에 따라 농어촌구조개선 특별회계의 농어촌특별세사업계정으로부터 받은 전입금

① ㄱ, ㄴ, ㄷ
② ㄱ, ㄴ, ㄹ
③ ㄱ, ㄷ, ㄹ
④ ㄴ, ㄷ, ㄹ

| 해설 |

농어업재해재보험기금의 재원(법 제22조 제1항)
1. 정부가 재해보험사업자로부터 받은 재보험료
2. 정부, 정부 외의 자 및 다른 기금으로부터 받은 출연금
3. 재보험금의 회수 자금
4. 기금의 운용수익금과 그 밖의 수입금
5. 차입금
6. 「농어촌구조개선 특별회계법」 제5조 제2항 제7호에 따라 농어촌구조개선 특별회계의 농어촌특별세사업계정으로부터 받은 전입금

83 농어업재해보험법상 농어업재해재보험기금의 용도에 해당하지 않는 것은? 기출 제2회

① 재해보험가입자가 부담하는 보험료의 일부 지원
② 제20조 제2항 제2호에 따른 재보험금의 지급
③ 제22조 제2항에 따른 차입금의 원리금 상환
④ 기금의 관리·운용에 필요한 경비(위탁경비를 포함한다)의 지출

| 해설 |

농어업재해재보험기금의 용도(법 제23조)
1. 제20조 제2항 제2호에 따른 재보험금의 지급
2. 제22조 제2항에 따른 차입금의 원리금 상환
3. 기금의 관리·운용에 필요한 경비(위탁경비를 포함한다)의 지출
4. 그 밖에 농림축산식품부장관이 해양수산부장관과 협의하여 재보험사업을 유지·개선하는 데에 필요하다고 인정하는 경비의 지출

84 농어업재해보험법령상 재보험사업 및 농어업재해재보험기금(이하 "기금"이라 함)에 관한 설명으로 옳지 않은 것은? 기출 제7회

① 기금은 기금의 관리·운용에 필요한 경비의 지출에 사용할 수 없다.
② 농림축산식품부장관은 해양수산부장관과 협의하여 기금의 수입과 지출을 명확히 하기 위하여 한국은행에 기금계정을 설치하여야 한다.
③ 재보험금의 회수 자금은 기금 조성의 재원에 포함된다.
④ 정부는 재해보험에 관한 재보험사업을 할 수 있다.

| 해설 |

기금은 기금의 관리·운용에 필요한 경비의 지출에 <u>사용할 수 있다</u>(법 제23조 제3호).
② 농어업재해보험법 시행령 제17조
③ 농어업재해보험법 제22조 제1항 제3호
④ 농어업재해보험법 제20조 제1항

85 농어업재해보험법령상 농어업재해재보험기금(이하 "기금"이라 한다)에 관한 설명으로 옳은 것은?

기출 제8회

① 농림축산식품부장관은 행정안전부장관과 협의를 거쳐 기금의 관리·운용에 관한 사무의 일부를 농업정책보험금융원에 위탁할 수 있다.
② 농림축산식품부장관은 기금의 수입과 지출을 명확히 하기 위하여 농업정책보험금융원에 기금계정을 설치하여야 한다.
③ 기금의 관리·운용에 필요한 경비의 지출은 기금의 용도에 해당한다.
④ 기금은 농림축산식품부장관이 환경부장관과 협의하여 관리·운용한다.

| 해설 |
③ 농어업재해보험법 제23조 제3호
① 농림축산식품부장관은 해양수산부장관과 협의를 거쳐 기금의 관리·운용에 관한 사무의 일부를 농업정책보험금융원에 위탁할 수 있다(법 제24조 제2항).
② 농림축산식품부장관은 해양수산부장관과 협의하여 농어업재해재보험기금의 수입과 지출을 명확히 하기 위하여 한국은행에 기금계정을 설치하여야 한다(영 제17조).
④ 기금은 농림축산식품부장관이 해양수산부장관과 협의하여 관리·운용한다(법 제24조 제1항).

86 농어업재해보험법상 재보험사업에 관한 설명으로 옳지 않은 것은?

① 정부는 재해보험에 관한 재보험사업을 할 수 있다.
② 농림축산식품부장관은 해양수산부장관과 협의하여 공동으로 재보험사업에 필요한 재원에 충당하기 위하여 농어업재해재보험기금을 설치한다.
③ 농어업재해재보험기금은 농림축산식품부장관이 기획재정부장관과 협의하여 관리·운용한다.
④ 농림축산식품부장관은 해양수산부장관과 협의를 거쳐 기금의 관리·운용에 관한 사무의 일부를 농업정책보험금융원에 위탁할 수 있다.

| 해설 |
농어업재해재보험기금은 농림축산식품부장관이 해양수산부장관과 협의하여 관리·운용한다(법 제24조 제1항).

87 농어업재해보험법령상 기금의 관리·운용 등에 관한 내용으로 옳은 것을 모두 고른 것은?

기출 제2회

> ㄱ. 기금수탁관리자는 기금의 관리 및 운용을 명확히 하기 위하여 기금을 다른 회계와 구분하여 회계처리하여야 한다.
> ㄴ. 기금수탁관리자는 회계연도마다 기금결산보고서를 작성하여 다음 회계연도 2월 말일까지 농림축산식품부장관 및 해양수산부장관에게 제출하여야 한다.
> ㄷ. 기금수탁관리자는 회계연도마다 기금결산보고서를 작성한 후 심의회의 심의를 거쳐 다음 회계연도 2월 말일까지 기획재정부장관에게 제출하여야 한다.

① ㄱ
② ㄱ, ㄴ
③ ㄱ, ㄷ
④ ㄴ, ㄷ

해설

ㄱ. (○) 기금의 관리·운용을 위탁받은 농업정책보험금융원("기금수탁관리자"라 한다)은 기금의 관리 및 운용을 명확히 하기 위하여 기금을 다른 회계와 구분하여 회계처리하여야 한다(영 제18조 제2항).
ㄴ. (×) 기금수탁관리자는 회계연도마다 기금결산보고서를 작성하여 다음 회계연도 2월 15일까지 농림축산식품부장관 및 해양수산부장관에게 제출하여야 한다(영 제19조 제1항).
ㄷ. (×) 농림축산식품부장관은 해양수산부장관과 협의하여 기금수탁관리자로부터 제출받은 기금결산보고서를 검토한 후 심의회의 심의를 거쳐 다음 회계연도 2월 말일까지 기획재정부장관에게 제출하여야 한다(영 제19조 제2항).

---

88 농어업재해보험법령상 농어업재해재보험기금에 관한 설명이다. ( )에 들어갈 내용을 순서대로 옳게 나열한 것은? 기출 제5회

> 농림축산식품부장관은 (ㄱ)과 협의하여 법 제21조에 따른 농어업재해재보험기금의 수입과 지출을 명확히 하기 위하여 한국은행에 (ㄴ)을 설치하여야 한다.

	ㄱ	ㄴ
①	기획재정부장관	보험계정
②	기획재정부장관	기금계정
③	해양수산부장관	보험계정
④	해양수산부장관	기금계정

해설

농림축산식품부장관은 (**해양수산부장관**)과 협의하여 법 제21조에 따른 농어업재해재보험기금의 수입과 지출을 명확히 하기 위하여 한국은행에 (**기금계정**)을 설치하여야 한다(영 제17조).

89 농어업재해보험법령상 농어업재해재보험기금의 관리·운용에 관한 설명으로 옳지 않은 것은?

기출 제3회

① 기금은 농림축산식품부장관이 해양수산부장관과 협의하여 관리·운용한다.
② 농림축산식품부장관은 기획재정부장관과 협의를 거쳐 기금의 관리·운용에 관한 사무의 전부를 농업정책보험금융원에 위탁할 수 있다.
③ 기금수탁관리자는 회계연도마다 기금결산보고서를 작성하여 다음 회계연도 2월 15일까지 농림축산식품부장관 및 해양수산부장관에게 제출하여야 한다.
④ 농림축산식품부장관은 해양수산부장관과 협의하여 기금의 여유자금을 「은행법」에 따른 은행에의 예치의 방법으로 운용할 수 있다.

| 해설 |

농림축산식품부장관은 해양수산부장관과 협의를 거쳐 기금의 관리·운용에 관한 사무의 일부를 농업정책보험금융원에 위탁할 수 있다(법 제24조 제2항).
① 농어업재해보험법 제24조 제1항
③ 농어업재해보험법 시행령 제19조 제1항
④ 농어업재해보험법 시행령 제20조 제1호

90 농어업재해보험법령상 농어업재해재보험기금(이하 "기금"이라 한다)에 관한 설명으로 옳지 않은 것은? 기출 제11회

① 기금은 농림축산식품부장관이 해양수산부장관과 협의하여 관리·운용한다.
② 기금의 관리·운용에 필요한 경비(위탁경비 포함)의 지출은 기금의 용도에 해당한다.
③ 농림축산식품부장관은 농업정책보험금융원과 협의를 거쳐 기금의 관리·운용에 관한 사무의 일부를 해양수산부장관에 위탁할 수 있다.
④ 농림축산식품부장관은 해양수산부장관과 협의하여 기금의 수입과 지출에 관한 사무를 수행하게 하기 위하여 소속 공무원 중에서 기금수입징수관을 임명한다.

| 해설 |

농림축산식품부장관은 해양수산부장관과 협의를 거쳐 기금의 관리·운용에 관한 사무의 일부를 농업정책보험금융원에 위탁할 수 있다(법 제24조 제2항).
① 농어업재해보험법 제24조 제1항
② 농어업재해보험법 제23조 제3호
④ 농어업재해보험법 제25조 제1항

91 농어업재해보험법령상 농어업재해재보험기금의 기금수탁관리자가 농림축산식품부장관 및 해양수산부장관에게 제출해야 하는 기금결산보고서에 첨부해야 할 서류로 옳은 것을 모두 고른 것은? 기출 제4회

> ㄱ. 결산 개요 ㄴ. 수입지출결산
> ㄷ. 재무제표 ㄹ. 성과보고서

① ㄱ, ㄴ
② ㄴ, ㄷ
③ ㄱ, ㄷ, ㄹ
④ ㄱ, ㄴ, ㄷ, ㄹ

| 해설 |

기금결산보고서의 첨부서류(영 제19조 제3항)
1. 결산 개요
2. 수입지출결산
3. 재무제표
4. 성과보고서
5. 그 밖에 결산의 내용을 명확하게 하기 위하여 필요한 서류

92 농어업재해보험법령상 농어업재해재보험기금에 관한 설명으로 옳지 않은 것은? 기출 제4회

① 기금 조성의 재원에는 재보험금의 회수 자금도 포함된다.
② 농림축산식품부장관은 해양수산부장관과 협의하여 기금의 수입과 지출을 명확히 하기 위하여 한국은행에 기금계정을 설치하여야 한다.
③ 농림축산식품부장관은 해양수산부장관과 협의를 거쳐 기금의 관리·운용에 관한 사무의 일부를 농업정책보험금융원에 위탁할 수 있다.
④ 농림축산식품부장관은 기금의 관리·운용에 관한 사무를 위탁한 경우에는 해양수산부장관과 협의하여 소속 공무원 중에서 기금지출원과 기금출납원을 임명한다.

| 해설 |

농림축산식품부장관은 기금의 관리·운용에 관한 사무를 위탁한 경우에는 해양수산부장관과 협의하여 농업정책보험금융원의 임원 중에서 기금수입담당임원과 기금지출원인행위담당임원을, 그 직원 중에서 기금지출원과 기금출납원을 각각 임명하여야 한다(법 제25조 제2항).
① 농어업재해보험법 제22조 제1항 제3호
② 농어업재해보험법 시행령 제17조
③ 농어업재해보험법 제24조 제2항

정답 89 ② 90 ③ 91 ④ 92 ④

93 농어업재해보험법령상 농림축산식품부장관이 농어업재해재보험기금(이하 '기금')의 관리·운용에 관한 사무를 농업정책보험금융원에 위탁한 경우 기금의 관리·운용에 관한 설명으로 옳지 않은 것은? 기출 제10회

① 농림축산식품부장관은 해양수산부장관과 협의하여 농업정책보험금융원의 임원 중에서 기금수입담당임원과 기금지출원인행위담당임원을 임명하여야 한다.
② 기금수입담당임원은 기금수입징수관의 업무를, 기금지출원인행위담당임원은 기금지출관의 업무를 담당한다.
③ 농림축산식품부장관은 해양수산부장관과 협의하여 농업정책보험금융원의 직원 중에서 기금지출원과 기금출납원을 임명하여야 한다.
④ 기금출납원은 기금출납공무원의 업무를 수행한다.

| 해설 |
②·④ 기금수입담당임원은 기금수입징수관의 업무를, 기금지출원인행위담당임원은 기금재무관의 업무를, 기금지출원은 기금지출관의 업무를, 기금출납원은 기금출납공무원의 업무를 수행한다(법 제25조 제2항 후단).
①·③ 농림축산식품부장관은 기금의 관리·운용에 관한 사무를 위탁한 경우에는 해양수산부장관과 협의하여 농업정책보험금융원의 임원 중에서 기금수입담당임원과 기금지출원인행위담당임원을, 그 직원 중에서 기금지출원과 기금출납원을 각각 임명하여야 한다(법 제25조 제2항).

94 농어업재해보험법령상 재보험사업 및 농어업재해재보험기금(이하 '기금')에 관한 설명으로 옳지 않은 것은? 기출 제10회

① 정부는 재해보험에 관한 재보험사업을 할 수 있다.
② 농림축산식품부장관은 해양수산부장관과 협의를 거쳐 재보험사업에 관한 업무의 일부를 농업정책보험금융원에 위탁할 수 있다.
③ 농림축산식품부장관은 해양수산부장관과 협의하여 공동으로 재보험사업에 필요한 재원에 충당하기 위하여 기금을 설치한다.
④ 농림축산식품부장관은 해양수산부장관과 협의하여 기금의 수입과 지출을 명확하게 하기 위하여 대통령령으로 정하는 시중 은행에 기금계정을 설치하여야 한다.

| 해설 |
농림축산식품부장관은 해양수산부장관과 협의하여 농어업재해재보험기금(이하 "기금"이라 한다)의 수입과 지출을 명확히 하기 위하여 한국은행에 기금계정을 설치하여야 한다(영 제17조).
① 농어업재해보험법 제20조 제1항
② 농어업재해보험법 제20조 제3항
③ 농어업재해보험법 제21조

95 농어업재해보험법령상 농어업재해재보험기금의 결산에 관한 내용이다. ( )에 들어갈 내용을 순서대로 옳게 나열한 것은? 기출 제4회

- 기금수탁관리자는 회계연도마다 기금결산보고서를 작성하여 다음 회계연도 (ㄱ)까지 농림축산식품부장관 및 해양수산부장관에게 제출하여야 한다.
- 농림축산식품부장관은 해양수산부장관과 협의하여 기금수탁관리자로부터 제출받은 기금결산보고서를 검토한 후 심의회의 회의를 거쳐 다음 회계연도 (ㄴ)까지 기획재정부장관에게 제출하여야 한다.

	ㄱ	ㄴ
①	1월 31일	2월 말일
②	1월 31일	6월 30일
③	2월 15일	2월 말일
④	2월 15일	6월 30일

| 해설 |

기금의 결산(영 제19조 제1항, 제2항)
- 기금수탁관리자는 회계연도마다 기금결산보고서를 작성하여 다음 회계연도 (<u>2월 15일</u>)까지 농림축산식품부장관 및 해양수산부장관에게 제출하여야 한다.
- 농림축산식품부장관은 해양수산부장관과 협의하여 기금수탁관리자로부터 제출받은 기금결산보고서를 검토한 후 심의회의 심의를 거쳐 다음 회계연도 (<u>2월 말일</u>)까지 기획재정부장관에게 제출하여야 한다.

96 농어업재해보험법령상 농림축산식품부장관이 해양수산부장관과 협의하여 농어업재해재보험기금의 수입과 지출에 관한 사무를 수행하게 하기 위하여 소속 공무원 중에서 임명하는 자에 해당하지 않는 것은? 기출 제6회

① 기금수입징수관
② 기금출납원
③ 기금지출관
④ 기금재무관

| 해설 |

농림축산식품부장관은 해양수산부장관과 협의하여 농어업재해재보험기금의 수입과 지출에 관한 사무를 수행하게 하기 위하여 소속 공무원 중에서 <u>기금수입징수관, 기금재무관, 기금지출관 및 기금출납공무원</u>을 임명한다(법 제25조 제1항).

정답 93 ② 94 ④ 95 ③ 96 ②

97 농어업재해보험법상 농어업재해재보험기금(이하 "기금"이라 함)에 관한 설명으로 옳지 않은 것은?

기출 제7회

① 기금은 농림축산식품부장관이 해양수산부장관과 협의하여 관리·운용한다.
② 농림축산식품부장관은 해양수산부장관과 협의를 거쳐 기금의 관리·운용에 관한 사무의 일부를 농업정책보험금융원에 위탁할 수 있다.
③ 농림축산식품부장관은 해양수산부장관과 협의하여 기금의 수입과 지출에 관한 사무를 수행하게 하기 위하여 소속 공무원 중에서 기금수입징수관 등을 임명한다.
④ 농림축산식품부장관이 농업정책보험금융원의 임원 중에서 임명한 기금지출원인행위담당임원은 기금지출관의 업무를 수행한다.

| 해설 |

농림축산식품부장관은 기금의 관리·운용에 관한 사무를 위탁한 경우에는 해양수산부장관과 협의하여 농업정책보험금융원의 임원 중에서 기금수입담당임원과 기금지출원인행위담당임원을, 그 직원 중에서 기금지출원과 기금출납원을 각각 임명하여야 한다. 이 경우 기금수입담당임원은 기금수입징수관의 업무를, 기금지출원인행위담당임원은 기금재무관의 업무를, 기금지출원은 기금지출관의 업무를, 기금출납원은 기금출납공무원의 업무를 수행한다(법 제25조 제2항).
① 농어업재해보험법 제24조 제1항
② 농어업재해보험법 제24조 제2항
③ 농어업재해보험법 제25조 제1항

CHAPTER 03 보험사업의 관리

🔍 **학습목표**
❶ 농업재해보험사업의 업무수행 및 업무위탁에 대해 학습한다.
❷ 신규 보험상품의 시범사업, 보험가입촉진계획에 포함되어야 할 사항을 학습한다.
❸ 농어업재해보험법상 벌칙 규정 및 과태료 처분기준에 대해 학습한다.

1 관리·감독 등

(1) 농어업재해보험사업의 관리(법 제25조의2)

① **업무의 수행** 기출 제1회, 제2회, 제3회

농림축산식품부장관은 또는 해양수산부장관은 재해보험사업을 효율적으로 추진하기 위하여 다음의 업무를 수행한다. 〈2025.8.14. 개정〉
㉠ 재해보험사업의 관리·감독
㉡ 재해보험 상품의 연구 및 보급
㉢ 재해 관련 통계 생산 및 데이터베이스 구축·분석
㉣ 손해평가인력의 육성 및 재해보험 대상 품목에 대한 전문성 제고
㉤ 손해평가기법의 연구·개발 및 보급

② **업무의 위탁** 기출 제9회, 제11회

㉠ 농림축산식품부장관 또는 해양수산부장관은 다음의 업무를 농업정책보험금융원에 위탁할 수 있다.
 ⓐ 위 ①항의 ㉠~㉤ 업무
 ⓑ 재해보험사업의 약정 체결 관련 업무
 ⓒ 손해평가사제도 운용 관련 업무
 ⓓ 그 밖에 재해보험사업과 관련하여 농림축산식품부장관 또는 해양수산부장관이 위탁하는 업무
㉡ 농림축산식품부장관은 손해평가사 자격시험의 실시 및 관리에 관한 업무를 「한국산업인력공단법」에 따른 한국산업인력공단에 위탁할 수 있다.

(2) 가격의 공시(법 제25조의3) 〈2025.8.14. 본조신설〉

농림축산식품부장관 또는 해양수산부장관은 대통령령으로 정하는 바에 따라 보험상품에 적용하는 가격을 공시할 수 있다.

(3) 통계의 수집·관리 등(법 제26조)

① **통계자료의 수집·관리 및 자료의 요청**

농림축산식품부장관 또는 해양수산부장관은 보험상품의 운영 및 개발에 필요한 다음의 지역별, 재해별 통계자료를 수집·관리하여야 하며, 이를 위하여 관계 중앙행정기관 및 지방자치단체의 장에게 필요한 자료를 요청할 수 있다. 〈2023.10.31. 개정〉

㉠ 보험대상의 현황
㉡ 보험확대 예비품목(제3조 제1항 제2호에 따라 선정한 보험목적물 도입예정 품목을 말한다)의 현황
㉢ 피해 원인 및 규모
㉣ 품목별 재배 또는 양식 면적과 생산량 및 가격
㉤ 그 밖에 농림축산식품부장관 또는 해양수산부장관이 필요하다고 인정하는 통계자료

② **자료요청의 인정**

자료를 요청받은 경우 관계 중앙행정기관 및 지방자치단체의 장은 특별한 사유가 없으면 요청에 따라야 한다.

③ **진흥시책의 마련**

농림축산식품부장관 또는 해양수산부장관은 재해보험사업의 건전한 운영을 위하여 재해보험 제도 및 상품 개발 등을 위한 조사·연구, 관련 기술의 개발 및 전문인력 양성 등의 진흥 시책을 마련하여야 한다.

④ **업무의 위탁(법 제26조 제4항, 영 제21조)** 기출 제6회

㉠ 농림축산식품부장관 또는 해양수산부장관은 통계의 수집·관리, 조사·연구 등에 관한 업무를 대통령령으로 정하는 다음의 자에게 위탁할 수 있다.
ⓐ 「농업협동조합법」에 따른 농업협동조합중앙회
ⓑ 「산림조합법」에 따른 산림조합중앙회
ⓒ 「수산업협동조합법」에 따른 수산업협동조합중앙회 및 수협은행
ⓓ 「정부출연연구기관 등의 설립·운영 및 육성에 관한 법률」에 따라 설립된 연구기관
ⓔ 「보험업법」에 따른 보험회사, 보험료율산출기관 또는 보험계리를 업으로 하는 자
ⓕ 「민법」에 따라 농림축산식품부장관 또는 해양수산부장관의 허가를 받아 설립된 비영리법인
ⓖ 「공익법인의 설립·운영에 관한 법률」에 따라 농림축산식품부장관 또는 해양수산부장관의 허가를 받아 설립된 공익법인
ⓗ 농업정책보험금융원

㉡ 농림축산식품부장관 또는 해양수산부장관은 업무를 위탁한 때에는 위탁받은 자 및 위탁업무의 내용 등을 고시하여야 한다.

(4) 시범사업(법 제27조) 기출 제5회, 제6회

① 시범사업의 실시(법 제27조 제1항, 영 제22조 제1항)
  ㉠ 관계장관과의 협의 : 재해보험사업자는 신규 보험상품을 개발하거나 도입하려는 경우 등 필요한 경우에는 농림축산식품부장관 또는 해양수산부장관과 협의하여 시범사업을 할 수 있다.
  〈2025.8.14. 개정〉
  ㉡ 사업계획서의 제출 : 재해보험사업자는 시범사업을 하려면 다음의 사항이 포함된 사업계획서를 농림축산식품부장관 또는 해양수산부장관에게 제출하고 협의하여야 한다.
    ⓐ 대상목적물, 사업지역 및 사업기간에 관한 사항
    ⓑ 보험상품에 관한 사항
    ⓒ 정부의 재정지원에 관한 사항
    ⓓ 그 밖에 농림축산식품부장관 또는 해양수산부장관이 필요하다고 인정하는 사항

② 운영 지원
  정부는 시범사업의 원활한 운영을 위하여 필요한 지원을 할 수 있다.

③ 사업결과보고서의 작성 및 제출(영 제22조 제2항)
  재해보험사업자는 시범사업이 끝나면 지체 없이 다음의 사항이 포함된 사업결과보고서를 작성하여 농림축산식품부장관 또는 해양수산부장관에게 제출하여야 한다.
  ㉠ 보험계약사항, 보험금 지급 등 전반적인 사업운영 실적에 관한 사항
  ㉡ 사업 운영과정에서 나타난 문제점 및 제도개선에 관한 사항
  ㉢ 사업의 중단·연장 및 확대 등에 관한 사항

④ 신규 보험상품의 도입 가능성 등의 검토·평가(영 제22조 제3항)
  농림축산식품부장관 또는 해양수산부장관은 사업결과보고서를 받으면 그 사업결과를 바탕으로 신규 보험상품의 도입 가능성 등을 검토·평가하여야 한다.

(5) 보험가입의 촉진 등(법 제28조)

정부는 농어업인의 재해대비의식을 고양하고 재해보험의 가입을 촉진하기 위하여 교육·홍보를 하여야 하고, 보험가입자에 대한 정책자금 지원 및 신용보증 지원 등을 할 수 있다. 〈2025.8.14. 개정〉

(6) 보험가입촉진계획의 수립(법 제28조의2) 기출 제10회

재해보험사업자는 농어업재해보험 가입 촉진을 위하여 보험가입촉진계획을 매년 수립하여 농림축산식품부장관 또는 해양수산부장관에게 제출하여야 한다.

① 보험가입촉진계획에 포함되어야 할 사항(영 제22조의2) 기출 제3회, 제4회, 제7회
  ㉠ 전년도의 성과분석 및 해당 연도의 사업계획
  ㉡ 해당 연도의 보험상품 운영계획
  ㉢ 농어업재해보험 교육 및 홍보계획
  ㉣ 보험상품의 개선·개발계획
  ㉤ 그 밖에 농어업재해보험 가입 촉진을 위하여 필요한 사항

② 보험가입촉진계획의 제출기한
재해보험사업자는 수립한 보험가입촉진계획을 해당 연도 1월 31일까지 농림축산식품부장관 또는 해양수산부장관에게 제출하여야 한다.

(7) 고유식별정보의 처리(영 제22조의3)

① 재해보험가입자 자격 확인
재해보험사업자는 재해보험가입자 자격 확인에 관한 사무를 수행하기 위하여 불가피한 경우 「개인정보보호법 시행령」에 따른 주민등록번호가 포함된 자료를 처리할 수 있다.

② 타인을 위한 보험계약의 체결 등의 사무 수행
재해보험사업자(「보험업법」에 따른 보험회사는 제외)는 「상법」 제639조에 따른 타인을 위한 보험계약의 체결, 유지·관리, 보험금의 지급 등에 관한 사무를 수행하기 위하여 불가피한 경우 「개인정보보호법 시행령」에 따른 주민등록번호가 포함된 자료를 처리할 수 있다.

③ 주민등록번호가 포함된 자료 처리
농림축산식품부장관(농림축산식품부장관의 업무를 위탁받은 자를 포함)은 다음의 사무를 수행하기 위하여 불가피한 경우 「개인정보보호법 시행령」에 따른 주민등록번호가 포함된 자료를 처리할 수 있다.
㉠ 손해평가사 자격시험에 관한 사무
㉡ 손해평가사의 자격취소에 관한 사무
㉢ 손해평가사의 감독에 관한 사무
㉣ 재해보험사업의 관리·감독에 관한 사무

(8) 규제의 재검토(영 제22조의4 제1항)

농림축산식품부장관 또는 해양수산부장관은 손해평가인의 자격요건에 대하여 2018년 1월 1일을 기준으로 3년마다(매 3년이 되는 해의 1월 1일 전까지를 말한다) 그 타당성을 검토하여 개선 등의 조치를 하여야 한다.

(9) 보고 및 청문

① 보고 등(법 제29조)
농림축산식품부장관 또는 해양수산부장관은 재해보험의 건전한 운영과 재해보험가입자의 보호를 위하여 필요하다고 인정되는 경우에는 재해보험사업자에게 재해보험사업에 관한 업무 처리 상황을 보고하게 하거나 관계 서류의 제출을 요구할 수 있다.

② 청문(법 제29조의2) 기출 제8회
농림축산식품부장관은 다음의 어느 하나에 해당하는 처분을 하려면 청문을 하여야 한다.
㉠ 손해평가사의 자격 취소
㉡ 손해평가사의 업무 정지

2 벌칙

(1) 징역 또는 벌금(법 제30조) [기출] 제2회, 제4회, 제6회, 제7회, 제8회, 제10회

3년 이하의 징역 또는 3천만원 이하의 벌금	「보험업법」 제98조에 따른 금품 등을 제공(같은 조 제3호의 경우에는 보험금 지급의 약속을 말함)한 자 또는 이를 요구하여 받은 보험가입자
1년 이하의 징역 또는 1천만원 이하의 벌금	• 보험모집 규정을 위반하여 모집을 한 자 • 손해평가요령을 위반하여 고의로 진실을 숨기거나 거짓으로 손해평가를 한 자 • 다른 사람에게 손해평가사의 명의를 사용하게 하거나 그 자격증을 대여한 자 • 손해평가사의 명의를 사용하거나 그 자격증을 대여받은 자 또는 명의의 사용이나 자격증의 대여를 알선한 자
500만원 이하의 벌금	재해보험사업자는 재해보험사업의 회계를 다른 회계와 구분하여 회계처리함으로써 손익관계를 명확히 하여야 하는데 이 규정을 위반하여 회계를 처리한 자

(2) 양벌규정(법 제31조)

법인의 대표자나 법인 또는 개인의 대리인, 사용인, 그 밖의 종업원이 그 법인 또는 개인의 업무에 관하여 법 제30조의 위반행위를 하면 그 행위자를 벌하는 외에 그 법인 또는 개인에게도 해당 조문의 벌금형을 과(科)한다. 다만, 법인 또는 개인이 그 위반행위를 방지하기 위하여 해당 업무에 관하여 상당한 주의와 감독을 게을리 하지 아니한 경우에는 그러하지 아니하다.

(3) 과태료(법 제32조) [기출] 제1회, 제9회, 제10회, 제11회

① 1천만원 이하의 과태료
재해보험사업자가 「보험업법」 제95조를 위반하여 보험안내를 한 경우에는 1천만원 이하의 과태료를 부과한다. ⇨ **농림축산식품부장관 또는 해양수산부장관이 부과·징수**

② 500만원 이하의 과태료
㉠ 재해보험사업자의 발기인, 설립위원, 임원, 집행간부, 일반간부직원, 파산관재인 및 청산인이 다음의 어느 하나에 해당하면 500만원 이하의 과태료를 부과한다.
ⓐ 「보험업법」 제120조에 따른 책임준비금과 비상위험준비금을 계상하지 아니하거나 이를 따로 작성한 장부에 각각 기재하지 아니한 경우 ⇨ **농림축산식품부장관 또는 해양수산부장관이 부과·징수**
ⓑ 「보험업법」 제131조 제1항·제2항 및 제4항에 따른 명령을 위반한 경우 ⇨ **금융위원회가 부과·징수**
ⓒ 「보험업법」 제133조에 따른 검사를 거부·방해 또는 기피한 경우 ⇨ **금융위원회가 부과·징수**

ⓛ 다음의 어느 하나에 해당하는 자에게는 500만원 이하의 과태료를 부과한다. ⇨ **농림축산식품부장관 또는 해양수산부장관이 부과·징수**
  ⓐ 「보험업법」 제95조를 위반하여 보험안내를 한 자로서 재해보험사업자가 아닌 자
  ⓑ 「보험업법」 제97조 제1항 또는 「금융소비자 보호에 관한 법률」 제21조를 위반하여 보험계약의 체결 또는 모집에 관한 금지행위를 한 자
  ⓒ 보고 또는 관계 서류 제출을 하지 아니하거나 보고 또는 관계 서류 제출을 거짓으로 한 자

③ **과태료의 부과기준(영 제23조)** `기출` 제4회, 제5회, 제6회

과태료의 부과기준은 다음과 같다(영 별표 3).

㉠ 일반기준 : 농림축산식품부장관, 해양수산부장관 또는 금융위원회는 위반행위의 정도, 위반 횟수, 위반행위의 동기와 그 결과 등을 고려하여 개별기준에 따른 해당 과태료 금액을 2분의 1의 범위에서 줄이거나 늘릴 수 있다. 다만, 늘리는 경우에도 과태료 금액의 상한을 초과할 수 없다.

㉡ 개별기준

위반행위	해당 법 조문	과태료
재해보험사업자가 법 제10조 제2항에서 준용하는 「보험업법」 제95조를 위반하여 보험안내를 한 경우	법 제32조 제1항	1,000만원
법 제10조 제2항에서 준용하는 「보험업법」 제95조를 위반하여 보험안내를 한 자로서 재해보험사업자가 아닌 경우	법 제32조 제3항 제1호	500만원
법 제10조 제2항에서 준용하는 「보험업법」 제97조 제1항 또는 「금융소비자 보호에 관한 법률」 제21조를 위반하여 보험계약의 체결 또는 모집에 관한 금지행위를 한 경우	법 제32조 제3항 제2호	300만원
재해보험사업자의 발기인, 설립위원, 임원, 집행간부, 일반간부직원, 파산관재인 및 청산인이 법 제18조에서 적용하는 「보험업법」 제120조에 따른 책임준비금 또는 비상위험준비금을 계상하지 아니하거나 이를 따로 작성한 장부에 각각 기재하지 아니한 경우	법 제32조 제2항 제1호	500만원
재해보험사업자의 발기인, 설립위원, 임원, 집행간부, 일반간부직원, 파산관재인 및 청산인이 법 제18조에서 적용하는 「보험업법」 제131조 제1항·제2항 및 제4항에 따른 명령을 위반한 경우	법 제32조 제2항 제2호	300만원
재해보험사업자의 발기인, 설립위원, 임원, 집행간부, 일반간부직원, 파산관재인 및 청산인이 법 제18조에서 적용하는 「보험업법」 제133조에 따른 검사를 거부·방해 또는 기피한 경우	법 제32조 제2항 제3호	200만원
법 제29조에 따른 보고 또는 관계 서류 제출을 하지 아니하거나 보고 또는 관계 서류 제출을 거짓으로 한 경우	법 제32조 제3항 제3호	300만원

CHAPTER 03 적중예상문제

01 농어업재해보험법상 농림축산식품부장관이 농작물 재해보험사업을 효율적으로 추진하기 위하여 수행하는 업무로 옳지 않은 것은? 기출 제1회, 제2회, 제3회

① 피해 관련 분쟁조정
② 손해평가인력의 육성
③ 재해보험 상품의 연구 및 보급
④ 손해평가기법의 연구・개발 및 보급

> **해설**
> 농림축산식품부장관 또는 해양수산부장관은 재해보험사업을 효율적으로 추진하기 위하여 다음 각 호의 업무를 수행한다(법 제25조의2 제1항). 〈2025.8.14. 개정〉
> 1. 재해보험사업의 관리・감독
> 2. 재해보험 상품의 연구 및 보급
> 3. 재해 관련 통계 생산 및 데이터베이스 구축・분석
> 4. 손해평가인력의 육성 및 재해보험 대상 품목에 대한 전문성 제고
> 5. 손해평가기법의 연구・개발 및 보급

02 농어업재해보험법령상 보험사업의 관리에 관한 설명으로 옳은 것은? 기출수정 제9회

① 농림축산식품부장관은 손해평가사제도 운용 관련 업무를 농업정책보험금융원에 위탁할 수 있다.
② 정부가 하는 재해보험 가입 촉진을 위한 조치로서 신용보증 지원을 할 수 없다.
③ 농림축산식품부장관은 손해평가인의 자격요건에 대하여 매년 그 타당성을 검토하여야 한다.
④ 농림축산식품부장관은 보험가입촉진계획을 매년 수립한다.

> **해설**
> 농어업재해보험 제11조의2에 따르면 농림축산식품부장관은 손해평가사제도 운용 관련 업무를 농업정책보험금융원에 위탁할 수 있다(법 제25조의2 제2항 제3호).
> ② 정부는 농어업인의 재해대비의식을 고양하고 재해보험의 가입을 촉진하기 위하여 교육・홍보 및 보험가입자에 대한 정책자금 지원, 신용보증 지원 등을 할 수 있다(법 제28조).
> ③ 농림축산식품부장관 또는 해양수산부장관은 손해평가인의 자격요건에 대하여 2018년 1월 1일을 기준으로 3년마다(매 3년이 되는 해의 1월 1일 전까지를 말한다) 그 타당성을 검토하여 개선 등의 조치를 하여야 한다(영 제22조의4 제1항).
> ④ 재해보험사업자는 농어업재해보험 가입 촉진을 위하여 보험가입촉진계획을 매년 수립하여 농림축산식품부장관 또는 해양수산부장관에게 제출하여야 한다(법 제28조의2).

정답 01 ① 02 ①

03 농어업재해보험법령상 농림축산식품부장관 또는 해양수산부장관이 농업정책보험금융원에 위탁할 수 있는 업무가 아닌 것은? 기출 제11회

① 손해평가인력의 육성
② 재해보험사업의 관리·감독
③ 손해평가사 자격시험의 실시 및 관리
④ 재해 관련 통계 생산 및 데이터베이스 구축·분석

| 해설 |
손해평가사 자격시험의 실시 및 관리에 관한 업무를 「한국산업인력공단법」에 따른 한국산업인력공단에 위탁할 수 있다(법 제25조의2 제3항).

> **TIP** 농업정책보험금융원에 위탁할 수 있는 업무(법 제25조의2 제2항) 〈2025.8.14. 개정〉
> 1. 재해보험사업의 관리·감독
> 2. 재해보험 상품의 연구 및 보급
> 3. 재해 관련 통계 생산 및 데이터베이스 구축·분석
> 4. 손해평가인력의 육성 및 재해보험 대상 품목에 대한 전문성 제고
> 5. 손해평가기법의 연구·개발 및 보급
> 6. 재해보험사업의 약정 체결 관련 업무
> 7. 손해평가사 제도 운용 관련 업무
> 8. 그 밖에 재해보험사업과 관련하여 농림축산식품부장관 또는 해양수산부장관이 위탁하는 업무

04 보험대상의 현황, 피해 규모, 피해 원인 등 보험상품의 운영 및 개발에 필요한 통계자료를 수집·관리하여야 하는 자는?

① 금융감독원장
② 농업정책보험금융원장
③ 지방자치단체의 장
④ 농림축산식품부장관 또는 해양수산부장관

| 해설 |
농림축산식품부장관 또는 해양수산부장관은 보험대상의 현황, 보험확대 예비품목(보험목적물 도입예정 품목을 말한다)의 현황, 피해 규모, 피해 원인 등 보험상품의 운영 및 개발에 필요한 통계자료를 수집·관리하여야 하며, 이를 위하여 관계 중앙행정기관 및 지방자치단체의 장에게 필요한 자료를 요청할 수 있다(법 제26조 제1항).

05 재해보험사업의 건전한 운영을 위하여 농림축산식품부장관 또는 해양수산부장관이 마련해야 할 진흥 시책과 관련이 없는 것은?

① 재해보험 제도 및 상품 개발 등을 위한 조사·연구
② 관련 기술의 개발
③ 전문인력 양성
④ 재해보험과 관련된 분쟁의 조정

| 해설 |
농림축산식품부장관 또는 해양수산부장관은 재해보험사업의 건전한 운영을 위하여 재해보험 제도 및 상품 개발 등을 위한 조사·연구, 관련 기술의 개발 및 전문인력 양성 등의 진흥 시책을 마련하여야 한다(법 제26조 제3항).

06 재해보험 통계의 수집·관리에 관한 사항으로 옳지 않은 것은?

① 농림축산식품부장관은 보험상품의 운영 및 개발에 필요한 통계자료를 수집·관리하여야 한다.
② 통계자료를 수집하기 위하여 관계 중앙행정기관 및 지방자치단체의 장에게 필요한 자료를 요청할 수 있다.
③ 자료를 요청받은 경우 관계 중앙행정기관 및 지방자치단체의 장은 특별한 사유가 없으면 요청에 따라야 한다.
④ 통계의 수집·관리, 조사·연구 등에 관한 업무를 농림축산식품부령으로 정하는 자에게 위탁할 수 있다.

| 해설 |
농림축산식품부장관 및 해양수산부장관은 통계의 수집·관리, 조사·연구 등에 관한 업무를 <u>대통령령으로 정하는</u> 자에게 위탁할 수 있다(법 제26조 제4항).

07 농어업재해보험법령상 농림축산식품부장관 또는 해양수산부장관으로부터 보험상품의 운영 및 개발에 필요한 통계자료의 수집·관리업무를 위탁받아 수행할 수 있는 자를 모두 고른 것은?

기출 제6회

| ㄱ. 「수산업협동조합법」에 따른 수협은행 ㄴ. 「보험업법」에 따른 보험회사 |
| ㄷ. 농업정책보험금융원 ㄹ. 지방자치단체의 장 |

① ㄱ, ㄴ
② ㄴ, ㄷ
③ ㄷ, ㄹ
④ ㄱ, ㄴ, ㄷ

정답 03 ③ 04 ④ 05 ④ 06 ④ 07 ④

| 해설 |

보험상품의 운영 및 개발에 필요한 통계자료의 수집·관리업무를 위탁받아 수행할 수 있는 자(영 제21조 제1항)
1. 「농업협동조합법」에 따른 농업협동조합중앙회
2. 「산림조합법」에 따른 산림조합중앙회
3. 「수산업협동조합법」에 따른 수산업협동조합중앙회 및 수협은행
4. 「정부출연연구기관 등의 설립·운영 및 육성에 관한 법률」 제8조에 따라 설립된 연구기관
5. 「보험업법」에 따른 보험회사, 보험료율산출기관 또는 보험계리를 업으로 하는 자
6. 「민법」 제32조에 따라 농림축산식품부장관 또는 해양수산부장관의 허가를 받아 설립된 비영리법인
7. 「공익법인의 설립·운영에 관한 법률」 제4조에 따라 농림축산식품부장관 또는 해양수산부장관의 허가를 받아 설립된 공익법인
8. 농업정책보험금융원

08 농어업재해보험법령상 시범사업의 실시에 관한 설명으로 옳은 것은? 기출 제6회

① 기획재정부장관이 신규 보험상품을 도입하려는 경우 재해보험사업자와의 협의를 거치지 않고 시범사업을 할 수 있다.
② 재해보험사업자가 시범사업을 하려면 사업계획서를 농림축산식품부장관에게 제출하고 기획재정부장관과 협의하여야 한다.
③ 재해보험사업자는 시범사업이 끝나면 정부의 재정지원에 관한 사항이 포함된 사업결과보고서를 제출하여야 한다.
④ 농림축산식품부장관 또는 해양수산부장관은 시범사업의 사업결과보고서를 받으면 그 사업결과를 바탕으로 신규 보험상품의 도입 가능성 등을 검토·평가하여야 한다.

| 해설 |

④ 농어업재해보험법 시행령 제22조 제3항
① 재해보험사업자는 신규 보험상품을 개발하거나 도입하려는 경우 등 필요한 경우에는 농림축산식품부장관 또는 해양수산부장관과 협의하여 시범사업을 할 수 있다(법 제27조 제1항). 〈2025.8.14. 개정〉
② 재해보험사업자는 시범사업을 하려면 사업계획서를 농림축산식품부장관 또는 해양수산부장관에게 제출하고 협의하여야 한다(영 제22조 제1항).
③ 정부의 재정지원에 관한 사항은 사업결과보고서가 아니라 사업계획서에 포함된 내용이다(영 제22조 제1항 제3호).

09 농어업재해보험법령상 "시범사업"을 하기 위해 재해보험사업자가 농림축산식품부장관에게 제출하여야 하는 사업계획서 내용에 해당하는 것을 모두 고른 것은? 기출 제5회

> ㄱ. 사업지역 및 사업기간에 관한 사항
> ㄴ. 보험상품에 관한 사항
> ㄷ. 보험계약사항 등 전반적인 사업운영 실적에 관한 사항
> ㄹ. 그 밖에 금융감독원장이 필요하다고 인정하는 사항

① ㄱ, ㄴ
② ㄱ, ㄷ
③ ㄴ, ㄷ
④ ㄴ, ㄹ

| 해설 |

재해보험사업자는 법 제27조 제1항에 따른 시범사업을 하려면 다음 각 호의 사항이 포함된 사업계획서를 농림축산식품부장관 또는 해양수산부장관에게 제출하고 협의하여야 한다(영 제22조 제1항).
1. 대상목적물, 사업지역 및 사업기간에 관한 사항
2. 보험상품에 관한 사항
3. 정부의 재정지원에 관한 사항
4. 그 밖에 농림축산식품부장관 또는 해양수산부장관이 필요하다고 인정하는 사항

10 재해보험사업자는 시범사업이 끝나면 지체 없이 사업결과보고서를 작성하여 농림축산식품부장관 또는 해양수산부장관에게 제출하여야 하는데 이에 포함되는 사항이 아닌 것은?

① 보험계약사항, 보험금 지급 등 전반적인 사업운영 실적에 관한 사항
② 농어업재해재보험기금의 관리·운영에 관한 사항
③ 사업의 중단·연장 및 확대 등에 관한 사항
④ 사업 운영과정에서 나타난 문제점 및 제도개선에 관한 사항

| 해설 |

농어업재해재보험기금은 농림축산식품부장관이 해양수산부장관과 협의하여 관리·운용한다(법 제24조 제1항). 재해보험사업자는 시범사업이 끝나면 지체 없이 다음 각 호의 사항이 포함된 사업결과보고서를 작성하여 농림축산식품부장관 또는 해양수산부장관에게 제출하여야 한다(영 제22조 제2항).
1. 보험계약사항, 보험금 지급 등 전반적인 사업운영 실적에 관한 사항
2. 사업 운영과정에서 나타난 문제점 및 제도개선에 관한 사항
3. 사업의 중단·연장 및 확대 등에 관한 사항

11 재해보험의 가입을 촉진하기 위하여 정부가 지원하는 업무에 해당하지 않는 것은?

① 교육·홍보 지원
② 보험가입자에 대한 정책자금 지원
③ 신용보증 지원
④ 재해재보험기금의 지원

| 해설 |
정부는 재해보험의 가입을 촉진하기 위하여 교육·홍보를 하여야 하고, 보험가입자에 대한 정책자금 지원 및 신용보증 지원 등을 할 수 있다(법 제28조). 〈2025.8.14. 개정〉

12 농어업재해보험법령상 농어업재해보험사업의 관리에 관한 설명으로 옳지 않은 것은?

기출 제10회

① 농림축산식품부장관 또는 해양수산부장관은 보험상품의 운영 및 개발에 필요한 통계자료를 수집·관리하여야 한다.
② 농림축산식품부장관 및 해양수산부장관은 보험상품의 운영 및 개발에 필요한 통계의 수집·관리, 조사·연구 등에 관한 업무를 대통령령으로 정하는 자에게 위탁할 수 있다.
③ 재해보험사업자는 농어업재해보험 가입 촉진을 위하여 보험가입촉진계획을 3년 단위로 수립하여 농림축산식품부장관 또는 해양수산부장관에게 제출하여야 한다.
④ 농림축산식품부장관이 손해평가사의 자격취소를 하려면 청문을 하여야 한다.

| 해설 |
재해보험사업자는 농어업재해보험 가입 촉진을 위하여 보험가입촉진계획을 매년 수립하여 농림축산식품부장관 또는 해양수산부장관에게 제출하여야 한다(법 제28조의2 제1항).
① 농어업재해보험법 제26조 제1항
② 농어업재해보험법 제26조 제4항
④ 농어업재해보험법 제29조의2 제1호

13 농어업재해보험법령상 재해보험사업자가 수립하는 보험가입촉진계획에 포함되어야 할 사항에 해당하지 않는 것은? 기출 제3회

① 농어업재해재보험기금 관리·운용계획
② 해당 연도의 보험상품 운영계획
③ 보험상품의 개선·개발계획
④ 전년도의 성과분석 및 해당 연도의 사업계획

| 해설 |

보험가입촉진계획에 포함되어야 할 사항(영 제22조의2 제1항)
보험가입촉진계획에는 다음 각 호의 사항이 포함되어야 한다.
1. 전년도의 성과분석 및 해당 연도의 사업계획
2. 해당 연도의 보험상품 운영계획
3. 농어업재해보험 교육 및 홍보계획
4. 보험상품의 개선·개발계획
5. 그 밖에 농어업재해보험 가입 촉진을 위하여 필요한 사항

14 농어업재해보험법령상 보험가입촉진계획에 포함되어야 하는 사항을 모두 고른 것은?

기출 제7회

ㄱ. 전년도의 성과분석 및 해당 연도의 사업계획
ㄴ. 해당 연도의 보험상품 운영계획
ㄷ. 농어업재해보험 교육 및 홍보계획

① ㄱ, ㄴ
② ㄱ, ㄷ
③ ㄴ, ㄷ
④ ㄱ, ㄴ, ㄷ

| 해설 |

보험가입촉진계획에 포함되어야 하는 사항(영 제22조의2 제1항)
1. 전년도의 성과분석 및 해당 연도의 사업계획
2. 해당 연도의 보험상품 운영계획
3. 농어업재해보험 교육 및 홍보계획
4. 보험상품의 개선·개발계획
5. 그 밖에 농어업재해보험 가입 촉진을 위하여 필요한 사항

정답 11 ④ 12 ③ 13 ① 14 ④

15 농어업재해보험법령상 보험가입촉진계획의 수립과 제출 등에 관한 내용이다. ( )에 들어갈 내용을 순서대로 옳게 나열한 것은? 기출 제4회

> 재해보험사업자는 농어업재해보험 가입 촉진을 위해 수립한 보험가입촉진계획을 해당 연도 ( )까지 ( )에게 제출하여야 한다.

① 1월 31일, 농업정책보험금융원장
② 1월 31일, 농림축산식품부장관 또는 해양수산부장관
③ 2월 말일, 농업정책보험금융원장
④ 2월 말일, 농림축산식품부장관 또는 해양수산부장관

| 해설 |
재해보험사업자는 농어업재해보험 가입 촉진을 위해 수립한 보험가입촉진계획을 해당 연도 (**1월 31일**)까지 (**농림축산식품부장관 또는 해양수산부장관**)에게 제출하여야 한다(영 제22조의2 제2항).

16 다음 ( ) 안에 들어갈 가장 알맞은 말을 고르시오.

> ( )은(는) 재해보험의 건전한 운영과 재해보험가입자의 보호를 위하여 필요하다고 인정되는 경우에는 재해보험사업자에게 재해보험사업에 관한 업무 처리 상황을 보고하게 하거나 관계 서류의 제출을 요구할 수 있다.

① 정부
② 농업정책보험금융원장
③ 지방자치단체의 장
④ 농림축산식품부장관 또는 해양수산부장관

| 해설 |
(**농림축산식품부장관 또는 해양수산부장관**)은 재해보험의 건전한 운영과 재해보험가입자의 보호를 위하여 필요하다고 인정되는 경우에는 재해보험사업자에게 재해보험사업에 관한 업무 처리 상황을 보고하게 하거나 관계 서류의 제출을 요구할 수 있다(법 제29조).

17 다음 중 재해보험사업자가 「개인정보보호법 시행령」 제19조 제1호에 따른 주민등록번호가 포함된 자료를 처리할 수 있는 경우로 올바른 것을 모두 고르면?

> ㄱ. 손해평가사의 감독에 관한 사무
> ㄴ. 손해평가사의 자격취소에 관한 사무
> ㄷ. 재해보험가입자 자격확인에 관한 사무
> ㄹ. 타인을 위한 보험계약의 체결, 유지·관리, 보험금의 지급 등에 관한 사무

① ㄱ, ㄴ
② ㄴ, ㄹ
③ ㄷ, ㄹ
④ ㄱ, ㄹ

|해설|
ㄷ·ㄹ. 영 제22조의3 제1항, 제2항
ㄱ·ㄴ. 농림축산식품부장관(농림축산식품부장관의 업무를 위탁받은 자를 포함)이 주민등록번호가 포함된 자료를 처리할 수 있는 경우에 해당한다(영 제22조의3 제3항).

18 다음 중 농림축산식품부장관이 청문을 하여야 하는 처분에 해당하는 것을 모두 고르면?

> ㄱ. 손해평가사의 자격취소
> ㄴ. 손해평가사의 업무위탁
> ㄷ. 손해평가사의 업무정지
> ㄹ. 손해평가사의 자격시험

① ㄱ, ㄴ
② ㄱ, ㄷ
③ ㄷ, ㄹ
④ ㄱ, ㄹ

|해설|
농림축산식품부장관은 다음 각 호의 어느 하나에 해당하는 처분을 하려면 청문을 하여야 한다(법 제29조의2).
1. 손해평가사의 자격취소
2. 손해평가사의 업무정지

19 농어업재해보험법상 보험사업의 관리에 관한 설명으로 옳지 않은 것은? 기출 제8회

① 농림축산식품부장관 또는 해양수산부장관은 재해보험사업을 효율적으로 추진하기 위하여 손해평가인력의 육성 업무를 수행한다.
② 농림축산식품부장관은 손해평가사의 업무정지 처분을 하는 경우 청문을 하지 않아도 된다.
③ 농림축산식품부장관은 손해평가사 자격시험의 실시 및 관리에 관한 업무를「한국산업인력공단법」에 따른 한국산업인력공단에 위탁할 수 있다.
④ 정부는 농어업인의 재해대비의식을 고양하고 재해보험의 가입을 촉진하기 위하여 교육·홍보 및 보험가입자에 대한 정책자금 지원, 신용보증 지원 등을 할 수 있다.

| 해설 |
농림축산식품부장관은 손해평가사의 업무정지 처분을 하려면 <u>청문을 하여야 한다</u>(법 제29조의2 제2호).
① 농어업재해보험법 제25조의2 제1항 제4호
③ 농어업재해보험법 제25조의2 제3항
④ 농어업재해보험법 제28조

20 농어업재해보험법상 벌칙에 관한 설명이다. (　　)에 들어갈 내용은? 기출 제7회

「보험업법」제98조에 따른 금품 등을 제공(같은 조 제3호의 경우에는 보험금 지급의 약속을 말한다)한 자 또는 이를 요구하여 받은 보험가입자는 (ㄱ)년 이하의 징역 또는 (ㄴ)천만원 이하의 벌금에 처한다.

	ㄱ	ㄴ
①	1	1
②	1	3
③	3	3
④	3	5

| 해설 |
「보험업법」제98조에 따른 금품 등을 제공(같은 조 제3호의 경우에는 보험금 지급의 약속을 말한다)한 자 또는 이를 요구하여 받은 보험가입자는 (3)년 이하의 징역 또는 (3)천만원 이하의 벌금에 처한다(법 제30조 제1항).

21 농어업재해보험법상 과태료의 부과대상이 아닌 것은? 기출 제1회

① 재해보험사업자가 「보험업법」을 위반하여 보험안내를 한 경우
② 재해보험사업자가 아닌 자가 「보험업법」을 위반하여 보험안내를 한 경우
③ 손해평가사가 고의로 진실을 숨기거나 거짓으로 손해평가를 한 경우
④ 재해보험사업자가 농림축산식품부에 관계서류 제출을 거짓으로 한 경우

| 해설 |
손해평가사가 고의로 진실을 숨기거나 거짓으로 손해평가를 한 경우는 1년 이하의 징역 또는 1천만원 이하의 벌금에 처한다(법 제30조 제2항 제2호 참조).
① 1천만원 이하의 과태료
②·④ 500만원 이하의 과태료

22 농어업재해보험법령상 고의로 진실을 숨기거나 거짓으로 손해평가를 한 손해평가인과 손해평가사에게 부과될 수 있는 벌칙이 아닌 것은? 기출 제6회

① 징역 6월   ② 과태료 2,000만원
③ 벌금 500만원   ④ 벌금 1,000만원

| 해설 |
고의로 진실을 숨기거나 거짓으로 손해평가를 한 자는 1년 이하의 징역 또는 1천만원 이하의 벌금에 처한다(법 제30조 제2항 제2호). 과태료 처분사유가 아니다.

23 농어업재해보험법상 손해평가사의 자격을 취득하지 아니하고 그 명의를 사용하거나 자격증을 대여받은 자에게 부과될 수 있는 벌칙은? 기출 제8회

① 과태료 5백만원   ② 벌금 2천만원
③ 징역 6월   ④ 징역 2년

| 해설 |
손해평가사의 명의를 사용하거나 그 자격증을 대여받은 자 또는 명의의 사용이나 자격증의 대여를 알선한 자는 1년 이하의 징역 또는 1천만원 이하의 벌금에 처한다(법 제30조 제2항 제4호).

정답 19 ② 20 ③ 21 ③ 22 ② 23 ③

24 농어업재해보험법상 손해평가사가 거짓으로 손해평가를 한 경우에 해당하는 벌칙기준은?

기출 제4회

① 1년 이하의 징역 또는 500만원 이하의 벌금
② 1년 이하의 징역 또는 1,000만원 이하의 벌금
③ 2년 이하의 징역 또는 1,000만원 이하의 벌금
④ 2년 이하의 징역 또는 2,000만원 이하의 벌금

| 해설 |
고의로 진실을 숨기거나 거짓으로 손해평가를 한 자는 <u>1년 이하의 징역 또는 1천만원 이하의 벌금</u>에 처한다(법 제30조 제2항 제2호).

25 농어업재해보험법령상 "재해보험사업자는 재해보험사업의 회계를 다른 회계와 구분하여 회계처리함으로써 손익관계를 명확히 하여야 한다"라는 규정을 위반하여 회계를 처리한 자에 대한 벌칙은? 기출 제2회, 제10회

① 500만원 이하의 과태료
② 500만원 이하의 벌금
③ 1,000만원 이하의 벌금
④ 1년 이하의 징역

| 해설 |
농어업재해보험법 제15조(재해보험사업자는 재해보험사업의 회계를 다른 회계와 구분하여 회계처리함으로써 손익관계를 명확히 하여야 한다)를 위반하여 회계를 처리한 자는 <u>500만원 이하의 벌금</u>에 처한다(법 제30조 제3항).

26 다음은 보험사업의 관리에 대한 벌칙 규정을 설명한 것이다. 가장 옳은 것은?

① 재해보험사업자의 발기인, 설립위원, 임원, 집행간부, 일반간부직원, 파산관재인 및 청산인이 책임준비금 또는 비상위험준비금을 계상하지 아니하거나 이를 장부에 기록하지 아니한 경우 1,000만원의 과태료를 부과한다.
② 재해보험사업자의 발기인, 설립위원, 임원, 집행간부, 일반간부직원, 파산관재인 및 청산인이 「보험업법」 제133조에 따른 검사를 거부·방해 또는 기피한 경우 200만원의 과태료를 부과한다.
③ 보고 또는 관계 서류 제출을 하지 아니하거나 보고 또는 관계 서류 제출을 거짓으로 한 자는 500만원의 과태료를 부과한다.
④ 재해보험사업자가 「보험업법」 제95조를 위반하여 보험안내를 한 경우에는 500만원의 과태료를 부과한다.

| 해설 |
② 영 별표 3(영 제23조)
① 500만원의 과태료
③ 300만원의 과태료
④ 1천만원의 과태료

---

27 농어업재해보험법령상 벌칙에 관한 규정이다. ( )에 들어갈 내용은? [기출] 제11회

재해보험사업자가 「농어업재해보험법」 제10조 제2항에서 준용하는 「보험업법」 제95조를 위반하여 보험안내를 한 경우에는 (ㄱ) 이하의 (ㄴ)을(를) 부과한다.

① ㄱ : 500만원,   ㄴ : 과태료
② ㄱ : 1,000만원, ㄴ : 과태료
③ ㄱ : 1,000만원, ㄴ : 벌금
④ ㄱ : 2,000만원, ㄴ : 벌금

| 해설 |
재해보험사업자가 「농어업재해보험법」 제10조 제2항에서 준용하는 「보험업법」 제95조를 위반하여 보험안내를 한 경우에는 (**1,000만원**) 이하의 (**과태료**)를 부과한다(법 제32조 제1항).

28 농어업재해보험법상 과태료 부과대상인 것은? 기출 제9회

① 거짓으로 손해평가를 한 손해평가사
② 재해보험을 모집할 수 없는 자로서 모집을 한 자
③ 다른 사람에게 손해평가사 자격증을 대여한 손해평가사
④ 농림축산식품부장관이 재해보험사업에 관한 업무처리 상황을 보고하게 하였으나 보고하지 아니한 재해보험사업자

| 해설 |

농림축산식품부장관이 재해보험사업에 관한 업무처리 상황을 보고하게 하였으나 보고하지 아니한 재해보험사업자에게는 <u>500만원 이하의 과태료를 부과한다</u>(법 제32조 제3항).
① 1년 이하의 징역 또는 1천만원 이하의 벌금(법 제30조 제2항 제2호).
② 1년 이하의 징역 또는 1천만원 이하의 벌금(법 제30조 제2항 제1호).
③ 1년 이하의 징역 또는 1천만원 이하의 벌금(법 제30조 제2항 제3호).

29 재해보험사업자가 법 제10조 제2항에서 준용하는 「보험업법」 제95조를 위반하여 보험안내를 한 경우에 처분사항으로 올바른 것은?

① 500만원 이하의 벌금을 부과한다.
② 500만원 이하의 과태료를 부과한다.
③ 1,000만원 이하의 과태료를 부과한다.
④ 1년 이하의 징역 또는 1,000만원 이하의 벌금에 처한다.

| 해설 |

재해보험사업자가 제10조 제2항에서 준용하는 「보험업법」 제95조를 위반하여 보험안내를 한 경우에는 <u>1천만원 이하의 과태료를 부과한다</u>(법 제32조 제1항).

30 보고 또는 관계 서류 제출을 하지 아니하거나 보고 또는 관계 서류 제출을 거짓으로 한 경우 과태료는 얼마인가?

① 200만원
② 300만원
③ 500만원
④ 1,000만원

| 해설 |

보고 또는 관계 서류 제출을 하지 아니하거나 보고 또는 관계 서류 제출을 거짓으로 한 경우 과태료의 기준은 300만원이다(영 별표 3).

31 다음 중 농림축산식품부장관 또는 해양수산부장관이 부과·징수하는 과태료가 아닌 것은?

① 재해보험사업자의 발기인, 설립위원, 임원, 집행간부, 일반간부직원, 파산관재인 및 청산인이 「보험업법」 제133조에 따른 검사를 거부·방해 또는 기피한 경우 부과되는 과태료
② 재해보험사업자의 발기인, 설립위원, 임원, 집행간부, 일반간부직원, 파산관재인 및 청산인이 책임준비금 또는 비상위험준비금을 계상하지 아니하거나 이를 장부에 기록하지 아니한 경우 부과되는 과태료
③ 「보험업법」 제97조 제1항을 위반하여 보험계약의 체결 또는 모집에 관한 금지행위를 한 자에 부과되는 과태료
④ 「보험업법」 제95조를 위반하여 보험안내를 한 자로서 재해보험사업자가 아닌 자에 부과되는 과태료

| 해설 |
① 금융위원회가 부과·징수하는 과태료(법 제32조 제4항)
②·③·④ 농림축산식품부장관 또는 해양수산부장관이 부과·징수하는 과태료

32 농어업재해보험법령상 과태료 부과권자가 금융위원회인 경우는? 기출 제10회

① 「보험업법」 제133조에 따른 검사를 거부·방해 또는 기피한 재해보험사업자의 임원에게 과태료를 부과하는 경우
② 「보험업법」 제95조를 위반하여 보험안내를 한 자로서 재해보험사업자가 아닌 자에게 과태료를 부과하는 경우
③ 「보험업법」 제97조 제1항을 위반하여 보험계약의 체결 또는 모집에 관한 금지행위를 한 자에게 과태료를 부과하는 경우
④ 재해보험사업에 관한 업무 처리 상황의 보고 또는 관계 서류 제출을 하지 아니하거나 보고 또는 관계 서류 제출을 거짓으로 한 자에게 과태료를 부과하는 경우

| 해설 |

과태료 부과권자(법 제32조 제4항)

위반행위	부과권자
「보험업법」 제95조를 위반하여 보험안내를 한 자로서 재해보험사업자가 아닌 자에게 과태료를 부과하는 경우	농림축산식품부장관 또는 해양수산부장관
「보험업법」 제97조 제1항을 위반하여 보험계약의 체결 또는 모집에 관한 금지행위를 한 자에게 과태료를 부과하는 경우	
재해보험사업에 관한 업무 처리 상황의 보고 또는 관계 서류 제출을 하지 아니하거나 보고 또는 관계 서류 제출을 거짓으로 한 자에게 과태료를 부과하는 경우	
「보험업법」 제133조에 따른 검사를 거부·방해 또는 기피한 재해보험사업자의 임원에게 과태료를 부과하는 경우	금융위원회
「보험업법」 제131조 제1항·제2항 및 제4항에 따른 명령을 위반하여 과태료를 부과하는 경우	

33 농어업재해보험법령상 과태료부과의 개별기준에 관한 설명으로 옳은 것은? 기출 제4회

① 재해보험사업자의 발기인이 법 제18조에서 적용하는 「보험업법」 제133조에 따른 검사를 기피한 경우 : 200만원
② 법 제29조에 따른 보고 또는 관계 서류 제출을 거짓으로 한 경우 : 200만원
③ 법 제10조 제2항에서 준용하는 「보험업법」 제97조 제1항을 위반하여 보험계약의 모집에 관한 금지행위를 한 경우 : 500만원
④ 법 제10조 제2항에서 준용하는 「보험업법」 제95조를 위반하여 보험안내를 한 자로서 재해보험사업자가 아닌 경우 : 1,000만원

| 해설 |
① 영 [별표 3]
② 법 제29조에 따른 보고 또는 관계 서류 제출을 거짓으로 한 경우 : **300만원**
③ 법 제10조 제2항에서 준용하는 「보험업법」 제97조 제1항을 위반하여 보험계약의 모집에 관한 금지행위를 한 경우 : **300만원**
④ 법 제10조 제2항에서 준용하는 「보험업법」 제95조를 위반하여 보험안내를 한 자로서 재해보험사업자가 아닌 경우 : **500만원**

34 농어업재해보험법 시행령에서 정하고 있는 다음 사항에 대한 과태료 부과기준액을 모두 합한 금액은? 기출 제5회

- 법 제10조 제2항에서 준용하는 「보험업법」 제95조를 위반하여 보험안내를 한 자로서 재해보험사업자가 아닌 경우
- 법 제29조에 따른 보고 또는 관계 서류 제출을 하지 아니하거나 보고 또는 관계 서류 제출을 거짓으로 한 경우
- 법 제10조 제2항에서 준용하는 「보험업법」 제97조 제1항을 위반하여 보험계약의 체결 또는 모집에 관한 금지행위를 한 경우

① 1,000만원 ② 1,100만원
③ 1,200만원 ④ 1,300만원

| 해설 |
- 법 제10조 제2항에서 준용하는 「보험업법」 제95조를 위반하여 보험안내를 한 자로서 재해보험사업자가 아닌 경우 : **500만원**
- 법 제29조에 따른 보고 또는 관계 서류 제출을 하지 아니하거나 보고 또는 관계 서류 제출을 거짓으로 한 경우 : **300만원**
- 법 제10조 제2항에서 준용하는 「보험업법」 제97조 제1항을 위반하여 보험계약의 체결 또는 모집에 관한 금지행위를 한 경우 : **300만원**
- 과태료 부과기준액 합계 = 500만원 + 300만원 + 300만원 = **1,100만원**

CHAPTER 04 농업재해보험 손해평가요령

학습목표
❶ 용어의 뜻, 손해평가의 업무, 손해평가인의 위촉사항, 위촉의 취소 및 해지 사유, 손해평가반의 구성에 관한 내용을 학습한다.
❷ 피해사실의 확인 및 손해평가준비, 평가결과 및 검증, 손해평가 단위에 대해 학습한다.
❸ 농작물 및 가축에 대한 보험가액 및 보험금 산정을 학습하고, 농업재해보험의 보험목적별 보상하는 병충해 및 질병규정을 알아본다.

1 목적 및 용어의 정의

(1) 목적(제1조)
농업재해보험 손해평가요령은 「농어업재해보험법」에 따른 손해평가에 필요한 세부사항을 규정함을 목적으로 한다.

(2) 용어의 정의(제2조) 기출 제1회, 제2회, 제4회, 제6회, 제8회, 제9회, 제11회

농업재해보험 손해평가요령에서 사용하는 용어의 정의는 다음과 같다.

손해평가	「농어업재해보험법」 제2조 제1호(농어업재해)에 따른 피해가 발생한 경우 손해평가인, 손해평가사 또는 손해사정사가 그 피해사실을 확인하고 평가하는 일련의 과정을 말한다.
손해평가인	「농어업재해보험법」 제11조 제1항과 「농어업재해보험법 시행령」 제12조 제1항에서 정한 자 중에서 재해보험사업자가 위촉하여 손해평가업무를 담당하는 자를 말한다.
손해평가사	손해평가사 자격시험에 합격한 자를 말한다.
손해평가보조인	손해평가 업무를 보조하는 자를 말한다.
농업재해보험	농작물재해보험, 임산물재해보험 및 가축재해보험을 말한다.

2 손해평가인의 업무 및 위촉, 교육

(1) 손해평가 업무(제3조) [기출] 제2회, 제5회, 제8회, 제9회, 제10회

① 수행업무

손해평가시 손해평가인, 손해평가사, 손해사정사는 다음의 업무를 수행한다.
㉠ 피해사실 확인
㉡ 보험가액 및 손해액 평가
㉢ 그 밖에 손해평가에 관하여 필요한 사항

② 신분을 확인할 수 있는 서류의 제시

손해평가인, 손해평가사, 손해사정사는 임무를 수행하기 전에 보험가입자("피보험자"를 포함한다)에게 손해평가인증, 손해평가사자격증, 손해사정사등록증 등 신분을 확인할 수 있는 서류를 제시하여야 한다.

(2) 손해평가인 위촉(제4조) [기출] 제1회, 제3회, 제6회, 제7회, 제8회, 제9회, 제11회

① 손해평가인증의 발급

재해보험사업자는 손해평가인을 위촉한 경우에는 그 자격을 표시할 수 있는 손해평가인증을 발급하여야 한다.

② 손해평가인의 위촉

재해보험사업자는 피해 발생시 원활한 손해평가가 이루어지도록 농업재해보험이 실시되는 시·군·자치구별 보험가입자의 수 등을 고려하여 적정 규모의 손해평가인을 위촉할 수 있다.

③ 손해평가보조인의 운용

재해보험사업자 및 손해평가 업무를 위탁받은 자는 손해평가 업무를 원활히 수행하기 위하여 손해평가보조인을 운용할 수 있다.

(3) 손해평가인 실무교육(제5조) [기출] 제5회

① 실무교육의 실시

재해보험사업자는 위촉된 손해평가인을 대상으로 농업재해보험에 관한 기초지식, 보험상품 및 약관, 손해평가의 방법 및 절차 등 손해평가에 필요한 실무교육을 실시하여야 한다.

② 교육비의 지급

손해평가인에 대하여 재해보험사업자는 소정의 교육비를 지급할 수 있다.

(4) 손해평가인 정기교육(제5조의2) 기출 제4회, 제7회, 제11회

① 손해평가인 정기교육의 세부내용
  ㉠ 농업재해보험에 관한 기초지식 : 농어업재해보험법 제정 배경·구성 및 조문별 주요내용, 농업재해보험 사업현황
  ㉡ 농업재해보험의 종류별 약관 : 농업재해보험 상품 주요내용 및 약관 일반 사항
  ㉢ 손해평가의 절차 및 방법 : 농업재해보험 손해평가 개요, 보험목적물별 손해평가 기준 및 피해유형별 보상사례
  ㉣ 피해유형별 현지조사표 작성 실습
② 교육비의 지급
  재해보험사업자는 정기교육 대상자에게 소정의 교육비를 지급할 수 있다.

(5) 손해평가인 위촉의 취소 및 해지 등(제6조) 기출 제1회, 제2회

① 위촉의 취소 기출 제3회, 제5회, 제7회, 제8회, 제9회, 제10회
  재해보험사업자는 손해평가인이 다음의 어느 하나에 해당하게 되거나 위촉 당시에 해당하는 자이었음이 판명된 때에는 그 위촉을 취소하여야 한다.
  ㉠ 피성년후견인
  ㉡ 파산선고를 받은 자로서 복권되지 아니한 자
  ㉢ 벌금 이상의 형을 선고받고 그 집행이 종료(집행이 종료된 것으로 보는 경우를 포함)되거나 집행이 면제된 날로부터 2년이 경과되지 아니한 자
  ㉣ 위촉이 취소된 후 2년이 경과하지 아니한 자
  ㉤ 거짓 그 밖의 부정한 방법으로 손해평가인으로 위촉된 자
  ㉥ 업무정지 기간 중에 손해평가업무를 수행한 자
② 위촉의 해지 기출 제2회
  재해보험사업자는 손해평가인이 다음의 어느 하나에 해당하는 때에는 6개월 이내의 기간을 정하여 그 업무의 정지를 명하거나 위촉 해지 등을 할 수 있다.
  ㉠ 농어업재해보험법 제11조 제2항(손해평가인과 손해평가사 및 「보험업법」에 따른 손해사정사는 농림축산식품부장관 또는 해양수산부장관이 정하여 고시하는 손해평가요령에 따라 손해평가를 하여야 한다. 이 경우 공정하고 객관적으로 손해평가를 하여야 하며, 고의로 진실을 숨기거나 거짓으로 손해평가를 하여서는 아니 된다) 및 농업재해보험 손해평가요령의 규정을 위반한 때
  ㉡ 농어업재해보험법 및 농업재해보험 손해평가요령에 의한 명령이나 처분을 위반한 때
  ㉢ 업무수행과 관련하여 「개인정보보호법」, 「신용정보의 이용 및 보호에 관한 법률」 등 정보보호와 관련된 법령을 위반한 때
③ 청문의 실시
  재해보험사업자는 위촉을 취소하거나 업무의 정지를 명하고자 하는 때에는 손해평가인에게 청문을 실시하여야 한다. 다만, 손해평가인이 청문에 응하지 아니할 경우에는 서면으로 위촉을 취소하거나 업무의 정지를 통보할 수 있다.

④ 해촉 및 업무정지의 통지

재해보험사업자는 손해평가인을 해촉하거나 손해평가인에게 업무의 정지를 명한 때에는 지체 없이 이유를 기재한 문서로 그 뜻을 손해평가인에게 통지하여야 한다.

⑤ 업무정지와 위촉해지 등의 세부기준(별표 3)

㉠ 일반기준

ⓐ 위반행위가 둘 이상인 경우로서 각각의 처분기준이 다른 경우에는 그 중 무거운 처분기준을 적용한다. 다만, 각각의 처분기준이 업무정지인 경우에는 무거운 처분기준의 2분의 1까지 가중할 수 있으며, 이 경우 업무정지 기간은 6개월을 초과할 수 없다.

ⓑ 위반행위의 횟수에 따른 제재조치의 기준은 최근 1년간 같은 위반행위로 제재조치를 받는 경우에 적용한다. 이 경우 제재조치 기준의 적용은 같은 위반행위에 대하여 최초로 제재조치를 한 날과 다시 같은 위반행위로 적발한 날을 기준으로 한다.

ⓒ 위반행위의 내용으로 보아 고의성이 없거나 특별한 사유가 인정되는 경우에는 그 처분을 업무정지의 경우에는 2분의 1의 범위에서 경감할 수 있고, 위촉해지인 경우에는 업무정지 6개월로, 경고인 경우에는 주의 처분으로 경감할 수 있다.

㉡ 개별기준

위반행위	근거조문	처분기준		
		1차	2차	3차
1. 법 제11조 제2항 및 이 요령의 규정을 위반한 때	제6조 제2항 제1호			
1) 고의 또는 중대한 과실로 손해평가의 신뢰성을 크게 악화 시킨 경우		위촉해지		
2) 고의로 진실을 숨기거나 거짓으로 손해평가를 한 경우		위촉해지		
3) 정당한 사유 없이 손해평가반 구성을 거부하는 경우		위촉해지		
4) 현장조사 없이 보험금 산정을 위해 손해평가행위를 한 경우		위촉해지		
5) 현지조사서를 허위로 작성한 경우		위촉해지		
6) 검증조사 결과 부당·부실 손해평가로 확인된 경우		경고	업무정지 3개월	위촉해지
7) 기타 업무수행상 과실로 손해평가의 신뢰성을 약화시킨 경우		주의	경고	업무정지 3개월
2. 법 및 이 요령에 의한 명령이나 처분을 위반한 때	제6조 제2항 제2호	업무정지 6개월	위촉해지	
3. 업무수행과 관련하여 「개인정보보호법」, 「신용정보의 이용 및 보호에 관한 법률」 등 정보보호와 관련된 법령을 위반한 때	제6조 제2항 제3호	위촉해지		

⑥ 제재의 구체적 적용기준
　재해보험사업자는 「보험업법」 제186조에 따른 손해사정사가 「농어업재해보험법」 등 관련 규정을 위반한 경우 적정한 제재가 가능하도록 각 제재의 구체적 적용기준을 마련하여 시행하여야 한다.

(6) 손해평가반 구성 등(제8조)

① 평가일정계획의 수립
　재해보험사업자는 손해평가를 하는 경우에는 손해평가반을 구성하고 손해평가반별로 평가일정 계획을 수립하여야 한다.

② 손해평가반의 구성 기출 제2회, 제3회, 제9회, 제10회
　손해평가반은 다음의 어느 하나에 해당하는 자로 구성하며, 5인 이내로 한다.
　㉠ 손해평가인
　㉡ 손해평가사
　㉢ 「보험업법」 제186조에 따른 손해사정사

③ 손해평가반의 구성에서 배제되는 자 기출 제5회, 제7회, 제8회, 제11회
　다음의 어느 하나에 해당하는 손해평가에 대하여는 해당자를 손해평가반 구성에서 배제하여야 한다.
　㉠ 자기 또는 자기와 생계를 같이 하는 친족(이하 "이해관계자"라 한다)이 가입한 보험계약에 관한 손해평가
　㉡ 자기 또는 이해관계자가 모집한 보험계약에 관한 손해평가
　㉢ 직전 손해평가일로부터 30일 이내의 보험가입자간 상호 손해평가
　㉣ 자기가 실시한 손해평가에 대한 검증조사 및 재조사

(7) 교차손해평가(제8조의2) 기출 제4회, 제9회, 제11회

① 교차손해평가 대상의 선정
　재해보험사업자는 공정하고 객관적인 손해평가를 위하여 교차손해평가가 필요한 경우 재해보험 가입규모, 가입분포 등을 고려하여 교차손해평가 대상 시·군·구(자치구)를 선정하여야 한다.

② 지역손해평가인의 선발
　재해보험사업자는 선정한 시·군·구 내에서 손해평가 경력, 타지역 조사 가능 여부 등을 고려하여 교차손해평가를 담당할 지역손해평가인을 선발하여야 한다.

③ 손해평가반의 구성 기출 제7회, 제10회
　교차손해평가를 위해 손해평가반을 구성할 경우에는 선발된 지역손해평가인 1인 이상이 포함되어야 한다. 다만, 거대재해 발생, 평가인력 부족 등으로 신속한 손해평가가 불가피하다고 판단되는 경우 그러하지 아니할 수 있다.

3. 피해사실의 확인 및 보험가액·보험금 산정

(1) 피해사실 확인(제9조) 기출 제6회

① 피해사실의 확인 후 손해평가의 실시

보험가입자가 보험책임기간 중에 피해발생 통지를 한 때에는 재해보험사업자는 손해평가반으로 하여금 지체 없이 보험목적물의 피해사실을 확인하고 손해평가를 실시하게 하여야 한다.

② 손해평가와 관련된 사항 통보

손해평가반이 손해평가를 실시할 때에는 재해보험사업자가 해당 보험가입자의 보험계약사항 중 손해평가와 관련된 사항을 손해평가반에게 통보하여야 한다.

(2) 손해평가준비 및 평가결과 제출(제10조) 기출 제3회, 제5회, 제8회

① 현지조사서의 마련

재해보험사업자는 손해평가반이 실시한 손해평가결과와 손해평가업무를 수행한 손해평가반 구성원을 기록할 수 있도록 현지조사서를 마련하여야 한다.

② 현지조사서의 배부

재해보험사업자는 손해평가를 실시하기 전에 현지조사서를 손해평가반에 배부하고, 손해평가시의 주의사항을 숙지시킨 후 손해평가에 임하도록 하여야 한다.

③ 평가결과의 제출

손해평가반은 현지조사서에 손해평가결과를 정확하게 작성하여 보험가입자에게 이를 설명한 후 서명을 받아 재해보험사업자에게 최종 조사일로부터 7영업일 이내에 제출하여야 한다(다만, 하우스 등 원예시설은 7영업일을 초과하여 제출할 수 있다). 또한, 보험가입자가 정당한 사유 없이 서명을 거부하는 경우 손해평가반은 보험가입자에게 손해평가결과를 통지한 후 서명 없이 현지조사서를 재해보험사업자에게 제출하여야 한다.

④ 평가사실의 통지 및 현지조사서의 제출

손해평가반은 보험가입자가 정당한 사유 없이 손해평가를 거부하여 손해평가를 실시하지 못한 경우에는 그 피해를 인정할 수 없는 것으로 평가한다는 사실을 보험가입자에게 통지한 후 현지조사서를 재해보험사업자에게 제출하여야 한다.

⑤ 재조사의 실시 기출 제2회, 제6회

재해보험사업자는 보험가입자가 손해평가반의 손해평가결과에 대하여 설명 또는 통지를 받은 날로부터 7일 이내에 손해평가가 잘못되었음을 증빙하는 서류 또는 사진 등을 제출하는 경우 재해보험사업자는 다른 손해평가반으로 하여금 재조사를 실시하게 할 수 있다.

(3) 손해평가결과 검증(제11조) 기출 제1회

① 검증조사의 실시 기출 제8회, 제11회

㉠ 재해보험사업자 및 농어업재해보험사업의 관리를 위탁받은 기관(이하 "사업관리위탁기관"이라 한다)은 손해평가반이 실시한 손해평가결과를 확인하기 위하여 손해평가를 실시한 보험목적물 중에서 일정수를 임의 추출하여 검증조사를 할 수 있다.

㉡ 농림축산식품부장관은 재해보험사업자로 하여금 검증조사를 하게 할 수 있으며, 재해보험사업자는 특별한 사유가 없는 한 이에 응하여야 하고, <u>그 결과를 농림축산식품부장관에게 제출하여야 한다.</u>

② 보험목적물에 대한 재조사 기출 제2회, 제7회, 제10회

검증조사결과 현저한 차이가 발생되어 재조사가 불가피하다고 판단될 경우에는 해당 손해평가반이 조사한 전체 보험목적물에 대하여 재조사를 할 수 있다.

③ 검증조사결과의 작성 및 제출 기출 제9회

보험가입자가 정당한 사유 없이 검증조사를 거부하는 경우 검증조사반은 검증조사가 불가능하여 손해평가결과를 확인할 수 없다는 사실을 보험가입자에게 통지한 후 검증조사결과를 작성하여 재해보험사업자에게 제출하여야 한다.

④ 사업관리위탁기관이 검증조사를 실시한 경우

사업관리위탁기관이 검증조사를 실시한 경우 그 결과를 재해보험사업자에게 통보하고 필요에 따라 결과에 대한 조치를 요구할 수 있으며, 재해보험사업자는 특별한 사유가 없는 한 그에 따른 조치를 실시해야 한다.

(4) 손해평가 단위(제12조)

① 보험목적물별 손해평가 단위 기출 제1회, 제2회, 제3회, 제4회, 제5회, 제7회, 제9회

보험목적물별 손해평가 단위는 다음과 같다.

농작물	농지별
가 축	개별가축별(단, 벌은 벌통 단위)
농업시설물	보험가입 목적물별

② 농 지 기출 제10회, 제11회

농지라 함은 하나의 보험가입금액에 해당하는 토지로 필지(지번) 등과 관계없이 농작물을 재배하는 하나의 경작지를 말하며, 방풍림, 돌담, 도로(농로 제외) 등에 의해 구획된 것 또는 동일한 울타리, 시설 등에 의해 구획된 것을 하나의 농지로 한다. 다만, 경사지에서 보이는 돌담 등으로 구획되어 있는 면적이 극히 작은 것은 동일 작업 단위 등으로 정리하여 하나의 농지에 포함할 수 있다.

(5) 농작물의 보험가액 및 보험금 산정(제13조) 기출 제1회, 제3회, 제5회, 제6회, 제9회, 제10회

① 농작물에 대한 보험가액 산정

농작물에 대한 보험가액 산정은 다음과 같다.

㉠ 특정위험방식인 인삼은 가입면적에 보험가입 당시의 단위당 가입가격을 곱하여 산정하며, 보험가액에 영향을 미치는 가입면적, 연근 등이 가입 당시와 다를 경우 변경할 수 있다.

㉡ 적과전 종합위험방식의 보험가액은 적과후 착과수(달린 열매수)조사를 통해 산정한 기준수확량에 보험가입 당시의 단위당 가입가격을 곱하여 산정한다.

㉢ 종합위험방식 보험가액은 보험증권에 기재된 보험목적물의 평년수확량에 보험가입 당시의 단위당 가입가격을 곱하여 산정한다. 다만, 보험가액에 영향을 미치는 가입면적, 주수, 수령, 품종 등이 가입 당시와 다를 경우 변경할 수 있다.

㉣ 생산비보장의 보험가액은 작물별로 보험가입 당시 정한 보험가액을 기준으로 산정한다. 다만, 보험가액에 영향을 미치는 가입면적 등이 가입 당시와 다를 경우 변경할 수 있다.

㉤ 나무손해보장의 보험가액은 기재된 보험목적물이 나무인 경우로 최초 보험사고발생시의 해당 농지 내에 심어져 있는 과실생산이 가능한 나무수(피해 나무수 포함)에 보험가입 당시의 나무당 가입가격을 곱하여 산정한다.

② 농작물에 대한 보험금 산정 기출 제2회, 제3회, 제4회, 제7회, 제8회, 제9회, 제10회, 제11회

농작물에 대한 보험금 산정은 다음과 같다(별표 1).

구 분	보장 범위	산정내용	비 고
특정위험 방식	작물특정위험 보장	보험가입금액 × (피해율 − 자기부담비율) ※ 피해율 = $\left(1 - \dfrac{수확량}{연근별\ 기준수확량}\right) \times \dfrac{피해면적}{재배면적}$	인삼
적과전 종합위험 방식	착과감소	(착과감소량 − 미보상감수량 − 자기부담감수량) × 가입가격 × 보장수준(50%, 70%)	
	과실손해	(적과종료 이후 누적감수량 − 자기부담감수량) × 가입가격	
	나무손해 보장	보험가입금액 × (피해율 − 자기부담비율) ※ 피해율 = 피해주수(고사된 나무) ÷ 실제결과주수	
종합위험 방식	해가림시설	• 보험가입금액이 보험가액보다 클 때 : 보험가액을 한도로 손해액에서 자기부담금을 차감한 금액 • 보험가입금액이 보험가액보다 작을 때 : (손해액 − 자기부담금) × (보험가입금액 ÷ 보험가액)	인삼
	비가림시설	Min(손해액 − 자기부담금, 보험가입금액)	

	수확감소	보험가입금액 × (피해율 − 자기부담비율)
		※ 피해율(감자・복숭아 제외)
		  = (평년수확량 − 수확량 − 미보상감수량) ÷ 평년수확량
		※ 피해율(감자・복숭아)
		  = {(평년수확량 − 수확량 − 미보상감수량) + 병충해감수량} ÷ 평년수확량
			옥수수 외

	수확감소	Min(보험가입금액, 손해액) − 자기부담금 ※ 손해액 = 피해수확량 × 가입가격 ※ 자기부담금 = 보험가입금액 × 자기부담비율	옥수수

구분	항목	내용	대상
종합위험 방식	수확량감소 추가보장	보험가입금액 × (피해율 × 10%) 단, 피해율이 자기부담비율을 초과하는 경우에 한함 ※ 피해율 = (평년수확량 − 수확량 − 미보상감수량) ÷ 평년수확량	
	나무손해	보험가입금액 × (피해율 − 자기부담비율) ※ 피해율 = 피해주수(고사된 나무) ÷ 실제결과주수	
	이앙·직파불능	보험가입금액 × 15%	벼
	재이앙·재직파	보험가입금액 × 25% × 면적피해율 단, 면적피해율이 10%를 초과하고 재이앙(재직파)한 경우 ※ 면적피해율 = 피해면적 ÷ 보험가입면적	벼
	조기파종	보험가입금액 × 35% × 표준출현피해율 단, 10a당 출현주수가 30,000주보다 작고, 10a당 30,000주 이상으로 재파종한 경우에 한함 ※ 표준출현피해율(10a 기준) = (30,000 − 출현주수) ÷ 30,000	마늘
	재정식·재파종	보험가입금액 × 20% × 면적피해율 단, 면적피해율이 자기부담비율을 초과하고 재정식·재파종한 경우에 한함 ※ 면적피해율 = 피해면적 ÷ 보험가입면적	마늘 외
	경작불능	보험가입금액 × 일정비율 단, 식물체 피해율이 65%(가루쌀 60%) 이상이고, 계약자가 경작불능보험금을 신청한 경우에 한함 ※ 자기부담비율에 따라 적용 비율 상이 | 자기부담 비율별 | 10%형 | 15%형 | 20%형 | 30%형 | 40%형 | |---|---|---|---|---|---| | 보험가입금액 대비 비율 | 45% | 42% | 40% | 35% | 30% |	사료용 옥수수, 조사료용 벼 외
		보험가입금액 × 보장비율 × 경과비율 단, 식물체 피해율이 65% 이상이고, 계약자가 경작불능보험금을 신청한 경우에 한함 ※ 경과비율은 사고발생일이 속한 월에 따라 다름 | 월 별 | 5월 | 6월 | 7월 | 8월 | |---|---|---|---|---| | 벼 | 80% | 85% | 90% | 100% | | 옥수수 | 80% | 80% | 90% | 100% |	사료용 옥수수, 조사료용 벼
	수확불능	보험가입금액 × 일정비율 단, 제현율이 65%(가루쌀 70%) 미만으로 떨어져 정상 벼로서 출하가 불가능하게 되고, 계약자가 수확불능보험금을 신청한 경우에 한함 ※ 자기부담비율에 따라 적용 비율 상이 | 자기부담 비율별 | 10%형 | 15%형 | 20%형 | 30%형 | 40%형 | |---|---|---|---|---|---| | 보험가입금액 대비 비율 | 60% | 57% | 55% | 50% | 45% |	벼

종합위험 방식	생산비보장	(잔존보험가입금액 × 경과비율 × 피해율) − 자기부담금 ※ 잔존보험가입금액 　　= 보험가입금액 − 보상액(기발생 생산비보장보험금 합계액) ※ 자기부담금 = 잔존보험가입금액 × 계약시 선택한 비율	브로콜리
		• 병충해가 없는 경우 　(잔존보험가입금액 × 경과비율 × 피해율) − 자기부담금 • 병충해가 있는 경우 　(잔존보험가입금액 × 경과비율 × 피해율 × 병충해 등급별 인정비율) − 자기부담금 ※ 피해율 = 피해비율 × 손해정도비율 × (1 − 미보상비율) ※ 자기부담금 = 잔존보험가입금액 × 계약시 선택한 비율	고추 (시설 고추 제외)
		보험가입금액 × (피해율 − 자기부담비율) ※ 피해율(단호박, 당근, 양상추) 　= 피해비율 × 손해정도비율 × (1 − 미보상비율) ※ 피해율(배추, 무, 파, 시금치) 　= 면적피해율 × 평균손해정도비율 × (1 − 미보상비율) ※ 피해율(메밀) 　= 면적피해율 × (1 − 미보상비율) 면적피해율 : 피해면적(m²) ÷ 재배면적(m²) ※ 피해면적 : [도복(쓰러짐)으로 인한 피해면적 × 70%] 　　　　　 + [도복(쓰러짐) 이외 피해면적 × 평균손해정도비율]	배추, 파, 무, 단호박, 당근 (시설 무 제외), 메밀
		피해작물재배면적 × 단위면적당 보장생산비 × 경과비율 × 피해율 ※ 피해율 = 피해비율 × 손해정도비율 × (1 − 미보상비율) ※ 단, 장미, 부추, 시금치, 파, 무, 쑥갓, 버섯은 별도로 구분하여 산출	시설작물
	농업시설물 · 버섯재배사 · 부대시설	한 사고마다 재조달가액(재조달가액보장 특약 미가입시 시가) 기준으로 계산한 손해액에서 자기부담금을 차감한 금액을 보험가입금액 내에서 보상 ※ 단, 수리, 복구를 하지 않은 경우 시가로 손해액 계산	

종합위험
방식
		보험가입금액×(피해율 – 자기부담비율)
		※ 피해율(7월 31일 이전에 사고가 발생한 경우)
		    (평년수확량 – 수확량 – 미보상감수량) ÷ 평년수확량
		※ 피해율(8월 1일 이후에 사고가 발생한 경우)
		    (1 – 수확전 사고피해율)×경과비율×결과지피해율
			무화과

		보험가입금액×(피해율 – 자기부담비율) ※ 피해율 = 고사결과모지수 ÷ 평년결과모지수	복분자
		보험가입금액×(피해율 – 자기부담비율) ※ 피해율 = (평년결실수 – 조사결실수 – 미보상감수결실수) ÷ 평년결실수	오디
	과실손해 보장	과실손해보험금 = 손해액 – 자기부담금 ※ 손해액 = 보험가입금액×피해율 ※ 자기부담금 = 보험가입금액×자기부담비율 ※ 피해율 = (등급내 피해과실수 + 등급외 피해과실수×50%) ÷ 기준과실수×(1 – 미보상비율)	감귤 (온주밀감류)

		동상해손해보험금 = 손해액 – 자기부담금
		※ 손해액 = {보험가입금액 – (보험가입금액×기사고 피해율)}
		    ×수확기 잔존비율×(1 – 미보상비율)
		※ 자기부담금
		    = | 보험가입금액×Min(주계약피해율 – 자기부담비율, 0) |
		※ 동상해피해율
		    = {(동상해 80%형 피해과실수 합계×80%) + (동상해 100%형
		    피해과실수 합계×100%)} ÷ 기준과실수	

	과실손해 추가보장	보험가입금액×(주계약피해율×10%) 단, 손해액이 자기부담금을 초과하는 경우에 한함 ※ 피해율 = (등급내 피해과실수 + 등급외 피해과실수×50%) ÷ 기준과실수×(1 – 미보상비율)	감귤 (온주밀감류)
	농업수입 감소	보험가입금액×(피해율 – 자기부담비율) ※ 피해율 = (기준수입 – 실제수입) ÷ 기준수입	

※ 다만, 보험가액이 보험가입금액보다 적을 경우에는 보험가액에 의하며, 기타 세부적인 내용은 재해보험사업자가 작성한 손해평가 업무방법서에 따름

③ **농작물의 손해수량에 대한 조사방법**

농작물의 손해수량에 대한 품목별·재해별·시기별 조사방법은 다음과 같다(별표 2).

㉠ 특정위험방식 상품(인삼) 기출 제9회

생육시기	재 해	조사내용	조사시기	조사방법	비 고

보험기간	태풍(강풍),
	폭설,
	집중호우,
	침수, 화재,
	우박, 냉해,
	폭염
		수확량조사	피해
			확인이
			가능한
			시기
				• 보상하는 재해로 인하여 감
				  소된 수확량을 조사
				• 조사방법 : 전수조사 또는
				  표본조사	

ⓒ 적과전 종합위험방식 상품(사과, 배, 단감, 떫은감)

기출 제2회, 제3회, 제4회, 제5회, 제6회, 제7회, 제11회

생육시기	재해	조사내용	조사시기	조사방법	비고
보험계약 체결일 ~ 적과전	보상하는 재해 전부	피해사실 확인조사	사고접수 후 지체 없이	보상하는 재해로 인한 피해발생 여부를 조사	피해사실이 명백한 경우 생략 가능
기출 제1회	우박		사고접수 후 지체 없이	• 우박으로 인한 유과(어린과실) 및 꽃(눈) 등의 타박비율을 조사 • 조사방법 : 표본조사	적과종료 이전 특정위험 5종 한정 보장 특약 가입 건에 한함
6월 1일 ~ 적과전	태풍(강풍), 우박, 집중호우, 화재, 지진		사고접수 후 지체 없이	• 보상하는 재해로 발생한 낙엽피해 정도를 조사 - 단감·떫은감에 대해서만 실시 • 조사방법 : 표본조사	
적과후	-	적과후 착과수조사	적과 종료 후	• 보험가입금액의 결정 등을 위하여 해당 농지의 적과종료후 총 착과수를 조사 • 조사방법 : 표본조사	피해와 관계없이 전 과수원 조사
적과후 ~ 수확기종료	보상하는 재해	낙과피해조사	사고접수 후 지체 없이	• 재해로 인하여 떨어진 피해과실수를 조사 - 낙과피해조사는 보험약관에서 정한 과실피해분류기준에 따라 구분하여 조사 • 조사방법 : 전수조사 또는 표본조사	
				• 낙엽률조사(우박 및 일소 제외) - 낙엽피해 정도를 조사 • 조사방법 : 표본조사	단감·떫은감
	우박, 일소, 가을동상해	착과피해조사	수확 직전	• 달려있는 과실 중 재해로 인한 피해과실수를 조사 - 착과피해조사는 보험약관에서 정한 과실피해분류기준에 따라 구분하여 조사 • 조사방법 : 표본조사	
수확완료 후 ~ 보험종기	보상하는 재해 전부	고사나무조사	수확완료 후 보험 종기 전	• 보상하는 재해로 고사되거나 또는 회생이 불가능한 나무수를 조사 - 특약 가입 농지만 해당 • 조사방법 : 전수조사	수확완료 후 추가 고사나무가 없는 경우 생략 가능

※ 전수조사는 조사대상 목적물을 전부 조사하는 것을 말하며, 표본조사는 손해평가의 효율성 제고를 위해 재해보험사업자가 통계이론을 기초로 산정한 조사표본에 대해 조사를 실시하는 것을 말함

ⓒ 종합위험방식 상품(농업수입보장 포함)
  ⓐ 해가림시설·비가림시설 및 원예시설

생육시기	재해	조사내용	조사시기	조사방법	비고
보험기간 내	보상하는 재해 전부	해가림시설 조사	사고접수 후 지체 없이	• 보상하는 재해로 인하여 손해를 입은 시설을 조사 • 조사방법 : 전수조사	인삼
		비가림시설 조사			
		시설조사			원예시설, 버섯재배사

ⓑ 수확감소보장·과실손해보장 및 농업수입보장　기출　제3회, 제4회, 제5회, 제6회, 제7회, 제8회, 제10회

생육시기	재해	조사내용	조사시기	조사방법	비고
수확전	보상하는 재해 전부	피해사실 확인조사	사고접수 후 지체 없이	보상하는 재해로 인한 피해발생 여부를 조사(피해사실이 명백한 경우 생략 가능)	
		이앙(직파) 불능피해 조사	이앙한계일 (7월 31일) 이후	이앙(직파)불능 상태 및 통상적인 영농활동 실시 여부를 조사	벼만 해당
		재이앙 (재직파) 조사	사고접수 후 지체 없이	해당 농지에 보상하는 손해로 인하여 재이앙(재직파)이 필요한 면적 또는 면적비율을 조사	벼만 해당
		재파종 조사　기출　제1회	사고접수 후 지체 없이	해당 농지에 보상하는 손해로 인하여 재파종이 필요한 면적 또는 면적비율을 조사	마늘만 해당
		재정식 조사	사고접수 후 지체 없이	해당 농지에 보상하는 손해로 인하여 재정식이 필요한 면적 또는 면적비율을 조사	양배추만 해당
		경작불능 조사	사고접수 후 지체 없이	해당 농지의 피해면적비율 또는 보험목적인 식물체피해율을 조사	벼·밀 및 밭작물[차(茶)제외], 복분자만 해당
		과실손해 조사	수정완료 후	• 살아있는 결과모지수조사 및 수정불량(송이)피해율을 조사 • 조사방법 : 표본조사	복분자만 해당
			결실완료 후	• 결실수조사 • 조사방법 : 표본조사	오디만 해당
		수확전 사고조사	사고접수 후 지체 없이	• 표본주의 과실 구분 • 조사방법 : 표본조사	감귤(온주밀감류)만 해당

수확 직전	-	착과수조사	수확 직전	• 해당 농지의 최초 품종 수확직전 총 착과수를 조사 − 피해와 관계없이 전 과수원 조사 • 조사방법 : 표본조사	포도, 복숭아, 자두, 감귤(만감류)만 해당
	보상하는 재해 전부	수확량조사	수확 직전	• 사고발생 농지의 수확량을 조사 • 조사방법 : 전수조사 또는 표본조사	
		과실손해조사	수확 직전	• 사고발생 농지의 과실피해를 조사 • 조사방법 : 표본조사	무화과, 감귤(온주밀감류)만 해당
수확 시작 후 ~ 수확 종료	보상하는 재해 전부	수확량조사	조사가능일	• 사고발생 농지의 수확량을 조사 • 조사방법 : 표본조사	차(茶)만 해당
			사고접수 후 지체 없이	• 사고발생 농지의 수확 중의 수확량 및 감수량의 확인을 통한 수확량을 조사 • 조사방법 : 전수조사 또는 표본조사	
		동상해 과실손해조사	사고접수 후 지체 없이	• 표본주의 착과피해를 조사 − 12월 21일 ~ 익년 2월 말일 사고 건에 한함 • 조사방법 : 표본조사	감귤(온주밀감류)만 해당
		수확불능 확인조사	조사가능일	• 사고발생 농지의 제현율 및 정상출하 불가 확인조사 • 조사방법 : 전수조사 또는 표본조사	벼만 해당
	태풍(강풍)・우박	과실손해조사	사고접수 후 지체 없이	• 전체 열매수(전체 개화수) 및 수확 가능 열매수를 조사 − 6월 1일 ~ 6월 20일 사고 건에 한함 • 조사방법 : 표본조사	복분자만 해당
				• 표본주의 고사 및 정상 결과지수를 조사 • 조사방법 : 표본조사	무화과만 해당
수확 완료 후 ~ 보험 종기	보상하는 재해 전부	고사나무조사	수확완료 후 보험종기 전	• 보상하는 재해로 고사되거나 또는 회생이 불가능한 나무수를 조사 − 특약 가입 농지만 해당 • 조사방법 : 전수조사	수확완료 후 추가 고사나무가 없는 경우 생략 가능

ⓒ 생산비 보장

생육시기	재 해	조사내용	조사시기	조사방법	비 고
정식(파종)~수확종료	보상하는 재해 전부	생산비 피해조사	사고발생시 마다	① 재배일정 확인 ② 경과비율 산출 ③ 피해율 산정 ④ 병충해 등급별 인정비율 확인 (노지 고추만 해당)	
수확전	보상하는 재해 전부	피해사실 확인조사	사고접수 후 지체 없이	보상하는 재해로 인한 피해발생 여부를 조사(피해사실이 명백한 경우 생략 가능)	메밀, 단호박, 시금치, 양상추, 노지 배추, 노지 당근, 노지 파, 노지 무만 해당
		재파종조사	사고접수 후 지체 없이	해당 농지에 보상하는 손해로 인하여 재파종이 필요한 면적 또는 면적비율을 조사 ※ 월동무, 쪽파, 시금치, 메밀만 해당	
		재정식조사	사고접수 후 지체 없이	해당 농지에 보상하는 손해로 인하여 재정식이 필요한 면적 또는 면적비율을 조사 ※ 가을배추, 월동배추, 브로콜리, 양상추만 해당	
		경작불능조사	사고접수 후 지체 없이	해당 농지의 피해면적비율 또는 보험목적인 식물체피해율을 조사	
수확 직전		생산비 피해조사	수확 직전	사고발생 농지의 피해비율 및 손해정도 비율 확인을 통한 피해율을 조사 • 조사방법 : 표본조사	

④ 생육상황의 조사 및 제출

재해보험사업자는 손해평가반으로 하여금 재해발생 전부터 보험품목에 대한 평가를 위해 생육상황을 조사하게 할 수 있다. 이때 손해평가반은 조사결과 1부를 재해보험사업자에게 제출하여야 한다.

(6) 가축의 보험가액 및 손해액 산정(제14조) 기출 제3회, 제10회, 제11회

① 가축에 대한 보험가액의 산정

가축에 대한 보험가액은 보험사고가 발생한 때와 곳에서 평가한 보험목적물의 수량에 적용가격을 곱하여 산정한다.

② 가축에 대한 손해액의 산정 기출 제9회

가축에 대한 손해액은 보험사고가 발생한 때와 곳에서 폐사 등 피해를 입은 보험목적물의 수량에 적용가격을 곱하여 산정한다.

③ 적용가격의 산정 [기출] 제7회

적용가격은 보험사고가 발생한 때와 곳에서의 시장가격 등을 감안하여 보험약관에서 정한 방법에 따라 산정한다. 다만, 보험가입 당시 보험가입자와 재해보험사업자가 보험가액 및 손해액 산정 방식을 별도로 정한 경우에는 그 방법에 따른다.

(7) 농업시설물의 보험가액 및 손해액 산정(제15조) [기출] 제1회, 제2회, 제3회, 제5회, 제8회, 제9회, 제10회

① 농업시설물에 대한 보험가액의 산정

농업시설물에 대한 보험가액은 보험사고가 발생한 때와 곳에서 평가한 피해목적물의 재조달가액에서 내용연수에 따른 감가상각률을 적용하여 계산한 감가상각액을 차감하여 산정한다.

② 농업시설물에 대한 손해액

농업시설물에 대한 손해액은 보험사고가 발생한 때와 곳에서 산정한 피해목적물의 원상복구비용을 말한다.

③ 보험가액 및 손해액 산정 방식의 준용

보험가입 당시 보험가입자와 재해보험사업자가 보험가액 및 손해액 산정 방식을 별도로 정한 경우에는 그 방법에 따른다.

(8) 손해평가업무방법서(제16조) [기출] 제6회

재해보험사업자는 손해평가요령의 효율적인 운용 및 시행을 위하여 필요한 세부적인 사항을 규정한 손해평가업무방법서를 작성하여야 한다.

(9) 재검토기한(제17조) [기출] 제6회, 제11회

농림축산식품부장관은 농업재해보험 손해평가요령에 대하여 <u>2024년 1월 1일 기준으로 매 3년이 되는 시점</u>(매 3년째의 12월 31일까지를 말한다)마다 그 타당성을 검토하여 개선 등의 조치를 하여야 한다.

4 농업재해보험의 보험목적물별 보상하는 병충해 및 질병규정 〈2025.5.27. 개정〉

(1) 목적(제1조)

이 고시는 「농어업재해보험법」 제6조 및 「농어업재해보험법 시행령」 제8조에 따라 재해보험의 보험목적물별로 보상하는 병충해 및 질병을 규정함을 목적으로 한다.

(2) 보상하는 질병 및 병충해(제2조) 기출 제1회

보험목적물별로 "농림축산식품부장관이 고시하는 병충해 및 질병"이란 다음과 같다.

[보험목적물별 보상하는 병충해 및 질병(별표)]

보험 종류	보험 목적물	구 분	보상하는 재해의 범위	비 고
농작물 재해보험	벼	병해	흰잎마름병, 줄무늬잎마름병, 도열병, 깨씨무늬병, 세균성벼알마름병	
		충해	벼멸구, 먹노린재	
	감자	병충해	감자에 관하여 발생하는 모든 병·해충	
	고추	병충해	고추에 관하여 발생하는 모든 병·해충	
	복숭아	병해	세균구멍병	
	사과	병해	탄저병	
	가을배추	병해	무름병	
가축 재해보험	소	질병	「가축전염병예방법」 제2조 제2호에서 정한 가축전염병을 제외한 모든 질병	• 폐사하는 경우 ※ 다만, 질병에는 부상(사지골절, 경추골절, 탈골 등)·난산·산욕마비, 정액생산용 수소의 정액생산능력저하로 인하여 폐사 또는 즉시 도살하는 경우 등도 포함 • 질병 치료하는 경우 ※ 다만, 질병치료에는 부상(골절, 외상치료), 난산처치, 임신진단 등도 포함
	사슴·양 및 말	질병	「가축전염병예방법」 제2조 제2호에서 정한 가축전염병을 제외한 모든 질병	폐사하는 경우에 한함 ※ 다만, 질병에는 부상(사지골절, 경추골절, 탈골 등)·난산·산욕마비(말의 경우 산통 포함), 씨수말 번식 첫해 선천성불임, 정액생산용수소의 정액생산능력저하로 인하여 폐사 또는 즉시 도살하는 경우 등도 포함
	돼지	질병	TGE, PED, Rota	폐사하는 경우에 한함
	꿀벌	질병	「가축전염병예방법」 제2조 제2호에서 정한 가축전염병을 제외한 모든 질병 ※ 단, 부저병 및 낭충봉아부패병은 보상하는 재해 포함	폐사하는 경우에 한함

※ 재해보험사업자는 보험료율의 적정성, 손해평가 가능성 등을 고려하여 위 재해 중 일부 또는 전부가 포함된 보험상품을 운영할 수 있으며, 기본계약으로 보상하기 어려운 경우에는 개별 특약으로 보험상품을 구성할 수 있음.

CHAPTER 04 적중예상문제

01 농업재해보험 손해평가요령상 용어의 정의로 옳지 않은 것은? 기출 제6회

① "농업재해보험"이란 「농어업재해보험법」 제4조에 따른 농작물재해보험, 임산물재해보험 및 양식수산물재해보험을 말한다.
② "손해평가인"이라 함은 「농어업재해보험법」 제11조 제1항과 농어업재해보험법 시행령 제12조 제1항에서 정한 자 중에서 재해보험사업자가 위촉하여 손해평가업무를 담당하는 자를 말한다.
③ "손해평가보조인"이라 함은 「농어업재해보험법」에 따라 손해평가인, 손해평가사 또는 손해사정사가 그 피해사실을 확인하고 평가하는 업무를 보조하는 자를 말한다.
④ "손해평가사"라 함은 「농어업재해보험법」 제11조의4 제1항에 따른 자격시험에 합격한 자를 말한다.

| 해설 |
"농업재해보험"이란 「농어업재해보험법」 제4조에 따른 농작물재해보험, 임산물재해보험 및 <u>가축재해보험</u>을 말한다(손해평가요령 제2조 제5호).

02 다음 ( ) 안에 해당되지 않는 자는? 기출 제1회

> 농업재해보험 손해평가요령에서 규정하고 있는 "손해평가"라 함은 「농어업재해보험법」 제2조 제1호에 따른 피해가 발생한 경우 법 제11조 및 제11조의3에 따라 ( ), ( ) 또는 ( )가(이) 그 피해사실을 확인하고 평가하는 일련의 과정을 말한다.

① 손해평가사
② 손해사정사
③ 손해평가인
④ 손해평가보조인

| 해설 |
"손해평가"라 함은 「농어업재해보험법」 제2조 제1호에 따른 피해가 발생한 경우 법 제11조 및 제11조의3에 따라 (<u>손해평가인</u>), (<u>손해평가사</u>) 또는 (<u>손해사정사</u>)가 그 피해사실을 확인하고 평가하는 일련의 과정을 말한다(손해평가요령 제2조 제1호).

03 농업재해보험 손해평가요령상 용어의 정의에 관한 내용의 일부이다. (   )에 들어갈 내용은?

기출 제8회

> "(   )"(이)라 함은 「농어업재해보험법」 제11조 제1항과 「농어업재해보험법 시행령」 제12조 제1항에서 정한 자 중에서 재해보험사업자가 위촉하여 손해평가업무를 담당하는 자를 말한다.

① 손해평가인
② 손해평가사
③ 손해사정사
④ 손해평가보조인

|해설|

"(**손해평가인**)"이라 함은 「농어업재해보험법」 제11조 제1항과 「농어업재해보험법 시행령」 제12조 제1항에서 정한 자 중에서 재해보험사업자가 위촉하여 손해평가업무를 담당하는 자를 말한다(손해평가요령 제2조 제2호).

04 농업재해보험 손해평가요령상 농업재해보험의 종류에 해당하지 않는 것은? 기출 제9회

① 농작물재해보험
② 양식수산물재해보험
③ 가축재해보험
④ 임산물재해보험

|해설|

"농업재해보험"이란 농작물재해보험, 임산물재해보험 및 가축재해보험을 말한다(손해평가요령 제2조 제5호).

05 농업재해보험 손해평가요령에 따른 농업재해보험의 종류에 해당하는 것을 모두 고른 것은?

기출 제4회

| ㄱ. 농작물재해보험 | ㄴ. 양식수산물재해보험 |
| ㄷ. 임산물재해보험 | ㄹ. 가축재해보험 |

① ㄱ, ㄴ
② ㄱ, ㄹ
③ ㄱ, ㄷ, ㄹ
④ ㄴ, ㄷ, ㄹ

|해설|

"농업재해보험"이란 「농어업재해보험법」 제4조에 따른 농작물재해보험, 임산물재해보험 및 가축재해보험을 말한다(손해평가요령 제2조 제5호).

정답 01 ① 02 ④ 03 ① 04 ② 05 ③

06 농업재해보험 손해평가요령상 농업재해보험에 해당하는 것을 모두 고른 것은? [기출] 제11회

> ㄱ. 가축재해보험 ㄴ. 임산물재해보험
> ㄷ. 농업인안전보험 ㄹ. 양식수산물재해보험

① ㄱ, ㄴ
② ㄴ, ㄷ
③ ㄱ, ㄷ, ㄹ
④ ㄱ, ㄴ, ㄷ, ㄹ

| 해설 |
"농업재해보험"이란 농작물재해보험, 임산물재해보험 및 가축재해보험을 말한다(손해평가요령 제2조 제5호).

07 농업재해보험 손해평가요령상 손해평가 업무에 해당하는 것은? [기출수정] 제5회, 제8회, 제9회

① 피해사실 확인
② 재해보험사업의 약정 체결
③ 보험료율의 산정
④ 재해보험상품의 연구와 보급

| 해설 |
손해평가 업무(손해평가요령 제3조 제1항)
1. 피해사실 확인
2. 보험가액 및 손해액 평가
3. 그 밖에 손해평가에 관하여 필요한 사항

08 농업재해보험 손해평가요령상 손해평가인의 손해평가 업무에 관한 설명으로 옳지 않은 것은?

기출 제10회

① 손해평가인은 피해사실 확인, 보험료율의 산정 등의 업무를 수행한다.
② 재해보험사업자가 손해평가인을 위촉한 경우에는 그 자격을 표시할 수 있는 손해평가인증을 발급하여야 한다.
③ 재해보험사업자는 손해평가인을 대상으로 농업재해보험에 관한 기초지식, 보험상품 및 약관 등 손해평가에 필요한 실무교육을 실시하여야 한다.
④ 재해보험사업자는 실무교육을 받는 손해평가인에 대하여 소정의 교육비를 지급할 수 있다.

| 해설 |
손해평가인은 피해사실 확인, 보험가액 및 손해액 평가, 그 밖에 손해평가에 관하여 필요한 사항 등의 업무를 수행한다(손해평가요령 제3조 제1항). 보험료율의 산정은 보험업법 제176조에 따라 보험요율산출기관의 업무에 해당한다.
② 농업재해보험 손해평가요령 제4조 제1항
③ 농업재해보험 손해평가요령 제5조 제1항
④ 농업재해보험 손해평가요령 제5조 제2항

09 농업재해보험 손해평가요령에 따른 손해평가인의 업무에 해당하는 것을 모두 고른 것은?

기출 제2회

| ㄱ. 보험가액 평가   ㄴ. 손해액 평가   ㄷ. 보험금 산정 |

① ㄱ
② ㄱ, ㄴ
③ ㄱ, ㄷ
④ ㄴ, ㄷ

| 해설 |
ㄷ. 보험금 산정은 손해사정사의 업무에 해당된다.

10 농업재해보험 손해평가요령상 손해평가인에 관한 설명으로 옳지 않은 것은? [기출수정] 제9회

① 손해평가인은 농업재해보험이 실시되는 시·군·자치구별 보험가입자의 수 등을 고려하여 적정 규모로 위촉할 수 있다.
② 손해평가인증은 농림축산식품부장관 또는 해양수산부장관이 발급한다.
③ 재해보험사업자는 손해평가 업무를 원활히 수행하기 위하여 손해평가보조인을 운용할 수 있다.
④ 재해보험사업자는 실무교육을 받는 손해평가인에 대하여 소정의 교육비를 지급할 수 있다.

> **해설**
> 재해보험사업자는 손해평가인을 위촉한 경우에는 그 자격을 표시할 수 있는 손해평가인증을 발급하여야 한다 (손해평가요령 제4조 제1항). 즉 손해평가인증은 <u>재해보험사업자</u>가 발급한다.
> ① 농업재해보험 손해평가요령 제4조 제2항
> ③ 농업재해보험 손해평가요령 제4조 제3항
> ④ 농업재해보험 손해평가요령 제5조 제3항

11 농업재해보험 손해평가요령상 손해평가인 위촉에 관한 규정이다. ( )에 들어갈 내용은? [기출수정] 제7회

> 재해보험사업자는 피해 발생시 원활한 손해평가가 이루어지도록 농업재해보험이 실시되는 ( )별 보험가입자의 수 등을 고려하여 적정 규모의 손해평가인을 위촉할 수 있다.

① 시·도
② 읍·면·동
③ 시·군·자치구
④ 특별자치도·특별자치시

> **해설**
> 재해보험사업자는 피해 발생시 원활한 손해평가가 이루어지도록 농업재해보험이 실시되는 (**시·군·자치구**) 별 보험가입자의 수 등을 고려하여 적정 규모의 손해평가인을 위촉할 수 있다(손해평가요령 제4조 제2항).

12 농업재해보험 손해평가요령에서 규정하고 있는 손해평가인 위촉에 관한 설명으로 옳지 않은 것은?

기출수정 제1회

① 재해보험사업자는 손해평가 업무를 원활히 수행하게 하기 위하여 손해평가보조인을 운용할 수 있다.
② 재해보험사업자의 업무를 위탁받은 자는 손해평가보조인을 운용할 수 있다.
③ 재해보험사업자가 손해평가인을 위촉한 경우에는 그 자격을 표시할 수 있는 손해평가인증을 발급하여야 한다.
④ 재해보험사업자는 보험가입자수 등에도 불구하고 보험사업비용을 고려하여 손해평가인 위촉 규모를 최소화하여야 한다.

| 해설 |
재해보험사업자는 피해 발생시 원활한 손해평가가 이루어지도록 농업재해보험이 실시되는 시·군·자치구별 보험가입자의 수 등을 고려하여 적정 규모의 손해평가인을 위촉할 수 있다(손해평가요령 제4조 제2항).
①·② 농업재해보험 손해평가요령 제4조 제3항
③ 농업재해보험 손해평가요령 제4조 제1항

13 농업재해보험 손해평가요령상 손해평가 업무 및 손해평가인 위촉에 관한 설명으로 옳지 않은 것은? 기출 제11회

① 재해보험사업자는 손해평가보조인을 운용할 수 없다.
② 피해사실 확인은 손해평가 업무에 포함된다.
③ 손해평가인은 손해평가 임무를 수행하기 전에 보험가입자(피보험자 포함)에게 손해평가인증 등 신분을 확인할 수 있는 서류를 제시하여야 한다.
④ 재해보험사업자는 피해 발생시 원활한 손해평가가 이루어지도록 농업재해보험이 실시되는 시·군·자치구별 보험가입자(피보험자 포함)의 수 등을 고려하여 적정 규모의 손해평가인을 위촉할 수 있다.

| 해설 |
재해보험사업자 및 손해평가 업무를 위탁받은 자는 손해평가 업무를 원활히 수행하기 위하여 손해평가보조인을 운용할 수 있다(손해평가요령 제4조 제3항).
② 농업재해보험 손해평가요령 제3조 제1항 제1호
③ 농업재해보험 손해평가요령 제3조 제2항
④ 농업재해보험 손해평가요령 제4조 제2항

정답 10 ② 11 ③ 12 ④ 13 ①

14 농업재해보험 손해평가요령상 손해평가인의 위촉과 교육에 관한 설명으로 옳은 것은?

기출 제8회

① 손해평가인 정기교육의 세부내용 중 농업재해보험 상품 주요내용은 농업재해보험에 관한 기초지식에 해당한다.
② 손해평가인 정기교육의 세부내용에 피해유형별 현지조사표 작성 실습은 포함되지 않는다.
③ 재해보험사업자 및 「농어업재해보험법」 제14조에 따라 손해평가 업무를 위탁받은 자는 손해평가 업무를 원활히 수행하기 위하여 손해평가보조인을 운용할 수 있다.
④ 실무교육에 참여하는 손해평가인은 재해보험사업자에게 교육비를 납부하여야 한다.

| 해설 |
③ 농업재해보험 손해평가요령 제4조 제3항
① 손해평가인 정기교육의 세부내용 중 농업재해보험 상품 주요내용은 농업재해보험의 종류별 약관에 해당한다(손해평가요령 제5조의2 제1항 제2호).
② 손해평가인 정기교육의 세부내용에 피해유형별 현지조사표 작성 실습은 포함된다(손해평가요령 제5조의2 제1항 제4호).
④ 손해평가인에 대하여 재해보험사업자는 소정의 교육비를 지급할 수 있다(손해평가요령 제5조 제3항).

15 농업재해보험 손해평가요령에 따른 손해평가 업무를 원활히 수행하기 위하여 손해평가보조인을 운용할 수 있는 자를 모두 고른 것은? 기출 제3회

ㄱ. 재해보험사업자
ㄴ. 재해보험사업자의 업무를 위탁받은 자
ㄷ. 손해평가를 요청한 보험가입자
ㄹ. 재해발생 지역의 지방자치단체

① ㄱ
② ㄷ
③ ㄱ, ㄴ
④ ㄱ, ㄷ, ㄹ

| 해설 |
재해보험사업자 및 재해보험사업자의 업무를 위탁받은 자는 손해평가 업무를 원활히 수행하게 하기 위하여 손해평가보조인을 운용할 수 있다(손해평가요령 제4조 제3항).

16 농어업재해보험법령과 농업재해보험 손해평가요령상 손해평가 및 손해평가인에 관한 설명으로 옳지 않은 것은? 기출 제6회

① 농어업재해보험법의 구성 및 조문별 주요내용은 농림축산식품부장관 또는 해양수산부장관이 실시하는 손해평가인 정기교육의 세부내용에 포함된다.
② 손해평가인이 적법한 절차에 따라 위촉이 취소된 후 3년이 되었다면 새로이 손해평가인으로 위촉될 수 있다.
③ 재해보험사업자로부터 소정의 절차에 따라 손해평가 업무의 일부를 위탁받은 자는 손해평가보조인을 운용할 수 없다.
④ 재해보험사업자는 손해평가인의 업무의 정지를 명하고자 하는 때에는 손해평가인이 청문에 응하지 않는 경우가 아닌 한 청문을 실시하여야 한다.

| 해설 |
재해보험사업자 및 손해평가 업무를 위탁받은 자는 손해평가 업무를 원활히 수행하기 위하여 <u>손해평가보조인을 운용할 수 있다</u>(손해평가요령 제4조 제3항).
① 농업재해보험 손해평가요령 제5조의2 제1항 제1호
② 농업재해보험 손해평가요령 제6조 제1항 제4호
④ 농업재해보험 손해평가요령 제6조 제3항

---

17 농업재해보험 손해평가요령상 손해평가인의 교육에 관한 설명으로 옳지 않은 것은? 기출 제5회

① 재해보험사업자는 위촉된 손해평가인을 대상으로 농업재해보험에 관한 손해평가의 방법 및 절차의 실무교육을 실시하여야 한다.
② 피해유형별 현지조사표 작성 실습은 손해평가인 정기교육의 내용이다.
③ 손해평가인 정기교육시 농업재해보험에 관한 기초지식의 교육내용에는 농어업재해보험법 제정 배경 및 조문별 주요내용 등이 포함된다.
④ 위촉된 손해평가인의 실무교육시 재해보험사업자에 대하여 손해평가인은 교육비를 지급한다.

| 해설 |
①・④ 재해보험사업자는 위촉된 손해평가인을 대상으로 농업재해보험에 관한 기초지식, 보험상품 및 약관, 손해평가의 방법 및 절차 등 손해평가에 필요한 실무교육을 실시하여야 하며, <u>손해평가인에 대하여 재해보험사업자는 소정의 교육비를 지급할 수 있다</u>(손해평가요령 제5조 제1항, 제3항).
② 농업재해보험 손해평가요령 제5조의2 제1항 제4호
③ 농업재해보험 손해평가요령 제5조의2 제1항 제1호

정답 14 ③ 15 ③ 16 ③ 17 ④

18 농업재해보험 손해평가요령상 손해평가인 정기교육의 세부내용에 명시적으로 포함되어 있지 않은 것은? 기출 제4회, 제7회

① 「농어업재해보험법」 제정 배경
② 손해평가 관련 민원사례
③ 피해유형별 보상사례
④ 농업재해보험 상품 주요내용

> | 해설 |
>
> 손해평가인 정기교육의 세부내용(손해평가요령 제5조의2 제1항)
> 1. **농업재해보험에 관한 기초지식** : 「농어업재해보험법」 제정 배경·구성 및 조문별 주요내용, 농업재해보험 사업현황
> 2. **농업재해보험의 종류별 약관** : 농업재해보험 상품 주요내용 및 약관 일반 사항
> 3. **손해평가의 절차 및 방법** : 농업재해보험 손해평가 개요, 보험목적물별 손해평가 기준 및 피해유형별 보상사례
> 4. **피해유형별 현지조사표 작성 실습**

19 농업재해보험 손해평가요령상 손해평가인 정기교육의 세부내용에 해당하지 않는 것은?

기출 제11회

① 농업재해보험상품의 개선·개발계획
② 농업재해보험 상품 주요내용 및 약관 일반 사항
③ 보험목적물별 손해평가 기준 및 피해유형별 보상사례
④ 농어업재해보험법 제정 배경·구성 및 조문별 주요내용

> | 해설 |
>
> 정기교육의 세부내용(손해평가요령 제5조의2 제1항)
> 1. **농업재해보험에 관한 기초지식** : 농어업재해보험법 제정 배경·구성 및 조문별 주요내용, 농업재해보험 사업현황
> 2. **농업재해보험의 종류별 약관** : 농업재해보험 상품 주요내용 및 약관 일반 사항
> 3. **손해평가의 절차 및 방법** : 농업재해보험 손해평가 개요, 보험목적물별 손해평가 기준 및 피해유형별 보상사례
> 4. **피해유형별 현지조사표 작성 실습**

20 농업재해보험 손해평가요령상 손해평가인 위촉의 취소사유에 해당하는 것은?

기출수정 제7회, 제9회

① 업무수행과 관련하여 「개인정보보호법」을 위반한 경우
② 업무수행과 관련하여 보험사업자로부터 금품 또는 향응을 제공받은 경우
③ 손해평가인이 피성년후견인이 된 경우
④ 손해평가인 위촉이 취소된 후 3년이 경과한 때에 다시 손해평가인으로 위촉된 경우

> **│해설│**
> **손해평가인 위촉의 취소(손해평가요령 제6조 제1항)**
> 재해보험사업자는 손해평가인이 다음 각 호의 어느 하나에 해당하게 되거나 위촉 당시에 해당하는 자이었음이 판명된 때에는 그 위촉을 취소하여야 한다.
> 1. 피성년후견인
> 2. 파산선고를 받은 자로서 복권되지 아니한 자
> 3. 「농어업재해보험법」 제30조에 의하여 벌금 이상의 형을 선고받고 그 집행이 종료(집행이 종료된 것으로 보는 경우를 포함한다)되거나 집행이 면제된 날로부터 2년이 경과되지 아니한 자
> 4. 동 조에 따라 위촉이 취소된 후 2년이 경과하지 아니한 자
> 5. 거짓 그 밖의 부정한 방법으로 손해평가인으로 위촉된 자
> 6. 업무정지 기간 중에 손해평가업무를 수행한 자

21 농업재해보험 손해평가요령에 따른 손해평가인 위촉의 취소사유에 해당하지 않는 것은?

기출 제3회

① 업무수행과 관련하여 「개인정보보호법」을 위반한 경우
② 위촉 당시 피성년후견인이었음이 판명된 경우
③ 거짓 그 밖의 부정한 방법으로 손해평가인으로 위촉된 경우
④ 「농어업재해보험법」 제30조에 의하여 벌금 이상의 형을 선고받고 그 집행이 종료된 날로부터 2년이 경과되지 않은 경우

> **│해설│**
> 업무수행과 관련하여 「개인정보보호법」을 위반한 경우에는 6개월 이내의 기간을 정하여 그 업무의 정지를 명하거나 위촉 해지 등을 할 수 있다(손해평가요령 제6조 제2항 제3호).

정답 18 ② 19 ① 20 ③ 21 ①

22 농업재해보험 손해평가요령에 따른 손해평가인 위촉의 취소사유에 해당되지 않는 자는?

기출 제2회

① 파산선고를 받은 자로서 복권되지 아니한 자
② 손해평가인 위촉이 취소된 후 1년이 경과되지 아니한 자
③ 거짓 그 밖의 부정한 방법으로 손해평가인으로 위촉된 자
④ 「농어업재해보험법」 제30조에 의하여 벌금 이상의 형을 선고받고 그 집행이 종료되거나 집행이 면제된 날로부터 3년이 경과된 자

| 해설 |
「농어업재해보험법」 제30조에 의하여 벌금 이상의 형을 선고받고 그 집행이 종료되거나 집행이 면제된 날로부터 2년이 경과되지 아니한 자가 취소사유에 해당된다(손해평가요령 제6조 제1항 제3호).

23 농업재해보험 손해평가요령상 재해보험사업자가 손해평가인 업무의 정지나 위촉의 해지를 할 수 있는 사항에 관한 설명으로 옳지 않은 것은? 기출 제5회

① 손해평가인이 농업재해보험 손해평가요령의 규정을 위반한 경우 위촉을 해지할 수 있다.
② 손해평가인이 「농어업재해보험법」에 따른 명령을 위반한 때 3개월간 업무의 정지를 명할 수 있다.
③ 부정한 방법으로 손해평가인으로 위촉된 경우 위촉을 해지할 수 있다.
④ 업무수행과 관련하여 동의를 받지 않고 개인정보를 수집하여 「개인정보보호법」을 위반한 경우 3개월간 업무의 정지를 명할 수 있다.

| 해설 |
거짓 그 밖의 부정한 방법으로 손해평가인으로 위촉된 자는 그 위촉을 취소하여야 한다(손해평가요령 제6조 제1항 제5호).

> **TIP** 손해평가인 업무의 정지나 위촉의 해지(손해평가요령 제6조 제2항)
>
> 재해보험사업자는 손해평가인이 다음 각 호의 어느 하나에 해당하는 때에는 6개월 이내의 기간을 정하여 그 업무의 정지를 명하거나 위촉 해지 등을 할 수 있다.
> 1. 법 제11조 제2항 및 이 요령의 규정을 위반 한 때
> 2. 법 및 이 요령에 의한 명령이나 처분을 위반한 때
> 3. 업무수행과 관련하여 「개인정보보호법」, 「신용정보의 이용 및 보호에 관한 법률」 등 정보보호와 관련된 법령을 위반한 때

24 농업재해보험 손해평가요령상 손해평가인 위촉의 취소에 관한 설명이다. (   )에 들어갈 내용은?

기출 제8회

> 재해보험사업자는 손해평가인이 「농어업재해보험법」 제30조에 의하여 벌금 이상의 형을 선고받고 그 집행이 종료(집행이 종료된 것으로 보는 경우를 포함한다)되거나 집행이 면제된 날로부터 (ㄱ)년이 경과되지 아니한 자 또는 (ㄴ) 기간 중에 손해평가 업무를 수행한 자인 경우 그 위촉을 취소하여야 한다.

	ㄱ	ㄴ
①	1	자격정지
②	2	업무정지
③	1	업무정지
④	3	자격정지

해설

손해평가인 위촉의 취소(손해평가요령 제6조 제1항 제3호, 제6호)

> 재해보험사업자는 손해평가인이 「농어업재해보험법」 제30조에 의하여 벌금 이상의 형을 선고받고 그 집행이 종료(집행이 종료된 것으로 보는 경우를 포함한다)되거나 집행이 면제된 날로부터 (**2**)년이 경과되지 아니한 자 또는 (**업무정지**) 기간 중에 손해평가 업무를 수행한 자인 경우 그 위촉을 취소하여야 한다.

25 농업재해보험 손해평가요령상 손해평가인 위촉 취소에 관한 설명이다. (   )에 들어갈 내용으로 옳은 것은? 기출 제10회

> 재해보험사업자는 손해평가인이 「농어업재해보험법」 제30조에 의하여 벌금 이상의 형을 선고받고 그 집행이 종료되거나 집행이 면제된 날로부터 (ㄱ)이 경과되지 아니한 자, 위촉이 취소된 후 (ㄴ)이 경과되지 아니한 자 또는 (ㄷ) 기간 중에 손해평가업무를 수행한 자에 해당되거나 위촉 당시에 해당하는 자이었음이 판명된 때에는 그 위촉을 취소하여야 한다.

① ㄱ : 2년, ㄴ : 2년, ㄷ : 업무정지
② ㄱ : 2년, ㄴ : 3년, ㄷ : 업무정지
③ ㄱ : 3년, ㄴ : 2년, ㄷ : 자격정지
④ ㄱ : 3년, ㄴ : 3년, ㄷ : 자격정지

| 해설 |

손해평가인 위촉 취소(손해평가요령 제6조 제1항 제3호, 제4호, 제6호)

재해보험사업자는 손해평가인이 「농어업재해보험법」 제30조에 의하여 벌금 이상의 형을 선고받고 그 집행이 종료되거나 집행이 면제된 날로부터 (<u>2년</u>)이 경과되지 아니한 자, 위촉이 취소된 후 (<u>2년</u>)이 경과되지 아니한 자 또는 (<u>업무정지</u>) 기간 중에 손해평가업무를 수행한 자에 해당되거나 위촉 당시에 해당하는 자이었음이 판명된 때에는 그 위촉을 취소하여야 한다.

26 손해평가인이 업무수행과 관련하여 「개인정보보호법」, 「신용정보의 이용 및 보호에 관한 법률」 등 정보보호와 관련된 법령을 위반한 경우, 재해보험사업자가 손해평가인에게 명할 수 있는 최대 업무정지 기간은? 기출 제2회

① 6개월
② 1년
③ 2년
④ 3년

| 해설 |

재해보험사업자는 손해평가인이 업무수행과 관련하여 「개인정보보호법」, 「신용정보의 이용 및 보호에 관한 법률」 등 정보보호와 관련된 법령을 위반한 때에는 <u>6개월</u> 이내의 기간을 정하여 그 업무의 정지를 명하거나 위촉 해지 등을 할 수 있다(손해평가요령 제6조 제2항 제3호).

27 농업재해보험 손해평가요령에 따른 손해평가인 위촉의 취소 및 해지에 관한 설명으로 옳지 않은 것은? 기출 제1회

① 거짓 또는 그 밖의 부정한 방법으로 손해평가인으로 위촉된 자에 대해서는 그 위촉을 취소하여야 한다.
② 손해평가업무를 수행하면서 「개인정보보호법」을 위반하여 재해보험가입자의 개인정보를 누설한 자는 그 위촉을 해지할 수 있다.
③ 재해보험사업자는 위촉을 취소하는 때에는 해당 손해평가인에게 청문을 실시하여야 한다.
④ 재해보험사업자는 업무의 정지를 명하고자 하는 때에는 해당 손해평가인에 대한 청문을 생략할 수 있다.

| 해설 |

재해보험사업자는 위촉을 취소하거나 업무의 정지를 명하고자 하는 때에는 <u>손해평가인에게 청문을 실시하여야 한다</u>(손해평가요령 제6조 제3항).

28 농업재해보험 손해평가요령상 손해평가반에 관한 설명으로 옳지 않은 것은? 기출 제10회

① 재해보험사업자는 손해평가를 하는 경우 손해평가반을 구성하고 손해평가반별로 평가일정계획을 수립하여야 한다.
② 손해평가반은 손해평가인, 손해평가사, 손해사정사, 손해평가보조인 중 어느 하나에 해당하는 자로 구성한다.
③ 손해평가반은 5인 이내로 구성한다.
④ 손해평가반이 손해평가를 실시할 때에는 재해보험사업자가 해당 보험가입자의 보험계약사항 중 손해평가와 관련된 사항을 손해평가반에게 통보하여야 한다.

> **해설**
> ②・③ 손해평가반은 <u>손해평가인, 손해평가사, 손해사정사 중 어느 하나에 해당하는 자로</u> 구성하며, 5인 이내로 한다(손해평가요령 제8조 제2항).
> ① 농업재해보험 손해평가요령 제8조 제1항
> ④ 농업재해보험 손해평가요령 제9조 제2항

29 농업재해보험 손해평가요령상 손해평가반의 구성에 관한 설명으로 옳지 않은 것은? 기출 제9회

① 손해평가반은 재해보험사업자가 구성한다.
② 「보험업법」제186조에 따른 손해사정사는 손해평가반에 포함될 수 있다.
③ 손해평가인 2인과 손해평가보조인 3인으로는 손해평가반을 구성할 수 없다.
④ 자기 또는 이해관계자가 모집한 보험계약에 관한 손해평가에 대하여는 해당자를 손해평가반 구성에서 배제하여야 한다.

> **해설**
> 손해평가반은 손해평가인, 손해평가사, 손해사정사에 해당하는 자로 구성하며, 5인 이내로 한다(손해평가요령 제8조 제2항). 따라서 <u>손해평가인 2인과 손해평가보조인 3인으로는 손해평가반을 구성할 수 있다.</u>
> ① 농업재해보험 손해평가요령 제8조 제1항
> ② 농업재해보험 손해평가요령 제8조 제2항 제3호
> ④ 농업재해보험 손해평가요령 제8조 제3항 제2호

정답 26 ① 27 ④ 28 ② 29 ③

30 농업재해보험 손해평가요령에 따른 손해평가반 구성에 포함될 수 있는 자를 모두 고른 것은?

기출 제3회

ㄱ. 손해평가인 ㄴ. 손해평가사
ㄷ. 재물손해사정사 ㄹ. 신체손해사정사

① ㄱ, ㄴ
② ㄴ, ㄷ
③ ㄱ, ㄴ, ㄷ
④ ㄱ, ㄴ, ㄷ, ㄹ

|해설|

손해평가반의 구성(손해평가요령 제8조 제2항)
손해평가반은 다음 각 호의 어느 하나에 해당하는 자로 구성하며, 5인 이내로 한다.
1. 손해평가인
2. 손해평가사
3. 「보험업법」 제186조에 따른 손해사정사

---

31 농업재해보험 손해평가요령상 재해보험사업자의 손해평가반 구성에 관한 설명으로 옳은 것은?

기출 제11회

① 손해평가반은 10인 이내로 한다.
② 손해평가반별로 평가일정계획을 수립해야 하는 것은 아니다.
③ 자기와 생계를 같이 하지 않는 친족이 가입한 보험계약에 관한 손해평가에 대하여는 해당자를 손해평가반 구성에서 배제하여야 한다.
④ 직전 손해평가일로부터 30일 이내의 보험가입자간 상호 손해평가에 대하여는 해당자를 손해평가반 구성에서 배제하여야 한다.

|해설|

④ 농업재해보험 손해평가요령 제8조 제3항 제3호
① 손해평가반은 <u>5인 이내로</u> 한다(손해평가요령 제8조 제2항).
② 손해평가반별로 평가일정계획을 <u>수립하여야 한다</u>(손해평가요령 제8조 제1항).
③ <u>자기와 생계를 같이 하는</u> 친족이 가입한 보험계약에 관한 손해평가에 대하여는 해당자를 손해평가반 구성에서 배제하여야 한다(손해평가요령 제8조 제3항 제1호).

32 농업재해보험 손해평가요령상 손해평가사 甲을 손해평가반 구성에서 배제하여야 하는 경우를 모두 고른 것은? 기출 제7회

> ㄱ. 甲의 이해관계자가 가입한 보험계약에 관한 손해평가
> ㄴ. 甲의 이해관계자가 모집한 보험계약에 관한 손해평가
> ㄷ. 甲의 이해관계자가 실시한 손해평가에 대한 검증조사

① ㄱ, ㄴ
② ㄱ, ㄷ
③ ㄴ, ㄷ
④ ㄱ, ㄴ, ㄷ

| 해설 |

손해평가반 구성에서 배제하여야 하는 경우(손해평가요령 제8조 제3항)
다음 각 호의 어느 하나에 해당하는 손해평가에 대하여는 해당자를 손해평가반 구성에서 배제하여야 한다.
1. 자기 또는 자기와 생계를 같이 하는 친족(이하 "이해관계자"라 한다)이 가입한 보험계약에 관한 손해평가
2. 자기 또는 이해관계자가 모집한 보험계약에 관한 손해평가
3. 직전 손해평가일로부터 30일 이내의 보험가입자간 상호 손해평가
4. 자기가 실시한 손해평가에 대한 검증조사 및 재조사

33 농업재해보험 손해평가요령상 손해평가반 구성에 관한 설명으로 옳은 것은? 기출 제5회

① 손해평가인은 법에 따른 손해평가를 하는 경우 손해평가반을 구성하고 손해평가반별로 평가일정계획을 수립하여야 한다.
② 자기가 모집하지 않았더라도 자기와 생계를 같이하는 친족이 모집한 보험계약이라면 해당자는 그 보험계약에 관한 손해평가의 손해평가반 구성에서 배제되어야 한다.
③ 자기가 가입하였어도 자기가 모집하지 않은 보험계약이라면 해당자는 그 보험계약에 관한 손해평가의 손해평가반 구성에 참여할 수 있다.
④ 손해평가반에는 손해평가인, 손해평가사, 손해사정사에 해당하는 자를 2인 이상 포함시켜야 한다.

| 해설 |

② 농업재해보험 손해평가요령 제8조 제3항 제2호
① 재해보험사업자는 손해평가를 하는 경우에는 손해평가반을 구성하고 손해평가반별로 평가일정계획을 수립하여야 한다(손해평가요령 제8조 제1항).
③ 자기가 가입한 보험계약에 관한 손해평가의 경우 해당자는 그 보험계약에 관한 손해평가의 손해평가반 구성에 참여할 수 없다(손해평가요령 제8조 제3항 제1호).
④ 손해평가반은 손해평가인, 손해평가사, 손해사정사에 해당하는 자로 구성하며, 5인 이내로 한다(손해평가요령 제8조 제2항).

정답 30 ④ 31 ④ 32 ① 33 ②

34 농업재해보험 손해평가요령상 손해평가반 구성에 관한 설명으로 옳은 것은? 기출 제8회

① 자기가 실시한 손해평가에 대한 검증조사 및 재조사에 해당하는 손해평가의 경우 해당자를 손해평가반 구성에서 배제하여야 한다.
② 자기가 가입하였어도 자기가 모집하지 않은 보험계약에 관한 손해평가의 경우 해당자는 손해평가반 구성에 참여할 수 있다.
③ 손해평가인은 손해평가를 하는 경우에는 손해평가반을 구성하고 손해평가반별로 평가일정계획을 수립하여야 한다.
④ 손해평가반은 손해평가인을 3인 이상 포함하여 7인 이내로 구성한다.

> |해설|
> ① 농업재해보험 손해평가요령 제8조 제3항 제4호
> ② 자기가 가입한 보험계약에 관한 손해평가의 경우 해당자는 손해평가반 구성에 참여할 수 없다(손해평가요령 제8조 제3항 제1호).
> ③ 재해보험사업자는 손해평가를 하는 경우에는 손해평가반을 구성하고 손해평가반별로 평가일정계획을 수립하여야 한다(손해평가요령 제8조 제1항).
> ④ 손해평가반은 손해평가인, 손해평가사, 손해사정사에 해당하는 자로 구성하며, 5인 이내로 한다(손해평가요령 제8조 제2항).

35 농업재해보험 손해평가요령상 교차손해평가에 관한 설명이다. ( )에 들어갈 내용으로 옳은 것은? 기출 제11회

> 재해보험사업자가 교차손해평가를 위해 손해평가반을 구성할 경우에는 교차손해평가 대상 시·군·자치구 내에서 손해평가 경력, 타지역 조사 가능 여부 등을 고려하여 교차손해평가를 담당하기 위해 선발된 (ㄱ) (ㄴ)인 이상이 포함되어야 한다. 다만, 거대재해 발생, 평가인력 부족 등으로 신속한 손해평가가 불가피하다고 판단되는 경우 그러하지 아니할 수 있다.

① ㄱ : 손해평가사,   ㄴ : 1
② ㄱ : 손해평가사,   ㄴ : 2
③ ㄱ : 지역손해평가인, ㄴ : 1
④ ㄱ : 지역손해평가인, ㄴ : 2

> |해설|
> **교차손해평가(손해평가요령 제8조의2 제2항, 제3항)**
> 재해보험사업자가 교차손해평가를 위해 손해평가반을 구성할 경우에는 교차손해평가 대상 시·군·자치구 내에서 손해평가 경력, 타지역 조사 가능 여부 등을 고려하여 교차손해평가를 담당하기 위해 선발된 (**지역손해평가인**) (1)인 이상이 포함되어야 한다. 다만, 거대재해 발생, 평가인력 부족 등으로 신속한 손해평가가 불가피하다고 판단되는 경우 그러하지 아니할 수 있다.

36 농어업재해보험법 및 농업재해보험 손해평가요령에 따른 교차손해평가에 관한 내용으로 옳지 않은 것은? 기출 제4회

① 교차손해평가를 위해 손해평가반을 구성할 경우 손해평가사 2인 이상이 포함되어야 한다.
② 교차손해평가의 절차·방법 등에 필요한 사항은 농림축산식품부장관 또는 해양수산부장관이 정한다.
③ 재해보험사업자는 교차손해평가가 필요한 경우 재해보험 가입규모, 가입분포 등을 고려하여 교차손해평가 대상 시·군·구(자치구를 말한다)를 선정하여야 한다.
④ 재해보험사업자는 교차손해평가 대상지로 선정한 시·군·구(자치구를 말한다) 내에서 손해평가 경력, 타 지역 조사 가능 여부 등을 고려하여 교차손해평가를 담당할 지역손해평가인을 선발하여야 한다.

| 해설 |

교차손해평가를 위해 손해평가반을 구성할 경우에는 선발된 지역손해평가인 1인 이상이 포함되어야 한다(손해평가요령 제8조의2 제3항).
② 농어업재해보험법 제11조 제3항 단서
③ 농업재해보험 손해평가요령 제8조의2 제1항
④ 농업재해보험 손해평가요령 제8조의2 제2항

37 농업재해보험 손해평가요령상 교차손해평가에 관한 설명으로 옳지 않은 것은? 기출 제9회

① 평가인력 부족 등으로 신속한 손해평가가 불가피하다고 판단되는 경우 손해평가반의 구성에 지역손해평가인을 포함시키지 않을 수 있다.
② 교차손해평가를 위해 손해평가반을 구성할 경우 농업재해보험 손해평가요령에 따라 선발된 지역손해평가인 2인 이상이 포함되어야 한다.
③ 재해보험사업자가 교차손해평가를 담당할 지역손해평가인을 선발할 때 타지역 조사 가능 여부는 고려사항이다.
④ 재해보험사업자는 교차손해평가가 필요한 경우 재해보험 가입규모, 가입분포 등을 고려하여 교차손해평가 대상 시·군·구를 선정하여야 한다.

| 해설 |

교차손해평가를 위해 손해평가반을 구성할 경우에는 선발된 지역손해평가인 1인 이상이 포함되어야 한다(손해평가요령 제8조의2 제3항).
① 농업재해보험 손해평가요령 제8조의2 제3항 단서
③ 농업재해보험 손해평가요령 제8조의2 제2항
④ 농업재해보험 손해평가요령 제8조의2 제1항

정답 34 ① 35 ③ 36 ① 37 ②

38 농업재해보험 손해평가요령상 손해평가에 관한 설명으로 옳지 않은 것은? [기출수정] 제7회

① 손해평가반은 손해평가인, 손해평가사, 손해사정사의 어느 하나에 해당하는 자로 구성하며, 5인 이내로 한다.
② 교차손해평가에 있어서 거대재해 발생 등으로 신속한 손해평가가 불가피하다고 판단되는 경우에도 손해평가반 구성에 지역손해평가인을 포함하여야 한다.
③ 재해보험사업자는 손해평가반이 실시한 손해평가결과를 기록할 수 있도록 현지조사서를 마련하여야 한다.
④ 손해평가반이 손해평가를 실시할 때에는 재해보험사업자가 해당 보험가입자의 보험계약사항 중 손해평가와 관련된 사항을 손해평가반에게 통보하여야 한다.

| 해설 |
교차손해평가를 위해 손해평가반을 구성할 경우에는 선발된 지역손해평가인 1인 이상이 포함되어야 하지만, 거대재해 발생, 평가인력 부족 등으로 신속한 손해평가가 불가피하다고 판단되는 경우 그러하지 아니할 수 있다(손해평가요령 제8조의2 제3항).
① 농업재해보험 손해평가요령 제8조 제2항
③ 농업재해보험 손해평가요령 제10조 제1항
④ 농업재해보험 손해평가요령 제9조 제2항

39 농어업재해보험법 및 농업재해보험 손해평가요령상 교차손해평가에 관한 설명으로 옳지 않은 것을 모두 고른 것은? [기출] 제10회

ㄱ. 교차손해평가란 공정하고 객관적인 손해평가를 위하여 재해보험사업자 상호간에 농어업재해로 인한 손해를 교차하여 평가하는 것을 말한다.
ㄴ. 동일 시·군·구(자치구를 말한다) 내에서는 교차손해평가를 수행할 수 없다.
ㄷ. 교차손해평가를 위해 손해평가반을 구성할 때, 거대재해 발생으로 신속한 손해평가가 불가피하다고 판단되는 경우에는 지역손해평가인을 포함하지 않을 수 있다.

① ㄱ, ㄴ
② ㄱ, ㄷ
③ ㄴ, ㄷ
④ ㄱ, ㄴ, ㄷ

| 해설 |
ㄱ. (×) 교차손해평가란 공정하고 객관적인 손해평가를 위하여 손해평가인 상호간에 담당지역을 교차하여 평가하는 것을 말한다(법 제11조 제3항).
ㄴ. (×) 동일 시·군·구(자치구를 말한다) 내에서는 교차손해평가를 수행할 수 있다(법 제11조 제3항).
ㄷ. (○) 교차손해평가를 위해 손해평가반을 구성할 경우에는 선발된 지역손해평가인 1인 이상이 포함되어야 한다. 다만, 거대재해 발생, 평가인력 부족 등으로 신속한 손해평가가 불가피하다고 판단되는 경우 그러하지 아니할 수 있다(손해평가요령 제8조의2 제3항).

40 농업재해보험 손해평가요령에 따른 피해사실 확인 내용으로 옳은 것은? [기출수정] 제1회

① 손해평가반은 보험책임기간에 관계없이 발생한 피해에 대해서는 재해보험사업자에게 피해발생을 통지하여야 한다.
② 재해보험사업자는 손해평가반으로 하여금 일정기간을 정하여 보험목적물의 피해사실을 확인하게 하여야 한다.
③ 재해보험사업자는 손해평가반으로 하여금 일정기간을 정하여 보험목적물의 손해평가를 실시하게 하여야 한다.
④ 손해평가반이 손해평가를 실시할 때에는 재해보험사업자가 해당 보험가입자의 보험계약사항 중 손해평가와 관련된 사항을 손해평가반에게 통보하여야 한다.

| 해설 |
④ 농업재해보험 손해평가요령 제9조 제2항
①·②·③ 보험가입자가 보험책임기간 중에 피해발생 통지를 한 때에는 재해보험사업자는 손해평가반으로 하여금 지체 없이 보험목적물의 피해사실을 확인하고 손해평가를 실시하게 하여야 한다(손해평가요령 제9조 제1항).

41 농업재해보험 손해평가요령상 손해평가에 관한 설명으로 옳지 않은 것은? [기출] 제6회

① 교차손해평가에 있어서도 평가인력 부족 등으로 신속한 손해평가가 불가피하다고 판단되는 경우에는 손해평가반 구성에 지역손해평가인을 배제할 수 있다.
② 손해평가 단위와 관련하여 농지란 하나의 보험가입금액에 해당하는 토지로 필지(지번) 등과 관계없이 농작물을 재배하는 하나의 경작지를 말한다.
③ 손해평가반이 손해평가를 실시할 때에는 재해보험사업자가 해당 보험가입자의 보험계약사항 중 손해평가와 관련된 사항을 해당 지방자치단체에 통보하여야 한다.
④ 보험가입자가 정당한 사유 없이 검증조사를 거부하는 경우 검증조사반은 검증조사가 불가능하여 손해평가결과를 확인할 수 없다는 사실을 보험가입자에게 통지한 후 검증조사결과를 작성하여 재해보험사업자에게 제출하여야 한다.

| 해설 |
손해평가반이 손해평가를 실시할 때에는 재해보험사업자가 해당 보험가입자의 보험계약사항 중 손해평가와 관련된 사항을 손해평가반에게 통보하여야 한다(손해평가요령 제9조 제2항).
① 농업재해보험 손해평가요령 제8조의2 제3항
② 농업재해보험 손해평가요령 제12조 제2항
④ 농업재해보험 손해평가요령 제11조 제4항

정답 38 ② 39 ① 40 ④ 41 ③

42 재해보험의 피해사실의 확인 및 손해평가준비에 대한 설명으로 옳지 않은 것은?

① 보험가입자가 보험책임기간 중에 피해발생 통지를 한 때에는 재해보험사업자는 손해평가반으로 하여금 지체 없이 보험목적물의 피해사실을 확인하고 손해평가를 실시하게 하여야 한다.
② 손해평가반이 손해평가를 실시할 때에는 재해보험사업자가 해당 보험가입자의 보험계약사항 중 손해평가와 관련된 사항을 손해평가반에게 통보하여야 한다.
③ 손해평가반은 손해평가결과를 기록할 수 있도록 현지조사서를 마련하여야 한다.
④ 손해평가반은 현지조사서에 손해평가결과를 정확하게 작성하여 보험가입자에게 이를 설명한 후 서명을 받아 재해보험사업자에게 제출하여야 한다.

| 해설 |
재해보험사업자는 손해평가반이 실시한 손해평가결과와 손해평가업무를 수행한 손해평가반 구성원을 기록할 수 있도록 현지조사서를 마련하여야 한다(손해평가요령 제10조 제1항). 〈2024.3.29. 개정〉
① 농업재해보험 손해평가요령 제9조 제1항
② 농업재해보험 손해평가요령 제9조 제2항
④ 농업재해보험 손해평가요령 제10조 제3항

43 농업재해보험 손해평가요령에 따른 손해평가준비 및 평가결과 제출에 관한 설명으로 옳지 않은 것은? 기출 제3회

① 손해평가반은 손해평가결과를 기록할 수 있도록 현지조사서를 직접 마련해야 한다.
② 손해평가반은 보험가입자가 정당한 사유 없이 서명을 거부하는 경우 보험가입자에게 손해평가결과를 통지한 후 서명 없이 현지조사서를 재해보험사업자에게 제출하여야 한다.
③ 손해평가반은 보험가입자가 정당한 사유 없이 손해평가를 거부하여 손해평가를 실시하지 못한 경우에는 그 피해를 인정할 수 없는 것으로 평가한다는 사실을 보험가입자에게 통지한 후 현지조사서를 재해보험사업자에게 제출하여야 한다.
④ 재해보험사업자는 보험가입자가 손해평가반의 손해평가결과에 대하여 설명 또는 통지를 받은 날로부터 7일 이내에 손해평가가 잘못되었음을 증빙하는 서류 또는 사진 등을 제출하는 경우 다른 손해평가반으로 하여금 재조사를 실시하게 할 수 있다.

| 해설 |
재해보험사업자는 손해평가반이 실시한 손해평가결과와 손해평가업무를 수행한 손해평가반 구성원을 기록할 수 있도록 현지조사서를 마련하여야 한다(손해평가요령 제10조 제1항). 〈2024.3.29. 개정〉
② 농업재해보험 손해평가요령 제10조 제3항 단서
③ 농업재해보험 손해평가요령 제10조 제4항
④ 농업재해보험 손해평가요령 제10조 제5항

44 농업재해보험 손해평가요령상 손해평가준비 및 평가결과 제출에 관한 설명으로 옳지 않은 것은?

기출 제5회

① 재해보험사업자는 손해평가반이 실시한 손해평가결과를 기록할 수 있는 현지조사서를 마련해야 한다.
② 손해평가반은 보험가입자가 정당한 사유 없이 손해평가를 거부하여 손해평가를 실시하지 못한 경우에는 그 피해를 인정할 수 없는 것으로 평가한다는 사실을 보험가입자에게 통지한 후 현지조사서를 재해보험사업자에게 제출하여야 한다.
③ 보험가입자가 정당한 사유 없이 손해평가반이 작성한 현지조사서에 서명을 거부한 경우에는 손해평가반은 그 피해를 인정할 수 없는 것으로 평가한다는 현지조사서를 작성하여 재해보험사업자에게 제출하여야 한다.
④ 보험가입자가 손해평가반의 손해평가결과에 대하여 설명 또는 통지를 받은 날로부터 7일 이내에 손해평가가 잘못되었음을 증빙하는 서류 또는 사진 등을 제출하는 경우 재해보험사업자는 다른 손해평가반으로 하여금 재조사를 실시하게 할 수 있다.

| 해설 |

손해평가반은 현지조사서에 손해평가결과를 정확하게 작성하여 보험가입자에게 이를 설명한 후 서명을 받아 재해보험사업자에게 최종 조사일로부터 7영업일 이내에 제출하여야 한다(다만, 하우스 등 원예시설은 7영업일을 초과하여 제출할 수 있다). 또한, <u>보험가입자가 정당한 사유 없이 서명을 거부하는 경우 손해평가반은 보험가입자에게 손해평가 결과를 통지한 후 서명 없이 현지조사서를 재해보험사업자에게 제출하여야 한다</u>(손해평가요령 제10조 제3항). 〈2024.3.29. 개정〉
① 농업재해보험 손해평가요령 제10조 제1항
② 농업재해보험 손해평가요령 제10조 제4항
④ 농업재해보험 손해평가요령 제10조 제5항

45 농업재해보험 손해평가요령상 손해평가준비 및 평가결과 제출에 관한 설명으로 옳은 것은?

기출 제8회

① 손해평가반은 재해보험사업자가 실시한 손해평가결과를 기록할 수 있도록 현지조사서를 마련하여야 한다.
② 손해평가반은 손해평가를 실시하기 전에 현지조사서를 재해보험사업자에게 배부하고 손해평가에 임하여야 한다.
③ 손해평가반은 보험가입자가 7일 이내에 손해평가가 잘못되었음을 증빙하는 서류 등을 제출하는 경우 다른 손해평가반으로 하여금 재조사를 실시하게 할 수 있다.
④ 손해평가반은 보험가입자가 정당한 사유 없이 손해평가를 거부하여 손해평가를 실시하지 못한 경우에는 그 피해를 인정할 수 없는 것으로 평가한다는 사실을 보험가입자에게 통지한 후 현지조사서를 재해보험사업자에게 제출하여야 한다.

정답 42 ③ 43 ① 44 ③ 45 ④

| 해설 |······
④ 농업재해보험 손해평가요령 제10조 제4항
① 재해보험사업자는 손해평가반이 실시한 손해평가결과를 기록할 수 있도록 현지조사서를 마련하여야 한다(손해평가요령 제10조 제1항).
② 재해보험사업자는 손해평가를 실시하기 전에 현지조사서를 손해평가반에 배부하고 손해평가시의 주의사항을 숙지시킨 후 손해평가에 임하도록 하여야 한다(손해평가요령 제10조 제2항).
③ 재해보험사업자는 보험가입자가 손해평가반의 손해평가결과에 대하여 설명 또는 통지를 받은 날로부터 7일 이내에 손해평가가 잘못되었음을 증빙하는 서류 또는 사진 등을 제출하는 경우 재해보험사업자는 다른 손해평가반으로 하여금 재조사를 실시하게 할 수 있다(손해평가요령 제10조 제5항).

46 농업재해보험 손해평가요령 제10조(손해평가준비 및 평가결과 제출)의 일부이다. (   )에 들어갈 내용을 순서대로 옳게 나열한 것은? 기출 제2회, 제6회

재해보험사업자는 보험가입자가 손해평가반의 손해평가 결과에 대하여 설명 또는 통지를 (ㄱ)로부터 (ㄴ) 이내에 손해평가가 잘못되었음을 증빙하는 서류 또는 사진 등을 제출하는 경우 재해보험사업자는 다른 손해평가반으로 하여금 재조사를 실시하게 할 수 있다.

	ㄱ	ㄴ
①	받은 날	7일
②	받은 다음 날	7일
③	받은 날	10일
④	받은 다음 날	10일

| 해설 |······
재해보험사업자는 보험가입자가 손해평가반의 손해평가결과에 대하여 설명 또는 통지를 (**받은 날**)로부터 (**7일**) 이내에 손해평가가 잘못되었음을 증빙하는 서류 또는 사진 등을 제출하는 경우 재해보험사업자는 다른 손해평가반으로 하여금 재조사를 실시하게 할 수 있다(손해평가요령 제10조 제5항).

47 농업재해보험 손해평가요령상 손해평가결과 검증에 관한 설명으로 옳은 것은? `기출수정` `제8회`

① 재해보험사업자 및 농어업재해보험사업의 관리를 위탁받은 기관(이하 "사업관리위탁기관"이라 한다)은 손해평가반이 실시한 손해평가결과를 확인하기 위하여 손해평가를 실시한 보험목적물 중에서 일정수를 임의 추출하여 검증조사를 할 수 있다.
② 손해평가반은 농림축산식품부장관으로 하여금 검증조사를 하게 할 수 있다.
③ 손해평가결과와 임의 추출조사의 결과에 차이가 발생하면 해당 손해평가반이 조사한 전체 보험목적물에 대하여 재조사를 하여야 한다.
④ 보험가입자가 검증조사를 거부하는 경우 검증조사반은 손해평가 검증을 강제할 수 있다는 사실을 보험가입자에게 통지하여야 한다.

| 해설 |

① 농업재해보험 손해평가요령 제11조 제1항
② 농림축산식품부장관은 <u>재해보험사업자로 하여금 검증조사를 하게 할 수 있다</u>(손해평가요령 제11조 제2항).
③ 검증조사결과 <u>현저한 차이가 발생되어 재조사가 불가피하다고 판단될 경우에는</u> 해당 손해평가반이 조사한 전체 보험목적물에 대하여 재조사를 할 수 있다(손해평가요령 제11조 제3항).
④ 보험가입자가 정당한 사유 없이 검증조사를 거부하는 경우 <u>검증조사반은 검증조사가 불가능하여 손해평가 결과를 확인할 수 없다는 사실을</u> 보험가입자에게 통지한 후 검증조사결과를 작성하여 재해보험사업자에게 제출하여야 한다(손해평가요령 제11조 제4항).

---

48 농업재해보험 손해평가요령상 손해평가결과 검증에 관한 설명으로 옳은 것은? `기출` `제11회`

① 농림축산식품부장관은 손해평가결과를 확인하기 위하여 손해평가를 실시한 보험목적물 전부에 대하여 검증조사를 할 수 있다.
② 농림축산식품부장관은 재해보험사업자로 하여금 손해평가결과 검증조사를 하게 할 수 있다.
③ 손해평가결과 검증조사 이후 재조사를 위한 절차를 두지 않고 있다.
④ 농림축산식품부장관이 검증조사를 실시한 경우 그 결과를 손해평가인에게 통보해야 한다.

| 해설 |

② 농업재해보험 손해평가요령 제11조 제2항
① 농림축산식품부장관은 손해평가결과를 확인하기 위하여 손해평가를 실시한 보험목적물 중에서 <u>일정수를 임의 추출하여 검증조사를 할 수 있다</u>(손해평가요령 제11조 제1항).
③ 검증조사결과 현저한 차이가 발생되어 재조사가 불가피하다고 판단될 경우에는 해당 손해평가반이 조사한 전체 보험목적물에 대하여 <u>재조사를 할 수 있다</u>(손해평가요령 제11조 제3항).
④ <u>사업관리 위탁기관이 검증조사를 실시한 경우 그 결과를 재해보험사업자에게 통보하고</u> 필요에 따라 결과에 대한 조치를 요구할 수 있다(손해평가요령 제11조 제5항).

49 농업재해보험 손해평가요령상 손해평가결과 검증에 관한 설명으로 옳은 것은?

기출 제2회, 제10회

① 재해보험사업자 이외의 자는 검증조사를 할 수 없다.
② 손해평가반이 실시한 손해평가결과를 확인하기 위하여 검증조사를 할 때 손해평가를 실시한 보험목적물 중에서 일정수를 임의 추출하여 검증조사를 하여서는 아니 된다.
③ 검증조사결과 현저한 차이가 발생되어 재조사가 불가피하다고 판단될 경우에는 해당 손해평가반이 조사한 전체 보험목적물에 대하여 재조사를 할 수 있다.
④ 보험가입자가 정당한 사유 없이 검증조사를 거부하는 경우 검증조사반은 검증조사가 불가능하여 손해평가결과를 확인할 수 없다는 사실을 재해보험사업자에게 통지한 후 검증조사결과를 작성하여 농림축산식품부장관에게 제출하여야 한다.

| 해설 |

③ 농업재해보험 손해평가요령 제11조 제3항
① 재해보험사업자 외에 법 제25조의2에 따라 농어업재해보험사업의 관리를 위탁받은 기관(이하 "사업관리위탁기관"이라 한다)도 검증조사를 할 수 있다(손해평가요령 제11조 제1항).
② 손해평가반이 실시한 손해평가결과를 확인하기 위하여 손해평가를 실시한 보험목적물 중에서 일정수를 임의 추출하여 검증조사를 할 수 있다(손해평가요령 제11조 제1항).
④ 보험가입자가 정당한 사유 없이 검증조사를 거부하는 경우 검증조사반은 검증조사가 불가능하여 손해평가결과를 확인할 수 없다는 사실을 보험가입자에게 통지한 후 검증조사결과를 작성하여 재해보험사업자에게 제출하여야 한다(손해평가요령 제11조 제4항).

50 농업재해보험 손해평가요령에 따른 손해평가결과 검정에 관한 설명으로 옳은 것은?

기출수정 제1회

① 재해보험사업자 및 농어업재해보험사업의 관리를 위탁받은 기관(이하 "사업관리위탁기관"이라 한다)은 손해평가반이 실시한 손해평가결과를 확인하고자 하는 경우에는 손해평가를 실시한 전체 보험목적물에 대하여 검증조사를 하여야 한다.
② 농림축산식품부장관은 재해보험사업자로 하여금 검증조사를 하게 할 수 있으며, 재해보험사업자는 특별한 사유가 없는 한 이에 응하여야 한다.
③ 재해보험사업자는 검증조사결과 현저한 차이가 발생되어 재조사가 불가피하다고 판단될 경우라도 해당 손해평가반이 조사한 전체 보험목적물에 대하여 재조사를 할 수 없다.
④ 보험가입자가 정당한 사유 없이 검증조사를 거부하는 경우 검증조사반은 검증조사결과 작성을 생략하고 재해보험사업자에게 제출하지 않아도 된다.

| 해설 |

② 농업재해보험 손해평가요령 제11조 제2항
① 재해보험사업자 및 농어업재해보험사업의 관리를 위탁받은 기관(이하 "사업관리위탁기관"이라 한다)은 손해평가반이 실시한 손해평가결과를 확인하기 위하여 손해평가를 실시한 보험목적물 중에서 일정수를 임의 추출하여 검증조사를 할 수 있다(손해평가요령 제11조 제1항).
③ 검증조사결과 현저한 차이가 발생되어 재조사가 불가피하다고 판단될 경우에는 해당 손해평가반이 조사한 전체 보험목적물에 대하여 재조사를 할 수 있다(손해평가요령 제11조 제3항).
④ 보험가입자가 정당한 사유 없이 검증조사를 거부하는 경우 검증조사반은 검증조사가 불가능하여 손해평가 결과를 확인할 수 없다는 사실을 보험가입자에게 통지한 후 검증조사결과를 작성하여 재해보험사업자에게 제출하여야 한다(손해평가요령 제11조 제4항).

51 농업재해보험 손해평가요령상 손해평가결과 검증에 관한 설명으로 옳지 않은 것은?

기출수정 제7회

① 검증조사결과 현저한 차이가 발생된 경우 해당 손해평가반이 조사한 전체 보험목적물에 대하여 재조사를 하여야 한다.
② 보험가입자가 정당한 사유 없이 검증조사를 거부하는 경우 검증조사반은 검증조사가 불가능하여 손해평가결과를 확인할 수 없다는 사실을 보험가입자에게 통지한 후 검증조사결과를 작성하여 재해보험사업자에게 제출하여야 한다.
③ 재해보험사업자 및 농어업재해보험사업의 관리를 위탁받은 기관(이하 "사업관리위탁기관"이라 한다)은 손해평가반이 실시한 손해평가결과를 확인하기 위하여 손해평가를 실시한 보험목적물 중에서 일정수를 임의 추출하여 검증조사를 할 수 있다.
④ 농림축산식품부장관은 재해보험사업자로 하여금 검증조사를 하게 할 수 있다.

| 해설 |

검증조사결과 현저한 차이가 발생되어 재조사가 불가피하다고 판단될 경우에는 해당 손해평가반이 조사한 전체 보험목적물에 대하여 재조사를 할 수 있다(손해평가요령 제11조 제3항). '~하여야 한다.'가 틀린 문장이다. 즉 강행규정이 아니라 임의규정이다.
② 농업재해보험 손해평가요령 제11조 제4항
③ 농업재해보험 손해평가요령 제11조 제1항
④ 농업재해보험 손해평가요령 제11조 제2항

52 농업재해보험 손해평가요령상 손해평가결과 검증에 관한 설명으로 옳지 않은 것은?

기출수정 제9회

① 농림축산식품부장관은 재해보험사업자로 하여금 검증조사를 하게 할 수 있으며, 재해보험사업자는 특별한 사유가 없는 한 이에 응하여야 한다.
② 보험가입자가 정당한 사유 없이 검증조사를 거부하는 경우 검증조사반은 검증조사가 불가능하여 손해평가결과를 확인할 수 없다는 사실을 지체 없이 농림축산식품부장관에게 보고하여야 한다.
③ 검증조사결과 현저한 차이가 발생되어 재조사가 불가피하다고 판단될 경우에는 해당 손해평가반이 조사한 전체 보험목적물에 대하여 재조사를 할 수 있다.
④ 재해보험사업자 및 농어업재해보험사업의 관리를 위탁받은 기관(이하 "사업관리위탁기관"이라 한다)은 손해평가반이 실시한 손해평가결과를 확인하기 위하여 손해평가를 실시한 보험목적물 중에서 일정수를 임의 추출하여 검증조사를 할 수 있다.

| 해설 |

보험가입자가 정당한 사유 없이 검증조사를 거부하는 경우 검증조사반은 검증조사가 불가능하여 손해평가결과를 확인할 수 없다는 사실을 <u>보험가입자에게 통지</u>한 후 검증조사결과를 작성하여 재해보험사업자에게 제출하여야 한다(손해평가요령 제11조 제4항).
① 농업재해보험 손해평가요령 제11조 제2항
③ 농업재해보험 손해평가요령 제11조 제3항
④ 농업재해보험 손해평가요령 제11조 제1항

53 농업재해보험 손해평가요령상 보험목적물별 손해평가 단위이다. (   )에 들어갈 내용은?

기출 제7회

- 농작물 : (ㄱ)
- 가축(단, 벌은 제외) : (ㄴ)
- 농업시설물 : (ㄷ)

	ㄱ	ㄴ	ㄷ
①	농지별	축사별	보험가입 목적물별
②	품종별	축사별	보험가입자별
③	농지별	개별가축별	보험가입 목적물별
④	품종별	개별가축별	보험가입자별

| 해설 |
보험목적물별 손해평가 단위(손해평가요령 제12조 제1항)
1. 농작물 : 농지별
2. 가축 : 개별가축별(단, 벌은 벌통 단위)
3. 농업시설물 : 보험가입 목적물별

54 농업재해보험 손해평가요령에 따른 보험목적물별 손해평가 단위를 바르게 연결한 것은?

기출 제4회, 제5회

> ㄱ. 소 : 개별가축별
> ㄴ. 벌 : 개체별
> ㄷ. 농작물 : 농지별
> ㄹ. 농업시설물 : 보험가입 농가별

① ㄱ, ㄴ
② ㄱ, ㄷ
③ ㄴ, ㄹ
④ ㄷ, ㄹ

| 해설 |
보험목적물별 손해평가 단위(손해평가요령 제12조 제1항)
1. 농작물 : 농지별
2. 가축 : 개별가축별(단, <u>벌은 벌통 단위</u>)
3. 농업시설물 : 보험가입 목적물별

55 농업재해보험 손해평가요령상 보험목적물별 손해평가 단위로 옳은 것을 모두 고른 것은?

기출 제9회

> ㄱ. 농작물 : 농지별(농지라 함은 하나의 보험가입금액에 해당하는 토지로 필지에 따라 구획된 경작지를 말함)
> ㄴ. 가축 : 개별가축별(단, 벌은 벌통 단위)
> ㄷ. 농업시설물 : 보험가입 목적물별

① ㄱ, ㄴ
② ㄱ, ㄷ
③ ㄴ, ㄷ
④ ㄱ, ㄴ, ㄷ

| 해설 |
ㄱ. **농작물**(×) : 농지별(농지라 함은 하나의 보험가입금액에 해당하는 토지로 필지(지번) 등과 관계없이 농작물을 재배하는 하나의 경작지를 말함).

정답 52 ② 53 ③ 54 ② 55 ③

56 농업재해보험 손해평가요령상 보험목적물별 손해평가 단위에 관한 설명으로 옳지 않은 것은?
　　　　　　　　　　　　　　　　　　　　　　　　　　　　　　　　　　　　　기출 제11회

① 농작물은 농지별로 한다.
② 벌은 벌통단위로 한다.
③ 농업시설물은 보험가입목적물별로 한다.
④ 농지는 하나의 보험가입금액에 해당하는 토지로서, 개별 필지(지번)가 하나의 농지가 된다.

| 해설 |
농지는 하나의 보험가입금액에 해당하는 토지로 필지(지번) 등과 관계없이 농작물을 재배하는 하나의 경작지를 말하며, 방풍림, 돌담, 도로(농로 제외) 등에 의해 구획된 것 또는 동일한 울타리, 시설 등에 의해 구획된 것을 하나의 농지로 한다(손해평가요령 제12조 제2항 본문).
① 농업재해보험 손해평가요령 제12조 제1항 제1호
② 농업재해보험 손해평가요령 제12조 제1항 제2호
③ 농업재해보험 손해평가요령 제12조 제1항 제3호

57 농업재해보험 손해평가요령에 따른 농작물의 손해평가 단위는? 기출 제1회, 제3회

① 농가별　　　　　　　　　　② 농지별
③ 필지(지번)별　　　　　　　④ 품종별

| 해설 |
농작물의 손해평가 단위는 농지별이다. 여기서, '농지'라 함은 하나의 보험가입금액에 해당하는 토지로 필지(지번) 등과 관계없이 농작물을 재배하는 하나의 경작지를 말한다.

58 농업재해보험 손해평가요령상 보험목적물별 손해평가 단위가 농지인 경우에 관한 설명으로 옳은 것은?(단, 농지는 하나의 보험가입금액에 해당하는 토지임) 기출 제10회

① 농작물을 재배하는 하나의 경작지의 필지가 2개 이상인 경우에는 하나의 농지가 될 수 없다.
② 농작물을 재배하는 하나의 경작지가 농로에 의해 구획된 경우 구획된 토지는 각각 하나의 농지로 한다.
③ 농작물을 재배하는 하나의 경작지의 지번이 2개 이상인 경우에는 하나의 농지가 될 수 없다.
④ 경사지에서 보이는 돌담 등으로 구획되어 있는 면적이 극히 작은 것은 동일 작업 단위 등으로 정리하여 하나의 농지에 포함할 수 있다.

| 해설 |
농지라 함은 하나의 보험가입금액에 해당하는 토지로 필지(지번) 등과 관계없이 농작물을 재배하는 하나의 경작지를 말하며, 방풍림, 돌담, 도로(농로 제외) 등에 의해 구획된 것 또는 동일한 울타리, 시설 등에 의해 구획된 것을 하나의 농지로 한다. 다만, 경사지에서 보이는 돌담 등으로 구획되어 있는 면적이 극히 작은 것은 동일 작업 단위 등으로 정리하여 하나의 농지에 포함할 수 있다(손해평가요령 제12조 제2항).

59 농업재해보험 손해평가요령상 농작물의 보험가액 산정에 관한 조문의 일부이다. ( )에 들어갈 내용으로 옳은 것은? 기출 제10회

적과전 종합위험방식의 보험가액은 적과후 착과수(달린 열매수)조사를 통해 산정한 ( )수확량에 보험가입 당시의 단위당 가입가격을 곱하여 산정한다.

① 평년
② 기준
③ 피해
④ 적용

| 해설 |
적과전 종합위험방식의 보험가액은 적과후 착과수(달린 열매수)조사를 통해 산정한 (**기준**)수확량에 보험가입 당시의 단위당 가입가격을 곱하여 산정한다(손해평가요령 제13조 제1항 제2호).

60 농업재해보험 손해평가요령상 농작물의 보험가액 산정에 관한 설명이다. ( )에 들어갈 내용은? 기출 제9회

적과전 종합위험방식의 보험가액은 적과후 착과수조사를 통해 산정한 (ㄱ)에 보험가입 당시의 단위당 (ㄴ)을 곱하여 산정한다.

	ㄱ	ㄴ
①	기준수확량	가입가격
②	보정수확량	가입가격
③	기준수확량	시장가격
④	보정수확량	시장가격

| 해설 |
농작물의 보험가액 산정(손해평가요령 제13조 제1항 제2호)
적과전 종합위험방식의 보험가액은 적과후 착과수(달린 열매수)조사를 통해 산정한 (**기준수확량**)에 보험가입 당시의 단위당 (**가입가격**)을 곱하여 산정한다.

정답 56 ④ 57 ② 58 ④ 59 ② 60 ①

61 농업재해보험 손해평가요령에 따른 농작물의 보험가액 산정에 관한 설명으로 옳은 것은?

기출수정 제1회

① 특정위험방식인 인삼의 보험가액은 가입면적에 보험가입 당시의 단위당 가입가격을 곱하여 산정하며, 보험가액에 영향을 미치는 가입면적, 연근 등이 가입 당시와 다를 경우 변경해야 한다.
② 종합위험방식 보험가액은 보험증권에 기재된 보험목적물의 가입수확량에 보험가입 당시의 단위당 가입가격을 곱하여 산정한다.
③ 적과전 종합위험방식의 보험가액은 적과후 착과수조사를 통해 산정한 기준수확량에 보험가입 당시의 단위당 가입가격을 곱하여 산정한다.
④ 나무손해보장의 보험가액은 기재된 보험목적물이 나무인 경우로 최종 보험사고발생시의 해당 농지 내에 심어져 있는 전체 나무수(피해 나무수 포함)에 보험가입 당시의 나무당 가입가격을 곱하여 산정한다.

| 해설 |

③ 농업재해보험 손해평가요령 제13조 제1항 제2호
① 특정위험방식인 인삼의 보험가액은 가입면적에 보험가입 당시의 단위당 가입가격을 곱하여 산정하며, 보험가액에 영향을 미치는 가입면적, 연근 등이 가입 당시와 다를 경우 <u>변경할 수 있다</u>(손해평가요령 제13조 제1항 제1호).
② 종합위험방식 보험가액은 보험증권에 기재된 보험목적물의 <u>평년수확량</u>에 보험가입 당시의 단위당 가입가격을 곱하여 산정한다(손해평가요령 제13조 제1항 제3호).
④ 나무손해보장의 보험가액은 기재된 보험목적물이 나무인 경우로 최초 보험사고발생시의 해당 농지 내에 심어져 있는 <u>과실생산이 가능한 나무수</u>(피해 나무수 포함)에 보험가입 당시의 나무당 가입가격을 곱하여 산정한다(손해평가요령 제13조 제1항 제5호).

62 농업재해보험 손해평가요령에 따른 보험가액 산정에 관한 설명으로 옳지 않은 것은?

기출 제3회

① 농작물의 생산비보장 보험가액은 작물별로 보험가입 당시 정한 보험가액을 기준으로 산정한다. 다만, 보험가액에 영향을 미치는 가입면적 등이 가입 당시와 다를 경우 변경할 수 있다.
② 나무손해보장 보험가액은 기재된 보험목적물이 나무인 경우로 최초 보험사고발생시의 해당 농지 내에 심어져 있는 과실생산이 가능한 나무에서 피해 나무를 제외한 수에 보험가입 당시의 나무당 가입가격을 곱하여 산정한다.
③ 가축에 대한 보험가액은 보험사고가 발생한 때와 곳에서 평가한 보험목적물의 수량에 적용가격을 곱하여 산정한다.
④ 농업시설물에 대한 보험가액은 보험사고가 발생한 때와 곳에서 평가한 피해목적물의 재조달가액에서 내용연수에 따른 감가상각률을 적용하여 계산한 감가상각액을 차감하여 산정한다.

| 해설 |

나무손해보장의 보험가액은 기재된 보험목적물이 나무인 경우로 최초 보험사고발생시의 해당 농지 내에 심어져 있는 과실생산이 가능한 나무수(**피해 나무수 포함**)에 보험가입 당시의 나무당 가입가격을 곱하여 산정한다(손해평가요령 제13조 제1항 제5호).
① 농업재해보험 손해평가요령 제13조 제1항 제4호
③ 농업재해보험 손해평가요령 제14조 제1항
④ 농업재해보험 손해평가요령 제15조 제1항

63 농업재해보험 손해평가요령상 농작물의 보험가액 산정에 관한 설명이다. (   )에 들어 갈 내용으로 옳은 것은? 기출 제5회

(   ) 보험가액은 보험증권에 기재된 보험목적물의 평년수확량에 보험가입 당시의 단위당 가입가격을 곱하여 산정한다. 다만, 보험가액에 영향을 미치는 가입면적, 주수, 수령, 품종 등이 가입 당시와 다를 경우 변경할 수 있다.

① 종합위험방식
② 적과전 종합위험방식
③ 생산비보장
④ 특정위험방식

| 해설 |

(**종합위험방식**) 보험가액은 보험증권에 기재된 보험목적물의 평년수확량에 보험가입 당시의 단위당 가입가격을 곱하여 산정한다. 다만, 보험가액에 영향을 미치는 가입면적, 주수, 수령, 품종 등이 가입 당시와 다를 경우 변경할 수 있다(손해평가요령 제13조 제1항 제3호).

64 농업재해보험 손해평가요령상 농작물의 보험가액 산정에 관한 설명으로 옳지 않은 것을 모두 고른 것은? 기출수정 제6회

> ㄱ. 특정위험방식인 인삼의 보험가액은 가입면적에 보험가입 당시의 단위당 가입가격을 곱하여 산정하며, 보험가액에 영향을 미치는 가입면적, 연근 등이 가입 당시와 다를 경우 변경해야 한다.
> ㄴ. 적과전 종합위험방식의 보험가액은 적과후 착과수조사를 통해 산정한 기준수확량에 보험가입 당시의 단위당 가입가격을 곱하여 산정한다.
> ㄷ. 종합위험방식 보험가액은 특별한 사정이 없는 한 보험증권에 기재된 보험목적물의 평년수확량에 최초 보험사고발생시의 단위당 가입가격을 곱하여 산정한다.

① ㄱ
② ㄷ
③ ㄱ, ㄷ
④ ㄴ, ㄷ

| 해설 |

ㄱ. (×) 특정위험방식인 인삼의 보험가액은 가입면적에 보험가입 당시의 단위당 가입가격을 곱하여 산정하며, 보험가액에 영향을 미치는 가입면적, 연근 등이 가입 당시와 다를 경우 <u>변경할 수 있다</u>(손해평가요령 제13조 제1항 제1호).
ㄴ. (○) 적과전 종합위험방식의 보험가액은 적과후 착과수조사를 통해 산정한 기준수확량에 보험가입 당시의 단위당 가입가격을 곱하여 산정한다(손해평가요령 제13조 제1항 제2호).
ㄷ. (×) 종합위험방식 보험가액은 보험증권에 기재된 <u>보험목적물의 평년수확량에 보험가입 당시의 단위당 가입가격을 곱하여 산정한다. 다만, 보험가액에 영향을 미치는 가입면적, 주수, 수령, 품종 등이 가입 당시와 다를 경우 변경할 수 있다</u>(손해평가요령 제13조 제1항 제3호).

65 농업재해보험 손해평가요령상 가축의 보험가액 및 손해액 산정에 관한 설명으로 옳은 것을 모두 고른 것은? 기출 제11회

> ㄱ. 가축에 대한 보험가액은 보험사고가 발생한 때와 곳에서 평가한 보험목적물의 수량에 적용가격을 곱하여 산정한다.
> ㄴ. 가축에 대한 손해액은 보험사고가 발생한 때와 곳에서 폐사 등 피해를 입은 보험목적물의 수량에 적용가격을 곱하여 산정한다.
> ㄷ. 보험가입 당시 보험가액 및 손해액 산정방식에 대해서는 보험가입자와 재해보험사업자가 별도로 정할 수 없다.

① ㄱ
② ㄱ, ㄴ
③ ㄴ, ㄷ
④ ㄱ, ㄴ, ㄷ

| 해설 |

- ㄱ. (○) 가축에 대한 보험가액은 보험사고가 발생한 때와 곳에서 평가한 보험목적물의 수량에 적용가격을 곱하여 산정한다(손해평가요령 제14조 제1항).
- ㄴ. (○) 가축에 대한 손해액은 보험사고가 발생한 때와 곳에서 폐사 등 피해를 입은 보험목적물의 수량에 적용가격을 곱하여 산정한다(손해평가요령 제14조 제2항).
- ㄷ. (×) 보험가입 당시 보험가입자와 재해보험사업자가 보험가액 및 손해액 산정방식을 별도로 정한 경우에는 그 방법에 따른다(손해평가요령 제14조 제3항 단서).

66 농업재해보험 손해평가요령상 가축의 보험가액 및 손해액 산정 등에 관한 설명으로 옳은 것은?

기출 제9회

① 가축에 대한 보험가액은 보험사고가 발생한 때와 곳에서 평가한 보험목적물의 수량에 시장가격을 곱하여 산정한다.
② 가축에 대한 손해액 산정시 보험가입 당시 보험가입자와 재해보험사업자가 별도로 정한 방법은 고려하지 않는다.
③ 가축에 대한 보험가액 산정시 보험목적물에 대한 감가상각액을 고려해야 한다.
④ 가축에 대한 손해액은 보험사고가 발생한 때와 곳에서 폐사 등 피해를 입은 보험목적물의 수량에 적용가격을 곱하여 산정한다.

| 해설 |

- ④ 농업재해보험 손해평가요령 제14조 제2항
- ① 가축에 대한 보험가액은 보험사고가 발생한 때와 곳에서 평가한 보험목적물의 수량에 적용가격을 곱하여 산정한다(손해평가요령 제14조 제1항).
- ② 보험가입 당시 보험가입자와 재해보험사업자가 보험가액 및 손해액 산정방식을 별도로 정한 경우에는 그 방법에 따른다(손해평가요령 제14조 제3항 단서).
- ③ 가축에 대한 보험가액 산정시 보험목적물에 대한 감가상각액을 고려해야 한다는 규정은 없다. 감가상각액을 고려해야 하는 것은 '농업시설물에 대한 보험가액 산정'시이다(손해평가요령 제15조 제1항).

67 농업재해보험 손해평가요령상 가축 및 농업시설물의 보험가액 및 손해액 산정에 관한 설명으로 옳은 것은? 기출 제7회

① 가축에 대한 보험가액은 보험사고가 발생한 때와 곳에서 평가한 보험목적물의 수량에 적용가격을 곱한 후 감가상각액을 차감하여 산정한다.
② 보험가입 당시 보험가입자와 재해보험사업자가 가축에 대한 보험가액 및 손해액 산정방식을 별도로 정한 경우에는 그 방법에 따른다.
③ 농업시설물에 대한 보험가액은 보험사고가 발생한 때와 곳에서 평가한 재조달가액으로 한다.
④ 농업시설물에 대한 손해액은 보험사고가 발생한 때와 곳에서 산정한 피해목적물 수량에 적용가격을 곱하여 산정한다.

| 해설 |
② 농업재해보험 손해평가요령 제14조 제3항 단서
① 가축에 대한 보험가액은 보험사고가 발생한 때와 곳에서 평가한 보험목적물의 수량에 적용가격을 곱하여 산정한다(손해평가요령 제14조 제1항).
③ 농업시설물에 대한 보험가액은 보험사고가 발생한 때와 곳에서 평가한 피해목적물의 재조달가액에서 내용연수에 따른 감가상각률을 적용하여 계산한 감가상각액을 차감하여 산정한다(손해평가요령 제15조 제1항).
④ 농업시설물에 대한 손해액은 보험사고가 발생한 때와 곳에서 산정한 피해목적물의 원상복구비용을 말한다(손해평가요령 제15조 제2항).

68 농업재해보험 손해평가요령상 농업시설물의 보험가액 산정에 관한 설명이다. ( )에 들어갈 내용으로 옳은 것은? 기출 제5회

농업시설물에 대한 보험가액은 보험사고가 발생한 때와 곳에서 평가한 피해목적물의 ( )에서 내용연수에 따른 감가상각률을 적용하여 계산한 감가상각액을 차감하여 산정한다.

① 재조달가액
② 보험가입금액
③ 원상복구비용
④ 손해액

| 해설 |
농업시설물에 대한 보험가액은 보험사고가 발생한 때와 곳에서 평가한 피해목적물의 (**재조달가액**)에서 내용연수에 따른 감가상각률을 적용하여 계산한 감가상각액을 차감하여 산정한다(손해평가요령 제15조 제1항).

69 농업재해보험 손해평가요령에 관한 설명으로 옳은 것은? 기출 제9회

① 농림축산식품부장관은 요령에 대하여 매년 그 타당성을 검토하여 개선 등의 조치를 하여야 한다.
② 농업시설물에 대한 손해액은 보험사고가 발생한 때와 곳에서 산정한 피해목적물의 원상복구비용을 말한다.
③ 농업시설물에 대한 보험가액은 보험사고가 발생한 때와 곳에서 평가한 피해목적물의 재조달가액으로 한다.
④ 농림축산식품부장관은 요령의 효율적인 운용 및 시행을 위하여 필요한 세부적인 사항을 규정한 손해평가업무방법서를 작성하여야 한다.

| 해설 |
② 농업재해보험 손해평가요령 제15조 제2항
① 농림축산식품부장관은 이 고시에 대하여 2024년 1월 1일 기준으로 매 3년이 되는 시점(매 3년째의 12월 31일까지를 말한다)마다 그 타당성을 검토하여 개선 등의 조치를 하여야 한다(손해평가요령 제17조).
③ 농업시설물에 대한 보험가액은 보험사고가 발생한 때와 곳에서 평가한 피해목적물의 재조달가액에서 내용연수에 따른 감가상각률을 적용하여 계산한 감가상각액을 차감하여 산정한다(손해평가요령 제15조 제1항).
④ 재해보험사업자는 이 요령의 효율적인 운용 및 시행을 위하여 필요한 세부적인 사항을 규정한 손해평가업무방법서를 작성하여야 한다(손해평가요령 제16조).

70 농업재해보험 손해평가요령에 따른 농업시설물의 보험가액 및 손해액 산정과 관련하여 옳지 않은 것은? 기출 제1회

① 보험가액은 보험사고가 발생한 때와 곳에서 평가한다.
② 보험가액은 피해목적물의 재조달가액에서 내용연수에 따른 감가상각률을 적용하여 계산한 감가상각액을 차감하여 산정한다.
③ 손해액은 보험사고가 발생한 때와 곳에서 산정한 피해목적물의 원상복구비용을 말한다.
④ 보험가입 당시 보험가액 및 손해액 산정방식에 대해서는 보험가입자와 재해보험사업자가 별도로 정할 수 없다.

| 해설 |
보험가입 당시 보험가입자와 재해보험사업자가 보험가액 및 손해액 산정방식을 별도로 정한 경우에는 그 방법에 따른다(손해평가요령 제15조 제3항).
①・② 농업재해보험 손해평가요령 제15조 제1항
③ 농업재해보험 손해평가요령 제15조 제2항

정답 67 ② 68 ① 69 ② 70 ④

71

농업재해보험 손해평가요령상 "손해평가업무방법서" 및 "농업재해보험 손해평가요령의 재검토기한"에 관한 설명이다. (　)에 들어갈 내용을 순서대로 옳게 나열한 것은? [기출수정] 제6회

- (ㄱ)은(는) 이 요령의 효율적인 운용 및 시행을 위하여 필요한 세부적인 사항을 규정한 손해평가업무방법서를 작성하여야 한다.
- 농림축산식품부장관은 이 고시에 대하여 2024년 1월 1일 기준으로 매 (ㄴ)이 되는 시점마다 그 타당성을 검토하여 개선 등의 조치를 하여야 한다.

	ㄱ	ㄴ
①	손해평가반	2년
②	재해보험사업자	2년
③	손해평가반	3년
④	재해보험사업자	3년

| 해설 |

- 손해평가업무방법서(손해평가요령 제16조)
  (**재해보험사업자**)는 이 요령의 효율적인 운용 및 시행을 위하여 필요한 세부적인 사항을 규정한 손해평가업무방법서를 작성하여야 한다.
- 재검토기한(손해평가요령 제17조)
  농림축산식품부장관은 이 고시에 대하여 2024년 1월 1일 기준으로 매 (**3년**)이 되는 시점(매 3년째의 12월 31일까지를 말한다)마다 그 타당성을 검토하여 개선 등의 조치를 하여야 한다.

72

농업재해보험 손해평가요령의 재검토기한에 관한 규정이다. (　)에 공통으로 들어갈 숫자는? [기출] 제11회

농림축산식품부장관은 이 고시에 대하여 2024년 1월 1일 기준으로 매 (　)년이 되는 시점[매 (　)년째의 12월 31일까지를 말한다]마다 그 타당성을 검토하여 개선 등의 조치를 하여야 한다.

① 2　　　　　　　　　② 3
③ 4　　　　　　　　　④ 5

| 해설 |

재검토기한(손해평가요령 제17조)
농림축산식품부장관은 이 고시에 대하여 2024년 1월 1일 기준으로 매 (**3**)년이 되는 시점[매 (**3**)년째의 12월 31일까지를 말한다]마다 그 타당성을 검토하여 개선 등의 조치를 하여야 한다.

73 농업재해보험 손해평가요령상 종합위험방식의 과실손해보장 보험금 산정을 위한 피해율 계산식이 "고사결과모지수 ÷ 평년결과모지수"인 농작물은? 기출 제10회

① 오디
② 감귤
③ 무화과
④ 복분자

> |해설|
>
> **과실손해보장 복분자 품목의 보험금 산정(손해평가요령 별표 1)**
> 보험가입금액 × (피해율 − 자기부담비율)
> ※ 피해율 = 고사결과모지수 ÷ 평년결과모지수
>
> ① 오디 피해율 = (평년결실수 − 조사결실수 − 미보상감수결실수) ÷ 평년결실수
> ② 감귤(온주밀감류) 피해율 = (등급내 피해과실수 + 등급외 피해과실수 × 50%) ÷ 기준과실수 × (1 − 미보상비율)
> ③ 무화과
>   • 7월 31일 이전에 사고가 발생한 경우
>   피해율 = (평년수확량 − 수확량 − 미보상감수량) ÷ 평년수확량
>   • 8월 1일 이후에 사고가 발생한 경우
>   피해율 = (1 − 수확전 사고피해율) × 경과비율 × 결과지피해율

74 농업재해보험 손해평가요령상 종합위험방식의 과실손해보장 보험금 산정시 피해율로 옳지 않은 것은? 기출수정 제9회

① 감귤(온주밀감류) : (등급내 피해과실수 + 등급외 피해과실수 × 50%) ÷ 기준과실수 × (1 − 미보상비율)
② 복분자 : 고사결과모지수 ÷ 평년결과모지수
③ 오디 : (평년결실수 − 조사결실수 − 미보상감수결실수) ÷ 평년결실수
④ 7월 31일 이전에 사고가 발생한 무화과 : (1 − 수확전 사고피해율) × 경과비율 × 결과지피해율

> |해설|
>
> **과실손해보장 보험금 산정(무화과)**
>
> 보험가입금액 × (피해율 − 자기부담비율)
>
> • 피해율(7월 31일 이전에 사고가 발생한 경우)
>   (평년수확량 − 수확량 − 미보상감수량) ÷ 평년수확량
> • 피해율(8월 1일 이후에 사고가 발생한 경우)
>   (1 − 수확전 사고피해율) × 경과비율 × 결과지피해율

75 농업재해보험 손해평가요령에 따른 농작물의 보험금 산정에서 종합위험방식 "벼"의 보장 범위가 아닌 것은? 기출 제4회

① 생산비보장
② 수확불능보장
③ 이앙·직파불능보장
④ 경작불능보장

| 해설 |
종합위험방식 "벼"의 보장 범위는 수확불능보장, 이앙·직파불능보장, 재이앙·재직파불능보장, 경작불능보장이다.
생산비보장은 "브로콜리, 고추(시설 고추 제외), 배추·파·무·단호박·당근(시설 무 제외), 메밀, 시설작물"의 보장 범위에 해당한다(손해평가요령 별표 1).

76 적과전 종합위험방식 과실손해보장 중 "배"의 경우 다음 조건에 해당되는 보험금은?
기출수정 제1회

- 가입가격 : 1만원/kg
- 자기부담감수량 : 900kg
- 가입수확량 : 8,000kg
- 미보상감수량 : 0kg
- 적과종료 이후 누적감수량 : 4,000kg

① 3,100만원
② 3,200만원
③ 3,900만원
④ 4,000만원

| 해설 |
적과전 종합위험방식 "배" 상품의 보험금 산정(손해평가요령 별표 1)
- 보험금 = (적과종료 이후 누적감수량 − 자기부담감수량) × 가입가격
 = (4,000kg − 900kg) × 1만원/kg
 = 3,100만원

77 농업재해보험 손해평가요령상 종합위험방식 나무손해보장의 경우, 다음의 조건으로 산정한 보험금은?(단, 다른 사정은 고려하지 않음) 기출 제11회

- 보험가입금액 : 100만원
- 자기부담비율 : 20%
- 피해주수(고사된 나무) : 50그루
- 실제결과주수 : 100그루

① 10만원 ② 15만원
③ 20만원 ④ 30만원

| 해설 |

보험금 = 보험가입금액 × (피해율 − 자기부담비율)
※ 피해율 = 피해주수(고사된 나무) ÷ 실제결과주수

피해율 = 50그루 ÷ 100그루 = 0.5 = 50%
보험금 = 100만원 × (50% − 20%)
      = 30만원

78 농업재해보험 손해평가요령상 농작물의 보험금 산정기준에 따른 종합위험방식 수확감소보장 "양파"의 경우, 다음의 조건으로 산정한 보험금은? 기출 제3회

- 보험가입금액 : 1,000만원
- 자기부담비율 : 20%
- 가입수확량 : 10,000kg
- 평년수확량 : 20,000kg
- 수확량 : 5,000kg
- 미보상감수량 : 1,000kg

① 300만원 ② 400만원
③ 500만원 ④ 600만원

| 해설 |

종합위험방식 수확감소보장 보험금 산정(손해평가요령 별표 1)
보험금 = 보험가입금액 × (피해율 − 자기부담비율)
- 피해율 = (평년수확량 − 수확량 − 미보상감수량) ÷ 평년수확량
       = (20,000kg − 5,000kg − 1,000kg) ÷ 20,000kg = 0.7 = 70%
- 보험금 = 1,000만원 × (70% − 20%) = 500만원

79 농업재해보험 손해평가요령에 따른 종합위험방식 「과실손해보장」에서 "오디"의 경우 다음 조건으로 산정한 보험금은? 기출 제4회

- 보험가입금액 : 500만원
- 자기부담비율 : 20%
- 미보상감수결실수 : 20개
- 조사결실수 : 40개
- 평년결실수 : 200개

① 100만원　　　　　　　　　② 200만원
③ 250만원　　　　　　　　　④ 300만원

| 해설 |

피해율 = (평년결실수 − 조사결실수 − 미보상감수결실수) ÷ 평년결실수
　　　 = (200개 − 40개 − 20개) ÷ 200개 = 0.7 = 70%
보험금 = 보험가입금액 × (피해율 − 자기부담비율)
　　　 = 500만원 × (70% − 20%) = 250만원

80 농업재해보험 손해평가요령에 따른 적과전 종합위험방식 「과실손해보장」에서 "사과"의 경우 다음 조건으로 산정한 보험금은? 기출수정 제4회

- 가입가격 : 1만원/kg
- 자기부담감수량 : 1,100kg
- 기준수확량 : 20,000kg
- 미보상감수량 : 0kg
- 적과종료 이후 누적감수량 : 5,000kg

① 2,000만원　　　　　　　　② 3,900만원
③ 4,900만원　　　　　　　　④ 5,000만원

| 해설 |

보험금 = (적과종료 이후 누적감수량 − 자기부담감수량) × 가입가격
　　　 = (5,000kg − 1,100kg) × 1만원/kg = 3,900만원

81 농업재해보험 손해평가요령상 종합위험방식 수확감소보장에서 "벼"의 경우, 다음의 조건으로 산정한 보험금은? 기출수정 제7회

- 보험가입금액 : 100만원
- 자기부담비율 : 20%
- 평년수확량 : 1,000kg
- 수확량 : 500kg
- 미보상감수량 : 50kg

① 10만원
② 20만원
③ 25만원
④ 45만원

| 해설 |

- 보험금 = 보험가입금액 × (피해율 − 자기부담비율)
- 피해율 = (평년수확량 − 수확량 − 미보상감수량) ÷ 평년수확량
  = (1,000kg − 500kg − 50kg) ÷ 1,000kg
  = 0.45(= 45%)
- 보험금 = 100만원 × (45% − 20%) = 25만원

82 농업재해보험 손해평가요령상 종합위험방식 「이앙·직파불능보장」에서 "벼"의 경우, 보험가입금액이 1,000만원이고 보험가액이 1,500만원이라면 산정한 보험금은?(단, 다른 사정은 고려하지 않음) 기출 제8회, 제11회

① 100만원
② 150만원
③ 250만원
④ 375만원

| 해설 |

보험금 = 보험가입금액 × 15%
= 1,000만원 × 15% = 150만원

83 농업재해보험 손해평가요령상 특정위험방식 중 "인삼"의 경우, 다음의 조건으로 산정한 보험금은?

기출 제8회

- 보험가입금액 : 1,000만원
- 피해율 : 50%
- 보험가액 : 1,000만원
- 자기부담비율 : 20%

① 200만원
② 300만원
③ 500만원
④ 700만원

| 해설 |

보험금 = 보험가입금액 × (피해율 − 자기부담비율)
    = 1,000만원 × (50% − 20%) = 300만원

84 종합위험방식 중 "인삼 해가림시설"의 경우 다음 조건에 해당되는 보험금은? 기출 제2회

- 보험가입금액 : 800만원
- 손해액 : 500만원
- 보험가액 : 1,000만원
- 자기부담금 : 100만원

① 300만원
② 320만원
③ 350만원
④ 400만원

| 해설 |

보험가입금액이 보험가액보다 작을 때 보험금 산정식
보험금 = (손해액 − 자기부담금) × (보험가입금액 ÷ 보험가액)
    = (500만원 − 100만원) × (800만원 ÷ 1,000만원)
    = 320만원

85 농업재해보험 손해평가요령 "[별표 1] 농작물의 보험금 산정"의 일부이다. ( )에 들어갈 내용으로 옳은 것은? [기출] 제11회

구 분	보장 범위	산정내용	비 고
종합 위험 방식	과실 손해 추가 보장	보험가입금액 × ( ) × 10% 단, 손해액이 자기부담금을 초과하는 경우에 한함 ※ 피해율 = {(등급내 피해과실수 + 등급외 피해과실수 × 50%) ÷ 기준과실수} × (1 – 미보상비율)	감귤 (온주밀 감류)

① 결과지피해율
② 자기부담비율
③ 면적피해율
④ 주계약피해율

| 해설 |

농작물의 보험금 산정(손해평가요령 별표 1 참조)

구 분	보장 범위	산정내용	비 고
종합 위험 방식	과실 손해 추가 보장	보험가입금액 × **주계약피해율** × 10% 단, 손해액이 자기부담금을 초과하는 경우에 한함 ※ 피해율 = {(등급내 피해과실수 + 등급외 피해과실수 × 50%) ÷ 기준과실수} × (1 – 미보상비율)	감귤 (온주밀 감류)

※ 주계약피해율은 과실손해보장(보통약관)에서 산출한 피해율을 말한다.

86 농업재해보험 손해평가요령상 종합위험방식 상품의 조사내용 중 "착과수조사"에 해당되는 품목은?
[기출수정] 제8회

① 사과
② 감귤(온주밀감)
③ 자두
④ 단감

| 해설 |

착과수조사(손해평가요령 별표 2)
- 품목 : 포도, 복숭아, <u>자두</u>, 감귤(만감류)만 해당
- 조사시기 : 수확 직전
- 조사방법 : 해당 농지의 최초 품종 수확 직전 총 착과수를 조사하며, 피해와 관계없이 전 과수원을 조사한다(표본조사).

정답 83 ② 84 ② 85 ④ 86 ③

87 농업재해보험 손해평가요령에 따른 종합위험방식 상품의 조사내용 중 "재파종조사"에 해당되는 품목은? [기출] 제1회

① 양파   ② 감자
③ 마늘   ④ 콩

> **|해설|**
> **재파종조사(손해평가요령 별표 2 참조)**
> • 조사시기 : 사고접수 후 지체 없이
> • 조사방법 : 해당 농지에 보상하는 손해로 인하여 재파종이 필요한 면적 또는 면적비율을 조사
> • 품목 : 마늘만 해당

88 농업재해보험 손해평가요령에 따른 종합위험방식 상품의 조사내용 중 "재정식조사"에 해당되는 품목은? [기출] 제7회

① 벼   ② 콩
③ 양배추   ④ 양파

> **|해설|**
> 재정식조사는 해당 농지에 보상하는 손해로 인하여 재정식이 필요한 면적 또는 면적비율을 조사하며, <u>양배추 품목만 해당</u>한다(손해평가요령 별표 2 참조).

89 농업재해보험 손해평가요령에 따른 종합위험방식 상품 「수확전」 "복분자"에 해당하는 조사내용은? [기출] 제4회

① 결과모지수 및 수정불량조사
② 결실수조사
③ 피해과실수조사
④ 재파종 피해조사

> **|해설|**
> **결과모지수 및 수정불량조사(손해평가요령 별표 2)**
> • 품목 : 복분자만 해당
> • 조사시기 : 수정완료 후
> • 조사방법 : 살아있는 결과모지수조사 및 수정불량(송이) 피해율조사(표본조사)

90 농업재해보험 손해평가요령에 따른 적과전 종합위험방식 상품 "사과, 배, 단감, 떫은감"의 조사방법으로서 전수조사가 명시된 조사내용은? 기출수정 제4회

① 낙과피해조사
② 착과피해조사
③ 적과후 착과수조사
④ 피해사실확인조사

| 해설 |
낙과피해조사는 재해로 인하여 떨어진 피해과실수를 조사하며, 전수조사 또는 표본조사로 실시한다(손해평가요령 별표 2).
②·③·④ 표본조사

91 농업재해보험 손해평가요령상 종합위험방식 상품에서 조사내용으로 「수확전 사고조사」를 하는 품목은? 기출수정 제5회

① 복분자
② 오디
③ 감귤(온주밀감류)
④ 단감

| 해설 |
수확전 사고조사(손해평가요령 별표 2)
• 품목 : 감귤(온주밀감류)만 해당
• 조사시기 : 사고접수 후 지체 없이
• 조사방법 : 표본주의 과실을 구분(표본조사)

정답 87 ③ 88 ③ 89 ① 90 ① 91 ③

92 농업재해보험 손해평가요령상 적과전 종합위험방식 상품 중 「보험계약 체결일 ~ 적과전」 생육시기에 우박으로 인한 손해수량의 조사내용인 것은? [기출수정] 제5회

① 나무피해조사
② 피해사실확인조사
③ 낙엽피해조사
④ 수확량조사

| 해설 |

적과전 종합위험방식 상품의 재해별·시기별 손해수량 조사방법(손해평가요령 별표 2)

생육시기	재해	조사내용	조사시기	조사방법	비고
보험계약 체결일 ~ 적과전	보상하는 재해 전부	피해사실 확인조사	사고접수 후 지체 없이	보상하는 재해로 인한 피해발생 여부를 조사	피해사실이 명백한 경우 생략 가능
	우박		사고접수 후 지체 없이	• 우박으로 인한 유과(어린과실) 및 꽃(눈) 등의 타박비율을 조사 • 조사방법 : 표본조사	적과종료 이전 특정위험 5종 한정보장 특약 가입 건에 한함
6월 1일 ~ 적과전	태풍(강풍), 우박, 집중호우, 화재, 지진		사고접수 후 지체 없이	• 보상하는 재해로 발생한 낙엽피해 정도를 조사 ※ 단감·떫은감에 대해서만 실시 • 조사방법 : 표본조사	

93 농업재해보험 손해평가요령상 적과전 종합위험방식 상품(사과, 배, 단감, 떫은감)의 「6월 1일 ~ 적과전」 생육시기에 해당되는 재해가 아닌 것은?(단, 적과종료 이전 특정위험 5종 한정보장 특약 가입 건에 한함) [기출] 제1회, 제6회

① 일소   ② 화재
③ 지진   ④ 강풍

| 해설 |

적과전 종합위험방식 상품의 「6월 1일 ~ 적과전」 생육시기에 해당되는 재해(손해평가요령 별표 2)

생육시기	재해	조사내용	조사시기	조사방법	비고
6월 1일 ~ 적과전	태풍(강풍), 우박, 집중호우, 화재, 지진	피해사실 확인조사	사고접수 후 지체 없이	• 보상하는 재해로 발생한 낙엽피해 정도를 조사 ※ 단감·떫은감에 대해서만 실시 • 조사방법 : 표본조사	적과종료 이전 특정위험 5종 한정보장 특약 가입 건에 한함

94 농업재해보험 손해평가요령상 농작물의 품목별·재해별·시기별 손해수량 조사방법 중 적과전 종합위험방식 상품 "사과"에 관한 기술이다. ( )에 들어갈 내용으로 옳은 것은?

기출수정 제3회

생육시기	재 해	조사시기	조사내용
적과후~수확기종료	보상하는 재해	사고접수 후 지체 없이	( )

① 유과타박률조사
② 적과후 착과수조사
③ 낙과피해조사
④ 수확전 착과피해조사

| 해설 |

적과전 종합위험방식 상품 "사과"의 손해수량 조사방법

생육시기	재 해	조사내용	조사시기	조사방법
적과후~수확기종료	보상하는 재해	<u>낙과피해조사</u>	사고접수 후 지체 없이	재해로 인하여 떨어진 피해과실수를 조사 • 낙과피해조사는 보험약관에서 정한 과실피해분류기준에 따라 구분하여 조사 • 조사방법 : 전수조사 또는 표본조사

95 농업재해보험 손해평가요령상 농작물의 품목별·재해별·시기별 손해수량 조사방법 중 적과전 종합위험방식 "떫은감"에 관한 기술이다. ( )에 들어갈 내용은? 기출수정 제7회

생육시기	재 해	조사내용	조사시기	조사방법
적과후~수확기종료	가을동상해	(ㄱ)	(ㄴ)	• 달려있는 과실 중 재해로 인한 피해과실수 조사 -(ㄱ)는 보험약관에서 정한 과실피해분류기준에 따라 구분하여 조사 • 조사방법 : 표본조사

	ㄱ	ㄴ
①	피해사실확인조사	사고접수 후 지체 없이
②	피해사실확인조사	수확 직전
③	착과피해조사	사고접수 후 지체 없이
④	착과피해조사	수확 직전

| 해설 |

적과전 종합위험방식 "떫은감"의 품목별·재해별·시기별 손해수량 조사방법

생육시기	재 해	조사내용	조사시기	조사방법	품 목
적과후 ~ 수확기종료	가을동상해	(착과피해조사)	(수확 직전)	• 달려있는 과실 중 재해로 인한 피해과실수조사 - (착과피해조사)는 보험약관에서 정한 과실피해분류기준에 따라 구분하여 조사 • 조사방법 : 표본조사	단감· 떫은감

96 사과, 배 등 적과전 종합위험방식 상품이 「적과후~수확기종료」 보상하는 재해로 낙과피해를 입은 경우 조사방법으로 옳지 않은 것은?

① 낙과피해조사는 재해로 인하여 떨어진 피해과실수를 조사한다.
② 낙과피해조사는 사고접수 후 지체 없이 조사한다.
③ 낙과피해조사는 보험약관에서 정한 과실피해분류기준에 따라 구분하여 조사한다.
④ 단감·떫은감의 낙엽률조사는 전수조사 또는 표본조사로 한다.

| 해설 |
단감·떫은감의 낙엽률조사는 표본조사로 한다(손해평가요령 별표 2 참조).

97 농업재해보험 손해평가요령에 따른 손해수량 조사방법과 관련하여 적과전 종합위험방식 상품 "단감"의 「6월 1일~적과전」 생육시기에 해당되는 재해를 모두 고른 것은? 기출수정 제4회

```
ㄱ. 우박                    ㄴ. 지진
ㄷ. 가을동상해              ㄹ. 집중호우
```

① ㄱ, ㄴ
② ㄴ, ㄷ
③ ㄱ, ㄴ, ㄹ
④ ㄱ, ㄷ, ㄹ

| 해설 |

적과전 종합위험방식 상품 "단감"의 「6월 1일~적과전」 생육시기별 재해

생육시기	재 해
6월 1일~적과전	태풍(강풍), 우박, 집중호우, 화재, 지진

98 농업재해보험 손해평가요령상 종합위험방식 상품(농업수입보장 포함)의 「수확전」 생육시기에 "오디"의 과실손해조사 시기로 옳은 것은? 기출 제6회

① 결실완료 후
② 수정완료 후
③ 조사가능일
④ 사고접수 후 지체 없이

해설

종합위험방식 상품(농업수입보장 포함)의 과실손해조사(손해평가요령 별표 2 참조)

생육시기	재 해	조사내용	조사시기	조사방법	비 고
수확전	보상하는 재해 전부	과실 손해 조사	수정 완료 후	• 살아있는 결과모지수조사 및 수정불량 (송이) 피해율조사 • 조사방법 : 표본조사	복분자만 해당
			결실 완료 후	• 결실수조사 • 조사방법 : 표본조사	오디만 해당

99 농업재해보험 손해평가요령상 농작물의 품목별·재해별·시기별 손해수량 조사방법 중 종합위험방식 상품에 관한 표의 일부이다. ( )에 들어갈 내용은? 기출 제8회

생육시기	재 해	조사내용	조사시기	조사방법	비 고
수확 시작 후 ~ 수확종료	태풍(강풍), 우박	(ㄱ)	사고접수 후 지체 없이	전체 열매수(전체 개화수) 및 수확 가능 열매수조사 • 6월 1일 ~ 6월 20일 사고 건에 한함 • 조사방법 : 표본조사	(ㄴ)만 해당

	ㄱ	ㄴ
①	과실손해조사	복분자
②	과실손해조사	무화과
③	수확량조사	복분자
④	수확량조사	무화과

해설

농작물의 품목별·재해별·시기별 손해수량 조사방법(손해평가요령 별표 2)

생육시기	재 해	조사내용	조사시기	조사방법	비 고
수확 시작 후 ~ 수확종료	태풍(강풍), 우박	(과실손해 조사)	사고접수 후 지체 없이	전체 열매수(전체 개화수) 및 수확 가능 열매수조사 • 6월 1일 ~ 6월 20일 사고 건에 한함 • 조사방법 : 표본조사	(복분자)만 해당

100 농업재해보험 손해평가요령상 농작물의 품목별·재해별·시기별 손해수량 조사방법 중 종합위험방식 상품에 관한 표의 일부이다. (   )에 들어갈 농작물에 해당하지 않는 것은? 기출 제10회

생육시기	재 해	조사내용	조사시기	조사방법	비 고
수확전	보상하는 재해 전부	경작불능 조사	사고접수 후 지체 없이	해당 농지의 피해면적비율 또는 보험목적인 식물체 피해율조사	( )만 해당

② 수확감소보장·과실손해보장 및 농업수입보장

① 벼
② 밀
③ 차(茶)
④ 복분자

│해설│

수확감소보장·과실손해보장 및 농업수입보장(손해평가요령 별표 2)

생육시기	재 해	조사내용	조사시기	조사방법	비 고
수확전	보상하는 재해 전부	경작불능 조사	사고접수 후 지체 없이	해당 농지의 피해면적비율 또는 보험목적인 식물체 피해율조사	벼·밀, 밭작물 [차(茶) 제외], 복분자만 해당

101 농업재해보험 손해평가요령 "[별표 2] 농작물의 품목별·재해별·시기별 손해수량 조사방법"의 일부이다. (   )에 들어갈 내용으로 옳은 것은? 기출 제11회

2. 적과전 종합위험방식 상품(사과, 배, 단감, 떫은감)

생육시기	재 해	조사내용	조사시기	조사방법	비 고
적과후	–	적과후 착과수 조사	( )	보험가입금액의 결정 등을 위하여 해당 농지의 적과종료 후 총 착과수를 조사 • 조사방법 : 표본조사	피해와 관계없이 전 과수원 조사

① 적과종료 후
② 수확 직전
③ 사고접수 후 지체 없이
④ 피해 확인이 가능한 시기

| 해설 |

농작물의 품목별·재해별·시기별 손해수량 조사방법(손해평가요령 별표 2)
2. 적과전 종합위험방식 상품(사과, 배, 단감, 떫은감)

생육시기	재 해	조사내용	조사시기	조사방법	비 고
적과후	-	적과후 착과수 조사	(적과 종료 후)	보험가입금액의 결정 등을 위하여 해당 농지의 적과종료 후 총 착과수를 조사 • 조사방법 : 표본조사	피해와 관계없이 전 과수원 조사

102 농업재해보험 손해평가요령에 따른 손해수량 조사방법 중「적과후~수확기종료」생육시기에 태풍으로 인하여 발생한 낙엽피해에 대하여 낙엽피해 정도를 조사를 하는 과수 품목은?

기출수정 제2회

① 사과 ② 배
③ 감귤 ④ 단감

| 해설 |

「적과후~수확기종료」낙엽률조사(우박 및 일소 제외)
• 낙엽피해 정도를 조사
• 단감·떫은감에 대해서만 실시
• 조사방법 : 표본조사

103 특정위험방식 상품(인삼)의 경우 보험기간 내에 태풍(강풍)·폭설·집중호우·침수·화재·우박 등으로 피해를 입은 경우 조사방법으로 옳지 않은 것은?

① 조사내용은 수확량조사를 한다.
② 보상하는 재해로 인하여 감소된 수확량을 조사한다.
③ 조사시기는 사고접수 후이다.
④ 조사방법은 전수조사 또는 표본조사이다.

| 해설 |

조사시기는 피해 확인이 가능한 시기이다.

정답 100 ③ 101 ① 102 ④ 103 ③

104 농업재해보험 손해평가요령상 '농작물의 품목별·재해별·시기별 손해수량 조사방법' 중 '특정위험방식 상품(인삼)'에 관한 것으로 ( )에 들어갈 내용은? 기출 제9회

생육시기	재 해	조사내용	조사시기
보험기간	태풍(강풍)	수확량조사	( )

① 수확 직전
② 사고접수 후 지체 없이
③ 수확완료 후 보험종기 전
④ 피해 확인이 가능한 시기

| 해설 |

특정위험방식 상품(인삼)

생육시기	재 해	조사내용	조사시기	조사방법
보험기간	태풍(강풍)·폭설·집중호우·침수·화재·우박·냉해·폭염	수확량조사	(피해 확인이 가능한 시기)	• 보상하는 재해로 인하여 감소된 수확량조사 • 조사방법 : 전수조사 또는 표본조사

105 종합위험방식 수확감소보장 및 과실손해보장의 경우 조사내용 및 조사방법에 대한 설명으로 옳지 않은 것은?

① 피해사실확인조사 - 보상하는 재해로 인한 피해발생 여부를 조사
② 재이앙(재직파)조사 - 해당 농지에 보상하는 손해로 인하여 재이앙(재직파)이 필요한 면적 또는 면적비율을 조사
③ 경작불능조사 - 해당 농지의 피해면적비율 또는 보험목적인 식물체피해율을 조사
④ 과실손해조사 - 죽어있는 결과모지수조사 및 수정불량(송이) 피해율을 조사

| 해설 |

과실손해조사의 경우 살아있는 결과모지수조사 및 수정불량(송이) 피해율을 조사한다(손해평가요령 별표 2 참조).

106 농업재해보험 손해평가요령에 따른 종합위험방식 상품에서 "수확감소보장 및 과실손해보장"의 「수확전」 조사내용과 조사시기를 바르게 연결한 것은? [기출수정] 제4회

① 피해사실확인조사 – 결실완료 후
② 이앙(직파)불능피해조사 – 수정완료 후
③ 경작불능조사 – 사고접수 후 지체 없이
④ 재이앙(재직파)조사 – 이앙 한계일(7월 31일) 이후

| 해설 |
① 피해사실확인조사 – 사고접수 후 지체 없이
② 이앙(직파)불능피해조사 – 이앙 한계일(7월 31일) 이후
④ 재이앙(재직파)조사 – 사고접수 후 지체 없이

107 적과전 종합위험방식 상품의 재해별 조사방법으로 옳지 않은 것은?

① 보험기간내 보상하는 재해의 경우 피해사실확인조사는 보상하는 재해로 인한 피해발생 여부를 조사한다.
② 「적과후~수확기종료」 생육시기에 태풍(강풍)·집중호우의 경우 낙과피해조사는 재해로 인하여 떨어진 피해과실수를 조사하며, 조사방법은 전수조사 또는 표본조사이다.
③ 「적과후~수확기종료」 생육시기에 태풍(강풍)·집중호우의 경우 낙엽률조사는 낙엽피해정도를 조사하며, 조사방법은 전수조사 또는 표본조사이다.
④ 「적과후~수확기종료」 생육시기에 우박의 경우 착과피해조사는 달려있는 과실 중 재해로 인한 피해과실수를 조사한다.

| 해설 |
③ 전수조사 또는 표본조사(×) → **표본조사**(○)

108 농업재해보험 손해평가요령상 농작물의 품목별·재해별·시기별 손해수량 조사방법 중 종합위험방식 상품인 "벼"에만 해당하는 조사내용으로 옳은 것은? [기출수정] 제3회

① 피해사실확인조사
② 재이앙(재직파)조사
③ 경작불능조사
④ 수확량조사

| 해설 |

재이앙(재직파)조사
- **품목** : 종합위험방식 상품인 "벼"에만 해당
- **조사시기** : 사고접수 후 지체 없이
- **조사방법** : 해당 농지에 보상하는 손해로 인하여 재이앙(재직파)이 필요한 면적 또는 면적비율을 조사

109 가축의 보험가액 및 손해액 산정에 대한 설명으로 옳지 않은 것은?

① 가축에 대한 보험가액은 보험사고가 발생하기 전 재해보험사업자가 평가한 보험목적물의 수량에 적용가격을 곱하여 산정한다.
② 가축에 대한 손해액은 보험사고가 발생한 때와 곳에서 폐사 등 피해를 입은 보험목적물의 수량에 적용가격을 곱하여 산정한다.
③ 적용가격은 보험사고가 발생한 때와 곳에서의 시장가격 등을 감안하여 보험약관에서 정한 방법에 따라 산정한다.
④ 보험가입 당시 보험가입자와 재해보험사업자가 보험가액 및 손해액 산정 방식을 별도로 정한 경우에는 그 방법에 따른다.

| 해설 |

가축에 대한 보험가액은 <u>보험사고가 발생한 때와 곳에서 평가한</u> 보험목적물의 수량에 적용가격을 곱하여 산정한다(손해평가요령 제14조 제1항).

110 농업재해보험 손해평가요령상 가축의 보험가액 및 손해액 산정에 관한 설명이다. (   )에 들어갈 내용으로 옳은 것은? 기출 제10회

- 가축에 대한 보험가액은 보험사고가 발생한 때와 곳에서 평가한 보험목적물의 수량에 (ㄱ)을 곱하여 산정한다.
- 가축에 대한 손해액은 보험사고가 발생한 때와 곳에서 폐사 등 피해를 입은 보험목적물의 수량에 (ㄴ)을 곱하여 산정한다.

① ㄱ : 시장가격, ㄴ : 시장가격
② ㄱ : 시장가격, ㄴ : 적용가격
③ ㄱ : 적용가격, ㄴ : 시장가격
④ ㄱ : 적용가격, ㄴ : 적용가격

|해설|

가축의 보험가액 및 손해액 산정(손해평가요령 제14조 제1항, 제2항)
- 가축에 대한 보험가액은 보험사고가 발생한 때와 곳에서 평가한 보험목적물의 수량에 (**적용가격**)을 곱하여 산정한다.
- 가축에 대한 손해액은 보험사고가 발생한 때와 곳에서 폐사 등 피해를 입은 보험목적물의 수량에 (**적용가격**)을 곱하여 산정한다.

111 농업재해보험 손해평가요령상 농업시설물의 보험가액 및 손해액 산정에 관한 설명이다. ( )에 들어갈 내용은? 기출 제8회

- 농업시설물에 대한 보험가액은 보험사고가 발생한 때와 곳에서 평가한 피해목적물의 (ㄱ)에서 내용연수에 따른 감가상각률을 적용하여 계산한 감가상각액을 (ㄴ)하여 산정한다.
- 농업시설물에 대한 손해액은 보험사고가 발생한 때와 곳에서 산정한 피해목적물의 (ㄷ)을 말한다.

	ㄱ	ㄴ	ㄷ
①	시장가격	곱	시장가격
②	시장가격	차감	원상복구비용
③	재조달가액	곱	시장가격
④	재조달가액	차감	원상복구비용

|해설|

농업시설물의 보험가액 및 손해액 산정(손해평가요령 제15조 제1항, 제2항)
- 농업시설물에 대한 보험가액은 보험사고가 발생한 때와 곳에서 평가한 피해목적물의 (**재조달가액**)에서 내용연수에 따른 감가상각률을 적용하여 계산한 감가상각액을 (**차감**)하여 산정한다.
- 농업시설물에 대한 손해액은 보험사고가 발생한 때와 곳에서 산정한 피해목적물의 (**원상복구비용**)을 말한다.

112 농업재해보험 손해평가요령상 농업시설물의 손해액 산정에 관한 설명이다. ( )에 들어갈 내용으로 옳은 것은? 기출 제10회

보험가입 당시 보험가입자와 재해보험사업자가 손해액 산정 방식을 별도로 정한 경우를 제외하고는, 농업시설물에 대한 손해액은 보험사고가 발생한 때와 곳에서 산정한 피해목적물의 (   )을 말한다.

① 감가상각액
② 재조달가액
③ 보험가입금액
④ 원상복구비용

정답 109 ① 110 ④ 111 ④ 112 ④

| 해설 |··

농업시설물의 손해액 산정(손해평가요령 제15조 제2항, 제3항)
보험가입 당시 보험가입자와 재해보험사업자가 손해액 산정 방식을 별도로 정한 경우를 제외하고는, 농업시설물에 대한 손해액은 보험사고가 발생한 때와 곳에서 산정한 피해목적물의 (**원상복구비용**)을 말한다.

113 재해보험에서 보상하는 재해의 범위 중 보험목적물 "벼"에서 보상하는 병충해가 아닌 것은?

기출 제1회

① 흰잎마름병 ② 잎집무늬마름병
③ 줄무늬잎마름병 ④ 벼멸구

| 해설 |··

농업재해보험의 보험목적물별 보상하는 병충해 및 질병규정 제2조(별표 참조)

보험종류	보험목적물	구 분	보상하는 재해의 범위
농작물재해보험	벼	병해	흰잎마름병, 줄무늬잎마름병, 도열병, 깨씨무늬병, 세균성벼알마름병
		충해	벼멸구, 먹노린재

114 농업재해보험 손해평가요령상 손해평가인의 위반행위 중 1차 위반행위에 대한 개별 처분기준의 종류가 다른 것은? 기출 제6회

① 고의로 진실을 숨기거나 거짓으로 손해평가를 한 경우
② 검증조사 결과 부당·부실 손해평가로 확인된 경우
③ 현장조사 없이 보험금 산정을 위해 손해평가행위를 한 경우
④ 정당한 사유 없이 손해평가반 구성을 거부하는 경우

| 해설 |··

개별 처분기준(손해평가요령 별표 3 참조)

위반행위	처분기준		
	1차	2차	3차
검증조사 결과 부당·부실 손해평가로 확인된 경우	경고	업무정지 3개월	위촉해지
고의로 진실을 숨기거나 거짓으로 손해평가를 한 경우	위촉해지	–	–
현장조사 없이 보험금 산정을 위해 손해평가행위를 한 경우	위촉해지	–	–
정당한 사유 없이 손해평가반 구성을 거부하는 경우	위촉해지	–	–

74.9%

*2025년 손해평가사 1차 합격률

CBT 모의고사로 최종 합격 점검!

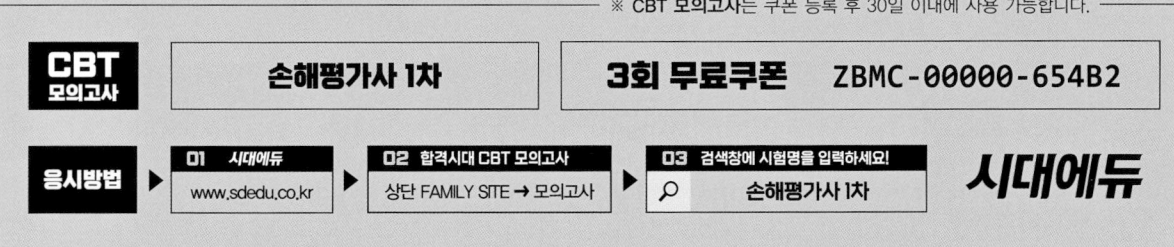

손해평가사
대표브랜드
시대에듀

 11년 연속 손해평가사 부문 누적판매량 1위
손해평가사 시리즈, 11년간 9만부 판매

■ 최신 개정법령 완벽 반영
■ 11개년 기출 키워드로 출제경향 파악
■ 11개년 주요 기출문제 단원별 수록
■ 출제가능성이 높은 적중예상문제

2026

편저 정경철·김원철 外 손해평가연구회

CBT 모의고사
3회 무료쿠폰 제공

11년 연속 손해평가사 부문 누적판매량 1위

손해평가사 1차
한권으로 끝내기
농학개론 중 재배학 및 원예작물학

▶ 온라인 동영상 강의

시대에듀

 **합격생 후기 언급량 1위**
수험생들이 가장 많이 검색한 시대에듀

전과목 전강좌 0원

전 교수진 최신 강의 — 100% 무료

지금 바로 1위 강의 100% 무료 수강하기 GO »

*노무사 합격 후기 / 수강 후기 게시판 김희향 언급량 기준
*네이버 DataLab 검색어 트렌드 조회 결과(주제어: 업체명+법무사 / 3개 업체 비교 / 2016.05.~2025.05.)

손해평가사 1차
한권으로 끝내기
농학개론 중 재배학 및 원예작물학

시대에듀

이 책의 차례 CONTENTS

농학개론 중 재배학 및 원예작물학

CHAPTER 01 재배의 기원과 현황

01 재배작물의 기원과 발달	003
02 작물의 분류	011
03 재배의 현황	016
적중예상문제	019

CHAPTER 02 재배환경

01 토 양	032
02 수 분	059
03 온 도	065
04 광(光)	068
05 공기와 바람	074
06 상적 발육과 환경	077
적중예상문제	090

CHAPTER 03 각종 재해

01 저온장해 및 고온장해	137
02 습해, 수해 및 가뭄해	143
03 동해 및 상해	149
04 도복 및 풍해	153
05 우박 및 기타 재해	157
적중예상문제	161

CHAPTER 04 재배기술

01 작부체계	194
02 종자와 육묘	203
03 정지·파종 및 이식	218
04 영양번식	228
05 재배관리	235
06 병해충관리	254
적중예상문제	264

CHAPTER 05 원예작물

01 원예작물 일반	324
02 채소재배 및 관리	335
03 과수재배 및 관리	350
04 화훼재배 및 관리	374
적중예상문제	387

CHAPTER 06 농업시설

01 시설구조 및 설계	438
02 시설자재의 특성	445
03 시설관리	452
04 양액재배	458
적중예상문제	465

농학개론 중
재배학 및 원예작물학

CHAPTER 01 　재배의 기원과 현황

CHAPTER 02 　재배환경

CHAPTER 03 　각종 재해

CHAPTER 04 　재배기술

CHAPTER 05 　원예작물

CHAPTER 06 　농업시설

✓ 최근 11개년(2015~2025) 기출 키워드 분석

구 분	기출 키워드	
CHAPTER 01 재배의 기원과 현황	• 용도에 따른 작물의 분류 • 식용부위에 따른 채소의 분류	• 구조적 특징에 따른 과실의 분류 • 조미채소류, 엽경채류
CHAPTER 02 재배환경	• 토양 환경, 토양의 일반적인 특성 • 토양수분(pF값), 요수량, 토양수분 스트레스 • 재배지의 산성화 및 산성토양에 약한 작물 • 광보상점, 광포화점, 광합성량 • 작물의 생장에 영향을 주는 광질 • 춘화(버널리제이션), 이춘화, 휴지, 경화, 좌지 • 강풍이 작물에 미치는 영향 • 작물의 생육적온, 유효온도, 생육가능온도 • 토양침식 방지 재배법 • 칼슘결핍으로 나타나는 증상	• 토양의 입단파괴 요인 • 토양에 석회를 사용하는 목적 • 식물체내 물의 기능(역할) • 벼와 옥수수의 광합성 비교, 광합성의 주원료 • 작물의 일장형(장일식물, 단일식물, 중성식물) • 작물 외관의 착색, 하고(夏枯)현상 • 배토, 멀칭, 중경, 복토 • C3 작물, C4 작물 • 내한성(耐寒性) 작물, 내건성 작물, 호냉성 작물 • 작물 피해를 발생시키는 대기오염 물질
CHAPTER 03 각종 재해	• 우리나라의 우박피해, 과수의 우박피해 • 습해의 방지대책 • 염해(salt stress) • 과수원의 태풍피해 대책 • 일소현상, 고온장해, 저온장해, 풍해 • 벼 재배시 풍수해의 예방 및 경감대책 • 일조(日照) 부족 현상, 블라인드(blind) 현상	• 수분부족 환경, 수분과잉 장해 • 장해형 냉해, 병해형 냉해, 지연형 냉해 • 가뭄피해(한해)의 대책 • 과수작물의 동해 및 상해(서리피해) • 요수량(要水量)이 가장 높은 작물 • 저온장해가 발생하는 채소 • 도복피해 경감대책
CHAPTER 04 재배기술	• 작물 재배에 있어서 질소(N)의 작용 • 식물의 필수원소, 전형성능(totipotency) • 영양번식(무성번식), 종자번식, 조직배양 • 점적관수, 고랑관수, 분수관수, 저면관수 • 미국선녀벌레 • 벼의 재배양식(조기재배, 만식재배) • 화훼작물의 분류 • 접목재배로 방제할 수 있는 병해 • 이식재배의 효과, 염류집적 • 저장성을 향상시키기 위한 저장 전 처리 • 질소질 비료(유기태 질소, 무기태 질소) • 취목번식방법(선취법, 성토법, 당목취법, 고취법) • 과수의 가지 관리방법(순지르기, 가지유인, 가지비틀기)	• 자식성 식물과 타식성 식물 • 병해충종합관리(IPM) • 세균에 의한 병, 전염성 병해 • 작물의 병해충 방제법(화학적 방제, 물리적 방제) • 과수의 병(배화상병, 사과탄저병), 진균에 의한 병 • 파종방법(조파, 산파, 점파, 적파) • 작물의 번식방법(접목, 삽목, 취목, 분주) • 수발아, 출수, 맹아, 최아 • 과실의 수확 적기를 판정하는 항목 • 작휴법(성휴법, 휴립구파법, 휴립휴파법, 평휴법)
CHAPTER 05 원예작물	• 새싹채소 • 과수의 생육 특성 • 휴면타파 처리방법 • 과수원 토양관리 방법(초생법) • 과실의 성숙과 저장 • 과수작물의 생리장해 • 과채류의 결실 조절방법 • 광중단(암기중단) 현상 • 로제트(rosette) 현상 • 절화의 수명연장방법	• 과수의 엽면시비 • 사과 모양과 온도와의 관계 • 탄질비(C/N ratio) 및 엽과비(leaf/fruit ratio) • 식물호르몬(옥신, 지베렐린, 에틸렌)의 작용 • 호흡급등형 과실, 호흡비급등형 과실 • 과수재배시 봉지씌우기의 목적 • 토마토의 생리장해 • 과수 및 화훼재배에 이용되는 생장조절물질 • 절화의 수확 및 관리 • 종자춘화형 및 녹식물춘화형
CHAPTER 06 농업시설	• 작물의 육묘관리, 육묘의 필요성 • 수경재배(무토양재배), 고설재배 • 시설재배용 피복재의 조건 • 유리온실의 규격(동고, 간고, 측고) • 시설원예의 자재(피복자재, 골격자재), 무적필름 • 온실형의 종류(벤로형) • 시설재배에 사용되는 기화냉방법 • 시설원예용 고압나트륨등	• 플러그육묘, 육묘용 상토 • 담액수경, 박막수경(NFT), 암면경, 펄라이트경 • 시설 내의 환경 특이성

CHAPTER 01 재배의 기원과 현황

학습목표
❶ 작물 및 재배의 개념, 작물의 일반적인 분류에 대해 학습한다.
❷ 작물의 생태학적 분류와 원예작물의 분류에 대해 학습한다.

01 재배작물의 기원과 발달

1 작물과 재배의 개념

(1) 농업의 정의
농산물을 재배하거나 가축을 사육하여 인간에게 유용한 물질을 합리적·경제적으로 생산하는 산업, 즉 농가의 생업을 말한다.

(2) 작물의 개념
① 작물은 식물 중에서 사람이 식량이나 생활에 필요한 자재로서 이용할 가치가 있는 것, 즉 "인간이 이용할 목적으로 재배하는 식물"을 말한다.
② 작물은 "이용성과 경제성이 높아서 사람의 재배 대상이 되어 있는 식물"이라고 정의할 수 있으며, 경작식물 또는 재배식물이라고도 한다.

(3) 재배의 개념
재배란 "사람이 일정한 목적을 가지고 경지를 이용하여 작물을 기르고 수확을 올리는 경제적인 영위 활동"이라고 할 수 있다.
① 작물을 보다 많이 생산하기 위해서 심어서 수확하기까지 알맞은 환경을 만들어 보호하고 관리해 주는 일
② 논밭을 갈거나 잡초를 뽑아 주고 병충해를 막아 주는 일
③ 수확하는 일

(4) 작물을 재배하는 목적

① 작물을 재배하는 목적은 주로 <u>식량을 생산하는 것</u>이며, 인간의 생활을 풍요롭게 만드는 여러 가지 재료들을 생산하는 것이다.

② 작물을 재배하는 사람은 그 생산물을 통하여 <u>수익을 높이는 것</u>이 주된 목적이다. 소득을 높이려면 수량과 단가를 크게 하여 수익을 높이고 생산비를 절감해야 한다. 작물수량은 <u>유전성·환경조건·재배기술</u>을 3요소로 하는 삼각형의 면적으로 표시할 수 있다.

2 재배의 기원과 발달

(1) 재배의 기원

① 원시시대의 생활변천
 ㉠ 수렵 및 자연식물의 뿌리·잎·종자·과실 등을 채취하여 생활하였다.
 ㉡ 들짐승이나 들새를 길들여 사육하는 원시축산이 시작되었다.
 ㉢ 가축의 떼를 몰고 먹이를 찾아서 유랑하는 유목이 시작되었다.
 ㉣ 원시축산과 자연식물의 이용만으로는 생활에 부족을 느끼게 되면서 자연식물 중에서 이용가치가 높은 것을 옮겨다 심거나, 씨를 뿌려서 가꾸는 원시농경이 시작되었다.

② 농경의 발상지
 ㉠ <u>큰 강의 유역</u> : 중국의 황하나 양자강 유역, 메소포타미아의 유프라테스강 유역 및 이집트의 나일강 유역 등에서 발생하였다.
 ㉡ <u>산간부</u> : 멕시코의 농업은 산간부로부터 시작하여 점차 평야부로 전파되었다.
 ㉢ <u>해안지대</u> : 북부유럽의 일부 해안지대와 일본의 해안지대를 원시농경의 발상지로 추정하였다.

> **심화TIP** **원시적 재배기술**
>
> - 마음에 드는 작물의 종자를 채취해서 저장한다.
> - 토지에 이미 발생하고 있는 다른 식생을 파괴한다.
> - 토지를 교반하여 파종상을 만든다.
> - 과거의 경험을 참작하여 알맞은 계절과 날씨에 파종한다.
> - 잡초를 제거한다.
> - 자연재해, 동물·곤충 또는 병으로부터 작물을 보호한다.
> - 생산물을 수확·조제·저장한다.

(2) 재배의 발달

① 토지이용 기술의 발달

> 자연토지 → 화전농업 → 휴한농업(이포식, 삼포식) → 중경농업 → 집약농업(이어짓기, 돌려짓기)

② 농기구・기계, 시설과 노동력 이용의 발달
- ㉠ 석기시대 : 석제농기구, 인력
- ㉡ 청동기시대 : 청동농기구, 인력
- ㉢ 철기시대 : 철제농기구, 축력
- ㉣ 철기시대 이후 : 철제농기구, 동력기계
- ㉤ 현대 : 동력기계, 금속, 비금속시설자재, 자동화 기계・시설

③ 비료 및 농약의 발달
- ㉠ 비료의 발달 : 비료 없음 → 천연비료 → 화학비료/인공비료 → 완효성・지효성 비료 → 유기농업, 자연농업, 환경농업, 지력증대
- ㉡ 농약의 발달 : 농약 없음 → 천연농약 → 화학농약 → 고효율・저독성 농약 → 생물농약, 종합방제, 유기농업, 자연농업, 환경농업

④ 육종의 발달

> 품종 없음/우수개체 → 품종성립/선발육종 → 교잡육종/돌연변이/배수체 → 속간교배/신종육성 → 유전자조작/복제생물

(3) 우리나라의 재배기원 및 발달

① 신석기시대 : 유목을 거치지 않고 농경을 시작하였다.

② 삼한시대
- ㉠ 보리・기장・피・콩・참깨 등을 재배하였다.
- ㉡ 삼국지 위지 동이전 : 누에를 길러 명주 짜는 법을 기록하였다.

③ 백제 : 오곡, 채소, 벼, 삼, 뽕나무, 약용작물 재배, 양조법, 양축법, 직조법 등이 발달하였다.

④ 신라 : 오곡・벼・뽕나무 재배, 목축・농경에 축력을 이용하였다(소지왕 – 우경 실시).

⑤ 통일신라 : 식용, 섬유, 유료, 약료작물, 관상수목까지 재배하였다.

⑥ 고려 : 목화 종자 도입, 닥나무・유자나무, 배・밤・대추나무 등을 재배하였다.

⑦ 조선시대 : 품종분화가 이루어졌다.
- ㉠ 고구마 : 영조 때 유래
- ㉡ 감자 : 순조 때 유래

3. 작물의 기원

(1) 작물의 원형식물

① 야생종(또는 원종)
어떤 작물의 야생하는 원형식물을 그 작물의 야생종 또는 원종이라고도 한다.
예 '조'의 야생종 – 강아지풀, '콩'의 야생종 – 돌콩

② 작물의 식물적 기원
작물의 재배종이 야생 원형식물로부터 변이·발달해온 과정을 작물의 식물적 기원이라 한다.

(2) 작물의 원산지

어느 작물이 최초에 발상하였던 지역을 그 작물의 원산지라고 하며, 원산지로부터 점차 다른 지역에 전파되어 간 과정을 지리적 기원이라고 한다.

① 아시아 남부(또는 중앙아시아)
  ㉠ 지역 : 인도 서북부·아프가니스탄 남부·캐시미르·보하라 산지·이란·소아시아·트랜스코카시아
  ㉡ 작물 : 밀·호밀·소립아마·소립완두·렌즈콩·강낭콩·몇 가지 채소(마늘·양파·시금치 등)·석류·사과·배·올리브·개자리·아시아면

② 아시아 동남부
  ㉠ 지역 : 중국 산간부·일본·네팔 및 그 주변
  ㉡ 작물 : 귀리·쌀보리·메밀·콩·인도면·감·복숭아

③ 지중해 연안
  ㉠ 지역 : 북부아프리카·팔레스타인·시리아·그리스·스페인·이탈리아·소아시아 서남부
  ㉡ 작물 : 밀·귀리·대립아마·대립완두·강낭콩·렌즈콩·순무·아스파라거스·양배추·무화과

④ 열대 아메리카 고지
  ㉠ 지역 : 멕시코·페루·콜롬비아·과테말라
  ㉡ 작물 : 옥수수·담배·감자·해바라기·토마토

⑤ 아프리카 북부 산악지대
  ㉠ 지역 : 에티오피아·에스트리아
  ㉡ 작물 : 보리·귀리의 1종·알에 색이 있는 밀·완두·채소

⑥ 필리핀군도 부근 : 작물 – 벼·율무

(3) 식물의 지리적 분류
세계 각지의 식물분포를 6구역의 식물구계(植物區系)로 구분할 수 있다.

① 전북구계(全北區系)
열대를 제외한 북반구의 대부분을 포함한다. 대표 종에는 소나무·버드나무·밤나무·벚나무·단풍나무·백합 등이 있다.

② 구열대구계(舊熱帶區系)
유럽·아시아·아프리카의 열대지역 및 하와이 부근의 남태평양지역을 포함한다. 대표 종은 바나나·야자나무·쌍잎감 등이 있다.

③ 신열대구계(新熱帶區系)
멕시코 이남의 아메리카대륙을 포함하며, 파타고니아지역은 제외한다. 대표 종은 선인장·큰가시연·파인애플·칸나·용설란 등이 있다.

④ 오스트레일리아구계
오스트레일리아와 태즈메이니아섬을 포함하는 지역이다. 대표 종은 아까시나무·유칼리·뱅크시어 등이 있다.

⑤ 케이프구계
아프리카 남단의 매우 좁은 범위이지만, 아프리카대륙의 다른 지역과는 상이한 특징적인 식물군(flora)을 가진다. 대표 종은 에리카·알로에·사철채송화 등이 있다.

⑥ 남극구계(南極區系)
남아메리카대륙의 남단, 남온대태평양·남인도양의 섬, 뉴질랜드, 남극대륙을 포함하는 지역이다. 대표 종은 남극너도밤나무이다.

4 작물의 분화 과정

(1) 작물의 분화와 진화
작물이 원래의 것과 다른 여러 갈래의 것으로 갈라지는 현상을 '작물의 분화'라고 하며, 그 결과 점차로 더욱 높은 단계로 발달해 가는 현상을 '작물의 진화'라고 한다.

(2) 작물의 분화 과정
① 유전적 변이
자연분화의 첫 과정은 자연교잡과 돌연변이에 의해 현재의 종과 다른 유전형이 생기는 유전적 변이의 발생이다.

② 도태와 적응
새로 생긴 유전형 중에서 환경이나 생존경쟁에 견디지 못하는 종은 도태되고, 견디어 내는 것만이 남아서 적응하게 된다.

③ 순 화
　㉠ 적응한 종들이 어떤 생태조건에서 오래 생육하게 되면 그 생태조건에 더욱 잘 적응하게 되는데, 이것을 '순화'라고 한다.
　㉡ 여러 가지 유전형들이 여러 가지 생태조건에서 적응·순화해 가는 과정에서 다양한 적응형들을 만들면서 분화하게 된다.
④ 고 립
　분화의 마지막 과정은 성립된 적응형들이 유전적인 안전 상태를 유지하는 것이다.
　㉠ 지리적 고립 : 지리적으로 서로 떨어져 있어 유전적 교섭이 일어나지 않는 것
　㉡ 생리적 고립 : 생리적 차이, 즉 개화시기의 차이, 교잡불능 등으로 유전적 교섭이 일어나지 않는 것
　㉢ 인위적 고립 : 유전적 순수성 유지를 위하여 인위적으로 다른 유전형과의 교섭을 방지하는 것

> **심화TIP 작물의 분화 과정**
>
> 유전적 변이의 발생 → 도태와 적응 → 순화 → 지리적·생리적 고립

5 작부체계의 변천 과정

(1) 발달과정

대전법 → 휴한농법 → 삼포식 농법 → 개량삼포식 농법 → 자유경작 → 답전윤환식

※ 작부방식의 중요한 변천 목적 : 지력 유지

① 대전법
　㉠ 유목시대 초기농경, 파종 후 유목, 수확기에 돌아와 수확한다.
　㉡ 화전(이동경작) : 유목, 약탈농업처럼 지력이 척박해질 때 주로 경작한다.
② 휴한농법
　㉠ 삼포식 농법 : 전체의 1/3을 휴한하며 경작한다.
　㉡ 윤경(정착농업) : 경작 화전을 몇 해 묵힌 후 다시 불을 놓고 경작한다.
③ 개량삼포식 농법
　㉠ 지력유지와 사료공급(콩과작물의 순환농법)
　㉡ 휴한경지에 클로버, 알팔파 등을 심어 지력을 증진한다.

④ 자유경작
    ㉠ 비료, 농약이 발달함에 따라 수익성이 높은 작물을 자유로이 재배한다.
    ㉡ 도시근교에서 실시한다.
⑤ 답전윤환식
    ㉠ 벼가 재배되지 않는 기간에 맥류나 감자 등을 재배한다.
    ㉡ 저온작물을 재배한다.

(2) 재배(농업) 형식 : 소경, 식경, 곡경, 포경, 원경
① 소경(疏耕)
    ㉠ 약탈농업에 가까운 원시적 재배형식이다.
    ㉡ 파종 후 비배관리 등을 별로 하지 않고 수확하며, 농지가 척박해지면 이동하며 재배하는 형식이다.
② 식경(殖耕)
    ㉠ 식민지 또는 미개지에서의 기업적 농업 형태로 가격변동에 극히 예민하다.
    ㉡ 넓은 토지에 한 작물만을 경작하는 농업 형태로 주로 커피, 고무나무, 담배, 차, 사탕수수 등을 재배한다.
③ 곡경(穀耕)
    ㉠ 광대한 면적에서 곡류(밀, 벼, 옥수수 등) 위주로 재배하는 형식이다.
    ㉡ 기계화를 통한 대규모 곡물을 생산하는 재배형태이다.
④ 포경(圃耕)
    ㉠ 식량작물과 사료작물을 서로 균형 있게 재배하는 형식이다.
    ㉡ 사료작물로 콩과작물을 경작하여 지력 유지가 가능하다.
⑤ 원경(園耕)
    ㉠ 원예적 농경으로, 가장 집약적인 재배형식이다.
    ㉡ 보온육묘, 보온재배, 관개, 시비 등이 발달되어 있는 형태이다.
    ㉢ 도시근교에서 근교농업으로 원예작물의 재배형태이다.

6 작물의 다양성과 유연관계

(1) 작물의 다양성
작물의 분화과정은 계통발생적인 관계를 가지게 되므로 자연히 유연관계(類緣關係)가 있는 다양성을 보이게 된다. 이것을 계통적으로 정리하면 작물의 식물적 기원을 이해할 수 있다.

(2) 작물의 유연관계 탐구방법
① 교잡에 의한 방법
　서로 다른 식물 사이에 교잡을 할 경우 유연이 먼 경우일수록 잡종종자가 생기기 힘들고, 또한 생기더라도 잡종의 임성(稔性, 생식기능)이 낮다는 사실에 입각한 연구 방법이다.

② 염색체에 의한 방법
　㉠ 식물종은 일정한 수와 모양의 염색체를 가지고 있다. 염색체의 수가 같더라도 그 모양의 차이에 따라서 유연관계를 판단할 수 있다.
　㉡ 염색체 수에 있어서 같은 종의 염색체들이 집단적으로 배가되거나 다른 종의 염색체들이 집단적으로 부가되므로 염색체 수의 계통적인 배수관계를 구명하면 서로의 유연관계를 판정할 수 있다.

③ 면역학적 방법
　㉠ 식물의 종자가 함유하고 있는 단백질의 성질을 검정하여 유연관계를 판단한다.
　㉡ 종자가 함유하는 단백질을 생리적 식염수 등에 용해시켜 소량씩 계속해서 동물(토끼 등)의 혈액에 주사하면 혈액 속에 일종의 면역항체가 생기는데, 이 혈액에서 혈청을 분리하여 여기에 다른 단백질을 첨가하면 그것이 처음에 면역시킨 단백질과 비교적 가까운 성질의 것이면 면역학적 현상을 나타내어 침강반응이 생기고, 비교적 먼 성질인 것일 때에는 침강반응이 생기지 않는다.

02 작물의 분류

1 작물의 일반적인 분류

작물이란 인류가 이용할 목적으로 재배하는 식물로 일반적으로 식용작물(食用作物), 공예작물(工藝作物), 사료작물(飼料作物), 비료작물(肥料作物), 원예작물(園藝作物) 등으로 분류할 수 있다.

(1) 식량(식용)작물

벼, 보리, 밀, 콩 등과 같이 주로 식량으로 재배되는 작물들로, 보통 '작물'이라고 한다.
① **벼** : 논벼, 밭벼
② **맥류** : 보리, 밀, 호밀, 귀리 등
③ **잡곡** : 옥수수, 수수, 조, 메밀, 기장, 피 등
④ **콩류** : 콩, 팥, 녹두, 완두, 강낭콩, 땅콩 등
⑤ **서류** : 감자, 고구마, 토란, 돼지감자 등

(2) 특용(공예)작물 [기출] 제10회

주로 식품 공업의 원료나 약으로 이용하는 성분을 얻기 위하여 재배하는 작물을 '특용작물'이라 하며, 생산물을 가공하여 이용한다고 하여 '공예작물'이라고도 한다.
① **전분작물** : 옥수수, 고구마, 감자 등
② **유료작물** : 참깨, 들깨, 아주까리, 해바라기, 콩, 땅콩 등
③ **섬유작물** : 목화, 삼, 모시풀, 아마, 왕골, 수세미, 닥나무 등
④ **기호작물** : 차, 담배 등
⑤ **약료작물** : 박하, 홉, 인삼 등
⑥ **당료작물** : 사탕수수, 사탕무 등
⑦ **향료작물** : 박하, 계피, 장미, 라일락 등
⑧ **향신료작물** : 겨자, 고추냉이 등
⑨ **염료작물** : 쪽, 홍화, 비자 등
⑩ **수액(수지료)작물** : 옻나무, 고무나무 등

(3) 사료작물
가축의 먹이로 이용하기 위해 재배하는 작물을 말한다. 영양가가 높고 가축의 기호성이 좋으며, 단위면적당 생산량이 많아야 한다.
① **화본과** : 옥수수, 라이그래스, 귀리, 호밀 등
② **콩과** : 알팔파, 클로버, 자운영 등
③ **기타** : 순무, 비트, 돼지감자 등

(4) 비료작물(녹비)
① 녹색식물의 줄기와 잎을 비료로 사용하는 작물이다.
② 재배녹비는 주로 콩과식물로 만드는데 자운영(紫雲英), 토끼풀, 베치, 자주개자리, 풋베기콩, 풋베기완두, 루핀 등을 가장 많이 심는다.
③ 그 밖에 유채(평지), 풋베기귀리, 풋베기옥수수, 풋베기쌀보리, 메밀 등의 식물도 녹비로 이용할 수 있다.

(5) 원예작물
일반적으로 원예에 속하는 작물로 채소, 과수, 화훼를 의미한다. 쌀, 맥류(麥類), 감자 등의 농작물과 임업에 속하는 임목과는 구별된다. 예를 들면, 밤은 원예작물로서 과수에 속하지만 용재 생산의 경우에는 임목에 들어가며, 미숙종자를 이용하는 콩류나 옥수수류는 채소류에 해당되나 완숙종자를 이용할 경우에는 농작물로 취급한다. 또한 꽃을 관상하기 위한 해바라기는 화훼에 속하지만 착유용 등으로 재배할 때는 농작물로 취급한다.
① **채소** : 부식, 양념으로 이용하는 초본 [기출] 제2회
　㉠ 과실을 이용하는 열매채소 : 토마토, 딸기, 수박 등
　㉡ 뿌리를 이용하는 뿌리채소 : 무, 당근 등
　㉢ 잎이나 줄기를 이용하는 잎줄기채소 : 배추, 파, 양파 등
② **과수** : 열매를 이용하는 다년생 목본 [기출] 제3회, 제4회, 제5회, 제6회
　㉠ 인과류 : 배, 사과, 비파 등
　　※ 인과류는 꽃받기의 피층이 발달하여 과육 부위가 되고 씨방은 과실 안쪽에 위치하여 과심 부위가 되는 과실로 사과, 배가 대표적인 품종이다.
　㉡ 핵과류 : 복숭아, 자두, 살구, 앵두 등
　㉢ 장과류 : 포도, 딸기, 무화과 등
　㉣ 각과류(견과류) : 밤, 호두 등
　㉤ 준인과류 : 감, 귤 등
③ **화훼** : 관상용으로 이용하기 위해 재배하는 작물(초본, 목본)
　㉠ 초본류 : 국화, 코스모스, 달리아, 난초 등
　㉡ 목본류 : 철쭉, 동백, 고무나무 등

> **심화TIP** 용도에 따른 작물의 분류 `기출` 제1회

식용작물(식량작물)		벼, 밀, 옥수수 등
공예작물 (특용작물)	유 료	참깨, 들깨, 땅콩, 옥수수, 유채 등
	섬유료	목화, 삼, 모시 등
	전분료	고구마, 감자 등
	약 료	박하, 인삼 등
	기 타	기호료(담배, 차), 당료(사탕무), 염료(쪽)
사료작물(녹비작물)		옥수수, 귀리 등
원예작물		채소, 과수, 화훼 및 관상식물

2 작물의 식물학적 분류

(1) 식물학적 분류 체계 `기출` 제7회, 제8회, 제9회, 제11회

① 작물을 식물의 기관, 즉 꽃, 과실, 잎 등의 유사점과 차이점에 기초를 두는 일반적인 식물의 분류법으로 분류하는 것이다.
  예 벼과작물, 콩과작물, 배추과작물, 국화과작물, 가지과작물 등

② 분류 체계는 최상위 계급인 '계'에서 시작하여 최하위 계급인 '종'으로 분류하며, '계 → 문 → 강 → 목 → 과 → 속 → 종'으로 구분한다.
  예 • 블루베리(Blueberry)는 쌍떡잎식물 진달래목 진달래과의 식물이다.
  • 딸기는 장미과 딸기속에 속하는 과채류이다.
  • 서양배는 장미과의 배나무속(Pyrus)에 속하는 식물이다.
  • 망고는 옻나무과에 속하는 열대과수이다.
  • 밤나무는 참나무과에 속하는 낙엽교목이다.

③ 작물들이 서로 얼마나 가깝고 먼 것인지 알 수 있으므로, 학문적으로 뿐만 아니라 실용적으로도 매우 유익한 정보가 된다.
  예 같은 과에 속하는 작물 사이에서는 자라고 꽃이 피는 환경 조건이 비슷하고, 접목도 할 수 있다.

(2) 학 명

속명(Generic Name)과 종명(Specific Name) 두 개의 단어로 하나의 종을 나타내고, 여기에 명명자의 이름(Author Name)을 붙인다.

① 속명 : 라틴어 명사로 첫 글자는 반드시 대문자로 표시한다.

② 종명 : 특수한 고유명사 등을 제외하고는 원칙적으로 소문자의 라틴어를 사용한다.

※ 종 이하는 아종(subsp. 또는 ssp.), 변종(var.), 품종(forma = form. = f.)으로 표시된다.

3 작물의 생태적인 분류

(1) 생존 연한에 따른 분류
작물을 자연 상태에서의 생존 기간에 따라 한해살이, 두해살이, 여러해살이로 분류하는 것이다.
① **한해살이 작물** : 봄에 파종하여 그 해 안에 재배가 끝나는 작물 예 벼, 콩, 옥수수, 상추 등
② **두해살이 작물** : 지하 저장기관인 뿌리는 월동을 하였다가 다음 해에 한해살이 작물과 같이 말라 죽는 작물 예 당근, 무, 사탕무 등
③ **여러해살이 작물** : 생존 연한이 길고, 경제적 이용 기간도 긴 작물 예 국화, 딸기, 목초류 등

(2) 생육계절에 따른 분류
재배하는 계절을 기준으로 분류하는 방법이다.
① **여름작물** : 봄에 파종하여 여름철을 중심으로 생육하는 한해살이 작물
② **겨울작물** : 가을에 파종하여 가을, 겨울, 봄을 중심으로 생육하는 작물

(3) 생육적온에 따른 분류 기출 제9회
발아나 생육에 적합한 온도 범위가 어느 정도인지에 따라 작물을 분류하는 방법이다.
① **저온성 작물** : 가을에 파종하는 밀이나 보리, 상추, 배추 등과 같이 비교적 저온에서 잘 자라는 작물
② **고온성 작물** : 벼, 콩, 토마토, 고추, 수박 등과 같이 비교적 높은 온도에서 잘 자라는 작물

(4) 생육형에 따른 분류 기출 제1회
자라는 모양에 따라 작물을 분류하는 것이다.
① **주형 작물** : 벼, 보리와 같이 여러 포기가 합쳐져 하나의 큰 포기를 형성하는 작물
② **포복형 작물** : 고구마, 호박처럼 줄기가 땅을 기어서 토양 표면을 덮는 작물

(5) 저항성에 따른 분류 기출 제9회
작물을 어떤 특정 환경에서 견디는 특성에 따라 분류하는 방법이다.
① **내산성 작물** : 산성 토양에 강한 작물 예 감자
② **내건성 작물** : 가뭄에 강한 작물 예 수수
③ **내습성 작물** : 습기에 강한 작물 예 밭벼
④ **내염성 작물** : 염분이 많은 토양에 강한 작물 예 사탕무, 옥수수
⑤ **내풍성 작물** : 바람에 강한 작물 예 고구마

4 재배 이용에 따른 분류

(1) 작부방식에 관련된 분류
① **중경작물** : 작물의 생육 중 반드시 중경을 해 주어야 되는 작물 예 옥수수, 수수 등
② **보호작물** : 경제작물의 생육을 보호하기 위하여 재배작물의 주위에 심는 작물 예 들깨
③ **휴한작물** : 경지를 휴작하는 대신 재배하는 작물 예 비트, 클로버, 알팔파 등
④ **윤작작물** : 중경작물 또는 휴한작물처럼 대부분 윤작체계에 도입되어 잡초방제나 지력유지를 목적으로 하는 작물 예 들깨
⑤ **대용(대파)작물** : 재해로 인하여 주작물의 수확이 불가할 때 대신 파종하는 작물 예 메밀, 조 등
⑥ **구황작물** : 기후의 불순으로 인한 흉년에도 비교적 안전한 수확을 얻을 수 있는 작물 예 조, 피, 기장, 메밀, 고구마, 감자 등
⑦ **흡비작물** : 뿌리가 깊어 다른 작물이 흡수하지 못하는 비료분도 잘 흡수하여 유실될 비료분을 잘 포착하여 흡수·이용하는 효과를 가진 작물 예 알팔파, 스위트클로버, 화본과 목초 등

(2) 경영과 관련된 분류
① **동반작물** : 병해충 및 잡초 피해를 없애거나 경감하기 위한 식물의 조합 예 오이 + 파
② **자급작물** : 농가에서 자급하기 위한 작물 예 벼, 보리 등
③ **환금작물** : 판매를 목적으로 재배하는 작물 예 담배, 아마, 차 등
④ **경제작물** : 환금작물 중에서 특히 수익성이 높은 작물 예 담배, 마늘, 고추, 양파 등

(3) 토양 보호와 관련된 분류
① **토양보호작물** : 목초류와 같이 토양 전면을 덮어 토양침식을 방지하는 피복작물
② **토양조성작물** : 콩과목초 또는 녹비작물과 같이 토양보호와 지력증진의 효과를 가진 작물
③ **수식작물** : 옥수수, 담배, 목화, 과수, 채소 등과 같이 토양침식을 받기 쉬운 작물
④ **토양수탈작물** : 화곡류처럼 계속 재배할 때 지력을 수탈하는 경향이 있는 작물

(4) 용도에 따른 사료작물의 분류
① **청예작물(풋베기작물, Soiling Crop)** : 사료작물을 풋베기하여 주로 생초로 먹이는 작물
② **건초작물(Hay Crop)** : 풋베기를 해서 건초용으로 많이 이용되는 작물 예 티머시, 알팔파 등
③ **사일리지작물(Silage Crop)** : 좀 늦게 풋베기하여 사일리지 제조에 많이 이용되는 작물 예 옥수수, 수수, 풋베기콩 등
④ **종실사료작물** : 사료작물을 재배할 때 풋베기를 하지 않고 성숙 후 수확해 종실을 사료로 이용하는 작물 예 맥류, 옥수수 등

03 재배의 현황

1 세계의 재배현황

(1) 토지이용현황
① 세계의 토지 총면적은 약 148억ha이며, 경지율이 11.3%, 영년초지율이 24.6%(농용지율이 35.9%), 임지율이 31.0%, 기타 토지가 33.2%이다.
② 경지율은 유럽이 가장 높고, 아시아·중북아메리카·러시아 등이 다음이며, 아프리카·남아메리카·오세아니아 등은 낮다.
③ 영년초지율은 오세아니아가 매우 높고, 아프리카·남아메리카·아시아 순이다.
④ 농용지율은 오세아니아가 가장 높고, 다음이 유럽·아시아이며, 러시아·중북아메리카가 가장 낮다.

(2) 주요 작물의 생산현황
① 세계적으로 작물 생산의 주를 이루는 것은 밀, 벼, 옥수수의 3대 식량작물과 보리, 콩 등의 곡류이다.
② 전 세계 농경지 13.8억ha 중 약 50% 정도를 이들 곡물이 차지하고 있으며, 이들 곡물 중 절반 정도는 쌀과 밀이 차지하고 있다.
③ 쌀은 아시아가 주생산지이며, 90% 정도가 이 지역에서 생산된다.
④ 밀은 북아메리카, 유럽, 오세아니아가 주생산지이다.
⑤ 옥수수는 미국에서 전체의 1/3 정도를 생산하며, 브라질·중국·멕시코·인도에서도 많이 생산된다.

> **심화TIP 작물재배현황**
> - 3대 식량작물 : 밀, 옥수수, 벼
> - 3대 식량작물 생산량 순위 : 밀 > 벼 > 옥수수
> - 2대 식량작물 : 밀, 벼
> - 2대 사료작물 : 밀, 옥수수

2 우리나라의 재배현황

(1) 토지이용현황
① 우리나라의 총 국토 면적은 약 1,000만ha이며, 그중 농경지 면적은 2024년 현재 150만4,615ha로 약 15%이다.
② 농경지 면적 중 50.6% 정도가 벼농사 중심의 논(761천ha)이며, 약 49.4% 정도가 일반작물과 원예작물 중심의 밭(743천ha)이다.

(2) 농지의 현황
① 면적이나 단위수익성 면에서 논이 밭을 능가하고 있다.
② 수리답이 73%, 수리불안전답이 27% 정도이다.
③ 일본의 논토양에 비해 작토가 얕고 pH도 낮으며, 부식·질소·석회·고토·칼리 등의 함량과 염기치환용량이 현저히 낮아서 종합적인 지력이 낮다.
④ 논의 토양산도는 pH 5.1 이하의 강산성인 논이 전체의 45%에 달하여 농사에 매우 불리하다.
⑤ 밭은 경사진 곳이 많고, 토양보호에 불리한 작물들이 주로 재배되어 산성이 강하고 메마르게 된 곳이 많다. 또한 관개시설은 아직 미흡하지만, 크게 확충되고 있는 실정이다.

(3) 경작 규모
① 우리나라의 총인구는 계속 증가하였으나, 농가인구는 계속 감소하여 2024년 현재 농가인구비율은 3.9%를 나타내고 있다.
② 농가호수비율은 지속적인 감소경향을 보여 주고 있으며, 농가호당 경지면적이 약 1.50ha이다.
③ 농가인구 1인당 경지면적은 71.2a이다.
④ 경지면적 중 논면적과 밭면적 비율은 약 50.6%와 49.4%이다.

(4) 곡물의 자급률
① 식용작물 중에서 쌀과 보리의 경우에는 가공용을 제외한 식량용은 자급수준을 유지하고 있으나, 그 밖의 작물은 사료용, 가공용의 수요 증가로 매우 낮은 자급수준에 있다.
② 밀, 옥수수, 콩의 세 가지 곡물이 전체 수입량의 90% 이상을 차지하고 있다.
③ 주식으로 이용되고 있는 쌀과 감자, 고구마, 일부 공예작물은 앞으로도 자급수준을 유지할 수 있을 것으로 전망되지만 밀, 옥수수, 콩, 기타 작물은 사료용 및 가공용 양곡 수요의 증가에도 불구하고 경지면적이 점차 줄어들고 있어서 자급률 향상이 어려울 전망이다.

> **심화TIP** 식량의 절대적인 부족원인
>
> - 경지면적의 감소
> - 수확량증가 둔화(토양비옥도의 저하, 토지생산성의 한계, 비료·농약 사용의 한계)
> - 기상이변
> - 인구증가

(5) 우리나라 작물재배의 특색
① 농용지 중에서 초지가 적다.
② 경지이용도가 높고 윤작이 발달하지 못하였다.
③ 지력이 낮은 편이다.
④ 기상재해가 많은 편이다.
⑤ 영세경영의 다비농업(거름을 많이 주는 농법)이며, 전업농가가 대부분이다.
⑥ 집약농업에서 생력농업으로의 전환기에 있다.
⑦ 주곡농업이면서 외곡도입이 많다.
⑧ 농산품의 국제경쟁력이 약하다.

CHAPTER 01 적중예상문제

01 재배작물의 기원과 발달

01 인간이 이용할 목적으로 재배하는 식물을 무엇이라고 하는가?

① 작물
② 식량
③ 재배
④ 수확

> **해설**
> 인간이 이용할 목적으로 재배하는 식물을 작물이라고 한다.

02 작물수량의 이론에 적합하지 않은 것은?

① 유전성
② 인력
③ 재배기술
④ 환경조건

> **해설**
> 작물수량은 유전성·환경조건·재배기술을 3요소로 하는 삼각형의 면적으로 표시할 수 있다.
>
>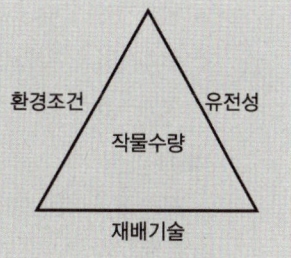

정답 01 ① 02 ②

03 작물재배의 개념과 관련이 없는 것은?

① 우수한 종자의 선택
② 수확하기까지 알맞은 환경의 개선
③ 수확하는 일
④ 생산비용의 과다 지출

| 해설 |
작물을 재배하는 사람은 그 생산물을 통하여 수익을 높이는 것이 주된 목적이다. 소득을 높이려면 수량과 단가를 크게 하여 수익을 높이고 생산비용을 절감해야 한다.

04 작물의 특징에 대한 설명으로 옳지 않은 것은?

① 야생의 원형을 가능한 그대로 유지하는 식물이다.
② 목적으로 하는 특정 부분만을 발달시킨 기형식물이다.
③ 불량환경에 대한 저항력이 약하고 생존경쟁력이 낮은 식물이다.
④ 인간의 의식주에 필요한 경제성이 높은 식물이다.

| 해설 |
재배작물은 야생의 식물 특성 중 목적하는 특정 부분만을 발달시킨 기형식물이다.

05 재배식물을 기형식물이라고 하는 이유는 무엇인가?

① 재배식물은 계속 재배하여 퇴화하기 때문이다.
② 원산지가 달라서 환경에 맞지 않기 때문이다.
③ 재배식물은 인류가 작물의 일부만 개량하였기 때문이다.
④ 재배식물은 관리부족으로 제대로 자라지 않기 때문이다.

| 해설 |
재배식물을 이용하는데 있어서 이용 부위의 수량 증대만을 위해 일부 개량해 온 결과 특정 부위만이 고도로 발달된 비정상적인 형태로 발전하였기 때문이다.

06 일정한 재배계획에 따라 어떤 포장에 재배하는 작물의 종류와 재배양식을 조절하는 방식을 무엇이라 하는가?

① 이용계획
② 작부체계
③ 재배양식
④ 집단재배

| 해설 |
작부체계는 일정한 토지(포장)에 있어서의 순차적인 작물 종류의 변천 및 동시적인 작물 종류의 조합 또는 배열의 방식을 의미한다.

07 작물의 분화발달의 과정에 대한 설명 중 옳지 않은 것은?

① 자연교잡과 돌연변이에 의해 새로운 유전형이 생긴다.
② 유전적 고립의 원인 중 생리적 고립이 가장 본질적인 것이다.
③ 적응형들은 유전교섭이 방지되어야 새로운 종으로 분화될 수 있다.
④ 새로 생긴 유전형은 도태와 순화의 과정을 거쳐 적응의 단계로 들어간다.

| 해설 |
새로 생긴 유전형은 '도태 - 적응 - 순화'의 단계를 거친다.

08 작물의 분화 과정에서 생리적 고립이 의미하는 것은?

① 모든 환경에 순화되는 것
② 환경에 적응력이 강하게 발달하는 것
③ 상호간 지리적으로 격리되어 유전적 교섭이 방지되는 것
④ 생리적 원인에 의해서 유전적 교섭이 방지되는 것

| 해설 |
생리적 고립은 개화기의 차이, 교잡불임 등의 생리적 원인에 의해서 같은 장소에 있어서도 상호간에 유전적 교섭이 방지되는 고립이다.

정답 03 ④ 04 ① 05 ③ 06 ② 07 ④ 08 ④

09 작부체계의 변천과정 중 가장 최근인 것은?

① 대전법
② 개량삼포식 농법
③ 삼포식 농법
④ 자유법

| 해설 |
작부체계는 '대전법 – 삼포식 농법 – 개량삼포식 농법 – 자유법' 순으로 변천하였다.

10 삼포식 농법의 목적과 관련 있는 내용은 무엇인가?

① 경비절약
② 병충해 예방
③ 지력회복
④ 수분절약

| 해설 |
삼포식 농법은 포장을 3등분해 경지의 2/3에는 춘파 또는 추파의 곡물을 재식하고, 나머지 1/3은 휴한하는 것으로 순차적으로 교체하는 방식이다. 윤작의 시초이며, 초기의 지력을 회복하는 방법으로 실시한다.

11 다음 중 가장 집약적으로 곡류 이외에 채소, 과수 등의 재배에 이용되는 형식은?

① 원경(園耕)
② 포경(圃耕)
③ 곡경(穀耕)
④ 소경(疏耕)

| 해설 |
원경(園耕)은 작은 면적의 농경지를 집약적으로 경영하여 단위면적당 채소, 과수 등의 수확량을 많게 하는 농업형태이다.

12 식량과 사료를 균형 있게 생산하는 재배형식은?

① 식경 ② 포경
③ 소경 ④ 곡경

|해설|
포경은 식량과 사료를 서로 균형 있게 생산하는 재배형식으로, 사료로서 콩과작물을 재배한다.

13 홍수방지에 가장 효과적인 농업의 형태는?

① 채소재배 ② 논벼재배
③ 과수재배 ④ 시설원예

|해설|
논벼재배의 장점
- 국토를 보존·관리해준다.
- 홍수를 방지하고, 수자원을 보존해준다.
- 물과 공기를 정화해준다.

14 다음 설명 중 옳지 않은 것은?

① 농업기술의 발달로 세계의 식량은 충분히 생산될 전망이다.
② 작물재배는 국토관리, 물과 공기의 정화기능을 한다.
③ 재배는 식물의 생육과 번식을 보호하고 관리하는 일이다.
④ 작물재배는 경우에 따라 환경오염의 원인이 될 수 있다.

|해설|
최근에는 토지, 기상 등의 환경적인 문제와 기술발달의 한계 등으로 식량문제가 커지고 있다.

정답 09 ④ 10 ③ 11 ① 12 ② 13 ② 14 ①

15 비료와 농약을 많이 사용하는 재배방법에 따른 환경문제와 식품의 안전성을 해결하기 위한 농법으로 옳지 않은 것은?

① 유기농업
② 자연농업
③ 환경보전형 농업
④ 고투입 지속농업

| 해설 |
'고투입' 지속농업이 아니라 '저투입' 지속농업이다. 저투입 지속농업은 화학비료, 농약 등을 최소한으로 사용하여 작물의 수량성과 안정성을 동시에 추구하는 농업이다.

16 작물의 유연관계를 밝히는데 이용되는 방법이 아닌 것은?

① 형태적·생리적·생태적 특성에 의한 방법
② 교잡에 의한 방법
③ 염색체에 의한 방법
④ 돌연변이에 의한 방법

| 해설 |
돌연변이의 경우 품종의 퇴화 등과 관련이 있으며, 육종에 이용되기도 한다.

02 작물의 분류

01 과수 분류시 인과류에 속하는 것은? 기출 제3회
① 자두
② 포도
③ 감귤
④ 사과

| 해설 |
인과류(꽃턱이 발달하여 과육부를 형성한 것)에 속하는 것에는 배, 사과 등이 있다. 자두는 핵과류, 포도는 장과류, 감귤은 준인과류에 속한다.

02 인과류에 해당하는 것은? 기출 제6회
① 과피가 밀착·건조하여 껍질이 딱딱해진 과실
② 성숙하면서 씨방벽 전체가 다육질로 되는 과즙이 많은 과실
③ 과육의 내부에 단단한 핵을 형성하여 이 속에 종자가 있는 과실
④ 꽃받기의 피층이 발달하여 과육 부위가 되고 씨방은 과실 안쪽에 위치하여 과심 부위가 되는 과실

| 해설 |
인과류는 꽃받기의 피층이 발달하여 과육 부위가 되고 씨방은 과실 안쪽에 위치하여 과심 부위가 되는 과실로 사과, 배가 대표적인 품종이다.
① 각과류(밤, 호두 등)
② 장과류(포도, 딸기, 무화과 등)
③ 핵과류(복숭아, 자두, 살구, 앵두 등)

03 식물의 분류 단위에 관한 설명으로 옳지 않은 것은?
① 최종 분류 단위는 속명과 종속명이다.
② 보통명은 국가나 지역에 관계없이 일치한다.
③ 학명은 세계적으로 공통된 학술적인 명칭이다.
④ 일반적으로 채소는 과별로 분류하고 학명으로 나타낸다.

| 해설 |
보통명은 국가나 지역에 따라 다르지만, 학명은 세계적으로 공통된 학술적인 명칭이다.

04 식물 분류학적으로 같은 과(科)에 속하지 않는 것은? 기출 제7회

① 배
② 블루베리
③ 복숭아
④ 복분자

| 해설 |
> 블루베리(Blueberry)는 쌍떡잎식물 진달래목 진달래과의 식물로, 북아메리카가 원산지이다.
> ① 배는 장미과의 배나무속에 속하는 과일이다.
> ③ 복숭아는 장미과 벚나무속에 속하는 복사나무의 열매이다.
> ④ 복분자는 장미과의 낙엽 관목이다.

05 작물 분류학적으로 과명(family name)별 작물의 연결이 옳은 것은? 기출 제8회

① 백합과 - 수선화
② 가지과 - 감자
③ 국화과 - 들깨
④ 장미과 - 블루베리

| 해설 |
> 가지과 : 가지, 고추, 토마토, 감자 등
> ① 백합과 - 백합, 튤립, 마늘, 양파, 부추 등(※ 수선화 - 수선화과)
> ③ 국화과 - 상추, 쑥갓, 우엉, 취나물 등(※ 들깨 - 꿀풀과)
> ④ 장미과 - 사과, 배, 매실, 살구, 자두, 복숭아, 복분자 등(※ 블루베리 - 진달래과)

06 작물 분류학적으로 가지과에 해당하는 것을 모두 고른 것은? 기출 제9회

| ㄱ. 고추 | ㄴ. 토마토 |
| ㄷ. 감자 | ㄹ. 딸기 |

① ㄱ, ㄹ
② ㄱ, ㄴ, ㄷ
③ ㄴ, ㄷ, ㄹ
④ ㄱ, ㄴ, ㄷ, ㄹ

| 해설 |
> 가지과 작물 : 가지, 고추, 토마토, 감자 등
> ㄹ. 딸기는 장미과 딸기속에 속하는 과채류이다.

07 식물분류학에서 과명(family name)과 과수작물이 올바르게 연결되지 않은 것은? `기출` 제11회

① 녹나무과 – 아보카도
② 장미과 – 서양배
③ 참나무과 – 밤
④ 진달래과 – 망고

| 해설 |
> 망고는 옻나무과에 속하는 열대과수이다.
> ① 아보카도는 멕시코와 중앙아메리카가 원산지인 과일로 녹나무과에 속하는 식물이다.
> ② 서양배는 장미과의 배나무속(Pyrus)에 속하는 식물이다.
> ③ 밤나무는 참나무과에 속하는 낙엽교목이다.
> ④ 진달래과에 속하는 식물에는 진달래, 철쭉, 산철쭉, 영산홍 등이 있다.

08 농업상 용도에 의한 작물의 분류로 옳지 않은 것은? `기출` 제1회

① 공예작물 ② 사료작물
③ 주형작물 ④ 녹비작물

| 해설 |
> 주형작물은 생태적 특성에 따른 분류로서 벼, 맥류 등과 같이 하나하나의 식물체가 각각 포기를 형성하는 작물을 말한다.

09 식량(식용)작물의 종류별 연결이 옳지 않은 것은?

① 벼 – 논벼(수도), 밭벼(육도)
② 맥류 – 보리, 밀
③ 잡곡 – 호밀, 귀리
④ 콩류 – 강낭콩, 땅콩

| 해설 |
> 잡곡 : 옥수수, 수수, 조, 메밀, 기장, 피 등
> 맥류 : 보리, 밀, 호밀, 귀리 등

10 다음 중 과실을 이용하는 열매채소가 아닌 것은?

① 토마토
② 딸기
③ 수박
④ 당근

> |해설|
> **뿌리를 이용하는 뿌리채소** : 무, 당근 등

11 과실의 구조적 특징에 따른 분류로 옳은 것은? 기출 제4회

① 인과류 - 사과, 배
② 핵과류 - 밤, 호두
③ 장과류 - 복숭아, 자두
④ 각과류 - 포도, 참다래

> |해설|
> 인과류는 사과, 배가 대표적인 품종이다.
> ② 핵과류 - 복숭아, 자두
> ③ 장과류 - 포도, 참다래
> ④ 각과류 - 밤, 호두

12 과실의 구조적 특징에 따른 분류로 옳은 것은? [기출] 제5회

① 인과류 - 사과, 자두
② 핵과류 - 복숭아, 매실
③ 장과류 - 포도, 체리
④ 각과류 - 밤, 키위

> |해설|
> 핵과류는 과일의 내부 중앙에 핵처럼 씨가 들어 있는 과실로 자두, 복숭아, 매실, 체리 등이 대표적인 품종이다.
> ① 인과류 - 사과, 배(※ 자두 - 핵과류)
> ③ 장과류 - 포도, 딸기(※ 체리 - 핵과류)
> ④ 각과류 - 밤, 호두(※ 키위 - 장과류)

13 작물의 분류에서 공예작물에 해당하는 것을 모두 고른 것은? [기출] 제10회

| ㄱ. 목화 | ㄴ. 아마 |
| ㄷ. 모시풀 | ㄹ. 수세미 |

① ㄱ, ㄹ
② ㄱ, ㄴ, ㄷ
③ ㄴ, ㄷ, ㄹ
④ ㄱ, ㄴ, ㄷ, ㄹ

> |해설|
> 생산물을 가공하여 이용하는 '공예작물' 중 섬유작물에는 목화, 삼, 아마, 모시풀, 왕골, 수세미, 닥나무 등이 있다.

정답 10 ④ 11 ① 12 ② 13 ④

03 재배의 현황

01 세계 3대 식용작물이 아닌 것은?
① 벼
② 밀
③ 옥수수
④ 감자

> |해설|
> 세계 3대 식용작물은 벼, 밀, 옥수수이다.

02 다음 중 수입물량이 가장 많은 작물은?
① 밀
② 보리
③ 콩
④ 옥수수

> |해설|
> 수입물량이 가장 많은 작물은 옥수수 > 밀 > 콩 > 보리 순이다.

03 다음 중 식량의 절대적인 부족원인이 아닌 것은?
① 경지면적의 증가
② 수확량증가 둔화
③ 기상이변
④ 인구증가

> |해설|
> 식량의 절대적인 부족원인
> • 경지면적의 감소
> • 수확량증가 둔화(토양비옥도의 저하, 토지생산성의 한계, 비료·농약 사용의 한계)
> • 기상이변
> • 인구증가

04 우리나라의 경작규모에 관한 설명으로 옳지 않은 것은?

① 2024년 현재 우리나라 농가인구비율은 3.9%이다.
② 농가호당 경지면적이 1.50a이다.
③ 경지면적 중 논면적과 밭면적 비율은 약 50.6%와 49.4%이다.
④ 옥수수, 밀, 콩, 기타 작물은 사료용 및 가공용 양곡 수요의 증가에 따라 자급률이 향상되고 있다.

| 해설 |
옥수수, 밀, 콩, 기타 작물은 사료용 및 가공용 양곡 수요의 증가에도 불구하고 경지면적이 점차 줄어들고 있어서 자급률 향상이 어려울 전망이다.

05 우리나라 농업의 특징이 아닌 것은?

① 축산의 비중이 낮다.
② 주곡농업이다.
③ 지력이 낮은 편이다.
④ 기상재해가 적은 편이다.

| 해설 |
기상재해가 많은 편이다.

정답 01 ④ 02 ④ 03 ① 04 ④ 05 ④

CHAPTER 02 재배환경

학습목표
❶ 토양수분, 토양 중의 무기성분, 토양의 입단구조 등 토양환경에 대해 학습한다.
❷ 작물의 요수량, 작물의 생육적온, 일변화, 광합성에 영향을 미치는 요인 등 재배환경에 대해 폭넓게 학습한다.
❸ 버널리제이션(춘화처리), 일장효과, 대기오염 등 작물의 생육에 미치는 요인들에 대해서 학습한다.

01 토 양

1 토양환경 일반

(1) 토양의 정의
① 암석의 풍화산물과 이에 분해·부패되어 가는 유기물이 섞여지고, 기후·생물의 영향을 받아 변화하며, 환경조건과 평형을 이루기 위하여 지속적으로 변화하는 자연체이다.
② 토양 속에는 식물이 자라는데 필요한 물질이나 공기, 물, 미생물 등이 함유되어 있으며, 이중 양분이 많은 표면의 흙을 표토라 한다.
③ 토양은 용액이나 현탁액이 그 내부를 이동할 수 있는 다공성 물질이며, 용액이나 현탁액 중에 있는 분자나 입자를 선택적으로 흡착할 수 있는 높은 흡착성을 갖는 물질이다.

(2) 토양의 기능
① 재생물질의 생산
  재생 가능한 에너지 및 가공하지 않은 재료를 제공한다.
② 정화(Filtering) 및 저장(Storage)
  ㉠ 오염물질을 정화한다.
  ㉡ 먹이사슬의 파괴 및 지하수 오염을 한정적으로 보호한다.
  ㉢ 우수를 저장하기 위한 하천, 지하수의 지지구조를 형성한다.
③ 생물학적 서식지 및 유전물질의 저장
  ㉠ 동식물의 생존을 위한 공간, 물질 및 생물을 제공한다.
  ㉡ 생명을 유지하기 위한 자원을 형성한다.
④ 완충성
  높은 완충성을 갖고 있어 자연의 급속한 환경변화에 저항한다.

> **심화TIP** 장기간 재배한 시설내 토양의 일반적인 특성 기출 제10회
>
> - 강우의 차단으로 염류농도가 높다.
> - 노지에 비해 염류집적으로 토양 pH가 높아진다.
> - 노지에 비해 토양이 건조해 지기 쉽다.
> - 연작장해가 발생하기 쉽다.
> - 답압과 잦은 관수로 토양통기가 불량하다.

(3) 토양의 생성

토양은 대기, 빛, 물, 생물과 광물질의 상호작용으로 만들어진다.

① 모 재

바위의 풍화작용에 의해 생성된 부드러운 물질로 장차 토양이 될 재료이다.

② 잔적토

바위가 풍화되어 만들어진 모재가 제자리에서 그대로 남아서 생성된 토양으로 흙살이 얇고, 메마른 편이다.

③ 운적토

바위가 풍화되어 만들어진 모재가 다른 곳으로 옮겨져서 생성된 토양이다.

④ 충적토

운적토 중에서 흐르는 물에 의해 모재가 옮겨져서 생성된 토양으로 흙살이 두껍고 기름지며, 물 사정이 좋아 농토로 이용하기 적당하다.

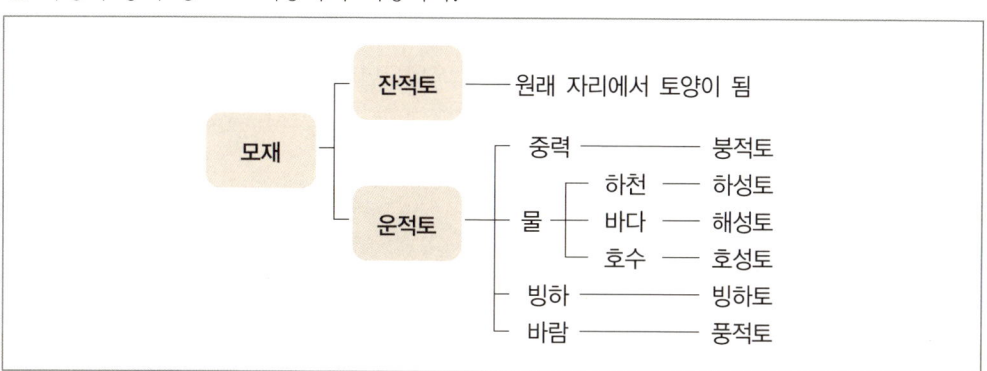

(4) 지력을 향상시키기 위한 토양조건

토양의 물리적·화학적·생물학적 성질이 작물의 생산력을 지배하므로, 이를 '지력'이라고 한다. 일반적으로 물리적 및 화학적 지력조건을 '토양비옥도'라 한다.

① 토 성

토성은 토양의 수분·공기·비료성분의 종합적 조건에서 양토를 중심으로 하여 사양토~식양토가 알맞다. 사토는 토양수분과 비료성분이 부족하고, 식토는 토양공기가 부족하다.

② 토양구조
    토양구조는 입단구조가 조성될수록 토양의 수분과 공기상태가 좋아진다.
③ 토 층
    토층은 작토가 깊고 양호해야 하며, 그 밑에 있는 심토는 투수·통기가 알맞아야 한다.
④ 토양반응
    중성~약산성이 알맞으며, 강산성이나 알칼리성이면 작물생육이 저해된다.
⑤ 무기성분
    필요한 무기성분이 풍부하고 균형 있게 포함되어 있어야 한다. 일부 성분의 결핍이나 과다는 작물생육을 저해한다.
⑥ 유기물
    대체로 토양 중의 유기물 함량이 증대할수록 지력이 향상된다. 그러나 습답 등에서는 유기물 함량이 많은 것이 도리어 해가 되기도 한다.
⑦ 토양수분
    토양수분이 알맞아야 작물생육이 좋다. 부족하면 한해가 발생하고 과다하면 습해·수해가 유발된다.
⑧ 토양공기
    토양 중의 공기가 적거나 또는 산소가 부족하고 이산화탄소가 많거나 하면 작물뿌리의 생장과 기능을 저해한다.
⑨ 토양미생물
    유용한 미생물이 번식하기 좋은 상태에 있는 것이 유리하다. 병충해를 유발하는 미생물이 적어야 한다.
⑩ 유해물질
    무기·유기의 유해물질들에 의해서 토양이 오염되면 작물의 생육을 저해하고, 심하면 생육이 불가능하게 된다.

2 토양의 구성

(1) 토양의 3상

토양은 어느 곳에서나 고상, 액상 및 기상의 3상으로 구성되어 있으나, 그 비율은 일정하지 않다. 토양의 3상(고상·액상·기상) 부피비율은 물과 산소의 공급, 토양의 온도, 뿌리의 발달 등에 영향을 미쳐 작물의 생육을 좌우하는 중요한 요인이다.

작물생육에 알맞은 토양의 3상 분포는 고상이 약 50%, 액상이 20~30%, 기상이 20~30% 정도이다.

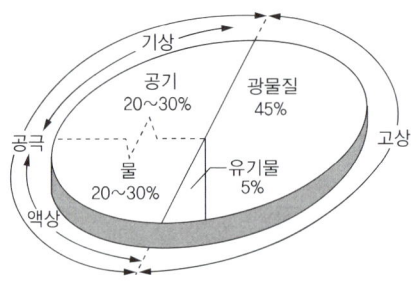

※ 구성비 : 50% : 25% : 25% 정도
[토양의 3상 분포]

① 고상(50%) : 암석의 풍화물인 무기물과 각종 동식물의 유체와 생물체를 포함한 유기물
  ㉠ 고형물의 대부분은 암석의 조각과 광물로 자갈, 모래, 미사 및 점토로 구성되어 있다.
  ㉡ 유기물은 토양의 유형과 깊이에 따라 함량의 차이가 있으며, 우리나라의 농경지 토양에는 평균 2~3%이나 지역에 따라서는 20%가 넘는 곳도 있다.
  ㉢ 토양 고유의 유기물은 부식물이며, 생물의 유체에서 유래되었거나 미생물에 의하여 합성된 어두운 색깔의 교질물이다.
  ㉣ 부식물화 되지 않은 유기물은 광범위한 토양유기물에 포함된다.
② 액상(25%) : 여러 가지 물질과 이온이 함유된 수분
  ㉠ 토양수분은 여러 가지 무기 및 유기물질과 이온을 함유하며, O_2나 CO같은 기체도 용해되어 있는 용액의 상태이다.
  ㉡ 토양의 수분 함량은 관배수와 지하수위의 높이 또는 토양의 구성에 따라 차이가 있으며, 수직 또는 수평방향으로 이동한다.
  ㉢ 수분이 이동할 때에는 녹아 있던 물질이 함께 따라 이동하여 용탈과 집적작용이 일어나게 되고, 또한 물질의 화학적 변화가 일어날 때에도 수분은 하나의 매개체가 된다.
③ 기상(25%) : 토양공기
  ㉠ 토양공기는 대기의 조성과 비슷하다. 다만, CO_2와 수증기의 함량이 대기보다는 항상 높은 편이다.
  ㉡ 토양 공기 중의 CO_2의 양은 토양의 유기물 함량, 수분 함량, 온도 및 토양반응 등에 따라 차이가 있으며, 대기의 것과 교환된다. 곳에 따라서는 식물에 대하여 해로운 가스 종류가 함유되어 있는 경우도 있다.

> **심화TIP** 토양을 구성하는 4대 성분
> - 토양수분(25%)
> - 토양공기(25%)
> - 무기물(45%)
> - 유기물(5%)

(2) 토양수분 기출 제1회, 제2회, 제4회, 제8회

① 토양수분 함량의 표시
  ㉠ <u>절대수분 함량</u> : 건토에 대한 수분의 중량비로 표시한다. 절대수분 함량은 작물의 흡수력과 직결된 표시가 되지 못한다.
  ㉡ <u>토양수분장력</u> : 작물의 흡수력과 직결된 표시가 될 수 있는 척도이다.
    • 임의의 수분 함량에 토양에서 수분을 제거시키는데 소요되는 단위면적당의 힘이다.
    • 수주높이의 대수를 취하여 pF로 표시한다(pF = log H, H는 수주의 높이).

② 토양수분의 형태

결합수, 흡습수, 모관수, 중력수 및 지하수로 나눈다.
㉠ 결합수 : 결정수라고도 하며, 점토광물에 결합되어 있어 분리시킬 수 없는 수분을 말한다. pF 7.0 이상으로 작물이 이용하지 못한다.
㉡ 흡습수 : 흡착수라고도 하며, 건토를 공기 중에 둘 때 분자간 인력에 의해서 토양 표면에 수증기가 피막상으로 응축한 수분을 말한다. 작물에 거의 흡수되지 못하고, pF 4.5 이상이다.
㉢ 모관수 : 표면장력에 의하여 토양 공극 내에서 중력에 저항하여 유지되는 수분으로, 모관현상에 의하여 지하수가 모관공극을 상승하여 공급한다. pF 2.7~4.5로 작물이 주로 이용한다.
㉣ 중력수 : 자유수라고도 하며, 중력에 의해서 토양 공극에서 흘러내리는 물로, 작물에 이용되나 뿌리표면 이하로 흘러내린 물은 직접 이용하지 못한다. pF 0~2.7로 교질물 사이를 자유로이 이동한다.
㉤ 지하수 : 지하에 정체하여 모관수의 근원이 되는 수분을 말한다.

③ 토양수분 함량
㉠ 토양의 수분항수(moisture constant) : 최대용수량, 포장용수량, 초기위조점, 영구위조점, 흡습계수, 풍건상태, 건토상태
㉡ 최대용수량
- 강우, 관개에 의하여 포화된 상태이다.
- 모관수가 최대로 포함된 상태로 토양의 전 공극이 수분으로 포화상태이다.
- 최적함수량은 최대용수량의 75~80%에 있다.
- pF는 0이다.
㉢ 포장용수량(최소용수량)
- 수분으로 포화된 토양으로부터 증발을 방지하면서 중력수를 완전히 배제하고 남은 수분상태를 말한다.
- 지하수위가 낮고 투수성인 포장에서 강우 또는 관개 2~3일 뒤의 수분상태 수분당량과 거의 일치한다.
- 작물생육에 가장 알맞은 최적함수량이 포장용수량 부근에 있다.
- pF는 2.5~2.7이다.

> **심화TIP** **수분당량(Moisture Equivalent)**
> 젖은 토양에 중력의 1,000배의 원심력을 작용시킬 경우 잔류하는 수분상태로 포장용수량과 거의 일치한다(pF 2.7~3.0).

㉣ 초기위조점
- 작물의 생육이 정지하고, 하엽이 위조하기 시작하는 토양수분상태이다.
- 작물생육억제 초기단계로 pF는 3.9이다.

ⓜ 영구위조점
- 위조한 식물을 포화습도의 공기 중에 24시간 방치해도 회복하지 못하는 위조상태이다.
- 영구위조를 최초로 유발하는 토양의 수분상태를 말한다.
- pF는 4.2이다.
- 위조계수 : 영구위조점에서의 토양함수율, 즉 토양건조 중에 대한 수분의 중량비를 말한다.

ⓑ 흡습계수
- 포화상태로 흡착된 수분량을 건토의 중량백분율로 환산한 값(pF 4.5)이다.
- 상대습도 98%(25℃)의 공기 중에서 건조토양이 흡수하는 수분상태를 말한다.
- 흡습수만 남은 상태로 pF는 4.5이다.

ⓢ 잉여수분 : 포장용수량 이상의 토양수분으로 너무 많으면 성장에 유해하다.

ⓞ 유효수분 : 영구위조점(pF 4.2)과 포장용수량(pF 2.5~2.7) 사이의 토양수분으로 식물생육에 이용된다.

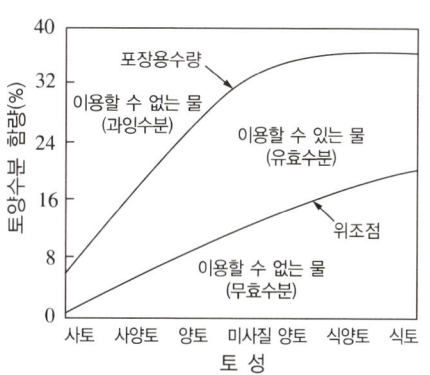

[토성에 따른 유효수분의 변화]

> 작물생육에 가장 알맞은 최적함수량은 작물에 따른 차이가 있기는 하지만, 최대용수량의 60~80%의 범위이다.

ⓩ 무효수분 : 영구위조점(pF 4.2) 이하의 수분으로 작물이 이용하지 못한다.

심화TIP 토양수분 스트레스를 줄이기 위한 재배방법 기출 제8회

- 요수량이 낮은 품종을 재배한다.
- 칼륨결핍이 발생하지 않도록 재배한다.
- 질소과용이 발생하지 않도록 한다.
- 밭 재배시 재식밀도를 낮추어 준다.

(3) 토양공기

① 토양의 용기량

토양 중에서 공기로 차 있는 공극량을 말한다. 토양의 용기량은 토양의 용적에 대한 공기로 차 있는 공극의 용적의 비율로 표시한다.

㉠ 최소용기량 : 토양수분 함량이 최대용수량에 도달했을 때의 용기량
㉡ 최대용기량 : 풍건상태의 용기량
㉢ 최적용기량 : 토양용기량이 증대하면 작물생육이 조장되나, 어느 한계를 지나면 해가 된다. 작물의 최적용기량은 10~25%이다.

| 심화TIP | 작물의 최적용기량 |

벼, 양파(10%) → 귀리, 수수(15%) → 보리, 밀, 오이(20%) → 양배추, 강낭콩(24%)

② 토양공기의 특성

대기의 이산화탄소의 농도(0.03%)보다 훨씬 높다(0.1~10%).
- ⊙ 토양 중 이산화탄소의 농도가 높아지면 탄산이 생성되어 토양이 산성화된다.
- ⓒ 수분과 무기염류(K, N, P, Ca, Mg)의 흡수가 저해된다.
- ⓒ 토양 중 산소가 부족해지면 뿌리의 호흡과 여러 생리작용이 저해된다.
- ⓔ 환원성 유해물질이 생성(H_2S)되어 뿌리가 상한다.
- ⓜ 유용한 호기성 토양미생물의 활동이 저해되어 유효태의 식물양분이 감소한다.

③ 토양공기를 지배하는 요인
- ⊙ 토성 : 일반적으로 사질인 토양이 비모관공극이 많고, 토양의 용기량이 증대한다.
- ⓒ 토양구조 : 식질토양(식토, 식양토)에서 입단 형성이 조장되면 비모관공극이 증대하여 용기량이 증대한다.
- ⓒ 경운 : 심경을 하면 토양의 깊은 곳까지 용기량이 증대한다.
- ⓔ 토양수분 : 토양의 함수량이 증대하면 용기량이 적어지고 산소의 농도가 낮아지며, 이산화탄소의 농도가 높아진다.
- ⓜ 유기물 : 미숙유기물을 시용하면 산소의 농도가 훨씬 낮아지고, 이산화탄소의 농도가 현저히 증대한다.
- ⓑ 식생 : 식물이 생육하고 있는 토양은 뿌리의 호흡에 의해서 이산화탄소의 농도가 나지보다 현저히 높다.

④ 토양통기를 좋게 하는 방법
- ⊙ 토양처리
  - 저습지, 과습지 토양은 명거나 암거배수시설을 강화한다.
  - 유기물, 석회물질, 토양개량제 등을 시용하여 토양입단을 조성한다.
  - 과습 중점질 토양에서는 세사를 객토한다.
  - 지반이 견고한 토양은 하층토를 심경한다.
- ⓒ 재배적 처리 : 답전윤환재배, 답리작, 답전작, 휴립재배, 휴립휴파, 중경 등
  - 답전윤환재배는 답토양의 용기량을 증대시킨다.
  - 재배기간 중 중경은 토양통기를 조장한다.
  - 파종 후 복토의 두께는 토양통기에 영향을 미친다.
  - 본답에서의 중간낙수는 토양통기를 조장한다.
  - 습전에서의 전작물의 휴파, 습답에서의 수도휴립재배는 토양통기를 조장한다.

(4) 토양 중의 무기성분
토양 중에는 각종 무기성분이 함유되어 있어 작물생육의 영양원이 된다.

① 필수원소 `기출` 제3회, 제11회
   ㉠ 작물생육에 필요불가결한 원소(16원소) : 탄소(C)·산소(O)·수소(H)·질소(N)·인(P)·칼륨(K)·칼슘(Ca)·마그네슘(Mg)·황(S)·철(Fe)·망간(Mn)·구리(Cu)·아연(Zn)·붕소(B)·몰리브덴(Mo)·염소(Cl) 등이다.
   ㉡ 필수무기원소 : 탄소·산소·수소를 제외한 13원소를 필수무기원소라고 한다.
   ㉢ 다량원소 : 질소·인·칼륨·칼슘·마그네슘·황의 6원소(때로는 탄소·산소·수소를 포함한 9원소)
   ㉣ 미량원소 : 철·망간·구리·아연·붕소·몰리브덴·염소의 7원소
   ㉤ 비료요소 : 토양 중의 자연함량으로는 부족하여 인공적으로 보급할 필요가 있는 것으로 질소·인·칼륨(비료 3요소)·칼슘·마그네슘·철·망간·붕소·아연·규소 등이 이에 해당한다.

> **심화TIP 토양의 화학조성(많은 양 순서)**
>
> O > Si > Al > Fe = C = Ca > K > Na > Mg > Ti > N > S

② 필수원소의 생리작용 `기출` 제7회, 제9회

탄소(C), 산소(O), 수소(H)	• 식물체의 90~98%를 차지한다. • 엽록소의 구성원소이며, 광합성에 의한 여러 가지 유기물의 구성재료이다.
질소(N)	• 질산태(NO_3^-)와 암모니아태(NH_4^+)로 식물체에 흡수된다. • 엽록소, 단백질, 효소 등의 구성성분이다. • 결핍되면 황백화 현상이 발생한다. • 과다하면 저온, 기계적 상해, 병해충에 대한 저항성이 저하한다.
인(P)	• 세포핵, 분열조직, 효소 등의 구성성분이다. • 광합성, 호흡작용(에너지 전달), 녹말과 당분의 합성분해, 질소동화 등에 관여한다. • 결핍되면 뿌리의 발육이 저해되고(특히 생육초기) 잎이 암녹색이 되며, 심하면 황화하고 결실이 저해된다.
칼륨(K)	• 광합성, 탄수화물 및 단백질 형성, 세포 내의 수분공급, 증산에 의한 수분상실의 제어 등의 역할을 하며, 여러 가지 효소반응의 활성제로서 작용한다. • 결핍하면 생장점이 말라 죽고 줄기가 연약해지며, 잎의 끝이나 둘레가 황화하고 결실이 저해된다.
칼슘(Ca)	• 칼슘은 세포막 중간막의 주성분이다. • 잎에 많이 존재하며, 체내에서 이동하기 힘들다. • 단백질의 합성, 물질전류에 관여한다. • 결핍하면 뿌리나 눈의 생장점이 붉게 변하여 죽게 된다.

마그네슘(Mg)	• 엽록소의 구성원소이며, 잎에 많다. • 체내 이동이 용이하다. • 광합성, 인산대사에 관여하는 효소의 활성을 높이고 종자 중의 지유(脂油) 집적을 도와준다. • 결핍하면 황백화 현상이 일어나고, 줄기나 뿌리의 생장점의 발육이 저해된다.
황(S)	• 단백질, 아미노산, 효소 등의 구성성분이다. • 엽록소의 형성에 관여한다. • 결핍하면 엽록소의 형성이 억제되고 콩과작물에서는 뿌리혹박테리아의 질소고정능력이 저하된다.
철(Fe)	• 호흡효소의 구성성분이다. • 엽록소 형성에 관여한다. • 결핍하면 어린잎부터 황백화하여 엽맥 사이가 퇴색한다.
망간(Mn)	• 각종 효소의 활성을 높여 동화물질의 합성·분해, 호흡작용, 광합성 등에 관여한다. • 결핍하면 엽맥에서 먼 부분이 황색으로 된다.
붕소(B)	• 촉매 또는 반응조절물질로 작용한다. • 석회결핍의 영향을 경감시킨다. • 결핍하면 분열조직에 갑자기 괴사를 일으키는 일이 많다.
아연(Zn)	• 촉매 또는 반응조절물질로 작용한다. • 단백질과 탄수화물의 대사에 관여한다. • 결핍하면 황백화, 괴사, 조기낙엽 등을 초래한다.
구리(Cu)	• 광합성, 호흡작용 등에 관여한다. • 엽록소의 생성을 조장한다. • 결핍하면 단백질 합성이 저해되며, 황백화 현상이 나타나고 고사한다.
몰리브덴(Mo)	• 질산환원효소의 구성성분이며, 콩과작물의 질소고정에도 필요하다. • 결핍하면 황백화 되고, 모자이크병에 가까운 증세가 나타난다.
염소(Cl)	• 광합성작용에서의 촉매작용, 세포의 삼투압 상승, 아밀로오스(amylose) 활성증진, 세포액의 pH 조절기능 등에 관여한다. • 결핍하면 어린잎이 황백화 되고, 전 식물체의 위조현상이 나타난다.

심화TIP 칼슘결핍으로 나타나는 증상 기출 제3회, 제9회

• 상추/백합/부추/양파/대파/마늘 : **잎끝마름증상**
• 수박/고추/토마토 : **배꼽썩음병증상**
• 참외 : **속에 물이 차는 물찬참외증상**
• 대파/양파/벼 : **도복(쓰러짐)현상**
• 배추 : **잎끝마름증상, 황화현상, 속썩음현상**

(5) 토양유기물

토양 중의 유기물은 지력을 배양하는데 매우 중요하다. 토양 중의 유기물, 즉 동물과 식물의 잔재는 미생물에 의해 분해되어 본래의 조직이 변질되거나 새로운 물질이 합성되어 암갈색~흑색의 일정한 형태가 없는 콜로이드 물질이 되는데, 이를 '부식'이라고 한다.

① 토양유기물의 기능
  ㉠ 암석의 분해 촉진 : 유기물이 분해할 때에 여러 가지 산을 생성하여 암석의 분해를 촉진한다.
  ㉡ 양분의 공급 : 분해하여 질소·인·칼륨·칼슘·마그네슘·규소 등의 다량원소와 망간·붕소·구리·코발트·아연 등의 미량원소를 공급한다.
  ㉢ 대기 중의 이산화탄소 공급 : 유기물이 분해할 때 방출되는 이산화탄소는 작물 주변 대기 중의 이산화탄소 농도를 높여서 광합성을 조장한다.
  ㉣ 생장촉진물질의 생성 : 유기물이 분해할 때에는 호르몬·비타민·핵산물질 등의 생장촉진물질을 생성한다.
  ㉤ 입단의 형성 : 유기물이 분해해서 생기는 부식콜로이드와 조대유기물은 토양입단의 형성을 조장하여 토양의 물리성을 개선한다.
  ㉥ 보수·보비력의 증대 : 부식콜로이드는 양분을 흡착하는 힘이 강하다. 입단과 부식콜로이드의 작용에 의해서 토양의 통기·보수력·보비력이 증대한다.
  ㉦ 완충능의 증대 : 부식콜로이드는 토양반응을 급히 변동시키지 않는 토양의 완충능을 증대시킨다. 또한 알루미늄의 독성을 중화하는 작용이 있다.
  ㉧ 미생물의 번식조장 : 미생물의 영양원이 되어 유용미생물의 번식을 조장한다.
  ㉨ 지온의 상승 : 토양색을 검게 하여 지온을 상승시킨다.
  ㉩ 토양보호 : 유기물을 피복하면 토양침식이 방지되고, 유기물 시용으로 토양입단이 형성되면 빗물의 지하침투를 좋게 하여 토양침식이 경감된다.

② 토양의 부식 함량과 작물생육
  ㉠ 토양부식의 함량 증대는 지력의 증대를 의미한다.
  ㉡ 토양부식의 과다가 작물생육에 좋지 못한 영향을 줄 수도 있다. 부식토처럼 부식이 월등히 많을 경우에는 부식산에 의해서 산성이 강해지고, 점토의 함량이 부족해서 불리할 경우가 있다.

③ 토양유기물의 공급
  ㉠ 주요한 공급원은 토비·구비·녹비 등이다.
  ㉡ 우리나라는 아직 구비의 생산이 적고, 외국처럼 콩과작물을 삽입한 윤작방식이 발달하지 못하여 전작녹비가 거의 없다.
  ㉢ 우리나라 토양의 부식 함량은 약 2.5%로 낮은 편이다.

심화TIP 토비·구비·녹비

- **토비** : 흙비료, 비료로 사용되는 벽로, 구들흙, 아궁이흙 등의 총칭
- **구비** : 두엄, 가축의 배설물에서 비롯된 유기물로서 농업에서 유기비료로 사용
- **녹비** : 충분히 썩히지 않은 생풀이나 생나무의 잎으로 만든 거름

3. 토성

토양의 물리적 성질 가운데 토성은 가장 중요하며, 토양의 성질에 결정적인 영향을 미친다.

(1) 토성의 정의 기출 제6회

토성이란 모래, 미사, 점토 부분의 분포, 즉 상대적인 비율을 가리키며, 식물생육에 대하여 중요한 여러 가지 이화학적 성질을 결정하는 기본 요인이 된다. 토성에 관련된 모든 성질의 차이는 반응이 일어날 수 있는 표면의 양과 공간의 비율차 때문이다.

[사질, 미사질 및 점토질 토양의 특징(Brady and Weil, 1996)]

성 질 \ 토 양	사질 토양	미사질 토양	점토질 토양
함수율	낮음	중간	높음
배수조건	빠름	중간	느림
유기물 함량	낮음	중간~높음	높음~중간
유기물 분해력	빠름	중간	느림
응집력	낮음	쉽게 응집됨	쉽게 응집됨
바람의 저항도	쉽게 날아감	매우 쉽게 날아감	거의 날아가지 않음
식물을 지탱하는 능력	거의 지탱하지 못함	중간 정도	잘 지탱해줌
식물에 영양공급 정도	별로 도움이 안 됨	좋은 영양공급원	뛰어난 영양공급원
산성도의 변화	쉽게 변화함	적절한 변화	거의 변화 없음
오염물질의 하부 이동도	대부분 침출(leaching)됨	중간 정도	거의 침출 안 됨
댐이나 호수의 방벽용	나쁨	중간	매우 우수함
수축/팽창력	거의 일어나지 않음	잘 일어나지 않음	잘 일어남

(2) 입경에 따른 토양입자의 분류

① 자 갈
  ㉠ 암석이 풍화해서 맨 먼저 생긴 여러 모양의 굵은 입자이다.
  ㉡ 화학적·교질적 작용이 없고 비료분·수분의 보유력도 빈약하나, 투기성·투수성을 좋게 한다.

② 모 래
  ㉠ 석영을 많이 함유하는 암석(사암·화강암·편마암 등)이 기계적으로 부서져서 생긴 것이며, 백색·적색·암색 등을 띤다.
  ㉡ 굵은 모래는 자갈과 비슷한 성질을 가지나 잔모래는 물이나 양분을 다소 흡착하고 투기·투수를 좋게 하며, 토양을 부드럽게 한다.

③ 점 토
  ㉠ 토양 중 가장 미세한 입자이며, 화학적·교질적 작용을 하고 물과 양분을 흡착하는 힘이 크고 투기·투수를 저해한다.
  ㉡ 알루미나 40~50%, 규산 40~47%, 수분 10~12%를 함유한다.

[입경에 따른 토양입자의 분류]

토양입자의 명칭	입 경(mm)
자갈(Gravel)	> 2.0
조사(Coarse Sand)	2.0 ~ 0.2
세사(Fine Sand)	0.2 ~ 0.02
미사(Silt)	0.02 ~ 0.002
점토(Clay)	< 0.002

(3) 토성의 분류
① **세토** : 입경 2mm 이하의 입자로 된 토양
  ㉠ 사 토
    • 모래가 포함되어 있는 비율이 높아서 모래의 성질이 두드러지게 나타나는 토양이다.
    • 공기가 잘 통하고 물이 쉽게 빠지며, 지온상승이 빠르다.
    • 척박하고 가뭄해를 입기 쉬우며, 토양침식도 심하다.
    • 점토를 객토하고 유기질을 증시하여 토성을 개량할 필요가 있다.
  ㉡ 식 토
    • 점토의 비율이 높아서 점토의 성질이 뚜렷하게 나타나는 토양이다.
    • 투기·투수가 불량하고 유기질의 분해가 더디며, 습해나 유해물질에 의한 피해를 받기 쉽다.
    • 점착력이 강하고 건조하면 굳어져서 경작이 곤란하다.
  ㉢ 양 토
    • 모래, 미사, 점토의 어느 성질도 두드러지지 않은 토양이다.
    • 굵은 입자와 가는 입자가 알맞은 비율로 들어 있어 수분이나 양분을 지니는 힘이 좋을 뿐만 아니라 공기의 유통도 좋다.
  ㉣ 사양토 : 사토와 양토의 중간성질을 나타내는 토양
  ㉤ 식양토 : 양토와 식토의 중간성질을 나타내는 토양

[토성의 분류]

명 칭	점토 함량(%)
사토	< 12.5
사양토	12.5 ~ 25
양토	25 ~ 37.5
식양토	37.5 ~ 50
식토	> 50

② 자갈 : 입경 2mm 이상의 입자로 된 토양
  ㉠ 자갈토양 : 경작이 힘들고 척박하며, 가뭄해를 입기 쉽다. 굵은 자갈을 제거하고 세토와 부식을 보태주는 것이 좋다.
  ㉡ 부식토 : 세토가 부족하고 강한 산성을 나타내기 쉬우므로, 산성을 교정하고 점토를 객토해 주는 것이 좋다.

[자갈과 부식 함량의 표시법]

표시법	자갈(%)	부식(%)
함유함	5 ~ 10	2 ~ 5
풍부함	10 ~ 30	5 ~ 10
매우 많음	30 ~ 50	10 ~ 20
자갈토양 또는 부식토	> 50(자갈토양)	> 20(부식토)

(4) 토성의 결정방법

① 촉감에 의한 방법
  ㉠ 야외의 현장에서 손의 촉감에 의하여 간편하게 대략 판정한다.
  ㉡ 이 방법으로 판별되는 토성은 양토, 식양토, 식토, 사양토, 그리고 미사질양토 등이다.
② 기계적 분석법
  실내에서 정확하게 모래, 미사, 점토의 함량을 분석하여 토성명을 결정하는 것이다.

(5) 역질사양토과 유기질토양

① 역질사양토
  사양토에 20~50% 부피의 자갈이 섞여 있으면 역질사양토라 한다.
② 유기질토양
  거친 토성의 토양이 20% 또는 그 이상의 유기물이 들어 있거나 고운 토성으로는 30% 또는 그 이상인 토양은 토양의 성질이 유기물에 의하여 지배된다. 이러한 토양이 두께 약 30cm 이상 유기물의 퇴적층을 가지면 유기질토양이라 한다.

> **심화TIP** 토양 환경 [기출] 제10회
>
> - 점토는 사양토에 비해 입경이 매우 작기 때문에 통기성이 낮다.
> - 토양이 입단화되면 보수성과 통기성이 개선된다.
> - 퇴비를 투입하면 지력이 증진된다.
> - 깊이갈이를 하면 토양의 물리성이 개선된다.

4 토양구조 및 토층

(1) 토양구조
토양을 구성하는 입자들이 모여 있는 상태를 '토양구조'라고 한다. 작물의 생육과 가장 관계가 깊은 경토의 토양구조는 다음과 같다.

① 단립구조
  ㉠ 해변의 사구지에서와 같이 비교적 큰 토양입자가 서로 결합되지 않고 독립된 단일상태로 집합되어 있는 구조이다.
  ㉡ 대공극이 많아 투기·투수는 좋으나, 수분·비료분의 보유력은 작다.

② 이상구조
  ㉠ 미세한 토양입자가 무구조·단일상태로 집합한 구조이다.
  ㉡ 건조하면 각 입자가 서로 결합하여 부정형의 흙덩이를 형성한다.
  ㉢ 부식 함량이 적고 과습한 식질토양에서 많이 보이며, 소공극이 많아 토양통기가 불량하다.

③ 입단구조 기출 제1회
  ㉠ 단일입자가 결합해서 2차입자로 되고, 다시 3차·4차 등으로 집합해서 입단을 구성하고 있는 구조이다.
  ㉡ 입단을 가볍게 누르면 몇 개의 작은 입단으로 부서지고, 이것을 다시 누르면 다시 작은 입단으로 부서진다.
  ㉢ 유기물과 석회가 많은 표층토에서 많이 보인다.
  ㉣ 대·소공극이 많고, 투기·투수·양분의 저장 등이 알맞아서 작물생육에 적당하다.

> **심화TIP** 입단구조의 형성에 관계되는 요인
> - 습윤과 건조의 반복
> - 동결과 해동의 반복
> - 토양생물과 식물뿌리의 물리적 작용
> - 유기물의 분해와 미생물 및 그 밖의 생물이 생산하는 점질물의 영향
> - 변화작용
> - 경운

(2) 토양구조의 형성 기출 제4회, 제5회

① 토양구조의 형성원리는 모재료의 성질과 종류가 기본적으로 중요하며, 그 밖에 토양생성의 물리적 및 생화학적 작용과 기후 등이 작용한다.
② 건조지방의 토양에서는 가용성 염류가 토양구조의 생성에 매우 큰 영향을 끼친다.
③ 유기물은 토양입자를 결합시키고 가볍게 하며, 특이한 공극성을 갖게 한다. 또 식물의 뿌리는 분기로 인한 붕괴작용과 자체의 분해에 의하여 입단화를 촉진시킨다.
④ 부식물과 점토의 전기화학적 성질은 입단의 형성뿐만 아니라 안정화에 큰 도움을 주며, 교질물 자체도 안정한 상태가 된다.

> **심화TIP** 유기 및 무기교질물의 입단형성 및 안정화 효과
>
> 점토 < 유기물 < 산화철 < 미생물의 점성물질 지력 유지

⑤ 토양수분이 계절의 변동으로 동결과 해동이 반복되면 토양의 입단을 파괴한다.

[토양입단의 형성 및 파괴요인]

토양입단의 형성요인	토양입단의 파괴요인
• 유기물의 시용 • 석회의 시용 • 토양의 피복 • 두과(콩과)작물의 재배 • 토양개량제 사용	• 경운 • 입단의 팽창과 수축 • 비, 바람 • Na^+ 이온(점토결합을 분산)

(3) 토 층

토양이 수직적으로 분화된 층위를 '토층'이라고 한다.
① **유기물층(O층)** : 동식물의 잔해가 쌓여있는 맨 위의 층
② **용탈층(A층)** : 유기물층 밑에 있는 층으로 토양성분이 빗물에 의하여 씻겨 내려간 토층
③ **집적층(B층)** : 용탈층으로부터 씻겨 내려간 물질이 쌓이는 층
④ **모재층(C층)** : 집적층 밑의 층
⑤ **모암층(R층)** : 모재층(C층) 밑에 있는 풍화되지 않는 바위층(단단한 모암)

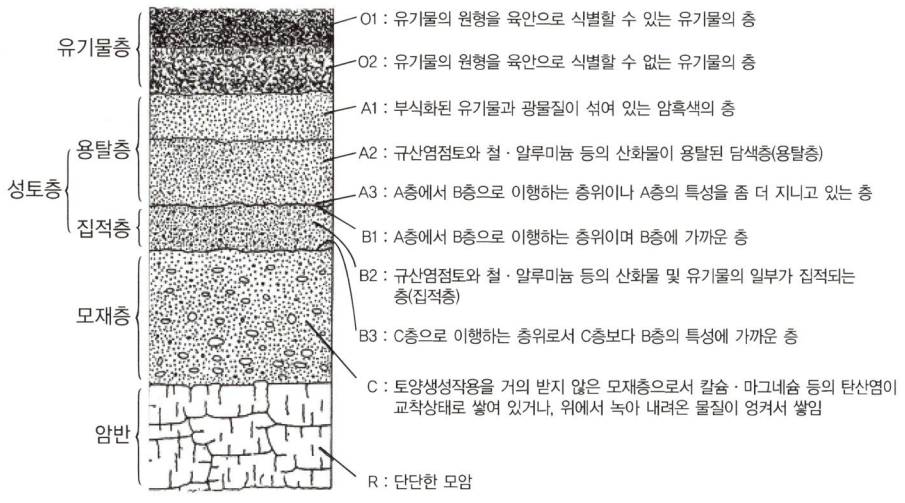

[토양의 층단면]

5 논토양과 밭토양

논토양은 일정한 기간 담수하여 작물을 재배하게 되므로 토양통기가 불량하게 되는 등 밭토양에 비하여 특성이 다른 점이 많다.

(1) 토층분화

① 논토양의 상층부는 미생물의 산소소비보다 논물로부터의 산소공급이 이루어진다.
② 상층부 1~2cm의 층은 산화 제2철로 적갈색을 띤 산화층이 된다.
③ 그 이하의 작토층은 산화 제1철로 청회색을 띤 환원층이 된다.
④ 심토는 유기물이 극히 적어서 산화층을 형성한다.
⑤ 토양의 산화, 환원상태를 흔히 Eh(산화환원전위)로 표시한다.

(2) 탈질현상

① 질산태 질소가 논토양의 환원층에 들어가면 점차 환원되어 산화질소(NO)·이산화질소(N_2O)·질소가스(N_2)를 생성하며, 이들은 작물에 이용되지 못하고 공중으로 일산하게 되는데 이 현상을 '탈질현상'이라고 한다.
② 암모니아태 질소가 논토양의 산화층에 들어가면 질화작용에 의하여 아질산을 거쳐서 질산으로 변하게 된다.

$$2NH_3 + 3O_2 \leftrightarrows 2HNO_2 + 2H_2O \rightarrow 2HNO_2 + O_2 \leftrightarrows 2HNO_3$$
(암모니아)　　　(아질산)　　　　　　　　(질산)

이와 같이 하여 생성된 질산은 ⊖이온이어서 토양콜로이드에 흡착되기 어렵고, 용탈되기 쉬우므로 점차 환원층으로 침하하게 되며, 이곳에서 다시 탈질작용을 받게 된다. 그러나 암모니아는 ⊕이온이어서 토양콜로이드에 흡착이 잘되므로 암모니아태 질소를 미리 환원층에 주면 토양에 흡착된 채 변하지 않으므로 비효가 증진된다. 이러한 목적을 위하여 암모니아태 질소를 환원층에 시비하는 것을 '심층시비'라고 한다.

※ 서상 : 작토 바로 밑의 층

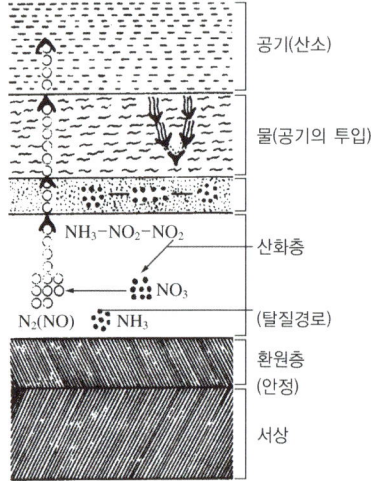

[논토양의 토층분화와 탈질경로]

(3) 노후화 현상

① 정 의

작토 중의 철분·망간이 하층으로 용탈되고, 이에 따라 인산칼륨·칼슘·마그네슘 등의 중요한 작물 양분도 점차 용탈하여 하층토에 집적하게 되어 작토에는 이들 양분이 부족하게 되는 현상이 발생되는데, 이를 논토양의 노후화 현상이라 한다. 노후화한 논토양은 영양분의 부족으로 말미암아 영양장애를 가져오고, 그 결과 추락현상을 유발하기 쉽다.

㉠ Fe, Mn, K, Ca, Mg, Si, P 등이 작토에서 용탈된다.
㉡ 침투수에 의해서 용탈되어 논의 하층의 산화층에 축적된다(노후화).
㉢ 투수가 잘되고 철 함량이 적은 모재를 가진 논에서는 철 부족이 심한 노후화답이 된다.
㉣ 여름철 환원층에서는 황산염이 환원되어 황화수소(H_2S)가 생성된다.
㉤ 황화수소는 벼의 뿌리를 상하게 한다.
㉥ 논토양에 철분이 많으면 벼 뿌리에 적갈색 산화철의 두꺼운 피막이 형성된다.
㉦ 황화수소는 철과 반응하여 황화철(FeS)이 되어 침전하므로 해가 없다.
㉧ 철분이 부족한 노후화답에서는 황화수소에 의해서 벼 뿌리가 상한다.
　ⓐ 양분흡수가 저해되고 늦여름~초가을부터 벼가 하엽부터 말라 올라간다.
　ⓑ 깨씨무늬병 등이 많이 발생해 수확량이 감소한다.

② 노후답의 개량

㉠ 객토 : 산의 붉은 흙, 못의 밑바닥 흙, 바닷가의 질흙 등으로 객토한다.
㉡ 심경 : 심토층까지 심경하여 침전된 철분 등을 다시 작토층으로 되돌린다.
㉢ 함철자재의 사용 : 함철자재로서 갈철광의 분말, 비철토, 퇴비철 등을 사용한다.
㉣ 규산질 비료의 사용 : 규산석회·규석회 등은 규산과 석회뿐만 아니라, 철·망간·마그네슘도 함유하고 있으므로 10a당 100~200kg을 시용한다.

③ 노후답의 재배 대책
    ㉠ 저항성 품종의 선택 : 황화수소에 저항성이 강한 품종을 선택한다.
    ㉡ 조기 재배 : 수확이 빠르도록 재배하면 추락이 덜하다.
    ㉢ 무황산근 비료의 사용 : 황화수소의 발생원이 되는 황산근을 가진 비료의 사용을 피한다.
    ㉣ 웃거름 중점의 시비 : 웃거름 강화 완효성 비료와 입상 및 고형비료를 사용한다.
    ㉤ 엽면시비 : 후기 영양의 결핍상태가 보일 때 엽면시비를 한다.

(4) 습 답
① 습답은 지하수위가 높고 1년 중 건조하지 않으며, 수분의 침투가 적어 유기물 분해도 적다.
② 습답은 작토 중에 유기산이 집적되어 뿌리의 생장과 흡수작용에 장애를 준다.
③ 벼는 생육 후기에 질소과다가 되어 병해·도복 등을 유발한다.
④ 습답을 개량하려면 암거배수 등을 꾀하여 투수를 좋게 하고 유해물질을 배제해야 한다.
⑤ 철분 등의 성분을 보급하기 위하여 객토를 하는 것이 좋다.
⑥ 재배상으로는 석회·규산석회 등을 주어서 산성의 중화와 부족 성분을 보급하고 이랑재배를 하며, 질소의 시용량을 줄인다.

(5) 중점토양
① 중점토양을 개량하려면 심경과 배수를 꾀하고 규산질 비료와 퇴비철을 사용하며, 유기물과 토지개량제를 사용하여 입단의 형성을 조장하도록 한다.
    ※ **퇴비철** : 짚이나 건초, 낙엽 등의 유기물에 함께 섞여 있는 철분
② 답전윤환·추경·이랑재배 등도 효과가 있다.

(6) 사력질답(누수답)
사력질답은 누수가 심하므로 누수답이라고도 한다. 누수답은 작토의 깊이가 얕고 밑에는 자갈이나 모래층이 있어 물 빠짐이 심하며, 보수력이 약한 논을 말한다.
① 누수답의 특징
    ㉠ 지온상승이 느리다.
    ㉡ 작토의 깊이가 얕다.
    ㉢ 물 빠짐이 심하고, 보수력이 약하다.
    ㉣ 점토분이 적고, 토성이 좋지 않다.
    ㉤ 양분의 용탈이 심하여 쉽게 노후화 토양으로 된다.
② 누수답의 개량
    우량한 점토를 객토하고 유기물을 증시하여 토성의 개량을 꾀하도록 한다.

(7) 밭토양

① 밭토양의 특징
  ㉠ 경사지에 많이 분포되어 있다.
  ㉡ 양분의 천연 공급량은 낮다.
  ㉢ 연작 장해가 많다.
  ㉣ 양분이 용탈되기 쉽다.

② 바람직한 밭토양
  ㉠ 보수성이 좋으면서도 배수성이 좋아야 한다.
  ㉡ 밭토양에서 나타나기 쉬운 산성이 되지 않게 하고, 인산과 미량원소의 결핍 등의 문제가 없는 토양이 바람직한 토양이다.
  ㉢ 작토는 20cm 이상, 유효토심은 50cm 이상인 것이 바람직하며, 유효토심의 토양경도는 너무 높지 않아야 한다.
  ㉣ 토양의 공극량은 전체 부피의 반으로서 공극에는 물과 공기가 반씩 들어있는 것이 좋다.
  ㉤ 밭작물은 대체로 미산성 내지 중성의 반응을 좋아한다.

③ 밭토양의 개량
  ㉠ <u>돌려짓기</u> : 돌려짓기하는 것은 토양의 지력을 향상시킬 뿐만 아니라, 토양의 물리성도 개량하는 효과가 있다.
  ㉡ <u>산성의 개량</u> : 채소를 재배하는 밭은 다비에 의해서도 산성으로 되기 쉽고, 또 양분의 불균형 및 미량 원소의 결핍이 일어나기 쉽다.
    ⓐ 석회시용 : 산성을 중화하고 부족된 양분을 공급한다.
    ⓑ 퇴비시용 : 미량원소를 공급한다는 면에서 매우 효과적이다.
  ㉢ <u>유기물시용</u> : 계속적인 시용이 중요하다.
  ㉣ <u>깊이갈이</u> : 뿌리의 생활 범위를 넓혀 주고, 생육환경을 개선하는 것을 목적으로 한다. 작토의 깊이는 작물의 종류에 따라서 다르지만, 일반적으로는 20~25cm이며, 유효토심은 50cm 이상인 것이 바람직하다.

6 개간지 토양과 간척지 토양

(1) 개간지 토양

① 특 징
  ㉠ 대체로 산성이다.
  ㉡ 부식과 점토가 적다.
  ㉢ 토양구조가 불량하며, 인산 등 비료성분도 적어 토양의 비옥도가 낮다.
  ㉣ 경사진 곳이 많아 토양보호에 유의해야 한다.

② 개량방법
　㉠ 토양면에서 개간 초기에는 밭벼, 고구마, 메밀, 호밀, 조, 고추, 참깨 등을 재배하는 것이 유리하다.
　㉡ 기상면에서는 고온작물, 중간작물, 저온작물 중 알맞은 것을 선택하여 재배한다.

(2) 간척지 토양

① 특 징
　㉠ <u>염분의 해작용</u> : 토양 중 염분이 과다하면 물리적으로 토양용액의 삼투압이 높아져 벼 뿌리의 수분흡수가 저해되고 화학적으로는 특수이온을 이상 흡수하여 영양과 대사를 저해한다.
　㉡ <u>황화물의 해작용</u> : 해면 밑에 다량 집적되어 있던 황화물이 간척 후 산화되면서 토양을 산성화한다.
　㉢ <u>토양 물리성의 불량</u> : 점토가 과다하고 나트륨이온이 많아 토양의 투수성, 통기성이 매우 불량하다.

② 개량방법
　㉠ 관배수 시설로 염분, 황산의 제거 및 이상 환원상태의 발달을 방지한다.
　㉡ 석회를 사용하여 산성을 중화하고, 염분의 용탈을 쉽게 한다.
　㉢ 석고, 토양개량제, 생짚 등을 사용하여 토양의 물리성을 개량한다.
　㉣ 제염법으로 담수법, 명거법, 여과법, 객토 등이 있는데 노력, 경비, 지세를 고려하여 합리적 방법을 선택한다.

③ 내염재배 대책
　㉠ 내염성이 강한 작물, 품종을 재배한다.
　　예 사탕무, 비트, 수수, 유채(평지), 목화, 양배추, 라이그라스 등
　㉡ 조기재배 및 휴립재배를 한다.
　㉢ 속효성 비료는 황산근이 없는 것으로 여러 번 나누어 시비한다.
　㉣ 석회, 규산석회, 규회석 등을 충분히 시비한다.
　㉤ 논물을 말리지 않으며, 자주 담수한다.

심화TIP 내염성 작물

- **강한 작물** : 사탕무, 수수, 유채, 목화, 양배추
- **약한 작물** : 감자, 고구마, 완두, 가지, 배, 사과, 복숭아

7 토양미생물

(1) 토양미생물의 종류

① 사상균(곰팡이)
  ㉠ 균사에 의하여 발육하는 곰팡이류의 대부분이 이에 속하며, 균사의 평균 지름은 5μm 정도이다.
  ㉡ 호기성이며, 산성·중성·알칼리성의 어떠한 반응에서도 잘 생육하지만, 특히 세균이나 방사상균이 생육하지 못하는 산성에서도 잘 생육한다.
  ㉢ 산성에 대한 저항력이 강하기 때문에 산성 토양 중에서 일어나는 화학변화를 주도한다.
  ㉣ 세균에 비하여 보다 많은 질소와 탄수화물을 섭취·분해하여 보다 적은 이산화탄소와 암모니아를 분해 부산물로 만들기 때문에 부식생성 면에서 오히려 세균보다 우수하다.

② 방사상균
  ㉠ 방사상균은 사상을 이루는 점에서 곰팡이와 비슷하고 크기와 포자형성 과정은 세균과 흡사하며, 분기상의 균사는 지름이 0.5~2.0μm이다.
  ㉡ 산성을 좋아하지 않고 그 활동력은 활성석회의 양에 따라 다르며, 알맞은 pH는 6.0~7.5이고, pH 5.0 이하에서는 그 생육이 크게 떨어진다.
  ㉢ 에너지원과 영양원을 얻기 위하여 탄수화물과 단백질을 분해·이용하며, 특히 분해되기 어려운 리그닌·케라틴 등의 부식성분을 분해한다.
  ㉣ 토양 특유의 흙냄새를 갖게 하는 것은 *Actinomyces Odorifer* 때문이다.
  ㉤ 유기물이 적어지면 방사상균은 많아지며, 감자의 더뎅이병을 유발한다.

③ 세균(Bacteria)
  ㉠ 세균은 단세포생물로서 그 크기는 0.5×2.0×0.5~3μm이고 세포분열에 의하여 증식한다.
  ㉡ 에너지원에 따라 암모니아·아질산·황·이산화철 등과 같은 무기물을 산화하여 에너지원으로 하는 자급영양세균과 유기물을 산화하여 에너지를 얻는 타급영양세균으로 구분한다.

> **심화TIP** 토양 세균
>
> 1. 자급(자가)영양세균(Autotropic Bacteria)
>   • 질산화성 세균류 : 질산균, 아질산균
>   • 황세균류 : 황을 산화하여 황산을 만듦
>   • 철세균 : 2가철을 산화시켜 3가철로 만듦
> 2. 타급(타가)영양세균(Heterotropic Bacteria)
>   • 질소고정 세균류 : 공생생활세균, 단독생활세균
>   • 암모니아 생성에 관여하는 세균 : 호기성균, 혐기성균, 셀룰로오스 분해균

  ㉢ 통기성이 좋은 상태에서 잘 생육하는 호기성 세균과 그렇지 않은 혐기성 세균으로 나눌 수 있다.
  ㉣ 세균은 보통 중성 부근에서 잘 활동하고 번식하지만, 황세균 등은 강한 산성에서도 잘 견딘다.

④ 조류(Algae)
　㉠ 토양 중에 서식하는 조류는 지름이 3~50μm인 단세포로 되어 있고, 엽록소를 지니고 있어 일광의 에너지와 이산화탄소를 이용하여 유기물을 합성하는 것과 광합성을 하지 않고 타급영양적인 생활을 하는 것이 있다.
　㉡ 토양 중에서는 세균과 공존하고 세균에게 유기물을 공급한다.
　㉢ 토양 중에서 유기물의 생성, 질소의 고정, 양분의 동화, 산소의 공급, 질소균과의 공생작용을 한다.

(2) 토양미생물의 작용

① 작물 생육에 이로운 토양미생물의 작용
　㉠ 유기물을 분해하여 <u>무기화 작용</u>으로 유리되는 양분을 식물이 흡수할 수 있게 한다.
　　※ **무기화 작용** : 유기태 질소화합물을 무기태로 변환하는 것으로, 첫 단계가 Amide 물질로부터 암모니아를 생성하는 암모니아화 작용이다.
　㉡ 유리질소를 고정한다.
　　※ 근류균은 콩과식물과 공생하면서 유리질소를 고정하는데 *Azotobacter*, *Azotomonas* 등은 호기상태에서, *Clostridium* 등은 혐기상태에서 단독으로 유리질소를 고정한다.
　㉢ 질산화 작용을 하여 밭작물에 이롭게 한다.
　㉣ 가용성 무기성분을 동화하여 유실을 적게 한다.
　㉤ 균사 등의 점질물질에 의해서 토양의 입단을 형성한다.
　㉥ 미생물간의 길항작용(Antagonism)에 의해서 유해작용을 경감한다.
　㉦ 호르몬성의 생장촉진물질을 분비한다.
　㉧ 근권(Rhizosphere)을 형성하여 뿌리의 양분흡수 촉진, 뿌리 신장생장의 억제, 뿌리 효소활성을 높인다.
　㉨ 뿌리에 사상균 등이 착생하여 내생균근을 형성하여 식물은 물과 양분의 흡수가 용이해지고 내염성, 내건성, 내병성 등이 강해진다. 또한 토양양분의 유효화로 담자균류, 자낭균 등이 외생균근을 형성하면서 병원균의 침입을 막게 된다.

② 작물 생육에 해로운 토양미생물의 작용
　㉠ 식물에 병을 일으키는 미생물이 많다.
　㉡ 탈질세균에 의해 탈질작용을 일으킨다.
　㉢ 황산염을 환원하여 황화수소 등의 유해한 환원성 물질을 생성한다.
　㉣ 작물과 미생물간에 양분의 쟁탈이 일어난다.

8 토양반응

(1) 토양반응의 정의
① 토양반응은 토양의 수용액이 나타내는 산성, 중성 또는 알칼리성이며, 토양의 pH를 측정하여 표시한다.
② pH는 1~14의 수치로 표시되는데 pH 7이면 중성이고 pH 7 미만이면 산성, pH 7를 초과하면 알칼리성이다. 대부분의 작물은 중성 내지 약산성에서 잘 자란다.

(2) 토양반응과 작물 생육
① 토양 중의 작물양분의 가급도(식물이 양분을 흡수, 이용할 수 있는 유효도)는 중성~미산성에서 가장 높다.
　㉠ 알칼리성 흡수에 변화가 없는 것 : K, S, Ca, Mg
　㉡ 알칼리성 흡수가 크게 줄어드는 것 : Mn, Fe
　㉢ 강산성 토양에서의 양분흡수 변화
　　• P, Ca, Mg, B, Mo 등의 가급도가 감소
　　• Al, Cu, Zn, Mn 등의 용해도가 증가
　㉣ 강알칼리성 토양에서의 양분흡수 변화 : B, Fe, Mn 등의 용해도 감소하여 작물생육에 불리하다.
② 토양 유기물을 분해하거나 공중질소를 고정하는 대다수의 활성박테리아는 중성 부근의 토양반응을 좋아한다.
③ 곰팡이는 넓은 범위의 토양반응에 적응하나 산성 토양에서 가장 잘 번식한다.
④ 작물의 생육에는 pH 6~7의 범위가 가장 알맞고, 강산성(pH 5 이하)이나 강알칼리성(pH 8 이상)이 알맞은 작물은 거의 없다.

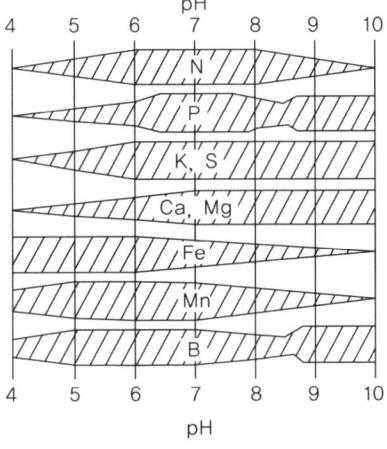

[식물양분의 가급도와 pH와의 관계]

(3) 산성 토양　기출　제8회, 제9회
① 산성 토양의 의미
　㉠ 토양이 산성으로 되면 토양구조와 아울러 물 및 공기의 수급과 토양생물의 생활환경, 각종 양분의 유효성, 질산화작용, 유해하게 작용하는 Al 이온이 나타난다.
　㉡ 토양이 산성을 나타내는 것은 근본적으로 수소(H^+) 이온농도가 높아지는 것이며, 상대적으로 알칼리금속 및 알칼리토금속류의 분량이 감소하는 것이다.

② 토양 산성화의 원인
　㉠ 산성 비료의 연용 : 염화칼륨, 황산칼륨, 분뇨 등의 연용
　㉡ 산성 물질의 유입
　㉢ 빗물에 의한 염기 용탈
　㉣ 무기산의 해리에 의한 수소 이온의 방출
　㉤ 유기물 분해시 유기산이 해리되어 수소 이온 방출
　㉥ 식물 뿌리에서 양분 흡수를 위해 수소 이온 방출
　㉦ 토양 중의 탄산, 유기산의 증가

③ 토양 산성의 종류
　㉠ 활산성 : 토양 용액에 들어 있는 수소 이온에 의한 것
　㉡ 잠산성(또는 치환산성) : 교질물에 흡착된 H^+와 Al 이온에 의하여 나타나는 산성

④ 산성 토양과 작물 생육의 관계
　㉠ 수소 이온이 과다하면 작물 뿌리에 해를 준다.
　㉡ 토양이 산성으로 되면 알루미늄 이온과 망간 이온이 용출되어 해를 준다.
　㉢ 인, 칼슘, 마그네슘, 몰리브덴, 붕소 등 필수원소가 결핍된다.
　㉣ 산성 토양에서는 석회가 부족하고 토양미생물의 활동이 저하되어 토양의 입단형성이 저하된다.
　㉤ 토양 산성이 강해지면 질소고정균, 근류균 등의 활동이 약화된다.

심화TIP　산성 토양에 대한 작물의 적응성　기출 제3회

- **극히 강한 것** : 벼, 밭벼, 귀리, 기장, 호밀, 토란, 아마, 땅콩, 감자, 수박 등
- **강한 것** : 메밀, 당근, 옥수수, 목화, 오이, 포도, 완두, 호박, 딸기, 토마토, 밀, 조, 고구마, 담배 등
- **약간 강한 것** : 유채, 파, 무 등
- **약한 것** : 보리, 클로버, 양배추, 근대, 가지, 삼, 겨자, 고추, 상추 등
- **가장 약한 것** : 시금치, 알팔파, 양파, 자운영, 콩, 팥 등

⑤ 산성 토양의 개량　기출 제4회, 제6회
　㉠ 석회질 비료시용 : 산성 토양을 개량하기 위해서는 먼저 석회질 비료 등의 알칼리성 물질을 공급하여 토양의 반응을 교정한다.
　㉡ 유기물 시용 : 부식의 증대, 완충능의 증대와 토양의 물리화학적 성질, 미생물의 성질개선 효과가 있다.
　㉢ 근류균 첨가 : 근류균을 순수 배양하여 종자와 섞거나 배양균을 종자에 침지하거나 모래나 부식토와 섞어 토양에 뿌려준다.

(4) 알칼리 토양

① 알칼리 및 알칼리 토금속 이온은 토양 용액의 OH 이온농도를 높여 알칼리성을 나타낸다.
② 해안지대의 신간척지나 바닷물 침입지대는 알칼리 토양이 된다.
③ 우량이 적은 건조지대에서는 규산염 광물의 가수분해에 의해서 방출되는 강염기(Na_2CO_3, K_2CO_3, $CaCO_3$, $MgCO_3$ 등)에 의해서 토양이 알칼리성이 된다.

> **심화TIP 알칼리성 토양에 대한 작물의 적응성**
>
> - **강한 것** : 사탕무, 수수, 유채, 목화, 보리 등
> - **중간 정도** : 당근, 무화과, 포도, 상추, 귀리, 올리브, 양파, 호밀 등
> - **약한 것** : 사과, 셀러리, 레몬, 배, 감자, 레드클로버 등

9 토양침식

(1) 토양의 침식

강수에 의해서는 표토가 유실되거나 바람에 의해서 표토가 비산되어 지력이 저하하는 현상을 '토양침식'이라고 한다. 강수가 원인이 되는 수식과 바람이 원인이 되는 풍식으로 구별된다.

(2) 수 식

① 수식에 관여하는 요인
  ㉠ 강우 : 강한 비가 오면 빗방울에 의한 표토의 비산이 많아지고, 유거수도 일시에 많아져서 표토의 비산과 유거가 증대한다.
  ㉡ 토양의 성질
    ⓐ 잘 분산되지 않고 빗물이 토양 중으로 잘 침투하는 토양은 침식이 적다.
    ⓑ 작토에 내수성 입단이 잘 형성되고, 심토의 투수성도 높은 토양은 침식이 적다.
    ⓒ 사토는 분산되기 쉽고, 식토는 빗물의 흡수능이 작아서 침식되기 쉽다.
    ⓓ 자갈은 빗방울의 타격에 견디고 유거수를 일시 정체시켜 토양침투를 조장하여 침식을 적게 한다.

ⓒ 지 형
ⓐ 경사가 급하면 토양이 불안정하고 유거수의 유속이 커지므로 침식이 조장된다.
ⓑ 경사면이 길면 유거수의 가속도가 커져서 침식이 조장된다.
ⓒ 적설이 많거나 식생이 적거나 또는 바람이 세거나 토양이 불안정한 사면은 침식이 조장된다.
ⓔ 식생 : 식생은 빗방울의 타격을 막고, 유거수를 정체하게 하여 토양침투를 많게 하며, 토양입자를 여과·보류하여 침식을 막는다. 식생의 피복도가 클수록 침식은 경감된다.

② 수식 대책 [기출] 제8회
㉠ 삼림조성 : 수식의 기본적인 대책이다.
㉡ 초지화 : 목초로 전면 초지화하면 토양침식은 거의 완전히 방지된다.
㉢ 초생재배 : 목초·녹비 등을 나무 밑에 가꾸는 재배법을 '초생재배'라 하는데, 토양침식이 방지되고 제초노력이 경감되며 지력도 증진된다.
㉣ 계단 경작 : 경사가 급한 비탈에서 비탈방향과 직각이 되게 계단을 만들어서 작물을 재배한다.
㉤ 대상재배 : 경사지에서 수식성 작물을 재배할 때 등고선으로 일정한 간격(3~10m)을 두고 적당한 폭의 목초대를 두면 토양침식이 크게 경감된다. 이것을 '대상재배' 또는 '등고선 윤작'이라고 한다.
㉥ 등고선 경작 : 경사지에서 등고선에 따라 이랑을 만드는 방식으로, 비가 올 때 이랑 사이의 골에 물이 괴어서 유거수가 생기지 않고 토양 속에 침투하게 되므로 이랑이 무너지지 않으면 침식이 방지된다.
㉦ 토양피복 : 짚이나 풀 또는 비닐 등으로 토양을 피복하면 침식의 방지효과가 크다.
㉧ 합리적 작부체계 : 피복작물은 침식을 방지하고 중경작물이나 나지는 침식을 조장하므로 윤작체계에 피복작물을 많이 삽입하거나 밀 같은 작물 사이에 싸리풀 등을 간작하거나 앞 작물과 뒷 작물 사이에 나지가 없게 한다.

> **심화TIP** 토양침식이 우려될 때 재배법 [기출] 제8회
>
> - 녹비작물로 초생재배를 한다.
> - 경사지에서는 계단식 재배를 한다.
> - 대상재배, 등고선 경작을 실시한다.
> - 피복작물 재배를 한다.
> - 토양의 입단화를 유지한다.

(3) 풍 식
　① 풍식에 관여하는 요인
　　㉠ 풍속 : 풍식의 정도에 직접적으로 영향을 주는 인자는 풍속이며, 갑자기 불어오는 강풍이나 돌풍은 토립의 비산을 증가시켜 토양침식을 증대시킨다.
　　㉡ 토양의 성질
　　　• 풍식의 정도에 영향을 미치는 토양의 성질로는 수식에서와 같이 토양구조의 안전성과 토양 수분의 함량이다.
　　　• 토양구조가 잘 발달되어 있으면 강풍에 의한 입단의 파괴와 토립의 비산이 적고, 토양의 건조가 심하거나 수분 함량이 적으면 수식은 물론이고 풍식의 정도가 커서 토양침식이 크다.
　　㉢ 토양표면의 피복상태 : 지표면의 피복도가 큰 작물이 생육하고 있거나 인공피복물 또는 부초로 피복되어 있으면 풍속을 약화시켜 입단의 파괴와 토립의 비산이 경감되어 풍식이 적다.
　　㉣ 인위적 작용 : 작휴 방향, 경운 정도 등 인위적인 작용은 풍식의 정도와 밀접한 관련이 있다. 바람이 불어오는 방향으로 작휴되면 풍식이 매우 크며, 거친 경운을 하면 토양이 건조되어 입단파괴와 토립의 비산이 증대되어 토양침식은 커진다.
　② 풍식 대책
　　㉠ 방풍림・방풍울타리를 설치하여 풍세를 약화시킨다.
　　㉡ 피복작물을 재배하여 토사의 이동을 방지한다.
　　㉢ 관개를 하여 토양이 젖어 있게 한다.
　　㉣ 이랑을 풍향과 직각으로 낸다.

02 수 분

1. 수분의 흡수

(1) 작물생육에 대한 수분의 기본역할 기출 제2회, 제5회, 제9회
① 원형질의 생활 상태를 유지한다.
② 식물체의 구성 물질이며, 영양적 물질의 형성재료이다.
③ 필요 물질을 흡수하는 용매이다.
④ 식물체 내의 물질을 이동시키는 매개체이다.
⑤ 필요 물질의 합성·분해의 매개체이다.
⑥ 세포의 팽압 상태를 유지하고 식물의 체제를 유지한다.

(2) 작물의 요수량(= 증산계수) 기출 제2회, 제7회
① 요수량 : 건물 1g을 생산하는데 소비된 수분의 양
　㉠ 요수량이 큰 식물 : 두과작물(알팔파, 클로버), 호박, 완두, 오이
　㉡ 요수량이 적은 작물 : 수수, 기장, 옥수수

> **심화TIP 요수량** 기출 제10회
>
> 호박 > 완두 > 오이 > 감자 > 귀리 > 보리 > 밀 > 옥수수 > 수수 > 기장

② 증산계수 : 건물 1g을 생산하는데 소비된 수분의 증산량

(3) 수분의 이동
① 삼투와 삼투압
　식물세포의 원형질막은 반투막이며, 세포 외액이 세포액보다 농도가 낮을 때는 외액의 수분농도가 세포액보다 높은 결과가 되므로 외액의 수분이 반투성인 원형질막을 통하여 세포 속으로 확산해 들어가는데 이것을 '삼투'라고 하며, 내·외액의 농도차에 의해서 삼투를 일으키는 압력을 '삼투압'이라고 한다.
② 팽 압
　삼투에 의해서 세포의 수분이 늘면 세포의 크기를 증대시키려는 압력이 생기는데 이것을 '팽압'이라고 하며, 식물의 체제유지를 가능하게 한다.
③ 막 압
　팽압에 의하여 세포막이 늘어나면 세포막의 탄력성에 의해서 다시 안으로 수축하려는 압력이 생기는데, 이것을 '막압'이라고 한다.

④ 흡수압(확산압차)

삼투압은 세포 내로 수분이 들어가는 압력이고, 막압은 세포 외로 수분을 배출하는 압력으로 볼 수 있으므로, 실제의 흡수는 삼투압과 막압의 차이에 의해서 이루어지며, 이것을 '흡수압' 또는 '확산압차'라고 한다.

⑤ 수분 흡수의 방해
  ㉠ 작물의 뿌리는 토양의 용액으로부터 수분을 흡수하는데, 토양수분은 토양입자가 토양내 수분을 흡착하려는 힘만큼 작물에 의한 흡수를 방해하는 방향으로 작용한다.
  ㉡ 토양용액 자체의 삼투압도 흡수에 저해하는 방향으로 작용한다.

(4) 뿌리의 수분 흡수

① 수분 흡수는 뿌리의 표면에 접해있는 토양수분과 뿌리내 수분의 압력차이 때문에 일어난다.
② 수분은 토양으로부터 뿌리의 껍질, 껍질층, 안껍질을 통하여 뿌리의 유관속 조직으로 들어가서 위로 상승하여 잎으로 흡수되며, 마지막으로 증산작용에 의하여 대기 중으로 날아간다.

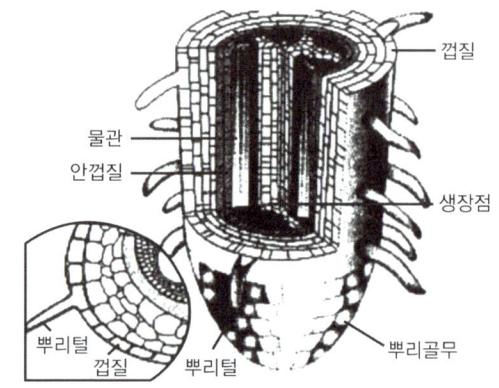

[뿌리의 수분흡수]

(5) 증산작용

① 증 산
수분이 식물체를 통하여 대기로 이동하는 것을 '증산'이라고 한다.

② 증발산량
토양에 있는 수분이 대기로 직접 이동하는 것을 '증발'이라고 하는데, 증발량과 증산량을 합하여 '증발산량'이라고 한다.

③ 증산작용
잎의 기공을 통하여 일어난다. 기공은 작물의 공기 이동과 수분증산의 통로이다.

④ 증산에 영향을 주는 환경요인
  ㉠ 빛의 세기 : 기공에 빛을 쬐면 열리고 빛이 없으면 닫히기 때문에 빛의 세기에 따른 증산작용의 영향이 크다.
  ㉡ 상대습도 : 대기가 건조하면 증발이나 증산이 촉진된다.
  ㉢ 온도 : 기온이 상승하면 증산작용은 촉진되고 기온이 떨어지면 감소된다.
  ㉣ 바람 : 바람이 불면 일반적으로 증산작용이 활발해진다.

[증산에 영향을 주는 환경]

> **심화TIP** **수분과잉 장해** [기출] 제7회
>
> - 생장이 쇠퇴하며 수량도 감소한다.
> - 건조 후에 수분이 많이 공급되면 열과(다량의 수분이 흡수되어 과실의 껍질이 터지는 현상) 등이 나타난다.
> - 뿌리의 활력이 떨어진다.
> - 식물이 웃자라게 된다.

2 공기 중의 수분

(1) 공기습도
① 공기습도가 높지 않고 공기가 적당히 건조해야 증산이 조장되고, 양분흡수가 촉진되어 생육이 좋다.
② 과도한 건조는 불필요한 증산을 크게 하여 가뭄해를 유발한다.
③ 공기가 과습하면 증산이 적어지고 병균의 발달을 조장하며, 식물체의 기계적 조직이 약해져서 병해·도복을 유발한다.

(2) 이 슬
① 일반적으로 이슬은 기공을 막아서 증산·광합성을 감퇴시키고 작물을 연약하게 한다.
② 병균의 침입을 조장하기도 한다.

(3) 안 개
① 짙은 안개는 일광을 차단하고 지온을 낮게 하므로 작물에 해롭다.
② 귀리·풋베기목초·순무 등은 안개가 심한 고장에서 적응성이 높다.

(4) 강 수
① 비
　㉠ 알맞은 비는 작물생육의 기본요인이 된다.
　㉡ 부족하면 가뭄해를 일으키고, 과다하면 습해·수해를 일으킨다.
② 우 박
　㉠ 우박은 대체로 국지적으로 오며, 작물을 심하게 손상시킨다.
　㉡ 우박을 미리 예측해서 사전에 수확을 하거나 또는 피복을 해서 피해를 막도록 해야 한다.
　㉢ 우박 뒤에는 약제를 살포해서 병충해의 발생을 막고, 비배관리를 잘해서 건실한 생육을 유도해야 한다.

③ 눈
- ㉠ 눈의 이점 : 눈이 오면 월동 중에 토양수분을 공급하여 월동작물의 건조해를 막고, 풍식을 경감한다. 눈이 깊게 덮이면 눈 밑 작물의 온도저하를 경감해서 동해를 방지한다.
- ㉡ 설해 : 눈이 너무 많이 오면 과수의 가지가 찢어지는 등의 기계적 장해를 일으키고, 작물이 적설 밑에 오래 있게 되면 쇠약해지며, 맥류에서는 설부병을 유발하기도 한다.
- ㉢ 설해 대책
  - 적설이 해가 될 때에는 눈을 녹이는 방법을 적용한다. 물을 대거나 흙이나 재를 뿌리거나 한다.
  - 적설이 심한 곳에서는 과수의 월동전 전정을 하여 불필요한 긴 가지를 잘라주도록 한다.

3 관수

물주기를 관수 또는 관개라고 한다.

(1) 관수의 법칙

① 토양(배지)의 배수성이 좋아야 한다. 토양의 물리적인 구조가 적당해야 적절한 관수를 할 수 있으므로 배수성이 양호하면서 보수력이 좋은 토양이어야 한다.
② 관수시 충분한 양을 공급한다.
③ 작물이 수분 스트레스를 받기 직전에 공급한다.

(2) 관수의 방법 기출 제10회

① **지표관수** : 지표면에 물을 대는 방법이다.
  - ㉠ 전면관수 : 지표면 전면에 물을 대는 관수법이다.
  - ㉡ 휴간관수 : 이랑을 세우고, 이랑 사이에 물을 대는 관수법이다.
② **살수관수** : 공중으로부터 물을 뿌려 관수하는 방법이다.
  - ㉠ 다공관관수 : 파이프에 직접 작은 구멍을 여러 개 내어 살수하여 관수하는 방법이다.
  - ㉡ 스프링클러관수 : 주로 노지재배에서 스프링클러를 이용하여 관수하는 방법이다.
  - ㉢ 미스트관수 : 물에 높은 압력을 가하여 공중습도를 유지하며, 고급 화초, 난 등에 이용하는 관수방법이다.
  - ㉣ 점적관수 : 한 방울씩 스며들게 하는 방법으로 가장 이상적인 관수방법이다.

> **심화TIP 관수방법** 기출 제11회
>
> ① **저면관수** : 화분에 대한 관수방법으로 벤치에 화분을 배열한 다음 물을 공급하여 화분의 배수공을 통하여 물이 스며 올라가게 하는 방법이다. 파종상을 이용해 미세종자를 파종하는 경우 저면관수를 하는 것이 좋다.
> ② **점적관수** : 플라스틱 파이프나 튜브에 분출공을 만들어 물이 방울방울 떨어지게 하거나 천천히 흘러나오게 하는 방법이다.
> ③ **고랑관수** : 경작지에 고랑을 만들어 물이 흐르게 하여 수분을 공급하는 방법이다.
> ④ **분수관수** : 일정 간격으로 구멍이 나 있는 플라스틱 파이프나 튜브에 압력이 가해진 물을 분출시켜 일정 범위의 표면을 적시는 방법이다.

③ **지하관수** : 지하로부터 수분을 공급하는 방법이다.
  ㉠ 개거법 : 개방된 수로를 통하여 물을 대어 이것을 침투시켜 모관 상승에 의해 관수하는 방법이다.
  ㉡ 암거법 : 지하에 토관, 목관, 플라스틱관 등을 배치하고 간극을 통해 스며 오르게 하는 방법이다.
  ㉢ 압입법 : 뿌리가 깊은 과수 등에 기계적으로 압입하는 방법이다.

(3) 관수시 유의사항
① 물의 온도가 너무 낮으면 생육이나 발아에 영향을 준다.
② 오염 정도에 따른 피해도 있으므로 사용할 물을 미리 확인해야 한다.
③ 작물이 어느 정도 자란 이후에 물을 줄 때는 너무 많이 주면 쓰러지는 경우가 많으므로 도복을 고려해야 한다.
④ 비료 성분이 유실되지 않도록 양을 조절해야 한다.
⑤ 물주기를 한 이후에 잡초나 병충해이 증가할 우려가 있으므로 약제 살포 시기를 조절해야 한다.

(4) 관수의 효과
① 논에서의 효과
  ㉠ 생리적으로 필요한 수분의 공급
  ㉡ 온도의 조절작용
  ㉢ 비료성분의 공급
  ㉣ 유해물질의 제거
  ㉤ 잡초의 억제
  ㉥ 병충해의 경감
  ㉦ 작업의 능률화
  ㉧ 벼 생육의 조절

② 밭에서의 효과
　㉠ 생리적으로 필요한 수분공급
　㉡ 재배수준의 향상
　㉢ 지온의 조절
　㉣ 비료성분의 보급과 이용의 효율화
　㉤ 풍식방지
　㉥ 동상해방지

4 배수

물빼기를 배수라 한다.

(1) 배수의 효과
① 습해·수해를 방지한다.
② 토양의 성질을 개선하여 작물의 생육을 조장한다.
③ 1모작답을 2·3모작답으로 하여 경지이용도를 높인다.
④ 농작업을 용이하게 하고, 기계화를 촉진한다.

(2) 배수법
① **객토법**
　객토를 하여 토성을 개량하거나 지반을 높여서 자연적 배수를 꾀하는 방법이다.
② **기계배수**
　기계배수는 인력·축력·풍력·기계력 등을 이용해서 배수하는 방법이다.
③ **명거배수**
　도랑이나 큰 고랑을 경사지게 하여 지상수 및 지하수를 배제하는 방법이다.
④ **암거배수**
　암거배수는 지하에 배수시설을 하여 배수하는 방법이다.
　㉠ 암거배수는 물을 잘 흡수하는 재료를 이용하여 물을 모은 뒤 구멍 뚫린 관이나 자갈 등을 이용하여 흘려보낸다.
　㉡ 시설비가 많이 드나 반영구적으로 사용할 수 있다.
　㉢ 물대기 시설이 없을 경우에 가뭄의 피해를 쉽게 받을 수도 있다.

03 온도

1 유효온도

작물이 살아갈 수 있는 온도의 범위는 작물에 따라 다르고 같은 작물이라도 생육시기에 따라 다르다.

(1) 최저온도, 최적온도, 최고온도 기출 제8회

① 작물의 생육이 가능한 가장 낮은 온도를 '최저온도', 가장 높은 온도를 '최고온도'라 하며, 가장 잘 자랄 수 있는 온도를 '최적온도'라 한다.
② 작물이 살아가기 위해서는 온도가 최고온도와 최저온도 범위에 있어야 하며, 최적온도보다 낮거나 높으면 생육에 지장을 준다.

(2) 작물의 생육적온 기출 제1회, 제5회, 제9회

① 작물의 생육적온은 대부분 20~25℃이며, 일반적으로 여름작물에 비하여 겨울작물의 생육적온이 낮다.
② 상추 등은 10~18℃로 비교적 낮은 온도를 좋아하며, 고온에서는 생육이 나쁘다.
③ 벼, 옥수수와 같이 열대지방이 원산지인 작물은 고온에서 생육이 잘된다.

> **심화TIP 생육가능온도** 기출 제8회
>
> 작물의 생육가능온도는 최저한계온도, 생육최적온도, 최고한계온도로 구분할 수가 있다.
> 딸기는 호냉성 채소작물로 재배의 최저한계온도는 5℃이고 생육최적온도는 평균 18~23℃이며, 25℃ 이상이 되면 생육이 지연되고 최고한계온도인 30℃ 이상에서는 생육이 정지된다.

2 적산온도

(1) 정 의

적산온도는 작물의 싹트기에서 수확할 때까지 평균 기온이 0℃ 이상인 날의 일평균기온을 합산한 것이다. 작물의 기후의존도, 특히 온도 환경에 대한 요구도를 나타내는 지표로 이용된다.

(2) 적산온도와 작물의 특성

① 작물의 적산온도는 생육시기와 생육기간에 따라서 차이가 생긴다.
② 생육기간이 긴 작물일수록 더 많은 적산온도를 필요로 하며, 생육기간이 비슷한 경우 고온작물이 저온작물보다 더 많은 적산온도를 필요로 한다.
③ 적산온도를 계산하여 그 지방에서 재배 가능한 작물이나 품종을 선택할 수 있다.

[적산온도]

작물명	적산온도(℃)	
	최 저	최 고
메밀	1,000	1,200
감자	1,300	3,000
봄보리	1,600	1,900
가을보리	1,700	2,075
봄밀	1,870	2,275
가을밀	1,960	2,250
옥수수	2,370	3,000
콩	2,500	3,000
해바라기	2,600	2,850
벼	3,500	4,500

3 온도변화

(1) 계절적 변화

① 우리나라의 기온은 8월을 최고로 하고 1월을 최저로 하여 계절적인 변동을 하고 있다.
② 최저기온은 작물의 월동을 지배하며, 가을보리는 평야지 전역에서 월동하나 가을쌀보리는 영남·호남 지역에서 월동이 안전하다.
③ 최고기온은 작물의 월하를 지배하며, 감자는 고랭지에서는 월하하나 평지에서는 월하하지 못한다.
④ 무상기간은 월하하는 여름작물의 생육가능기간을 표시하며, 무상기간이 짧은 고지대나 북부지대에서는 벼의 한생종이 재배되며, 무상기간이 긴 남부지대에서는 만생종이 재배된다.

(2) 일변화(변온)가 작물 생육에 미치는 영향 기출 제2회

기온·지온·수온은 하루 중에도 시시각각으로 변화하는데, 이를 '일변화' 또는 '변온'이라고 한다. 기온은 하루 중 해뜨기 직전에 최저기온이 되고, 해 뜬 후 점차 높아져 오후 2시경에 최고기온이 되며, 저녁에는 다시 기온이 낮아진다. 하루 중의 최고기온과 최저기온의 차이를 '일교차'라고 한다.

① 발 아
　일변화는 작물의 발아를 조장하는 경우가 있다.
② 동화물질의 축적
　일변화가 어느 정도 크면 동화물질의 축적이 많아지지만, 밤의 기온이 너무 내려가면 장해가 생긴다.
③ 생 장
　밤의 기온이 높아서 일변화가 작으면 대체로 생장이 빠르다. 이것은 무기성분의 흡수와 동화양분의 소모가 왕성하기 때문이다.
④ 덩이뿌리·덩이줄기의 발달
　고구마는 29℃의 항온보다도 29~20℃의 일변화에서 덩이뿌리의 발달이 현저히 촉진되며, 감자도 밤의 기온이 10~14℃로 저하하는 일변화에서 덩이줄기가 발달한다. 이것은 동화물질의 축적이 양호하기 때문이다.
⑤ 개 화
　맥류에서는 밤의 기온이 높아서 일변화가 작은 것이 출수·개화를 촉진하지만, 일반적으로 일변화가 커서 밤의 기온이 비교적 낮은 것이 동화물질의 축적을 조장하여 개화를 촉진하고 화기도 커진다.
⑥ 결 실
　가을에 결실하는 작물은 대체로 일변화에 의해서 결실이 조장된다.

(3) 수온·지온 및 작물체온의 변화
① 수 온
　㉠ 수온의 최저·최고의 시간은 기온보다 약 2시간 늦게 온다.
　㉡ 최고온도는 기온보다 낮으나 최저온도는 기온보다 높으며, 수심이 깊을수록 수온변화의 폭이 작아진다.
② 지 온
　㉠ 지온의 최저·최고의 시간도 기온보다 약 2시간 늦게 온다.
　㉡ 지온의 최저온도는 대체로 기온보다는 약간 높다.
　㉢ 지온의 최고온도는 수분이 많은 백토의 경우에는 기온보다 낮으나, 건조한 흑토의 경우에는 기온보다 훨씬 높다.
③ 작물체온
　㉠ 밤이나 그늘의 작물체온은 흡열보다 방열이 우세하여 기온보다 낮다.
　㉡ 여름의 맑은 한낮에는 방열보다 흡열이 더욱 우세하여 기온보다 10℃ 이상 높아질 수도 있다.
　㉢ 바람이 없고 공기가 습하며, 작물이 밀생했을 때 작물체온의 상승이 더욱 커진다.

04 광(光)

1 광과 작물의 생리작용

(1) 광과 작물
① 광합성
  ㉠ 녹색식물은 광에너지를 받아서 엽록소를 형성하고 광합성을 수행하여 유기물을 생성한다.
  ㉡ 광합성 작용에는 675nm을 중심으로 한 650~700nm의 적색광과 450nm을 중심으로 한 400~500nm의 청색광이 가장 효과적이고, 녹색·황색·주황색의 부분은 대부분 투과·반사되어 효과가 적다.
② 증산작용
  ㉠ 광이 조사되면 온도가 상승하여 증산이 조장된다.
  ㉡ 광이 있으면 광합성에 의해서 동화물질이 축적되며, 공변세포의 삼투압이 높아져서 흡수가 조장되어 기공을 열게 함으로써 증산을 조장한다.
③ 호흡작용
  광은 광합성에 의해서 호흡기질을 생성하여 호흡을 증대시킨다.
④ 굴광현상
  식물이 광조사 방향에 반응하여 굴곡반응을 나타내는 것을 '굴광현상'이라고 한다.
  ㉠ 식물의 한쪽에 광을 조사하면 조사된 쪽의 옥신 농도가 낮아지고, 반대쪽의 옥신 농도가 높아진다.
  ㉡ 줄기나 소엽에서는 광이 조사된 옥신의 농도가 낮은 쪽의 생장속도가 반대쪽보다 낮아져서 광을 향하여 구부러지는 향광성을 나타내지만, 뿌리에서는 그 반대로 되는 배광성을 나타낸다.
  ㉢ 굴광현상에는 400~500nm, 특히 440~480nm의 청색광이 가장 유효하다.
⑤ 착 색 [기출] 제2회
  ㉠ 광이 없을 때에는 엽록소의 형성이 저해되고, 에티올린(Etiolin)이란 담황색 색소가 형성되어서 황백화 현상을 일으킨다.
  ㉡ 엽록소 형성에는 450nm 중심으로 430~470nm의 청색광과 650nm를 중심으로 620~670nm의 적색광이 효과적이다.
  ㉢ 사과, 포도, 딸기 등의 과일에는 안토시안 색소가 형성되어 착색되는데, 착색에는 자외선이나 자색광이 효과적이다.
⑥ 신장 및 개화
  ㉠ 파장이 짧은 청색광이나 자외선은 식물의 생장을 억제하고, 적색광은 생장을 촉진하는 효과가 있다.
  ㉡ 광부족, 자외선 투과가 적은 환경은 웃자라기 쉽다.

ⓒ 광의 조사가 좋은 경우 광합성의 조장으로 탄수화물 축적이 많아져 C/N율이 높아지고, 화성이 촉진된다.
ⓓ 꽃눈의 분화와 씨앗의 싹트기는 적색광(670nm 부근)이 촉진하고, 근적외광(730nm 부근)은 억제한다.
ⓔ 광이 조사되는 시간, 즉 일장의 장단도 화성·개화에 큰 영향을 끼친다.

> **심화TIP 광중단 현상** 기출 제4회, 제5회, 제8회
>
> 국화는 단일성 식물이므로 단일처리로 꽃눈분화를 촉진시키거나, 장일처리로 꽃눈분화를 억제시킬 수 있다. 재배지 주변의 가로등이 밤에 켜져 있으면 긴 암기를 조명으로 분단하는 광중단(또는 암기중단) 현상으로 국화의 꽃눈분화가 억제되어 개화가 되지 않을 수 있다.

(2) 광합성과 태양에너지의 이용

① 태양에너지의 이용
ⓐ 지구의 대기권 밖에서 햇빛에 수직인 면에 들어오는 빛에너지는 연중 약 $2cal/cm^2/min$으로 일정하며, 이를 '태양상수'라고 한다.
ⓑ 식물의 광합성에 의한 태양에너지의 이용률은 적으며, 작물에서는 일반적으로 2~4%이고 생육이 빈약한 작물은 0.5~4% 정도에 불과하다.
ⓒ 지구상의 식물 광합성량의 분포는 90%를 해양식물이 차지하고, 육지식물은 10%를 차지하는 데 불과하다.
ⓓ 경작지대의 작물이 차지하는 비율은 육지의 24.5%, 즉 전 지구의 2.45%에 불과하다.

② 광합성과 태양에너지
ⓐ 지면에 도달하는 햇빛은 280~300nm 범위의 연속된 파장으로 이루어진 광선이다. 이중 400nm 이하의 짧은 파장을 '자외선(UV)'이라 하고, 400~700nm의 파장을 '가시광선', 700nm 이상의 파장을 '적외선'이라고 한다.
ⓑ 가시광선은 광합성에 이용되므로 '유효복사'라고도 하며, 전체 햇빛 에너지의 약 50%를 차지한다.
ⓒ 적외선은 주로 식물에 흡수되어 온도를 올리는데 이용되므로 '열선'이라고 한다.
ⓓ 파장이 짧은 자외선은 생물활동을 억제하거나 심하면 죽게 한다.

> **심화TIP 작물의 생장에 영향을 주는 광질** 기출 제9회, 제11회
>
> - 가시광선 중에서 적색광은 광합성·광주기성·광발아성 종자의 발아를 주도하는 중요한 광선이다.
> - 근적외선은 식물의 신장을 촉진한다.
> - **적색광과 근적외선의 비(R/Fr ratio)** : 적색광과 근적외선의 비가 작으면 절간신장이 촉진되어 식물의 신장이 커지고, 적색광과 근적외선의 비가 크면 식물의 신장을 억제한다.
> ※ **절간신장** : 식물의 마디가 자라는 것

2 수광량

(1) 작물의 광입지
① 작물이 받는 일사는 입지에 달라지며, 수광량의 차이는 작물 기초대사 및 건물의 생산 등에 영향을 미친다. 작물의 재배에 일사가 고려되어야 한다.
② 벼·목화·조·기장·감자·알팔파 등과 같이 광부족에 적응하지 못하는 작물은 일사가 좋은 곳이 알맞으며, 강낭콩·딸기·목초·당근·비트 등과 같이 광부족에 민감하지 않은 것은 일사가 좋지 못한 곳에도 적응한다.
③ 초생재배에는 내음성이 강한 작물이 알맞다. 간작·혼작·교호작의 경우에는 한쪽 작물이 그늘을 받게 되므로 광부족에 적응할 수 있는 것이 알맞으며, 또 다른 한쪽 작물은 키가 작은 것을 택하든가 재식밀도를 조절하여 그늘을 적게 하도록 하는 것이 좋다.

(2) 이랑의 방향
① 경사지는 등고선 경작이 유리하나, 평지는 수광량을 고려해 이랑의 방향을 정해야 한다.
② 남북이랑은 동서이랑에 비하여 수광시간은 약간 짧으나, 작물생장기의 수광량이 훨씬 많아서 유리하다. 그러나 토양의 건조가 심해질 우려도 있다.
③ 봄에 감자를 심을 때 이랑을 동서방향으로 내고, 골의 북쪽에 바싹 다가 심으면 수광량이 많아져서 지온이 높아지므로 싹이 빨리 튼다.

(3) 장지의 투광
① 장지의 투광률은 유리 90%, 비닐 85%, 유지 40% 정도로 유리나 플라스틱필름을 쓰는 것이 투광이 잘되어 보온이 잘되고 생육도 건실해진다.
② 비닐을 여러 겹으로 덮으면 자외선의 부족으로 도장하게 된다.

(4) 보 광
광합성을 조장하기 위해서 밤이나 흐린 날에 보광을 하는 일이 있으며, 적색광이 광합성에 유효하므로 네온광을 쓰기도 한다.

(5) 차 광
① 인삼처럼 그늘에서 생육하는 작물은 미리 해가림을 해주고 재배한다.
② 파·부추·아스파라거스·셀러리·땅두릅 등을 <u>연화재배</u>할 때에는 천·왕겨·암실 등을 이용하여 고도의 차광을 해준다.

※ **연화재배** : 작물의 전체 또는 필요한 부분에 광을 차단시켜 줄기나 잎 등이 희고 연하게 되도록 재배하는 방법

3 광합성

(1) 광합성의 장소
① 엽록체의 구조

엽록체는 식물 잎의 엽육세포와 공변세포 등에 들어 있으며, 지름이 5~10㎛이고 두께가 2~3㎛인 원반형 구조이며, 외막과 내막의 2중막으로 둘러싸여 있다.

    ㉠ 그라나 : 틸라코이드가 차곡차곡 겹쳐진 구조물로 빛에너지를 흡수하여 화학에너지로 전환시키는 명반응이 일어난다.

    ㉡ 스트로마 : 엽록체의 기질 부분으로 광합성효소가 있어 CO_2를 환원시켜 포도당을 합성하는 암반응이 일어난다. DNA와 리보솜이 있어 일부 단백질을 합성하기도 한다.

② 광합성 색소

    ㉠ 엽록소 : 탄소(C), 수소(H), 산소(O), 질소(N), 마그네슘(Mg)으로 구성된 화합물이다.

    ㉡ 카로티노이드 : 카로틴(적황색)+크산토필(담황색)로 구성되며, 엽록소가 잘 흡수하지 못하는 파장대의 에너지를 흡수하여 엽록소로 전달한다.

(2) 빛의 파장과 광합성
① 광합성은 청자색광과 적색광에서 가장 활발하게 일어난다.
② 엽록소는 가시광선 중 청자색광(430~460nm)과 적색광(630~680nm)을 잘 흡수한다.

(3) 광합성에 영향을 미치는 요인 기출 제2회, 제5회, 제8회, 제10회
① 빛의 세기 : 빛의 세기가 증가함에 따라 광합성량은 차차 높아진다.

    ㉠ 광합성량의 측정 : CO_2 흡수량이나 O_2 방출량을 통해 광합성량을 측정한다.

    ㉡ 보상점 : 식물의 광합성에 사용되는 CO_2의 양과 호흡으로 배출되는 CO_2의 양이 같을 때의 빛의 세기(호흡량 = 광합성량)이다.

    ㉢ 광포화점 : 광합성량이 더 이상 증가하지 않을 때의 빛의 세기이다.

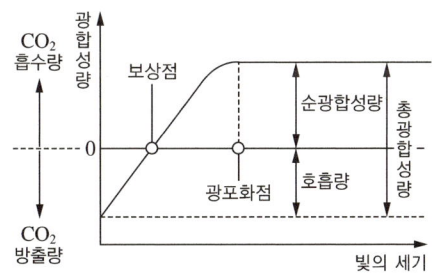

[빛의 세기와 광합성량]

> **심화TIP** 양지식물과 음지식물
>
> 보상점이 높은 식물은 강한 빛에서 잘 자랄 수 있기 때문에 양지에서 잘 자라는데, 이러한 식물을 양지식물이라고 한다. 반면 보상점이 낮은 식물은 비교적 약한 빛에서도 잘 자랄 수 있기 때문에 음지에서 자라는 것이 많은데, 이러한 식물을 음지식물이라고 한다. 양지식물은 음지식물에 비하여 광포화점이 높다.

② 온 도
  ㉠ 광합성은 효소가 관계하는 반응이기 때문에 반응 속도는 온도의 영향을 받는다.
  ㉡ 빛이 약할 때 : 온도의 영향 거의 받지 않는다.
  ㉢ 빛이 강할 때 : 온도가 상승함에 따라 광합성량이 증가한다. 보통 5~35℃ 범위에서는 온도가 10℃ 상승할 때마다 광합성 속도는 약 2배씩 증가하여 35℃ 정도에서 광합성 속도가 최대가 되며, 온도가 그 이상으로 높아지면 광합성량은 급속히 감소한다.

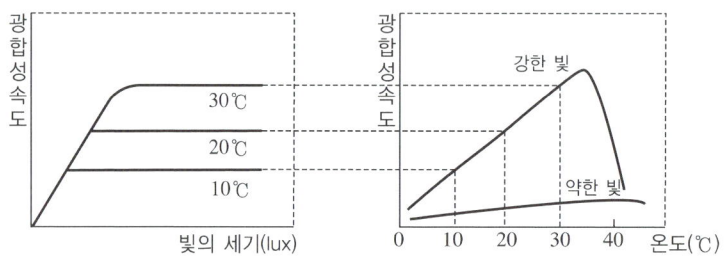

[온도와 빛의 세기에 따른 광합성 속도]

③ 이산화탄소의 농도
  ㉠ 빛의 세기가 약할 때 : 대기 중의 CO_2 농도인 0.03% 정도에서 광합성 속도가 더 이상 증가하지 않는다.
  ㉡ 빛의 세기가 강할 때 : CO_2 농도가 0.1%에 도달할 때까지 광합성 속도가 증가한다.

> **심화TIP** 광합성의 제한요인(한정요인)
>
> 빛의 세기와 파장, 온도, CO_2 농도 등은 광합성에 복합적으로 영향을 주고, 이들 요인들이 모두 최적의 상태일 때 광합성이 최대 일어나게 된다. 만약 어느 한 요인이라도 부족해지면 광합성은 최대로 일어날 수 없으며, 이 부족한 요인에 의해 광합성이 제한을 받게 된다. 즉, 부족한 요인이 광합성의 제한요인(한정요인)이 되는 것이다.

(4) 광합성의 과정

① 광합성은 태양에너지를 에너지원으로 CO_2와 H_2O을 재료로 하여 포도당($C_6H_{12}O_6$)을 생산하고, 그 부산물로 O_2를 얻는 과정이다.

② 광합성은 명반응과 암반응의 두 단계로 진행되는데, 명반응에서 물의 광분해 및 광인산화를 통해 $NADPH_2$와 ATP가 생성되고 O_2가 방출되며, 암반응에서는 $NADPH_2$와 ATP를 이용하여 CO_2를 환원시켜 포도당을 합성한다.

$$12H_2O + 12NADP \xrightarrow{\text{빛에너지}} 12NADPH_2 + 6O_2 \text{(명반응)}$$

$$6CO_2 + 12NADPH_2 \xrightarrow{\substack{18ADP \rightarrow 18ATP \\ 18ATP \rightarrow 18ADP}} C_6H_{12}O_6 + 6H_2O + 12NADP \text{(암반응)}$$

$$6CO_2 + 12H_2O \xrightarrow{\text{빛에너지}} C_6H_{12}O_6 + 6O_2 + 6H_2O \text{(전체 반응식)}$$

> **심화TIP** C3 작물과 C4 작물 `기출` 제7회
>
> - **C3 작물** : 캘빈회로(Calvin cycle)인 C3 광합성 메커니즘을 수행하는 작물 예 벼, 보리, 밀, 담배 등
> - **C4 작물** : 4탄당(C4) 화합물이 관여하는 추가적인 경로(C4회로)를 이용해 이산화탄소(CO_2) 농도가 낮은 환경에서도 광합성 효율이 높은 작물 예 옥수수, 수수, 사탕수수 등

4 광피해

(1) 빛이 부족할 때 `기출` 제6회

① 작물은 빛이 부족하면 광합성이 안 되어 생장이 느리고 연약하게 자라며, 병에 걸리기 쉽다.
② 흐린 날이나 밤에 인공적으로 빛을 보충해주면 광합성량이 증가되어 농작물의 수량을 늘릴 수 있다.

> **심화TIP** 광부족이 지속될 때 나타날 수 있는 박과 채소작물의 생육 반응
>
> 시설 내에서 광부족이 지속되면 광합성 억제로 잎, 뿌리, 줄기의 생장이 저조해지고, 결구지연, 과실비대불량, 낙화 또는 낙과의 발생이 많아진다.

(2) 빛이 강할 때

인삼과 같이 약한 빛에서 적응한 식물은 처음부터 빛가림을 하여 재배하여야 하며, 빛이 강하면 잘 자라지 못한다.

05 공기와 바람

1 공 기

(1) 대기 조성

지상의 공기를 대기라고 하는데, 일반적으로 대기의 조성은 일정하며, 주요 성분의 용량비는 다음과 같다.

- 질소(N_2) : 약 79.1%
- 산소(O_2) : 약 20.9%
- 이산화탄소(CO_2) : 약 0.03%
- 기타 : 수증기・먼지・연기・미생물・화분・각종 가스 등

① 질 소
  ㉠ 대기 중에는 질소가스(N_2)가 약 79.1%나 함유되어 있으며, 근류균・*Azotobacter* 등은 공기 중의 질소를 고정한다.
  ㉡ 대기 중에는 소량이지만 화합물 형태의 질소가 존재하며, 강우에 따라서 암모니아・질산・아질산 등이 토양 중에 공급되어 작물의 양분이 된다.

② 산 소
  ㉠ 대기 중의 산소농도는 약 20.9%로 작물의 호흡작용에 알맞은 농도이다.
  ㉡ 대기 중 산소농도가 감소하면 호흡속도를 감소시키며, 5~10% 이하에 이르면 호흡은 크게 감소한다.
  ㉢ 산소농도의 증가는 일시적으로는 작물의 호흡을 증가시키지만, 90%에 이르면 호흡은 급속히 감퇴하고, 100%에서는 식물이 고사한다.

③ 이산화탄소 [기출] 제10회
  ㉠ 대기 중의 이산화탄소 농도는 약 0.03%이며, 이는 작물이 충분한 광합성을 수행하기에는 부족한 상태이다.
  ㉡ 이산화탄소를 인공적으로 공급하여 주면 광합성이 증대되어 작물의 수량이 증가된다.

④ 기타 가스
대기 중에는 아황산가스, 오존, 산화질소가스 등 공해물질도 존재하는데, 이들이 대기 중에 존재하는 양은 시간과 장소에 따라 다르다.

(2) 대기와 작물

① 작물은 대기 중 이산화탄소를 광합성의 재료로 한다.
② 작물은 대기 중 산소를 이용하여 호흡작용이 이루어진다.
③ 질소고정균에 의해 대기 중 질소가 고정된다.

④ 대기 중 아황산가스 등 유해성분은 작물에 직접적 유해작용을 한다.
⑤ 토양산소의 부족은 토양내 환원성 유해물질 생성의 원인이 된다.
⑥ 토양산소의 변화는 비료성분 변화와 관련이 있어 작물 생육에 영향을 미친다.
⑦ 바람은 작물의 생육에 여러 영향을 미친다.

(3) 이산화탄소 시비

대기 중의 이산화탄소 농도를 높여 주면 광합성이 증대하여 작물생육이 촉진되고, 수량·품질이 향상된다. 작물의 증수를 위하여 작물 주변의 대기 중에 인공적으로 이산화탄소를 공급해주는 것을 '탄산 시비' 또는 '이산화탄소 시비', '탄산비료'라고 한다. 적당한 이산화탄소 시비의 수준은 1,000~1,500ppm 범위이다.

① 대기 중의 이산화탄소 농도와 광합성 기출 제6회
  ㉠ 이산화탄소 보상점 : 광합성에 의한 유기물의 생성속도와 호흡에 의한 유기물의 소모속도가 같아지는 이산화탄소 농도를 '이산화탄소 보상점'이라고 하며, 작물이 생장을 계속하려면 그 이상의 이산화탄소 농도가 필요하다. 대체로 작물의 이산화탄소 보상점은 대기 중의 농도(0.03%)의 1/10~1/3(0.003~0.01%) 정도라고 한다.
  ㉡ 이산화탄소 포화점 : 이산화탄소 농도가 어느 한계까지 높아지면 그 이상 높아져도 광합성은 증대하지 않는 한계농도에 도달하게 된다. 이것을 '이산화탄소 포화점'이라고 하며, 작물의 이산화탄소 포화점은 대기 중의 농도의 7~10배(0.21~0.3%)가 된다.

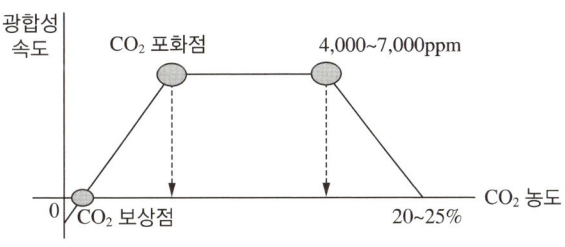

[이산화탄소 농도와 광합성]

② 이산화탄소 농도에 관여하는 요인
  ㉠ 계 절
    ⓐ 지상식물의 잎이 무성한 공기층은 여름철에 광합성이 왕성하여 이산화탄소 농도가 낮고, 가을철에는 다시 높아진다.
    ⓑ 지표면과 접한 공기층은 여름철에 토양유기물의 분해와 뿌리의 호흡이 왕성해서 도리어 이산화탄소 농도가 높다.
  ㉡ 지면과의 거리 : 지표로부터 멀어짐에 따라서 이산화탄소 농도는 낮아지는 경향이 있다.
  ㉢ 식생 : 식생이 무성하면 뿌리의 호흡이 왕성하고, 바람을 막아서 지면에 가까운 공기층의 이산화탄소 농도를 높게 하지만, 지표에서 떨어진 공기층은 잎의 왕성한 광합성 때문에 이산화탄소 농도가 낮아진다.

      ㉣ 바람 : 바람은 공기 중의 이산화탄소 농도의 불균형상태를 완화한다.
      ㉤ 미숙유기물의 시용 : 미숙퇴비·낙엽·구비·녹비를 사용하면 이산화탄소의 발생이 많아지고, 작물 주변 공기층의 이산화탄소 농도를 높여서 일종의 탄산시비의 효과를 발생시킨다.
   ③ 이산화탄소 시비의 효과
      ㉠ 시설내 이산화탄소 시비는 생육을 촉진하고, 수량증대와 품질을 향상시킨다.
      ㉡ 열매채소에서 수량증대가 두드러지며, 잎채소와 뿌리채소에서도 상당한 효과가 있다.
      ㉢ 절화에서도 품질향상과 절화 수명연장의 효과가 있다.
      ㉣ 육묘 중 이산화탄소 시비는 모종의 소질 향상과 정식 후에도 시용 효과가 계속 유지된다.

2 바 람

(1) 연풍의 이점
풍속 4~6km/h 이하의 연풍은 대체로 작물의 생육을 이롭게 하는데, 그 이점은 다음과 같다.
① **증산 및 양분흡수의 조장**
   바람이 솔솔 불면 작물 주위의 습기를 배제하여 증산을 촉진하고, 양분의 흡수도 조장하여 생육을 건실하게 한다.
② **병해의 경감**
   바람이 있으면 규산 등의 흡수가 많아지고, 작물군락 내의 과습상태가 경감되어 병해가 적어진다.
③ **광합성의 조장**
   바람은 작물의 잎을 동요시켜 군락 내부 잎의 수광을 좋게 한다. 또한 일중에 낮아졌던 작물 주위의 이산화탄소 농도를 높여준다. 그리고 기공을 통해 들어가는 이산화탄소의 확산도 연한 바람이 있을 때에 조장된다. 따라서 연풍은 광합성을 조장한다.
④ **수정·결실의 조장**
   연한 바람은 특히 풍매화의 수정과 결실을 조장한다.
⑤ **기 타**
   그 밖에도 바람은 고온기에 기온·지온을 낮추고, 봄·가을에는 서리를 막으며, 수확물의 건조를 촉진한다.

(2) 연풍의 해로운 점
연풍이라 하더라도 경우에 따라서는 작물생육에 해로운데, 그 이유는 다음과 같다.
① 잡초씨나 병균을 전파시킨다.
② 건조할 때 더욱 건조를 조장한다.
③ 냉풍은 냉해를 유발하기 쉽다.

06 상적 발육과 환경

1 상적 발육

(1) 발육상과 상적 발육

① 신장과 생장
작물생육에 있어서 키가 커지는 것을 '신장'이라 하고, 여러 가지 기관이 양적으로 증대하는 것을 '생장'이라 한다.

② 발 육
꽃눈이 분화되어 꽃이 피고 수정하여 열매가 맺히는 과정이다.

③ 발육상
작물발육에 있어서의 여러 가지 단계적 양상을 '발육상'이라 한다.

④ 상적 발육
㉠ 작물이 순차적인 여러 발육상을 거쳐서 발육이 완성되는 것을 '상적 발육'이라고 한다.
㉡ 상적 발육에 있어서 가장 중요한 발육상의 경과는 영양기관의 발육단계인 영양적 발육 또는 영양생장으로부터 생식기관의 발육단계인 생식적 발육 또는 생식생장으로 이행하는 것인데, 이것을 '화성(Flowering)'이라 한다.

(2) 상적 발육설[Lysenko(1932)]

① 작물의 생장과 발육은 다르며, 생장은 여러 기관의 양적 증가를 의미하지만 발육은 체내의 순차적인 질적 재조정작용을 의미한다.
② 1년생 종자식물의 발육상은 개개의 단계, 즉 상(phase)에 의해서 구성되고 있다.
③ 개개의 발육상은 서로 접속해서 성립되고 있으며, 앞의 발육상을 경과하지 못하면 다음의 발육상으로 이행할 수 없다.
④ 1개의 식물체가 개개의 발육상을 경과하려면 발육상에 따라 서로 다른 특정한 환경 조건이 필요하다.

(3) 화성(Flowering) 유도의 주요요인

① 내적 요인
㉠ 영양상태, 특히 C/N율로 대표되는 동화생산물의 양적 관계
㉡ 식물호르몬, 특히 옥신과 지베렐린의 체내수준관계

② 외적 요인
㉠ 광조건, 특히 일장효과의 관계
㉡ 온도조건, 특히 버널리제이션과 감온성의 관계

> **심화TIP** C/N율 `기출` 제10회
>
> 식물체 내의 탄수화물과 질소의 비율을 C/N율이라 한다. C/N율이 높은 경우 식물의 영양생장이 다소 저하되고, 꽃눈분화가 활성화 되어 이듬해 결실이 좋아지게 된다. 따라서 <u>과수재배에서 환상박피를 함으로써 환상박피 윗부분의 C/N율이 높아지면, 꽃눈분화가 촉진된다.</u>
> - 수분과 질소를 포함한 광물질 양분이 풍부해도 탄수화물의 생성이 불충분하면 생장이 미약하고, 화성 및 결실도 불량하다.
> - 탄수화물의 생성이 풍부하고 수분과 광물질 양분, 특히 질소도 풍부하면 생육은 왕성하지만, 화성 및 결실은 불량하다.
> - 수분과 질소의 공급이 약간 쇠퇴하고 탄수화물의 생성이 조장되어 탄수화물이 풍부해지면 화성 및 결실이 양호하게 되지만, 생육은 약간 감퇴한다.
> - 탄수화물의 증대를 저해하지 않고 수분과 질소의 공급이 감소하면 생육이 더욱 감퇴하고 화아는 형성되나 결실하지 못하며, 더욱 심해지면 화아도 형성되지 않는다.

2 버널리제이션(춘화처리) `기출` 제1회, 제4회, 제5회, 제6회, 제8회, 제9회

(1) 버널리제이션의 의미

식물체가 생육의 일정시기(주로 초기)에 저온에 의하여 화성, 즉 화아의 분화, 발육의 유도·촉진하는 것을 '버널리제이션'이라고 한다.

(2) 버널리제이션의 구분

① 처리온도에 따른 구분
　㉠ <u>저온 버널리제이션</u> : 일반적으로 월년생 장일식물은 비교적 저온인 0~10℃의 처리가 유효하며, 이것을 '저온 버널리제이션'이라고 한다.
　㉡ <u>고온 버널리제이션</u> : 단일식물은 비교적 고온인 10~30℃의 처리가 유효하며, 이것을 '고온 버널리제이션'이라고 한다.

② 처리시기에 따른 구분 `기출` 제8회, 제11회
　㉠ <u>종자 버널리제이션</u> : 최아종자의 시기에 버널리제이션을 하는 것을 '종자 버널리제이션'이라고 하며, 이렇게 하는 것이 가장 효과가 큰 식물을 '종자춘화형'이라고 한다. 추파맥류·완두·배추·무·순무 등이 이에 속한다.
　㉡ <u>녹식물 버널리제이션</u> : 식물이 어느 정도 영양생장을 한 다음에 버널리제이션을 하는 것을 '녹식물 버널리제이션'이라고 하며, 이렇게 하는 것이 가장 효과가 큰 식물을 '녹식물춘화형'이라고 한다. 양배추·당근·양파 등이 이에 속한다.

(3) 버널리제이션의 방법

① 최 아

㉠ 춘화처리에 필요한 수분의 흡수율은 작물에 따라 각각 다르다.

㉡ 처리종자는 병균에 침범되기 쉬우므로 종자를 소독하는 것이 좋으며, 수온은 12℃가 알맞다.

[버널리제이션에 필요한 종자의 흡수량]

작물명	흡수율(%)	작물명	흡수율(%)
보리	25	봄밀	30~50
호밀	30	가을밀	35~55
옥수수	30	귀리	30

② 처리온도와 처리기간

처리온도 및 기간은 유전성에 따라 서로 다르다. 일반적으로 겨울작물은 저온, 여름작물은 고온이 효과적이다.

㉠ 일반작물
  ⓐ 추파맥류 : 0~3℃에 30~60일
  ⓑ 벼 : 37℃에 10~20일
  ⓒ 옥수수 : 20~30℃에 10~15일
  ⓓ 수수 : 20~30℃에 10~15일
  ⓔ 콩 : 20~25℃에 10~15일

㉡ 채 소
  ⓐ 배추 : -2~1℃에 33일
  ⓑ 봄무 : 0℃ 부근에 15일 이상 또는 5℃에 13일
  ⓒ 시금치 : 1±1℃에 32일

㉢ 꽃
  ⓐ 나팔수선 : 8℃에 35~40일 또는 60일
  ⓑ 아이리스 : 30℃에 14일, 그 후 7~8℃에 40~45일
  ⓒ 글라디올러스 : 28℃에 60일 또는 10℃에 보관

③ 온도 이외의 조건

㉠ 산소 : 산소의 공급이 절대로 필요하며, 호흡을 저해하는 조건은 버널리제이션을 저해한다.

㉡ 광 : 최아종자의 저온처리의 경우에는 광의 유무가 버널리제이션에 관계하지 않으나, 고온처리의 경우에는 암흑이 필요하다. 일반적으로 온도유지와 건조 방지를 위해 암중 보관한다.

㉢ 건조 : 처리 중에 종자가 건조하면 버널리제이션 효과가 감쇄된다.

㉣ 탄수화물 : 배나 생장점에 당과 같은 탄수화물이 공급되지 않으면 버널리제이션 효과가 생기지 않는다.

(4) 버널리제이션의 농업적 이용
① 수량증대
② 대파
③ 촉성재배
④ 채종
⑤ 육종상의 이용
⑥ 종 또는 품종의 감정
⑦ 재배법의 개선

3 일장효과

(1) 일장효과의 의미
낮과 밤의 길이가 꽃눈의 분화에 영향을 주는 것을 '일장효과'라고 하며, 일장효과에 따라서 장일식물, 단일식물, 중성식물 등으로 나눈다.

(2) 식물의 일장형 기출 제2회, 제3회, 제7회
① 장일식물
  ㉠ 장일식물은 장일상태(보통 16~18시간 조명)에서 화성이 유도·촉진되며, 단일상태는 이를 저해한다.
  ㉡ 카네이션, 페튜니아, 금잔화, 금어초, 가을보리, 양귀비, 시금치, 양파, 상추, 감자 등이다.
② 단일식물
  ㉠ 단일식물은 단일상태(보통 8~10시간 조명)에서 화성이 유도·촉진되며, 장일상태는 이를 저해한다. 한계일장보다 짧을 때 개화하는 식물이다.
  ㉡ 국화, 포인세티아, 목화, 나팔꽃, 코스모스, 콩, 벼, 수수, 옥수수 등이다.
③ 중성식물
  ㉠ 중성식물(중일성식물)은 낮과 밤의 길이에 관계없이 일정기간 생장하여야 꽃이 피는 식물이다. 즉, 일정한 한계일장이 없고 화성이 일장에 영향을 받지 않는다.
  ㉡ 장미, 시클라멘, 강낭콩, 고추, 토마토, 당근, 가지 등이다.

(3) 일장효과에 영향을 끼치는 조건

① 발육단계

어린식물은 일장에 감응하지 않고, 본잎이 나온 뒤 어느 정도 발육한 후에 감응한다. 발육단계가 더욱 진전하게 되면 점차 감수성이 없어진다.

② 광의 강도

명기가 약광이라도 일장효과는 발생한다. 착화수는 명기의 광이 어느 정도 강해야 증대한다.

③ 광의 파장

600~680nm의 적색광이 가장 효과가 크며(광합성은 660nm), 다음이 400nm 부근의 청색광이고 (광합성은 450nm), 480nm 부근의 자색광은 가장 효과가 적다.

④ 연속암기

장일식물은 24시간 주기가 아니더라도 명암의 주기에서 상대적으로 명기가 암기보다 길면 장일효과가 나타난다. 밀에서 명기와 암기를 각각 16 : 8, 8 : 4, 4 : 2, 2 : 1로 해도 모두 장일효과가 나타난다. 그러나 단일식물에서는 일정시간 이상의 연속암기가 있어야만 단일효과가 나타나는 것이 보통이다.

⑤ 처리일수

㉠ 도꼬마리나 나팔꽃은 1회의 단일처리로도 개화한다. 그러나 도꼬마리에서 화성까지의 소요일수가 단일처리 1회의 경우에는 64일이 소요되었으나, 연속단일처리의 경우에는 13일이 소요되었다.

㉡ 코스모스는 5~11회의 단일처리 후에 장일조건에 옮기면 일부만 개화하지만, 12회 이상 단일처리하면 장일조건에 옮겨도 모든 꽃이 개화한다.

⑥ 온도의 영향

㉠ 일장효과의 발현에는 어느 한계의 온도가 필요하다.

㉡ 단일식물인 가을국화는 10~15℃ 이하에서는 일장에 관계없이 개화하며, 장일성인 사리풀은 저온하에서는 단일조건이라도 개화한다.

⑦ 질소시용의 영향

장일식물은 질소가 많지 않아야 영양생장이 억제되어 장일효과가 더욱 잘 나타나고, 단일식물은 질소의 요구도가 커서 질소가 풍부해야 생육이 빠르고 단일효과도 더욱 잘 나타난다.

(4) 일장효과의 농업적 이용

① 자연일장에 대한 재배적 적응

벼의 만생종은 단일식물이고 한계일장이 뚜렷하여 조파조식을 하면 영양생장량이 증대하여 증수할 수 있다.

② 수량 증대

북방형 목초이며 장일식물인 오차드그래스, 클로버를 가을철 단일기에 일몰부터 20시경까지 보광을 하거나 심야에 1~1.5시간의 야간조파로 연속 암기를 중단하면 장일효과의 발생으로 절간신장하게 되어 산초량이 70~80% 증대한다.

③ 꽃의 개화기 조절
  ㉠ 꽃은 일장처리에 의해 개화기를 조절할 수 있다.
  ㉡ 단일성 국화의 경우 단일처리로 촉성재배, 장일처리로 억제재배하여 연중 개화시킬 수 있는데, 이것을 '주년재배'라 한다.
④ 육종상의 이용
  ㉠ 인위개화 : 고구마순을 나팔꽃 대목에 접목하고, 8~10시간 단일처리를 하면 인위적으로 개화가 유도되어 교배육종이 가능해진다.
  ㉡ 개화기 조절 : 개화기가 다른 두 품종의 교배시 일장처리로 개화기가 서로 맞도록 조절한다.
  ㉢ 육종연한의 단축 : 온실재배와 일장처리로 여름작물의 겨울재배로 육종연한이 단축될 수 있다.

4 환경오염

(1) 토양오염

① 토양오염의 정의
"인간의 활동에 의하여 만들어지는 여러 가지 물질이 토양에 들어감으로써 환경구성 요소로서의 토양이 그 기능을 상실하는 것"이라고 정의할 수 있다.

② 오염경로
토양오염은 대체로 지하자원의 이용으로 암석 중의 무기성분이 지표에 쌓이게 되거나 농약에 의한 합성유기염소계 화합물 또는 알킬수은화합물 등 천연에 거의 존재하지 않는 유기물의 축적, 공업단지와 도시매연가스에 의한 산성비, 식품포장폐기물, 시설축산의 폐기물 등에 의하여 이루어진다.
  ㉠ 비료 과다 사용에 의한 염류집적 : 농사를 지으면서 수확량을 늘리기 위해 사용한 화학비료의 투여량 중 농작물이 이용하는 것은 많지 않기 때문에 상당량의 비료 성분이 토양 중에 남게 된다. 이들이 빗물에 의해 지하로 스며들고 확산해 가지 못하고 농지에 계속 축적될 경우, 염류집적 현상이 일어난다.
  ㉡ 유류에 의한 토양오염 : 주유소, 기름 저장탱크 등의 저장시설이 노후하면 파이프 연결 부위라든지, 저장탱크 틈새로 기름이 새어 토양을 오염시킨다. 새어 나온 기름은 토양 중의 기공(토양 생물들이 이용하는 공기 이동 통로)을 막아 토양 생태계를 마비시킨다.
  ㉢ 유독물질에 의한 토양오염 : 화학공장과 같은 유해물질을 생산·저장하는 공장이나 공단의 경우 유해 화학물질의 누출에 의해 토양이 오염될 수 있다.
  ㉣ 광산폐기물에 의한 토양오염 : 폐광산에 유출되는 광석들과 광석 찌꺼기에 있는 각종 유해 중금속들이 토양오염을 일으킬 수 있다.

ⓜ 대기 및 수질오염 물질에 의한 토양오염 : 배출된 대기오염 물질이 공기 중을 떠돌다 빗물에 의해 땅속으로 들어가는 경우로 공단 주변, 공장 주변에서 특히 심하다.
ⓗ 폐기물(쓰레기)에 의한 토양오염 : 산업의 발달에 따라 배출되는 많은 쓰레기와 유독물질이 토양오염의 주요 원인이 되고 있다.

③ 중금속에 의한 오염
  ㉠ 중금속과 작물의 재배
    ⓐ 금속광산의 폐수 등이 농경지에 들어가면 대부분 토양에 축적된다.
    ⓑ 다량의 중금속 흡수로 세포가 사멸할 수도 있다.
    ⓒ 소량의 경우 호흡작용을 저해한다.
    ⓓ 중금속 피해 감소를 위해서는 토양 중 유해 중금속을 불용화시켜야 한다.
    ⓔ 유해 중금속의 불용화 정도 : 황화물 < 수산화물 < 인산염 순으로 크다.
  ㉡ 중금속에 의한 오염원 : 중금속에 의한 오염은 중금속 자체가 분해되지 않고 어떠한 변화에도 그 본래의 성질이나 해작용이 없어지는 것이 아니기 때문에 일단 오염된 토양은 완전히 제거하기가 어렵다.
    ⓐ 비 소
      • 비소화합물은 광산의 배수·물감의 색소·작물이나 피혁공장의 폐수·가구의 선정제 등에 함유되어 있어 이들이 관개수 중에 함유되면 토양이 오염된다.
      • 살균제·살충제·제초제·살서제 등과 같은 농약 중에도 비소가 함유되어 있어 농약을 사용함으로써 토양이 오염된다.
      • 비소는 As^{-5}보다 As^{-3}가 독성이 강하므로 밭상태에서 보다는 논상태에서 해작용이 크다.
      • 일반적으로 토양 중에는 평균 5~6ppm의 As가 함유되어 있는데, 작물의 생육에 해를 끼치는 농도는 20ppm이며, 우리나라 밭토양에서는 15ppm 이하로 규정하고 있다.
      • As의 허용량은 과채류의 경우 1ppm이고, 과실류의 경우에는 3.5ppm 이하로 규정하고 있다.
    ⓑ 카드뮴
      • 오염되지 않은 토양 중의 카드뮴 함량은 1ppm 이하인데, 그 대부분은 불용성이다.
      • 아연광의 채광과 그 제련과정에서 배출되는 폐수나 분진 등에 의하여 토양이 오염되며, 이타이이타이(Itai-itai) 병의 원인물질로 알려져 있다.
      • 카드뮴은 도료나 전지·사진재료·농약(살균제) 등에 사용되고 있어서 이들의 폐기물에 의하여 토양이 오염되기도 한다.
      • 자동차의 윤활유나 타이어에 카드뮴이 함유되어 있어 도로변의 토양에 상대적으로 많이 집적되고 있다.
      • 인산질 비료로서 과인산석회에 50~170ppm, 제1종 복합비료에도 함유되어 있어 인산질 비료를 사용할 때 토양에 가해지게 된다.

- 토양 중의 카드뮴은 산화상태에서는 대부분이 치환성 양이온(Cd^{2+})으로 존재하고, 그 일부가 인산염이나 탄산염과 같은 난용성 화합물로 존재한다.
- 카드뮴에 의한 토양오염을 방지하기 위해 배토나 객토와 같은 기본적 수단을 이용해야 한다. 또한, 석회질물질에 의한 토양의 알칼리화를 꾀하여 Cd을 수산화카드뮴으로 불용화시키거나 인산흡수계수에 가까운 인산을 시용하여 인산카드뮴으로 불용화시키기도 한다.

ⓒ 크 롬
- 토양 중에 함유되어 있는 크롬(Cr)의 양은 5~3,000ppm으로서 평균 100ppm 정도이다.
- 크롬은 금속크롬과 크롬산으로서 부식방지제로 널리 사용되고 있으며, 내구성을 증대시키기 위한 크롬도금 또는 잉크나 염료 및 피혁공장 등에서 사용되고 있어 관개수로서 토양을 오염시킨다.
- 도금공장·피혁공장·화학약품공장 등에서 Cr^{6+}에 의한 비중격천공·종양·폐암 등의 원인 물질이다.
- 크롬은 Cr^{3+}보다 Cr^{6+}가 더 작물의 생육에 장해를 초래한다.

ⓓ 구 리
- 구리(Cu)는 미량요소로서 농약으로 사용되어 왔고, 돼지나 소의 사료첨가제로서도 사용되어 왔다.
- 논토양에서 0.1N-HCl 가용성으로 125ppm 이상 함유되어 있을 때에는 Cu 오염지역으로 규정하고 있으며, 수돗물의 경우에는 3ppm 이하로 규정하고 있다.
- 토양 중에 Cu가 다량 함유되어 있으면 Fe의 결핍을 초래하고, Zn과도 길항적으로 작용한다.
- 구리는 Mo의 흡수를 억제하고, 반대로 Mo가 많을 때에는 Cu의 결핍을 초래한다.
- 토양 중 Cu의 천연함량은 평균 20ppm 정도인데, 작물생산의 입장에서 토양용액의 구리 농도가 0.1ppm 이상일 때에는 식물의 생육이 불량해진다고 한다.
- 구리 오염 토양은 석회를 사용하여 pH를 조절하거나 유기물을 시용하여 환원을 촉진시켜 주면 구리에 의한 해작용을 감소시킬 수 있다. 오염이 심할 경우에는 배토나 객토와 같은 근본적인 방법을 이용해야 한다.

ⓔ 수 은
- 수은(Hg)은 치과병원에서 사용되는 수은-아말감이나 온도계·압력계의 파손으로 버려지는 수은, 그리고 전기분해에서의 전극이나 플라스틱 생산 과정에서 촉매로 사용될 때 버려지는 수은, Hg 제제 농약 사용에 의하여 토양을 오염시킨다.
- 토양 중 Hg의 자연함량은 약 60ppb이며, 미나마타(Minamata)병의 원인물질로 인체에 대한 유독성이 알려졌다.

ⓕ 니켈
- 니켈(Ni)은 강철과 합금에 이용되고, 도금·기름물감·화장품·기계부품·축전지·전기 접촉장치 등의 생산에 이용되며, 휘발유에도 함유되어 있어 교통량이 많은 도로 연변의 토양을 오염시킨다.
- 토양 중에는 니켈이 평균 40~100ppm 함유되어 있는데, 특히 사문암질 토양에는 300~700ppm이나 함유되어 있다.
- 니켈의 농도가 높은 토양은 인산을 사용함으로써 독성을 감소시킬 수 있다.

ⓖ 납
- 토양 중 납(Pb)의 천연함량은 10ppm 정도이다.
- 납은 자동차공장이나 축전지를 생산하는 곳에서 사용되고 있으며, 특히 휘발유의 연소로 대기가 납으로 오염되고, 다시 빗물에 의하여 토양 표면에 가해짐으로써 토양을 오염시킨다.
- 교통량이 많은 도로 연변의 토양 중에는 비교적 많이 집적된다.
- 토양에 쌓인 Pb는 비교적 불용성의 화합물이며, 토양이 산성화됨으로써 가용성으로 된다.

ⓗ 아연
- 아연(Zn)은 주로 금속도료·합금·아연관 등에 이용되는데, 제련공장이나 공업단지로부터 배출되는 폐기물이나 건물에 사용된 아연이 산성비에 의해 부식됨으로써 그 우수에 의해서 토양이 오염되기도 한다.
- 보통 토양 중 아연 함량은 10~300ppm으로서 평균 30~50ppm이다.
- 대부분의 식물은 아연을 20~25ppm 이상 함유하고 있으며, 그 이하에서는 결핍증상을 나타낸다.
- 식물에 독성을 나타내는 농도는 150~400ppm 이상이며, 동물의 경우에는 사료 중 함량이 약 1,000ppm 이상일 때 독성이 나타난다고 한다.
- 아연 오염지의 농경적 대책으로는 석회를 사용하여 토양의 pH를 6.5 이상으로 조절함으로써 $Zn(OH)_2$로 침적시키거나 토양 환원을 꾀하여 ZnS와 같은 황화물을 만들어 불용화시킨다. 또한, 인산을 사용하여 인산아연의 복합체를 만들어 주기도 하고, 오염이 심할 경우에는 객토를 하여 아연의 독성을 감소시키기도 한다.

심화TIP 중금속오염의 대책

- 담수재배 및 환원물질을 시용한다.
- 석회질 비료를 시용한다.
- 유기물을 시용한다.
- 인산물질의 시용으로 인산화물을 불용화시킨다.
- 지오라이트, 벤토나이트 등 점토광물의 시용으로 흡착에 의해 불용화시킨다.
- 경운, 객토 및 쇄토를 한다.
- 중금속 흡수식물을 재배한다.

④ 농약에 의한 오염
  ㉠ 정의 : 농약이란 수목 및 농·임산물을 포함한 모든 작물을 해하는 균, 곤충, 응애, 선충, 바이러스 기타 동·식물의 병해충 방제에 사용하는 살균제, 살충제, 제초제와 농작물의 생리기능을 증진 또는 억제하는데 사용되는 생장조절제 및 약효를 증진시키는 자재를 말한다.
  ㉡ 분 류
    ⓐ 사용목적 및 작용특성에 따른 분류 : 살균제, 살충제, 제초제, 살응애제, 살선충제, 식물생장조절제
    ⓑ 주성분 조성에 따른 분류 : 유기인계 농약, 카바메이트계 농약, 유기염소계 농약, 유황계 농약, 요소계 농약, 페녹시계 농약
    ⓒ 독성에 따른 분류
      • 포유동물에 대한 독성 : 맹독성, 고독성, 보통독성, 저독성
      • 어독성 : Ⅰ급, Ⅱ급, Ⅲ급
  ㉢ 농약의 독성
    ⓐ 포유동물에 대한 독성 : 농약의 독성은 반수치사량(LD50, mg/kg·체중)으로 표시하며, 독성의 정도에 따라 맹독성, 고독성, 보통독성, 저독성으로 구분한다.

[농약의 독성구분]

구 분	반수치사량(LD50, mg/kg·체중)			
	경구독성		경피독성	
	고 체	액 체	고 체	액 체
맹 독 성	5 미만	20 미만	10 미만	40 미만
고 독 성	5~50	20~200	10~100	40~400
보통독성	50~500	200~2,000	100~1,000	400~4,000
저 독 성	500 이상	2,000 이상	1,000 이상	4,000 이상

    ⓑ 어독성 : 농약에 대한 어류의 독성으로 Ⅰ~Ⅲ급으로 분류하며, 독성이 높을수록 농약사용을 엄격하게 규제하고 있다.

[어독성 구분 및 사용제한]

구 분	잉어반수치사농도(TLm, ppm, 48시간)
Ⅰ급	0.5 미만
Ⅱ급	0.5 이상 2 미만
Ⅲ급	2 이상

② 농약에 의한 환경오염 방지대책

환경오염 저감대책	• 농약의 잔류허용기준 및 농약 안전사용기준 준수 • 방제 목적에 적합한 약제의 선택 • 적절한 약제 살포시기의 선택 • 수확 후의 농산물에 대한 약제 살포 금지
농약중독 예방대책	• 농약안전사용 장비의 공급확대 : 방제복, 마스크, 해독제 등 • 부녀자 및 노약자용 고성능 소형분무기 공급 • 맹독성 및 고독성 농약의 사용제한 및 개발금지 • 저독성 및 생물농약의 개발 • 종합방제체제 구축 • 농약안전사용 준수 지도 및 교육, 홍보 강화 • 농약중독시 응급처치방법 계도 철저

(2) 수질오염

① 수질오염의 발생
  ㉠ 공장, 도시오수, 광산폐수 등의 배출로 하천, 호수, 지하수, 해양의 수질이 오염되어 인간이나 동물, 식물이 피해를 입는다.
  ㉡ 수질오염 물질은 각종 유기물, 시안화합물, 중금속류, 농약, 강산성 또는 강알칼리성 폐수 등이 있다.
  ㉢ 건전한 하천이라면 식물이나 수생식물이 일정한 양까지의 오염을 흡수하고, 흐르는 물의 자정작용으로 오염수를 충분히 희석할 수 있다.

② 수질오염원
  ㉠ 도시오수 : 질소 및 유기물, 부유물질, 세제 등
  ㉡ 공장폐수 : 산과 알칼리, 중금속, 유류 등

> **심화TIP** 도시오수의 대책
>
> • 오염되지 않은 물과 충분히 혼합·희석하여 이용한다.
> • 저항성 작물 및 품종을 선택하여 재배한다.
> • 질소질 비료를 줄이고 석회·규산질 비료를 시용한다.

③ 수질오염지표
  ㉠ 용존산소량(Dissolved Oxygen, DO)
    ⓐ 물에 녹아 있는 산소량을 나타낸 것으로 수온이 높아지면 용존산소량은 낮아진다.
    ⓑ 용존산소량이 낮아지면 BOD, COD가 높아지게 된다.
  ㉡ 생물화학적 산소요구량(Biochemical Oxygen Demand, BOD)
    ⓐ 수중의 유기물이 호기성균에 의하여 생물화학적으로 산화분해하는 과정에서 소모되는 총 산소량을 ppm 또는 mg/L의 단위로 표시한 것이다.
    ⓑ 물이 오염되는 유기물량의 정도를 나타내는 지표로 사용되며, BOD가 높으면 하천의 오염도가 크다.

ⓒ 화학적 산소요구량(Chemical Oxygen Demand, COD)
오수 중에 있는 전체 유기물을 산화물을 이용하여 화학적으로 산화되는데 필요한 산소량을 측정하여 ppm으로 표시한 것이다.

(3) 대기오염 기출 제2회
대기를 오염시키는 공해물질은 아황산가스, 불화수소, 이산화질소, 오존, 염소 등이 있다.
① 아황산가스
아황산가스는 대기오염에서 가장 대표적인 유해가스이며, 배출량이 많고 독성도 강하다.
㉠ 배출원 : 중유·연탄이 연소할 때 발생한다.
㉡ 피해증상
ⓐ 광합성 속도를 크게 저하시킨다.
ⓑ 줄기·잎이 퇴색하며, 잎의 끝이나 가장자리가 황녹화하거나 잎 전면이 퇴색·황화한다.

② 불화수소
불화수소(HF)의 피해지역은 한정되어 있으나, 독성은 가장 강하여 낮은 농도에서도 피해를 끼친다.
㉠ 배출원 : 알루미늄의 정련·인산비료제조·요업 등의 경우와 제철을 할 때 철광석으로부터 배출된다.
㉡ 피해증상 : 잎의 끝이나 가장자리가 백변한다.
㉢ 피해경감 : 오렌지나무에 대하여 소석회 3~0.3%액에 요소(1.8%), 황산아연(0.6%), 황산망간(0.6~1.2%), 그 밖의 미량요소를 첨가하여 살포하면 불소의 축적이 적어지고, 황화현상의 70~90%가 회복된다.

③ 이산화질소
㉠ 배출원 : 질산제조 등의 화학공업·금속정련·석유보일러·자동차엔진 등에서 배출된다.
㉡ 피해농도
• 토마토·피망에서는 0.5ppm 이상 10~22일에서 생육이 저하하였다.
• 감귤류에서는 25ppm(8시간)~50ppm(4시간)으로부터 100ppm(1시간)~200ppm(0.5시간)에서 45%의 낙엽률을 보였다.
㉢ 피해증상 : 이황산가스의 피해증상과 비슷하다.
㉣ 피해경감 : 활성탄을 살포하면 이산화질소의 흡수가 경감된다.

④ 오 존
㉠ 발생 : 이산화질소가 자외선에 의해서 일산화질소와 원소산소로 분해되고, 원소산소가 불활성물질인 보통질소를 촉매로 하여 산소가스와 결합되어서 오존이 생성된다.

$$NO_2 \xrightarrow{\text{자외선}} NO + O$$
$$O + O_2 + M \longrightarrow O_3 + M \;(\text{※ M은 불활성물질})$$

ⓛ 피해농도 : 0.15ppm(1시간 정도)이다.
ⓒ 피해증상
ⓐ 잎이 황백화~적색화하며, 암갈색의 점상반점이 생기거나 대형괴사가 생긴다.
ⓑ 어린잎보다 자란 잎에 피해가 크다.

⑤ PAN
㉠ 발생 : 탄화수소·오존·이산화질소가 화합해서 생성된다.
㉡ 피해농도 : 약한 식물은 14ppm(4시간)에 피해가 발생한다.
㉢ 피해증상 : 초기에 잎의 뒷면이 은백색이 되고 심하면 갈색을 띤다. 나중에 표면에도 증상이 나타난다. 자란 잎보다 어린잎에 피해가 크다.

⑥ 옥시던트
옥시던트는 광화학스모그의 원인이 된다. 오존 90%, PAN 및 이산화질소 10%로 조성되어 있다.

⑦ 에틸렌
㉠ 배출원 : 도시의 가스제조공장, 폴리에틸렌공장, 유기물의 불완전연소, 자동차의 배기가스 등에서 배출된다.
㉡ 피해농도 : 0.5ppm(1시간)~0.1ppm(8시간) 정도에서 피해가 발생한다.
㉢ 피해증상 : 낙엽·낙과가 유발되고, 어린가지가 구부러진다.

⑧ 염소가스
염소가스는 화학공장에서 배출되며, 10ppm(30분)~25ppm(15분)에서 잎 끝이 퇴색하여 암갈녹색으로 된다.

⑨ 납
납은 자동차에서 많이 배출되며, 배터리 재생공장에서도 배출된다. 작물의 피해는 아직 분명하지 않으나, 인체의 피해가 우려되고 있다.

⑩ 그 밖의 유해가스
시안화수소·암모니아·포름알데히드·황산수소·염화수소·불화규소 등도 작물에 피해를 준다.

CHAPTER 02 적중예상문제

01 토 양

01 토양의 물리적 특성이 아닌 것은? [기출] 제1회

① 보수성　　　　　　② 환원성
③ 통기성　　　　　　④ 배수성

| 해설 |
환원성은 일정한 온도에서 여러 가지 광석들이 일산화탄소나 수소에 의해 환원되는 능력이나 성질을 말한다. 이러한 성질은 토양의 물리적 특성이라기보다는 화학적 특성에 가깝다.

02 식물이 이용할 수 있는 유효수분을 간직하는 힘이 가장 약한 것은?

① 사토　　　　　　② 사양토
③ 양토　　　　　　④ 식양토

| 해설 |
사토는 토양수분과 비료성분이 부족하고, 식토는 토양공기가 부족하다.
• 사토 < 사양토 < 양토 < 식양토 < 식토

03 토성을 결정하는 인자가 아닌 것은?

① 모래　　　　　　② 미사
③ 점토　　　　　　④ 자갈

| 해설 |
토성은 모래, 미사 및 점토의 구성비율로 구분한다.

04 다음 중 점토 함량이 가장 많은 토성은?

① 사양토
② 양토
③ 식양토
④ 식토

| 해설 |

식토 > 식양토 > 양토 > 사양토 > 사토

05 다음 토양 중 과수재배에 적당한 것은?

① 사토
② 점토
③ 사양토
④ 식토

| 해설 |

과수의 뿌리가 토층 깊이 뻗어 나갈 수 있는 사양토가 적당하다.

06 작물 생육에 영향을 미치는 토양 환경에 관한 설명으로 옳지 않은 것은? 기출 제6회

① 유기물을 투입하면 지력이 증진된다.
② 사양토는 점토에 비해 통기성이 낮다.
③ 토양이 입단화되면 보수성과 통기성이 개선된다.
④ 깊이갈이를 하면 토양의 물리성이 개선된다.

| 해설 |

점토(<0.002mm)는 사양토(모래, 미사, 점토가 고루 섞임)보다 입경이 매우 작기 때문에 통기성이 낮다.

정답 01 ② 02 ① 03 ④ 04 ④ 05 ③ 06 ②

07 토양 환경에 관한 설명으로 옳은 것은? 기출 제10회

① 사양토는 점토에 비해 통기성이 낮다.
② 토양이 입단화되면 보수성이 감소된다.
③ 퇴비를 투입하면 지력이 감소된다.
④ 깊이갈이를 하면 토양의 물리성이 개선된다.

> | 해설 |
> 깊이갈이는 생육환경을 개선하는 것을 목적으로 한다. 깊이갈이를 하면 공기와 수분이 차지하는 공간이 넓어져 토양의 물리성이 개선된다.
> ① 점토는 사양토에 비해 입경이 매우 작기 때문에 통기성이 낮다.
> ② 토양이 입단화되면 보수성과 통기성이 개선된다.
> ③ 퇴비를 투입하면 지력이 증진된다.

08 장기간 재배한 시설내 토양의 일반적인 특성으로 옳지 않은 것은? 기출 제10회

① 강우의 차단으로 염류농도가 높다.
② 노지에 비해 염류집적으로 토양 pH가 낮아진다.
③ 연작장해가 발생하기 쉽다.
④ 답압과 잦은 관수로 토양통기가 불량하다.

> | 해설 |
> 노지에 비해 염류집적으로 토양 pH가 높아진다. 염류집적은 작물이 흡수하고 남은 비료 성분이 토양에 과도하게 쌓이는 것으로, 식물의 뿌리에 장해를 일으킨다.

09 토양이 최대용수량일 때 토양수분을 나타내는 단위 pF(Potential Force)는?

① 0
② 1
③ 5
④ 10

> | 해설 |
> pF(Potential Force)
> • 임의의 수분 함량에 토양에서 수분을 제거시키는데 소요되는 단위면적당의 힘의 단위로 수주높이의 대수를 취하여 pF로 표시한다(pF = log H, H는 수주의 높이).
> • 최대용수량일 때 pF의 값은 0이다.

10 토양수분을 pF값이 낮은 것부터 옳게 나열한 것은? [기출] 제4회

> ㄱ. 결합수
> ㄴ. 모관수
> ㄷ. 흡착수

① ㄱ - ㄴ - ㄷ ② ㄴ - ㄱ - ㄷ
③ ㄴ - ㄷ - ㄱ ④ ㄷ - ㄴ - ㄱ

| 해설 |
> ㄱ. **결합수** : 점토광물에 결합되어 있어 분리시킬 수 없는 수분으로, pF 7.0 이상이다.
> ㄴ. **모관수** : 표면장력에 의하여 토양공극 내에서 중력에 저항하여 유지되는 수분으로, pF 2.7~4.5이다.
> ㄷ. **흡착수** : 건토를 공기 중에 둘 때 분자간 인력에 의해서 토양 표면에 수증기가 피막상으로 응축한 수분으로, pF 4.5 이상이다.

11 토양이 물로 포화된 상태에서 중력수가 빠져 나간 후에 남아 있는 물을 무엇이라 하는가?

① 포장용수량 ② 최대용수량
③ 최저용수량 ④ 위조점

| 해설 |
포장용수량
최대용수량 상태에서 중력수가 완전히 제거된 후 남아 있는 수분 함량이다.

12 작물이 흡수·이용할 수 없는 수분으로 105℃로 가열하여도 분리시킬 수 없는 수분은?

① 모관수 ② 흡습수
③ 중력수 ④ 결합수

| 해설 |
결합수(= 화합수, 결정수)
결합수는 점토광물에 결합되어 있어 분리시킬 수 없는 수분이다.

정답 07 ④ 08 ② 09 ① 10 ③ 11 ① 12 ④

13 토양의 작은 공극 사이에 표면장력에 의하여 보유되는 물로 작물에 많이 이용되고 있는 토양수분은?

① 흡습수
② 모관수
③ 지하수
④ 중력수

| 해설 |

모관수
모관수는 표면장력에 의하여 토양공극 내에서 중력에 저항하여 유지되는 수분이며, 모관현상에 의해서 지하수가 모관공극을 따라 상승하여 공급된다.

14 다음 중 작물생육에 이용될 수 있는 유효수분의 범위로 옳은 것은?

① 중력수에서 포장용수량 사이
② 최대용수량에서 위조점 사이
③ 최대용수량에서 포장용수량 사이
④ 포장용수량에서 위조점 사이

| 해설 |

식물이 이용할 수 있는 물은 포장용수량과 위조점 사이에 있는 수분 함량으로 이를 <u>유효수분</u>이라고 한다.

15 토양수분에 관한 설명으로 옳지 않은 것은? [기출] 제1회

① 결합수는 식물이 흡수·이용할 수 없다.
② 물은 수분퍼텐셜(Water Potential)이 높은 곳에서 낮은 곳으로 이동한다.
③ 중력수는 pF 7.0 정도로 중력에 의해 지하로 흡수되는 수분이다.
④ 토양수분장력은 토양입자가 수분을 흡착하여 유지하려는 힘이다.

| 해설 |

중력수는 토양 대공극에 있는 물로 토양에 보유되는 힘이 약하여 중력에 의해 지하로 흘러내리는 물을 말하며, pF는 2.7 이하이다.

16 토양수분 스트레스를 줄이기 위한 재배방법으로 옳지 않은 것은? [기출] 제8회

① 요수량이 낮은 품종을 재배한다.
② 칼륨결핍이 발생하지 않도록 재배한다.
③ 질소과용이 발생하지 않도록 한다.
④ 밭 재배시 재식밀도를 높여 준다.

|해설|
칼륨결핍이나 질소과용은 토양수분 스트레스(부족)를 더욱 촉진하며, 밭 재배시 재식밀도를 낮춤으로써 토양수분 스트레스(부족)를 줄일 수 있다.

17 대기조성과 작물에 관한 설명으로 옳지 않은 것은?

① 대기 중 질소(N_2)가 가장 많은 함량을 차지한다.
② 대기 중 질소는 콩과작물의 근류균에 의해 고정되기도 한다.
③ 대기 중의 이산화탄소의 농도는 작물이 광합성을 수행하기에 충분한 과포화 상태이다.
④ 산소농도가 극히 낮아지거나 90% 이상이 되면 작물의 호흡에 지장이 생긴다.

|해설|
대기 중 이산화탄소의 농도는 약 0.03%로, 이는 작물이 충분한 광합성을 수행하기에 부족하다. 광합성량을 최고로 높일 수 있는 이산화탄소의 농도는 약 0.25%이다.
①·② 대기 중에는 질소가스(N_2)가 약 79.1%를 차지하며, 근류균과 *Azotobacter* 등이 공기 중의 질소를 고정한다.
④ 호흡작용에 알맞은 대기 중의 산소 농도는 약 20.9%이다.

18 식물의 필수원소에 관한 설명으로 옳지 않은 것은? [기출] 제11회

① 다량원소는 결핍현상이 쉽게 나타나므로 추가적으로 공급해야 한다.
② 토양 중에서는 N, P, K를 비료의 3요소라 한다.
③ 질소는 질산태 질소와 암모니아태 질소로 식물에 흡수된다.
④ 다량원소에는 C, H, O, N, S, P, K, Ca, Mg, Fe가 있다.

|해설|
다량원소에는 탄소(C), 산소(O), 수소(H), 질소(N), 황(S), 인(P), 칼륨(K), 칼슘(Ca), 마그네슘(Mg)이 있다(9원소). 철(Fe)은 미량원소에 해당된다.

정답 13 ② 14 ④ 15 ③ 16 ④ 17 ③ 18 ④

19 다음은 작물의 필수원소들이다. 다량원소가 아닌 것은?

① 질소　　　　　　　　　② 마그네슘
③ 철　　　　　　　　　　④ 황

> **| 해설 |**
> **다량원소**
> 질소, 인, 칼륨, 칼슘, 마그네슘, 황의 6원소(때로는 탄소, 산소, 수소를 포함한 9원소)

20 다음 중 작물 생육에 부족하기 쉬운 미량성분으로만 묶은 것은?

① 석회, 고토, 철, 아연　　　　② 철, 유황, 고토, 동
③ 철, 아연, 유황, 망간　　　　④ 철, 몰리브덴, 붕소, 아연

> **| 해설 |**
> **미량원소**
> 철, 망간, 구리, 아연, 붕소, 몰리브덴, 염소(7원소)

21 미량원소에 관한 설명으로 옳은 것은?

① 원소의 중량이 경미하고, 생리적 작용이 경미한 것
② 원소번호가 낮고 이들이 결핍하면 부분적 결핍이 생기는 것
③ 원소의 번호가 낮고 그 분량이 적은 것
④ 양은 적지만, 생리적 작용에는 중대한 의의를 가지고 있는 것

> **| 해설 |**
> 미량원소는 양은 적지만, 작물의 생육에 필수적인 원소를 말한다.

22 필수원소가 아니지만, 중요한 생리적 역할을 하는 원소는?

① 염소　　　　　　　　　② 규소
③ 붕소　　　　　　　　　④ 구리

> **| 해설 |**
> **규소(Si)**
> 필수원소는 아니지만, 식물체의 표피를 규질화 시켜 병원균의 침입을 막고 증산을 경감시켜 가뭄해의 피해를 줄여 준다.

23 다음 중 작물 생육상 필수원소가 아닌 것은?

① 칼륨(K)   ② 규소(Si)
③ 칼슘(Ca) ④ 황(S)

| 해설 |

필수원소
- 다량원소 : C, O, H, N, P, K, Ca, Mg, S
- 미량원소 : Fe, Mn, Cu, Zn, B, Mo, Cl
- 비료의 3요소(4요소) : N, P, K, (Ca)

24 작물의 필수원소는? 기출 제3회

① 염소(Cl)   ② 규소(Si)
③ 코발트(Co) ④ 나트륨(Na)

| 해설 |

작물생육에 필수원소(16원소)는 탄소(C)·산소(O)·수소(H)·질소(N)·인(P)·칼륨(K)·칼슘(Ca)·마그네슘(Mg)·황(S)·철(Fe)·망간(Mn)·구리(Cu)·아연(Zn)·붕소(B)·몰리브덴(Mo)·염소(Cl) 등이다.
규소(Si), 코발트(Co), 나트륨(Na)은 필수원소는 아니지만 필요에 따라 작물의 생리작용에 관여한다.

25 필수원소의 역할에 관한 설명으로 옳지 않은 것은?

① 질소는 엽록체, 단백질, 효소의 주요 구성 성분이다.
② 철이 부족하면 잎이 황백색으로 변하게 된다.
③ 황이 부족하면 엽록소 생성이 저해된다.
④ 칼륨은 호흡과정에서 에너지 저장 및 생성에 중요한 역할을 한다.

| 해설 |

칼륨은 광합성, 탄수화물 및 단백질 형성, 세포 내의 수분공급, 증산에 의한 수분상실의 제어 등의 역할을 하며, 여러 가지 효소반응의 활성제로서 작용한다.

26 식물의 필수 원소 중 엽록소의 구성성분으로 다양한 효소반응에 관여하는 것은? 기출 제7회

① 아연(Zn)
② 몰리브덴(Mo)
③ 칼슘(Ca)
④ 마그네슘(Mg)

| 해설 |
마그네슘(Mg)은 엽록소의 구성원소이며, 광합성, 인산대사에 관여하는 효소의 활성을 높이는 작용을 한다. 마그네슘(Mg)이 결핍하면 황백화 현상이 일어나고, 줄기나 뿌리의 생장점 발육이 저해된다.
① **아연(Zn)** : 촉매 또는 반응조절물질로 작용하며, 단백질과 탄수화물의 대사에 관여한다.
② **몰리브덴(Mo)** : 질산환원효소의 구성성분이며, 콩과작물의 질소고정에도 필요하다.
③ **칼슘(Ca)** : 세포막 중간막의 주성분이며, 단백질의 합성, 물질전류에 관여한다.

27 다음 ( )에 들어갈 필수원소에 관한 내용을 순서대로 옳게 나열한 것은? 기출 제9회

( )원소인 ( )은 엽록소의 구성성분으로 부족시 잎이 황화된다.

① 다량, 마그네슘
② 다량, 몰리브덴
③ 미량, 마그네슘
④ 미량, 몰리브덴

| 해설 |
마그네슘과 몰리브덴
- **마그네슘** : (다량)원소인 (마그네슘)은 엽록소의 구성원소이며, 결핍하면 황백화 현상이 일어나고 줄기나 뿌리의 생장점의 발육이 저해된다.
- **몰리브덴** : 미량원소인 몰리브덴은 질산환원효소의 구성성분이며, 결핍하면 황백화 현상이 일어난다.

28 무기원소 중에서 미량요소로서 엽록소 형성에 관여하며, 결핍시 황백화 현상을 일으키는 요소는?

① 철(Fe)
② 염소(Cl)
③ 마그네슘(Mg)
④ 몰리브덴(Mo)

> **해설**
>
> **Fe(철)**
> - Ni(니켈), Cu(구리), Co(코발트), Cr(크롬), Zn(아연), Mo(몰리브덴), Mn(망간), Ca(칼슘) 등의 과잉은 철의 흡수·이동을 억제한다.
> - 호흡효소의 구성 성분으로 엽록소 형성에 관여하고 망간(Mn)과 길항작용을 하며, 체내 이동이 잘되지 않는다.
> - **부족시**: 어린잎부터 황백화되고 엽맥 사이가 퇴색된다.
> - **과잉시**: 벼 잎에 갈색반점이 생겨 점차 확대되어 흑변·고사한다.

29 작물의 생육과정에서 칼슘결핍에 의해 나타나는 증상으로만 짝지어진 것은? 기출 제3회

① 배추 잎끝마름증상, 토마토 배꼽썩음증상
② 토마토 배꼽썩음증상, 장미 로제트증상
③ 장미 로제트증상, 고추 청고증상
④ 고추 청고증상, 배추 잎끝마름증상

> **해설**
>
> 장미 로제트증상은 파이토플라스마(*C. Phytoplasma*)에 의한 병이고, 고추 청고증상(풋마름병)은 병원세균에 의한 병이다.

> **TIP** 칼슘결핍으로 나타나는 증상
>
> - 상추/백합/부추/양파/대파/마늘 : **잎끝마름증상**
> - 수박/고추/토마토 : **배꼽썩음병증상**
> - 참외 : 속에 물이 차는 **물찬참외증상**
> - 대파/양파/벼 : **도복(쓰러짐)현상**
> - 배추 : **잎끝마름증상, 황화현상, 속썩음현상**

30 다음 중 부족하면 수정, 결실이 나빠지는 미량원소는?

① 망간
② 붕소
③ 몰리브덴
④ 아연

> **해설**
>
> 붕소가 부족할 경우 수정·결실이 나빠지고, 사탕무의 속썩음병 등을 유발한다.

정답 26 ④ 27 ① 28 ① 29 ① 30 ②

31 토양구조 중 물빠짐이 가장 나쁜 것은?

① 주상구조 ② 입상구조
③ 괴상구조 ④ 판상구조

| 해설 |
> **판상구조**
> 입단의 배열은 얇은 판자상 또는 렌즈상으로 투수성이 불량하여 흔답을 형성한다.

32 입단구조 형성에 도움이 되지 않는 것은?

① 유기물의 시용
② 콩과작물의 재배
③ 석회의 시용
④ 젖은 땅 갈기

| 해설 |
> **입단구조의 형성 방법**
> • 유기물의 시용
> • 석회의 시용
> • 콩과작물의 재배
> • 토양의 피복
> • 토양개량제의 시용

33 토양의 입단(粒團) 형성과 발달을 돕는 방법은?

① 유기물과 석회를 시용한다.
② 토양을 자주 갈아준다.
③ 화곡류를 계속적으로 재배한다.
④ 나트륨 이온(Na^+)을 첨가한다.

| 해설 |
> ②·③·④는 토양입단의 파괴요인에 대한 내용이다.

34 토양 중 유기물의 역할이 아닌 것은?

① 입단의 형성 ② 미생물 번식 억제
③ 완충력 증대 ④ 보수 및 보비력 증대

| 해설 |
미생물 번식을 조장하여 토양을 보호한다.

35 토양의 입단을 파괴하는 요인은? [기출] 제1회

① 경운 및 쇄토 ② 유기물 사용
③ 토양 피복 ④ 두과작물 재배

| 해설 |
유기물을 사용하거나, 두과작물을 재배하고 토양을 피복하는 것은 입단형성에 효과적이지만, 경운 및 쇄토는 입단을 파괴한다.

36 토양입단의 파괴요인을 모두 고른 것은? [기출] 제4회

ㄱ. 유기물 사용   ㄴ. 피복작물 재배
ㄷ. 비와 바람   ㄹ. 경운

① ㄱ, ㄴ ② ㄱ, ㄹ
③ ㄴ, ㄷ ④ ㄷ, ㄹ

| 해설 |

토양입단의 형성 및 파괴요인

형성요인	파괴요인
• 유기물 사용 • 석회의 사용 • 토양의 피복 • 피복작물의 재배 • 토양개량제 사용	• 경운 • 입단의 팽창과 수축 • 비와 바람 • Na^+ 이온(점토결합을 분산)

정답 31 ④ 32 ④ 33 ① 34 ② 35 ① 36 ④

37 토양입단 형성에 부정적 영향을 주는 것은? 기출 제5회

① 나트륨 이온 첨가
② 유기물 시용
③ 콩과작물 재배
④ 피복작물 재배

| 해설 |
나트륨 이온을 첨가하면 점토결합을 분산시켜 토양입단을 파괴한다.

38 다음 중 지력을 가장 많이 증가시키는 작물은?

① 옥수수
② 수수
③ 알팔파
④ 벼

| 해설 |
클로버·알팔파 등의 콩과작물은 잔뿌리가 많고 석회분이 풍부하며, 또한 토양을 잘 피복하여 입단을 형성하는 효과가 크다.

39 토양에 석회를 시용하는 주요 목적은? 기출 제4회

① 토양 피복
② 토양 수분 증가
③ 산성 토양 개량
④ 토양생물 활성 증진

| 해설 |
산성 토양을 개량하기 위해서는 석회 등의 알칼리성 물질을 공급하여 토양의 반응을 교정한다. 즉 산성 토양에 석회를 시용하면 토양의 산도가 중성에 가까워져 토양 중의 미생물의 활동을 촉진시키고, 흙의 구조를 떼알조직으로 만들어 통기와 보습을 좋게 한다. 또한 석회는 식물체의 세포벽과 효소의 구성성분으로 세포벽을 견고하게 하며, 에틸렌 발생을 억제시키고 과실의 저장력을 향상시킨다.

40 산성 토양에 관한 설명으로 옳은 것은? 기출 제6회

① 토양 용액에 녹아 있는 수소 이온은 치환 산성 이온이다.
② 석회를 시용하면 산성 토양을 교정할 수 있다.
③ 토양 입자로부터 치환성 염기의 용탈이 억제되면 토양이 산성화된다.
④ 콩은 벼에 비해 산성 토양에 강한 편이다.

| 해설 |

산성 토양은 석회질 비료 등의 알칼리성 물질을 공급하여 토양을 교정할 수 있다.
① 토양 용액에 녹아 있는 수소 이온에 의한 산성을 활산성(활산도, active acidity)라 하며, 치환 산성 이온에 의한 산성을 잠산성(또는 치환산성)이라 한다.
③ 토양 입자로부터 치환성 염기가 많이 용탈되고, 그 대신 수소 이온이 흡착되면 토양이 산성화된다.
④ 벼는 콩에 비해 산성 토양에 강한 편이다.

41 재배시 산성 토양에 가장 약한 작물은? 기출 제3회

① 벼
② 콩
③ 감자
④ 수박

| 해설 |

산성 토양에 가장 강한 작물은 벼, 감자, 수박, 귀리, 기장, 호밀 등이며, 산성 토양에 가장 약한 작물은 콩, 팥, 보리, 시금치, 양파 등이다.

42 콩과작물의 작황부족으로 어려움을 겪고 있는 농가를 찾은 A손해평가사의 재배지에 대한 판단으로 옳은 것은? 기출 제9회

- 작물의 칼슘 부족증상이 발생했다.
- 근류균 활력이 떨어졌다.
- 작물의 망간 장해가 발생했다.

① 재배지의 온도가 높다.
② 재배지에 질소가 부족하다.
③ 재배지의 일조량이 부족하다.
④ 재배지가 산성화되고 있다.

| 해설 |

콩과작물은 다른 작물에 비하여 산성 토양에 약하므로 재배지가 산성화되면 작황이 어려울 수 있다. 문제 지문에서 작물의 칼슘 부족증상이 발생하였고, 근류균 활력이 떨어졌다면 재배지가 산성화되고 있다고 판단할 수 있다. 재배지가 산성화되면 알루미늄 이온과 망간 이온이 용출되어 작물에 해를 주게 된다.

정답 37 ① 38 ③ 39 ③ 40 ② 41 ② 42 ④

43 토양의 생화학적 환경에 관한 내용이다. (   )에 들어갈 내용으로 옳은 것은? 기출 제8회

> 높은 강우 또는 관수량의 토양에서는 용탈작용으로 토양의 (ㄱ)가 촉진되고, 이 토양에서는 아연과 망간의 흡수율이 (ㄴ)진다. 반면, 탄질비가 높은 유기물 토양에서는 미생물 밀도가 높아져 부숙시 토양 질소함량이 (ㄷ)하게 된다.

	ㄱ	ㄴ	ㄷ
①	산성화	높아	감소
②	염기화	낮아	증가
③	염기화	높아	감소
④	산성화	낮아	증가

| 해설 |
- 토양의 (**산성화**)는 높은 강우 또는 관수량으로 토양의 양분이 용탈(leaching)되기 때문이다.
- 산성토양에서는 아연, 망간, 알루미늄, 철, 구리, 니켈 등의 흡수율이 (**높아**)지며, 이런 중금속으로 인해 작물에 생육장해를 준다.
- 탄질비가 높은 유기물 토양에서는 미생물 밀도가 높아지며, 미생물은 토양으로부터 질소를 흡수하기 때문에 토양 질소함량이 (**감소**)하게 된다.
※ 탄질비 : C(탄소)/N(질소) 비

44 작토의 요건으로 부적당한 것은?

① 유기물 함량이 많을 것
② 유효성분이 많을 것
③ 토색은 회색을 띨 것
④ 입단구조가 발달할 것

| 해설 |
부식 함량이 많아 검은색을 띤 것이 좋다.

45 토층분화에 관한 설명으로 옳은 것은?

① 용탈층과 집적층이 생기는 현상
② 논에서 산화층과 환원층이 구분되는 현상
③ 토양의 탈질현상
④ 암석의 상부가 풍화되어 토양층이 생기는 것

| 해설 |
논토양에서는 담수 후 1~2주일이 지나면 작토층은 산소가 비교적 풍부한 적갈색을 띤 산화층(Oxidation Zone)과 산소가 결핍된 청회색을 띤 환원층(Reduction Zone)으로 분화가 일어나는데, 이를 토층분화라고 한다.

46 공중질소 고정작용에 관한 설명으로 옳지 않은 것은?

① 토양이 건조하다.
② 토양온도가 25~28℃를 이룬다.
③ pH 6.5~7.3 중성에서 생육이 활발하다.
④ 콩과식물 뿌리에서 공생한다.

| 해설 |
공중질소 고정작용은 근류균이 콩과식물 뿌리에서 공생하며 토양 내에서 유리질소를 고정하는 것으로, 토양이 습하고 토양온도 25~28℃, pH 6.5~7.3 중성에서 활발하다.

47 토양침식에 영향을 주는 인자가 아닌 것은?

① 지형
② 기상조건
③ 모재
④ 토양성질

| 해설 |
토양침식은 지형, 기상조건, 토양성질, 식물생육상태 등에 의해 영향을 받는다.

48 노후화답의 재배 대책이 아닌 것은?

① 엽면시비
② 조기 재배
③ 저항성 품종의 선택
④ 황산근 비료 시용

| 해설 |
노후화답에서는 황화수소에 의해 뿌리가 피해를 입기 때문에 황산근 비료의 시비를 줄여야 한다.

정답 43 ① 44 ③ 45 ② 46 ① 47 ③ 48 ④

49 토양침식의 대책이 아닌 것은?

① 초생재배
② 등고선 경작
③ 토양피복
④ 전면재배

| 해설 |

토양침식의 대책
등고선으로 일정한 간격을 두고 적당한 폭의 목초대를 두면 토양침식을 크게 덜 수 있으므로 대상재배를 하는 것이 좋다.

50 토양침식이 우려될 때 재배법으로 옳지 않은 것은? [기출] 제8회

① 점토함량이 높은 식토 경지에서 재배한다.
② 토양의 입단화를 유지한다.
③ 경사지에서는 계단식 재배를 한다.
④ 녹비작물로 초생재배를 한다.

| 해설 |

점토함량이 높은 식토는 빗물의 흡수능이 작아서 토양침식이 되기 쉽다.

02 수 분

01 작물의 요수량(要水量)의 개념을 가장 올바르게 설명한 것은?

① 건물(乾物) 1g을 생산하는데 소비된 수분량
② 생초(生草) 1g을 생산하는데 소비된 수분량
③ 개화에 필요한 수분량
④ 식물체 내에 들어있는 수분 함유량

| 해설 |
요수량은 건물(乾物) 1g을 생산하는데 소비된 수분량을 말한다.

02 작물의 요수량에 관한 설명으로 옳은 것은? 기출 제10회

① 작물의 건물 1kg을 생산하는데 소비되는 수분량(g)을 말한다.
② 내건성이 강한 작물이 약한 작물보다 요수량이 더 많다.
③ 호박은 기장에 비해 요수량이 높다.
④ 요수량이 작은 작물은 생육 중 많은 양의 수분을 요구한다.

| 해설 |
작물의 요수량은 호박 > 완두 > 오이 > 감자 > 귀리 > 보리 > 밀 > 옥수수 > 수수 > 기장 순으로 높다.
① 작물의 건물 1g을 생산하는데 소비되는 수분량(g)을 말한다.
② 내건성이 강한 작물이 약한 작물보다 요수량이 더 적다.
④ 요수량이 큰 작물은 생육 중 많은 양의 수분을 요구한다.

03 건물 1g을 생산하는데 필요한 수분량인 요수량(要水量)이 가장 높은 작물은? 기출 제2회

① 기장
② 옥수수
③ 밀
④ 호박

| 해설 |
요수량
호박 > 완두 > 오이 > 감자 > 귀리 > 보리 > 밀 > 옥수수 > 수수 > 기장

04 작물의 건물량을 생산하는데 필요한 수분량을 말하는 요수량이 가장 작은 것은? 기출 제7회

① 호박　　　　　　　　② 기장
③ 완두　　　　　　　　④ 오이

| 해설 |
문제 3번 해설 참조

05 증산작용에 영향을 주는 요인이 아닌 것은?

① 뿌리의 모세관　　　　② 상대습도
③ 온도　　　　　　　　④ 바람

| 해설 |
증산에 영향을 주는 환경요인
- 빛의 세기
- 온도
- 상대습도
- 바람

06 작물에 있어서 수분의 역할로 적당하지 않은 것은?

① 작물체의 온도상승 촉진
② 각종 효소의 활성 촉진
③ 각종 가수분해와 화학반응의 원료 물질
④ 작물체의 체형 유지

| 해설 |
수분은 증산을 통하여 작물체의 온도를 조절한다(냉각효과).

07 식물체내 물의 기능을 모두 고른 것은? 기출 제5회

| ㄱ. 양분 흡수의 용매　　　　ㄴ. 세포의 팽압 유지 |
| ㄷ. 식물체의 항상성 유지　　ㄹ. 물질 합성과정의 매개 |

① ㄱ, ㄴ　　　　　　② ㄱ, ㄷ, ㄹ
③ ㄴ, ㄷ, ㄹ　　　　　④ ㄱ, ㄴ, ㄷ, ㄹ

| 해설 |

식물체내 물의 기능
- 식물체의 구성 물질
- 양분 흡수와 이동의 용매
- 세포의 팽압 유지
- 물질의 합성과 분해과정에서 용매역할
- 각종 효소활성의 촉매작용
- 식물체의 항상성 유지

08 식물체내 물의 기능으로 옳지 않은 것은? 기출 제2회

① 세포의 팽압 형성
② 감수분열 촉진
③ 양분 흡수와 이동의 용매
④ 물질의 합성과 분해과정 매개

| 해설 |

식물체내 물은 식물체의 구성 물질로서 세포의 팽압을 형성하고, 양분의 흡수와 이동을 도우며, 물질의 합성과 분해과정의 매개 역할을 한다. 또한 각종 효소활성의 촉매작용뿐만 아니라, 증산을 통해 식물체의 온도를 유지하는 작용을 한다.

09 한해피해 조사를 마친 A손해평가사가 농가에 설명한 작물내 물의 역할로 옳은 것은 몇 개인가? 기출 제9회

- 물질 합성과정의 매개
- 양분 흡수의 용매
- 세포의 팽압 유지
- 체내의 항상성 유지

① 1개 ② 2개
③ 3개 ④ 4개

| 해설 |

작물내 물의 역할
- 물질의 합성과 분해과정의 매개
- 양분 흡수와 이동의 용매
- 세포의 팽압 유지
- 식물체내의 항상성 유지
- 각종 효소활성의 촉매작용

정답 04 ② 05 ① 06 ① 07 ④ 08 ② 09 ④

10 관수하는 방법에 포함되지 않는 것은?

① 지하관수법 ② 음량관수법
③ 살수법 ④ 점적관수법

| 해설 |

관수방법
- **표면관수법** : 지표에 관수하는 것으로, 둑 또는 골을 만들어 관수한다.
- **살수법** : 스프링클러를 이용하는 방법이다.
- **지하관수법** : 지하에 급수해서 모관작용으로 뿌리 근처에 수분을 공급시키는 방법이다.
- **점적관수법** : 과수의 수관 아래에 플라스틱관을 펼쳐두는 방법이다.

11 다음 중 포장상태가 고르지 못하고 경사진 곳, 하우스의 잎채소류 재배 등에 사용이 가능한 관수법은?

① 스프링클러 ② 고정식 관수
③ 미세관수 ④ 지표관수

| 해설 |

미세관수는 내압강도가 큰 호스를 농경지에 배치하여 관수 호스의 자체 수압으로 살수·관개하는 방법이다.

12 미세관수(점적식 관수)에 관한 설명으로 가장 옳은 것은?

① 미생물을 물에 타서 주는 방법
② 작은 호스 구멍으로 소량씩 물을 주는 방법
③ 싹을 틔우기 위해 물을 뿌려주는 방법
④ 스프링클러 등으로 물을 뿌려주는 방법

| 해설 |

미세관수는 미세한 구멍이 있는 호스를 땅에 깔거나 묻고 한 방울씩(소량) 물을 서서히 공급하는 방법으로, 시간이 오래 걸리지만 가장 이상적인 관수방법이다.

13 플라스틱 파이프나 튜브에 미세한 구멍을 뚫어 물이 소량씩 흘러나와 근권부의 토양에 집중적으로 관수하는 방법은? 기출 제10회

① 점적관수
② 분수관수
③ 고랑관수
④ 저면급수

| 해설 |

점적관수는 플라스틱 파이프나 튜브에 미세한 구멍을 뚫어 물이 소량씩 흘러나와 근권부의 토양에 집중적으로 관수하는 방법으로 가장 이상적인 관수방법이다.
② **분수관수** : 일정 간격으로 구멍이 나 있는 플라스틱 파이프나 튜브에 압력이 가해진 물을 분출시켜 일정 범위의 표면을 적시는 관수방법이다.
③ **고랑관수** : 시설 내의 고랑에 물을 대주어 근군(根群)에 수분을 공급하는 관수방법이다.
④ **저면급수(저면관수)** : 아래서부터 물을 주는 관수방법이다.

14 미세한 종자를 파종한 파종상이나 화분의 배수공을 통하여 물이 스며 올라가도록 하는 관수방법은? 기출 제11회

① 고랑관수
② 분수관수
③ 점적관수
④ 저면관수

| 해설 |

저면관수
화분에 대한 관수방법으로 벤치에 화분을 배열한 다음 물을 공급하여 화분의 배수공을 통하여 물이 스며 올라가게 하는 방법이다. 파종상을 이용해 미세종자를 파종하는 경우 저면관수를 하는 것이 좋다.
① **고랑관수** : 경작지에 고랑을 만들어 물이 흐르게 하여 수분을 공급하는 방법이다.
② **분수관수** : 일정 간격으로 구멍이 나 있는 플라스틱 파이프나 튜브에 압력이 가해진 물을 분출시켜 일정 범위의 표면을 적시는 방법이다.
③ **점적관수** : 플라스틱 파이프나 튜브에 분출공을 만들어 물이 방울방울 떨어지게 하거나 천천히 흘러나오게 하는 방법이다.

15 지하에 물의 통로를 만들어 지중의 과잉수를 배제하여 지하수위를 적당한 위치로 유지하는 배수 방법을 무엇이라 하는가?

① 암거배수
② 명거배수
③ 기계배수
④ 객토

| 해설 |

암거배수
암거배수는 지하에 배수시설을 하여 배수하는 방법이다.

16 수분과잉 장해에 관한 설명으로 옳지 않은 것은? 기출 제7회

① 생장이 쇠퇴하며 수량도 감소한다.
② 건조 후에 수분이 많이 공급되면 열과 등이 나타난다.
③ 뿌리의 활력이 높아진다.
④ 식물이 웃자라게 된다.

| 해설 |

수분이 많이 공급되면 뿌리 자체의 생육도 불량해지므로, 뿌리의 활력이 떨어진다.
※ **열과** : 수분과잉 장해에 의한 것으로 다량의 수분이 흡수되어 과실의 껍질이 터지는 현상

03 온도

01 싹이 터서 수확할 때까지 평균기온이 0℃ 이상인 날의 일평균기온을 합산한 것을 무엇이라고 하는가?

① 적산온도
② 최고온도
③ 최저온도
④ 최적온도

| 해설 |
적산온도는 작물의 싹트기에서 수확할 때까지 평균기온이 0℃ 이상인 날의 일평균기온을 합산한 것이다. 작물의 기후의존도, 특히 온도환경에 대한 요구도를 나타내는 기준으로 이용된다.

02 작물의 적산온도에 관한 설명으로 옳은 것은?

① 작물생육기간 중의 일일 최고기온을 총합한 것
② 작물생육기간 중의 일일 최저기온을 총합한 것
③ 작물생육기간 중의 최적온도를 생육일수로 곱한 것
④ 작물생육기간 중의 0℃ 이상의 일일 평균기온을 총합한 것

| 해설 |
적산온도
적산온도는 작물의 싹트기에서 수확할 때까지 평균기온이 0℃ 이상인 날의 일평균기온을 합산한 것이다.

03 다음 중 적산온도가 가장 낮은 여름작물은?

① 메밀
② 조
③ 담배
④ 콩

| 해설 |
적산온도는 생육기간이 길고 고온성 작물일수록 높다. 생육기간이 짧은 메밀의 적산온도가 가장 낮고 벼나 담배의 경우가 높다(**벼 > 담배 > 조 > 메밀**).

04 같은 품종인데도 생산지에 따라 수확시기가 다른 까닭은?

① 수분량이 다르기 때문이다.
② 시비가 다르기 때문이다.
③ 일조량이 다르기 때문이다.
④ 적산온도가 다르기 때문이다.

| 해설 |
적산온도를 계산할 때 일평균기온은 해당 작물이 활동할 수 있는 최저온도(기준온도라고 한다) 이상의 것만을 택하기 때문에 같은 품종이라도 생산지에 따라 수확시기가 다를 수 있다.

05 작물의 생육적온에 관한 설명으로 옳지 않은 것은?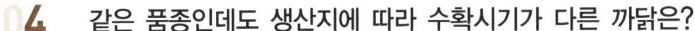

① 대사작용에 따라 적온이 다르다.
② 발아 후 생육단계별로 적온이 있다.
③ 품종에 따른 차이가 존재한다.
④ 주간과 야간의 적온은 동일하다.

| 해설 |
작물의 생육적온은 대부분 20~25℃이며, 일반적으로 주간의 생육적온이 야간의 생육적온보다 높다.
예 장미의 생육적온 : 낮 24~27℃, 밤 15~18℃

06 생육적온이 달라 동일 재배사에서 함께 재배할 경우 재배효율이 떨어지는 조합은? 기출 제9회

① 상추, 고추
② 당근, 시금치
③ 가지, 호박
④ 오이, 토마토

| 해설 |
상추는 저온성 작물이고, 고추는 대표적인 고온성 작물이다. 상추의 생육적온은 10~18℃로 비교적 낮은 온도에서 잘 자라며, 고온에서는 생육이 나쁘다. 고추의 생육적온은 낮에는 25~28℃, 밤에는 18~22℃이다.

07 다음 (   ) 안에 들어갈 내용을 순서대로 옳게 나열한 것은? 기출 제1회

> 식물의 생육이 가능한 온도를 (   )(이)라고 한다. 배추, 양배추, 상추는 (   ) 채소로 분류되고, (   )는 종자 때부터 저온에 감응하여 화아분화가 되며, (   )는 고온에 의해 화아분화가 이루어진다.

① 생육적온, 호온성, 배추, 상추
② 유효온도, 호냉성, 배추, 상추
③ 생육적온, 호냉성, 상추, 양배추
④ 유효온도, 호온성, 상추, 배추

| 해설 |
식물의 생육이 가능한 온도를 (<u>유효온도</u>)라고 한다. 배추, 양배추, 상추는 (<u>호냉성</u>) 채소로 분류되고, (<u>배추</u>)는 종자 때부터 저온에 감응하여 화아분화가 되며, (<u>상추</u>)는 고온에 의해 화아분화가 이루어진다.

08 A손해평가사가 어떤 농가에게 다음과 같은 조언을 하고 있다. 다음 (   )에 들어갈 내용으로 옳은 것은? 기출 제8회

> • 농가 : 저희 농가의 딸기가 최근 2℃ 이하에서 생육스트레스를 받았습니다.
> • A : 딸기의 (ㄱ)를 잘 이해해야 합니다. 그리고 30℃를 넘지 않도록 관리해야 됩니다.
> • 농가 : 그럼, 30℃는 딸기 생육의 (ㄴ)라고 생각해도 되는군요.

	ㄱ	ㄴ
①	생육가능온도	최적적산온도
②	생육최적온도	최고한계온도
③	생육가능온도	최고한계온도
④	생육최적온도	최고적산온도

| 해설 |
작물의 <u>생육가능온도</u>는 최저한계온도, 생육최적온도, 최고한계온도로 구분할 수가 있다.
딸기는 호냉성 채소작물로 재배의 최저한계온도는 5℃이고 생육최적온도는 평균 18~23℃이며, 25℃ 이상이 되면 생육이 지연되고 <u>최고한계온도</u>인 30℃ 이상에서는 생육이 정지된다.

09 물을 통한 식물의 체온조절에 관한 설명으로 옳지 않은 것은?

① 바람이 불면 엽온 상승이 촉진된다.
② 작물이 밀생하면 작물체온의 상승이 더욱 커진다.
③ 수분의 기공 배출시 많은 열이 탈취되므로 엽온과 체온의 상승이 억제된다.
④ 밤의 작물체온은 흡열보다 방열이 우세하여 기온보다 낮다.

| 해설 |
습도가 낮아지고 바람이 불면 증산이 활발해져서 엽온 상승이 억제된다.

10 과도한 고온으로 인한 작물의 피해를 최소화하는 대책으로 옳지 않은 것은?

① 내열성이 강한 작물을 선택한다.
② 관수로 땅의 온도를 낮춘다.
③ 질소비료를 많이 시용한다.
④ 작물을 많이 심지 않는다.

| 해설 |
밀식·질소과용 등을 피해야 한다. 고온에 질소비료를 과다 시용하면 식물체 내에 가용성 질소의 함량 증가로 인하여 생장이 지나치게 왕성해지고, 이에 따라 식물체의 조직이 연약해져 병균의 침입을 쉽게 받거나 식물이 쉽게 말라 죽을 수 있다.

04 광(光)

01 광합성 작용에 영향을 미치는 요인이 아닌 것은?

① 광의 강도
② 온도
③ CO_2의 농도
④ 질소의 농도

> |해설|
> 광합성에 영향을 미치는 요인은 빛의 세기, 온도, CO_2의 농도이다.

02 광합성이 일어날 때 나타나는 현상으로 옳은 것은?

① O_2를 얻는 과정이다.
② 포도당을 사용한다.
③ CO_2를 내놓게 된다.
④ 에너지를 방출한다.

> |해설|
> 광합성은 태양에너지를 에너지원으로 CO_2와 H_2O을 재료로 하여 포도당($C_6H_{12}O_6$)을 생산하고, 그 부산물로 O_2를 얻는 과정이다.

03 광합성과 관련된 CO_2 농도를 설명한 것으로 옳지 않은 것은?

① 대기 중의 CO_2 농도는 0.03%이다.
② 광합성이 활발할 때 잎 주위의 CO_2 농도는 대기 중의 농도보다 조금 높다.
③ CO_2 농도를 높여주면 광합성을 어느 정도까지는 증가시킬 수 있다.
④ 작물의 이산화탄소 보상점은 대기 중의 농도의 1/10~1/3 정도이다.

> |해설|
> 광합성이 활발할 때 잎 주위의 CO_2 농도는 대기 중의 농도보다 낮아서 광합성 제한인자가 된다.

정답 09 ① 10 ③ / 01 ④ 02 ① 03 ②

04 대기 중의 탄산가스 농도를 높여줌으로써 수량을 올리는 중요한 생리작용은 무엇인가?

① 광합성 작용의 증대
② 호흡작용의 이상 증대
③ 엽록소 함량의 증대
④ 엽면적의 증대

| 해설 |
> 탄산가스 농도가 낮은 조건에서는 수분, 빛과 온도가 충분히 있어도 탄산가스가 제한인자가 되므로 충분한 광합성이 이루어지지 않는다. 따라서 대기 중의 탄산가스 농도를 높임으로써 광합성 작용의 증대를 가져올 수 있다.

05 작물의 생장에 영향을 주는 광질에 관한 내용이다. (   )에 들어갈 내용을 순서대로 옳게 나열한 것은? 기출 제9회

> 가시광선 중에서 (   )은 광합성·광주기성·광발아성 종자의 발아를 주도하는 중요한 광선이다. 근적외선은 식물의 신장을 촉진하여 적색광과 근적외선의 비가 (   ) 절간신장이 촉진되어 초장이 커진다.

① 청색광, 작으면
② 적색광, 크면
③ 적색광, 작으면
④ 청색광, 크면

| 해설 |
> **작물의 생장에 영향을 주는 광질**
> 가시광선 중에서 (**적색광**)은 광합성·광주기성·광발아성 종자의 발아를 주도하는 중요한 광선이다. 근적외선은 식물의 신장을 촉진하여 적색광과 근적외선의 비가 (**작으면**) 절간신장이 촉진되어 초장이 커진다.
> • **광합성** : 650~700nm의 적색광이 가장 효과적이다.
> • **광주기성(일장효과)** : 일장에 따라 식물의 개화를 결정하는 것으로, 600~680nm의 적색광이 최대의 효과를 가진다.
> • **광발아성 종자의 발아(꽃눈의 분화)** : 670nm 부근의 적색광이 촉진한다.
> • **적색광과 근적외선의 비(R/Fr ratio)** : 근적외선은 식물의 신장을 촉진하며, 적색광과 근적외선의 비(R/Fr ratio)가 작으면 절간신장이 촉진되어 식물의 신장이 커지고, 적색광과 근적외선의 비가 크면 식물의 신장을 억제한다.
> ※ **절간신장** : 식물의 마디가 자라는 것

06 식물 생육과 광질에 관한 설명으로 옳지 않은 것은? 기출 제11회

① 청색광은 카르티노이드계의 색소 생성을 촉진한다.
② 자외선은 신장을 억제하고 엽육을 두껍게 한다.
③ 청색광은 광합성·광주기성을 주도한다.
④ 자외선은 안토시아닌계 색소의 발현을 촉진한다.

| 해설 |
적색광(650~700nm)은 광합성·광주기성·종자발아를 주도한다.

07 광도가 증가함에 따라 작물의 광합성이 증가하는데 일정 수준 이상에 도달하게 되면 더 이상 증가하지 않는 지점은? 기출 제8회

① 광순화점　　　　　　　　② 광보상점
③ 광반응점　　　　　　　　④ 광포화점

| 해설 |
광포화점은 작물의 광합성량이 더 이상 증가하지 않을 때의 빛의 세기이다.

08 다음 중 (　)에 들어갈 내용은? 기출 제2회

> 작물의 광합성에 의한 이산화탄소의 흡수량과 호흡에 의한 이산화탄소의 방출량이 같은 지점의 광도를 (　)이라 한다.

① 광반응점　　　　　　　　② 광보상점
③ 광순화점　　　　　　　　④ 광포화점

| 해설 |
광보상점은 식물체의 광합성에 의해 이산화탄소의 흡수량과 호흡에 의한 이산화탄소의 방출량이 같아져서 식물체가 외부 공기 중에서 실질적으로 흡수하는 이산화탄소의 양이 0이 되는 광의 강도를 말한다.

정답　04 ①　05 ③　06 ③　07 ④　08 ②

09 다음 ( )의 내용을 순서대로 옳게 나열한 것은? 기출 제5회

> 광보상점은 광합성에 의한 이산화탄소 ( )과 호흡에 의한 이산화탄소 ( )이 같은 지점이다.
> 그리고 내음성이 ( ) 작물은 ( ) 작물보다 광보상점이 높다.

① 방출량, 흡수량, 약한, 강한
② 방출량, 흡수량, 강한, 약한
③ 흡수량, 방출량, 약한, 강한
④ 흡수량, 방출량, 강한, 약한

| 해설 |
광보상점은 작물의 광합성에 의한 이산화탄소의 (**흡수량**)과 호흡에 의한 이산화탄소의 (**방출량**)이 같은 지점의 광도를 말한다. 내음성(식물이 광도가 낮은 조건에서 생육할 수 있는 능력)이 (**약한**) 작물은 (**강한**) 작물보다 광보상점이 높다.

10 벼와 옥수수의 광합성을 비교한 내용으로 옳지 않은 것은? 기출 제6회

① 옥수수는 벼에 비해 광포화점이 높은 광합성 특성을 보인다.
② 옥수수는 벼에 비해 온도가 높을수록 광합성이 유리하다.
③ 옥수수는 벼에 비해 이산화탄소 보상점이 높은 광합성 특성을 보인다.
④ 옥수수는 벼에 비해 수분 공급이 제한된 조건에서 광합성이 유리하다.

| 해설 |
광합성에 의한 유기물의 생성속도와 호흡에 의한 유기물의 소모속도가 같아지는 이산화탄소 농도를 이산화탄소 보상점이라고 한다. 옥수수(C4식물)는 벼(C3식물)에 비해 이산화탄소 농도가 낮은 환경에서도 광합성을 할 수 있다.

11 식물 생육에서 광에 관한 설명으로 옳지 않은 것은? 기출 제10회

① 광포화점은 상추보다 토마토가 더 높다.
② 광보상점은 글록시니아보다 초롱꽃이 더 낮다.
③ 광포화점이 낮은 작물은 고온기에 차광을 해주어야 한다.
④ 광도가 증가할수록 작물의 광합성량이 비례적으로 계속 증가한다.

> **해설**
> 광도가 증가할수록 작물의 광합성량이 비례적으로 계속 증가하다가, 광포화점에 오면 광도가 증가해도 더 이상 광합성량이 증가하지 않는다.
> ① 광포화점은 상추보다 토마토가 더 높다(상추 25,000lx / 토마토 70,000lx).
> ② 양지식물(글록시니아)은 음지식물(초롱꽃)에 비하여 광보상점이 높다.
> ③ 광포화점이 낮은 작물은 고온기에 과다한 일사량을 차단하기 차광을 해주어야 한다.

12 혐광성 종자의 작물로 옳은 것은?

① 벼, 옥수수
② 토마토, 가지
③ 베고니아, 잡초
④ 담배, 상추

> **해설**
> • 호광성 종자 : 담배, 상추, 뽕나무, 베고니아, 잡초
> • 혐광성 종자 : 토마토, 오이, 가지
> • 광 무관계 종자 : 벼, 보리, 밀, 옥수수, 콩

13 호광성 식물을 저광도에서 재배할 경우 나타나는 현상으로 옳지 않은 것은? 기출 제11회

① 줄기의 마디 사이가 길어진다.
② 잎이 넓어지고 얇아진다.
③ 단위면적당 잎의 수가 증가한다.
④ 줄기가 가늘어진다.

> **해설**
> 호광성 식물을 저광도에서 재배할 경우 광합성 기능이 떨어져 성장속도가 느려지고 잎이 넓어지고 얇아지며, 단위면적당 잎의 수가 감소한다. 또한 빛을 더 많이 얻기 위해 줄기가 길어지는 현상(웃자람)이 나타날 수 있다.

14 시설 내에서 광부족이 지속될 때 나타날 수 있는 박과 채소작물의 생육 반응은? 기출 제6회

① 낙화 또는 낙과의 발생이 많아진다.
② 잎이 짙은 녹색을 띤다.
③ 잎이 작고 두꺼워진다.
④ 줄기의 마디 사이가 짧고 굵어진다.

| 해설 |
> 시설 내에서 광부족이 지속되면 광합성 억제로 잎, 뿌리, 줄기의 생장이 저조해지고, 결구지연, 과실비대불량, 낙화 또는 낙과의 발생이 많아진다.

15 작물 외관의 착색에 관한 설명으로 옳지 않은 것은? 기출 제3회

① 작물재배시 광이 없을 때에는 에티올린(Etiolin)이라는 담황색 색소가 형성되어 황백화현상을 일으킨다.
② 엽채류에서는 적색광과 청색광에서 엽록소의 형성이 가장 효과적이다.
③ 작물재배시 광이 부족하면 엽록소의 형성이 저해된다.
④ 과일의 안토시안은 비교적 고온에서 생성이 조장되며, 볕이 잘 쬘 때에 착색이 좋아진다.

| 해설 |
> 사과, 포도, 딸기 등의 과일에는 안토시안(Anthocyan) 색소가 형성되어 착색되는데 안토시안은 비교적 저온에서 생성이 조장되고, 자외선이나 자색광이 효과적이며, 볕이 잘 쬘 때에 착색이 좋아진다.

16 C4 작물이 아닌 것은? 기출 제7회

① 보리
② 사탕수수
③ 수수
④ 옥수수

| 해설 |
> - C3 작물 : 캘빈회로(Calvin cycle)인 C3 광합성 메커니즘을 수행하는 작물 예 벼, 보리, 밀, 담배 등
> - C4 작물 : 4탄당(C4) 화합물이 관여하는 추가적인 경로(C4회로)를 이용해 이산화탄소(CO_2) 농도가 낮은 환경에서도 광합성 효율이 높은 작물 예 옥수수, 수수, 사탕수수 등

05 공기와 바람

01 밀폐된 공간에서 여러 작물이 함께 자랄 때 시간이 지난 다음 이산화탄소가 부족하여 작물간에 이산화탄소를 서로 이용하기 위하여 경쟁하게 된다. 가장 늦게까지 생존하는 작물은?

① 옥수수
② 콩
③ 벼
④ 밀

| 해설 |
옥수수, 수수와 같은 C4작물들은 일반적으로 대기 중의 낮은 이산화탄소 농도와 높은 온도에서 광합성 능력이 높다.

02 공기 조성이 작물의 생육에 미치는 영향을 설명한 것이다. 옳은 것은?

① 광합성의 주재료인 산소를 공급한다.
② 호흡작용에 필요한 이산화탄소를 공급한다.
③ 유해가스로 인해 작물의 생육장해를 일으키기도 한다.
④ 토양산소의 부족은 토양미생물의 활동을 증가시켜 뿌리의 활력을 증가시킨다.

| 해설 |
생육과 관련하여 탄산가스, 수분, 유해가스(아황산가스, 일산화탄소, 암모니아가스) 등은 상당한 영향을 준다.
① 광합성의 주재료인 이산화탄소를 공급한다.
② 호흡작용에 필요한 산소를 공급한다.
④ 토양산소의 부족은 토양미생물의 활동을 둔화시키고 뿌리의 활력을 저하시킨다.

03 공기의 조성성분 중 광합성의 주원료이며, 호흡에 의해 발생되는 것은? 기출 제10회

① 이산화탄소
② 질소
③ 산소
④ 오존

| 해설 |
공기의 조성성분 중 이산화탄소는 광합성의 주원료로 식물 생육에 필수적인 성분이다. 식물은 호흡을 통해 산소를 흡수하고, 이산화탄소를 방출한다.

04 생육기에 풍속 4~6km/h(연풍) 이하의 바람이 작물에 미치는 영향으로 옳은 것은?

① 이산화탄소 농도 감소
② 광합성 억제
③ 증산작용의 촉진
④ 꽃가루 매개 억제

| 해설 |
연풍과 작물생육
- 증산작용을 촉진시켜 양분흡수를 증대시킨다.
- 이산화탄소 농도를 높여 광합성을 증대시킨다.
- 꽃가루(화분)의 매개를 조장하여 풍매화의 결실을 좋게 한다.
- 한여름에는 지온을 낮게 하고, 봄·가을에는 서리를 막는 효과가 있으며, 수확물의 건조를 촉진한다.
- 잡초의 씨나 병원균을 전파하고, 저온의 바람은 작물체에 냉해를 유발하기도 한다.

06 상적 발육과 환경

01 생장과 발육에 관한 설명으로 옳지 않은 것은?

① 생장이란 비가역적인 체적의 증가와 중량의 증가를 의미한다.
② 발육은 세포의 질적 변화에 따른 조직의 발달을 의미한다.
③ 생장은 양적 변화와 발달을 의미하고, 발육은 질적 변화와 발달을 의미한다.
④ 생장과 발육은 서로 독립적인 것이다.

> **해설**
> 생장과 발육은 서로 독립적인 것이 아니고, 밀접한 상관관계를 가지고 이루어진다. 생장은 여러 가지 기관이 양적으로 증대하는 것이고, 발육은 질적 변화와 여러 가지 단계적 양상을 의미한다.

02 다음은 작물의 생육에 대한 설명이다. 옳지 않은 것은?

① 생육과 관련하여 탄산가스, 수분, 유해가스 등은 상당한 영향을 준다.
② 시설재배보다 노지에서 병해가 많이 발생한다.
③ 유해가스에는 아황산가스, 일산화탄소, 암모니아가스 등이 있다.
④ 토양수분이 지나치게 많으면 종자 발아에 필요한 영양·수분 흡수에 지장을 준다.

> **해설**
> 시설 내에서는 바람이 불지 않기 때문에 탄산가스가 부족하기 쉽고, 유해가스의 집적으로 그 피해가 자주 나타나며, 수분활동이 억제되는 경우가 많다. 즉 시설재배에서 병해가 많이 발생한다.

03 화성(花成)유도의 주요 요인이 아닌 것은?

① 영양조건　　　　　　② 광조건
③ 온도조건　　　　　　④ 습도조건

> **해설**
> ① **영양조건** : C/N율
> ② **광조건** : 파이토크롬
> ③ **온도조건** : 버널리제이션

04
다음은 탄질비(C/N율)에 관한 내용이다. ( )에 들어갈 내용을 순서대로 옳게 나열한 것은?

기출 제10회

> 작물체내의 탄수화물과 질소의 비율을 C/N율이라 하며, 과수재배에서 환상박피를 함으로써 환상박피 윗부분의 C/N율이 ( ), ( )이/가 ( )된다.

① 높아지면, 영양생장, 촉진
② 낮아지면, 영양생장, 억제
③ 높아지면, 꽃눈분화, 촉진
④ 낮아지면, 꽃눈분화, 억제

| 해설 |

탄질비(C/N율)
식물체내의 탄수화물과 질소의 비율을 C/N율이라 한다. C/N율이 높은 경우 식물의 영양생장이 다소 저하되고, 꽃눈분화가 활성화 되어 이듬해 결실이 좋아지게 된다. 따라서 과수재배에서 환상박피를 함으로써 환상박피 윗부분의 C/N율이 (**높아지면**), (**꽃눈분화**)가 (**촉진**)된다.
※ **환상박피** : 나무의 줄기 또는 가지에 환상(원형 띠 모양)으로 껍질을 벗기는 작업이다.

05
버널리제이션에 관여하는 요인이 가장 큰 것은?

① 온도
② 산소
③ 강우
④ 토양

| 해설 |

춘화처리(버널리제이션)는 생육의 일정시기(주로 초기)에 일정기간 인위적인 저온을 주어서 화성을 유도·촉진하는 것을 의미한다.

06 식물의 종자가 발아한 후 또는 줄기의 생장점이 발육하고 있을 때 일정기간의 저온을 거침으로써 화아가 형성되는 현상은? 기출 제1회, 제6회

① 휴지
② 춘화
③ 경화
④ 좌지

|해설|
식물체가 생육의 일정시기(주로 초기)에 저온에 의하여 화성, 즉 화아의 분화, 발육의 유도·촉진하는 것을 춘화(버널리제이션)라고 한다.
① 휴지란 배양세포가 증식능력을 가진 상태로 증식정지 상태에 들어가는 것을 말한다.
③ 경화란 작물 또는 종자를 저온, 고온, 건조 환경하에서 내동성, 내염성, 내건성을 증대시키기 위한 처리를 말한다.
④ 좌지(Hibernation)란 보통 가을에 파종하는 맥류를 이듬해 봄 늦게 파종하여 잎만 자라다가 출수하지 못하고 주저앉고 마는 현상을 말한다.

07 다음이 설명하는 현상은? 기출 제4회

- 온도자극에 의해 화아분화가 촉진되는 것을 말한다.
- 추파성 밀 종자를 저온에 일정기간 둔 후 파종하면 정상적으로 출수할 수 있다.

① 춘화 현상
② 경화 현상
③ 추대 현상
④ 하고 현상

|해설|
온도(저온)자극에 의해 화아분화가 촉진되는 것을 춘화(버널리제이션)라고 한다.
② 작물 또는 종자를 저온, 고온, 건조 환경하에서 내동성, 내염성, 내건성을 증대시키기 위해 처리하는 것을 경화라 한다.
③ 화아분화가 진행되어 이삭이나 꽃대가 올라오는 현상을 추대(抽薹)라 한다.
④ 북방형 목초에서 여름철 무더위에 생육이 일시 정지되거나 고사하는 현상을 하고(夏枯)라 한다.

08 다음 ( )에 들어갈 내용으로 옳은 것은? 기출 제8회

> 저온에서 일정기간 이상 경과하게 되면 식물체내 화아분화가 유기되는 것을 (ㄱ)라 말하며, 이후 25~30℃에 3~4주 정도 노출시켜 이미 받은 저온감응을 다시 상쇄시키는 것을 (ㄴ)라 한다.

	ㄱ	ㄴ
①	춘화	일비
②	이춘화	춘화
③	춘화	이춘화
④	이춘화	일비

| 해설 |
- **춘화** : 식물체가 생육의 일정시기(주로 초기)에 저온에 의하여 화성, 즉 화아의 분화, 발육의 유도·촉진하는 것을 말한다.
- **이춘화** : 저온춘화 한 작물을 고온에 노출시켜 춘화처리 효과가 상쇄되는 현상을 말한다.

09 버널리제이션 처리에 관한 설명으로 옳지 않은 것은?

① 산소공급이 절대로 필요하다.
② 고온 처리의 경우 반드시 암흑이 필요하다.
③ 처리종자는 병균에 침범되기 쉬우므로 종자를 소독하는 것이 좋다.
④ 처리온도는 일반적으로 겨울작물은 고온이 효과적이고, 여름작물은 저온이 효과적이다.

| 해설 |
처리온도는 일반적으로 여름작물은 고온이 효과적이고, 겨울작물은 저온이 효과적이다.

10 버널리제이션에 관한 설명으로 옳지 않은 것은?

① 주로 생육초기에 온도처리를 하여 개화를 촉진한다.
② 저온 처리의 감응점은 생장점이다.
③ 최아종자의 시기에 버널리제이션을 하는 것을 종자 버널리제이션이라고 한다.
④ 처리 중에 종자가 건조하면 버널리제이션 효과가 촉진된다.

| 해설 |
처리 중에 종자가 건조하면 버널리제이션 효과가 감쇄된다.

11 다음 ( )의 내용을 순서대로 옳게 나열한 것은? 기출 제5회

> 저온에 의하여 꽃눈형성이 유기되는 것을 ( )라 말하며, 당근·양배추 등은 ( )으로 식물체가 일정한 크기에 도달해야만 저온에 감응하여 화아분화가 이루어진다.

① 춘화, 종자춘화형
② 이춘화, 종자춘화형
③ 춘화, 녹식물춘화형
④ 이춘화, 녹식물춘화형

| 해설 |

춘화현상
식물체가 생육의 일정시기(주로 초기)에 저온에 의하여 화성, 즉 화아의 분화, 발육의 유도·촉진하는 것을 춘화라 한다.
- **종자춘화형** : 종자가 물을 흡수하여 배(embryo)가 활동을 개시한 이후에는 언제든지 저온에 감응하여 춘화가 일어나는 식물 예 무, 배추
- **녹식물춘화형** : 식물체가 어느 정도 영양생장을 한 다음에 저온을 받아야 춘화가 일어나는 식물 예 당근, 양배추, 양파

12 종자춘화형에 속하는 작물은? 기출 제8회

① 양파, 당근
② 당근, 배추
③ 양파, 무
④ 배추, 무

| 해설 |

춘화현상
- **종자춘화형** : 종자가 물을 흡수하여 배(embryo)가 활동을 개시한 이후에는 언제든지 저온에 감응하여 춘화가 일어나는 식물 예 무, 배추
- **녹식물춘화형** : 식물체가 어느 정도 영양생장을 한 다음에 저온을 받아야 춘화가 일어나는 식물 예 당근, 양배추, 양파

13 저온춘화형 채소작물 중 녹식물춘화형에 속하는 것을 올바르게 나열한 것은? 기출 제11회

① 양배추, 양파
② 상추, 배추
③ 브로콜리, 부추
④ 무, 순무

> **해설**
> 춘화현상
> (1) 저온춘화형
>   • 녹식물춘화형 : 식물체가 어느 정도 영양생장을 한 다음에 저온을 받아야 춘화가 일어나는 식물
>   예 양배추, 양파, 브로콜리, 당근
>   • 종자춘화형 : 종자가 물을 흡수하여 배(embryo)가 활동을 개시한 이후에는 언제든지 저온에 감응하여 춘화가 일어나는 식물 예 무, 배추, 순무
>
> (2) 고온춘화형
>   비교적 고온인 10~30℃의 처리로 춘화가 일어나는 식물 예 상추, 부추

14 저온자극을 통해 화아분화가 촉진되는 작물이 아닌 것은? 기출 제9회

① 양파
② 상추
③ 배추
④ 무

> **해설**
> 저온자극에 의해 화아분화가 촉진되는 것을 춘화(버널리제이션)라고 한다. 상추는 고온자극을 통해 화아분화가 촉진되는 작물이다.
> ① 양파는 녹식물춘화형 작물(식물체 생장 후 저온감응)이다.
> ③·④ 배추와 무는 종자춘화형 작물(종자 때부터 저온감응)이다.

15 일조시간의 변동에 따라 식물의 꽃눈형성과 개화에 큰 영향을 미치는 현상은?

① 춘화처리
② 일장효과
③ 광합성
④ 상적발육

> **해설**
> 낮과 밤의 길이가 꽃눈의 분화에 영향을 주는 것을 일장효과라고 하며, 일장효과에 따라서 장일식물·단일식물·중성식물 등으로 나눈다.

16 일장효과에 영향을 미치는 조건으로 옳지 않은 것은?

① 온도의 영향
② 발육단계
③ 처리일수
④ 칼슘시용의 영향

| 해설 |
④ 칼슘시용의 영향(×) → 질소시용의 영향(○)
장일식물은 질소가 많지 않아야 영양생장이 억제되어 장일효과가 더욱 잘 나타나고, 단일식물은 질소의 요구도가 커서 질소가 넉넉해야 생육이 빠르고 단일효과도 더욱 잘 나타난다.

17 한계일장이 없어 일정조건에 관계없이 개화하는 중성식물은? 기출 제1회

① 상추
② 국화
③ 딸기
④ 고추

| 해설 |
상추는 장일식물, 국화와 딸기는 단일식물이다.

18 다음 중 단일식물이 아닌 것은?

① 벼
② 콩
③ 국화
④ 시금치

| 해설 |
단일작물
벼, 국화, 콩, 수수, 옥수수, 코스모스, 목화, 나팔꽃 등
※ **시금치** : 장일식물

19 단일일장(Short Day Length) 조건에서 개화 억제를 위해 야간에 보광을 실시하는 작물은? 기출 제2회

① 장미
② 가지
③ 국화
④ 토마토

| 해설 |
단일식물은 암기가 길어야 개화하는데 야간에 보광을 실시하면 개화가 억제된다. 단일식물은 국화, 벼, 콩, 옥수수, 나팔꽃, 목화 등이 대표적이다.
① 장미는 장일상태(보통 16~18시간 조명)에서 개화하는 장일식물이다.
②·④ 가지와 토마토는 낮과 밤의 길이와 상관없이 개화하는 중성식물이다.

20 작물의 일장형에 관한 설명으로 옳지 않은 것은? 기출 제7회

① 보통 16~18시간의 장일조건에서 개화가 유도, 촉진되는 식물을 장일식물이라고 하며, 시금치, 완두, 상추, 양파, 감자 등이 있다.
② 보통 8~10시간의 단일조건에서 개화가 유도, 촉진되는 식물을 단일식물이라고 하며, 가지, 콩, 오이, 호박 등이 있다.
③ 일장의 영향을 받지 않는 식물을 중성식물이라고 하며 토마토, 당근, 강낭콩 등이 있다.
④ 좁은 범위에서만 화성이 유도, 촉진되는 식물을 정일식물 또는 중간식물이라고 한다.

| 해설 |
② 보통 8~10시간의 단일조건에서 개화가 유도, 촉진되는 식물을 단일식물이라고 하며, 콩, 오이, 호박, 벼, 수수, 옥수수, 담배 등이 있다. 가지는 중성식물에 해당한다.
③ 개화에 일정한 한계일장이 없고, 대단히 넓은 범위의 일장에서 개화하는 식물을 중성식물이라고 하며 토마토, 당근, 강낭콩 등이 있다.

21 한계일장보다 짧을 때 개화하는 식물끼리 올바르게 짝지어진 것은? 기출 제7회

① 국화, 포인세티아
② 장미, 시클라멘
③ 카네이션, 페튜니아
④ 금잔화, 금어초

| 해설 |
한계일장보다 짧을 때 개화하는 식물은 단일식물(예 국화, 포인세티아)이다.
장미, 시클라멘은 중성식물이고, 카네이션, 페튜니아, 금잔화, 금어초는 장일식물이다.

22 다음 설명 중 옳은 것은?

① 감자 덩이줄기의 비대는 단일조건에서 촉진된다.
② 떼알구조가 잘 발달된 토양은 공기가 잘 통하지 않는다.
③ 작물이 잘 자랄 수 있는 토양은 일반적으로 알칼리성 토양이다.
④ 짚으로 멀칭을 하면 낮의 지온이 높아진다.

| 해설 |

단일조건(8시간 일장)에서는 잎 속의 지베렐린 함량이 크게 줄어들고 땅속줄기 자람을 정지시켜 덩이줄기의 형성을 촉진한다.
② 떼알구조가 잘 발달된 토양은 <u>공기가 잘 통한다</u>.
③ 작물이 잘 자랄 수 있는 토양은 일반적으로 <u>중성 내지 약산성</u> 토양이다.
④ 짚으로 멀칭을 하면 낮의 <u>지온을 낮출 수 있다</u>.

23 다음 중 일장형의 분류상 장일식물끼리 올바르게 짝지어진 것은?

① 가을보리, 시금치　　② 벼, 국화
③ 콩, 감자　　　　　　④ 담배, 토마토

| 해설 |

장일식물과 단일식물
- **장일식물** : 꽃을 피우는데 한계일장보다 긴 일장조건이 필요한 식물
  예 가을보리, 가을밀, 양귀비, 시금치, 양파, 상추, 아주까리, 감자 등
- **단일식물** : 꽃을 피우는데 한계일장 이하의 일장조건이 필요한 식물
  예 벼, 국화, 콩, 수수, 옥수수, 코스모스, 목화, 나팔꽃, 담배 등
※ 토마토는 중성식물이다.

24 장일식물에 관한 설명으로 옳은 것은?

① 장일 상태에서 화성이 저해된다.
② 장일 상태에서 화성이 유도·촉진된다.
③ 8~10시간의 조명에서 화성이 유도·촉진된다.
④ 한계일장은 장일 측에, 최적일장과 유도일장의 주체는 단일 측에 있다.

| 해설 |

①·② 장일 상태에서 화성이 유도·촉진된다.
③ 보통 16~18시간의 조명에서 화성이 유도·촉진된다.
④ 장일식물의 유도일장은 장일 측에, 한계일장은 단일 측에 있다.

25 장일일장 조건에서 개화가 유도·촉진되는 작물을 모두 고른 것은? [기출] 제3회

> ㄱ. 상추 ㄴ. 고추
> ㄷ. 딸기 ㄹ. 시금치

① ㄱ, ㄴ   ② ㄱ, ㄹ
③ ㄴ, ㄷ   ④ ㄷ, ㄹ

| 해설 |
장일식물(보통 16~18시간 조명)에 해당되는 작물은 <u>상추</u>와 <u>시금치</u>이다.
고추는 중성식물이고, 딸기는 단일식물이다.

26 일장반응에 관한 설명으로 옳지 않은 것은?

① 하루 24시간을 주기로 밤낮의 길이가 식물의 개화반응에 미치는 효과를 일장반응이라 한다.
② 한계일장이 긴 식물은 겨울에 꽃을 피우기도 한다.
③ 잎은 일장에 감응하여 개화 유도물질을 생성한다.
④ 식물은 한계일장을 기준으로 크게 장일식물, 중성식물, 단일식물로 구분한다.

| 해설 |
한계일장은 식물의 개화를 위해 필요한 최대 혹은 최소 일장을 의미하는 것으로, 식물의 종류와 품종에 따라 다르다. 한계일장보다 짧은 일장에 반응하여 개화하는 식물을 단일식물, 한계일장보다 긴 일장에 반응하여 개화하는 식물을 장일식물이라 하는데, 한계일장이 길면 여름, 짧으면 겨울에 꽃을 피우기도 한다.

27 일장효과에 영향을 끼치는 조건에 관한 설명이다. 옳지 않은 것은?

① 본잎이 나온 뒤 어느 정도 발육 후 감응한다.
② 처리횟수를 많이 할수록 꽃눈이 빨리 생기고, 꽃눈의 수도 많아진다.
③ 온도는 특히, 암기(밤)의 온도에 크게 영향을 받는다.
④ 명암의 주기에서 상대적으로 명기가 암기보다 길면 단일효과가 나타난다.

| 해설 |
명암의 주기에서 상대적으로 명기가 암기보다 길면 <u>장일효과</u>가 나타난다.

28 다음 중 일장처리에 감응하는 부분은?

① 어린잎 ② 성숙한 잎
③ 줄기 ④ 뿌리

| 해설 |
일장처리의 감응부위
어린잎은 거의 일장에 감응하지 않으며, 충분히 성숙한 잎이 일장에 잘 감응한다.

29 작물의 호흡에 관한 설명으로 옳지 않은 것은?

① 호흡은 산소를 소모하고, 이산화탄소를 방출하는 화학작용이다.
② 호흡은 유기물을 태우는 일종의 연소작용이다.
③ 호흡을 통해 발생하는 열(에너지)은 생물이 살아가는 힘이다.
④ 호흡은 탄소동화작용이다.

| 해설 |
호흡은 이화작용이다.

30 작물 피해를 발생시키는 대기오염 물질이 아닌 것은? 기출 제2회

① 아황산가스 ② 이산화탄소
③ 오존 ④ 불화수소

| 해설 |
이산화탄소는 대기의 0.03% 농도로 존재하며, 광합성을 수행하여 작물의 생장을 촉진한다.
① 아황산가스는 가장 대표적인 대기오염 물질로 광합성 속도를 크게 저하시키고 줄기·잎을 퇴색시킨다.
③ 오존은 잎을 황백화~적색화 시키며, 암갈색의 점상반점이 생기게 한다.
④ 불화수소(HF)는 독성이 가장 강하며, 잎의 끝이나 가장자리를 백변시킨다.

31 잎의 뒷면에 광택화, 은회색, 청동색의 피해 증상을 나타내는 대기오염 물질은?

① 불화수소 ② 오존
③ PAN ④ 아황산가스

정답 25 ② 26 ② 27 ④ 28 ② 29 ④ 30 ② 31 ③

| 해설 |

대기오염의 피해증상
- **아황산가스** : 잎에 흰색반점 등 변색(가시적), 광합성 및 호흡작용 저해(불가시적)
- **황산미스트** : 갈색반점
- **PAN** : 잎 뒷면의 금속광택
- **광화학스모그** : 낙엽현상

---

32 대기오염 중 농작물에 가장 대표적인 유해가스는?

① 염화수소 ② 아황산가스
③ 염소가스 ④ 황화수소

| 해설 |

아황산가스는 잎에 흰색반점 등 변색(가시적), 광합성 및 호흡작용 저해(불가시적)를 유발한다.

---

33 다음 중 토양을 오염시키는 중금속이 아닌 것은?

① 카드뮴 ② 구리
③ 납 ④ 석회

| 해설 |

토양을 오염시키는 중금속에는 카드뮴(Cd), 구리(Cu), 납(Pb), 아연(Zn), 비소(As) 등이 있다.

---

34 중금속 오염 토양에서 작물에 의한 중금속의 흡수를 경감시키는 방법으로 옳지 않은 것은?

① 유기물을 사용한다.
② 인산질 비료를 증시한다.
③ pH를 낮춘다.
④ 석회성분을 투입한다.

| 해설 |

토양의 중금속 오염대책
- 석회성분을 투입하여 토양산도를 높여 중금속을 불용화한다.
- 인산과 유기물을 사용한다.
- pH를 높이고 Eh를 낮추는 등 토양산도를 조정하여 토양환원을 촉진한다.
- 흡수력이 강한 묘목류, 화훼류 등의 식물을 이용하여 토양 중 오염물질을 제거한다.

CHAPTER 03 각종 재해

> 🔍 **학습목표**
> ❶ 저온장해 및 고온장해에 의한 작물의 피해증상 및 예방대책을 학습한다.
> ❷ 습해 대책, 수해 대책, 가뭄해 대책에 대해 학습한다.
> ❸ 동·상해의 피해증상 및 대책, 도복 및 풍해 대책, 우박에 의한 피해 및 예방대책에 대해 학습한다.

01 저온장해 및 고온장해

1 저온장해(냉해)

(1) 저온장해(냉해)의 개념

여름작물이 생육기간 중에 냉온장해에 의해서 생육이 저해되고 수량의 감소나 품질의 저하를 가져오는 기상재해를 '저온장해(냉해)'라 한다. 즉, 낮은 기온 또는 낮은 수온의 결과로 수확량이 감소되는 기상장해를 '저온장해(냉해)'라 한다.

> **심화TIP** 저온장해 작물
>
> **저온장해가 발생하는 절화류** [기출] 제7회
> 극락조화와 안스리움은 고온에서 잘 자라는 작물로, 추위에 매우 약하기 때문에 4℃ 저장시 저온장해가 발생한다.
>
> **저온장해가 발생하는 채소류** [기출] 제9회
> 열대 및 아열대 원산의 가지, 토마토, 오이, 고추 등은 호온성 채소로 0℃에서 저장할 경우 저온장해가 발생한다.

(2) 냉해의 발생기구

냉해는 북서쪽의 시베리아기단 또는 북동쪽의 오호츠크기단이 우리나라까지 남하하여 온도가 낮아지면서 발생하여 작물의 생육에 지장을 준다.
① 냉해는 0℃ 이상의 저온에서 작물의 조직이 얼지 않은 상태에서 일어난다.
② 생육에 필요한 최저온도 이하로 낮아지면 세포내 세포용질의 누출과 원형질 분리가 일어나고, 반점이 생기는 등의 물리적 손상이 나타난다.
③ 저온으로 인해 점진적으로 광합성이 저해되고, 죽거나 독성물질이 축적되는 간접적인 해가 일어나기도 한다.

| 심화TIP | 작물별 냉해가 일어나는 온도 |

냉해가 나타나는 온도와 그 정도는 작물의 종류, 품종 및 재배환경에 따라 매우 다르다. 예를 들면, 오이의 잎은 10℃에서 1주일 동안 살아 있으나 8℃에서는 3일 후에, 5℃에서는 수 시간 후에 냉해가 일어나며, 시금치·양배추·팬지 등에서는 이보다 훨씬 낮은 저온에서도 냉해가 쉽게 일어나지 않는다. 글록시니아는 1~5℃의 냉기에 접하면 수 시간, 늦어도 1일 이내에 잎에 반점이 생기고 원형질이 죽으며, 세포액이 세포간극으로 새어나오게 된다.

(3) 냉해로 인한 생육장해 [기출] 제10회

① 광합성의 능력이 저하된다.
② 양분 및 수분의 흡수를 방해한다.
③ 양분의 전류 및 축적을 방해한다.
④ 단백질 합성 및 효소의 활력을 저하시킨다.
⑤ 꽃가루 및 화분의 세포에 이상을 초래한다.

작물에서 저온장해의 초기 증상은 지질성분의 이중층으로 구성된 세포막에서 상전환이 일어나며, 지질성분에 포함된 포화지방산의 비율이 상대적으로 낮을수록 저온에 강한 경향이 있다.

| 심화TIP | 작물의 냉해생리 |

- 양분·수분흡수 감퇴
- 질소동화 저해
- 호흡감퇴
- 동화물질 전류 저해
- 암모니아 축적
- 증산작용 이상

(4) 냉해의 구분 [기출] 제3회, 제7회

① **지연형 냉해**
생육초기부터 출수기에 걸쳐서 여러 시기에 냉온을 만나서 출수가 지연되고, 따라서 등숙이 지연되어 후기의 냉온에 의하여 등숙불량을 초래하는 형의 냉해이다.

② **장해형 냉해**
유수형성기부터 개화기까지, 특히 생식세포의 감수분열기에 냉온에 의해서 정상적인 생식기관이 형성되지 못하거나 또는 화분방출·수정 등에 장해를 일으켜 불임이상이 나타나는 형의 냉해이다.

③ **병해형 냉해**
냉온에서는 증산이 감퇴하여 규산흡수가 적어지고, 조직의 규질화가 충분하지 못하게 되어 도열병 등의 병균침입이 용이하게 된다. 또한 광합성이 감퇴하여 당분의 생성이 적어지면 암모니아로부터 단백질의 합성이 저하되어 체내의 암모니아의 축적이 많아진다. 그러면 도열병균 등이 번식하여 병이 발생하는 냉해이다.

④ 혼합형 냉해

장기간의 저온에 의하여 지연형 냉해, 장해형 냉해 및 병해형 냉해 등이 혼합된 형태의 현상으로 수량감소에 가장 치명적인 냉해이다.

(5) 냉해 대책

① 내냉성 품종의 선택

냉해를 받기 쉬운 지대에서 장기냉수관개법 등에 의하여 내냉성 품종을 선발·재배한다.

② 입지조건의 개선

㉠ 방풍림을 설치하여 냉풍을 막는다.
㉡ 객토 등에 의하여 누수답을 개량한다.
㉢ 암거배수 등에 의하여 습답을 개량한다.
㉣ 지력을 배양하여 건실한 생육을 꾀한다.

③ 육묘법의 개선

보온육묘에 의해서 못자리 때의 냉해를 방지하고, 생육기간을 앞당겨서 등숙기의 냉해를 회피한다.

④ 재배법의 개선

㉠ 조기재배·조식재배를 하여 성숙기를 앞당긴다.
㉡ 인산·칼륨·규산·마그네슘 등을 충분히 준다.

⑤ 냉온기의 담수

위험한 냉온기에 수온이 19~20℃ 이상인 물을 15~20cm 깊이로 깊게 담수하면 냉해가 경감·방지된다.

⑥ 관개수온의 상승

물이 비닐파이프 등을 통과하도록 하여 관개수온을 높인다.

2 고온장해(열해)

(1) 고온장해의 개념

작물이 생육적온을 넘어 고온으로 인하여 받는 피해를 '고온장해' 또는 '열해'라고 한다. 열해에 의해서 단시간 내에 작물이 고사하는 것을 '열사'라고 하며, 열사를 초래하는 온도를 '열사온도' 또는 '열사점'이라고 한다.

(2) 고온장해의 원인

① 유기물의 과잉소모

고온에서는 광합성보다 호흡작용이 우세해지며, 고온이 오래 지속되면 유기물의 소모가 많아진다.

② 질소대사의 이상

고온에서는 단백질의 합성이 저해되고, 암모니아의 축적이 많아진다. 암모니아가 많이 축적되면 유해물질로 작용한다.

③ 철분의 침전

고온에 의해서 철분이 침전되면 황백화현상이 일어난다.

④ 증산과다

고온에서는 수분흡수보다도 증산이 과다하여 위조를 유발한다.

> **심화TIP 식물의 고온장해** [기출] 제11회
>
> (1) 세포막의 특성 변화와 효소의 활성 저하
>   ① 세포막 지방의 유동성이 커져서 세포막의 조성과 구조가 변하고, 막의 파괴로 호흡, 광합성과 관련된 효소의 활성이 억제된다.
>   ② 세포막의 지질이 액화하고 단백질이 응고하여 효소의 기능이 상실된다.
>
> (2) 양분소모
>   ① 온도가 더 높아지면 광합성과 호흡이 모두 감소하는데 호흡보다 광합성이 더 빨리 억제된다.
>   ② 고온에서는 당이 축적되지 않아 과실과 채소는 단맛이 없어지고, 생육이 억제되며, 양분이 고갈되어 죽게 된다.
>
> (3) 독성물질의 생성
>   고온에서 물질이 분해될 때 생성된 암모니아에 의해 장해를 받을 수 있다.
>
> (4) 증산과다
>   상대습도가 낮아져 증산과 증발이 모두 많아져 한발의 피해를 받기 쉽다.

(3) 작물의 내열성

작물이 고온장해(열해)에 견디는 성질을 '내열성'이라고 하는데, 작물의 내열성에 관여하는 요인은 다음과 같다.

① 내건성이 큰 것은 내열성도 크다.

② 세포 내의 결합수가 많고, 유리수가 적으면 내열성이 커진다.

③ 세포의 점성·염류농도·단백질 함량·지유 함량·당분 함량 등이 증가하면 대체로 내열성은 증대한다.

④ 작물체의 연령이 높아지면 내열성이 증대한다. 기관별로 보면 주피·완성엽이 가장 내열성이 크며, 눈·유엽이 그 다음이고, 미성엽·중심주가 가장 약하다.

⑤ 고온·건조·다조(多照)인 환경에서 오래 생육한 것은 경화되어 내열성이 증대한다.

(4) 고온장해로 인한 원예작물의 피해증상 기출 제4회, 제7회

① 종자의 발아 불량
  ㉠ 상추, 시금치, 금어초, 시네라리아, 양귀비 등의 저온 발아성 종자는 온도가 25℃ 이상으로 높아지면 발아율이 현저하게 낮아진다.
  ㉡ 상추 종자는 30℃에서 휴면에 들어가 거의 발아하지 않는다.

② 결구 불량
  ㉠ 결구는 작물의 생육이 진행됨에 따라 새로 나오는 안쪽의 잎이 서로 겹치는 알들이가 되는 현상을 말한다.
  ㉡ 배추, 양배추, 결구 상추 등은 온도가 높으면 속잎의 발생이 적어져서 결구가 불충분해진다.

③ 착화 및 결과 불량
강한 직사광선으로 인하여 잎과 꽃이 타거나, 열매채소에서는 꽃맺힘이 나빠지고 꽃과 열매가 많이 떨어져서 수확이 줄어든다.

④ 조기추대
상추와 같이 고온에 의하여 꽃눈이 분화되는 종류는 식물체가 충분히 커지기 전에 추대·개화하게 된다.

⑤ 수량 및 품질 저하
  ㉠ 영양기관을 이용하는 작물은 고온으로 뿌리나 잎줄기의 생육이 억제되어 수량이 감소하게 된다.
  ㉡ 열매의 착색이 불량하고 향기가 적어지며, 잎줄기채소에서는 섬유질이 증가함과 동시에 성분 농도가 낮아 전반적으로 맛이 나빠진다.

> **심화TIP 일소현상** 기출 제1회
>
> 일소현상이란 식물이나 작물에 맺히는 물방울이 렌즈 작용을 하게 되어 작물체가 타들어가는 현상을 말한다. 일소현상은 햇볕에 노출되는 작물의 수체 부위의 온도가 지나치게 높아져서 일어나는 경우가 많다. 특히, 과수나 초본류의 줄기 껍질이 얇은 경우 강한 햇볕에 노출되면 주위의 기온보다 온도가 현저히 높아져서 그 부위가 말라 터지게 되고, 결국 낙엽이 되어 죽게 된다.
> 일소현상은 증산 작용이 활발하게 진행되는 잎에서는 잘 일어나지 않지만 과실을 포함한 다육질의 조직이나 기관에서는 잘 일어난다. 특히, 열매채소나 과수의 열매는 증산율이 적어 그 자체의 온도가 기온보다 현저하게 높다.

(5) 고온장해 대책
  ① 내열성이 강한 작물을 선택한다.
  ② 배추, 감자 등과 같이 고온을 싫어하는 식물은 재배시기를 조절하여 고온을 피한다.
  ③ 그늘을 만들어준다.
  ④ 관개를 해서 지온을 낮춘다.
  ⑤ 비닐터널이나 하우스재배에서는 환기를 조절하여 지나친 고온을 피한다.
  ⑥ 밀식·질소과용 등을 피한다.

> **심화TIP 하고(夏枯)현상 기출 제3회**
> - 다년생인 북방형 목초에서 여름철에 생장이 현저히 쇠퇴하는 현상이다.
> - 고온, 건조, 장일, 병충해, 잡초무성의 원인으로 발생한다.
> - 레드클로버는 피해가 크고, 화이트클로버는 피해가 경미하다.
> - 대책으로는 관개, 혼파, 방목이 있다.

02 습해, 수해 및 가뭄해

1 습 해

(1) 습해의 개념

토양의 과습상태가 지속되어 토양의 산소가 부족하게 되면 뿌리가 상하고, 심하면 지상부가 황화, 위조, 고사하는데 이를 '습해'라 한다.

(2) 습해의 발생원인

① 습해의 가장 큰 원인은 토양의 과습상태가 지속되어 토양의 통기 불량에 의한 산소 부족 때문이다.
② 통기 불량으로 뿌리의 호흡이 산소 부족으로 억제되면 토양수분의 흡수에 필요한 에너지의 공급이 부족해진다. 결국 뿌리 자체의 생육도 불량하게 되어 각종 장해가 유발된다.
③ 저습한 논의 답리작 맥류나 침수지대의 채소 등에서 흔히 볼 수 있다.
④ 담수하에서 재배되는 벼에서도 토양의 산소가 부족하게 되면 여러 가지의 장해가 나타나는데, 이것도 일종의 습해로 볼 수 있다.

(3) 습해의 발생기구

① 겨울철 과습으로 토양산소가 부족하면 직접피해로서 호흡장해가 생긴다. 호흡장해가 생기면 무기성분(N, P, K, Ca, Mg 등)의 흡수가 저해된다.
② 겨울철의 습해는 지온이 낮아서 토양미생물의 활동이 억제되어 직접적인 피해가 발생한다.
③ 지온이 높을 때에 토양이 과습하면 직접피해뿐만 아니라, 토양미생물에 의해서 환원성 유해물질이 생성되어 간접피해를 더욱 크게 한다. 메탄가스, 질소가스, 이산화탄소의 생성이 많아져서 토양산소를 더욱 적게 하여 호흡장해를 조장한다.
④ 습해가 발생하는 토양환경에서는 토양감염병해의 전파가 많아지고, 작물도 쇠약하여 병해발생이 조장된다.

(4) 작물의 내습성

다습한 토양에 대한 작물의 적응성을 '내습성'이라고 하는데, 다음과 같은 요인들이 내습성에 관여한다.

① **경엽으로부터 뿌리로의 산소공급능력**
  ㉠ 벼는 전작물인 보리에 비하여 잎·줄기·뿌리에 통기계가 잘 발달하여 뿌리로의 산소공급능력이 높으므로 잘 생육한다.
  ㉡ 뿌리의 피층세포가 직렬되어 있는 것은 세포간극이 커서 뿌리로의 산소공급능력이 크기 때문에 내습성이 강하다. 생육 초기의 맥류처럼 잎이 지하의 줄기에 착생하고 있는 것은 뿌리로의 산소공급능력이 크다.

② 뿌리조직의 목화
목화한 것은 환원성 유해물질의 침입을 막아서 내습성을 강하게 한다.
③ 뿌리의 발달습성
근계가 얕게 발달하거나 습해를 받았을 때 부정근의 발생력이 큰 것은 내습성을 강하게 한다.
④ 환원성 유해물질에 대한 저항성
뿌리가 황화수소, 아산화철 등에 대하여 저항성이 큰 것은 내습성을 강하게 한다.

(5) 습해 대책 기출 제2회, 제3회, 제4회, 제5회, 제6회

① 배 수
배수는 습해의 기본 대책이다.
② 정 지
밭에서는 휴립휴파를 하고, 습답에서는 휴립재배를 하며, 경사지에서는 등고선재배를 한다.
③ 토양개량
세사를 객토하거나 부식·석회·토양개량제를 사용하여 입단을 조성하고, 투수·투기를 좋게 한다.
④ 작물 및 품종의 선택
　㉠ 내습성인 작물과 품종을 선택한다. 작물의 내습성은 대체로 미나리·벼 > 밭벼·옥수수·율무 > 토란·고구마 > 보리·밀 > 감자·고추 > 메밀 > 파·양파·당근·자운영의 순이다.
　㉡ 채소의 내습성은 양상추·양배추·토마토·가지·오이 > 시금치·우엉·무 > 당근·꽃양배추·멜론·피망의 순이다.
　㉢ 과수의 내습성은 올리브 > 포도 > 밀감 > 감·배 > 밤·복숭아·무화과의 순이다.

> **심화TIP 작물의 내습성 정도**
> - 작물의 내습성 정도 : 미나리·벼 > 밭벼·옥수수·율무 > 토란·고구마 > 보리·밀 > 감자·고추 > 메밀 > 파·양파·당근·자운영
> - 채소의 내습성 정도 : 양상추·양배추·토마토·가지·오이 > 시금치·우엉·무 > 당근·꽃양배추·멜론·피망
> - 과수의 내습성 정도 : 올리브 > 포도 > 밀감 > 감·배 > 밤·복숭아·무화과

⑤ 시 비
미숙유기물과 황산근 비료의 시용을 피하고 표층시비를 하여 뿌리를 지표면 가까이로 유도하고, 또한 뿌리의 흡수장해가 보이면 엽면시비를 꾀한다.
⑥ 과산화석회의 시용
과산화석회(CaO_2)를 종자에 분의해서 파종하든가 토양에 혼입하면(4~8kg/10a) 상당한 기간 산소를 방출하므로 습지에서의 발아 및 생육이 조장된다.
　※ 분의(dust) : 종자의 발아율과 생육을 돕기 위해 종자 표면에 골고루 입히는 방식

2 수 해

(1) 수해의 발생
① 비가 많이 와서 유발되는 피해를 '수해'라고 한다.
② 수해는 단기간에 호우가 내릴 때에 흔히 발생하며, 우리나라에서는 7~8월 우기에 국지적으로 수해가 발생한다.

(2) 수해에 관여하는 요인
① **작물의 종류와 품종**
㉠ <u>강한 것</u> : 화본과 목초, 수수, 피, 옥수수 등
㉡ <u>약한 것</u> : 콩과작물, 감자, 고구마, 메밀 등
② **생육시기**
벼의 경우 분얼초기에 강하고 수잉기부터 출수개화기 사이에는 침수에 매우 약하다.
③ **수 온**
수온이 높을수록 호흡기질 소모증대로 피해가 크다.
④ **수 질**
맑은 것은 수온이 낮고 수중 산소가 많으므로 혼탁물보다 수해의 피해가 적다.
⑤ **재배적 요인**
질소비료를 과다 시용하거나 추비를 많이 하면 체내 탄수화물이 감소하고, 호흡작용이 왕성해져 내병성과 관수저항성이 약해지며, 그로 인해 피해가 커진다.

(3) 수해의 피해
① 토양이 부양하여 산사태·토양침식 등을 유발한다.
② 유토에 의해서 전답이 파괴·매몰된다.
③ 유수에 의해서 농작물이 도복·손상되고 표토가 유실된다.
④ 침수에 의해서 흙앙금이 앉고, 생리적인 피해를 받아서 생육이 저해된다.
⑤ 병의 발생이 많아지며, 벼에서는 흰빛잎마름병을 비롯하여 도열병·잎집무늬마름병의 발생이 많아진다.

(4) 관수해
① 식물체가 완전히 물속에 잠기게 되는 침수를 관수라고 하며, 그 피해를 '관수해'라고 한다.
② 식물체가 완전히 물속에 잠기면 산소가 부족하여 무기호흡을 하게 된다. 무기호흡에서는 호기호흡에 비하여 동일한 에너지를 얻는데 많은 호흡기질이 소모되므로 무기호흡이 오래 계속되면 당분·전분·단백질 등의 호흡기질이 소진되어 마침내 기아상태에 이르게 된다.

③ 관수하의 벼 잎은 급히 도장하여 이상신장을 유발하기도 한다.
④ 관수되어 급격히 산소가 부족하면 여러 가지 대사작용이 교란된다.
⑤ 관수 상태에서는 병균의 전파·침입도 용이해진다.

> **심화TIP 청고(靑枯)와 적고(赤枯)**
> - **청고** : 수온이 높은 정체탁수로 인한 관수해로 단백질 분해가 거의 일어나지 못해 벼가 죽을 때 푸른색이 되어 죽는 현상
> - **적고** : 흐르는 맑은 물에 의한 관수해로 단백질 분해가 생기며, 갈색으로 변해 죽는 현상

(5) 수해 대책 [기출] 제1회

① **사전 대책**
 ㉠ 치산을 잘해서 산림을 녹화하고, 하천도 잘 보수해서 치수도 잘하는 것이 수해의 기본 대책이다.
 ㉡ 경사지와 경작지의 토양보호를 잘한다.
 ㉢ 경지정리를 잘해서 배수가 잘되게 한다.
 ㉣ 수해상습지에서는 작물의 종류나 품종의 선택에 유의한다.
 ㉤ 파종기·이식기를 조절해서 수해를 회피·경감시키며, 질소다용을 피한다.

② **침수시의 대책**
 ㉠ 배수에 노력하여 관수시간을 짧게 한다.
 ㉡ 물이 빠질 때 잎의 흙앙금을 씻어준다.
 ㉢ 키가 큰 작물은 서로 결속하여 유수에 의한 도복을 방지한다.

③ **사후 대책**
 ㉠ 퇴수 후 새로운 물을 갈아댄다. 관수된 벼는 수분을 잃기 쉽게 되어 있고, 또 뿌리도 상해 있으므로 물을 갑자기 떼면 시들기 쉽다. 따라서 산소가 많은 새 물을 갈아대어 새 뿌리의 발생을 촉진하도록 한다.
 ㉡ 김을 매어 토양표면의 흙앙금을 헤쳐 줌으로써 지중통기를 좋게 한다.
 ㉢ 표토가 많이 씻겨 내렸을 때에는 새 뿌리 발생 후에 웃거름을 주도록 한다.
 ㉣ 침수 후에는 병충해의 발생이 많아지므로 그 방제에 노력한다.
 ㉤ 피해가 격심할 때에는 추파·보식·개식·대작 등을 고려한다.
  ※ **추파** : 가을에 씨를 뿌리는 일
  ※ **보식** : 심은 식물이 죽거나 상한 자리에 보충하여 심는 일
  ※ **개식** : 원래 심겨 있던 나무를 캐내고 새로운 묘목을 다시 심는 일
  ※ **대작** : 기존 작물 대신 다른 작물을 심어 생산성을 유지하거나 회복하는 것
 ㉥ 못자리 때에 관수된 것은 뿌리가 상해 있으므로 퇴수 후 5~7일이 지나 새 뿌리가 발생한 다음에 이앙한다.

3 가뭄해[한해(旱害)]

(1) 가뭄해의 발생
① 토양이 건조하면 식물체 내의 수분 함량이 감소되어 생육이 저해되고 심하면 고사하게 되는데, 수분부족으로 인하여 작물에 유발되는 장애를 '가뭄해' 또는 '한해(旱害)'라고 한다.
② 우리나라는 5~6월에 강우가 적어서 밭작물은 항상 건조의 피해를 입고, 관개시설이 없는 논에서는 모내기가 불가능하거나, 매우 늦어져서 큰 피해를 입는 일이 있다.

(2) 가뭄해의 발생기구 기출 제6회
① 작물세포의 수분이 감소되면 수분이 제한인자가 되어 광합성이 감퇴하고, 양분흡수·물질전류 등의 여러 생리작용도 저해된다.
② 효소의 작용이 교란되어 합성적 변화가 감퇴하고, 분해적 변화가 우세하여 단백질·당분이 소모되어 피해를 받는다.
③ 건조에 의해서 세포가 탈수될 때에 원형질은 세포막에서 이탈되지 못한 채 수축하므로 기계적 견인력을 받아서 파괴된다.
④ 세포로부터의 심한 탈수는 원형질이 회복될 수 없는 응집을 초래한다.

(3) 작물의 내건성 기출 제2회, 제8회
작물이 건조에 견디는 성질을 '내건성'이라고 하며, 여러 요인들에 의해서 지배된다. 내건성이 강한 작물은 체내 수분의 손실이 적고 흡수능이 크며, 체내의 수분보유력이 크고 수분 함량이 낮은 상태에서 생리기능이 높다.
① 형태적 특징
  ㉠ 표면적/체적의 비가 작고 왜소하며 잎이 작다.
  ㉡ 뿌리가 깊고 지상부에 비하여 근군(뿌리의 무리)의 발달이 좋다.
  ㉢ 잎 조직이 치밀하고 잎맥과 울타리조직이 발달하며, 표피에 각피가 잘 발달되어 있다.
  ㉣ 기공이 작고 수효가 많다.
  ㉤ 저수 능력이 크고, 다육화의 경향이 있다.
  ㉥ 기동세포가 발달해 탈수되면 잎이 말려서 표면적이 축소된다.
② 세포적 특징
  ㉠ 세포가 작아서 수분이 적어져도 원형질의 변형이 적다.
  ㉡ 세포 중에 원형질이나 저장양분이 차지하는 비율이 높아서 수분보유력이 강하다.
  ㉢ 원형질의 점성이 높고, 세포액의 삼투압이 높아서 수분보유력이 강하다.
  ㉣ 탈수될 때에 원형질의 응집이 덜하다.
  ㉤ 원형질막의 수분, 요소, 글리세린 등에 대한 투과성이 크다.

(4) 생육단계 및 재배조건과 내건성

① 작물의 내건성은 생육단계에 따라서 다르며, 생식생장의 주기에 가장 약하다.
② 화곡류에서 보면 생식세포의 감수분열기에 가장 약하고, 출수개화기와 유숙기에 다음으로 약하며, 분얼기에는 비교적 강하다.
③ 퇴비·인산·칼륨을 적게 주고, 질소를 많이 주거나 밀식을 하였을 때에 내건성이 약해진다.
④ 퇴비가 적으면 토양 보수력의 저하로 한해가 심하다.
⑤ 휴립휴파는 평휴나 휴립구파보다 한발에 약하기 쉽다.

(5) 가뭄해 대책 기출 제3회

① 관 개
가뭄해는 토양수분의 부족에 의해서 유발되므로 근본적인 가뭄해 대책은 관개에 있다.
② 작물과 품종의 선택
상습적으로 가뭄해가 발생하는 곳에는 내건성이 강한 작물을 재배하는 것이 안전하다. 수수·조·기장·호밀·밀·알팔파·난지형 목초 등은 내건성이 강하다.
③ 토양수분의 보유력 증대와 증발억제
　㉠ 토양입단의 조성 : 점토, 유기물, 석회 등으로 토양입단을 조성한다.
　㉡ 드라이파밍(Dry Farming) : 휴작기에 비가 올 때마다 땅을 갈아서 빗물을 지하에 저장하고, 작기에는 토양을 진압하여 지하수의 모관상승을 조장함으로써 가뭄 적응성을 높이는 농법이다.
　㉢ 피복 : 비닐·풀·퇴비 등을 지면에 피복하면 증발이 경감된다.
　㉣ 중경제초 : 표토를 쪼아서 모세관을 절단한 다음 잡초를 제거하면 토양의 증발·증산이 경감된다.
　㉤ 증발억제제의 살포 : OED(oxyethylene docosanol) 유액을 지면에 뿌리거나 엽면에 뿌리면 증발·증산이 억제된다.

03 동해 및 상해

1 동·상해의 개념

(1) 동해와 상해
겨울동안에 추위로 작물의 조직이 얼어서 입는 피해를 '동해'라고 하며, 맑고 바람이 없는 날 지면 근처의 온도가 0℃ 이하로 내려갈 때 서리가 내려서 입는 피해를 '상해(서리해)'라고 한다.
① **동해(凍害)** : 서리를 동반하지 않는 저온에 의한 피해
② **상해(霜害)** : 서리에 의한 피해

(2) 동·상해
동해와 상해를 합쳐서 '동·상해'라고 하는데, 월동작물은 흔히 '동해'를 입고 이른 봄에 파종하는 작물이나 과수의 꽃은 '상해'를 입는 일이 있다.

2 동해[한해(寒害)]

(1) 정의
식물체의 조직이 얼어서 세포가 파괴되고 조직이 분리되는 현상을 '동해'라고 한다.

(2) 작물의 동사온도
작물이 단시간 내에 동사하는 온도를 '동사온도' 또는 '동사점'이라고 한다.

(3) 작물의 내동성
① 생리적 요인
　㉠ <u>원형질의 수분투과성</u> : 원형질의 수분투과성이 크면 세포내 결빙을 적게 하여 내동성을 증대시킨다.
　㉡ <u>원형질단백질의 성질</u> : 원형질단백질에 −SH기가 많은 것은 −SS기가 많은 것보다 원형질의 파괴가 적고 내동성이 증대한다.
　㉢ <u>원형질의 점도와 연도</u> : 점도가 낮고 연도가 높으면 기계적 견인력을 덜 받아서 내동성이 증가한다.
　㉣ <u>원형질의 친수성 콜로이드</u> : 원형질의 친수성 콜로이드가 많으면 세포 내의 결합수가 많아지고, 자유수가 적어져서 원형질의 탈수저항성이 커지며, 세포의 결빙이 경감되므로 내동성이 커진다.

ⓜ 지유 함량 : 지유와 수분이 공존할 때 빙점강하도가 커지므로 지유 함량이 높은 것이 내동성이 강하다.
　　　ⓑ 당분 함량 : 당분 함량이 많으면 세포의 삼투압이 높아지고, 원형질 단백질의 변성을 막아서 내동성을 크게 한다.
　　　ⓢ 전분 함량 : 전분립은 원형질의 기계적 견인력에 의한 파괴를 크게 하고, 전분 함량이 많으면 당분 함량이 저하된다. 따라서 전분 함량이 많으면 내동성은 저하된다.
　　　ⓞ 조직의 굴절률 : 친수성 콜로이드가 많고 세포액의 농도가 높으면 조직즙의 광에 대한 굴절률이 커지고 내동성이 증대한다.
　　　ⓩ 세포의 수분 함량 : 세포의 수분 함량이 높아서 자유수가 많아지면 세포의 결빙을 조장하여 내동성이 저하한다.
　　　ⓒ 세포 내의 무기성분 : 칼슘(Ca^{2+}) 이온과 마그네슘(Mg^{2+}) 이온은 세포내 결빙을 억제하는 작용이 크다.
　② 형태적 요인
　　　㉠ 포복성인 것이 직립성인 것보다 내동성이 강하다.
　　　㉡ 심파하거나 중경이 신장되지 않아 생장점이 깊이 있는 것이 내동성이 강하다.
　　　㉢ 엽색이 진한 것이 내동성이 강한 경향이 있다.
　③ 발육단계와 내동성
　　작물은 생식생장기가 영양생장기에 비해 내동성이 극히 약하다.
　④ 내동성의 계절적 변화
　　월동하는 겨울작물의 내동성은 기온의 저하에 따라 차차 증대하고, 다시 높아지면 점점 감소한다.

> **심화TIP** **경화** 기출 제5회, 제8회
>
> 낙엽과수는 가을 노화기간 동안 자연적인 기온의 저하와 함께 내한성이 증대된다. 이와 같이 내한성을 증진시키기 위해서는 점진적으로 저온에 노출되어야 하는데, 이것을 순화 또는 경화라고 한다.
> - **경화**(Hardening) : 월동작물이 5℃ 이하의 저온에 계속 처하게 되어 내동성이 커지는 것
> - **경화상실**(Dehardeninig) : 경화된 것을 다시 높은 온도에 처리하면 원래상태로 되돌아오는 것

3 상해(서리해)

(1) 상해를 일으키기 쉬운 기상조건
4월 상순에서 5월 하순에 걸쳐서 이동성 고기압이 덮고 있어 낮에는 쾌청하지만, 기온이 낮고 밤이 되어 방사냉각이 급격하게 되면 서리가 내린다.

> **심화TIP** 동·상해 발생시의 기상조건
> - 강우 후에 찬 북풍이 불고 낮은 최고기온이 20℃ 이하일 때
> - 초저녁에 바람이 멈추고 한밤중에 쾌청하면서 온도가 내려갈 때
> - 오후 6시의 기온이 10℃이고 1시간에 1℃의 비율로 온도의 강하가 보일 때

(2) 상해의 피해양상
① 화기(꽃이 피어 있는 기간) 가운데 암술이 피해를 받기 쉽고 그중에서도 배주(밑씨)와 태좌(씨방 안에서 밑씨가 붙는 부분)가 약하고 그 다음이 화주이다. 꽃가루의 경우에는 봄의 저온에서 잘 죽지 않는다.
② 꽃잎은 꽃봉오리일 때에는 강하나 개화 후에는 암술보다 약하여 서리가 내린 후 바로 갈변하나 결실에 대하여는 영향을 미치지 않는다.
③ 꽃봉오리일 때에 상해를 받으면 자방 내부와 화주의 기부가 갈변해서 고사하나 개화 중에는 화주가 갈변하고 곧이어 흑변하여 떨어져 버린다.

(3) 서리발생의 기상조건
① 서리가 내리기 2~3일 전에 비가 오거나 전일은 차가운 북풍이 세게 불어 하루 중 기온이 그다지 높지 않고 최고기온이 18℃ 이하일 때 서리가 내리며, 하루 중 기온이 30℃ 이상이 되면 서리가 내리지 않는다.
② 오후 6시 기온이 7℃, 오후 9시 기온이 4℃ 정도일 때 기온의 하강상태를 관찰하면 저녁부터 다음날까지 평균 1시간에 0.8~1℃의 비율로 저하하거나 일몰부터 자정까지는 거의 일직선으로 기온이 하강하고, 자정이 지나 완만할 때에는 서리가 내리지 않는다.
③ 야간에 구름 한 점 없이 청명하여 별이 뚜렷이 관찰될 때 서리가 내리지만, 자정기온이 크게 내려가도 바람이 불어 엷은 구름이 나타나면 서리발생은 적다.

(4) 과수작물의 서리피해 기출 제9회
① 최근 지구온난화에 따른 기상이변으로 개화기가 빠른 <u>핵과류</u>에서 서리피해가 빈번하게 발생한다.
  ※ **핵과류** : 복숭아, 살구, 자두 등
② 강이나 저수지는 지역 특성상 안개가 자주 발생하기 때문에 과수원이 <u>강이나 저수지</u> 옆에 있다면 서리피해 발생률도 높아진다.

③ 일부 농가에서는 상층의 더운 공기를 아래로 불어내려 과수원의 기온 저하를 막아주는 송풍법을 사용하고 있다.

(5) 동·상해 방지대책 기출 제5회, 제6회

① 일반 대책
  ㉠ 입지조건의 개선
    ⓐ 방풍시설을 하여 한풍을 막아준다.
    ⓑ 토질을 개선하여 서릿발의 발생을 경감시킨다.
    ⓒ 배수를 꾀하여 생육을 건실하게 한다.
  ㉡ 작물과 품종의 선택
    ⓐ 월동이 안전한 작물을 선택한다.
    ⓑ 내동성이 강한 품종을 선택한다. 예 맥류
    ⓒ 개화·개엽의 시기가 늦어서 봄철의 동상해를 회피할 수 있는 품종을 택한다.
      예 뽕, 과수 등
  ㉢ 재배적 대책
    ⓐ 보온 재배를 한다(채소·꽃 등).
    ⓑ 이랑을 세워 뿌림골을 깊게 한다(맥류).
    ⓒ 칼륨비료를 증시하고, 퇴비를 종자 위에 준다(맥류).
    ⓓ 적기에 파종하고, 한지에서는 파종량을 늘린다(맥류).
    ⓔ 과도하게 자랐거나 서릿발이 설 때에는 답압을 한다(맥류).

② 응급 대책
  ㉠ 관개법 : 저녁에 충분히 관개하면 물이 가진 열이 가해지고 지중열을 빨아올리며, 수증기가 지열의 발산을 막아서 약한 서리를 막을 수 있다.
  ㉡ 발연법 : 불을 피우고 그 위에 청초나 젖은 가마니를 덮어서 수증기를 많이 함유한 연기를 발산시키면 열이 보태지고, 수증기가 지열의 발산을 경감시켜 서리의 피해를 막을 수 있다.
  ㉢ 송풍법 : 지상 10m 정도 높이에서 프로펠러를 회전하여 따뜻한 공기(지면보다 3~4℃ 높음)를 지면으로 송풍하면 서리를 막을 수 있다.
  ㉣ 피복법 : 짚·비닐·신문지·폴리에틸렌 등으로 피복하면 상당한 정도의 동·상해를 막을 수 있다.
  ㉤ 연소법 : 연소에 의해서 알맞게 열을 공급하면 -3~-4℃ 정도의 동·상해를 막을 수 있다.
  ㉥ 살수빙결법 : 저온이 지속되는 동안 스프링클러로 계속적으로 살수하여 식물체 표면에 빙결을 지속시키면 식물체온은 기온이 -7~-8℃ 정도라도 0℃ 정도를 유지하여 동·상해가 방지된다.

③ 사후 대책
  ㉠ 속효성 비료의 추비 및 엽면시비로 생육을 촉진시킨다.
    ※ **추비(追肥)** : 작물의 생육 도중에 주는 비료
  ㉡ 병충해를 철저히 방제한다.
  ㉢ 동·상해 후에는 낙화하기 쉬우므로 적화시기를 늦춘다.
  ㉣ 피해가 심한 경우 대파를 강구한다.

04 도복 및 풍해

1 도복 `기출` 제1회

(1) 도복의 의미
① 화곡류·두류 등이 등숙기에 들어 비바람에 의해서 쓰러지는 것을 '도복'이라고 한다.
② 식물체가 도복에 가장 약한 시기는 키가 크고 대가 약하며, 상부가 무겁게 된 시기인데 화곡류에서는 등숙후기에 해당한다.
③ 두류에서는 개화기부터 약 10일 간이 줄기가 급속히 자라고, 줄기로의 광조사도 불량하여 줄기가 연약하기 때문에 도복의 위험이 가장 크다.

(2) 도복의 유발조건
① 품 종
키가 크고 대가 약한 품종일수록 도복이 심하다. 키가 작은 품종은 대체로 도복이 적으며, 키가 큰 품종이라도 대가 실하면 도복이 적다.
② 재배조건
대를 약하게 하는 재배조건은 도복을 조장한다. 밀식·질소다용·칼륨부족·규산부족 등은 도복을 유발한다.
③ 병충해
벼에 잎집무늬마름병의 발생이 심하거나 가을멸구의 발생이 많으면 대가 약해져서 도복이 심해진다.
④ 환경조건
도복의 위험기에 비가 와서 식물체가 무거워지고, 토양이 젖어서 뿌리를 고정하는 힘이 약해졌을 때 강한 바람이 불면 도복이 유발된다. 맥류의 등숙기에 가뭄(한발)이 들면 뿌리가 고사하여 그 뒤의 풍우에 의한 도복을 조장한다.

(3) 도복의 피해
① 수량감소
㉠ 도복이 되면 잎이 엉클어져서 광합성이 감퇴하고, 대와 잎이 꺾여 동화양분의 전류가 저해된다.
㉡ 대와 잎에 상처가 나서 양분의 호흡소모가 많아지므로 등숙이 나빠져 수량이 감소되며, 부패립이 생기면 수량은 더욱 감소된다.
㉢ 도복의 시기가 빠를수록 도복의 피해는 커진다.
② 품질의 저하
도복이 되면 결실이 불량해서 품질이 저하될 뿐만 아니라, 종실이 젖은 토양이나 물에 접하게 되어 변질 부패·수발아 등이 유발되어 품질이 손상된다.

③ 수확작업의 어려움
도복이 되면 수확작업이 힘들고, 특히 기계수확을 할 때에는 수확이 더욱 곤란해진다.
④ 간작물에 대한 피해
맥류에 콩이나 목화를 간작했을 때에 맥류가 도복하면 어린 간작물을 덮어서 생육을 저해할 수 있다.
※ 간작물(間作物) : 주작물(主作物)의 대응작물

심화TIP 수발아(穗發芽) 기출 제4회, 제7회, 제9회

- 벼의 결실기에 종실이 이삭에 달린 채로 싹이 트는 것을 말한다.
- 태풍으로 벼가 도복이 되었을 때 고온·다습 조건에서 자주 발생한다.
- 조생종이 만생종보다 수발아가 잘 발생한다.
- 휴면성이 약한 품종이 강한 품종보다 잘 발생한다.
- 수발아 대책으로는 품종의 선택, 조기 수확, 도복의 방지, 발아억제제의 살포 등이 있다.

(4) 도복 대책 기출 제8회

① 품종의 선택
키가 작고 대가 실한 품종을 선택하면 도복방지에 가장 효과적이다. 기계화 농업에 있어서는 키가 너무 작으면 기계수확이 어려우므로, 키가 너무 작지 않고 대가 실한 품종을 선택하고 있다.

② 시 비
질소는 다수확의 기본이므로 적게 줄 수 없으나, 질소편중의 시비를 피하고 칼륨·인산·규산·석회 등도 충분히 시용해야 한다.

③ 파종 및 이식
재식밀도가 과도하게 높으면 대가 약해져서 도복이 유발될 우려가 크기 때문에 재식밀도를 적절하게 조절해야 한다. 맥류에서는 복토를 깊게 하여 도복을 경감시킨다.

④ 관 리
㉠ 벼에서는 마지막 논김을 맬 때에 배토를 하면 도복이 경감되고, 콩에서는 생육전기에 몇 차례 배토를 하면 줄기의 기부를 고정하고, 새 뿌리의 발생이 조장되어 도복이 경감된다.
㉡ 맥류에서도 답압·배토·토입을 하면 도복이 경감된다.
㉢ 옥수수·수수·벼 등에서는 몇 포기씩 미리 결속을 해 두면 도복이 방지된다.

⑤ 병충해방제
병충해, 특히 대를 약하게 하는 병충해를 잘 방제하여야 한다.

⑥ 생장조절제의 이용
㉠ 벼에서 유효분얼종지기에 2,4-D, PCP 등의 생장조절제를 처리하면 과도한 생장이 억제되고 대가 실하게 되어 도복이 경감된다.
㉡ 출수 25~15일 전에 실리콘을 엽면살포(10a당 50~100g을 5,000~10,000배의 물에 타서)하면 도복이 경감된다.

⑦ 도복 후의 대책

도복이 된 것을 지주를 세우거나 결속을 하여 지면·수면에 접촉하지 않게 하면 변질·부패가 방지된다.

2 풍 해

(1) 풍해의 의미
① 풍속 4~6km/h 이상의 강풍, 특히 태풍의 피해를 보통 '풍해'라고 하며, 때로는 작물에 결정적인 피해를 준다.
② 풍해는 풍속이 크고 공기습도가 낮을 때에 심하다.

(2) 기계적 장해 기출 제11회
① 작물의 절손, 열상, 낙과, 도복, 탈립 등을 유발하고, 2차적으로 병해, 부패 등을 발생하게 한다.
  ※ 탈립(脫粒, shattering) : 곡류가 이삭이나 줄기로부터 떨어지는 것
② 출수 3~4일에 풍해의 피해가 가장 심하고, 도복을 초래하는 경우 출수 15일 이내 것이 가장 피해가 심하다.

(3) 생리적 장해 기출 제6회
① 상처가 나면 호흡이 증대하여 체내양분의 소모가 증대한다. 상처가 건조해지면 광산화반응에 의해서 고사한다.
② 풍속이 강하고 공기가 건조하면 증산이 커져서 식물체가 건조해진다. 뿌리의 흡수기능이 약화되었을 때에는 건조가 더욱 심해지며, 벼의 백수는 이런 경우에 발생한다.
③ 풍속이 강해지면(2~4m/sec 이상) 기공이 닫혀 이산화탄소의 흡수가 감소되므로 광합성이 감퇴한다.
④ 냉풍은 작물체온을 저하시키고, 심하면 냉해를 유발한다.

(4) 강풍의 외부환경에 따른 영향 기출 제9회
① 화분매개곤충의 활동을 억제한다.
② 상처를 유발하여 호흡량을 증가시킨다.
③ 증산작용은 촉진하지만 광합성을 방해한다.
④ 상처를 통한 병해충의 발생을 촉진한다.

> **심화TIP** **바람의 피해** 기출 제7회
>
> - 강풍은 증산작용을 촉진하고, 광합성을 방해한다.
> - 강풍은 매개곤충의 활동을 저하시켜 수분과 수정을 방해한다.
> - 작물의 열을 빼앗아 작물체온을 저하시킨다.
> - 해안지방은 염분 피해를 받을 수 있다.

(5) 풍식과 조해
① 강풍은 풍식을 유발한다.
② 강풍은 바닷물을 날리는 염풍이 되어서 농작물에 큰 피해를 주기도 한다.

(6) 풍해 대책 기출 제3회
① **풍세의 약화**
  ㉠ 방풍림의 설치 : 바람의 방향과 직각으로 교목을 몇 줄 심고, 교목의 하부로 바람이 새지 않도록 그 안쪽에 관목을 몇 줄 심는다. 방풍림의 방풍효과 범위는 그 높이의 10~15배 정도이다.
  ㉡ 방풍울타리의 설치 : 관목(무궁화·주목·족제비싸리·닥나무 등)을 심거나, 옥수수·수수 등을 둘레에 심거나, 수수깡·거적 등을 치거나 한다.
② **재배적 대책**
  ㉠ 내풍성 작물의 선택 : 내풍성 작물, 즉 목초·고구마 등과 같이 바람에 강한 작물을 선택한다.
  ㉡ 내도복성 품종의 선택 : 키가 작고 대가 강한 품종은 바람에 도복되지 않으므로, 화곡류는 이런 품종을 육성·재배하여 풍해를 해결하고 있다.
  ㉢ 작기 이동 : 벼에서는 출수 2~3일 후의 태풍이 가장 피해가 심한데, 작기를 이동하여 위험기의 출수를 피할 수 있다. 조기재배를 하여 8월 중·하순에 수확하면 8월 하순~9월 상순의 위험한 태풍기를 피할 수 있다.
  ㉣ 담수 : 태풍이 올 때 논물을 깊이 대 두면 도복과 건조가 경감된다.
  ㉤ 배토·지주 및 결속 : 맥류의 배토, 토마토나 가지의 지주, 수수나 옥수수의 결속은 센 바람이 불 때 도복을 방지·경감시킨다.
  ㉥ 생육의 건실화 : 칼륨비료의 증시, 질소비료의 과용회피, 밀식의 회피 등으로 생육을 건실하게 하면 센 바람이 불 때 도복이 경감되고, 또한 기계적 피해나 병해도 덜 수 있다.
  ㉦ 낙과방지제의 살포 : 사과 등에서는 태풍 전에 낙과방지제를 살포하여 낙과를 경감시킨다.
③ **사후 대책**
  ㉠ 쓰러진 것은 일으켜 세우거나, 곧 수확하도록 한다.
  ㉡ 태풍 후에는 병 발생이 많으므로 약제살포를 한다.
  ㉢ 낙엽에는 병든 것이 많으므로 제거해 버린다.

05 우박 및 기타 재해

1 우박

(1) 우박의 개념
① 정 의
적란운과 봉우리적운 속에서 성장하는 얼음알갱이 또는 얼음덩어리가 내리는 현상을 말한다.
② 우박의 발생
㉠ 하늘에서 눈(雪) 주위에 차가운 물방울이 얼어붙어 얼음덩이가 생겨 땅 위로 떨어지는 것을 말한다.
㉡ 주로 오후에 우박이 떨어지며, 보통 몇 분 정도 내리지만 30분 이상 내리는 경우도 있다.
㉢ 우박은 초여름(5~6월)과 초가을(9~10월)에 국지적으로 발생하며, 크기는 1~3cm 정도이다.

(2) 우박에 의한 피해 및 예방 기출 제3회, 제4회, 제5회, 제11회
① 우리나라의 우박 피해는 돌발적이고 단기간에 큰 피해가 발생하며, 피해지역이 국지적인 경우가 많다.
② 과실 또는 새 가지에 타박상이나 열상 등을 일으킨다.
③ 사과, 배의 착과기와 성숙기에 많이 발생한다.
④ 그물(방포망)을 나무에 씌워 피해를 경감시킬 수 있다.
⑤ 우박의 피해가 심할 때에는 새로 파종하는 것이 좋고, 심하지 않을 때에는 즉시 살균제를 살포하여 병충해 발생을 예방해야 한다.

(3) 우박의 피해유형과 판정
① 피해유형
우박에 의한 피해유형은 낙과, 물리적 충격에 의한 과실 표면 상처 및 파손으로 나눈다.
② 판정방법
우박으로 인해 과실의 외피에 발생한 상처를 근거로 피해 여부를 육안으로 판정한다.

(4) 우박피해 농가의 대처방안 기출 제9회
① 피해 정도가 심한 가지는 잘라 절단면에 도포제를 발라준다.
② 수세가 약한 피해 나무에 요소 엽면시비를 한다.
③ 우박피해를 입은 나무의 과실은 모두 제거해서는 안 된다. 피해 과실을 제거하되 수세안정을 고려하여 일정한 과실을 남겨두어야 한다.
④ 병해충 방제를 위해 살균제를 살포하여 상처 부위에 2차 감염이 일어나지 않도록 해야 한다.

2 집중호우

(1) 정 의
① 짧은 시간에 일정한 지역에 많은 양의 비가 내리는 현상을 말한다.
② 시간당 강우량이 한 시간에 30mm 이상 또는 하루에 80mm 이상 내리거나, 연강수량의 10%에 상당하는 비가 내리는 정도를 말한다.

(2) 집중호우에 의한 피해 발생
① 강우가 장기간에 걸쳐 집중될 때에는 토양수분이 지나쳐 습해가 발생하는 것도 작물재배에 큰 장해가 된다.
② 태풍·장마전선 등에 동반되어 2~3일간 지속될 경우 홍수 또는 산사태 등으로 인하여 피해가 발생될 수도 있다.

(3) 집중호우의 피해유형 및 판정
① 피해유형
사태, 하천의 범람 등으로 과수원내 과수가 도복·유실·매몰되거나 착과된 과실까지 침수되어 과실이 없어지거나 과실이 괴사하는 피해로 나눈다.
② 판정방법
피해과수원에서 가장 가까운 3개소의 기상관측장비(기상청 설치)에 나타난 측정자료 중 12시간 이내 누적강수량이 80mm 이상인 경우에 한하여 피해로 인정한다.

3 태풍(강풍)

(1) 정 의
적도 부근 해상에서 발생한 열대성 저기압 중에서 북태평양 서부에서 발생되는 중심 최대풍속이 17m/sec 이상 되는 열대성 폭풍을 말한다.

(2) 태풍에 의한 피해 발생
① 6~10월 기간 중 평균 11~12개가 발생하여 그중 2~3개가 우리나라에 직·간접적으로 영향을 준다.
② 우리나라에는 평균 1년에 2~3개 정도가 집중호우를 동반하여 많은 피해를 발생시킨다.

(3) 태풍의 피해유형 및 판정 [기출] 제2회

① 피해유형

태풍에 의한 피해유형은 바람에 의한 낙과피해 및 태풍기간 동안의 과실, 재배시설, 과수와의 물리적 접촉에 의한 착과과실의 피해로 나누며, 농작물재해보험에서는 낙과로 인한 피해만을 보상한다.

② 판정방법

㉠ 태풍 피해는 기상청에서 해당 지역에 태풍주의보 이상을 발표하는 경우에 한하여 피해로 인정한다.

㉡ 폭풍우 피해는 피해 과수원에서 가장 가까운 3개소의 기상관측장비(기상청 설치 또는 기상청이 인증하고 실시간 관측자료를 확인할 수 있는 관측소)에 나타난 측정자료 중 가장 큰 수치의 자료로 판정한다.

4 기타 피해

(1) 폭설(설해)

폭설은 보통 12월 중에 발생하며, 지역에 따라 1~2월 또는 3~4월에 폭설이 내리는 지역도 있다.

① 중부 이남의 평야 지대에서는 강설량이 적어 눈 피해는 별로 없으며, 오히려 가뭄 피해가 발생하는 경우가 많다. 따라서 마늘이나 딸기 같은 월동작물은 멀칭을 하여 가뭄 피해에 대비해야 한다.

② 시설원예에서는 많은 눈이 쌓여 하우스가 파손되는 경우가 가끔 있는데, 특히 연동형 플라스틱 하우스에서 피해가 크다.

③ 설해의 경우 대체로 딸기는 강하고 배추류는 중간 정도이며, 시금치는 서양종이 강하고 동양종이 약한 편이다.

(2) 황 사

① 정 의

주로 중국 북부나 몽골의 건조·황토지대에서 바람에 날려 올라간 미세한 모래먼지가 대기 중에 퍼져서 하늘을 덮었다가 서서히 강하하는 현상 또는 강하하는 흙먼지를 말한다.

② 황사로 인한 피해

보통 저기압의 활동이 왕성한 3~5월에 많이 발생하며, 매년 20회 정도 발생되나 우리나라에는 1~5회 영향을 미친다.

㉠ 사람과 가축의 호흡기장애 및 안질환 등을 유발한다.

㉡ 태양빛을 차단하여 농작물의 일조부족을 일으킨다.

(3) 염해(salt stress) 기출 제2회, 제5회

① 토양수분의 증발량이 강수량보다 많을 때 발생할 수 있다.
② 시설재배시 비료의 과용으로 생기게 된다.
③ 식물체내의 수분포텐셜보다 토양의 수분포텐셜이 낮아진다.
④ 토양수분 흡수가 어려워지고 작물의 영양소 불균형을 초래한다.

(4) 산 불

① 우리나라는 건조한 날씨가 많으며, 국토의 65%가 산림이고, 또한 급경사를 이루고 있어 산불발생 시 급속히 확산될 뿐만 아니라, 산림이 울창해 낙엽 등 가연물질이 많이 쌓임에 따라 대형산불로 확산될 가능성이 높다.
② 대부분의 대형산불은 기상(해풍), 임상(소나무), 지형(급경사) 등의 요인으로 동해안 지역에서 발생한다.

(5) 지 진

우리나라에 발생한 지진으로 인하여 피해가 발생한 경우는 거의 없다.

CHAPTER 03 적중예상문제

01 저온장해 및 고온장해

01 벼와 같이 높은 온도를 좋아하는 여름작물이 적온보다 낮은 온도에서 입는 피해를 무엇이라고 하는가?

① 습해
② 냉해
③ 동해
④ 가뭄해

> **해설**
> 벼 작물의 성장기간 중 낮은 기온 또는 낮은 수온에 의해 생육이 지연되거나, 어린 이삭의 발육이 늦어지는 등의 피해를 '냉해'라 하며, 수확량의 감소가 없는 경우를 '저온장해'라고 한다.

02 다음 중 냉해에 관한 설명으로 옳은 것은?

① 기온이 0℃ 이하로 하강하여 생기는 작물의 해
② 여름작물에서 볼 수 있는 것으로, 기온의 저하로 생육의 장해를 받는 것
③ 이른 봄에 기온이 한랭하여 생육이 지연되는 것
④ 초가을에 기온이 낮아 작물생육이 지연되는 것

> **해설**
> 여름작물의 생육적온보다 낮은 온도로 인한 피해를 냉해라고 한다. 냉해는 주로 북서쪽 시베리아기단이나 북동쪽 오호츠크기단이 남하하면서 발생하는 낮은 기온에 의해 벼가 생육장해를 받는 현상이다.

03 냉해의 피해가 가장 심한 작물은?

① 벼
② 채소
③ 과수
④ 화훼

> **해설**
> **벼의 냉해**
> 벼는 고온성 작물에 속하며, 냉해에 의한 수량감소 폭이 크다. 벼의 어린 이삭이 생기는 시기와 이삭이 패는 시기인 생식생장기에 일시적 또는 지속적으로 냉온이 내습하면 비정상적인 꽃가루가 만들어지고 수정이 불리해져 불임이 발생한다.

정답 01 ② 02 ② 03 ①

04 작물재배 중 온도의 영향에 관한 설명으로 옳은 것은? 기출 제2회

① 조직 내에 결빙이 생겨 탈수로 인한 피해가 발생하는 것을 냉해라고 한다.
② 세포내 유기물 생성이 증가하면 에너지 소비가 심해져 내열성은 감소한다.
③ 춘화작용은 처리기간과 상관없이 온도의 영향을 받는다.
④ 탄소동화 작용의 최적온도 범위는 호흡작용보다 낮다.

| 해설 |
탄소동화 작용의 최적온도 범위는 20~30℃이고, 호흡작용은 45~50℃이다.
① 조직 내에 결빙이 생겨 탈수로 인한 피해가 발생하는 것을 <u>동해</u>라고 한다. 냉해란 낮은 기온 또는 낮은 수온의 결과로 수확량이 감소되는 기상장해를 말한다.
② 작물이 고온장해(열해)에 견디는 성질을 내열성이라고 하는데, 세포내 유기물 생성이 증가하면 <u>내열성은 증가한다.</u>
③ <u>춘화작용</u>은 <u>생육의 일정시기(주로 초기)</u>에 일정기간 인위적인 저온을 주어 화성을 유도·촉진시키는 것이다.

05 벼가 냉해를 받았을 때 일어나는 현상이 아닌 것은?

① 인산의 흡수량이 적어진다.
② 호흡이 감퇴한다.
③ 체내에 암모니아가 축적된다.
④ 체내에 단백질이 축적된다.

| 해설 |
체내에 암모니아가 축적되고, 단백질의 축적이 줄어든다.

06 여름작물이 냉해를 입었을 때 나타나는 현상으로 볼 수 없는 것은?

① 질소, 인산, 칼륨, 규산 등의 양분흡수에 장해를 일으킨다.
② 물질의 동화물질 전류가 증가한다.
③ 호흡이 감퇴한다.
④ 질소동화가 저해되어 암모니아의 축적이 많아진다.

| 해설 |
냉해에 의한 작물생리
- 양분·수분흡수 감퇴
- 질소동화 저해
- 호흡 감퇴
- <u>동화물질 전류 감소</u>
- 암모니아 축적
- 증산작용 이상

07 다음 ( )에 들어갈 내용을 순서대로 옳게 나열한 것은? 기출 제10회

> 작물에서 저온장해의 초기 증상은 지질성분의 이중층으로 구성된 ( )에서 상전환이 일어나며 지질성분에 포함된 포화지방산의 비율이 상대적으로 ( )수록 저온에 강한 경향이 있다.

① 세포막, 높을
② 세포벽, 높을
③ 세포막, 낮을
④ 세포벽, 낮을

| 해설 |

> 작물에서 저온장해의 초기 증상은 지질성분의 이중층으로 구성된 (**세포막**)에서 상전환이 일어나며 지질성분에 포함된 포화지방산의 비율이 상대적으로 (**낮을**)수록 저온에 강한 경향이 있다.

- 저온장해를 받으면 세포막의 상(相)전환(액상 → 고상), 세포질의 누출, 원형질분리 등이 일어난다.
- 저온환경에서는 불포화지방산의 비율이 포화지방산의 비율보다 높아지는 경향이 있다. 즉 포화지방산의 비율이 상대적으로 낮을수록 저온에 강한 경향이 있다.

08 4℃에 저장시 저온장해가 발생하는 절화류로 짝지어진 것은? 기출 제7회

① 장미, 카네이션
② 백합, 금어초
③ 극락조화, 안스리움
④ 국화, 글라디올러스

| 해설 |

> 극락조화와 안스리움은 고온에서 잘 자라는 작물로, 추위에 매우 약하기 때문에 4℃ 저장시 저온장해가 발생한다.
> ① 장미는 수확 직후에 5~6℃의 저온저장고에서 예냉처리를 하고, 카네이션 절화는 수분유지가 가능한 상자에 포장하여 일정기간 동안 저온저장한다.
> ② 백합과 금어초는 저온 발아성 작물이다.
> ④ 국화와 글라디올러스는 저온조건에서 개화율이 높다.

09 0℃에서 저장할 경우 저온장해가 발생하는 채소만을 나열한 것은? 기출 제9회

① 배추, 무
② 마늘, 양파
③ 당근, 시금치
④ 가지, 토마토

| 해설 |

> 열대 및 아열대 원산의 가지, 토마토, 오이, 고추 등은 호온성 채소로 0℃에서 저장할 경우 저온장해가 발생한다.
> ①·②·③ 배추, 무, 마늘, 양파, 당근, 시금치는 서늘한 온도에서 잘 자라는 호냉성 채소이다.

정답 04 ④ 05 ④ 06 ② 07 ③ 08 ③ 09 ④

10 다음이 설명하는 것은? 기출 제5회

> 낙엽과수는 가을 노화기간에 자연적인 기온 저하와 함께 내한성 증대를 위해 점진적으로 저온에 노출되어야 한다.

① 경화
② 동화
③ 적화
④ 춘화

| 해설 |
낙엽과수는 가을 노화기간 동안 자연적인 기온의 저하와 함께 내한성이 증대된다. 이와 같이 내한성을 증진시키기 위해서는 점진적으로 저온에 노출되어야 하는데, 이것을 순화 또는 경화라고 한다.
② 동화는 물질대사를 통해 생화학적으로 생물체 내에서 물질이 합성되는 것을 말한다.
③ 적화는 개화수가 너무 많은 때에 꽃망울이나 꽃을 솎아서 따주는 것을 말한다.
④ 춘화는 식물의 종자가 발아한 후 또는 줄기의 생장점이 발육하고 있을 때 일정기간의 저온을 거침으로써 화아가 형성되는 현상이다.

11 냉해(冷害)에 관한 설명으로 옳지 않은 것은?

① 식물체의 조직내 결빙이 생기지 않을 범위의 저온에 의하여 식물이나 식물의 기관이 피해를 받는 현상을 냉온장해라 한다.
② 냉해에는 지연형 냉해, 장해형 냉해, 병해형 냉해가 있다.
③ 영양생장기의 냉온이나 일조 부족의 피해로 나타나는 냉해는 장해형 냉해이다.
④ 냉온에 의해서 작물의 생육에 장해가 생기는 생리적 원인은 양분·수분흡수 감퇴, 질소동화 저해, 호흡감퇴, 증산작용 이상 등이 있다.

| 해설 |
냉온이나 일조 부족의 피해로 나타나는 냉해는 지연형 냉해이다.

12 다음에서 설명하는 냉해로 올바르게 짝지어진 것은? |기출| 제7회

> ㄱ. 작물생육기간 중 특히 냉온에 대한 저항성이 약한 시기에 저온의 접촉으로 뚜렷한 피해를 받게 되는 냉해
> ㄴ. 오랜 기간 동안 냉온이나 일조 부족으로 생육이 늦어지고 등숙이 충분하지 못해 감수를 초래하게 되는 냉해

	ㄱ	ㄴ
①	지연형 냉해	장해형 냉해
②	접촉형 냉해	감수형 냉해
③	장해형 냉해	지연형 냉해
④	피해형 냉해	장기형 냉해

| 해설 |

ㄱ. 작물생육기간 중 특히 냉온에 대한 저항성이 약한 시기에 저온과의 접촉으로 뚜렷한 장해를 받게 되는 냉해 ⇒ **장해형 냉해**
ㄴ. 오랜 기간 동안 냉온이나 일조 부족으로 생육이 늦어지고 등숙이 충분하지 못해 감수를 초래하게 되는 냉해 ⇒ **지연형 냉해**

---

13 다음이 설명하는 냉해는? |기출| 제3회

> ㄱ. 냉온에 대한 저항성이 약한 시기인 감수분열기에 저온에 노출되어 수분수정이 안 되어 불임현상이 초래되는 냉해를 말한다.
> ㄴ. 냉온에 의한 생육부진으로 외부 병균의 침입에 대한 저항성이 저하되어 병이 발생하는 냉해를 말한다.

① ㄱ : 지연형 냉해, ㄴ : 병해형 냉해
② ㄱ : 병해형 냉해, ㄴ : 혼합형 냉해
③ ㄱ : 장해형 냉해, ㄴ : 병해형 냉해
④ ㄱ : 혼합형 냉해, ㄴ : 장해형 냉해

| 해설 |

냉해의 구분
- **지연형 냉해** : 생육초기부터 출수기에 걸쳐서 냉온에 의해 출수가 지연되거나 등숙이 지연되어 등숙불량을 초래하는 냉해이다.
- **장해형 냉해** : 생식세포의 감수분열기에 냉온에 의해서 정상적인 생식기관이 형성되지 못하거나 수정 등에 장해를 일으켜 불임이상이 나타나는 냉해이다.
- **혼합형 냉해** : 지연형 냉해와 장해형 냉해가 겹쳐서 발생하는 경우로 '병행형 냉해'라고도 한다.
- **병해형 냉해** : 냉온에서 질소대사 이상 및 광합성 감퇴로 도열병균 등이 번식하여 병이 발생하는 냉해이다.

정답 10 ① 11 ③ 12 ③ 13 ③

14 다음 중 저온장해에 대한 대책이 아닌 것은?

① 왕겨나 짚을 태운다.
② 소형 터널을 설치한다.
③ 대형 선풍기로 대기를 교반시킨다.
④ 하우스측 창을 연다.

| 해설 |

저온장해에 대한 대책
- 불피우기
- 고깔 씌우기
- 소형 터널 설치
- 멀칭
- 강제 대류

15 냉해에 의하여 발생이 많아지는 병해는?

① 도열병
② 잎집무늬마름병
③ 흰잎마름병
④ 줄무늬잎마름병

| 해설 |

도열병의 경우 저온다습한 환경에서 많이 발생한다.

16 다음 중 고온장해의 원인으로 옳지 않은 것은?

① 증산과다
② 철분의 침전
③ 암모니아 축적
④ 유기물의 과잉집적

| 해설 |

고온장해의 원인
- **유기물의 과잉소모**
- **질소대사의 이상** : 단백질합성 저해, 암모니아의 축적 증가
- **철분의 침전** : 황백화 현상 발생
- **증산과다** : 위조 또는 가뭄해를 초래

17 다음 설명 중 틀린 것은? 기출 제4회

① 동해는 물의 빙점보다 낮은 온도에서 발생한다.
② 일소현상, 결구장해, 조기추대는 저온장해 증상이다.
③ 온대과수는 내동성이 강한 편이나, 열대과수는 내동성이 약하다.
④ 서리피해 방지로 톱밥 및 왕겨 태우기가 있다.

| 해설 |
일소현상, 결구장해, 조기추대는 고온장해 증상이다.

18 다음 중 원예작물에서 흔히 일어나는 고온장해는?

① 세포내 세포 용질의 누출
② 잎의 반점
③ 결구 불량
④ 세포벽 파괴

| 해설 |
결구 불량은 작물의 생육이 진행됨에 따라 새로 나오는 안쪽의 잎이 서로 겹쳐져 둥글게 속이 드는 현상을 말한다.

| TIP | 원예작물에서 일어나는 고온장해
- 종자의 발아 불량
- 결구 불량
- 착화 및 착색 불량
- 조기추대
- 수량 및 품질 저하

19 고온장해에 관한 증상으로 옳지 않은 것은? 기출 제7회

① 발아 불량
② 품질 저하
③ 착과 불량
④ 추대 지연

| 해설 |
고온장해
- **의의**: 고온에서 생장이 억제되고 호흡이 증가하여 동화물질의 소모가 커지고 단백질변성으로 효소활성이 저하된다. 대사작용 교란 및 독성물질의 축적으로 장해가 발생한다.
- **피해증상**: 일소현상, 발아 불량, 결구장해, 착과 불량, 조기추대, 품질 저하 등
  ※ 조기추대는 품종에 따라 다소 차이는 있지만 모두 고온과 장일에 의해 촉진된다. 상추는 잎수가 충분히 확보되기 전에 추대에 필요한 적산온도에 도달하여 단기간 내에 추대하게 된다.

20 식물의 고온장해에 관한 설명으로 옳지 않은 것은? 기출 제11회

① 온도가 높으면 상대습도가 높아져서 증산과 증발이 모두 많아 토양수분 부족으로 작물이 한발의 피해를 받기 쉽다.
② 고온에서 물질이 분해될 때 암모니아에 의해 장해를 받을 수 있다.
③ 고온에서 당이 축적되지 않아 과실과 채소는 단맛이 없어지고, 생육이 억제된다.
④ 고온에서 세포막 지방의 유동성이 커진다.

|해설|
온도가 높으면 상대습도가 낮아져서 증산과 증발이 모두 많아져 토양수분 부족으로 작물이 한발의 피해를 받기 쉽다.

21 다음 중 고온장해에 대한 대책이 아닌 것은?

① 플라스틱필름 지면 피복
② 내열성 품종 선택
③ 파종기 조절
④ 차광 재배

|해설|
①은 저온장해에 대한 대책으로, 플라스틱필름으로 지면을 피복하면 지온이 상승하여 활착이 촉진된다.

22 일소현상에 관한 설명으로 옳은 것은? [기출] 제1회

① 시설재배시 차광막을 설치하여 일소를 경감시킬 수 있다.
② 겨울철 직사광선에 의해 원줄기나 원가지의 남쪽 수피 부위에 피해를 주는 경우는 일소로 진단하지 않는다.
③ 개심자연형 나무에서는 배상형 나무에 비해 더 많이 발생한다.
④ 과수원이 평지에 위치할 때 동향의 과수원이 서향의 과수원보다 일소가 더 많이 발생한다.

> **해설**
> 일소현상이란 식물이나 작물에 맺히는 물방울이 렌즈 작용을 하게 되어 햇볕으로 인해 작물체가 타들어가는 현상을 말한다. 따라서 햇볕을 막는 차광막으로 일소를 경감시킬 수 있다.
> ② 겨울철 밤에 동결되었던 조직이 낮에 직사광선에 의하여 나무의 온도가 급격하게 변함에 따라 원줄기나 원가지의 남쪽 수피 부위에 피해를 주는 현상도 일소에 포함시키기도 한다.
> ③ 일소의 발생은 수형과도 관계가 있어 <u>배상형 나무는 개심자연형 나무보다 더 많이 발생하고</u>, 주지의 분지 각도가 넓을수록 많이 발생한다.
> ④ 과수원이 평지에 위치할 때 <u>서향의 과수원이 동향의 과수원보다 일소가 더 많이 발생한다.</u>

23 작물재배시 하고(夏枯)현상으로 옳지 않은 것은? [기출] 제3회

① 화이트클로버는 피해가 크고, 레드클로버는 피해가 경미하다.
② 다년생인 북방형 목초에서 여름철에 생장이 현저히 쇠퇴하는 현상이다.
③ 고온, 건조, 장일, 병충해, 잡초무성의 원인으로 발생한다.
④ 대책으로는 관개, 혼파, 방목이 있다.

> **해설**
> 하고(夏枯)현상이란 북방형 목초에서 여름철 무더위에 생육이 일시 정지되거나 고사하는 현상을 말하는 것으로 레드클로버는 피해가 크고, 화이트클로버는 피해가 경미하다.

02 습해, 수해 및 가뭄해

01 작물이 습해를 받게 되는 직접적인 원인은?

① 호흡장해
② H⁺의 과다
③ 미생물의 활동저해
④ 양분의 손실

| 해설 |
습해의 가장 직접적인 원인은 호흡장해이다. 토양이 과습상태가 되면 산소가 부족하게 되어 뿌리가 상하고, 심하면 부패하여 지상부가 황화하고 마침내 위조·고사하게 된다.

02 답리작 보리재배에서 과습으로 인하여 가장 먼저 나타나는 피해는?

① 양분흡수 저해
② 호흡장해
③ 뿌리의 신장 억제
④ 유해물질에 의한 피해

| 해설 |
뿌리의 호흡장해로 인해 능동적 흡수가 저해된다.

03 공중습도가 높으면 어떤 현상이 일어나는가?

① 광합성이 더욱 왕성히 이루어진다.
② 숨구멍[氣孔]이 폐쇄되어 광합성이 크게 감퇴된다.
③ 뿌리의 수분, 양분의 흡수력이 왕성해진다.
④ 증산작용이 왕성해진다.

| 해설 |
공중습도가 높으면 증산작용이 억제되어 광합성이 감퇴된다.

04 다음 중 내습성이 가장 강한 작물은?

① 고구마
② 고추
③ 밭벼
④ 양파

| 해설 |
작물의 내습성 정도
벼·미나리 > 밭벼·옥수수 > 토란·고구마 > 보리·밀 > 고추 > 메밀 > 파·양파

05 다음 중 비교적 습한 토양에서도 재배 가능한 작물은?

① 토마토　　　　　　　② 고추
③ 양파　　　　　　　　④ 옥수수

| 해설 |
> 내습성이 약한 작물에는 파, 양파, 당근, 감자, 토마토, 고추 등이 있고, 내습성이 강한 작물에는 미나리, 고구마, 토란, 옥수수, 셀러리 등이 있다.

06 습해에 강한 작물의 특성에 관한 설명으로 옳은 것은?

① 경엽으로부터 뿌리로의 산소공급능력이 작다.
② 뿌리조직의 목화 정도가 낮다.
③ 뿌리의 분포가 얕고, 부정근의 발생이 작다.
④ 뿌리가 환원성 유해물질에 대한 저항성이 크다.

| 해설 |
> 습해에 강한 작물
> • 뿌리가 환원성 유해물질에 대한 저항성이 크다.
> • 뿌리조직의 목화 정도가 크다.
> • 경엽으로부터 뿌리로의 산소공급능력이 크다.
> • 부정근의 발생이 크다.

07 내습성이 강한 작물의 일반적 특성에 해당하는 것은?

① 뿌리의 피층세포가 사열로 배열되어 있다.
② 뿌리의 분포가 심근성이다.
③ 뿌리조직의 목화(木化)가 잘되어 있다.
④ 뿌리의 발달이 직근계를 형성한다.

| 해설 |
> 내습성이 강한 작물은 일반적으로 뿌리조직의 목화가 잘되어 있다.
> ① 뿌리의 피층세포가 <u>직렬로</u> 배열되어 있다.
> ② 뿌리의 분포가 <u>얕다</u>.
> ④ 뿌리의 발달이 <u>부정근을</u> 형성한다.

정답　01 ①　02 ②　03 ②　04 ③　05 ④　06 ④　07 ③

08 작물의 습해 대책으로 옳지 않은 것은?

① 습답에서는 휴립재배를 한다.
② 저습지에서는 미숙유기물을 다량 시용하여 입단을 조성한다.
③ 내습성인 작물과 품종을 선택한다.
④ 배수는 습해의 기본 대책이다.

| 해설 |
미숙유기물과 황산근 비료의 시용을 피하고, 표층시비를 하여 뿌리를 지표면 가까이로 유도한다.

09 작물재배시 습해의 대책이 아닌 것은? 기출 제3회, 제4회

① 배수
② 토양 개량
③ 증발억제제 살포
④ 내습성 작물과 품종 선택

| 해설 |
습해의 가장 큰 원인은 토양의 과습상태가 지속되어 토양의 통기 불량에 의한 산소 부족 때문이다. 따라서 배수는 습해의 기본 대책이다. '증발억제제 살포'는 토지의 수분증발을 억제하기 때문에 가뭄해의 방지대책으로 사용된다.

10 토양습해 예방대책으로 옳은 것은? 기출 제2회

① 내습성 품종 선택
② 고랑 파종
③ 미숙유기물 사용
④ 밀식 재배

| 해설 |
토양습해 예방대책
- **배수** : 배수는 습해의 기본 대책이다.
- **정지** : 밭에서는 휴립휴파를 하고, 습답에서는 휴립재배를 한다.
- **토양개량** : 세사를 객토하거나, 부식·토양개량제를 사용하여 입단을 조성하고, 투수성을 좋게 한다.
- **작물 및 품종의 선택** : 내습성인 작물과 품종을 선택한다.
- **시비** : 미숙유기물과 황산근 비료의 시용을 피한다.
- **기타** : 과산화석회(CaO_2)를 사용한다.

11 토양습해 대책으로 옳지 않은 것은? 기출 제5회

① 밭의 고랑재배   ② 땅속 배수시설 설치
③ 습답의 이랑재배   ④ 토양개량제 시용

| 해설 |
밭의 고랑재배는 <u>가뭄해</u> 대책에 해당한다. 습해 대책으로 밭에서는 휴립휴파를 한다. 즉 이랑을 세워 이랑에 파종함으로써 습해에 대비한다.

12 A농가가 작물에 나타나는 토양습해를 줄이기 위해 실시할 수 있는 대책으로 옳은 것을 모두 고른 것은? 기출 제6회

ㄱ. 이랑재배
ㄴ. 표층시비
ㄷ. 토양개량제 시용

① ㄱ, ㄴ   ② ㄱ, ㄷ
③ ㄴ, ㄷ   ④ ㄱ, ㄴ, ㄷ

| 해설 |
토양습해 대책
- 배수
- 토양개량제 시용
- 과산화석회(CaO_2)의 시용
- 이랑재배
- 표층시비
- 내습성 작물 및 품종의 선택

13 다음 중 가뭄 피해를 경감시키는 방법으로 옳은 것은?

① 배수   ② 객토
③ 초생재배   ④ 관수

| 해설 |
가뭄에 대한 근본적인 대책은 관수이며, 심을 때 건조의 피해를 쉽게 받을 수 있는 급경사지 등은 피하는 것이 좋다. 초생재배는 토양침식을 막을 수 있으나, 토양 중의 수분 증발이 크기 때문에 청경재배를 실시하고, 중경을 하여 토양 표면으로부터 수분증발량을 줄여야 한다.

정답 08 ② 09 ③ 10 ① 11 ① 12 ④ 13 ④

14 식물체가 물속에 잠겨 무기호흡이 진행될 때 체내에 많이 집적되는 물질은?

① 피루브산(Pyruvic Acid)
② 에탄올(Ethanol)
③ 포도당(Glucose)
④ 초산(Acetic Acid)

| 해설 |
무기호흡은 포도당이 에탄올과 이산화탄소로 분해되는 과정에서 에탄올이 집적된다.

15 작물 생육기간 중 수분부족 환경에 노출될 때 일어나는 반응을 모두 고른 것은? 기출 제2회

> ㄱ. 기공폐쇄
> ㄴ. 아브시산(ABA) 합성 촉진
> ㄷ. 엽면적 증가

① ㄱ
② ㄱ, ㄴ
③ ㄴ, ㄷ
④ ㄱ, ㄴ, ㄷ

| 해설 |
수분부족시 뿌리에서 아브시산(abscissic acid, ABA) 합성이 촉진되고 잎으로 이동하여 기공을 폐쇄함으로써 증산을 억제한다. 또한 수분부족은 팽압 저하로 엽면적을 감소시킨다.

16 작물의 침관수해에 관한 설명으로 옳지 않은 것은?

① 물이 빠지면 잎의 흙앙금을 씻어준다.
② 흐린 물보다 맑은 물에서 피해가 더 크다.
③ 정체수는 유수부보다 피해가 크다.
④ 수온이 높을수록 피해가 크다.

| 해설 |
침관수의 피해 정도는 침관수 기간, 물 흐름의 정도, 물의 온도, 수질 등에 따라 달라진다. 침관수 기간이 길 때 피해가 커지며 침수<관수, 맑은 물<흐린 물, 흐르는 물<정지된 물, 온도가 낮은 물<온도가 높은 물에서 피해가 크다.

17 침관수해(浸冠水害)에 가장 피해를 많이 받기 쉬운 조건은?

① 청수와 정체수(停滯水) ② 탁수와 정체수
③ 탁수와 유수(流水) ④ 청수와 유수(流水)

|해설|
침관수해의 가장 큰 영향을 주는 요소는 용존산소량이다. 탁수와 정체수일 경우 용존산소량이 가장 적기 때문에 피해를 많이 받는다.

18 작물의 관수해에 관한 설명으로 옳지 않은 것은?

① 관수해의 정도는 작물의 종류와 품종간의 차이가 크다.
② 관수해의 정도는 생육 단계에 따라 차이가 인정된다.
③ 관수해의 정도는 수온이 높을수록 크다.
④ 관수해의 정도는 수질과는 관계없다.

|해설|
정체하고 흐린 물보다 맑고 흐르는 물이 용존산소가 많고 수온이 낮으므로 관수해의 피해가 덜하다.

19 침수에 의한 청고(靑枯)현상을 유발할 수 있는 조건은?

① 고수온 – 정체수 – 탁수
② 고수온 – 유동수 – 청수
③ 저수온 – 정체수 – 청수
④ 저수온 – 유동수 – 탁수

|해설|
벼가 수온이 높은 정체된 탁수에서 단백질의 소모 없이 푸른 채로 죽은 것을 청고(靑枯)라 한다.

20 배수불량으로 토양환원작용이 심한 토양에서 유기산과 황화수소의 발생 및 양분흡수 방해가 주요 원인이 되어 발생하는 벼의 영양장해 현상은?

① 노화현상 ② 적고현상
③ 누수현상 ④ 시들음현상

|해설|
엽록소의 변화 및 파괴로 인해 벼가 적갈색으로 변해서 죽는 적고(赤枯)현상이 발생한다.

21 식물체가 관수된 후 대책으로 옳지 않은 것은?

① 퇴수 후 새로운 물을 갈아 댄다.
② 김을 매어 지중통기(地中通氣)를 좋게 한다.
③ 침수 후에는 병충해의 발생이 줄어들기 때문에 방제가 필요 없다.
④ 병충해 방제를 철저히 한다.

> |해설|
> 침수 후 뿌리의 활력이 떨어지면 작물이 연약해져 병해충 발생이 증가하므로 방제가 필요하다.

22 벼의 수해(水害)에 관한 설명으로 옳지 않은 것은?

① 분얼 초기에는 침수에 약하다.
② 수온이 높으면 침수 피해가 크다.
③ 수잉기부터 출수개화기 사이에는 침수에 극히 약하다.
④ 침수로 표토가 씻겨 내렸을 때에는 새로운 뿌리의 발생 후에 추비를 준다.

> |해설|
> 벼의 경우 분얼 초기에 강하고, 수잉기~출수개화기에 약하다.

23 벼 재배시 풍수해의 예방 및 경감대책으로 옳지 않은 것은? 기출 제1회

① 내도복성 품종으로 재배한다.
② 밀식재배를 한다.
③ 태풍이 지나간 후 살균제를 살포한다.
④ 침·관수된 논은 신속히 배수시킨다.

> |해설|
> 밀식재배를 하면 작물이 밀생하게 되고, 이로 인하여 통풍·통광이 불량하게 되므로 연약하게 생장되어 풍수해에 약해지게 된다.

24 작물의 내건성에 관한 설명으로 옳은 것은?

① 내건성이 큰 작물은 뿌리가 표층에 많이 분포한다.
② 내건성이 큰 작물은 왜소하고 잎이 작다.
③ 내건성이 큰 식물은 세포액의 삼투압이 낮다.
④ 내건성이 큰 식물은 세포가 크다.

| 해설 |
내건성이 큰 작물은 왜소하고 잎이 작아 증산량을 줄인다.
① 내건성이 큰 작물은 뿌리가 깊게 분포한다.
③ 내건성이 큰 식물은 세포액의 삼투압이 높다.
④ 내건성이 큰 식물은 세포가 작다.

25 내건성이 강한 작물이 가지는 일반적 특성은?

① 세포의 크기가 크다.
② 세포의 삼투압이 낮다.
③ 세포막의 수분투과성이 크다.
④ 탈수될 때 원형질의 응집이 잘된다.

| 해설 |
내건성이 강한 작물의 특징
- 세포가 작아서 원형질의 변형이 적다.
- 세포 중에 원형질이나 저장양분이 차지하는 비율이 높아서 수분보유력이 강하다.
- 원형질의 점성이 높고, 세포액의 삼투압이 높다.
- 탈수될 때에 원형질의 응집이 덜하다.
- 원형질막의 수분, 요소, 글리세린 등에 대한 투과성이 크다.

정답 21 ③ 22 ① 23 ② 24 ② 25 ③

26 내건성 작물의 생육특성을 모두 고른 것은? 기출 제8회

> ㄱ. 기공 크기의 증가
> ㄴ. 지상부보다 근권부 발달
> ㄷ. 낮은 호흡에 따른 저장물질의 소실 감소

① ㄱ, ㄴ
② ㄱ, ㄷ
③ ㄴ, ㄷ
④ ㄱ, ㄴ, ㄷ

| 해설 |
내건성 작물은 가뭄에 강한 작물로 기공의 크기가 작고, 지상부에 비하여 근군(뿌리의 무리)의 발달이 좋다. 건조할 때 낮은 호흡에 따른 저장물질의 소실이 늦다.

27 가뭄이 지속될 때 작물의 잎에 나타날 수 있는 특징으로 옳지 않은 것은? 기출 제6회

① 엽면적이 감소한다.
② 증산이 억제된다.
③ 광합성이 촉진된다.
④ 조직이 치밀해진다.

| 해설 |
가뭄이 지속되면 작물세포의 수분이 부족하게 되어 광합성이 감소한다.

28 작물재배시 한해(旱害) 대책을 모두 고른 것은? 기출 제5회

> ㄱ. 중경제초
> ㄴ. 밀식재배
> ㄷ. 토양입단 조성

① ㄱ, ㄴ
② ㄱ, ㄷ
③ ㄴ, ㄷ
④ ㄱ, ㄴ, ㄷ

| 해설 |
ㄱ. 중경제초 : 표토를 쪼아서 모세관을 절단한 다음 잡초를 제거하면 토양의 증발·증산이 경감된다.
ㄴ. 밀식재배 : 밀식재배를 하면 작물의 내건성이 약화된다.
ㄷ. 토양입단 조성 : 토양입단을 조성하면 토양수분의 보유력이 증대하고 증발을 억제한다.

29 작물재배시 건조해의 대책으로 옳지 않은 것은? 기출 제3회

① 중경제초
② 질소비료 과용
③ 내건성 작물 및 품종 선택
④ 증발억제제 살포

> |해설|
> 질소비료를 과용하면 착색이 불량해지고 조직이 연약해져 작물의 병충해, 서리해, 건조해에 대한 저항성도 약화된다.

30 작물생육기간 중 가뭄해의 방지대책으로 옳지 않은 것은?

① 비닐 멀칭
② 볏짚 피복
③ 드라이파밍
④ 배수

> |해설|
> 건조해(가뭄해)의 대책
> - **관개** : 생리적으로 필요한 수분을 공급
> - **내건성 작물과 품종의 선택**
> - **토양수분의 보유력 증대와 증발억제** : 토양입단의 조성, 드라이파밍(Dry Farming), 피복(비닐, 볏짚, 퇴비 등), 중경제초, 증발억제제의 살포 등

03 동해 및 상해

01 작물의 내동성에 관여하는 요인에 대한 설명으로 옳지 않은 것은?

① 세포의 수분 함량이 많으면 내동성이 저하한다.
② 전분 함량이 많으면 내동성이 증가한다.
③ 세포액의 삼투압이 높아지면 내동성이 증가한다.
④ 당분 함량이 높으면 내동성이 증가한다.

| 해설 |
전분 함량이 많으면 내동성이 저하된다.

02 맥류의 내동성과 연관된 형태적 특성이 아닌 것은?

① 포복성인 것이 내동성이 강하다.
② 중경(중배축)이 긴 것이 내동성이 강하다.
③ 엽색이 짙은 것이 내동성이 강하다.
④ 생장점이 낮게 위치한 것이 내동성이 강하다.

| 해설 |
중경이 짧은 것이 내동성이 강하다.

03 작물의 내동성을 증가시키는 생리적 요인으로 옳은 것은?

① 원형질에 친수성 물질이 적다.
② 세포에 전분 함량이 많다.
③ 원형질의 점도가 높다.
④ 원형질 단백질에 −SH기가 많다.

| 해설 |
① 원형질의 친수성 콜로이드(교질함량)가 많으면 세포 내의 결합수가 많아져 내동성이 증가한다.
② 세포에 전분 함량이 많으면 내동성이 저하된다.
③ 원형질의 점도가 낮고, 연도가 높으면 기계적 견인력을 적게 받아서 내동성이 증가한다.

04 작물의 내동성을 증대시키는 생리적 조건으로 옳은 것은?

① 원형질의 점도가 낮아야 한다.
② 당분 함량이 적어야 한다.
③ 지유 함량이 적어야 한다.
④ 전분 함량이 많아야 한다.

> **해설**
>
> 내동성 작물의 생리적 요인
> - 원형질의 수분 투과성이 큰 것은 세포내 결빙을 적게 한다.
> - 원형질 단백질에 –SH기가 많은 것은 –SS기가 많은 것보다 기계적 인력을 받을 때 미끄러지기 쉬워 원형질의 파괴가 적다.
> - 원형질의 점도가 낮고, 연도가 높으면 기계적 견인력을 적게 받아서 내동성이 증가한다.
> - 원형질의 친수성 콜로이드(교질함량)가 많으면 세포 내의 결합수가 많아져 내동성이 증가한다.
> - 지유 함량이 높고 당분 함량이 높아야 내동성이 증가한다.
> - 전분 함량이 많으면 내동성이 저하된다.
> - 세포내 수분(자유수) 함량이 많으면 내동성이 저하된다.
> - **경화**(Hardening) : 월동작물이 5℃ 이하의 기온에 계속 있게 되면 내동성이 증대한다.

05 작물의 동·상해 대책이 아닌 것은?

① 배수를 하여 생육을 건실하게 한다.
② 칼륨비료의 시용량을 높인다.
③ 퇴비 시용량을 높인다.
④ 뿌림골을 얕게 한다.

> **해설**
>
> 뿌림골을 얕게 하는 것은 가뭄해 대책에 속한다.

TIP	작물의 동·상해 대책
• 보온재료를 이용한 보온재배 • 고휴재배(높은 이랑재배) • 파종량을 늘려 동상에 의한 결주 보상 • 인산·칼륨비료 시용으로 체내당 함량 증대 • 답압 • 피복	

정답 01 ② 02 ② 03 ④ 04 ① 05 ④

06 작물의 동·상해 대책으로 칼륨비료를 증시하는 이유로 가장 적합한 것은?

① 뿌리와 줄기 등 조직을 강화시키기 위해
② 작물체 내의 당 함량을 낮추기 위해
③ 세포액의 농도를 증가시키기 위해
④ 저온에서는 칼륨의 흡수율이 낮으므로 보완하기 위해

| 해설 |
칼륨비료는 세포액의 농도를 증가시켜 세포 내의 결빙을 억제한다.

07 A농가가 과수작물 재배시 동해를 예방하기 위해 실시할 수 있는 조치가 아닌 것은? 기출 제6회

① 과실 수확전 토양에 질소를 시비한다.
② 과다하게 결실이 되지 않도록 적과를 실시한다.
③ 배수 관리를 통해 토양의 과습을 방지한다.
④ 강전정을 피하고 분지 각도를 넓게 한다.

| 해설 |
과실 수확전 토양에 질소를 시비하면 늦게까지 자라나게 되고, 저장양분이 적게 되어 동해에 견디는 힘이 약해진다.

08 과수작물의 동해 및 상해(서리 피해)에 관한 설명으로 옳지 않은 것은? 기출 제1회

① 배나무의 경우 꽃이 일찍 피는 따뜻한 지역에서 늦서리 피해가 많이 일어난다.
② 핵과류에서 늦서리 피해에 민감하다.
③ 꽃눈이 잎눈보다 내한성이 강하다.
④ 서리를 방지하는 방법에는 방상팬 이용, 톱밥 및 왕겨 태우기 등이 있다.

| 해설 |
일반적으로 잎눈이 꽃눈보다 내한성이 강하다. 동해나 서리 피해의 경우 발육 정도에 따라 차이가 있지만, 개화 전까지는 내한성이 비교적 강하고 개화 직전부터 낙화 후 1주까지는 가장 약하다.

09 다음 (   )에 들어갈 내용을 순서대로 옳게 나열한 것은? 기출 제5회

> 과수작물의 동해 및 서리피해에서 (   )의 경우 꽃이 일찍 피는 따뜻한 지역에서 늦서리 피해가 많이 일어난다. 최근에는 온난화의 영향으로 개화기가 빨라져 (   )에서 서리피해가 빈번하게 발생한다. (   )은 상층의 더운 공기를 아래로 불어내려 과수원의 기온 저하를 막아주는 방법이다.

① 사과나무, 장과류, 살수법
② 배나무, 핵과류, 송풍법
③ 배나무, 인과류, 살수법
④ 사과나무, 각과류, 송풍법

| 해설 |

과수작물의 동해 및 서리피해에서 (**배나무**)의 경우 꽃이 일찍 피는 따뜻한 지역에서 늦서리 피해가 많이 일어난다. 최근에는 온난화의 영향으로 개화기가 빨라져 (**핵과류**)에서 서리피해가 빈번하게 발생한다. (**송풍법**)은 상층의 더운 공기를 아래로 불어내려 과수원의 기온 저하를 막아주는 방법이다.
- **배나무** : 꽃이 일찍 피는 따뜻한 지역에서 늦서리 피해가 많이 일어난다.
- **핵과류** : 늦서리 피해에 민감하다.
- **송풍법** : 지상 10m 정도 높이에서 프로펠러를 회전하여 따뜻한 공기를 지면으로 송풍하여 서리를 방지한다.

10 과수작물의 서리피해에 관한 내용이다. 밑줄 친 부분이 옳은 것을 모두 고른 것은? 기출 제9회

> 최근 지구온난화에 따른 기상이변으로 개화기가 빠른 (ㄱ)<u>핵과류</u>에서 피해가 빈번하게 발생한다. 특히, 과수원이 (ㄴ)<u>강이나 저수지 옆에</u> 있을 때 발생률이 높다. 따라서 일부 농가에서는 상층의 더운 공기를 아래로 불어내려 과수원의 기온 저하를 막아주는 (ㄷ)<u>송풍법</u>을 사용하고 있다.

① ㄱ
② ㄱ, ㄴ
③ ㄴ, ㄷ
④ ㄱ, ㄴ, ㄷ

| 해설 |

서리피해
ㄱ. (○) 최근 지구온난화에 따른 기상이변으로 개화기가 빠른 (**핵과류**)에서 서리피해가 빈번하게 발생한다.
    ※ **핵과류** : 복숭아, 살구, 자두 등
ㄴ. (○) 강이나 저수지는 지역 특성상 안개가 자주 발생하기 때문에 과수원이 (**강이나 저수지 옆**)에 있다면 서리피해 발생률도 높아진다.
ㄷ. (○) (**송풍법**)은 상층의 더운 공기를 아래로 불어내려 과수원의 기온 저하를 막아주는 방법이다.

정답 06 ③ 07 ① 08 ③ 09 ② 10 ④

04 도복 및 풍해

01 내풍성이 가장 강한 작물은?

① 고구마
② 감자
③ 양배추
④ 밭벼

| 해설 |

저항성 작물
- 내산성 작물 : 감자
- 내건성 작물 : 수수
- 내습성 작물 : 밭벼
- 내염성 작물 : 사탕무, 목화, 양배추
- 내풍성 작물 : 고구마

02 작물의 풍해와 관련이 없는 내용은?

① 풍속 4~6km/h 이상의 강풍에 의해 일어난다.
② 풍속이 강하고 공기가 건조하면 증산이 커져서 식물체가 건조한다.
③ 풍해는 풍속이 크고 공기 습도가 높을 때에 심하다.
④ 과수에서는 절손·열상·낙과 등을 유발한다.

| 해설 |

풍해는 풍속이 크고 공기 습도가 낮을 때에 심하다.

03 벼 등 화곡류가 등숙기에 비, 바람에 의해서 쓰러지는 것을 도복이라고 한다. 도복에 관한 설명으로 옳지 않은 것은?

① 키가 작은 품종일수록 도복이 심하다.
② 밀식, 질소 다용, 규산 부족 등은 도복을 조장한다.
③ 벼 재배시 벼멸구, 잎집무늬마름병이 많이 발생되면 도복이 심하다.
④ 벼는 마지막 논김을 맬 때 배토를 하면 도복이 경감된다.

| 해설 |

키가 크고 대가 약한 품종일수록 도복이 심하며, 키가 작은 품종은 대체로 도복이 적다.

04 벼 도복의 유발 조건이 아닌 것은?

① 키가 크고, 대가 약한 품종
② 질소의 부족
③ 병해충 피해
④ 칼륨, 규산의 부족

| 해설 |
질소가 부족할 경우 벼의 생장이 억제되므로 도복피해는 줄어들 수 있다.

05 도복 피해를 입은 작물에 대한 피해 경감대책으로 옳지 않은 것은? 기출 제8회

① 왜성품종 선택
② 질소질 비료 사용
③ 맥류에서의 높은 복토
④ 밀식재배 지양

| 해설 |
질소질 비료 사용, 칼륨부족, 규산부족, 밀식재배 등은 도복을 유발한다.

06 다음 중 작물의 도복 대책이 아닌 것은?

① 생장조절제를 이용한다.
② 생육전기에 배토를 한다.
③ 재식밀도를 높이고, 질소비료를 증시한다.
④ 규산질 비료를 사용한다.

| 해설 |
재식밀도가 과도하게 높으면 대가 약해져서 도복이 유발될 우려가 크기 때문에 재식밀도를 줄여 수광량을 좋게 하고, 질소비료를 줄여야 한다.

07 벼의 도복과 가장 관련성이 높은 병해는?

① 도열병
② 흰잎마름병
③ 잎집무늬마름병
④ 깨씨무늬마름병

| 해설 |
벼에 잎집무늬마름병의 발생이 심하거나 가을멸구의 발생이 많으면 대가 약해져 도복이 심해진다.

정답 01 ① 02 ③ 03 ① 04 ② 05 ② 06 ③ 07 ③

08 다음이 설명하는 것은? 기출 제4회

> • 벼의 결실기에 종실이 이삭에 달린 채로 싹이 트는 것을 말한다.
> • 태풍으로 벼가 도복이 되었을 때 고온·다습 조건에서 자주 발생한다.

① 출수(出穗)
② 수발아(穗發芽)
③ 맹아(萌芽)
④ 최아(催芽)

| 해설 |

벼의 결실기에 벼의 이삭이 도복이나 강우로 젖은 상태가 오래 지속되면 이삭에서 싹이 트는데 이를 수발아(穗發芽)라 한다.
① **출수**(出穗) : 벼꽃이 피는 것(이삭이 나오는 것)을 말한다.
③ **맹아**(萌芽) : 새싹이 움트거나 새싹 자체를 맹아라고 한다.
④ **최아**(催芽) : 종자를 인위적으로 싹 틔우는 것을 말한다.

09 다음은 벼의 수발아에 관한 내용이다. ( )에 들어갈 내용을 순서대로 옳게 나열한 것은?
기출 제9회

> 수발아는 ( )에 종실이 이삭에 달린 채로 싹이 트는 것을 말하며, 벼가 우기에 도복이 되었을 때 자주 발생한다. 또한 ( )이 ( )보다 수발아가 잘 발생한다.

① 수잉기, 조생종, 만생종
② 결실기, 조생종, 만생종
③ 수잉기, 만생종, 조생종
④ 결실기, 만생종, 조생종

| 해설 |

수발아
• 수발아는 (**결실기**)에 종실이 이삭에 달린 채로 싹이 트는 것을 말한다.
• 태풍으로 벼가 도복이 되었을 때 고온·다습 조건에서 자주 발생한다.
• (**조생종**)이 (**만생종**)보다 수발아가 잘 발생한다.
• 휴면성이 약한 품종이 강한 품종보다 잘 발생한다.

10 벼의 수발아에 관한 설명으로 옳지 않은 것은? 기출 제7회

① 결실기에 종실이 이삭에 달린 채로 싹이 트는 것을 말한다.
② 결실기의 벼가 우기에 도복이 되었을 때 자주 발생한다.
③ 조생종이 만생종보다 수발아가 잘 발생한다.
④ 휴면성이 강한 품종이 약한 것보다 수발아가 잘 발생한다.

| 해설 |
수발아는 품종의 휴면성과 밀접한 관련성이 있으며, 휴면성이 약한 품종이 강한 품종보다 잘 발생한다.

11 벼 담수표면 산파재배시 도복에 관한 설명으로 옳은 것은? 기출 제1회

① 벼 무논골뿌림재배에 비해 도복이 경감된다.
② 도복경감제를 살포하면 벼의 하위절간장이 짧아져서 도복이 경감된다.
③ 질소질 비료를 다량 시비하면 도복이 경감된다.
④ 파종 직후에 1회 낙수를 강하게 해 주면 도복이 경감된다.

| 해설 |
① 담수표면 산파재배는 벼 뿌리가 표층에 많이 분포되어 있어 토양의 줄기지지력이 작아서 뿌리도복이 발생하기 쉽다.
③ 질소질 비료를 다량 시비하면 벼가 과번무(포개진 상태가 너무 과함)되어 병충해 피해를 받기 쉽고 도복의 위험성이 커진다.
④ 파종 직후에는 뿌리가 잘 활착할 수 있도록 5~7일 정도 담수관리를 하는 것이 좋다.

12 강풍이 작물에 미치는 영향으로 옳지 않은 것은? 기출 제2회

① 상처로 인한 호흡률 증가
② 매개곤충의 활동저하로 인한 수정률 감소
③ 기공폐쇄로 인한 광합성률 감소
④ 병원균 감소로 인한 병해충 피해 약화

| 해설 |
강풍이 작물에 미치는 영향
- 과수에 상처를 입히고, 낙화를 유발한다.
- 기공폐쇄로 광합성률이 감소한다.
- 꿀벌 등 수정매개곤충의 활동저하로 수정률이 감소한다.
- 비닐하우스를 파손시킨다.
- 정식된 작물에 저온 피해를 유발한다.
- 태풍(강풍) 후에는 병해충 피해가 우려된다.

정답 08 ② 09 ② 10 ④ 11 ② 12 ④

13 강풍으로 인해 작물에 나타나는 생리적 반응을 모두 고른 것은? 기출 제6회

> ㄱ. 세포 팽압 증대
> ㄴ. 기공 폐쇄
> ㄷ. 작물 체온 저하

① ㄱ, ㄴ
② ㄱ, ㄷ
③ ㄴ, ㄷ
④ ㄱ, ㄴ, ㄷ

| 해설 |
ㄱ. **세포 팽압 감소** : 강풍으로 수분흡수가 감소하므로 세포 팽압이 감소한다.
ㄴ. **기공 폐쇄** : 강풍으로 기공이 닫혀 이산화탄소의 흡수가 감소되므로 광합성이 감퇴한다.
ㄷ. **작물 체온 저하** : 강풍은 작물 체온을 저하시키고, 심하면 냉해를 유발한다.

14 다음 중 강풍에 의한 생리적 장해라고 볼 수 없는 것은?
① 광합성 저하
② 호흡증가로 양분소모 촉진
③ 도복과 상처로 부패 발생
④ 건조해 유발

| 해설 |
강풍과 작물생육
• 잎의 광합성 작용을 방해하고, 잎의 증산작용을 촉진시켜 건조해 또는 가뭄해를 일으킨다.
• 호흡을 왕성하게 하여 양분의 소모를 많게 한다.
• 가지, 잎 및 과실에 기계적 상처로 여러 가지 병원균이 침입하여 병해를 발생시킨다.
• 강풍에 의하여 잎이 떨어지면 과실비대와 품질이 불량해지고, 가지 내에 있는 저장양분의 양이 저하되어 다음 해의 결실에도 나쁜 영향을 끼친다.

15 과수원의 바람 피해에 관한 설명으로 옳지 않은 것은? 기출 제7회

① 강풍은 증산작용을 억제하여 광합성을 촉진한다.
② 강풍은 매개곤충의 활동을 저하시켜 수분과 수정을 방해한다.
③ 작물의 열을 빼앗아 작물체온을 저하시킨다.
④ 해안지방은 염분 피해를 받을 수 있다.

> **해설**
> 강풍은 잎의 증산작용을 촉진시켜 건조해 또는 가뭄해를 일으킨다. 또한, 잎의 기공을 닫게 함으로써 이산화탄소의 흡수가 감소시켜 광합성 작용을 방해한다.

16 식물의 생육과정에서 강풍의 외부환경에 따른 영향으로 옳지 않은 것은? 기출 제9회

① 화분매개곤충의 활동을 억제한다.
② 상처를 유발하여 호흡량을 증가시킨다.
③ 증산작용은 억제되나 광합성은 촉진된다.
④ 상처를 통한 병해충의 발생을 촉진한다.

> **해설**
> 증산작용은 잎의 기공을 통하여 일어나며, 일반적으로 바람이 불면 증산작용이 활발해진다. 다만, 강풍은 잎의 기공을 닫게 함으로써 이산화탄소의 흡수를 감소시켜 광합성 작용을 방해한다.

17 풍해에 관한 설명으로 옳지 않은 것은? 기출 제11회

① 작물의 도장을 유발한다.
② 작물의 낙과를 발생시킨다.
③ 작물의 도복 피해가 일어난다.
④ 벼의 청미, 변색미 발생을 증가시킨다.

> **해설**
> 풍해는 작물의 절손, 열상, 낙과, 도복, 벼의 청미, 변색미 발생을 증가시키고, 2차적으로 병해, 부패 등을 발생시킨다.
> 지나치게 비료를 많이 주거나 광 부족일 때 작물의 도장(웃자람)을 유발한다.

정답 13 ③ 14 ② 15 ① 16 ③ 17 ①

05 우박 및 기타 재해

01 우리나라 우박피해에 관한 설명으로 옳지 않은 것은? 기출 제1회

① 전국적으로 7~8월에 집중적으로 발생한다.
② 과실 또는 새 가지에 타박상이나 열상 등을 일으킨다.
③ 비교적 단시간에 많은 피해를 일으키고, 피해지역이 국지적인 경우가 많다.
④ 그물(방포망)을 나무에 씌워 피해를 경감시킬 수 있다.

| 해설 |
우박은 주로 늦봄부터 여름으로 접어드는 5~6월과 여름에서 가을로 접어드는 9~10월에 많다. 우박은 잘 내리는 곳이 대체로 정해져 있다. 한국에서는 낙동강 상류지역이 가장 많고 다음은 청천강, 한강의 순이다.

02 우리나라의 과수 우박피해에 관한 설명으로 옳은 것은? 기출 제3회

ㄱ. 피해 시기는 주로 착과기와 성숙기에 해당된다.
ㄴ. 다음해의 안정적인 결실을 위해 피해과원의 모든 과실을 제거한다.
ㄷ. 피해 후 2차적으로 병해를 발생시키는 간접적인 피해를 유발하기도 한다.

① ㄱ, ㄴ
② ㄱ, ㄷ
③ ㄴ, ㄷ
④ ㄱ, ㄴ, ㄷ

| 해설 |
ㄴ. 우박피해 후 다음해의 안정적인 결실을 위해 피해의 정도에 따라 적과와 신초제거 등 나무의 수세를 잘 관리해야 한다. 예를 들어 30% 이상 과일이 낙과한 사과밭의 경우 열상이 많은 가지는 제거하고, 착과량은 적정 착과량의 50% 이내로 적과해야 한다.

03 우리나라의 우박피해에 관한 설명으로 옳지 않은 것은? 기출 제4회

① 사과, 배의 착과기와 성숙기에 많이 발생한다.
② 돌발적이고 단기간에 큰 피해가 발생한다.
③ 지리적 조건과 관계없이 광범위하게 분포한다.
④ 수관 상부에 그물을 씌워 피해를 경감시킬 수 있다.

| 해설 |
우리나라의 우박피해는 돌발적이고 단기간에 큰 피해가 발생하며, 피해지역이 국지적인 경우가 많다.

04 우리나라 우박피해로 옳은 것을 모두 고른 것은? 기출 제5회

> ㄱ. 전국적으로 7월에 집중적으로 발생한다.
> ㄴ. 돌발적이고 단기간에 큰 피해가 발생한다.
> ㄷ. 피해지역이 비교적 좁은 범위에 한정된다.
> ㄹ. 피해과원의 모든 과실을 제거하여 이듬해 결실률을 높인다.

① ㄱ, ㄹ
② ㄴ, ㄷ
③ ㄴ, ㄷ, ㄹ
④ ㄱ, ㄴ, ㄷ, ㄹ

|해설|
우리나라의 우박피해는 돌발적이고 단기간에 큰 피해가 발생하며, 피해지역이 국지적인 경우가 많다.
ㄱ. (×) 국지적으로 5~6월에 간헐적으로 발생하고, 9~10월에도 발생한다.
ㄹ. (×) 피해과원의 적과 및 신초제거 등의 수세관리로 이듬해 결실률을 높인다. 즉 우박피해가 심한 과원에서는 대부분의 잎이 파열되고 열상이 많은 가지를 제거하고 적정 착과량의 50% 이내로 적과한다. 우박피해가 경미한 과원에서는 피해를 심하게 받은 신초만 제거하고, 피해를 받은 과실도 적과하여 적정 착과량을 유지한다.

05 최종 적과후 우박피해를 입은 사과농가의 대처로 옳은 것을 모두 고른 것은? 기출 제9회

> • A농가 – 피해 정도가 심한 가지에는 도포제를 발라준다.
> • B농가 – 수세가 강한 피해 나무에 질소 엽면시비를 한다.
> • C농가 – 90% 이상의 과실이 피해를 입은 나무의 과실은 모두 제거한다.
> • D농가 – 병해충 방제를 위해 살균제를 살포한다.

① A, C
② A, D
③ B, C
④ B, D

|해설|
• A농가(○) : 피해 정도가 심한 가지는 잘라 절단면에 도포제를 발라준다.
• B농가(×) : 수세가 약한 피해 나무에 요소 엽면시비를 한다.
• C농가(×) : 우박피해를 입은 나무의 과실은 모두 제거해서는 안 된다. 우박피해를 입은 나무의 피해 과실을 제거하되 수세안정을 고려하여 일정한 과실을 남겨두어야 한다.
• D농가(○) : 병해충 방제를 위해 살균제를 살포하여 상처 부위에 2차 감염이 일어나지 않도록 해야 한다.

정답 01 ① 02 ② 03 ③ 04 ② 05 ②

06 A지역의 사과농가는 국지적으로 피해를 받아 과실에 상처가 나고 멍들어 정상적인 판매를 하지 못하였다. 이러한 피해증상의 원인은? 기출 제11회

① 저온
② 염분
③ 우박
④ 황사

| 해설 |
우박은 대체로 국지적으로 오며, 작물을 심하게 손상시킨다. 우박에 의한 피해유형은 낙과, 물리적 충격에 의한 과실 표면 상처 및 파손으로 나눈다.

07 과수원의 태풍피해 대책으로 옳지 않은 것은? 기출 제3회

① 방풍림으로 교목과 관목의 혼합 식재가 효과적이다.
② 방풍림은 바람의 방향과 직각 방향으로 심는다.
③ 과수원 내의 빈 공간 확보는 태풍피해를 경감시켜 준다.
④ 왜화도가 높은 대목은 지주 결속으로 피해를 줄여준다.

| 해설 |
과수원 내의 빈 공간이 있으면 바람이 통과하는 길이 되어 태풍피해가 증가한다.

08 염해(salt stress)에 관한 설명으로 옳지 않은 것은? 기출 제2회

① 토양수분의 증발량이 강수량보다 많을 때 발생할 수 있다.
② 시설재배시 비료의 과용으로 생기게 된다.
③ 토양의 수분포텐셜이 높아진다.
④ 토양수분 흡수가 어려워지고 작물의 영양소 불균형을 초래한다.

| 해설 |

염해(salt stress)
토양 중 염류농도가 증가하게 되면, 염류의 과도한 축적으로 인해 식물체내의 수분포텐셜보다 토양의 수분포텐셜이 낮아진다.
※ **수분포텐셜** : 물이 이동하는데 사용할 수 있는 에너지량

09 다음이 설명하는 재해는? 기출 제5회

> 시설재배시 토양수분의 증발량이 관수량보다 많을 때 주로 발생하며, 비료성분의 집적으로 작물의 토양수분 흡수가 어려워지고 영양소 불균형을 초래한다.

① 한해
② 습해
③ 염해
④ 냉해

| 해설 |

염해(salt stress)
• 토양수분의 증발량이 강수량(관수량)보다 많을 때 발생할 수 있다.
• 시설재배시 비료의 과용으로 생기게 된다.
• 식물체내의 수분포텐셜보다 토양의 수분포텐셜이 낮아진다.
• 토양수분 흡수가 어려워지고 작물의 영양소 불균형을 초래한다.

CHAPTER 04 재배기술

학습목표
❶ 연작과 기지 대책, 윤작의 효과, 종자의 발아, 휴면타파, 육묘의 필요성에 대해 학습한다.
❷ 작휴(이랑만들기), 멀칭의 목적, 이식, 영양번식, 조직배양, 비료의 성분, 시비방법, 중경과 배토, 제초예방 등에 대해 학습한다.
❸ 병충해의 종류 및 병충해의 방제방법, 병해충종합관리(IPM) 등에 대해 학습한다.

01 작부체계

1 작부체계의 개요

(1) 정 의
동일한 토지 내에서의 작물재배 방식이나 형태를 '작부체계'라고 한다.

(2) 작부체계의 중요성
① 지력의 유지와 증강
② 병충해 발생의 억제
③ 잡초발생 감소
④ 토지이용도 제고
⑤ 노동의 효율적 배분과 잉여노동의 활용
⑥ 생산성 향상 및 안정화
⑦ 수익성 향상 및 안정화

(3) 작부체계의 변천과 발달
① 대전법
  ㉠ 가장 원시적 작부방법이며, 화전이 대표적인 방법이다.
  ㉡ 개간한 토지에서 몇 해 동안 작물을 연속해서 재배하고, 그 후 생산력이 떨어지면 다른 토지를 개간하여 작물을 재배하는 경작법이다.

② 주곡식 대전법

인류가 정착생활을 하면서 초지와 경지를 분리하여 경지에 주곡을 중심으로 재배하는 작부방식이다.

③ 휴한농법

지력감퇴 방지를 위해 농지의 일부를 몇 해에 한 번씩 작물을 심지 않고 휴한하는 작부방식이다.

④ 윤 작

몇 가지 작물을 돌려짓는 작부방식이다.
- ㉠ 삼포식 농법 : 경지를 3등분하여 2/3에 곡물을 재배하고, 1/3은 휴한하는 것을 순차적으로 교차하는 작부방식이다.
- ㉡ 개량삼포식 농법 : 삼포식 농법과 같이 1/3은 휴한하나 거기에 클로버, 알팔파, 베치 등 두과 작물의 재배로 지력의 증진을 도모하는 작부방식이다.
- ㉢ 노포크식 윤작법 : 영국 노포크(Norfolk) 지방의 윤작체계로 순무, 보리, 클로버, 밀의 4년 사이클의 윤작방식이다.

⑤ 자유식

시장상황, 가격변동에 따라 작물을 수시로 바꾸는 재배방식이다.

⑥ 답전윤환

지력의 증진 등의 목적으로 논작물과 밭작물을 몇 해씩 교대로 재배하는 방식이다.

2 연작과 기지

같은 종류의 작물을 계속해서 재배하는 것을 '연작(이어짓기)'이라 하고, 연작을 할 때에는 작물의 생육이 뚜렷하게 나빠지는 일이 있는데, 이것을 '기지(忌地)'라고 한다.

심화TIP 기지(忌地, sick soil)

어떤 작물을 재배한 토양에 같은 종류의 작물을 반복하여 재배할 경우 생육과 수량이 감소하고 품질이 떨어지는 현상을 말하며, '**연작장해**'라고도 한다.

(1) 연작의 필요성

① 수익성과 수요량이 크고 기지현상이 별로 없는 작물은 연작을 하는 것이 보통이며, 벼농사가 대표적인 예이다.

② 채소 등은 기지현상이 있더라도 특별히 수익성이 높은 작물이므로 기지 대책을 세우고 연작을 한다.

(2) 작물종류와 기지

① 연작의 해가 적은 것 : 벼・맥류・조・수수・옥수수・고구마・삼・담배・무・당근・양파・호박・연・순무・뽕나무・아스파라거스・미나리・딸기・양배추・꽃양배추 등

② 1년 휴작을 요하는 것 : 쪽파・시금치・콩・파・생강 등

③ 2년 휴작을 요하는 것 : 마・감자・잠두・오이・땅콩 등

④ 3년 휴작을 요하는 것 : 쑥갓・토란・참외・강낭콩 등

⑤ 5~7년 휴작을 요하는 것 : 수박・가지・완두・우엉・고추・토마토・레드클로버・사탕무 등

⑥ 10년 이상 휴작을 요하는 것 : 아마・인삼 등

(3) 기지의 원인

① 토양비료분의 소모

연작을 하면 비료성분의 일방적 수탈이 이루어지기 쉽다.

② 토양 중의 염류집적 기출 제7회, 제11회

근래 하우스재배 등으로 작토층에 염류가 과잉 집적하는 결과를 초래하여 작물의 생육을 저해하는 경우가 있다. 염류집적에 대한 대책으로는 담수에 의한 제염, 흡비작물(녹비작물) 재배, 심경(깊이갈이)과 객토, 유기물 시용(양분보존능 증대) 등이 있다.

심화TIP 염류집적의 대책 기출 제11회

- 유기물을 시용한다.
- 담수처리한다.
- 객토 및 심경을 한다.
- 피복물을 제거한다.
- 흡비작물(옥수수, 수수, 호밀, 알팔파, 스위트클로버 등)을 이용한다.

③ 토양물리성의 악화

화곡류와 같은 천근성(작물의 뿌리가 지표면에 가까운 토양에 분포하는 성질)인 작물을 연작하면 토양의 물리성(토성, 경도, 온도, 수분 등)이 악화된다.

④ 잡초의 번성

동일 작물을 연작할 때 잡초의 발생이 우려된다.

⑤ 유독물질의 축적

작물의 유체나 또는 생체에서 나오는 물질이 동일종이나 유연종의 작물생육에 피해를 주는 일이 있는데, 연작하면 이 유독물질이 축적되어 기지현상을 일으킨다.

⑥ 토양선충의 피해

연작하면 토양선충이 번성하여 직접적으로 피해를 끼치고, 또 2차적으로는 병균의 침입도 조장하여 병해를 유발함으로써 기지의 원인이 된다.

⑦ 토양감염의 병해

연작하면 토양 중의 특정 미생물이 번성하고 그중 병원균인 것은 병해를 유발하여 기지의 원인이 된다.

> 예 아마(잘록병), 토마토(풋마름병), 사탕무(갈색무늬병), 인삼(뿌리썩음병), 강낭콩(탄저병), 수박(덩굴쪼김병), 완두(잘록병), 백합(잘록병), 목화(잘록병), 가지(풋마름병) 등

(4) 기지 대책

① 윤 작

윤작(돌려짓기)하면 기지현상을 방지·경감할 수 있다.

② 담 수

담수상태에서는 밭 상태에서 번성하는 선충·토양미생물이 감소되고, 유독물질의 용탈도 빠르다.

③ 토양소독

토양선충이 기지의 원인일 때는 살선충제로 토양을 소독하고, 병원균에 대해서는 살균제로 토양을 소독한다. 토양 가열(heating soil)이나 증기 소독을 하기도 한다.

④ 유독물질의 제거

기지의 원인이 유독물질인 경우(복숭아·감귤류 등)에는 알코올·황산·수산화칼륨·계면활성제의 희석액이나 물을 추가하여 유독물질을 제거하여야 한다.

⑤ 객토 및 환토

기지성이 없는 새 흙을 객토하여 섞어 넣으면 기지현상이 경감된다.

⑥ 접 목

저항성 대목에 접목하면 기지현상을 방지·경감할 수 있다.

⑦ 지력배양

지력저하가 원인이 되는 기지에 대해서는 심경·퇴비다용·결핍성분 및 미량요소의 시용 등에 의해서 기지를 경감시킨다.

3 윤 작

한 토지에 두 가지 이상의 다른 작물들을 이어서 재배하는 것을 '윤작(돌려짓기)'이라고 한다.

(1) 윤작의 방식

① 이모작(두그루갈이)
  ㉠ 두 가지 작물을 이어서 재배할 경우를 두그루갈이라 한다.
  ㉡ 먼저 심은 작물을 앞그루(전작), 나중에 심은 작물을 뒷그루(후작)라고 한다.
  ㉢ 생육기간을 많이 확보하기 위하여 앞그루를 수확하기 전에 앞그루 골 사이에 뒷그루를 미리 파종하는 사이짓기(간작) 형태를 취하기도 한다.

② 우리나라의 윤작
  ㉠ 남부의 논 : 1년 2작, (벼) - (보리·밀·채소·자운영)
  ㉡ 중남부의 밭 : 1년 2작, (보리·밀) - (콩·팥·목화·고구마·조)
  ㉢ 중부산간부의 밭 : 1년 2작, (감자) - (콩)
  ㉣ 서북부의 밭 : 2년 3작, (밀·콩) - (조)

> 우리나라의 윤작방식은 단기적인 윤작체계로서 토지이용도가 매우 높으나 곡물의 생산이 거의 전부이고, 녹비·사료로 이용되는 목초류는 극히 적어서 지력의 유지·증강에는 매우 불리하게 되어 있다.

③ 미국의 윤작방식
  ㉠ 옥수수지대
    • 옥수수 - 옥수수 - 귀리 - 클로버
    • 옥수수 - 콩 - 귀리 - 클로버
    • 옥수수 - 귀리 - 클로버
  ㉡ 밀지대 : 옥수수 - 귀리 - 밀 - 클로버
  ㉢ 담배지대 : 담배 - 밀 - 클로버
  ㉣ 목화지대 : 목화 - 옥수수 - 클로버

(2) 윤작의 원리

① 주작물은 지역사정에 따라서 다양하게 변화하고 있다.
② 용도의 균형을 위해서 주작물(담배·목화 등)이 특수하더라도 식량작물과 사료작물이 병행되고 있다.
③ 지력유지를 위해서 콩과작물이나 녹비작물이 반드시 포함되어 있다.
④ 잡초의 경감을 위해서 중경작물이나 피복작물이 포함되어 있다.
⑤ 토지이용도를 높이기 위하여 여름작물과 겨울작물이 결합되어 있다.
⑥ 토양보호를 위하여 피복작물이 포함되어 있다.

(3) 윤작의 효과

① 지력의 유지·증강
  ㉠ 질소고정 : 클로버 같은 콩과작물은 공중질소를 고정한다.
  ㉡ 잔비량(殘肥量) 증가 : 순무 같은 다비작물을 재배하면 잔비량이 많아진다.
  ㉢ 토양구조의 개선 : 근채류·알팔파·레드클로버 등은 뿌리가 깊게 발달하여 토양의 입단 형성을 조장하여 그 구조를 좋게 한다.
  ㉣ 토양유기물 증대 : 녹비작물을 재배하면 토양유기물이 증대한다.
  ㉤ 구비(廐肥) 생산량의 증대 : 윤작으로 사료작물의 재배가 증대하면 구비의 생산이 많아져서 지력을 증진한다.

② 토양보호
  피복작물이 토양을 보호한다.

③ 기지의 회피
  윤작을 하면 기지현상이 회피된다.

④ 병충해의 경감
  연작을 하면 기지의 원인이 아닌 병충해 발생이 많아지는데, 윤작에 의해서 경감된다.

⑤ 잡초의 경감
  중경작물·피복작물은 경지의 잡초를 경감시킨다.

⑥ 수량 증대
  윤작을 하면 지력증강·기지회피·병충해 및 잡초의 경감 등에 의해서 수량이 증대한다.

⑦ 토지이용도의 향상
  여름작물과 겨울작물 또는 곡실작물과 청예작물(靑刈作物 ; 곡식의 줄기나 잎을 사료로 사용할 목적으로 재배하고 곡식이 익기 전에 베어서 생초를 그대로 또는 건초나 사일리지 형태로 이용하는 작물)을 결합시킴으로써 토지이용도를 높일 수 있다.

⑧ 노력분배의 합리화
  여러 작물을 재배하게 되면 노력의 시기적인 집중화를 경감하고, 노력분배를 시기적으로 합리화할 수 있다.

⑨ 농업경영의 안정성 증대
  여러 작물을 골고루 재배하면 자연재해나 시장변동에 의한 피해가 분산·경감되어 농업경영의 안정성이 증대한다.

4 답전윤환

(1) 답전윤환의 뜻
논을 몇 해 동안씩 담수한 논 상태와 배수한 밭 상태로 돌려가면서 재배하는 방식이다.

(2) 답전윤환의 방법
답전윤환의 최소 연수는 논 기간과 밭 기간을 각각 2~3년으로 한다.

(3) 답전윤환의 효과
① 지력증진

밭 상태 동안은 논 상태에 비하여 토양 입단화와 건토효과가 나타나며, 미량요소의 용탈이 적어지고 환원성 유해물질의 생성이 억제된다. 콩과 목초와 채소는 토양을 비옥하게 하여 지력이 증진된다.

② 기지의 회피

답전윤환은 토성을 달라지게 하며, 병원균과 선충을 경감시키고 작물의 종류도 달라져 기지현상이 회피된다.

③ 잡초의 감소

담수와 배수상태가 서로 교체되면서 잡초의 발생은 적어진다.

④ 벼 수량의 증가

밭 상태로 클로버 등을 2~3년 재배 후 벼를 재배하면 수량이 첫 해에 상당히 증가하며, 질소의 시용량도 크게 절약할 수 있다.

⑤ 노력의 절감

잡초의 발생량이 줄고 병충해 발생이 억제되면서 노력이 절감된다.

5 그 밖의 작부체계

(1) 간작(사이짓기)

① 한 가지 작물이 생육하고 있는 조간(고랑 사이)에 다른 작물을 재배하는 것을 '간작(사이짓기)'이라고 한다.
② 뽕나무밭의 조간에 콩을 간작할 때에는 뽕나무가 주작물이 되고, 콩이 간작물이 된다.
③ 간작은 두 작물이 전 생육기간 동안 함께 자라게 되며, 목적은 주작물에 큰 피해 없이 간작물을 생산하는데 있다.
④ 맥류의 조간에 콩·목화 등을 간작할 때에는 맥류가 주작물(전작물)이 되고, 콩·목화가 간작물이 된다.

심화TIP 간작의 장·단점

장 점	• 단작보다 토지이용률이 높다. • 노력의 분배 조절이 용이하다. • 주작물과 간작물의 적절한 조합으로 비료의 경제적 이용이 가능하고, 녹비에 의한 지력상승을 꾀할 수 있다. • 주작물은 간작물에 대하여 불리한 기상조건과 병충해에 대하여 보호역할을 한다. • 간작물이 조파, 조식되어야 하는 경우 이것을 가능하게 하여 수량이 증대된다.
단 점	• 간작물로 인하여 작업이 복잡하다. • 기계화가 곤란하다. • 후작의 생육장해가 발생할 수 있다. • 토양수분 부족으로 발아가 나빠질 수 있다. • 후작물로 인하여 토양비료의 부족이 발생할 수 있다.

(2) 혼작(섞어짓기)

① 생육기간이 거의 같은 두 종류 이상의 작물을 동시에 같은 포장에 섞어서 재배하는 것을 '혼작(섞어짓기)'이라고 한다.
② 콩밭에 수수나 옥수수를 일정한 간격으로 질서 있게 점점이 혼작하면 점혼작이 되며, 콩이 주작물이고, 수수·옥수수가 혼작물이다.
③ 콩밭에 수수·조 등이나 목화밭에 참깨·들깨 등을 질서 없이 혼작하면 난혼작이 된다.

심화TIP 혼작과 간작의 차이점

• 혼작 : 주로 목초류, 콩 + 수수 또는 옥수수, 콩 + 들깨, 쑥갓 + 상추
• 간작 : 보리 + 콩

(3) 교호작(번갈아짓기)

① 콩의 두 이랑에 옥수수 한 이랑씩처럼 생육기간이 비슷한 작물들을 서로 건너서 교호로 재배하는 방식을 '교호작(번갈아짓기)'이라고 한다.

② 간작에 비하면 주작물과 간작물, 전작물과 간작물의 뚜렷한 구분이 없다.

③ 교호작에 있어서도 작물들이 토양·비료·공간의 이용이나 서로의 생리·생태면에서 알맞기 때문에 각각 분리해서 재배하는 것보다도 단위면적당의 합계수량이 더욱 많을 때 의미가 있다.

(4) 주위작(둘레짓기)

① 포장의 주위에 포장 내의 작물과 다른 작물들을 재배하는 것을 '주위작(둘레짓기)'이라고 하며, 혼파의 일종이라 할 수 있다.

② 주위작은 포장 주위의 공간을 생산에 이용하는 것이 주목적이며, 근래에 권장되고 있는 논두렁콩이 대표적이다.

③ 참외·수박밭의 둘레에 옥수수·수수 등을 심으면 방풍의 효과가 있고, 경사지의 밭에 닥나무·뽕나무 등을 심으면 방풍과 토양보호의 효과가 있다.

> **심화TIP 혼파(混播)**
>
> 두 종류 이상 작물의 종자를 함께 섞어서 파종하는 방식을 의미하며, 사료작물의 재배시 화본과 종자와 콩과 종자를 섞어 파종하여 목야지를 조성하는 방법으로 널리 이용된다.
> 예 클로버 + 티머시, 베치 + 이탈리안라이그래스, 레드클로버 + 클로버 등

02 종자와 육묘

1 종자의 분류

(1) 형태상 분류
① 식물학상의 종자 : 두류·유채·담배·아마·목화·참깨·배추·무·오이·수박·고추 등
② 식물학상의 과실
  ㉠ 과실이 나출(裸出 ; 속에 있는 것이 겉으로 드러남)된 것 : 밀·쌀보리·옥수수·메밀·호프·삼·차조기·박하 등
  ㉡ 과실이 영(穎 ; 벼과식물의 잔 이삭 밑 부분에 쌍을 이룬 소형의 포엽)에 싸여 있는 것 : 벼·겉보리·귀리 등
  ㉢ 과실이 내과피에 싸여 있는 것 : 복숭아·자두·앵두 등

> **심화TIP 종자와 과실**
> - 종자 : 배주가 수정하여 자란 것
> - 과실 : 배주가 수정된 후 자방과 그 관련 기관이 비대한 것

(2) 배유의 유무에 의한 분류
① 배유종자 : 벼·보리·옥수수 등의 화본과 종자
② 무배유종자 : 콩·팥 등의 두과 종자

(3) 저장물질에 의한 분류
① 전분종자 : 벼·맥류·잡곡류 등의 화곡류
② 지방종자 : 참깨·들깨 등의 유료 종자

2 종자의 기능과 구조

(1) 종자의 기능
① 식물은 종자를 맺음으로써 영속적으로 종족을 유지할 수 있다.
② 식물이 종자를 맺는 근본적인 이유는 저온·고온·건조 등 생육이 불가능한 불량환경을 극복하기 위한 것이다.
③ 작물재배에서 종자는 더 우수한 품종을 육성하고, 이것을 효율적으로 번식시키는 중요한 수단으로 이용된다.

(2) 종자의 구조

종자는 수정에 의해서 배주가 발육한 것인데 씨껍질(종피), 씨젖(배유) 및 씨눈(배)의 세 가지로 구성되어 있다.

① 씨껍질
  ㉠ 종자를 감싸는 보호기관이며, 빛깔과 모양이 다양하다.
  ㉡ 종자발아에 필요한 각종 효소가 저장되어 있고, 생장조절물질이 함유되어 있어 발아를 촉진하기도 하고 억제하는 기능이 있다.

② 씨 젖
  ㉠ 발아에 필요한 양분이 저장되어 있다.
  ㉡ 이 저장양분은 발아 후 본잎이 생겨 독립적으로 필요한 양분을 만들어 낼 때까지 이용된다.
  ㉢ 씨젖이 없는 것은 떡잎이 잘 발달되어 있어 씨젖의 역할을 대신한다.

> **심화TIP 배유종자와 무배유종자**
>
> - **배유종자** : 배유에는 양분이 저장되어 있고, 잎·생장점·줄기·뿌리의 어린 조직이 모두 구비되어 있다. 예 가지과, 벼과, 백합과 등
> - **무배유종자** : 저장양분이 자엽에 저장되어 있고, 배는 유아·배유·유근의 세부분으로 형성되어 있어서 밀의 배처럼 잎·생장점·줄기·뿌리의 어린 조직이 구비되어 있다. 예 배추과, 박과, 콩과식물 등

③ 씨 눈
  ㉠ 씨껍질이나 씨젖의 도움을 받아 식물개체로 발달하는 기관으로 나중에 잎, 생장점, 줄기, 뿌리가 될 조직들이 모두 씨눈에 갖추어져 있다.
  ㉡ 자라서 줄기가 될 부분을 유아라 하고, 뿌리가 될 부분을 유근이라고 한다.

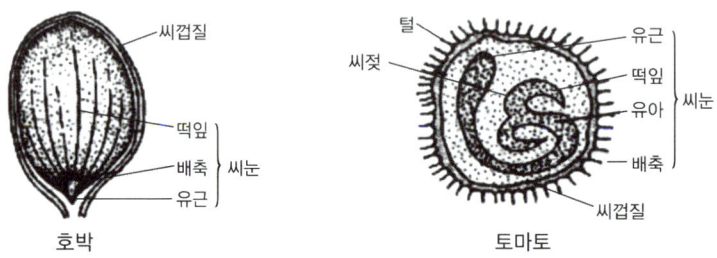

[종자의 구조]

3 종자의 품질

작물재배에서는 종자가 얼마나 좋은가를 나타내는 여러 가지 기준이 있는데, 이를 '종자의 품질'이라고 한다.

(1) 외적 조건

① 순 도
  ㉠ 종자는 순도가 높고 불순물이 포함되어 있지 않아야 종자의 품질이 향상된다.
  ㉡ 불순물에는 이형종자·잡초종자·돌·흙·이삭줄기 등이 있다.

② 크기와 중량
  ㉠ 종자는 크고 무거운 것이 충실하며, 발아·생육이 좋다.
  ㉡ 종자의 크기는 보통 1,000립 중(종자 1,000개의 무게) 또는 100립 중(종자 100개의 무게)으로 표시한다.

③ 빛깔 및 냄새
  ㉠ 품종 고유의 신선한 빛깔과 냄새를 가진 것이 건전·충실하고, 발아·생육이 양호하다.
  ㉡ 수확기에 일기가 불순하든가, 수확이 너무 빠르거나 늦든가, 저장이 잘못되든가, 병해를 입든가 하면 빛깔과 냄새가 불량해진다.

④ 수분 함량
  ㉠ 종자의 수분 함량은 대체로 낮을수록 좋다.
  ㉡ 수분 함량이 낮을수록 저장이 잘되고 발아력이 오래 유지되며, 변질·부패의 우려가 적다.

⑤ 건전도
  오염·변색·변질이 없고, 또 탈곡 중의 기계적 손상이 없는 종자가 우량하다.

(2) 내적 조건

① 유전성
  우량품종에 속하는 종자는 품종 특성이 고르게 나타나야 한다.

② 발아력
  발아율이 높고, 발아가 빠르고 균일한 것이 우량하다. 종자의 진가 또는 용가는 종자의 순도와 발아율에 의해서 결정된다.

$$\text{종자의 진가(용가)} = \frac{\text{발아율(\%)} \times \text{순도(\%)}}{100}$$

③ 병충해
- ㉠ 감자의 바이러스병, 맥류의 깜부기병 등 종자로 감염하는 병해가 많고, 밀의 선충처럼 종자로 감염되는 충해도 많다. 종자감염의 병충해를 지니지 않는 종자이어야 우량하다.
- ㉡ 바이러스병처럼 종자감염을 하면서도 종자소독으로 방제할 수 없는 병은 종자의 품질을 크게 손상한다.

> **심화TIP 종자검사와 종자보증**
> - **종자검사** : 종자의 외관적·유전적·생리적·병리적인 조건을 포장에서 생육할 때부터 종자단계에 이르기까지 엄밀히 검사하여 종자품질의 합격·불합격을 결정하는 것
> - **종자보증** : 종자검사에 의해서 품종의 진실성, 종자의 순수성, 발아율, 종자감염을 하는 병해가 없는 것, 위험한 잡초종자가 없는 것 등을 종자의 구매자에게 보증하는 제도

4 종자의 수명과 저장

(1) 정 의
종자가 형성된 후부터 발아 능력을 가지고 있는 기간을 '종자의 수명'이라고 한다.

(2) 종자의 수명에 따른 작물의 분류
① 단명종자(2년 이하) : 땅콩, 옥수수, 파, 양파, 당근, 고추, 메밀 등
② 상명종자(2~3년) : 벼, 보리, 완두, 배추, 무, 시금치, 우엉, 카네이션 등
③ 장명종자(4년 이상) : 녹두, 오이, 수박, 가지, 토마토 등

(3) 종자의 수명과 재배 조건
① 종자의 수명은 수분 함량, 저장습도, 저장온도, 통기상태 등에 따라 달라진다.
② 종자내 수분 함량이 많거나 종자를 온도와 습도가 높은 조건에서 저장하면 수명이 매우 짧아진다.
③ 종자를 저장할 때에는 잘 말려, 차고 건조한 상태로 저장하여야 수명이 오래간다.

(4) 종자의 저장 기출 제11회
① 건조저장
건조상태로 종자를 저장하면 생리적 휴면이 끝난 종자라도 휴면상태가 유지되어 수명 연장으로 발아력이 감퇴되지 않는다. 조절제로 생석회, 염화칼슘, 짚재 등이 이용된다.

② 저온저장

저온상태로 종자를 저장하면 수명을 연장시킨다. 감자의 경우 3℃로 저장하면 수년간 발아가 억제되고 발아력도 유지하는 것으로 알려져 있다.

③ 밀폐저장

건조종자를 용기에 넣고 밀폐시켜 저장하는 방법으로 소량 저장할 때 적당하다.

④ 토중저장

종자의 과숙억제, 여름 고온과 겨울 저온을 피하기 위한 저장법이다.

5 종자의 처리

종자처리는 선종 → 소독 → 침종 → 최아의 순이다.

(1) 선종(Seed Selection)

크고 충실하며 발아, 생육이 좋은 종자를 가리는 것을 '선종'이라 한다.

① 육안에 의한 선별

콩 종자 등을 상 위에 펴놓고 육안으로 굵고 건실한 종자를 고르는 것이다.

② 용적에 의한 선별

맥류 종자 등을 체로 쳐서 작은 알을 가려 제거하는 방법이다.

③ 중량에 의한 선별

키, 풍구, 선풍기 등을 이용하여 가벼운 알을 제거하는 방법이다.

④ 비중에 의한 선별

화곡류 등의 종자는 비중이 큰 것이 대체로 굵고 충실한 점을 이용하여 알맞은 비중의 용액에 종자를 담그고 가라앉는 충실한 종자만 가려내는 비중선이 널리 이용되고 있다.

⑤ 색택에 의한 선별

선별기를 이용하여 시든 종자, 퇴화 종자, 변색 종자를 가려낸다.

⑥ 기타 방법에 의한 선별

외부조직이나 액체친화성, 전기적 성질 등에 의한 물리적 특성에 차이를 두고 선별하는 방법 등이 있다.

(2) 종자소독

종자 병균 또는 선충을 없애기 위해 종자에 물리적·화학적 처리를 하는 것을 '종자소독'이라 한다.

① 화학적 소독

㉠ 침지(浸漬)소독 : 농약의 수용액에 종자를 일정시간 담그는 소독법

㉡ 분의(粉衣)소독 : 농약분을 종자에 그대로 묻게 하는 소독법

② 물리적 소독
　㉠ 냉수온탕침법
　　• 맥류 겉깜부기병 : 냉수 6~8시간 → 45~50℃의 온탕 2분 → 겉보리 53℃, 밀 54℃의 온탕 5분 → 냉수세척 후 파종
　　• 벼 선충심고병 : 냉수 24시간 → 45℃의 온탕 2분 → 52℃의 온탕 10분 → 냉수세척 후 파종
　㉡ 온탕침법
　　• 맥류 겉깜부기병에 대한 소독방법으로 보리는 물의 온도를 43℃, 밀은 45℃에서 8~10시간 정도 담근다.
　　• 고구마 검은무늬병은 45℃ 물에 30~40분 정도 담가 소독한다.
　　• 볍씨를 물 온도 60℃에서 약 10분간 담가 소독한다.
　㉢ 건열처리
　　• 곡류는 온탕침법을 많이 사용하지만, 채소종자는 건열처리가 더 일반화된 방법이다.
　　• 종자에 부착된 병균 및 바이러스를 제거하기 위해 60~80℃에서 1~7일간 처리한다.
③ 기피제 처리
　새, 동물, 쥐 등에 의한 종자의 손실을 막기 위해 종자에 화학약제를 처리한다.

(3) 침종(Seed Imbibition)
종자를 파종하기전 일정한 기간 동안 물에 담가서 발아에 필요한 수분을 흡수시키는 것을 '침종'이라 한다.
① 벼, 가지, 시금치, 수목의 종자에서 실시한다.
② 종자를 침종하면 발아가 빠르고 균일하며 발아기간 중 피해를 줄일 수 있다.
③ 수질 및 수온에 따라 침종시간은 달라진다. 수온이 낮을수록, 연수(軟水)보다는 경수(硬水)가, 침종시간이 더 길어지는 경향이 있다.
④ 침종시 수온은 낮지 않은 것이 좋고 산소가 많은 물이 좋으므로 자주 갈아주는 것이 좋다. 수온이 낮은 물에 오래 침종하면 저장양분이 유실되고 산소 부족에 의해 강낭콩, 완두, 콩, 목화, 수수 등에서는 발아장해가 유발된다.

(4) 최아(催芽)
벼, 맥류, 땅콩, 가지 등에서 발아·생육을 촉진할 목적으로 종자의 싹을 틔워 파종하는 것을 말한다.

(5) 종자의 경화
불량환경에서의 출아율을 높이기 위해 파종전 종자에 흡수·건조과정을 반복적으로 처리함으로써 초기 발아과정에서의 흡수를 조장하는 것을 말한다.

6 종자의 발아

(1) 발아(發芽)·출아(出芽) 및 맹아(萌芽)

① 발 아

종자에서 유아·유근이 출현하는 것을 '발아'라고 한다.

② 출 아

토양에 파종했을 때에 발아한 새싹이 지상으로 출현하는 것을 '출아'라고 한다.

③ 맹 아

뽕나무·아카시아 등과 같은 목본식물에서 지상부의 눈이 벌어져서 새싹이 움트거나 지하부의 새싹이 지방부로 자라나는 현상이나 또는 새싹 자체를 '맹아'라고 한다.

(2) 발아의 외적 조건

① 수 분

종자는 적당한 수분을 흡수해야 발아한다. 종자에 수분이 흡수되면 효소가 활성화하여 씨젖이나 떡잎에 저장된 양분을 분해하여 씨눈에 공급하게 된다. 발아에 필요한 종자의 수분흡수량은 종자무게에 대하여 벼는 23%, 밀은 30%, 쌀보리는 50%, 콩은 100% 정도라고 한다.

② 산 소

많은 종자들은 산소가 충분히 공급되어 호기호흡이 잘 이루어져야 발아가 잘되지만, 벼 종자처럼 산소가 없을 경우에는 무기호흡에 의하여 발아에 필요한 에너지를 얻을 수 있는 것도 있다. 산소가 부족하게 되면 어린뿌리의 생장이 나빠지고, 눈이 웃자라 연약하게 된다.

③ 온 도

발아 중의 생리활동도 온도에 크게 지배된다. 발아의 최저온도는 0~10℃, 최적온도는 20~30℃, 최고온도는 35~50℃인데, 저온작물은 고온작물에 비하여 발아온도가 낮다.

④ 빛

빛은 식물의 종류에 따라 발아에 영향을 준다. 광선 아래에서 발아가 잘되느냐 못되느냐 또는 변함이 없느냐에 따라서 종자가 다음과 같이 분류된다.

㉠ <u>호광성 종자</u> : 담배·상추·피튜니아·베고니아·금어초·잡초종자·대부분의 목초종자
㉡ <u>혐광성 종자</u> : 토마토·가지·오이·호박·대부분의 백합과 식물 등
㉢ <u>광 무관계 종자</u> : 화곡류·옥수수·콩과식물 등

(3) 발아과정
    ① 종자의 발아순서
       물의 흡수 → 효소의 활성 → 씨눈의 생장개시 → 껍질의 열림 → 어린싹, 어린뿌리의 출현
    ② 지상 발아
       콩이나 소나무 등의 종자처럼 발아 중에 떡잎이 땅 위로 나와 발아하는 것이다.
    ③ 지하 발아
       완두나 대부분의 화본과 식물의 종자처럼 발아 중에 떡잎이나 떡잎처럼 양분을 저장하고 있는 기관이 지하에 남아 발아하는 것이다.

(4) 발아조사
    ① 발아율
       발아율은 파종된 총 종자개체수에 대한 발아종자개체수의 비율(%)이다.

    $$발아율(\%) = \frac{발아한\ 종자수}{사용된\ 종자수} \times 100$$

    ② 발아세(發芽勢)
       발아세는 일정한 시일 내의 발아율을 말한다.

    $$발아세(\%) = \frac{예정일수\ 내에\ 발아한\ 종자수}{사용된\ 종자수} \times 100$$

    ③ 발아시(發芽始)
       발아시는 파종된 종자 중에서 최초의 1개체가 발아한 날이다.
    ④ 발아기
       발아기는 전체 종자수의 약 50%가 발아한 날이다.
    ⑤ 발아전(發芽揃)
       발아전은 종자의 대부분(80% 이상)이 발아한 날이다.
    ⑥ 발아일수
       발아일수는 파종기부터 발아기까지의 일수이다.
    ⑦ 발아기간
       발아시부터 발아전까지의 일수이다. 또는 발아일수와 동의어로 사용될 경우도 있다.
    ⑧ 평균발아일수
       평균발아일수는 모든 종자의 평균적인 발아일수의 표시이며, 다음과 같이 계산된다.

    $$평균발아일수 = \frac{(파종일부터의\ 일수 \times 그날의\ 발아개체수)의\ 합계}{발아총개체수}$$

⑨ 발아속도
    종자를 파종한 후 경과일수에 따라 발아되는 속도를 말한다.
⑩ 발아속도지수
    발아율과 발아속도를 동시에 고려하여 발아속도를 지수로 표시한 것이다.

(5) 종자발아력의 간이 검정법

① 테트라졸륨법
　㉠ 종자를 8~18시간 물에 침지해 배를 분리하고 1%의 TTC(2,3,5-Triphenyl Tetrazolium Chloride) 용액에 첨가해 40℃에서 2시간 반응시킨다.
　㉡ 배의 환원력에 의해 발아력이 강한 종자는 배·유아의 단면이 전면 적색으로 염색한다.
② 구아이아콜법
　㉠ 종자의 배 및 배유부를 종단해 1%의 구아이아콜 수용액 한 방울을 가하고, 다시 1.5%의 과산화수소액을 한 방울 가한다.
　㉡ 죽은 종자는 착색되지 않고 발아력이 강한 종자는 배 및 배유의 단면이 갈색으로 착색된다.
③ 전기전도율 검사법
　㉠ 기계를 사용하여 종자의 개별적 전기전도율을 측정하는 방법으로 세력이 낮거나 퇴화된 종자를 물에 담그면 세포내 물질이 침출되어 나오는데, 이들이 지닌 전하를 전기전도계로 측정한 값으로 발아력을 측정하는 방법이다.
　㉡ 완두, 콩 등에서 많이 이용되며, 전기전도도가 높으면 활력이 낮은 것이다.

7 종자의 휴면

(1) 휴면의 의미
성숙한 종자가 적당한 발아조건을 주어도 일정 기간 동안 발아하지 않는 상태를 '휴면'이라고 한다. 휴면은 생육의 일시적인 정지상태라고 볼 수 있다.

(2) 휴면의 형태

① 자발적 휴면
종자·겨울눈·비늘줄기·덩이줄기·덩이뿌리·구근경 등은 외적 조건이 생육에 부적당하지 않을 때에도 내적 원인에 의해서 휴면을 하는데, 이것을 '자발적 휴면'이라고 한다.
② 타발적 휴면(강제 휴면)
토양 중의 잡초종자는 광선과 산소의 부족으로 휴면상태를 지속하는데, 이와 같이 외적 조건이 부적당하기 때문에 유발되는 휴면을 '타발적 휴면' 또는 '강제 휴면'이라고 한다.

(3) 휴면의 원인

① 경 실

종피가 수분의 투과를 저해하기 때문에 장기간(수개월~수개년) 발아하지 않는 종자를 '경실'이라고 한다. 콩과작물(화이트클로버·레드클로버·알팔파·자운영 등)에는 경실이 많다.

② 종피의 산소흡수 저해

귀리·보리 등에서는 종피의 불투기성 때문에 산소흡수가 저해되고, 또 이산화탄소가 축적되어 발아를 하지 못하고 휴면한다.

③ 종피의 불투수성

고구마, 연, 오크라, 콩과작물, 화본과 목초 등 경실종자 휴면의 주원인은 종피의 불투수성이다.

④ 종피의 기계적 저항

잡초의 종자에는 흡수를 하더라도 종피의 기계적 저항으로 말미암아 배가 함수상태로 휴면하는 일이 있다.

⑤ 배의 미숙

미나리아재비·장미과식물 등에서는 종자가 모주(母株)를 이탈할 때 배가 미숙상태여서 발아를 하지 못한다. 수주일 또는 수개월 경과하면 배가 완전히 발육하고, 또 필요한 생리적 변화를 완성하여 발아할 수 있게 되는데, 이 과정을 '후숙'이라고 한다.

⑥ 발아억제물질

벼 종자의 휴면의 원인은 발아억제물질 때문이며, 이 물질은 물에 녹는다. 순무종자의 휴면도 과피에 있는 발아억제물질 때문이며, 종자를 물에 잘 씻거나 과피를 제거하면 발아한다.

※ 종자나 눈이 휴면에 들어가면서 증가하는 식물호르몬은 아브시스산(abscisic acid)이다. [기출] 제6회, 제9회

⑦ 배휴면(胚休眠)

형태적으로는 종자가 완전히 발달하였으나 발아에 필요한 외적조건이 충족되어도 발아하지 않는 경우로, 이는 배 자체의 생리적 원인에 의해 발생하는 휴면으로 '생리적 휴면'이라고도 한다.

> **심화TIP 제2차 휴면**
>
> 휴면하지 않고 있는 종자라도 발아에 불리한 환경조건(고온·저온·습윤·암흑·산소부족 등)에 장기간 보존되면 그 뒤에는 적당한 조건에 옮기더라도 발아하지 않고 휴면상태를 유지하는 경우가 있는데, 이것을 '제2차 휴면'이라고 한다.

(4) 휴면타파와 발아촉진

① 물리적 휴면타파 방법 [기출] 제4회

㉠ 기계적 처리에 의한 방법 : 작으면서 껍질이 두꺼운 종자는 모래와 섞어 마찰시켜 껍질에 기계적인 상처를 주거나 핵과류의 경우에는 핵층을 파괴하여 수분흡수를 돕고, 발아를 균일하게 한다. 고구마종자는 씨눈의 반대편에 상처를 내어 파종을 하기도 한다.

ⓒ 온도처리에 의한 방법 : 장미·상추·알팔파 종자는 저온처리에 의해 휴면이 타파되고, 야자류처럼 껍질이 단단해 발아가 곤란한 경우에는 75~80℃의 온탕 속에 담근 후 파종한다.
ⓒ 수세 및 침지에 의한 방법 : 당근이나 우엉처럼 씨껍질에 발아억제물질이 존재하는 경우에는 종자를 물에 잘 씻어 파종하면 발아가 잘된다. 작은 종자는 물에 1~1.5일, 핵과류처럼 큰 종자는 4~5일 정도 담근 후 파종하면 발아율을 높이고 발아를 균일하게 할 수 있다.

> **심화TIP 경실의 휴면타파법**
> - 종피파상법 : 종피에 상처를 내서 파종
> - 진한 황산처리 : 연(蓮, 5시간), 고구마(1시간), 화이트클로버(30분), 감자(20분), 목화(5분)
> - 온도처리 : 저온처리, 고온처리, 습열처리, 변온처리
> - 진탕처리
> - 질산염처리

② 화학적 휴면타파 방법
  ㉠ 화학약품에 의한 방법
    ⓐ 껍질이 단단(오크라종자)하거나 털이 많은(목화종자) 종자는 진한 황산에 잠깐 담가 껍질의 털 또는 일부를 제거한 후 물에 씻어 파종한다.
    ⓑ 화본과 목초종자는 질산염 0.1~0.2% 수용액에 처리하면 발아가 촉진된다.
    ⓒ 염산, 수산화나트륨, 알코올, 과산화수소 등이 이용된다.
  ㉡ 생장조절제에 의한 방법 : 양상추, 담배 등의 호광성 종자는 지베렐린 수용액에 담근 후 파종하면 발아가 촉진되며, 시토키닌 및 에스렐수용액도 양상추, 땅콩 등의 발아를 촉진하는데 이용한다. 질산염은 화본과 목초에서 발아를 촉진하며, 벼 종자에도 유효하다.

(5) 휴면연장과 발아억제

① 온도조절
  발아를 하지 못하고 동결도 하지 않는 저온에 저장한다. 감자는 0~4℃, 양파는 1℃ 내외로 저장한다.

② 약제처리
  ㉠ 감자 : 수확 4~6주 전에 1,000~2,000ppm의 MH-30 수용액을 경엽에 살포한다. 수확 후 저장 당시 TCNB(Tetrachloro-Nitrobenzene) 6% 분제를 감자 180L당 450g 비율로 분의해서 저장한다.
  ㉡ 양파 : 수확 15일쯤 전에 3,000ppm의 MH 수용액을 잎에 살포한다. 수확 당일 MH 0.25%액에 하반부를 48시간 침지한다.

③ 감마(γ)선 조사
  감자·당근·양파·밤 등은 감마선 조사에 의해서 발아가 억제된다.

8. 종자의 퇴화

(1) 정 의
종자의 퇴화란 생산력이 우수하던 종자가 재배연수를 경과하는 동안에 생산력이 떨어지고 품질이 나빠지는 현상을 말한다.

(2) 종자퇴화의 원인과 대책
① 유전적 퇴화
집단의 유전적 조성이 불리한 방향으로 변화되어 품종의 균일성 및 성능이 저하되는 것을 말한다.
　㉠ 원인 : 돌연변이, 자연교잡, 이형종자의 기계적 혼입, 미고정형질의 분리, 자식약세, 근교약세, 역도태 등
　㉡ 방지대책
　　ⓐ 자연교잡 : 격리재배를 함으로써 방지할 수 있다. 옥수수 400~500m 이상, 호밀 250~300m 이상, 참깨 및 들깨 500m 이상으로 다른 품종과 격리재배한다.
　　ⓑ 이형종자의 기계적 혼입 : 이형주의 식별이 용이한 출수~성숙기의 시기에 이형주를 철저히 도태시키고 퇴비, 낙수나 수확, 탈곡, 보관시 이형종자의 기계적 혼입을 방지한다.

② 생리적 퇴화
환경조건이나 재배조건이 불량한 곳에서 채종한 종자는 유전성의 변화가 없을지라도 생산력이 저하된다.
　㉠ 원인 : 토양, 기상, 생물환경 등의 재배환경 및 재배조건 등
　㉡ 방지대책
　　ⓐ 적절한 채종지의 선택
　　　• 감자 : 생육기간이 짧고 기온이 높은 평지에서 생산된 씨감자는 충실하지 못하다. 즉 평지 씨감자의 경우 고랭지 씨감자에 비해 생리적으로 불량하므로 고랭지에서 채종해야 하며, 평지에서 씨감자의 재배는 가을재배로 퇴화를 경감시킬 수 있다.
　　　• 콩 : 서늘한 지역의 수분이 넉넉한 토양에서 채종하면 충실한 종자를 생산할 수 있다.
　　　• 벼 종자 : 평야지보다 분지에서 생산된 것이 좋다.
　　ⓑ 재배 조건의 개선 : 재배시기 조절, 비배관리 개선, 착과수 제한, 종자의 선별 등을 통해 퇴화를 방지할 수 있다.

③ 병리적 퇴화
　㉠ 원인 : 발병조건지에서 그 작물을 계속해 재배하면 종자감염을 하는 병해충이 만연해 종자가 퇴화한다. 예 감자의 바이러스병, 맥류 깜부기병 등
　㉡ 방지대책 : 무병지 채종, 종자소독, 병해의 발생방제, 약제살포, 이형주의 도태, 종자검정 등이 필요하다.

9 육 묘

(1) 육묘의 정의
육묘란 종자를 경작지에 직접 뿌리지 않고 뿌리가 있는 어린작물을 일정기간 시설 등에서 생육시키는 것을 말한다.

(2) 육묘의 필요성 기출 제3회, 제5회, 제7회, 제9회, 제10회

① 직파가 불리할 경우
   딸기·고구마·과수 등의 재배에 유리하다.

② 증 수
   과채류·벼·콩·맥류 등에서는 직파하는 것보다 육묘이식을 하는 것이 생육이 조장되어 증수한다.

③ 조기수확
   과채류 등에서는 조기에 육묘해서 이식하면 수확기가 빨라져서 유리하다.

④ 토지이용도의 증대
   벼에서 육묘이식을 하면 벼·맥류 등의 1년 2작이 가능하나 벼를 직파 재배하면 벼 단작에 그치게 된다. 채소에서도 육묘이식에 의해서 토지이용도를 높일 수 있다.

⑤ 재해방지
   육묘이식을 하면 직파하는 것보다 집약관리가 가능하여 병충해·한해·냉해 등을 방지하기가 쉽다. 벼에서는 도복이 경감되고, 감자의 가을재배에서는 고온장해가 방지된다.

⑥ 용수절약
   벼에서는 못자리기간 동안의 본답용수가 절약될 수 있다.

⑦ 노력절감
   직파해서 처음부터 넓은 본포에서 관리하는 것보다 중경제초 등에 소요되는 노력이 절감된다.

⑧ 추대방지
   봄 결구배추를 보온육묘해서 이식하면 직파할 때 포장에서 냉온의 시기에 저온 감응하여 추대하고 결구하지 못하는 현상을 방지할 수 있다.

⑨ 종자절약
   직파하는 것보다 종자량이 적게 들며, 비싼 종자일 경우에는 특히 유리하다.

(3) 묘상의 종류
시설을 갖추어 육묘하는 곳을 '묘상'이라고 하는데 벼농사의 경우에는 묘상을 '못자리'라고 부르며, 수목의 묘목을 기르는 곳은 '묘포'라고 한다.

(4) 묘상의 설치 장소
① 본포에서 멀지 않은 곳
② 집에서 멀지 않아 관리가 편리한 곳
③ 관개수를 얻기가 편리한 곳
④ 방풍이 되어 강한 바람을 막아주는 곳
⑤ 배수가 잘되거나(온상), 오수·냉수가 침입하지 않은 곳(못자리)
⑥ 동물·병충의 피해가 없는 곳
⑦ 지력이 너무 비옥하거나 척박하지 않은 곳

(5) 묘상의 구조와 설비
① 못자리 및 노지상
  ㉠ 지력이 양호한 곳을 골라 제바닥에 파종상을 만들고 파종한다.
  ㉡ 배수·토양통기·관리 등의 여러 면을 참작해서 폭 1.2m 정도로 하는 경우가 많다.
  ㉢ 파종상에 비닐이나 폴리에틸렌필름을 덮으면 보온모판이 된다.
② 온상(溫床)
  온상구덩이를 파서 둘레에 온상틀을 설치하고, 양열재료와 상토를 넣고 온상창과 피복물을 덮어서 보온한다.
③ 냉상(冷床)
  양열재료 대신에 단열재료를 넣는 이외에는 구조와 설비가 온상과 거의 같다. 단열재료는 상토의 열이 발산되지 않게 하는 것이며, 짚·왕겨 등을 상토 밑에 10cm 정도 넣는다.

(6) 묘상관리
① 파 종
  작물에 따라서 적기에 알맞은 방법으로 파종한다.
② 시 비
  밑거름을 충분히 주고 자라는 모양에 따라서 웃거름을 준다.
③ 온도조절
  지나친 고온과 저온이 되지 않게 특히 조심해야 한다.

④ 관 수
과습도 나쁘지만, 생육성기에는 건조하기 쉬우므로 관수를 충분히 해주어야 한다.

⑤ 제초 및 솎기
잡초의 발생시 제초를 하며, 알맞은 생육간격이 되도록 적당히 솎아야 한다.

⑥ 병충해방제
상토소독과 농약살포로 병충해를 방지한다.

⑦ 경화(순화) 기출 제7회, 제8회
생육성기 이후, 특히 이식기에 가까워지면 직사광과 외부 냉온에 서서히 순화시켜 모가 경화한 다음에 정식하는 것이 좋다.

심화TIP 육묘용 상토의 조건 기출 제8회

- 경량 상토로서 비중이 작고 비열이 높을 것
- 값이 싸고 병충해가 없는 무균상태일 것
- 유기물 함량이 높고 분해가 물리·화학적으로 안정되어 있을 것
- 보수성과 통기성이 적당할 것
- 작은 용기에 배지를 충분히 충전할 수 있으며, 자체의 결합력을 갖출 것

03 정지 · 파종 및 이식

1 정지(整地)

(1) 정지의 개념
토양의 이화학적 성질을 작물의 생육에 알맞은 상태로 조성하기 위하여 파종이나 이식(또는 이앙)에 앞서 경운기나 트랙터 뒤에 로터베이터를 달고 갈아놓은 흙을 잘게 부수고 땅을 편평하게 고르는 작업을 '정지'라 하며 경운, 이랑만들기, 쇄토 및 진압이 포함된다.

(2) 경운(耕耘)
① 경운(땅갈기)의 의미
작물을 재배하기 위하여 경운기나 트랙터, 관리기 등에 쟁기를 부착하여 경작지를 가는 것을 '경운(耕耘)' 또는 '땅갈기'라 한다.

② 경운의 필요성
㉠ 토양물리성 개선 : 땅을 갈면 토양입자 내에 공기가 잘 통하게 되며, 토양미생물의 활동을 증대시키고, 작물 뿌리의 발달이 잘 이루어져 결과적으로 토양의 물리성이 양호해진다.
㉡ 파종 및 옮겨심기 작업이 쉬움 : 싹을 키워 모종을 옮겨 심을 때 땅을 갈아 흙을 부드럽게 만들면 작업이 쉽다.
㉢ 토양수분 유지에 유리 : 땅을 갈면 땅속 깊이까지 물이 스며들어 수분을 잘 유지시킬 수 있을 뿐만 아니라, 수분이 과다할 때에도 갈아놓은 땅은 표면적이 커서 촉진하여 수분조절작용에도 유리하다.
㉣ 잡초발생 억제 : 땅을 갈아엎으면 이미 싹이 난 잡초를 죽일 수 있으며, 표면 가까이 있던 잡초종자를 땅속에 묻히게 하여 잡초 발생을 억제한다.
㉤ 해충발생 억제 : 땅속에 숨은 해충의 유충이나 애벌레, 성충 등을 표층으로 노출시켜 서식환경을 파괴하여 해충을 죽이거나 밀도를 낮출 수 있다.
㉥ 토양유실 경감 : 땅을 갈면 표면 토양이 유실되는 양이 줄어들게 된다.
㉦ 비료, 농약의 사용 효과 개선 : 퇴비나 남아 있던 수확한 작물의 잎줄기를 땅속에 묻어 이를 이용할 수 있다. 또 비가 오면 비료나 농약이 빗물로 씻겨 내려갈 염려가 적어져 이용효율이 커진다.

(3) 경운과 무경운
① 경운의 시기
㉠ 일반적으로 작물을 수확한 직후 또는 가을에 땅을 가는 경우가 많다.
㉡ 미리 갈면 다음 작물 씨뿌림까지의 기간 동안 토양 내의 유기물이 잘 썩게 되며, 겨울을 거치면서 그 속에 있던 해충에 대한 방제효과도 커진다.

ⓒ 씨뿌리기나 옮겨심기를 하기 직전에 땅을 갈고 땅고르기를 하면 수분증발량이 적어 싹트기와 씨뿌리기에 유리하다.
② 경운의 깊이
　㉠ 쟁기로 갈면 9~12cm의 천경이 되기 쉬우나 트랙터로 갈면 20cm 이상의 심경이 가능하다. 심경을 한 그 해에는 심토가 많이 갈려 올라와 작물생육에 불리하므로, 비료 특히 유기물을 많이 시비하여야 한다.
　㉡ 누수가 심한 사력토나 벼의 만식재배와 같은 경우에는 심경이 도리어 해롭다.
③ 무경운
　㉠ 무경운을 하면 일찍 파종할 수 있고 노력이 절약된다.
　㉡ 장기적으로 볼 때 무경운은 토양의 생태계에 유리하며, 특히 땅속의 유익한 생물들의 환경을 파괴하지 않으므로 이들의 번식에도 도움이 된다.
　㉢ 무경운을 할 토양에는 수확 후 작물의 잎줄기가 많이 남아 있는 것이 좋다.
　㉣ 물빠짐이 좋은 토양이어야 하며, 발생되는 잡초의 종류나 제초제에 대한 사전지식이 있어야 한다.
　㉤ 토성에 적합한 파종기계가 확보되어야 한다.

(4) 작휴(이랑만들기) 기출 제2회
① 개 념
　㉠ 작물이 심긴 부분과 심기지 않은 부분이 규칙적으로 반복될 때 이 반복되는 1단위를 '이랑(畦部)'이라 한다.
　㉡ 이랑이 평평하지 않고 기복이 있을 때에는 융기부를 '이랑(畦部)'이라 하고, 함몰부를 '고랑' 또는 '골'이라고 한다.
② 이랑을 만드는 이유
　㉠ 이랑만들기는 작물의 종류와 재배법에 따라 너비와 높이, 그리고 모양이 매우 다양하다.
　㉡ 이랑을 만들어 주면 물빠짐이 좋아 습해를 줄일 수 있으며, 토양 내의 공기 유통이 좋아진다.
　㉢ 고랑이 통로 역할을 하여 제초 작업이나 작물의 수확 등 재배 관리면에서도 편리하다.
③ 작휴법의 종류
　이랑만들기는 관리기나 트랙터에 이랑을 만드는 기계(휴립기)를 부착하여 만들거나 소규모의 경작지일 경우에는 줄자와 괭이, 삽, 레이크 등을 이용하여 사람이 직접 만들기도 한다.
　㉠ 평휴법
　　ⓐ 이랑을 평평하게 하여 이랑과 고랑의 높이를 같게 하는 방식이다.
　　ⓑ 건조해와 습해가 동시에 완화되며, 채소·밭벼에서 실시한다.
　㉡ 휴립법 : 이랑을 세워서 고랑을 낮게 하는 방식이다.
　　ⓐ 휴립구파법 : 이랑을 세우고 낮은 골에 파종하는 방식으로 맥류의 한해(旱害)와 동해(凍害) 방지, 감자의 발아촉진 및 배토를 위해 실시한다.
　　ⓑ 휴립휴파법 : 이랑을 세우고 이랑에 파종하는 방식으로 고구마는 이랑을 높게 세우고 조·콩 등은 이랑을 비교적 낮게 세운다. 이랑에 재배하면 배수와 토양의 통기가 좋다.

ⓒ 성휴법 : 이랑을 보통보다 넓고 크게 만드는 방식이다. 파종이 편리하고 생육초기 건조해와 장마철 습해를 막을 수 있다.

(5) 멀칭(Mulching) 기출 제2회, 제7회
① 이랑만들기가 끝나면 두둑 위에 플라스틱필름, 짚, 풀, 종이 등으로 토양의 표면을 덮어 준다.
② 멀칭을 하면 지온조절, 토양건조예방, 토양유실방지, 비료성분 유실방지, 잡초발생 억제 효과가 있다.

(6) 쇄토(碎土)
① 경운한 토양의 흙덩이를 곱게 부수고 지면을 평평하게 고르는 작업을 말한다.
② 알맞은 쇄토는 파종 및 이식작업을 쉽게 하고 발아 및 생육을 좋아지게 한다.
③ 논에서는 경운한 다음 물을 대고 써레로 흙덩이를 곱게 부수는데, 이 작업을 '써레질'이라 한다.

2 파종(播種)

(1) 파종의 개념
종자를 흙 속에 뿌리는 것을 '파종'이라 한다. 파종된 종자가 발아하려면 발아 최저온도 이상이고, 토양수분도 필요 수준 이상이어야 한다.

(2) 파종의 시기
파종의 실제 시기는 작물의 종류 및 품종, 재배지역, 작부체계, 재해회피, 토양조건, 출하기 등에 따라 결정된다.
① 작물의 종류
  ㉠ 작물에 따라 환경에 대한 적응 특성과 생리적 특성이 다르므로 파종적기도 각기 다르다.
  ㉡ 보리는 추운기간을 거쳐야 이삭이 형성되므로 가을에 파종하고, 감자나 완두는 서늘한 조건에서 잘 자라므로 이른 봄이나 초가을에 파종한다.
② 작물의 품종
  추파맥류에서 추파성 정도가 높은 품종은 조파하는 것이 좋으나, 추파성 정도가 낮은 품종은 다소 만파하는 것이 좋다.
③ 재배지역
  ㉠ 같은 작물도 중부지방과 남부지방 또는 평야지와 산간지에 따라 파종시기가 다르다.
  ㉡ 예년보다 기온이 낮으면 파종시기를 늦추어야 하며, 병이나 해충의 발생이 많은 시기를 피하기 위해서도 파종시기를 조절해야 한다.

④ 작부체계
　㉠ 콩·고구마를 단작할 때에는 5월에 심지만, 맥후작으로 할 때에는 6월 하순에 심는다.
　㉡ 벼 1모작을 할 때에는 5월 중순~6월 상순에 이앙하나, 맥류와 2모작을 할 때에는 6월 하순~7월 상순에 이앙한다.

⑤ 재해회피
　㉠ 벼는 냉해, 풍해의 회피를 위해 조식조파한다.
　㉡ 해충 피해 회피를 목적으로 파종기를 조절하기도 한다.
　㉢ 하천부지에 위치한 포장에서 채소류의 재배는 수해의 회피를 목적으로 홍수기 이후 파종한다.
　㉣ 봄채소는 조파하면 한해(旱害)가 경감된다.

⑥ 토양조건
　㉠ 토양이 건조하면 파종 후 발아가 불량하므로 적당한 토양수분 상태가 되었을 때 파종하며 과습한 경우는 정지, 파종작업이 곤란하므로 파종이 지연된다.
　㉡ 벼의 천수답 이앙시기는 강우가 절대적으로 지배한다.

⑦ 출하기 및 토지이용성
　㉠ 농산물의 시장가격이 시기별로 다를 경우 가장 높은 수익을 얻기 위해서는 그 출하시기를 맞추어 파종시기를 조절해야 한다.
　㉡ 1년에 한 가지 작물만 심을 경우, 겨울작물과 여름작물을 이어서 재배할 경우, 여름철 동안 두 가지 작물을 이어서 재배할 경우 등에 따라 파종시기가 달라진다.

⑧ 파종 한계기
　㉠ 파종 한계기 이전에는 파종을 마쳐야 한다.
　㉡ 높은 수량을 얻기 위해서는 가급적 생육기간을 충분히 주는 것이 유리하므로 발아나 초기생육 지연 등의 장애가 나타나지 않는 범위에서 최대한 일찍 심는 것이 좋다.

[주요 작물의 파종적기]

작 물	지 역	파종적기	비 고
벼	중부지방	5월 초순~중순	평야지, 기계이앙
보리	남부지방	10월 중순~하순	평야지
옥수수	강원도 중부지방	4월 하순~5월 상순 4월 중순~하순	산간지 평야지
콩	중부지방 남부지방	5월 상순~5월 중순 6월 중순~하순	평야지, 단작 평야지, 이모작
고구마	남부지방	5월 상순~중순	평야지
감자	중부지방 남부지방	4월 중순~하순 3월 상순~중순	산간지, 여름재배 평야지, 봄재배

※ 벼는 모내기, 고구마는 싹심는 시기, 감자는 씨감자 심는 시기임

⑨ 보유시설과 장비
  ㉠ 온도를 조절할 수 있는 온실이나 하우스를 이용할 경우와 노지 재배할 경우에도 각각 파종시기가 달라진다.
  ㉡ 농기계를 보유한 경우와 인력이나 농기구를 이용할 경우에도 작업의 진행속도에 큰 차이가 있으므로 이를 고려해야 한다.

(3) 파종양식

① 산파(散播)
  ㉠ 산파(흩어뿌림)는 논밭 전체에 종자를 흩어 뿌리는 방법이며, 노력이 적게 든다.
  ㉡ 목초·자운영 등의 작물에 적용된다.
  ㉢ 산파하면 제초 등의 관리 작업이 불편하다.

② 조파(條播) 기출 제10회
  ㉠ 조파(줄뿌림)는 종자를 줄지어 뿌리는 방법이며, 맥류처럼 개체가 차지하는 평면공간이 넓지 않은 작물에 적용된다.
  ㉡ 골 사이가 비어 있으므로 수분·양분의 공급이 좋고 통풍·통광도 좋으며, 관리 작업에도 편리하여 생육이 건실하다.

③ 점파(點播)
  ㉠ 점파(점뿌림)는 일정한 간격을 두고 종자를 1~2알씩 띄엄띄엄 파종하는 방식이며, 두류·감자 등과 같이 개체가 평면공간으로 상당히 퍼지는 작물에 적용된다.
  ㉡ 노력은 다소 많이 들지만, 건실하고 균일한 생육을 하게 된다.

④ 적파(摘播)
  ㉠ 적파는 점파를 할 때 한 곳에 여러 개의 종자를 파종할 경우를 말한다.
  ㉡ 목초·맥류 등과 같이 개체가 평면으로 좁게 퍼지는 작물을 집약적으로 재배할 때 적용되는 경우가 있다.
  ㉢ 조파나 산파를 하는 것보다는 노력이 많이 들지만, 수분·비료분·수광·통풍 등의 환경조건이 좋아지므로 생육이 더욱 건실하고 양호해진다.

(4) 파종량

수량·품질을 최상으로 보장하는 파종량이 가장 알맞다.

① 파종량이 적을 때
  ㉠ 수량이 감소한다.
  ㉡ 잡초의 발생이 많다.
  ㉢ 토양의 수분과 비료분의 이용도가 낮아진다.
  ㉣ 성숙이 늦어진다.
  ㉤ 품질이 저하할 우려가 있다.

② 파종량이 많을 때
　　㉠ 너무 번성해서 수광태세가 나빠진다.
　　㉡ 식물체가 연약해져서 도복·병충해·한해(旱害)가 조장된다.
　　㉢ 수량·품질이 저하된다.

> **심화TIP** 파종량을 결정할 때 고려해야 할 조건
>
> - **작물의 종류** : 작물의 종류에 따라서 재식밀도와 종자의 크기가 크게 다르므로, 파종량은 1차적으로는 작물의 종류에 따라 지배된다.
> - **종자의 크기** : 밀·콩·옥수수 등에서는 품종에 따라서 종자의 크기가 몇 배까지 차이가 나므로 이에 따라서 파종량도 조절해야 한다. 감자에서는 품종이 같더라도 씨감자의 크기에 큰 차이가 생기기 쉬우며, 큰 씨감자를 쓸수록 파종량이 많아진다.
> - **파종기** : 파종기가 늦어질수록 대체로 모든 작물이 개체의 발육도가 작아지므로 파종량을 늘리는 것이 알맞다.
> - **재배지역** : 맥류에서는 남부보다 중부에서 개체의 발육도가 낮으므로 파종량을 늘린다. 감자에서는 산간지보다 평야지에서 개체의 발육도가 낮으므로 파종량을 늘린다.
> - **재배법** : 맥류에서는 조파할 경우보다 산파할 경우에 파종량을 늘리고, 콩·조 등에서는 단작할 경우보다 맥후작의 경우에 파종량을 늘린다.
> - **토양 및 시비** : 토양이 척박하고 시비량이 적을 때에는 파종량을 다소 늘리는 것이 유리하다. 토양이 비옥하고 시비량도 많을 때에 다수확을 꾀하려면 역시 파종량을 늘려야 한다.
> - **종자의 조건** : 병충해가 심하거나, 경실이 많이 포함되어 있거나, 쭉정이나 협잡물이 많이 섞이거나, 발아력이 감퇴하였거나 하면 파종량을 늘리도록 한다.

(5) 파종깊이

씨앗의 크기, 싹트는 습성, 토양상태, 기후 등을 감안하여 조절해야 한다.
① 작은 씨앗은 얕게 심는다. 씨앗이 작으면 저장양분이 적어서 땅 위로 자라 나오기 전에 말라죽고, 땅 위로 나왔더라도 생육이 좋지 않다.
② 싹트기 습성에 따라 깊이를 조절한다. 떡잎을 땅 위로 밀어내는 지상 자엽향 식물은 깊게 심으면 안 되고 싹트기에 빛이 필요한 광발아종자는 깊게 심으면 싹이 잘 트지 않는다.
③ 토양상태에 따라 습한 토양에서는 얕게, 건조한 토양에는 깊게 심는다. 점질토양에서는 얕게, 사질토양에서는 깊게 심는다.
④ 지표면에 가까울수록 온도의 변화가 심하므로 덥거나 추운 곳에서는 깊게 심어야 저온 피해나 고온 피해를 피할 수 있다.

[작물별 파종깊이]

작 물	파종깊이(cm)	작 물	파종깊이(cm)	작 물	파종깊이(cm)
밀	2~4	수수	3~4	감자	5~9
귀리	2~4	완두	3~4	옥수수	3~5
보리	2~4	콩	2~4	땅콩	2~7

(6) 파종절차

> 작조 → 시비 → 간토 → 파종 → 복토 → 진압 → 관수

① **작조(作條, 골타기)**
　㉠ 작조는 파종을 할 때에 종자를 뿌리는 골을 만드는 것이다.
　㉡ 점파에서는 작조 대신에 구덩이를 만들어 뿌리기도 한다.
　㉢ 산파·부정지파(파종시 경운을 하지 않고 파종하는 것)에서는 작조를 하지 않는다.

② **시 비**
　작조한 곳이나 포장 전면에 비료를 뿌린다.

③ **간토(비료 섞기)**
　㉠ 간토는 비료를 준 위에 약간 흙을 넣어서 종자가 비료에 직접 닿지 않게 하는 것이다.
　㉡ 간토 대신에 준 비료를 흙속에 혼합시키는 일이 많고, 때로는 비료를 준 위에 직접 종자를 뿌리는 경우도 있다.

④ **파 종**
　파종은 종자를 직접 토양에 뿌리는 것이다.

⑤ **복 토**
　㉠ 복토는 뿌린 종자 위에 흙을 덮는 것이다.
　㉡ 복토는 종자의 발아에 필요한 수분의 보존, 조수에 의한 해, 파종 종자의 이동을 막을 수 있다.
　㉢ 종자가 잘고, 호광성인 상추·담배·목초 등은 종자가 보이지 않을 정도로 낮게 복토한다.
　㉣ 토양이 가볍고 건조하거나 동·상해의 우려가 있으면 깊게 복토하고, 토양이 질고 무거우면 얕게 복토하는 것이 좋다.

⑥ **진 압**
　㉠ 진압은 파종을 하고 복토의 전이나 후에 종자 위를 가압하는 것을 말하는데, 발아를 조장할 목적으로 실시된다.
　㉡ 진압하면 토양이 긴밀해지고 종자가 이런 토양에 밀착되므로, 지하수가 모관상승하여 종자에 흡수되는데 알맞게 되어 발아가 조장된다.
　㉢ 경사지나 바람이 센 곳에서는 우식과 풍식을 경감하는 효과도 있다.

⑦ **관 수** 기출 제11회
　㉠ 토양의 건조방지를 위해 복토 후 관수한다.
　㉡ 파종상을 이용해 미세종자를 파종하는 경우 저면관수하는 것이 좋다.
　㉢ 저온기 온실에서 파종하는 경우 수온을 높여 관수하는 것이 좋다.

3 이식(移植) 기출 제2회, 제11회

현재 자라고 있는 장소(보통은 묘상)로부터 다른 장소(보통은 본포)에 작물(보통은 묘)을 옮겨 심는 것을 '이식(옮겨심기)'이라고 한다.

(1) 정식 및 가식

① 정 식

끝까지 그대로 둘 장소(즉, 본포)에 옮겨 심는 것을 '정식(아주심기)'이라고 하는데, 정식을 '이앙'이라 한다. 벼에서는 이식을 '이앙'이라고 한다.

② 가 식

정식할 때까지 잠정적으로 이식해 두는 것을 '가식'이라고 하며, 가식을 해 두는 곳을 '가식상'이라고 한다. 가식의 필요성은 다음과 같다.

㉠ 묘상의 절약 : 작은 면적에 파종했다가 자라는 대로 가식하면 처음부터 큰 면적의 묘상이 필요하지 않다. 예 채소, 담배 등
㉡ 활착의 증진 : 가식을 할 때 단근이 되면 가식 중 밑동 가까이에 세근이 밀생하여 정식 후에 활착이 좋아진다.
㉢ 재해의 방지 : 한발로 천수답에 모내기가 몹시 늦어질 때 무논에 일시 가식했다가 비가 온 뒤에 이앙하면 한해(旱害)를 막을 수 있다. 채소 등에서 포장조건 때문에 이식이 늦어질 때에 가식을 해 두면 모의 도장·노화를 방지할 수 있다.

심화TIP 이식의 효과 기출 제6회

- **생육의 촉진 및 수량증대** : 생육기간의 연장으로 작물의 발육이 크게 조장되어 증수를 기대할 수 있고 초기 생육촉진으로 수확을 빠르게 하여 경제적으로 유리하다.
- **토지이용도 제고** : 본포에 전작물이 있는 경우 묘상 등에서 모의 양성으로 전작물 수확후 또는 전작물 사이에 정식함으로써 경영을 집약화 할 수 있다.
- **숙기 단축** : 채소의 이식은 경엽의 도장을 억제하고 생육을 양호하게 하여 숙기를 빠르게 하고, 상추·양배추 등의 결구를 촉진한다.
- **활착증진** : 육묘 중 가식은 단근으로 새로운 세근이 밀생하여 근군을 충실하게 하므로 정식시 활착을 빠르게 하는 효과가 있다.

---

(2) 이식의 시기

① 과수·수목 등의 다년생 목본식물은 싹이 움트기 이전 이른 봄에 춘식하거나 가을에 낙엽이 진 뒤에 추식하는 것이 활착이 잘된다.

※ **활착** : 옮겨 심은 후에 새 뿌리가 내려서 양분과 수분을 정상적으로 흡수하여 다시 자라기 시작하는 것을 말한다.

② 지온은 발근에 알맞은 온도로, 동·상해의 우려가 없는 시기이어야 안전하다.

③ 알맞은 모의 발육 정도는 작물의 종류에 따라 다르다. 일반적으로 모가 나이가 들수록 옮겨 심은 후 식상(植傷)이 심하거나 활착이 오래 걸리며, 활착 후의 생육도 좋지 않다.

※ **식상(植傷, 몸살)** : 모를 옮겨 심을 때 뿌리가 손상되어 잎에서 필요한 증산량만큼 수분흡수가 뿌리에서 이루어지지 않아 시드는 것을 말한다.

④ 햇빛이 강하면 잎에서의 왕성한 증산작용으로 수분의 손실이 많다. 따라서 구름이 있거나 흐린 날에 이식하면 활착에 좋다.
⑤ 하루 중에는 늦은 오후가 적당하다.
⑥ 가을에 보리를 이식하는 경우 월동 전 뿌리가 완전히 활착할 수 있는 기간을 두고 그 이전에 이식하는 것이 안전하다.

(3) 이식의 양식

① **조식(條植)**
조식은 골에 줄지어 이식하는 방법이며, 파·맥류 등에서 실시된다.

② **점식(點植)**
점식은 포기를 띄어서 점점이 이식하는 방법이며, 콩·수수 등에서 실시된다.

③ **혈식(穴植)**
혈식은 포기를 많이 띄어서 구덩이를 파고 이식하는 방법이며, 양배추·토마토·오이·수박·호박 등의 채소와 과수·수목·화목 등에서 실시된다.

④ **난식(亂植)**
난식은 일정한 질서 없이 점점이 이식하는 방법이며, 콩밭에 들깨를 이식하는 경우에 난식을 하는 일이 있다.

(4) 이앙의 양식

벼를 이앙하는 방식은 다음과 같다.

① **난 식**
  ㉠ 난식은 '막모'라고도 하며, 줄을 띄우지 않고 눈어림으로 이식하는 방법이다.
  ㉡ 노력이 적게 드나 제 포기수를 심지 못하여 대체로 감수(減收)되며, 관리 작업도 불편하다.

② **정조식**
  ㉠ 정조식은 '줄모'라고도 하며, 줄을 띄우고 줄 사이와 포기 사이를 일정하게 줄을 맞추어 이식하는 방법이다.
  ㉡ 노력이 다소 많이 드나 예정한 포기수를 정확히 심을 수 있으며, 생육간격이 균일하고, 수광·통풍이 좋아지므로 증수가 되며, 관리 작업에도 편리하다.

③ **병목식**
  ㉠ 병목식은 줄 사이를 넓게 하고, 포기 사이를 좁게 하는 이앙방식이다.
  ㉡ 수광과 통풍이 좋고, 초기에는 생장이 더디지만 후기 생장에 이롭다.

(5) 이식의 방법

① 이식간격

이식간격은 작물의 생육습성에 따라서 1차적으로 결정되며, 그 밖에도 파종량을 지배하는 조건들에 의해서 지배된다.

② 이식준비
- ㉠ 이식시 단근 및 손상을 최소화하기 위해 관수를 충분히 해서 상토가 흠뻑 젖은 다음 모를 뜬다.
- ㉡ 묘상내 몇 차례 가식으로 근군을 작은 범위 내에서 밀생시켜 이식하는 것이 안전하다.
- ㉢ 온상육묘의 모는 비교적 연약하므로 이식전 경화시키면 식물체내 즙액의 농도가 증가하고 저온 및 건조 등 자연환경에 저항성이 증대되어 흡수력이 좋아지고 착근이 빨라진다.
- ㉣ 식물체가 크거나 활착하기가 힘든 것은 뿌리돌림을 하고 가지를 친다.

③ 본포준비

정지를 잘해야 하며, 미리 비료를 주어 두기도 하고 호박·수박 등에서는 북을 만들기도 한다.

④ 이 식
- ㉠ 묘상에서 흙에 묻혔던 깊이로 이식하는 것을 원칙으로 하나, 토양이 건조하면 좀 더 깊게 심는다.
- ㉡ 표토를 속에 넣고 심토를 겉으로 덮는다.
- ㉢ 벼모는 얕게 심어야 활착과 분얼이 빠르다.

⑤ 이식 후의 관리
- ㉠ 잘 진압하고 충분히 관수한다.
- ㉡ 건조가 심할 때에는 지표면이나 식물체를 피복하는 것이 좋다.
- ㉢ 쓰러질 우려가 있을 때에는 지주를 세운다.

04 영양번식

1. 영양번식의 개념

(1) 의의
영양번식은 잎, 줄기, 뿌리의 일부를 분리하여 독립된 식물체로 만드는 방법이다.

(2) 영양번식을 하는 작물
대부분의 과수와 여러해살이 화초·꽃나무류·알뿌리 화초가 있고, 채소류에는 마늘·딸기·생강·토란 등이 있다.

> **심화TIP 영양번식을 하는 작물** 기출 제9회, 제11회
>
> - **근경(뿌리줄기)** : 칸나, 독일붓꽃
> - **괴경(덩이줄기)** : 시클라멘, 감자
> - **괴근(덩이뿌리)** : 다알리아, 라넌큘러스
> - **구경(구슬줄기)** : 글라디올러스
> - **인경(비늘줄기)** : 튤립, 백합, 마늘

(3) 영양번식의 장단점 기출 제2회
① 영양번식의 장점
  ㉠ 영양번식은 교잡을 하지 않기 때문에 유전적 성질이 그대로 보존된다. 그러므로 어버이와 똑같은 품종을 짧은 기간에 대량 생산할 수 있다.
  ㉡ 종자번식이 불가능한 경우에 유일한 번식 수단이 되며, 초기 생장이 빠르고 개화와 과일이 맺는 기간을 단축시킬 수 있다.

> **심화TIP 영양번식의 장점**
>
> - **종자번식이 어려울 때 이용** : 고구마, 감자, 마늘 등
> - **우량한 상태의 유전자를 쉽게 영속적으로 유지** : 과수, 감자 등
> - **종자번식보다 생육이 왕성할 때 이용** : 감자, 모시풀, 꽃, 과수 등
> - **암수의 어느 한쪽 그루만 재배할 때 이용** : 호프의 경우 수량이 많은 암그루만 재배

② 영양번식의 단점
  ㉠ 바이러스에 감염되면 생장점 배양을 하지 않고는 바이러스 감염 정도가 심해져서 생산성이나 상품가치가 떨어진다.
  ㉡ 우수품종 육성을 위해 적극적인 품종 개량을 하는 데에는 한계가 있다.

(4) 영양번식법

꺾꽂이(삽목), 접붙이기(접목), 포기나누기(분주), 휘묻이(취목), 알뿌리나누기, 조직배양 등이 있다.

심화TIP 영양번식(무성번식)과 종자번식(유성번식) 기출 제2회, 제8회

구 분	영양번식(무성번식)	종자번식(유성번식)
정 의	잎, 줄기, 뿌리의 일부를 분리하여 독립된 식물체로 만드는 방법	암수 생식세포를 만들어 번식하는 방법(생식세포의 수정)
특 징	• 교잡을 하지 않기 때문에 유전적 성질이 그대로 보존된다. • 어버이와 똑같은 품종을 짧은 기간에 대량 생산할 수 있다. • 종자번식이 불가능한 경우에 유일한 번식 수단이 된다. • 초기 생장이 빠르고, 개화와 과수의 결실연령을 단축시킬 수 있다. • 일시에 많은 식물을 번식하고자 할 경우 영양번식법이 사용된다.	• 종자결실이 안 되는 식물에 사용되는 번식법이다. • 번식체의 취급이 간편하고 수송 및 저장이 용이하다. • 다양한 유전적 특징을 가지는 자손이 생겨난다. • 환경변화에 잘 적응한다. 즉 종족 유지에 유리하다. • 성장이 느리고, 개화와 결실이 장기간 걸리는 경우가 있다.

2 꺾꽂이(삽목)

(1) 꺾꽂이의 개요 기출 제4회, 제7회

① 꺾꽂이는 식물체의 일부인 잎, 줄기, 뿌리를 잘라서 뿌리를 내리게 하고, 새싹을 돋게 하여 독립된 식물체를 만드는 방법을 말한다.
② 쌍떡잎식물은 꺾꽂이를 하면 뿌리가 잘 내리지만, 외떡잎식물은 뿌리가 잘 내리지 않는다.
③ 화훼류에서는 여러해살이 화초나 꽃나무류, 선인장 및 다육식물에서 많이 이용되고, 과수에서는 포도, 참다래 등의 번식에 이용된다.

(2) 꺾꽂이의 장점 기출 제5회

① 모주의 유전형질을 그대로 이어 받는다.
② 결실이 불량한 수목의 번식에 적합하다.
③ 묘목의 양성기간이 단축되고, 개화결실이 빠르다.
④ 종자번식이 불가능한 작물의 번식수단이 된다.
⑤ 병충해에 대한 저항력이 커진다.

(3) 꺾꽂이의 종류 [기출] 제6회, 제8회, 제11회

① 꺾꽂이는 꽂는 부분에 따라 줄기꽂이(지삽 또는 경삽), 잎눈꽂이(엽아삽), 잎꽂이(엽삽), 뿌리꽂이(근삽)가 있다.

② 줄기꽂이에는 새순꽂이(신초삽), 푸른가지꽂이(녹지삽), 묵은가지꽂이(숙지삽)가 있다.
   ㉠ 새순꽂이(신초삽) : 1년 미만의 새 가지를 이용하여 삽목하는 것
   ㉡ 푸른가지꽂이(녹지삽) : 다년생 초본녹지를 삽목하는 것
   ㉢ 묵은가지꽂이(숙지삽 = 경지삽) : 묵은 가지를 이용해 삽목하는 것

꺾꽂이의 종류		작물의 종류
줄기꽂이	새순꽂이	국화, 카네이션, 콜레우스, 제라늄, 베고니아, 드라세나
	푸른가지꽂이	동백나무, 치자나무, 회양목, 철쭉류, 사철나무, 수국, 포인세티아
	묵은가지꽂이	석류나무, 무궁화, 배롱나무, 남천, 개나리, 포도, 무화과, 장미, 향나무
잎꽂이		산세베리아, 렉스베고니아, 페페로미아, 글록시니아, 아프리칸바이올렛
잎눈꽂이		국화, 고무나무, 동백나무, 몬스테라, 감귤류, 치자나무
뿌리꽂이		사과나무, 배나무, 명자나무, 자두나무, 라일락

3 접붙이기(접목)

(1) 접붙이기의 개요 [기출] 제4회

① 접붙이기는 서로 다른 식물의 조직을 결합시켜 번식시키는 방법으로, 두 식물체의 장점을 동시에 이용하려는 경우에 주로 사용한다.

② 서로 친화성이 있는 식물의 대목과 꺾꽂이순의 형성층을 맞추어 양분과 수분이 서로 이동할 수 있도록 붙이는 것이다.
   ※ 대목은 접붙이기 하는 식물의 밑부분을 말하고, 접순은 접하는 윗부분을 말한다.

③ 원예작물의 초본류에서는 수박, 오이 등 박과 채소에서 많이 실시하고 있으며, 목본류에서는 과수나 꽃나무의 생산에서 많이 이용되고 있다. 선인장류의 접붙이기는 관상가치를 높이기 위해서 실시한다.

(2) 접붙이기의 장점

① 결과촉진
② 수세조절
③ 풍토적응성 증대
④ 병충해저항성 증대
⑤ 결과향상
⑥ 수세회복 및 품종갱신

(3) 접붙이기의 방법 기출 제3회

① 접목위치에 따른 분류 : 고접, 근두접, 복접, 근접, 이중접
② 접목장소에 따른 분류 : 거접, 양접
③ 접목시기에 따른 분류 : 봄접, 여름접, 가을접
④ 접목방법에 따른 분류 : 지접(가지접), 절접(깎기접), 할접(쪼개접), 혀접(설접), 삽목접, 아접(눈접), 교접, 호접(맞접) 등
  ㉠ 지접(가지접) : 지접은 접붙이는 방법에 따라 절접(깎기접), 할접(쪼개접), 혀접(설접), 삽목접 등으로 나눈다.
  ㉡ 절접(깎기접) : 대상 작물에 따라 다르지만, 3월부터 4월 중순 사이에 접붙이기를 한다.
  ㉢ 할접(쪼개접) : 굵은 대목과 가는 소목을 접목할 때 대목 중간을 쪼개 그 사이에 접수를 넣는 방법이다.
  ㉣ 혀접(설접) : 굵기가 비슷한 접수와 대목을 각각 비스듬하게 혀 모양으로 잘라 서로 결합시키는 방법이다.
  ㉤ 삽목접 : 뿌리가 없는 두 식물을 가지끼리 접목하는 방법이다.
  ㉥ 아접(눈접) : 8월 중순부터 9월 상순에 실시하며, 그해 자란 수목의 가지에서 1개의 눈을 채취하여 대목에 접목하는 방법이다.
  ㉦ 교접 : 동일 식물의 줄기와 뿌리 중간에 가지나 뿌리를 삽입하여 상하 조직을 연결시키는 방법이다.
  ※ 현재 실용적으로 가장 널리 이용되는 접붙이기 방법은 절접(깎기접)과 아접(눈접)이다.

> **심화TIP 수박재배 농가의 접목재배** 기출 제9회
>
> 수박은 연작장해의 방지, 저온 신장성 증대, 내병성을 강화하기 위해 접목재배를 하고 있다. 수박재배시 호박 대목을 사용하는 접목재배로 덩굴쪼김병 등과 같은 토양감염성 병해를 방제할 수 있다.

4 포기나누기(분주) 및 알뿌리나누기, 취목

(1) 포기나누기(분주) 기출 제7회

① 지상줄기에서 싹과 뿌리를 내거나 지하줄기나 뿌리에서 싹과 뿌리를 내어 포기수를 분리하는 방법이다.
② 가장 안전한 영양번식법으로 칸나, 심비듐, 접란, 작약 등에 이용한다.

(2) 알뿌리나누기

① 마늘·쪽파·백합·튤립 등과 같은 비늘줄기, 생강·박하·칸나와 같은 땅속줄기, 토란·감자·시클라멘과 같은 덩이줄기, 고구마·달리아와 같은 덩이뿌리, 글라디올러스·프리지어와 같은 구슬줄기는 모두 영양번식체인 알뿌리를 분리해서 번식시킨다.
② 아마릴리스나 히아신스와 같이 새끼알뿌리가 적게 생기거나 잘생기지 않는 알뿌리는 인편이나 알뿌리의 밑부분에 상처를 내면 주위에 새끼알뿌리가 많이 생긴다.
③ 히아신스는 노칭법, 스쿠핑법, 코링법 등으로 알뿌리를 증식시킨다.

(3) 취 목 기출 제1회, 제3회, 제10회

꺾꽂이나 접붙이기가 잘 안 되는 나무류의 번식에 주로 이용하는데, 어미나무의 가지를 흙으로 덮거나 이끼로 감싼 다음 뿌리가 내리면 떼어 내어 번식시키는 방법이다.

① 성토법

가지를 굽히지 않고 꼿꼿이 선 채로 밑동에 흙을 긁어모아 발근시키며, 뽕나무·사과·양앵두·자두 등에 이용된다.

② 휘묻이(선취법)

가지를 휘어서 일부를 흙속에 묻는 방법으로, 포도·양앵두·자두 등에 이용된다.

③ 고취법(양취법)

가지나 줄기를 땅속에 묻을 수 없는 경우에 높은 곳에서 발근시키는 방법이다. 발근시키고자 하는 부분에 미리 절상, 환상박피 등을 하면 효과적이다.

심화TIP 자식성 식물과 타식성 식물 기출 제3회

같은 식물체에서 생긴 정세포와 난세포가 수정하는 것을 '자가수정' 또는 '자식'이라 하고 서로 다른 개체의 정세포와 난세포가 만나 수정되는 것을 '타가수정' 또는 '타식'이라고 한다. '자식'에 의해 번식하는 식물을 '자식성 식물(Self-fertilization)'이라 하고, 그 반대를 '타식성 식물(Cross-fertilization)'이라 한다.

자식성 식물	• 곡류 : 벼, 보리, 밀, 조, 수수, 귀리 등 • 콩류 : 대두, 팥, 완두, 땅콩, 강낭콩 등 • 채소 : 토마토, 가지, 고추, 갓 등 • 과수 : 복숭아, 포도(일부), 귤(일부) 등 • 기타 : 참깨, 담배, 아마, 목화, 서양유채 등
타식성 식물	• 자웅이주 : 시금치, 호프, 아스파라거스, 삼, 파파야 등 • 자웅동주 : 옥수수, 감, 딸기, 밤, 호두, 오이, 수박 등 • 양성화 웅예선숙 : 양파, 마늘, 셀러리, 치자 등 • 양성화 자가불화합성 : 배추, 무, 양배추, 뽕나무, 차, 메밀, 호밀, 고구마, 사과, 일본배, 서양배 등

5 조직배양 　기출　제1회, 제2회, 제11회

(1) 의의
① 조직배양은 식물체로부터 기관, 조직 또는 세포를 분리하여 배지에서 무균적으로 배양하여 완전한 식물 개체로 증식시키는 기술을 말한다.
② 조직배양은 삽목이나 접목에 비하여 짧은 시간에 대량증식이 가능하며, 생장점 증식으로 무병종묘의 육성이 가능하다.

> **심화TIP 전형성능(Totipotency)** 　기출　제2회
>
> 조직배양은 식물의 일부 조직을 무균적으로 배양해 조직 자체의 증식 생장 및 각종 조직, 기관의 분화 발달에 의해 개체를 육성하는 방법이다. 즉 식물의 전형성능(Totipotency)을 이용하여 무균상태에서 식물조직의 세포, 조직, 기관, 배 등 식물체의 일부를 이용하여 완전한 식물체를 얻는 것을 의미한다.

(2) 조직배양의 이용
조직배양이 이용되는 형태는 무병주 생산, 종묘의 대량증식, 육종적 이용, 유전자원의 보존, 2차 산물의 생산 등이다.

① **무병주 생산**
바이러스, 병에 걸리지 않은 무병주를 생산할 수 있다.
㉠ 영양번식으로 증식하는 작물의 경우 바이러스병의 세대간 감염이 문제가 되므로, 가장 효과적으로 이 문제를 극복할 수 있는 방법은 생장점 배양이다.
㉡ 생장점 배양에서 주의해야 할 점은 무균상태에서 자르는 생장점의 크기이다. 보통 0.1~0.3mm(높이) 정도가 되도록 실시하고 있는데 이보다 작으면 생존율이 낮고, 이보다 크면 바이러스에 감염되어 있을 가능성이 높다.

② **대량증식**
난초와 같은 번식이 곤란한 관상식물을 단시일 내에 대량으로 육성할 수 있다.

③ **기타 이용**
㉠ 세포의 증식, 기관의 분화, 조직의 생장 등 식물의 발생과 형태형성 및 발육과정과 이에 관여하는 영양물질, 비타민, 호르몬의 역할, 환경조건 등에 대한 기본적 연구가 가능하다.
㉡ 육종의 보조 수단으로서 조직배양을 이용하여 식물의 2차 산물을 생산할 수 있다.
　예 사탕수수의 자당, 약용식물, 화곡류의 전분 등
㉢ 농약, 방사선에 대한 감수성을 간편하게 검정할 수 있다.

(3) 배지 조성

① 기본 배지로서 많이 알려져 있는 것으로 MS배지가 있다.

② MS배지는 무라시게(Murashige)와 스쿠그(Skoog)가 개발한 배지이다. 간단한 방법으로는 하이포넥스 배지를 이용하기도 한다.

③ 배지의 주성분은 크게 무기염, 유기화합물, 천연 첨가물, 그리고 불활성 지지물의 네 가지로 나눈다.

④ 식물체를 지탱하기 위해서 사용하는 지지물로는 주로 한천이 쓰이고, 간혹 유리섬유나 여과지가 이용되기도 한다.

⑤ 배양 중에 생기는 유해물질을 제거하는 방법으로 활성탄을 첨가하기도 한다.

⑥ 배지는 배양목적, 절편체의 부위, 작물의 종류 등에 따라 여러 가지 변형된 배지를 쓴다.

⑦ 배지는 저장액을 만들어 냉장상태로 저장해 두었다가 필요할 때 배합해서 사용하는 것이 편리하다.

> **심화TIP 식물 조직배양의 주요 단계**
>
> 식물 재료의 준비 → 배지 준비 → 살균 → 치상 → 배양 → 순화 → 이식의 순서로 진행된다.

(4) 조직배양의 종류

① **생장점 배양**

생산된 모종을 메리클론(Mericlone) 모종이라고 하며, 딸기·카네이션·안개초·국화 등에서 일반화되어 있다.

② **배 및 밑씨 배양**

㉠ 배 배양 : 난 번식에서 주로 이용하는 방법이다. 난 종자는 씨젖이 없기 때문에 배에 영양을 공급해주는 방법으로, 무균 파종으로 배양을 이용하고 있다.

㉡ 밑씨 배양 : 성숙이 덜 된 종자의 배나 밑씨를 배양하여 식물체를 얻는다.

③ **꽃가루 배양**

㉠ 반수체 식물을 얻기 위하여 꽃가루나 꽃가루밥을 배양하여 유전적으로 순수한 개체를 얻는다.

㉡ 토마토, 배추, 백합, 제라늄 등에서 실시하고 있다.

④ **기관 배양**

㉠ 인편, 줄기, 잎, 꽃잎 등을 절편으로 만들어 배양하여 절편에서 직접 식물체를 발생시키거나 절편에서 캘러스를 유기하여 식물체가 형성되도록 한다.

㉡ 꺾꽂이에서 기관 분화가 쉽지 않은 식물에서 이용한다.

05 재배관리

1 비료와 시비

(1) 비료
부식이나 필요한 무기원소를 포함하는 물질로 작물 생육을 위해 토양 또는 작물체에 인공적으로 공급하는 물질을 '비료'라 한다.

① **비료의 3요소**
   질소(N), 인산(P_2O_5), 칼리(K_2O)를 '비료의 3요소'라 한다.

② **직접비료**
   비료의 3요소 중 어느 하나의 성분만이라도 함유되어 있으면 이를 '직접비료'라 한다.

③ **간접비료**
   석회의 경우 처럼 토양의 이화학적 성질의 개선하여 간접적으로 작물생육을 돕는 비료를 '간접비료'라 한다.

(2) 시비(施肥)
작물체에 비료를 주는 것을 '시비'라 한다.

2 비료의 분류

(1) 원료에 따른 분류
비료는 동물질 비료(골분류, 어분류 등), 식물질 비료(쌀겨, 깻묵 등), 광물질 비료(황산암모늄, 과인산석회 등), 잡질 비료(퇴비, 배합비료 등) 등으로 나눈다.

(2) 형태에 따른 분류
고체비료(요소, 황산암모늄, 염화칼슘 등), 액체비료(암모니아수, 고체비료를 녹인 액상비료 등), 기체비료(이산화탄소) 등으로 나눈다.

(3) 함유성분에 따른 분류 기출 제10회
질소질, 인산질, 칼륨질, 규산질(규산 고토, 규산 석회 등), 석회질 비료 등으로 나눈다.

① **질소질 비료**
   ㉠ 질소질 비료의 형태 : 질산태 질소, 암모늄태 질소, 요소태 질소, 유기태 질소, 공기 중에 존재하는 유리태 질소 등이 있다.

ⓛ 질산태 질소
　　　　ⓐ 밭작물에서는 효과가 크지만, 토양에 잘 부착되지 못하는 성질이 있어 비가 많은 곳이나 논에서는 유실이 많아 손실이 크다.
　　　　ⓑ 질산태 질소는 한 번에 주는 것보다 여러 번 나누어 주는 것이 효과적이다.
　　　　ⓒ 질산태 질소에는 질산칼륨, 질산암모늄, 질산칼슘 등이 있다.
　　ⓒ 암모늄태 질소
　　　　ⓐ 토양에 부착하는 힘이 강하여 비료의 효과가 오래 지속된다.
　　　　ⓑ 암모늄태 질소는 알칼리성 토양에서는 휘발하는 성질이 있어 손실되는 양이 많아진다.
　　　　ⓒ 수분이 많은 곳이나 논토양에는 질산태보다 암모늄태 질소를 시비하는 것이 유리하다.
　　　　ⓓ 암모늄태 질소를 계속 사용하게 되면 토양이 산성화되는 문제가 있다.
　　　　ⓔ 암모늄태 질소에는 황산암모늄, 질산암모늄 등이 있다.
　　② 유기태 질소
　　　　ⓐ 단백질로 되어 있는데, 뿌리에 흡수되기 위해서는 단백질이 세균에 의해 분해되어 암모늄태나 질산태 질소로 변화하여야 한다.
　　　　ⓑ 분해에는 많은 시간이 소요되므로 유기태 질소는 비료의 효과가 오래 지속된다.
　　　　ⓒ 유기태 질소에는 단백태 질소, 시안아미드태, 아미노태 질소 등이 있다.
② 인산질 비료
　　ⓛ 무기태 인산
　　　　ⓐ 가용성 인산 : 과인산석회, 인산암모늄, 용성인비, 용과린 등
　　　　ⓑ 불용성 인산 : 인광석, 회분류, 골분 등
　　ⓒ 유기태 인산
　　　　ⓐ 식물성 인산 : 쌀겨, 깻묵 등
　　　　ⓑ 동물성 인산 : 골분, 어분 등
③ 칼륨질 비료
　　ⓛ 무기태 칼륨 비료 : 탄산칼륨, 황산칼륨, 염화칼륨, 질산칼륨 등이 대부분인데, 모두 물에 잘 녹아 작물에 빠르게 흡수된다.
　　ⓒ 유기태 칼륨 비료 : 쌀겨, 녹비, 퇴비 등이 있는데, 역시 물에 잘 녹아 비료의 효과가 빠르게 나타난다.
④ 석회질 비료
　　ⓛ 석회질 비료에는 생석회, 소석회, 탄산석회 등이 있다.
　　ⓒ 석회는 식물의 영양분으로도 중요하지만, 토양의 물리적·화학적 성질을 개량하는데 효과가 매우 크다.
　　ⓒ 석회는 목적에 따라 알맞은 형태를 사용하여야 하는데, 산성 토양을 중화하는 데에는 생석회나 소석회가 알맞고, 토양에 염기를 보급하기 위해서는 탄산석회나 석회석 분말이 좋다.
　　② 소석회는 석회비료로 가장 많이 이용하는데, 석회석을 가열하여 생석회로 만들고 이것을 수화시켜 분쇄하여 만든 것이다.

ⓜ 탄산석회는 소석회 다음으로 많이 이용하는 석회질 비료인데, 석회석을 분쇄한 것이다. 탄산석회 중 백운석이 풍화된 것은 마그네슘을 15~20% 함유하고 있어 마그네슘을 공급하는 효과도 있다.

⑤ 유기질 비료
  ㉠ 부식은 자체에 질소, 인산, 칼륨을 함유하고 있으므로 점차 분해하여 직접적인 비료의 효과를 나타낼 뿐 아니라, 지력을 유지하고 증진하는 간접적인 효과도 크다.
  ㉡ 토양 중의 유기물은 토양 중의 양분 및 수분을 저장하여 이것을 천천히 공급하므로 양분과 수분의 손실을 줄일 수 있고 토양을 부드럽게 하여 뿌리의 발육을 좋게 하며, 양분을 오랫동안 작물이 이용할 수 있는 형태로 유지하여 그 이용을 증진한다.
  ㉢ 유용한 토양 미생물의 에너지공급원이 되어 미생물의 번식활동을 돕고, 토양의 완충작용을 증진하여 화학비료에 의한 토양의 산성화를 막아주는 데에도 효과가 있다.

(4) 반응에 따른 분류

① 화학적 반응에 따른 분류 : 수용액에 직접적인 화학적 반응에 따른 분류
  ㉠ 화학적 산성 비료 : 과인산석회, 중과인산석회 등
  ㉡ 화학적 중성 비료 : 황산암모늄(유안), 염화암모늄, 요소, 질산암모늄(초안), 황산칼륨, 염화칼륨, 콩깻묵 등
  ㉢ 화학적 염기성 비료 : 석회질소, 용성인비, 나뭇재 등

② 생리적 반응에 따른 분류 : 토양에 비료를 시용한 후에 식물이 흡수된 나머지 토양 중에서 나타나는 반응에 따른 분류
  ㉠ 생리적 산성 비료 : 황산암모늄에서와 같이 작물이 음이온인 황산이온보다 양이온인 암모늄이온을 많이 흡수하여 토양반응을 산성화시키는 비료이다.
    예 황산암모늄, 염화암모늄, 염화칼륨, 황산칼륨, 부숙인분뇨 등
  ㉡ 생리적 중성 비료 : 질산암모늄과 같이 양이온과 음이온이 거의 같은 정도로 흡수되는 비료이다.
    예 질산암모늄, 질산칼륨, 요소, 과인산석회 등
  ㉢ 생리적 염기성 비료 : 질산나트륨과 같이 작물이 음이온인 질산이온을 양이온인 나트륨보다 더 많이 흡수하는 토양을 알칼리화 시키는 비료이다.
    예 석회질소, 용성인비, 탄산칼륨(초목회) 등

(5) 기타의 분류

① 시비 시기에 따라 : 밑거름, 덧거름, 이삭거름 등
② 시비 방법에 따라 : 엽면시비용 비료, 토양시비용 비료 등
③ 배합 여부에 따라 : 단일비료, 배합비료 등
④ 비효의 지속 기간에 따라 : 속효성 비료, 완효성 비료, 지효성 비료 등

3 비료의 성분

(1) 질소 기출 제3회, 제5회
① 질소의 화학적 형태는 무기질과 유기질로 나눈다.
② 무기질에는 질산태(NO_3^-)와 암모늄태(NH_4^+)가 있고, 유기태 질소에는 아미드태와 단백태가 있다.
③ 질산태 질소를 포함하고 있는 비료는 질산암모늄, 칠레초석, 질산칼륨, 질산칼슘 등이 있다.
④ 암모니아태 질소를 포함하고 있는 비료에는 황산암모늄, 염산암모늄, 질산암모늄, 인산암모늄, 부숙인분뇨, 완숙퇴비 등이 있다.
⑤ 아미드태 질소의 대표적인 것이 요소인데, 토양 중에서 우레아제(Urease) 효소에 의해 분해되고 암모니아태로 변화되어 식물에 흡수된다.
⑥ 단백태 질소는 동식물성 재료(깻묵, 어비, 골분, 녹비, 쌀겨 등)에 풍부한데, 토양 중 미생물에 의해 암모니아태 또는 질산태로 분해되어 이용된다.

(2) 인 산
① 인산은 유기질과 무기질로 나눈다.
② 무기질 인산은 물에 녹는 수용성, 묽은 시트르산에 녹는 구용성 및 녹지 않는 불용성으로 나눈다.
③ 수용성 인산은 속효성이고, 구용성 인산은 완효성이다.
④ 수용성과 구용성 인산은 모두 식물이 흡수·이용할 수 있는 인산으로 가용성 인산이라 한다.
⑤ 과인산석회와 인산암모늄은 수용성·속효성 인산이며, 용성인비는 구용성 인산이다.
⑥ 인광석, 동물의 뼈 등에 들어 있는 인산은 불용성이다.

(3) 칼 륨
① 유기질 칼륨비료는 없으나 식물성 재료에 이온이나 염의 형태로 존재하는 경우는 있다.
② 풀과 나무의 재에는 5~15%의 칼륨이 들어 있다.
③ 흔히 쓰는 칼륨비료에는 염화칼륨과 황산칼륨이 있는데, 모두 물에 잘 녹는 속효성이다.

(4) 칼 슘
① 토양에 가장 많이 함유되어 있는 필수원소이며, 토양의 물리적·화학적 성질을 개선한다.
② 수산화칼슘, 산화칼슘, 탄산칼슘, 황산칼슘 등의 형태로 비료에 함유되어 있으며, 가장 많이 이용되는 석회질 비료는 수산화칼슘이다.
③ 부산물로 얻어지는 부산소석회, 규회석, 용성인비, 규산질 비료 등에도 칼슘이 많이 함유되어 있다.

(5) 부성분

① 주성분의 상대이온이거나 제조 과정 중에 섞이는 물질인데, 비료의 종류에 따라 따르다.
② 부성분은 작물에 흡수·이용되는 것도 있지만, 많을 때에는 작물에 해를 주는 유해성분도 있다.

4 시비의 원리와 시비량

(1) 시비의 원리
시비에 의해서 최대의 수량을 얻으려면 작물의 요구에 가장 알맞은 방향으로 시비해야 한다.

① **최소양분율**
  ㉠ 작물의 실제재배에 있어서는 모든 종류의 양분이 동시에 작물생육을 제한하고 있는 것은 아니며, 양분 중에서 필요량에 대하여 공급이 가장 적은 양분이 작물생육을 제한하고 있다. 즉, 작물의 생육은 다른 양분의 공급의 다소와는 관계없이 최소양분의 공급량에 의해서 제한을 받는데, 이를 '최소양분율'이라고 한다.
  ㉡ 양분뿐만 아니라 수분·광·온도·공기 등의 작물생육에 관여하는 모든 인자에 관해서도 식물의 생산량은 생육에 필요한 모든 인자 중에서 요구조건을 가장 충족시키지 못하고 있는 인자에 지배되는 경향이 있으며, 이것을 '최소율'이라고 한다. 이 경우에 요구조건을 가장 충족시키지 못하고 있는 인자를 '제한인자'라고 한다.

② **수량점감의 법칙**
  ㉠ 비료요소를 사용할 때 사용량이 적은 한계 내에서는 일정 사용량에 따른 수량의 증가량이 크다. 하지만 어느 한계 이상으로 사용량이 많아지면 일정량을 시비하는데 따르는 수량의 증가량이 점점 적어지며, 마침내는 시비량을 증가해도 수량은 증가하지 않는 상태에 도달하게 된다. 이러한 경향을 '수량점감(收量漸減)의 법칙'이라고 한다.
  ㉡ 일반적으로 적정시비량은 최대의 수량보다 최대의 보수를 이룩하는 시비량을 뜻한다.

(2) 시비량

① **시비량의 결정**
가장 적합한 비료의 양을 결정하기 위해서는 토양의 비료 성분, 작물의 비료흡수량을 분석한다. 이 자료로부터 작물이 흡수하는 비료량을 추정한 후 씻겨 내려갈 유실량을 감안하여 시비량을 결정한다.

② **표준시비량**
작물과 재배환경, 재배목적과 품종, 재배시기 등에 따라 비료의 양은 달라진다. 그 지역의 각 작물재배에 평균적으로 적용될 수 있는 시비량을 말한다.

[표준시비량]

작물	표준시비량(성분량, kg/10a)			비고
	질소	인산	칼륨	
벼	11.0	4.5	5.7	일반계 벼
보리	7.8	6.8	3.0	가을보리
옥수수	17.4	3.0	6.9	보통
콩	3	3	3.4	단작(홑짓기)

③ 비료제품에 따른 시비량

같은 성분의 비료도 여러 가지 제품이 시판되는데, 이들마다 순수한 성분 함량은 다르므로 계산된 성분을 토대로 비료 종류별로 실제 양을 다시 계산하여야 한다.

④ 시비량의 이론적 계산법

작물에 대한 비료의 시비량은 다음과 같이 계산된다.

$$시비량(kg) = \frac{양분흡수량(kg) - 천연공급량(kg)}{비료의 이용률(\%)} \times \frac{100}{비료의 성분 함량(\%)}$$

㉠ 양분흡수량은 수확기에 식물체를 분석하여 알 수 있다.
㉡ 천연공급량은 비료를 주지 않은 상태에서 작물이 토양과 관개수 등에서 흡수한 양이다.
㉢ 비료의 이용률이란 주어진 비료를 작물이 흡수하는 비율을 말하는 것으로, 재배시험을 통하여 구할 수 있다.

심화TIP 작물의 질소 시비량 기출 제9회

- 콩과작물은 질소고정 능력이 있으므로 벼과작물에 비해 질소 시비량을 줄여 주고, 벼과작물은 질소 시비량을 늘려 주는 것이 좋다.
- 질소화합물은 성엽에서 유엽으로 이동하므로 질소 결핍증상은 유엽보다 성엽에서 먼저 나타난다.

(3) 시비 시기

씨뿌림 또는 이식 전에 주는 비료를 '밑거름(기비)'이라 하고, 작물이 자라는 도중에 주는 비료를 '덧거름(추비)'이라 한다.

① 밑거름

생육 기간 중 오랫동안 효과를 나타내는 지효성 비료인 퇴비, 구비, 녹비, 깻묵 등은 전체량을 밑거름으로 주며, 인산질 비료 등과 같이 유실의 우려가 적고 일시에 주어도 해가 없는 경우에도 전량을 밑거름으로 준다.

② 밑거름 + 덧거름

질소와 같이 생육 기간 중 손실이 많거나 칼륨과 같이 생육후기에 요구량이 많은 비료는 밑거름과 덧거름으로 나누어 주는데, 비료를 한 번에 주지 않고 여러 번에 나누어 주는 것을 '분시'라 한다.

③ 덧거름
　㉠ 덧거름을 주는 시기와 횟수는 작물의 종류, 기후, 토질, 비료의 종류 및 시비량 등에 따라서 다르다.
　㉡ 벼, 보리, 잡곡 등의 곡실작물(穀實作物)은 밑거름에 중점을 두고, 채소 특히 잎채소는 밑거름뿐만 아니라 덧거름에도 중점을 두어야 한다.
　㉢ 사질토는 물이 잘 빠져 비료의 유실이 많으므로 덧거름으로 여러 번에 나누어 주는 것이 좋다.

[작물별 비료 주는 시기와 방법]

작 물	시비 시기	시비 방법
벼	밑거름 + 질소 50%는 3회 덧거름	전면 살포
보리	밑거름 + 질소 50%는 덧거름	전면 살포
옥수수	밑거름 + 질소 50%는 덧거름	전면 살포 또는 골에만 살포
콩	전량 밑거름	전면 살포 또는 골에만 살포
고구마	전량 밑거름	전면 살포
감자	전량 밑거름	전면 살포

5 시비 위치와 방법

(1) 시비 위치

시비 위치는 시비 시기, 대상, 뿌리의 분포, 토양의 비옥도, 비료의 성질 등에 따라 표층시비, 전층시비, 심층시비, 측조시비, 주입시비법 등으로 나눈다.

① 표층시비
　경지를 고르지 않고 포장 전면에 비료를 살포하는 것을 말한다.
② 전층시비
　비료를 살포한 후 경운하여 비료가 토양에 골고루 섞이도록 하는 것이다.
③ 심층시비
　비료의 손실을 막기 위해 토양 깊이 비료를 넣어 주는 시비법을 말한다.
④ 측조시비
　이랑의 측면, 작물의 줄과 줄 사이에 시비하는 방법을 말하는데, 밭작물의 덧거름에서 많이 이용한다.
⑤ 주입시비법
　액상으로 만들어진 비료를 관을 통하여 펌프로 밀어 넣어 주는 방법인데, 최근 시설 재배에서 많이 이용한다. 이 경우에는 관 하나로 물과 비료를 동시에 줄 수 있어 시비 노력이 줄어들며, 시비량을 정밀하게 조절할 수 있는 장점이 있다.

(2) 시비 방법
비료를 주는 방법에는 전면시비, 파종렬시비, 엽면시비 등이 있다.

① **전면시비**
- ㉠ 땅을 갈기 전이나 땅고르기를 한 후에 땅 전체에 비료를 고르게 뿌려 주는 방법이다.
- ㉡ 작업이 간편하고 노력이 적게 들어 대체로 가장 많이 이용되는 방법이다.
- ㉢ 비료를 고르게 뿌리기가 쉽지 않으며, 표면에 뿌려진 비료의 일부가 유실될 가능성이 있어 이용 효율이 떨어진다.

② **파종렬시비(파구시비)**
- ㉠ 파종할 골을 판 다음 그 곳에만 비료를 뿌려 주는 것이다.
- ㉡ 비료를 주고 흙을 덮은 뒤 파종을 한다.
- ㉢ 작물의 뿌리 근처에 비료가 있기 때문에 비료의 이용효율이 가장 높은 방법이나 작업 노력이 많이 드는 단점이 있다.

③ **엽면시비** 〔기출〕 제2회, 제6회
- ㉠ 개 요
  - ⓐ 액체 비료 또는 비료를 물에 타서 잎에 뿌리는 방법이다.
  - ⓑ 엽면시비는 토양시비보다 비료성분의 흡수가 쉽고 빠른 장점이 있다.
  - ⓒ 작물의 뿌리가 정상적인 흡수 능력을 발휘하지 못할 때, 병충해 또는 침수 피해를 당했을 때, 그리고 이식한 후 활착이 좋지 못할 때와 같이 응급한 경우에 사용하는 시비 수단이다.
  - ⓓ 엽면시비를 할 때 농도가 높으면 잎이 타는 부작용이 있으므로 규정 농도를 잘 지켜야 한다. 비료의 농도는 비료의 종류와 계절에 따라 다르지만, 대개 0.1~0.3%이다.
- ㉡ 엽면시비의 이용 효과
  - ⓐ 미량요소의 공급 : 노후답에서 벼의 생육기간 중에 망간·철분 등을 보급할 때나 사과의 마그네슘 결핍증, 감귤류에 아연결핍증이 나타날 때에 엽면시비가 효과적이다.
  - ⓑ 뿌리의 흡수력이 약해졌을 경우 : 노후답의 벼나 습해를 받은 맥류는 뿌리가 상하고, 흡수력이 약해져서 영양상태가 불량해지는 경우 요소·망간 등의 엽면시비가 효과적이다.
  - ⓒ 급속한 영양회복 : 동상해·풍수해·병충해 등을 입어서 급속한 영양회복이 요구될 경우에는 엽면시비가 효과적이다.
  - ⓓ 품질향상 : 출하 전의 꽃에 엽면시비를 하면 잎이 싱싱해지고, 수확 전의 뽕이나 목초에 엽면시비를 하면 단백질의 함량이 높아진다.
  - ⓔ 비료분의 유실방지 : 포트(Pot)에 꽃을 재배할 때에 토양시비를 하면 비료분의 유실이 많아지는데, 엽면시비를 하면 유실이 방지된다.
  - ⓕ 노력 절약 : 엽면시비는 비료를 농약에 혼합해서 살포할 수도 있으므로 농약을 살포할 때에 비료를 섞어서 함께 뿌리면 시비의 노력이 절약된다.
  - ⓖ 토양시비가 곤란할 경우 : 과수원에 초생재배 등을 하였을 때에는 토양시비가 곤란하여 엽면시비가 효과적인 경우가 있다.

④ 엽면시비의 흡수에 영향을 끼치는 요인
  ㉠ 잎의 표면보다 표피가 얇은 이면에서 더 잘 흡수된다.
  ㉡ 잎의 호흡작용이 왕성할 때에 잘 흡수되며, 노엽보다 성엽에서, 그리고 밤보다 낮에 잘 흡수된다.
  ㉢ 살포액의 pH는 미산성인 것이 흡수가 잘된다.
  ㉣ 전착제를 가용(0.01~0.02%)하면 흡수가 조장된다.
  ㉤ 작물의 생리작용이 왕성한 기상조건에서 흡수가 빠르다.
  ㉥ 작물에 피해가 나타나지 않는 범위 내에서 농도가 높을 때 흡수가 빠르다.
  ㉦ 석회의 시용은 흡수를 억제하고 고농도 살포의 피해를 경감한다.

6 보식과 솎기

(1) 보 식

파종이 고르지 못하였거나, 발아가 불량하여 작물 개체간의 간격이 지나치게 넓어졌거나 또는 정식 후 결주가 생겼을 때에는 그 사이에 씨를 다시 파종하거나 모를 다시 옮겨 심는데, 이를 '보식'이라 한다. 보식은 될 수 있는 대로 빨리 해야 한다.

(2) 솎 기

① 싹이 튼 후 개체의 밀도가 높은 곳의 일부 개체를 제거해 주는 작업이다.
② 솎기는 적기에 해야 하며, 늦으면 개체간의 경쟁이 심하게 되어 생육이 억제된다.
③ 솎기는 한 번에 끝내지 말고 생육 상황에 따라 수회에 걸쳐 실시한다.
④ 솎아주는 시기는 작물의 종류와 재배 방식에 따라 달라지지만, 채소류의 묘상에서는 제1회를 떡잎이 전개할 무렵에 하고, 그 후에는 모가 생장함에 따라 그루 사이를 넓혀 주기 위하여 적당히 솎는다.

> **심화TIP 솎기의 효과**
> - 개체의 생육공간을 확보함으로써 균일한 생육을 유도할 수 있다.
> - 파종시 파종량을 늘리고 나중에 솎기를 하면 불량개체를 제거하고 우량한 개체만 재배할 수 있다.
> - 개체간 양분, 수분, 광 등에 대한 경합을 조절하여 건전한 생육이 가능하다.

7 중경(매기)과 배토(북주기)

씨뿌리기나 옮겨심기를 한 후 작물이 심겨진 골 사이의 흙을 갈거나 쪼아주는 것을 '중경(매기)'이라 하며, 굵은 흙을 작물의 포기 아래로 모아 주는 것을 '배토(북주기)'라 한다.

(1) 중경과 배토의 방법
제초제 사용이 보편화됨에 따라 점차 중경과 배토 작업을 하는 경우가 적어지고 있으며, 농기계의 보급이 보편화되면서 경운기나 트랙터에 중경제초기를 부착하여 중경과 배토 작업을 동시에 한다.

(2) 중경의 효과
① 중경의 장점
  ㉠ 발아조장 : 파종 후 비가 와서 토양표층에 굳은 표막이 생겼을 때 가볍게 중경하여 피막을 부숴 주면 발아가 조장된다.
  ㉡ 토양통기의 조장 : 중경을 해서 표토가 부드러워지면 토양통기가 조장되어 토양 중에 산소공급이 많아지므로 뿌리의 생장과 활동이 왕성해지고 유기물의 분해도 촉진되며, 토양 중의 유해한 환원성 물질의 생성도 적어진다. 또한, 토양중의 유해가스의 발산도 빨라진다.
  ㉢ 토양수분의 증발억제 : 중경을 해서 표토가 부서지면 토양의 모세관도 절단되므로 토양수분의 증발이 억제되어 한해(旱害)를 경감할 수 있다.
  ㉣ 비효증진 : 논에 요소·황산암모니아 등을 웃거름하고 중경하면 비료가 환원층으로 섞여 들어서 비효가 증진된다.
  ㉤ 잡초제거 : 중경을 하면 잡초도 제거되며, 김매기의 가장 큰 효과는 잡초의 제거에 있다.

② 중경의 단점
  ㉠ 단근의 피해 : 중경을 하면 필연적으로 뿌리의 일부도 끊기게 된다. 작물이 어릴 때에는 뿌리가 널리 퍼지지 않아서 중경을 해도 단근이 덜 되고, 또 단근이 되더라도 이때에는 뿌리의 재생력이 왕성하므로 피해가 적다. 그러나 생식생장기에 접어들면 뿌리가 넓게 퍼져 있고 재생력이 약하며, 또 이때부터는 양분과 수분을 왕성하게 흡수하므로 깊은 중경을 해서 심한 단근을 초래하면 피해가 크다. 화곡류에서는 유수형성기 이후에는 보통 중경을 하지 않는다.
  ㉡ 풍식의 조장 : 중경을 하면 표층의 토양이 속히 건조하여 바람이 심한 고장에서는 풍식이 조장된다.
  ㉢ 동·상해의 조장 : 중경을 하면 토양 중의 온열이 지표까지 상승하는 것이 경감되어 발아도상에 있는 어린식물이 서리나 냉온을 만났을 때 그 피해가 조장된다.

(3) 배토의 효과 기출 제2회, 제4회

배토를 하면 새 뿌리의 발생을 조장하고 헛가지의 발생을 억제하며, 쓰러짐을 줄이는 등의 효과가 있다.

① 신근발생의 조장

   콩·담배 등에서 줄기의 밑동이 경화하기 전에 몇 차례 배토를 해주면 새 뿌리의 발생이 조장되어 생육이 증진되고, 도복도 경감된다.

② 도복의 경감

   옥수수·수수·맥류 등에서는 배토에 의해서 줄기의 밑동이 잘 고정되고, 또 콩·담배 등에서는 줄기의 밑동이 고정됨과 아울러 새 뿌리의 발생이 조장되므로 도복이 경감된다.

③ 무효분얼의 억제

   벼·밭벼 등에서 마지막 김매기를 하는 유효분얼종지기에 포기 밑에 두툼히 배토를 해주면 분얼절이 흙속에 깊이 묻히게 되어 분얼이 중지되므로 무효분얼이 억제된다.

④ 덩이줄기의 발육조장

   감자의 덩이줄기는 지표 아래 10cm 정도의 깊이에서 발육이 좋은데, 생육 중 배토를 해서 발육하는 덩이줄기의 깊이를 이 정도로 조절해 주면 발육이 조장된다.

⑤ 배수 및 잡초방제

   콩 등을 평이랑에 재배하였다가 장마철 이전에 깊은 배토를 해주면 자연히 배수로가 마련되어 과습기의 배수가 좋게 된다. 배토를 하면서 잡초도 방제된다.

> **심화TIP 토입과 답압**
>
> - **토입** : 맥류 재배에 있어 골 사이 흙을 곱게 부수어 자라는 골 속에 넣어주는 작업
> - **답압** : 가을보리 재배에서 생육초기~유수형성기 전까지 보리밭을 밟아주는 작업
> - **토입과 답압의 효과**
>
> | | |
> |---|---|
> | 토입의 효과 | • 월동전 : 복토를 보강할 목적으로 하는 약간의 토입은 월동이 좋아진다.
• 해빙기 : 1cm 정도 얇게 토입하면 분얼이 촉진되고 건조해를 경감한다.
• 유효분얼종지기 : 2~3cm로 토입하면 무효분얼이 억제되고 후에 도복이 경감되며, 토입의 효과가 가장 큰 시기이다.
• 수잉기 : 3~6cm로 토입하면 도복이 방지하는 효과가 있고, 건조할 때는 뿌리가 마르게 되어 오히려 해가 될 수 있으므로 주의해야 한다. |
> | 답압의 효과 | • 서릿발이 많이 발생하는 곳에서의 답압은 뿌리를 땅에 고착시켜 동사를 방지하는 효과가 있다.
• 도장, 과도한 생장을 억제한다.
• 한해(旱害)를 경감한다.
• 분얼을 조장하고 유효경수가 증가하며, 출수가 고르게 된다.
• 토양이 건조할 때 답압은 토양비산을 경감시킨다. |

8 멀칭(Mulching)

(1) 멀칭의 의미와 목적 기출 제2회

① 의 미
짚, 풀, 종이, 플라스틱필름 등으로 작물이 자라고 있는 토양의 표면을 덮어주는 것을 '멀칭'이라고 한다.

② 목 적
멀칭은 주로 지표면으로부터 증발을 억제하여 토양의 건조를 방지하거나 지온을 조절할 목적으로 행해져 왔는데, 색깔이 있는 플라스틱필름 등 다양한 멀칭 재료가 개발됨에 따라 다양한 효과를 기대할 수 있게 되었다.

(2) 멀칭의 효과 기출 제8회

① 지온의 조절
㉠ 봄철의 씨뿌리는 시기는 지온이 낮기 때문에 투명한 플라스틱필름을 사용하면 지온을 높여 발아에 도움이 될 수 있다.
㉡ 여름철과 같이 지나치게 지온이 높아서 작물 생육에 장애가 될 경우에는 볏짚, 종이 등 빛이 잘 투과하지 않는 자재로 멀칭을 하면 지온을 낮추어서 생육에 도움이 될 수 있다.
㉢ 겨울철 멀칭은 지온을 상승시켜 작물의 월동을 돕고 서리 피해를 막을 수 있다.

② 토양의 건조 방지
토양 중 모관수의 유통을 단절시키고 멀칭내 공기습도를 높여 표토의 증발을 억제함으로써 토양 건조를 방지하고 한해(旱害)를 경감시킨다.

③ 토양, 비료 양분 등의 유실방지
풍식 또는 수식 등에 의한 토양의 침식, 비료 양분 등의 유실을 경감 또는 방지할 수 있다.

④ 잡초 발생의 억제
잡초를 방제하는 데에는 빛이 잘 투과하지 않는 흑색 플라스틱필름, 종이, 짚 등이 효과가 있다.

⑤ 반사광을 이용한 과실의 착색 촉진
햇빛을 잘 반사시키도록 알루미늄을 입힌 필름을 멀칭하면 열매채소와 과일의 착색이 잘된다.

(3) 멀칭필름의 종류별 효과

① 투명필름
지온상승의 효과가 크고 잡초억제의 효과는 적다.

② 흑색필름
지온상승의 효과가 적고 잡초억제의 효과가 크다. 지온이 높을 때는 지온을 낮추어 준다.

③ 녹색필름

녹색광과 적외광의 투과는 잘되나 청색광, 적색광을 강하게 흡수하여 지온상승과 잡초억제효과가 모두 크다.

(4) 멀칭을 할 때 주의할 점

① 폴리멀칭을 할 때에는 한낮에 과고온이 되는 것을 주의해야 한다.
② 포장 전면을 멀칭했을 때에는 우수의 이용이 곤란하므로 알맞은 조치가 필요하다.

9 개화의 결실

(1) 적화 및 적과

① 적화(摘花)

개화수가 너무 많은 때에 꽃망울이나 꽃을 솎아서 따주는 것으로, 과수에 있어서 조기에 적화하게 되면 과실의 발육이 좋고 비료도 낭비되지 않는다. 최근에는 식물호르몬으로 그 목적을 달성하고 있다.

② 적과(摘果)

착과수가 너무 많을 때 여분의 것을 어릴 때에 솎아 따주는 것으로, 적과를 하면 경엽의 발육이 양호해지고 남은 과실의 비대도 균일하여 품질이 좋은 과실이 생산된다.

(2) 수분의 매개

① 수분의 매개가 필요한 경우
  ㉠ 수분을 매개할 곤충이 부족할 경우
  ㉡ 작물 자체의 화분이 부적당하거나 부족한 경우
  ㉢ 다른 꽃가루의 수분이 결과에 더 좋을 경우

② 수분 매개의 방법
  ㉠ 인공수분 : 과채류 등에서 손으로 인공수분을 하는 경우도 있고, 사과나무 등 과수에서는 꽃가루를 대량으로 수집하여 살포기구를 이용하기도 한다.
  ㉡ 곤충의 방사 : 과수원, 채소밭 근처에 꿀벌을 사육하거나 온실 등에서 꿀벌을 방사하여 수분을 매개한다.
  ㉢ 수분수의 혼식 : 사과나무 등 과수의 경우 꽃가루의 공급을 위해 다른 품종을 혼식하는 것을 '수분수(受粉樹)'라 한다. 수분수 선택의 조건은 주품종과 친화성이 있어야 하고, 개화기가 주품종과 같거나 조금 빨라야 하며, 건전한 꽃가루의 생산이 많고, 과실의 품질도 우량해야 한다.

(3) 단위결과의 유도

① 대부분의 과실은 수정의 결과 이루어지는 종자의 형성과 더불어 발육하지만, 때로는 수정이 되지 않고도 자방(子房)이 발육하여 과실을 형성하는 단위결과가 발생하기도 한다.
② 수분 및 수정이 불확실할 때 착과제를 처리하여 단위결과를 유도한다.
③ 씨가 없는 과실은 상품가치를 높일 수 있으며, 포도·수박 등에서는 단위결과를 유도하여 씨 없는 과실을 생산하고 있다. 포도에서 지베렐린 처리, 수박에서는 콜히친을 이용하여 3배체를 생산한다.
④ 토마토의 재배에는 착과제 토마토톤의 처리가 실용화되어 있으나, 속이 비어있는 공동과(空胴果)의 발생이 증가하는 단점이 있다.

(4) 낙 과

① 낙과의 종류
  ㉠ 기계적 낙과 : 낙과의 원인이 태풍, 강풍, 병충해 등에 의해 발생하는 낙과이다.
  ㉡ 생리적 낙과 : 불수정, 일조부족, 수분 및 비료분의 부족 등 생리적 원인에 의해 발생하는 낙과로 시기에 따라 조기낙과(6월 낙과)와 후기낙과(수확전 낙과)로 구분한다.
② 낙과방지
  ㉠ 수분매조(受粉媒助) : 매개곤충을 유입하거나 인공수분 실시를 통해 수분이 잘 되도록 한다.
  ㉡ 동해예방
  ㉢ 합리적 시비
  ㉣ 건조 및 과습의 방지
  ㉤ 수광태세 향상
  ㉥ 방풍시설
  ㉦ 병해충 방제
  ㉧ 생장조절제 살포 : 옥신 등의 생장조절제의 살포는 낙과 예방의 효과가 크다.
③ 해거리(격년결과) 방지
  ㉠ 전정과 조기적과를 실시한다.
  ㉡ 시비 및 토양관리를 적절하게 한다.
  ㉢ 건조의 방지 및 병충해를 예방한다.

(5) 봉지씌우기 `기출` 제6회

사과, 배, 복숭아 등의 과수재배에 있어 적과후 과실에 봉지를 씌우는 것을 '복대(覆袋)'라고도 한다.

① 봉지씌우기의 장점
  ㉠ 검은무늬병, 심식나방, 흡즙성나방, 탄저병 등의 병충해가 방제된다.
  ㉡ 외관이 좋아진다.
  ㉢ 사과 등에서는 열과가 방지된다.
  ㉣ 농약이 직접 과실에 부착되지 않아 상품성이 좋아진다.

② 봉지씌우기의 단점
  ㉠ 수확기까지 봉지씌우기를 하는 경우 과실의 착색이 불량해질 수 있어 수확전 적당한 시기에 제거해야 한다.
  ㉡ 봉지씌우기는 노력이 많이 들어 최근에는 봉지씌우기 대신 농약의 살포를 합리적으로 하여 병충해를 적극적으로 방제하는 무대재배를 하는 경우가 많다.
  ㉢ 가공용 과실의 경우 비타민C의 함량이 낮아지므로 <u>무대재배</u>를 하는 것이 좋다.
    ※ <u>무대재배(無袋栽培)</u> : 사과·배·복숭아 등의 과수를 재배할 때 발육 중인 과실에 봉지를 씌우지 않고 재배하는 방법

(6) 성숙의 촉진

① 작물의 조기출하는 상품가치를 높이므로 작물의 성숙을 촉진하는 재배법이 실시된다.
② 과수, 채소 등의 촉성재배나 에스렐, 지베렐린 등의 생장조절제를 사용한다.

(7) 성숙의 지연

① 작물의 숙기를 지연시켜 출하시기를 조절할 수 있다.
② 포도 델라웨어 품종의 경우 아미토신을 처리하고, 캠벨얼리 품종의 경우 에테폰을 처리하여 숙기를 지연시킬 수 있다.

심화TIP 과수의 결실 `기출` 제8회

- 타가수분을 위해 수분수는 20% 내외로 혼식한다.
- 탄질비(C/N ratio)가 높을수록 결실률이 높아진다.
- 꽃가루관의 신장은 고온조건에서 빨라지므로 착과율이 높아진다.
- 엽과비(leaf/fruit ratio)가 높을수록 과실의 크기가 커진다.

10 잡초와 방제

(1) 잡초의 의미와 특성

잡초는 작물을 재배하는 포장에서 자연적으로 발생하여 작물에 해를 끼치는 식물을 말한다. 잡초의 주요 특성을 들면 다음과 같다.

① 바라지 않는 장소에 발생한다.
② 자연 야생상태에서도 무성하게 잘 자란다.
③ 번식력이 왕성하며, 큰 집단을 형성한다.
④ 근절하기 힘들며, 작물·동물·인간에 피해를 준다.
⑤ 이용가치가 적다.
⑥ 미관을 손상시킨다.

(2) 잡초의 유용성과 해작용

① 잡초의 유용성
  ㉠ 토양침식의 억제
  ㉡ 토양 유기물의 제공원
  ㉢ 야생동물, 조류 및 미생물의 먹이와 서식처
  ㉣ 유전자원으로 이용
  ㉤ 약용성분 및 기타 유용한 천연물질의 추출원
  ㉥ 과수원 등에서 초생재배식물로 이용
  ㉦ 가축의 사료
  ㉧ 환경오염 지역에서 오염물질의 제거

② 잡초의 해작용
  잡초는 작물과 토양 내의 양분과 수분, 공간 및 빛의 이용 등에서 경쟁을 일으키고, 작물의 생육환경을 불량하게 만들어 수량을 감소시킨다.
  ㉠ 작물과의 경쟁
  ㉡ 유해물질의 분비
  ㉢ 병충해의 전파
  ㉣ 품질의 저하
  ㉤ 가축에의 피해
  ㉥ 미관의 손상

(3) 잡초의 종류

① 잡초의 종류나 발생 빈도는 지역의 환경, 재배작물, 작물의 재배연수, 재배시기, 제초제 사용 여부, 제초제 사용 연수 등에 따라 달라진다.
② 밭에서 겨울작물을 재배할 경우 명아주, 둑새풀, 벼룩나물 등이 많이 나며, 여름작물을 재배할 경우는 쇠비름, 바랭이, 명아주 등이 많이 발생한다.

[작물별 주요 잡초]

작 물	주요 잡초
벼	강피, 물피, 물달개비, 방동사니, 가래, 개구리밥, 여뀌
보리	둑새풀, 벼룩나물, 명아주, 별꽃, 갈퀴덩굴
옥수수	바랭이, 피, 명아주, 쇠비름, 깨풀
콩, 팥	쇠비름, 바랭이, 명아주, 여뀌, 닭의장풀
고구마, 감자	쇠비름, 바랭이, 명아주, 방동사니, 여뀌

(4) 잡초의 방제

① 물리적(기계적) 방제
  맨손으로 잡초를 뽑거나 호미·괭이·낫·중경기 등을 사용해서 잡초를 제거한다.
② 경종적(생태적) 방제 [기출] 제8회
  잡초와 작물의 생리·생태적 특성(재배시기의 조절, 윤작, 시비의 조절 등)을 이용하여 잡초의 경합력을 저하시키고, 작물의 경합력을 높이는 방법을 이용한다.
③ 생물학적 방제
  곤충, 소동물, 어패류 등을 이용하여 생태계 파괴 없이 방제하는 방법이다.
④ 화학적 방제
  화학약품을 사용해서 잡초를 고사하게 하는 방법이며, 제초용으로 사용되는 화학약품을 '제초제'라 부른다. 사용이 간편하고, 효과가 커서 비교적 완전한 제초가 가능하지만 인축과 작물에 피해 가능성이 있다.
⑤ 종합적 방제(Integrated Weed Management, IWP)
  ㉠ 잡초 방제를 위해 2종 이상의 방제법을 혼합하여 사용한다.
  ㉡ 완전 제거가 아닌 경제적 손실이 없는 한도 내에서 가장 이상적인 방제를 요구하는 방법이다.

(5) 제초제에 의한 방제

① 제초제의 구비조건
  ㉠ 제초효과가 커야 한다.
  ㉡ 인축 및 작물 등에 대한 안전도가 높아야 한다.
  ㉢ 사용이 편리해야 한다.
  ㉣ 효과 및 처리에 있어 안전성이 있어야 한다.
  ㉤ 가격이 적절해야 한다.
  ㉥ 다른 약제와 혼용이 가능해야 한다.

② 제초제의 종류
  ㉠ 생리적 작용에 따라
    ⓐ 선택성 제초제 : 특정한 잡초식물군에 효과가 있지만, 특정 수확작물에는 약해가 나타나지 않도록 개발된 약제이다.
      예 2,4-D
    ⓑ 비선택성 제초제 : 작물을 포함하여 모든 식물을 죽일 수 있는 약제이다.
      예 글리포세이트(Glyphosate)
  ㉡ 약효를 발휘하는 과정에 따라
    ⓐ 접촉성 제초제 : 접촉성 제초제가 식물체에 닿으면 그 부위가 죽는다.
    ⓑ 침투성 제초제 : 침투성 제초제는 침투이행성 제초제 또는 호르몬형 이행성 제초제 등으로 불리는데, 식물체 내로 흡수·이동되어 식물체를 완전히 죽게 만든다.

③ 제초제의 사용시기
제초제를 뿌리는 시기에 따라 크게 잡초 발생전 토양처리형, 잡초 생육 중 경엽처리형, 토양 및 경엽처리형 제초제로 구분한다.
  ㉠ 토양처리형 제초제 : 종자를 심은 후 그 토양 위에 뿌려 주는데, 잡초의 싹이 돋아나는 것을 억제하거나 죽게 한다. 벼의 경우 파종 또는 써레질 후 7~20일경에 사용하는 토양처리형 제초제가 있는데, 이를 '중기제초제'라고 한다.
  ㉡ 경엽처리형 제초제 : 작물과 잡초가 어느 정도 자랐을 때 잡초에 뿌려 주어 잡초를 죽게 하는 약제이다. 경엽처리제는 해당 작물에는 피해가 거의 없으며, 특정한 잡초들에만 효과가 나타나는 선택성 제초제와 작물과 잡초 모두에 피해가 나타나는 비선택성 제초제의 두 종류가 있다.
  ㉢ 토양 및 경엽처리형 제초제 : 벼 건답 직파재배에 흔히 사용하며, 잔디용으로도 개발되어 있다.

④ 제초제를 사용할 때 주의할 점
  ㉠ 선택과 사용시기, 사용농도를 적절히 한다.
  ㉡ 파종후 처리시 복토를 다소 깊고 균일하게 한다.
  ㉢ 제초제의 연용에 의한 토양조건이나 잡초 군락의 변화에 유의해야 한다.
  ㉣ 농약, 비료 등과의 혼용을 고려해야 한다.
  ㉤ 인축에 유해한 것은 특히 취급에 주의해야 하고, 반드시 마스크와 장갑을 착용해야 한다.

(6) 잡초의 예방

① 윤 작

윤작을 하여 다른 작물을 이어서 심거나 논상태와 밭상태가 교환되면 잡초의 발생이 적어진다.

② 방 목

작물을 수확한 뒤에 방목하면 잡초의 재생력이 목초만 못한 경우가 많으므로 잡초가 억제된다.

③ 소각 및 소토

화전을 일굴 때에 소각하면 잡초씨도 많이 소멸한다. 상토를 소독하기 위하여 소토할 때에도 잡초씨가 사멸한다.

④ 경 운

땅을 충분히 갈아 잡초를 죽이거나 발아를 억제한다.

⑤ 피 복

풀·짚 또는 플라스틱필름으로 포장을 피복하면 잡초의 발생을 경감시키는 효과가 있다.

⑥ 관 개

밭두렁을 높게 쌓고 깊게 관개하면 밭의 잡초를 없앨 수 있다.

06 병해충관리

1 병충해의 종류

(1) 병 해

① 식물병의 정의

어떤 식물에 병원체가 침입하면 식물 세포로부터 영양물질을 흡수하여 식물체의 정상적인 활동을 방해하고 잎·줄기·꽃·열매 등에 변색·변질·시듦·썩음·고사 등을 일으키는데, 이를 '식물병'이라고 한다.

② 식물병의 요인

[식물병의 요인]

㉠ 병원체 : 식물병원체는 주로 곰팡이, 세균, 바이러스 등이다. 병원체가 식물에 병을 일으키는 능력을 '병원성'이라고 하며, 병원성이 강하다는 것은 병원체가 식물체에 침입하여 식물체의 기능을 방해하는 힘이 강하다는 것을 의미한다.

㉡ 식물체 : 식물병이 성립되려면 병원체가 식물체와 접촉하여야 한다. 이때 식물체가 어떤 병에 걸리기 쉬운 성질을 감수성이라 하고, 병원체의 침입에 저항할 수 있는 능력을 '저항성'이라고 한다.

㉢ 발병 환경 : 환경 조건은 병원체의 병원성과 식물체의 저항성 정도에 영향을 준다. 예를 들면, 병원균이 식물체와 접촉하고 있다 하더라도 환경 조건이 병원체의 생육에 불리하고, 식물체의 생육에 유리하면 병이 발생하지 않는다. 반대로 환경 조건이 병원체에 대하여 유리하고, 식물체에 대해 불리하면 병의 발생은 급격히 증가한다.

③ 식물병의 종류

㉠ 병원체의 종류에 따른 분류 [기출] 제3회, 제6회, 제7회, 제8회, 제10회, 제11회

병원체	병의 종류
곰팡이	벼 도열병, 모잘록병, 흰가루병, 녹병, 깜부기병, 잿빛곰팡이병, 역병, 탄저병, 균핵병, 노균병
세균	벼 흰마름병, 풋마름병, 무름병, 둘레썩음병, 궤양병, 반점세균병, 뿌리혹병(근두암종병)
바이러스	모자이크병, 오갈병
선충	뿌리썩이선충병, 시스트선충병, 뿌리혹선충병
기생충	새삼, 겨우살이 등

※ 과수에서 세균에 의한 병 : 근두암종병, 화상병, 궤양병

ⓒ 피해 증상에 따른 분류 `기출` 제5회

병 명	피해 증상	보 기
모잘록병	모종 줄기의 토양과 접한 부분이 잘록해져 넘어지고, 나중에 말라 죽는다.	각종 모잘록병
시듦병	줄기나 뿌리에 병원균이 침입하여 물의 통로가 막혀 잎이나 줄기가 시들어 버린다.	토마토 시듦병
더뎅이병	잎, 과일, 덩이줄기 등에 생기며, 병든 조직 중앙부는 돌출해서 표면은 거칠어진다.	감자 더뎅이병
탄저병	병든 조직이 둥글게 움푹 들어가고 중앙부는 흑색의 작은 점이 생긴다.	고추 탄저병, 사과 탄저병
잿빛곰팡이병	열매, 꽃, 잎이 무르고 그 표면에 잿빛의 곰팡이가 생긴다.	토마토 · 딸기 잿빛곰팡이병
흰가루병	잎, 어린가지의 표면에 흰가루를 뿌린 듯한 모양이 생긴다.	오이 흰가루병
노균병	잎 앞면에 엽맥을 경계로 황갈색의 다각형 병반이 생기며, 뒷면에 흰서리 모양의 곰팡이가 생긴다.	오이 노균병
모자이크병	잎에 진하고 엷은 녹색의 무늬가 얼룩져서 생긴다.	오이 모자이크병

ⓒ 발생 부위에 따른 분류
  ⓐ 식물의 잎, 줄기, 열매 등 지상부에 생기는 병 : 벼 도열병, 오이 노균병, 토마토 잿빛곰팡이병, 오이 흰가루병, 벼 잎집무늬마름병, 오이 모자이크병, 파 녹병, 고추 궤양병, 딸기 잿빛곰팡이병, 고추 탄저병, 사과 탄저병, 감귤 푸른곰팡이병
  ⓑ 땅가 부분이나 뿌리에 생기는 병 : 토마토 시듦병, 감자 더뎅이병, 배추 무름병, 무 뿌리썩음병, 참외 뿌리혹선충병

심화TIP **전염성 병해** `기출` 제9회

- **벼 깨씨무늬병** : 사질토나 노후화 논에서 전 생육기에 발생하며, 잎에 병원균의 감염으로 갈색의 깨알 같은 점무늬를 형성한다.
- **배추 무름병** : 초기 잎의 밑동에 물에 젖은 듯한 반점이 나타나고 이것이 옅은 갈색 반점으로 변해 썩으면서 점점 위쪽으로 번진다. 감염 부위는 물러지고, 썩어 악취가 나며, 심하면 배추 전체가 물러 썩게 된다. 무름병의 병원균은 토양으로 전염된다.
- **사과나무 화상병** : 사과, 배 등 과수에서 발병하는 세균성 병해의 일종으로 전염성이 강하여 한번 발생하면 나무 전체가 고사될 수 있다. 화상병 증상은 초기에 꽃이 마르고, 잎이 주맥부터 검게 변하며, 줄기, 과실 등에 세균 누출액이 맺히고, 어린 가지가 갈고리처럼 휘어지는 것이 특징이다.
- **대추나무 빗자루병** : 세균의 일종인 파이토플라스마(Phytoplasma)에 의해 발생하며, 초기에는 꽃이 잎으로 변하는 엽상화 증상을 보이다가 병이 진전되면서 잎이 빗자루처럼 변하는 징후가 나타난다.

(2) 해충의 종류와 피해

곤충이 성장하면서 섭식하는 먹이가 농작물일 때 이로 인해 농작물의 품질이나 수확량이 감소할 경우, 그 곤충을 '해충'이라고 한다. 유충과 성충이 주로 가해하며, 가해하는 작물의 종류나 부위에 따라 구분하기도 한다. 이들 해충은 다양한 시기에 다양한 방법으로 피해를 주며, 같은 해충이라도 작물의 상태, 기상과 같은 환경에 따라 발생 시기나 발생량, 그리고 피해도 달라진다.

① 식량작물 해충
  ㉠ 벼, 보리, 밀 등의 식량작물을 가해하는 해충으로, 가해 부위에 따라 다음과 같이 나눌 수 있다.

[벼 해충의 종류]

가해 부위	주요 해충
잎	물바구미(성충), 혹명나방(유충)
줄기	벼멸구, 흰등멸구, 애멸구, 매미충류, 이화명나방(유충)
뿌리	벼물바구미(유충)

  ㉡ 해충은 같은 종이라도 유충과 성충에 따라 가해 부위가 다른 경우가 많으며, 비슷하게 생긴 종류라도 종에 따라 피해 정도와 시기가 전혀 달라서 그 방제방법과 시기도 달라져야 피해를 줄일 수 있다.
  ㉢ 벼멸구는 매년 중국에서 날아오는 벼의 주요 해충이며, 장시 형태로 오지만 그 이후는 단시형이 주로 나타난다.

② 채소 및 화훼 해충
  ㉠ 배추 등의 잎을 가해하는 배추좀나방과 거세미나방 유충, 응애류 등이 여기에 속한다.
  ㉡ 일반적으로 해충은 크기가 작기 때문에 한두 마리로는 별로 피해를 주지 않지만, 알을 많이 낳고 세대의 기간이 짧기 때문에 방치해 두면 큰 해를 입게 된다.
  ㉢ 진딧물류, 온실가루이, 파밤나방, 총채벌레류 등은 꽃과 잎을 가해하여 품질을 떨어뜨리는 화훼 해충이다.
  ㉣ 화훼류는 해충 피해로 경제적 가치가 급격히 떨어지므로 관리에 주의를 기울여야 한다.

> **심화TIP 벌마늘 피해의 원인** 기출 제10회
>
> 벌마늘 피해 원인은 겨울철 이상고온와 마을 생육기에 잦은 강우 및 일조량 부족 때문이다.
> 2차생장에 의한 벌마늘 피해는 2024년 2~3월경 제주와 전남 등 남부 지역을 중심으로 폭증하자 정부는 농업재해로 인정하였다.

③ 과수 해충
  ㉠ 사과, 배, 복숭아 등의 과일은 몇 년에 걸쳐 재배되는 영년생 작물로서, 과실이 주된 수확 대상이지만 잎과 가지, 뿌리 등을 가해하는 해충에도 주의해야 한다.
  ㉡ 8개의 다리를 가지고 있어 곤충류에 속하지 않고, 거미류에 속하는 응애는 농작물의 주요한 해충이며, 주로 잎에 해를 준다. 성충 한 마리가 알을 수십~수백 개씩 산란하고, 세대가 짧아 큰 피해를 준다.

ⓒ 과실 속을 직접 파고들어가 가해함으로써 피해를 주는 해충으로는 주로 나방류의 유충이 이에 속하며, 대표적인 해충으로 심식나방류가 있다. 이들 해충은 한 마리가 피해를 주어도 과실 자체를 못 쓰게 만든다.

[주요 과수 해충의 종류]

가해 부위	주요 해충
꽃, 잎	응애류(약성충), 배나무방패벌레, 진딧물류 등
줄기	깍지벌레류, 배나무벌, 포도유리나방
열매	심식나방류 등
뿌리	포도뿌리혹벌레 등

심화TIP 미국선녀벌레(pruinosa) 기출 제9회

- 연간 1세대 발생하며, 기주의 나뭇가지 틈에서 알로 월동한다.
- 월동한 알은 5월 중·하순경에 부화하며, 약충은 5령을 거쳐 60~70일 후에 성충이 된다.
- 성충은 7월에서 10월까지 발생한다.
- 약충도 선녀벌레처럼 흰색의 물질을 분비해 잎과 가지, 열매 등에 달라붙는다.
- 약충과 성충이 기주식물을 흡즙하여 직접적인 피해를 주며, 왁스 물질을 분비한다.
- 포도나무, 감귤나무, 살구나무, 복숭아나무 등의 과일나무를 포함해 단풍나무나 버드나무, 느릅나무와 같은 활엽수에도 서식한다.

2 병충해의 방제

(1) 식물병의 방제 기출 제1회, 제2회, 제3회, 제7회

식물병의 방제는 병이 감염된 후에 치료하는 것보다는 감염되기 전에 예방하는 것이 중요하며, 특성에 따라 여러 가지 방제 방법을 이용한다.

① 재배적 방제
  ㉠ 저항성 작물을 재배하거나 병이 발생하지 않도록 작물을 건강하게 재배하는 방법을 말한다.
  ㉡ 이러한 방법에는 윤작(돌려짓기), 병든 식물의 잔재물 제거와 같은 포장위생, 재배환경의 조절 등이 있다.

② 생물적 방제
  발병 전후에 침입 부위에 병원균의 생장을 방해하는 미생물을 이용하여 식물체를 보호하는 방제법을 말한다.

③ 물리·화학적 방제
  ㉠ 종자나 토양에 숨어 있는 병원체를 죽이기 위한 열처리, 물대기 등의 물리적 방제법과 농약을 이용하는 화학적 방제법을 말한다.
  ㉡ 식물병을 효과적으로 방제하려면 한 가지 방법으로는 성과를 거둘 수 없으며, 여러 가지 방제방법을 종합적으로 적용하여야 하는데, 이를 '종합적 방제법'이라고 한다.

> **심화TIP 병충해 방제**
>
> - 저항성 품종 또는 대목을 선정한다.
> - 건강한 생육으로 저항력을 증진시킨다.
> - 재배환경의 조절로 병원균 활동을 억제한다.
> - 종자 및 토양 소독과 윤작 등으로 병원균의 밀도를 낮춘다.

(2) 해충의 방제 기출 제2회, 제4회, 제6회, 제8회

① 재배적 방제
  ㉠ 작물의 재배환경을 해충 발생에 불리하게 변화시켜 피해를 줄이는 방법이다.
  ㉡ 작물 환경의 청결, 경운, 윤작과 혼작 등의 방법이 있다.

② 작물 저항성 이용방제
  ㉠ 해충에 대하여 저항성을 가진 품종을 이용하는 방법이다.
  ㉡ 저항성 품종의 육종은 시간과 노력이 많이 드는 문제점이 있지만, 일단 저항성 품종이 개발되면 매우 효율적으로 해충을 방제할 수 있다.

③ 기계적·물리적 방제
  시설내 온도처리, 방충망을 이용하여 해충의 유입을 막는 방법, 빛에 끌리는 특성을 이용하여 해충을 유인하는 방법 등이다.

④ 화학적 방제
  농약 등을 이용하여 해충의 밀도를 조절하는 방법으로, 값싸고 효과적이지만 해충의 저항성이 커지고, 환경의 오염과 안전성 등이 사회적으로 문제가 되고 있다.

> **심화TIP 약제 사용시 주의할 점**
>
> - 해충 또는 작물에 알맞은 약제를 선택할 것
> - 농도 및 살포량을 정확하게 지킬 것
> - 적기에 사용할 것
> - 동일 약제를 연용하지 말고, 성분이 다른 약제를 조합할 것
> - 천적에 해를 주지 말아야 하며, 선택성이 있는 농약을 사용할 것

⑤ 생물적 방제

해충의 천적을 이용하여 방제하는 방법으로, 최근 환경 친화적인 방법으로 각광받고 있다.

> **심화TIP 천적을 이용한 방제** 기출 제2회, 제6회
>
> 특정 곤충의 포식 또는 기생·침입하여 병을 일으키는 생물을 그 곤충의 천적이라 한다.
>
> 1. 천적의 분류
>   - 기생성 천적 : 기생벌, 기생파리, 선충 등
>   - 포식성 천적 : 무당벌레, 포식성 응애, 풀잠자리, 포식성 노린재류 등
>   - 병원성 천적 : 세균, 바이러스, 원생동물 등
>
> 2. 대상 해충별 천적의 종류
>
> | 대상 해충 | 천 적 | 이용작물 |
> |---|---|---|
> | 점박이응애 | 칠레이리응애 | 딸기, 오이, 화훼 등 |
> | | 긴이리응애 | 수박, 오이, 참외, 화훼 등 |
> | | 캘리포니아커스이리응애 | 수박, 오이, 참외, 화훼 등 |
> | | 팔라시스이리응애 | 사과, 배, 감귤 등 |
> | 온실가루이 | 온실가루이좀벌 | 토마토, 오이, 화훼 등 |
> | | 황온좀벌 | 토마토, 오이, 멜론 등 |
> | 진딧물 | 콜레마니진딧벌 | 엽채류, 과채류 등 |
> | 총채벌레 | 애꽃노린재류 | 과채류, 엽채류, 화훼 등 |
> | | 오이이리응애 | 과채류, 엽채류, 화훼 등 |
> | 나방류, 잎굴파리 | 명충알벌 | 고추, 피망 등 |
> | | 굴파리좀벌 | 토마토, 오이, 화훼 등 |
> | | 굴파리고치벌 | 토마토, 오이, 화훼 등 |

(3) 병해충 종합관리(IPM ; Integrated Pest Management) 기출 제3회

① 기본 개념

해충이 보인다고 해서 반드시 그것을 방제해야 하는 것은 아니다. 몇 마리 정도가 피해를 준다고 해도 작물을 재배하여 얻는 소득보다 방제비가 더 크다면 방제할 필요가 없다. 여러 가지 방제법을 적절히 사용하여 해충의 발생 밀도를 경제적 피해 수준 이하로 억제하는 것이 '병해충 종합관리(Integrated Pest Management)'의 기본 개념이다.

㉠ Integrated(종합적) : 병해충 문제 해결을 위해 생물학적·물리적·화학적·작물학적·유전학적 조절방법을 종합적으로 사용하는 것을 의미한다.

㉡ Pest(병해충) : 수익성 및 상품성 있는 산물의 생산에 위협이 되는 모든 종류의 잡초, 질병, 곤충을 의미한다.

㉢ Management(관리) : 경제적 손실을 유발하는 병해충을 사전적으로 방지하는 과정을 의미한다.

② 세부 내용

다양한 병해충 방제기술을 동원하여 병해충 발생량을 경제적 피해수준 이하로 유지시킴으로써 병해충 방제효과의 경제성을 확보하고 환경과 인축에 미치는 위험은 최소화시키는 병해충 관리 전략이다.

㉠ 수용가능한 병해충 발생 수준 : 병해충에 의하여 발생하는 농작물의 피해가 경제적 허용한계 수준 이하로 유지될 수 있는 병해충 발생량, 즉 병해충을 박멸시키는 것을 목표로 하지 않고 병해충에 의한 피해허용 수준을 정하는 것이다.

㉡ 병해충 발생 감시와 기상관측 : 병해충 발생 상황에 대한 정기적인 조사(병해충 피해증상에 대한 육안조사, 해충과 병원균 포자 채집, 병원균과 해충에 대한 동정) 및 기상관측자료를 수집한다.

㉢ 예방적 경종기술 : 재배지역에 적합한 병해충 저항성 품종 선택, 병해충 전염원의 사전 제거 및 윤작 등과 같이 병해충 발생을 예방하여 작물을 건강하게 키우는 경종기술이다.

㉣ 물리적 방제 : 병해충 발생 초기에 피해 식물체 제거, 해충의 습성을 이용한 유인포집기 설치, 해충 이동을 막을 수 있는 모기장 설치 등을 활용한다.

㉤ 생물적 방제 : 환경피해가 없고 비용이 적게 드는 천적과 유용미생물 등을 활용한다.

㉥ 화학적 방제 : 가능한 화학농약 사용을 최소화하여 환경을 보전하고, 안전한 농산물을 생산하기 위해 특정 병해충에 작용하는 선택적 농약을 사용한다.

심화TIP 과수작물의 조류(鳥類) 피해방지 대책 기출 제6회

- 방조망 설치
- 광반사물 설치
- 폭음기 설치(기피음 발생)

3 농 약

(1) 정 의

농약이란 농업 경영상 농작물을 보호하는 화학적·생물적 제제를 통틀어 말한다. 농약에는 살균제, 살충제, 살비제, 살선충제, 제초제, 유인제, 기피제, 보조제 등이 있으며, 넓은 의미에서 보면 생물농약, 식물생장조절제, 비료까지도 농약에 포함시킬 수 있다.

(2) 농약의 중요성

농약은 생태계 파괴, 인축 독성 등과 같은 부작용이 유발됨에도 불구하고 작물을 병해충, 잡초로부터 보호하는 수단으로 가장 현실적인 대안으로 이용하고 있다. 따라서 부작용을 최소화하고 사용 효율을 최대화할 수 있도록 농약을 사용하여야 한다.

(3) 적용 대상에 따른 종류

① 살충제

종 류	특 성
독제	곤충의 먹이가 되는 부분에 약제를 뿌려 먹이와 농약이 해충의 소화기관 내로 들어가 살충작용을 하는 약제이다.
접촉제	곤충의 피부에 농약이 묻어 피부를 통과한 성분이 해충을 죽게 하는 살충제이다. • **직접접촉제** : 곤충의 몸에 직접 뿌렸을 때에만 살충력이 기대되는 살충제 • **잔효성 접촉제** : 곤충의 몸에 직접 뿌렸을 때만 아니라 약제가 뿌려진 이후에도 뿌려진 부위에 살충성분이 남아 있어 해충이 접촉하면 살충효과가 기대되는 약제
침투성 살충제	농약을 작물의 줄기, 잎 또는 뿌리 등 일부 부위에 뿌리면 살충성분이 식물즙액과 함께 작물 전체에 퍼져서 해충을 죽이는 약제이다.
훈증제	살충성분을 가스 상태로 만들어서 사용하는 약제이다.
훈연제	살충성분을 연기 상태로 만들어서 사용하는 약제이다.
유인제	해충을 유인하여 한 곳으로 모이게 하는 약제이다.
기피제	보호하고자 하는 작물이나 저장곡물에 해충이 모여드는 것을 막는 약제이다.
점착제	끈적끈적한 물질을 나무에 발라 월동 전후에 나무를 타고 이동하는 해충을 잡는 약제이다.
생물 농약	해충의 천적을 이용하는 제재로 세균, 바이러스, 천적 곤충 등이 이용된다.
불임제	해충의 생식 능력을 제거하는 약제이다.

② 살균제

종 류	특 성
보호살균제	병균이 작물 체내로 침투하는 것을 막아주는 살균제
직접살균제	병균의 작물체 침입을 막아주기도 하며, 이미 침입하여 있는 병균을 죽이는 살균제
기타 살균제	종자살균제, 토양소독제 등

③ 살비제
  ㉠ 곤충류에 대해서는 살충효과가 거의 없고, 응애류에만 효과를 나타내는 약제이다.
  ㉡ 살충제 중에는 응애류에 방제효과가 좋은 농약이 있으나, 그것들을 '살비제'라고 하지는 않는다.

④ 살선충제
  토양훈증제와 같이 작물의 뿌리에 기생하는 선충류를 방제하기 위한 약제이다.

⑤ 살서제
  작물이나 곡물에 해를 주는 쥐, 두더지, 토끼 등과 같은 설치류의 방제를 목적으로 하는 약제이다.

⑥ 제초제
  작물의 정상적인 생육을 방해하는 잡초의 방제에 쓰이는 약제이다.
  ㉠ 비선택성 : 작물을 포함하여 모든 종류의 식물을 죽이는 약제이다.
  ㉡ 선택성 제초제 : 특정 잡초에 대해서만 제초 효과를 나타내는 약제이다.

(4) 제제 형태와 사용 특성에 따른 종류

제제 형태	종 류	특 성
액제	액제	액체 상태로 뿌리는 약제이다.
		농약의 주성분이 물에 잘 녹는 성질을 가지고 있다.
	유제	농약의 주성분을 유기용매에 녹인 후 여기에 유화제를 혼합한 제제이다. 물을 희석하면 유효성분의 입자가 물에 고르게 분산되어 유탁액이 된다.
가루	수화제	물에 녹지 않은 주성분을 카올린, 벤토나이트 등에 희석한 후 계면활성제를 첨가한 제제로, 물에 희석하면 유효성분의 입자가 물에 고루 분산되어 현탁액이 된다.
	수용제	제제의 형태는 수화제와 같으나 유효성분이 수용성이므로 물에 넣으면 투명한 액체가 된다.
분제	분제	주성분에 활석, 고령토, 규조토와 같은 증량제를 혼합하여 입자지름을 61~64μm로 분쇄한 미립분말이다.
입제 알갱이	입제	분제보다 입자지름이 큰 분말 형태의 약제이다. 입자의 크기와 모양은 여러 가지이다.
	정제	유효성분 일정량을 적당한 증량제와 혼합해서 1~5g 정도 되게 뭉쳐 만든 약제이다.
	훈증제	평상시에는 액체, 고체 또는 압축가스 상태로 되어 있으나 사용할 때에는 가스로 변하여 독작용을 나타내는 약제이다.
	훈연제	주성분과 발열제를 종이에 흡착시키거나 깡통에 넣은 것인데, 여기에 불을 붙이면 주성분이 연기와 함께 공중에 분산되는 약제이다.
	연무제	주성분을 가압해 두었다가 사용할 때 평압으로 만들어 공기 중에 연무 형태로 분출시켜 사용하는 약제이다.
	호상제	농약을 끈적끈적한 상태로 만들어 놓은 것인데, 주로 도포제로 쓴다.

(5) 농약이 갖추어야 할 조건

① 효력이 정확하여야 한다.
② 작물에 대한 약해가 없어야 한다.
③ 사람과 가축에 대한 독성이 적어야 한다.
④ 수질을 오염시키지 않아야 한다.
⑤ 토양이나 먹이사슬 과정에 축적되지 않도록 잔류성이 적어야 한다.
⑥ 농약에 대해 방제 대상 병해충이나 잡초의 저항성이 유발되지 않아야 한다.
⑦ 다른 약제와 혼합하여 사용할 수 있어야 한다.
⑧ 품질이 일정하고 저장 중 변질되지 않아야 한다.
⑨ 사용법이 간편하여야 한다.
⑩ 값이 싸야 한다.

(6) 농약 사용시 유의사항

① 안전사용 기준과 취급제한의 기준을 반드시 지켜야 한다.
② 농약을 살포할 때에는 바람을 등져야 하고 마스크, 고무장갑, 방제복을 반드시 착용한다.
③ 살포 작업은 한낮의 뜨거운 시간은 피하고, 아침이나 저녁의 서늘한 시간에 한다.
④ 적용 대상 병해충 이외의 대상에는 농약을 살포하지 않는다.
⑤ 다른 농약과 섞어 뿌리고자 할 때에는 반드시 혼용이 가능한지를 확인한 후 사용한다.
⑥ 농약병은 병뚜껑으로 식별이 가능하므로 주의해서 사용해야 한다. 살충제의 농약 뚜껑은 초록이며, 살균제의 농약 뚜껑은 분홍색이고, 제초제의 뚜껑은 노란색을 나타내므로 주의해서 사용해야 한다.
⑦ 식물 전멸약(비선택성 제초제)은 바람이 강한 날이나 작물이 자라고 있는 근처에서는 절대로 사용하지 말아야 하며, 사용한 다음에는 반드시 방제기구를 깨끗이 씻어야 한다.
⑧ 제4종 복합비료(영양제)와 농약을 살포하는 것은 약해의 원인이 될 수도 있으므로 각별히 유의해야 한다.
⑨ 작업이 끝난 후에는 입 안을 물로 헹구고, 목욕을 하도록 한다.
⑩ 중독증상이 있을 때에는 즉시 작업을 중단하고 안정을 취하여야 하며, 반드시 의사의 지시에 따라야 한다.
⑪ 실수로 농약을 마셨을 때에는 즉시 소금물을 먹어 토하고 의사의 치료를 받는다.

CHAPTER 04 적중예상문제

01 작부체계

01 경지이용률에 관한 설명으로 가장 옳은 것은?

① 국토 중 식량작물 재배면적 비율
② 수년간 놀리지 않은 땅의 면적 비율
③ 경지면적에 대한 작물 재배면적 비율
④ 토지면적 중 빌린 땅의 면적 비율

> |해설|
> 경지이용률은 1년 단위로 총 경지면적에 대한 작물 재배면적의 비율(%)로 나타낸다.

02 다음 중 홑짓기의 특징에 해당되는 것은?

① 높은 수량을 낼 수 있다.
② 토지이용률을 높일 수 있다.
③ 지력 회복에 유리하다.
④ 기계화 재배에 불리하다.

> |해설|
> 홑짓기(단작)는 기계화 재배에 유리하며 높은 수량을 낼 수 있는 장점이 있지만, 토지이용률이 낮고 지력 회복에 불리하며 노동력의 편중현상과 각종 재해의 위험성이 크다는 단점도 있다.

03 연작에 가장 좋지 않은 작물은?

① 참외
② 콩
③ 오이
④ 수박

> |해설|
> 수박은 5~7년 휴작을 요한다.
> 참외는 3년 휴작을, 콩은 1년 휴작을, 오이는 2년 휴작을 필요로 한다.

04 다음 중 연작을 해도 지장이 없는 작물은?

① 고구마　　　　　② 수박
③ 아마　　　　　　④ 땅콩

| 해설 |
> 연작의 해가 적은 작물
> 벼·맥류·조·수수·옥수수·고구마·삼·담배·무·당근·양파·호박·연·순무·뽕나무·아스파라거스·토당귀·미나리·딸기·양배추·꽃양배추 등

05 다음 중 연작(이어짓기)에 의한 피해가 다른 작물에 비해 큰 작물은?

① 벼　　　　　　　② 맥류
③ 옥수수　　　　　④ 인삼

| 해설 |
> 인삼은 한 번 본밭에 옮겨 심으면 같은 장소에서 3~5년 동안 재배하므로 이어짓기가 거의 불가능하며, 한 번 재배하였던 곳은 10년 이상 다른 작물을 재배한 후에 다시 재배해야 한다.

06 연작을 하면 작물의 생육이 뚜렷하게 나빠지는 일이 있는데, 이것을 기지(忌地, Soil Sickness)라고 한다. 기지의 원인이 아닌 것은?

① 토양비료분의 소모　　　② 토양물리성의 악화
③ 유독물질의 축적　　　　④ 토양선충 피해의 감소

| 해설 |
> 동일 작물을 연작할 경우 토양선충 및 병해충의 피해가 증가한다.

정답 01 ③ 02 ① 03 ④ 04 ① 05 ④ 06 ④

07 작물의 기지현상의 원인이 아닌 것은?

① 토양비료분의 축적
② 토양 중의 염류집적
③ 토양물리성의 악화
④ 잡초의 번성

| 해설 |

기지의 원인
- 토양비료분의 소모
- 토양물리성의 악화
- 유독물질의 축적
- 토양전염의 병해
- 토양 중의 염류집적
- 잡초의 번성
- 토양선충의 피해

08 토양의 염류집적을 방지하고 지력을 높이기 위한 방법으로 옳지 않은 것은?

① 유기물을 사용하여 양이온치환용량을 높인다.
② 토양진단에 근거하여 시비를 한다.
③ 경운 및 쇄토를 자주하여 토양을 단립화 시킨다.
④ 담수처리를 하거나 제염작물을 재배한다.

| 해설 |

토양의 염류집적 방지대책
- 담수에 의한 제염
- 제염작물 재배(벼, 옥수수, 보리, 호밀)
- 미분해성 유기물 사용(볏짚, 산야초, 낙엽) → 양이온치환용량 증대
- 환토, 객토(토양의 입단화)
- 합리적 시비(토양진단에 근거한 시비)

09 염류집적에 대한 대책이 아닌 것은? 기출 제7회

① 흡비작물 재배
② 무기물 시용
③ 심경과 객토
④ 담수 처리

| 해설 |

염류집적에 대한 대책
근래 하우스재배 등으로 작토층에 염류가 과잉 집적하여 작물의 생육을 저해하는 경우가 있다. 염류집적에 대한 대책으로는 담수에 의한 제염, 흡비작물(녹비작물) 재배, 심경(깊이갈이)과 객토, 유기물 시용(양분보존능 증대) 등이 있다.

10 시설내 염류집적에 관한 대책을 올바르게 나열한 것은? 기출 제11회

① 심경, 객토
② 양분흡수 억제, 다비 재배
③ 흡비작물 재배, 표면관수
④ 담수 처리, 강우 차단

| 해설 |
염류집적에 대한 대책으로는 담수에 의한 제염, 흡비작물(녹비작물) 재배, 심경(깊이갈이)과 객토, 유기물 시용(양분보존능 증대) 등이 있다.

11 다음 중 기지현상의 발생이 크게 우려되는 작물은?

① 벼
② 보리
③ 담배
④ 수박

| 해설 |
기지는 연작을 할 때 작물의 생육이 뚜렷하게 나빠지는 현상으로, 수박은 5~7년 휴작을 요하는 작물이다.

12 기지의 근본적인 대책이 되는 것은?

① 윤작
② 담수
③ 환토
④ 결핍성분의 보급

| 해설 |
윤작(돌려짓기)을 하면 기지현상을 방지·경감할 수 있다.

정답 07 ① 08 ③ 09 ② 10 ① 11 ④ 12 ①

13 연작장해(기지)를 해소하기 위한 가장 친환경적인 영농방법은?

① 토양소독
② 유독물질의 제거
③ 윤작(돌려짓기)
④ 시비를 통한 지력 배양

| 해설 |
연작장해(기지)를 해소하기 위한 방법으로는 윤작(돌려짓기), 담수, 토양소독, 유독물질의 유거(流去), 객토 및 환토, 접목, 지력배양 등이 있으며, 이 중 가장 친환경적 방법은 <u>윤작(돌려짓기)</u>이다.

14 다음 중 연작장해(기지)의 해결 방법이 아닌 것은?

① 전답의 돌려짓기(윤작)를 한다.
② 깊이갈이를 하거나 객토 및 표토를 한다.
③ 비 또는 담수로 씻어 내린다.
④ 화학성 비료를 충분히 시비하여 식물의 생육을 왕성하게 만든다.

| 해설 |
화학성 비료를 시비하기보다는 비료 성분이 낮은 완숙퇴비나 짚 같은 유기물을 충분히 사용하여 토양의 완충 능력을 향상시키는 것이 좋다.
※ 연작장해(기지)는 같은 작물을 같은 장소에 계속해서 재배함으로써 작물의 성장이 불량해지고 품질과 수량 이 저하되는 현상을 말한다.

15 윤작(輪作)의 원리에 관한 설명으로 옳지 않은 것은?

① 주작물(主作物)은 지역사정에 따라서 다양하게 변하고 있다.
② 식량작물이나 사료작물 생산의 어느 한쪽에 치중한다.
③ 지력유지를 위하여 콩과작물이나 다비성작물(多肥性作物)을 반드시 포함한다.
④ 잡초의 경감을 위해서 중경작물(中耕作物)이나 피복작물(被服作物)을 포함한다.

| 해설 |
윤작의 원리
• <u>식량작물과 사료작물 생산을 병행한다.</u>
• 지력유지 작물을 반드시 포함한다.
• 잡초의 경감을 위하여 중경작물이나 피복작물을 포함한다.
• 여름작물과 겨울작물은 토지이용도를 높인다.
• 피복작물은 토양보호를 위한 것이다.

16 윤작의 직접적인 효과와 거리가 가장 먼 것은?

① 토양구조 개선 효과
② 수질보호 효과
③ 기지(忌地)회피 효과
④ 수량 증대 효과

| 해설 |
윤작은 지력의 유지를 증강시켜 토양구조를 좋게 한다. 또한 토양보호, 기지회피, 병해충 경감, 잡초 경감, 수량 증대, 토지이용도 향상 등의 효과를 얻을 수 있다.

17 다음 중 윤작의 효과가 아닌 것은?

① 토양보호
② 기지현상의 증가
③ 병해충 경감
④ 지력의 증진

| 해설 |
윤작을 하면 기지현상이 회피된다(기지의 회피).

18 토양보호의 방법으로 옳지 않은 것은?

① 등고선 재배
② 합리적 작부체계
③ 초지 조성
④ 수직선 재배

| 해설 |
수직선 재배의 경우 강우시 빗물에 의한 유실이 많다.

19 교호작의 대표적 작물로 짝지은 것은?

① 옥수수와 콩
② 감자와 고구마
③ 콩과 수수
④ 콩과 목화

| 해설 |
교호작(번갈아짓기)
콩의 두 이랑에 옥수수 한 이랑씩처럼 생육기간이 비슷한 작물들을 서로 건너서 교호로 재배하는 방식이다.

정답 13 ③ 14 ④ 15 ② 16 ② 17 ② 18 ④ 19 ①

20 생육시기가 비슷한 두 종류 이상의 작물을 동시에 같은 포장에 섞어서 재배하는 작부방식을 무엇이라 하는가?

① 간작 ② 교호작
③ 자유작 ④ 혼작

| 해설 |
혼작을 할 때는 주로 목초류, 콩+수수 또는 옥수수, 콩+들깨, 쑥갓+상추를 섞어서 재배한다.

21 다음 중 혼작의 예가 아닌 것은?

① 콩 + 옥수수 ② 목화 + 들깨
③ 콩 + 수수 ④ 보리 + 콩

| 해설 |
보리+콩은 간작이다.
※ 혼작(섞어짓기) : 생육기가 거의 같은 두 종류 이상의 작물을 동시에 같은 포장에 섞어 재배하는 것

22 다음 중 답전윤환의 효과는?

① 기지의 회피 ② 잡초의 번무
③ 지력감퇴 ④ 벼의 수량 저하

| 해설 |
답전윤환 재배는 지력증강, 기지의 회피, 잡초의 감소, 벼의 수량 증가, 노력절감의 효과가 있다.

23 답전윤환의 효과로 옳지 않은 것은?

① 지력증강 ② 기지의 회피
③ 병충해 증가 ④ 잡초의 감소

| 해설 |
답전윤환으로 인해 토양감염성 병해충의 밀도가 낮아져 병충해가 감소한다.

24 녹비작물의 재배 효과가 아닌 것은?

① 유기물과 양분을 공급한다.
② 토양의 구조와 비옥도를 높인다.
③ 클로버, 알팔파 등 두과작물을 이용할 수 있다.
④ 녹비작물의 효과는 단기간에 가시적인 효과를 거둘 수 있다.

| 해설 |
녹비작물의 효과는 장기간에 걸쳐 서서히 나타나므로 단기간에 가시적인 효과를 보기는 어렵다.

25 작부체계별 특성으로 옳지 않은 것은?

① 단작은 많은 수량을 낼 수 있다.
② 윤작은 경지의 이용 효율을 높일 수 있다.
③ 혼작은 병충해 방제와 기계화 작업에 효과적이다.
④ 단작은 재배나 관리 작업이 간단하고 기계화 작업이 가능하다.

| 해설 |
병충해 방제에 효과적인 것은 윤작이며, 기계화 작업에 효과적인 것은 단작이다.
혼작은 생육기간이 거의 같은 두 종류 이상의 작물을 동시에 같은 포장에 섞어서 재배하는 것을 말한다.

26 답리작으로 보리가 밀보다 많이 재배되는 이유는?

① 보리가 밀보다 산성 토양에 강하기 때문
② 보리가 밀보다 추위에 강하기 때문
③ 보리가 밀보다 거름흡수력이 강하기 때문
④ 보리가 밀보다 생육기간이 짧아서

| 해설 |
보리는 수확기가 밀보다 15일 정도 빠르므로 답리작 재배에서 벼의 이앙을 빨리 할 수 있어 작부체계상 유리하다.

정답 20 ④ 21 ④ 22 ① 23 ③ 24 ④ 25 ③ 26 ④

02 종자와 육묘

01 작물 씨앗이 싹트는 데에는 꼭 필요한 조건이 있다. 모든 작물에서 필요한 조건이 아닌 것은?

① 물
② 온도
③ 산소
④ 햇빛

| 해설 |
종자 발아의 3대 조건은 수분(물), 산소, 온도이다.

02 작물이 영양적 발육단계로부터 생식적 발육단계로 이행하는데 가장 크게 관여하는 외적 요인은?

① 일장과 양분
② 온도와 수분
③ 온도와 일장
④ 온도와 양분

| 해설 |
개화에 관여하는 인자로는 온도와 일장이 가장 크게 관여한다.

03 다음은 종자의 구성 요소에 대한 설명이다. 옳지 않은 것은?

① 종피는 종자를 감싸고 있는 보호 기관이다.
② 종피는 색소가 함유되어 있어 색깔이 다양하다.
③ 배유는 씨젖이라고 불리기도 한다.
④ 주피의 일부 조직이 발달한 것을 내배유라고 한다.

| 해설 |
배유는 내배유와 외배유로 구분되는데, 주피의 일부 조직(주심 조직)이 발달하여 저장조직이 된 것을 '외배유'라고 한다.

04 배의 미숙 때문에 발아가 늦어지는 자발휴면이 있는데, 이 종자는 모식물에서 떨어진 후 어떤 과정을 거쳐야 하는가?

① 후숙
② 완숙
③ 퇴숙
④ 성숙

|해설|

후숙
수확 당시에 발아력이 없었던 종자를 일정한 기간 단독으로나 또는 과실이나 식물체에서 분리되지 않은 채로 잘 보관하면 발아력을 가지게 되는데, 이것을 후숙(After Ripening)이라고 한다.

05 성숙 직후의 종자는 온도, 수분과 같은 환경 조건이 발아에 적합하여도 일정 기간 발아하지 않는 특성을 지니고 있는데, 이를 무엇이라 하는가?

① 휴면
② 발아
③ 정지
④ 파종

|해설|

휴면은 생육의 일시적인 정지 상태라고 볼 수 있다.

06 종자휴면의 원인이 아닌 것은?

① 발아촉진물질의 분비
② 종피의 불투기성
③ 종피의 기계적 저항
④ 배의 미숙

|해설|

휴면의 원인
- 배의 미숙
- 생장소의 부족
- 종피의 불투수성
- 종피의 기계적 저항
- 저장물질의 미숙
- 발아억제물질
- 종피의 불투기성

정답 01 ④ 02 ③ 03 ④ 04 ① 05 ① 06 ①

07 종자나 눈이 휴면에 들어가면서 증가하는 식물호르몬은? 기출 제6회, 제9회

① 옥신(auxin)
② 시토키닌(cytokinin)
③ 지베렐린(gibberellin)
④ 아브시스산(abscisic acid)

| 해설 |
아브시스산(abscisic acid)은 식물의 생장을 억제하는 대표적인 식물호르몬이다.
옥신(auxin), 시토키닌(cytokinin), 지베렐린(gibberellin)은 과실의 생장 과정에서 세포분열이나 비대를 촉진시키는 식물호르몬이다.

08 호광성 종자의 휴면을 타파하여 발아촉진을 하고자 할 때 사용되는 것은?

① MH-30
② 감마선
③ 에틸렌
④ 지베렐린

| 해설 |
양상추, 담배, 감자 등의 호광성 종자는 지베렐린(Gibberellin) 수용액에 30~60분간 담근 후 파종하면 발아가 촉진된다.

09 휴면연장과 발아를 억제하기 위한 처리로 적당한 것은?

① 기계적 상처
② 생장호르몬 처리
③ 침지
④ MH-30 처리

| 해설 |
MH-30은 감자와 양파의 발아억제에 사용된다.

10 감자, 양파의 경우 발아를 억제시키는 방법으로 가장 옳은 것은?

① 습도 조절
② 온도 조절
③ 광선 조절
④ 산소 조절

| 해설 |
저온저장이 일반적이며, 감자의 괴경은 0~4℃, 양파는 1℃ 내외로 저장하게 되면 발아가 억제된다.

11 배(胚)의 휴면타파 방법으로 흔히 이용되는 방법은?

① 종피파상법　　　　② 종피제거법
③ 질산침지법　　　　④ 층적법

> **해설**
> 배의 휴면은 습한 모래 또는 이끼와 종자를 층층이 쌓아 저온을 경과시키면 타파되는데, 이를 층적법이라고 한다.

12 경실종자의 휴면타파 방법이 아닌 것은?

① 종자소독약 처리　　② 씨껍질의 손상
③ 습열 처리　　　　　④ 저온 처리

> **해설**
> **물리적 휴면타파 방법**
> - **기계적 처리** : 종자의 종류에 따라 모래와 섞어 마찰을 시켜 껍질에 기계적인 상처를 주거나 핵층을 파괴하여 수분의 흡수를 돕고, 발아를 균일하게 한다. 또는 씨눈의 반대편에 상처를 내 파종을 하기도 한다.
> - **온도 처리** : 종자의 종류에 따라 저온 처리를 하거나 온탕 속에 담근 후 파종한다.
> - **수세 및 침지** : 종자의 종류에 따라 종자를 물에 씻어 파종하거나 물에 담근 후 파종하면 발아율을 높일 수 있다.

> **TIP** 화학적 휴면타파 방법
> - 구연산, 수산화나트륨, 알코올, 과산화수소 등의 화학약품을 이용하여 처리한다.
> - 생장조절제를 이용하여 발아를 촉진한다.

13 다음 A농가가 실시한 휴면타파 처리는? **기출** 제4회

> 경기도에 있는 A농가에서는 작년에 콩의 발아율이 낮아 생산량 감소로 경제적 손실을 보았다. 금년에 콩 종자의 발아율을 높이기 위해 휴면타파 처리를 하여 손실을 만회할 수 있었다.

① 훈증 처리　　　　　② 콜히친 처리
③ 토마토톤 처리　　　④ 종피파상 처리

| 해설 |
> 종피파상법은 콩 껍질에 상처를 내서 파종하는 방법으로, 수분 흡수를 돕고 발아를 균일하게 한다.
> ① 훈증 처리는 살충방법의 일종이다.
> ② 콜히친 처리는 씨없는 수박재배에 이용된다.
> ③ 토마토톤 처리는 토마토의 재배에서 착과제로 이용된다.

14 종자가 저장 중에 발아력이 상실되는 주된 원인은?

① 원형질 단백질의 응고　　② 저장양분의 소모
③ 유독물질의 생성　　　　④ 저장 중의 질식

| 해설 |
> 원형질 단백질이 응고되면 효소의 활성이 저하되어 종자가 수분을 흡수하더라도 다른 작용이 일어나지 않는다.

15 다음 채소종자 중 발아연한이 가장 짧은 것은?

① 파　　　　　　　　　　② 무
③ 오이　　　　　　　　　④ 수박

| 해설 |
> **발아연한**
> • **단명종자** : 양파, 파, 옥수수, 고추, 당근 등
> • **상명종자** : 무, 배추, 시금치, 우엉, 목화 등
> • **장명종자** : 녹두, 오이, 수박, 가지, 토마토 등

16 다음 중 우량품종이 갖추어야 할 특성으로 보기 어려운 것은 어느 것인가?

① 우수성　　　　　　　　② 균일성
③ 영속성　　　　　　　　④ 다양성

| 해설 |
> **우량품종의 조건**
> • **균일성** : 품종의 특별한 성질이 같은 품종의 모든 식물에 고르게 나타나는 것
> • **우수성** : 재배적 특성이 종합적으로 우수한 것
> • **영속성** : 균일하고 우수한 특성이 대대로 변하지 않고 유지되는 것

17 우량종자가 갖추어야 할 조건으로 옳지 않은 것은?

① 우량한 유전적 형질을 갖춘 종자
② 유전적으로 순수하고 이형종자가 섞이지 않은 종자
③ 충실하게 발달하여 생리적으로 좋은 종자
④ 발아력을 좋게 하려고 오래 저장한 종자

> |해설|
> 채종 후 오래되지 않은 신선한 종자여야 한다.

18 종자의 수명을 연장할 수 있는 저장방법으로 가장 좋은 조건은?

① 고온·다습
② 고온·저습
③ 저온·저습
④ 저온·다습

> |해설|
> 종자의 수명
> 수분 함량이 높은 종자를 고온·다습의 환경 속에 저장하면 수명이 짧아지고, 건조한 종자를 저온·저습·밀폐된 상태로 저장하면 수명이 연장된다.

19 종자의 수명을 연장하는 방법으로 옳지 않은 것은? 기출 제11회

① 저온에서 저장한다.
② 산소를 공급한다.
③ 흡습을 방지한다.
④ 종자를 건조시킨다.

> |해설|
> 종자의 수명을 연장하기 위해서는 산소공급을 최소화하고 건조한 종자를 저온, 밀폐상태로 저장해야 한다.
> ① 저온에서 저장하면 종자의 수명을 연장시킬 수 있다.
> ③ 종자 내 수분 함량이 많아지면 종자의 수명이 짧아지므로 흡습을 방지한다.
> ④ 종자를 건조시키면 생리적 휴면이 끝난 종자라도 휴면상태가 유지되어 수명을 연장시킬 수 있다.

정답 14 ① 15 ① 16 ④ 17 ④ 18 ③ 19 ②

20 다음 중 종자의 퇴화원인이 아닌 것은?

① 저장양분의 고갈
② 분열조직의 기아
③ 발아유도기구의 분해
④ 가수분해효소의 활성화

| 해설 |
가수분해효소의 활성화는 발아시 촉진조건이다.

21 종자를 정선한 후 종자처리를 실시하는 목적으로 옳지 않은 것은?

① 종자전염병균이나 해충을 방제하기 위한 종자소독처리
② 토양 또는 공기를 통하여 감염하는 병균이나 해충으로부터 유식물을 보호하기 위한 처리
③ 적정한 건조를 통해 저장을 용이하게 하기 위한 처리
④ 종자의 발아속도 및 균일성을 향상시키기 위한 특수처리

| 해설 |
종자처리의 목적
- 종자전염병균이나 해충을 방제하기 위한 종자소독
- 토양 또는 공기를 통하여 감염하는 병균이나 해충으로부터 유식물(幼植物)을 보호하기 위한 처리
- 종자의 발아속도 및 균일성을 향상시키기 위함

22 종자의 수확 후 관리방법 중 옳지 않은 것은?

① 생 탈곡한 종자는 즉시 얇게 펴 골고루 말린다.
② 직사광선하에서는 너무 온도가 높지 않도록 한다.
③ 종자의 수분 함량이 많은 경우에는 건조온도를 높게 하여 말린다.
④ 수분평형량을 감소시킨다.

| 해설 |
건조시 온도가 지나치게 높으면 종자가 손상되고 영양분이 파괴된다.

23 육묘에 관한 설명으로 옳지 않은 것은? 기출 제7회

① 직파에 비해 종자가 절약된다.
② 토지이용도가 낮아진다.
③ 직파에 비해 발아가 균일하다.
④ 수확기 및 출하기를 앞당길 수 있다.

| 해설 |
육묘란 종자를 경작지에 직접 뿌리지 않고 뿌리가 있는 어린작물을 일정기간 시설 등에서 생육시키는 것을 말한다. 육묘이식을 하면 토지이용도를 증대시킬 수 있다.

24 일반적인 육묘재배의 목적으로 거리가 먼 것은?

① 조기 수확
② 집약 관리
③ 추대 촉진
④ 종자 절약

| 해설 |
육묘재배를 하면 추대를 방지할 수 있다.

25 육묘 재배의 이유가 아닌 것은? 기출 제5회

① 과채류 재배시 수확기를 앞당길 수 있다.
② 벼 재배시 감자와 1년 2작이 가능하다.
③ 봄 결구배추 재배시 추대를 유도할 수 있다.
④ 맥류 재배시 생육촉진으로 생산량 증가를 기대할 수 있다.

| 해설 |
봄 결구배추를 보온육묘해서 이식하면 저온을 피할 수 있어 추대(抽薹 ; 화아 분화가 진행되어 이삭이나 꽃대가 올라오는 현상)를 방지할 수 있다.

26 채소 육묘에 관한 설명으로 옳은 것을 모두 고른 것은? 기출 제10회

> ㄱ. 직파에 비해 종자가 절약된다.
> ㄴ. 토지이용도가 높아진다.
> ㄷ. 수확기 및 출하기를 앞당길 수 있다.
> ㄹ. 유묘기의 환경관리 및 병해충 방지가 어렵다.

① ㄱ, ㄷ
② ㄴ, ㄹ
③ ㄱ, ㄴ, ㄷ
④ ㄱ, ㄴ, ㄷ, ㄹ

| 해설 |

ㄹ. 육묘이식을 하면 직파하는 것보다 집약관리가 가능하여 병충해·한해·냉해 등을 방지하기가 쉽다.

TIP 육묘의 필요성

- 직파에 비해 종자가 절약된다.
- 직파에 비해 발아가 균일하다.
- 토지이용도가 높아진다.
- 수확기 및 출하기를 앞당길 수 있다.
- 유묘기의 환경관리 및 병해충 방지가 쉽다.
- 추대(抽薹 ; 화아 분화가 진행되어 이삭이나 꽃대가 올라오는 현상)를 방지할 수 있다.

27 정식기에 가까워지면 묘를 외부환경에 미리 노출시켜 적응시키는 것은? 기출 제7회, 제8회

① 춘화
② 동화
③ 이화
④ 경화

| 해설 |

생육성기 이후, 특히 정식기에 가까워지면 직사광과 외부환경에 서서히 순화시키는 것을 '경화' 또는 '순화'라 한다.
① 춘화(vernalization)는 식물의 종자가 발아한 후 또는 줄기의 생장점이 발육하고 있을 때 일정기간의 저온을 거침으로써 화아가 형성되는 현상이다.
② 동화(anabolism)는 물질대사를 통해 생화학적으로 생물체 내에서 물질을 합성하는 것을 말한다.
③ 이화(catabolism)는 세포호흡을 통하여 유기분자를 분해하고 에너지를 얻는 반응을 말한다.

28 육묘용 상토로서 갖추어야 할 조건은 어느 것인가?

① 뿌리의 안정을 위해서 비중이 큰 것
② 무기물 함량이 될 수 있는 대로 높은 것
③ 공극률이 작아 양·수분을 간직하는 힘이 강한 것
④ 비열이 높고 가격이 싼 것

| 해설 |
육묘용 상토의 조건
- 경량 상토로서 비중이 작고 비열이 높을 것
- 값이 싸고 병충해가 없는 무균상태일 것
- 유기물 함량이 높고 분해가 물리·화학적으로 안정되어 있을 것
- 보수성과 통기성이 적당할 것
- 작은 용기에 배지를 충분히 충전할 수 있으며, 자체의 결합력을 갖출 것

29 온상육묘의 관리 방법을 설명한 것이다. 옳지 않은 것은?

① 묘상의 온도를 주간에는 높게 하고 야간에는 낮게 관리한다.
② 초기에는 3~4일에 1회 정도 관수하고 점차 관수횟수와 관수량을 줄여간다.
③ 주야간 온도교차는 7~10℃, 지온은 기온보다 5~7℃ 정도 낮게 관리한다.
④ 온상육묘 후기에는 외기온이 상승하므로 환기를 자주 해준다.

| 해설 |
초기에는 온수를 이용하여 2~3일에 1회 정도 관수하고 점차 관수횟수와 관수량을 늘려간다.

30 P손해평가사는 '가지'의 종자발아율이 낮아 고민하고 있는 육묘 농가를 방문하였다. 이 농가에서 잘못 적용한 영농법은? 기출 제8회

① 보수성이 좋은 상토를 사용하였다.
② 통기성이 높은 상토를 사용하였다.
③ 광투과가 높도록 상토를 복토하였다.
④ pH가 교정된 육묘용 상토를 사용하였다.

| 해설 |
'가지'는 혐광성 종자이므로 광투과가 되지 않도록 상토를 복토해야 한다. 반면에 '상추'와 같은 호광성 종자는 광투과가 높도록 상토를 복토하지 않거나 얇게 복토한다.

31 시설재배 농가를 찾은 A손해평가사의 육묘에 관한 조언으로 옳지 않은 것은? 기출 제9회

① 출하기 조절이 가능하다.
② 유기질 육묘상토로 피트모스를 추천하였다.
③ 단위면적당 생산량을 증가시킬 수 있다.
④ 공간활용도를 높이기 위해 이동식 벤치보다 고정식 벤치를 추천하였다.

| 해설 |
공간활용도를 높이기 위해서는 고정식 벤치보다 이동식 벤치를 추천해야 한다.

03 정지·파종 및 이식

01 다음 중 경운의 효과가 아닌 것은?

① 토양의 물리성 개선
② 토양 유실 감소
③ 토양의 수분 유지
④ 잡초의 발생 촉진

| 해설 |
경운은 잡초의 종자 또는 잡초를 땅속에 묻히게 하여 발생을 억제한다.

02 다음 설명 중 옳지 않은 것은?

① 땅을 갈지 않고 작물을 심으면 재배가 거의 불가능하다.
② 작물의 바이러스병은 일반적으로 약제로 방제하기가 어렵다.
③ 동일 토지 내에서의 작물재배 방식이나 형태를 작부체계라 한다.
④ 작물에 따라 비료 주는 시기가 다르다.

| 해설 |
땅을 갈지 않고 재배하는 것을 <u>무경운</u>이라 한다.

03 다음 설명 중 옳지 않은 것은?

① 종자는 보통 수분 함량을 15% 이하로 낮추어 건조하고, 서늘한 곳에 저장하는 것이 좋다.
② 최소경운이란 경작지의 표면 가까이만 갈아주는 것을 말한다.
③ 모종 옮겨심기는 햇빛이 강한 한낮에 하는 것이 좋다.
④ 생육기간이 짧을수록 밑거름의 비율을 높여야 한다.

| 해설 |
옮겨심기를 할 때에는 햇빛이 강하면 잎에서의 왕성한 증산작용으로 수분의 손실이 많다. 따라서 구름이 있거나 흐린 날을 택하여 옮겨심기를 하는 것이 좋다.

04 다음 설명 중 옳지 않은 것은?

① 씨뿌림 또는 이식 전에 주는 비료를 덧거름이라 하고, 작물이 자라는 도중에 주는 비료를 밑거름이라 한다.
② 황산암모늄과 석회를 섞어 주면 질소가 휘발되어 손실된다.
③ 황산칼륨은 화학적으로는 중성비료이지만, 생리적으로는 산성비료이다.
④ 토양 중에 물이 너무 많으면 산소가 부족하여 작물의 생장이 억제된다.

| 해설 |
씨뿌림 또는 이식 전에 주는 비료를 밑거름(기비)이라 하고, 작물이 자라는 도중에 주는 비료를 덧거름(추비)이라 한다.

05 다음 설명 중 옳지 않은 것은?

① 토양 중에 물이 많을수록 온도의 변화가 적다.
② 멀칭은 토양의 건조방지를 해주지 못한다.
③ 벼를 재배하면서 밤에 불을 켜 주면 이삭이 늦게 팬다.
④ 병이 발생하려면 병원체, 환경, 기주의 세 조건이 맞아야 한다.

| 해설 |
멀칭(mulching)은 농작물을 재배할 때 경지 토양의 표면을 덮어주는 작업이다. 멀칭을 하면 지온의 조절, 토양의 건조방지, 토양의 유실방지, 비료성분의 유실방지, 잡초발생 억제효과가 있다.

06 종자 파종시에 복토를 가장 깊게 해야 하는 작물은?

① 소립채소류   ② 콩
③ 감자   ④ 튤립

| 해설 |
복토 때 가장 중요한 것은 파종의 깊이이며, 춥거나 더울 때에는 약간 깊게 복토를 한다. 튤립은 내한성 구근초로 가을에 심고 구근 높이의 2~3배(10~12cm) 정도로 복토한다.

07 보통 종자 파종 후 복토하는 방법으로 옳은 것은?

① 흙을 덮지 않는다.
② 종자가 보이지 않을 정도로 낮게 덮는다.
③ 종자 두께의 2~3배로 덮는다.
④ 복토 재료는 입자가 될 수 있는 대로 커야 한다.

| 해설 |
복토는 고운모래나 상토로 종자 두께의 2~3배로 덮는다.

08 종자량이 가장 많이 드는 파종방법은?

① 조파
② 점파
③ 산파
④ 적파

| 해설 |
파종방법
- 산파 : 노력이 적게 드나 종자량이 많이 든다.
- 조파 : 줄지어 뿌린다. 예 맥류
- 점파 : 일정한 거리를 정해 놓고 종자를 파종한다. 예 두류, 감자
- 적파 : 한 곳에 여러 개 종자를 뿌린다. 예 목초, 맥류, 깨

09 점파에 관한 설명으로 옳은 것은?

① 포장 전면에 종자를 흩어 뿌리는 방식이다.
② 골타기를 하고 종자를 줄지어 뿌리는 방식이다.
③ 일정한 간격을 두고 종자를 1~수립씩 띄엄띄엄 파종하는 방식이다.
④ 노력이 적게 들고 건실하고 균일한 생육을 하게 된다.

| 해설 |
점파는 일정한 간격을 두고 종자를 1~2알씩 띄엄띄엄 파종하는 방식이며, 두류·감자 등과 같이 개체가 평면 공간으로 상당히 퍼지는 작물에 적용된다.
① 산파에 대한 설명이다.
② 조파에 대한 설명이다.
④ 적파는 조파나 산파보다는 노력이 많이 들지만 수분 및 비료분, 통풍 등의 환경 조건이 좋아지므로 생육이 더욱 건실하고 양호해진다.

정답 04 ① 05 ② 06 ④ 07 ③ 08 ③ 09 ③

10 파종방법 중 조파(드릴파)에 관한 설명으로 옳은 것은? 기출 제10회

① 포장 전면에 종자를 흩어 뿌리는 방법이다.
② 뿌림 골을 만들고 그곳에 줄지어 종자를 뿌리는 방법이다.
③ 일정한 간격을 두고 하나 내지 여러 개의 종자를 띄엄띄엄 파종하는 방법이다.
④ 점파할 때 한 곳에 여러 개의 종자를 파종하는 방법이다.

| 해설 |
조파(條播 ; 줄뿌림)는 뿌림 골을 만들고 그곳에 줄지어 종자를 뿌리는 방법이며, 골 사이가 비어 있으므로 수분·양분의 공급이 좋고 통풍·통광도 좋으며, 관리 작업도 편리하다.
① 산파(散播 ; 흩어뿌림)
③ 점파(點播 ; 점뿌림)
④ 적파(摘播)

11 작휴법 중 성휴법에 관한 설명으로 옳은 것은? 기출 제2회

① 이랑을 세우고 낮은 고랑에 파종하는 방식
② 이랑을 보통보다 넓고 크게 만드는 방식
③ 이랑을 세우고 이랑 위에 파종하는 방식
④ 이랑을 평평하게 하여 이랑과 고랑의 높이가 같게 하는 방식

| 해설 |
성휴법은 이랑을 보통보다 넓고 크게 만드는 방식이다.
① 휴립구파법
③ 휴립휴파법
④ 평휴법

12 ( )에 들어갈 내용을 순서대로 바르게 나열한 것은? 기출 제2회

> • 작물이 생육하고 있는 중에 이랑 사이의 흙을 그루 밑에 긁어모아 주는 것을 (　　)(이)라고 한다.
> • 짚이나 건초를 깔아 작물이 생육하고 있는 토양 표면을 피복해 주는 것을 (　　)(이)라고 한다.

① 중경, 멀칭
② 배토, 복토
③ 배토, 멀칭
④ 중경, 복토

|해설|
• 작물이 생육하고 있는 중에 이랑 사이의 흙을 그루 밑에 긁어모아 주는 것을 (**배토**)라 한다.
• 짚이나 건초를 깔아 작물이 생육하고 있는 토양 표면을 피복해 주는 것을 (**멀칭**)이라 한다.
• 씨뿌리기나 옮겨심기를 한 후 작물이 심겨진 골 사이의 흙을 갈거나 쪼아 주는 것을 **중경(매기)**이라 한다.
• 뿌린 종자 위에 흙을 덮는 것을 **복토**라 한다.

13 이앙 및 수확시기에 따른 벼의 재배양식에 관한 설명이다. ( ) 안에 들어갈 내용으로 옳은 것은? 기출 제1회

> • (　　)는 조생종을 가능한 한 일찍 파종, 육묘하고 조기에 이앙하여 조기에 벼를 수확하는 재배형이다.
> • (　　)는 앞작물이 있거나 병충해회피 등의 이유로 보통기재배에 비해 모내기가 현저히 늦은 재배형이다.

① 조생재배, 만생재배
② 조식재배, 만기재배
③ 조생재배, 만기재배
④ 조기재배, 만식재배

|해설|
• (**조기재배**)는 조생종을 가능한 한 일찍 파종, 육묘하고 조기에 이앙하여 조기에 벼를 수확하는 재배형이다.
• (**만식재배**)는 앞작물이 있거나 병충해회피 등의 이유로 보통기재배에 비해 모내기가 현저히 늦은 재배형이다.

14 자라고 있는 곳에서 다른 곳으로 옮겨 심는 방법은? 기출 제11회

① 경화
② 왜화
③ 배토
④ 이식

| 해설 |
현재 자라고 있는 장소로부터 다른 장소에 작물을 옮겨 심는 것을 '<u>이식(옮겨심기)</u>'이라고 한다.
① **경화** : 이식기에 직사광과 외부 냉온에 서서히 순화시키는 과정을 말한다.
② **왜화** : 병에 걸려 식물체가 왜소해 지는 것, 즉 키가 작아지는 현상을 말한다.
③ **배토** : 굵은 흙을 작물의 포기 아래로 모아 주는 것을 말한다.

15 작물을 육묘한 후 이식 재배하여 얻을 수 있는 효과를 모두 고른 것은? 기출 제6회

ㄱ. 수량 증대
ㄴ. 토지 이용률 증대
ㄷ. 뿌리 활착 증진

① ㄱ, ㄴ
② ㄱ, ㄷ
③ ㄴ, ㄷ
④ ㄱ, ㄴ, ㄷ

| 해설 |
이식 재배의 효과
- **생육의 촉진 및 수량 증대** : 생육기간의 연장으로 작물의 발육이 크게 조장되어 증수를 기대할 수 있고 초기 생육촉진으로 수확을 빠르게 하여 경제적으로 유리하다.
- **토지 이용률 증대** : 본포에 전작물이 있는 경우 묘상 등에서 모의 양성으로 전작물 수확후 또는 전작물 사이에 정식함으로써 경영을 집약화 할 수 있다.
- **숙기 단축** : 채소의 이식은 경엽의 도장을 억제하고 생육을 양호하게 하여 숙기를 빠르게 하고, 상추·양배추 등의 결구를 촉진한다.
- **뿌리 활착 증진** : 육묘 중 가식은 단근으로 새로운 세근이 밀생하여 근군을 충실하게 하므로 정식시 활착을 빠르게 하는 효과가 있다.

04 영양번식

01 다음 작물의 번식에 관한 설명으로 옳지 않은 것은?

① 영양번식은 식물체의 잎, 줄기, 뿌리 등의 영양체를 분리하여 독립된 개체를 만드는 방법으로 특성이 똑같은 품종을 손쉽게 생산할 수 있다.
② 꺾꽂이는 식물체의 일부를 잘라 모래나 질석, 펄라이트 등에 꽂아 뿌리를 내리게 하여 새로운 식물체를 만드는 방법이다.
③ 접붙이기는 두 식물의 장점을 동시에 얻고자 할 때 번식에 이용되는데, 친화성이 있는 대목과 접순의 형성층을 맞추어 양분 및 수분이 이동할 수 있도록 해야 한다.
④ 묻어떼기는 꺾꽂이나 접붙이기가 잘 되는 나무류의 번식에 주로 이용한다.

|해설|
묻어떼기
어미나무의 줄기나 가지를 그대로 뿌리를 내리게 한 다음 분리시켜 번식시키는 방법으로 꺾꽂이나 접붙이기가 잘 안 되는 나무류의 번식에 주로 이용한다.

02 영양번식(무성번식)에 관한 설명으로 옳지 않은 것은? 기출 제2회

① 과수의 결실연령을 단축시킬 수 있다.
② 모주의 유전형질이 똑같이 후대에 계승된다.
③ 번식체의 취급이 간편하고 수송 및 저장이 용이하다.
④ 종자번식이 불가능한 작물의 번식수단이 된다.

|해설|
번식체의 취급이 간편하고 수송 및 저장이 용이한 것은 종자번식(유성번식)의 장점이다.

03 근경으로 영양번식을 하는 화훼작물은? 기출 제9회

① 칸나, 독일붓꽃
② 시클라멘, 다알리아
③ 튤립, 글라디올러스
④ 백합, 라넌큘러스

| 해설 |
영양번식을 하는 화훼작물
- **근경(뿌리줄기)** : 칸나, 독일붓꽃
- **괴경(덩이줄기)** : 시클라멘
- **괴근(덩이뿌리)** : 다알리아, 라넌큘러스
- **구경(구슬줄기)** : 글라디올러스
- **인경(비늘줄기)** : 튤립, 백합

04 인경으로 번식하는 작물을 모두 고른 것은? 기출 제11회

| ㄱ. 백합 | ㄴ. 마늘 |
| ㄷ. 칸나 | ㄹ. 감자 |

① ㄱ, ㄴ
② ㄱ, ㄹ
③ ㄴ, ㄷ
④ ㄷ, ㄹ

| 해설 |
인경(비늘줄기)으로 번식하는 작물 : 튤립, 백합(ㄱ), 마늘(ㄴ)
ㄷ. **칸나** : 근경(뿌리줄기)으로 번식하는 작물
ㄹ. **감자** : 괴경(덩이줄기)으로 번식하는 작물

05 무성생식에 비해 종자번식이 갖는 상업적 장점이 아닌 것은? [기출] 제8회

① 대량생산 용이
② 결실연령 단축
③ 원거리이동 용이
④ 우량종 개발

| 해설 |
개화와 과수의 결실연령을 단축시킬 수 있는 것은 무성생식(영양번식)의 특징이다.

06 다음 설명의 영양번식 방법은? [기출] 제3회

- 양취법(楊取法)이라고도 한다.
- 오래된 가지를 발근시켜 떼어낼 때 사용한다.
- 발근시키고자 하는 부분에 미리 박피를 해준다.

① 성토법(盛土法)
② 선취법(先取法)
③ 고취법(高取法)
④ 당목취법(撞木取法)

| 해설 |
고취법(高取法)은 가지나 줄기를 땅 속에 묻을 수 없는 경우에 높은 곳에서 발근시키는 방법으로 양취법(楊取法)이라고도 한다.
① 성토법(盛土法)은 어미 나무를 짧게 잘라 여기에서 여러 개의 가지가 나오게 한 다음, 이 새 가지에 흙을 성토하여 발근시키며, 뽕나무, 사과, 양앵두, 자두 등에 이용된다.
② 선취법(先取法)은 가지의 선단부를 휘어묻는 방법으로 가지의 끝부분에 상처를 내고 발근시킨다.
④ 당목취법(撞木取法)은 가지를 수평으로 묻는 방법으로 각 마디에서 새 가지를 발근시킨다.

07 다음이 설명하는 번식 방법으로 올바르게 짝지어진 것은? 기출 제7회

> ㄱ. 식물의 잎, 줄기, 뿌리를 모체로부터 분리하여 상토에 꽂아 번식하는 방법
> ㄴ. 뿌리 부근에서 생겨난 포기나 부정아를 나누어 번식하는 방법

	ㄱ	ㄴ
①	삽목	분주
②	취목	삽목
③	삽목	접목
④	접목	분주

| 해설 |

- **삽목** : 식물의 잎, 줄기, 뿌리를 잘라서 뿌리를 내리게 하고, 새싹을 돋게 하여 독립된 식물체를 만드는 방법(꺾꽂이)
- **분주** : 지상줄기에서 싹과 뿌리를 내거나 지하줄기나 뿌리에서 싹과 뿌리를 내어 포기수를 분리하는 방법(포기나누기)
- **접목** : 서로 다른 식물의 조직을 결합시켜 번식시키는 방법(접붙이기)
- **취목** : 어미나무의 가지를 흙으로 덮거나 이끼로 감싼 다음 뿌리가 내리면 떼어 내어 번식시키는 방법(휘묻이)

08 다음이 설명하는 번식방법은? 기출 제4회

> ㄱ. 번식하고자 하는 모수의 가지를 잘라 다른 나무 대목에 붙여 번식하는 방법
> ㄴ. 영양기관인 잎, 줄기, 뿌리를 모체로부터 분리하여 상토에 꽂아 번식하는 방법

	ㄱ	ㄴ
①	삽목	접목
②	취목	삽목
③	접목	분주
④	접목	삽목

| 해설 |

ㄱ. **접목(접붙이기)** : 식물의 가지, 눈 또는 뿌리 따위를 잘라 다른 식물에 붙여 번식시키는 방법을 말한다.
ㄴ. **삽목(꺾꽂이)** : 식물체의 일부인 잎, 줄기, 뿌리를 잘라서 뿌리를 내리게 하고, 새싹을 돋게 하여 독립된 식물체를 만드는 방법을 말한다.

09 접붙이기 방법 중에서 장미에 적당한 것은 어느 것인가?

① T자 눈접
② 깎기접
③ 쪼개접
④ 혀접

> **해설**
> 눈접은 8~9월 경에 실시하며, 접수 대신에 눈을 따서 대목 껍질을 벗기고 끼워 붙이는 방법으로 복숭아나무, 장미 등에 주로 쓰인다.
> ② **절접(깎기접)** : 접수는 충실한 눈을 2~3개 붙여서 6~9cm로 잘라 한쪽 면을 깎아내고, 대목도 목질부를 약간 붙여 깎아 상호형성층을 접착시켜 접목하는 방법이다.
> ③ **할접(쪼개접)** : 대목의 줄기를 수평방향으로 잘라 생장점을 제거하고 접수를 쐐기모양으로 깎아서 그 속에 끼워 넣는 방법이다.
> ④ **설접(혀접)** : 굵기가 비슷한 접수와 대목을 각각 비슷하게 혀 모양으로 잘라 서로 결합시키는 방법이다.

10 다음 중 접목의 장점이 아닌 것은?

① 품질을 향상시킨다.
② 수세를 조절한다.
③ 품종개량에 이용한다.
④ 병충해 저항성을 증대시킨다.

> **해설**
> 접목은 직접적으로 품종개량 효과는 없으나, 육종상 이용되기도 한다. 접목을 하면 수세의 조절, 풍토적응성 증대, 결과의 촉진, 품질의 향상, 병충해 저항성 증대 등을 기대할 수 있다.

11 접붙이기 번식의 장점에 해당하는 것은?

① 바이러스 감염을 방지할 수 있다.
② 계절에 관계없이 작업이 가능하다.
③ 어떤 식물이라도 접붙이기가 가능하다.
④ 품종의 특성을 확실히 보유할 수 있다.

> **해설**
> 접붙이기는 서로 다른 식물의 조직을 결합시켜 번식시키는 방법으로 두 식물체의 장점을 동시에 이용하려는 경우에 이용한다. 목본류에서는 다른 번식이 어려운 식물에서 실시하기도 한다. 서로 친화성이 있는 식물의 대목과 꺾꽂이순의 형성층을 맞추어 양분과 수분이 서로 이동할 수 있도록 붙이는 것이다.

정답 07 ① 08 ④ 09 ① 10 ③ 11 ④

12 다음 과수 접목법의 분류기준은? 기출 제3회

> 절접, 아접, 할접, 혀접, 호접

① 접목부위에 따른 분류
② 접목장소에 따른 분류
③ 접목시기에 따른 분류
④ 접목방법에 따른 분류

| 해설 |
과수 접목법의 분류기준
- **접목위치에 따른 분류** : 고접, 근두접, 복접, 근접, 이중접
- **접목장소에 따른 분류** : 거접, 양접
- **접목시기에 따른 분류** : 봄접, 여름접, 가을접
- **접목방법에 따른 분류** : 절접, 아접, 할접, 혀접(설접), 호접, 박피접, 교접 등

13 박과채소 접붙이기의 주된 목적에 해당하는 것은?

① 덩굴쪼김병 예방
② 조기 수확
③ 노동력 절감
④ 냉해 예방

| 해설 |
접붙이기의 목적은 덩굴쪼김병과 탄저병을 예방하고 비료의 흡수력을 강하게 하며, 낮은 온도에서도 생육을 왕성하게 하는데 있다.

14 수박재배 농가에서 대목을 사용하는 접목재배로 방제할 수 있는 것은? 기출 제9회

① 덩굴쪼김병
② 애꽃노린재
③ 진딧물
④ 잎오갈병

| 해설 |
수박은 연작장해의 방지, 저온 신장성 증대, 내병성을 강화하기 위해 접목재배를 하고 있다.
수박재배시 호박 대목을 사용하는 접목재배로 덩굴쪼김병 등과 같은 토양감염성 병해를 방제할 수 있다.
② 애꽃노린재는 해충인 총채벌레의 천적이다.
③ 과채류의 해충인 진딧물의 천적에는 기생성인 진디벌과 포식성인 파리류, 무당벌레, 풀잠자리 등이 있다.
④ 잎오갈병은 주로 복숭아에서 발생하는 병해이다.

15 영양번식법 중 휘묻이의 종류가 아닌 것은?

① 당목취법　　　② 선취법
③ 파상취목법　　④ 고취법

> **해설**
> 휘묻이는 <u>저취법에</u> 해당한다. 고취법은 가지나 줄기를 땅속에 묻을 수 없는 경우 높은 곳에서 발근시키는 방법이다.

16 작물의 취목 번식방법 중에서 가지의 선단부를 휘어서 묻는 방법은? [기출] 제1회

① 선취법　　　② 성토법
③ 당목취법　　④ 고취법

> **해설**
> ② 성토법은 어미나무를 잘라 여러 개의 가지가 나오게 한 다음, 새 가지에 흙을 북돋아쌓고 발근시킨 후 뿌리와 함께 가지를 떼어내어 새 개체를 만드는 식물의 번식방법이다.
> ③ 당목취법은 가지를 수평으로 묻고, 각 마디에서 발생하는 새 가지를 발근시켜 한 가지에서 여러 개 취목하는 방법이다.
> ④ 고취법은 큰 나무의 가지를 취목하고자 할 때 실시되는 방법이며, 정원에 식재된 나무의 짜임새 있는 가지의 부분을 취목하고자 할 때 실시되는 방법이다.

17 모식물의 가지나 새순을 모식물로부터 분리하지 않은 채 땅에 묻거나 물기 있는 재료로 싸주어서 발근을 시킨 후 모체와 분리하여 증식시키는 방법은?

① 분주법　　② 취목법
③ 삽목법　　④ 접목법

> **해설**
> 어미나무에서 가지를 휘어서 땅에 묻거나 배토해 주거나 높은 가지에는 흙이나 물이끼 등을 싸매서 발근하도록 한 다음, 이것을 어미그루로부터 잘라내어 새로운 개체를 만드는 방법을 <u>묻어떼기(취목법)</u>라 한다.

정답 12 ④　13 ①　14 ①　15 ④　16 ①　17 ②

18 다음이 설명하는 취목 번식방법으로 올바르게 짝지어진 것은? 기출 제10회

> ㄱ. 고무나무와 같은 관상 수목에서 줄기나 가지를 땅속에 휘어 묻을 수 없는 경우에 높은 곳에서 발근시켜 취목하는 방법
> ㄴ. 모식물의 기부에 새로운 측지가 나오게 한 후 끝이 보일 정도로 흙을 덮어서 뿌리가 내리면 잘라서 번식시키는 방법

① ㄱ : 고취법, ㄴ : 성토법
② ㄱ : 보통법, ㄴ : 고취법
③ ㄱ : 고취법, ㄴ : 선취법
④ ㄱ : 선취법, ㄴ : 성토법

|해설|
ㄱ. **고취법(양취법)** : 가지나 줄기를 땅속에 묻을 수 없는 경우에 높은 곳에서 발근시키는 방법이다.
ㄴ. **성토법** : 어미나무를 잘라 여러 개의 가지가 나오게 한 다음, 새 가지에 흙을 북돋아쌓고 발근시킨 후 뿌리와 함께 가지를 떼어내어 새 개체를 만드는 방법이다.
※ **선취법(先取法 ; 휘묻이)** : 가지의 선단부를 휘어묻는 방법으로 가지의 끝부분에 상처를 내고 발근시킨다.

19 삽목번식에 관한 설명으로 옳지 않은 것은? 기출 제5회

① 과수의 결실연령을 단축시킬 수 있다.
② 모주의 유전형질이 후대에 똑같이 계승된다.
③ 종자번식이 불가능한 작물의 번식수단이 된다.
④ 수세를 조절하고 병해충 저항성을 높일 수 있다.

|해설|
수세를 조절하고 병해충 저항성을 높일 수 있는 번식방법은 <u>접목(접붙이기)</u>이다.

20 꺾꽂이의 장점으로 볼 수 없는 것은?

① 비교적 손쉽고 값싸게 번식시킬 수 있다.
② 짧은 기간에 어버이 형질과 같은 개체를 다량 양성할 수 있다.
③ 실생번식에 비하여 개화와 결실이 빠르다.
④ 온도와 습도를 맞출 필요가 없다.

| 해설 |

온도와 습도를 맞추어야 한다.

| TIP | 꺾꽂이의 장·단점 |

장점	• 짧은 기간에 어버이 형질과 같은 개체를 다량 양성할 수 있다. • 비교적 손쉽고 값싸게 번식시킬 수 있다. • 접붙이기와 같은 고도의 기술이 필요하지 않다. • 내병성 개체 또는 우수한 생태적 형질을 골라서 번식시킬 수 있다. • 실생번식에 비하여 개화와 결실이 빠르다.
단점	• 온도와 습도를 맞추어야 한다. • 실생번식보다 일반적으로 초장이 작아진다. • 뿌리의 활동이 미약하여 천근성이며, 조기에 노쇠한다.

21 농가에서 널리 이용하는 엽삽에 유리한 작물이 아닌 것은? 기출 제8회

① 렉스베고니아
② 글록시니아
③ 페페로미아
④ 메리골드

| 해설 |

꺾꽂이(삽목)의 종류

꺾꽂이의 종류		작물의 종류
줄기꽂이 (지삽 또는 경삽)	새순꽂이 (신초삽)	국화, 카네이션, 콜레우스, 제라늄, 베고니아, 드라세나
	푸른가지꽂이 (녹지삽)	동백나무, 치자나무, 회양목, 철쭉류, 사철나무, 수국, 포인세티아, 메리골드
	묵은가지꽂이 (숙지삽)	석류나무, 무궁화, 배롱나무, 남천, 개나리, 포도, 무화과, 장미, 향나무
잎꽂이(엽삽)		산세베리아, 렉스베고니아, 페페로미아, 글록시니아, 아프리칸바이올렛
잎눈꽂이(엽아삽)		국화, 고무나무, 동백나무, 몬스테라, 감귤류, 치자나무
뿌리꽂이(근삽)		사과나무, 배나무, 명자나무, 자두나무, 라일락

22 다음 ( )에 들어갈 내용으로 옳은 것은? 기출 제6회

> 포도·무화과 등에서와 같이 생장이 중지되어 약간 굳어진 상태의 가지를 삽목하는 것을
> (ㄱ)이라 하고, 사과·복숭아·감귤 등에서와 같이 1년 미만의 연한 새순을 이용하여 삽목
> 하는 것을 (ㄴ)이라고 한다.

	ㄱ	ㄴ
①	신초삽	숙지삽
②	신초삽	일아삽
③	숙지삽	일아삽
④	숙지삽	신초삽

| 해설 |
- **숙지삽**(=경지삽, 묵은가지꽂이) : 묵은 가지를 이용해 삽목하는 것
- **신초삽**(새순꽂이) : 1년 미만의 새 가지를 이용하여 삽목하는 것
- **일아삽**(一芽揷) : 눈이 달린 가지에 삽목하는 것

23 괴경(덩이줄기)으로 번식하는 작물은?

① 고구마, 감자
② 감자, 토란
③ 백합, 쪽파
④ 마늘, 생강

| 해설 |
괴경(덩이줄기)은 식물의 땅속에 있는 줄기 끝이 양분을 저장하여 크고 뚱뚱해진 땅속줄기를 말하며, 대표적인 작물은 <u>감자, 토란</u>이다.

24 형태에 따른 영양번식 기관과 작물이 바르게 짝지어진 것은? 기출 제6회

① 괴경 – 감자
② 인경 – 글라디올러스
③ 근경 – 고구마
④ 구경 – 양파

| 해설 |

- **괴경(덩이줄기)**: 감자, 토란, 돼지감자
- **괴근(덩이뿌리)**: 고구마, 달리아
- **인경(비늘줄기)**: 양파, 마늘, 쪽파, 백합, 튤립
- **근경(뿌리줄기)**: 둥굴레, 칸나, 연꽃(연근), 생강, 박하, 호프
- **구경(구슬줄기)**: 글라디올러스, 프리지어

25 ( )에 들어갈 내용으로 옳은 것은? 기출 제2회

> 조직배양은 식물의 세포, 조직, 또는 기관이 완전한 식물체로 만들어질 수 있다는 ( )에 기반을 둔 것이다.

① 전형성능
② 유성번식
③ 발아세
④ 결실률

| 해설 |

조직배양은 식물의 일부 조직을 무균적으로 배양해 조직 자체의 증식 생장 및 각종 조직, 기관의 분화 발달에 의해 개체를 육성하는 방법이다. 즉 식물의 **전형성능(totipotency)**을 이용하여 무균상태에서 식물조직의 세포, 조직, 기관, 배 등 식물체의 일부를 이용하여 완전한 식물체를 얻는 것을 의미한다.

26 무균상태에서 인공배지에 배양하여 다량의 식물을 생산하는 번식방법은? 기출 제11회

① 취목
② 숙지삽
③ 엽병삽
④ 조직배양

| 해설 |

조직배양
조직배양은 식물체로부터 기관, 조직 또는 세포를 분리하여 인공배지에서 무균적으로 배양하여 다량의 식물을 생산하는 번식방법이다.
① **취목**: 어미나무의 가지를 흙으로 덮거나 이끼로 감싼 다음 뿌리가 내리면 떼어 내어 번식시키는 방법이다.
② **숙지삽**: 포도·무화과 등에서와 같이 생장이 중지되어 약간 굳어진 상태의 가지를 삽목하는 방법이다.
③ **엽병삽**: 잎자루(엽병)를 붙여서 번식하는 방법이다.

정답 22 ④ 23 ② 24 ① 25 ① 26 ④

27 일반적으로 딸기와 감자의 무병주 생산을 위한 방법은? [기출] 제1회

① 자가수정
② 종자번식
③ 타가수정
④ 조직배양

| 해설 |
조직배양은 단기간내 급속대량증식 및 생장점 배양의 무병주 생산을 주목적으로 한다.
① **자가수정** : 자기의 화분이 자기의 암술에 수분되어 수정하는 것
② **종자번식** : 유성번식이라고도 하며, 종자를 이용하여 개체를 증식시키는 방법
③ **타가수정** : 곤충, 바람, 새, 동물 등에 의해 수정하는 것

28 배양체 지지 재료 중에서 가장 많이 이용되는 것은?

① 한천
② 암면
③ 젤라틴
④ 활성탄

| 해설 |
식물체를 지탱하기 위해서 사용하는 지지물로는 주로 한천이 쓰이고, 간혹 유리섬유나 여과지가 이용되기도 한다. 배양 중에 생기는 유해물질을 제거하는 방법으로 활성탄을 첨가하기도 한다.

29 식물 조직배양의 순서가 가장 올바른 것은?

① 재료의 준비 → 배지준비 → 살균 → 배양 → 치상 → 순화
② 재료의 준비 → 배지준비 → 살균 → 치상 → 배양 → 순화
③ 재료의 준비 → 배지준비 → 배양 → 살균 → 치상 → 순화
④ 재료의 준비 → 배지준비 → 배양 → 치상 → 살균 → 순화

| 해설 |
식물 조직배양의 주요 단계는 식물재료의 준비 → 배지준비 → 살균 → 치상 → 배양 → 순화 → 이식의 순서로 진행된다.

05 재배관리

01 비료의 4요소는?

① 질소, 인산, 칼륨, 부식
② 질소, 인산, 탄소, 산소
③ 질소, 인산, 수분, 공기
④ 질소, 인산, 칼륨, 칼슘

| 해설 |
- **비료의 3요소** : 질소, 인산, 칼륨
- **비료의 4요소** : 질소, 인산, 칼륨, 칼슘

02 비료를 물에 타거나 액체비료를 식물체에 뿌려 주는 방법을 무엇이라고 하는가?

① 엽면시비　　　　② 전면시비
③ 파종렬시비　　　④ 심층시비

| 해설 |
엽면시비는 작물의 뿌리가 정상적인 흡수능력을 발휘하지 못할 때, 병충해 또는 침수 피해를 당했을 때, 그리고 이식한 후 활착이 좋지 못할 때와 같이 응급한 경우에 사용한다.

03 요소의 엽면시비를 할 필요가 없는 것은?

① 뿌리가 상했을 때
② 질소영양이 부족할 때
③ 건조할 때
④ 착색이 잘 안 될 때

| 해설 |
엽면시비의 필요성
- 부족한 성분을 빨리 보급시켜 장해로부터 빠른 회복을 요할 때
- 작물 뿌리가 장해를 받아 비료성분의 흡수가 곤란한 경우
- 멀칭 등의 이유로 토양시비가 작업상 곤란한 경우
- 과실의 당도를 높이거나 착색 및 품질을 높이기 위한 경우

정답 27 ④　28 ①　29 ②　/　01 ④　02 ①　03 ③

04 A농가가 요소 엽면시비를 하고자 하는 이유가 아닌 것은? 기출 제6회

① 신속하게 영양을 공급하여 작물 생육을 회복시키고자 할 때
② 토양 해충의 피해를 받아 뿌리의 기능이 크게 저하되었을 때
③ 강우 등으로 토양의 비료 성분이 유실되었을 때
④ 작물의 생식생장을 촉진하고자 할 때

| 해설 |
엽면시비를 하는 이유
- 작물의 영양생장을 촉진하고자 할 때
- 미량요소의 공급
- 뿌리의 흡수력이 약해졌을 경우
- 급속한 영양회복
- 품질향상
- 비료 성분의 유실방지
- 시비의 노력 절약
- 토양시비가 곤란할 경우

05 벼 심층시비의 가장 큰 장점은 무엇인가?

① 뿌리의 흡수력을 촉진시킨다.
② 뿌리의 신장·발달권역을 넓힌다.
③ 토양 질소의 농도를 연하게 한다.
④ 암모니아의 탈질을 방지한다.

| 해설 |
암모니아태 질소 비료를 토양의 환원층에 주어 탈질을 막는다.

06 원예작물의 건조피해를 예방하기 위한 시비방법으로 옳지 않은 것은?

① 유기물을 늘려 준다.
② 칼륨질 비료를 늘려 준다.
③ 질소질 비료를 늘려 준다.
④ 인산질 비료를 늘려 준다.

| 해설 |
질소질 비료는 질소(N)를 주성분으로 하는 비료로서 뿌리 및 잎과 줄기의 생육을 촉진한다. 따라서 질소질 비료를 늘려 주면 잎과 줄기가 무성하게 되어 오히려 토양의 수분소모가 증가할 수 있다.

> **TIP** 질소 성분의 작용
>
> - 세포의 분열, 증식에 필요하다.
> - 뿌리나 잎, 줄기의 생육을 촉진시킨다.
> - 양분의 흡수와 동화 작용을 왕성하게 한다.

07 다음 중 비료의 화학적 반응이 잘못 연결된 것은?

① 석회질소 – 산성
② 황산칼륨 – 중성
③ 중과석 – 산성
④ 용성인비 – 염기성

| 해설 |
비료의 반응
- **염기성** : 석회질소·용성인비
- **산성** : 과석·중과석
- **중성** : 요소·초안·황산칼륨·염화칼륨

08 엽면시비에 쓰이는 질소 형태는?

① 유기태
② 질산태
③ 요소태
④ 유리태

| 해설 |
요소태인 요소비료가 가장 많이 쓰이고 있다.

09 다음 중 질산태 질소에 속하지 않는 것은?

① 질산칼륨
② 질산암모늄
③ 황산칼륨
④ 질산칼슘

| 해설 |
질산태 질소에는 질산칼륨, 질산암모늄, 질산칼슘 등이 있다.

정답 04 ④ 05 ④ 06 ③ 07 ① 08 ③ 09 ③

10 요소는 토양 속에서 미생물에 의해 가수분해되어 무엇으로 변하는가?

① 질산암모늄 ② 탄산암모늄
③ 황산암모늄 ④ 염화암모늄

| 해설 |
아미드태 질소의 대표적인 것이 요소인데, 토양 중에서 우레아제(Urease) 효소에 의해 분해되고 탄산암모늄으로 변화되어 식물에 흡수된다.

11 질소비료의 유효성분 중 유기태 질소가 아닌 것은? 기출 제10회

① 단백태 질소
② 시안아미드태 질소
③ 질산태 질소
④ 아미노태 질소

| 해설 |
질소질 비료의 형태는 크게 무기태 질소와 유기태 질소로 구분하는데 무기태 질소의 대표적인 종류에는 질산태 질소와 암모늄태 질소가 있다.
유기태 질소의 대부분은 단백태 질소로 나뭇잎이나 동물이 부식되어서 만들어진 퇴비 등으로 이들이 식물체 내로 흡수되기 위해서는 토양 중의 미생물에 의해 분해과정을 거쳐 무기태 질소, 즉 질산태 질소와 암모니아태 질소로 변환해야 한다.
① 단백태 질소, ② 시안아미드태, ④ 아미노태 질소는 모두 유기태 질소의 종류이다.

12 작물재배에 있어서 질소(N)에 관한 설명으로 옳지 않은 것은? 기출 제3회

① 질산태(NO_3^-)와 암모늄태(NH_4^+)로 식물에 흡수된다.
② 작물체 건물 중의 많은 함량을 차지하는 중요한 무기성분이다.
③ 콩과작물은 질소 시비량이 적고, 벼과작물은 시비량이 많다.
④ 결핍증상은 늙은 조직보다 어린 생장점에서 먼저 나타난다.

| 해설 |
질소화합물은 늙은 조직에서 어린 생장점으로 이동하므로 결핍증상은 늙은 조직에서 먼저 나타나며, 결국 엽록소가 소실되어 황백화 현상이 일어난다.

13 작물재배에 있어서 질소에 관한 설명으로 옳은 것은? [기출] 제5회

① 벼과작물에 비해 콩과작물은 질소 시비량을 늘여주는 것이 좋다.
② 질산이온(NO_3^-)으로 식물에 흡수된다.
③ 결핍증상은 노엽(老葉)보다 유엽(幼葉)에서 먼저 나타난다.
④ 암모니아태 질소비료는 석회와 함께 시용하는 것이 효과적이다.

> |해설|
> 식물 뿌리로부터 토양 속의 질산이온(NO_3^-)을 흡수하여 식물체내의 효소군에 의해 질산동화가 이루어진다.
> ① 콩과작물은 질소고정 능력이 있으므로 벼과작물에 비해 질소 시비량을 줄여주는 것이 좋다.
> ③ 결핍증상은 유엽(幼葉 ; 어린잎)보다 노엽(老葉 ; 늙은잎)에서 먼저 나타난다.
> ④ 암모니아태 질소비료를 석회와 함께 시용하면 휘발하는 성질이 있어 비효율적이다.

14 작물의 질소에 관한 내용이다. ( )에 들어갈 내용을 순서대로 옳게 나열한 것은? [기출] 제9회

> 작물재배에서 ( )작물에 비해 ( )작물은 질소 시비량을 늘려 주는 것이 좋으며, 잎의 질소 결핍 증상은 ( )보다 ( )에서 먼저 나타난다.

① 콩과, 벼과, 유엽, 성엽
② 벼과, 콩과, 유엽, 성엽
③ 콩과, 벼과, 성엽, 유엽
④ 벼과, 콩과, 성엽, 유엽

> |해설|
> **작물의 질소 시비량**
> > 작물재배에서 (**콩과**)작물에 비해 (**벼과**)작물은 질소 시비량을 늘려 주는 것이 좋으며, 잎의 질소 결핍증상은 (**유엽**)보다 (**성엽**)에서 먼저 나타난다.
>
> • 콩과작물은 질소고정 능력이 있으므로 벼과작물에 비해 질소 시비량을 줄여 주고, 벼과작물은 질소 시비량을 늘려 주는 것이 좋다.
> • 질소화합물은 성엽에서 유엽으로 이동하므로 질소 결핍증상은 유엽보다 성엽에서 먼저 나타난다.

정답 10 ② 11 ③ 12 ④ 13 ② 14 ①

15 질소의 화학적 형태 가운데 토양입자에 가장 잘 흡착되는 것은?

① 암모늄태
② 질산태
③ 유기태
④ 요소태

| 해설 |
암모늄태는 양이온이므로 토양에 부착하는 힘이 강하여 비료의 효과가 오래 지속된다.

16 솎기의 효과가 아닌 것은?

① 개체의 생육공간을 넓혀 준다.
② 종자를 넉넉히 뿌려 빈 곳을 없게 할 수 있다.
③ 파종량을 줄일 수 있다.
④ 싹이 튼 후 개체의 밀도가 높은 곳의 일부 개체를 제거하는 것이다.

| 해설 |
솎기
발아 후 밀생한 곳의 일부 개체를 제거해 주는 것을 말하며, 솎기를 전체로 할 때에는 파종량을 늘려야 한다.

17 다음 중 중경(中耕)의 효과가 아닌 것은?

① 토양 중으로 산소투입 효과
② 유해가스의 방출
③ 잡초방제
④ 병충해방제

| 해설 |
중경
- 작물이 재배되고 있는 상태에서 작토층 토양의 표면을 긁어주는 것
- **효과** : 발아조장, 잡초방제, 토양 중으로 산소투입, 유해가스의 방출

18 다음 중 중경의 효과가 아닌 것은?

① 발아조장
② 수분증발 촉진
③ 토양통기의 조장
④ 잡초제거

> **해설**
> 토양수분의 증발을 경감한다. 즉, 중경을 해서 표토가 부서지면 토양의 모세관도 절단되므로 토양수분의 증발이 경감되어 가뭄(한발)해를 방지할 수 있다.

19 다음 중 멀칭(Mulching)을 하는 목적이 아닌 것은?

① 지온의 조절
② 토양수분의 유지
③ 해충의 방제
④ 과실청결의 유지

> **해설**
> 멀칭을 하면 지온의 조절, 토양의 건조예방, 토양의 유실방지, 비료성분의 유실방지, 잡초발생의 억제, 해충방제의 효과가 있다.

20 멀칭(Mulching)의 목적으로 옳은 것은? [기출] 제7회

① 휴면 촉진
② 단일 촉진
③ 잡초발생 억제
④ 단위결과 억제

> **해설**
> 멀칭(mulching)은 농작물을 재배할 때 경지 토양의 표면을 짚, 풀, 종이, 플라스틱필름 등으로 덮어주는 작업을 말한다. 멀칭을 하면 지온의 조절, 토양의 건조방지, 토양의 유실방지, 비료성분의 유실방지, 잡초발생 억제효과가 있다.

21 다음 중 멀칭(Mulching)의 효과로 알맞은 것은?

① 생육촉진
② 비료절감
③ 풍해방지
④ 낙과방지

| 해설 |
멀칭을 하게 되면 지온상승에 의해 생육이 촉진된다.

22 저온기에 투명비닐을 이용하여 멀칭 재배할 때 유리한 점이 아닌 것은?

① 토양의 건조방지
② 지온상승
③ 토양의 침식방지
④ 잡초발생 억제

| 해설 |
투명비닐은 잡초발생 억제효과가 떨어진다.

23 토양 표면을 피복해 주는 멀칭의 효과가 아닌 것은? 기출 제8회

① 잡초 억제
② 로제트 발생
③ 토양수분 조절
④ 지온 조절

| 해설 |
멀칭(mulching)은 농작물을 재배할 때 경지 토양의 표면을 덮어주는 작업이다. 멀칭을 하면 <u>지온 조절</u>, <u>토양 수분 조절</u>, 토양의 유실방지, 비료성분의 유실방지, <u>잡초발생 억제효과</u>가 있다.
※ 로제트(rosette) 현상이란 저온으로 인해 마디사이가 매우 짧아지고 생장점 부근에 잎이 밀생하는 것을 말한다. 로제트(rosette)는 여름의 고온 후 저온에 의해 유도된다.

24 북주기(배토)의 효과가 아닌 것은?

① 새 뿌리의 발생을 촉진한다.
② 헛가지 발생을 억제한다.
③ 쓰러짐을 줄인다.
④ 키를 크게 한다.

| 해설 |
북주기(배토)를 하면 새 뿌리의 발생을 조장하고 헛가지의 발생을 억제하며, 쓰러짐을 줄이는 등의 효과가 있다.

25 다음이 설명하는 것은? 기출 제4회

- 경작지 표면의 흙을 그루 주변에 모아 주는 것을 말한다.
- 일반적으로 잡초방지, 도복방지, 맹아 억제 등의 목적으로 실시한다.

① 멀칭　　　　　　　② 배토
③ 중경　　　　　　　④ 쇄토

| 해설 |
① 멀칭 : 짚, 풀, 종이, 플라스틱필름 등으로 작물이 자라고 있는 토양의 표면을 덮어주는 것
③ 중경 : 씨뿌리기나 옮겨심기를 한 후 작물이 심겨진 골 사이의 흙을 갈거나 쪼아주는 것
④ 쇄토 : 갈아 일으킨 흙덩이를 곱게 부수고 지면을 평평하게 고르는 작업

26 과수의 결실에 관한 설명으로 옳지 않은 것은? 기출 제8회

① 타가수분을 위해 수분수는 20% 내외로 혼식한다.
② 탄질비(C/N ratio)가 높을수록 결실률이 높아진다.
③ 꽃가루관의 신장은 저온조건에서 빨라지므로 착과율이 높아진다.
④ 엽과비(leaf/fruit ratio)가 높을수록 과실의 크기가 커진다.

| 해설 |
꽃가루관의 신장은 <u>고온조건</u>에서 빨라지므로 착과율이 높아진다.
① 타가수분을 위해 최소한 수정혼식률은 20%는 되어야 한다.
② 유기물 중의 탄소와 질소의 함량비를 탄질비(C/N ratio)라고 한다. 미생물은 유기물을 분해하여 탄소는 에너지원으로, 질소는 영양원으로 섭취하여 세포를 구성한다. 탄질비가 높을수록 에너지원이 많아지고 영양원이 적어지므로 결실률이 높아진다.
④ 과실 1개당 잎 수인 엽과비(leaf/fruit ratio)가 높을수록 과실의 크기가 커진다.

정답 21 ① 22 ④ 23 ② 24 ④ 25 ② 26 ③

06 병해충관리

01 다음 중 다른 병원체에 의해 매개되는 것은?

① 도열병
② 오갈병
③ 흰가루병
④ 모잘록병

| 해설 |
②는 매미충(끝동매미충, 번개매미충)이 매개하는 바이러스병이고, ①·③·④는 곰팡이에 의한 병이다.

02 화훼작물의 진균병이 아닌 것은? 기출 제3회

① *Fusarium*에 의한 시들음병
② *Botrytis*에 의한 잿빛곰팡이병
③ *Xanthomonas*에 의한 잎반점병
④ *Colletotrichum*에 의한 탄저병

| 해설 |
*Xanthomonas*에 의한 잎반점병은 세균병으로 토마토, 고추, 피망 등의 작물에서 볼 수 있다.

03 식물의 잎, 줄기, 열매 등 지상부에 생기는 병이 아닌 것은?

① 벼 도열병
② 오이 노균병
③ 토마토 잿빛곰팡이병
④ 토마토 시듦병

| 해설 |
식물의 지상부에 생기는 병
벼 도열병, 오이 노균병, 토마토 잿빛곰팡이병, 오이 흰가루병, 벼 잎집무늬마름병, 오이 모자이크병, 파 녹병, 고추 궤양병, 딸기 잿빛곰팡이병, 고추 탄저병, 사과 탄저병, 감귤 푸른곰팡이병 등

04 복숭아와 밤나무의 오갈병, 대추나무의 빗자루병을 일으키는 것은?

① 박테리아(Bacteria)
② 곰팡이(Fungi)
③ 마이코플라스마(Mycoplasma)
④ 바이러스(Virus)

| 해설 |

식물병의 종류

진균에 의한 병	모잘록병, 역병, 시들음병, 탄저병, 흰가루병, 잿빛곰팡이병
세균에 의한 병	세균성 반점병, 세균성 마름병, 세균성 시들음병
마이코플라스마에 의한 병	오갈병(옥수수, 과꽃, 복숭아, 밤나무), 빗자루병(대추나무, 알팔파, 감자, 고구마)
바이러스에 의한 병	모자이크병, 오갈병

05 세균에 의해 작물에 발생하는 병해는? 기출 제6회

① 궤양병
② 탄저병
③ 역병
④ 노균병

| 해설 |

병원체의 종류에 따른 분류

병원체	병의 종류
곰팡이	벼 도열병, 모잘록병, 흰가루병, 녹병, 깜부기병, 잿빛곰팡이병, 역병, 탄저병, 부란병, 균핵병, 노균병
세균	벼 흰마름병, 풋마름병, 무름병, 둘레썩음병, 궤양병, 반점세균병, 뿌리혹병
바이러스	모자이크병, 오갈병
선충	뿌리썩이선충병, 시스트선충병, 뿌리혹선충병
기생충	새삼, 겨우살이 등

정답 01 ② 02 ③ 03 ④ 04 ③ 05 ①

06 과수에서 세균에 의한 병으로만 나열한 것은? 기출 제7회

① 근두암종병, 화상병, 궤양병
② 근두암종병, 탄저병, 부란병
③ 화상병, 탄저병, 궤양병
④ 화상병, 근두암종병, 부란병

> **해설**
> 사과, 배 등 과수에서 세균에 의한 병은 근두암종병, 화상병, 궤양병이고, 탄저병과 부란병은 곰팡이에 의한 병이다.

07 과수 화상병의 병원균은? 기출 제11회

① 진균
② 세균
③ 바이러스
④ 바이로이드

> **해설**
> **과수 화상병**
> 사과, 배 등 과수에서 발병하는 세균성 병해의 일종으로 전염성이 강하여 한번 발생하면 나무 전체가 고사될 수 있다. 화상병 증상은 초기에 꽃이 마르고, 잎이 주맥부터 검게 변하며, 줄기, 과실 등에 세균 누출액이 맺히고, 어린 가지가 갈고리처럼 휘어지는 것이 특징이다.

08 화훼작물에 있어 진균에 의한 병이 아닌 것은? 기출 제8회

① 잘록병
② 역병
③ 잿빛곰팡이병
④ 무름병

| 해설 |
무름병은 세균에 의한 병이다.

09 채소작물에서 진균에 의한 병끼리 짝지어진 것은? 기출 제10회

① 역병, 모잘록병
② 노균병, 무름병
③ 균핵병, 궤양병
④ 탄저병, 근두암종병

| 해설 |
진균에 의한 병 : 역병, 모잘록병, 노균병, 균핵병, 탄저병, 시들음병, 흰가루병, 잿빛곰팡이병 등
②・③・④ 무름병, 궤양병, 근두암종병은 세균에 의한 병이다.

10 벼의 줄기를 가해하는 벼 해충이 아닌 것은?

① 벼멸구
② 애멸구
③ 이화명나방(유충)
④ 물바구미(성충)

| 해설 |
벼 해충의 종류

가해 부위	주요 해충
잎	물바구미(성충), 혹명나방(유충)
줄기	벼멸구, 흰등멸구, 애멸구, 매미충류, 이화명나방(유충)
뿌리	벼물바구미(유충)

정답 06 ① 07 ② 08 ④ 09 ① 10 ④

11 병해충의 물리적 방제방법이 아닌 것은? 기출 제4회

① 천적 곤충
② 토양 가열
③ 증기 소독
④ 유인 포살

| 해설 |
해충의 천적을 이용하여 방제하는 방법은 생물적 방제방법으로, 최근 환경친화적인 방법으로 각광받고 있다.

12 물리적 병충해 방제방법을 모두 고른 것은? 기출 제7회

| ㄱ. 토양 가열 | ㄴ. 천적 곤충 이용 |
| ㄷ. 증기 소독 | ㄹ. 윤작 등 작부체계의 변경 |

① ㄱ, ㄷ
② ㄱ, ㄹ
③ ㄴ, ㄷ
④ ㄴ, ㄹ

| 해설 |
물리적 병충해 방제는 병원체를 죽이기 위한 <u>토양 가열, 증기 소독, 물대기</u> 등을 포함한다.
ㄴ. 천적 곤충 이용 : **생물적 방제**
ㄹ. 윤작 등 작부체계의 변경 : **재배적 방제**

13 다음의 해충 방제법은? 기출 제8회

친환경농산물을 생산하는 농가가 최근 엽채류에 해충이 발생하여 제충국에서 살충성분('피레트린')을 추출 및 살포하여 진딧물 해충을 방제하였다.

① 화학적 방제법
② 물리적 방제법
③ 페로몬 방제법
④ 생물적 방제법

| 해설 |

화학적 방제법은 화학물질을 이용하여 해충을 방제하는 방법으로, 가장 널리 사용되는 것은 살충제이다. 제충국에서 추출된 피레트린은 온혈동물인 사람이나 가축에는 무해하며, 곤충에만 독성이 강하여 운동신경을 마비시키는 안전한 생물농약이라고 할 수 있다.
② **물리적 방제법** : 시설내 온도처리, 방충망을 이용하여 해충의 유입을 막는 방법, 빛에 끌리는 특성을 이용하여 해충을 유인하는 방법 등
③ **페로몬 방제법** : 해충의 페로몬을 이용하여 방제하는 방법
④ **생물적 방제법** : 해충의 천적을 이용하여 방제하는 방법

14 작물의 병해충 방제법 중 생물적 방제에 해당하는 것은? 기출 제2회

① 윤작 등 작부체계의 변경
② 멀칭 및 자외선 차단필름 활용
③ 천적 곤충 이용
④ 태양열 소독

| 해설 |

생물적 방제는 해충의 천적을 이용하는 방법으로 가장 환경친화적인 방법이다.
① 재배적 방제방법
②·④ 기계적·물리적 방제방법

15 진딧물의 생물적 방제에 이용하는 천적은?

① 진디혹파리, 칠레이리응애
② 무당벌레, 진디혹파리
③ 무당벌레, 애꽃노린재
④ 칠레이리응애, 애꽃노린재

| 해설 |

진딧물 천적
- **포식성 천적** : 풀잠자리류, 무당벌레류, 꽃등에, 혹파리류 등
- **기생성 천적** : 진딧벌
※ 천적을 이용한 생물적 방제는 과채류 특성상 주로 생과로 먹는 토마토, 딸기, 고추 등 시설과채류를 대상으로 농약 대신 천적 곤충을 사용해 병해충을 제거하거나 억제하는 방제법이다.

16 해충과 천적의 관계가 바르게 짝지어지지 않은 것은? [기출] 제2회

① 잎응애류 - 칠레이리응애
② 진딧물류 - 온실가루이
③ 총채벌레류 - 애꽃노린재
④ 굴파리류 - 굴파리좀벌

|해설|
진딧물 천적에는 기생성인 진디벌과 포식성인 파리류(*Aphidoletes aphidimyza*), 무당벌레(*Harmonia axyridis*), 풀잠자리(*Chrysoperla spp.*) 등이 있다.
※ 온실가루이의 천적에는 온실가루이좀벌(*Encarsia formosa*)이 가장 널리 이용되고 있다.

---

17 해충 방제에 이용되는 천적을 모두 고른 것은? [기출] 제6회

| ㄱ. 애꽃노린재류 | ㄴ. 콜레마니진디벌 |
| ㄷ. 칠레이리응애 | ㄹ. 점박이응애 |

① ㄱ, ㄹ
② ㄱ, ㄴ, ㄷ
③ ㄴ, ㄷ, ㄹ
④ ㄱ, ㄴ, ㄷ, ㄹ

|해설|
ㄹ. 점박이응애는 천적이 아니라, 대상 해충이다.

---

18 다음이 설명하는 해충과 천적의 연결이 옳은 것은? [기출] 제4회

- 즙액을 빨아 먹고, 표면에 배설물을 부착시켜 그을음병을 유발시킨다.
- 고추의 전 생육기간에 걸쳐 발생하며 CMV 등 바이러스를 옮기는 매개충이다.

① 진딧물 - 진디벌
② 잎응애류 - 칠레이리응애
③ 잎굴파리 - 굴파리좀벌
④ 총채벌레 - 애꽃노린재

| 해설 |

진딧물은 어린잎이나 잎의 뒷면에 서식하여 즙액을 빨아 식물체의 생육을 정지시키고 CMV(모자이크병) 등 식물 바이러스를 전파시킨다. 진딧물 천적에는 기생성인 진디벌과 포식성인 파리류, 무당벌레, 풀잠자리 등이 있다.
② 잎응애류는 대부분 잎의 표면에 기생하는데 천적인 칠레이리응애는 잎응애의 알, 약충, 성충 등 모든 세대의 체액을 흡즙하여 사멸시킨다.
③ 잎굴파리 유충은 잎이나 줄기속에서 굴을 파고 다니면서 식물체의 엽육을 갉아 먹어 피해를 준다. 잎굴파리의 천적에는 외부 기생봉인 굴파리좀벌과 내부 기생봉인 굴파리고치벌이 있다.
④ 총채벌레는 주로 꽃과 잎을 가해하여 작물의 생육지장, 농산물의 상품성을 저하시킬 뿐만 아니라 바이러스병 등을 매개시키는 해충이다. 천적인 애꽃노린재는 해충의 몸에 구침을 찔러 넣어 체액을 빨아먹는다.

19 다음 설명에 해당되는 해충은? 기출 제1회

- 알 상태로 눈 기부에서 월동하고 연(年) 10세대 정도 발생하며, 잎 뒷면에서 가해한다.
- 사과나무에서 잎을 뒤로 말리게 하고, 심하면 조기낙엽을 발생시킨다.

① 사과 혹진딧물
② 복숭아 심식나방
③ 사과 굴나방
④ 조팝나무 진딧물

| 해설 |

사과 혹진딧물은 사과나무의 초기에 문제가 되는 해충으로, 신초가 나오는 5월초부터 피해를 입힌다. 초기에 어린잎을 가해할 경우 잎이 앞뒤로 말리지만 전개된 잎을 가해할 경우 잎의 양쪽이 중앙부의 엽맥을 중심으로 뒤쪽을 향해 세로로 말리며, 그 속에서 무리지어 가해한다. 연(年) 10세대 정도 경과하고 알 상태로 가지의 눈 기부, 잔가지의 교차점, 조피 등에서 월동한다.
② **복숭아 심식나방의 피해** : 부화한 유충이 뚫고 들어간 과실의 피해 구멍은 바늘로 찌른 정도로 작으며, 거기서 즙액이 나와 이슬방울처럼 맺혔다가 시간이 지나면 말라붙어 흰가루 같이 보이며, 피해 구멍은 약간 부풀게 된다. 과피 부분의 비교적 얕은 부분을 먹고 다니므로 그 흔적이 선상으로 착색이 되고 약간 기형과로 되며, 점차로 과심부까지 도달하는 경우가 있다.
③ **사과 굴나방의 피해** : 알에서 부화한 유충이 잎의 내부로 잠입해서 무각유충기에는 선상으로 다니며 섭식하나 유각유충기에는 타원형 굴모양으로 가해하여 그 부분의 잎 뒤가 오그라든다.
④ **조팝나무 진딧물의 피해** : 어린가지에 집단으로 발생하여도 눈에 띄게 사과의 생육에는 별다른 영향을 주지 않는다. 5월 하순에서 6월 중순까지 신초 선단의 어린잎에 다발생 하며, 밀도가 급증하면 배설물인 감로가 잎이나 과실을 오염시키고 그을음병균이 되어 검게 더러워진다.

20 다음 중 과수원에서 페로몬 트랩으로 유인하여 방제할 수 있는 해충을 모두 고른 것은?

> ㄱ. 가루깍지벌레 ㄴ. 뿌리혹선충
> ㄷ. 사과 무늬잎말이나방 ㄹ. 복숭아 심식나방

① ㄱ, ㄴ
② ㄷ, ㄹ
③ ㄱ, ㄴ, ㄹ
④ ㄱ, ㄴ, ㄷ, ㄹ

| 해설 |

성페로몬 트랩을 이용한 4종류 나방
복숭아 순나방, 복숭아 심식나방, 사과 애모무늬잎말이나방, 사과 무늬잎말이나방

21 다음 중 연작시 작물과 토양감염의 병해와의 연결이 옳지 않은 것은?

① 인삼 – 뿌리썩음병
② 수박 – 덩굴쪼김병
③ 호박 – 탄저병
④ 가지 – 풋마름병

| 해설 |

토양감염의 병해
인삼(뿌리썩음병), 수박(덩굴쪼김병), 호박(덩굴쪼김병), 가지(풋마름병), 토마토(풋마름병), 사탕무(갈색무늬병), 강낭콩(탄저병), 아마(잘록병), 완두(잘록병), 백합(잘록병), 목화(잘록병) 등이 있다.

22 전염성 병해가 아닌 것은? 기출 제9회

① 토마토 배꼽썩음병
② 벼 깨씨무늬병
③ 배추 무름병
④ 사과나무 화상병

| 해설 |

토마토 배꼽썩음병
배꼽썩음병은 토마토의 배꼽 부위가 흑갈색으로 함몰되어 말라버리거나 썩는 증상을 말한다. 배꼽썩음병은 개화 후 2~3주에 칼슘결핍 상황에서 주로 발생하는 생리장해이다.
② **벼 깨씨무늬병** : 사질토나 노후화 논에서 전 생육기에 발생하며, 잎에 병원균의 감염으로 갈색의 깨알 같은 점무늬를 형성한다.
③ **배추 무름병** : 초기 잎의 밑동에 물에 젖은 듯한 반점이 나타나고 이것이 옅은 갈색 반점으로 변해 썩으면서 점점 위쪽으로 번진다. 감염 부위는 물러지고, 썩어 악취가 나며, 심하면 배추 전체가 물러 썩게 된다. 무름병의 병원균은 토양으로 전염된다.
④ **사과나무 화상병** : 사과, 배 등 과수에서 발병하는 세균성 병해의 일종으로 전염성이 강하여 한번 발생하면 나무 전체가 고사될 수 있다.

23 A지역에서 2차생장에 의한 벌마늘 피해가 일어났다. 이와 같은 현상이 일어나는 원인이 아닌 것은? 기출 제10회

① 겨울철 이상고온
② 2~3월경의 잦은 강우
③ 흐린 날씨에 의한 일조량 감소
④ 흰가루병 조기출현

| 해설 |

벌마늘 피해 원인은 <u>겨울철 이상고온</u>와 마늘 생육기에 <u>잦은 강우 및 일조량 부족</u> 때문이다.
2차생장에 의한 벌마늘 피해는 2024년 2~3월경 제주와 전남 등 남부 지역을 중심으로 폭증하자 정부는 농업재해로 인정하였다.

24 담배모자이크 바이러스의 주요 피해작물이 아닌 것은? 기출 제5회

① 가지
② 사과
③ 고추
④ 배추

| 해설 |

담배모자이크 바이러스는 담배, 사과, 가지과(가지, 고추, 토마토, 감자 등) 작물 등의 잎에 얼룩무늬 피해를 입힌다. 배추의 대표적인 식물병은 <u>뿌리혹병, 무름병, 노균병, 탄저병</u> 등이다.

정답 20 ② 21 ③ 22 ① 23 ④ 24 ④

25 다음 설명에 해당하는 해충은? 기출 제9회

- 흡즙성 해충이다.
- 포도나무 가지와 잎을 주로 가해한다.
- 약충이 하얀 솜과 같은 왁스 물질로 덮여 있다.

① 꽃매미 ② 미국선녀벌레
③ 포도유리나방 ④ 포도호랑하늘소

| 해설 |

미국선녀벌레(pruinosa)
- 연간 1세대 발생하며, 기주의 나뭇가지 틈에서 알로 월동한다.
- 월동한 알은 5월 중·하순경에 부화하며, 약충은 5령을 거쳐 60~70일 후에 성충이 된다.
- 성충은 7월에서 10월까지 발생한다.
- 약충도 선녀벌레처럼 흰색의 물질을 분비해 잎과 가지, 열매 등에 달라붙는다.
- 약충과 성충이 기주식물을 흡즙하여 직접적인 피해를 주며, 왁스 물질을 분비한다.
- 포도나무, 감귤나무, 살구나무, 복숭아나무 등의 과일나무를 포함해 단풍나무나 버드나무, 느릅나무와 같은 활엽수에도 서식한다.

26 농약을 작물의 줄기, 잎 또는 뿌리 등 일부 부위에 뿌리면 살충성분이 식물즙액과 함께 작물 전체에 퍼져서 해충을 죽이는 약제는?

① 침투성 살충제 ② 직접 접촉제
③ 훈증제 ④ 유인제

| 해설 |

② **직접 접촉제** : 곤충의 몸에 직접 뿌렸을 때에만 살충력이 기대되는 살충제이다.
③ **훈증제** : 살충성분을 가스 상태로 만들어서 사용하는 약제이다.
④ **유인제** : 해충을 유인하여 한 곳으로 모이게 하는 약제이다.

27 다음 중 잡초의 해가 아닌 것은?

① 토양의 침식 ② 품질의 저하
③ 유독 물질 분비 ④ 병해충의 서식처

| 해설 |

잡초는 작물과 토양 내의 양분과 수분, 공간 및 빛의 이용 등에서 경쟁을 일으키고, 작물의 생육환경을 불량하게 만들어 수량을 감소시키지만 바람, 비, 물에 의한 토양의 침식을 막아준다.

28 다음 중 잡초제거를 위한 대책으로 옳은 것은?

① 풀이나 짚 등으로 휴간을 덮어준다.
② 윤작 대신 단일작물을 오래 재배한다.
③ 작물수량에 별 영향이 없는 한 파폭(골너비)과 휴간을 넓게 한다.
④ 퇴비의 재료로 가능한 한 성숙한 종자를 가진 풀을 사용한다.

> **해설**
> ② 단일작물을 연작하면 잡초의 발생이 많아진다.
> ③ 휴간을 넓게 하면 잡초의 발생이 많아진다.
> ④ 퇴비의 재료로 성숙한 종자를 가진 풀을 사용하면 잡초가 많아진다.

29 사과 과원에서 병해충종합관리(IPM)에 해당되지 않는 것은? 기출 제3회

① 응애류 천적 제거
② 성페로몬 이용
③ 초생재배 실시
④ 생물농약 활용

> **해설**
> 병해충종합관리(IPM)에서는 응애류 천적을 이용하는 생물적 방제(Biological Controls)를 활용한다.

30 경종적 방제차원의 병충해 방제가 아닌 것은? 기출 제8회

① 내병성 품종선택
② 무병주 묘 이용
③ 콜히친 처리
④ 접목재배

> **해설**
> **경종적(생태적) 방제**
> 병충해와 잡초 및 작물의 생리·생태적 특성(내병성 품종선택, 접목재배, 윤작, 무병주 묘 이용 등)을 이용하여 병충해와 잡초의 경합력을 저하시키고, 작물의 경합력을 높여 피해를 경감시키는 방법이다.
> ※ 콜히친(colchicine)은 저농도에서 세포의 핵분열을 교란시켜 배수체 육종에 쓰이고 있는 약제이다.

정답 25 ② 26 ① 27 ① 28 ① 29 ① 30 ③

31 작물의 병해충 방제법 중 경종적 방제에 관한 설명으로 옳은 것은? 기출 제1회

① 적극적인 방제기술이다.
② 윤작과 무병종묘재배가 포함된다.
③ 친환경농업에는 적용되지 않는다.
④ 병이 발생한 후에 더욱 효과적인 방제기술이다.

| 해설 |

경종적 방제
병해충, 잡초의 생태적 특징을 이용하여 작물의 재배조건을 변경(윤작 등)시키고 내충·내병성 품종의 이용, 토양관리의 개선 등에 의하여 병충해, 잡초의 발생을 억제하여 피해를 경감시키는 방법이다. 이 방법은 생태적 특징을 이용하기 때문에 화학적 방제법과 같이 적극적인 방제기술이라 할 수 없으나, 친환경농업에 적용할 수 있고 병이 발생하기 전에 더욱 효과적이다.

32 과수 작물의 조류(鳥類) 피해방지 대책으로 옳지 않은 것은? 기출 제6회

① 방조망 설치   ② 페로몬 트랩 설치
③ 폭음기 설치   ④ 광반사물 설치

| 해설 |

페로몬 트랩은 해충 방제에도 사용되지만, 해충의 발생밀도를 예찰(병해충의 발생이나 증가 가능성을 미리 예측하는 것)하는데 사용되고 있다.
※ 과수 작물의 조류(鳥類) 피해방지 대책 : 방조망 설치, 광반사물 설치, 폭음기 설치 등

33 다음 중 농약이 갖추어야 할 조건으로 옳지 않은 것은?

① 효력이 정확하여야 한다.
② 작물에 대한 약해가 없어야 한다.
③ 사람과 가축에 대한 독성이 적어야 한다.
④ 토양에 축적되어 약효가 지속되어야 한다.

| 해설 |

토양이나 먹이사슬 과정에 축적되지 않도록 잔류성이 적어야 한다.

34 응애를 방제하기 위해서 쓰는 농약을 무엇이라 하는가?

① 살균제　　　　　　　　② 살서제
③ 살비제　　　　　　　　④ 제초제

| 해설 |
살비제
곤충류에 대해서는 살충 효과가 거의 없고, 응애류에만 효과를 나타내는 약제이다.

35 과수재배시 병충해를 방제하기 위해 농약을 살포할 때 고려할 사항이 아닌 것은?

① 수화제와 유제를 혼용하여 사용할 경우에는 특히 주의해야 한다.
② 고온시 유기황제는 저농도로 살포한다.
③ 유기인제와 나크제는 유과기에 살포한다.
④ 고온시에는 한낮에 살포하지 않는다.

| 해설 |
유과기에는 나크제, 메프제, 디프제 등의 살포를 피한다.

36 제초제 사용시 주의할 사항이 아닌 것은?

① 약을 뿌릴 때에는 반드시 마스크와 장갑을 착용해야 한다.
② 파종 후 처리의 경우에는 복토를 다소 얕게 한다.
③ 제초제의 사용시기 및 사용농도를 적절히 해야 한다.
④ 토양처리제는 토양수분이 적절한 조건에서 뿌려야 한다.

| 해설 |
파종 후 처리의 경우에는 복토를 다소 깊고 균일하게 해야 한다.

정답　31 ②　32 ②　33 ④　34 ③　35 ③　36 ②

CHAPTER 05 원예작물

학습목표
❶ 채소의 분류, 과수의 분류, 화훼의 분류를 구체적으로 정리한다.
❷ 채소재배의 특성 및 재배관리, 과수재배의 특성 및 재배관리, 화훼재배의 특성 및 재배관리에 대해 각 품목별로 상세히 학습한다.
❸ 채소재배, 과수재배, 화훼재배에 있어서 병해충 및 방제법, 화훼재배에 이용되는 생장조절물질에 대해 학습한다.

01 원예작물 일반

1 원예의 뜻과 중요성

(1) 원예의 뜻
① 원예는 농업의 한 분야로서 노지나 시설 내에서 초본성인 채소와 화훼, 목본성인 과수와 관상수목을 생산·이용하는 산업이다.
② 우리에게 반드시 필요한 영양소를 제공하는 먹거리와 우리들의 생활공간을 아름답게 꾸며주는 볼거리를 생산하여 이용하는 것이다.
③ 채소원예는 부식용과 간식용을 재배하는 농업이고, 과수원예는 기호 및 간식용 과실을 생산하는 농업이며, 화훼원예는 우리의 생활환경을 아름답게 꾸미기 위하여 식물을 생산하고 이용하는 산업이다.

(2) 원예작물의 중요성
① 채소의 중요성
  ㉠ 채소는 비타민 A, C와 칼슘, 철, 마그네슘 등의 무기염류를 공급해 주어 인체의 건전한 발육에 필수적이다.
  ㉡ 양념채소는 한국음식에서 맛을 내는데 없어서는 안 될 중요한 채소이다.
  ㉢ 채소는 섬유소를 많이 함유하고 있어 소화를 돕고 변비를 예방할 뿐만 아니라 독특한 색깔과 맛, 그리고 향기가 우리들의 식생활을 보다 즐겁게 한다.
  ㉣ 주스류, 김치류, 전분류 등의 가공산업에 원료를 공급하여 가공산업을 발전시킨다.
② 과수의 중요성
  ㉠ 과실은 맛과 향이 독특하여 누구나 즐겨먹는 식품으로, 채소와 마찬가지로 비타민류와 무기질을 공급한다.
  ㉡ 과실주, 주스, 잼 및 통조림 등의 가공산업에 원료를 공급하여 가공산업을 발전시킨다.

ⓒ 과실을 외국에 수출하여 외화를 획득할 수 있다.
　　　ⓓ 야산을 개간하여 과수원을 조성함으로써 국토를 효율적으로 이용하게 한다.
　③ 화훼의 중요성
　　　㉠ 화훼와 관상수목은 우리들의 생활공간을 쾌적하게 해준다.
　　　㉡ 재배 과정에서 개인의 정신건강을 지켜주며, 메마른 현대생활의 정서를 순화시켜 생활을 즐겁고 건강하게 해준다.
　　　㉢ 화훼류를 외국에 수출하여 외화를 획득한다.

2 원예작물의 특성

(1) 재배적 차이점
① 원예작물은 종류가 많고 재배품종이 다양하여 한 가지 작물에서도 연중 생산할 수 있는 품종이 작형별로 분화되어 있다.
② 재배방식은 노지재배와 시설재배, 심어 가꾸는 방법에 따라 토경재배와 수경재배 등으로 다양하다.
③ 수요는 연중 계속되는데, 장기 저장이 곤란하므로 <u>주년 생산</u>을 하기 위하여 재배방식이 다양하게 분화되어 있다.
　　※ 주년 생산 : 한 해에 몇 번이고 심어서 생산하는 것
④ 원예작물의 재배에는 고도의 기술이 필요하다.
⑤ 병해충의 피해가 많고 비교적 방제하기 어려운 편이다.

(2) 상품으로서의 차이점
① 채소와 과실은 신선한 상태로 공급하고 이용된다.
② 일부는 가공상태로 유통·이용하는데 가공의 기본원칙은 신선도를 최대로 살리면서 오래도록 변질되지 않게 하는데 있다. 신선도가 중요한 것은 화훼의 경우도 마찬가지이다.
③ 원예 생산물은 변질·부패하기 쉽다. 신선한 원예 생산물은 조직이 살아 있기 때문에 호흡을 계속함으로써 변질되며, 각종 부패균이 번식하기에 알맞아 썩기도 쉽다. 그러므로 이들의 저장에는 온도와 습도를 조절하여 부패균의 번식을 억제할 수 있는 저장시설이 필요하다.

(3) 경영적 차이점
① 원예산업은 일반 농사에 비하여 수익이 높은 편이다.
② 일반작물에 비하여 재배가 집약적이다. 특히, 온실이나 플라스틱 하우스를 이용하는 시설재배는 상당한 시설투자와 많은 노동력이 필요하다.

3 원예작물의 전망

(1) 채소원예산업

① 생산과 소비전망
  ㉠ 무공해채소의 요구에 따라 시설채소재배에 의한 생산이 계속 증가할 것이다.
  ㉡ 고추, 배추, 무, 마늘 및 파는 국내에서 주로 소비되는 채소로서 전체 채소 재배면적의 반 이상을 차지하고 있는데, 안정적인 공급을 위해 이와 같은 비율은 계속 유지할 수 있을 것으로 전망된다.
  ㉢ 소득의 증가로 열매채소와 양채류의 재배면적이 증가할 것으로 전망된다.
    ※ 양채류(서양채소) : 양배추, 로즈마리, 비트, 샐러리, 아스파라거스, 치커리, 콜라비 등

② 수출전망
  ㉠ 값싼 노동력에 의한 저생산비의 수입개방을 극복하려면 품질 좋은 무공해채소를 값싸게 생산하는 것이 중요하다.
  ㉡ 수출전략상품으로는 김치류를 비롯한 딸기, 오이, 토마토 등의 열매채소류 등이 유망하다.

(2) 과수원예산업

① 생산과 소비전망
  ㉠ 생활수준의 향상으로 과실 수요가 늘어날 것으로 예상되며, 무공해과실의 생산이 필수적이다.
  ㉡ 우리나라의 과실은 우리의 입맛(식성)에 맞기 때문에 고품질생산으로 수입산 과일에 대응해야 한다.
  ㉢ 감귤, 대추, 참다래 등의 가공으로 이러한 종류의 과실생산이 증가할 것이다.

② 수출전망
  ㉠ 수입과일이 차지하는 비중이 크게 늘어 바나나, 오렌지, 파인애플뿐만 아니라 체리, 자몽, 아보카도 등이 수입되고 있다.
  ㉡ 사과, 배, 감귤 등의 과실 중에서 배는 미국, 캐나다, 유럽 등지에 수출하고 있으나, 중국산과 경쟁하기 시작하여 2012년부터 재배면적이 감소하고 있다.

(3) 화훼원예산업

① 생산과 소비전망
  ㉠ 지금까지는 외래종 화훼류를 주로 생산하고 있으나, 최근 우리나라 고유의 자생화에 대한 화훼화 작업이 활발해지고 전문적으로 생산하는 농장도 늘어나고 있어 발전이 기대된다.
  ㉡ 녹색공간을 조성하기 위한 관상수의 수요가 꾸준히 늘어날 것으로 예상된다.
  ㉢ 소득증대로 인한 절화 수요의 증대와 실내 장식을 위한 소형분화의 수요가 늘어날 것이다.

② 수출전망
  ㉠ 수출품목으로는 백합의 절화와 알뿌리 화초 등이 있고, 서양란 중에서 온대성 기후에 적합한 심비듐의 분화 및 절화가 유망할 것으로 전망되며, 접붙인 선인장 계통이 계속 신장할 것으로 예상된다.
  ㉡ 우리 고유의 특성을 나타낼 수 있는 분재와 자생화를 개발하여 수출하는 길도 시도해 볼만 하다.

4 원예작물의 분류

(1) 채소의 분류 기출 제2회, 제4회, 제5회, 제6회, 제7회, 제10회
  ① 이용 부위에 따른 분류(원예적 분류)
    ㉠ 잎줄기채소 : 어린줄기와 잎을 식용으로 이용하는 채소
      ⓐ 잎채소 : 정상적인 잎을 이용하는 채소 예 배추, 양배추, 시금치, 상추, 미나리 등
      ⓑ 비늘줄기채소 : 잎이 변태된 비늘잎 또는 비늘줄기를 이용하는 채소
        예 마늘, 양파, 쪽파, 파, 부추 등
      ⓒ 꽃채소 : 꽃 덩어리를 이용하는 채소(화채류) 예 콜리플라워, 브로콜리 등
      ⓓ 줄기채소 : 새로 돋아나는 어린순(줄기)을 이용하는 채소
        예 아스파라거스, 토당귀, 죽순 등
    ㉡ 뿌리채소 : 뿌리나 줄기의 일부분이 양분저장기관으로 변형된 지하 부분을 이용하는 채소
      ⓐ 곧은뿌리채소 : 무, 당근, 우엉
      ⓑ 덩이뿌리채소 : 고구마, 마
      ⓒ 덩이줄기채소 : 감자, 토란
      ⓓ 뿌리줄기채소 : 연근, 생강

> **심화TIP 새싹채소** 기출 제4회
> - 무, 치커리, 브로콜리 종자를 주로 이용한다.
> - 재배기간이 짧고 무공해로 키울 수 있다.
> - 이식 또는 정식과정 없이 재배할 수 있다.

    ㉢ 열매채소 : 열매를 이용하는 채소
      ⓐ 완전히 익은 상태로 이용하는 열매채소
        예 수박, 참외 및 멜론, 완숙 호박, 토마토, 붉은 고추, 딸기 등
      ⓑ 덜 익은 상태로 이용하는 열매채소
        예 오이, 애호박, 가지, 풋고추, 풋대콩, 완두, 강낭콩 등

> **심화TIP** 채소의 분류(식용부위에 따른 분류)
>
> - 엽경채류(잎줄기채소) : 배추, 시금치, 상추, 미나리, 브로콜리, 아스파라거스, 죽순, 마늘, 양파 등
> - 근채류(뿌리채소) : 무, 당근, 우엉, 고구마, 감자, 마, 토란 등
> - 과채류(열매채소) : 완두, 강낭콩, 오이, 호박, 가지, 토마토, 고추 등

> **심화TIP** 채소의 종류별 형태의 특징
>
> 모든 작물의 외부기관은 뿌리, 잎, 줄기, 꽃(화기)으로 구성되어 있으며, 그 특징은 다음과 같다.
>
> | 구 분 | 잎채소 | 뿌리채소 | 열매채소 |
> |---|---|---|---|
> | 뿌리 | 원뿌리와 다수의 가지뿌리 및 섬유근으로 구성되며, 깊이 1m, 폭 3m 정도로 뻗기도 한다. | 뿌리의 비대부는 곁뿌리가 없는 상부의 배축이 비대한 것이며, 하부의 곁뿌리가 있는 부분은 뿌리가 비대한 것이다. | 천근성으로 원뿌리와 곁뿌리의 구분이 뚜렷하지 않다. |
> | 잎 | 잎몸과 잎자루의 구분이 어려운 잎이 굵고 짧은 줄기 끝에 여러 개 붙어 있다. | 잎자루의 아랫부분이 줄기에 붙어 있고, 발생하는 순서대로 1엽, 2엽, 3엽이라고 부른다. | 마주나기잎이며, 잎자루는 모가 나 있고, 잎에는 거친 털이 있다. |
> | 줄기 | 잎에 가려서 외부에서는 보이지 않지만, 결구의 중앙부에 뿌리와 맞닿아 있다. | 마디가 신장하지 않는 짧은 줄기여서 뿌리에서 잎이 발생하는 것처럼 보인다. | 덩굴성이며, 어미덩굴·아들덩굴·손자덩굴로 이루어져 있다. |

② 생태적 특성에 따른 분류 <u>기출</u> 제3회, 제7회, 제11회
  ㉠ 온도 적응성에 따른 분류
    ⓐ <u>호냉성 채소</u> : 20℃ 안팎의 서늘한 온도에서 잘 생육되는 채소
      예 배추, 양배추, 시금치, 파, 양파, 마늘, 상추, 무, 당근, 감자, 완두, 딸기 등
    ⓑ <u>호온성 채소</u> : 25℃ 안팎의 비교적 높은 온도에서 잘 생육되는 채소
      예 가지, 토마토, 고추, 수박, 참외, 오이, 멜론, 고구마, 토란, 생강 등

> **심화TIP** 온도 적응성에 따른 원예작물 구분
>
> (1) 호온성 작물
>   ① 채소류 : 가지, 토마토, 고추, 수박, 참외, 오이, 고구마 등
>   ② 과수류 : 복숭아, 살구, 무화과 등
>   ③ 화훼류 : 장미, 백합, 난초류 등
>
> (2) 호냉성 채소
>   ① 채소류 : 마늘, 상추, 배추, 양배추, 시금치, 파, 양파, 무, 당근 등
>   ② 과수류 : 사과, 배, 자두 등
>   ③ 화훼류 : 국화, 카네이션, 금어초 등

ⓛ 광적응성에 따른 분류 : 생육에 필요한 햇빛의 요구에 따른 분류
  ⓐ 양생 채소 : 가지과 및 박과 등의 열매채소로서, 딸기, 배추, 상추, 무, 당근 등
  ⓑ 음생 채소 : 토란, 파, 토당귀, 아스파라거스, 부추, 마늘, 생강 등
  ⓒ 장일성 채소 : 시금치, 쑥갓 등
  ⓓ 중일성 채소 : 토마토, 고추, 가지, 오이, 호박 등
  ⓔ 단일성 채소 : 딸기, 들깨 등

> **심화TIP 생태적 분류**
>
> - 생태적 분류란 채소의 원산지나 온도, 광, 토양 등의 환경에 대한 반응 등 채소의 여러 가지 생태적 특성을 기준으로 하여 분류하는 방법이다.
> - 채소의 기원지가 어디냐에 따라 서양 원산종과 동양 원산종으로 분류할 수 있는데, 고추·호박·토마토·양배추·상추 등은 서양에서 기원한 채소들이며, 배추·파류 등은 동양에서 유래한 채소들이다.
> - 채소류 중에는 화아분화가 이루어지려면 일정기간 특정 온도를 경과해야만 하는 춘화현상이 있다.

(2) 과수의 분류

① 꽃의 발육부분에 따른 분류
  ㉠ 진과 : 씨방이 발육하여 식용부분으로 자란 열매로 감귤류, 포도, 복숭아, 자두, 살구, 감, 밤 등이 있다.

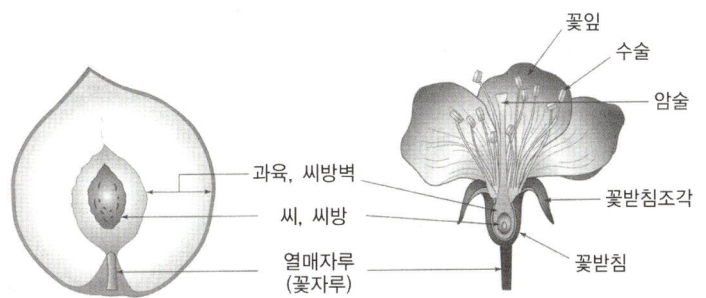

[진과의 꽃과 과실]

  ㉡ 위과 : 씨방과 함께 꽃받침이 발육하여 식용부분으로 자란 열매를 말하며, 사과·배·비파·무화과 등이 있다.

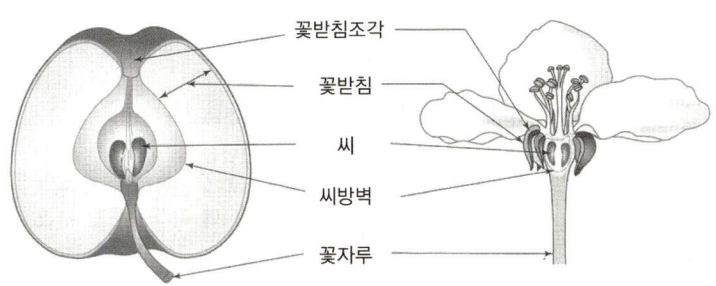

[위과의 꽃과 과실]

② 과실의 구조에 따른 분류 기출 제4회
  ㉠ 인과류
     ⓐ 식용 부분은 꽃받기가 발달하여 과육부위를 이루고 있는 과실이다.
     ⓑ 씨방은 과실 안쪽에 과심부를 이루고 있지만, 먹을 수 없는 것이 많고 꽃받침은 꽃이 필 때 꽃자루의 반대쪽에 달려 있다.
     ⓒ 사과, 배, 모과, 비파 등이 있다.
  ㉡ 핵과류
     ⓐ 씨방이 비대하여 과실을 이룬 것으로, 먹는 부분은 씨방의 중과피에 해당된다.
     ⓑ 종자는 핵 속에 들어 있어 먹을 수 없다.
     ⓒ 복숭아, 살구, 자두 등이 있다.
  ㉢ 장과류
     ⓐ 씨방이 발육하여 이루어진 과실로서, 먹는 부분은 주로 씨방의 외과피이다.
     ⓑ 외과피에 과즙이 차 있으며, 씨는 과육 사이에서 핵을 이루고 있다.
     ⓒ 포도, 나무딸기, 구즈베리, 무화과, 석류 등이 있다.
  ㉣ 각과류(견과류)
     ⓐ 씨방벽이 변하여 된 단단하고 두꺼운 껍데기 속에 들어 있는 종자의 떡잎이 비대한 과실이다.
     ⓑ 밤, 호두, 개암 등이 있다.
  ㉤ 준인과류
     ⓐ 먹는 부분은 씨방벽이 발육된 것으로서, 인과류와 과실의 모양은 비슷하나 씨방이 비대한 진과이다.
     ⓑ 감귤류, 감 등이 있다.

③ 재배지의 기후에 따른 분류 기출 제2회
  ㉠ 온대과수
     ⓐ 연평균 기온이 0~20℃ 사이의 온대지방에서 일정 시간의 저온처리, 낙엽, 휴면 등의 과정을 거쳐야 열매가 잘 맺히는(결실되는) 과수이다.
     ⓑ 열대에서는 저온기간이 없어 휴면기를 갖지 못하고, 높은 산악지대에서는 저온처리의 기회는 있지만, 저온으로 인한 영양장해를 받게 되어 개화·결실이 불가능하다.
     ⓒ 사과, 배, 복숭아, 포도, 감, 밤, 대추 등이 있다.
  ㉡ 아열대과수
     ⓐ 연평균 기온이 17~20℃의 아열대지방에서 자생하고 있는 상록과수이다.
     ⓑ 10℃ 이하의 저온에서 세포분열 정지기간이 끝난후 온도가 상승함에 따라 재분열할 때 꽃눈이 분화되는 것이 많다.
     ⓒ 감귤류, 비파, 올리브 등이 있다.
  ㉢ 열대과수
     ⓐ 적도 주변 저위도지방의 고온기후에 적응하여 자생하는 과수이다.
     ⓑ 바나나, 파인애플, 망고, 파파야 등이 있다.

④ 나무의 형태에 따른 분류 [기출] 제2회
  ㉠ 교목성 과수
    ⓐ 곧은 줄기가 1개이며, 줄기와 가지의 구별이 명확하여 높게 자라는 과수로서 상록과수와 낙엽과수가 있다.
    ⓑ 상록과수 : 감귤류, 레몬, 비파 등
    ⓒ 낙엽과수 : 사과, 배, 복숭아, 살구, 매실, 자두, 양앵두, 모과 등
  ㉡ 관목성 과수
    ⓐ 줄기가 여러 갈래이며, 나무의 윗부분인 수관이 일정한 모양을 지니지 않는 것이 일반적이다.
    ⓑ 곧은 뿌리가 없으며, 보통사람의 키보다 낮게 자란다.
    ⓒ 나무딸기, 구즈베리, 블루베리 등
  ㉢ 덩굴성 과수
    ⓐ 다른 물체에 감아 올라가는 과수이다.
    ⓑ 포도, 키위 등

(3) 화훼의 분류
  ① 생육 특성과 형태에 따른 분류 [기출] 제2회
    ㉠ 한해살이 화초 : 파종한 다음 1년 안에 꽃이 피고 씨가 맺힌 후 말라죽는 종류이다. 여기에는 봄뿌림 한해살이 화초와 가을뿌림 한해살이 화초가 있다.
      ⓐ 봄뿌림 한해살이 화초 : 피튜니아, 실비아, 마리골드 등
      ⓑ 가을뿌림 한해살이 화초 : 팬지, 금잔화, 시네라리아 등
    ㉡ 두해살이 화초
      ⓐ 씨앗을 뿌린 후 1년 이상 2년 이내에 꽃이 피고 씨가 맺힌 뒤 말라죽는 화초이다.
      ⓑ 품종개량이 된 것은 1년 안에 꽃이 피는 것도 있다.
      ⓒ 대개 가을뿌림 한해살이 화초의 생육기간이 길어진 형이다.
      ⓓ 석죽, 접시꽃, 캄파눌라 등이 있다.
    ㉢ 여러해살이 화초(숙근 화초) [기출] 제5회
      ⓐ 한 번 씨를 뿌려서 모종을 가꾸어 심으면, 매년 같은 자리에서 새싹이 돋아 꽃이 피고 씨가 맺히는 화초이다.
      ⓑ 원산지 및 추위에 견디는 힘에 따라 비내한성(열대지방), 내한성(온대지방), 반내한성(중간성)으로 구분한다.

비내한성	거베라, 군자란, 극락조화 등
내 한 성	작약, 루드베키아, 옥잠화 등
반내한성	델피늄, 카네이션, 마거리트 등

ⓛ 알뿌리 화초
  ⓐ 여러해살이 화초의 일종으로 잎, 줄기, 뿌리 등의 기관 일부에 양분이 저장되어 여러 형태로 변형된 화초이다.
  ⓑ 커진 영양기관에 따라 비늘줄기, 구슬줄기, 덩이줄기, 덩이뿌리, 뿌리줄기 등으로 나눈다.
  ⓒ 내한성의 강약에 따라 춘식구근(열대 원산), 추식구근(온대 원산)으로 구분하기도 한다.
  ⓓ 춘식구근으로는 글라디올러스, 달리아, 아마릴리스, 칸나, 칼라 등이 있고, 추식구근으로는 나리, 백합, 수선화, 아네모네, 튤립, 프리지어, 히아신스 등이 있다.
  ⓔ 달리아(덩이뿌리), 칸나(뿌리줄기), 히아신스(비늘줄기), 글라디올러스(구슬줄기), 백합(비늘줄기), 시클라멘(덩이줄기) 등이다.

ⓜ 선인장과 다육식물

선인장	• 대부분 줄기가 커져서 구형이나 기둥모양으로 변하여 수분과 양분을 저장한다. • 잎은 가시나 털 모양으로 변하여 자신을 보호하며, 꽃이 아름답다.
다육식물	• 선인장과 같이 줄기 또는 잎이 커져서 건조에 견딜 수 있도록 물과 양분을 저장하고 있다. • 가시가 없고, 꽃은 별로 아름답지 않지만 모양이 진귀한 것이 많다. • 용설란, 유카, 알로에, 칼랑코에 등이 있다.

ⓑ 난과식물
우리나라 중국이 원산으로, 동양에서 주로 재배하고 있는 동양란과 열대 원산의 난을 서양에서 개량하여 재배하는 서양란이 있다.

지생란	일반 식물과 같이 공기유통이 좋은 흙에서 생육하는 것을 말하며, 심비듐·새우란·춘란 등이 있다.
착생란	나무나 암석 위에 부착하여 생육하는 것을 말하며, 덴드로븀·반다·카틀레야·팔레놉시스, 풍란 등이 있다.

ⓢ 관엽식물
  ⓐ 관엽식물은 아름다운 색이나 생김새를 가진 잎을 감상하기 위해서 주로 화분에 심어 가꾸는 열대, 아열대 원산의 사철 푸른 식물이다.
  ⓑ 실내장식용으로 많이 쓰이며, 그늘에는 강하나 고온과 수분의 요구가 많고 건조에 약하다.

ⓞ 그 밖의 화훼류
  ⓐ 꽃나무류 : 관상가치가 있는 꽃, 잎, 열매를 보기 위해 가꾸는 목본류를 말한다. 목련, 벚나무, 장미, 철쭉, 수국, 개나리, 무궁화, 모란 등이 있다.
  ⓑ 고산식물 : 한대 또는 고산지방에서 자생하는 식물로 그 수는 많지 않지만 아름다운 것이 많으며, 에델바이스·새우란·구름국화 등이 있다.
  ⓒ 방향식물 : 방향식물(향기식물)은 잎이나 꽃의 관상가치는 적지만, 잎에서 특이한 향이 방출되는 식물로 라벤더·구문초·로즈마리 등이 있다.

② 실용적 분류
　㉠ 관상부위에 따른 분류
　　ⓐ 관화식물 : 꽃을 감상하기 위하여 가꾸는 화훼류로 금어초, 팬지, 금잔화, 카네이션, 튤립, 수선화, 나리류, 모란, 장미 등이 있다.
　　ⓑ 관엽식물 : 아름답거나 진귀한 잎을 감상하기 위해 가꾸는 화훼류로 드라세나, 고무나무, 칼라듐, 아스파라거스, 소철, 야자류 등이 있다.
　　ⓒ 관실식물 : 열매를 감상하기 위하여 가꾸는 화훼류로 석류나무, 피라칸사스, 백량금, 귤나무, 호랑가시나무 등이 있다.
　㉡ 이용 목적에 따른 분류
　　ⓐ 절화 : 아름다운 꽃을 줄기째 잘라 이용하는 것으로 국화, 장미, 안개초, 나리, 카네이션, 거베라, 글라디올러스, 스타티스, 프리지어, 튤립, 극락조화, 금어초, 칼라, 해바라기, 작약 등이 있다.
　　ⓑ 분화 : 화분에 담겨진 식물을 감상하는 것으로 프리뮬러, 국화, 베고니아, 서양란, 고무나무, 야자류, 포인세티아, 철쭉류, 선인장류, 관음죽, 소철, 동양란, 군자란, 몬스테라, 드라세나 등이 있다.

(4) 조경식물의 분류

① 조경수목
　㉠ 형태에 따른 분류 기출 제10회
　　ⓐ 나무의 높이에 따른 분류

교목	곧은 줄기가 있고, 줄기와 가지의 구별이 명확하여 높게 자라는 수목으로 소나무, 느티나무, 은행나무, 단풍나무 등이 있다.
관목	줄기가 여러 갈래이며, 곧은 뿌리가 없고 높게 자라지 않는 수목으로 진달래, 개나리, 쥐똥나무, 철쭉류 등이 있다.
덩굴성 수목	땅바닥을 기거나 다른 물체에 감아 올라가는 수목으로 등나무, 능소화, 담쟁이덩굴, 칡 등이 있다.

　　ⓑ 잎의 모양에 따른 분류

침엽수	잎의 모양이 바늘 모양과 같이 뾰족한 수목으로 잣나무, 주목 등이 있다.
활엽수	잎이 넓은 수목으로 능수버들, 무궁화, 느티나무 등이 있다.

　　ⓒ 낙엽의 유무에 따른 분류

상록수	잎이 항상 푸른 나무로 소나무, 독일가문비나무, 사철나무, 잣나무 등이 있다.
낙엽수	낙엽 계절에 모든 잎이 떨어지거나 마른 잎이 일부 붙어 있으며 낙우송, 은행나무, 목련, 단풍나무 등이 있다.

ⓒ 관상에 따른 분류
　ⓐ 꽃이 아름다운 나무 : 매화, 백목련, 왕벚나무, 수수꽃다리 등
　ⓑ 열매가 아름다운 나무 : 석류, 산수유, 낙상홍, 앵두나무 등
　ⓒ 잎이 아름다운 나무 : 금송, 낙우송, 위성류, 자귀나무 등
　ⓓ 단풍이 아름다운 나무 : 은행나무, 단풍나무, 화살나무 등
ⓒ 이용 목적에 따른 분류

분 류	이용 목적에 따른 분류
녹음용	버즘나무, 은행나무, 느티나무, 피나무, 회화나무, 벽오동나무 등
가로수용	은행나무, 버즘나무, 벚나무, 느릅나무, 느티나무 등
산울타리용	측백나무, 향나무, 무궁화나무, 개나리, 쥐똥나무, 명자나무 등
방음용	녹나무, 후피향나무, 사철나무, 개나리, 히말라야시다 등
방풍용	해송, 편백, 가시나무, 후박나무, 동백나무, 느티나무 등
지피용	눈향나무, 둥근향나무, 회양목, 상록성 철쭉 등

② 지피식물(Ground Cover Plant)
　㉠ 지피식물이란 지표면을 낮게 덮어주는 키가 작은 식물을 말한다. 정원, 공원, 골프장 등에서 지피식물이 다양하게 이용된다.
　㉡ 한국 잔디, 서양 잔디 등과 꽃이나 잎, 줄기 또는 녹색의 바탕을 관상하는 소관목류, 초본류 등 그 밖의 지피식물이 있다.

02 채소재배 및 관리

1 토마토

(1) 토마토의 생육 특성

① 꽃눈 분화
  ㉠ 1년생 초본식물로 부드러운 털로 덮여 있고, 파종한지 30일 정도 지나면 제1화방이 생기기 시작한다.
  ㉡ 지온의 영향을 크게 받는데, 10℃ 이하의 저온에서 육묘하면 제1화방의 위치가 짧아지고, 꽃의 수도 늘고 커진다.

② 열매 맺는 성질
  ㉠ 대개 7~9마디에 제1화방이 달리고, 그 뒤 잎 3장 간격으로 화방이 규칙적으로 생긴다.
  ㉡ 꽃이 핀 후 꽃가루받이가 되어 수정하는데 1~2일 정도 걸린다.
  ㉢ 너무 온도가 높거나 낮고, 광선이 약하면 과실이 떨어진다.

(2) 토마토의 재배환경

① 온 도
  ㉠ 생육에 가장 적당한 온도는 낮 온도가 25~27℃이고, 밤 온도는 17℃ 정도이다.
  ㉡ 5℃ 이하에서는 생육이 정지되고, 30℃ 이상에서는 광합성에 의한 생산보다 호흡에 의한 영양분의 소모가 많아져서 생육이 나빠지고 꽃이 떨어진다.

② 수 분
  보수력이 있는 참흙 또는 질참흙에서 생육이 좋고, 토양수분이 많을 때에는 총 수량은 증가하나 기형과가 많이 생겨 상품 수량은 떨어진다.

③ 토양산도
  적응 범위가 넓지만 약산성(pH 6.5)이 적당하다.

④ 광 선 [기출] 제11회
  토마토는 호광성 식물로서 일조량이 많아야 생육이 잘되고, 일조량이 부족하면 꽃이 떨어지고 열매 맺음이 좋지 않을 뿐만 아니라 과실의 착색도 좋지 않다.

> **심화TIP 채소재배에 적합한 토양**
>
> 병충해가 없는 토양, 깨끗한 토양은 물론 충분한 공기를 가지고 있으면서 적당한 수분과 물빠짐이 있어야 하고, 양분을 모을 수 있는 토양이어야 한다.

(3) 토마토의 품종과 재배방식

① 품 종
- ㉠ 현재 일반적으로 많이 재배하고 있는 품종은 붉은색, 분홍색 품종이다.
- ㉡ 종묘회사들은 과실의 모양, 색깔, 맛, 품질(당도, 산미, 향, 비타민 함량, 육질, 숙도) 등을 고려하여 재배방식과 환경조건에 알맞고, 내병충성을 강화시킨 1대 잡종 품종을 육성하여 보급시키고 있다.
- ㉢ 용도에 따라 생식용과 가공용 품종이 있고, 익는 시기와 모양에 따라 완숙형, 미숙형, 보통토마토, 송이토마토, 방울토마토 등으로 품종을 구분하여 재배하기도 한다.

② 재배방식
- ㉠ 토마토는 높은 온도와 강한 광선이 필요하므로 겨울철에는 시설 내에서 재배하기가 어려우나 투광성과 보온 효율이 높은 시설이 개발·보급되고 있어 연중 공급체계가 이루어지게 되었다.
- ㉡ 가공용 토마토는 평지에서는 고온·다습조건으로 재배하기가 어렵고, 최근 준고랭지에서의 시험재배가 약간 이루어지고 있다.

(4) 토마토의 재배관리

① 육 묘
- ㉠ 토마토는 정식할 때를 기준으로 하여 50~70일 전에 파종하는데, 수확을 시작할 때까지는 약 4~5개월 걸린다.
- ㉡ 모판에 씨를 뿌린 다음 온도는 25~27℃로 관리하고, 밤에 발아할 때까지는 20℃, 발아한 다음에는 15℃로 낮게 관리한다.
- ㉢ 발아한 다음 밴 곳은 솎아 주고, 본잎이 2~3장 벌어졌을 때 사방 10cm 간격으로 첫째 번 가식을 한다.

② 정 식
- ㉠ 정식 시기 : 정식에 적당한 모종은 본잎이 8~9장일 때로 제1화방의 꽃이 보이거나 10% 정도 피었을 때이다.
- ㉡ 땅고르기
  - ⓐ 정식해야 할 밭은 배수를 좋게 하고, 거름의 흡수를 촉진시키기 위하여 깊이 갈아엎는다.
  - ⓑ 퇴비와 석회를 밭 전체에 골고루 뿌리고, 땅을 고른 다음 이랑골에 비료의 3요소를 밑거름으로 주고 흙으로 덮은 다음 토마토 뿌리가 직접 닿지 않도록 한다.
- ㉢ 재식 거리 : 품종이나 재배목적, 토양의 비옥도 등에 따라 약간 달라질 수 있다.
- ㉣ 정식 : 바람이 없고 맑은 날 옮겨 심어야 하는데, 활착이 잘되도록 뿌리의 흙이 떨어지지 않게 심고, 바람에 흔들리지 않도록 받침대를 세워 유인해야 한다.

③ 가지고르기
  ㉠ 생식용 토마토 재배에서는 외대가꾸기를 한다.
  ㉡ 제1화방이 꽃 필 무렵부터 잎겨드랑이에서 나오는 곁순은 될 수 있는 대로 빨리 따 주는데, 바이러스병을 옮길 위험이 있으므로 손으로 곁가지 끝을 가볍게 쥐고 따주어야 한다.
  ㉢ 순지르기는 수확 종료 예정 50일 전에 하는데, 마지막으로 수확할 화방의 위에 잎 2~3장을 남기고 잘라 준다.

고랑쪽으로 화방이 있게 심는다.
[토마토 순지르기]

④ 덩굴 유인
  노지재배에서는 받침대를 곧추세우거나 'ㅅ'자로 세워주고, 시설재배에서는 햇빛을 많이 받게 하기 위하여 손이 닿을 정도의 높이에 이랑 방향으로 철사나 비닐 끈을 달아 자라는 대로 덩굴을 끌어내리면서 일정한 높이가 되도록 덩굴을 유인하여 재배한다.

⑤ 거름주기
  ㉠ 가장 많이 필요로 하는 성분은 칼륨이고 그 다음은 질소이며, 칼슘 성분도 필요하다.
  ㉡ 밭을 갈아엎고 고르기 전에 10a당 완전히 썩은 퇴비 3,000~3,500kg, 석회 120kg, 붕사 1~2kg 정도 밑거름으로 밭 전체에 뿌리고, 자라는 상태를 보아가며 2~3번 덧거름을 준다.

⑥ 물주기 및 온도 관리
  ㉠ 여름철에 고온·건조할 때에는 짚을 깔아서 지온을 낮추어 줌과 동시에 수분의 증발을 억제하고, 건조할 때에는 물을 충분히 준다.
  ㉡ 착과제 처리 : 기온이 낮을 때에는 꽃가루받이가 잘 안 되므로 착과제를 뿌려주어야 한다.
    ⓐ 착과제로는 토마토톤 100~150배액을 사용하며, 화방의 아래에서 두번째 꽃이 피었을 때 화방 전체에 뿌려준다.
    ⓑ 기온이 낮을 때에는 농도를 약간 진하게 하면 효과적이다.

⑦ 수 확
  ㉠ 토마토 과실의 색깔이 드는 단계에 따라 녹숙기, 최색기, 반숙기, 성숙기, 완숙기, 과숙기로 나눌 수 있다.
  ㉡ 보통 개화 후 40~50일이면 수확한다.
  ㉢ 온도 조건이 좋은 고온기에는 20~30% 정도 색깔이 든 최색기에 수확하고, 저온기에는 60% 정도 색깔이 든 반숙기에 수확하도록 한다.

심화TIP **생리적 성숙** 기출 제11회

식물의 자연적인 성장과정에서 일어나는 성숙이다.
① **생리적 성숙시 수확하는 채소** : 토마토, 수박, 딸기, 고추, 참외
② **생리적 성숙시 수확하는 과수** : 사과, 배, 복숭아, 포도, 단감

(5) 토마토의 병해충 방제 [기출] 제4회

① 생리장해

생리장해과	피해 증상 및 발생 조건	예방 및 방제법
열과	• 열매꼭지를 중심으로 동심원 상태나 방사성 상태로 불규칙하게 착색기에 있는 열매의 껍질이 터지는 현상이다. • 품종에 따라 다르나 공중습도가 높을 때나 흙 속의 수분이 급격히 변할 때 일어나기 쉽다.	• 송풍기에 의한 강제 환기로 공중습도를 낮추고, 밤 온도를 약간 높여 과실 내의 영양을 소모시킨다. • 염화칼슘 0.3% 용액을 과실에 뿌려준다.
배꼽썩음과	• 생장점의 자람이 정지되고, 잎이 뒤틀리거나 꽃이 떨어진 흔적이 있는 배꼽부근이 검게 썩은 것처럼 된다. • 칼슘 성분이 부족한 것이 원인이다.	• 석회를 충분히 뿌려준다. • 짚을 깔아 주어 여름철에 흙속의 온도가 높아지지 않도록 한다. • 3%의 염화칼슘을 1주일 간격으로 2~3회 뿌려준다.
공동과	• 열매 속 젤리 상태의 물질이 꽉 차지 않고 일부가 비어 있는 것을 말하는데, 열매 모양이 모가 나고 빈약해 보이며, 내부의 색깔이 좋지 않다. • 일조 부족이 가장 큰 원인이며, 기온이 높은 시기에 토마토톤을 많이 처리하였거나, 한 화방에 두 번 이상 뿌렸을 때 발생하기 쉽다.	• 햇빛을 잘 받도록 하고, 밤에 너무 온도가 높지 않도록 관리해야 한다. • 토마토톤을 처리할 때 기상 상태를 보아 농도를 조절하여 뿌린다.
기형과	• 배꼽 부분이 뾰족하게 돌출한 것으로부터 열매 전체가 심하게 일그러진 것까지 열매 모양이 기형적으로 자라는 것을 말한다. • 잘못된 착과제 처리, 낮은 온도, 질소질 거름 성분의 과다, 습도가 높을 때 발생한다.	생육 환경을 개선한다.

② 토마토의 병과 방제법

병 명	피해 증상 및 발생 조건	예방 및 방제법
시들음병	• 처음에 밑의 잎부터 시들어 노랗게 되고 점차 위의 잎으로 퍼져 올라간다. • 병이 점차 심해지면 포기 전체가 노랗게 되어 시들며, 갈색으로 말라죽는다. 피해 줄기를 갈라보면 도관부가 갈색으로 변해 있다. • 병원균은 종자와 땅속에서 월동한 후 기온이 높으면 발생하며 토양 선충, 토양의 염류, 습해 등에 의하여 뿌리가 상했을 때 잘 걸린다.	• 저항성이 강한 품종을 선택하여 재배한다. • 종자를 철저히 소독하여 뿌리고, 돌려짓기를 하거나 꺾꽂이나 접붙인 모종을 심어 가꾼다. • 병든 포기는 뽑아 없애고, 밭을 고를 때 토양 소독을 한다.
풋마름병	• 낮에 윗 잎이 시들고, 아침과 저녁에는 다시 회복하기를 반복하다가 시들어 죽는다. • 피해 줄기를 잘라 보면 도관부가 갈색으로 변해 있고, 손으로 눌러 보면 흰색의 즙이 나오는 것이 특징이다.	• 3년 이상 이어짓기를 하지 않은 밭에서 재배한다. • 배수를 철저히 하며, 토양소독을 한 후 심는다.

잿빛곰팡이병	• 잎, 줄기, 과일 등 포기 전체에 피해를 주는데, 어린 과일에 피해가 심하다. • 처음에 암갈색 수침상의 작은 병반이 생기고 점차 커지면서 물렁물렁하게 썩으며, 잿빛곰팡이가 피는 것이 특징이다. • 병원균은 병든 포기나 땅속에서 월동한다. • 습도가 높고 서늘할 때 발생하며, 영양분이 부족할 때도 많이 나타난다.	• 밀식재배를 피하고, 시설 내에서는 환기를 철저히 하여 습도를 낮춘다. • 포기 밑을 비닐로 멀칭하여 물방울에 의한 감염을 막는다. • 병든 포기는 발견 즉시 뽑아 없앤다. • 발병 초기에 살균제를 1주일 간격으로 뿌린다.
역병	• 더운물에 데친 것과 같은 암갈색 수침상의 병반이 잎에 생긴 후에 흑갈색의 줄무늬로 변하면서 잎이 말라죽는다. • 과일에도 암갈색의 병반이 생기고 움푹하게 들어간다. • 병에 걸린 포기나 토양 중에서 월동한 병원균이 감염원이 된다. 기온이 20℃ 전후이고 습도가 높을 때 많이 발생한다.	• 육묘 때부터 병든 포기를 골라내어 없앤다. • 환기를 철저히 하고 발생 전에 살균제를 5~7일 간격으로 뿌린다. • 짚을 깔아주어 병원균이 빗방울에 붙어 감염되는 것을 막는다. • 질소질 거름을 너무 많이 주지 않는다.

③ 중요한 해충

해충에는 진딧물, 뿌리혹선충, 온실가루이, 파밤나방, 아메리카잎굴파리 등이 있는데, 발견 즉시 살충제를 정기적으로 종류를 바꾸어 가면서 뿌려서 없앤다.

2 오이

(1) 꽃피는 습성 기출 제4회, 제8회

① 오이 꽃눈은 처음에는 암수의 구별 없이 한 꽃 안에서 분화하지만, 이것이 환경 조건(온도, 일조량 등)에 의하여 암꽃 또는 수꽃으로 발달하게 된다.

② 한 마디에 형성되는 꽃눈은 몇 개에서 수십 개에 이르는 경우가 있는데, 보통 2~3개 정도만 남게 되고 나머지는 퇴화한다.

③ 오이의 암꽃 착생에 큰 영향을 끼치는 환경 조건은 온도와 일장이다.

　㉠ 육묘기간 중 야간 온도가 15℃ 이하의 지온에서 암꽃 착생률이 높아진다.

　㉡ 일조시간을 8시간 정도 짧게 하면 암꽃 착생을 촉진시킬 수 있다.

　㉢ 암꽃 착생률을 높이기 위해서는 육묘 중 본잎 1.5~2장일 때부터 야간 온도가 12~13℃ 정도로 낮게 관리하는 것이 좋다.

　㉣ 저온에서 너무 이른 시기에 관리를 하면 묘 생육을 억제할 수 있고, 너무 늦게 관리하면 아랫마디에 암꽃이 맺히지 않아 첫 수확이 늦어진다.

　㉤ 꽃이 필 때 자방이 크고, 꽃잎의 색깔이 진한 것은 정상적으로 결실이 되어 비대해진다.

(2) 열매고르기

① 오이의 과실은 암꽃이 개화하여 3~4일까지는 비대가 비교적 완만하지만, 그 후 비대가 빨라져서 하루에 2cm 정도 자라는데, 생장량이 많을 때에는 3~4cm 정도 자랄 때도 있다.
② 생장은 주간보다 야간에 많이 자라며, 해가 진 후 보통 5시간 동안 비대가 왕성한 것으로 알려져 있다. 해가 지면 잎에서 생성된 광합성 물질이 과실로 이동한다. 이동 속도는 고온에서는 빠르고, 저온에서는 느리다. 생리적으로 볼 때 이동하는데 적합한 온도는 16~20℃이다.
③ 과실이 구부러지는 것은 상품의 가치가 떨어지기 때문에 개화 후 3~4일경에 비정상과를 제거해 준다.

(3) 거름주기

① 오이는 거름 성분이 부족할 때에는 노균병이 발생하기 쉽고 열매의 비대가 불량해지며, 구부러지기도 한다.
② 10a(300평)당 비료 3요소의 시비량은 성분량으로 질소 25kg, 인산 15kg, 칼륨 25kg 정도이다.
③ 덧거름을 주는 시기는 첫 번째 열매의 수확 직전에 첫 번째 덧거름을 주어야 하고, 그 후 2주 간격으로 3~4회 나누어 주어야 한다. 덧거름은 액비혼입기를 이용하여 관수를 겸해서 주면 효과적이다.

(4) 생장조절제의 이용

에스렐 생장억제제(왜화제) 0.3%액을 작물 전체에 살포하면 마디 사이가 짧아지면서 관리하기가 쉽다.

(5) 물주기

① 오이는 건조에 매우 약한 채소로 토양수분이 부족할 때에는 과실의 비대가 불량하고 쓴맛이 생기며, 과실 표면의 윤기가 없어지는 등 상품성이 떨어진다.
② 물을 주는 방법은 점적 호스를 멀칭한 필름 밑에 설치하여 사용하면 표토가 다져지지 않고 관수 노력과 용수의 절감 등 유리한 점이 많다. 물을 주는 시각은 될 수 있는 대로 오전 중에 주는 것이 토양 온도를 회복하는데 효과적이다.

(6) 오이의 노균병 및 방제법

① 병 증상
- ㉠ 시설재배를 할 때 많이 발생하는 병으로 육묘기로부터 수확기간 중에 잎에만 발생하고, 덩굴과 과일에는 발생하지 않는다.
- ㉡ 떡잎의 발생초기에는 수침상의 병반이 나타나며, 확대되어 점차 갈색으로 변색한다.
- ㉢ 본잎에서는 공중습도가 낮을 때에는 잎 가장자리에 병반이 나타나고, 공중습도가 높을 때에는 잎 전면에 병반이 나타난다.
- ㉣ 아래 잎에서 먼저 발생하여 위로 번지며, 반점이 합쳐지면 병반은 커지고 잎은 말라 죽게 된다.

② 병 발생
- ㉠ 노균병은 기온이 20~25℃의 다습한 상태일 때나 밀식으로 통풍과 채광이 불량할 때 많이 발생한다.
- ㉡ 비료성분이 떨어져서 수세가 약해질 때에 발생하기 쉽다.

③ 방제 대책
- ㉠ 환기를 철저히 해야 하고 하우스 토양이 과습하지 않도록 하며, 온도를 낮추어 주어야 한다.
- ㉡ 병든 잎은 조기에 제거하여 불에 태우거나 땅속 깊이 파묻어야 한다.
- ㉢ 육묘할 때에는 병증이 없더라도 아주심기 전에 2~3회 정도 약제를 살포해야 하고, 아주심기 후에는 2주일에 1~2회씩 예방 위주로 실시해야 한다.

(7) 온실가루이

① 피 해
- ㉠ 온실가루이는 흰색의 작은 파리나 나방으로 잘못 알기 쉬운 흡즙성 해충이다.
- ㉡ 주로 잎 뒷면에서 무리를 지어 즙액을 빨아먹으므로, 발생하는 부위가 많을 때에는 잎이 변색되고 시들며, 심할 때에는 말라 죽는다.

② 형 태
- ㉠ 어미벌레는 1.4mm 정도의 작은 파리 모양으로 몸은 원래 옅은 황색을 띠고 있지만, 표면이 흰 왁스로 덮여 있어 흰색으로 보인다.
- ㉡ 알은 자루가 달린 포탄 모양으로 0.2~0.5mm이다. 번데기는 약 0.8mm로 등면에 왁스의 가시돌기가 있는 타원형이다.

③ 방제 대책
- ㉠ 앞 작물 재배가 끝나면 잔해물과 잡초를 철저히 제거해야 하고, 포장 주변의 발생원을 깨끗이 제거해 주어야 한다.
- ㉡ 각 온실가루이의 생육 상태에 따라 약제에 대한 반응이 다르기 때문에 한두 번의 약제 살포로는 방제하기가 어렵다.
- ㉢ 약제방제에만 의존하지 말고, 온실가루이의 천적 기생봉인 온실가루이 좀벌을 선발한 다음, 기생봉에 영향이 적은 농약을 선발하여 같이 이용함으로써 방제효과를 높일 수 있다.

(8) 오이의 생리장해 및 대책

① 오이의 생리장해는 기형과가 많이 생기며, 기형과의 주요발생 원인은 질소를 비롯한 비료의 부족, 낮은 지온으로 인한 초세 약화, 일조 부족 및 수분 부족에 의한 광합성 저조 등이 복합적으로 작용하고 있다.
② 구부러진 열매가 맺힐 때에는 맺히는 즉시 제거해 주어야 한다.
③ 정상적인 포기라도 구부러진 열매가 예상될 때에는 따 주는 것이 좋다.
④ 아랫잎에서 중간잎에 걸쳐 많이 발생하는 백변현상이 있는데, 이는 잎맥 사이의 녹색이 없어지고 황색과 흰색으로 되는 증상을 말한다. 이 증상이 진행되다가 잎 전체가 갈색으로 변해서 말라 죽게 된다.
⑤ **백색현상의 원인**
  ㉠ 오이 체내의 마그네슘 결핍 때문이다.
  ㉡ 종전에 마그네슘 결핍은 토양의 산성화로 인해 마그네슘 함량이 적을 때에 발생하였지만, 근래에는 토양이 알칼리성으로서 마그네슘 함량이 부족하지 않은데도 이러한 현상이 발생하고 있다.
  ㉢ 토양 중에 칼륨과 석회가 너무 많이 남아 있어, 이들이 서로 길항작용을 일으켜 마그네슘의 흡수를 억제하기 때문이다.
  ㉣ 대책으로는 칼륨이 토양 중에 쌓이지 않는 시비법을 사용해야 한다. 또 칼륨과 석회의 시비량을 줄여 주는 것도 효과적일 수 있다.

3 수 박

(1) 꽃 피는 습성

① 개화 당시의 암꽃은 크기가 클수록 착과율이 높고, 큰 과실을 생산할 수 있으므로 암꽃을 가능한 한 크게 키우는 것이 좋다.
② 암꽃의 발육은 일조 및 온도와 밀접한 관계가 있는데, 일조시간이 많고 온도가 어느 정도 높을수록 암꽃의 발육이 좋다.
③ 암꽃은 어미덩굴의 잎이 3~4장 정도 전개할 때 이미 18~20마디의 꽃눈 분화가 이루어지므로 생육초기부터 세심한 관리가 필요하다.
④ 분화한 꽃눈의 발육은 온도 조건에 따라 다르므로, 최저기온을 10℃ 정도로 관리하면 28일 전후, 12℃ 정도로 관리하면 21~22일 후에 개화하게 된다.

(2) 열매고르기

수박의 암꽃은 한 줄기에 5개 정도 피는데, 첫 번째 꽃에서 착과가 될 경우에는 정상적인 생장이 어렵고, 또 그루의 세력이 약할 때 과실을 착과시키게 되므로 후기의 결실이 나빠 전체 수량이 감소하는 경우가 많다.

① 두 번째 꽃과 세 번째 꽃에 맺히게 하는 것이 바람직하다. 정상적인 품질의 과실이 발육하고 초세, 수량에 영향이 적은 바람직한 마디가 어느 마디인지는 재배 조건과 관련하여 생각해 보아야 한다.

② 일반적으로 최저기온이 14~16℃ 정도에서 결실되는 경우 어미줄기에서는 20마디 전후, 일찍 나온 아들줄기에서는 15마디 이상이 필요하다. 그러나 최저기온이 20℃ 정도가 될 때에는 어미줄기 15마디 정도에서 착과시켜도 된다. 그리고 착과과실수는 한 그루당 1~2개 맺히게 하는데, 초세를 고려하여 결정해야 한다.

③ 수분 후 대개 30일 정도이면 수확을 해야 하는데, 20일이 지나면 수확할 무렵의 크기를 기준으로 80% 정도 비대하므로 열매솎기를 할 경우 이를 고려하여 조기에 해주어야 한다.

(3) 거름주기

① 과실맺기와 비대에는 토양수분과 비료의 영향이 크다. 토양에 수분과 비료분이 많을 때에는 잎줄기만 무성하여 착과가 잘되지 않고, 그 반대로 포기 세력이 약할 때에는 과실맺기는 잘되지만 과실의 비대는 나빠진다.

② 이를 방지하기 위해서는 꽃 피기 전에 토양을 약간 건조하게 관리하면 포기세력을 억제시켜 과실 맺기를 잘되게 하고, 열매를 맺은 다음에는 물과 거름을 충분히 주어 과실이 잘 자랄 수 있도록 해야 한다.

③ 10a당 비료 3요소의 시비량은 성분량으로 질소 20kg, 인산 5.9kg, 칼륨 12.8kg 정도이다.

④ 수박의 거름을 주는 방법으로 덧거름은 물에 녹여서 액비 형태로 주는 것이 비료의 효과를 높일 수 있다.

(4) 생장조절제의 이용

① 수박의 인공수분은 다른 포기의 수꽃을 따서 가능한 한 아침 일찍 암꽃의 암술머리에 가볍게 문질러 주고, 몇 분이 지난 다음에는 교배 날짜를 표시해 둔다.

② 기상이 나빠 인공수분이 안 될 때에는 토마토톤 100배액을 꽃에 분무해 주어야 한다.

(5) 물주기

① 수박은 아주심기한 다음 초기에는 꽃을 많이 피게 하기 위하여 건조한 상태로 키우지만, 반면 토양에 수분과 비료분이 많을 때에는 잎줄기만 무성하여 열매맺힘이 잘 이루어지지 않는다.

② 원하는 마디에 열매가 맺히면 과실의 비대가 급속히 커지는 수분을 한 다음 20일 동안은 관수를 게을리 해서는 안 된다. 대개 수분한 다음 20일경까지는 수확할 때 무게의 80%에 이르게 된다.

③ 그런 다음, 약간 건조하게 관리해 주면 당도도 높아지고 잘 익은 상태로 된다.

(6) 수박의 생리장해 및 그 대책

① 장 해

과일에 나타나는 장해로는 열과(裂果), 일소과, 공동과, 변형과, 조롱박과, 피수박, 물찬과 등이 있다.

② 시듦현상

잎과 덩굴에는 급성 마그네슘의 결핍으로 잎마름현상이 나타나며, 사질토의 하우스에서 밀식재배할 경우에 급성 시듦현상이 가장 많이 발생한다.

③ 순멎이 현상

수박의 접붙이기 재배시 주야간의 온도차가 클 경우 또는 접붙이기상의 지온은 높은데 기온이 낮은 경우에 나타난다.

④ 결핍증

㉠ 토양 중 칼륨의 함량이 낮을 때 과일이 비대해지기 시작하면 공급량이 부족하여 결핍증이 발생한다.

㉡ 칼슘이 토양 속에 있다 하더라도 토양수분이 부족할 때에는 토양 중의 질소농도나 염류의 농도가 높아져서 칼슘흡수가 나빠지게 되어 결핍증이 나타난다.

㉢ 과일의 착과가 많아지면 마그네슘 결핍증상이 나타나고, 건조한 토양에 피해가 심하다.

㉣ 토양 내의 칼륨과 칼슘이 과다할 경우에 이들과의 길항작용으로 마그네슘의 흡수가 나빠져서 결핍증이 나타나게 된다.

㉤ 사질토에 다량의 석회질 비료를 주면 붕소가 불용화되어 흡수가 나빠지게 되어 결핍증상이 나타나고, 건조한 토양이나 유기물이 적은 토양에서도 붕소 결핍증이 나타난다.

㉥ 토양내 철 부족에 의해 철 결핍증이 나타나는 경우는 매우 드물다. 주로 인산의 지나친 사용으로 철이 인산과 결합하게 되어 부족해지거나 망간이나 구리의 함량이 너무 많아 체내에 흡수된 철이 산화되면서 불활성화되어 나타나게 된다.

4 고 추

(1) 꽃 피는 습성

① 고추는 본잎 11~13장이 전개될 무렵에 이미 30개 정도가 꽃 필 준비를 끝내고, 약 10~13마디의 제1차 분지에 첫 개화가 되는 특성이 있다.

② 계속해서 각 분지 사이에 꽃이 맺히는 무한 꽃차례에 속하며, 대개 노지재배의 경우 주당 300~400개, 하우스재배의 경우 600~1,200개 정도의 꽃이 피지만, 한꺼번에 피는 것이 아니라 3~4번의 주기를 가지고 핀다.

③ 꽃이 피는 시기는 오전 6시부터 10시 사이가 가장 왕성하고, 꽃밥이 터지는 시간대는 약간 늦은 오전 8~12시가 최성기이다.

④ 꽃가루의 발아·신장온도는 대개 20~25℃ 정도이고, 15℃보다 낮은 저온이나 30℃보다 높은 고온에서는 발아하지 못하므로 수정 능력이 떨어지는 경우가 많다.
⑤ 열매가 맺히는 것은 약 70%가 자가수분에 의해 수정이 이루어지지만, 30% 정도는 타가수분을 통해 열매가 맺힌다.

> **심화TIP 무한 꽃차례**
>
> 꽃이 피는 시기라든지, 개수가 정해지는 유한 꽃차례와 구별되는 말로, 환경조건과 영양조건 등이 알맞을 때에 무한정 피는 꽃을 말한다.

(2) 거름주기
① 고추는 생육기간이 길며, 계속해서 꽃이 피고 열매를 맺으므로 비료 성분이 부족하지 않도록 해주는 것이 좋다.
② 10a당 비료 3요소의 시비량은 질소 19kg, 인산 11.2kg, 칼륨 14.9kg 정도이다.
③ 생육기간이 길기 때문에 거름 성분이 떨어지지 않도록 덧거름을 2~3회 나누어 주어야 한다.
④ 마지막 덧거름은 중부지방은 8월 중순, 남부지방은 8월 하순에 주어야 한다.

(3) 고추의 작물특성
① 고추의 뿌리는 비교적 천근성으로 건조에 약하다. 토양이 건조할 때에는 생육과 결실이 불량하고, 풋마름병이 많이 발생한다.
② 플라스틱필름이나 짚으로 멀칭을 하여 토양수분을 보존해야 하고, 심한 경우에는 점적 호스를 이용하여 관수를 해야 한다.
③ 과습에 매우 약하므로 침수할 때에는 곧바로 배수를 해주어야 한다.

(4) 고추의 생리장해
① **칼륨결핍증**
묵은 잎의 끝 부분이 황색으로 변하다가 잎 주변 전체가 황화되는데, 이는 칼륨비료를 주지 않아서 부족한 경우보다는 모래 성분이 많은 땅에서 칼륨을 준다 하더라도 유실되기 쉽기 때문에 칼륨 결핍증상이 나타날 수 있다.
② **칼슘결핍증**
㉠ 토양에 석회 성분이 부족하거나 질소 또는 칼륨비료를 많이 준 경우에 시비과다가 발생한다. 또는 석회 성분이 충분히 있다 하더라도 염류의 농도가 높거나 토양이 너무 건조하고 온도가 높아 석회 성분이 흡수되지 않을 경우에 발생한다.
㉡ 고추의 배꼽썩음과는 석회의 결핍으로 발생하는데, 이는 과일의 측면에 약간 함몰된 흑갈색의 반점이 부패한 것처럼 나타난다.

③ 마그네슘결핍증
  ㉠ 토양내 마그네슘이 부족한 경우 발생한다. 석회·칼륨을 많이 줄 때에는 서로간의 길항작용에 의해 마그네슘 부족증상이 나타난다. 증상으로는 묵은 잎맥 사이에 황화현상이 일어나는데, 점차 진행되면 말라 죽는다.
  ㉡ 마그네슘비료(고토석회, 황산고토 등)를 주어야 하며, 응급대책으로는 1~2%의 황산마그네슘을 1주 간격으로 3~5회 엽면살포 해준다.

④ 붕소결핍증
  ㉠ 산성화된 모래 논에 한꺼번에 많은 양의 석회를 줄 경우, 유기물을 적게 준 토양에서 토양반응이 알칼리성을 나타내는 경우, 토양이 건조하거나 칼륨비료를 너무 많이 준 경우에 결핍증이 나타난다.
  ㉡ 생장점 부근이 위축되고 과일 표피가 코르크화 되며, 꽃눈과 꽃가루의 형성이 나빠져서 착과율이 낮아진다.
  ㉢ 붕소가 들어 있는 비료를 밑거름으로 주어야 하고 토양이 건조하지 않도록 물을 충분히 주어야 한다. 응급대책으로는 붕산 0.1~0.3% 수용액을 엽면살포해야 한다.

⑤ 철결핍증
  ㉠ 인산·칼슘·망간·아연 등을 다량사용하면 길항작용에 의해 흡수가 되지 않아 결핍증상이 나타난다. 알칼리성 토양에서 발생되기 쉬우며, 건조·과습·저온 등에 의해 고추 뿌리의 기능이 떨어져 흡수가 불가능할 때도 나타난다.
  ㉡ 생장점 부근의 어린잎에서부터 증상이 나타나는데, 잎맥 사이가 황화되기 시작해서 잎 전체가 황백화 된다.

(5) 고추의 병해충과 방제법
① 역 병
  ㉠ 병 증상
    ⓐ 육묘할 때에 발병하면 지표면 부분이 수침상이 되고 암녹색을 나타내며, 약간 시들면 지상부도 시들어 말라죽는다.
    ⓑ 생육 중에는 잎 전체가 시들고 줄기의 지표면 부분과 표피층이 변색하며, 뿌리 부근이 부패하여 흑갈색으로 변한다.
  ㉡ 병 발생
    ⓐ 육묘상에서부터 전 생육기에 걸쳐 발생하며, 시설재배인 경우에는 연중 발생한다.
    ⓑ 노지에서는 장마기에 주로 퍼지며, 8~9월에 가장 심하다.
    ⓒ 30℃ 내외로 고온다습한 날이 계속될 때에는 심하게 발생하는 경우가 있다.

ⓒ 방제 대책
　　ⓐ 토양을 소독해야 하며, 강우 때에는 침수되지 않도록 배수구를 깊게 판 다음 이랑을 높게 만드는 것이 좋다.
　　ⓑ 병든 포기는 발견하는 대로 제거하여 감염을 막아야 한다.
　　ⓒ 약제방제로는 리도밀 수화제, 쿠퍼 수화제, 리도참 수화제를 관수 전후나 강우 전후에 살포해야 한다.
② 담배나방
　ⓐ 피 해
　　ⓐ 주로 고추와 담배에 해를 주며 토마토, 가지, 호박, 피망 등도 해를 주고 있다.
　　ⓑ 애벌레는 잎, 꽃봉오리 등에 해를 주지만, 주로 과실 속에 들어가 종실에 해를 주므로 피해를 받은 과실은 무름병에 걸리거나 썩어서 대부분 떨어진다. 8~9월에 피해가 가장 많다.
　ⓒ 방제 대책
　　ⓐ 어미벌레의 발생 시기를 알아 산란기에 중점적으로 약제를 뿌려 주어야 한다.
　　ⓑ 7월 상순부터 중순까지 10일 간격으로 5회 정도 살포하면 효과적이다.
　　ⓒ 약제방제에 앞서 경종적인 방법으로 아주심기 전에 토양을 경운하여 토양 속에서 월동하고 있는 번데기를 노출시켜 죽게 하거나 피해를 받은 열매를 따내어 땅속 깊이 묻거나 불에 태워야 한다.

5 배 추

(1) 거름주기

① 비료 3요소의 시비량은 성분량으로 질소 25kg, 인산 20kg, 칼륨 28kg 정도를 주어야 한다.
② 아주심기 15일 전에 10a(300평)당 용성인비 100kg, 소석회 90kg을 넣고 초벌갈이를 해야 한다.
③ 아주심기 10일 전에 퇴비를 1,500~2,500kg 정도를 넣은 다음 2차 밭갈이를 해야 한다.
④ 아주심기 7일 전에 요소, 염화칼륨, 붕사를 넣은 다음 3차 밭갈이를 하고, 로터리를 친 다음 이랑을 만든다.

> **심화TIP　엽면시비**
>
> 부족한 비료 성분을 엷게 물에 타서 잎에 분무기로 살포하여 주는 것을 말한다. 물에 타는 농도는 비료마다 약간의 차이는 있으나, 대개 2~3%를 넘지 않도록 식물의 상태를 보아 가면서 주어야 한다.

(2) 배추 물주기

① 시 기

배추는 수분의 증산이 많으므로 물을 많이 필요로 하는 채소이다. 특히, 결구시기에는 수분의 요구량이 더욱 많아지므로, 비가 오지 않을 때에는 3~5일에 한 번씩 충분히 물을 공급해 주어야 한다.

② 관수 방법

지하수 또는 하천의 물을 양수기에 호스를 연결하여 고랑에 대주어야 한다. 그리고 멀칭을 해 줄 때 점적호스도 같이 설치하여 결구시기에 집중적으로 관수를 해주어야 한다.

③ 물주는 시간

기온의 급격한 변화를 피하기 위해 아침이나 저녁에 하는 것이 좋다.

심화TIP   결구배추의 저장 [기출] 제7회

결구배추는 수확한 후 바로 저장하지 말고 살짝 말린 후 저장하는 것이 무르는 것을 방지할 수 있다.

---

(3) 배추의 병해충과 방제법

① 뿌리혹병

㉠ 병 증상
  ⓐ 감염된 그루는 생육이 부진하고, 병이 진전됨에 따라 시드는 증세가 심해진다.
  ⓑ 그루의 뿌리는 이상 비대하여 작거나 큰 부정형의 혹이 여러 개 형성되고, 수분과 영양분의 이동을 억제한다.
  ⓒ 생육 후기에는 혹의 상처부위로 세균이나 다른 균류가 침입하여 뿌리가 썩기도 한다.

㉡ 병 발생
  ⓐ 병원균은 토양 속에서 수년간 생존하며 빗물, 관개수, 흙바람, 동물, 농기구 등에 의해서 감염된다.
  ⓑ 토양습도가 80% 이상의 과습한 토양에서 발병이 많으며, 특히 기온이 20~25℃, 토양산도가 6.0 이하의 산성 토양에서 병의 발생이 심하다.
  ⓒ 토양산도가 7.2 이상이거나 토양수분이 45% 이하인 포장에서는 발병하지 않는다.

㉢ 방제 대책
  ⓐ 석회 등을 시용하여 토양산도를 7.2 이상으로 하여 발생을 줄여야 한다.
  ⓑ 저항성 품종을 재배해야 하고(CR계통 품종), 발병된 토양은 이동하지 않도록 해야 한다. 상습적으로 발생하는 포장은 배추과 이외의 작물로 돌려짓기를 해야 한다.
  ⓒ 아주심기 전에 약제를 처리하면 병원균의 밀도를 줄일 수 있다.

② 배추좀나방
　㉠ 피 해
　　애벌레는 배추, 무, 양배추 등 배추과 채소와 냉이 같은 잡초의 잎에 많이 발생하는데, 건드릴 때에는 실에 매달려 밑으로 떨어지므로 일부 지역에서는 '낙하산 벌레'라고도 한다.

> **심화TIP** 피해발생 증가의 주요원인
> - 배추과 채소의 재배면적 증가 및 연중재배, 해충방제 약제의 빈번한 살포로 인한 천적 감소, 약제 살포에 의한 약제저항성으로 인한 방제효과의 감소 등이다.
> - 배추에서는 유묘기에 많이 발생하며, 잎 전체를 갉아 먹으므로 생육을 저해하거나 말라죽게 한다.

　㉡ 형 태
　　어미벌레는 6mm 정도로 다른 나방류의 해충에 비해 작다. 앞날개는 담회갈색이며, 날개를 접었을 때 등 쪽 중앙에 회백색의 다이아몬드형 무늬가 있는데, 암컷에 비해 수컷에서 더욱 뚜렷하다. 알은 타원형으로 0.5mm 정도이며, 담황색이다.
　㉢ 방제 대책
　　ⓐ 일반 포장에서는 알, 애벌레, 어미벌레가 섞여 발생하기 때문에 동시에 발생할 때에는 7~10일 간격으로 2~3회 약제를 살포해야 한다.
　　ⓑ 효과적으로 방제하기 위해서는 적합한 약제를 선택해야 하고, 반드시 작용 특성이 다른 계통의 약제를 선택해야 하며, 동일 약종은 2~3회 이상 연이어 사용하지 않아야 한다.

(4) 배추의 생리장해 [기출] 제7회

① 배추는 13℃ 이하의 저온 또는 장일의 강한 햇빛에서 재배를 하게 되면 결구에 필요한 잎 수의 분화가 되지 못한다. 또 꽃눈 분화가 되어 추대가 된다.
② 유묘기에 배추순나방 및 배추벼룩잎벌레 등의 곤충이 생장점을 갉아먹게 되어 배추의 곁눈이 자라 작은 배추가 여러 개 생기는 현상이 나타나기도 한다.
③ 결구 초기에 배추의 잎줄기 부분에 검은 색의 작은 반점이 생겨 상품가치를 떨어뜨리는 현상이 발생하는데, 이는 결구 초기에 질산태 질소가 너무 많이 공급되어 결구 내부의 어린잎들이 이를 모두 소화하지 못하여 잎자루에 남아 있는 질산태 질소의 영향이 원인인 것으로 추정되고 있다.
④ 석회결핍현상은 토양 중에 퇴비를 너무 많이 살포하여 질소와 칼륨 성분이 많아지고, 이들의 길항작용으로 석회흡수능력이 저해를 받아 발생한다. 고온, 저온, 과습 및 건조 등으로 배추 뿌리가 석회를 흡수하는데 지장을 받아 일어난다. 생육기에 석회부족증상이 나타날 가능성이 있거나 나타났을 때에는 결구 초기에 염화칼슘 0.3%액을 5일 간격으로 3회 정도 엽면살포 해야 한다.
⑤ 붕소의 결핍은 대체로 배추가 결구를 시작할 무렵에 발생한다. 잎 내부의 잎줄기 부분에서 발생하는데, 흑갈색의 줄무늬가 생기고 약간의 균열이 생긴다. 질소, 칼륨 및 석회를 너무 많이 시용할 때에는 길항작용에 의해 붕소결핍이 생길 수 있다. 일반적으로 작토층이 낮은 모래땅에서 잘 생기는데, 밑거름으로 붕사를 10a당 1~1.5kg 정도 주면 결핍증상을 방지할 수 있다.

03 과수재배 및 관리

1 사과

(1) 사과나무의 생육 특성 [기출] 제3회
① 기상 조건

사과는 북부 온대과수로 비교적 서늘한 곳에서 꽃눈 분화가 잘되고, 과실의 착색도 좋을 뿐만 아니라 병충해의 발생도 적다.

㉠ 연평균 기온 : 사과는 아주 춥거나 더운 곳을 싫어하는 과수로 세계적인 사과 주산지의 연평균 기온은 7~12℃이며, 우리나라는 경상북도 지방을 포함해서 중·북부 지역이 알맞다.
㉡ 휴면기의 기온 : 사과나무는 내한성이 강하여 -30℃까지 견딜 수 있지만, 나무의 영양 상태 등에 따라 -15℃에서도 동해를 받을 수 있다.
㉢ 꽃 필 때의 기온 : 꽃피는 시기에 서리가 내리는 지방에서는 꽃눈이 얼어 죽기 때문에 사과를 재배할 수가 없다.
㉣ 자랄 때의 기온 : 4~10월에 새싹이 트고, 자라는 시기의 알맞은 기온은 18~28℃이다.

② 강수량

㉠ 사과나무의 생육기간인 4~10월에 약 500mm 이상의 강수량이 필요한데, 우리나라는 800~1,000mm로 외국의 사과 주산지에 비하여 많은 편이지만, 봄과 가을에 때때로 부족현상이 나타나고 있어 10일 정도 비가 오지 않으면 물을 주어야 한다.
㉡ 비가 지나치게 많이 오면 병이 많이 발생하고 꽃 피는 시기에는 꽃가루받이가 잘 안되며, 햇빛 부족으로 꽃눈 분화가 원만하지 못하고 과실의 품질이 떨어진다.

③ 일조시간

심는 거리, 가지고르기, 가지 유인 등으로 햇빛이 나무의 내부까지 골고루 들게 함으로써 품질 좋은 사과를 생산할 수 있고, 사과나무를 튼튼하게 가꿀 수 있다.

④ 토양조건

㉠ 지 형

과수원이 평지이면 관리하기 쉽고 생산성이 높지만, 경사지이면 토양관리와 기계화가 어렵고 동력이 많이 든다.

㉡ 토 양

ⓐ 사과나무는 뿌리가 깊게 뻗기 때문에 과수원의 토양은 뿌리가 깊고 넓게 뻗을 수 있는 곳이어야 한다.
ⓑ 토양의 pH는 5.5~6.5 정도가 알맞다.
ⓒ 우리나라의 대부분의 토양은 산성이 강하여 과수원을 조성할 때 석회를 충분히 뿌려 토성을 개량해 주어야 한다.

(2) 사과의 품종과 특성

품종의 선택에 유의해야 할 점은 과실의 수확시기, 품질, 저장할 수 있는 기간, 수확량, 재배의 쉽고 어려움 등이다. 조생종으로는 쓰가루, 산사 등이 있으며, 중생종으로는 추광, 홍월, 홍로, 조나골드, 감홍 등이 있다. 또 만생종으로는 후지, 북두, 화홍 등이 있다.

① 후 지

과실의 무게는 300g 정도이다. 원형 또는 장원형으로 황록 바탕에 홍색의 줄무늬로 착색되어 있으며, 크기가 균일하다.

② 국 광

과실의 무게는 180~200g 정도인 소형 과실이며, 과실의 모양은 편원형으로 균일하다. 과피색은 황색 바탕에 엷은 붉은색 줄무늬 또는 홍색으로 착색되어 있다.

③ 홍 로

과실의 무게는 300~350g 정도인 중간 크기이고 과실의 모양은 장원형이며, 과피는 농홍색의 줄무늬로 착색되어 있다.

④ 홍 옥

과실의 무게는 200~210g 정도이고 과실의 모양은 편원형 또는 원형이며, 과피는 황색 바탕에 홍색으로 착색되어 있다.

⑤ 골든 딜리셔스

과실의 무게는 250~300g 정도이며, 과실의 모양은 장원형이다. 과피색은 황색으로, 동록의 발생이 심하다.

⑥ 조나골드

과실의 무게는 300~350g 정도이며, 과실의 모양은 원형 또는 장원형이다. 과피는 황색 바탕에 선홍색으로 착색되어 있다.

⑦ 북 두

과실의 무게는 400g 내외로 큰 편이며, 과실의 모양은 원형이다. 과피색은 자홍색 또는 홍색이고 육질이 치밀하고 과즙이 많으며, 당도가 높아 맛이 매우 좋은 편이다.

⑧ 세계일

과실의 무게는 500g 전후로 큰 편이며, 아주 큰 것은 800~1,000g 정도 되는 것도 있다. 과실의 모양은 편원추형, 과피색은 등홍색에 홍색의 줄무늬로 엷게 착색되어 있다.

⑨ 육 오

과실의 무게는 400g 정도인 큰 과실이며, 과실의 모양은 장원형 또는 원형이다.

⑩ 화 홍

과실의 무게는 300~350g 정도로 후지와 비슷한 크기의 중·대과종이다. 과실의 모양은 원형 또는 원추형이고 과피는 황록색 바탕에 암홍색 줄무늬로 착색되어 있어 외관이 아름답다.

⑪ 추 광

과실의 무게는 300~350g 정도이며, 과실의 모양은 원형 또는 장원형이다. 과피는 황록색 바탕에 줄무늬로 착색되어 있어서 화홍과 같이 외관이 매우 아름답다.

⑫ 감 홍

과실의 무게는 400~450g 정도로 큰 과실이다. 과실의 모양은 장원형이고 초기에는 동녹이 심하게 발생하지만, 착색이 진행되면서 암홍색을 띠게 된다.

> **심화TIP** 사과 모양과 온도와의 관계 [기출] 제4회
>
> 과실의 생장은 초기에는 세포분열에 의한 종축생장, 후기에는 세포비대에 의한 횡축생장으로 이루어지는데 온도가 높은 따뜻한 지역은 후기 생장이 충분히 이루어져 과실모양이 편원형이 되기 쉽고, 생육후기의 온도가 낮은 지역은 후기 생장이 일찍 정지되어 원형 또는 장원형이 된다.
>
>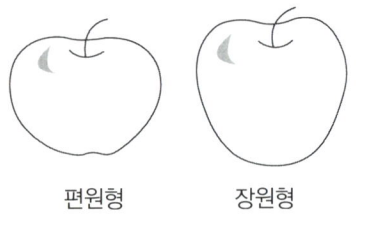
>
> 편원형   장원형

(3) 사과나무의 발육과 결과 습성

① 사과나무의 발육

㉠ 싹트기
ⓐ 사과나무는 기온이 6℃ 이상 되어야 싹이 틀 수 있다.
ⓑ 싹트는 시기는 기온이 높을수록 빨라진다.
ⓒ 쓰가루 품종과 같은 조생종은 싹이 일찍 트고, 후지 등과 같은 만생종은 늦게 튼다.

㉡ 꽃피기
ⓐ 한 개의 꽃눈 속에는 여러 개의 잎이 될 눈과 꽃이 될 눈이 있는데, 잎이 먼저 싹터 나온 후에 꽃이 핀다.
ⓑ 꽃은 맨 가운데의 것이 먼저 핀 다음 차례로 핀다.
ⓒ 한 나무에서도 짧은 열매가지의 꽃이 긴 열매가지의 꽃보다 먼저 핀다.
ⓓ 일반적으로 빨리 핀 꽃에서 열린 과실이 크고, 일제히 꽃이 핀 나무에 열매가 많이 맺힌다.

㉢ 열매 열리기
ⓐ 사과나무는 제꽃가루받이가 잘 안 되기 때문에 다른 품종의 꽃가루받이를 해야 과실이 열린다.
ⓑ 벌이나 꽃등애와 같은 곤충의 도움을 받아야 하는데, 바람이 불거나 온도가 낮으면 활동이 둔해져서 꽃가루받이에 지장이 있다.
ⓒ 곤충의 활동이 없는 곳에서는 사람이 꽃가루받이를 해 주어야 한다.

② 새 가지의 자람

새 가지는 7월 하순경에 자람이 끝나야 한다. 늦게까지 자라면 과실이 작아지고, 색깔과 단맛이 떨어져서 품질이 나빠진다.

⑩ 과실의 자람

ⓐ 꽃가루받이가 되면 과실이 자라기 시작하는데, 7~8월에 가장 많이 자란다.
ⓑ 잎에서 탄소 동화작용에 의해 만들어진 탄수화물은 과실이 자라는데 쓰이고, 나머지는 가지나 뿌리 등에 저장되어 이듬해에 쓰일 양분이 된다.
ⓒ 과실이 다 자라면 과실 속의 녹말은 줄어들고 당분이 늘어나며, 엽록소가 줄어들고 안토시안(Anthocyan) 등의 색소발현물질이 늘어나면서 색깔이 선명해진다.

ⓗ 휴면기

가을에 서리가 내리고 기온이 낮아지면 잎이 떨어지고 휴면에 들어가지만, 눈은 훨씬 전에 휴면에 들어간다.

② 결과 습성

㉠ 꽃눈 분화

ⓐ 대부분의 사과나무는 6월 중순에서 7월 중순에 꽃눈 분화가 시작된다.
ⓑ 한 나무 안에서는 짧은 자람가지, 중간 자람가지, 긴 자람가지, 겨드랑눈 순으로 꽃눈이 분화한다.
ⓒ 암술과 수술 등이 이듬해 봄 꽃이 피기 직전에 생기며, 꽃눈 1개에 5~6송이의 꽃이 핀다.

㉡ 결과 습성

1년생 가지의 눈에서 자란 가지가 2년생 가지가 되고, 이 가지에 꽃눈이 생겨 3년째가 되는 이듬해 봄에 꽃이 피고 열매가 열리며, 열매가 열린 가지에서 자란 가지에 꽃눈이 생겨 다음 해 봄에 또 꽃이 피고 열매가 열리게 된다.

(4) 사과나무의 번식

① 대목의 번식

㉠ 일반 대목의 번식

삼엽해당, 환엽해당, 매주나무 또는 사과나무의 성숙한 열매를 따서 씨앗을 받아 겨울 동안 축축한 모래에 섞어 묻어 보관(층적저장법)하였다가 봄에 파종하여 대목을 생산한다.

㉡ 왜성 대목의 번식

영양번식인 묻어떼기, 골묻어떼기, 접붙이기 후 묻어떼기 방법을 이용한다.

② 접붙이기

㉠ 깎기접

3월 중순부터 4월 상순 사이에 실시한다.

㉡ 눈 접

8월 상순부터 9월 상순 사이에 실시한다. T자형눈접과 깎기눈접 등이 있는데, 요즈음에는 접붙이는 기간이 길고, 능률적인 깎기눈접을 많이 한다.

(5) 사과나무의 재배 관리 [기출] 제1회

① 묘목 심기
  ㉠ 심는 거리
    사과나무를 심는 거리는 대목의 종류, 토양의 비옥도, 나무의 형태, 품종 등에 따라 달라진다.
  ㉡ 심는 시기 및 방법
    ⓐ 사과나무 묘목은 낙엽이 떨어지고 난 후부터 봄에 새싹이 트기 전에 심는다.
    ⓑ 사과나무를 배치하여 심는 방법은 정사각형 심기보다 직사각형 심기를 하는 것이 관리의 기계화나 밀식재배를 할 때 유리하고, 경사지에서는 등고선 심기를 해야 한다.
    ⓒ 심는 품종에 따라 꽃가루받이용 품종을 20~25%를 섞어 심어야 한다.

② 가지고르기 [기출] 제11회
  수형의 종류는 주간형, 변칙주간형, 자연개심형, 개심형 등이 있는데, 나무의 폭을 넓히려면 개심형, 좁게 하려면 주간형에 가까운 수형을 만들어 가고 있으며, 나무의 특성에 따라 방추형이나 주상형과 같은 관리하기 편한 수형으로 바뀌고 있다.

  > 가지고르기는 나무의 수형을 만드는 작업이고, 가지치기는 과실이 열리는 열매가지를 만드는 작업이다. 가지고르기와 가지치기는 수량 및 품질에 미치는 영향이 크기 때문에 매우 중요하다.

  ㉠ 변칙주간형 : 실생 대목에 접붙여 심은 사과나무는 그대로 두면 크게 자라기 때문에 가지고르기로 나무의 크기를 조절해야 한다. 사과나무는 보통 변칙주간형 수형으로 이를 조절한다.
  ㉡ 방추형 : 방추형은 M26과 같은 왜화성 대목에 접붙인 사과나무의 밀식재배를 할 때 이용한다. 이것은 나무의 아랫부분에 튼튼하고 분지 각도가 넓은 원가지를 3~4개 형성시키고, 윗부분의 원줄기에 직접 짧은 열매가지를 두어 결실시키는 수형이다.

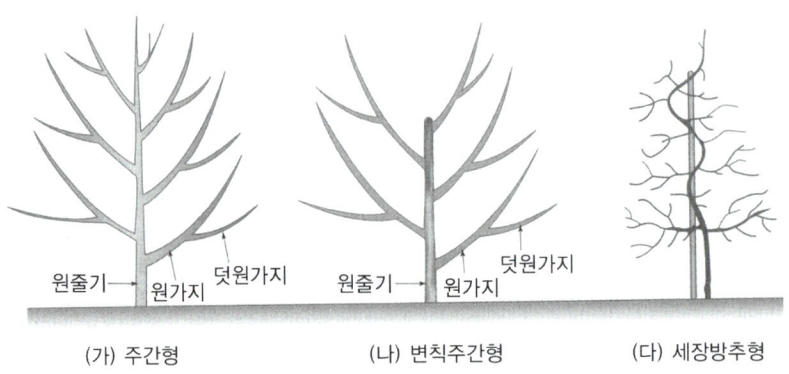

[사과나무의 수형]

③ 가지치기
  ㉠ 병해충의 피해를 입은 가지나 늙고 굵은 가지부터 손질하고, 잔가지는 마지막에 정리한다.
  ㉡ 서로 맞붙거나 평행으로 자란 가지, 바퀴살 같이 사방으로 자라는 가지, 간격이 좁게 자란 가지 등은 솎아준다.

ⓒ 아래로 처진 가지는 위로 방향을 잡아준다.
ⓓ 웃자람 가지라도 함부로 자르지 말고 늙거나 피해를 입은 원가지나 덧원가지의 대체용으로 이용하며, 나무 안으로 햇빛이 충분히 들 수 있도록 한다.

> **심화TIP** **가지치기의 시기**
>
> - 겨울철과 여름철 두 차례 실시한다.
> - 겨울철 가지치기는 휴면기에 실시하는데, 가지의 자람을 촉진시키는 효과가 있다.
> - 여름철 가지치기는 6월 하순~7월 상순에 실시하는데, 나무의 자람을 안정시키고 꽃눈이 잘생기도록 하는 효과가 있다.

④ 열매솎기
  ㉠ 열매솎기를 하는 이유
    ⓐ 과실이 너무 많이 열리면 양분을 너무 많이 사용하여 나무의 자람이 약해지고, 과실도 크지 않는다.
    ⓑ 이것이 다음 해 과실이 적게 열리는 해거리의 원인이 되기도 하므로 열매솎기는 반드시 해주어야 한다.
  ㉡ 열매솎기 시기
    ⓐ 꽃가루받이가 되어 열매가 자라기 시작하면 될 수 있는 대로 빨리 열매솎기를 해주는 것이 좋다.
    ⓑ 조생종부터 시작하여 만생종에서 끝낸다. 늦어도 꽃이 진 다음 25일까지는 끝내는 것이 좋다.
  ㉢ 열매솎기 정도
    ⓐ 겨드랑눈에서 열린 열매 전부와 열매가지의 꽃눈에서 열린 5~6개의 열매 중 가운데의 가장 큰 열매만 남기고 모두 따 버린다.
    ⓑ 일반적으로 과일이 큰 감홍, 북두, 후지, 화홍, 추광 등은 70~80잎에 1개, 쓰가루나 조나골드, 홍옥과 같이 비교적 작은 열매가 열리는 것은 40~50잎에 1개꼴로 과실을 남기고 모두 솎아준다.

⑤ 봉지 씌우기 [기출] 제2회
  ㉠ 전에는 병이나 해충의 피해를 막기 위하여 봉지 씌우기를 하였으나, 지금은 과실의 색깔을 좋게 하기 위하여 봉지를 씌운다.
  ㉡ 봉지를 씌우는 시기는 빠를수록 좋으나, 열매솎기나 농약뿌리기 작업이 끝나는 대로 7월 상순까지는 끝내야 한다.
  ㉢ 봉지 벗기기는 후지 품종의 경우 수확예정 30~40일 사이에 겉봉지를 벗기고, 그 후 3~5일에 속봉지를 벗겨준다.
  ㉣ 햇빛이 강하여 과실이 상할 염려가 있을 때에는 흐린 날이나 오후에 벗겨 주는 등 주의해야 한다.

⑥ 토양관리 기출 제3회

토양관리란 깊이갈기, 객토, 물대기, 물빼기, 거름주기 등 땅의 힘을 유지하고 높이는 일과 겉흙 관리, 즉 비나 바람에 의해서 거름기가 있는 흙이 쓸려 내려가지 않도록 하는 청경법, 부초법, 초생법, 멀칭법 등을 말한다.

청경법	김을 매서 잡초가 자라지 못하게 하거나, 제초제를 사용하여 잡초를 깨끗하게 제거하는 방법이다.
부초법	풀이나 유기물을 이용하여 토양의 표면을 피복하는 방법으로 토양수분의 증발을 억제하고 빗방울과 빗물에 의한 표토의 유실을 방지한다.
초생법	풀을 키워 지표면을 피복하는 방법으로 과원의 표토유실을 방지하고, 풀을 베어 퇴비로 사용함으로써 토양 유기물이 증가되어 비옥도를 높인다.

㉠ 깊이갈기와 유기질 거름주기 : 잘 썩은 퇴비와 석회를 섞어 뿌린 다음, 50cm 이상 깊이 갈아엎어 주면 아래층 흙의 물리·화학적 성질이 개선되어 뿌리가 잘 뻗는다.
㉡ 산성 토양의 개량 : 과수원이 산성 토양이면 칼슘, 마그네슘 등의 성분이 부족하게 되어 적진병, 고두병, 마그네슘 결핍증이 생기므로 산화마그네슘 석회를 10a당 30kg 정도 주어 개량한다.
㉢ 물주기 : 흙 깊이가 얕고 물기가 적은 땅에서는 물주기를 해주어 나무와 과실이 잘 자라도록 해야 한다.
㉣ 물빼기 : 물빠짐이 나쁜 토양에서는 나무의 자람세가 약해지고, 과실의 색깔, 크기, 맛이 나빠진다. 평지인 곳의 과수원은 겉도랑과 속도랑에 물빠짐 시설을 해 주어야 한다.
㉤ 겉흙 관리
ⓐ 경사지에 있는 과수원의 겉흙은 빗물이나 바람에 의해 씻겨 나감을 방지하기 위해서 토양 위를 풀이나 볏짚으로 덮어 주는 부초법, 풀을 심는 초생법, 비닐 등을 덮는 멀칭법 등을 쓴다.
ⓑ 평지에 조성한 과수원에서는 양분이나 수분 등을 사과나무와 풀이 서로 다투고, 풀이 병해충의 은신처가 되기 때문에 김을 매거나 제초제를 뿌려서 없애는 <u>청경법</u>을 쓴다.

심화TIP 청경재배 기출 제3회

청경재배는 김을 매서 잡초가 자라지 못하게 하거나, 제초제를 사용하여 잡초를 깨끗하게 제거하는 방법이다.

장 점	• 초생과의 양·수분 경합이 없다. • 과수원 관리가 쉽다. • 병해충의 잠복장소가 없어진다. • 노동력(비용)이 적게 든다.
단 점	• 토양이 유실되어 양분용탈이 발생한다. • 주·야간 지온차와 수분증발이 심하다. • 토양 유기물이 소모된다. • 토양침식으로 입단형성이 어렵다.

⑦ 거름주기 기출 제2회
  ㉠ 종 류
    ⓐ 밑거름 : 낙엽이 지고 다음 해 새싹이 나오기 전까지의 휴면기에 주는 거름을 말한다. 주로 잎이나 가지가 자라는데 이용된다. 낙엽이 지고 나서 밑거름을 주면 뿌리가 휴면이 끝난 다음 바로 흡수·이용할 수 있기 때문에 유리하다.
    ⓑ 덧거름 : 나무가 자라고 있는 기간에 부족한 거름 성분을 보충해 주어 새싹의 자람, 꽃눈 분화, 과실이 자라는데 이용할 수 있도록 주는 거름을 말한다. 거름을 주는 시기는 대개 5월 하순~6월 상순이다.
    ⓒ 가을 거름 : 과실을 모두 따낸 후에 나무의 세력을 회복시키고, 탄소 동화작용을 높여서 양분을 많이 저장하도록 주는 거름을 말한다. 예비라고도 하며, 속효성 거름을 준다.
  ㉡ 거름주는 양
    ⓐ 거름을 줄 때 퇴비는 낙엽이 진 후 인산, 석회 등과 함께 골고루 토양에 펴고 깊게 갈아엎는다.
    ⓑ 질소와 칼륨 거름은 나무에 이용되지 않고 그대로 밖으로 나가는 양이 상당히 많으므로 60~70%를 밑거름으로 주고, 나머지는 덧거름으로 나누어준다.
    ⓒ 일반적으로, 질소질 거름이 많으면 과실의 색깔이 나빠지고 저장성이 떨어지므로 알맞게 주어야 한다.
  ㉢ 거름주는 방법
    ⓐ 사과 과수원에 거름을 줄 때에는 윤구법, 조구법, 전원법, 방사구법 등을 이용한다.
    ⓑ 사과나무를 심은 후 2~4년까지는 윤구법으로 거름을 주거나 조구법으로 거름을 준다. 그 후 방사구법으로 거름을 주는 것이 좋다.
    ⓒ 나무가 맞붙을 정도로 자란 경우나 평지의 과수원은 전원법으로 과수원 전체에 거름을 고루 뿌리고 갈아엎는다.

⑧ 수확과 과실고르기
  ㉠ 수 확
    ⓐ 수확시기 : 사과의 수확시기가 빠르고 늦은 것에 따라 저장성이 달라지는데, 수확한 즉시 판매하려면 나무에서 익은 것을 수확해야 하고, 저장했다가 판매하려면 익기 전에 수확해야 한다.
    ⓑ 수확방법 : 사과는 같은 나무라도 과실이 익는 정도가 다르므로 2~3회 나누어서 수확해야 한다.

심화TIP 과실의 수확 적기를 판정하는 항목 기출 제6회

- 착색정도
- 만개 후부터 성숙기까지의 일수
- 당 및 산 함량비율(당산비)
- 전분의 요오드반응

ⓒ 과실고르기
　　　　ⓐ 과실고르기는 품이 많이 드는 작업으로 전에는 사람의 힘으로 하였지만 근래에는 선과기를 이용하고 있다.
　　　　ⓑ 과실고르기를 하는 선과기는 과실의 무게로 고르는 중량선별기, 과실의 크기에 따라 고르는 형상선별기, 과실의 색깔로 고르는 색채선별기 등이 있다.

> **심화TIP 호흡급등형 과실과 호흡비급등형 과실** 기출 제1회, 제5회, 제10회, 제11회
>
> - **호흡급등형 과실** : 성숙과 숙성과정에서는 호흡이 급격하게 증가하는 과실이며, 사과, 토마토, 복숭아, 참다래, 바나나 등이 대표적인 과실이다.
> - **호흡비급등형 과실** : 성숙과 숙성과정에서 호흡의 변화가 없는 과실이며, 포도, 딸기, 감귤, 오렌지, 레몬 등이 대표적인 과실이다.

(6) 사과의 재배환경

① 기온
　ⓒ 연평균 기온
　　ⓐ 사과는 연평균 기온이 8~11℃ 되는 냉냉한 곳에서 재배가 잘되는 온대북부과수로 세계적인 주산지의 분포도는 북위 36°에서 43° 사이에 치중되어 있다.
　　ⓑ 우리나라의 주산지도 기상 상태가 특이한 대구 지방을 제외하고는 남부보다는 충남 예산과 충북 충주, 경기도에서 많이 재배되고 있다.
　ⓒ 휴면기(休眠期)의 기온
　　ⓐ 겨울철의 기온은 평균 기온의 고저(高低)보다는 최저극기온(最低極氣溫)이 문제가 된다. 사과는 영양상태가 충실하면 -30℃까지도 견딘다.
　　ⓑ 내한성(耐寒性)은 품종, 나무의 영양상태 등에 따라서 다르다. 즉, 과다결실이 되거나 조기낙엽, 질소과다로 웃자란 경우에는 -15℃에서도 동해(凍害)를 받을 때가 있다.
　　ⓒ 사과나무의 뿌리는 지상부보다 내한성이 약해서 -7℃에서도 피해를 받으며, 피해 정도는 계절에 따라서 달라진다.
　ⓒ 개화기 저온
　　ⓐ 사과나무는 봄의 저온에 견디는 힘이 매우 약하다.
　　ⓑ 개화기의 이상저온(늦서리)은 사과 생산의 풍흉(豊凶)에 큰 영향을 준다.
　　ⓒ 늦서리가 내리는 시기가 개화기보다 늦은 지역은 재배가 곤란하나 우리나라에서는 북부 고랭지를 제외하고 큰 위험은 없다.
　　ⓓ 꽃봉오리는 -3.3℃, 꽃은 -1.9℃, 어린과실은 -1.6℃에서 저온 피해를 받는다.
　　ⓔ 15℃ 이하에서는 꽃가루 매개 곤충이 활동하지 못하여 결실이 잘 이루어지지 않으므로 개화 기간 중의 기온이 17℃ 이상 되는 지역이 좋다.

ⓔ 생육기 기온
  ⓐ 사과나무의 생육기 적온은 대개 18~28℃일 때 과실 비대가 잘된다.
  ⓑ 온도가 높으면 호흡작용에 의한 양분소모가 크고, 너무 저온이면 탄소동화작용이 저조하게 된다.
  ⓒ 가을 기온은 낮의 온도가 높고 밤에 서늘해야 과실 내의 당 함량의 축적이 많게 되어 착색(着色)도 좋아지고, 당도(糖度)가 높게 된다.
  ⓓ 조생종이나 성숙기에 고온인 지역에서 생산된 과실은 착색이 불량하고 숙기(熟期)가 불균등하며, 저장력이 약해지고 성숙기에 낙과가 많게 된다.
  ⓔ 한편 저온 지대에서 생산된 사과는 착색이 떨어지고 과실이 적으며, 신맛이 많고 당도도 떨어진다.

② 강수량
  ㉠ 우리나라의 4~10월 강수량은 800~1,000mm를 나타내고 있다.
  ㉡ 사과나무 재배에 필요한 연간 강수량은 500mm로 보고 있지만, 우리나라의 경우는 7~8월에 집중적인 강수량을 나타내고 있으므로 시기적으로 생육 초기인 5월 하순~6월 중순과 생육 후기인 9월 중·하순에 오히려 부족 현상을 나타내는 때가 많다.
  ㉢ 사질토양의 과수원에서는 가뭄피해를 막고 수량을 올리는 동시에 품질 좋은 과실을 생산하기 위해서 관수방법(灌水方法)을 강구하여야 한다.
  ㉣ 반대로 여름철 장마 기간은 강수량이 많기 때문에 지하수위가 높거나 물빠짐이 잘 안 되는 과수원에서는 사전에 배수시설을 철저히 하여 과습의 피해를 줄여야 하며, 경사지 과수원에서는 토양보존에 유의하여 토양이 유실되지 않도록 한다.

③ 토 양
  ㉠ 지하수위(地下水位)
    ⓐ 사과밭의 토양은 비옥도(肥沃度)도 중요하지만, 뿌리가 깊고 넓게 뻗을 수 있는 곳이어야 한다.
    ⓑ 토심(土深)이 깊어도 지하수위가 높은 곳에서는 사과나무의 뿌리가 정상적인 생육을 하지 못하므로 부적지가 된다. 지하수위가 높은 곳에서는 반드시 배수시설을 하여 지하수위를 1m 이하로 낮추어 주는 것이 필요하다.
  ㉡ 토양공기
    ⓐ 사과나무 뿌리가 생존하는 데는 토양내 산소량이 3%가 되어야 하지만, 생육하는 데는 5~10%가 있어야 하고, 새 뿌리의 양호한 생육을 위해서는 12% 이상 되어야 한다.
    ⓑ 토양의 공기 유통을 증진시키기 위해서는 배수시설을 하여 과잉수분을 제거하고, 유기물을 시용하여 흙을 홑알구조에서 떼알구조로 하여 토양내 공극량의 비율을 높여 주는 것이 좋다.

ⓒ 토양반응
- ⓐ 토양의 산도(酸度)는 pH 5.5~6.5의 약산성 토양이 좋으나, 우리나라의 토양은 대개 이보다 강한 산성 토양이 많다.
- ⓑ 산성 토양에서는 망간의 흡수가 용이하므로 수체(樹體) 내에서는 망간의 과다흡수로 생리적 장해인 적진병(赤疹病)이 발생되어 수체의 생장이 떨어진다.
- ⓒ 적진병을 방지하기 위해서는 재식시에 소석회나 고토석회를 넣어 토양반응의 교정을 해야 한다.
- ⓓ 산성 토양에서는 인산의 고정이 심하게 되어 인산 부족이 생기기 쉽고, 칼슘과 마그네슘의 부족 현상도 많이 나타난다.

④ 지 형
- ㉠ 평지일수록 재배 관리가 쉬우나 장마철 과습 피해의 우려가 있다.
- ㉡ 경사지에서는 심한 골짜기에서의 햇빛이 가려지지 않는 곳의 경우 나무 생육상에서는 큰 지장이 없으나 경사가 급할수록 토양유실이 심하고 재배 관리가 어려운 점이 있다.
- ㉢ 경사진 곳에서의 과수원 개원은 재배 관리를 쉽게 할 수 있도록 개간하여 농업기계를 이용할 수 있도록 하여야 하며, 급경사지에서는 농기계가 운행할 수 있는 정도의 농로를 만들고 나무는 경사지에 심는 사면재식방법으로 하는 것이 바람직하다.

⑤ 일 조
- ㉠ 사과나무는 그늘을 싫어하는 작물이므로 햇빛이 부족하면 나무가 충실하게 자라지 못하고, 꽃눈 분화가 잘 안 되어 수확이 어렵게 된다.
- ㉡ 우리나라는 맑은 날이 많아 햇빛은 풍부한 편이나 장마철에는 햇빛이 부족할 때가 많다. 그러므로 햇빛이 아침 늦게 비치고 오후 일찍 그늘이 지는 심한 골짜기는 재배 부적지가 된다.
- ㉢ 햇빛이 잘 비치는 평지에서도 나무 내부에까지 햇빛이 잘 들어갈 수 있도록 전정 및 시비 관리를 잘 해주어야 한다.
- ㉣ 우리나라의 연간 일조시간은 2,300시간으로 일본의 사과 주산지인 아오모리 지방의 1,700시간보다 많아 사과 재배에 유리하다고 할 수 있다.

⑥ 기상재해
- ㉠ 사과의 생육기에 불어오는 바람은 대개가 남쪽 또는 남서쪽 바람이므로 경사지에서는 바람의 피해를 막기 위하여 미리 방풍림을 조성하는 것이 안전하다.
- ㉡ 방풍림의 수종(樹種)으로 남부지방에서는 삼나무가 적당하며, 중부 이북지방에서는 삼나무가 추위에 약하므로 낙엽송이나 측백나무로 조성하는 것이 좋다.
- ㉢ 4월 하순이나 5월 상순경의 사과나무의 개화기에 기온이 내려가서 늦서리가 오면 과실을 맺지 못하거나 동녹이 발생하여 상품가치를 떨어뜨릴 수 있다.
- ㉣ 사과 과수원을 개원할 때는 미리 그 지역의 기상 관계를 조사하여 늦서리의 위험이 있는 지역이면 나무를 높은 지대에 심어야 한다. 이는 낮은 지대일수록 찬 공기가 가라앉아 서리 피해를 많이 받기 때문이다.

(7) 사과의 병해충 방제 기출 제1회, 제4회

① 주요한 생리장해

장해명	증상	방제법
적진병	8월경에 새 가지의 어린잎의 색깔이 노란색으로 변하는 황화현상이 약간 나타나고, 가지의 껍질이 울퉁불퉁해지며 내부 조직에 검은색의 죽은 부분이 생기는데, 2~3년 후에는 가지에 둥근 모양의 균열이 생기며, 심하면 죽는다.	• 토양이 산성이면 석회를 사용하여 땅을 중화시킨다. • 토양이 건조하거나 습하지 않도록 물주기와 물빼기를 철저히 한다.
고두병	• 과실내 고토석회의 성분이 모자라 생기는 병으로 과실 껍질 바로 밑의 과육에 죽은 부위가 나타나고, 점차 갈색 병반이 생기면서 약간 오목하게 들어간다. • 주로 저장 중에 많이 발생한다. 후지, 조나골드, 세계일 등의 품종에서 심하게 나타난다.	• 석회를 전층시비하고, 질소와 칼륨질 거름의 지나친 사용을 피한다. • 염화칼슘 0.3%액을 수확 6주 전부터 1주일 간격으로 5~6차례 살포해준다. • 배수불량, 과다한 가지치기, 열매속기는 발생을 조장한다.

② 사과의 주요한 해충과 방제법 기출 제4회

해충명	피해 증상 및 발생 조건	방제법
진딧물류	• 사과혹진딧물, 조팝나무진딧물이 잎의 즙액을 빨아 사과나무에 피해를 준다. • 사과혹진딧물은 잎이 나오기 시작할 때부터 발생하는데, 피해를 입은 잎은 세로로 뒤쪽으로 말리고 그 속에 무리지어 피해를 주는 것이 특징이다. • 조팝나무진딧물은 피해를 입은 잎이 말리지 않는다. 많이 발생하면 배설물이 검게 그을린 것같이 되어 새싹이나 과실을 더럽힌다.	• 진딧물 전용 조아진 유제, 모노포 액제, 아시트 수화제, 피리모 수화제, 메타 유제 등의 살충제를 뿌린다. • 수확기가 가까워지면 살충제 뿌리는 것을 중지한다.
응애류	• 점박이응애와 사과응애, 벚나무응애 등이 주로 잎의 즙액을 빨아 사과나무에 피해를 준다. • 작아서 눈으로 구별하기 어렵다. 1년에 7~8번 발생하는데, 점박이응애는 어미가 나무 위나 풀 속에서 월동하고, 사과응애는 알로 나무 위에 붙어 월동한다. • 덥고 건조하면 응애가 많이 발생하는데, 응애가 피해를 준 잎은 먼지가 낀 것처럼 퇴색하고, 잎의 기능이 떨어져서 꽃눈의 분화가 불량해지고, 과실의 품질이 떨어진다.	• 여러 종류의 응애전용 살비제를 번갈아 뿌린다. • 월동한 알은 새싹이 트기 전에 기계유 유제를 뿌려 방제한다.
속먹이 나방류	• 복숭아순나방, 복숭아속먹이나방의 애벌레가 과실 속을 갉아먹어 피해를 준다. • 복숭아순나방은 1년에 3~4번 발생하는데, 맨 나중에 자란 애벌레가 피해를 준다. 복숭아속먹이나방은 과실에 알을 낳고, 깨어난 애벌레가 과실 속을 파먹는다. 피해 과실은 울퉁불퉁해진다.	• 애벌레는 거친 나무껍질에서 월동하므로 껍질을 긁어모아 태워버린다. • 복숭아나무를 사과나무 근처에 심지 말고, 어미벌레가 날아오면 유기인제로 방제한다.

⊙ 사과의 병해충은 다른 과수에 비해 많이 발생하기 때문에 병해충의 방제를 위하여 농약을 연간 10~20회 정도 뿌려야 한다.
ⓒ 농약을 뿌리는 횟수를 줄이기 위하여 질소거름을 적당히 주고 나무를 튼튼하게 관리해야 한다.

③ 사과나무의 주요한 병과 방제법 [기출] 제8회

병 명	피해 증상 및 발생 조건	예방 및 방제법
부란병	• 상처난 줄기 및 가지를 통해 발생하여 말려 죽이거나 나무의 세력을 약하게 하여 수확량을 떨어뜨린다. • 처음 나무껍질이 갈색으로 변하여 약간 부풀어 올라 쉽게 벗겨지며, 시큼한 알코올 냄새가 난다. • 병이 심해지면 병든 부위에 검고 작은 돌기가 생기고, 여기에서 노란 실 모양의 홀씨방이 나와 비바람에 터지면 수많은 홀씨가 나온다.	• 유기물이나 석회를 충분히 준다. • 과실을 수확한 후 톱신 또는 석회 황합제를 겨울철에 살포한다. • 이른 봄에 가지치기를 하고, 상처에는 발코트 등을 발라준다. • 병을 일찍 발견하여(2~3월) 껍질을 도려내고, 70% 이상 농도의 알코올로 소독한 후 톱신 페스트, 발코트 등을 발라 치료한다.
탄저병	• 덥고 습할 때 과실에 발병한다. • 진균에 의한 과수의 병으로 기공이나 상처를 통하거나 표피를 직접 뚫고 침입하여 일정 기간 또는 일생을 기생하면서 병을 일으킨다. • 과실 표면에 작고 검은 반점이 생기고, 연한 갈색의 둥근 무늬가 생기다가 갑자기 커지면서 습기를 띠고 병반이 움푹 들어간다. • 병반이 더욱 커지면 표면에 검은색의 작은 점이 생기고, 둥근 무늬를 만들며, 습도가 높을 때 병반에 갈색의 점액이 나온다. • 괴사, 시들음, 부패 등의 병징이 나타난다. • 과실 및 가지에 발생하는데, 후지 품종에 특히 심하게 발병한다.	• 병든 과실은 땅에 묻어 없앤다. • 아카시아 산울타리를 만들지 말고, 질소질 거름을 조금 준다. • 여름철에 빗물이나 곤충에 의하여 전염되므로 수파트 수화제, 다이센 M45 등의 살균제와 살충제를 섞어 7~10일 간격으로 뿌린다.
겹무늬 썩음병 (부패병)	• 처음 과실에 갈색의 작은 점이 생기고, 점차 커져서 둥근 무늬의 병반을 만든다. 심하면 물이 흐르고, 과실 전체가 썩어 떨어진다. • 탄저병과 다른 점은 썩어도 과실 모양이 변하지 않는다.	• 6월말부터 병이 발생하기 시작하여 수확기에 심하게 발병하므로, 7~8월 장마철에 집중적으로 탐스론, 다이센 M45, 캡탄, 디폴라탄 살균제를 정기적으로 살포한다. • 병에 걸린 과실은 즉시 따서 땅에 묻는다. • 병이 심한 과수원에서는 봉지를 씌워 재배한다.
꽃썩음병	• 눈이 많이 내렸거나 봄철에 비가 자주 내리고 저온다습하여 밤낮의 기온차가 크면 많이 발생한다. • 병이 발생한 부위에 따라 꽃썩음, 과실 썩음, 잎썩음 등으로 구별할 수 있다. 꽃썩음병에 걸리면 2~3일 만에 갈색으로 변해 서리 맞은 것 같이 되어 썩어 죽는다. • 과실썩음병은 어린과실에 썩은 반점이 생기고, 과실 표면에 황갈색의 물방울이 맺힌다. 잎썩음병은 어린잎의 잎맥부터 적갈색으로 변하며, 썩고 심하면 잎이 갈색으로 마른다.	• 과수원을 깨끗이 청소하고 소석회를 살포한다. • 싹이 트기 전에 석회 황합제를 살포한다. • 싹트기 전부터 1주일 간격으로 다이센 M45, 다코닐, 벤레이트, 수파트 수화제 등의 살균제를 정기적으로 살포한다.

※ 표에 나타낸 것 이외에도 사과나무에 피해를 주는 병으로는 흰가루병, 갈색무늬병, 붉은별무늬병, 검은별무늬병, 그을음병, 가지마름병, 역병, 근엽병, 날개무늬병, 고접병, 뿌리혹병, 점무늬낙엽병 등이 있다.

2 배

(1) 배의 품종과 특성

① 신 고

과실은 500g 이상으로 크고, 모양은 반듯한 원형으로서 껍질이 매끈하며, 담황갈색이다. 과실의 점은 작은 편이고 뚜렷하지 않아 모습이 아름답다.

② 황금배

과실은 430g 내외의 중간 정도의 크기이다. 과실의 모양은 반듯한 원형이며, 과실 껍질의 색깔은 황금색으로 모양이 매우 아름답다.

③ 만 수

과실의 모양은 편원형이고, 과피색은 황갈색으로 모양이 좋다. 과실의 크기는 660g 정도로 대과이며, 당도가 높다.

④ 풍 수

과실의 무게는 360~400g 정도이며, 재배 관리에 따라 700g인 큰 과실도 생산할 수 있다.

⑤ 금촌추

과실의 무게는 520g 정도로 크며, 과실의 모양은 꽃자리 부위가 돌출한 원추형이다.

⑥ 행 수

과실의 무게는 300g 정도이며, 과실의 모양은 편원형으로 꽃자리 부위가 움푹 들어가 있다.

⑦ 추 황

과실의 무게는 400~500g 정도로 중과종에 속하며, 과실의 모양은 편원형이다. 과피는 황갈색이고, 과육은 유백색으로 석세포가 적어 육질이 유연하고 치밀한 편이다.

⑧ 미 황

과실의 무게는 500g 내외의 큰 과실로 과실의 모양은 원형에 가까운 편원형이고, 과피색이 보다 밝은 황갈색으로 외관이 수려하다.

심화TIP | 배 화상병 | 기출 제10회

세균에 의한 병으로 주로 개화기 때 곤충(진딧물, 벌 등)에 의하여 매개되며, 꽃, 잎, 줄기, 열매 등 배나무 전체에서 발생한다. 병이 발생한 나무는 잎이 시들어 검게 변해 고사하며, 마치 불에 타서 화상처럼 보인다.

(2) 배의 재배환경

① 기 온
- ㉠ 연평균 기온이 7℃ 이상이면 재배가 가능하나 기온이 낮을 경우 동해의 발생, 품질의 저하 등을 고려할 때 배 주산지의 연평균 기온은 대개 11~15℃가 적당하다.
- ㉡ 우리나라의 배의 재배지역은 겨울철 최저기온이 -20℃ 이하이고, 생육기간인 4~10월의 평균 기온이 18~20℃ 내외이며, 성숙기인 9~10월의 평균 기온이 16~20℃에 분포되어 있다.

② 일 조
- ㉠ 배나무의 자람이 좋고 고품질의 배 과실을 생산하기 위해서는 과수원 조성시 일조량이 많은 지역을 선정하는 것이 중요하고, 평지보다는 동남향의 경사지가 유리하다. 또한 재식거리를 충분히 확보하는 것도 매우 중요하다.
- ㉡ 과수나무 생장에 있어서 햇볕 드는 양이 많을 경우 과실수량을 비롯한 건물중, 줄기의 강도, 잎의 두께가 증가되고 새 가지의 자람은 억제되며, 꽃이 피고 열매 맺는 것이 빠르다.
- ㉢ 햇빛이 드는 양의 증가에 따라 온도가 상승되어 증산활동을 촉진함으로써 양·수분 흡수를 증대시키고 과실의 자람에 영향을 미친다.
- ㉣ 햇빛은 과실 착색에도 크게 영향을 미치므로 봉지 씌우기에 의해 과피색을 조절할 수 있으며, 배 과수원과 수관의 습도에 영향을 미쳐 햇빛 드는 양의 증가에 따라 습도가 낮아짐으로써 병해 발생이 감소되어 약제방제의 횟수를 줄일 수 있다.

③ 강수량
- ㉠ 남방형 동양배는 강수량이 비교적 많은 여름철 습기가 많은 지대가 원산지로 여름철 온도가 높고 강수량이 많은 곳에서 생육과 과실 발육이 양호하다.
- ㉡ 배나무 재배에 필요한 연강수량은 나무 나이, 토양과 그 밖의 조건에 따라 일정하지 않지만 대체로 1,200~1,500mm이며, 4~10월 생육기간에는 800mm 이상의 강수량이 필요하다.
- ㉢ 우리나라의 강우분포는 4~5월과 9~10월의 가뭄과 6~7월의 집중호우로 나타나므로 관배수 관리를 철저히 해야 한다.
- ㉣ 필요 이상의 잦은 강우는 햇빛 부족을 동반하므로 광합성이 저하되고 습기의 과다에 따른 생리장해, 새 가지의 웃자람, 병해 발생 등으로 화아분화와 발육이 부진하고 과실 자람과 당도 증가 제한으로 품질이 크게 저하된다.
- ㉤ 특히 6~7월 고온기에 많은 강우는 건전한 새 뿌리의 발생과 생육을 저해하고 황금배와 같은 청배 계통에 동녹 발생을 크게 증가시킨다. 따라서 청배 계통의 재배는 강수량이 적은 지역이 유리하다.

④ 토양과 지형
  ㉠ 토양의 물리성
    ⓐ 토양은 땅으로부터 30cm 전후의 겉흙과 그 이하의 속흙으로 나눌 수 있는데, 겉흙은 부식 또는 기타 유기물이 많이 함유되어 있어 속흙보다 비옥하다.
    ⓑ 배나무의 생장이나 과실 생산력은 겉흙의 종류나 비옥도보다 속흙의 물리성이 좌우한다.
    ⓒ 이상적인 속흙은 물빠짐성이 좋고 어느 정도 물을 지닐 힘을 가지고 있어 뿌리가 용이하게 뻗어 나갈 수 있는 토양성질을 지닌 사질양토가 가장 우수하다.
    ⓓ 속흙의 유효토심이 깊은 토양일수록 뿌리가 양·수분을 흡수할 수 있는 범위가 넓기 때문에 보통 배나무 재배 적지의 유효토심은 0.7~1.2mm 이상이 되어야 한다.
    ⓔ 토심이 얕은 경우에는 토양건조나 양분부족으로 인한 피해가 쉽게 나타날 뿐만 아니라 장마기에는 공기공급 불량에 의한 산소부족으로 뿌리의 호흡이 억제되고 더 나아가 새로운 뿌리가 썩거나 말라죽게 됨으로써 잎 또는 과실에 각종 생리장해가 발생하므로 이러한 토양은 배수시설 등 토양개량이 필요하다.
  ㉡ 토양의 화학성
    ⓐ 배 과수원의 토양에서 비옥도는 물리성보다 중요한 요소가 아니며, 물빠짐이나 기타 물리성이 양호하면 비옥도가 다소 낮더라도 물리성이 불량하고 비옥한 토양보다 과수의 생육 및 과실 생산력이 높다.
    ⓑ 배나무는 비교적 토양적응성이 넓으며, 토양산도는 pH 5.5~6.5의 약산성을 좋아한다. 비가 많은 지역에서는 양분이 녹아 없어져 산성화가 되기 쉽고 화학비료를 매년 계속해서 다량으로 시용하거나 썩지 않은 퇴비를 땅속에 묻을 경우 토양의 산성화를 조장한다.
    ⓒ 특히 우리나라와 같이 화성암이 많은 토양에서는 배수를 양호하게 하고 충분히 발효된 퇴비를 많이 시용하며, 패(貝)화석 등과 같은 토양개량제를 사용하여 토양의 화학성을 개량해야 한다.
  ㉢ 지 형
    ⓐ 평지는 일반적으로 토양이 비옥하고 작업이 편리하나 배수가 불량하고 지역에 따라 동해와 서리 피해를 입기 쉬우며, 경사지는 땅은 척박하고 건조하기 쉽고 작업이 불편하다.
    ⓑ 배나무는 덕을 설치해야 하기 때문에 5° 이하의 약간 경사진 평탄지가 가장 좋다.
    ⓒ 실제 과수원의 국지기상은 지형이나 방향에 의해 다르게 나타나는 것이 보통이다. 예를 들어 평지에 비해 남향의 경사지는 따뜻하고, 북향은 일조량이 적고 겨울에 북풍의 영향으로 온도가 낮다.

3 포 도 기출 제1회

(1) 포도의 품종과 특성

① 캠벨얼리 기출 제9회

숙기가 8월 하순인 조생종으로 과방의 크기는 350g 정도이며, 자흑색 품종이다. 과피는 두꺼운 편이며, 산란한 햇빛에서도 착색이 잘되는데, 완숙하였을 때 자흑색을 띠고 과분이 많다. 캠벨얼리 포도는 곤충과 관계없이 자연적으로 수분되는 자가수분을 한다. 품종에 따라서는 씨가 없어도 결실되는 단위결실성 품종도 있다.

> **심화TIP 포도 갈색무늬병**
> 8~9월경 캠벨얼리 품종에 많이 발생하는 병으로 잎에만 발생한다. 잎에 흑갈색의 반점이 생기고 갈색으로 변하다가 잎이 떨어진다.

② 델라웨어

소비자에게 인기가 높은 적색 품종이다. 숙기가 8월 하순에서 9월 상순인 중생종이며, 과방의 무게는 120g 정도이다. 과육은 육질이 연하며, 과즙이 많고 당도가 매우 높다.

③ 거 봉

육질이 연하고 과즙이 많으며, 당도가 높은 4배체의 대립종이다. 지베렐린 처리에 의해 씨 없는 포도가 생산되기 때문에 앞으로 재배면적이 점차 증가할 것으로 기대되고 있다.

④ 피오네

과방의 무게는 400g 정도이고, 포도 한 알의 무게는 12g 내외인 대립종이다. 과피는 자흑색을 띠고 있으며, 거봉보다 검은색이 더 강하고 과육은 거봉보다 단단하다.

⑤ 네오머스캣

숙기가 9월 중·하순경으로 중·만생종이다. 과방의 무게는 400g 정도이고, 포도 한 알의 무게가 7g 내외인 중립종이다.

⑥ 청 수

과방의 무게는 230g 정도이고 포도 한 알의 무게는 3.1g 내외인 소립종이며, 과립은 원형이다.

(2) 꽃 피는 습성

① 다음 해에 개화할 꽃눈은 6월 상순경부터 새 가지(열매가지)의 곁눈에서 분화한다.
② 분화한 꽃눈은 8월까지 계속 발달하여 제1, 제2, 제3 꽃송이가 순차적으로 발달하고, 그 후 휴면에 들어간다.
③ 다음 해에 새 가지 생장의 시작과 동시에 급속히 발달하여 꽃받침, 꽃뚜껑, 꽃가루, 밑씨가 순차적으로 형성하여 개화 직전에 꽃이 완성된다.

(3) 포도의 가지고르기 기출 제11회

① 눈따주기는 덧눈, 막눈 또는 숨은눈에서 나온 새 가지, 세력이 매우 강한 가지, 약한 가지 등은 따 주어야 하는데, 이것은 열매가지의 세력을 균일하게 키우기 위해서 하는 것이다.
② 눈따주기를 하면 남는 새 가지는 저장양분이나 뿌리에서 흡수한 양분을 집중적으로 이용할 수 있으므로 새 가지의 생장이 왕성하게 된다.
③ 거봉과 같이 나무 세력이 강한 품종이나 나무는 눈을 따 주는 시기를 늦추거나 눈을 따 주는 정도를 가볍게 해야 한다. 이와 반대로 나무 세력이 약한 품종은 일찍, 그리고 강하게 해 주어야 한다.
④ 새 가지는 열매가지이므로 눈을 따 주는 것은 과실솎기의 효과를 겸하는 것이므로 열매 맺는 양을 조절할 수 있다.
⑤ 새 가지가 30cm 정도 자랐을 때 덕에 적절히 배치하여 햇빛을 잘 받을 수 있고, 가지의 세력이 균일하게 자랄 수 있도록 해야 한다.
⑥ 순지르기는 새 가지의 끝을 잘라 가지의 생장을 일시적으로 억제시켜, 가지가 자라는데 이용할 수 있는 양분을 꽃송이 쪽으로 전환시킴으로써 열매맺음이 잘 될 수 있도록 하기 위한 것이다.
⑦ 순지르기는 꽃 피기 5~6일 전에 해야 하며, 꽃송이 위쪽 6장 정도의 잎을 남겨야 한다.
⑧ 순지르기를 지나치게 하면 오히려 정받이율(수정률)이 떨어져서 열매가 잘 맺지 않고, 덧가지가 많이 발생하게 되어 나무 세력의 안정을 해칠 수 있다.

> **심화TIP 과수의 가지 관리방법**
>
> ① **순지르기**
>   - 신초의 생장을 일시적으로 억제하여 착과율을 높인다.
>   - 그해에 새 가지를 분지시켜 원가지나 곁가지를 구성시킨다.
>   - 웃자람을 방지하기 위해서 실시한다.
> ② **가지유인** : 가지를 유인하는 목적은 햇빛이 나무의 내부까지 골고루 들게 하고 통풍이 잘되게 함으로써 품질 좋은 과수를 생산하기 위함이다.
> ③ **가지비틀기(염지)** : 생육 초기에 자라는 가지를 옆으로 비틀어서 더 이상 자라지 못하게 하고 다음해에 꽃눈형성이 많아지도록 하는 방법이다.
> ④ **환상박피** : 나무 또는 나무의 가지 줄기를 따라 환상(ring)으로 나무껍질(bark)을 벗겨 내는 것으로 주로 착색 및 숙기를 촉진하기 위해 처리한다.

(4) 열매고르기

① 수확한 과실은 실내에 두어 약간 건조시킨 다음, 송이 꼭지를 잡고 덜 익은 알, 작은 알, 병해를 입은 알 등은 솎아내야 한다.
② 송이의 크기와 색깔 정도 및 품질 등의 기준에 따라 골라서 포장해야 한다.

(5) 포도의 생장조절제 이용 기출 제9회

① 지베렐린은 씨 없는 포도를 만드는데 이용되고, 시토키닌은 포도알의 비대 및 착립 증진에 이용되며, 아브시스산은 색깔이 윤택해지도록 하는 데에 이용되고 있다.

② 지베렐린의 제1회 처리는 수정 작용이 일어나지 못하게 하여 씨를 없애기 위한 것이고, 제2회 처리는 씨가 생기지 않은 포도알의 비대 및 성숙을 촉진시키기 위한 것이다.

③ 제1회 처리 시기가 너무 빠르면 꽃송이가 지나치게 신장하여 착립도가 떨어져 꽃떨이 현상과 같은 포도알이 드문드문 달리게 된다.

④ 너무 늦을 때에는 꽃송이가 짧고 종자가 있는 알이 많이 생겨서 상품성을 떨어뜨리게 된다.

⑤ 제1회 처리는 꽃송이 전체를 용액에 담가 꽃봉오리에 약액이 충분히 묻도록 몇 차례 흔들어준다.

⑥ 제2회 처리는 포도알이 상당히 자란 후이므로 한 번만 담가 처리해 주어도 충분하다.

⑦ 지베렐린을 처리하여 씨가 생기지 않을 때에는 성숙이 빨라진다.

심화TIP 지베렐린의 처리 기출 제9회

지베렐린은 샤인머스캣 재배시 무핵화, 숙기 촉진, 과립비대의 목적으로 처리하는 생장조절물질이다. 지베렐린의 1차 처리는 수정작용이 일어나지 못하게 하여 무핵화를 위한 것이고, 2차 처리는 과립비대 및 성숙을 촉진시키기 위한 것이다.

작용기작	사용농도 (ppm)	사용시기	사용방법
• 무핵화 • 과립비대 촉진	• 1차 : 25ppm • 2차 : 25ppm	• 1차 : 만개 3~4일 후, 완전 개화(70% 처리 가능 시기) ※ 3~4일 후 나머지 30% 처리 • 2차 : 1차 처리 후 7~10일 후	• 1차 : 화방침지 • 2차 : 과방침지 또는 살포(일시에 살포)

4 복숭아

(1) 복숭아의 품종과 특성

① 유 명

숙기가 8월 하순으로 만생종이다. 과실의 무게는 300g 정도이고 크기는 대과종에 속하며, 과실의 모양은 원형이다.

② 창방 조생

과실의 무게는 260g 정도로 중간 크기이며, 과실의 모양은 원형이다. 과실의 껍질이 붉은 줄무늬로 착색되어 있으며, 외관이 아름답다.

③ 백 도

과실의 무게는 300g 정도로 큰 과실이며, 과실의 모양은 원형이다. 핵은 점핵이며, 핵 주위가 붉게 착색되어 있다.

④ 대구보

과실의 무게는 280g 정도로 큰 과실이며, 과실의 모양은 원형이다. 과실 껍질은 흰색으로 선홍색의 반점으로 착색되어 있으며, 과실 속은 흰색이고 햇빛을 받은 부분과 핵 주위가 착색되어 있다.

(2) 품종의 선택과 개원

① 대상지 선정
  ㉠ 내한성이 약하므로 기후가 따뜻한 곳
  ㉡ 개화기 때 늦서리의 피해가 없는 곳
  ㉢ 일조량이 많고 바람이 몰아치지 않으며, 경사가 심하지 않은 곳
  ㉣ 배수가 양호하고 토층이 깊은 사질양토
  ㉤ 내습성이 약하므로 다소 건조한 곳
  ㉥ pH 5.5~6.0의 약산성 토양

② 토지기반 정비
  ㉠ 심경 : 하층토가 치밀하여 뿌리의 생장을 저해하는 토양에서는 깊이 60cm까지 파쇄해 준다.
  ㉡ 유기물 시용 : 3,000kg/10a 이상
  ㉢ 기지 대책 : 몇 해 동안 휴경을 하거나 심을 구덩이를 파고 객토를 실시하는 것이 좋다.

③ 재 식
- ㉠ 품종선택 요령
    - ⓐ 품질이 우수하여 시장성이 높은 품종일 것
    - ⓑ 기후나 입지 조건에 알맞을 것
    - ⓒ 경영조건에 알맞을 것
    - ⓓ 산지와 품종을 통일시킬 것
    - ⓔ 보구력이 좋은 품종을 선택할 것
    - ⓕ 수분수 관계를 고려
    - ⓖ 무봉지 재배에 용이한 품종
- ㉡ 심는 요령
    - ⓐ 복숭아나무는 될 수 있는 대로 곧은 뿌리가 생기지 않도록 굵은 직근을 적당히 자르고 심는다.
    - ⓑ 옆으로 자란 뿌리는 한 곳에 모이지 않게 고루 펴서 심는다.
    - ⓒ 복숭아 뿌리는 침수에 매우 약하므로 배수가 나쁜 토양에서는 구덩이에 물이 고이므로 땅 표면보다 높게 흙을 얹고 심는 것이 좋다.
    - ⓓ 기존 복숭아밭에 나무뿌리를 뽑지 않고 심을 경우 1m 이상 거리를 두고 심는 것이 기지현상을 방지할 수 있다.
    - ⓔ 퇴비는 완전히 썩은 것을 넣고 비료가 뿌리에 닿지 않게 해야 한다. 덜 썩은 퇴비는 썩으면서 비료와 작용하여 유해가스가 발생하여 묘목에 피해를 줄 수 있다.
- ㉢ 재식거리
    - ⓐ 복숭아는 내음성이 약하고 밀식의 해가 현저하므로 적정 재식거리 확보에 특히 유의해야 한다.
    - ⓑ 비옥지에서는 수세가 강건하므로 넓게 심고, 척박지에서는 좁게 심되 심을 품종의 수세도 고려하는 것이 좋다.
- ㉣ 수분수 혼식
    복숭아는 꽃가루가 없거나 거의 없는 품종이 많으므로 이런 품종을 심을 경우 개화기가 약간 빠르거나 같은 꽃가루가 많은 품종을 20~30% 혼식한다.
- ㉤ 묘목 준비
    - ⓐ 복숭아는 한 번 심으면 오랜 기간 재배되므로 좋은 묘목을 심어야 한다.
    - ⓑ 좋지 못한 묘목은 수형 구성에도 어려움이 있으므로, 품종이 정확하고 병해충 피해가 없는 묘목 또는 뿌리가 많이 나고 웃자라지 않은 묘목을 선택한다.
- ㉥ 재식시기
    - ⓐ 복숭아나무의 새 뿌리 발생은 2월 상순경 지온이 4~5℃가 되면 시작된다. 봄에 늦게 심으면 생장이 불량해지므로 동해의 피해가 없는 지역은 가을에 심는 것이 유리하다.
        - 가을심기 : 11월 중순~12월 상순(동해・건조 피해 주의)
        - 봄심기 : 해빙 후~3월 중순
    - ⓑ 생육이 빈약한 묘목은 30~40cm 정도 짧게 절단하여 1년 후부터 수형을 구성하도록 한다.

(3) 복숭아의 재배환경

① 기온
  ㉠ 복숭아는 비교적 온난한 기후를 좋아하므로 경제적 재배의 북쪽 한계는 여름철의 저온과 겨울철의 극저온에 의하여 많이 좌우된다.
  ㉡ 우리나라의 경우에는 겨울철에 기온이 너무 내려가는 북한지방을 제외한 모든 지방에서 가능하지만, 재배 적지는 대부분 중남부지방이라 할 수 있다.
  ㉢ 일부 중부 내륙지방에서는 겨울철 저온으로 인하여 꽃눈이 동해를 받아 수량이 감소하거나 수확을 거의 못하는 경우가 간혹 발생하기도 한다.
  ㉣ 복숭아 꽃눈의 내한성(耐寒性)은 사과, 배, 포도보다 약하다.
  ㉤ 꽃눈의 내한성은 시기와 나무의 영양상태 또는 저온이 내습하기 전의 기상조건에 따라 크게 차이가 나며, 가을에 낙엽후 시일이 경과함에 따라 내한성이 증가하여 12월 중순~1월 중순에 최고에 달하고 이후에는 감소한다. 꽃봉오리 시기에는 −1.7℃, 개화기 및 유과기에는 −1.1℃에서 30분 정도만 경과하여도 피해를 받는다.

> **심화TIP 내한성(耐寒性) 작물의 한계온도** 기출 제3회
>
> 사과(−30℃) > 서양배(−27℃) > 미국계 포도(−22℃) > 복숭아(−20℃) > 유럽계 포도(−15℃)

② 일조
  ㉠ 복숭아는 낙엽과수 중에서 사과 다음으로 내음성이 약하고, 일조 부족에 의하여 해마다 과실의 품질변화가 심하게 나타나는 과수의 하나이다.
  ㉡ 따라서 밀식이나 과번무한 과원과 정지전정이 불완전한 경우 수관 내부에 투과되는 빛이 부족하여 하부의 가지가 고사되기 쉬우므로 일조환경 개선을 위한 재배관리가 필요하다.
  ㉢ 5~6월경에 강한 바람이 많은 지대는 세균성 구멍병 발생이 많아 새 가지의 기부에서 조기낙엽이 시작되는 경우가 많으므로 과수원 조성을 피하는 것이 좋다.
  ㉣ 조기낙엽은 과실 생산만이 아니고, 수체내 저장양분을 감소시켜 이듬해 생육에 큰 영향을 주게 된다.

③ 강수량
  ㉠ 동양계 복숭아는 여름철 고온다습한 조건에도 생육이 가능하고 결실이 양호하지만, 본래는 건조기후에 적합한 과수이다.
  ㉡ 유럽계 복숭아는 생육기간 중 비가 많이 오면 영양생장이 지나치게 왕성하게 되고 꽃눈의 착생불량, 탄저병 발생 등이 심하게 되므로 비가 적게 오는 지방에 적합하다.
  ㉢ 최근에 보급되고 있는 우량품종은 꽃가루가 없는 것이 많아 강우에 의하여 매개곤충의 활동이 떨어지면 결실량이 현저하게 저하된다.
  ㉣ 5~6월의 새 가지 신장기에 비가 많이 내리면 일조량이 부족하여 동화작용이 떨어질 뿐만 아니라 토양이 다습하게 되어 뿌리의 생리기능이 떨어지고, 새 가지의 생장이 왕성하게 되어 양분의 소모가 많으므로 배의 발육과 양분경쟁이 일어나 생리적 낙과가 심하게 된다.

ⓜ 성숙기인 여름철에 비가 많이 오면 역시 일조부족으로 과실 내의 당분축적이 저하되어 품질이 떨어지고, 품종에 따라서는 열과의 원인이 되기도 한다.
ⓑ 다습 상태에서는 병해 발생도 심한데, 생육 초기에 비가 많으면 잎오갈병, 5~6월에 강우가 많으면 검은별무늬병과 세균성 구멍병, 탄저병 등이 발생하고, 수확 전에는 잿빛무늬병(회성병)과 부패병 등이 많이 발생한다. 따라서 복숭아는 원래 내한성(耐旱性)이 강한 과수이므로 비가 적게 오는 지방에서 재배하는 것이 유리하다.

④ 토 양
  ㉠ 토 질
    ⓐ 복숭아는 척박하고 배수가 불량한 토양에서는 발육이 불량하거나 말라죽어 수명이 짧아지기 때문에 수량도 적어진다.
    ⓑ 복숭아 재배의 적지는 배수가 양호하고 뿌리가 뻗을 수 있는 유효토층이 깊고, 지하수위가 높지 않은 비옥한 양토나 사양토 지대가 좋다.
  ㉡ 내습성
    ⓐ 복숭아나무는 원래 내습성이 약하므로 배수 상태가 나쁘거나 지하수위가 높아 침수 상태가 되면 잎이 황변낙엽이 되고, 생육이 정지되거나 심하면 고사하게 된다. 이것은 주로 뿌리 주위의 산소결핍에 의한 증상이다.
    ⓑ 건습의 차가 심한 토양의 복숭아나무는 과실비대가 불량하고, 낙과가 심하므로 배수가 불량한 토양조건인 경우 가급적 과수원 조성을 피하는 것이 좋다.
    ⓒ 토양이 과습하지 않더라도 토양공극이 적은 곳에서는 뿌리의 장해가 심하므로 심한 점질 토양은 피해야 한다.
  ㉢ 내건성
    ⓐ 복숭아나무는 낙엽과수 중 포도나무 다음으로 내건성이 강한데, 이는 증산량이 적은 까닭이다. 복숭아나무의 단위 엽면적당 증산량은 사과나무의 1/6에 불과하다.
    ⓑ 온도의 변화가 심하고 보수력이 적은 모래토양에서는 일소장해가 발생되어 가지의 발육 불량이 서서히 나타나 수세가 떨어진다.
    ⓒ 복숭아나무는 통기가 좋은 토양조건에 적당하고, 배수가 불량한 토양을 가장 싫어하는 작물이므로 약간 건조한 토양에서 생육이 양호하다.
  ㉣ 토양반응
    복숭아나무가 성장할 수 있는 토양반응의 범위는 넓으며, 생육에 가장 적당한 것은 pH 4.9~5.2 범위로서 약산성 토양에서 생육이 양호하다.

ⓜ 지 형
  ⓐ 복숭아도 평탄지에서 재배하는 것이 관리면에서 유리하지만, 내건성이 강한 과수이므로 조금만 관리에 유의한다면 경사지에서도 성공적으로 재배할 수 있다.
  ⓑ 경사의 방향이 남향 또는 동남향일 때는 일조가 양호하므로 과실의 성숙이 촉진되고 품질이 좋아지나 한발의 피해를 받기 쉽다.
  ⓒ 서향일 때에는 주간에 동해 또는 일소의 피해를 받기 쉬우므로 주의해야 한다.
  ⓓ 북향일 때에는 일조가 부족한 경향이 있으나 건조의 피해가 적으며, 개화 전에 따뜻한 날씨가 계속되다가 갑자기 저온이 닥칠 경우 남향면 경사지에서는 꽃눈이 동해를 받기 쉬우나 북향일 때에는 피해를 받는 일이 드물다.
  ⓔ 사방이 산으로 막힌 분지에서는 개화 전후에 늦서리 피해가 흔히 있으므로 과수원 선정에 있어서는 이러한 지형을 피해야 한다.
  ⓕ 경사지재배에 있어서는 토양침식을 방지하기 위하여 초생재배를 하든가 부초재배를 하는 것이 유리하다.
  ⓖ 바람이 센 곳에서는 복숭아 세균병의 발생이 심하므로 바람이 세게 불어오는 경사면에는 복숭아를 심지 않는 것이 좋으며, 또 거센 바람을 막을 수 있는 방풍림을 조성하면 상당한 방제효과가 있다. 평지라도 바람이 센 곳에서는 같은 조치가 필요하다.
ⓗ 기지성(忌地性)
  ⓐ 동일 작물을 동일 장소에서 매년 재배하면 비배관리를 합리적으로 하더라도 생장이 불량하고 수량이 떨어지는 기지현상이 나타난다.
  ⓑ 복숭아나무의 기지성은 전작의 복숭아나무 뿌리에 함유하고 있는 유해물질에 의하여 발생한다. 이 유해물질은 목질부에 포함되지 않고 피질부에 포함되어 있다.
  ⓒ 노쇠한 복숭아밭을 개원할 때는 몇 해 동안 휴경하거나 심을 구덩이를 깊게 파고, 여기에 객토를 하여 심을 구덩이에는 복숭아나무의 뿌리가 남아 있지 않도록 해야 한다.

심화TIP 블루베리(Blueberry) 작물 기출 제10회

- 쌍떡잎식물 진달래목 진달래과에 속하는 관목성 식물이다.
- 과실은 포도, 매실, 복숭아, 무화과 등과 유사하게 일정기간의 비대정체기를 가진다.
- 묘목을 키우는 방법에는 대부분 삽목(꺾꽂이)으로 이루어지나, 그 밖에 접목, 취목, 조직배양 등이 이용되고 있다.
- 꽃은 일반적으로는 <u>총상꽃차례</u>이고, 한줄기 <u>신장지</u>에 작은 꽃자루가 있고 여기에 꽃이 붙는 단일화서이다. 보통 잎맥에 한 개의 꽃집(화방)이 달리지만, 하이부시 블루베리(Highbush Blueberry)에서는 여러 개의 꽃집(화방)이 달리는 것도 볼 수 있다.
  ※ **총상꽃차례** : 긴 꽃대에 길이가 유사한 작은 꽃자루가 있고 여기에 꽃이 어긋나게 달려 아래쪽에서 위쪽으로 피어 올라가는 꽃차례
  ※ **신장지** : 뿌리 부근에서부터 새로 올라오는 가지

04 화훼재배 및 관리

1 국화

(1) 국화의 생육 특성
  ① 국화의 생육
    ㉠ 국화는 여러해살이 화초로서 생육적온은 15~20℃이다.
    ㉡ 꽃이 지고 난 포기와 지상부 및 흙 밑의 뿌리는 대부분 말라 죽으나, 겨울철에 월동하는 겨울눈이나 가지와 뿌리의 경계에 있는 눈은 -10℃에도 견디어 살아난다.
  ② 국화의 계통
    ㉠ 국화는 일장이나 온도의 조절에 의해서 촉성, 억제재배를 하면 계절에 관계없이 연중 개화시킬 수 있다.
    ㉡ 스탠다드 국화는 자연개화에 따라 여름국화, 7~8월 국화, 9월 국화, 가을국화, 겨울국화로 나누고, 스프레이 국화는 가을국화 형태로 꽃눈 분화부터 꽃이 필 때까지의 일장에 따라 6~15주 품종으로 나눈다.

[국화의 생태형에 따른 분류]

구 분 계 통	사질토양		식질토양
	꽃눈 분화	꽃눈 발달	
여름국화	중일성	중일성	꽃눈 분화는 약 10℃ 이상에서 일어난다.
8월 국화	중일성	중일성	꽃눈 분화는 약 15℃ 이상에서 일어나고, 저온에서는 꽃피는 것이 불량하다.
9월 국화	중일성	단일성	15℃ 이상에서 꽃눈 분화가 일어나고, 고온억제가 일어나지 않는다.
가을국화	단일성	단일성	15℃ 이상에서 꽃눈 분화가 일어나고, 고온억제가 일어나지 않는다.
겨울국화	단일성	단일성	고온에서 꽃눈 분화의 발달과 꽃핌이 억제된다.

(2) 국화의 번식방법
  ① 꺾꽂이 번식
    ㉠ 꺾꽂이 시기
      재배방법에 따라 다르지만, 대개 꽃 피울 예정일의 120~150일 전에 실시한다. 꺾꽂이 후 20일이면 분에 올리거나 정식을 할 수 있다.
    ㉡ 꺾꽂이감의 준비
      꽃이 진 어미포기를 잘 관리하여 새싹이 자라게 하고, 순지르기를 하여 튼튼한 곁가지를 많이 발생시킨 다음 꺾꽂이감으로 이용한다.

ⓒ 꺾꽂이감 다듬기와 꽂기
　　ⓐ 꺾꽂이감은 위로부터 3잎만 남기고 나머지는 따내며, 6~7cm 되게 다듬어 모래나 버미큘라이트 등의 꺾꽂이 용토에 2cm 정도 깊이로 꽂는다.
　　ⓑ 꺾꽂이한 다음 마르지 않게 물을 주면서 관리하면 2주 정도이면 뿌리가 내리기 시작하고, 3주면 이식할 수 있다.

② 동지아 번식
　㉠ 여름국화나 가을국화를 촉성재배할 때에 이용하는 방법이다.
　㉡ 가을에 기온이 2~3℃가 되면 어미포기의 뿌리로부터 새싹이 나와 흙 표면에 자란 것을 잘라내어 가식을 해서 한 달 정도 기르면 모종으로 이용할 수 있다.

(3) 국화의 절화재배 기출 제1회, 제4회

① 국화 절화재배의 특성
　㉠ 꽃 색깔이 여러 가지이고 대륜종, 중륜종, 소륜종 등 꽃의 크기가 다양하며, 꽃병에 꽂으면 오래가는 편이다.
　㉡ 우리나라의 기후풍토에 맞아 어느 지역에서나 재배하기 쉽다.
　㉢ 개화생리의 연구가 잘되어 있어 필요할 때에는 언제든지 꽃을 생산할 수 있다.
　㉣ 번식이 쉽고, 재배하는데 비용이 다른 절화에 비해 덜 든다.

② 품 종
　㉠ 스탠다드 국화
　　ⓐ 하나의 꽃대에 하나의 꽃만 피게 하는 방법으로 주로 겹꽃이 주종을 이룬다.
　　ⓑ 품종으로는 6~9월에 피는 춘광(백색), 백광(순백색) 등이 있고, 가을국화로 천수(황색), 수방력(황색), 설풍(백색), 봉황(황색), 경수방(황색) 등이 있다.
　㉡ 스프레이 국화
　　ⓐ 하나의 꽃대에 여러 개의 꽃을 피게 하는 방법으로 주로 소국이 주종을 이룬다.
　　ⓑ 순지르기를 하지 않고 노력이 적게 드는 장점이 있어 점차 늘어나고 있다.
　　ⓒ 품종으로는 귀부인(분홍색), 퓨마(Puma, 백색), 펀샤인(Funshine, 보라색), 타깃(Target, 보라색), 파소 더블(Paso Doble, 백색) 등이 있다.

③ 재배관리
　㉠ 정 식
　　ⓐ 꺾꽂이로 기른 모종의 정식 간격은 1차 순지르기를 하여 3대 가꾸기를 할 경우에 15~20cm 간격으로 심는다.
　　ⓑ 밑거름을 충분히 주고, 덧거름은 꽃눈이 형성되기 전에 주는 것이 효과적이다.
　㉡ 순지르기 : 정식 후 10일 정도 지나 활착하면 순지르기를 하여 곁가지가 나오도록 한다.
　㉢ 그물치기 : 곁가지가 30cm 정도 자랐을 때에 그물치기를 하여 곧게 자라도록 한다.
　㉣ 겨드랑눈 및 꽃봉오리 따주기 : 겨드랑눈에서 자라는 곁순과 가지 끝에서 자라는 여러 개의 꽃봉오리 중에서 충실한 것만 남기고 순차적으로 따주어 줄기 끝에 한 송이만 피도록 하여 절화로서의 가치를 높이는데, 이 작업에는 노동력이 많이 든다.

④ 수확과 출하
　㉠ 겨울에는 70% 정도, 봄부터 가을까지는 50% 정도 꽃이 피었을 때 꽃을 자른다.
　㉡ 얇은 종이로 꽃송이를 싸서 중대륜종은 20송이를 한 단으로 묶고, 소륜종은 단으로 묶어 시장으로 출하한다.

> **심화TIP** 절화의 수확 및 관리 기출 제6회
> - 스탠다드 국화는 꽃봉오리가 1/2 정도 개화하였을 때 수확하여 출하한다.
> - 장미는 조기에 수확할수록 꽃목굽음이 발생하기 쉽다.
> - 글라디올러스는 수확 후 눕혀서 저장하면 중력의 반대 방향으로 휘어지는 경곡현상(stem-bending)이 일어난다.
> - 카네이션은 수확 후 에틸렌 작용 억제제를 사용하면 절화 수명을 연장할 수 있다.

(4) 국화의 분화재배

① 분화재배의 특성

국화의 분화재배는 관상국 재배와 양국을 이용한 포트 멈(Pot Mum) 재배가 있다.
　㉠ 관상국 재배
　　ⓐ 대국을 이용한 입국재배와 소국을 이용한 현애 및 분재재배 등이 있다.
　　ⓑ 재배기술과 노동력이 많이 들기 때문에 영리를 위한 재배로는 적당하지 않다.
　㉡ 포트 멈 재배
　　ⓐ 농민들이 영리재배를 목적으로 하여 많이 기르고 있다.
　　ⓑ 가을국화를 화분재배에 알맞게 재배방법을 개량한 것으로, 미국에서 처음 시작되었다.
　　ⓒ 꺾꽂이를 하여 화분에 올려 재배하여 꽃이 필 때까지 90~100일 정도이면 가능하고, 특히 차광 또는 전조재배로 꽃 피는 시기를 마음대로 조절할 수 있다.

② 품 종
　㉠ 포트 멈 재배에 적당한 품종은 대륜 또는 중륜으로, 길게 자라지 않는 단간종이 좋다.
　㉡ 주요한 품종으로는 브라보(분홍), 델라웨어(적색), 골든 프린세스안(황색), 오레곤(백색), 프린세스안(도색), 벌컨(적색), 옐로 델라웨어(황색) 등이 있다.

③ 재배관리
　㉠ 화분용 흙 및 거름 만들기
　　ⓐ 식양토, 부엽토, 모래 등을 똑같은 비율로 섞어 만드는데, 이러한 흙을 배양토라 한다.
　　ⓑ 화분용 거름은 깻묵, 쌀겨, 짚재를 3:2:1의 비율로 섞은 다음 여기에 골분을 약간 넣어 잘 썩힌 후 말려서 사용하는데, 화분용 흙 1m^3에 10kg의 비율로 밑거름 및 덧거름으로 사용한다.
　㉡ 화분에 심기
　　뿌리가 내린 국화모종을 지름 15~21cm 크기의 화분 둘레에 같은 간격으로 4~5포기 심는다.

ⓒ 순지르기
　　　　ⓐ 분에 심은 다음 여름철에는 5~7일, 겨울철에는 20일 전후에 순지르기를 해야 한다.
　　　　ⓑ 약한 가지나 너무 큰 가지를 잘라버리고, 한 화분당 12~15개 정도의 가지를 기른다.
　　ⓔ 곁순 및 꽃봉오리 따주기 : 한 가지에서 한 개의 꽃이 피도록 겨드랑눈에서 자란 곁순과 꽃봉오리를 따주어야 한다.
　　ⓜ 물주기 및 덧거름주기
　　　　ⓐ 물주기 : 물주기는 여름철 온도가 높을 때에는 체온을 내려주고, 화분 내의 공기를 바꿔주는 효과도 있다. 화분의 흙이 마르지 않도록 철저히 물을 주어야 한다.
　　　　ⓑ 덧거름 : 잘 자라게 하기 위하여 계획을 세워 덧거름을 정기적으로 주어야 한다. 건조거름을 화분의 흙에 묻어주기도 하고, 물거름으로 만들어 옆면에 뿌려주기도 한다.
　④ 출 하
　　ⓐ 고온기에는 30~40%, 저온기에는 60~70% 정도 꽃이 피었을 때 출하한다.
　　ⓑ 수송거리가 멀 때에는 화분마다 종이로 싸서 꽃잎이 상하지 않도록 한다.

(5) 국화의 화단재배

① 화단재배의 특성

화단용 국화재배는 파종하거나 꺾꽂이하여 키운 모종을 어릴 때 화단에 직접 심어 가꾸어 꽃을 보거나 포트에서 길러 꽃이 피려고 할 때 화단에 심고 감상하는 꽃이다.

② 품 종
　ⓐ 화단용 국화를 쿠션 멈이라 한다.
　ⓑ 초장 30cm 내외의 골든글로리(황색), 화이트글로리(백색), 추엘글로리(혼합) 등이 있고, 초장 25cm 내외의 왜성종인 패션 옐로(황색), 패션 로즈(도색), 패션 혼합 등이 있다.

③ 재배관리
　ⓐ 종자의 파종
　　　ⓐ 국화는 3월경에 파종한다.
　　　ⓑ 소량의 종자를 파종할 때에는 줄뿌림을 하고, 많은 양을 파종할 때에는 흩어뿌림을 한다.
　　　ⓒ 싹이 튼 후 웃자람을 방지해야 하고, 뿌리를 튼튼히 하기 위하여 1~2차례 이식을 한 후 모종이 7~10cm 자랐을 때 9cm의 포트에 심어야 한다.
　ⓑ 순지르기 : 쿠션 멈 품종은 순지르기를 하지 않아도 곁순이 잘 나오지만, 분에 심은 후 어릴 때에 한 번 순지르기를 하면 옆으로 많은 곁순이 나와 다음에 순지르기를 하지 않아도 둥그렇게 모양을 스스로 잡는다.
　ⓒ 화단이나 포트에 재배하기
　　　ⓐ 포트에 올린 후 뿌리가 포트 밑의 구멍 밖으로 나오기 시작하면 화단에 직접 색깔을 구분하여 아주심어 가꾼다.
　　　ⓑ 색깔이 나올 정도로 꽃이 필 때까지 포트에서 재배하다가 화단에 옮겨 심을 때에는 15~21cm 크기의 포트에 분갈이를 한다.
　　　ⓒ 9월이 되어 꽃 색깔이 나오기 시작하면 화단에 심어 감상한다.

(6) 국화의 병해충 방제

① 국화의 주요한 병과 방제법

병 명	피해 증상 및 발생 조건	방제법
흰녹병 (백수병)	• 처음에는 잎 뒷면에 흰색의 병반이 생기고, 커져서 사마귀 형태로 된다. • 오래 되면 담갈색으로 변하고, 서늘하고 습하면 많이 발생한다.	• 비를 맞지 않게 하고 건조하게 관리한다. • 병든 포기는 뽑아 없앤다. • 다이센 M45, 다코닐, 샤프롤, 프란드 박스, 베노밀, 트리포린, 시스텐 등을 정기적으로 살포한다.
검은녹병 (흑수병)	• 잎에 담황색의 반점이 생기고, 차츰 커지면서 초콜릿색을 띠고 부풀어 오르며, 최후에 초콜릿색의 가루가 날린다. • 발병시기는 흰녹병과 비슷하다.	흰녹병과 같다.
위조병	• 포기 전체에 발생하고, 병든 줄기와 잎은 시들어 말라죽는다. • 줄기의 도관부와 표피는 흑갈색으로 변하고, 토양을 통하여 전염된다.	• 이어짓기를 피한다. • 벤레이트 수화제 500배액을 1m³당 3L씩 2주 간격으로 3회 뿌려준다. • 병이 발생한 밭은 클로로피크린으로 소독해준다.
검은 무늬병	• 시설 내에서는 발생하지 않고, 노지재배를 할 때 발생한다. • 흑갈색의 반점이 잎에 생기고, 점점 둥글게 커지며 아랫잎부터 말라죽는다.	• 건조하게 관리하고, 비가림을 해준다. • 7일 간격으로 다이센 M4 300배액, 벤레이트 2,000배액을 번갈아 살포한다.

※ 표에 나타낸 것 외에도 잿빛곰팡이병, 역병, 화부병 등이 있다.

② 국화의 해충과 방제법

해충명	피해 증상 및 발생 조건	방제법
잎선충	기생하여 꽃봉오리가 보일 때 피해가 나타난다. 여름국화의 촉성재배 때에 심한 피해를 준다.	• 건전한 어미포기에서 꺾꽂이감을 딴다. • 동아가 자라기 전에 란네트 수화제 2,000배액을 뿌려준다.
진딧물	어린싹이나 잎의 뒷면에서 즙액을 빨아 피해를 준다.	화스탁, 아시트 수화제, 페이오프, 타스타, DDVP, 다나톨 등의 진딧물 방제용 살충제를 뿌려준다.
응애류	거짓물결잎응애, 물결응애, 간자와응애 등의 종류가 잎의 즙액을 빨아 피해를 준다.	• 시설 안에서는 DDVP 훈연제를 뿌린다. • 켈센 유제, 모레스탄 유제 2,000배액을 뿌린다. • 응애는 약제에 대한 내한성이 생기므로 여러 가지 약제를 번갈아 뿌리고, 초기에 철저히 방제한다.
꽃노랑 총채벌레	• 주로 꽃봉오리와 잎에 피해를 준다. • 잎은 쭈그러지며, 잎 가장자리가 바로 펴지지 않고 비뚤어진 잎이 된다. • 꽃잎이 벌어지기 시작하면 애벌레와 어미벌레가 안으로 들어가 피해를 주는데, 꽃으로서의 가치가 없어진다.	• 온실 등의 좋은 환경에서는 연 10회 발생하는데, 발생주기를 차단하여 살충제를 2~3회 뿌린다. • 코니도 수화제, 유제, 올스타 유제, DDVP, 리전트 부메랑 등의 살충제를 번갈아 뿌린다.

※ 표에 나타낸 것 외에도 해충으로는 파밤나방, 국화하늘소, 국화알파리, 스립스, 자벌레 등이 있다.

2 튤립

(1) 생리적 특성

① 튤립구근은 유피인경(有皮鱗莖)으로 가을에 정식하여 일정기간 저온을 받아야만 이듬해 4~5월에 개화하며, 6~7월에는 구근을 수확해서 저장한다.
② 구근의 꽃눈분화는 구근 수확후 저장 중인 6~8월 초에 이루어지고, 분화가 완료된 구근은 2~5℃에서 저온처리를 6~8주간 한후 식재해서 60일 전후에 개화한다.
③ 튤립의 초장은 20~60cm로 직립하며, 잎은 3~5매 피침형(바늘잎형)이다.
④ 화색은 적색, 분홍색, 황색, 백색, 자색, 흑색, 복색 등 다양하다.
⑤ 개화에는 일장(日長)이 관계하지 않은 중성식물(中性植物)이다.
⑥ 튤립의 생육적온은 15~20℃이며, 25℃ 이상이 되면 잎이 웃자라고 고사(枯死)한다.

(2) 구근생산재배

노지에서 재배하며 가을에 심어서 4월경에 개화하고, 6월경에 구근을 수확해서 저장한다.

① 종구 준비

종구 도입시에 주의할 점은 다음과 같다.
㉠ 품종이 정확해야 하고 시장성이 높으며, 증식률이 높은 품종을 선택한다.
㉡ 구근생산지에 유의해야 한다. 즉, 구근생산을 목적으로 할 때는 점질양토에서 생산한 것이 좋고 촉성용으로 재배하려고 하면 사질양토에서 생산한 것이 좋다.
㉢ 구근은 충실하고 윤택이 있어야 하며, 중량이 무거워야 한다.
㉣ 튤립의 병해는 종구에 의해서 발생되므로 병에 감염되지 않아야 한다. 구근을 정식하기 전에 병구(病球) 또는 상처가 있는 구근을 제거하고 식재한다.

② 기 후

㉠ 기온 : 튤립은 원산지가 지중해 연안이므로 겨울철의 기온이 비교적 온난하고(5℃), 여름철의 기온이 다소 서늘하며(20~25℃), 배수가 잘되고 약간 건조한 지방에서 잘 자란다.
㉡ 강우량 : 강우량은 토양수분 함량과 지온에 영향을 주어 구근발달에 많은 영향을 미친다. 심한 건조는 지상부를 조기 황변케 하고, 과도한 토양수분을 뿌리발육을 억제하거나 부패시킨다. 6~7월의 많은 강우량은 공기습도를 너무 높여 증산작용의 기능을 감퇴시켜 생장을 부진하게 하거나 보트리티스(갈색반점병) 등의 병 발생을 촉진시킨다.

③ 토양조건

㉠ 토질은 구근생산의 생산수량 및 품질을 크게 좌우하므로 배수가 잘되고 지하수위가 높은 사질양토가 가장 좋으며, 관배수시설이 있어야 한다.
㉡ 토양산도도 생육과 수량에 크게 영향을 주는데, pH 6.8~6.9가 가장 알맞으므로 여기에 맞도록 석회를 주어 조절한다.

④ 포장 준비

식재할 포장에는 토양산도를 교정하기 위해 식재하기 1개월 전에 석회를 뿌려 pH 6.8~6.9 정도로 교정한다. 포장은 45cm 깊이로 갈아주고 배수가 잘되도록 경지 정리를 한다.

⑤ 시 비
  ㉠ 튤립의 발육은 모구의 영양과 토양 중에서 흡수한 비료양분에 의해서 생육한다.
  ㉡ 효율적인 시비방법은 토질 및 품종에 따라서 차이를 두고 시비를 해야 한다.
  ㉢ 튤립은 밑거름을 2/3 정도로 하고 웃거름을 1/3 정도로 한다. 웃거름은 초봄에 움이 틀 때 준다.

⑥ 종구 소독
  ㉠ 구근을 심기 전에 오소사이드 500배액과 벤레이트 800배액으로 혼합하여 1시간 정도 담근 후 바로 정식한다.
  ㉡ 표피를 깨끗이 벗겨 버리는 것이 병해충 방제에 유리하다.

⑦ 정식시기 및 방법
  ㉠ 우리나라에서는 정식시기가 10월 중순에서 하순까지가 적기이지만, 품종과 구근의 크기에 따라서 차이가 있다.
  ㉡ 식재거리는 두둑 폭을 1m로 하고 이랑을 40~50cm로 하며, 두둑 높이는 20~25cm로 한다.
  ㉢ 식재후 구근의 복토는 구근의 비대 및 품질에 크게 영향을 나타낸다. 종구의 대부분인 8~9cm 구(球高 3.5~4cm)는 10~12cm 정도 복토한다. 복토를 한 후에는 배수가 잘되도록 이랑을 만들어준다.

⑧ 정식 후의 관리
  ㉠ 정식한 후에는 겨울철의 지온 및 토양수분을 보존하기 위하여 짚을 6~7cm 정도 덮어 준다. 3월 초순경에 잎이 나오기 시작하면 짚을 벗겨준다.
  ㉡ 봄철 움틀 때부터는 포장을 다니면서 혼종된 구근과 병구(病球)를 모두 제거해야 한다.
  ㉢ 바이러스 병은 꽃잎 또는 잎에 잘 나타나므로 육안으로 감별하여 속히 뽑아버려야 한다.
  ㉣ 꽃이 피는 구근은 아침 일찍 적화(꽃솎기)하도록 하고 가끔 알코올로 손을 소독하도록 한다.
  ㉤ 생육 기간 중에 잡초를 제거하고 병해충 방제를 철저히 한다.

⑨ 구근 수확 및 저장
  ㉠ 6월 초순이 되면 잎이 7~8할 적갈색으로 변했을 때 수확을 한다.
  ㉡ 수확은 맑은 날씨가 2~3일 계속되어 밭의 수분이 적을 때 하고, 소량일 경우에는 삽으로 하고 많은 면적일 경우에는 구근굴취기를 이용하여 수확한다.
  ㉢ 수확할 때는 구근에 상처를 입히지 않도록 하고, 다른 품종과 혼합되지 않도록 주의한다.
  ㉣ 구근을 수확할 때는 직사일광을 많이 받지 않도록 한다.
  ㉤ 구근을 거두어들인후 구근부패병 방지를 위해서 흙을 물로 깨끗이 씻어 내고 벤레이트 20배액으로 30분간 침지소독처리를 한후 송풍건조기로 건조하는데, 28℃ 이상이 되지 않도록 한다.
  ㉥ 1차 건조한 후에는 뿌리 및 묵은구근껍질을 깨끗이 정리하고, 구근선별기로 규격별로 분리하며, 병구는 제거한다.
  ㉦ 구근상자에 담은 구근은 충분히 건조시킨 후에 23~25℃의 저장고에 보관한다.

(3) 촉성 및 반촉성재배

촉성 및 반촉성재배는 온실 또는 비닐하우스에 심어서 11월부터 3월경에 생산하는 절화 생산 방법이다.

① 주요 재배품종
  ㉠ 초촉성재배 : 11월 중순부터 12월까지 개화
  ㉡ 촉성재배 : 1월부터 2월 중순까지 개화
  ㉢ 반촉성재배 : 2월 하순부터 3월 중순까지 개화

② 저온처리
  ㉠ 촉성재배에 있어서 구근의 저온처리 적부(適否)가 개화기 및 절화품질에 크게 영향을 미치며, 품종에 알맞은 저온처리를 해야 한다.
  ㉡ 구근은 저온처리 전에 벤레이트티 200배액에 30분간 침지 소독한후 2~3일 그늘에서 건조시킨 다음 예비냉장 및 본 냉장처리를 한다.
  ㉢ 저온처리는 구근의 꽃눈 형성 단계가 A2~G단계(수술형성기~암술형성기)에 이른 것이라야 한다. 우리나라에서는 8월 상순이라야 G단계이므로 이보다 일찍 저온처리해서는 안 된다.
  ㉣ 저온처리용 구근은 저장상자에 담아서 건냉으로 처리한다. 예비냉장은 14~15℃에서 2주간 처리하고 본 냉장은 2~5℃에서 45~50일간 처리한다.
  ㉤ 저온처리를 완료한 구근은 가급적 빨리 정식하여야 한다. 일시에 정식하지 못할 경우에는 13~15℃에서 보관해둔다.

③ 정식시기와 방법
  ㉠ 냉장처리가 끝난 구근에 온도 변화가 심하면 기형화 또는 맹아(Blind)가 생기는 경우가 많으므로 서서히 외온에 적응하도록 하고 구근이 직사광선을 받지 않도록 한다.
  ㉡ 정식적기는 구근의 발근부에 흰 뿌리가 약간 나와서 보일 정도일 때이다.
  ㉢ 하우스나 상자 및 화분에 심을 때는 구근 높이의 1/3 가량이 흙 위에 나오도록 한다. 이때 사용되는 용토는 가벼운 것보다 약간 무거운 토양이 좋다.
  ㉣ 평당 밑거름으로는 퇴비 10kg을 넣고 복합비료 100g 정도를 뿌려준다. 구근의 웃거름은 싹이 튼 후에 약간만 뿌려준다.

④ 정식 후의 관리
  ㉠ 식재한 후에는 충분히 관수하고 지온의 상승을 막기 위하여 해가림을 해준다.
  ㉡ 뿌리가 나고 싹이 날 때까지는 건조하지 않도록 정기적으로 충분히 관수한다.
  ㉢ 잎이 2~3cm 정도 자라나면 해가림을 중지하고, 이때는 야간 온도를 6~7℃ 정도로 유지한다. 그 후 잎이 4~5cm 되게 자라면 이때부터 야간 온도를 14℃ 이상으로 유지하고, 주간 온도는 25℃ 이상 되지 않도록 낮에는 환기를 잘 해준다.

⑤ 생장조절제 처리
  개화촉진, 맹아방지(Blind) 및 품질향상을 위해서 지베렐린(GA) 400ppm 액을 초장이 7~10cm일 때 생장점에 1주당 1mL씩 주고, 또한 지베렐린(GA) 200ppm과 BA 5~10ppm을 혼합해서 1mL를 생장점과 잎에 넣어준다.

⑥ 수확 및 출하
  ㉠ 꽃의 수확은 품종 고유의 꽃 색이 40~50%가 착색이 되었을 때 수확을 하여 뿌리 부분을 절단하고 10개를 1묶음으로 묶어 포장한다.
  ㉡ 다소 장기간 저장을 해야 할 때는 구근을 부착시킨 상태로 저장을 한다. 저장온도는 0~2℃가 일반적이고 적정습도는 90%이다.

3 장미

(1) 생리적 특성

온도적응성	• 생육적온 : 낮 24~27℃, 밤 15~18℃ • 생육정지온도 : 5℃
햇빛 요구도	• 광포화점 : 50,000lux • 광보상점 : 3,000lux
물 요구도	• pF 1.8~2.0
토양요구도	• 토성 : 사양토 • 산도 : pH 6.0~6.5(약산성 토양)

(2) 재배관리

① 정식준비
  ㉠ 보통 눈접한 묘는 12~3월에, 절접한 묘목은 3~4월에 심는다.
  ㉡ 건실한 묘목은 바로 정식하는 것이 원칙이지만, 약한 묘는 한번 가식했다가 심는 것이 결주 발생을 방지할 수 있다.
  ㉢ 15~18cm의 비닐포트나 삽목상자에 가식하여 눈이 3~4cm 올라오면 정식하는 것이 몸살(植傷)도 없고 결주 발생을 방지할 수 있다.

② 정 식
  ㉠ 보통 70~80cm 이랑에 2줄로 심는다. 단, 분지력(分枝力)이 약한 품종은 3줄로 심기도 하지만, 가운데 줄의 것은 수량이 줄어든다.
  ㉡ 통로는 70~90cm 정도로 넓은 것이 좋지만, 이랑과 통로의 폭이 넓으면 재식본수가 줄어 시설·토지이용률이 낮아진다.
  ㉢ 포기 사이는 30~40cm 정도로 한다. 즉, 대형계통은 넓게, 중·소형 계통은 좁게 심는다.
  ㉣ 보통 재식주수는 5.5~8.0주/m²이므로 ha당 정식본수는 55,000~80,000 정도이다.
  ㉤ 정식 후에는 온실이 지나치게 덥지 않도록 환기를 잘 해주도록 한다.
  ㉥ 정식 후 이랑은 짚이나 덜 부숙된 퇴비로 멀칭하여 건조와 잡초발생을 막아 주도록 하며, 정식초기 40일간은 관수간격을 길게 하여 다소 건조시켜 뿌리생장을 잘 유도시킨다.
  ㉦ 정식 후 이랑은 짚이나 퇴비 또는 반사필름 등으로 멀칭해주면 건조와 잡초발생을 줄일 수 있다.

③ 전 정
  ㉠ 생장지(生長枝)를 잘 관리하여 절화모지(切花母枝)로 한다.
  ㉡ 생장지는 품종에 따라 다르지만 연 2~4개 발생한다.
  ㉢ 생장지도 순지르기를 하여 채화모지의 수를 증가시킨다.
  ㉣ 절화모지의 굵기는 5mm 정도는 되어야 한다.

④ 시비관리
  ㉠ 연간 생육과 양분흡수 : 장미는 영년생 작물로서 명확한 생육단계의 구분이 없다. 새로 심은 어린 묘목은 순지르기를 반복하면서 꽃을 피우는 데까지 걸리는 시간이 3~5개월이고, 그 이후는 연간 6~7회의 수확을 반복한다. 이러한 재배상의 특성 때문에 장미는 연간 최적인 잎의 무기성분과 토양 중의 무기성분 농도를 유지해 주는 것이 중요하다.
  ㉡ 시비관리 : 연간 시비량은 토양검정과 생육상황을 기본으로 하여 정한다.

⑤ 토양관리
  ㉠ 토 질
    ⓐ 장미는 물빠짐이 좋고 공기유통이 좋은 비옥한 사양토나 양토에서 잘 자란다. 그러므로 하천부지의 충적토 또는 병충해가 적고 유기질이 풍부한 퇴적토가 좋다.
    ⓑ 산도는 pH 6.0~6.5가 적당하다.
    ⓒ 영구적인 시설에서 장미를 재배할 경우 가장 이상적인 상토의 용적비는 50~60%의 유기물을 함유한 토양이다.
    ⓓ 토양의 유기물 함량을 높게 유지하는 이유는 지속적으로 영양을 좋게 유지하는 이점도 있지만, 풍부한 산소를 공급해 줌으로써 뿌리에 활력을 주기 때문이다. 그러므로 적어도 상부 30cm의 토양에는 30% 이상의 유기물 함량을 유지시켜 주는 것이 좋다.
  ㉡ 배수시설
    ⓐ 장미는 한 번 토양에 심으면 5~10년까지 재배가 가능하므로, 처음 심기 전에 토양을 개량해주는 것이 좋다.
    ⓑ 물빠짐이 좋지 않은 토양은 암거배수시설을 하고 모래 등을 섞어 물빠짐이 좋게 한다.

⑥ 관수 및 일반관리
  ㉠ 장미는 수분요구량(물 소비량)이 많으며, 잎이 시들지 않아도 가벼운 수분 스트레스(수분부족)가 계속되면 잎의 황화·낙엽 등이 일어난다.
  ㉡ 장미의 최적수분 기준은 수분장력으로 pF 1.5~2.0이며, 관수점은 pF 1.8 정도가 좋다.
  ㉢ 재배관리에 있어서는 광선을 충분하게 받도록 해주고 주간과 야간의 온도를 정상으로 관리하면 생장에는 문제가 없다.
  ㉣ 시설 내에서는 환기를 해주지 않으면 탄산가스 부족과 고온으로 인한 생육장해가 예상되므로 환기관리에 주의해야 한다.

| 심화TIP | 장미의 블라인드(blind) 현상 | 기출 제9회 |

블라인드는 꽃눈이 정상적인 꽃으로 자라지 못하고 퇴화해버리는 현상을 말한다. 블라인드 피해를 받은 장미는 정상 개화 가지에 비해 가늘고 짧으며, 잎의 수가 적고 생장이 느리다. 블라인드의 피해는 품종에 따라 다르지만 대부분 햇빛이 부족하고 저온인 겨울 재배에서 많이 나타난다(**일조량 부족**). 또한, 나무의 세력이 나쁘고 영양 상태가 불균형해도 블라인드 현상이 발생할 수 있다.

(3) 수확 후 관리 기출 제11회

① 수 확
  ㉠ 절화하기 전에 온실 내에 장미절화용 전처리제가 담긴 용수통을 미리 준비해 두고 채화 후 바로 적당한 다발 크기로 싸서 용수통 물에 담가 저온저장고로 이송한다.
  ㉡ 장미는 수확 직후에 5~6℃의 저온저장고에서 생산자용 전처리제 용액으로 물올림을 하는 것으로 예냉처리를 대체하게 된다.
  ㉢ 장미는 절화 후 여러 번 옮기거나 만지면 만질수록 꽃잎에 상처가 생기고, 가시에 의해 잎이 찢겨 상품가치가 떨어지게 되므로 절화 후 용수통에 바로 꽂아 저온저장고에서 예냉처리 후 등급별 선별 및 단묶음을 하여 출하 또는 저장한다.

| 심화TIP | 절화 수명이 저온에서 연장되는 원리 |

절화를 저온에 저장하는 목적은 절화의 호흡작용, 증산작용, 노화를 억제하여 고품질, 신선도를 유지하면서 출하조절을 통한 소득증대에 있다.
- **미생물 억제** : 저온은 미생물의 활동을 억제하여 절화의 수명을 연장시킬 수 있다.
- **호흡 억제** : 저온은 절화의 호흡을 억제하여 저장양분의 소모를 감소시키며, 절화의 품질을 유지하고 수명을 연장시킬 수 있다.
- **증산 억제** : 저온은 증산작용을 억제하여 절화의 수분 손실을 방지한다. 절화의 수분이 유지되면, 잎과 꽃의 팽창력이 유지되어 수명을 연장시킬 수 있다.
- **노화 억제** : 저온은 노화를 촉진하는 에틸렌과 같은 호르몬 생합성을 억제하므로 수명을 연장시킬 수 있다.

② 출 하
  ㉠ 우리나라는 주로 건식수송에 의하여 장미를 출하한다.
  ㉡ 건식수송 후 장미는 물올림이 어렵고, 목굽음 현상이 발생하기 쉽기 때문에 위조방지와 수명 연장을 위해 습식수송을 하면 유용하다.

| 심화TIP | 절화 장미의 수명연장 | 기출 제10회 |

절화는 모체로부터 분리되어 뿌리가 없이 줄기로 양분, 수분을 흡수하므로 절취하지 않은 꽃보다 쉽게 노화된다. 양분 공급이 차단된 절화에서는 꽃이 작고 개화가 잘 안되며, 수명이 짧아진다. 일반적으로 절화의 수명연장을 위한 에너지원으로 '자당(sucrose)'을 사용한다.

4 화훼재배에 이용되는 생장조절물질 기출 제2회, 제3회, 제4회, 제5회, 제9회, 제10회

(1) 옥신류(Auxins)
① 가장 대표적인 기능은 세포분열과 세포신장을 촉진하여 생장을 촉진하는 것이다(발근촉진제, 착과촉진제, 제초제).
② 대표적인 생장조절물질은 IAA(indoleacetic acid, 인돌초산), 2,4-D, 2,4,5-T 등이다.
③ 루톤(rootone)은 옥신을 이용하는 대표적인 발근촉진제이다.

(2) 지베렐린(Gibberellins)
① 대표적인 생리 기능은 줄기의 생장촉진이다.
② 휴면 타파와 화아 분화 및 개화를 촉진하고, 단위결과를 유도하는 등 착과를 촉진하기도 한다.

(3) 시토키닌(Cytokinins)
① 적정량의 옥신이 포함된 조직에서 세포분열 및 기관분화를 촉진한다.
② 세포분열을 촉진하기 때문에 노화를 억제한다.

(4) 아브시스산(Abscisic acid, ABA) 기출 제11회
① 식물의 생장을 억제하는 대표적인 식물호르몬이다.
② 주요 기능은 식물의 휴면 유도와 낙엽촉진이다. 식물의 휴면은 아브시스산(ABA) 농도가 높고, 지베렐린(GA) 농도가 낮을 때 일어난다.
③ 식물이 수분스트레스를 받으면 잎의 아브시스산 함량이 급격히 증가하여 기공폐쇄가 일어난다. 또한 종자가 성숙하는 동안에는 아브시스산 함량이 증가하여 배의 발아를 억제한다.

(5) 에틸렌(Ethylene)
① 2개의 탄소가 이중결합으로 이루어진 가장 간단한 기체 상태의 식물호르몬이다.
② 과일의 숙성, 개화와 노화 및 부패, 낙엽 현상 등을 일으킨다.
③ 에테폰(ethephon)은 기체 상태의 에틸렌이 이용상 불편하기 때문에 개발된 생장조절제이다. 주성분이 2-chloroethyl phosphonic acid로, 이 물질이 물에 희석되어 pH가 높아지면 분해되어 에틸렌을 발생한다.
④ 에틸렌에 의한 피해는 과일의 경우 일반적으로 숙성의 진행에 따른 과육의 연화현상이 관찰되지만, 아스파라거스와 같은 줄기채소의 경우 조직이 질겨지는 육질 경화를 촉진한다.

> **심화TIP** **식물호르몬** 기출 제1회, 제4회, 제6회, 제8회
>
> 식물호르몬에는 과실의 생장 과정에서 세포분열이나 비대를 촉진시키는 시토키닌, 지베렐린 및 옥신, 그리고 생장을 억제시키는 아브시스산, 성숙호르몬인 에틸렌 등이 있다.
> - **지베렐린** : 대표적인 생리 기능은 줄기의 생장촉진이며, 휴면 타파와 화아분화 및 개화를 촉진하기도 한다.
> - **옥신** : 세포분열과 세포신장을 촉진하여 생장을 촉진하는 생장조절물질이다.
> - **에틸렌** : 작물의 숙성, 개화와 노화 및 부패, 낙엽 현상 등을 일으키는 식물호르몬이다.
> - **아브시스산** : 식물의 생장을 억제하는 대표적인 식물호르몬이다.

CHAPTER 05 적중예상문제

01 원예작물 일반

01 다음 중 원예작물의 특징이 아닌 것은?

① 집약적인 재배를 한다.
② 종류가 많고, 품종이 다양하다.
③ 원예작물 중 채소는 유기염류를 주로 공급해준다.
④ 생활공간의 미화로 정신건강에 도움을 준다.

> **해설**
> 원예작물 중 채소는 인체의 건전한 발육에 필수적인 비타민 A·C와 칼슘, 철, 마그네슘 등의 무기염류를 공급해준다.

02 원예작물의 영양적 가치로 볼 수 없는 것은?

① 비타민의 공급원이다.
② 다양한 무기질을 제공한다.
③ 항산화 작용과 같은 기능성이 있다.
④ 질소화합물이 풍부하고 열량이 높다.

> **해설**
> 원예작물의 가치
>
> | 영양적(식품적) 가치 | 관상적 가치 | 경제적 가치 |
> | --- | --- | --- |
> | • 무기염류 제공
• 비타민 공급
• 약리적 및 보건적 효능
　(항산화 작용) | • 현대인의 정서함양
• 원예치료(향기치료) 가능
• 취미생활과 여가선용의 수단
• 쾌적한 환경 조성 | • 고소득 경제작물
• 단위면적당 상대적 소득 높음
• 성장잠재력 뛰어남 |

정답 01 ③ 02 ④

03 원예작물의 생육온도에 관한 설명으로 옳은 것은?

① 생육적온은 대개 지상부에 비해 지하부가 높다.
② 배추, 사과, 카네이션 등은 호냉성 작물로 분류된다.
③ 생육적온은 열대 원산인 작물에 비해 온대 원산인 작물이 높다.
④ 딸기, 토마토, 장미 등은 호온성 작물로 분류된다.

| 해설 |
① 생육적온은 대개 지하부에 비해 지상부가 높다.
③ 생육적온은 온대 원산인 작물에 비해 열대 원산인 작물이 높다.
④ 딸기는 호냉성 작물로 분류된다.

04 온도 적응성에 따라 원예작물을 구분할 때 호온성 작물과 호냉성 작물로 올바르게 연결된 것은?

기출 제11회

① 가지 - 장미
② 고추 - 국화
③ 복숭아 - 백합
④ 상추 - 사과

| 해설 |
온도 적응성에 따른 원예작물 구분
(1) 호온성 작물
　　25℃ 안팎의 비교적 높은 온도에서 잘 생육되는 작물
　　• 채소류 : <u>가지</u>, 토마토, <u>고추</u>, 수박, 참외, 오이, 고구마 등
　　• 과수류 : <u>복숭아</u>, 살구, 무화과 등
　　• 화훼류 : <u>장미</u>, <u>백합</u>, 난초류 등

(2) 호냉성 채소
　　20℃ 안팎의 서늘한 온도에서 잘 생육되는 작물
　　• 채소류 : 마늘, <u>상추</u>, 배추, 양배추, 시금치, 파, 양파, 무, 당근 등
　　• 과수류 : <u>사과</u>, 배, 자두 등
　　• 화훼류 : <u>국화</u>, 카네이션, 금어초 등

05 호냉성 채소작물은? [기출] 제3회

① 상추, 가지
② 시금치, 고추
③ 오이, 토마토
④ 양배추, 딸기

> |해설|
> 호냉성 채소는 20℃ 안팎의 서늘한 온도에서 잘 생육되는 채소작물로, 상추, 시금치, 양배추, 딸기 등이 있다.
> ①·②·③ 가지, 고추, 오이, 토마토는 호온성 채소작물이다.

06 열매채소 중에서 호냉성 채소로만 짝지어진 것은?

① 고추, 가지
② 참외, 수박
③ 마늘, 배추
④ 멜론, 오이

> |해설|
> • 호냉성 채소 : 20℃ 안팎의 서늘한 온도에서 잘 생육되는 채소
>   [예] 배추, 양배추, 시금치, 파, 양파, 마늘, 상추, 무, 당근, 감자, 완두, 딸기 등
> • 호온성 채소 : 25℃ 내외의 따뜻한 온도에서 생육되는 채소
>   [예] 가지, 토마토, 고추, 수박, 참외, 오이, 멜론, 고구마, 토란, 생강 등

07 채소작물의 온도 적응성에 따른 분류가 같은 것끼리 짝지어진 것은? [기출] 제7회

① 가지, 무
② 고추, 마늘
③ 딸기, 상추
④ 오이, 양파

> |해설|
> 딸기, 상추, 무, 마늘, 양파는 호냉성 채소이고, 가지, 고추, 오이는 호온성 채소이다.

08 다음 중 고온에서 발아가 불량해지는 저온 발아성 채소는?

① 시금치
② 토마토
③ 무
④ 고추

> |해설|
> 시금치는 4℃에서도 발아가 가능하고, 일시적으로 -10℃에서도 견디는 저온 발아성 채소로 발아적온은 15~20℃이다.

정답 03 ② 04 ② 05 ④ 06 ③ 07 ③ 08 ①

09 채소의 식용부위에 따른 분류 중 화채류에 속하는 것은? [기출] 제7회

① 양배추　　　　　　　② 브로콜리
③ 우엉　　　　　　　　④ 고추

| 해설 |
화채류(꽃채소) : 브로콜리, 콜리플라워 등
① 양배추 : 엽채류(잎채소)
③ 우엉 : 근채류(뿌리채소)
④ 고추 : 과채류(열매채소)

10 식용부위에 따른 분류에서 화채류끼리 짝지어진 것은? [기출] 제10회

① 양배추, 시금치
② 죽순, 아스파라거스
③ 토마토, 파프리카
④ 브로콜리, 콜리플라워

| 해설 |
화채류(꽃채소) : 브로콜리, 콜리플라워 등
① 양배추, 시금치 : **잎채소**
② 죽순, 아스파라거스 : **줄기채소**
③ 토마토, 파프리카 : **열매채소**

11 식용부위에 따른 분류에서 엽경채류가 아닌 것은? [기출] 제5회

① 시금치　　　　　　　② 미나리
③ 마늘　　　　　　　　④ 오이

| 해설 |
오이는 과채류(열매채소) 중 박과채소에 속한다.

| TIP | 채소의 분류

- **엽경채류(잎줄기채소)** : 배추, 시금치, 상추, 미나리, 브로콜리, 아스파라거스, 죽순, 마늘, 양파 등
- **근채류(뿌리채소)** : 무, 당근, 우엉, 고구마, 감자, 마, 토란 등
- **과채류(열매채소)** : 완두, 강낭콩, 오이, 호박, 가지, 토마토, 고추 등

12 다음 중에서 줄기가 비대하여 육질의 덩어리가 된 것은 어느 것인가?

① 뿌리줄기 ② 덩이줄기
③ 가는줄기 ④ 구슬줄기

> **해설**
> 덩이줄기는 감자와 같이 영양분을 많이 저장할수록 줄기가 부풀어 덩이로 된 것이다. 덩이줄기에 해당하는 알뿌리 화초에는 시클라멘, 아네모네, 알뿌리 베고니아, 칼라 등이 있다.

13 덩이줄기가 비대해진 것을 이용하는 채소는?

① 무   ② 감자
③ 고구마 ④ 우엉

> **해설**
> **뿌리채소**
> 뿌리나 줄기의 일부분이 양분저장기관으로 변형된 지하 부분을 이용하는 채소로, 곧은뿌리, 덩이뿌리, 덩이줄기, 알줄기, 뿌리줄기 등이 있다.
> • **곧은뿌리채소** : 무, 당근, 우엉
> • **덩이뿌리채소** : 고구마, 마
> • **덩이줄기채소** : 감자, 토란
> • **뿌리줄기채소** : 연근, 생강

14 다음 중에서 잎줄기를 이용하는 채소가 아닌 것은?

① 배추   ② 양배추
③ 상추   ④ 오이

> **해설**
> 식용으로 이용되는 잎채소의 종류에는 배추, 양배추, 시금치, 상추, 쑥갓, 미나리 등이 있다. 오이는 열매채소이다.

정답 09 ② 10 ④ 11 ③ 12 ② 13 ② 14 ④

15 다음이 설명하는 채소는? 기출 제4회

- 무, 치커리, 브로콜리 종자를 주로 이용한다.
- 재배기간이 짧고 무공해로 키울 수 있다.
- 이식 또는 정식과정 없이 재배할 수 있다.

① 조미채소
② 뿌리채소
③ 새싹채소
④ 과일채소

| 해설 |
새싹채소는 무, 브로콜리, 클로버, 순무 등 수십여가지의 씨앗을 가지고 빠르게는 2일, 늦게는 6~7일간 길러 낸 어린 싹을 말한다.
① 조미채소는 음식에 맛을 내는데 쓰이는 채소로 마늘, 고추, 생강, 양파, 파(대파, 쪽파) 등이 있다.
② 뿌리채소는 뿌리나 줄기의 일부분이 양분저장기관으로 변형된 채소로, 무, 당근, 고구마, 감자, 연근 등이 있다.
④ 과일채소는 열매채소로 토마토, 오이, 호박, 가지 등이 있다.

16 채소작물 중 조미채소류가 아닌 것은? 기출 제2회

① 마늘
② 고추
③ 생강
④ 배추

| 해설 |
조미(양념)채소는 음식에 맛을 내는데 쓰이는 채소로 마늘, 고추, 생강, 양파, 파(대파, 쪽파) 등이 있다. 배추는 잎채소이다.

17 다음 중 참열매(진과)가 아닌 것은?

① 오이
② 호박
③ 토마토
④ 사과

| 해설 |

사과는 헛열매로 꽃턱이 변한 것이다.

TIP 참열매와 헛열매

- **참열매(진과)** : 씨방과 종자만으로 이루어진 진짜 열매라는 뜻에서 붙여진 이름으로 오이, 호박, 가지, 수박, 토마토, 감, 포도, 밤, 완두, 콩, 팥 등이 있다.
- **헛열매(위과)** : 씨방 이외의 것이 크게 자란 것으로 사과, 배, 석류 등이 있다.

18 씨방만이 비대하여 과실로 발달한 진과(眞果)는?

① 사과
② 배
③ 복숭아
④ 딸기

| 해설 |

꽃의 발육부분에 따른 분류
- **진과** : 씨방이 발육하여 식용부분으로 자란 열매 예 복숭아, 감귤류, 포도, 자두, 살구, 감, 밤 등
- **위과** : 씨방과 함께 꽃받기가 발육하여 식용부분으로 자란 열매 예 사과, 배, 비파, 무화과, 딸기 등

19 다음 중 관목성 과수에 해당하는 것은?

① 포도
② 사과
③ 감귤
④ 나무딸기

| 해설 |

① 덩굴성 과수, ② 낙엽과수, ③ 상록과수

TIP 관목성 과수

줄기가 여러 갈래이며, 나무의 윗부분인 수관이 일정한 모양을 지니지 않는 것이 일반적이다. 곧은 뿌리가 없으며, 보통 사람의 키보다 낮게 자란다. 예 나무딸기, 구즈베리, 블루베리 등

정답 15 ③ 16 ④ 17 ④ 18 ③ 19 ④

20 다음 과수 중 준인과류에 해당하는 것은?

① 사과 ② 감귤
③ 복숭아 ④ 포도

| 해설 |

① 인과류, ③ 핵과류, ④ 장과류

TIP 준인과류

먹는 부분에 씨방벽이 발달된 것으로 인과류와 과실의 모양은 비슷하나 씨방이 비대한 진과이다.
예 감귤류, 감 등

21 다음 과실 중 장과류를 모두 고른 것은?

ㄱ. 사과 ㄴ. 포도
ㄷ. 복숭아 ㄹ. 나무딸기

① ㄱ, ㄴ ② ㄱ, ㄷ
③ ㄴ, ㄹ ④ ㄷ, ㄹ

| 해설 |

- 장과류 : 포도, 나무딸기, 구즈베리, 무화과, 석류 등
- 인과류 : 사과, 배, 모과 등
- 핵과류 : 복숭아, 살구, 자두 등

22 추파 일년초에 속하는 화훼작물은? 기출 제2회

① 팬지 ② 맨드라미
③ 샐비어 ④ 칸나

| 해설 |

추파 일년초(팬지, 금잔화 등)는 한해살이 화초로 가을에 파종하여 이듬해 꽃을 피우는 화훼작물이다.
②·③ 맨드라미와 샐비어는 춘파 일년초로 봄에 파종하여 이듬해 꽃을 피우는 화훼작물이다.
④ 칸나는 알뿌리화초로 여러해살이 화초에 해당된다.

23 과수와 그 생육특성이 바르게 짝지어지지 않은 것은? 기출 제2회

① 사과나무 - 교목성 온대과수
② 블루베리나무 - 관목성 온대과수
③ 참다래나무 - 덩굴성 아열대과수
④ 온주밀감나무 - 상록성 아열대과수

| 해설 |
참다래나무(키위)는 포도처럼 덩굴성 식물이지만 아열대과수가 아니라 온대과수이다.

24 다음 채소작물 중 화채류(꽃채소)에 속하는 것은?

① 배추
② 아스파라거스
③ 파
④ 브로콜리

| 해설 |
① 잎채소, ② 줄기채소, ③ 비늘줄기채소

정답 20 ② 21 ③ 22 ① 23 ③ 24 ④

25 백합과에 속하는 다년생 작물로 순을 이용하는 채소는? 기출 제6회

① 셀러리
② 아스파라거스
③ 브로콜리
④ 시금치

| 해설 |

아스파라거스는 새로 돋아나는 어린순(줄기)을 이용하는 줄기채소이다.
① 셀러리는 미나리과의 한해살이 또는 두해살이 채소이다.
③ 브로콜리는 꽃 덩어리를 이용하는 꽃채소이다.
④ 시금치는 정상적인 잎을 이용하는 잎채소이다.

26 관목성 화목류끼리 짝지어진 것은? 기출 제10회

① 철쭉, 목련, 산수유
② 라일락, 배롱나무, 이팝나무
③ 장미, 동백나무, 노각나무
④ 진달래, 무궁화, 개나리

| 해설 |

관목성 화목류
지표로부터 여러 개의 줄기가 갈라져 나와 원줄기와 가지의 구별이 분명하지 않으며, 키가 작게 자라는 나무 중에서 관상 가치가 큰 꽃을 피우는 나무류
예 진달래, 무궁화, 개나리, 장미, 철쭉, 산수유, 라일락, 명자꽃나무, 박태기나무, 조팝나무 등

TIP 교목성 화목류

곧은 줄기가 1개이고, 키가 높게 자라는 화목류
예 벚나무, 꽃사과나무, 목련, 배롱나무, 동백나무, 산딸나무, 노각나무, 이팝나무 등

02 채소재배 및 관리

01 채소재배의 토양조건에 관한 설명으로 옳지 않은 것은?

① 작토층이 깊어야 한다.
② 양토 내지 사양토가 가장 좋다.
③ 배수와 보수가 좋은 땅이어야 한다.
④ 조선무 계통은 사질토에서 품질이 향상된다.

| 해설 |
조선무는 점토질에서 품질이 좋은 것이 생산된다.

02 관수에 관한 설명으로 옳지 않은 것은?

① 과채류는 점적관수를 많이 한다.
② 엽근채류는 스프링클러 관수가 효과적이다.
③ 시설재배시에는 멀칭필름 밑에 점적호스를 설치한다.
④ 과채류는 전 생육기간 동안 토양수분의 변화가 없도록 관리하는 것이 중요하다.

| 해설 |
과채류는 생육단계별로 관수 정도를 다르게 해야 한다.

03 일반적으로 채소작물을 재배할 때 알맞은 토양산도(pH)와 지온범위로 옳은 것은?

① pH 3.5~4.0, 5~10℃
② pH 4.5~5.0, 10~15℃
③ pH 6.0~6.5, 15~20℃
④ pH 7.0~8.0, 20~25℃

| 해설 |
대부분의 채소작물은 pH 6.0~6.5의 범위에서 잘 자라며, 토양온도는 지상부의 생육적온보다는 낮으므로 알맞은 지온범위는 15~20℃이다.

04 대부분의 과채류가 저온장해를 입기 시작하는 온도는?

① 5℃ ② 3℃
③ 1℃ ④ −1℃

| 해설 |
5℃ 이하에서 해를 입기 시작하며, 5~8℃에서 생육지연 및 꽃의 발육이 저해된다.

05 종자번식에서 자연교잡률이 4% 이하인 자식성 작물에 속하는 것은? 기출 제2회

① 토마토 ② 양파
③ 매리골드 ④ 베고니아

| 해설 |
자식성 작물에는 토마토, 가지, 고추, 벼, 보리, 밀, 콩, 땅콩, 아마 등이 있다.

06 토마토의 재배환경으로 적당한 것은?

① 광선이 잘 쬐고 토양산도가 약산성인 곳
② 광선이 잘 쬐고 토양산도가 약알칼리성인 곳
③ 광선이 약한 곳이라도 토양산도가 강산성인 곳
④ 광선은 약해도 토양산도가 강알칼리성인 곳

| 해설 |
토마토는 호광성 식물로 일조량이 많아야 생육이 잘되고, 일조량이 부족하면 꽃이 떨어지며, 열매맺음이 좋지 않을 뿐만 아니라 과실의 착색도 좋지 않다. 토양산도는 약산성(pH 6.5)이 적당하다.

07 우리나라에서 가장 많이 이용되는 토마토의 작형은?

① 조숙재배 ② 촉성재배
③ 고랭지재배 ④ 가공용 재배

| 해설 |
조숙재배
2월에 온상에서 육묘하여 5월 노지에 정식하고, 7~8월에 수확하는 재배방식이다.

08 토마토의 암면재배에 적합한 관수방법은?

① 점적관수 ② 저면관수
③ 살수형 관수 ④ 고랑관수

| 해설 |

점적관수
플라스틱 파이프나 튜브에 분출공을 만들어 물이 방울방울 떨어지게 하거나 천천히 흘러나오게 하는 방법이다. 저압으로 물의 양을 절약할 수 있으며, 하우스내 습도의 영향을 줄일 수 있다. 잎과 줄기 및 꽃에 살수하지 않으므로 열매채소의 관수에 특히 좋다.

TIP 암면재배

암면재배는 무균상태에서 암면배지를 이용하여 작물 재배하는 양액재배시스템으로 장기재배하는 과채류와 화훼류 재배에 적합하다.

---

09 토마토의 착과제로 많이 사용하는 것은?

① 토마토톤 ② 지베렐린
③ 붕소 ④ 팔레놉시스

| 해설 |

기온이 낮을 때에는 꽃가루받이가 잘 안되므로 착과제를 뿌려주어야 한다. 착과제로는 토마토톤 100~150배 액을 사용하며, 화방의 아래에서 두 번째 꽃이 피었을 때 화방 전체에 뿌려준다. 기온이 낮을 때에는 농도를 약간 진하게 하면 효과적이다.

---

10 생리적 성숙시 수확하는 채소류가 아닌 것은? [기출] 제11회

① 토마토 ② 브로콜리
③ 수박 ④ 딸기

| 해설 |

토마토의 주색소는 카로티노이드계생리적 성숙
식물의 자연적인 성장과정에서 일어나는 성숙이다.
- 생리적 성숙시 수확하는 채소 : 토마토, 수박, 딸기, 고추, 참외
- 생리적 성숙시 수확하는 과수 : 사과, 배, 복숭아, 포도, 단감

※ 브로콜리, 오이, 애호박 등은 원예적 성숙시 수확하는 채소류이다. 원예적 성숙은 작물의 생장에 기준을 둔 것이 아니라, 인간의 이용적 측면을 기준으로 한 성숙의 정도로서 인간이 이용하기에 알맞은 성숙 상태를 말한다.에서 얻어지는 붉은색의 라이코펜이다. 덜 익은 것에는 푸른색의 엽록소가 많이 들어 있다.

정답 04 ① 05 ① 06 ① 07 ① 08 ① 09 ① 10 ②

11 토마토의 생리장해에 관한 설명이다. 생리장해와 처방방법을 옳게 묶은 것은? [기출] 제4회

> 칼슘의 결핍으로 과실의 선단이 수침상(水浸狀)으로 썩게 된다.

① 공동과 – 엽면시비
② 기형과 – 약제 살포
③ 배꼽썩음과 – 엽면시비
④ 줄썩음과 – 약제 살포

| 해설 |
> 토마토의 배꼽썩음과는 칼슘 성분이 부족한 것이 원인이므로 석회를 충분히 잎에 뿌려준다(엽면시비).
> ① 토마토의 공동과는 일조 부족이 가장 큰 원인이므로, 햇빛을 잘 받도록 하고 밤에 온도가 너무 올라가지 않도록 관리해야 한다.
> ② 토마토의 기형과는 잘못된 착과제 처리, 낮은 온도, 질소질 거름 성분의 과다, 습도가 높을 때 발생한다.
> ④ 토마토의 줄썩음과는 일조부족, 다온다습, 칼륨(K) 결핍 등으로 발생한다.

12 토마토의 배꼽썩음과의 발생원인은?

① 인산질 거름 부족
② 칼슘 성분 부족
③ 육묘 때 관리 부족
④ 토양 중의 해충 피해

| 해설 |

배꼽썩음과	
피해 증상 및 발생조건	생장점의 자람이 정지되고, 잎이 뒤틀리거나 꽃이 떨어진 흔적이 있는 배꼽부근이 검게 썩은 것처럼 된다. 칼슘 성분이 부족한 것이 원인이다.
예방대책	• 석회를 충분히 뿌려준다. • 짚을 갈아주어 여름철에 흙 속의 온도가 높아지지 않도록 한다. • 3%의 염화칼슘을 1주일 간격으로 2~3회 뿌려준다.

13 토마토 시들음병의 예방 및 방제방법으로 옳지 않은 것은?

① 저항성이 강한 품종을 선택하여 재배한다.
② 종자를 철저히 소독하여 뿌리고, 돌려짓기를 하거나 꺾꽂이나 접붙인 모종을 심는다.
③ 밀식재배를 피하고 시설 내에서는 환기를 철저히 하여 습도를 낮춘다.
④ 병든 포기를 뽑아내고 밭을 고를 때 토양 소독을 한다.

| 해설 |
> ③은 잿빛곰팡이병의 예방 및 방제방법이다.

| TIP | 토마토 시들음병의 피해증상 |

- 처음에 밑의 잎부터 시들어 노랗게 되고, 점차 위의 잎으로 퍼져 올라간다.
- 병이 점차 심해지면 포기 전체가 노랗게 되어 시들며, 갈색으로 말라죽는다. 피해 줄기를 갈라보면 도관부가 갈색으로 변해 있다.
- 병원균은 종자와 땅속에서 월동한후 기온이 높으면 발생하며, 토양선충·토양의 염류·습해 등에 의하여 뿌리가 상했을 때 잘 걸린다.

14 과채류의 결실조절방법으로 모두 고른 것은? 기출 제1회

ㄱ. 적과
ㄴ. 적화
ㄷ. 인공수분

① ㄱ
② ㄱ, ㄴ
③ ㄴ, ㄷ
④ ㄱ, ㄴ, ㄷ

|해설|
ㄱ. **적과** : 과실의 착생수가 과다할 때에 여분의 것을 어릴 때에 적재하는 것, 해거리를 방지하고, 크고 올바른 모양의 과실을 수확하기 위하여 알맞은 양의 과실만 남기고 따버리는 것이다.
ㄴ. **적화** : 꽃을 따내는 것, 꽃솎음이라고도 한다.
ㄷ. **인공수분** : 인공으로 수분시키는 법이다. 과수는 자기 꽃가루를 거부하는 성질이 있어서 친화성이 있는 다른 나무를 섞어 심고 방화곤충에 의한 수분작용이 있어야 결실이 되는데, 수분수가 부족하거나 개화기에 기상이 불량하여 방화곤충이 활동하지 못하면 결실이 불량해지므로 이러한 경우 인력으로 과수의 꽃에 꽃가루를 묻혀주어 결실이 잘되도록 하는 방법이다.

15 채소작물의 결실조절방법에 관한 설명으로 옳은 것은?

① 멜론이나 수박은 시설재배시 인공수분이나 착과제가 필요 없다.
② 딸기는 수정벌이 없어도 단위결과 한다.
③ 토마토나 딸기는 과실솎기를 통해 상품성을 높일 수 있다.
④ 오이는 시설재배시 인공수분이 필요하다.

|해설|
열매솎기(적과)를 해주면 햇볕쪼임을 좋게 하여 강건하게 생육할 수 있다.
① 멜론이나 수박은 시설재배시 인공수분이나 <u>착과제가 필요하다.</u>
② 딸기는 <u>수정벌을 이용하여</u> 단위결과 한다.
④ 오이는 시설재배시 <u>인공수분이 필요 없다.</u>

16 원예작물 재배시 비교적 저온조건에서 발생하기 쉬운 병해는?

① 시들음병　　　　② 풋마름병
③ 덩굴쪼김병　　　④ 노균병

| 해설 |
> 노균병은 저온다습시 발생하므로 통풍을 좋게 하고 배수를 잘해야 하며, 밤낮의 높은 기온 차로 하우스 내 상대습도가 높거나 잎에 물방울이 맺히지 않도록 관리해야 한다.

17 다음 중 저온장해로 피팅(Pitting)현상이 일어나는 채소는?

① 피망　　　　② 오이
③ 순무　　　　④ 당근

| 해설 |
> 채소의 종류에 따라 증상이 다른데 오이·가지·호박·고추 등은 과표면이 함몰되는 피팅(Pitting)현상이 나타나고, 토마토나 고구마와 같은 것은 내병성이 저하하여 쉽게 부패하게 된다.

18 오이의 암꽃 수를 증가시킬 수 있는 육묘 관리법은? 기출 제8회

① 지베렐린 처리　　　② 질산은 처리
③ 저온 단일조건　　　④ 고온 장일조건

| 해설 |
> 오이는 보통 8~10시간의 단일조건에서 개화가 유도, 촉진되는 단일식물이다. 오이의 암꽃 착생에 큰 영향을 끼치는 환경조건은 온도와 일장이다. 육묘기간 중 야간온도를 15℃ 이하로 하면 암꽃 착생률이 높아지며, 일조시간을 8시간 정도 짧게 하면(단일처리) 암꽃 착생을 촉진시킬 수 있다.

19 A 농가의 하우스 오이 재배시 낙과가 발생하였다. B 손해평가사가 주요 원인으로 조사할 항목은? 기출 제5회

① 유인끈　　　　② 재배방식
③ 일조량　　　　④ 탄산시비

| 해설 |
> 오이 낙과의 직접적인 원인은 꽃과 과일의 생장비대가 촉진되는 시기에 일조량 부족으로 광합성에 의한 동화양분이 부족하기 때문이다.

20 A농가가 오이의 성 결정시기에 받은 영농지도는? 기출 제4회

> 지난해 처음으로 오이를 재배했던 A농가에서 오이의 암꽃 수가 적어 주변 농가보다 생산량이 적었다. 올해 지역 농업기술센터의 영농지도를 받은 후 오이의 암꽃 수가 지난해 보다 많아져 생산량이 증가되었다.

① 고온 및 단일 환경으로 관리
② 저온 및 장일 환경으로 관리
③ 저온 및 단일 환경으로 관리
④ 고온 및 장일 환경으로 관리

| 해설 |
오이의 암꽃 착생에 큰 영향을 끼치는 환경조건은 <u>온도와 일장</u>이다. 즉 오이의 육묘기간에 저온(야간 온도 15℃ 이하) 및 단일처리를 하면 암꽃 착생이 증가한다.

21 고추의 멀칭재배의 목적으로 옳지 않은 것은?

① 지온을 높여 초기생육을 도모
② 수량 억제 효과
③ 토양수분의 증발 억제
④ 소비재배하여도 다비재배와 같은 효과

| 해설 |
정식 2~3일 전에 멀칭을 하여 지온을 상승시키면 이식후 활착이 좋아지고 수량이 크게 증가한다.

> **TIP** 소비재배 & 다비재배
>
> • 소비재배
>   적정 시비량보다 적은 양의 비료를 투입해 작물을 재배하는 것으로, 특히 질소질 비료를 적게 시비하는 방법을 말한다.
> • 다비재배
>   보통보다 많은 양의 비료를 주어 재배하는 것을 말한다.

정답 16 ④ 17 ② 18 ③ 19 ③ 20 ③ 21 ②

22 고추의 작물특성에 관한 설명으로 옳지 않은 것은?

① 재래종은 과실이 아래로 처져서 달린다.
② 자가수분을 주로 한다.
③ 용도에 따라 신미종과 감미종으로 나눈다.
④ 온대지방에서는 다년생 채소이다.

| 해설 |
고추는 가지과 채소로서 염색체 수는 2n = 24이며, 열대지방에서는 다년생이나 온대지방에서는 1년생이다. 초형은 줄기가 자라는 형태에 따라 입성, 반개장성, 개장성으로 분류할 수 있다.

23 딸기의 일반 관리에 관한 설명으로 옳지 않은 것은?

① 보온개시가 늦으면 수확이 빨라진다.
② 왜화현상을 방지하기 위해서는 지베렐린을 3회 정도 준다.
③ 보온이 너무 빠르면 왜화현상이 나타난다.
④ 보온이 너무 빠르면 휴면이 불완전하다.

| 해설 |
보온개시가 늦으면 저온 경과 시간이 길어져 경엽이 무성해지고 수확이 늦어진다.

TIP 왜화현상

병에 걸려 식물체가 왜소해 지는 것, 즉 키가 작아지는 현상을 말한다.

24 착과나 생육을 촉진하는 식물생장조절물질과 적용 대상 작물의 연결이 옳지 않은 것은?

① 옥신 – 토마토
② 시토키닌 – 수박
③ ABA – 고추
④ 지베렐린 – 딸기

| 해설 |
③ 에틸렌 – 고추
※ ABA는 사과·자두·단풍나무 등에서 겨울눈의 휴면을 유도한다.

25 채소작물 재배시 에틸렌에 의한 현상이 아닌 것은? 기출 제3회

① 토마토 열매의 엽록소 분해를 촉진한다.
② 가지의 꼭지에서 이층(離層)형성을 촉진한다.
③ 아스파라거스의 육질 연화를 촉진한다.
④ 상추의 갈색 반점을 유발한다.

| 해설 |
에틸렌(Ethylene)은 과일의 숙성, 개화와 노화 및 부패, 낙엽 현상 등을 일으킨다. 에틸렌에 의한 피해는 과일의 경우 일반적으로 숙성의 진행에 따른 과육의 연화현상이 관찰되지만, 아스파라거스와 같은 줄기채소의 경우 조직이 질겨지는 <u>육질 경화를 촉진한다.</u>

26 다음 중 춘화처리에 해당하는 것은?

① 사과종자의 층적처리
② 배추종자의 저온처리
③ 마늘의 광(光) 중단처리
④ 감자의 고온·고습처리

| 해설 |
춘화처리는 개화를 촉진하기 위하여 여러 가지 처리를 하는 것으로 주로 저온처리를 한다. 배추종자에 저온처리를 하여 파종하면 바로 추대하면서 개화한다.

| TIP | 춘화와 추대현상

• 춘화 : 작물의 개화를 촉진하기 위해 생육의 일정한 시기에 일정한 온도(저온처리)를 경과하는 것
• 추대 : 꽃눈(화아, 花芽)이 발생하여 생육기간 중에 꽃대(꽃줄기)가 올라오는 현상

27 배추를 재배하는데 포장에서 배추좀나방 애벌레가 발견되었다. 어떤 약제를 뿌려야 하는가?

① 살균제
② 전착제
③ 제초제
④ 살충제

| 해설 |
일반 포장에서는 알, 애벌레, 어미벌레가 섞여 발생하기 때문에 동시에 발생할 때에는 7~10일 간격으로 2~3회 살충제를 살포해야 한다.

정답 22 ④ 23 ① 24 ② 25 ③ 26 ② 27 ④

28 배추 바이러스병의 증상으로 볼 수 없는 것은?

① 잎이 검고 작은 반점이 생긴다.
② 한쪽 잎이 쭈글쭈글해진다.
③ 괴저성 윤점이 생긴다.
④ 잎이 말라서 종이처럼 되어 온 포기가 시든다.

| 해설 |
- 바이러스병은 매개하는 진딧물을 철저히 구제하고, 발생하면 대책이 없으므로 내병성 품종을 선택하고, 만파하거나 간작함으로써 어느 정도 예방할 수 있다.
- 증상으로는 엽맥 부분에 흑색의 이상반점과 윤점을 형성하는데, 대부분 잎의 한쪽 면에 나타나 잎을 쭈글쭈글하게 만든다.

29 최근 배추에서 그 피해가 심각한 병해로 병든 그루의 뿌리는 이상비대하여 작거나 큰 부정형의 혹이 형성되어 수분과 영양분의 이동을 억제한다. 어떤 병해인가?

① 탄저병　　　　　　② 역병
③ 무름병　　　　　　④ 뿌리혹병

| 해설 |
뿌리혹병
배추 뿌리혹병은 뿌리에 혹이 생기면서 잔뿌리의 성장을 막아 배추가 말라 죽는 병이다. 감염된 그루의 지상부는 건전한 그루에 비해 생육이 부진하고, 병이 진전됨에 따라서 점점 시드는 증세가 심해진다. 병든 그루의 뿌리는 이상비대하여 뿌리에는 작거나 큰 부정형의 혹이 여러 개 형성되고, 형성된 혹의 모양은 식물체의 생육단계 및 감염정도에 따라서 다르게 보인다. 뿌리혹병의 방제방법은 우선 포장이 과습하지 않도록 주의해야 하고, 석회 등을 사용하여 토양 pH를 7.2 이상으로 하여 발생을 줄여야 한다. 병든 식물체의 뿌리혹은 제거하여 소각한다.

30 저장성을 향상시키기 위한 저장전 처리에 관한 설명으로 옳지 않은 것은? [기출] 제7회

① 수박은 고온기 수확시 품온이 높아 바로 수송할 경우 부패하기 쉬우므로 예냉을 실시한다.
② 감자는 수확시 생긴 상처를 빨리 아물게 하기 위해 큐어링을 실시한다.
③ 마늘은 휴면이 끝나면 싹이 자라 상품성이 저하될 수 있으므로 맹아 억제 처리를 한다.
④ 결구배추는 수분 손실을 줄이기 위해 수확한 후 바로 저장고에 넣어 보관한다.

| 해설 |
결구배추는 수확한 후 바로 저장하지 말고 살짝 말린 후 저장하는 것이 무르는 것을 방지할 수 있다.
※ **결구배추** : 배추 잎이 여러 겹으로 겹쳐져 둥글게 속이 꽉 차는 배추

31 다음 중 점질토양에 비하여 사질토양에서 재배된 무에서 잘 나타나는 현상은?

① 바람들이가 촉진된다.
② 기근(岐根) 발생이 많아진다.
③ 뿌리조직이 치밀하다.
④ 노화가 억제된다.

| 해설 |
> 바람들이는 동화양분이 부족하여 뿌리의 중심부까지 양분을 충분히 공급할 수 없게 되어 세포의 내용물이 비게 되는 현상으로, 사질토양에서 생육의 후반에 야간온도가 높고 건조할 때 발생한다.

32 무 재배에 있어서 화아분화후 추대에 가장 좋은 환경조건은?

① 장일, 강광, 고온
② 장일, 약광, 고온
③ 단일, 약광, 저온
④ 단일, 강광, 고온

| 해설 |
> 무는 종자춘화형 채소로서 종자 때부터 작물체의 크기에 관계없이 일정 기간 저온에 접하면 화아가 분화된다. 그리고 분화된 화아는 장일, 강광, 고온조건에서 발육이 촉진되어 추대하여 개화하고 결실하게 된다.

03 과수재배 및 관리

01 다음 중 과수작물로 적합하지 않은 것은?

① 포도
② 은행
③ 감
④ 사과

| 해설 |
과수작물로는 사과, 배, 포도, 단감, 떫은감, 감귤, 복숭아, 자두, 대추 등이 주로 재배된다. 은행은 산야에서 조방적으로 키우는 유실수이다.

02 우리나라에 알맞은 사과의 품종은?

① 조·중생종
② 만생종
③ 조생종
④ 중생종

| 해설 |
조생종과 중생종은 저장성이 없거나 약하며, 또 여름과 초가을은 다른 풋과실류와 수확기가 겹치기 때문에 대면적 재배가 곤란하다. 만생종은 저장성이 강하기 때문에 대면적 재배를 할 수 있다.

03 과수의 종류와 품종 결정상 유의사항이 아닌 것은?

① 추운지방에서는 내한성이 강한 종류를 고른다.
② 신품종으로 유망한 품종을 심는다.
③ 거리가 먼 곳에서는 저장성·수송성을 고려하여 결정한다.
④ 조생종은 저장성이 약하기 때문에 많이 심는다.

| 해설 |
조생종은 저장성이 약하기 때문에 적게 심는다.

04 사과의 결과습성에 관한 설명으로 옳은 것은?

① 1년생 결과지에 결실한다.
② 전 해에 자란 가지에 결실한다.
③ 가지가 나온지 3년 만에 결실한다.
④ 새 가지가 생장하면서 그 가지에 결실한다.

| 해설 |
사과·배 등은 올해에 자란 가지에 이듬해에 짧은 열매가지가 생겨서 3년째에 열매를 맺거나 수세에 따라 올해에 자란 가지에 꽃눈이 붙어 이듬해에 열매를 맺는다.

05 사과 모양과 온도와의 관계를 설명한 것이다. (   )에 들어갈 내용을 순서대로 나열한 것은?

기출 제4회

생육 초기에는 (   )생장이, 그 후에는 (   )생장이 왕성하므로 따뜻한 지방에서는 후기 생장이 충분히 이루어져 과실이 대체로 (   )모양이 된다.

편원형   장원형

① 종축, 횡축, 편원형
② 종축, 횡축, 장원형
③ 횡축, 종축, 편원형
④ 횡축, 종축, 장원형

| 해설 |
과실의 생장은 초기에는 세포분열에 의한 종축생장, 후기에는 세포비대에 의한 횡축생장으로 이루어지는데 온도가 높은 따뜻한 지역은 후기 생장이 충분히 이루어져 과실모양이 편원형이 되기 쉽고, 생육 후기의 온도가 낮은 지역은 후기 생장이 일찍 정지되어 원형 또는 장원형이 된다.

06 적과의 효과는 다음 중 어느 시기에 하는 것이 유리한가?

① 봉지 씌울 때   ② 개화 전
③ 낙과 후   ④ 수확 전 20일

| 해설 |
열매솎기는 빠르면 빠를수록 좋지만 조기낙과 이후에 한다. 즉, 생리적 낙과가 지나가고 착과가 안정되었을 때 하는 것이 좋다.

정답 01 ② 02 ② 03 ④ 04 ③ 05 ① 06 ③

07 다음은 식물호르몬인 에틸렌에 관한 설명이다. 옳은 것을 모두 고른 것은? 기출 제1회

> ㄱ. 원예작물의 숙성호르몬이다.
> ㄴ. 무색무취의 가스형태이다.
> ㄷ. 에테폰이 분해될 때 발생된다.
> ㄹ. AVG(Aminoethoxyvinyl Gglycine) 처리에 의해 발생이 촉진된다.

① ㄱ
② ㄴ, ㄷ
③ ㄱ, ㄴ, ㄷ
④ ㄱ, ㄴ, ㄷ, ㄹ

| 해설 |
ㄹ. AVG(Aminoethoxyvinyl Glycine)는 에틸렌의 합성을 저해하는 물질이다.

08 낙엽 및 낙과현상이 일어날 때 가장 부족한 생장호르몬은?

① 지베렐린
② 시토키닌
③ 에틸렌
④ 옥신

| 해설 |
옥신의 주요 기능은 세포의 신장을 자극하여 생장을 촉진시킨다. 옥신이 부족하면 낙엽 및 낙과현상이 일어난다.

09 과수재배에 있어 생장조절물질에 관한 설명으로 옳지 않은 것은? 기출 제8회

① 지베렐린 - 포도의 숙기촉진과 과실비대에 이용
② 루톤분제 - 대목용 삽목 번식시 발근 촉진
③ 아브시스산 - 휴면 유도
④ 에틸렌 - 과실의 낙과 방지

| 해설 |
에틸렌은 작물의 숙성, 개화와 노화 및 부패, 과실의 낙과를 유도하는 식물호르몬이다.

10 작물을 재배할 때 주로 생장촉진이나 씨 없는 포도를 만드는데 쓰이는 식물생장조절제는 무엇인가?

① 옥신
② 지베렐린
③ 에틸렌
④ 시토키닌

| 해설 |
포도(켐벨얼리)의 경우 만개전 14일 및 만개후 10일경 2회에 걸쳐 지베렐린 100ppm 용액에 화방을 침지하면 단위결실이 되며 성숙이 촉진된다.

| TIP | 지베렐린(GA)의 효과

- 생장촉진
- 휴면타파, 발아
- 단위결실의 촉진
- 개화에 대한 효과
- 가수분해효소의 활성화
- 노화억제 등에 관여

11 다음 중 낙과의 원인이 아닌 것은?

① 수정이 되지 않았을 경우
② 배의 발육이 중지되었을 경우
③ 생식기관들의 발육이 불완전한 경우
④ 생장조절제를 살포하였을 경우

| 해설 |
낙과의 원인
- 수정이 되지 않았을 경우
- 배의 발육이 중지되었을 경우
- 생식기관들의 발육이 불완전한 경우
- 단위결과성이 약한 품종일 경우
- 질소나 탄수화물이 과부족인 경우
- 수분이 과부족인 경우

정답 07 ③ 08 ④ 09 ④ 10 ② 11 ④

12 다음 중 낙과방지법이 아닌 것은?

① 꽃눈을 충실하게 키운다.
② 수정이 잘되게 한다.
③ 과실 내의 양분과 수분의 공급을 순조롭게 한다.
④ 화학약제의 과실 살포를 절대 금한다.

| 해설 |

낙과방지법
- 꽃눈을 충실하게 키운다.
- 수정이 잘되게 한다.
- 과실 내의 양분과 수분의 공급을 순조롭게 한다.
- 낙과방지용 생장조절제를 살포한다.

13 다음이 설명하는 과수의 병은? 기출 제8회

- 기공이나 상처 및 표피를 뚫고 작물내 침입
- 일정기간 또는 일생을 기생하면서 병 유발
- 시들음, 부패 등의 병징 발견

① 포도 근두암종병 ② 사과 탄저병
③ 감귤 궤양병 ④ 대추나무 빗자루병

| 해설 |

사과 탄저병
진균에 의한 과수의 병으로 기공이나 상처를 통하거나 표피를 직접 뚫고 침입하여 일정 기간 또는 일생을 기생하면서 사과에 병을 일으킨다. 괴사, 시들음, 부패 등의 병징이 나타난다.
※ **진균에 의한 과수의 주요 병** : 탄저병, 점무늬낙엽병, 갈색무늬병, 검은별무늬병, 부란병

① **포도 근두암종병** : 세균에 의한 과수의 병으로 주로 상처를 통하여 침입한다. 반점, 고사, 시들음, 궤양 등의 병징이 나타난다.
③ **감귤 궤양병** : 세균에 의한 병으로 세균이 빗물과 섞여 비산하며, 잎의 기공이나 상처를 통해 침입한다. 잎과 과실에 괴사 병징이 나타나며, 조기낙엽 및 낙과현상이 발생한다.
④ **대추나무 빗자루병** : 대추나무빗자루병은 모무늬매미충이 전염시키는 세균의 일종인 파이토플라스마(Phytoplasma)에 의해 발생한다. 초기에는 꽃이 잎으로 변하는 엽상화 증상을 보이다가 병이 진전하면서 잎이 빗자루처럼 변하는 징후가 나타난다.

14 사과의 갈반병(갈색무늬병)이 나타나는 부위는?

① 잎 ② 과실
③ 가지 ④ 줄기

| 해설 |
사과의 갈색무늬병은 잎에 발생하는데, 불규칙한 청록색 반문이 생기고 그 가운데에 갈색반점이 생기며, 그 반점 속에 다시 별빛모양인 검은 빛깔의 소립체가 발생하여 잎 전체가 황색으로 변하여 낙엽진다.

15 사과나무의 부란병 발병 원인과 관계없는 것은?

① 웃자란 가지의 그루터기를 길게 남기고 자른다.
② 결실을 지나치게 많이 시킨다.
③ 퇴비를 많이 주어 나무를 건전하게 관리한다.
④ 진정할 때 그루터기를 길게 남기고 자른다.

| 해설 |
부란병(Apple Canker)
병균이 줄기나 가지의 껍질에 생긴 상처를 통하여 침입하게 되면 그 껍질에 불규칙한 장타원형의 갈색반점이 나타나는데, 건전한 부분보다 약간 돋아 오르고 수분을 많이 포함하여 수종상으로 물러진다. 피해부는 수분이 말라버리고, 건전부와의 경계에는 균열이 생긴다. <u>퇴비를 많이 주면 사과나무의 수세를 회복시켜 부란병을 예방할 수 있다.</u>

16 과수작물에서 무기양분의 불균형으로 발생하는 생리장해는? 기출 제4회

① 일소 ② 동록
③ 열과 ④ 고두병

| 해설 |
고두병은 과실내 <u>칼슘 성분의 부족으로 생기는</u> 병으로, 과실 껍질 바로 밑의 과육에 죽은 부위가 나타나고 점차 갈색 병반이 생기면서 약간 오목하게 들어간다.
① **일소** : 식물이나 작물에 맺히는 물방울이 렌즈 작용을 하게 되어 작물체가 타들어가는 현상
② **동록** : 과피가 매끈하지 않고 쇠에 녹이 긴 것처럼 거칠어지는 증상
③ **열과** : 수분장해에 의한 것으로 다량의 수분이 흡수되어 과실의 껍질이 터지는 현상

정답 12 ④ 13 ② 14 ① 15 ③ 16 ④

17 사과의 겹무늬썩음병(부패병)의 증상으로 옳은 것은?

① 처음 과실에 갈색의 작은 점이 생기고, 점차 커져서 둥근 무늬의 병반을 만든다. 심하면 물이 흐르고, 과실 전체가 썩어 떨어진다.
② 과실표면에 작고 검은 반점이 생기고, 연한 갈색의 둥근 무늬가 생기다가 갑자기 커지면서 습기를 띠고 병반이 움푹 들어간다.
③ 처음 나무껍질이 갈색으로 변하여 약간 부풀어 올라 쉽게 벗겨지고, 시큼한 알코올 냄새가 난다.
④ 어린과실에 썩은 반점이 생기고 과실표면에 황갈색의 물방울이 맺힌다.

| 해설 |
② 탄저병, ③ 부란병, ④ 과일썩음병

| TIP | 겹무늬썩음병의 방제법
- 6월 말부터 병이 발생하기 시작하여 수확기에 심하게 발병하므로 7~8월 장마철에 집중적으로 살균제를 정기적으로 살포한다.
- 병에 걸린 과실은 즉시 따서 땅에 묻는다.
- 병이 심한 과수원에서는 봉지를 씌워 재배한다.

18 사과, 배 등 주요 과수에서 나타나는 근두암종병의 원인균은?

① 진균
② 바이러스
③ 세균
④ 마이코플라스마

| 해설 |
근두암종병은 세균에 의한 병으로 병원균은 아그로박테리움(*Agrobacterium Tumefaciens*)이다. 처음에는 빛깔이 황색인 작고 연한 혹이지만, 점차 커지면서 굳어지고 그 표면에는 주름이 지며 농갈색으로 변한다.

19 다음 병해 중에서 진균(Fungi)에 의해 유발되는 병은?

① 토마토나 핵과류에 발생하는 궤양병
② 사과나 배에 발생하는 근두암종병
③ 배추나 시클라멘에 발생하는 무름병
④ 딸기나 사과에 발생하는 흰가루병

| 해설 |

진균(Fungi)에 의한 병해
흰가루병, 잿빛곰팡이병, 탄저병, 갈반병, 엽고병, 백견병 등
①·②·③ 세균(Bacteria)에 의한 병해

20 배의 품종 중 지역에 따른 품종 선택이 잘못된 것은?
① 중부지방 – 조생종
② 북부지방 – 만생종
③ 중부지방 – 중생종
④ 남부지방 – 만생종

| 해설 |

배는 지역에 따라 알맞은 품종을 선택해야 하는데, 중부지방에서는 조·중생종이 좋고, 남부지방에서는 만생종을 선택하는 것이 좋다.

21 다음이 설명하는 과수의 병은? 기출 제10회

- 세균에 의한 병
- 전염성이 강하고, 5~6월경 주로 발생
- 꽃, 잎, 줄기 등이 검게 변하며 서서히 고사

① 대추나무 빗자루병
② 포도 갈색무늬병
③ 배 화상병
④ 사과 부란병

| 해설 |

배 화상병
세균에 의한 병으로 주로 개화기 때 곤충(진딧물, 벌 등)에 의하여 매개되며, 꽃, 잎, 줄기, 열매 등 배나무 전체에서 발생한다. 병이 발생한 나무는 잎이 시들어 검게 변해 고사하며, 마치 불에 타서 화상처럼 보인다.
① **대추나무 빗자루병** : 세균의 일종인 파이토플라스마(Phytoplasma)에 의해 발생하며, 초기에는 꽃이 잎으로 변하는 엽상화 증상을 보이다가 병이 진전하면서 잎이 빗자루처럼 변하는 징후가 나타난다.
② **포도 갈색무늬병** : 8~9월경 캠벨얼리 품종에 많이 발생하는 병으로 잎에만 발생한다. 잎에 흑갈색의 반점이 생기고 갈색으로 변하다가 잎이 떨어진다.
④ **사과 부란병** : 부란병은 세균에 의한 병으로 주로 가지나 줄기의 상처 부위에서 발생한다. 감염되면 나무껍질이 갈색으로 변하고 약간 부풀어 오르며 쉽게 벗겨지고 시큼한 냄새가 난다.

정답 17 ① 18 ③ 19 ④ 20 ② 21 ③

22 봄에 배나 사과에 발생하는 붉은별무늬병의 기주식물은?

① 소나무
② 향나무
③ 전나무
④ 미루나무

| 해설 |
봄에 배나 사과에 발생하는 붉은별무늬병은 향나무가 기주식물이다. 복숭아혹진딧물은 사과, 배 및 복숭아나무에서 월동하고 봄에 부화하여 가해하다가 여름철에 십자화과 식물로 옮겨 가해한 후 다시 겨울에는 과수로 와서 월동한다.

23 호흡급등현상에 관한 설명으로 옳은 것은?

① 완숙에서 노화의 단계로 갈 때 점점 호흡이 증가하는 현상이다.
② 에틸렌 생성과는 관련이 없고 조절이 불가능하다.
③ 모든 원예산물은 호흡급등현상을 나타낸다.
④ 사과, 토마토에서 명확하게 나타난다.

| 해설 |
호흡급등현상은 성숙과 숙성과정에서는 호흡이 급격하게 증가하는 현상이며, 사과, 토마토, 복숭아, 참다래, 바나나 등이 대표적인 과실이다.
① 성숙과 숙성의 단계로 갈 때 호흡이 증가하고, 완숙에서 노화의 단계로 접어들면서 호흡이 감소하는 현상이다.
② 호흡급등현상은 과실에서 발생되는 에틸렌 생성량의 증가에 의해 발생한다.
③ 호흡급등현상을 나타내지 않는 비호흡급등형도 있다.

24 호흡급등형 과실인 것은? 기출 제10회

① 포도
② 딸기
③ 사과
④ 감귤

| 해설 |
• 호흡급등형 과실은 성숙과 숙성과정에서는 호흡이 급격하게 증가하는 과실이며, 사과, 토마토, 복숭아, 참다래, 바나나 등이 대표적인 과실이다.
• 호흡비급등형 과실은 성숙과 숙성과정에서 호흡의 변화가 없는 과실이며, 포도, 딸기, 감귤, 오렌지, 레몬 등이 대표적인 과실이다.

25 호흡비급등형 과실인 것은? 기출 제1회

① 사과
② 자두
③ 포도
④ 복숭아

| 해설 |
호흡비급등형 과실이란 성숙과 숙성 과정에서 호흡의 변화가 없는 과실을 말한다. 호흡비급등형 과실에는 포도, 감귤, 오렌지, 레몬 등이 있다.

26 작물의 수확 후 주요 생리에 관한 설명으로 옳은 것은? 기출 제11회

① 에틸렌은 고체 상태로 원예작물의 성숙과 숙성과정을 촉진하는 호르몬이다.
② 증산작용을 억제하려면 원예산물과 대기와의 수증기압 포차를 증가시켜야 한다.
③ 성숙과정 양상 중 호흡비급등형 과실에는 포도와 가지가 있다.
④ 호흡에 의한 호흡열은 주위의 온도를 높여 대사작용을 가속화시키고 저장 중 냉각부하를 저하시킨다.

| 해설 |
호흡비급등형 과실은 성숙과 숙성과정에서 호흡의 변화가 없는 과실을 말한다. 호흡비급등형 과실에는 포도, 가지, 오이, 딸기, 고추, 감귤, 호박 등이 있다.
① 에틸렌은 기체 상태로 원예작물의 성숙과 숙성과정을 촉진하는 호르몬이다.
② 증산작용은 원예산물과 대기간의 수증기압 포차(Vapor Pressure Deficit ; VPD)가 커지면 왕성해진다. 따라서 증산작용을 억제하려면 원예산물과 대기와의 수증기압 포차를 축소시켜야 한다.
④ 호흡에 의한 호흡열은 주위의 온도를 높여 대사작용을 가속화시키고 저장 중 냉각부하를 가중시킨다.

27 다음 두 농가가 재배하고 있는 품목은? 기출 제5회

> • A농가 : 과실이 자람에 따라 서서히 호흡이 저하되다 성숙기를 지나 완숙이 진행되는 전환기에 호흡이 일시적으로 상승하는 과실
> • B농가 : 성숙기가 되어도 특정한 변화가 일어나지 않는 과실

① A농가 : 사과, B농가 : 블루베리
② A농가 : 살구, B농가 : 키위
③ A농가 : 포도, B농가 : 바나나
④ A농가 : 자두, B농가 : 복숭아

| 해설 |
• A농가 : 호흡급등형 과실을 재배하며, 사과, 서양배, 살구, 자두, 복숭아, 키위, 바나나 등이 대표적인 품목이다.
• B농가 : 호흡비급등형 과실을 재배하며, 포도, 블루베리, 동양배, 가지 등이 대표적인 품목이다.

28 다음 과실수 중 중성이나 약알칼리성 토양에 적합한 과실의 종류는?

① 복숭아나무
② 포도나무
③ 배나무
④ 감나무

| 해설 |
복숭아나무와 밤나무는 산성 토양에서, 포도나무와 무화과나무는 중성 토양과 약알칼리성 토양에서, 배나무·감나무·밀감나무 등은 약산성 토양에 적합하다.

29 포도의 품종 선택 중 주의해야 할 점으로 옳은 것은?

① 포도는 저장성이 강하기 때문에 출하기간을 확장하여 가격하락을 막을 수 있다.
② 유럽계 품종은 미국계 품종에 비해 우리나라 환경적응성이 약하다.
③ 우리나라의 포도재배 주품종은 극만생종이어야 한다.
④ 우리나라는 포도재배에 알맞으므로 아무 품종이나 좋다.

> **해설**
> 대부분의 유럽계 품종은 미국계 품종에 비해 우리나라 환경에서 결실성이 불량하다.
> ① 포도는 저장성이 약하기 때문에 짧은 출하기간 동안에 일시에 출하되어 가격이 하락하는 경우가 있다.
> ③ 극만생종은 중부지방에서 노지재배에 부적합하므로, 남부지방에서만 심도록 한다.
> ④ 포도재배는 용도에 따라 품종을 선택해야 한다.

30 다음이 설명하는 과수의 가지 관리방법은? [기출] 제11회

- 신초의 생장을 일시적으로 억제하여 착과율을 높인다.
- 그해에 새 가지를 분지시켜 원가지나 곁가지를 구성시킨다.
- 웃자람을 방지하기 위해서 실시한다.

① 환상박피
② 순지르기
③ 가지유인
④ 가지비틀기

> **해설**
> **순지르기**
> - 순지르기는 새 가지의 끝을 잘라 가지의 생장을 일시적으로 억제시켜 가지가 자라는데 이용할 수 있는 양분을 꽃송이 쪽으로 전환시킴으로써 착과율을 높이기 위한 것이다.
> - 순지르기 시기가 늦어지면 웃자람으로 품질이 저하될 수 있다.
>
> ① **환상박피** : 나무 또는 나무의 가지 줄기를 따라 환상(ring)으로 나무껍질(bark)을 벗겨 내는 것으로 주로 착색 및 숙기를 촉진하기 위해 처리한다.
> ③ **가지유인** : 가지를 유인하는 목적은 햇빛이 나무의 내부까지 골고루 들게 하고 통풍이 잘되게 함으로써 품질 좋은 과수를 생산하기 위함이다.
> ④ **가지비틀기(염지)** : 생육 초기에 자라는 가지를 옆으로 비틀어서 더 이상 자라지 못하게 하고 다음해에 꽃눈형성이 많아지도록 하는 방법이다.

31 포도의 만부병(탄저병)은 어느 부위에 발생하는가?

① 신소
② 뿌리
③ 과실
④ 줄기

| 해설 |
만부병(탄저병)은 과실, 잎, 가지, 덩굴손 등에 발생하며, 처음에는 과실표면이 수침상으로 물러 보이고, 진전되면 약간 움푹 들어간 암갈색 내지 흑색의 원형 병반을 형성한다.

32 자가수분으로 수분수가 필요 없는 과수는? 기출 제9회

① 신고 배
② 후지 사과
③ 캠벨얼리 포도
④ 미백도 복숭아

| 해설 |
캠벨얼리 포도는 곤충과 관계없이 자연적으로 수분되는 자가수분을 한다. 품종에 따라서는 씨가 없어도 결실되는 단위결실성 품종도 있다.

33 소비자의 기호 변화로 씨가 없는 샤인머스캣 포도가 인기를 모으고 있다. 샤인머스캣을 무핵화하고 과립비대를 위해 처리하는 생장조절물질은? 기출 제9회

① 아브시스산
② 지베렐린
③ 옥신
④ 에틸렌

| 해설 |

지베렐린은 샤인머스캣 재배시 무핵화, 숙기 촉진, 과립비대의 목적으로 처리하는 생장조절물질이다. 지베렐린의 1차 처리는 수정작용이 일어나지 못하게 하여 무핵화를 위한 것이고, 2차 처리는 과립비대 및 성숙을 촉진시키기 위한 것이다.

작용기작	사용농도 (ppm)	사용시기	사용방법
• 무핵화 • 과립비대 촉진	• 1차 : 25ppm • 2차 : 25ppm	• 1차 : 만개 3~4일 후, 완전 개화(70% 처리 가능 시기) ※ 3~4일 후 나머지 30% 처리 • 2차 : 1차 처리 후 7~10일 후	• 1차 : 화방침지 • 2차 : 과방침지 또는 살포 (일시에 살포)

① **아브시스산** : 식물의 생장을 억제하는 대표적인 식물호르몬이다. 주요 기능은 식물의 휴면 유도와 낙엽촉진이다.
③ **옥신** : 세포분열과 세포신장을 촉진하여 생장을 촉진하는 생장조절물질이다(발근촉진제, 착과촉진제, 제초제).
④ **에틸렌** : 과일의 숙성, 개화와 노화 및 부패, 낙엽 현상 등을 일으키는 식물호르몬이다.

34 다음에서 내한성(耐寒性)이 가장 강한 작물(A)과 가장 약한 작물(B)은? 기출 제3회

	A	B
①	사과	서양배
②	사과	유럽계 포도
③	복숭아	서양배
④	복숭아	유럽계 포도

| 해설 |

사과는 내한성이 강하여 -30℃까지 견딜 수 있으며, 유럽계 포도는 서양배보다도 내한성이 약하기 때문에 우리나라에서는 노지에서 경제적인 재배가 곤란하다.

> **TIP** 내한성(耐寒性) 작물의 한계온도
>
> 사과(-30℃) > 서양배(-27℃) > 미국계 포도(-22℃) > 복숭아(-20℃) > 유럽계 포도(-15℃)

35 다음 중 자가불화합성을 가지고 있는 과일의 종류가 아닌 것은?

① 매실 ② 복숭아
③ 배 ④ 사과

| 해설 |

자가불화합성
완전한 암술과 수술을 갖춘 꽃이라 하더라도 제 꽃이나 같은 품종끼리 수정이 되지 않는 성질을 말하며, 그 예로는 사과, 배, 매실 등이 있다.

36 다음 중 생육에 적합한 토양 pH가 가장 낮은 것은? 기출 제1회

① 블루베리나무 ② 무화과나무
③ 감나무 ④ 포도나무

| 해설 |

블루베리나무의 재배에 적합한 토양은 pH 4.5 정도이며, 무화과나무는 pH 6.2~7.3, 감나무는 pH 5.5~6.5, 포도나무는 pH 5.5~7.7이다.

37 블루베리 작물에 관한 설명으로 옳지 않은 것은? 기출 제10회

① 과실은 포도와 유사하게 일정기간의 비대정체기를 가진다.
② pH 5 정도의 산성토양에서 생육이 불량하다.
③ 묘목을 키우는 방법에는 삽목, 취목, 조직배양 등이 있다.
④ 한줄기 신장지에 작은 꽃자루가 있고 여기에 꽃이 붙는 단일화서이다.

| 해설 |

② 블루베리 작물은 pH 5 정도의 산성토양에서 생육이 적합하다.
④ 꽃은 일반적으로 총상꽃차례이고, 한줄기 신장지에 작은 꽃자루가 있고 여기에 꽃이 붙는 단일화서이다. 블루베리 품종 중 산방꽃차례로 꽃이 피는 종류도 있다.
  ※ **산방꽃차례** : 가장 바깥쪽 꽃자루가 안쪽 꽃자루보다 더 길어 꽃들이 평면을 이루는 꽃차례를 말한다.

38 작물을 재배할 때 가장 좋은 토양구조와 토양 특성으로 옳은 것은?

① 떼알구조로 물빠짐이 좋지 않아도 된다.
② 홑알구조로 통기성이 좋아야 한다.
③ 떼알구조로 물빠짐과 통기성이 좋고, 보수성과 보비력도 좋아야 한다.
④ 홑알구조로 물빠짐이 좋으며, 보수력과 보비력이 낮은 토양이어야 한다.

| 해설 |

식물의 뿌리는 호흡을 하면서 양분과 수분을 흡수하므로 통기성과 물빠짐이 좋아야 한다. 물빠짐이 나쁘면 뿌리가 과습 상태가 되고, 산소부족으로 뿌리가 썩게 된다.
※ **떼알구조** : 토양입자가 알갱이끼리 서로 뭉쳐서 큰 알갱이가 되어 있는 상태로 입단구조라고도 한다. 떼알구조는 홑알구조(단립구조)보다 통기성과 물빠짐, 보수성과 보비력이 좋다.

39 다음의 과수원 토양관리 방법은? 기출 제3회

- 과수원 관리가 쉽다.
- 양분용탈이 발생한다.
- 토양침식으로 입단형성이 어렵다.

① 초생재배
② 피복재배
③ 부초재배
④ 청경재배

| 해설 |

청경재배는 김을 매서 잡초가 자라지 못하게 하거나, 제초제를 사용하여 잡초를 깨끗하게 제거하는 방법이다. 과수원 관리가 쉽고 노동력(비용)이 적게 드는 장점이 있는 반면, 양분용탈이 발생하고 토양침식으로 입단형성이 어려운 단점이 있다.
① 초생재배는 풀을 키워 지표면을 피복하는 방법으로 과수원의 표토유실을 방지하고, 풀을 베어 퇴비로 사용함으로써 토양 유기물을 증가시켜 비옥도를 높이는 재배방식이다.
② 피복재배는 볏짚, 보리짚, 풀, 왕겨, 톱밥 등을 지표면에 덮어주는 방법으로 멀칭재배라고도 한다.
③ 부초재배는 풀이나 유기물을 이용하여 토양의 표면을 피복하는 방법으로 토양수분의 증발을 억제하고 빗방울과 빗물에 의한 표토의 유실을 방지한다.

정답 35 ② 36 ① 37 ②, ④ 38 ③ 39 ④

40 경사지 과수원의 토양관리를 초생법으로 하면 어떤 점에서 유리한가?

① 노력이 절감된다.
② 유기물 공급이 된다.
③ 건조방지가 된다.
④ 표토유실방지가 된다.

| 해설 |
초생법 또는 부초법은 빗방울의 직접 타격을 막고 유속을 억제하며, 토양의 입단구조와 투수성을 좋게 하여 과수원의 토양침식을 방지하는데 효과적인 방법이다.

41 과수원의 토양표면관리법 중 초생법의 장점이 아닌 것은? 기출 제1회

① 토양의 입단화가 촉진된다.
② 지력유지에 도움이 된다.
③ 토양침식과 양분유실을 방지한다.
④ 유목기에 양분경합이 일어나지 않는다.

| 해설 |
초생법이란 1년생 또는 다년생 목초를 인위적으로 파종하여 재배하거나 자연적으로 자란 잡초를 그대로 이용하는 방법을 말한다. 초생법은 토양의 입단화를 촉진시키고 토양침식과 양분유실을 방지하며, 지력유지에 도움이 되는 장점이 있다. 경토가 얕은 토양 또는 건조가 심한 토양에서는 풀과의 사이에 서로 양분과 수분의 쟁탈이 일어나게 된다.

42 과수의 엽면시비에 관한 설명으로 옳지 않은 것은? 기출 제2회

① 뿌리가 병충해 또는 침수 피해를 받았을 때 실시할 수 있다.
② 비료의 흡수율을 높이기 위해 전착제를 첨가하여 살포한다.
③ 잎의 윗면보다는 아랫면에 살포하여 흡수율을 높게 한다.
④ 고온기에는 살포농도를 높여 흡수율을 높게 한다.

| 해설 |
고온기에는 엽면시비를 피한다. 또한 살포농도가 높으면 잎이 타는 부작용이 있으므로 규정 농도를 잘 지켜야 하며, 대략 0.1~0.3%이다.

43 과수의 꽃눈분화를 촉진하기 위한 재배적 조치는?

① 질소시비량을 늘린다.
② 강전정을 실시한다.
③ 가지를 수평으로 유인한다.
④ 착과량을 늘린다.

| 해설 |
가지를 수평이나 수평보다 낮게 유인하여 꽃눈분화나 과실착과를 유도한다.

44 과수재배시 봉지씌우기의 목적이 아닌 것은? 기출 제2회

① 과실에 발생하는 병충해를 방제한다.
② 생산비를 절감하고 해거리를 유도한다.
③ 과피의 착색도를 향상시켜 상품성을 높인다.
④ 농약이 직접 과실에 부착되지 않도록 하여 상품성을 높인다.

| 해설 |
봉지씌우기는 수작업으로 이루어지기 때문에 생산비가 증가하는 단점이 있지만, 병해충의 피해 방지, 과피의 착색도 향상, 과피가 약한 열과성 품종(특히 천도)의 열과 방지, 과육이 깨끗한 과실 생산, 농약 등으로 오염되는 것을 방지하기 위해 실시한다.

45 사과 과실에 봉지씌우기를 하여 얻을 수 있는 효과를 모두 고른 것은? 기출 제6회

| ㄱ. 당도 증진   ㄴ. 병해충 방지 |
| ㄷ. 과피 착색 증진 ㄹ. 동록 방지 |

① ㄱ, ㄴ, ㄷ   ② ㄱ, ㄴ, ㄹ
③ ㄱ, ㄷ, ㄹ   ④ ㄴ, ㄷ, ㄹ

| 해설 |
봉지씌우기의 효과
- 검은무늬병, 심식나방, 흡즙성나방, 탄저병 등의 병충해가 방제된다.
- 과피의 착색이 향상된다.
- 사과 등에서는 동록이 방지된다.
  ※ **동록** : 과일껍질이 매끈하지 않고 쇠에 녹이 낀 것처럼 거칠어지는 증상으로 과일 적도부(허리 부분)에 띠를 두른 것처럼 나타나기도 한다.
- 농약이 직접 과실에 부착되지 않아 상품성이 좋아진다.

정답 40 ④ 41 ④ 42 ④ 43 ③ 44 ② 45 ④

46 과실솎기를 적기에 하였을 때의 장점이 아닌 것은?

① 과실의 착색이 좋아진다.
② 다음해에 결실될 꽃눈이 많이 분화된다.
③ 과실의 평균 무게가 무거워진다.
④ 과실이 익는 시기가 늦어진다.

| 해설 |

과실(열매)솎기의 효과
- 과실의 크기를 크고 고르게 해준다.
- 과실의 착색을 돕고 품질을 높여준다.
- 나무의 잎, 가지, 뿌리 등의 수체생장을 돕는다.
- 꽃눈의 분화 발달을 좋게 하고 해거리를 예방한다.
- 병·해충을 입은 과실이나 모양이 나쁜 것을 제거한다.
- 과실의 모양을 고르게 한다.
- 적기에 열매솎기를 하면 과실의 무게를 증가시킬 수 있다.

47 다음 중 과수를 혼식하는 이유로 옳은 것은?

① 수확기를 달리하기 위하여
② 과실의 품질을 좋게 하기 위하여
③ 병충해를 막기 위하여
④ 결실이 잘 되게 하기 위하여

| 해설 |

대부분의 과수는 타화(타가)수정 식물이므로 수분수를 섞어 심어야 한다. 수분수의 개화기는 주품종의 개화기보다 약간 빠르거나 같아야 한다. 수분수를 섞어 심게 되면 수분이 잘 되어 결실이 잘 된다.

48 일반적으로 과실의 성숙 과정에서 일어나는 변화가 아닌 것은?

① 카로티노이드의 증가
② 경도의 감소
③ 가용성 고형물의 증가
④ 가용성 펙틴의 감소

| 해설 |

과실의 성숙 과정에서 세포의 중층에 접착역할을 하는 펙틴질이 분해되어 가용성으로 되면서 <u>가용성 펙틴 함량은 증가</u>하고 경도는 감소한다.

49 과수의 과실 숙기촉진을 위한 방법으로 거리가 먼 것은?

① 환상박피 실시
② 칼슘시비
③ 지베렐린 처리
④ 가온재배

| 해설 |
칼슘시비는 뿌리와 잎줄기를 튼튼하게 한다.
① 국내 포도재배에 있어 환상박피는 주로 착색 및 숙기를 촉진하기 위해 처리한다.
③ 지베렐린은 식물의 성장촉진작용 외에 휴면 타파, 포도의 무핵화, 숙기촉진 등에 작용한다.
④ 가온재배는 숙기를 촉진시키고 수확기를 크게 앞당길 수 있다.

50 과수 재배조건이 과실의 성숙과 저장에 미치는 영향으로 옳지 않은 것은? 기출 제2회

① 질소를 과다사용하면 과실의 크기가 비대해지고 저장성도 높아진다.
② 토양수분이 지나치게 많으면 이상숙성 현상이 일어나 저장성이 떨어진다.
③ 평균기온이 높은 해에는 과실의 성숙이 빨라지므로 조기수확을 통해 저장 중 품질을 유지할 수 있다.
④ 생장 후기에 흐린 날이 많으면 저장 중 생리장해가 발생하기 쉽다.

| 해설 |
질소를 과다사용하면 가지와 잎의 생장에만 동화양분이 대부분 소비되어 식물체가 웃자라고, 꽃눈형성과 과실이 불량하게 된다.

정답 46 ④ 47 ④ 48 ④ 49 ② 50 ①

51 과수재배시 일조(日照) 부족 현상은? 기출 제4회

① 신초 웃자람
② 꽃눈 형성 촉진
③ 과실 비대 촉진
④ 사과 착색 촉진

|해설|
일조(日照)가 부족하게 되면 광합성이 저하되고, 새 가지(신초)의 웃자람, 꽃눈 형성 억제, 과실 비대와 착색 지연, 과실품질이 떨어진다.

52 과실의 수확 적기를 판정하는 항목으로 옳은 것을 모두 고른 것은? 기출 제6회

ㄱ. 만개 후 일수
ㄴ. 당산비
ㄷ. 단백질 함량

① ㄱ, ㄴ
② ㄱ, ㄷ
③ ㄴ, ㄷ
④ ㄱ, ㄴ, ㄷ

|해설|
ㄱ. **만개 후 일수**: 개화기는 꽃이 80% 이상 개화된 만개 일시를 기준으로 한다.
ㄴ. **당산비**: 당과 산의 비율로 과일의 맛은 당산비에 의해 결정한다.

TIP 과실의 수확 적기를 판정하는 항목

- 착색정도
- 만개 후부터 성숙기까지의 일수
- 당 및 산 함량비율(당산비)
- 전분의 요오드반응

04 화훼재배 및 관리

01 다음 중 화훼원예에 관한 설명으로 옳지 않은 것은?

① 화훼원예는 생산화훼, 조경화훼, 표본화훼, 취미화훼 등으로 구분한다.
② 화훼원예학은 소비를 중심으로 하는 학문이다.
③ 화훼원예는 화초와 화목 따위를 생산하는 것을 말한다.
④ Floriculture는 주로 절화와 분화 및 종묘를 생산하는 일로서, 우리가 오늘날 화훼원예라고 하는 것에 해당한다.

| 해설 |
화훼원예학은 <u>생산을 중심</u>으로 하고, 생산물의 이용은 물론 화훼의 역사, 분류, 번식, 영양, 육종, 병충해 등을 학문적으로 다룬다.

02 다음 중 화훼원예의 특징으로 옳지 않은 것은?

① 문화적 수준의 향상과 더불어 발달된다.
② 생산 기술의 고도화를 필요로 한다.
③ 시설을 이용하여 연중 분산재배가 이루어지고 있다.
④ 종류와 품종의 수가 많다.

| 해설 |
화훼원예의 특징
- 환경미화 재료를 생산한다.
- 문화적 수준의 향상과 더불어 발달된다.
- 생산 기술의 고도화를 필요로 한다.
- 종류와 품종의 수가 많다.
- <u>시설을 이용하여 연중 집약재배가 이루어지고 있다.</u>

03 다음 중 화훼경영의 경제적 요인으로 적합하지 않은 것은?

① 자본　　　　　　　　　② 노력
③ 자연　　　　　　　　　④ 시장

| 해설 |

화훼경영의 경제적 조건
- **자본** : 토지, 구조물, 기구류 같은 고정자본재와 비료, 농약 등의 유동자본재가 있다.
- **노력** : 화훼 생산에 필요한 노동력은 절화재배와 분식재배에서 비교적 많이 들고, 실내재배가 노지재배보다 소요 노동력이 많다.
- **시장** : 시장 정보도 중요한 요소가 된다.

---

04 국화재배에서 차광처리를 하는 목적은?

① 개화기를 늦추기 위하여
② 개화기를 촉진하기 위하여
③ 더위에 약하기 때문에
④ 도장을 막기 위하여

| 해설 |

국화재배에서 차광처리를 하는 목적은 여름의 장일상태에서 단일상태를 인공적으로 만들어 개화기를 촉진하기 위함이며, 차광재배 또는 단일재배라고도 한다.

---

05 국화 중 추국(秋菊)의 개화를 촉진하기 위한 방법으로 옳은 것은?

① 단일처리
② 춘화처리
③ 광중단처리
④ 장일처리

| 해설 |

단일처리
차광에 의하여 개화를 촉진시키는 방법으로 일장을 9~10시간으로 단축시키는 것이다.

---

06 7~8월에 가을국화(秋菊)를 개화시키기 위한 처리로 옳은 것은?

① 춘화처리를 한다.
② 야간에 광중단처리를 한다.
③ 전조처리로 낮은 길이를 한계일장보다 길게 한다.
④ 암막(暗幕)을 이용하여 낮의 길이를 한계일장보다 짧게 한다.

| 해설 |

차광재배(암막시설재배)
국화는 단일식물이므로, 낮 길이가 짧아지면 꽃을 피우게 된다. 이를 이용하여 낮임에도 깜깜하게 천막을 치면 낮 길이가 짧아지는 효과가 있어 꽃 피는 시기가 앞당겨지고, 반대로 밤에 불을 켜서 일정시간 밤 시간을 중단시키면 꽃피는 시기가 늦어진다.

07 다음과 관련되는 현상은? 기출 제4회

A농가는 지난해 노지에 국화를 심고 가을에 절화를 수확하여 출하하였다. 재배지 주변의 가로등이 밤에 켜져 있어 주변 국화의 꽃눈분화가 억제되어 개화가 되지 않아 경제적 손실을 입었다.

① 도장 현상
② 광중단 현상
③ 순멎이 현상
④ 블라스팅 현상

| 해설 |
국화는 단일성 식물이므로 단일처리로 꽃눈분화를 촉진시키거나, 장일처리로 꽃눈분화를 억제시킬 수 있다. 재배지 주변의 가로등이 밤에 켜져 있으면 긴 암기를 조명으로 분단하는 광중단(또는 암기중단) 현상으로 국화의 꽃눈분화가 억제되어 개화가 되지 않을 수 있다.

08 '잎들깨'를 생산하는 농가에서 생산량 증대를 위해 야간 인공조명을 설치하였다. 이 야간 조명으로 인하여 옆 농가에서 피해가 있을 법한 작물은? 기출 제8회

① 장미
② 칼랑코에
③ 페튜니아
④ 금잔화

| 해설 |
재배지 주변에 야간 인공조명이 켜져 있으면 긴 암기를 인공조명으로 분단하는 광중단(또는 암기중단) 현상 때문에 암기가 길어야 개화하는 단일식물의 경우 피해를 입을 수 있다.
문제 지문에서 칼랑코에는 단일식물이고, 장미는 중성식물이며, 페튜니아, 금잔화는 장일식물이다.

정답 04 ② 05 ① 06 ④ 07 ② 08 ②

09 장미의 블라인드 현상의 직접적인 원인은? 기출 제9회

① 수분 부족 ② 칼슘 부족
③ 일조량 부족 ④ 근권부 산소 부족

| 해설 |

블라인드(blind) 현상
블라인드는 꽃눈이 정상적인 꽃으로 자라지 못하고 퇴화해버리는 현상을 말한다. 블라인드 피해를 받은 장미는 정상 개화 가지에 비해 가늘고 짧으며, 잎의 수가 적고 생장이 느리다. 블라인드의 피해는 품종에 따라 다르지만 대부분 햇빛이 부족하고 저온인 겨울 재배에서 많이 나타난다(**일조량 부족**). 또한, 나무의 세력이 나쁘고 영양 상태가 불균형해도 블라인드 현상이 발생할 수 있다.

10 식물생장조절제인 지베렐린의 산업적 이용으로 옳지 않은 것은?

① 카네이션의 절화 수명연장
② 포도의 무핵화
③ 배추의 휴면 타파
④ 국화의 생육촉진

| 해설 |

카네이션의 절화 수명연장에는 절화보존제 STS를 사용한다.

11 과수재배에 이용되는 생장조절물질에 관한 설명으로 옳지 않은 것은? 기출 제5회

① 삽목시 발근촉진제로 옥신계 물질을 사용한다.
② 사과나무 적과제로 옥신계 물질을 사용한다.
③ 씨없는 포도를 만들 때 지베렐린을 사용한다.
④ 사과나무 낙과방지제로 시토키닌계 물질을 사용한다.

| 해설 |

사과나무 낙과방지제로 <u>옥신계 물질(2,4-D, 2,4,5-T)</u>을 사용한다.
※ **시토키닌(Cytokinins)** : 적정량의 옥신이 포함된 조직에서 세포분열 및 기관분화를 촉진한다.

12 화훼재배에 이용되는 생장조절물질에 관한 설명으로 옳은 것은? 기출 제2회

① 루톤(rootone)은 옥신(auxin)계 생장조절물질로 발근을 촉진한다.
② 에테폰(ethephon)은 에틸렌 발생을 위한 기체 화합물로 아나나스류의 화아분화를 억제한다.
③ 지베렐린(gibberellin) 처리는 국화의 줄기신장을 억제한다.
④ 시토키닌(cytokinin)은 옥신류와 상보작용을 통해 측지발생을 억제한다.

> **해설**
> 루톤(rootone)은 옥신을 이용하는 대표적인 생장조절물질로 발근을 촉진한다.
> ② 에테폰(ethephon)은 식물의 노화를 촉진하는 에틸렌(ethylene)을 생성함으로써 아나나스류의 화아분화를 유도한다.
> ③ 지베렐린(gibberellin) 처리는 국화의 줄기신장을 촉진한다.
> ④ 시토키닌(cytokinin)은 옥신류와 상보작용을 통해 측지발생을 촉진한다.

13 작물의 로제트(rosette) 현상을 타파하기 위한 생장조절물질은? 기출 제4회

① 옥신
② 지베렐린
③ 에틸렌
④ 아브시스산

> **해설**
> 로제트(rosette) 현상이란 저온으로 인해 마디사이가 매우 짧아지고 생장점 부근에 잎이 밀생하는 것을 말한다. 이러한 현상은 생육온도가 적온이 되면 다시 생장을 하게 된다. 로제트(rosette) 현상을 타파하기 위해 지베렐린을 처리하면 줄기의 생장을 촉진하며, 휴면 타파와 화아분화 및 개화를 촉진하기도 한다.
> ① 옥신은 세포분열과 세포신장을 촉진하여 생장을 촉진하는 생장조절물질이다.
> ③ 에틸렌은 작물의 숙성, 개화와 노화 및 부패, 낙엽 현상 등을 일으키는 식물호르몬이다.
> ④ 아브시스산은 식물의 생장을 억제하는 대표적인 식물호르몬이다.

14 다음이 설명하는 식물호르몬은? 기출 제10회

- 극성수송 물질이다.
- 합성물질로 4-CPA, 2,4-D 등이 있다.
- 측근 및 부정근의 형성을 촉진한다.

① 옥신
② 지베렐린
③ 시토키닌
④ 아브시스산

정답 09 ③ 10 ① 11 ④ 12 ① 13 ② 14 ①

| 해설 |

옥신(Auxin)
- 줄기의 선단부에서 기부를 향하여 수송하는 극성수송 물질이다.
- 체내의 천연물질인 IAA(indoleacetic acid, 인돌초산)이 있고, 합성물질로 4-CPA(토마토톤), 2,4-D 등이 있다.
- 생장조절물질로 측근 및 부정근의 형성을 촉진한다.

15 다음이 설명하는 식물호르몬은? [기출] 제11회

- 수분스트레스에 대한 방어기능을 조절한다.
- 기공폐쇄에 중요한 역할을 한다.
- 휴면유도와 탈리를 촉진한다.

① 옥신(auxin)   ② 시토키닌(cytokinin)
③ 아브시스산(abscisic acid)   ④ 에틸렌(ethylene)

| 해설 |

아브시스산(abscisic acid)
식물의 생장을 억제하는 대표적인 식물호르몬으로 주요 기능은 식물의 휴면유도와 낙엽촉진이다. 식물이 수분스트레스를 받으면 잎의 아브시스산 함량이 급격히 증가하여 기공폐쇄가 일어난다. 또한 종자가 성숙하는 동안에는 아브시스산 함량이 증가하여 배의 발아를 억제한다.
① 옥신(auxin) : 세포분열과 세포신장을 촉진하여 생장을 촉진하는 식물호르몬이다.
② 시토키닌(cytokinin) : 적정량의 옥신이 포함된 조직에서 세포분열 및 기관분화를 촉진하는 식물호르몬이다.
④ 에틸렌(ethylene) : 작물의 숙성, 개화와 노화 및 부패, 낙엽 현상 등을 일으키는 식물호르몬이다.

16 절화의 수명연장방법으로 옳지 않은 것은? [기출] 제1회

① 화병의 물에 살균제와 당을 첨가한다.
② 산성물(pH 3.2~3.5)에 침지한다.
③ 에틸렌을 엽면살포한다.
④ 줄기 절단부를 수초간 열탕처리한다.

| 해설 |

에틸렌은 식물호르몬의 일종으로 과실의 성숙이나 엽채류의 황색화 등 식물조직의 성숙·노화를 촉진하는 작용을 한다. 즉 에틸렌을 엽면에 살포할 경우 절화의 노화를 촉진할 수 있다.

17 절화 수명이 저온에서 연장되는 원리에 관한 설명으로 옳지 않은 것은? [기출] 제11회

① 곰팡이병 발생 억제로 관상가치 유지
② 증산 억제로 수분 균형 유지
③ 호르몬 생합성 촉진으로 노화 억제
④ 호흡 억제로 저장양분 소모 감소

| 해설 |

절화 수명이 저온에서 연장되는 원리
절화를 저온에 저장하는 목적은 절화의 호흡작용, 증산작용, 노화를 억제하여 고품질, 신선도를 유지하면서 출하조절을 통한 소득증대에 있다.
- **미생물 억제** : 저온은 미생물의 활동을 억제하여 절화의 수명을 연장시킬 수 있다.
- **호흡 억제** : 저온은 절화의 호흡을 억제하여 저장양분의 소모를 감소시키며, 절화의 품질을 유지하고 수명을 연장시킬 수 있다.
- **증산 억제** : 저온은 증산작용을 억제하여 절화의 수분 손실을 방지한다. 절화의 수분이 유지되면, 잎과 꽃의 팽창력이 유지되어 수명을 연장시킬 수 있다.
- **노화 억제** : 저온은 노화를 촉진하는 에틸렌과 같은 호르몬 생합성을 억제하므로 수명을 연장시킬 수 있다.

18 절화 장미의 수명연장을 위해 자당을 사용하는 주된 목적은? [기출] 제10회

① pH 조절
② 미생물 억제
③ 과산화물가(POV) 증가
④ 양분 공급

| 해설 |

절화는 모체로부터 분리되어 뿌리가 없이 줄기로 양분, 수분을 흡수하므로 절취하지 않은 꽃보다 쉽게 노화된다. 양분 공급이 차단된 절화에서는 꽃이 작고 개화가 잘 안되며, 수명이 짧아진다. 일반적으로 절화의 수명연장을 위한 에너지원으로 '자당(sucrose)'을 사용한다.

> **TIP** 과산화물가(peroxide value, POV)
> 과산화물가(peroxide value, POV)는 유지 중에 존재하는 과산화물의 함량을 측정하는 것으로, 유지 1kg에 함유된 과산화물의 밀리몰 수 또는 밀리 당량수로 표시한다.

19 B씨가 저장한 화훼는? 기출 제4회

> B씨가 화훼류를 수확하여 4℃ 저장고에 2주간 저장한 후 출하·유통하려 하였더니 저장 전과 달리 저온장해가 발생하였다.

① 장미
② 금어초
③ 카네이션
④ 안스리움

|해설|
안스리움은 고온에서 잘 자라는 관엽식물로, 저온에 노출되는 시간이 길어질수록 피해가 발생한다.
① 장미는 수확 직후에 5~6℃의 저온저장고에서 예냉처리를 한다.
② 금어초는 저온 발아성 작물로 생육최저온도는 4℃이다.
③ 저장전처리가 끝난 카네이션 절화는 수분유지가 가능한 상자에 포장하여 일정기간 동안 저온저장한다.

20 A농가에서 실수로 2℃에 저장하여 저온장해를 받게 될 품목은? 기출 제5회

① 장미
② 백합
③ 극락조화
④ 국화

|해설|
극락조화는 비내한성 작물로 추위에 매우 약하다.
① 장미는 수확 직후에 5~6℃의 저온저장고에서 예냉처리를 한다.
② 백합은 저온처리를 해야 싹이 트는 저온성 작물이다.
④ 국화의 저장온도는 1~2℃가 좋고, 4~5℃에도 2주간 저장이 가능하다.

21 도로건설로 야간 조명이 늘어나는 지역에서 개화 지연에 대한 대책이 필요한 화훼작물은?   기출 제5회

① 국화, 시클라멘
② 장미, 페튜니아
③ 금어초, 제라늄
④ 칼랑코에, 포인세티아

| 해설 |
단일성 식물은 밤의 길이가 상대적으로 길어야 꽃이 피는데 도로 건설로 야간 조명이 켜져 있으면 긴 암기를 조명으로 분단하는 광중단(또는 암기중단) 현상으로 꽃눈분화가 억제되어 개화가 지연 될 수 있다. 단일성 식물은 대개 일조시간이 짧아지는 가을에 꽃이 피는 식물로 맨드라미, 국화, 칼랑코에, 포인세티아, 과꽃, 코스모스, 살비아 등이다.
장미, 시클라멘, 제라늄은 중성식물이고, 페튜니아, 금어초는 장일식물이다.

22 절화의 수확 및 수확 후 관리 기술에 관한 설명으로 옳지 않은 것은?   기출 제6회

① 스탠다드 국화는 꽃봉오리가 1/2 정도 개화하였을 때 수확하여 출하한다.
② 장미는 조기에 수확할수록 꽃목굽음이 발생하기 쉽다.
③ 글라디올러스는 수확 후 눕혀서 저장하면 꽃이 구부러지지 않는다.
④ 카네이션은 수확 후 에틸렌 작용 억제제를 사용하면 절화 수명을 연장할 수 있다.

| 해설 |
글라디올러스는 수확 후 눕혀서 저장하면 중력의 반대 방향으로 휘어지는 경곡현상(stem-bending)이 일어난다. 이러한 현상은 주로 체내 옥신에 의한다고 알려져 있으며, 줄기 위쪽으로 갈수록 민감하여 절화의 품질을 감소시킨다. 또한 온도가 높을 때 심하며, 이러한 현상을 방지하기 위해서는 반드시 세워서 저장한다.
① 스탠다드 국화는 꽃봉오리가 1/2 정도 개화하였을 때, 스프레이 국화는 꽃봉오리가 3~4개 정도 개화되고 전체적인 조화를 이룰 때 수확하여 출하한다.
② 절화 장미는 꽃봉오리가 너무 미숙할 때 수확을 하면 꽃목굽음(bent neck)이 많이 발생하여 완전한 개화가 불가능하다.
④ 에틸렌은 작물의 숙성, 개화 및 노화를 촉진하는 식물호르몬이므로, 카네이션의 수확 후 에틸렌 작용 억제제를 사용하면 절화 수명을 연장할 수 있다.

CHAPTER 06 농업시설

학습목표
① 유리온실과 플라스틱 하우스의 종류 및 특성을 학습한다.
② 시설자재 중 기초 피복자재에 대해 자세히 학습하고, 플러그육묘에 대해 알아본다.
③ 난방설비, 냉방설비, 관수설비, 환기설비에 대해 학습한다.

01 시설구조 및 설계

1 재배시설의 구비요건

(1) 불량한 조건에 견딜 수 있을 것
① 최악의 기상조건에도 잘 견딜 수 있어야 한다.
② 시설은 기온이 낮은 겨울에 주로 이용하는데, 강한 바람과 많은 눈에 견딜 수 있는 구조와 강도를 갖추지 않으면 안 된다.

(2) 작물의 생육에 적당한 환경 조건을 만들어 줄 수 있을 것
① 햇빛이 잘 들어 온도 상승이 잘되고, 밤에는 보온이 잘되어야 한다.
② 한낮에 온도가 너무 높아지면 효율적으로 환기를 할 수 있는 구조를 갖추고 있어야 한다.

(3) 작업의 편리성과 능률성이 있을 것
① 재배와 시설의 관리 작업에 편리하고 작업능률을 높일 수 있는 구조로서, 작업자의 건강에 나쁜 영향을 끼치는 일이 없도록 설계되어야 한다.
② 작물의 재배면적을 최대한 확보할 수 있는 구조이어야 한다.

(4) 내구성과 경제성이 있을 것
① 튼튼하고 오래 사용할 수 있도록 설계되어야 한다.
② 될 수 있는 대로 시설비가 적게 들고, 간단한 구조이어야 한다.

2 시설의 종류와 특성

(1) 원예재배시설 기출 제1회

유리온실	골조재료	목골식, 철골식, 알루미늄합금식 등
	지붕모양	외쪽 지붕형, 3/4 지붕형(쓰리쿼터형), 양쪽 지붕형, 연동형, 벤로형 등
플라스틱 하우스	피복자재	• 플라스틱필름 : 염화비닐(PVC), 아세트산비닐(EVA), 폴리에틸렌(PE) • 플라스틱판 : 유리섬유강화판(FRP), PVC판 온실, 폴리카보네이트판(PC)
	골조자재	죽재하우스, 목재하우스, 철재하우스
	하우스 형태	터널형, 지붕형(단동형, 연동형), 아치형(단동형, 연동형) 등

> **심화TIP** 시설 내의 환경 특이성 기출 제6회
> - 위치에 따라 온도 분포가 다르다.
> - 위치에 따라 광 분포가 불균일하다.
> - 노지에 비해 토양의 염류 농도가 높다.
> - 노지에 비해 토양이 건조해지기 쉽다.

(2) 유리온실 기출 제7회

① 외쪽 지붕형 온실
  ㉠ 남쪽 면의 지붕만 있는 온실로, 보통 동서 방향으로 짓는다.
  ㉡ 북쪽은 콘크리트나 콘크리트 블록으로 벽을 만들거나 기존 건축물의 벽에 잇대어 짓는 경우가 많다.
  ㉢ 이 온실은 겨울에 채광과 보온이 잘되지만 작물이 남쪽으로 구부러지는 결점이 있다.
  ㉣ 가정에서 소규모의 취미 원예에 이용되는 경우가 많다.

② 3/4 지붕형(쓰리쿼터형) 온실
  ㉠ 남쪽 지붕의 길이가 지붕 전체 길이의 3/4 정도 되는 온실로, 동서 방향으로 설치한다.
  ㉡ 남쪽 지붕의 면적이 전체의 60~64%를 차지하기 때문에 겨울에 햇볕이 잘 들어 낮 동안의 실온을 높게 유지하는데 적당하다.
  ㉢ 외쪽 지붕형과 양쪽 지붕형의 중간적인 성질을 지니고 있으며, 가정용 또는 학교 교육용으로 적합하다.
  ㉣ 채광과 보온성이 뛰어나기 때문에 고온성 원예작물인 멜론재배에 많이 이용되고 있다.
  ㉤ 온실의 너비는 4.5~6.4m로 하는데, 5.5m가 일반적이고, 온실의 높이는 약 3.1m이다. 옆 기둥의 높이는 남쪽이 약 1.2m, 북쪽이 약 1.8m이다.

③ 양쪽 지붕형 온실
  ㉠ 양쪽 지붕의 길이가 같은 온실로, 광선이 사방으로 균일하게 입사하고 통풍이 잘되는 장점이 있다.
  ㉡ 측면과 천장에 환기창을 설치하기 때문에 환기가 잘된다.
  ㉢ 좌우의 처마 높이가 같으므로 연동으로 세울 수도 있다.
  ㉣ 이 온실은 재배관리가 편리하기 때문에 토마토, 오이 등의 열매채소와 카네이션, 국화 등의 화훼류 재배에 널리 이용되고 있다.
  ㉤ 한국형 양쪽 지붕형 유리온실로 개발된 것은 너비 9m, 옆 기둥 높이 3m, 높이 5.25m로 정부 지원사업으로 농가에 보급되고 있다.

④ 양쪽 지붕 연동형 온실
  ㉠ 양쪽 지붕형 온실을 2~3동 연결하여 칸막이를 없앤 온실이다.
  ㉡ 건설비가 싸고 난방비를 절약할 수 있으며, 토지이용률이 높고 재배관리를 능률적으로 할 수 있는 장점이 있다.
  ㉢ 광분포가 불균일하고 환기가 잘되지 않으며, 눈의 피해를 입기 쉬운 단점이 있다.

⑤ 벤로형 온실 [기출] 제10회, 제11회
  ㉠ 네덜란드의 벤로(Venlo)지역의 명칭을 따서 명명된 온실이다.
  ㉡ 처마가 높고 너비가 좁은 양쪽 지붕형 온실을 여러 개 연결한 것으로 연동형 온실의 결점을 보완한 것이다.
  ㉢ 골조율(골격률)이 일반 온실(20%)에 비하여 낮은 12% 정도이다.
  ㉣ 투광률이 높고 골격자재가 적게 들어 시설비를 절약할 수 있다.
  ㉤ 골조율(골격률)이 낮으므로, 유리는 일반 온실의 3mm보다 두꺼운 4mm 정도가 되어야 한다.
  ㉥ 토마토, 오이, 피망 등의 키가 큰 호온성 열매채소류를 재배하는데 적합하다.

⑥ 더치 라이트 지붕형 온실
  ㉠ 양쪽 지붕형 온실의 일종으로 측벽이 바깥쪽으로 경사져 있다.
  ㉡ 일반적으로 채소재배시 다연동 온실에서 많이 이용된다.
  ㉢ 전체의 구조강도를 높여 측면으로부터 풍압을 줄여주는 효과가 있다.

⑦ 둥근 지붕형 온실
  ㉠ 곡선유리를 사용하여 지붕을 둥글게 만든 온실로 내부에 그늘이 덜 생기고 밝아 식물원의 전시용으로 많이 이용되고 있다.
  ㉡ 지붕이 높아 대형식물이나 열대성 관상식물의 재배에 알맞다.

[여러 가지 온실 모양의 모식도]

형식(호칭)	지붕형상	형식(호칭)	지붕형상
외쪽 지붕형		연동형	연동형
3/4 지붕형			벤로형
양쪽 지붕형	양쪽 지붕형 / 더치 라이트	둥근 지붕형	둥근 지붕형 / 곡선 지붕형

> **심화TIP 유리온실의 규격** 기출 제9회
>
> - **동고** : 지면으로부터 용마루까지의 길이(온실높이)
> - **간고(측고)** : 처마높이

(3) 플라스틱 하우스

① **터널형 하우스**
  ㉠ 형태는 반원형으로 우리나라 시설원예 초창기의 대표적인 시설로, 골격은 대나무를 많이 사용하였으나, 지금은 파이프를 주로 사용한다.
  ㉡ 하우스의 크기는 대체로 너비 4.0~5.4m, 높이 1.6~2.0m 정도이며, 하우스의 길이는 농가에 따라 크게 다르다.
  ㉢ 보온성이 크고 바람에 잘 견디며, 빛이 잘 드는 등의 장점이 있다.
  ㉣ 환기 능률이 떨어지고 많은 눈에 잘 견디지 못하는 단점이 있다.

② **지붕형 하우스**
  ㉠ 양쪽 지붕형 유리온실과 같은 모양의 하우스로 간혹 3/4형 하우스도 이용되고 있다.
  ㉡ 바람이 세거나 적설량이 많은 지대에 적합한 형태이다.
  ㉢ 천창과 측창을 설치하기 쉬우며, 천창을 좌우로 동시에 개폐할 수 있고, 개폐장치도 간편히 설치할 수 있다. 또한 창틀의 기밀도가 높은 편이다.

③ **아치형 하우스**
  ㉠ 아연을 응용 도금한 파이프(펜타이트)를 표준규격에 맞도록 가공한 것을 골격으로 사용한 것이다.
  ㉡ 골격률이 작은 편이어서 광선의 투과율이 높으며, 단동형뿐만 아니라 연동형으로도 설치할 수 있다.
  ㉢ 농촌진흥청에서는 우리 농산물의 국제경쟁력을 높이기 위한 방안으로 아치형 하우스 표준규격을 개발하였고, 1990년대 이후로는 농가보급형 자동화 하우스를 개발하여 보급하고 있다.

④ 대형 지붕형 하우스
  ㉠ 지붕형 연동 하우스의 단점을 보완하고, 편리하게 관리하기 위하여 너비가 10m 이상인 대형 철재하우스이다.
  ㉡ 곡부가 없고, 지붕의 기울기가 13~17°로 밋밋하기 때문에 내풍성이 크고, 광선의 투과가 균일하며, 자재를 절약할 수 있는 등의 장점이 있다.
  ㉢ 골격자재는 주로 철재를 사용하고 있으나, 피복자재인 플라스틱필름을 고정하는데 문제가 많다.
  ㉣ 특징은 보온, 환기, 기온 등의 환경조절이 용이하나, 대형화에 따른 안전구조 설계 때문에 골격자재비가 많이 든다.

심화TIP 재배작물에 따른 온실의 분류

채소온실	• 유리온실 : 토마토, 피망, 오이, 멜론 등의 열매채소가 거의 대부분을 차지하고 있다. • 연동형 유리온실 : 생육기간이 짧은 잎상추, 미나리 등의 잎줄기채소의 양액재배에 많이 이용된다. • 멜론재배에는 채광과 보온이 잘되는 3/4 지붕형이, 그 밖의 채소재배에는 양쪽 지붕형과 연동형 및 벤로형 온실이 각각 이용된다.
과수온실	• 유럽계 포도는 내습성이 약하여 비를 많이 맞으면 병해의 발생이 심하기 때문에 유리온실을 이용하여 재배하는 경우가 많다. • 포도재배용 온실은 덩굴을 지붕의 내면에 배치하기 때문에 지붕의 면적이 넓어야 좋으므로 지붕의 기울기는 크게 한다.
화훼온실	• 절화용 : 초장이 길기 때문에 추녀가 높아야 한다. • 분화용 : 대체로 초장이 짧기 때문에 추녀가 약간 낮아도 되지만, 벤치를 설치하는 것이 일반적이다. • 화훼재배에는 연동형과 벤로형이 주로 이용된다.

3 식물공장

(1) 식물공장의 개념
① 정보통신과 생물공학기술을 농업생산에 이용하여 기후환경과 재배관리의 모든 과정이 로봇에 의해 완벽하게 제어되는 공장이다.
② 환경조건을 작물생장에 알맞게 인위적으로 제어하고, 생산공정을 자동화한 새로운 생산방식이다.
③ 작물수요에 따라 생산계획을 세울 수 있고, 파종에서 수확은 물론 유통까지도 종합적으로 대처할 수 있도록 하는 고효율 작물생산시스템이다.

(2) 식물공장의 특징

입 지	• 자연조건의 영향을 받지 않는다. • 토지이용률이 높으므로 땅값이 비싼 곳에서도 유리하다. • 소비지 가까운 곳에 설치할 수 있어 도시형 농업이 가능하다.
작업환경	• 작업환경이 좋다. • 힘든 작업이 없어서 노약자도 가능하다.
품 질	농약을 적게 사용한 고품질의 농산물을 생산할 수 있다.
생 산	• 인건비를 최소화할 수 있다. • 단위면적당 생산량이 많다. • 생산시기 및 생산량을 계획하여 조절한다.
재 배	• 생육속도가 빨라 재배기간이 짧다. • 이어짓기 장해가 없다. • 에너지원에 이상이 없는 한 연중가동이 가능하다. • 생력화가 가능하다.

(3) 식물공장의 종류 기출 제11회

① 완전제어형 식물공장

햇볕을 투과시키지 않는 건물에서 인공조명을 이용하여 작물을 재배한다. 인공조명은 일반적으로 햇볕에 가까운 고압나트륨등을 이용하지만, 형광등을 사용하는 경우도 있다.

> **심화TIP 고압나트륨등**
>
> 고압나트륨등은 주로 식물 생장과 광합성을 촉진하는데 사용된다. 식물 재배에 고압나트륨등을 단독 사용하면 500nm 이하의 청색광이 부족하기 때문에 줄기나 잎이 길어지고 연약해지는 도장을 유발할 가능성이 있다. 하지만 일반 온실의 보광용으로는 단독 사용해도 문제가 없다.

② 태양광 병용형 식물공장

햇볕을 이용하여 작물을 재배하는 유리와 플라스틱필름 온실로, 햇볕이 약하거나 일조시간이 짧은 계절에는 인공조명을 함께 사용하는 방식이다.

③ 태양광 이용형 식물공장

태양광 병용형처럼 햇볕을 투과시키는 유리와 플라스틱필름을 피복재로 사용하는 온실로, 햇볕만을 이용하여 작물을 생산한다.

(4) 식물공장의 재배방식

① 입체식

베드를 입체적으로 배치하여 작은 공간에 보다 많은 작물을 심을 수 있는 장점이 있지만, 설치하는 비용이 많이 든다.

② 평면식

입체식에 비해 설치비용은 적게 들지만, 공간의 활용과 재배관리에 제한을 받는 단점이 있다.

(5) 식물공장에 필요한 기계장치
　① 환경조절장치
　　온도조절장치, 습도조절장치, 환기장치, 이산화탄소발생장치, 창문개폐기, 인공조명장치 등이 있다.
　② 제어장치
　　식물이나 환경에 대한 정보를 입수하여 원하는 제어를 하는 데에는 식물공장에 맞는 컴퓨터나 조절기가 필요하다. 컴퓨터와 조절장치 외에도 여러 가지 인터페이스(Interface), 모뎀(Modem), 기록계(Recorder), A/D 변환기(Analogue/Digital Converter) 등이 필요하다.
　③ 수경재배장치
　　식물공장에서의 재배방식은 수경재배방식이 가장 적합하다. 토양재배에서는 이어짓기 장해와 병충해 등이 있으며, 토양의 복잡한 물리·화학적 성질로 인해 지하부의 조절을 정밀하게 할 수 없어 자동화가 곤란하다.
　④ 식물생태측정장치
　　식물공장은 식물재배환경을 최적화한 식물의 자동생산시스템이다. 광합성, 증산량, 수분퍼텐셜(Potential), 생체중, 품질 등 식물생체에 대한 정보를 연속적이며, 비파괴적으로 측정할 수 있는 센서 및 분석장치들이 필요하다.

02 시설자재의 특성

1 골격 자재

(1) 형강재
① 강재의 형태에 따른 분류 : L형강, C형강, H형강, I형강, ㅁ형강 등이 있다.
② H, I 형강 : 온실의 기둥, 트러스 등에 쓰인다.
③ L, C, ㅁ형강 : 서까래, 중도리, 중방 등에 쓰인다.
④ 경량형 형강재 : 두께가 3.2mm 이하로 일반 유리온실 및 플라스틱 하우스에 사용된다.
⑤ 압연강재 : 대형 유리온실에 사용되고, 강도가 높다.

(2) 철재파이프(펜타이트 파이프)
① 플라스틱필름 하우스에 이용되는 것은 두께가 1.2mm의 관으로 바깥지름이 19mm, 22mm, 30mm인 것이 있으며, 주로 22mm가 많이 쓰인다.
② 길이는 4m, 6m, 8m인 것이 있으며, 녹방지를 위해 아연용융도금으로 내구연한이 길다.

(3) 경합금재
① 알루미늄을 주재료로 한 골격자재로 유리온실에 많이 이용된다.
② 무게가 철재의 1/3로 가볍고, 녹이 슬지 않으며, 광투과율이 좋다.
③ 자재의 형태가 다양하여 시설도 다양한 형태로 할 수 있다.
④ 강재에 비해 강도가 낮고 가격이 비싸다.

(4) 골격자재의 조립용 부자재
① 걸고리쇠
   파이프가 교차할 때 이를 고정하기 위해 이용하는 것으로, 피아노 강선을 재료로 하여 탄력을 유지할 수 있게 만들어진 것이다.
② 연결파이프
   파이프를 길이로서 연결하는 자재로 주골격 자재로 이용되는 파이프의 안지름보다 작은 바깥지름을 가지는 연결 파이프 토막이다.
③ 밴드형 연결쇠
   ㉠ 하우스의 마감부분이나 문짝 부분에서 많이 이용하는 부자재이다.
   ㉡ 편철을 파이프의 바깥지름에 맞게 원형으로 절곡하여 볼트로 죄어 고정시킬 수 있도록 만든 부품이다.

2 피복자재 기출 제1회, 제2회, 제3회, 제4회, 제5회

(1) 피복자재의 조건 기출 제2회
① 열전도율이 낮아야 한다.
② 겨울철 보온성이 커야 한다.
③ 외부 충격에 강해야 한다.
④ 광투과율이 높아야 한다.
⑤ 내구성이 커야 한다.
⑥ 수축과 팽창이 작아야 한다.
⑦ 가격이 저렴해야 한다.

(2) 기초 피복자재
고정시설을 피복하여 계속 사용하는 유리나 플라스틱필름 등을 말한다.
① 유 리
  ㉠ 판유리 : 판유리 중에서 투명유리를 이용하며, 일반적으로 두께 3mm를 많이 사용하고 있다. 적설량이 많은 지역, 바람이 강한 지역의 측벽부분, 벤로형 온실에는 4mm의 유리를 이용한다.
  ㉡ 형판유리 : 표면이 요철모양으로 처리되어 있고, 투과광의 일부가 산란되어 시설내 광분포가 고르다.
  ㉢ 열선흡수유리 : 가시광선의 투과성이 높고, 열선투과율은 낮다.
② 플라스틱 피복자재 기출 제7회
  ㉠ 연질필름
    ⓐ 두께 0.05~0.2mm의 연질필름으로 염화비닐필름(PVC), 폴리에틸렌필름(PE), 에틸렌아세트산비닐필름(EVA) 등이 있다.
    ⓑ 필름의 두께는 대체로 0.02~0.1mm이며, 바깥 피복 두께가 0.05~0.15mm인 것이 많이 이용되고 있다.
  ㉡ 경질필름
    ⓐ 내구성이 없는 연질필름의 결점 때문에 0.1~0.2mm 두께의 경질필름이 많이 쓰이게 되었다.
    ⓑ 경질필름은 수명이 길어(4~6년) 연질필름과 같이 자주 바꾸어 피복하지 않아도 되므로, 노력을 절감시킬 수 있다.
    ⓒ 연질필름에 비하여 투광률이 우수하며, 염화비닐필름과 폴리에스테르필름 등이 있다.
  ㉢ 경질판 : 두께가 0.2mm 이상의 플라스틱으로서 FRP, PET, PC판 등이 있으며, 피복자재로서 유리와 같은 우수한 성질을 가지고 있다.

심화TIP 시설재배용 주요 피복재 **기출** 제3회, 제5회, 제8회, 제9회, 제10회

구 분	내 용
폴리에틸렌(PE)필름	• 장파장을 많이 투과시키므로 보온성이 떨어진다. • 광투과율이 높고 연질피복재이다. • 표면에 먼지가 잘 부착되지 않는다. • 약품에 대한 내성이 크고 가격이 싸기 때문에 피복재 중 가장 많이 이용하고 있다. • 주로 하우스의 외피복, 커튼, 멀칭 및 터널 피복재료로 이용된다.
염화비닐(PVC)필름	• 연질피복재 중 보온성이 가장 높다. • 내후성과 내한성, 인열강도, 충격강도가 양호하다. • 가소제가 용출되어 먼지가 잘 달라붙기 때문에 사용 중 광선투과율이 낮아진다. • 필름끼리 서로 달라붙는 성질이 있으며, 값이 비싸다. • 소각시 독성가스나 대기오염 원인물질을 많이 발생시킨다.
에틸렌아세트산 비닐(EVA)필름	• PE필름보다 보온성, 내후성 및 방적성이 좋다. • 먼지가 적게 부착되어 덜 더러워지고, 비료와 약품에 대한 내성도 강한 편이다. • 내구성은 PE와 PVC의 중간 정도이다. • 가격은 PE보다는 비싸고 PVC보다는 싸다. • 가스발생 및 독성이 없는 편이다.
폴리에스터(PET) 필름	• 두께가 0.1~0.2mm 이상인 경질피복재이다. • 광선투과율은 90% 전후로 높은 편이고, 장파장이 투과되지 않으므로 보온성이 높다. • 수명이 길어 5년 이상 사용이 가능하며, 인열강도가 보강되어 있고 방적성도 좋은 편이다.

※ 무적필름 : 계면활성제를 폴리에틸렌 수지에 일정량 배합하여 만드는 필름으로, 계면활성제는 필름 표면의 표면장력을 약하게 함으로써 물방울이 맺히지 않고 흘러내리게 한다.

(3) 추가 피복자재

기초 피복자재 위에 보온, 차광 및 반사 등 목적으로 사용하는 부직포, 매트, 거적 등을 말한다.

① 부직포

폴리에스테르의 긴 섬유로 된 천 모양을 한 시트로, 두께가 0.1~0.2mm이고, 색깔이 흰색 또는 검은색이며, 광선 투과율이 일반 필름에 비하여 뚜렷하게 낮으므로 커튼이나 차광피복에 많이 쓰인다.

② 매 트

폴리에틸렌 발포시트로 색깔은 흰색이며, 두께는 저배율의 발포시트가 0.3mm 정도이고, 고배율의 발포시트는 1~2mm 정도이다. 주로 소형 터널의 보온피복에 많이 쓰인다.

③ 거 적

짚으로 만든 거적은 공기층에 의한 단열효과는 크지만, 덮고 걷는데 노력이 많이 들고 먼지가 많이 생기며, 물에 젖으면 단열효과가 현저히 떨어지고 무거워져 최근에는 플라스틱 보온피복재로 대체되고 있다.

④ 한랭사와 차광망

한랭사와 차광망은 시설의 차광피복재 또는 서리를 막기 위한 피복자재이다.
- ㉠ 한랭사 : 일반적으로 비닐, 폴리에스테르, 아크릴 등의 실 모양의 섬유로 짠 것을 말한다.
- ㉡ 차광망 : 폴리에틸렌이나 폴리프로필렌을 원료로 한 끈 모양의 섬유로 짠 것을 말한다.

⑤ 알루미늄 스크린
- ㉠ 알루미늄, 연사, 폴리에틸렌 등을 섞어 짠 온실용 커튼으로, 보온과 차광효과가 탁월한 첨단 커튼자재이다.
- ㉡ 여름철에는 알루미늄의 반사효과로 햇볕에 의한 온실 내부온도 및 지열의 상승을 억제해주며, 밤이나 겨울철에는 온실 내부의 열(원적외선)이 방출되는 것을 차단시켜 실내온도를 효과적으로 보호한다.
- ㉢ 알루미늄 소재가 가진 장파방사의 뛰어난 반사효과로 최고 30~75%까지 에너지절감이 가능하고, 차광 및 차열효과로 여름철 온실 내부의 고온을 방지할 수 있다.
- ㉣ 4년 이상에서 10년까지 장기간 사용할 수 있어 경제적이며, 자재비 및 인건비를 절약할 수 있다.

⑥ 반사필름
- ㉠ 알루미늄이 가진 빛의 반사성, 차광성 및 단열성을 이용하여 시설의 보광, 보온이나 해충방지, 과실의 착색촉진 등에 이용되는 자재이다.
- ㉡ 주로 PVC, PE, EVA 등에 알루미늄을 합성시켜 만든다.

⑦ 멀칭용 필름
- ㉠ 지온을 조절하고 수분 함량을 높이며, 잡초를 방제하기 위해 토양표면을 덮어 주는 필름이다.
- ㉡ 용도에 따라 투명한 것, 검은색 등의 여러 가지가 있다.

(4) 피복재의 고정자재

① 유리 고정자재
- ㉠ 유리창틀은 알루미늄으로 된 창틀과 유리를 보호하고 움직이지 않게 하는 고무퍼티와 유리를 고정시키는 클립부분으로 나눈다.
- ㉡ 알루미늄창틀의 클립은 3cm 이상 겹쳐야 하고, 클립을 고정시키는 나사못은 클립을 밀착시킬 수 있도록 충분해야 하며, 스테인리스제를 사용해야 한다.

② 플라스틱필름 고정자재
- ㉠ <u>필름팩</u> : 힘을 많이 받지 않는 필름의 끝 부분을 고정시키는데 사용한다.
- ㉡ <u>필름홀더</u> : 연질필름을 고정시킬 때 파이프 하우스의 경우 골격과 필름의 부착을 튼튼하게 하여 돌풍에 날릴 위험이 없게 한다.
- ㉢ <u>하우스밴드</u> : 아치형 파이프 하우스의 마감면을 제외한 필름과 골격은 하우스밴드를 이용하여 밀착시킨다. 하우스밴드는 지면에 설치된 파이프에 묶고, 이 파이프는 나선형으로 된 나선 철기둥에 고정시킨다.

㉣ 나선 철기둥 : 바람에 의하여 필름에 부력이 생기는데, 이는 땅에 박힌 나선 철기둥에 전달되어 필름이 뜨지 않게 된다. 따라서 바람이 강한 지역에서는 나선 철기둥의 설치간격을 2m 이내로 해야 한다.

3 육묘용 설비와 자재

(1) 육묘시설 및 설비

① 전열온상
  ㉠ 전열온상은 전류의 저항으로 생기는 열을 이용하고, 전열온상선은 단상 100V, 200V, 3상 200V용으로 구분하며, 용량과 길이가 다양하다.
  ㉡ 온상틀은 일반 양열온상과 같으며, 전열선 아래쪽은 짚이나 왕겨 등의 단열재를 6~12cm 두께로 깔아준다.
  ㉢ 근래에는 단열재로 효과가 뛰어난 스티로폼판을 주로 이용하고 있다.

② 전기발열판 온상
  ㉠ 가는 전열선을 합리적인 간격으로 PVC판에 배선하고, 아래위를 밀착하여 고정시켜 전기장판처럼 만든 온상이다.
  ㉡ 전열선 온상의 결점을 개선하여 보완시킨 편리하고 경제적인 전열온상의 일종이다.

③ 온수온상
  ㉠ 온수온상은 모판흙 밑에 방열파이프를 묻고 온수를 순환시켜 온상의 온도를 높여주는 방식이다.
  ㉡ 온도분포가 비교적 균일하고 온도조절이 가능하지만, 설치비용이 많이 들고 이동이 곤란하여 널리 사용되지 않고 있다.

④ 플러그육묘 [기출] 제3회, 제5회
  ㉠ 플러그 모종(Plug Seedling)이란 '플러그'라고 불리는 '응집성이 있는 소량의 배지가 담긴 개개의 셀(Cell)에서 길러진 모종'을 일컫는다.
  ㉡ 플러그육묘를 하기 위해서는 유리나 플라스틱필름으로 된 육묘온실이 있어야 한다.
  ㉢ 이들 시설에는 보온, 환기, 난방, 이산화탄소 시비 및 조명을 할 수 있는 환경조절장치, 관수 및 거름을 줄 수 있는 관비장치, 컴퓨터제어방식을 이용한 환경제어장치, 재배면적 및 작업성을 고려한 재배상(베드) 등이 설치되어야 한다.
  ㉣ 플러그 모종을 생산하기 위해서는 모판흙 제조 및 충전, 파종, 관수, 시비 및 환경관리 등 모든 육묘 작업을 체계화할 수 있는 기계화된 시설이 필요하다.
  ㉤ 최근에는 육묘를 위한 전용시설에서 각종 기계를 이용하여 규격화된 양질의 모종을 대량 생산할 수 있는 플러그육묘가 실용화되고 있다.

> **심화TIP** **플러그육묘(공정육묘)** `기출` 제3회, 제5회
>
> 식물의 모종을 공장식으로 기르는 것으로 모종을 트레이(플러그판)에서 기른다고 '플러그육묘'라고 한다.
> - 규격이 균일하다.
> - 정식이 쉽고, 취급과 수송이 용이하다.
> - 이식시 상처가 적다.
> - 노동력이 적게 소요된다.
> - 공정시설과 기자재에 비용이 많이 든다.
> - 환경조절 등 숙련된 기술이 필요하다.

(2) 육묘자재

① 모판흙

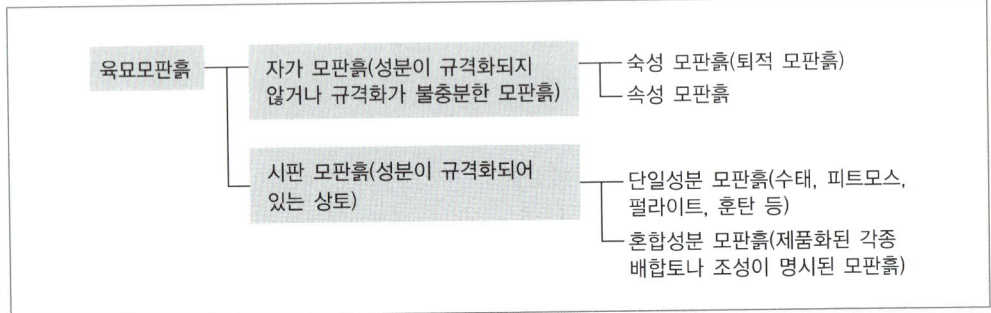

㉠ 모판흙의 특성
  ⓐ 원예용 작물에 맞는 모판흙은 유기물 함량이 많고 공극량이 커서 통기성이 충분히 확보되어 있으며, 배수성과 보수성이 적당해야 한다.
  ⓑ 모종을 이식할 때 뿌리가 파괴되지 않게 자체 결합력이 있어야 하고, 정식후 토양과 잘 융합되어 뿌리의 활착이 좋아야 한다.

㉡ 모판흙의 종류
  ⓐ 자가 모판흙 : 농가에서 직접 제조하는 모판흙으로 병해충이 없는 밭흙, 논흙, 마사토 및 모래 등을 주재료로 하여 퇴비(부엽, 가축분 등)와 석회, 그리고 3요소 거름을 섞어 만든다.

숙성 모판흙	위의 재료를 혼합한 뒤 6개월 정도 퇴적시켜 두면서 몇 번 뒤집어 사용하는 것
속성 모판흙	만드는데 소요되는 시간이 긴 숙성 모판흙의 결점을 개선하여 숙성 모판흙과 같은 재료를 미리 준비하여 두었다가 사용전 5~10일 사이에 일정비율로 혼합하고, 거름을 첨가하여 만드는 것

  ⓑ 시판 모판흙 : 시중에서 판매하고 있는 원예용 모판흙에는 펄라이트, 버미큘라이트, 피트모스, 수태 등과 같이 단일 성분의 모판흙과 이들 중 몇 가지를 섞어 배합한 혼합 모판흙이 있다.

ⓒ 모판흙의 재료 : 크게 유기물 재료와 무기물 재료, 그리고 거름이 포함된 것과 포함되어 있지 않은 것으로 나눌 수 있다. 기출 제6회, 제11회

유기물 재료	피트모스, 나무껍질, 코코넛 섬유, 부엽, 왕겨, 가축분 등
무기물 재료	펄라이트, 버미큘라이트, 입상 암면, 제올라이트, 모래, 소성점토, 마사토 및 3요소 거름 등

② 포 트
  ㉠ 지피 포트(Jippy Pot) : 지피 포트는 피트모스를 주원료로 만들어졌기 때문에 보비력과 보수력, 배수력, 그리고 통기성 등이 우수하다.
    ⓐ 육묘에 알맞게 산도와 거름을 조절할 수 있어 뿌리의 발생이 왕성하고, 균일한 육묘가 가능하다.
    ⓑ 비닐 등을 사용한 포트와는 달리 포트 그대로 정식할 수 있어 파종, 이식, 모종의 순화, 정식 등에 필요한 노동력을 절감할 수 있다.
    ⓒ 지피 9, 지피 7, 지피 원형, 지피 사각 등 다양한 규격으로 각종 작물의 육묘에 이용된다.

[지피 포트]

  ㉡ 트레이 : 최근에 각광을 받고 있는 플러그육묘에 필수적인 육묘 및 운반용 포트이다.
    ⓐ 폴리에틸렌 재질은 모잘록병과 같은 병원균의 감염이 우려되는 작물에 1회용으로 이용한다.
    ⓑ 구멍의 크기와 깊이, 모양 등 구조가 다양하므로, 작물의 생육 특성, 육묘 기간 등을 감안하여 선택한다.
    ⓒ 구멍 수는 32~800 구멍까지 매우 다양한데, 구멍 수가 많을수록 모판흙의 양이 적어 세심한 관리가 필요하다.

[트레이]

  ㉢ 망 포트(화분망) : 망 포트에 작물을 재배하면 이식할 때 뽑지 않고 그대로 큰 포트나 노지에 옮길 수 있다. 관엽식물 재배, 조경용 묘목재배에 사용한다.

[망 포트]

  ㉣ 헤고 생산품(Osmunda Products) : 열대지방의 고비식물 뿌리를 잘라서 만든 제품으로 공기가 잘 통해서 난류와 착생식물의 생육에 적합하고 외관도 좋다. 양란, 동양란, 대곡도, 박쥐란 등의 식재에 사용되고 있다.
  ㉤ 플라스틱 포트 : 포트의 제조에 사용되는 재료와 방법에 따라 연질과 반경질, 그리고 경질성 성형포트가 있으며, 크기도 다양하다.

[헤고 생산품]

    ⓐ 대체로 반경질 포트가 가장 많이 이용되는데, 여러 번 사용할 수 있는 장점이 있다.
    ⓑ 모종을 정식할 때에는 모종을 포트에서 뽑아내어 정식해야 하는 불편도 있을 뿐만 아니라 모판흙을 포트마다 담아야 하므로 노동력이 많이 소요된다.

03 시설관리

1 난방설비

(1) 온풍난방기

① 개 념
연료의 연소에 의해 발생하는 열을 공기에 전달하여 따뜻하게 하는 난방방식으로 플라스틱 하우스의 난방에 많이 쓰인다.

② 장 점
열효율이 80~90%로 다른 난방 방식에 비하여 높고 짧은 시간에 필요한 온도로 가온하기가 쉬우며, 시설비가 저렴한 이점이 있다.

③ 단 점
건조하기 쉽고 가온하지 않을 때에는 온도가 급격히 떨어지며, 연소에 의한 가스의 장해가 발생하기 쉬운 단점이 있다.

(2) 온수난방장치

① 개 념
보일러로 데운 온수(70~115℃)를 시설 내에 설치한 파이프나 방열기(라디에이터)에 순환시켜 표면에서 발생하는 열을 이용하는 방식이다. 면적이 2,000~3,000m^2 정도인 온실에 적합하다.

② 특 징
열이 방열되는 시간은 많이 걸리지만, 한번 더워지면 오랫동안 지속되며 균일하게 난방할 수 있는 특징이 있다.

③ 구 성
온수보일러, 방열기(라디에이터), 펌프 및 팽창수조 등으로 구성되어 있다.

④ 난방방식
배관방법에 따라 유닛히터 이용 방식, 라디에이터(팬 코일 유닛) 시스템, 공중배관난방, 이랑 사이 노출배관난방, 지중난방 등으로 구분된다.

(3) 증기난방방식

① 개 념

보일러에서 만들어진 증기를 시설 내에 설치한 파이프나 방열기(라디에이터)에 보내어 여기에서 발생한 열을 이용하는 난방방식이다.

② 이 용

규모가 큰 시설에서는 고압식을 사용하고, 소규모 시설에서는 저압식을 사용한다.

> 실제로는 증기를 시설 내의 배관에 직접 보내지 않고 온수로 변환시켜 순환시키는 방법을 많이 사용하고 있다.

2 냉방설비 기출 제1회, 제3회, 제11회

(1) 팬 앤드 패드(fan & pad) 방법

① 한쪽 벽에 목모(부패가 잘 안 되는 나무섬유)를 채운 8~10cm 두께의 패드를 설치하고, 패드 위에 노즐을 이용하여 물을 흘러내리게 하여 패드가 완전히 젖게 한다.

② 반대쪽 벽에는 환기팬을 설치하여 실내의 공기를 밖으로 뽑아낸다. 이때 외부의 공기가 패드를 통과하여 시설 내로 들어오면서 냉각되어 시설 내의 온도가 낮아진다.

(2) 팬 앤드 포그(fan & fog) 방법

① 포그 노즐을 사용하여 $30\mu m$ 이하의 작은 물 입자를 온실의 내부에 뿌려준다. 그리고 천장에 환기팬을 설치하여 실내의 공기를 뽑아내도록 한다.

② 작은 물 입자가 고온의 공기와 접촉하여 기화함으로써 온실 내의 공기를 냉각시키는 방법이다.

③ 온실의 온도를 바깥 기온보다 2~4℃ 낮출 수 있다.

> 다른 냉각방법으로는 팬 앤드 미스트(fan & mist) 방법, 지붕 분무 냉각법, 작물체 분무 냉각법, 히트펌프에 의한 방법 등이 있다.

(3) 냉방보조설비

① 차 광

발, 한랭사 등의 차광재를 지붕 위에 설치하여 햇볕을 부분적으로 차단함으로써 시설 내의 온도 상승을 억제하는 것이다.

② 옥상 유수

지붕 위에 물을 흘러내리게 하여 태양열을 흡수시키고 지붕면을 냉각시키는 것이다.

③ 열선흡수유리

열선을 주로 흡수하는 유리를 피복하여 시설의 온도 상승을 억제하는 것이다.

3 관수설비

(1) 살수장치
① 스프링클러
  ㉠ 짧은 시간에 많은 양의 물을 넓은 면적에 살수할 수 있으며, 노즐, 송수호스, 펌프로 구성되어 있다.
  ㉡ 살수 각도는 360°, 180° 등이 있고, 종류는 저각도용, 범용, 광역용, 정원용 등이 있다.
② 소형 스프링클러
  ㉠ 육묘상이나 잎채소류의 재배용으로 사용할 수 있도록 개발된 것으로, 대부분이 플라스틱 제품으로 부속도 용도에 따라 쉽게 교환이 가능하게 설계되어 있다.
  ㉡ 관수방향과 범위에 따라 미립자 하향 살수, 하향 회전살수, 상향 180° 회전살수, 상향 광폭 살수, 상향 초광폭 살수 등으로 나눈다.
③ 유공튜브
  ㉠ 경질이나 연질 플라스틱필름에 지름 0.5~1.0mm의 구멍을 뚫어 살수하는 것으로 수압이 낮아도 균일하게 관수할 수 있다.
  ㉡ 오래 사용할 수 없으나, 시공이 간편하고 비용이 저렴하다.
  ㉢ 작물의 종류나 재배방식에 따라 지면에 직접 설치하는 저설용, 하우스 서까래에 매달아 사용하는 고설용, 멀칭필름 밑에 설치하는 멀칭용 등이 사용되고 있다.

(2) 점적관수장치 기출 제10회
① 플라스틱 파이프나 튜브에 분출공을 만들어 물이 방울방울 떨어지게 하거나 천천히 흘러나오게 하는 방법이다.
② 저압으로 물의 양을 절약할 수 있으며, 하우스내 습도의 영향도 줄일 수 있다.
③ 잎과 줄기, 꽃에 살수하지 않으므로 열매채소의 관수에 특히 좋으며, 점적단추, 내장형 점적호스, 점적튜브, 다지형 스틱 점적방식 등이 있다.

(3) 분무장치
온실 천장마다 길이 방향으로 파이프라인을 가설한 다음 분무용 노즐을 설치하여 고압으로 압송된 물을 파종상 관수, 엽면 관수, 농약 살포, 하우스내 가습과 냉방 등에 사용한다.

(4) 저면관수장치 기출 제11회
① 화분에 대한 관수방법으로 벤치에 화분을 배열한 다음 물을 공급하여 화분의 배수공을 통하여 물이 스며 올라가게 하는 방법이다.
② 채소의 육묘와 분화재배 등에서 사용할 수 있다.

(5) 지중관수

① 땅속에 매설한 급수 파이프로부터 토양 중에 물이 스며 나와 작물의 근계에 수분을 공급하는 방법이다.
② 급수파이프로부터 모세관현상으로 작물의 뿌리까지 물이 스며 올라오는데 오랜 시간이 걸리고 물의 손실이 많다.

(6) 관수시설 및 자재

① 수원시설
지하수, 수돗물, 하천 등이 수원으로 이용되고 있지만, 일반적으로 지하수를 이용하는 경우가 많다.

② 급수시설
수원의 물을 재배포장에 공급하는 시설로는 급수관과 수도를 직접 연결하는 직결식을 비롯하여 펌프방식, 고가탱크방식, 압력탱크방식 등이 있다.

③ 펌프
원예용 관수설비에는 회전형 원심펌프(터빈형·벌류트펌프 등)가 가장 많이 이용된다.

④ 배관재료
관의 종류에는 배관용 탄소강강관(SPP) 및 경질 염화비닐관(PVC)으로 일반관(VG), 박막관(VU), 전선관(HI), 특수 박막관(VI) 등이 있다.

⑤ 이음재료
소켓, 엘보, 티, 캡 등이 사용되고, 일반적으로 SPP관은 나사이음, 염화비닐관은 접착제로 접속한다.

⑥ 밸브
밸브는 형식에 따라 글로브밸브, 게이트밸브, 역류방지밸브 등이 있다.
㉠ 글로브밸브 : 주로 유량조절용으로 사용된다.
㉡ 게이트밸브 : 주로 개폐정지용으로 사용된다.
㉢ 역류방지밸브 : 체크밸브라고도 하며, 물을 한 방향으로만 흐르게 하므로 펌프와 압력탱크의 중간에 설치한다.

4 환기설비

(1) 자연환기장치
① 천창이나 측창 등의 환기창을 통하여 이루어지는 환기를 자연환기라고 한다.
② 연동형 시설에서는 천창과 측면환기의 중간에서 하는 곡간환기를 사용한다.
③ 천창이나 측창을 여닫는 데는 전동모터를 사용하며, 모터의 작동은 온도조절기로 제어하는 시스템이 개발되어 사용되고 있다.

(2) 강제환기장치
① 프로펠러형 환풍기
  ㉠ 압력차가 적으나 많은 환기량이 요구되는 넓은 면적의 환기에 사용된다.
  ㉡ 일반적으로, 지름 60cm 이하의 팬은 모터와 팬이 직접 연결된 직결식이다.
  ㉢ 60cm 이상의 대형 팬은 벨트로 모터의 동력을 축에 전달하는 벨트식이다.
② 튜브형 환풍기
  덕트환기 등에서 사용하며, 프로펠러형 환풍기보다 환기 용량은 작지만, 압력차가 큰 경우에도 압력손실이 적다.

5 이산화탄소 발생기

(1) 연소식 이산화탄소 발생기
① 프로판가스, 천연가스, 백등유를 연소시켜 이산화탄소를 발생시키는 장치이다.
② 백등유는 유해가스의 발생위험이 많고, 농도제어가 어려운 점이 있다.
③ 프로판가스는 연료구입이 쉽고, 유해가스의 발생이 거의 없어 많은 농가에서 사용하고 있다.
④ 천연가스는 공급 지역이 한정되어 이용에 한계가 있다.

(2) 액화 이산화탄소 발생기
① 순수 압축·정제된 이산화탄소를 균일하게 공급하는 기기로서, 이산화탄소 농도 조절이 자유롭고, 유해가스가 없어 작물에 해가 없다.
② 한 개의 시스템으로 여러 동의 하우스에 이산화탄소의 공급이 가능하다.
③ 설치비용이 비싸고 용기의 교체가 번거로우며, 시판 장소가 한정된 것이 단점이다.

> **심화TIP   이산화탄소 발생기**
>
> 유리온실이나 하우스 내에서 부족하기 쉬운 이산화탄소를 인위적으로 공급하여 식물의 광합성을 촉진시킴으로써 작물의 증수 효과뿐만 아니라 고품질의 상품을 생산해 낼 수 있는 기계 장치이다.

6 방제설비

(1) 액제살포장치
 ① 농약을 물에 타서 분무기로 뿌리는 방법이다.
 ② 최근 시설원예에서 사용하는 주요한 장치로는 무인 주행형 배터리카에 의한 방제장치, 고정 배관식 미세분무살포장치, 배관 이동식 미세분무살포장치 등이 있다.

(2) 훈연법
 ① 시설 하우스 내부의 습도를 상승시키지 않고, 농약을 가열하여 연기 상태로 살포하는 방제법이다.
 ② 사용하기 간편하며, 짧은 시간 내에 균일하고 안전하게 살포할 수 있다.

(3) 연무기
농약을 가열하거나 고압을 가하여 육안으로 볼 수 없을 정도의 미세한 입자(연무)로 만들어 살포하는 장치이다.
 ① 상온연무기
  약제를 상온에서 압축시킨 공기를 이용하는 방식을 말한다.
 ② 고온연무기
  연료(가솔린)가 폭발할 때 발생하는 고온·고속의 배기가스 흐름을 이용하는 방식을 말한다.

04 양액재배

1. 양액재배의 의의 및 특징

(1) 양액재배의 의의
① 양액재배는 토양을 사용하지 않고 작물의 생육에 필요한 필수 원소를 그 흡수비율에 따라 적당한 농도로 용해시킨 수용액(양액)으로 작물을 재배하는 방법이다.
② 양액재배는 배지 및 뿌리의 환경을 정확히 측정하여 관리할 수 있어 높은 생산성과 품질의 고급화를 꾀할 수 있다.
③ 양액재배는 공장 생산방식의 식물공장으로 발전하고 있는 추세이다.

> **심화TIP** 토양재배와 양액재배의 비교
>
> | 항목 | 토양재배 | 양액재배 |
> |---|---|---|
> | 이어짓기 장해 | 발생한다. | 발생하지 않는다. |
> | 잡초 방제 | 잡초가 많아 제초 작업이 필요하다. | 잡초 제거가 필요 없다. |
> | 병충해 | 많은 토양 전염성 병원균, 선충, 해충 때문에 돌려짓기를 한다. | 배지 내에 병해충이 없고 돌려짓기가 필요 없으며, 외부 병원균이 침입하면 만연되기 쉽다. |
> | 재식 밀도 | 영양분과 광량 때문에 제한된다. | 제한 요인이 광량뿐이어서 밀식이 가능하다. |
> | 배지 소독 | • 노동력과 시간이 요구된다.
• 완전 소독이 불가능하다. | 단기간 소용되며 간단하다. |
> | 시비 | 시비량이 많고 균등 시비가 어려우며, 이용효율이 나쁘다. | 시비량이 적고 균등 시비가 가능하며, 이용효율이 좋다. |
> | 정식 | • 이식과 정식에 시간이 걸린다.
• 정식의 해를 입고 정지 작업이 힘들다. | • 이식과 정식이 간편하다.
• 이식의 해 및 정식의 해가 적고, 특별한 정지 작업이 필요 없다. |

(2) 양액재배의 특징 기출 제6회
① 장점
 ㉠ 품질과 수량성이 좋다.
 ㉡ 농약 사용량이 적다.
 ㉢ 청정재배가 가능하다.
 ㉣ 자동화가 쉬워 노력을 크게 줄일 수 있다.
 ㉤ 토양을 사용하지 않기 때문에 연작이 가능하다.

② 단 점
- ㉠ 초기 자본 및 전문적인 지식과 기술이 필요하다.
- ㉡ 배지(양액)의 완충능이 없다.
- ㉢ 재배 가능한 작물의 종류가 많지 않다.
- ㉣ 작물이 병해를 입으면 치명적인 손실을 초래할 수 있다.
- ㉤ 폐자재의 활용이 어렵다.

2 양액재배의 종류

(1) 분무경
① 식물의 뿌리를 베드 내의 공기 중에 매달아 양액을 분사하여 식물을 재배하는 방법이다.
② 뿌리가 공중에 있으므로 산소 부족의 염려는 없지만, 베드 내의 온·습도가 변화하기 쉬운 결점이 있다.

(2) 분무수경
양액을 뿌리에 분무하는 한편, 동시에 베드 밑부분에 약간의 양액을 저장시켜 뿌리의 일부를 담가 재배하는 방식이다. 수기경이라고도 하며, 분무경과 수경의 절충 방식이다.

(3) 수 경
① 담액수경 [기출] 제7회
- ㉠ 뿌리를 항상 양액 속에 담근 채로 재배하는 방식으로, 줄기는 지주 등에 고정한다.
- ㉡ 산소 공급 장치를 설치해야 하며, 산소의 공급방법에 따라 유동식, 액면 저하식, 통기식 등으로 나누고, 탱크의 유무에 따라 탱크 방식과 무탱크 방식 등으로 나눈다.

② 순환형 수경
- ㉠ NFT식 수경 : 식물을 플라스틱필름으로 만든 베드 내에서 생육시키고, 그 안에 배양액을 계속 흘려보내는 방식이며, 기본 구조는 베드, 탱크, 급·배액 장치 등으로 나눌 수 있다.
- ㉡ 환류식 수경 : 양액을 탱크에서 베드로, 다시 베드에서 탱크로 계속 순환시킴으로써 산소공급을 촉진시키고 양액 관리를 효율적으로 할 수 있는 재배방식이다.

> **심화TIP** **배지재배** **기출** 제8회, 제9회, 제10회
>
> **NFT재배**
> 재배상을 대신하여 필름 또는 피막을 이용하여 작물의 뿌리를 싸서 2mm~2cm의 깊이로 배양액을 흘려보내는 방법으로 박막수경이라고도 한다. 뿌리에 산소가 충분히 공급되도록 뿌리 사이에 흐르는 양액은 얇은 막을 형성하도록 하며, 그 위에 작물의 뿌리 일부가 닿게 하여 재배하는 방식이다. 기본 구조는 베드, 탱크, 급·배액 장치 등으로 구성된다.
> - **장점** : 배양액이 계속 순환하므로 수분부족과 산소부족을 쉽게 해결할 수 있다. 또한 설치비용이 적고 설비와 관리 작업이 간단하다.
> - **단점** : 최소한의 양액만이 투입되므로 외기온도의 변화에 매우 민감하다. 또한 사용되는 양액의 양이 작으므로 배양액 관리를 철저히 해야 한다.
>
> **고설재배**
> 고설재배는 땅에서 허리높이(1m 정도) 베드에 딸기를 재배하며, 정해진 영양액을 일정한 간격으로 공급해주는 방식이다. 허리를 굽히고 몸을 웅크리고 앉아 작업해야 하는 토경재배에 비해 허리를 펴고 편안하게 작업할 수 있다.
>
> **매트재배**
> 흙을 대신하는 다공성 매트(capillary mat)에 식물을 식재한 후 양액을 공급하는 방식이다.
>
> **심지재배**
> 흙을 대신하는 부직포 심지에 식물을 식재한 후 양액을 공급하는 방식으로 가장 단순한 수경재배 형태이지만, 식물이 충분한 물과 영양소를 흡수하는 데에 제한적이다.
>
> **담액재배**
> 식물뿌리를 항상 양액 속에 담근 채로 재배하는 방식으로, 산소를 공급하는 장치가 필요하다.

(4) 고형 배지경

① 수경과 토경재배의 중간적 성격을 가진 재배방식이다. 토양 대신 암면, 펄라이트, 자갈, 모래, 피트, 버미큘라이트, 톱밥 등에 양액을 공급하여 식물을 재배한다.

② 이들 배지는 작물의 고정, 공기와 물, 양분 등을 공급하고, 미생물을 조절한다. 이중 암면과 펄라이트가 실용적으로 가장 많이 이용되고 있다.

> **심화TIP** **고형 배지경**
>
> - **암면경** : 고형배지인 암면배지를 이용하며, 그 곳에 양액을 떨어뜨리면서 재배하는 방식이다.
> - **펄라이트경** : 펄라이트를 배지로 이용하여 재배하는 방식이다. 수분이 빨리 빠져나가 비료의 집적이 거의 없어 수분피해와 염류장해가 적지만 물과 비료의 소모가 크다.

> **심화TIP** **펄라이트 배지의 특징**
>
> - 화산 지역에서 나오는 진주암 원석을 잘게 부순 후에 1,000℃의 고온에 구워서 팽창시킨 인공토양이다.
> - pH가 중성(pH 6.8~8.0)이며, 공극률이 높고 통기성과 배수성이 우수하다.
> - 공기와 물이 잘 통하기 때문에 고형 배지경의 재료로 많이 이용된다.
> - 낮은 양이온 치환용량(0.15me/100mL)으로 시비관리가 편하고, 환경오염의 우려가 없다.
> - 낮은 양이온 치환능력으로 완충능력이 없으므로 양액관리를 철저히 해야 한다.
> - 다른 배지보다 오래 사용할 수 있고, 한번 사용 후 소독한 뒤 재사용하기 할 수 있다.
> - 쉽게 부서지고 가루가 날리며, 상대적으로 보습력이 떨어진다.

3 양액재배장치

(1) 베드

① 베드의 종류
  ㉠ 콘크리트 베드 : 설치할 때 노동력과 비용이 많이 들어 잘 이용되지 않고 있다.
  ㉡ 플라스틱 베드 : 값이 싸므로 다양하게 이용할 수 있다. 역경에서는 0.5mm 두께의 반경질 폴리에틸렌이나 플라스틱 시트 등을 이용한다. 수경이나 훈탄경 및 NFT 등에서는 두께 0.3mm인 연질 폴리에틸렌필름을 이용한다.

② 베드의 구조
  ㉠ 베드 내는 암흑 상태를 유지함으로써 조류의 번식을 방지할 수 있다.
  ㉡ 길이는 급액, 배액, 순환 등을 고려하여 30m 내외로 한다.
  ㉢ 배액구 쪽이 낮게 경사를 주어 배액이 잘되도록 한다.
  ㉣ 베드가 지면과 닿는 저베드는 단열재를 깔아 보온한다.

(2) 원수 및 양액 탱크

① 원수 탱크
  콘크리트 구조물로 만들어 방수처리를 한 후 이용하거나 FRP 제품을 이용한다.

② 양액 탱크
  ㉠ 베드에 공급되는 배양액을 저장해 두는 곳으로 10ha당 5~8t 정도가 알맞다.
  ㉡ 탱크의 크기는 클수록 양액의 양에 여유가 있어 농도변화가 적고 교환 횟수도 줄일 수 있다.

(3) 비료 희석기

양액을 조제하는 방식에는 탱크에 직접 비료를 녹이는 방법과 비료 희석기(정량식, 비율식)를 이용하는 방법이 있다.

(4) 양액 온도조절장치
① 양액의 온도는 겨울에는 15±5℃, 여름에는 26±4℃ 정도가 알맞다.
② 저온기에는 가온장치를, 고온기에는 냉각장치를 설치하여 양액의 온도를 조절한다.

(5) 급·배액 장치
① 양액의 공급은 베드 양쪽 끝에 급·배수구를 두어 배수구로부터 탱크 내로 배수가 되도록 하고, 다시 펌프로 퍼 올려 파이프로 급수구에 연결하여 배양액을 순환시킨다.
② 타이머 등을 펌프 모터에 연결하여 급·배액을 자동화할 수 있다.

(6) 여과장치
뿌리의 배설물 및 노화 분해물 등 각종 유기산을 활성탄 처리(배양액량의 0.3% 처리)로 흡착시켜 그 유해작용을 경감시킨다.

(7) 공기주입장치
① 용존산소를 증대시키기 위해 분무경에서는 급액 파이프에 40~50cm 간격으로 분무 노즐을 부착하여 뿌리에 정기적으로 분무하는 방식을 이용한다.
② 수경이나 고형 배지경 등에서는 급액 파이프의 펌프 부근에 에어 서커(Air Sucker)를 부착하여 공기를 혼입시키는 방법을 사용한다.

(8) 살균장치
순환식 양액재배에서 토양 전염성 병균을 방제하기 위해 배양액을 급액 전에 살균하는데 자외선등, 가열, 오존 등에 의한 살균을 이용한다.

(9) 양액의 자동화 공급시스템
마이크로컴퓨터를 이용하고 있는 양액 자동관리시스템은 EC 및 pH 조정 외에 배양액의 교환, 순환 시간을 주·야간별로 설정할 수 있고, 산소소비량을 예상하여 공급량을 조절할 수 있다. 온실 내의 기온은 아침, 낮, 오후, 밤 동안 등 시간대별로 설정하여 관리하여야 한다.

4 양액비료의 종류와 조제

(1) 양액재배에서 사용하는 비료

① 식물에 필요한 16가지의 필수 영양소 중 C, H, O는 물과 공기 중의 이산화탄소로부터 공급받는다. 양액재배는 13가지의 영양소를 포함하는 비료를 식물이 흡수하는 비율에 맞추어 물에 녹인 양액을 이용한다.

② 양액재배에서 사용할 수 있는 비료

구 분	비료명
다량요소	질산칼륨, 인산칼륨, 황산마그네슘, 질산칼슘, 염화칼슘, 황산칼륨, 제일인산암모늄, 질산암모늄, 황산암모늄, 제일인산나트륨, 염화암모늄, 수산화칼륨, 황산 등
미량요소	킬레이트철, 붕산, 황산망간, 염화망간, 염화아연, 황산아연, 몰리브덴산암모늄, 황산구리 등

(2) 양액의 조성과 조제

① 양액의 조성

양액의 조성은 양액 속에 포함되어 있는 성분을 나타내는 것으로, 작물에 가장 적당한 양액의 조성과 농도는 작물의 종류, 생육단계 또는 재배시기, 배지의 보수력, 급액 횟수 등에 따라 달라진다.

② 양액의 농도

다량원소는 me/L로 양액 농도를 결정하는 방법이 통용되고 있으며, 미량원소는 mM(몰농도) 또는 ppm으로 나타내고 있다.

  ㉠ me/L : L당 밀리그램 당량을 나타내며, 어떤 비료염 중에 함유되어 있는 이온의 양을 계산하기 위하여 원자량을 원자가로 나눈 값으로, 순수한 물 1L에 녹아 있는 양을 의미한다.
  ㉡ mM : 몰농도는 용액 1L에 녹아 있는 용질의 몰수를 나타내며, 1mM = 1/1,000M 농도에 해당한다.
  ㉢ ppm : 백만분의 1의 양을 뜻하며, 용액 1,000L 속에 녹아 있는 용질의 1mg수를 말한다.

③ 양액의 조제

배양액의 조성과 농도를 조사하여 배양액을 만드는데, 배양액을 조제하는 방법은 두 가지가 있다.

  ㉠ 수경재배용으로 판매되고 있는 비료를 구입하여 회사에서 권장하는 방법대로 조제하는 것으로, 회사의 설명에 따라서 조제하면 간단하다.
  ㉡ 유명한 배양액 중에서 작물의 종류에 알맞은 배양액 조성을 선택하여 조제하는 방법이 있다.

5 양액의 관리

(1) pH의 변화와 조정
① 배양액의 적정 pH는 일반적으로 5.5~6.5 범위가 적당하다. 그러나 실제 재배과정에서 고형 배지의 화학성이나 작물의 생육에 따른 양분 흡수의 변화로 인해 pH가 변하게 되므로 정기적으로 pH를 측정하여 적당하게 조정해 주어야 한다.
② pH를 1만큼 낮추는 데에는 배양액 1t당 3N 황산을 10mL 정도 넣어야 하고, pH를 1만큼 높이는 데에는 배양액 1t당 수산화칼륨을 5mL 정도 넣어야 한다.

(2) EC(Electric Conductivity ; 전기전도도)의 측정과 보정
① 배양액의 농도변화(요인)
  ㉠ 배양액의 성분 농도보다 작물이 흡수하는 농도가 낮아 변화한다.
  ㉡ 배양액의 수분은 작물이 흡수할 뿐만 아니라 수면으로부터의 증발이나 기온, 습도, 풍속 등의 환경 조건과 작물의 생육단계에 따라서도 변화한다.
② 배양액 농도의 수정
  ㉠ EC 측정기로 염류농도를 측정하여 농도가 낮으면 비료를 보충해 주거나 감소한 물의 양을 기초로 보급해 주는 방법이 있다.
  ㉡ 배양액 중의 NO_3-N 농도를 분석하여 부족한 만큼 보충해 주면서 다른 원소도 같은 비율로 주는 방법 등이 있다.
③ 배양액의 교환
  ㉠ 양액은 작물의 생육 중에 원소에 따라 흡수 정도가 달라 원소 사이에 불균형이 일어날 수 있으므로 정기적으로 양액을 교환해 주어야 한다.
  ㉡ 배양액은 보통 2~3주 간격으로 갈아주어야 한다. 특히 고온기에 어리고 생육이 왕성한 식물은 1주 간격으로 자주 갈아주는 경우도 있다.

> **심화TIP 배양액의 구비조건** 기출 제5회
> - pH 5.5~6.5 범위에 있을 것
> - 필수 무기양분을 함유할 것
> - 뿌리에서 흡수하기 쉬운 물에 용해된 이온 상태일 것
> - 작물에 유해한 이온을 함유하지 않을 것
> - 각각의 이온이 적당한 농도로 용해되어 총이온 농도가 적절할 것
> - 재배기간이 계속되어도 농도, 무기원소간의 비율 및 pH 변화가 적을 것

CHAPTER 06 적중예상문제

01 시설구조 및 설계

01 다음 설명 중 옳지 않은 것은?

① 시설자재는 골격자재와 피복자재로 크게 나눌 수 있다.
② 기초 피복자재는 유리와 플라스틱 자재로 구분된다.
③ 플라스틱 자재에는 폴리에틸렌, 염화비닐, 에틸렌 아세트산 비닐 등과 같은 연질필름과 경질 필름 및 FRP, FRA, 폴리카보네이트와 같은 경질판이 있다.
④ 불투명 유리는 온실의 피복자재로 이용된다.

> **해설**
> 온실의 피복자재는 일반적으로 두께가 3mm, 너비가 508mm 또는 610mm, 길이가 90cm 안팎인 투명유리가 사용된다.

02 토마토, 오이 등의 열매채소와 카네이션, 국화 등의 화훼류 재배에 널리 이용되고 있는 온실은?

① 외쪽 지붕형 온실
② 3/4 지붕형 온실
③ 양쪽 지붕형 온실
④ 양쪽 지붕 연동형 온실

> **해설**
> **양쪽 지붕형 온실**
> • 양쪽 지붕의 길이가 같은 온실로, 광선이 사방으로 균일하게 입사하고 통풍이 잘되는 장점이 있다.
> • 남북 방향으로 지으면 햇볕이 고르게 든다.
> • 측면과 천장에 환기창을 설치하기 때문에 환기가 잘된다.
> • 좌우의 처마 높이가 같으므로 연동으로 세울 수도 있다.
> • 일반적으로 너비가 5.4~9.2m인 온실이 많이 사용되고 있다.
> • 재배관리가 편리하기 때문에 토마토, 오이 등의 열매채소와 카네이션, 국화 등의 화훼류 재배에 널리 이용되고 있다.

정답 01 ④ 02 ③

03 다음 중 온실의 복합환경제어 요소에 해당하지 않는 사항은?

① 온도
② 광선의 파장
③ 습도
④ 이산화탄소의 농도

| 해설 |

복합환경제어
온도, 습도, 빛, 이산화탄소, 양액의 농도 및 공급횟수 등이 외부환경의 변화에 따라 자동으로 조절됨으로써 작물생육에 최적의 환경조건을 최적의 상태로 유지시켜 주어 어떠한 기상 조건에서도 구애받지 않고 고품질의 농산물을 생산할 수 있게 하는 것을 말한다.

04 다음 중 양쪽 지붕 연동형 온실의 특성에 해당하는 것은?

① 토지이용률이 높다.
② 지붕 연결부가 방수성이다.
③ 눈 피해가 적다.
④ 단위면적당 건축비가 비싸다.

| 해설 |

양쪽 지붕 연동형 온실은 건설비가 싸고 난방비를 절약할 수 있으며, 토지이용률이 높고 재배관리를 능률적으로 할 수 있다. 반면 광분포가 불균일하고 환기가 잘 안되며, 지붕 연결부에 누수 우려가 있고 눈의 피해를 입기 쉬운 단점도 있다.

05 온실의 입지선정시 반드시 고려되어야 할 사항은?

① 지형이 산간지대로 토지비용이 값싼 곳을 선택한다.
② 태풍・돌풍이 자주 있지만, 온도가 높은 곳을 선택한다.
③ 지반이 연약하더라도 일사량이 풍부한 곳을 선택한다.
④ 양질의 용수를 확보할 수 있는 곳을 선택한다.

| 해설 |

온실의 입지조건은 지형, 수질, 배수, 기상조건, 도로, 지반조건 등을 충분히 고려해야 한다. 즉 위치는 도로로부터 가까워 통행하기 편리한 곳이 좋다. 전기와 물을 쉽게 공급받을 수 있는 위치에 있어야 초기 비용이 절감되며, 묘목을 생산하는데 대량의 물이 필요하기 때문에 양질의 용수를 확보할 수 있는 곳이 유리하다.

06 다음 중 우리나라 표준 하우스의 지붕 형식은?

① 외지붕형 ② 양지붕형
③ 아치형 ④ 연동형

> |해설|
> 아치형 하우스
> 우리나라 표준 하우스로 양쪽에 벽이 있고 지붕이 곡면으로 되어 있는 하우스를 말한다. 아치형 하우스는 자재비가 적게 들고, 조립과 해체가 쉽기 때문에 설치가 용이한 반면, 환기시설 설치가 곤란하다.

07 지붕형 하우스에 비하여 아치형 하우스의 장점은?

① 내풍성이 우수하다.
② 환기창 개폐 자동화 설비가 용이하다.
③ 대규모 시설에 유리하다.
④ 각형강관 구조재를 도입하므로 안전성이 높다.

> |해설|
> 아치형 하우스는 내풍성이 우수하고 광 분포가 양호하며, 하우스의 크기조절이 용이하다.

08 온실의 처마가 높고 폭이 좁은 양지붕형 온실을 연결한 형태의 온실형은? 기출 제10회

① 둥근 지붕형 ② 벤로형
③ 터널형 ④ 쓰리쿼터형

> |해설|
> 벤로형 온실은 처마가 높고 너비가 좁은 양쪽 지붕형 온실을 여러개 연결한 것으로 연동형 온실의 결점을 보완한 것이다. 토마토, 오이, 피망 등의 키가 큰 호온성 열매채소류를 재배하는데 적합하다.
> ① **둥근 지붕형** : 곡선유리를 사용하여 지붕을 둥글게 만든 온실로 내부에 그늘이 덜 생기고 밝아 식물원의 전시용으로 많이 이용되고 있다. 지붕이 높아 대형식물이나 열대성 관상식물의 재배에 알맞다.
> ③ **터널형** : 시설원예 초기의 비닐하우스 형태로, 지붕 모양이 터널 또는 반원형인 온실이다. 보온성이 크고 내풍성이 강하며 빛이 잘 드는 반면에, 환기시설의 설치가 어려워 환기 능률이 떨어지고 폭설에 약하다.
> ④ **쓰리쿼터형(3/4 지붕형)** : 남쪽 지붕의 길이가 지붕 전체 길이의 3/4 정도 되는 온실로, 동서 방향으로 설치한다. 채광과 보온성이 뛰어나기 때문에 고온성 원예작물인 멜론재배에 많이 이용되고 있다.

정답 03 ② 04 ① 05 ④ 06 ③ 07 ① 08 ②

09 다음이 설명하는 온실형은? [기출] 제7회

- 처마가 높고 폭이 좁은 양쪽 지붕형 온실을 연결한 형태이다.
- 토마토, 파프리카(착색단고추) 등 과채류 재배에 적합하다.

① 양쪽 지붕형 ② 터널형
③ 벤로형 ④ 쓰리쿼터형

해설

벤로형 온실은 처마가 높고 폭이 좁은 양쪽 지붕형 온실을 여러개 연결한 것으로, 연동형 온실의 결점을 보완한 것이다. 토마토, 파프리카(착색단고추), 오이 등 과채류 재배에 적합하다.

※ **양쪽 지붕형** : 양쪽 지붕의 길이가 같은 온실로, 광선이 사방으로 균일하게 입사하고 통풍이 잘되는 장점이 있다. 재배관리가 편리하기 때문에 토마토, 오이 등의 열매채소와 카네이션, 국화 등의 화훼류 재배에 널리 이용되고 있다.

10 벤로형(Venlo) 온실에 관한 설명이다. ( )에 들어갈 내용으로 옳은 것은? [기출] 제11회

벤로형 온실은 서까래의 간격이 넓어지기 때문에 골조가 적게 들어 (ㄱ)이 감소한다. 이에 따라 온실의 (ㄴ)이 증가한다.

① ㄱ : 골조율, ㄴ : 산란율
② ㄱ : 골조율, ㄴ : 투광률
③ ㄱ : 투광률, ㄴ : 골조율
④ ㄱ : 투광률, ㄴ : 산란율

해설

벤로형(Venlo) 온실
벤로형 온실은 처마가 높고 너비가 좁은 양쪽 지붕형 온실을 여러개 연결한 것으로 연동형 온실의 결점을 보완한 것이다. 서까래의 간격이 넓어지기 때문에 골조가 적게 들어 (**골조율**)이 10~12% 감소하여 시설비를 절약할 수 있다. 이에 따라 온실의 (**투광률**)이 증가한다.

11 유리온실내 지면으로부터 용마루까지의 길이를 나타내는 용어는? 기출 제9회

① 간고
② 동고
③ 측고
④ 헌고

> |해설|
> - **동고** : 지면으로부터 용마루까지의 길이(온실높이)
> - **간고(측고)** : 처마높이

12 시설 내의 환경 특이성에 관한 설명으로 옳지 않은 것은? 기출 제6회

① 위치에 따라 온도 분포가 다르다.
② 위치에 따라 광 분포가 불균일하다.
③ 노지에 비해 토양의 염류농도가 낮아지기 쉽다.
④ 노지에 비해 토양이 건조해지기 쉽다.

> |해설|
> 강우차단, 다비재배, 흡비력 약화로 인해 노지에 비해 토양의 염류농도가 높다.

13 식물공장의 특징에 관한 설명으로 옳지 않은 것은?

① 단기간 대량생산, 수확물의 균일성
② 인공광원만을 사용하여 부가가치가 높은 식물의 생산
③ 수확물의 무농약재배로 부가가치 제고
④ 환경관리의 자동화, 재배관리의 일반성

| 해설 |
식물공장은 완전제어형(인공광만 사용), 인공광 병용형(태양광 + 인공광), 태양광 이용형(태양광) 등으로 분류한다.

14 식물공장의 특징에 관한 설명으로 옳지 않은 것은?

① 자연조건의 영향을 많이 받는다.
② 토지이용률이 높으므로 땅값이 비싼 곳에서도 유리하다.
③ 소비지 가까운 곳에 설치할 수 있어 도시형 농업이 가능하다.
④ 힘든 작업이 없어서 노약자도 가능하다.

| 해설 |
식물공장에서의 농업생산은 환경조건을 작물생장에 알맞게 인위적으로 제어하고 생산공정을 자동화한 새로운 방식이다. 작물 수요에 따라 생산계획을 세울 수 있고, 파종에서 수확은 물론 유통까지도 종합적으로 대처할 수 있도록 하는 고효율 작물생산시스템이다. 식물공장은 자연조건의 영향을 받지 않는다.

15 시설원예용 인공조명 중 고압나트륨등에 관한 설명이다. (   )에 들어갈 내용으로 옳은 것은?

기출 제11회

> 식물 재배에 고압나트륨등을 단독 사용하면 500nm 이하의 (ㄱ)이 적기 때문에 (ㄴ)될 가능성이 있다. 하지만 일반 온실의 보광용으로는 단독 사용해도 문제가 없다.

① ㄱ : 청색광,   ㄴ : 왜화
② ㄱ : 원적색광, ㄴ : 도장
③ ㄱ : 청색광,   ㄴ : 도장
④ ㄱ : 원적색광, ㄴ : 왜화

| 해설 |

고압나트륨등
고압나트륨등은 주로 식물 생장과 광합성을 촉진하는데 사용된다. 식물 재배에 고압나트륨등을 단독 사용하면 500nm 이하의 (**청색광**)이 부족하기 때문에 줄기나 잎이 길어지고 연약해지는 (**도장**)을 유발할 가능성이 있다. 하지만 일반 온실의 보광용으로는 단독 사용해도 문제가 없다.

| TIP | 식물의 왜화현상 |

식물의 왜화현상은 식물이 정상적인 크기로 자라지 않고, 생육이 억제되거나 왜소하게 자라는 것을 의미한다. 왜화는 다양한 원인으로 발생할 수 있으며, 주로 불충분한 휴면타파, 환경 조건, 병충해(바이러스) 감염 등이 영향을 미친다.

16 플라스틱 하우스에 관한 설명으로 옳지 않은 것은?

① 유리온실에 비하여 자재의 재질 및 내구성이 떨어지는 저렴한 시설이다.
② 지붕의 모양에 따라 터널형 하우스, 지붕형 하우스, 아치형 하우스로 나눈다.
③ 터널형은 보온성과 환기능률이 좋다.
④ 지붕형은 환기창 설치가 편하고, 아치형은 엽근채류나 딸기재배에 적합하다.

| 해설 |

플라스틱 하우스
- 유리온실에 비하여 자재의 재질 및 내구성이 떨어지는 저렴한 시설이다.
- 지붕의 모양에 따라 터널형 하우스, 지붕형 하우스, 아치형 하우스로 나눈다.
- 터널형은 보온성이 좋은 반면 환기능률이 떨어진다.
- 지붕형은 환기창 설치가 편하다.
- 아치형은 초장이 짧은 엽근채류나 딸기재배에 적합하다.

02 시설자재의 특성

01 유리온실의 골조 형식 중에서 가장 많이 쓰이는 것은?

① 목골조　　　　　　　② 철골조
③ 죽골조　　　　　　　④ 파이프식

> **해설**
> 유리온실은 지붕모양에 따라 외쪽 지붕형, 3/4 지붕형, 양쪽 지붕형, 원형 지붕형, 양쪽 지붕 연동형, 벤로형 등이 있다. 골격자재로 처음에는 목재나 죽재를 사용하였으나, 시설원예가 확대·발전함에 따라 재질이 우수하고 규격화된 철재 또는 경합금의 골격자재가 널리 사용되고 있다.

02 온실의 보온력을 높일 수 있는 2층 커튼 피복방법은?

	위	아래
①	PE	PVC
②	PVC	반사필름
③	EVA	반사필름
④	반사필름	PVC

> **해설**
> 보온력이 가장 높은 2층 커튼은 반사필름 + 반사필름이지만, 실용적인 측면에서 위 커튼을 반사필름으로 하고, 아래 커튼은 PVC, 부직포, PE 등으로 한다.

03 작물의 시설재배에서 연질피복재만을 고른 것은? [기출] 제1회

ㄱ. 폴리에틸렌필름	ㄴ. 에틸렌아세트산필름
ㄷ. 폴리에스테르필름	ㄹ. 불소수지필름

① ㄱ, ㄴ　　　　　　　② ㄱ, ㄹ
③ ㄴ, ㄷ　　　　　　　④ ㄷ, ㄹ

> **해설**
> 시설재배에 사용되는 연질피복재는 폴리에틸렌필름과 에틸렌아세트산필름이다. 폴리에스테르필름과 불소수지필름은 경질피복재이다.

04 시설재배에서 연질피복재가 아닌 것은? `기출` 제5회

① 폴리에틸렌필름
② 폴리에스테르필름
③ 염화비닐필름
④ 에틸렌아세트산비닐필름

| 해설 |
> 연질피복재는 두께 0.05~0.2mm의 연질필름으로 폴리에틸렌필름, 염화비닐필름, 에틸렌아세트산비닐필름 등이 있다. 폴리에스테르필름은 광선투과율(90% 전후)이 높고 보온성이 좋은 경질피복재이다.

05 시설원예 피복자재의 조건으로 옳지 않은 것은? `기출` 제2회

① 열전도율이 낮아야 한다.
② 겨울철 보온성이 커야 한다.
③ 외부 충격에 강해야 한다.
④ 광투과율이 낮아야 한다.

| 해설 |
> 피복자재는 열전도율이 낮고, 광투과율이 높아야 한다.

06 시설원예 자재에 관한 설명으로 옳지 않은 것은? `기출` 제4회

① 피복자재는 열전도율이 높아야 한다.
② 피복자재는 외부 충격에 강해야 한다.
③ 골격자재는 내부식성이 강해야 한다.
④ 골격자재는 철재 및 경합금재가 사용된다.

| 해설 |
> 피복자재는 광투과율이 높고, 열전도율이 낮아야 한다.

07 피복자재에 관한 설명으로 옳지 않은 것은?

① 벤로형 온실에는 주로 4mm 두께의 유리를 사용한다.
② 우리나라 플라스틱 외피복재 중 사용량이 가장 많은 것은 EVA필름이다.
③ FRP는 불포화 PET 수지에 유리섬유를 보강시킨 복합재이다.
④ PC판은 자외선투과율이 매우 낮다.

정답 01 ② 02 ④ 03 ① 04 ② 05 ④ 06 ① 07 ②

| 해설 |
우리나라 플라스틱 외피복재 중 사용량이 가장 많은 것은 PE(70% 이상)필름이다.

08 온실의 기초 피복재로 산광피복재를 이용하는 가장 큰 이유는?

① 광투과율 증대 ② 광분포의 균일화
③ 광질의 향상   ④ 일장의 조절

| 해설 |
산광피복재는 깊은 그늘을 만들지 않으므로 광분포가 균일하다.

09 시설 내에 그늘이 생기지 않는 피복재는?

① 투명 유리   ② 폴리에틸렌필름
③ EVA필름   ④ FRA

| 해설 |
FRA(유리섬유강화 아크릴판)는 내후성(자재를 옥외조건하에서 광, 열, 바람, 비 등에 노출했을 경우 견디는 성질)이 뛰어나고 광투과율이 높은 편이다. 또한 산광성 피복재로서 자외선투과율도 FRP에 비해 높은 편이다.

10 다음 중 기초 피복자재에 속하지 않는 것은?

① 유리   ② 염화비닐필름
③ 반사필름   ④ 에틸렌아세트산필름

| 해설 |
피복자재
- **기초 피복자재** : 유리, 플라스틱 피복자재[연질필름(염화비닐필름, 에틸렌아세트산필름), 반경질필름, 경질판]
- **추가 피복자재** : 부직포, 매트 및 거적, 한랭사와 차광망, 알루미늄스크린, 반사필름, 멀칭용 필름

| TIP | 반사필름 |
알루미늄이 가진 빛의 반사성, 차광성 및 단열성을 이용하여 시설의 보광, 보온이나 해충 방지, 과실의 착색 촉진 등에 이용되는 자재이다. 주로 PVC, PE, EVA 등에 알루미늄을 합성시켜 만든다.

11 원예작물 재배시 흑색필름 멀칭의 효과와 가장 관련이 적은 것은?

① 잡초발생 억제
② 건조해 발생 억제
③ 토양 중의 배수촉진
④ 표토유실 억제

| 해설 |
멀칭의 효과는 토양의 유실을 방지하고 잡초발생을 억제하며, 수분증발을 억제하여 건조해를 방지하고 겨울에 지온을 높여 동해를 방지한다.

12 다음이 설명하는 시설재배용 플라스틱 피복재는? 기출 제3회

- 보온성이 떨어진다.
- 광투과율이 높고 연질피복재이다.
- 표면에 먼지가 잘 부착되지 않는다.
- 약품에 대한 내성이 크고 가격이 싸다.

① 폴리에틸렌(PE)필름
② 염화비닐(PVC)필름
③ 에틸렌아세트산(EVA)필름
④ 폴리에스터(PET)필름

| 해설 |

시설재배용 주요 피복재	
폴리에틸렌 (PE) 필름	• 장파장을 많이 투과시키므로 보온성이 떨어진다. • 광투과율이 높고 연질피복재이다. • 표면에 먼지가 잘 부착되지 않는다. • 약품에 대한 내성이 크고 가격이 싸기 때문에 피복재 중 가장 많이 이용하고 있다. • 주로 하우스의 외피복, 커튼, 멀칭 및 터널 피복재료로 이용된다.
염화비닐 (PVC) 필름	• 사용이 편리하고, 연질피복재 중 보온성이 가장 높다. • 내후성과 내한성, 인열강도, 충격강도가 양호하다. • 가소제가 용출되어 먼지가 잘 달라붙기 때문에 사용 중 광투과율이 낮아진다. • 필름끼리 서로 달라붙는 성질이 있으며, 값이 비싸다. • 소각시 독성가스나 대기오염 원인물질을 많이 발생시킨다.
에틸렌 아세트산 (EVA) 필름	• PE필름보다 보온성, 내후성 및 방적성이 좋다. • 먼지가 적게 부착되어 덜 더러워지고, 비료와 약품에 대한 내성도 강한 편이다. • 내구성은 PE와 PVC의 중간 정도이다. • 가격은 PE보다는 비싸고 PVC보다는 싸다. • 가스발생 및 독성이 없는 편이다.
폴리에스터 (PET) 필름	• 두께가 0.1~0.2mm 이상인 경질피복재이다. • 광투과율은 90% 전후로 높은 편이고, 장파장이 투과되지 않으므로 보온성이 높다. • 수명이 길어 5년 이상 사용이 가능하며, 인열강도가 보강되어 있고 방적성도 좋은 편이다.

13 다음 피복재 중 투과율이 가장 높은 연질필름은? [기출] 제7회

① 염화비닐(PVC)필름
② 불소계수지(ETFE)필름
③ 에틸렌아세트산비닐(EVA)필름
④ 폴리에틸렌(PE)필름

| 해설 |

폴리에틸렌(PE)필름은 연질피복재 중 광투과율이 높지만 장파장을 많이 투과시키므로 보온성이 떨어진다. 약품에 대한 내성이 크고 가격이 싸기 때문에 피복재 중 가장 많이 이용하고 있다.
① **염화비닐(PVC)필름** : 연질피복재 중 보온성이 가장 높지만 사용 중 광투과율이 낮아진다.
② **불소계수지(ETFE)필름** : 광투과율은 90% 전후로 높은 편이고, 두께가 0.1~0.2mm 이상인 경질피복재이다.
③ **에틸렌아세트산비닐(EVA)필름** : 폴리에틸렌(PE)필름보다 광투과율은 다소 낮지만, 보온성, 내후성 및 방적성이 좋다.

14 다음 피복재 중 보온성이 가장 높은 연질필름은? [기출] 제4회

① 폴리에틸렌(PE)필름
② 염화비닐(PVC)필름
③ 불소계 수지(ETFE)필름
④ 에틸렌아세트산비닐(EVA)필름

| 해설 |

염화비닐(PVC)필름은 장파(5,000~30,000nm) 투과율과 열전도율이 낮기 때문에 연질피복재 중 보온성이 가장 높고, 내후성과 내한성, 인열강도, 충격강도가 양호하다.
① 폴리에틸렌(PE)필름은 광투과율이 높으므로 보온성이 떨어진다.
③ 불소계 수지(ETFE)필름은 비점착성, 내약품성, 광투과성, 내후성, 방오성, 내열성, 방습성, 난연성 등의 특성을 지닌 피복재이다.
④ 에틸렌아세트산비닐(EVA)필름은 폴리에틸렌(PE)필름보다 보온성, 내후성 및 방적성이 좋다.

15 시설재배에서 보온성과 관련있는 필름의 광투과율이 큰 것부터 작은 것 순으로 옳게 나타낸 것은?

[기출수정] 제9회

① PE > EVA > PVC
② EVA > PE > PVC
③ PE > PVC > EVA
④ PVC > PE > EVA

| 해설 |

피복재 중 폴리에틸렌필름(PE), 에틸렌아세트산필름(EVA), 염화비닐필름(PVC)은 연질필름으로 가시광선(380~760nm) 투과율은 비슷하지만, 보온성과 관계가 깊은 5,000~30,000nm 파장의 광투과율은 폴리에틸렌필름(PE)이 가장 높고 염화비닐필름(PVC)이 가장 낮으며, 에틸렌아세트산필름(EVA)은 중간정도이다.
- **폴리에틸렌필름(PE)** : 다른 연질필름보다 자외선과 적외선을 많이 투과시키며, 특히 장파장을 많이 투과시키므로 보온성이 떨어진다.
- **에틸렌아세트산필름(EVA)** : 폴리에틸렌필름(PE)보다 광투과율은 다소 낮지만, 보온성, 내후성 및 방적성이 좋다.
- **염화비닐필름(PVC)** : 내구성을 증가시키기 위해 자외선 흡수제를 함유시켜 자외선이 투과되지 않도록 만들어진 필름이다. 연질필름 중 사용이 편리하고, 보온성이 가장 높지만 광투과율은 가장 낮다.

16 시설원예 피복자재에 관한 설명으로 옳지 않은 것은? 기출 제10회

① 연질필름 중 PVC필름의 보온성이 가장 낮다.
② PE필름, PVC필름, EVA필름은 모두 연질필름이다.
③ 반사필름, 부직포는 커튼보온용 추가피복에 사용된다.
④ 한랭사는 차광피복재로 사용된다.

| 해설 |

연질필름 중 PVC필름의 <u>보온성이 가장 높고</u>, 내후성과 내한성, 인열강도, 충격강도가 양호하다.

17 A농가가 선택한 피복재는? 기출 제8회

A농가는 재배시설의 피복재에 물방울이 맺혀 광투과율의 저하와 병해 발생이 증가하였다. 그래서 계면활성제가 처리된 필름을 선택하여 필름의 표면장력을 낮춤으로써 물방울의 맺힘 문제를 해결하였다.

① 광파장변환필름
② 폴리에틸렌필름
③ 해충기피필름
④ 무적필름

| 해설 |

무적필름
재배시설의 피복재에 물방울이 맺히면 광투과율이 낮아지고, 맺혀있는 물방울이 커져 작물에 떨어지게 되면 병해 발생의 원인이 되기도 한다. 따라서 계면활성제가 처리된 <u>무적(물방울 맺힘 방지)</u> 필름을 사용하면 물방울의 맺힘 문제를 해결할 수 있다. 무적 필름은 계면활성제를 폴리에틸렌 수지에 일정량 배합하여 만드는 필름으로, 계면활성제는 필름 표면의 표면장력을 약하게 함으로써 물방울이 맺히지 않고 흘러내리게 한다.

정답 13 ④ 14 ② 15 ① 16 ① 17 ④

18 온실재배의 특징으로 볼 수 없는 사항은?

① 넓은 땅을 차지하지 않는다.
② 시설비용과 운영비가 많이 든다.
③ 기후나 토질의 영향을 받는다.
④ 생산품의 값이 비싸 수익성이 높다.

| 해설 |
온실재배는 넓은 땅을 차지하지 않아도 되고 기후나 토질의 영향을 받지 않고 집약적인 재배를 할 수 있으며, 시설비용과 운영비가 많이 들지만 수익성이 높다.

19 원예작물의 시설재배에서 탄산가스를 시비하는 목적은?

① 병충해 방제
② 광합성 촉진
③ 연작장해 회피
④ 수분·수정 촉진

| 해설 |
탄산가스는 유리온실 등 시설 내에서 식물의 광합성량을 증대시켜 품질과 생육을 좋게 하는 역할을 하는데 파프리카, 토마토를 비롯한 열매를 맺는 과실채소에는 더욱 필수적이다.

20 작물의 육묘에 관한 설명으로 옳지 않은 것은? 기출 제3회

① 수확기 및 출하기를 앞당길 수 있다.
② 육묘용 상토의 pH는 낮을수록 좋다.
③ 노지 정식전 경화과정(Hardening)이 필요하다.
④ 육묘와 재배의 분업화가 가능하다.

| 해설 |
육묘용 상토는 물리성이 우수해야 하며, pH 5.5~6.8(약산성)이 적당하다.

21 시설재배에 있어서 육묘의 목적이 아닌 것은?

① 토지이용도를 높인다.
② 종자를 절약한다.
③ 생육을 균일하게 할 수 있다.
④ 수확 및 출하를 늦출 수도 있다.

| 해설 |

육묘의 목적
- 수확 및 출하를 앞당길 수 있다.
- 품질향상과 수량증대가 가능하다.
- 자본 집약적인 관리와 보호가 가능하다.
- 종자를 절약하고 토지이용도를 높일 수 있다.
- 육묘와 재배의 분업화와 전문화가 가능하다.

22 재래육묘에 비해 플러그육묘의 장점이 아닌 것은? 기출 제5회

① 노동·기술집약적이다.
② 계획생산이 가능하다.
③ 정식후 생장이 빠르다.
④ 기계화 및 자동화로 대량생산이 가능하다.

| 해설 |

플러그육묘는 기계화 및 자동화로 대량생산이 가능하고 노동력이 절감된다.

23 화훼작물의 플러그육묘 생산에 관한 옳은 설명을 모두 고른 것은? 기출 제3회

ㄱ. 좁은 면적에서 대량육묘가 가능하다.
ㄴ. 최적의 생육조건으로 다양한 규격묘 생산이 가능하다.
ㄷ. 노동집약적이며, 관리가 용이하다.
ㄹ. 정밀기술이 요구된다.

① ㄱ, ㄴ, ㄷ
② ㄱ, ㄴ, ㄹ
③ ㄱ, ㄷ, ㄹ
④ ㄴ, ㄷ, ㄹ

| 해설 |

플러그육묘는 노동력이 절감되고, 운반이 용이하다.

정답 18 ③ 19 ② 20 ② 21 ④ 22 ① 23 ②

24 공정육묘(플러그육묘)가 재래육묘와 비교하여 얻을 수 있는 장점이 아닌 것은?

① 기계, 시설 등의 설치비용이 적게 든다.
② 균일한 묘의 대량생산이 용이하다.
③ 묘의 취급과 수송이 용이하다.
④ 육묘작업을 체계화, 자동화하여 노동력을 줄일 수 있다.

|해설|

공정육묘(플러그육묘)의 장점
- 육묘기간이 짧아진다.
- 모종의 대량생산이 가능하다.
- 정식 후 생장속도가 빠르다.
- 취급과 수송이 쉽다.
- 육묘작업을 체계화, 자동화하여 노동력을 줄일 수 있다.

TIP 공정육묘(플러그육묘)의 단점

기계, 시설 등의 설치비용이 많이 드는 문제가 있다.

25 다음 중 공정육묘방식을 이용한 모종 생산의 장점이 아닌 것은?

① 육묘기간이 짧아진다.
② 취급 및 수송이 쉽다.
③ 기계를 이용한 정식이 가능하다.
④ 정식 후 생장속도를 늦출 수 있다.

|해설|
정식 후 생장속도가 빠르다.

26 육묘 종류 중 저온기에 태양열과 함께 인공적으로 가온하면서 육묘하는 방식은?

① 하우스육묘
② 노지육묘
③ 온상육묘
④ 냉상육묘

| 해설 |

온상육묘
저온기에 태양열과 함께 인공적으로 가온하면서 육묘하는 방식으로, 주요 열원으로는 전열, 양열, 온수보일러 등이 이용된다.

27 육묘용 상토에 이용하는 경량 혼합 상토 중 유기물 재료는? 기출 제6회

① 버미큘라이트(vermiculite)
② 피트모스(peatmoss)
③ 펄라이트(perlite)
④ 제올라이트(zeolite)

| 해설 |

육묘용 상토

유기물 재료	피트모스, 나무껍질, 코코넛 섬유, 부엽, 왕겨, 가축분 등
무기물 재료	펄라이트, 버미큘라이트, 제올라이트, 모래, 소성점토, 마사토 등

28 상토로 사용되는 유기질 재료를 모두 고른 것은? 기출 제11회

ㄱ. 수태	ㄴ. 펄라이트
ㄷ. 피트모스	ㄹ. 버미큘라이트

① ㄱ, ㄷ
② ㄱ, ㄹ
③ ㄴ, ㄷ
④ ㄴ, ㄹ

| 해설 |

상토로 사용되는 유기질 재료에는 피트모스, 나무껍질, 코코피트, 분변토, 수태(물이끼) 등이 있다.
펄라이트(ㄴ), 버미큘라이트(ㄹ)는 무기질 재료에 속한다.

29 다음 중 양열재료로서 주재료에 속하지 않는 것은?

① 볏짚
② 건초
③ 활엽수 낙엽
④ 쌀겨

| 해설 |

양열재료
- **주재료(탄소원)** : 볏짚, 보리짚, 건초, 활엽수 낙엽, 신선한 두엄
- **보조재료(질소원)** : 쌀겨, 깻묵, 계분, $CO(NH_2)_2$, $(NH_4)_2SO_4$

30 다음 중 양열온상의 특징으로 옳지 않은 것은?

① 전열온상보다 관수를 적게 한다.
② 장기간 사용이 가능하다.
③ 야간 온도조절이 곤란하다.
④ 양열재료만 있으면 임의의 장소에 설치가 가능하다.

| 해설 |

양열물(낙엽, 볏짚, 두엄, 쌀겨 등)의 발열기간이 제한되어 장기간 사용이 어렵다.

TIP 전열온상과 양열온상의 비교

구 분	전열온상	양열온상
상내온도	시설과 작물에 따라 목표온도를 자유롭게 얻을 수 있다.	양열재료의 양과 질에 따라 다르나 숙련된 기술이 필요하며, 적온 유지가 어렵다.
온도조절	자동온도조절기를 이용하여 임의로 조절이 가능하다.	온도조절이 어렵다.
사용 가능기간	장기간 사용이 가능하다.	양열물의 발열기간이 제한되어 장기간 사용이 어렵다.
관수	건조하기 쉬우므로 관수를 많이 해야 한다.	전열온상보다 관수를 적게 해도 된다.
야간 온도조절	가능하다.	곤란하다.
설치장소	근처에서 전원을 얻을 수 있어야 한다.	양열재료만 있으면 임의의 장소에 설치가 가능하다.
노력	비교적 적게 든다.	많이 든다.

03 시설관리

01 하우스 환기의 목적으로 옳지 않은 것은?

① 온도를 낮춘다.
② 습도를 조절한다.
③ 광선을 조절한다.
④ 가스 피해를 제거한다.

> |해설|
> 환기는 시설의 온·습도를 낮추는 외에 탄산가스를 공급하고, 유해가스를 제거한다.

02 시설내 보온의 기본원리에 관한 설명으로 옳은 것은?

① 시설내 대류전열의 촉진
② 시설내 방사전열의 촉진
③ 자연에너지의 이용 억제
④ 환기전열의 억제

> |해설|
> 낮 동안 시설 내에 저장되었던 열이 밤이 되면서 급속히 빠져나가는 '방열' 현상이 나타나는데, 이와 같은 방열을 억제시키는 것이 보온의 원리이다. 시설 내의 방열의 형태는 ㉠ 피복자재 및 구조재를 통과하는 전열(관류전열), ㉡ 피복자재 사이의 빈 공간 등의 틈새를 통과하는 전열(환기전열), ㉢ 시설내 토양에서의 전열(지표전열 혹은 지중전열) 등 3가지가 있다. 야간의 방열은 주로 관류전열과 환기전열 두 가지에 의해 이루어진다.

03 다음 중에서 냉방보조방법으로 효과가 없는 것은?

① 차광피복재에 의한 차광
② 지붕에 물을 흘려 내리기
③ 열선흡수유리의 사용
④ 플라스틱필름으로 멀칭하기

> |해설|
> **냉방보조설비**
> - **차광** : 차광재를 지붕 위에 설치하여 햇빛을 차단한다.
> - **옥상유수** : 지붕에 물을 흘려보내 태양열을 흡수시키고 지붕면을 냉각한다.
> - **열선흡수유리** : 열선을 주로 흡수하는 유리를 피복하여 시설의 온도 상승을 억제한다.

04 기화냉각방법에 의한 냉방에 있어 냉방효율은 대기 중 (   )가 낮을수록 커진다. 괄호 안에 알맞은 말은?

① 조도
② 염도
③ 온도
④ 습도

| 해설 |
기화냉각방법에 의한 냉방에 있어 냉방효율은 대기 중 (**습도**)가 낮을수록 커진다.
※ 냉방효율(%) = $\dfrac{\text{외기의 건구온도} - \text{실내온도}}{\text{외기의 건구온도} - \text{외기의 습구온도}} \times 100$

05 온실 내에서 팬 앤드 패드법(Fan and Pad Method)으로 냉방할 때 외기의 건구온도가 28℃, 외기의 습구온도가 23℃, 실내온도가 25℃일 때 온실의 냉방효율은?

① 80%
② 70%
③ 60%
④ 40%

| 해설 |
냉방효율(%) = $\dfrac{\text{외기의 건구온도} - \text{실내온도}}{\text{외기의 건구온도} - \text{외기의 습구온도}} \times 100$
$= \dfrac{28 - 25}{28 - 23} \times 100 = 60\%$

06 시설 내의 온도를 낮추기 위해 시설의 벽면 위 또는 아래에서 실내로 세무(細霧)를 분사시켜 시설 상부에 설치된 풍량형 환풍기로 공기를 뽑아내는 냉각방법은? 기출 제3회

① 팬 앤드 포그
② 팬 앤드 패드
③ 팬 앤드 덕트
④ 팬 앤드 팬

| 해설 |
팬 앤드 포그(Fan and Fog) 방식은 외부에 설치된 분무실 사이로 외부공기를 통과 냉각시킨후 냉각공기 및 공기와 함께 이동한 작은 물입자를 실내에 유입시키는 방법으로 시설 상부에 풍량형 환풍기를 설치한다.

07 작물의 시설재배에 사용되는 기화냉방법이 아닌 것은? 기출 제1회

① 팬 앤드 패드(Fan & Pad)
② 팬 앤드 미스트(Fan & Mist)
③ 팬 앤드 포그(Fan & Fog)
④ 팬 앤드 덕트(Fan & Duct)

| 해설 |

팬 앤드 덕트(Fan & Duct)가 아니라 덕트(Duct)를 이용하는 방식이 있다. 이 방식은 덕트(Duct)를 사용하여 벤치 하단부로 패드를 통과한 습공기를 공급하여 증발 냉각시키는 방법이다.
① 팬 앤드 패드(Fan & Pad) : 물의 증발 냉각력을 이용한 온실냉각법의 하나로, 온실의 가장자리 또는 측벽부에 물을 흘려 물기를 흡착한 패드를 설치하고, 반대쪽의 벽부에 설치한 팬의 흡인에 의해서 패드를 통한 외기를 실내로 집어넣음으로써 실내를 냉각하는 방법이다.
② 팬 앤드 미스트(Fan & Mist) : 온실 벽면 한쪽에 분무실을 설치하여 그 분무실에 안개를 뿜을 수 있도록 노즐을 달고, 다른 쪽 벽에는 배출 핀을 달아 실내의 고온을 배출함으로써 분무실의 차가운 습기를 흡입하여 실내의 온도를 내리는 방법이다.
③ 팬 앤드 포그(Fan & Fog) : 시설의 벽면 위 또는 아래에 흡기창을 만들어 여기에 세무를 분무하는 노즐을 장치하고, 천장에 풍량형 환풍기를 설치하여 실내공기를 뽑아내면 외부공기가 이 흡기창을 통하여 유입된다. 순간적으로 기화가 일어나 실내공기를 냉각시키는 방법이다.

08 다음 두 가지 온실 냉방법의 냉각 원리는? 기출 제11회

ㄱ. 팬 앤드 패드(fan & pad) 방법
ㄴ. 팬 앤드 포그(fan & fog) 방법

① ㄱ : 응축냉각, ㄴ : 기화냉각
② ㄱ : 기화냉각, ㄴ : 응축냉각
③ ㄱ : 응축냉각, ㄴ : 응축냉각
④ ㄱ : 기화냉각, ㄴ : 기화냉각

| 해설 |

기화냉각방식에는 팬 앤드 패드(fan & pad), 팬 앤드 포그(fan & fog), 팬 앤드 미스트(fan & mist) 등의 냉각방법이 있다.
ㄱ. 팬 앤드 패드(fan & pad) 방법 : 물의 증발(기화) 냉각력을 이용한 온실냉각법의 하나로, 온실의 가장자리 또는 측벽부에 물을 흘려 물기를 흡착한 패드를 설치하고, 반대쪽의 벽부에 설치한 팬의 흡인에 의해서 패드를 통한 외기를 실내로 집어넣음으로써 실내를 냉각하는 방법이다.
ㄴ. 팬 앤드 포그(fan & fog) 방법 : 시설의 벽면 위 또는 아래에 흡기창을 만들어 여기에 작은 물 입자를 분무하는 노즐을 장치하고, 천장에 풍량형 환풍기를 설치하여 실내공기를 뽑아내면 외부공기가 흡기창을 통하여 유입된다. 이 때 작은 물 입자가 고온의 공기와 접촉하여 기화함으로써 온실 내의 공기를 냉각시키는 방법이다.

09 다음 중에서 주로 유량을 조절하는데 사용하는 밸브는?

① 글로브밸브
② 체크밸브
③ 게이트밸브
④ 차압밸브

| 해설 |
유량을 조절하는데 사용하는 밸브는 글로브밸브이다.
② 체크밸브는 물을 한 방향으로만 흐르게 하고 역류를 방지하는 밸브이다.
③ 게이트밸브는 주로 개폐정지용으로 사용하는 밸브이다.
④ 차압밸브는 일정한 압력을 제어하는 밸브이다.

10 시설원예에서 이용되는 수막(Water Curtain)시설이란?

① 여름에 차광을 주목적으로 이용한다.
② 시설내 공중습도조절의 목적으로 이용된다.
③ 저온기 야간에 온실의 보온장치의 일종이다.
④ 온실냉방을 주된 목적으로 설치되는 장치이다.

| 해설 |
수막시설은 커튼 위에 물을 뿌려 주로 저온기 야간에 온실의 보온을 위한 목적으로 설치되는 장치이다.

04 양액재배

01 작물의 뿌리가 직접 양액과 접촉하는 양액재배의 종류는?

① 분무경
② 분무수경
③ 수경
④ 순환형 수경

| 해설 |
수경재배는 작물의 뿌리가 직접 양액과 접촉하는 방식으로, 크게 담액형과 순환형으로 구분한다. 담액형은 작물의 뿌리를 양액에 담가서 재배하는 방식이고, 순환형은 양액을 계속 순환시키면서 재배하는 방식이다.

02 양액재배의 특성으로 다음 중 옳지 않은 것은?

① 시비량이 적다.
② 양액재배는 완충능력이 토양재배보다 크다.
③ 잡초제거가 필요 없다.
④ 이식과 정식이 간편하다.

| 해설 |
양액재배는 완충능력이 토양재배보다 떨어진다.

> **TIP 양액재배의 특징**
> - 연작장해 없이 같은 장소에서 같은 작물을 반복해서 재배할 수 있다.
> - 이식과 정식이 간편하고, 청정재배가 가능하다.
> - 시비량이 적고, 잡초제거가 필요 없다.
> - 관리작업을 자동화할 수 있어 생력재배가 가능하다.
> - 영양과 생육환경을 조절할 수 있어 생육이 빨라 생산량이 증대된다.
> - 작물생육이 양분농도나 pH 변화에 영향을 받는다.

03 원예작물을 수경재배 할 때 고려해야 할 사항이 아닌 것은?

① 원수의 수질
② 급액의 EC와 pH
③ 배지의 종류
④ 급액탱크의 탄산가스 농도

| 해설 |

수경재배 할 때 고려할 사항
원수의 수질, 양액의 EC(전기전도도)와 pH, 양액의 온도, 용존산소량, 양액의 공급조절, 배지의 종류 등

TIP 수경재배(Hydroponics, Water Culture)

영양소가 들어 있는 수경액 속에 뿌리를 담아서 식물을 생장시키는 재배법이다.

04 수경재배에 사용 가능한 원수는? 기출 제5회

① 철분 함량이 높은 물
② 나트륨, 염소의 함량이 100ppm 이상인 물
③ 산도가 pH 7에 가까운 물
④ 중탄산 함량이 100ppm 이상인 물

| 해설 |

배양액의 적정 pH는 일반적으로 5.5~6.5 범위가 적당하나, pH 7 부근이면 생육에 지장이 없다.
① 일반적으로 원수 중에 함유된 Fe는 $Fe(HCO_3)_2$로 용해되어 있고 공기와 접촉하면 산화되어 $Fe(OH)_3$로 되어 침전되므로 작물이 직접 이용할 수 없다. 또한 $Fe(OH)_3$는 점적관수시 노즐을 막히게 하는 원인이 되므로 제거해야 한다.
② 일반적으로 용수 중에 나트륨과 염소의 함량이 30~40ppm 정도가 되면 문제가 발생할 가능성이 있으며, 75ppm 이상에서는 급액방법과 배액방법을 적절히 조절하여야 한다. 100ppm 이상이 되면 용수로서 장기간 이용이 곤란하다.
④ 고농도의 중탄산은 pH 상승의 원인이 되므로 산으로 중화시켜야 하며, 원수 속의 중탄산 함량은 30~50ppm 수준으로 유지하는 것이 좋다.

05 조직배양의 배지를 조제할 때 들어가는 미량요소에 해당하는 것은?

① 황
② 아연
③ 질소
④ 인산

| 해설 |

배지조성(MS 배지)
- **다량요소** : 탄소, 수소, 산소, 질소, 인, 칼륨, 황산, 칼슘, 마그네슘(9가지)
- **미량요소** : 철, 망간, 구리, 아연, 붕소, 몰리브덴(6가지)
- **아미노산 및 비타민류** : Myo-inositol, Thiamine·HCl, Pyridoxine·HCl, Nicotic-acid
- **유기화합물** : Sucrose

06 배양액과 배지의 pH에 관한 설명으로 옳지 않은 것은?

① 일반적으로 배양액의 pH는 5.5~6.5의 범위가 적절하다.
② 음이온이 양이온보다 상대적으로 많이 흡수되면 배지의 pH가 낮아진다.
③ NH_4의 공급이 많으면 배지의 pH가 높아진다.
④ 배양액의 조성에 사용된 질소원에 따라 배지의 pH를 다소 조절할 수 있다.

| 해설 |
NH_4의 공급이 많아지면 배지의 pH가 낮아진다.

07 시설재배에서 CO_2 시비에 관한 설명으로 옳은 것은?

① CO_2 시비량이 증가할수록 광합성은 계속 증가한다.
② 맑은 날에 비해 흐린 날은 CO_2 시비를 증가시킨다.
③ CO_2 시비는 일반적으로 일몰 직전에 실시한다.
④ 양액재배에서는 토양재배보다 CO_2 시비 농도를 높여야 한다.

| 해설 |
양액재배에서는 작물의 생육을 촉진시키고, 수량을 증대시키며, 품질을 향상시키기 위해 토양재배보다 CO_2 시비 농도를 높여야 한다.
① CO_2 시비량이 증가할수록 광합성은 계속 증가하다가 일정 수준에 이르면 증가하지 않는다.
② 맑은 날에 비해 흐린 날은 CO_2 시비를 줄인다.
③ CO_2 시비는 일반적으로 해 뜬 후 1시간 후부터 실시한다.

08 환경친화형 식물생산시스템과 관련이 없는 재배기술은?

① 순환식 양액재배기술
② 배양액의 무기원소별 제어시스템
③ 배지재활용기술
④ 비순환식 수경재배기술

| 해설 |
환경친화형 식물생산시스템에서는 비료, 농약, 에너지 사용을 줄일 수 있어야 하며, 양액재배는 순환식 양액재배시스템의 도입으로 가능하다.

정답 04 ③ 05 ② 06 ③ 07 ④ 08 ④

09 담액수경의 특징에 관한 설명으로 옳은 것은? 기출 제7회

① 산소 공급 장치를 설치해야 한다.
② 베드의 바닥에 일정한 구배를 만들어 양액이 흐르게 해야 한다.
③ 배지로는 펄라이트와 암면 등이 사용된다.
④ 베드를 높이 설치하여 작업효율을 높일 수 있다.

> |해설|
> 담액수경은 뿌리가 액체배지, 즉 배양액 속에 담근 채로 재배하는 가장 단순하고 고전적인 방식이다. 배양액의 산소가 부족하기 쉬우므로 <u>산소 공급 장치를 설치해야 하며, 산소의 공급방법에 따라 유동식, 액면 저하식, 통기식 등으로 나눈다.</u>
> ② 베드의 바닥에 일정한 구배를 만들어 양액이 흐르게 해야 하는 것은 <u>박막수경(NFT식 수경)</u>이다.
> ③ 배지로 펄라이트와 암면 등을 사용하는 것은 <u>고형 배지경(medium culture)</u>이다.
> ④ 베드의 높이는 작업효율과 작업환경을 고려하여 <u>허리높이에서 작업을 할 수 있도록 설치</u>한다.

10 다음이 설명하는 양액 재배방식은? 기출 제10회

> • 고형배지를 사용하지 않음
> • 베드의 바닥에 일정한 기울기를 만들어 양액을 흘려보내는 방식
> • 뿌리의 일부는 공중에 노출하고, 나머지는 양액에 닿게 하여 재배

① 담액수경　　　　　　　　② 박막수경
③ 암면경　　　　　　　　　④ 펄라이트경

> |해설|
> **박막수경(NFT)**
> • 플라스틱필름으로 만든 베드 내에서 생육시키고 그 안에 배양액을 계속 흘려보내는 방식이다.
> • 양액이 잘 순환될 수 있도록 베드의 바닥에 일정한 기울기(1/60~1/80)를 만들어 양액을 흘려보내는 방식이다.
> • 베드내 뿌리의 윗부분이 공기 중에 노출되고, 밑부분은 흐르는 양액에 닿게 하여 재배하는 방식이다.
> • 기본 구조는 베드, 탱크, 급·배액 장치 등으로 구성된다.
> ① **담액수경** : 뿌리를 항상 양액 속에 담근 채로 재배하는 방식으로, 뿌리에 산소를 공급하기 위해서 산소 공급 장치를 설치해야 한다.
> ③ **암면경** : 고형배지인 암면배지를 이용하며, 그 곳에 양액을 떨어뜨리면서 재배하는 방식이다.
> ④ **펄라이트경** : 펄라이트를 배지로 이용하여 재배하는 방식이다. 수분이 빨리 빠져나가 비료의 집적이 거의 없어 수분피해와 염류장해가 적지만 물과 비료의 소모가 크다.

11 토양재배에 비해 무토양재배의 장점이 아닌 것은? 기출 제6회

① 배지의 완충능이 높다.
② 연작재배가 가능하다.
③ 자동화가 용이하다.
④ 청정재배가 가능하다.

| 해설 |
배지의 완충능이 없다는 것이 단점이다.

TIP 무토양재배(양액재배)의 장·단점

장 점	단 점
• 품질과 수량성이 좋다. • 농약 사용량이 적다. • 청정재배가 가능하다. • 자동화가 용이하다. • 토양을 사용하지 않기 때문에 연작재배가 가능하다.	• 초기 자본 및 전문적인 지식과 기술이 필요하다. • 배지의 완충능이 없다. • 재배 가능한 작물의 종류가 많지 않다. • 작물이 병해를 입으면 치명적인 손실을 초래할 수 있다. • 폐자재의 활용이 어렵다.

12 펄라이트 배지에 관한 설명으로 옳지 않은 것은?

① 배지의 pH가 6.8~8.0 정도이다.
② 양이온 치환용량이 0.15me/100mL 정도이다.
③ 다른 배지와의 혼합이 용이하며, 무기양분을 함유하고 있다.
④ 공극률이 높고 통기성이 우수하다.

| 해설 |
펄라이트 배지는 양이온 치환용량(Cation Exchange Capacity, CEC)이 0.15me/100mL으로 완충능력이 없으며, 무기양분을 함유하고 있지 않다.

TIP 펄라이트 배지의 특징

• pH가 중성(pH 6.8~8.0)이며, 공극률이 높고 통기성과 배수성이 우수하다.
• 공기와 물이 잘 통하기 때문에 고형 배지경의 재료로 많이 이용된다.
• 낮은 양이온 치환용량(0.15me/100mL)으로 시비관리가 편하고, 환경오염의 우려가 없다.
• 낮은 양이온 치환능력으로 완충능력이 없으므로 양액관리를 철저히 해야 한다.

정답 09 ① 10 ② 11 ① 12 ③

13 베드의 바닥에 일정한 크기의 기울기로 얇은 막상의 양액이 흘러 순환하도록 하고 그 위에 작물의 뿌리 일부가 닿게 하여 재배하는 방식은? [기출] 제9회

① 매트재배
② 심지재배
③ NFT재배
④ 담액재배

> **|해설|**
>
> **NFT재배**
> 재배상을 대신하여 필름 또는 피막을 이용하여 작물의 뿌리를 싸서 2mm~2cm의 깊이로 배양액을 흘려보내는 방법으로 박막수경이라고도 한다. 뿌리에 산소가 충분히 공급되도록 뿌리 사이에 흐르는 양액은 얇은 막을 형성하도록 하며, 그 위에 작물의 뿌리 일부가 닿게 하여 재배하는 방식이다. 기본 구조는 베드, 탱크, 급·배액 장치 등으로 구성된다.
> - **장점** : 배양액이 계속 순환하므로 수분부족과 산소부족을 쉽게 해결할 수 있다. 또한 설치비용이 적고 설비와 관리 작업이 간단하다.
> - **단점** : 최소한의 양액만이 투입되므로 외기온도의 변화에 매우 민감하다. 또한 사용되는 양액의 양이 작으므로 배양액 관리를 철저히 해야 한다.
> ① **매트재배** : 흙을 대신하는 다공성 매트(capillary mat)에 식물을 식재한 후 양액을 공급하는 방식이다.
> ② **심지재배** : 흙을 대신하는 부직포 심지에 식물을 식재한 후 양액을 공급하는 방식으로 가장 단순한 수경재배 형태이지만, 식물이 충분한 물과 영양소를 흡수하는 데에 제한적이다.
> ④ **담액재배** : 식물뿌리를 항상 양액 속에 담근 채로 재배하는 방식으로, 산소를 공급하는 장치가 필요하다.

14 다음이 설명하는 재배법은? [기출] 제8회

- 양액재배 베드를 허리높이까지 설치
- 딸기 '설향' 재배에 널리 활용
- 재배 농가의 노동환경 개선 및 청정재배사 관리

① 고설재배
② 토경재배
③ 고랭지재배
④ NFT재배

> **|해설|**
>
> **고설재배**
> 고설재배는 땅에서 허리높이(1m 정도) 베드에 딸기를 재배하며, 정해진 영양액을 일정한 간격으로 공급해주는 방식이다. 허리를 굽히고 몸을 웅크리고 앉아 작업해야 하는 토경재배에 비해 허리를 펴고 편안하게 작업할 수 있다.
> ② **토경재배** : 노지에 정식하고 멀칭을 한 후 재배·수확하는 방식
> ③ **고랭지재배** : 해발 고도(600m)가 높은 산간 지방에서 평지보다 낮은 기온을 이용하여 재배하는 방식
> ④ **NFT재배** : 플라스틱 필름으로 만든 베드 내에서 작물을 생육시키고, 그 안에 배양액을 계속 흘려보내는 방식

2026 시대에듀 손해평가사 1차 한권으로 끝내기

개정12판1쇄 발행	2026년 01월 15일(인쇄 2025년 11월 20일)
초 판 발 행	2015년 10월 05일(인쇄 2015년 08월 20일)
발 행 인	박영일
책 임 편 집	이해욱
편 저	정경철, 김원철 외 손해평가연구회
편 집 진 행	서정인
표지디자인	하연주
편집디자인	하한우・윤준하
발 행 처	(주)시대고시기획
출 판 등 록	제10-1521호
주 소	서울시 마포구 큰우물로 75 [도화동 538 성지 B/D] 9F
전 화	1600-3600
팩 스	02-701-8823
홈 페 이 지	www.sdedu.co.kr
I S B N	979-11-434-0332-2 (13320)
정 가	42,000원 (총 3권)

※ 이 책은 저작권법의 보호를 받는 저작물이므로 동영상 제작 및 무단전재와 배포를 금합니다.
※ 잘못된 책은 구입하신 서점에서 바꾸어 드립니다.

최고의 순간은 아직 오지 않았다.

– 제리 로이스터 –

혼자 공부하기 힘드시다면 방법이 있습니다.
시대에듀의 동영상 강의를 이용하시면 됩니다.

www.sdedu.co.kr → 회원가입(로그인) → 강의 살펴보기

손해평가사

이론중심 전략강의로 *단기간 합격*을 보장합니다.

1차·2차 시험 이렇게 공부하라!

회독과 반복
생소한 개념, 어려운 용어
반복적으로 학습

선택과 집중
자신있는 과목에 **집중**하여
평균 점수 올리기

정답과 오답
오답을 놓치지 않고
따로 정리하여 오답확률↓

시대에듀 합격 전략 커리큘럼과 함께하면 합격! 아직 늦지 않았습니다.

기본이론
기본개념 확립을 위한
핵심이론 학습

문제풀이
단원별 문제풀이로
문제해결능력 향상

기출문제해설
최근 기출문제 분석으로
출제 포인트 집중학습

핵심 3단계 구성으로
한방에 끝내는 합격 이론서

1차 한권으로 끝내기

핵심이론 + 예상문제 + 기출문제

최신 개정법령을 반영한 핵심이론
시험에 출제될 가능성이 높은 예상문제
기출문제 단원별 수록

손해평가사
시험의 처음과 끝

시대에듀의 손해평가사 수험서

손해평가사 1차
한권으로 끝내기(4x6배판)

손해평가사 1차
기출문제해설(4x6배판)

손해평가사 2차
기출문제해설(4x6배판)

손해평가사 2차 [문제편]
한권으로 끝내기(4x6배판)

손해평가사 2차 [이론편]
한권으로 끝내기(4x6배판)

손해평가사 2차
기출유형 모의고사

※ 본 도서의 이미지는 변경될 수 있습니다.

시대에듀 회원만을 위한 **특별한 혜택**

회원 가입만 해도 누릴 수 있는 다양한 프리미엄 혜택!

01 무료 회원 혜택
- 전문가와 1:1 무료 상담 서비스 제공
- 자격증/공무원/취업 관련 무료 특강 제공
- 월별 이슈 & 상식 특강 제공
- 인적성 검사 및 면접 특강 지원

02 유료 회원 혜택
- 750명 교수진의 고품질 명품 강의 제공
- 무제한 반복 수강 가능
- 모바일 강의 다운로드 및 스트리밍
- Full HD 고화질 강의 시청

03 추가 제공 서비스
- 교재 및 동영상 구매 시 적립금 3,000원 제공
- 강의 수강료 5% 할인 쿠폰 제공
- 원격지원 서비스를 통한 빠른 문제 해결

※ 모의고사 및 무료특강은 일부 상품에 한해 제공되며, 상품에 따라 제공 여부가 달라질 수 있습니다. 또한, 상품 정책에 따라 서비스 내용은 사전 예고 없이 변경될 수 있습니다.

합격을 위한 최고의 선택! 시대에듀 회원 혜택!
합격을 위한 첫 걸음, 지금 바로 QR코드로 확인하세요!